영유아 프로그램 표준

이 책에서 새로운 부분은 영유아 시기의 주요 기준에 초점을 두었다는 것이다. 내용 전체에서 'NAEYC 프로그램 표준'(2011)과 출생부터 8세까지 영유아를 위한 프로그램(2009년)에서의 'NAEYC의 발달에 적합한 실제(DAP)'에 관한 표준과 실제를 소개하고 있다. 다음의 요약된 도표를 통해서 이 책의 각 장에서 제시한 주요 표준 주제에 대한 개관을 한눈에 조망할 수 있다.

장/부	NAEYC 프로그램 기준	영유아 프로그램 기준에서 발달에 적합한 실제(DAP)
제1부 영유아: 출생에서 8세까지		
제1장 영유아에 대한 개관 영유아의 정의(NAEYC) 영유아에 대한 견해 영유아의 발달에 적합한 실제와 성인의 역할	**1a:** 출생에서 8세까지의 영유아의 특징과 요구를 알고 이해하기. 29쪽	지침 1: 학습자를 보살피는 공동체 만들기. 16쪽
제2장 발달 이론과 학습 이론 이론의 정의 이론의 유형 영향력있는 이론가 이론을 적용할 때의 주의점	**1b:** 출생에서 8세까지의 발달과 학습에 미치는 다양한 영향을 알고 이해하기. 29쪽	지침 2: 발달 학습을 증진하도록 가르치기. 교사는 발달적으로 적절한 교수 실제를 사용한다. 17~19쪽 지침 3C 2: 발달적 경로는 계획 시 고려된다. 21쪽
제3장 영유아 연구하기 아동 연구의 역사 맥락의 중요성 아동연구의 방법 부적절한 평가의 도전 전문가 윤리	**3a:** 적절한 목표의 발달의 사용과 영유아를 위한 방략 교수를 포함하여 평가의 목표, 이득과 사용 이해하기. 32쪽 **3b:** 기록, 평가와 자료 수집에 있어서 기술의 사용을 포함한 관찰, 기록과 다른 적절한 평가 도구와 접근의 사용에 관하여 알기. 32쪽 **3c:** 각각의 아동을 위한 긍정적 결과를 증진하기 위해 책임있는 평가를 이해하고 실시하기. 32쪽 **6b:** 윤리기준과 다른 전문적 지침에 관해 알고 준수하기. 39쪽	지침 4A 1: 아동발달과 학습에 대한 평가는 교사가 제공한 교실 경험의 효율성을 계획하고, 실행하고 평가하기 위해 프로그램에 있어서 필수적이다. 21~22쪽
제2부 학습: 출생에서 8세까지		
제4장 학습이 이루어지는 과정 학습의 정의 뇌의 각 부분과 기능 지각, 기억과 학습 학습이 발생하는 방식 학습의 동기 학습의 매개체로서의 기술 학습과 특별한 요구와 장애를 가진 아동	**1c:** 영유아를 위한 건강하고 정중하고 지지적이고 도전적인 학습환경을 만들기 위해 발달적 지식을 사용하기. 29쪽 **4b:** 조기교육에 영향을 주는 책략들은 잘 이해하고 적절하게 사용하기. 34쪽	지침 2: 교사들은 발달에 적합한 교육 기술을 사용한다. 17~20쪽
제5장 놀이를 통한 학습 놀이의 정의 놀이를 위한 매개체와 놀이의 기능 장애 아동을 위한 적응 놀이를 위한 맥락, 놀이 연구와 놀이에 기반한 환경에 대한 사회문화적 시각	**1c:** 영유아를 위한 건강하고 정중하고 지지적이고 도전적인 학습환경을 만들기 위해 발달적 지식을 사용하기. 29쪽	지침 1: 학습자를 보살피는 공동체 만들기. 16~17쪽 지침 2E 3: 교사들은 시간표를 편성할 때 놀이를 할 수 있는 시간을 제공한다. 지침 2E 4: 교사들은 놀이를 할 수 있는 경험, 상호작용을 제공한다. 18쪽
제6장 학습에서의 성인의 역할: 일반적인 특성 이론을 실제에 적용하기: 학습에서의 성인의 역할 사고, 문제해결과 학습환경 기술의 적절한 사용을 위한 성인의 대책 장애아를 위한 기술 통합 교실에서의 교수 수준높은 환경과 양질의 교수 제공 아동의 학습에 있어서 교사-아동 및 부모-자녀 상호작용의 중요성 발달과 학습을 위한 NAEYC 원칙	**1c:** 영유아를 위한 건강하고 정중하고 지지적이고 도전적인 학습환경을 만들기 위해 발달적 지식을 사용하기. 29쪽 **4a:** 아동과 함께 작업하기 위한 기초로서 긍정적인 관계와 지지적인 상호작용을 이해하기. 34쪽 **6d:** 조기교육에 대한 박식하고 사려 깊고 비판적인 견해를 통합하기. 39쪽	지침 1: 학습자를 보살피는 공동체 만들기. 16~17쪽 지침 1C 1, 2, 3, 4, 5: 공동체의 각 구성원은 다른 구성원을 존경하고 책임감을 갖는다. 16~17쪽

장/부	NAEYC 프로그램 기준	영유아 프로그램 기준에서 발달에 적합한 실제(DAP)
제7장 학습에서의 성인의 역할: 가족의 사회문화적 요인 브론펜브레너의 생태학적 연구 모델 아동 학습에서의 가족의 역할 학습과 관련된 사회문화적 요소 학습에 영향을 주는 특별한 환경(학대와 방임, 노숙과 빈곤, 이민자 지위)	**2a:** 가족과 지역사회의 특성을 알고 이야기하기. 30쪽 **2b:** 존경과 호혜적 관계를 통해 가족을 지원하고 관여하기. 30쪽 **2c:** 가족과 지역사회가 아동을 키우고 학습시키는 데에 관여하기. 30쪽	지침 5: 가족의 호혜적 관계 형성하기. 22~23쪽 지침 1: 학습자를 보살피는 공동체 만들기. 16~17쪽 지침 1E 4: 아이들은 그들의 가정에서 쓰는 언어문화를 알고 듣는다. 그리고 교실활동에 반영한다. 17쪽
제3부 태내기와 영아기		
제8장 유전, 환경, 그리고 발달 유전과 환경의 중요성 수정: 본성과 양육/유전과 환경 수정 후: 유전과 환경의 상호 영향 유전학 환경의 위험성	**1b:** 초기 발달과 학습의 다양한 영향을 알고 이해하기. 29쪽	지침 5: 가족과의 상호적 관계 확립하기. 22~23쪽
제9장 수정과 태내 발달 임신 태내 발달 태내 발달에 미치는 환경적 영향 전문적 책무성: 신생아와 부모	**1b:** 초기 발달과 학습의 다양한 영향을 알고 이해하기. 29쪽	지침 5: 가족과의 상호적 관계 확립하기. 22~23쪽
제10장 출생과 첫 2주 출산과 분만 신생아 전문적 책무성: 신생아와 부모	**1a:** 출생에서 8세까지의 영유아의 특징과 요구를 알고 이해하기. 29쪽	지침 5: 가족과의 상호적 관계 확립하기. 22~23쪽
제11장 영아기: 이론, 환경, 문화 영아에 관한 이론가들의 견해 영아의 감각 능력 영아의 환경 사회경제적 및 문화적 고려점 영아기	**1b:** 초기 발달과 학습의 다양한 영향을 알고 이해하기. 29쪽	지침 5: 가족과의 상호적 관계 확립하기. 22~23쪽
제12장 영아기: 건강, 신체, 운동 기술 발달 영아 건강에 중요한 요소 영아 신체 발달이 이루어지는 방식 영아 운동 기술 발달	**1a:** 출생에서 8세까지의 영유아의 특징과 요구를 알고 이해하기. 29쪽	지침 1D: 건강, 안전, 신체 활동. 18쪽
제13장 영아기: 인지 발달 의사소통, 언어와 문해 발달 뇌 발달 사회적 참조와 놀이	**1a:** 출생에서 8세까지의 영유아의 특징과 요구를 알고 이해하기. 29쪽	지침 5: 가족과 상호적 관계 확립하기. 22~23쪽 지침 3: 중요 목적을 성취하기 위한 교육과정 계획하기. 20~21쪽
제14장 영아기: 정서 발달 상호작용과 애착 성인과 또래와의 상호작용 기질과 정서 발달 영아와 부모의 문화와 상호작용 형태 양육자의 정서적 행동과 참여	**1a:** 출생에서 8세까지의 영유아의 특징과 요구를 알고 이해하기. 29쪽	지침 1: 학습자를 보살피는 공동체 만들기. 16~17쪽 지침 1C 1, 2, 3, 4, 5: 공동체의 각 구성원은 다른 구성원들을 존경하고 책임감을 갖는다. 21쪽 지침 5: 가족과 호혜적인 관계 형성하기. 22~23쪽
제4부 걸음마기: 독립심을 갖추는 발달 과정		
제15장 걸음마기: 자율성과 신체 운동 발달 자율성 추구 걸음마기아에 대한 이론가의 견해 영양과 건강 영양과 건강 케어에서의 성인 역할 신체 및 운동 지침 특별한 요구를 가진 걸음마기아	**1a:** 출생에서 8세까지의 영유아의 특징과 요구를 알고 이해하기. 29쪽	지침 1D: 건강, 안전, 신체 활동. 18쪽

Understanding Child Development

영유아 발달의 이해 제9판

Rosalind Charlesworth 지음 | 이희정 · 문현주 · 박신진 · 박찬화 · 장윤정 · 홍희영 옮김

CENGAGE 박학사

Andover • Melbourne • Mexico City • Stamford, CT • Toronto • Hong Kong • New Delhi • Seoul • Singapore • Tokyo

CENGAGE

Understanding Child Development

9th Edition

Rosalind Charlesworth

Original edition © 2014 Wadsworth, a part of Cengage Learning.
Understanding Child Development, 9th Edition by Rosalind Charlesworth
ISBN: 9781133589822

This edition is translated by license from Wadsworth, a part of Cengage Learning, for sale in Korea only.

ISBN-13: 978-89-98521-66-0

Cengage Learning Korea Ltd.
14F YTN Newsquare 76 Sangamsan-ro
Mapo-gu Seoul 03926 Korea
Tel: (82) 2 330 7000
Fax: (82) 2 330 7001

Cengage Learning is a leading provider of customized learning solutions with office locations around the globe, including Singapore, the United Kingdom, Australia, Mexico, Brazil, and Japan.
Locate your local office at: **www.cengage.com**

Cengage Learning products are represented in Canada by Nelson Education, Ltd.

To learn more about Cengage Learning Solutions,
visit **www.cengageasia.com**

Printed in Korea
Print Number: 01 Print Year: 2018

역자 서문

영유아 발달을 전공하거나 강의하는 역자들이 *Understanding Child Development*를 번역하고자 결심을 하고 거의 3여 년 만에 『영유아 발달의 이해』라는 제목으로 출간하게 되었다. 현재 영유아 보육과 교육 현장에서는 교사의 역량을 강화시키면서 어떻게 하면 초저출산 시대에 좀 더 높은 수준의 보육과 교육을 제공할 것인지 고심하고 있다. 이 책은 그러한 고민을 갖고 보육과 교육의 주인이 될 미래의 예비 보육과 교육 현장의 주인공들에게 많은 도움이 될 것이라 확신한다. 이 책『영유아 발달의 이해』는 모두 31장(chapter)으로 구성되어 15주 수업을 기준으로 생각하면, 한 주에 2~3장씩 진도를 나간다면 한 학기 동안 영유아 발달과 교육에 대해 기본적인 지식, 기술과 최신의 뇌 발달과 교육 현장에 대해 학습할 수 있는 기회를 제공할 것이라 기대된다.

이 책에서는 영유아와 아동의 출생에서부터 8세까지의 시기에 이론과 연구, 윤리, 놀이를 통한 학습, 학습에서의 성인의 역할에 대한 개관, 태내기와 영아기의 유전, 환경과 발달, 수정과 태내 발달, 출생과 첫 2주, 영아기에 관한 이론, 환경과 문화, 건강과 신체 및 운동 발달, 인지 발달, 정서 발달, 걸음마기의 자율성, 신체 발달과 운동 발달, 인지 발달, 정서 발달과 3~6세 유아 시기의 신체적 건강, 안전과 영양, 운동 발달, 인지 체계와 개념의 발달, 구어와 문어의 발달과 사용, 지능과 창의성, 성인의 역할과 인지 및 정서, 사회성 발달, 유아기에서 초등학생 시기의 신체, 운동 발달, 인지 발달과 초등학생 시기의 정서 발달을 두루 섭렵하면서 NAEYC의 프로그램의 준거와 발달적으로 적합한 실제를 위한 기준에 대해 좀 더 상세히 설명하고 있다. 이 책은 유아교육학, 보육학, 아동학, 아동간호학, 작업치료학, 아동정신건강 분야의 전문가와 강의자에게 매우 큰 도움이 될 것이라 생각하는데, 그 이유는 영유아 발달과 교육을 이 책에서와 같이 긴밀하게 연결하여 교육자의 역할과 환경적 중재의 구체적인 방법을 연결시킨 책은 드물기 때문이다. 또한 이 책의 공동 번역에 참여하신 역자들은 모두 영유아 발달과 교육 분야의 전문가들로서, 이 책의 질적 수준을 높이는 데 많은 기여를 하였다고 자부한다.

구체적으로 1장 개관, 2장 이론, 18장 신체 발달, 건강, 안전과 영양, 19장 운동 발달, 26장 사회성 발달은 장윤정 박사, 3장 연구, 4장 학습, 12장 영아기 건강과 신체 및 운동 기술 발달, 15장 걸음마기 자율성, 28장 학령 전기에서 초등학생 시기의 연결, 29장 초등학생의 신체 및 운동 발달, 30장 초등학생의 인지 발달과 학교생활은 박신진 박사, 4장 학습, 5장 놀이를 통한 학습, 6장 성인의 역할, 7장 가족과 사회문화적 요인은 문현주 박사, 8장 유전, 환경과 발달, 9장 수정과 태내 발달, 10장 출생과 생후 첫 2주, 11장 영아기 이론, 환경, 문화, 23장 지능과 창의성, 24장 인지 발달에서 성인의 역할은 홍희영 박사, 13장 영아기 인지 발달, 16장 걸음마기 인지 발달, 20장 인지 체계와 개념 발달, 21장 구어의 발달과 사용, 22장 문어의 발달과 사용은 박찬화 박사, 그리고 14장 영아기 정서 발달, 17장 걸음마기 정서 발달, 25장 정서 발달의 본질, 27장 정서 발달에서의 성인의 역할, 31장 초등학생의 정서 발달은 이희정 교수가 수고하였는데, 서로 함께 모여 다양한 장들의 용어와 문장에 대해 장기간 토론과 논의를 진행하였다.

이 책이 나오기까지 오랜 시간을 인내하면서 기다려 주신 Cengage Learning 출판사, 박학사의 관계자분들과 꼼꼼하게 교정을 해 주신 신현경 님에게 진심으로 감사드린다.

2018년 2월

역자 일동

저자 서문

『영유아 발달의 이해』는 예비유치원 시기, 유치원과 초등 저학년 아동에게 주로 관심을 가지고 있는 예비 교사와 현직 교사를 위한 책이다. 또한 사회 서비스 전문가, 특수교육자, 부모, 가정 방문가와 영유아에 대한 실제적 이해가 필요한 그 밖의 전문가를 위한 귀중한 도구이다. 학생들에게 이 책은, 아동과 구별되는 영유아의 독특성을 소개하고 발달 수준에 대응하는 방식으로 영유아와 일하는 방법을 제시해 준다. 재직 중인 교사들에게는 이 책을 통해 영유아에 대한 자신의 견해를 평가하고, 이 책에서 제시된 견해와 비교할 수 있는 기회가 될 것이다. 영유아와 일하는 모든 성인들에게, 이 책은 가족, 학교와 문화의 맥락에서 아동에 대한 상(picture)을 제시한다.

이 책의 구성

영유아와 일하는 것은 힘든 일이다. 영유아와 일하는 사람들은 발달과 교육이 영유아의 성장에 분리될 수 없는 영향을 준다는 것에 동의한다. 이 책에서, 발달 개념은 실제적 시각에서 제시된다. 이론, 연구와 실제는 아동과의 일상적 상호작용과 관련된다. 각 부에서 영유아의 발달을 지원하는 존재로서의 (교사부터 가족 구성원까지) 성인의 역할에 대한 고찰도 포함되어 있다.

『영유아 발달의 이해』는 모두 6부로 나뉘어 있다. 제1부는 영유아, 아동 발달의 이론, 영유아를 연구하는 방법을 간략하게 설명하고 있다. 제2부는 출생부터 8세까지 모든 연령에 적용되는 학습의 요소에 초점을 둔다. 제3부부터 제6부는 신체/운동과 건강, 인지와 정서 발달에 중점을 두어 태내기부터 영아기, 유아 전기와 유아 후기부터 초등학생 시기까지의 아동을 다루고 있다. 각 부는 차례대로 이 주제에 초점을 맞추며, 영유아의 발달과 관련된 결정적인 사회문화적 요소를 조망한다. 특별한 요구를 가진 아동과 일하는 데 관련된 주제는 이 책 전체에 통합되어 있다.

9판에서 새로운 점

이론과 연구의 실제적 적용은 이 책의 기초이고, 이번 판에서는 다음과 같은 방식으로 기초를 강화시키는 동시에 교재를 축소시켰다.

'뇌 발달' 글상자는 뇌 연구에서의 최신 주제, 예컨대 각 연령에서의 뇌 발달에 관한 기본적 사실, 정서 지능과 뇌 발달의 관계, 뇌 기반 자료와 프로그램의 타당성에 관한 관심, 뇌 발달이 초기 경험에 주는 효과와 뇌와 창의성을 탐색한다.

'현실에서의 아동 발달' 글상자는 중요한 주제, 예컨대 발달 이론과 프로그램 구성, 놀이로의 귀환, 자폐 스펙트럼 장애, 후생유전학, 비만의 급속한 확산, 영아 정신건강 등, 주요 주제에 대한 실용적 적용을 제공한다.

현재 NAEYC 프로그램 기준과 발달에 적합한 실제(DAP) 지침이 조정되었는데, 이는 각 장의 처음에 강조하였다.

영아 발달에 관한 현재의 연구를 제공하기 위하여 다음의 내용을 갱신하였다.

책 전체의 최신 통계와 인구학적 정보
영유아 프로그램에서 기술에 관한 NAEYC와 Fred Rogers Center의 견해 수록(4, 6장)
영유아기 비디오 게임, 태블릿과 스마트폰을 포함한 최신 기술(4장)
가족 안에서의 전자 매체(6장)
물질 남용(8장)
청소년 임신(9장)
임신 중 약물 중독의 효과(9장)
취업모(11장)
아버지와 영아의 인종적 비교(14장)
걸음마기 영아의 정서(17장)
Big Body Play(대근육 놀이)(18, 29장)
MyPlate 영양 안내(18장)
언어와 문화(21장)
이중 언어 학습(24장)
스트레스(25장)
최신화된 학교 급식의 개선(29장)
성취도 격차(30장)
엄중 처벌 원칙(31장)
반편견 교육과 학습(31장)

각 장의 자료

각 장의 처음에 학습목표와 각 장과 관련된 NAEYC 프로그램 기준과 발달에 적합한 실제 지침의 목록이 제시되어 있다.
'생각해 보기', '심화학습', '영유아 교육기술', '뇌 발달', '현실에서의 아동 발달'의 글상자를 제공한다.
용어의 풀이를 각 쪽의 하단에 제공한다.
장의 마지막에서 시작에 나온 학습목표와 관련하여 장의 내용을 요약하고 있다.

감사의 말

저자는 많은 사람들과 영유아 교육과 발달 관련 기관에 감사를 표현하고자 한다. Ohio 주의 Bowling Green 주립대학교, Clear Lake City의 Houston 대학교와 Baton Rouge의 Louisiana 주립대학교에 있는 다음의 학생들이 프로젝트와 공헌을 통하여 수업 토론에 많은 사례를 제공하였다. Donna Jolly, Zheng Zhang He, Stacie Ducote, Rhonda Balzamo, Denee Babin, Lisa Kirk, Pattie Guidry, Gay Koenig, Jill Ochlenschlager, Jill Evans, Donna Wendt, Tammy Overmeyer, Jill Flaugher, Kathleen Roberts, Sue Heestand, Beth Leatherman, Elizabeth M. Schumm, Nancy Miller, K. Weber, Adrienne Rossoni, Susan Rollins, Carol Roach, Kristine Reed, Kathy Kayle Bede Hurley, Linda Boone, Ruthie Johnson과 Carolyn Nattress.

다음의 Weber 주립대학교 학생들이 친절하게도 그들이 수집한 일화가 이 책에 수록될 수 있도록 허락을 해주었다. Christi Allan, Britnee Allred, Jodie Bennett, Jennifer Benshoof, Rebecca Burt, Elizabeth Cook, Sherrae Flanders, Misty Francis, Marianne Gill, Melissa Ginter, Amy Goodwin, Brenda Hagen, Stacy Hair, Andrea Halls, Faith Hedges, Jill Hess, Rebecca Hansen, Susan Houston, Carole Lane, Alicia Madsen, Kimberly Morgan, Brooke Murdock, Jennifer North, Annie Peterson, Brooke Peterson, Stacy Roubinet, Cynthia Sheffield, Stephanie Scholes, Amy Simpson, Mary Stokes, Crystal VanArle, Jaclyn Wintle과 Cindy Winward.

학생들의 글과 그림 사례를 제공해 준 Lousiana 주의 교사인 Joan Benedict, Cleator Moore, Robyn Planchard와 Lois Rector.

Polk 초등학교의 Gibson 여사와 그녀의 유아 후기 학생들과 어린 아동에 대하여 더 많이 알기 위하여 내가 자원하여 많은 시간을 보낸 St. Joseph 초등학교의 Tate 여사와 2학년 생들에게 감사한다. 사진을 찍기 위해 그녀의 초등학교 수업에 가는 것을 환영해 준 Nancy Lindeman 여사와 North Ogden 지방의 Maria Montessori 아카데미의 Kacee Weaver 여사와 그녀의 조교 Kathleen Lowe에게 감사한다. 또한 유아(prekindergarten) 사진을 찍도록 도와준 Weber 주립대학교 아동학교 교사 Cami Bearden과 Stephanie Holmes에게도 감사한다. Danielle Taylor, Kate Charlesworth와 Rosalind Charlesworth는 사진을 제공하였다.

9판을 준비하면서 이전 판을 개관해 준 다음의 인물들에게 감사한다.

Langston 대학교 Elvia Davis
Scottsdale 평생교육원 Rosanne Dlugosz
Ballarat 대학교 Sue Emmett
Arkansas 주립대학교 Beebe 캠퍼스 Jennie Gates
Muskingum 대학교 Angie Gibbs
Holmesglen의 Louise Ippolito
Charleston Southern 대학교 Linda Karges-Bone
Jose Maria Vargas 대학교 Lori Kijanka
Towson 대학교 Gweneth Mahoney
Berkshire 평생교육원 Laurie Shaw

저자에 관하여

Rosalind Charlesworth 박사는 Utah 주 Ogden 시의 Weber 주립대학교 Vickie and Jerry Moyes 사범대학 아동가족학과 전 학과장이자 명예교수이다. Charlesworth 박사는 아동 발달과 영유아 교육과정을 가르쳤고, 가족 및 소비자학, 교육학과 행동과학 전공 학생들에게 발달과정을 가르쳤다. 또한 대학실험학교에서 정상 및 이상 영유아, 공립학교, 아동 보육 맥락과 사회인지 발달 연구, 발달에 적합한 실제와 교사 신념과 실제를 가르치기도 하였다. 원래, 이 책은 적절한 책 없이 유아 전기 영유아와 일하려고 계획 중인 성인들을 위한 아동 발달 과정을 가르친 몇 년간의 경험으로부터 나오게 되었다. 이 책은 Charlesworth 박사가 출생부터 8세까지의 영유아와 일하려는 전문대학과 대학교 수준의 학생들을 가르치는 경험으로부터 확장되었다.

Charlesworth 박사는 인기 있는 Wadsworth Cengage Learning의 『영유아를 위한 수학과 과학』 교과서의 공동 저자이며, 전문 간행물에 많은 논문들을 게재하였고, 전문학회에서의 많은 발표로 초청되었다. Charlesworth 박사는 전문 학회에서 능동적 참여를 통하여 그 분야에 기여하였다. 그녀는 'NAEYC 영유아 교사교육 패널'의 일원이자 *Early Childhood Research Quarterley* 의 자문 편집인이고, NAECTE(National Association of Early Childhood Teacher Educators) Public Policy and Long-Range Planning Committees의 구성원이다. 그녀는 NAECTE 분과의 지역 대표를 두 차례, 부회장을 한 차례 역임하였다. 그녀는 미국교육연구학회의 영유아 및 아동 발달 특별 분과의 회계로 두 차례 일하였고, 뉴스레터 편집자로도 선출되었으며, Louisiana Early Childhood Association의 전 학회장이고, Southern Early Childhood Association의 학회지인 *Dimensions*의 편집 분과 회원이다. 그녀는 현재 *Early Childhood Education Journal*의 편집 위원이다. 그리고 1995년에는 Toledo 사범대학 관련 직종의 훌륭한 졸업생으로 지명된 바 있다. 또한 1999년에는 NAEDTE/Allyn and Bacon의 '훌륭한 영유아 교사 교육자상'의 공동 수상자로 선정되었다.

차례

제2부 학습: 출생에서 8세까지

제5부
유아기: 3~6세

제21장 구어의 발달과 사용 418

제22장 문어의 발달과 일상적 사용 444

제23장 지능과 창의성 464

♣ 이 책의 **참고 문헌**은 박학사 웹사이트(http://www.pakhaksa.co.kr)의 자료실에서 내려받을 수 있습니다.

제01장 영유아에 대한 개관

이 장과 관련된 표준

naeyc

NAEYC 프로그램 기준

1a: 출생에서 8세까지의 영유아의 특징과 요구를 알고 이해하기

DAP

발달에 적합한 실제(DAP) 지침

1: 학습자를 보살피는 공동체 만들기

학습목표

1. 영유아와 함께 일하는 전문가의 작업 목록을 정하고 영유아를 정의한다.
2. 전형적인 영아, 이례적인 영아, 걸음마기 유아, 3세, 4세, 5세, 6~8세 유아에 대해 인식하고 비교한다.
3. 유아를 돌보는 성인의 필수적인 역할을 확인한다.
4. 제1부, 제2부의 목적을 이해한다.

1 영유아

영유아란 누구일까? **NAEYC**(미국유아교육협회)에 따르면, 출생에서 8세까지의 아동을 **영유아**라고 한다(Copple & Bredekamp, 2009; NAEYC, 2008). 보통 다음과 같은 연령 범주로 분류된다.

영아	출생~1세
걸음마기아	1~3세
유아 전기아(미취학아)	3~5세
유아 후기아(유치원생)	5~6세
초등학교 저학년 아동	6~8세

영유아는 복잡하고 때로는 곤혹스러운 작은 사람이다. Jerry Tello(1995)는 아동이 자신들의 다양한 가족 배경을 반영하면서 어떻게 교실로 들어가는지 설명한다. 일부 아동들은 교실에서 제공되는 것을 충분히 이용할 만한 준비가 되어 있지 않다. 어떤 아동들은 "완전히 다른 언어로 말하고 다른 관습을 실천하고, 다른 종류의 양육을 기대하거나 다른 가치를 받아들이고, 다르게 보이는 사람들에 둘러싸이거나 다양한 특수한 요구를 지닌다."(Tello, 1995). 이 장에서는 유아기의 연령 기간을 정의하고 유아의 다양한 행동의 예를 제시한다.

영유아는 무엇을 하는가? 신생아는 자기 자신의 안락에 관심이 있다. 따뜻한과 좋은 음식과 보송보송한 기저귀를 기대한다. 신생아는 자신의 환경에서 돌보는 사람이 포옹해 주고 주의를 기울이게끔 매우 빨리 학습한다. 곧 **영아**는 자신의 신체와 자신이 통제할 수 있는 환경에서의 사물을 인식하게 된다(**사진 1-1**). 1세경에 영아는 걸음마기가 되고, 1~3세 **걸음마기아**는 이리저리 돌아다니고 모든 것을 탐색하는 것에 매우 흥미가 있다(**사진 1-2**). 유아 전기가 될 때까지, 그림, 찰흙, 공, 게임, 인형, 트럭, 책 이 모든 것이 유아 놀이의 원재료가 된다. 3세경 유아는 먹기, 자기, 목욕하기, 배변, 옷 입기 같은 많은 일상적인 과업을 성취한다. 어린 남아와 여아는 걷고, 뛰고, 기어오르고, 소리치고, 말하고, 속삭일 수 있다. 이 시기 유아는 자신의 감정—행복, 슬픔, 만족, 성남, 초조함—을 명확히 표현할 수 있다.

3, 4세아는 흔히 초등학교에 아직 입학하지 않았다는 의미로 **유아 전기아(미취학아)**라고 한다(**사진 1-3**). 많은 5세아가 유치원에 들어가

사진 1-1 영아는 환경에서 사물에 열중해 있다.

NAEYC 미국유아교육협회
영유아(young children) 출생에서 8세까지의 아동
영아(infants) 출생에서 1세경의 영아
걸음마기아(toddlers) 1세에서 3세경의 유아

© 2014 Cengage Learning

사진 1-2 성인처럼 옷 입기를 즐기는 유아.

© 2014 Cengage Learning

사진 1-3 4세아는 다른 유아, 즉 친구를 좋아하며, 3세아보다 더욱 독립적이다.

지 않고 여전히 미취학아라 하더라도 5세아는 보통 **유아 후기아(유치원생)**로 불린다. 유치원생이 4세나 5세 또는 6세든, 생일에 따라 학교에 입학하였을 때라도 말이다. 6~8세나 1~3학년은 **초등학교 저학년** 시기이다. 이러한 연령 구분은 다소 임의적이며, 아동이 발달적으로 어디에 위치하는지를 말하는 것은 아니다. 그러므로 다음 설명은 그저 예일 뿐, 모든 아동이 기술된 설명과 정확히 일치하지는 않는다.

영아는 이미 언급한 것처럼 매우 의존적이다. 1~3세 사이, 영유아는 독립심을 키워 간다. 유아 전기아(미취학아)는 가정이나 부모의 안전한 범위를 넘어서 독립할 준비를 한다. 많은 아동은 3세 이전에 가정으로부터 확장된 시기를 보낸다. 이를테면 가정보육, 친척집, 기관 중심의 영아기나 걸음마기 놀이 집단, 전일제 보육 집단 등이다. 하지만 3세경 유아는 영아기와 걸음마기에 필요하였던 지속적인 성인의 주의 없이 잘 기능할 수 있는 기술을 갖게 된다(사진 1-4).

유아 전기아(미취학아)(preschoolers) 아직 초등학교에 입학하지 않은 3, 4, 5세 유아

유아 후기아(유치원생)(kindergarteners) 유치원에 입학한 유아, 보통 4세 반에서 6세 사이

초등학교 저학년(primary period) 6~8세나 1~3학년 아동

세팅

전일제 보육이나 반일제 어린이집 프로그램, 초등학교, 의학적 상황, 사회복지센터, 집 등에서 유아와 일하는 성인에게는 유아들에게 가장 교육적이면서 실제적인 양육에 관한 질문이 계속 생겨난다. 이 장치는 유아의 특성과 행동을 설명함으로써, 그리고 유아와 함께 할 때 성인의 필수적인 역할을 제시함으로써 유아의 초기 그림을 개발한다.

© Cengage Learning

사진 1-4 유아 후기아(유치원생)는 유아 전기아(미취학아)보다 더 독립적이다.

2 전형적인 영유아와 이례적인 영유아

다음에 기술된 아동은 다양한 배경을 지니며 다양한 가능성과 요구를 갖는다. 다음 설명은 다른 연령 수준(출생에서 초등 저학년)의 유아, 전형적이면서도 이례적인 발달을 하는 유아, 다양한 문화에서 자란 유아에 대한 기술이다.

영아

Maria(3개월)는 마루에서 자기 카시트에 행복하게 앉아 있다. 아빠는 바닥에 무릎을 꿇고 Maria의 눈높이에서 이야기하고 있다. 아빠는 다양한 음색으로 한 음절의 소리를 만들기 시작한다. Maria는 아빠가 만든 소리를 흉내 내듯이, 아빠를 보고 웃고 주먹을 올리고 발을 찬다.

Andy(9개월)는 더욱 편안하게 앉을 수 있도록 등이 받쳐진 유모차 안에 앉아 있다. 가족은 패스트푸드 식당의 코너 쪽 테이블에 앉아 있다. 유모차는 엄마가 Andy를 먹일 수 있도록 마주 보고 있다. 또 놀이 공간과도 마주하고 있어 엄마는 큰 애 둘을 지켜볼 수 있다. 엄마는 큰 애 둘과 자신의 음식을 차리고 Andy에게 크래커를 준다. Andy는 행복하게 옹알거리며 엄마를 보고 있다. Andy는 유모차에서 팔을 흔들고 활발하게 몸을 흔든다. 음식을 보고 먹을 것에 대해 흥분한 것 같다. 엄마는 Andy에게 크래커를 주지만 Andy는 받지 않는다. Andy는 입을 다물고 머리를 돌리고 눈살을 찌푸린다. 어깨를 심하게 움직이면서 낑낑거리기 시작한다. Andy는 다른 사람들이 먹고 있는 것을 먹고 싶어 하는 것 같다. 엄마는 부드러운 감자튀김 조각을 잘라 주고, Andy는 입을 벌린다. 맛과 질감에 놀란 듯 보인다. Andy는 감자튀김을 씹어 삼키고 더 달라고 조른다.

Ann(9개월)은 작은 사물함 구멍으로 기어가고 있다. 잠시 동안 거기에 앉았다가 다시 기어 돌아온다. 장난감을 들었다가 떨어뜨리고 다시 집어 올린다. 몇 번이나 이 과정을 되풀이한다. 그런 다음 Ann은 Susie에게로 기어가 그녀의 머리를 잡아당긴다. Susie는 울기 시작하고, 교사는 달래 주려 한다. Ann은 Susie와 교사를 쳐다보다가 역시 울기 시작한다.

걸음마기

Summer(17개월 반)는 바닥에 앉아 책을 쳐다보고 있다. 아이 아버지는 독일산 셰퍼드 울프에게 장난감을 갖고 오라고 말한다. Summer는 뛰어올라 울프의 장난감 바구니에 다가가 울프가 가장 좋아하는 장난감을 꺼내어 준다. 그리고 다른 장난감도 가져다준다. 울프는 꼬리를 흔들고 장난감 중 하나를 씹는다.

Donna는 뇌성마비 걸음마기아인 Haniya를 수도에서 손을 씻을 수 있도록 주방용 조리대 위 그녀의 특수 의자에 앉힌다. Jonathan은 간식시간 전에 손을 씻기 위해 인접 놀이 영역에서 온다. Donna가 Jonathan에게 "Haniya를 위해 수도꼭지 물 좀 틀어 줘."라고 부탁하고, Jonathan은 그렇게 한다. Haniya는 그를 흘끗 보고 희미한 미소를 짓는다. Haniya는 수도꼭지에서 흐르는 물이 손에 닿는 차가운 촉감을 즐기는 것 같다. Jonathan 역시 함께 물장구를 친다(Bredekamp & Copple, 1997, p. 65).

3세

칼럼니스트 Dave Barry는 아내가 며칠씩 사업상 멀리 있는 동안, 세 살 난 딸 Sophie를 책임진다(Barry, 2003). 그는 자신의 경험에 대해 다음과 같은 몇 가지 일화를 소개한다.

> Sophie에게는 Ariel이라는 인어공주 인형이 있다. Ariel은 아름다운 머리를 가졌다! Ariel은 자주 결혼하고, 매일 Sophie와 목욕한다. Ariel의 머리는 다 젖었다. 그러나 Sophie는 인형과 같이 자기를 원한다. 그래서 아빠는 Ariel의 머리를 말려 주고 빗겨 준다. 매일 밤! 다른 아빠들이 스포츠 센터를 다니는 동안, Sophie의 아빠가 인어공주 인형의 머리를 손봐 줄 때 어떤 감정일지 상상해 보라.

Josh는 생기 있는 갈색 눈동자와 웃는 얼굴, 검고 곱슬거리는 머리카락을 가진 3세 남아이다. 그의 선생님인 Pat은 Josh에 대해 걱정한다. Josh는 불안하게 걷고 뛰고 종종 넘어진다. 그는 말을 많이 하지 않고, 그 말도 이해하기 어렵다. 침을 자주 흘리고, 학급의 다른 유아가 쉽게 할 수 있는 간단한 퍼즐도 아직 잘 못한다(Chandler, 1994, p. 4).

> 금발 곱슬머리에 사랑스러운 얼굴을 가진 Tamika(3세)는 등의자에 조용히 앉아 34세의 엄마가 일상의 음식을 준비하는 것을 보고 있다. 엄마 친구 Dorene McDonald는 배꼽에서 코카인(끽연용 결정 헤로인)을 조금 집어, 파이프 안의 우윳빛의 하얀 자갈에 놓아둔다. 여자가 작은 유리관에서 마약 1회분을 번갈아 빼냄에 따라, 피어오르는 연기는 Tamika를 덮었고, Tamika는 엄마의 팔에서 졸려 눈을 깜빡인다(Nazario, 1997).

4세

4세 Jorge와 3세 Hamako는 요새의 놀이터에 있다. 요새는 창문으로 둘러싸여 닫힌 영역이다. 내부 양쪽에 핸들이 있고 다른 한쪽은 미끄럼틀이다. Jorge는 요새가 배인 척 자신이 선장이란다. Jorge가 배를 조정하면, Hamako는 다른 핸들을 사용하는 척한다. Jorge는 배 주제에 싫증이 나서 미끄럼틀 꼭대기에 앉는다. Hamako에게 같이 타자고 말한다. Hamako는 Jorge 뒤에 앉는다. 그들은 기차가 되어 미끄럼틀을 함께 내려갔다.

> 4세 Mindy는 엄마와 함께 등록 주간에 어린이집을 방문하였을 때 교사나 다른 아동과 쉽게 수다를 떨었던 영리하며 호기심이 많은 소녀였다. Mindy는 척추 파열이라 허리 아래 감각이 없어서, 요로 감염증을 예방하기 위해 하루에 몇 번이나 카테터(도뇨관)를 삽입해야 한다. Mindy는 다리에 부목을 대고 휠체어를 사용하였다. Mindy는 독립적이기를 원하였고, 환경을 극복하고 자신을 돌보아 주는 지원을 거절하였다. 또한 특별한 관심을 원치 않았고 스스로 하는 일에 자부심을 가졌다(Chandler, 1994, p. 34).

어느 날 4세 Cedric은 이야기를 하고 싶어 교사 Cathy Main의 방으로 들어왔다. 모임 활동 시간에 Cedric은 반친구에게 이렇게 말하였다. 그 전날 밤, 아빠가 Cedric을 차에 태웠는데, 아빠의 친구가 앞좌석에 있었고, Cedric과 엄마는 뒤에 있었다. Cedric의 아빠와 친구는 술을 마시며 마리화나를 피우고 있었다. 경찰이 쫓기 시작하자 아빠는 고속도로로 가 정말 빨리 운전하였다. 엄마는 "멈춰! 멈춰!" 하고 소리를 질렀다. 마침내 경찰이 그들을 세웠다. 경찰은 아빠를 차에서 끌어내 자동차 보닛으로 밀쳤다. 그리고 아빠에게 수갑을 채우고 경찰차로 끌고 갔다. [이 사건은 며칠 동안 극놀이에서 중심이 되었다. Cedric과 급우들은 모든 부분을 연기하였다.](Teaching Tolerance 프로젝트, 1997, p. 173)

5세

Charlie는 유치원 학급에서 두 명의 남아와 퍼즐을 같이 하고 있다. 퍼즐은 크레용 상자 그림이다. 남아들은 뚜껑을 열고 조각을 꺼내기 시작한다. Charlie는 직각 모서리로 된 조각들로 시작하자고 제안한다. 퍼즐을 함께 맞추는 동안, Charlie가 말한다. "초록초록, 난 초록이 필요해." "이건 너무 쉬워." 마침내 Charlie는 어느 한 부분에서 막혀서 Taylor에게 "뚜껑 좀 보여 줘!"라고 말한다. 퍼즐이 끝났을 때, Charlie는 퍼즐에 손을 얹고 웃는다. Kofi가 "다른 걸 하자!"라고 말하자 Charlie가 대답한다. "Kofi, 먼저 이것을 치우게 우리를 도와야 해."

Johnston 부인은 딸의 유치원 학급에서 Kwanzaa라는 축제일에 대해 설명한다. Johnston 부인은 두 팔로 딸을 감싸

> **생각해 보기**
>
> 좀 전에 기술한 특수한 요구를 지닌 유아를 생각해 보라. 당신의 반응과 해석을 표현하라. 특정 연령에 '전형적인' 아동이 있다고 생각하는가? 앞서 기술한 유아가 위기에 처하게 된 요인은 무엇인가?

안고 노래를 부른다. "Kwanzaa는 축하하는 시간이야. 우리 노동의 결실, 굉장하지 않나요! Kwanzaa를 축하하자, Kwanzaa!" 두 번째 복창에서 학급의 많은 사람들 역시 간식이 전달되는 동안 노래한다(Paley, 1995, p. 8).

6~8세

초등학교 저학년 시기의 아동은 발달적으로 통합하는 단계인 것 같다. 자신의 개인적인 욕구를 살필 수 있고, 식사시간, TV, 프라이버시에 대한 요구 등 가족 규칙을 지킨다. 또한 심부름을 할 정도로 믿을 만하고 가정에서나 학교에서 간단한 책임을 실행할 수 있다. 다른 말로, 이 시기 아동은 자기 자신과 또 자신과 친밀한 세상을 통제할 수 있고, 도전을 즐기고 과업을 완성한다. 또한 인식 가능한 산출물을 만들어 내고 조직화된 활동에 참여하는 것을 좋아한다(Marotz & Allen, 2013, pp. 160, 162)(사진 1-5).

사진 1-5 초등학교 저학년 아동은 규칙이 있는 보드 게임을 즐긴다.

초등학교 저학년 학급에서 학생들은 비백인 인종의 다문화 그림으로 자화상을 그리고 있다. 각 아동은 피부색에 맞는 그림 물감을 선택하도록 요구된다.

> "난 진저브레드야." Rodrigo가 말한다.
>
> "난 멜론이고 테라코타야."라고 Millie가 뽐낸다.
>
> "만약 네 색이 Millie의 색과 같으면, 손을 올려."라고 Debra가 말한다.
>
> April이 손을 든다.
>
> "April은 Millie보다 조금 더 어두워."라고 누군가 말한다.(Teaching Tolerance 프로젝트, 1997, p. 12)

출생에서 8세까지 아동 성장에 대한 간략한 기술을 살펴보면, 독립과 자신감의 향상이 명백히 나타난다. 동시에 3세에 평온해지고, 4세에 활동이 증가하고, 5세에 다시 평온해지는 눈에 띄는 주기가 있는 듯하다. 유아와 함께 일하는 성인은 이러한 변화가 전형적이라는 것을 알고 있어야 한다. 또한 예로 든 것은 유아의 생활에서 분명한 특수한 요구, 경험, 배경의 다양성이다.

3 성인의 역할

성인과의 관계는 유아의 건강한 성장과 발달에 결정적이다. 아동 심리학자 Stanley L. Greenspan에 따르면 다음과 같다.

> 좋은 관계와 정서적 상호작용은 의사소통과 사고를 포함한 사회적 · 인지적 성장에 가장 결정적이고 근본적인 기초가 된다. 관계는 행동이 적절한지 아닌지를 아동에게 가르쳐 준다(Greenberg, 2001, p. 7에서 인용).

유아는 성인의 격려를 받으며 양육되어야 한다(사진 1-6). 소아과 의사인 T. Berry Brazelton은 구성원 간에 힘이 있다고 믿는다. "아동에게 좋은 정책, 실천, 서비스를 개발하기 위해 지역사회에서 교사, 부모, 관련 전문가, 사회복지사 등을 조직하는 데 학교가 앞장서야 한다고 제안한다"(Greenberg, 2001, p. 14에서 인용). 본문을 통해 성인의 역할은 연령, 단계, 세팅에 관련하여 설명된다.

사진 1-6 읽기는 정신과 정서의 발달을 강화한다.

유아기는 정책 분야에서 더욱더 주목받는다. Shokoff (2010)는 유아기 정책의 미래를 안내하는 체제를 설계하였다. 유전학, 두뇌 발달, 가족과 지역사회에서의 초기 경험, 그리고 이러한 요소들의 상호작용에 관한 연구에 근거한 초기 발달에 대한 우리의 향상된 지식을 기초로 계획하였다. 또한 Shokoff는, 정책 입안자는 유아에게 인생의 성공을 위한 강한 근거가 되는 프로그램을 제공하는 데 정성을 다해야만 한다고 결론 내렸다.

미국 인구 구성은 오랜 시간에 걸쳐 엄청나게 변해 왔다. 전형적인 미국 시민은 백인, 유럽계 혈통이라고 더 이상 정의되지 않을 수 있다. 비유럽계 미국인 인구는 빠르게 증가하고 있으며, 여섯 가지 주요 집단, 즉 라틴계 미국인, 아프리카계 미국인, 태평양 도민, 아시아계 미국인, 카리브해 도민, 서아시아인을 포함한다. 게다가 이러한 주요 집단 외에도 아메리카 원주민이 있다. 이러한 주요 집단이 단일 민족이 아니라는 것을 명심하는 것은 중요하다. 각 집단 내에 문화적 다양성이 존재한다. 유아와 일하는 성인과 그의 가족은 **발달에 적합한 실제(DAP)**의 핵심 분야 중 하나가 아동이 살고 있는 사회적 · 문화적 맥락에 관

발달에 적합한 실제(developmentally appropriate practices, DAP) NAEYC(Copple & Bredekamp, 2009)가 정의한 것처럼 교수 실제(instructional practice)는 연령, 개별, 문화적으로 적합하다.

뇌 발달

뇌 발달과 활동은 아동 발달 분야에서 떠오르는 주안점이 되었다. 과거, 대부분의 신경과학 연구는 실험용 쥐나 원숭이 같은 동물로 수행되었다. 오늘날 과학자는 인간의 뇌를 연구할 수 있는 방법을 찾았다. 현재 많은 정보를 인간 뇌의 기능과 발달에서 얻고 있다. 하지만 그림은 여전히 불완전하다. 결론을 내릴 때에는 반드시 주의해야 한다. 다른 장에 수록된 '뇌 발달' 글상자는 과학자가 유아의 뇌 발달에 관해 연구하고 있는 것에 대해 더욱 구체적으로 살펴볼 것이다.

해 아는 것임을 인지해야만 한다(NAEYC, 2008). Okagaki와 Diamond(2003)는 부모의 신념과 실천에 대한 민감성 개발의 중요성에 관해 유아교육자에게 주의를 준다. 또 성인은 어느 가족의 아동 양육 실제에 관해 추측해서는 안 되며, 각 가정의 요구와 기대가 무엇인지 학습하도록 노력해야 한다고 설명한다. 이 책 내내, 사회문화적 요인은 아동 발달과 관련이 있다.

4 제1부와 제2부 이해하기

제1부의 목적은 유아 발달의 개관, 발달 이론과 학습 이론의 소개, 아동 연구에 대한 지침을 제공하는 것이다. 유아 행동의 예와 이론의 적용, 아동 관찰을 위한 제안 등이 제시되고 있다. 제1부의 지침은 본문 전체를 통해 적용된다. 제2부의 목적은 아동이 학습하는 방법의 기초를 제공하는 것이다. 학습은 모든 연령과 발달단계에서 행동 변화의 근거가 된다. 4장은 모든 학습에 기초한 개념을 설명한다. 5장은 아동이 학습하는 주요 수단인 놀이에 초점을 맞추었다. 6장은 학습에서의 성인의 역할에, 7장은 가족과 관련되거나 학습경험이 제공될 때 고려해야 하는 사회문화적 요인에 초점을 맞추었다. 또한 제2부는 이 책 전체에 적용되어야만 한다.

요약

1 '영유아' 정의하기

이 책은 태아에서 8세까지의 성장과 발달에 관한 것이다. 영아, 걸음마기아, 유아 전기아(미취학아), 유아 후기아(유치원생), 초등학교 저학년 아동의 다섯 단계로 되어 있다. 아동 발달 연구는 전반적인 연령과 유아기를 이해하도록 돕는다.

2 유아와 일하는 전문가의 작업 목록을 정하기

성인은 전일제 보육이나 반일제 어린이집 프로그램, 초등학교, 의학적 상황, 사회복지센터, 집과 같이 다양한 상황에서 유아와 함께 일하게 된다.

3 전형적인 영아, 이례적인 영아, 걸음마기아, 3세, 4세, 5세, 6~8세 유아에 대해 유사점과 차이점을 인식하고 비교하기

이 장에서 다양한 연령대와 단계의 아동 행동의 예를 통해 아동의 유사성과 차이점을 고찰하는 과정을 시작해 보았다. 우리가 아이들을 알고 이해하게 된 것은 영유아들과의 상호작용을 통해서였다. 영아들은 몸짓과 얼굴 표정을 통해 의사소통을 학습하는 것으로 관찰되었다. 어떤 걸음마기아는 구두 언어를 이해하는 것을 보여 주며, 반면 장애가 있는 다른 걸음마기아는 손에 닿는 물의 느낌에 반응한다. 기술된 3세아들은 모두 다르다. 하나는 자기 인형을 사랑하는 전형적인 어린 소녀이며, 다른 유아는 발달적 장애를 지닌 것으로 보인다. 그리고 또 다른 유아는 약물 중독의 세상에 살고 있다. 4세아는 가장놀이에 몰두하고 있다. 척추 파열인 소녀는 가능한 한 독립적이고자 동기화되어 있다. Cedric은 아빠가 체포되는 것을 본다. 유치원생은 게임의 규칙에 대해 관여하기 시작한다. 유치원생의 엄마는 축제일을 설명하기 위해 학급을 방문한다. 초등학교 저학년(1~3학년) 아동은 독립적이며 말로 표현을 매우 잘한다.

4 유아를 돌보는 성인의 필수적인 역할을 확인하기

성인의 주 역할은 아동을 양육하고 격려하는 것이다. 또한 가족의 가치관과 행동 양식, 그들의 문화에 관심을 쏟을 필요가 있다. 유아와 일하는 성인은 발달적으로 적합한 경험을 제공해야 한다.

5 제1부, 제2부의 목적을 이해하기

이 책에는 성인의 행동과 아동 발달의 관계가 기술되어 있다. 제1부와 제2부는 발달 이론, 아동 연구, 아동이 학습하는 방법에 관한 기본적인 정보를 제공하고 있으며, 그 정보는 모든 연령과 발달단계에 적용된다. 학생은 본문을 읽어 나가며 이 장을 적용해야 한다.

제02장

발달 이론과 학습 이론

이 장과 관련된 표준

naeyc

NAEYC 프로그램 기준

1b: 출생에서 8세까지의 발달과 학습에 영향을 미치는 다양한 요인들을 알고 이해하기

DAP

발달에 적합한 실제(DAP) 지침

2: 발달과 학습을 강화시킬 수 있도록 가르치기. 교사는 발달에 적합한 교수 실제를 사용한다.

3C 2: 계획 시 발달적 경로를 고려한다.

학습목표

1 이론이라는 용어를 정의한다.
2 발달 이론과 학습 이론과 같은 이론의 유형을 확인한다.
3 중요한 이론가/연구자를 밝히고 그들의 이론을 설명한다.
4 인지, 정서, 신체, 운동 발달, 학습 영역의 정의를 인식한다.
5 이론의 특정한 실천적인 적용을 확인한다.
6 이론이 사회경제적 수준이 낮은 집단이나 소외 집단의 아동에게 적용될 때 신중해야 함을 설명한다.

1 이론이란 무엇인가

아동 연구는 20, 21세기 동안 큰 관심의 주제였다. 학자들은 아동에게서 아동에 관한 정보를 모으고 아동이 어떻게 자라고 발달하는지에 관한 아이디어를 축적하는 데 이 정보를 사용해 왔다. 대부분의 학자는 주로 정보를 모으는 연구자이다. 하지만 어떤 학자는 연구자이자 이론가이다. 이론가/연구자는 아동이 학습하고 성장하는 방법을 설명하고자 시도하는 여러 아이디어를 발달시켜 일반화한다. 이러한 개념을 **이론**이라고 한다. 이론은 아동이 성장하고 학습할 때 일어나는 일을 설명하고 묘사하고 예측하는 일련의 규칙이나 특정 계획을 보여 주도록 설계된다. 이 장에서 몇 가지 유명한 이론을 설명한다.

2 이론의 유형

아동 발달 이론은 관례적으로 교육적 아동 양육 실제에 기초해 왔다. NAEYC가 공표한 유아교육 실제를 위한 지침은 발달에 적합한 실제(DAP)이다(Bredekamp, 1987;. Bredekamp & Copple, 1997; Copple & Bredekamp, 2009). DAP는 연령의 적합성, 개별적 · 문화적 적합성을 말한다. 최근 이러한 이론들의 문화적 관련성은 발달심리학자(예: Greenfield & Cocking, 1994; Goodnow, Miller, & Kessel, 1995; Collet al., 1996)에 의해 질문이 제기되어 왔다(예: Mallory & New, 1994; Lubeck, 1996). DAP는 소수 약자와 사회경제적 수준이 낮은 아동의 양육 및 교육과 관련하여 확장되어 왔다. 이러한 확상의 기본은 유럽계 미국인의 관점에서 본 유럽계 미국인에 의해 채택된 이론이라는 것이다. 그러므로 어떤 유아교육 학자는 이론이 다른 문화나 인종 집단, 아시아인, 아프리카인, 라틴 아메리카계, 아메리카 원주민 같은 인종에 적용할 필요가 없다고 믿는다. 따라서 이론가는 조기교육과 발달에 사회문화적으로 강한 이론적 근거를 적용하는 방향으로 옮겨 갔다. 예를 들어, Hyun과 Marshall(1997)은 **발달적 · 문화적으로 적합한 실제(DCAP)**라고 하는 다문화적 관점과 DAP를 결합한 모형을 제안하였다. 결론적으로 주요 발달 이론과 **학습** 이론 그리고 아동 발달 이론에 대한 문화적 근거가 강력하게 제안된 이후, 전통적인 아동 발달적 관점을 조기 발달과 교육에 신중하게 적용해야 한다는 것이다.

이론(theories) 아동이 성장하고 학습할 때 일어나는 일을 설명하고 묘사하고 예측하는 일련의 규칙이나 특정 계획을 보여 주도록 설계된 개념

발달적 · 문화적으로 적합한 실제(developmentally and culturally appropriate practice, DCAP) 문화적 적절성에 매우 강하게 초점을 둔 DAP의 정교화(Hyun & Marshall, 1997)

학습(learning) 경험으로 인한 행동의 변화

아동 발달과 학습 이론: 발달심리학적 관점

아동 발달에서 어떤 이론가는 **성장**에 초점을 두고, 어떤 이는 학습이 어떻게 일어나는지에, 또 몇몇은 양쪽 모두에 초점을 두고 있다. 성장이라는 용어는 흔히 성인기로 가는 중에 일어나며, 대부분 유전된 시간표에 의해 조정되는 변화나 단계의 서열을 의미한다. 예를 들어, 아동의 머리는 몸통 이전에 완전히 성장한다. 학습은 환경적인 영향에 의해 일어난 행동의 변화를 말한다. 미국의 아동은 모국어로 영어나 스페인어를 학습할 것이다. 반면 독일 아동은 독일어를 학습한다. 흔히 **발달 이론**은 성장과 학습 간의 상호작용에서 얻어진 아동의 변화를 설명한다. 아동은 저마다 유사한 방식으로 발달한다. 예를 들어, 영아는 사물이 자신의 시야를 벗어났을 때에도 여전히 존재한다는 사실을 학습하기 전에 보기, 맛, 만지기, 소리, 냄새를 통해 사물을 탐색한다. 학습을 통해 환경에서 일어난 변화를 강조하는 이론을 **행동주의 이론**이라 한다. 예를 들어, 만약 아동이 언어를 듣고 그 언어를 모방하고 만든 소리로 보상받는다면, 아동은 말하기를 학습할 것이다. 행동주의 이론은 아동의 연령이나 단계에 상관없이 아동이 어떻게 학습하는지 설명한다. 어떤 학습 중심의 이론은 정신세계에서 벌어지는 것을 설명한다. 다른 이는 오직 볼 수 있는 행동만 본다. 행동주의자는 학습과 발달에 영향을 주는 외적 환경 요인에 강하게 초점을 둔다. 발달론자는 아동이 어느 발달단계에서 다음 단계로의 전이를 가능하게 하는 새로운 개념과 기술을 학습하는 것처럼 내적 유전 요인과 환경 요인 간의 상호작용에 초점을 둔다.

표준/성숙주의자 관점은 발달을 보는 또 다른 방법이다. 규준은 대부분의 유아가 특정 연령에서 하는 행동을 정의한다. 표준 성숙주의 관점은 대부분의 유아가 앉고, 기고, 걷고, 말하고, 10까지 세고, 다른 유아와 협력 놀이를 하는 시기처럼 특정 **규준**을 강조한다. 다른 규준으로 특정 연령 유아의 평균 크기, 형태, 무게, 키가 있다. 더욱이 규준은 전형적인 행동 특성을 제시할 수 있다. 예를 들어, 걸음마기아는 너무나 독립적이려고 애쓰기 때문에 본래 부정적이다. 이론은 규준이 생긴 근거를 제공하기 때문에 이론과 규준은 상호 관련성이 있다.

3 영향력 있는 이론가

아동 발달 이론가는 아동이 어떻게 학습하고 언제 특정 개념과 기술을 더 학습하는지를 설

성장(growth) 유아가 성인이 되는 과정을 통해 나타나는 일련의 단계

발달 이론(developmental theories) 성장과 학습 간의 상호작용에서 얻어진 아동의 변화를 설명하는 사상

행동주의 이론(behaviorist theories) 학습을 통해 환경에서 일어난 변화를 강조하는 사상

표준/성숙주의자 관점(normative/maturational view) 특정 규정을 강조하는 발달을 바라보는 방법

규준(norms) 대부분의 유아가 특정 연령에서 하는 행동

명하는 기본 과정에 대해 기술하고자 한다. 어떤 이론가는 사람은 나이에 상관없이 대부분 같은 방식으로 학습한다고 믿는다. 다른 이들은 사람마다 다른 단계를 통해서 발전하는 것처럼 학습이 다른 방식으로 이루어진다고 믿는다. 유아의 행동을 이해하고 설명하고 반응하기 위해 유아 교사는 다양한 이론적 접근에 친숙해져야 한다.

어떤 이론가들은 Jean Piaget, Lev Vygotsky, Sigmund Freud, Erik Erikson, B. F. Skinner, Albert Bandura, Carl Rogers, Abraham Maslow의 사상에 큰 영향을 받았다. Arnold Gesell의 표준/성숙주의 관점 또한 아동 발달에 대한 우리의 지식에 상당한 양을 보탰다. 표 2-1에서 이러한 이론가들이 이론 발달과 연구를 통해 설명하고자 시도한 영역을 설명한다.

표 2-1에서 설명한 바와 같이, Skinner를 제외하고 각 이론가마다 발달이나 학습의 특정 영역에 주 관심이 있다. Skinner의 이론은 어떤 학습된 행동이 인지적 또는 정서적, 신체적, 운동적인지 대해 설명해 준다(이 장에서 앞으로 정의됨). 행동주의자 Skinner는 긍정적 강화를 제공함으로써 관찰된 행동이 강화되거나 조성될 수 있다고 믿었다(Miller, 2002). 긍정적 강화는 행동이 다시 반복될 기회를 증가시키는 음식, 미소, 보상이나 다른 반응 등을 포함한다. 만약 원치 않는 행동이나 바람직하지 않는 행동이 무시되면, 그 행동의 빈도가 줄거나, 어쩌면 사라지거나 소멸될 것이다. Skinner의 원리는 유아, 특히 걸음마기, 유아 전기, 유아 후기 연령의 유아에게 적용할 수 있다(Newman & Newman, 2007). 물론 더 나이 많은 아동을 지도하는 데에도 유용하다. 이러한 원리는 특수교육의 현장에서 자주 적용되며, 구체적인 행동의 수정은 조금씩 이루어져야 한다.

Bandura는 행동주의자로서 사회 학습에 관한 업적으로 유명하다. Bandura는 관찰을 통해 많은 학습이 일어난다고 지적하였다. 즉, 학습의 발생은 학습자 외부의 힘에 의해 결정되는 것이 아니라 다른 이의 행동에 집중하는 학습자의 주의에 달려 있다. 관찰된 사람을 모델, 학습 과정을 모델링이라고 한다(Newman & Newman, 2007). (표 2-1의 예를 보라)

표 2-1에서 보면, Piaget, Vygotsky, Freud, Erikson, Maslow, Rogers, Gesell은 성장과 환경 간의 상호작용에 초점을 둔다. Piaget와 Vygotsky는 마음과 환경을 연결하기 때문에 인지 발달론자라고 부른다. Piaget는 논리적 사고와 사회도덕적 지식과 행동 발달에 관한 연구로 알려져 있다. 그는 개념 발달에도 초점을 두었다. 아동은 환경과 상호작용하면서 지식을 구성한다. Piaget의 견해로는 직접적인 교수보다 학습이 지식 구성에 더 효과적이다. Piaget는 세상에 대한 자연스러운 호기심으로부터 나온, 학습하고자 하는 아동의 동기를 믿었다(Mooney, 2000). 조망 수용, 다른 이의 관점에서 보기는 Piaget 이론의 중요한 부분이다(Newman & Newman, 2007). Vygotsky는 아동이 사고하고 말하는 것을 학습하는 방법에, 그리고 성인과 또래의 사회적 상호작용이 유아의 학습에 중요하다는 견해의 확립에 공헌하였다. Vygotsky에 따르면, 유아의 학습에서 중요한 점은 유아의 학습이 성인과 자신보다 더 나은 또래의 지원을 통해 이루어진다는 것이다. 상상놀이는 유아에게 결정적 요소

표 2-1 아동 발달과 학습 이론

왼쪽은 발달의 주요 세 가지 영역이다. 상단 제목은 발달 이론과 행동주의 이론이라는 두 가지 유형을 나타낸다.

	이론의 유형	
변화를 설명하고자 하는 영역:	발달 이론: 성장과 학습의 상호작용	행동주의 이론: 학습은 행동의 주요 결정자
인지 영역: 언어 개념 문제해결 지적 욕구	• 인지 발달: 발달을 이끈다(Jean Piaget) • 언어/의사소통: 학습을 이끈다(Lev Vygotsky) • 표준/성숙주의(Arnold Gesell) • 자기 실현(Abraham Maslow) • 예: 탐색에 대한 자유가 있는 풍부한 환경과 지지적인 성인은 학습과 지적인 성장을 이끌 것이다.	• 행동주의(B. F. Skinner): • 예: 말하는 것 학습. 빨강, 파랑, 노랑 색깔 학습. • 사회적 인지 이론(Albert Bandura): • 예: 아동은 자신의 문화의 언어 사용자를 관찰하고 보고 듣는 것을 흉내낸다.
정서 영역: 공격 의존 협력 공포 자기 개념 정서적 요구 동기	• 심리성적(Sigmund Freud) • 심리사회적(Erik Erikson) • 자기 개념(Carl Rogers) • 자기 실현(Abraham Maslow) • 사회문화적(Vygotsky) • 사회도덕적(Piaget) • 예: 놀이를 통하여 유아는 협동을 하며 좋은 점을 배운다. 의존성은 나중에 아동이 독립적이 되기 위해 먼저 발달해야만 한다.	• 행동주의(B. F. Skinner): • 예: 때리는 것이 아니라 안아 주기 학습. 다른 이를 돕는 것 학습. • 사회적 인지 이론(Albert Bandura) • 예: 아동은 다른 아동이 상 차리는 것을 도와주고는 칭찬받는 것을 관찰한다. 아동은 자신이 보고 들은 것을 모방한다.
신체 · 운동 영역: 신체 크기와 성장률 운동 기술(기기, 걷기, 잡기)	• 표준/성숙주의(Arnold Gesell) • 예: 머리와 두뇌는 유아기에 성장률이 가장 빠르다. 그러므로 신경학적 성장은 신속히 일어나며, 인지 성장과 운동 성장을 결정한다.	• 행동주의(B. F. Skinner): • 예: 자전거나 스케이트 타기 등의 복잡한 기술, 건강에 좋은 음식 먹기 같은 신체적으로 관련된 행동 • 사회적 인지 이론(Albert Bandura) • 예: 아동은 코치가 축구공을 차는 동안 잘 보고 같은 방법으로 차도록 요구된다.

이다(Mooney, 2000). Vygotsky에게 단어의 의미는 말하기와 사고와 연결되어 있고, 그래서 언어는 학습에서 중요한 것이다. 사적/내적 언어는 '자기 규제, 자기 지시적 목표 달성, 실제적인 문제해결'에 결정적이다(Newman & Newman, 2007, p. 249). 학습과 발달은 근접 발달 영역에서 결합된다(6장에서 기술).

Freud와 Erikson은 사회 발달과 성격 발달 이론가로 알려져 있다. Freud는 성적 충동과 공격적 충동을 동기로 보았고 반면 Anna Freud의 제자인 Erikson은 사회적 동기부여에 더 관심이 있었다. 이드(id), 자아(ego), 초자아(superego)에 대한 Freud의 개념은 우리가 자기 규제와 도덕적 판단을 어떻게 발달시키는지 살펴보는 데 유용하다. Erikson의 심리사회적 이론은 유아교육자에게 매우 인기 있다. Erikson은 개인과 사회적 환경 간의 상호작용에 초점을 둔다. 인생의 각 단계마다 개인은 위기를 다루어야만 한다. 이러한 위기는 우리가 사회의 요구에 적응하려고 할 때 일어나는 정상적인 스트레스이다(Newman & Newman, 2007). 초기 발달 동안, 각 위기는 유아가 대처하는 행동에 대한 근원적인 설명을 한다.

Rogers는 자기 개념의 발달과 구성에 초점을 두었고 아동이 자기 지시적인 능력을 지녔다고 믿었다. 성인은 아동이 자신의 행동을 통제하려는 노력을 지원할 책임이 있다. Rogers의 성인-아동의 관계에 대한 견해는 Vygotsky와 매우 유사하다. Rogers의 제자 Thomas Gordon은 Rogers의 이론에 기초한 아동 지도 프로그램을 개발하였다(Marion, 2007). 널리 사용되는 Rogerian에 기초한 지도 전략 세 가지는 다음과 같다.

- 누구의 문제인지, 성인의 문제인지 아동의 문제인지 명확히 하기
- 아동의 문제일 때는 적극적으로 듣기
- 성인의 문제일 때는 'I-메시지' 전달하기(Marion, 2007, p. 302)

Maslow는 인간 욕구의 위계 이론에 공헌하였다. 생리적 욕구가 가장 근원적이다. 다음은 안전의 욕구, 그리고 소속의 욕구, 자존감, 마지막으로 자기 실현의 욕구이다. 자기 실현은 우리의 잠재력을 충족시키고자 하는 욕구로 가득 찬다. Gesell의 연구는 성장 발달과 규준 발달에 초점을 맞추고, 아동 양육과 교수를 위한 실제적인 적용에 초점을 둔다.

이러한 이론가/연구자 몇몇은 성장과 학습이 출생에서 성인기까지 일련의 방식으로 진행된다고 보았다. 표 2-2는 각 이론가와 관련된 단계를 보여 준다. Gesell의 자료는 신체적 운동 성장이 대략 6세경 안정상태가 될 때까지 지속적인 빠른 속도로 발달함을 나타낸다. Piaget에 따르면 유아는 출생에서 12세경까지 세 가지 인지적 · 사회도덕적 발달 시기를 통해 발달한다. 정서 영역에서 Freud와 Erikson은 각자 발달의 다른 측면을 바라보았다. Erikson은 Anna Freud의 제자였기 때문에, 그들의 초기 아동기 단계가 유사한 세 가지 단계로 구성된 것은 놀라운 일이 아니다. 하지만 Freud의 단계는 아동의 심리성적 욕구에 초점을 둔 반면, Erikson은 심리사회적 측면에 초점을 둔다. Vygotsky는 아동 발달이 5단계를 통해 진행한다고 믿었다. 그는 학습의 사회적 측면에 초점을 두었는데, 즉 인지, 자기 규제, 언어 발달을 지지하는 성인과 선배의 역할을 강조하였다. 주요 단계가 얼마나 유사한지 주목하라. 각 이론가는 같은 연령에서의 발달의 변화에 주목하였다.

Maslow와 Rogers는 엄격한 학습 이론가도, 엄격한 발달 이론가도 아니다. 긍정적인 자기 개념을 성취하는 과정에 초점을 둘 뿐이다. 부모의 사랑과 또래와의 긍정적인 상호작용은 아동이 성인의 자기 실현을 향해 나아가도록 돕는다. 자기 실현적 성인의 기본적 욕구인 생존, 안전, 소속, 자존감은 충족된다. 그러고 나서 지적 · 미적 욕구를 충족시킬 수 있

표 2-2 출생에서 13세까지의 발달단계

분야					
	신체 운동	정서		인지	
연령	(Gesell)	사회적/성격(Erikson)	성격(Freud)	(Piaget)	(Vygotsky)
출생~16개월	신체는 머리에서 발끝까지 급속도로 발달한다.	**위기 I: 신뢰감 대 불신감** 수유기 양육자와의 관계가 중요하다.	**구강기** 입이 쾌락의 원천, 수유와 이 나기가 핵심이다.	**감각운동기** 아동의 감각(듣기, 맛보기, 만지기, 보기, 냄새 맡기)과 운동 기술이 발달하며, 이는 학습의 수단이기도 하다.	**영아기** (2개월~1세) 주요 활동: 정서적 의사소통. 사적 말하기: 공개적인 옹알이
18개월~2세		**위기 II: 자율성 대 수치심과 의심** 아동은 자립을 위해 애쓴다.	**항문기** 배변이 쾌락의 원천, 대소변 훈련이 결정적 영역이다.	**전조작기** 언어와 인지 발달은 학습이 모방이나 놀이, 다른 자기 주도적 활동을 통해 발생하는 것처럼 빠르다.	**유아기** (1~3세) 주요 활동: 사물의 조작. 공공연한 사적 말하기는 자기 규제를 발달시킨다.
3세		**위기 III: 주도성 대 죄책감** 아동은 활동을 계획하고 실행하며 사회의 경계를 학습한다.	**남근기** 성 역할 동일시와 양심 발달이 결정적이다.		
6세	6세경, 발달의 속도가 안정 상태가 된다.				**학령 전기** (3~7세) 주요 활동: 놀이. 공공연한 사적 말하기는 자기 규제를 발달시킨다.
7~13세	아동은 좀 더 체력과 협동을 요하는 활동에 참여할 수 있다.	**위기 IV: 근면성 대 열등감** 아동은 생산적이고 성공적이도록 요구된다. 실패는 열등감을 초래한다.	**잠재기** 아동은 이전 단계의 발달을 공고히 한다.	**구체적 조작기** 추상적 상징과 아이디어가 구체적 경험에 적용될 수 있다.	**학령기** (7~13세) 주요 활동: 학습. 조용한 사적 말하기는 과제 관련 행동과 수행을 규제하도록 한다.

고, 이후 충분히 기능하는 사람이 된다.

Piaget와 Vygotsky 이론은 유아교육과 발달에 가장 유명한 가이드이다. 그들의 사상은 학습의 인지와 정서 측면 모두에 초점을 두었고, DAP의 기본이 되는 **구성주의자** 접근의 기초가 되었다. 처음에 구성주의 접근은 Piaget 이론에서 자라났고, 후에 Vygotsky 이론이 결합되었다. 사회/정서적 측면에서 Erikson 이론은 매우 유명하며 실용적이다. 특수교육을 받는 아동과 작업하는 이들을 위하여 행동 이론은 특정한 발달적 · 교육적 요구에 맞는 행동을 분석하고 프로그램을 만드는 데 유용하기 때문에 폭넓게 사용된다.

아동 발달과 학습 이론: 사회문화적 관점

앞서 언급한 대로, DAP 지침의 공표 이래, 조기교육에 발달 이론을 적용하는 데 있어 적합성과 다양한 문화와 다양한 능력을 가진 아동의 발달에 대한 관심이 증가하고 있다(New & Mallory, 1994). NAEYC는 개정된 지침에서 이러한 비평을 언급하였다(Copple & Bredekamp, 2009; NAEYC, 2008).

유아에 대한 이해와 계획의 토대로서 발달 이론과 학습 이론을 수용하지 않는 유아 교사는 사회문화적 요인을 유아교육의 기본으로 제공해야만 한다고 믿는다. Lubeck(1998)은 전통적인 유아 발달의 견해가 보편적인 교수 방법을 제안하는 보편적인 발달단계를 제시하기 때문에 다양성에 대한 고려를 감소시키고 순응에 대한 압박을 초래한다고 믿는다. 또한 Lubeck은 유아교육자는 신념이 덜 확고해야 하며 합의에 근거해 형성된 지침을 피해야 한다고 믿는다. 대신, 아동 교육을 위한 계획은 문화적인 그리고 지역사회의 신념과 흥미에서 생겨야만 한다. Ryan과 Grieshaber(2004)는 오늘날 발달적 지식 기반이 세상에서 아동을 가르치기에 충분하지 않다고 여긴다. 그들은 문화적으로 적합한 실제가 동일한 백인 중산층 전집에서 행해진 연구에 기초가 될 수 있는지 묻는다. 그들은 관습적인 아동 발달 견해는 시대에 뒤떨어지고 현 사회에서 아동이 맞닥뜨린 이슈를 인지하지는 않는다고 믿는다. 그래서 Ryan과 Grieshaber는 **비판 이론**의 관점에서 아동을 본다. 비판 이론가는 교실에서 힘의 관계를 본다. 그들은 교사에게 "자신들의 행위가 학생들의 불평등한 기회의 원인이 될 수 있음을 이해하도록" 격려한다(Ryan & Grieshaber, 2004, p. 45). 그들은 발달 이론과 행동주의 이론의 함의와는 반대로, 지식은 사회적으로 구성되며 모두에게 적용될 수 있는 보편적인 진실도 원칙도 법도 없다고 믿는다. 따라서 발달 이론과 행동주의 이론과 비판 이론 견해 간에는 주요한 차이점이 있다고 볼 수 있다. Charlesworth(1998)는 문화적 흥미와 지역사회의 흥미가 필수적인 고려 대상으로, 발달적 보편은 존재하며 발달하는 아동은 교육적인 계획의 초점이 되어야만 한다고 여긴다. 이 관점은 융통성 있게 특정 계획을 지원한다. 아동 발달과 학습은 현장의 다양한 전문가에 의해 문화적 맥락 내에서 개별 아동을 위한 견해여야 한다(Mallory & New, 1994).

구성주의자(constructivist) 유아는 환경과의 상호작용을 통하여 자신의 지식을 구성한다고 생각하는 사람

비판 이론(critical theory) 교실에서 힘의 관계를 조사하도록 교사를 장려

생태학적 이론

최근 몇 년간 사람-맥락 측면에 대한 관심이 고조되었다(Miller, 2002). 이러한 유형의 이론은 개인이 자신들의 문화 내에서 고려되어야 한다는 사회문화적 관점과 밀접한 관련이 있다. Bronfenbrenner의 생태학적 체계 접근은 매우 영향력 있다. Bronfenbrenner의 생태학적 체계는 3장에 소개되어 있다. 이 이론은 아동의 직접 환경(가정, 학교, 또래 집단)으로부터 사회 기관(경제 체계, 정부, 대중 매체)과 연결되고 또 사회의 가치와 신념으로 연결되는 여러 층으로 구성되어 있다.

이제 이론가와 연구자에게 흥미로운 주요한 발달 영역의 예를 살펴보자. 그리고 일상의 문제에 이론을 적용한 예를 보자.

4 이론이 설명하고자 하는 발달 영역

이론은 설명하고자 하는 성장과 학습의 특정 부분에 따라 다르게 적용된다. 연구 목적으로, 아동의 성장은 보통 인지, 정서, 신체, 운동이라는 네 가지 영역으로 나뉜다.

인지적 성장은 아동이 자라고 학습하면서 정신과 그 정신이 어떻게 작동하는지에 초점을 맞춘다.

- Jenny(14개월)는 자신의 애완 고양이를 가리키며 '키키'라고 말한다. Jenny는 말하는 것을 배우고 있으며 고양이(cat-kiki)의 개념을 학습하였다.
- Javier(3세)는 컵을 원한다. 노력하였지만 손이 컵에 닿지 않았다. 주방 의자를 가져와 기어올라가 컵을 손에 넣었다. Javier는 문제를 해결하였다.
- Lai(5세)는 교실에서 각 아동마다 같은 수의 과자를 준다는 말을 듣고 과자 접시를 받았다. 교사는 한 아동에서 다른 아동으로 다니며, 각 아동에게 과자를 하나씩 준다. Lai는 일대일 대응 개념을 사용하여 사물들을 같은 크기의 집단으로 나눌 수 있다는 것을 이해한다.
- Bill(6세)은 3개의 빨간 블록과 4개의 파란 블록을 들고 그것들을 합쳐 한 덩어리로 만들었다. 그다음, 연필을 집어 종이 위에 썼다. "3+4=7." Bill은 구체적인 사물과 추상적인 상징 간에 연결을 짓고 있다.

정서적 성장은 자기 개념과 사회 발달, 정서 발달, 성격 특성의 발달에 중점을 둔다(**사진 2-1**).

인지적 성장(cognitive growth) 아동이 자라고 학습하면서 정신과 그 정신이 어떻게 작동하는지에 초점을 맞춘다.
정서적 성장(affective growth) 자기 개념, 사회 발달, 정서 발달 및 성격 특성의 발달에 중점을 둔다.

현실에서의 아동 발달

발달 이론과 프로그램 구성

이론은 발달적으로 적합한 프로그램 구성의 방향을 제공한다. 어떤 프로그램에서든 교실 공간, 지도 방법, 교수 방법, 교구, 교육과정, 평가와 같은 여러 영역에서 구성이 필요하다. 프로그램 구성은 발달 이론과 관련될 수 있는 다음 요인들을 포함한 유아 발달에 기초한다.

- 교실 공간은 다양한 학습 영역으로 명확히 구분된다. 공간은 테이블 영역, 부드러운 카펫 영역, 수업 공간으로 사용되는 마루 영역, 아동이 교구를 선택할 수 있는 개방형 선반이 있는 센터를 포함한다. (Piaget & Erikson)
- 지도 방법은 명확하고 일관적이고 긍정적이고 귀납적이어야 한다. 시간대는 광범위하며 융통성이 있으나 지속적인 일상을 따른다. 아동은 활동을 선택할 수 있다. 아동은 규칙 만들기에 참여한다. (Rogers, Bandura, Erikson, Piaget, & Vygotsky)
- 교수 방법은 적합한 대집단, 소집단, 개별 활동 등을 포함한다. 아동은 자신의 지식을 구성하도록 장려된다. 창의적 사고와 문제해결에 초점을 둔다. 또래 집단이 장려되고, 놀이는 학습에서 주요한 매개물이다. (Piaget & Vygotsky)
- 교구는 공간 내에서 구성되고 구체적이며 제한이 없고 창의성을 장려한다. 직접 경험이 제공된다. (Piaget)
- 교육과정은 규준과 범위와 순서에 의해 짜여지지만, 개별 아동의 발달에 맞게 수정된다. 내용은 통합되고 인지, 정서, 정신운동 발달 영역을 똑같이 강조한다. (Piaget, Vygotsky, & Erikson)
- 평가는 준비된 방식, 주로 관찰과 개별 면담을 통하여 행해진다. 아동이 적절한 교구를 가지고 노는 과정 중에 진행된다. 관찰은 계획에 사용될 정보를 얻기 위해 매일 행해진다. 계획을 위한 정보는 아동의 현재 능력과 흥미와 관련해 얻어진다. 그다음 계획은 연령과 개별성, 문화적으로 적합한 교수 전략에 초점을 둘 수 있다. (Piaget & Vygotsky)

- Smith 부인은 1개월 된 Tony를 팔에 안고 흔들며 부드럽게 자장가를 부른다. Smith 부인은 후에 독립성의 기초가 되는 데 필수적인 애착 경험을 하도록 Tony를 돕는다.
- John(4세)은 거의 언제나 웃고 행복해 보인다. 다른 아동들은 John을 좋아하며 같이

사진 2-1 따뜻하고 관심 있는 성인에게서 받은 정서적 지원과 놀이 지원은 정서적 · 인지적 영역에서 유아가 발달하도록 돕는다.

사진 2-2 유아 전기아(미취학아)는 간단한 모둠 놀이에 참여하고 즐길 수 있는 신체 운동 발달단계이다.

놀고 싶어 한다. John은 늘 다른 아동에게 친절하며 자신의 놀이에서 친구들의 자리를 찾아 주려 한다. John은 긍정적인 자기개념을 지녔고 정서적인 측면이 매우 잘 발달되어 있다.

- Louisa(5세)는 원하는 것은 무엇이든 모두 가지려 하며 자신의 물건을 지키려는 친구들을 때린다. Louisa는 아직 다른 이와 긍정적으로 상호작용하는 기술을 획득하지 못하였다.
- Thuy(6세)는 저녁식사 전에 막대사탕을 먹고 싶어 하였다. 그러나 엄마는 저녁식사 후까지 기다려야 한다고 말하였다. Thuy는 막대사탕을 가진다는 생각만으로도 죄책감을 느꼈다. Thuy는 엄마 말을 거역하는 것이 아니라고 말하며 양심을 발달시켰다.

신체적 성장은 신체와 각 부분의 발달과 관계가 있다(사진 2-2).

- John(4세)은 몸무게 16.6kg, 키 104cm이며, 이는 또래 연령대의 평균이다.
- Kerry(2세 6개월)는 몸무게 16.1kg, 키 90cm이며, 키는 평균 이하, 몸무게는 평균 이상이다. 짧고 통통해 보인다.
- Carlos(7세)는 균형이 잘 잡혀 있다. 걸음마기에 땅딸막하였던 Carlos의 다리는 길어졌다.

운동 발달은 신체와 신체 각 부분을 사용하는 기술의 발달을 의미한다.

- Pete(3세)는 점심을 잘 먹는다. 숟가락으로 스프를 거의 흘리지 않고 먹으며, 주전자에서 우유도 쉽게 따른다.
- Rosa(5세)는 아직 뛰지는 못하고, 균형을 잃기 전 세 번뿐이긴 하지만 한 발로 뛸

신체적 성장(physical growth) 신체와 각 부분의 발달
운동 발달(motor development) 신체와 각 부분을 사용하는 기술의 발달

수 있다. 하지만 일직선으로 걸을 수는 없다.

- Azam(7세)은 몇몇 급우와 함께 방과 후 축구팀에 합류하였다. Azam은 이제 신체와 정신을 조정할 수 있고 규칙이 있는 팀 스포츠에 참여할 준비가 되어 있다.

심화학습 둘 이상의 유아 교사와 인터뷰하라. 이 장에서 설명된 하나 이상의 이론과 친숙하거나 적용할 만한 것이 있는지 찾아보라. 교사가 이론을 실제로 어떻게 적용하는지 설명하도록 하라. 이 장에 설명된 이론과 관련하여 교사의 반응을 분석하라.

5 이론의 적용

중요한 이론가의 사상을 분명히 하기 위해, 각 이론의 적용에 대한 간단한 예가 아래와 같이 기술된다.

적용 1: Piaget

유아 교사는 유아 전기에 역할놀이가 정말로 필요한지 아닌지 알고 싶어 한다. 교사는 Piaget의 논문을 읽고 Piaget가 극놀이는 인지 발달에 필수적이라 믿는다는 것을 알아냈다. 다른 사람인 체 가장하는 것을 통하여, 그리고 원래 의도된 것이 아니라 다른 목적으로 사용하는 것을 통하여(예: 모래로 파이를 만드는 것), 아동은 자신들의 첫 번째 상징적 경험을 갖는다. 이러한 경험들은 아동이 상징으로서 글자, 수, 단어를 쓰도록 학습할 때처럼 보다 추상적 상징 학습에 기본이 된다(사진 2-3). 또한 교사는 놀이에 대한 Vygotsky의 관점을 조사한다. Vygotsky는 놀이를 통한 자기 조절 학습을 강조하였다. 즉, 아동은 놀이를 통하여 사회적 상호작용의 규칙을 학습한다.

적용 2: Vygotsky

아동을 양육하는 사람은 대화나 이야기책 읽기 등의 활동을 통하여 아동의 언어 발달을 지원해 주는 것이 왜 중요한지 궁금해한다. 전문가 회의에 아동 양육자가 비계 설정에 관한 회기에 참석한다. **비계 설정**은 성인이 아동의 언어 발달을 지원하는 과정이며, 언어적 표현에

비계 설정(scaffolding) 성인이 유아의 학습을 지원하는 과정이며, 유아가 현 발달 수준에서 더 높은 수준으로 나아가도록 지원해 주는 것

사진 2-3 초등학교 저학년 수준의 학생은 함께 프로젝트 작업을 즐긴다.

서 아동의 노력을 보상한다. 이야기 책을 읽는 동안 성인이 아동에게 질문을 함으로써 경험을 확장시킬 때 사용될 수 있다. 이 과정은 아동에게 질문을 독려하고 아동의 개인적인 경험을 이야기에 관련지으면서 계속된다.

적용 3: Erikson

어린이집 교사는 4, 5세 유아가 작업을 할 때 얼마나 많은 자유가 필요한지 궁금해한다. 교사는 Erikson에게서 이 연령의 유아가 적절한 시기에, 또한 동시에, 하지 말아야 할 행동에 대한 규칙을 배울 때 주도권을 발휘하도록 학습해야 한다는 것을 알게 된다. 교사는 너무 허용적인 것과 너무 제한적인 것 사이에 섬세한 균형을 찾아야만 한다고 깨닫는다.

적용 4: Freud

보모인 Ramirez 부인은 두 살 된 Tasha가 대소변 훈련에 반응하지 않는다고 걱정이다. 건강센터의 Freud 학파 심리학자에게 물었다. 심리학자는 배변 훈련이 Tasha 나이의 아동에게 중요한 활동이며 천천히(부드럽게) 끈기 있게 다루어져야만 한다고 Ramirez 부인에게 설명한다.

적용 5: Maslow

유치원 교사인 Ogden 씨는 내년에 학교 아침식사 프로그램 운영 자금을 받을 수 있을지 걱정이다. 좋은 아침식사는 건강상의 이유에서뿐만 아니라 아동의 기본적인 욕구가 예측 가능한 방식으로 충족될 것이라고 알게 되어 아동이 안심하도록 하는 데 필수적이다. 다음 끼니가 어디에서 오는지 알 수 없어 걱정하는 아동은 집중할 수가 없어, 학교 프로그램에서 충족되어야 할 사회적 · 인지적 욕구가 손상된다.

적용 6: Rogers

지역 유아교육 전문가 집단은 주 아동 보육 기관의 낮은 성인 대 영아 비율을 지원하기 위해 주 입법부 의원과 접촉하고 있다. 이 교육자 집단은 Carl Rogers를 포함한 몇몇 전문가의 사상에 동조하고 지지한다. Rogers에 따르면, 아동은 반드시 사랑받아야만 하며 애정 넘치는 성인으로 성장하도록 보장받아야 한다. 사랑과 확신은 양육자와의 관계에서 온다. 특히 영아는 엄청난 양의 개별적인 주의 집중을 필요로 한다. 성인 대 영아의 낮은 비율은 이 필요성을 충족시켜 준다.

적용 7: Skinner

자신의 집에서 아동을 양육하는 여성은 매우 공격적인 아동에 대해 걱정한다. 그녀는 행동주의 접근을 제시하는 심리학자들에게 도움을 구한다. 아동 양육자는 일주일 동안 매일 주의 깊게 아동을 관찰한다. 아동이 다른 아이에게 해를 끼치거나 장난감을 부술 때마다 계속 센다. 공격적이지 않은 어떤 일을 할 때에도 각 사건을 기록한다. 다음 주, 그녀는 아동이 긍정적인 무엇인가를 할 때 관심을 보이고, 다른 이에게 해를 가하지 않으면 그의 나쁜 행동은 무시하는 지침을 만든다. 이 경우에 아동은 다시 통제력을 되찾을 때까지 생각하는 의자(cooldown chair)에 가 있는다. 3주 후, 공격적인 행동과 긍정적인 행동의 사건을 센다. 긍정적인 행동은 증가하였고 부정적인 행동은 감소하였음을 발견한다.

적용 8: Bandura

부모는 자녀가 수용할 수 없는 언어를 사용하는 것에 대해 걱정이다. 교사는 아이가 어디에서 그런 언어를 배웠는지 알아보도록 살피라고 한다. 엄마는 가족과 함께 살며 온갖 모욕적인 말을 퍼붓는 자신의 아빠를 떠올렸다. 아들은 할아버지와 많은 시간을 보내면서 그의 어휘를 관찰하고 따라 하였던 것이다.

적용 9: Gesell

엄마는 3세 6개월 된 딸의 행동에 대해 걱정하고 있다. 딸의 교사는 Gesell과 동료들이 쓴 책에서 3세 여아에 대해 읽는다.

> 순응하는 3세에서 3세 반이 되면 예기치 못한 혼란스러운 것이 자연스럽게 일어나는 것 같다. 이 모든 소란과 문제는 어디에서 오는가? 왜 그렇게 순종하길 거부하고, 왜 그렇게 대립하고 순종하길 거부하는지? (Gesell et al., 1974, p. 191)

엄마도 읽으며 설령 부정적이더라도 자녀가 전형적인 3세 6개월 된 여아라는 사실에 안도한다.

적용 10: 사회문화적

John Hughes는 나바호 인디언 보호구역의 학교 교장이다. 교장은 자녀들의 정기적인 등교에 학부모가 협조하지 않아서 좌절감을 느끼고 있다. 그의 친구는 나바호족의 문화에 대해 더 공부하라고 권한다. 형식적인 교수에 관한 나바호족의 관습을 설명한 Jennie R. Joe (1994)의 글을 읽고, Hughes는 나바호족의 학습 수준이 세 가지 다른 수준으로 나누어짐을 알아낸다. 학습은 평생이며 출생부터 시작한다. 초기 교육은 비형식적이며 언어, 종교, 관

표 2-3 실제에 적용된 주요 발달 이론과 학습 이론

이론	성인의 역할	환경적 요인
인지 발달/구성주의(Piaget와 Vygotsky)	안내, 비계 설정 제공, 학습의 단계 설정	약간의 자유와 선택, 구체적인 교구와 활동, 사회적 상호작용의 기회
정신분석(Freud, Erikson, Rogers, Maslow)	안내, 특히 정서적인 측면에 초점, 학습의 단계 설정	약간의 자유와 선택, 구체적인 교구와 활동, 사회적 상호작용의 기회, 환경은 치료적임(감정 표현을 키우고 편안하게 함)
행동주의(Skinner)	지도자, 학습의 단계 설정, 강화와 체벌 제공, 행동 관리	적절하게 적응하는 행동에 대한 최대한의 긍정적인 강화를 허락
사회 인지(Bandura)	적절한 행동의 모델	적절한 사회적 모형을 제공, 적절한 행동을 분명히 함
사회문화적(Lubeck, Ryan)	촉진과 개입, 아동의 인종 · 성에 관한 견해를 인지하도록 지원	개인적인 흥미를 개발시키고 개인적인 견해를 살펴보도록 아동을 장려하는 다양한 환경을 제공

습, 나바호족 사회의 유용한 구성원이 되는 데 필수적인 다른 영역 등에 초점을 둔다. 다음 수준에서 직업이 필요하고, 필요한 기술은 도제살이를 통해 학습된다. 세 번째 수준인 형식적 교육은 의사나 종교 지도자가 되고 싶은 청년들에게 제한된다.

이 관점은 미국 정부가 아동을 위한 형식적 학교 교육을 소개하였을 때 대부분의 나바호족이 의도를 오해하고 자녀를 보내기 거부한 이유를 설명해 준다. 나바호족은 개별적인 자율성을 믿으며, 자녀에게 학교에 가라고 강요하지 않는다. 다른 한편으로는 정부가 부모의 교육 참여를 막았기 때문에, 의사소통이나 정보 공유는 시행되지 않았다. 이 정보를 얻은 후, Hughes는 학부모와 정보를 공유할 필요가 있음을 알고 문화적으로 관련이 있는 학교 교육이기를 바란다고 학부모에게 알린다. 또한 교실 참여, 정책, 의사결정 등에 학부모의 참여를 더욱 장려하기 위한 계획을 전개시키려 지역사회 지도자와 만나기로 결정한다. 그러면 학부모는 형식적인 교육의 가치를 보고 정규적인 학교 출석을 지지할 것이다.

표 2-3은 실제에 적용되는 주요 발달 이론과 학습 이론을 정리한 것이다. 성인의 역할과 그에 상응하는 환경적 요인에 주목하라.

유아를 대상으로 일하는 성인은 유아의 행동을 지원하는 이론적 기초에 근거해야만 한다(Glascott, 1994). 이 책을 통하여 이론은 실제에 적용된다. 하지만 문자 그대로 특정 이론을 받아들일 때 나타나는 몇 가지 한계를 명확히 하는 것에도 주의를 기울여야 한다. 이론은 아동의 사회적 맥락—가족, 지역사회, 문화, 언어—내에서 고려되어야만 한다.

생각해 보기

이 이론의 개요를 통해 가장 마음에 드는 것 하나를 찾았는가? 왜 마음에 들었는가? 왜 발달 이론과 연구를 실제 교수에 적용할 때 주의해야 하는가?

6 발달과 학습 이론 및 연구의 신중한 적용

Stott과 Bowman(1996)은 이론과 실제 간의 관계에 대해 사려 깊은 견해를 제공하였다. 그들은 이론과 연구가 교수 실제를 구체화할 오직 하나의 데이터 집합이라고 지적한다. 개인의 사적인 경험과, 가정과 지역사회에서의 아동의 역할은 전체적인 차원에서 역시 중요하다. 그러므로 이론과 연구는 주의 깊게 적용되어야만 한다.

> 이론을 읽거나 토론할 만한 가치가 있는 것은 이론이 현실을 반영하기 때문이 아니라 제안이나 평가를 이끌기 때문이다. 이론은 사실에 의미를 부여하고 조직화하고 또 관찰과 연구를 잘 이끈다는 점에서 유용하다(Stott & Bowman, 1996, p. 171).

또한 Stott과 Bowman은 인류학, 사회학, 수학, 과학, 예술과 같은 다양한 영역의 이론과 연구가 교수 실제를 이끌 사상에 기여한다는 점을 지적한다. 더욱이 각 개인과 각 문화 집단은 교육의 목적에 관해 개별적인 가치를 갖는다. 이는 교사가 다각적인 관점을 통합할 수 있어야만 하는 이유이다.

발달 연구는 또한 다른 관점에서 볼 수 있다. 소수 집단의 아동 발달 연구는 소수 아동 발달 연구의 모형을 발달시킨다(Coll et al., 1996). 이 모형은 사회문화적 변인에서 아동의 유능감으로 움직이는 선형적 방식으로 설정된다. Coll과 동료들은 초기 발달적 과정이 백인 아동과 마찬가지로 유색인종의 아동에게도 같은 방식으로 작동한다고 분명히 말한다. 하지만 아동의 특수한 환경, 즉 인종, 사회적 지위, 문화 등을 고려하는 것은 매우 중요하다. 모든 아동에게 백인 중산층 아동의 양육 접근을 적용하기보다, 유색인종의 아동에게 적합한 아동 양육 실제가 고려될 필요가 있다. 아동의 특성 역시 똑같이 중요하다. 연령, 기질, 건강, 성숙 시기, 인종은 고려할 만한 필수적인 특성이다. 또한 Coll과 동료들은 인종이 아동의 발달에 중요한 영향을 미치는 뚜렷한 생물학적인 요인일 수 있다는 증거를 설명한다. Coll과 동료들의 모형은 많은 발달적 영향의 핵심에서 이러한 다양한 요인을 밝힌다.

행동과 발달에 대한 사회문화적 교육과정 내용에 대한 견해는 문화와 내용 그리고 발달 간의 관계를 설명하도록 본문에 잘 녹아 있다. 어떤 개별 아동의 발달이나 유아와 함께 일하는 대상으로 작업하는 성인을 이해하기 위하여, 다양한 이론과 가치를 선택하고 결합하고 통합하는 것이 필요하다.

발달 이론과 행동주의 이론 둘 다 아동의 정신적 · 사회적 · 신체적 운동 기술이 어떻게 발달하는지 설명하고자 한다. 사회문화적 이론은 더욱 다양한 관점에서 설명된다. 초기 발달을 설명하는 각 접근 유형은 아동을 대상으로 하는 매일의 작업에 적용될 수 있다. 이러한 이론가/연구자의 견해와 매일의 실제에 적용하는 자세한 내용은 다음 장에 나와 있다. 이상적으로 아동 발달과 유아교육은 일치하여 하나로 작동되어야만 한다(Elkind, 1993). 이 책은 이 목표가 어떻게 성취될 수 있는지 잘 보여 줄 것이다.

뇌 발달

연구에서 실제로의 적용

뇌 발달 연구 결과는 여러모로 부적절하게 적용되어 왔다. 뇌 연구는 유색인종의 아동이나 빈곤 아동을 학대하는 데 악용될 우려가 있다. 이른바 뇌 기반 아동 양육이나 교육적 권고는 뇌 연구가 아니라 심리학적 연구나 교육적 연구에 근거하여 만들어졌다. 유아를 양육하고 교육하는 사람들에게 정확한 정보가 제공되어야만 한다.

요약

1 이론이라는 용어 정의하기

이론은 아동이 어떻게 자라고 학습하는지 설명, 기술, 예측하는 일련의 규칙이나 계획을 보여 주기 위해 설계된다.

2 발달 이론과 학습 이론과 같은 이론의 유형 확인하기

발달 이론은 성장과 학습 간 상호작용에서 비롯된 아동의 변화를 설명하고자 한다. 행동주의 이론은 환경에서 유래한 변화에 초점을 둔다. 규준/성숙주의 이론은 규준 또는 아동이 특정 연령에서 무엇을 하는지 그리고 무엇을 학습하는지에 주목한다.

3 중요한 이론가/연구자를 확인하고 그들의 이론 설명하기

어떤 이론가들은 Jean Piaget, Lev Vygotsky, Sigmund Freud, Erik Erikson, B. F. Skinner, Albert Bandura, Carl Rogers, Abraham Maslow의 사상에 큰 영향을 받았다. Arnold Gesell의 표준/성숙주의 관점 또한 아동 발달에 대한 우리의 지식에 상당한 양을 보탰다. 표 2-1에서 이러한 이론가들이 이론 발달과 연구를 통해 설명하고자 시도한 영역을 설명한다. Piaget는 논리적 사고와 사회도덕적 지식과 행동 발달에 관한 연구로 알려져 있다. Vygotsky는 아동이 사고하고 말하는 것을 학습하는 방법과, 유아의 학습에 성인과 또래의 사회적 상호작용이 중요하다는 견해에 공헌하였다. Freud와 Erikson은 사회 발달과 성격 발달 이론가로 알려져 있다. Skinner의 이론은 어떤 학습된 행동이 인지적인지, 또는 정서적, 신체적, 운동적인지 대해 설명해 준다. Rogers는 자기 개념의 발달과 구성에 초점을 두었다. Gesell의 연구는 성장 발달과 규준 발달에 초점을 맞추고, 아동 양육과 교수를 위한 실제적인 적용에 초점을 둔다. 가장 최근의 비판 이론은 교실에서의 힘 관계와 지식의 사회적 구성을 고려한다. 생태학적 이론은 가족, 지역사회, 국가와 같은 생활 맥락 내에서 개별적으로 고려한다.

4 인지, 정서, 신체, 운동의 발달, 학습 영역의 정의 인식하기

아동의 성장과 발달은 보통 인지, 정서, 신체, 운동의 네 가지 영역으로 나뉜다. 인지적 성장은 아동이 자라고 학습하면서 정신이 어떻게 작동하는지에 초점을 맞춘다. 정서적 성장은 자기 개념과 사회, 정서, 성격 특성 발달에 중점을 둔다. 신체적 성장은 신체와 각 부분의 발달과 관계가 있다. 운동 발달은 신체와 각 부분을 사용하는 기술의 발달을 말한다.

5 이론의 특정한 실천적인 적용 확인하기

그들의 방안에서 이론과 관련한 몇 가지 과제가 생겨났다. Piaget 이론은 놀이에, Vygotsky의 이론은 언어 발달에 적용된다. Erikson의 견해는 주도권을 발휘하는 유아 전기 아의 욕구와 관련이 있다. 대소변 훈련 문제는 Freud 이론과 관계 있다. Maslow의 첫 번째 단계는 학교의 아침식사 프로그램의 필요성을 지지한다. Rogers 이론은 아동이 사랑받고 안전해야 하는 요구를 지원한다. Skinner 이론은 긍정적인 행동을 강화하고 부정적인 행동을 무시하는 것에 적용된다. Bandura의 이론은 수용할 수 없는 언어에 대한 아동의 학습을 설명한다. Gesell의 연구에서 신체 성장의 규준은 비교하는 데 유용하다. 사회문화적 이론은 학교 교육이 어떻게 문화적 규준이나 신념과 양립하는지 분석하게 한다.

6 이론이 사회경제적 수준이 낮은 집단이나 소외 집단의 아동에게 적용될 때 신중해야 함을 설명하기

이론과 연구는 가족과 지역사회의 신념과 관습의 견지에서 조심스럽게 적용되어야만 한다. 또한 아동의 개인적인 특성이 결정적이다.

제 03 장

영유아 연구하기

이 장과 관련된 표준

naeyc

NAEYC 프로그램 기준

3a: 영유아 연구에 대한 목적, 유익, 평가의 사용을 이해하기

3b: 관찰, 기록 및 다른 적절한 평가도구와 접근 방법을 이해하고 적용하기

3c: 각각의 아동에게 긍정적 결과를 촉진하는 적절한 평가 방법을 이해하고 실시하기

6b: 윤리적 기준과 다른 전문적 윤리지침을 이해하고 준수하기

DAP

발달에 적합한 실제(DAP) 지침

4A 1: 아동의 발달과 학습에 대한 평가는 교사가 제공하는 교실 경험의 효율성을 계획하고, 실행하고, 평가하는 데 필수적이다.

학습목표

1 아동 연구에서 역사적으로 중요한 요소를 설명한다.
2 맥락이 아동 연구에서 어떻게 중요한지 기술한다.
3 일화 기록법, 일기식 기술(육아 일기), 관찰, 면담에 대한 개념을 정립한다.
4 발달에 적합한 평가 방법과 적합하지 않은 평가 방법을 비교하여 구별한다.
5 전문적 윤리규정의 필요성을 설명한다.

영유아와 관련된 일을 하는 사람들은 최근 들어 영유아가 어떻게 발달하는지에 대해 잘 알아야 한다는 사실을 더욱 의식하고 있다. 이들은 발달에 대한 지식이 현재 영유아들과 상호작용하기 위해서뿐만 아니라 앞으로의 교육 활동을 계획하기 위해서도 필요함을 인식하고 있다. 그러나 이런 일이 항상 가능하였던 것은 아니다. 20세기에 접어들어서야 아동이 어떻게 발달하고 학습하는지에 대한 연구 영역이 가치 있는 고유의 영역으로 인정받게 되었다. 20세기 이전에는 대부분의 성인들은 영유아에 대해 아는 것이 특별한 것이 아니라고 여겼다.

1 아동 연구에 대한 간략한 역사

아동 발달에 대해 연구하는 사람들은 영유아와 관련된 일을 하는 사람들에게 도움을 줄 수 있는 문제와 질문들에 대해 답을 찾기 위해 연구한다. 예를 들어 21세기에는 보육 시설의 경험이 아동 발달에 미치는 영향에 대해 연구한다든지, 일반적으로 조기교육이 아동과 그들의 가족에게 미치는 영향, 또는 과학기술이 아동의 행동과 발달에 미치는 영향, 영아들의 특징, 뇌 발달 속도, 태내기 때의 어머니의 약물 남용, 문해 발달, 영유아기의 아버지 역할 등에 대해 연구한다.

20세기 전까지는 아동의 성장 발달에 대한 관심은 있었으나 연구는 거의 없었다. 아동이 어떻게 성장하고 학습하는지에 대해 개념을 제안한 사람들은 있었지만, 실제 아동 생활과 그들과 상호작용하는 성인에게서 그들의 제안한 개념을 검증받을 만한 시도는 거의 없었다.

1800년대 후반에 **아기에 대한 일기식 기술(육아 일기)**이 나타나기 시작하였다. 이러한 일기식 기술을 최초의 아동 연구 기록으로 볼 수 있다. 부모는 매일매일 자기 자녀의 흥미로운 일상에 대해 기록하였다. 이러한 육아 일기적 기술은 아동 발달 영역을 매우 고무시켰다. 20세기에 접어들어 G. Stanley Hall은 최초로 대단위 아동을 대상으로 조직적인 연구를 수행하게 되었다. 그는 미국 전역의 부모에게 자기 자녀에 대한 모든 것을 체크하도록 하는 질문지를 배부하고 연구를 실시하였다. 이 연구가 오늘날 우리가 아동 발달 분야라고 생각하는 연구의 시조이다.

2003년 아동발달연구학회(Society for Research in Child Development, SRCD) 회장단 연설에서 Ross D. Parke(2004)는 아동 발달 분야의 발자취를 조명해 보기 위해 아동 연구에 대한 역사적 개관을 제안하였다. 1933년에 SRCD가 조직되면서 아동 발달 연구도 인정받게 되었다. 1933년부터 1943년까지 초기의 이 분야에서 이룬 주요 성취는 Iowa, Minnesota, Columbia, Yale, Berkeley, Fels 대학교에 연구 기관을 설립하는 일이었다. 이러한

아기에 대한 일기식 기술(육아 일기, baby biographies) 날마다 아기가 보이는 흥미롭고 특별한 일들의 기록

아동 연구 기관들은 먼저 설립된 농업 연구 기관에서 돼지 연구를 하여 향상된 결과가 나오자 아동도 연구 후 향상될 수 있다는 견해에 입각하여 설립되었다. 이 기간에 Gesell이 아동의 운동 발달에 대한 연구를 시작하였다. Freud의 정신분석 이론은 유럽에서 매우 빨리 확산되어 나갔다. 1933년에서 1943년 기간 중에 Freud, Watson, Gesell, Piaget 같은 주요한 이론가들이 등장하였다. Freud는 공격성, 방어 기제, 도덕 발달, 성역할 등에 초점을 맞추었다. Watson은 실험실적 아동 심리의 기초를 제공하였다. Piaget는 1960년대까지 북아메리카 지역에 영향을 미치지 못하였다. Gesell은 운동 발달에만 초점을 맞췄지만, 그는 발달에 모든 영역이 상호 의존적이라는 것을 인식하고 있었다.

1943~1963년에는 발달을 연구하는 데 학습 이론을 적용하는 것이 흥미롭게 중요시되었다. 목적은 공격성, 성 유형화, 방어 기제와 같은 Freud의 관심 영역을 번역하는 것이었다. John Whiting은 초기 아동 양육 경험(실제)이 후에 성격 발달에 영향을 미치는 데에 대한 연구를 시도하였다. Rovert R. Sears는 젖떼기, 배변 습관, 체벌, 의존 등과 같은 조기 양육 경험과 후에 성격 발달에 관한 연구를 시작하였다. 이 시기에 Skinner는 조작적 조건 형성 개념을 발전시켰는데, 이는 아동에 대한 연구 영역에 널리 적용되었다. Sears와 Skinner의 업적은 실제적인 적용에 영향을 미쳤다. 1943년에서 1963년 기간에, 발달에서 초기 경험이 차지하는 중요성과 행동에 미치는 생물학적인 영향에 대한 인식이 크게 증가되었다.

Parke(2004)는 1963~1983년이 이론보다는 주제가 더 중요한 특징으로 부각된 시기였다고 표현하였다. 주요 주제는 인지 발달, 영아기 민감성, 사회적 학습, 사회적 상호작용과 정서 영역이었다. Piaget의 이론과 연구가 영어로 번역되었고, Hunt와 Flavell에 의해 설명되고 해석되었다. 천성과 양육에 대한 Piaget의 상호작용적 관점은 보편적인 관점이 되었다. SRCD 회원들은 이제 사회 정책에 관심을 갖기 시작하였다. 1977년에는 정부와 연계된 사회정책부가 조직되었는데, 이는 아동 발달에 대한 지식이 사회 문제를 해결하는 데 중요하게 적용될 수 있다는 근거에 의해서였다. Bronfenbrenner가 수행한 맥락의 중요성에 대한 이론과 연구는 주요한 관점으로 부각되었으며, 또 다른 주요한 아동 연구의 진보는 영아의 엄청난 학습 능력을 발견한 것이다.

Parke(2004)는 1983년부터 2003년까지 연구와 이론에 영향을 미친 몇 가지 주제들을 다음과 같이 정리하고 있다. 즉, 행동의 유전적 기초와 생물학적 기초, 인지와 정서의 상호 의존성, 문화의 역할에 대한 재조명, 좀 더 다학문적 연구로의 전환 등이다. 물론 예전 학자들의 관심 영역인 의식, 반영, 의도, 동기, 의지와 같은 부분에도 계속 관심을 가지게 되었다. 인지와 정서의 상호작용에 대한 연구는 수줍음, 죄의식, 자존감, 공감 등과 같은 정서와 질투와 같은 사회 정서를 강조하게 되었다. 거대 이론보다는 좀 더 절충적이고 융통성 있는 적용 가능한 이론 모델이 채택되었다. 이론은 발달을 이해하는 데 있어서 융통성 있는 지침이 되었다. 중요한 발견 중 하나는, 대뇌피질의 변화가 일어나는 5~7세 시기에 아동의 학습과 기억 능력도 변화한다는 것이다. 이는 유전과 호르몬의 영향이 행동과 발달에 영향을 미친다는 흥미로운 영역을 발견한 것으로 볼 수 있다. 과거에는 발달에 영향을 미치는 것이 유전인지 환경인지에 관한 준거를 찾는 것이 주요 논쟁점이었다. 최근에는 상호작용 이론가들의 견해가 주로 보편적이다(8장에서 다룰 것이다). Parke(2004)는 좀 더 다학문적 접근 연구의 필요성을 알게 되었으며, 아동기 문제의 해결과 문화적 민감성에 더 집중할 것을 주장하였는데, 이는 최근 들어 더욱 강조되고 있다. 아동 발달 분야는 큰 진보를 보이고 있지만 여전히 연구해야 할 부분이 많다. 시간이 흘러가면서 우리는 아동이 복잡하다는 것을 알게 되었고, 해답보다는 더 많은 질문을 내놓는 경향을 보이게 되었다.

2 맥락의 중요성

영유아 연구에서 우리는 모든 것을 배워야 한다는 열망을 가지고 있다. David G. Smith는 아동이 어떤 존재라고 규정할 수 없다는 것을 우리에게 다시 한 번 일깨우고 있다. 우리는 각각의 아동을 부모, 교사, 또래와 같은 다른 사람과 관계를 맺고 있는 존재로 인식해야 한다. 아동과 접촉하는 사람은 모두 그 아동에 대해서 개인적 사진을 가지고 있다고 볼 수 있다. 이러한 사진들이 모여서 하나의 초상화가 될 수도 있지만 우리는 아직 그 모든 조각을 가지고 있지 않다. 우리가 아동을 연구하고 이를 적용할 때 고려해야 할 점은 우리가 모든 것을 설명하려고 시도한다 해도 이는 실제로 가능하지 않다는 것이다. Smith의 견해는 아동 심리학의 목적이 아동을 더 완전히 이해하고, 아동에게 나쁜 일을 방지하며, 아동을 통제할 수 있도록 하는 것이라는 것이 잘못된 견해임을 상기시키고 있다. 아동은 우리들 너머에 있는 존재이므로 항상 우리의 이해 너머에 있다. 이런 말을 숙지하고 아동 발달 연구에서 파악할 수 있는 작은 조각들을 이해하는 것이 최선이라고 볼 수 있다.

아동에 대해 모든 것을 알 수는 없다고 하더라도 우리는 되도록 많이 알기를 원한다.

이를 성취하기 위하여 Bronfenbrenner(1979, 1989, 1992)는 **생태학적 연구 모델**(그림 3-1)을 개발하였다. Bronfenbrenner는 아동이 모든 환경에서 수행하는 역할의 중요성을 강조하였다. 아동은 자신의 **미시체계** 안에서 교육되어야 하며, 여기서 미시체계란 가정, 학교, 이웃, 또래 집단, 교회와의 관계 등을 말하는 것이다. 또한 세 가지 다른 환경 체계가 아동의 삶에 동일하게 중요한 영향을 미친다고 강조하였다. 미시체계는 **중간체계**에 둘러싸여 있는데, 여기서는 가정, 학교, 이웃, 또래 집단 간의 상호작용 및 관계가 포함된다. 좀 더 바깥 세상을 고려해 보면 부가적 영향이 **외체계**에서 오며, 외체계는 지역사회 학교 위원회,

생태학적 연구 모델(ecological research model) 아동이 모든 환경 영역에서 역할을 한다는 견해

미시체계(microsystem) 아동의 가정, 학교, 이웃, 또래 집단, 교회와의 관계

중간체계(mesosystem) 아동의 가정, 학교, 이웃, 또래 집단, 교회와의 상호작용 및 관계

외체계(exosystem) 지역사회 학교 위원회, 지방 정부, 부모의 일터, 대중 매체, 지역 산업 교회와의 상호작용 및 관계

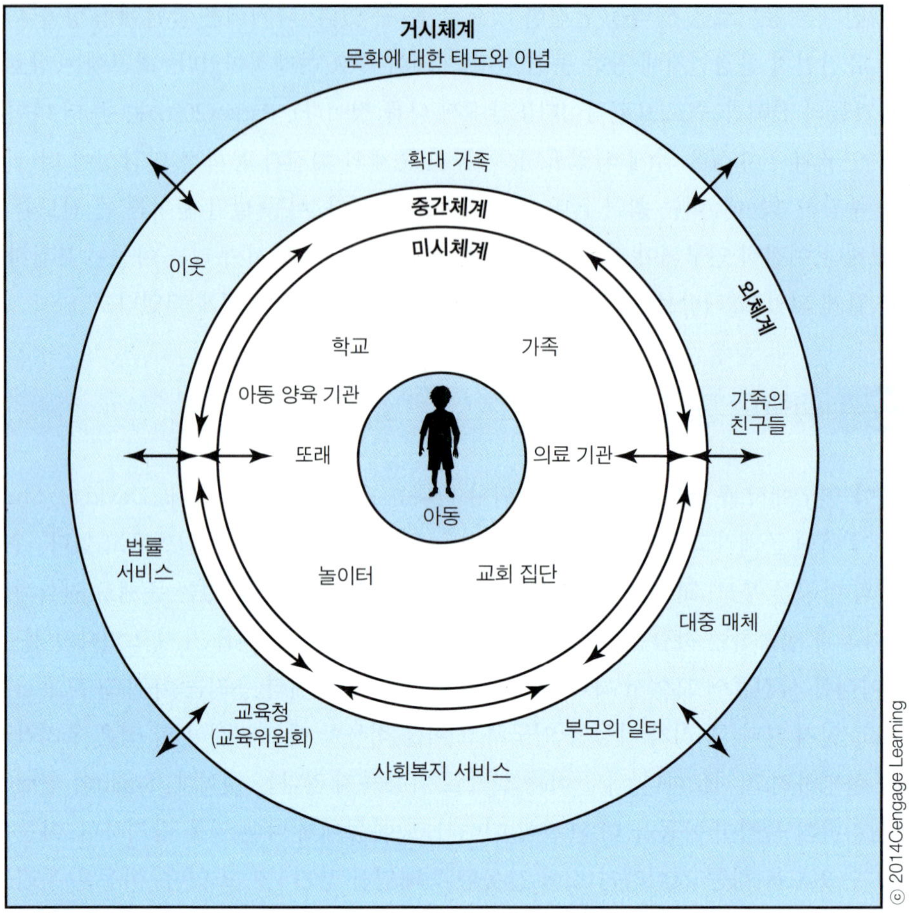

그림 3-1 생태학적 연구 모델

출처: Addsion-Wesley Educational Publishing. 허락하에 게재함.

지방 정부, 부모의 일터, 대중 매체, 지역 산업 등의 영향을 의미한다. 외체계 밖에는 **거시체계**가 있으며, 문화에 대한 태도와 이념 그리고 특징적 신념을 포함하고 있다. 이런 체계를 단면으로 잘라 생각해 보면 **시간체계**로 볼 수 있고, 아동의 환경과의 관계는 모두 시간체계로 볼 수 있다.

예를 들어 교실과 같은 어떤 미시체계 내에서 일어나는 "상황의 구조나 내용, 또는 발달 과정 유형 등은 그 문화 또는 하위 문화라고 볼 수 있는 중간체계에 의해 제한을 받는다"(Bronfenbrenner, 1989). 매일 당신이 아동을 교실에서 볼 때 많은 요소들이 아동의 행동에 영향을 미치기 때문에 이런 것들을 고려해야 하는 것은 필수적이다. 물론 가정은 아동의 생태학적 환경 중에서 가장 중요하다. 가정 내에서 여러 스트레스 요인이 맞물리고

거시체계(macrosystem) 문화의 이데올로기(이념)와 특징적 신념과의 상호작용 및 관계

시간체계(cronosystem) 생태학적 체계에서의 시간 차원

있으며, 가정의 스트레스 요인이 아동에게 어떻게 영양을 미치는지에 대해 알아보는 것은 중요하다(Swick & Williams, 2006).

발달 연구 영역에서 21세기는 발달 연구의 시작 시기인 20세기와는 매우 달라졌다. Fabes, Martin, Hanish와 Updegraff(2000)는 20세기와 21세기 발달 연구의 차이의 개요를 정리하고 평가하였다. 기술적 연구나 후기 실험적 실험실 연구에서 시작된 아동 발달 연구 분야는 이제 Bronfenbrenner(1979, 1989, 1992)가 제시한 체계에 영향을 주는 모든 주제를 다루는 것으로 연구 영역이 확장되었다. 더욱 강조된 분야는 아동의 삶을 향상시킬 수 있게 하는 주제와 정책에 영향을 줄 수 있는 주제들에 관한 연구였다. 예를 들어 비극적 학교 총기 난사 사건이 발생하자 폭력에 관한 연구는 이에 자극을 받아 더 많이 수행되었다.

3 아동 연구 방법

영유아를 대상으로 일을 하는 성인은 연구자가 연구하는 동일한 방법으로 아동을 연구해야 한다. 성인은 아동에게 적절한 학습환경을 계획해 주기 위하여 각각의 아동에 대해 되도록 많이 알 필요가 있다. 아동 발달 과정에서 무엇을 배웠는지 점검해 보고 아동에게 이를 적용해 보는 것은 매우 중요하다. 아동의 양육환경에 대한 연구를 살펴보면 아동과 아동의 가족을 위해 사용할 수 있는 변인에 대한 정보를 얻을 수 있다. 예를 들어, 회의 중에 부모와 특별한 정보를 공유하게 될 수도 있다.

아동 연구는 두 부류로 구분될 수 있다. 즉, 자연적 연구와 실험실 연구이다(Pellegrini, 1991). 실험실 관점은 통제를 목적으로 환경을 고안하여 특정 유형의 행동이 일어나도록 한다. 실험실 연구는 인과관계를 밝히기 위하여 고안되었다. 자연적 접근은 아동을 그들의 일상생활에서 살펴본다. 최근에는 자연적 접근이 더 일반적이다. 아동의 일상생활 활동에 대한 다양한 유형의 기술적 연구는 매우 많다. 자연적 기술 연구는 다른 유형의 연구들에 비하여 앞으로 이 아동에게 어떤 일들이 일어날 수 있는지에 대해 넓고 때로는 깊은 정보를 제공해 줄 수 있다. 자연적 연구에서 연구자는 마치 새로운 미지의 문화를 찾아가는 문화인류학자 같은 역할을 하게 된다. 연구자는 자세히 적어 기록해야 하며, 녹음이나 녹화를 하기도 하고 연구와 관련된 사람들과 면담을 하기도 한다. 연구자는 교실 등에서 그냥 있기만 하면서 연구할 수도 있고 적극적으로 참여하면서 연구를 실시할 수도 있다. 이런 유형의 기술적 정보는 자연적 상황에서든 실험실 상황에서든 좀 더 구조화된 관찰 정보를 제공한다. 자연적 연구는 교사가 교육 현장에서 연구자가 될 기회를 더 많이 제공하고 있다.

아동기 연구에서 주로 사용되는 연구 방법은 교사, 부모, 아동과 함께 일하는 사람들에 의해 수행될 수 있다. 이런 방법들에는 육아 일기를 쓰거나 아동이나 돌보는 사람과 면담을 하거나 자연 관찰을 사용하는 것이다. **포트폴리오** 시스템도 교사나 학생들이 정보를 수집하여 정리하는 데 자주 쓰이고 있다(Gelfer & Perkins, 1992; Grace & Shores, 1992; Seitz & Bartholomew, 2008; Gestwicki, 2011). 포트폴리오란 아동들의 작품을 모으는 것으로, 포트폴리오 시스템은 새로운 문제나 새로운 교실에서 아동들의 유연한(부드러운) 전이를 도울 수 있는 기록들을 계속적으로 제공한다.

다음에서 이와 같은 연구 방법의 예를 살펴보도록 한다.

일화 기록법

1. 아동: Sam이 걸음마기아 방에 온 지 이틀 되는 날이다.
2. 상황/활동: 다른 아동들은 아침식사를 모두 끝냈는데, Sam은 아직도 자기 자리에 앉아 있다.
3. 일화: Sam은 자기의 냅킨을 씹고 있었다. 그는 교실 주위를 힐끔거리며 냅킨을 아주 잘게 씹어 힘주어 찢는 행동을 하고 있었다. 갑자기 Heidi 선생님은 Sam이 먹는 것을 마치고 냅킨을 씹고 있다는 것을 알아챘다. 그녀는 아이와 대화할 수 있도록 자세를 낮추고는 찢어진 냅킨 조각들을 쓰레기통에 버리라고 부드럽게 Sam에게 지시하였다. Sam은 입안에 있는 냅킨도 뱉고 나머지 조각들도 쓰레기통에 버렸다. 그리고 Sam은 Heidi 선생님이 시범을 보이는 대로 자기 그릇을 다 먹은 그릇 놔두는 곳으로 가져다 치웠다.

일화 기록이란 의미 있는 사건에 대한 짧은 이야기이다. 이 경우에는 Sam이 유아원 생활을 편안하게 시작하는 것을 보여 주는 동시에 아침식사 시간이 좀 더 익숙해질 때까지 참고 기다릴 필요가 있다는 것(냅킨을 씹는 것이 어떤 스트레스가 있어서일 수도 있지만)을 보여 주는 기록물로 볼 수 있다. 어른은 기록할 때 부호를 쓰거나 빨리 사건의 개요를 쓰면서 더 자세한 사항을 후에 덧붙여 써야 한다.

일기식 기술(육아 일기)

할머니는 Summer의 발달 기록을 가지고 계시다.

> 6월 15일 오늘 네 살 된 Summer는 자기가 가지고 있는 책을 나에게 보여 주려고 집에 막 뛰어 들어왔다. Summer는 나에게 의자에 앉으라고 말하였다. 나에게 한쪽 팔을 걸치고 『매트 위의 쥐』라는 동화책을 나에게 읽어 주겠다고 하였다. Summer는 자신이 해낸 일에 매우 기뻐하였다. Summer는 각 단어를 손으로 짚어 가며 읽었으며, 어떤 장에서 이해를 높이기 위해 의성어를 쓰면서 시범을 보이기도 하였다.

포트폴리오(portfolio) 교사와 학생에 의해 아동에 대한 정보를 모은, 계속 진행 중인 기록

부모 면담

어떤 부모가 자녀의 유아교육 기관 경험에 대해 면담하고 있다(Paulsell & Nogales, 2003, p. 34).

> 내 아들은 학교에 가는 것을 매우 좋아합니다. 어느 날, 학교에 데려다줄 수 없는 날인데도 아들은 학교에 가겠다고 졸라서 나는 미칠 뻔했습니다. 봄방학 기간이었는데 아들은 계속 "학교에 가야 돼요, 학교에 갈 거예요."라고 말하였습니다. 나는 학교에는 아무도 없다고 말해 줬고, 아들이 학교를 정말 좋아하고 학교 생활을 즐긴다는 것을 알았습니다.

아동 면담

> 면담자: 무엇이 구름들을 움직이게 하는 걸까?
>
> 아동: 하나님이 그렇게 하도록 하세요.
>
> 면담자: 어떻게?
>
> 아동: 하나님이 구름들을 밀고…, 하나님이 [구름을] 그렇게 놔두어요.(Piaget, 1966, p. 63)

연속 기록법

> 공휴일 방학 후 걸음마기 유아원 첫날이었습니다. Ann 선생님이 담당 교사였고, 그날은 Kate와 Sandy라는 교생 선생님이 계셨습니다. Summer의 어머니는 Summer를 10시 30분에 데리고 오셨습니다(수업이 시작되고 30분 정도 지난 시간이었습니다. 물 따르기, 미니 트램펄린, 쓰기 영역, 이젤에서 그림 그리기, 점토 놀이, 소꿉 영역, 도서 영역 그리고 테이블 위에 여러 가지 조작할 만한 것들이 많이 있었습니다. Summer는 엄마가 교실에 들어가라고 신호를 하자 교실을 둘러보았습니다. 엄마는 갔고, Summer는 이젤에 가서 붓을 쥐고 그림을 그리기 시작하였습니다. 붓은 쥐고 있었지만 Summer의 관심은 탬버린에 있었습니다. Summer가 탬버린 활동을 하는 친구들을 계속 보자, 선생님이 탬버린 활동을 하고 싶으냐고 물어보았는데, Summer는 그냥 보는 것이 좋다고 대답한 후 선생님과 점토를 가지고 활동하기 시작하였습니다. 그러면서 탬버린 활동을 보다가 일어나서 Summer는 탬버린 활동을 하려고 급히 갔는데, 그 공간에 큰 남아 두 명이 들어오자 Summer는 다시 이젤이 있는 곳으로 돌아갔습니다.

일기식 기록 방법을 보면서 우리는 부모나 성인이 무슨 일을 기록할 만큼 중요하다고 생각하는지 알 수 있다. 그러나 아동 발달에 대한 지식을 이용하고 적용할 수 있는 성인이라면 개인적으로 또는 집단에서 아동에게 어떤 일들이 일어날지를 예상하여 더 잘 다룰 수

사진 3-1 부모 면담을 통하여 우리는 부모의 최근 아동 양육 태도와 과거 및 최근의 아동 양육 방법을 알 수 있다.

있는 방법을 알 수 있다. 선생님들은 각각의 아동들에 대해 자세한 기술을 할 시간은 부족하지만 개인적으로 특히 중요한 장면으로 보이는 일화나 사건은 기술할 수 있다(Nicolson & Shipstead, 1994; Bentzen, 2009).

부모와 아동 면담에서 우리는 내담자가 특별히 무엇을 원하는지에 대한 정보를 얻곤 한다. 부모 면담 정보가 가치가 있는지는 부모의 아동에 대한 과거의 기억이 정확한가 또는 아동 행동에 대한 부모의 의견이 어떠한가에 달려 있다(사진 3-1). 이 정보는 매우 주관적이지만 중요하며, 때로는 유용하지 않은 정보일 수도 있다. 아동 면담은 교육에서 매우 중요하다(사진 3-2). 비구조화된 면담(이후 다른 장에서 자세히 설명)은 아동이 무엇을 알고 있고 어떻게 생각하는지에 대해 알 수 있는 필요한 수단이다. 관찰과 면담은 교사가 가진 가장 중요한 두 가지 도구인 것이다.

앞의 예를 보면 **연속 기록법**으로 관찰하는 것(observation)은 외부인에 의해 수행되며 아동의 행동이 사실 그대로 모두 자세히 묘사된다(사진 3-3). 기록을 읽는 사람은 무엇이 중요한 사건인지를 결정해야 한다. 이런 유형의 관찰을 연속 기록법 또는 **표본식 기록**이라고 부른다(Nicolson & Shipstead, 1994; Bentzen, 2009). 이 방법으로 정보를 얻으려면 시간이 많이 소비된다. 그러나 매우 흥미로운 사실을 많이 보여 줄 수 있다. 발달 연구가와 교육 연구가는 아동과 교사에 대한 정보를 얻기 위해서 자연 관찰과 면담을 더욱 중요시하고 있다(McLean, 1993; New, 1994). 자연 관찰도 좀 더 구조화되고 있으며, 범주나 체크리스트를 사용함으로써 시간 소비를 줄이고 있는 추세이다(Nicolson & Shipstead, 1994; Bentzen, 2009).

사진 3-2 아동과 일대일 면담을 통하여 좀 더 구체적이고 명확한 학습이 이루어질 수 있다.

집이나 학교, 운동장 등에서 자연스럽게 일어나는 상황을 대신해서 실험적 연구를 위한 실험실 관찰도 이루어지고 있다. 실험실 상황이란 어떤 행동을 끌어내기 위해 고안된 환경

연속 기록법(running record) 자연 관찰의 한 방법으로, 외부인(아동과의 활동에 참여하지 않는 사람, 비참여자)에 의해 사실적으로 매우 자세히 기록되면 표본식 기록이라고도 부른다.

표본식 기록(specimen record) 연속 기록법 참조.

사진 3-3 자연 관찰을 통해 아동이 일상에서 어떤 일을 하는가를 알아낸다.

을 의미한다. 예를 들어 우리는 아동이 또래나 또는 낯선 사람과 있을 때 어떤 행동을 하는지 알고 싶어 할 수 있다. 특별한 방법으로 이런 환경을 고안하면 원하는 정보를 얻기가 더 수월해진다.

아동과 관련된 일을 하거나 정보를 수집하는 사람은 훈련된 관찰자이어야 한다(Jablon, Dombro, & Dichtelmiller, 2007). 예를 들어 다양한 문화적 배경을 가진 학생들이 증가하면서 교사는 각각의 학생에게 문화적으로 적절한 계획을 세우기 위해 학생 개개인을 연구해야 할 필요가 생겼다. New(1994)는 교사가 세 가지 역할을 해야 한다고 제안하였다. 첫째, 교사는 사진, 비디오 녹화, 녹음, 아동 작품, 일화 기록, 다른 관찰 자료 등을 이용하여 아동의 일상 활동을 기록할 수 있다. 둘째, 교사는 학생들의 동기를 이끌고 학습을 증진시키기 위하여 다양한 교수 책략과 수업 자료를 이용하여 실험을 시도할 수 있다. 셋째, 교사는 각 학생의 문화적 배경을 마치 문화인류학자처럼 잘 살펴야 할 의무가 있다. 영유아기 교육에서는 방법론적으로 교사와 연구자가 협동하는 여러 방법이 사용되어야 하며, 연구자로서의 교사는 연습을 통하여 연구자적 자질을 확장해 나가야 한다.

영유아 교육기술 도서 자료와 인터넷 자료를 통하여 아동과 교사가 어떻게 아동의 포트폴리오를 위한 자료를 모으는 기술을 이용할 수 있는지 알아보자.

4 발달에 적합하지 않은 평가에 대한 도전

필수 기준이 있는 시험에 대한 부담은 모든 수준에서 교사를 좌절시킨다(Kohn, 2001a). 헤드스타트와 같은 유아원의 프로그램에서조차 다양한 평가가 요구된다. 교사가 학생들의 성취 기준에 부담을 느끼게 되면 학생들을 발달에 부적합하게 고안된 좁은 기준을 통과하게 하도록 발달에 부적합한 교수를 하게 된다(Popham, 2005). 어린 아동들은 같은 연령이라 할지라도 똑같은 속도로 발달하지 않는다. 설사 어떤 개념이나 기술을 습득하였다 할지라도 집단으로 실시되는 시험에서 아동들은 자신의 능력을 보여 주지 못할 수 있다. 때로는 개인적으로 실시되는 평가에서도 문제를 일으키곤 한다. 가끔 어떤 평가는 일부 영역만 측정할 수 있을 뿐, 시간 낭비일 경우도 있다. 예를 들어 최근 초기 언어 평가를 DIBELS (Dynamic Indicators of Early Literacy Skills)로 많이 하는데, DIBELS는 제한된 영역만 측정할 수 있고 시간이 걸리기 때문에 좀 더 적합한 평가도구가 필요하다. DIBELS는 이해 능력의 기술을 측정하기보다는 하위 영역에 초점이 맞춰져 있다(Gordinier & Foster, 2004/2005; Li & Zhang, 2008).

위와 같은 측정도구는 아동과 교사 모두에게 스트레스를 준다. 교사는 이런 테스트를 하기보다는 의미 있는 배움의 시간을 많이 만들고 더 적합한 평가를 해야 한다. 더 나아가 교사와 학부모는 이러한 체계를 함께 고쳐 나가야 한다(Kohn, 2001a). 아동에게 적합한 측정 방법이란 관찰, 면접, 아동 작품 수집, 체크리스트 등을 병행하여 함께 사용하는 것이다(McAfee, Leong, & Bodrova, 2004). 이런 도구 및 책략은 일상적 수업의 일부가 될 수도 있다. 이런 도구를 잘 사용할 수 있도록 교사를 위한 매뉴얼을 제공하는 것이 중요하다.

생각해 보기

당신의 시험 경험을 생각해 보라. 시험 볼 때 기분이 어떠하였는가? 초등학교 때나 고등학교 때의 시험 경험을 떠올릴 수 있는가? 다른 선생님이나 아동과 이런 경험을 이야기해 본 적이 있는가? 당신 학급에 있는 다른 사람과 당신의 경험을 비교해 보라.

5 연구자 윤리

교사, 연구자, 아동 발달 전공 학생 모두 윤리규정 **원칙**을 따라야 한다. NAEYC는 윤리규정을 채택하고 있는데, 이는 교사나 다른 사람들이 윤리적 딜레마를 해결할 수 있도록 해준다. 이 윤리규정은 0~8세의 아동과 그 가족을 매일 훈련시키는 사람들을 대상으로 한다. 그러나 윤리규정의 대상은 프로그램을 모니터링 하는 사람, 자격을 부여하는 공무원, 부모 교육 전문가, 유아교육과 학생 등으로 확장되어야 한다(NAEYC's Code Ethical Conduct, 2011, p. 1). 이 규정의 전문적 책임성이 있는 네 가지 영역은 아동, 가족, 동료, 지역사회이다. 이 규정은 각 영역의 원칙과 **이상**을 담고 있다. 이상은 전문가들의 목적을 반영하며, 원칙은 명확한 해결책이 없어 보이는 윤리적 문제가 발생하였을 때 해결할 수 있는 방향을 안내할 수 있다. 가장 중요한 원칙은 다음과 같다.

원칙(principles) 윤리적 문제를 해결하는 데 도움을 줄 수 있는 지침

이상(ideals) 교수자의 목표

> P.1.1—무엇보다도 우리는 아동에게 해를 주어서는 안 된다. 우리는 아동에게 정서적으로 위해하거나, 신체적으로 해를 입히거나, 무례하거나, 비하하거나, 위험하게 하거나, 착취하거나, 협박하는 어떤 활동에도 참여해서는 안 된다. 이 원칙은 모든 규정에 선행한다(NAEYC, 2011, p. 3).

미국교육연구협회(AERA)에서도 윤리규정을 공표하였다(AERA, 2011). 이 규정은 교육 분야의 연구자들을 위해 고안되었다. "이 규정의 가장 중요한 목적은 우리가 교육적 연구를 할 때 아동과 다른 사람들을 보호하도록 노력해야 하며, 우리의 연구와 연구 공동체, 그리고 관련이 있는 모든 전문가들이 진실성(integrity)을 유지해야 한다는 것을 상기시키는 것이다." 이러한 기준은 연구 대상과 연구 기관, 공익, 그리고 윤리적 측면이 요구되는 타 분야에 대한 책임성과 관련이 있다.

심화학습 NAEYC 홈페이지(www.NAEYC.org)에서 NAEYC 윤리규정을 내려받자. 2011년 5월 이후의 *Young Children*에서 윤리가 강조된 칼럼을 찾아보자. 요즘 딜레마에 빠진 문제를 읽어 보고, 문제를 해결할 수 있도록 안내하는 원칙과 이상을 정립해 보자.

요약

1 아동 연구에서 중요한 요소 설명하기

아동 발달 연구는 새로운 연구 분야 중의 하나이다. 아동 연구 분야는 20세기에 접어들어 그 중요성이 부각되었으며 1933년이 되어서야 연구 분야로 인정되었다. 1933~1934년 아동 연구 분야의 주요 업적은 Iowa, Minnesota, Yale, Berkeley, Fels 대학교에 연구 기관이 설립된 것이다. 동시에 Gesell이 연구를 수행하였고, Piaget도 유럽에서는 알려지기 시작하였으나 미국에는 1960년대가 되어서야 알려졌다. Freud의 이론은 Watson의 행동주의 이론처럼 매우 큰 영향력이 있었다. Sears와 Skinner의 이론은 1950년대 아동에게 적용되었다. 1977년에 아동발달연구학회(SRCD)가 사회정책부에 조직되었다. 맥락은 아동 연구에서 매우 강조되었다. 20세기 후반과 21세기 초반에는 대이론을 찾기보다는 융통성 있는 발달 이론 모델이 채택되었다.

2 맥락이 아동 연구에서 어떻게 중요한지 기술하기

최근 들어 아동 발달 분야에서 문화적 맥락의 중요성이 커지고 있다. Bronfenbrenner의 생태학적 모델이 큰 영향을 미쳤다. 아동을 연구할 때 가족, 가정, 이웃, 또래, 교회 등의 영향을 고려하는 것은 중요하며, 아울러 각 개체와 이러한 체계들 간의 상호작용을 고려하는 것도 매우 중요하다. 또한 대중 매체, 정부, 지역 집단 등도 각 개체에 영향을 미친다. 문화 역시 영향력이 매우 크다. 아동의 생활사 또는 연령도 아동 발달과 문화에 영향을 주는 요소로 고려될 필요가 있다.

3 일화 기록법, 일기식 기술(육아 일기), 관찰, 면담에 대한 개념 정립하기

교사나 아동과 관련된 일을 하는 사람은 다양한 방법을 사용하여 정보를 수집해야 한다. 연구 방법에는 두 가지 주요 유형, 즉 실험실 관찰과 자연 관찰이 있다. 실험실 접근은 특정 유형의 행동을 이끌어 내고 통제할 수 있도록 고안된 환경이다. 실험실 접근에서는 특정 인과관계를 살펴볼 수 있다. 자연 접근에서는 아동의 일상생활 활동을 살펴본다. 교사와 같은 성인은 아동에 대한 정보를 수집한다. 일반적으로 자료를 수집하는 방법은 다음과 같다.

- 일화 기록법은 특정 사건에 대한 짧은 이야기이다.
- 일기식 기술(육아 일기)은 계속해서 하는 특별한 형식이 없는 기록으로 일반적으로 부모님이나 가족 중 누군가가 기록한다.
- 관찰은 자세히 계속해서 기록할 수도 있고 특정 행동에 대한 체크리스트로 기록할 수도 있다.
- 면담은 아동이나 부모에게 바로 질문하는 것이다.

4 발달적으로 적합한 평가 방법과 적합하지 않은 평가 방법 비교하여 구별하기

필수 기준이 있는 시험의 부담은 모든 수준에서 교사를 좌절시키고 있다. 어린 아동의 성취를 부적절한 방법으로 평가하고 있는 것도 문제이다. 아동이 어떻게 발달하고 배우는지에 대하여 아직 대답할 수 없는 질문도 많다. 집단으로 실시되는 검사는 일반적으로 대부분의 어린 아동에게 발달적으로 적합하지 않다. 발달적으로 바람직한 평가는 일상생활에 대한 기록과 관찰, 면접, 아동 작품, 체크리스트, 평정척도 등과 같은 평가 방법을 함께 사용해야 한다.

5 전문적 윤리규정의 필요성 설명하기

부모나 어린 아동과 관련된 일을 하는 사람은 윤리적 태도를 취해야 한다. NAEYC는 윤리규정을 채택하였다. 규정은 아동, 가족, 동료, 지역사회와의 상호작용에서 윤리적으로 애매한 문제의 해결 방향을 제시할 수 있도록 고안되었다. 가장 중요한 원칙은 "모든 것에 앞서, 우리는 아동에게 해가 되는 일을 해서는 안 된다."이다.

제04장 학습이 이루어지는 과정

이 장과 관련된 표준

naeyc

NAEYC 프로그램 표준

1c: 영유아를 위한 건강하고 정중하고 지지적이고 도전적인 학습환경을 만들기 위해 발달적 지식을 사용하기

4b: 테크놀로지를 적절하게 사용하는 것을 포함하여 조기교육을 위한 효과적 전략을 알고 이해하기

DAP

발달에 적합한 실제 지침

2: 교사들은 발달에 적합한 교수 실제를 사용한다.

학습목표

1 학습을 정의한다.
2 뇌의 각 부분과 기능을 설명한다.
3 지각을 정의하고, 인식하고, 개념을 응용하고, 지각과 기억의 관계를 이해한다.
4 학습이 어떻게 이루어지는가를 설명한다.
5 영아기 · 걸음마기 아기부터 초등학생까지 학습동기의 변화를 설명한다.
6 영유아 학습의 매개체로서의 기술의 장단점을 비교한다.
7 특수아동의 통합 교육의 장점을 설명한다.

1 학습이란 무엇인가

학습이란 경험의 결과로 인한 행동의 변화라고 정의될 수도 있다. 학습경험은 다음의 예가 보여 주듯이 매우 다양한 종류의 활동을 포함하고 있다.

Carla(6세)가 언니 Becky(13세)의 옆에 앉아 있다. 두 자매는 부드럽고 차진 놀이용 점토를 반죽하고 있다. Becky가 점토를 가지고 와서 공평하게 둘로 나누어 가졌다. Carla는 언니가 그 차진 점토를 자신의 팔뚝에 올려놓고 다른 손의 손바닥과 손목 그리고 팔뚝으로 모양을 만드는 것을 보고 있다. Carla는 언니에게 자신도 똑같이 하게 해달라고 도움을 요청한다. Carla는 언니가 지시하는 순서대로 따라 한다. 먼저, 팔을 뻗어 점토를 팔뚝에 올린다. 다음, 손바닥으로 눌러 점토를 납작하게 한다. Carla는 언니가 점토를 타원 모양으로 늘리기 위해 자신의 손목과 팔뚝을 비트는 동작을 지켜본다. Carla는 그 동작을 똑같이 모방할 수 없어서 언니에게 어떻게 하였는지 보여 달라고 요구한다. 언니는 Carla에게 손목과 팔뚝의 움직임을 단계별로 가르쳐 준다. Carla는 그 동작들을 되풀이한 끝에 성공한다.

Pablo(5세)는 "나는 자전거를 탈 수 있어요. 보세요. 내 자전거는 두발자전거예요."라고 큰 소리로 말한다. Sara 이모가 "멋있는데!"라고 답하자, Pablo는 "옙, 나를 보세요."라고 말하고는 집 앞 보도에서 자전거를 타기 시작한다. Pablo는 자전거를 타고 멀리 갔다가 3~4분 후에 되돌아온다. Pablo는 매우 자랑스러워 보인다.

Kate(4세)는 아빠와 함께 보도를 걷다가 작은 생물체를 발견한다. "아빠, 이게 뭐예요?"라고 Kate가 묻고, 아빠는 "그건 큰 붉은 개미란다."라고 대답한다.

Chan(3세)은 Ginger의 장난감 트럭을 빼앗는다. Ginger가 Chan을 때린다. Clark 선생님이 다가와서 "잠깐, 멈추세요."라고 말한다. 선생님은 두 친구를 팔로 감싸고 차례로 살펴보고는 "다른 친구의 장난감을 빼앗으면 안 돼요. 그리고 다른 친구를 때리는 것도 안 돼요. Chan, 다음번에 Ginger가 트럭을 갖고 Ginger에게 그 트럭을 자신이 갖고 놀아도 되느냐고 허락을 구하세요. Ginger, 누군가 너에게서 무언가를 가져갈 때는 되돌려 달라고 부탁을 하세요. 만약 그들이 되돌려 주지 않을 때에는 선생님께 와서 도움을 구하세요."라고 설명을 한다.

Summer(15개월)는 할머니 댁의 냉장고 문에 부착되어 있는 자석 장식물에게로 다가간다. 그 장식물이 냉장고에 붙는 것을 이해하고는 부엌을 돌아다니면서 그 장식물이 나무 찬장 문에도 붙는지 알아본다.

Sonja(9개월)는 작은 바구니와 작은 장난감 소를 선택한다. 그리고 그 장난감 소를 자기 입에 넣고는 소리를 낸다. Sonja는 또 다른 장난감을 골라서 갖고 놀면서 "마마마마마 아아."

사진 4-1 아동은 기니피그의 활동을 매일 관찰함으로써 기니피그에 대한 지식을 구성한다.

라고 말한다.

이러한 경험을 하면서 아동은 저마다 새로운 행동을 배운다. Carla는 차진 점토를 갖고 놀기 위한 보조적 구조물을 통해 학습을 하였다. Pablo는 두발자전거 타는 법을 배웠다. Kate는 붉은 개미를 구별하는 법을 알게 되었다. Chan과 Ginger는 문제를 평화적으로 해결하는 방법에 대한 가르침을 받았다. Summer는 자석은 냉장고 문에 붙지만 나무 문에는 붙지 않는다는 것을 알게 되었다. Sonja는 물체의 속성을 **학습**하고 있고, 일상 언어 속에 포함되어 있는 소리를 연습하고 있다. 앞으로 일어날 행동을 보면 이 아이들이 그런 기술들을 학습하였는가 아닌가를 알게 된다.

2장에서 설명되었지만, 이론가들은 저마다 학습에 대한 다른 견해를 가지고 있다. 발달주의자들은 성장과 학습의 상호작용을 중요시한다. Kate가 붉은 개미를 알게 된 것은 Kate의 질문에 대답을 해준 반응적인 아빠가 있었기 때문이다. Chan과 Ginger는 Clark 선생님에게 인정받고 싶었기 때문에 협상하는 법을 배우게 된 것이다.

발달주의자들은 학습의 단계와 준비성을 강조한다. 발달주의자들은 학습을 영유아들이 환경에 대한 행동을 할 때 발생하는 능동적인 과정으로 보며(Bodrova & Leong, 2003a), 그리고 영아는 스스로 지식을 구성한다(Kamii, 1986; DeVries & Kohlberg, 1990; Winsler, 2003)고 하였다(**사진 4-1**). 발달주의자들은 변화를 결과물이라기보다는 과정의 일부분이라고 보았다. 반면에 행동주의자들은 결과물을 중요시하며(예: 학습된 행동), 아동의 나이와 현재의 발달단계와는 상관없이 그 과정은 동일하다고 생각한다.

이 책의 저자는 두 가지 견해를 모두 고려하는 것이 영유아와 일하는 성인에게 도움이 된다고 한다. 불행하게도 전통 교육은 행동주의 견해를 채택하고 있으며 **구성주의자**의 견해를 무시하고 있다(Lauritzen, 1992; Larkin, 1993). 이는 학습의 과정보다는 학습의 결과를 강조하는 것이다. David Elkind(2005)는 성인이 아동을 위한 계획을 세울 때 아동이 어떻게 학습하는가에 대한 연구들을 고려하게 되는 것이 어렵다고 기술한다. 그것은 초등학교의 교육과정을 유아 전기아와 유아 후기아를 대상으로 하향 조절하여 쓰고 있으며 적절한 놀이 시간이 축소되었기 때문이라고 지적하였다. 5장에서는 학습과 발달에 영향을 미치는 놀이의 역할에 대한 것을 다룰 것이다.

학습(learning) 경험의 결과로 인한 행동의 변화

구성주의자(constructivist) 아동들이 환경과의 상호작용을 통하여 지식을 획득한다고 믿는 학자

2 뇌의 각 부분과 기능

뇌의 성장과 발달은 매우 빠른 속도로 진행된다. 20세기 후반 신기술이 출현하면서 뇌의 세부적인 연구가 가능하게 되었다(Shore, 1997; Thompson & Nelson, 2001). 양성자 방사선 단층 스캔(PET scan)을 사용하여 뇌의 구조와 활동을 관찰할 수 있게 되었다. 뇌는 중추신경계의 부분이다. 뇌는 두 개의 반구로 이루어져 있고, 각각의 반구는 네 개의 엽으로 구성되어 있다(Shore, 1997). 뇌의 각 부분은 각기 다른 기능을 한다(Porter, 2006). 상부(또는 피질)는 생각하기, 계획하기, 기억하기, 실행하기 등과 같은 대부분의 정신 활동을 담당하는 곳이다. 뇌는 **뉴런**이라는 작은 세포들로 구성되어 있다. 영아는 약 100조 개의 뇌세포를 갖고 태어난다. 각각의 뉴런들은 다른 뉴런들에게 정보를 전달하는 긴 돌기인 **축삭돌기(신경돌기)**를 갖고 있다. 각각의 뉴런은 여러 개의 **수상돌기(가지돌기)**를 갖고 있는데, 수상돌기는 짧은 머리카락 모양의 돌기로 정보를 받아들인다. 아동이 성장하면서 뉴런의 숫자는 동일하지만 각각의 축삭돌기는 크기가 커지고 수상돌기의 숫자는 증가한다. 축삭돌기는 다른 뉴런에 정보를 전달한다. 축삭놀기는 **수초**라고 하는 하얀색의 지방질에 의해 보호된다. 뇌 발달의 비결은 뉴런들의 연결에 있다. 이런 연결을 **시냅스**라고 한다(그림 4-1과 4-2).

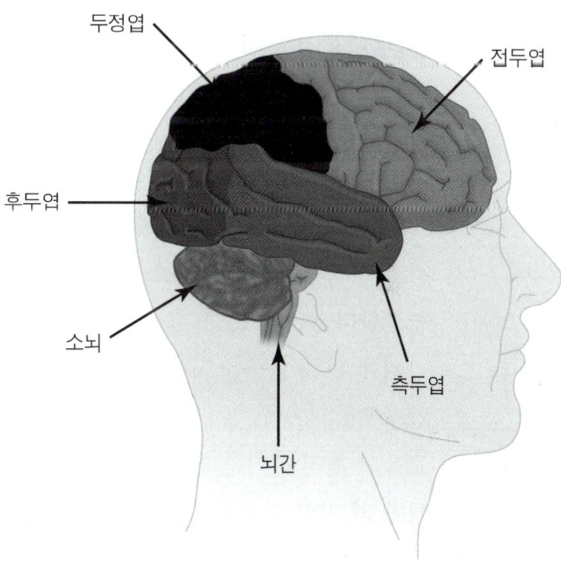

그림 4-1 뇌의 주요 부분들

아동의 경험은 연결을 증가시킨다. 어떤 뉴런은 무려 15,000개의 다른 뉴런과 연결되어 있을 수 있다. 초기 동안 아동의 뇌는 필요 이상으로 시냅스를 발달시킨다. 이런 풍부한 시냅스는 영유아의 뇌의 **가소성**으로 설명되는데, 이로 인해서 아동은 성인의 정돈된 뇌에 비해 새로운 기술을 좀 더 빨리 배울 수 있게 된다(Murray, 2006). 시냅스의 정리가 시작되고 1년 후에는 사용되지 않은 시냅스들이 사

뉴런(신경세포)(neurons) 뇌를 구성하고 있는 작은 세포

축삭돌기(axon) 뉴런의 세포체에서 뻗어 나온 긴 돌기. 다른 뉴런에게로 정보를 전달한다.

수상돌기(dentrite) 짧은 머리카락 모양의 돌기로서 정보를 받아들인다.

수초(myelin) 하얀색의 지방질로 축삭돌기를 보호한다.

시냅스(synapses) 뉴런들 사이의 연결

가소성(plasticity) 시냅스가 풍부한 상태로서, 영유아의 뇌가 새로운 기술을 빨리 학습하는 것을 설명한다.

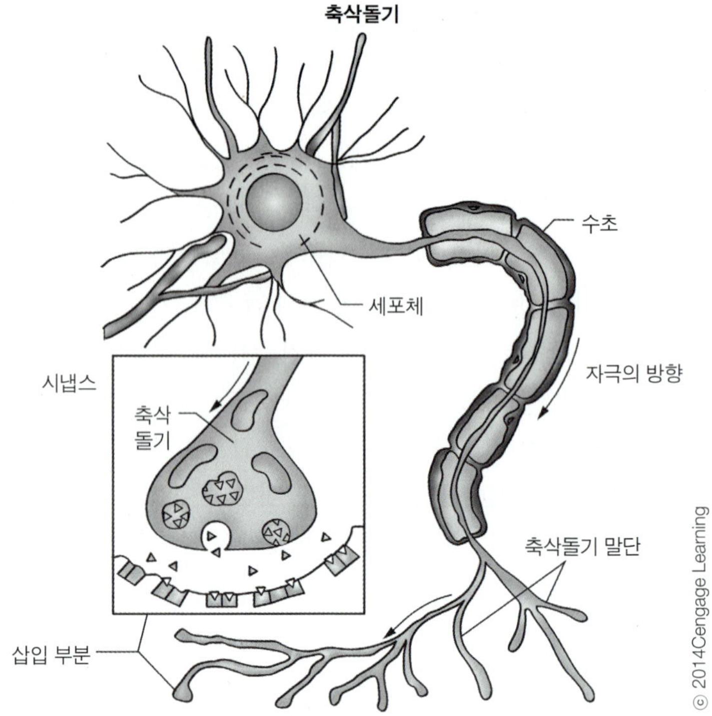

그림 4-2 시냅스와 축삭돌기

라진다. 반복적으로 사용되는 뇌의 연결 부위는 영원히 남게 된다. 만약 그것들이 사용되지 않으면 제거될 것이다. 수상돌기는 그 숫자가 매우 빠르게 증가한다. 처음 5년간은 시냅스와 수상돌기가 최대한으로 성장한다. 5세가 되면 아동 뇌의 무게는 성인 뇌의 무게만큼 성장한다.

뇌에 관한 연구를 교육과 학습에 성급하게 응용하는 것에 대한 우려가 있다(Willis, 2007; Worden, Hinton, & Fischer, 2011). 연구 결과에서는 뇌가 가장 활성화되는 시기가 반드시 교육의 최적 시기를 의미하는 것은 아니라고 하였다. Willis와 Worden 그리고 동료들은 이른바 뇌 기반 교육과정의 개발에 대해 경고를 하고 있는데, 그 이유는 인지 연구, 신경 촬영법, 교육적 교실연구에 꼭 맞는 교육과정이 이러한 연구 결과를 토대로 해야만 한다는 근거가 없기 때문이다. Worden과 동료들은 교사, 연구자 그리고 인지 심리학자 간에 좀 더 협조와 의사소통이 필요하다고 제안한다.

3 지각

"가장 간단히 말하자면, 지각은 인체 감각을 뇌가 해석하는 것이다. 감각은 신체 자극이 신경 자극으로 바뀌어 뇌로 전달되고 해석된다"(Lafrancois, 1992, p. 225).

미각, 촉각, 시각, 청각, 후각은 근육 수축과 같은 자기 자극에 감응하는 정보와 함께 뇌

뇌 발달

자주 하는 질문

2008년 5월, *Zero to Three*(Brain Development, 2008)에는 뇌 발달에 관한 질문에 초점을 맞춘 기사가 실렸는데, 그 기사에는 우리가 알고 있는 것들이 요약되어 있다.

1. 선천성(유전)과 양육(환경) 중 어떤 것이 뇌 발달에 더욱 중요한 역할을 하는가? 선천성과 양육은 다른 상호작용을 한다. 유전은 기본적인 뇌 연결을 설치하는 반면에, 경험은 이 연결들이 어떻게 작동할 것인가를 결정한다. Eric Jensen은 그의 책 *Enriching the Brain*(2006)에서 경험이 뇌 발달에 미치는 강력한 영향에 대한 사례를 보여 준다.
2. 경험이 뇌의 실제적인 구조를 바꾸는가? 우리 뇌의 회로는 전기 회로처럼 작동한다. 활발한 회로는 더욱 강해지고, 활발하지 않은 회로는 제거된다.
3. 영양 섭취는 뇌 발달에 어떤 영향을 미치는가? 임신 중기부터 2세까지 환경은 뇌 발달에 매우 중요한 영향을 끼친다. 부실한 환경은 연결이 적고 크기가 작은 뇌를 만드는 결과를 초래하게 된다. 태아기 동안 임산부의 영양 섭취는 뇌 성장에 영향을 준다. 출생 후에도 환경은 뇌 발달에 지속적으로 영향을 끼친다. 철분이 특히 결정적인데, 철분은 뇌에 산소를 공급하여 발달을 돕게 된다.
4. 출생 후에 뇌는 어떻게 발달하는가? 아기 뇌의 크기는 성인 뇌의 4분의 1이다. 출생 시에는 척수와 뇌간만이 잘 발달되어 있는데, 그 이유는 그곳에서 발차기, 잡기, 울기, 잠자기, 먹기, 젖꼭지를 찾기와 같은 아기의 행동을 조절하기 때문이다. 생명과 가장 직결되어 있는 신체 기능들을 위한 회로들—숨쉬기, 심장박동, 순환, 잠자기, 빨기, 삼키기—은 출생에서부터 활발하게 작동된다.
5. 신체 발달을 위해서 부모는 무엇을 해야 하는가? 아기들이 감각 자극에 관심을 보이게 되면 부모는 신체 접촉과 목소리 자극을 통해 아기를 양육하게 된다. 언어 자극은 매우 중요하다. 말을 걸어 주고 노래해 주고 책을 읽어 주는 것은 아기의 뇌 발달을 자극한다.
6. 남아와 여아의 뇌 발달에는 차이가 있는가? 여아는 언어 과제에 좀 더 강하고 남아는 시공간 과제에서 좀 더 강한 경향이 있다. 두 집단 사이에 중첩되는 부분도 있다. 모든 이들은 다양한 자극의 경험을 할 때 득이 된다.

에 정보를 전달한다. 각 개인에게 이러한 정보의 의미는 그 정보에 대한 개인의 지각에 따라 달라진다. 예를 들어서 Melissa가 매운 고추 양념이 들어간 콩을 몇 알 맛본다고 해보자. Melissa는 얼굴을 찌푸리고 "매워!" 하면서 물을 찾아 뛰어간다. 똑같은 냄비에서 Mario도 콩을 한 그릇 먹는다. Mario는 매우 만족한 미소를 지으며 "맛있어, 맛있어."라고 말한다. Melissa와 Mario는 매운 고추 양념에 대해 다르게 해석하고 있는 것이다.

지각에서 중요한 것은 정보가 그 문화에 속하는 타인들과 다르게 해석될 때 어떻게 될 것인가를 아는 것에 의해 강조된다. 예로서 Richie가 고양이라는 단어를 보고 "'박쥐'라고 써 있어."라고 말하는 경우를 들 수 있다.

지각은 학습 과정, 인지, 그리고 언어와 관련되어 있다. 지각에 문제를 가지고 있는 아이는 다른 영역에서도 역시 어려움을 가진다.

감각은 출생 전부터 발생한다. 태내 5개월이 되면 태아는 움직임과 소리에 대한 감각을 어느 정도 갖게 된다(Cole, Cole, & Lightfoot, 2005). 태내에서 정상적으로 성장하고 태어난 신생아는 어느 정도 기능을 하는 모든 감각들을 갖고 태어난다. 약 5세까지 아동들은 자신이 접하는 정보의 총체를 지각하지는 못하는 경향이 있는데, 그 이유는 **주의력**의 문제 때문이다(Cole, Cole, & Lightfoot, 2005). 영유아는 시끄럽고 번쩍이는 자극을 제시하면 집중이 흩어지고 연속적인 사고를 할 수 없게 된다. 영유아는 새로운 것을 비체계적인 방법으로 탐색하는 경향이 있어서 '어떤 세부적인 것', 종종 가장 중요하고 적절한 정보를 놓치기도 한다. 게다가 영유아는 특정 감각의 경험의 효과를 과대평가하기도 한다(O'Neil & Astington, 1990).

주의력

주의력은 지각의 중요한 측면이다. 주의력 과정에는 부적합한 정보를 무시하고 적합한 정보를 찾는 과정을 포함한다(Jensen, 2006). 첫째, 영아들은 환경에서 새로운 것은 무엇이든 집중하게 된다. 곧 아기들은 자발적으로 주의를 집중하게 되는데, 즉 선택하여 주의 집중을 할 수 있게 된다. 아동은 나이가 들어가면서 점차 능숙하게 중요하지 않은 것을 무시하고 중요한 것에 집중하게 된다. 집중을 잘하고 탈산만화가 되면 특정 과제에 대한 집중 시간이 증가하게 된다.

주의력은 학습에서 매우 중요한 요소이다. 주의력을 유지하는 것에 어려움을 가지고 있는 아동은 전통적인 학교 장면에서 어려움을 겪을 수 있는데, 학교에서 아동은 조용히 자리에 앉아 수업을 듣고 추상적인 활동을 하는 작업을 해야 하기 때문이다. 주의력에 문제가 있는 아동은 주의가 산만한 동안의 정보들을 놓치게 되므로 정보를 해석하는 것이 어렵게 된다. 주의력에 어려움이 있는 일부의 학생들은 위축되어 있고 백일몽을 꾸며 다른 일부의 학생들은 불쑥불쑥 말을 하기도 한다. 그들은 체계적이지 못하며 다른 사람과 좋은 관계를 맺는 것에 어려움을 갖기도 한다. 좀 더 활동적이고 주의 집중을 못 하는 아동들은 문제 행동들을 동반하기도 한다. 이러한 증상을 과잉 활동-충동 우세형 **주의력결핍장애(ADD)**라고 명명하기도 한다. 백일몽을 꾸면서 배경으로 물러나 있는 아동은 주의력 결핍 우세형 주의력결핍장애를 갖고 있다고 한다. 두 가지 유형의 주의력 결핍 아동은 발달에 적합한 교실 환경에서 좀 더 성공을 성취하며, 전통적인 학교 환경에서는 보통 실패하게 된다(Landau & McAninch, 1993). Divoky(1989, p. 600)는 주의력결핍장애 진단을 받은 3학년 아동을 위한 **개별 교육 계획(IEP)**을 만들었으며, 그것에는 다음과 같은 설명을 포함한다.

주의력(attention) 지각의 중요한 측면으로, 부적합한 정보를 무시하고 적합한 정보를 찾는 과정을 포함한다.

주의력결핍장애(attention deficit disorder, ADD) 대부분의 과잉 활동 증후군을 갖고 있는 상태이며, 과잉 행동을 동반하기도 하고 동반하지 않기도 한다.

개별 교육 계획(individual education plan, IEP) 모든 특수교육 학생을 위해 작성되어야만 하는 일련의 목표들

Casey는 정규 학급의 활동에 매우 적극적으로 참여할 때만 학습이 가능하다. 가장 학습적인 강의에서는 Casey는 일대일 수업을 하거나 소강당 강의에서는 실제적인 기대와 명확한 행동 제한 그리고 활동을 자주 바꾸어야만 학습이 가능하다. 또한 Casey는 낮 동안에는 남아도는 에너지를 방출할 수 있도록 움직이며 돌아다닐 수 있게 해주어야 한다.

위의 설명을 조심스럽게 살펴보자. 그것은 발달적으로 적합한 교실에 잘 맞는 행동들이다.

Jalongo(2008a)는 발달적으로 적합한 교실의 특성을, Jensen(2006)은 뇌의 기능과 잘 맞는 '풍부한 환경'이 요구하는 상황을 비교하였다. 학습이 이루어지려면 영유아가 흥미를 갖는 자료와 활동을 제공해서 그들의 주의를 끌어야만 한다. 게다가, 중간 이하의 스트레스, 의미 있는 과업, 반복할 수 있는 기회를 포함해야 한다. 마지막으로 피드백은 적시에 적절하게 되어야 한다. 아동에게 하는 많은 지시는 언어적이다. 그러므로 주의력의 중요한 요소는 듣고 이해하기이다. Jalongo(2008a)는 듣고 이해하기는 듣기와는 다른데, 듣고 이해하기는 듣는 것으로 시작해서 반드시 이해하기와 연결되어야만 가능하다고 언급하였다. Jalongo는 "듣고 이해하기는 청각을 통해서 정보를 얻고 들린 것으로부터 의미를 만드는 과정이다."라고 정의한다(p. 12). 교사는 아동이 효과적으로 듣고 이해하는 사람이 되어 학습할 수 있도록 도와야 하며, 아동은 정보를 수용하고 정보에 주의 집중하고, 그 정보에 의미를 부여해야만 한다.

감각적 관여를 통한 학습

영유아는 만지고, 느끼고, 눈으로 보는 것을 좋아하며 그렇게 할 때에 학습을 더욱 잘하는 것으로 보이기 때문에 그것이 강점으로 사용될 수 있는 특성으로 보일 수 있다. Maria Montessori(Humphryes, 1998)는 영유아의 이러한 특성을 기록하고 그들을 가르치는 데에도 응용하였다. Montessori가 만든 교구들은 모든 감각들을 발달시키기 위한 수단으로서 물체를 조작하도록 고안되어 있다. 아동은 교구들을 사용하여 모양, 크기, 촉감, 소리, 그리고 구체적인 물체를 조작하는 과정을 통해서 느낄 수 있는 그 밖의 속성들을 지각하도록 격려받는다. **감각적 관여**는 모든 감각을 사용하여 구상과 추상이 연결되도록 하는 것이다. 예를 들어서, 아동은 사포 글자와 숫자를 손가락으로 따라 쓰면서 각각을 읽을 때, 촉각, 시각, 청각을 동시에 사용하게 된다. Montessori는 창의적으로 영유아를 위한 다중 감각 자료를 고안하였다.

Piaget의 인지 발달 과정을 지지하는 사람들은 아동들이 물체를 조작할 때 최고로 학습한다고 믿는다. Williams와 Kamii(1986)는 영유아가 물체를 조작할 때에 정신적 · 육체적

감각적 관여(sensory involvement) 구상과 추상을 연결하기 위해 모든 감각을 사용하는 것

사진 4-2 영유아는 직접적인 감각 경험을 통해서 능동적으로 학습한다.

활동이 관여하게 되는 것이며 생각이 없는 것이 아니라고 지적한다. 예를 들어, Isabel이 블록으로 만든 탑에 또 하나의 블록을 올리는 이유는 그것이 균형을 잡을 것이라고 생각하기 때문이다. Jason은 찰흙을 굴리면서 뱀을 만들 수 있다고 생각한다. 아무도 이 아동들이 무엇을 하는지를 말해 주지 않는다. 그 아동들은 스스로 그것을 알아 간다(사진 4-2).

다중 감각 학습은 생후 처음 3년이 특별히 중요한데, 이때 뇌가 가장 빠르게 발달하기 때문이다(Shore, 1997). 한 살 아동의 뇌는 신생아의 뇌보다 성인의 뇌에 가깝다. 만 3세까지 아동의 뇌는 성인의 뇌보다 2.5배 더 활동적이다. 아동의 뇌는 10세까지는 성인의 뇌보다 더욱 능동적이다. 영아기와 걸음마기에는 건강, 안전, 영양 등 기본적인 양육은 물론이고, 성인들이 아기들에게 다음과 같은 감각 자극을 제공하는 것이 중요하다(Shore, 1997, pp. 26-27).

- 말하기, 읽기, 노래 불러 주기
- 안전한 탐색과 놀이를 독려하기
- 텔레비전 시청 제한하기

불행하게도 어떤 아동들은 감각 정보에 대해 건설적인 방법으로 반응하지 않는다. 어떤 영유아들은 **감각통합장애**라고 알려진 장애를 갖고 있다(Stephens, 1997). 이러한 장애를 갖고 있는 아동은 그들의 감각이 명확한 정보를 제공하지 않기 때문에 평범한 행동들을 수행할 수가 없다. 그래서 그들은 새로운 정보를 기억과 통합해서 이해할 수 있는 반응을 도출해 낼 수가 없다. 감각 정보가 그들의 뇌 안에서 무작위적 형태로 돌아다니는 것으로 보인다. 증후는 다양하고, 집중력 문제, 자기 규제의 문제, 과민한 감각 문제, 과도하거나 둔감한 활동이나 행동 문제를 동반할 수 있다.

기억

기억은 인상을 보유하고 재생하는 정신적 능력이다. 어떤 정보는 감각을 통해 지각되고 다음에 사용하기 위해 저장된다. 그 정보는 다음의 네 가지 과정 중 하나를 통해 재생된다.

감각통합장애(sensory integrative dysfunction) 감각이 정확하고 명확한 정보를 제공하지 않는 상태

네 가지 유형의 기억은 회상, 재인, 짝연합, 재생이다. 회상은 정신의 저장소에서 직접 가져와서 기억해 내는 것이다.

"이름이 뭐니?" "Carlos"

"너의 친구는 누구니?" "Sam, Stephanie, Justin, Maria, Mark."

"몇 살이니?" "세 살."

재인은 회상보다 쉬운데, "너는 세 살이니, 네 살이니?", "이 그림들을 보아라. 개를 찾아보렴.", "어떤 아이가 너의 친구인지 나에게 알려 주렴"과 같이 선택이 주어지기 때문이다.

짝연합은 두 개의 물건을 같이 짝짓는 것과 연관되어 있는데, 예를 들어 '얼굴' '색' '모양' 또는 그 밖의 어떤 특징의 한 가지 이름을 갖는 두 개의 물건을 짝짓는 것이다. 예를 들어 "이 아이는 내 친구 Sam이야.", "이 빨간 스웨터는 내 것이야.", "삼각형은 세 변이 있다.", "사각형은 네 변이 있다."와 같이 짝을 지어서 연합하는 것이다.

재생 기억은 간단한 회상보다 더욱 어렵다. 이 경우는 회상된 것이 재생되어야만 한다. 예를 들어, Kate는 자신의 이름을 쓰고 자신의 친구 그림을 그리고 친구의 나이를 알려 주기 위해 자신의 손가락 네 개를 펼쳐서 네 살이라고 표시한다.

기억은 감각 요인의 개수에 의해 도움을 받을 수 있다. 학습경험 과정에 더 많은 감각들이 관여될 때 더욱 쉽게 기억된다. Montessori 방법은 한 번에 한 개 이상의 감각을 동원해 학습하는 예이다. 경험을 통한 학습은 또 다른 예이다. 아동들이 큰 컵에 비해 작은 컵은 적은 양의 물이 담긴다고 배운다. 이때 아동이 한 컵에서 다른 컵으로 물을 옮겨 담는 활동을 한다면 그때 사용한 시각과 활동을 통해서 작은 컵에 물이 적게 담긴다는 것을 아동은 더욱 잘 기억하는 것이다.

기억해야 하는 항목이 의미가 있을 때 기억하기에는 최상이다. 만약 세 살이나 곧 세 살이 될 아이라면 세 개의 물체를 주고 탐색하고 잠시 동안 쥐고 있도록 하면서 "이것은 세 개의 돌멩이이다. 하나, 둘, 셋."이라고 말해 준다면, 아이는 세 개라는 양을 더욱 쉽게 기억할 것이다. 머리가 긴 아동은 머리가 짧은 사람의 이름보다 머리가 긴 사람의 이름을 더 쉽게 기억하게 될 것이다. 유아원에 다닐 시기의 아동들은 범주화, 사물을 그룹으로 나누기 등과 같은 것을 좀 더 배우고, 기억을 돕는 데에 이 기술을 사용할 수 있게 된다.

메타 기억("자신의 기억 과정을 사고하는 능력," Cole, Cole, & Lightfoot, 2005)은 연구자들의 관심 영역인데, 연구자들은 어떤 연령에서 "어떻게 기억하는가, 어떤 것들이 기억하기 쉬운가, 어떻게 잘 기억하는가"에 대한 사고들을 갖게 되는가를 알고 싶어 한다. 영유아는 기억하는 것에 대한 불완전한 견해를 갖고 있기 때문에 기억을 할 때에 비효율적인 전

기억(memory) 인상을 보유하고 재생하는 정신적 능력

략을 사용하게 된다. 5세경 아동은 자신의 기억하는 방법에 대한 생각을 조금 갖게 되며, 8세가 되어야 기억이 어떻게 작동하는지를 이해하고 기억 책략을 이해하면서 이것을 언제 어떻게 사용해야 하는가를 알게 된다(Cole, Cole, & Lightfoot, 2005).

4 학습이 어떻게 이루어지는가

경험의 결과로 행동이 변화될 때 학습이 된다. 눈 깜박임, 뜨거운 물체 피하기, 울기 등과 같은 반사는 경험에 따라 발생 빈도가 늘어나거나 줄어들 수 있지만 학습되지는 않는다. 어떤 학습은 성숙에 좌우된다. 예를 들면 신생아는 걷기, 말하기, 꼬리잡기 놀이 하기, 수학 문제 풀기를 할 수 없다. 우리는 학습의 몇 가지 측면, 즉 **고전적 조건**, **조작적 조건**, 관찰, 모방뿐만 아니라 학습의 성인 지원과 또래 지원, 활동과 학습 등 학습의 특수성에 대하여 살펴볼 것이다.

고전적 조건

고전적 조건에서는 학습은 자극과 반응의 연합으로 발생한다. 예를 들어서, 한 아동은 큰소리에 깜짝 놀랄 것이다. 만약 어떤 것을 큰소리와 짝을 짓는다면, 그 새로운 자극을 보고 깜짝 놀라는 반응을 하게 될 것이다. 영아 Albert를 대상으로 한 Watson의 고전적 실험(Miller, 2002, p. 216에서 인용)에서 Albert는 큰소리에는 자연스럽게 놀랐지만 흰쥐를 두려워하지 않았다. 그러나 Albert에게 흰쥐를 보여 주면서 큰소리를 같이 들려주었을 때 Albert는 흰쥐를 무서워하게 되었다. 많은 학습들은 이처럼 간단하고 보통의 우연한 연합을 통해서 발생한다. 예를 들어 한 아기가 엄마 곁에 있을 때 '엄마'라고 말한다. 엄마는 미소와 포옹으로 아기에게 반응한다. 이와 같이 '엄마'라는 말과 엄마라는 존재가 연합되는 것이다.

조작적 조건

또한 학습은 조작적 조건을 통해서도 발생이 되는데, 이때에는 적절한 행동에 대한 신중한 보상을 사용하여 행동을 형성하게 된다. 동시에 부적절한 행동은 주의를 끄는 보상을 받지 못하고 무시된다. 15장에서 조작적 조건이나 행동 수정 기술은 특히 걸음마기 아동들에게 유용하다고 설명하고 있다. 유아기에는 행동 통제를 위한 선택의 범위가 좀 더 넓어진다.

고전적 조건(classical conditioning) 자극과 반응의 연합을 통해 학습이 발생한다는 생각

조작적 조건(operant conditioning) 행동은 적절한 행동에 대한 강화(보상)을 세심하게 사용할 때 동시에 부적절한 행동을 무시함으로써, 즉 주의를 주지 않음으로써 형성되는 것이라는 생각

관찰과 모방

전조작기 동안, 많은 아동은 관찰과 모방을 과정을 통하여 학습을 하게 된다. 아동은 두 가지 방법의 모방을 통해 학습할 수 있다. 아동은 성인과 똑같은 행동을 할 수 있고 그것에 대한 즉각적인 보상을 받는다. 또한 아동은 누군가 어떤 행동을 하고 그것에 대한 보상을 받는 것을 볼 때 학습을 할 수 있다. 첫 번째 방법의 예는 다음과 같다.

> Mark는 화장실에 들어온다. 그의 아빠는 칫솔질을 하고 있다. Mark는 "나도 하고 싶어요." 라고 말한다. 아빠는 "여기에 너를 위한 작은 칫솔이 있단다."라고 말하고 칫솔을 Mark에게 주면서 "자, 이제 아빠가 하는 것을 보렴."이라고 말을 한다. Mark는 아빠가 칫솔질을 하는 것을 보고 자신도 칫솔질을 한다. 아빠는 "잘했어, 너는 이제 형아가 되었구나."라고 말한다.

다음은 두 번째 학습 방법의 예이다.

> Isabel은 유아원의 친구들이 뭔가를 나누어 가질 때 칭찬을 받는 것을 알게 되었다. Isabel은 자기도 나누어 가지겠다고 결심한다.

첫 번째 예에서 Mark는 아빠의 행동을 즉석에서 따라 하고 즉각적인 보상을 받는다. 두 번째 예에서는 Isabel의 또래 친구가 모델이 된다. Isabel은 다른 아동이 무엇 때문에 인정받는가를 알고는 자신도 똑같은 행동을 한다. Isabel은 선생님에게 자신도 칭찬을 받을 것으로 기대하는 것이다.

학습의 특성

한 상황에서 학습된 것은 나중에 또 다른 상황에서 응용될 수 있다(사진 4-3). 학습에는 몇 가지 기본적인 특징들이 있다(Yussen & Santrock, 1978). 이런 특징들에는 **일반화**, **차별화**, **형성법**, **소거**, **습관화**가 있다. 일반화는 사물들 간의 유사성을 찾는 과정이다. 예를 들어서, 공, 타이어, 동전은 둥글다. 또는 소녀, 소년, 엄마, 아빠는 사람이다. 차별화는 다름을 지각하는 것과 관련이 있다. 공 하나는 빨간색이고 또 하나는 파란색이다. 타이어 하나는 크고 다른 하나는 작다. 한 사람은 긴 머리 모양이고 다른 사람은 짧은 머리 모양이다.

형성법은 목표 행동을 점차적으로 학습하는 것인데, **연속 접근**을 통해서 성취하게 된다.

일반화(generalization) 사물 간의 유사점을 알게 되는 과정
차별화(discrimination) 사물 간의 차이점을 지각하게 되는 과정
형성법(shaping) 행동을 점차 획득하여 학습하게 되는 과정
소거(extinction) 행동이 보상되지 않는 행동은 점차 더 이상 사용되지 않는다.
습관화(habituation) 무언가에 점차 익숙해져 가는 특성
연속 접근(successive approximation) 연속적인 단계에 의한 점차적인 학습

사진 4-3 아동은 다양한 자료를 가지고 작업을 할 때 유사점과 차이점을 알아차리게 된다.

예를 들어, 한 집단에 새롭게 동참하게 된 아동은 보통은 대집단 활동에 참여하지 않으려고 할 수도 있다. 첫날에 그 아동은 새로운 집단에서 조금 떨어져 자리를 잡고 혼자서 다른 활동을 할 수도 있다. 다음 날 그 아동은 새로운 집단에 조금 더 가까이 가지만 관찰만 할 것이다. 곧 그 아동은 그 집단에 참여하게 되지만 적극적인 활동을 하지는 않는다. 결국에는 그 아동은 다른 아동들을 따라서 참여하게 된다. 소거는 학습의 반대 개념이다. 만약 행동이 보상되지 않는다면 아동은 그 행동을 점차 하지 않게 될 것이다. 습관화는 어떤 것에 익숙해지는 과정이다. 즉, 어느 사건이 상위적이고 흔하지 않다면, 아동은 그것에 즉각적인 관심을 갖게 된다. 만약 평소에는 날카롭게 말을 하지 않던 한 성인이 갑자기 큰소리로 날카롭게 말을 한다면 아동은 즉각 주목하게 될 것이다. 날카로운 소리를 자주 들었던 아동은 그 날카로운 목소리에 익숙해져서 그 소리에 관심을 갖지 않게 되는 것이다.

고전적 조건 형성, 조작적 조건 형성, 관찰과 모방 학습은 학습의 발생에 대한 설명의 행동 중심 접근이다. Piaget(Miller, 2002)는 학습이 발생할 때 정신 속에서 발생하는 것, 즉 보이지 않는 행동에 관한 이론을 개발하였다. Piaget는 학습을 계속적인 적응 과정이라고 여겼다. 아동은 **동화**와 **조절**을 통해 적응하게 된다. 동화는 합병되는 과정이다. 새로운 사고와 개념이 이전의 사고와 개념에 끼워 맞추어지는 것이다. 예를 들어서, 어느 아동이 크고 빨간색이고 둥근 물체를 공이라고 알고 있었다. 그리고 그 아동이 작고 파란색이고 둥근 물체를 보았을 때 그것을 공으로 동화하게 된다. 조절은 이전의 개념을 고쳐서 새로운 학습에 맞추는 것이다. 아동이 공이라고 부르는 또 다른 크고 빨간색이고 둥근 물체를 본다. 그때 그 아동은 그 물체가 풍선이라는 말을 듣게 된다. 조절은 아동들이 공에 대한 자

동화(assimilation) 새로운 사고와 개념이 이전의 사고와 개념으로 합병되는 과정

조절(accommodation) 이전의 개념을 바꾸어서 새로운 학습에 맞추는 것

신의 개념을 수정하고 풍선이라는 새로운 개념을 첨가할 수 있도록 한다. 적응 과정을 통하여 아동들은 평형 상태 또는 조절 간의 균형에 의해 **평형**을 성취한다. 아동들은 이렇게 자신이 만족할 만큼 세상을 이해하게 된다.

학습에 대한 성인과 또래의 지원

Vygotsky는 근접 발달 영역에서 아동들이 학습할 때 성인의 지지가 중요하다는 견해를 가지고 있다(Winsler, 2003). 성인의 지원 또는 비계는 항상 아동의 학습에 결정적으로 중요하다. 즉, 아동이 앞으로 전진할 준비가 되었을 때 성인이 올바른 질문을 하거나 적절한 자료와 설명을 제공한다면 아동의 발달을 돕게 된다는 것이다. 한편, 다음에 설명하겠지만, 아동 주도의 자발적인 학습이 중요하지만 기술적으로 성인이 주도하는 지원과 지침도 역시 중요하다. 또래도 역시 공동의 목표를 가지고 함께 작업하도록 서로 격려한다면 긍정적인 영향을 줄 수 있다(Tudge, 1990; Cannella, 1993).

Vygotsky 학파의 견해에 따르면 비계는 아동의 놀이를 통한 학습을 지지하는 중요한 요인이다(Berk & Winsler,1995; Bodrova & Leong, 2003b). 아동의 가장놀이는 성인과 좀 더 나이 든 또래의 사회적 협력을 통하여 지원된다.

Vygotsky 기반의 놀이에 대한 연구는 가장놀이가 애초부터 사회적 활동임을 강조한다(Berk & Winsler, 1995, p. 63). 양육자는 놀이와 상상에서 가장의 부분들을 맡아서 함으로써 상상 활동을 주도하고 지원하게 된다. '둘이 마주앉아 서로의 손바닥을 치는 놀이' '숨바꼭질' 같은 성인 주도의 술래를 번갈아 하는 놀이는 이후에 대화의 기초가 되는 사회적 교환을 지원한다. 깡충 뛰기, 들어올리기, 레슬링과 같은 사회적 놀이도 역시, 의사소통, 정서 발달의 기초가 되어 표상놀이의 한 부분이 된다. 일단 아동이 유아원에 들어가는 시기가 되면 상상놀이를 할 수 있게 되며, 이때에 성인이 놀이 상대가 되어 적극적인 역할을 함으로써 지속적인 지원을 제공할 수 있다. 예를 들어 아동이 엄마나 아빠 역할을 할 때 성인은 아기의 역할을 할 수 있고, 아동이 차를 운전하는 흉내를 낼 때 성인은 승객이 될 수 있고, 아동이 의사 역할을 할 때 성인은 환자가 될 수 있다. 허구는 전체 정신적 발달뿐만 아니라 창의력의 발달을 지원한다(표 4-1).

활동과 학습

영유아를 위한 적절한 환경은 능동적인 학습을 지원한다. 이 환경에는 아동 주도 학습의 기회를 많이 포함하고 있다(Bullock, 1990). 아동이 학습을 할 때는 어른들을 기다려 주지 않는다. 아동들은 끊임없이 지식을 획득한다. 아동들은 자신이 직면하는 모든 것을 이해하

평형(equilibration) 동화와 조절 간의 균형을 통해서 이루어지는 상태

표 4-1 성인이 아동의 놀이를 지원하는 예

다음의 대화는 대통령 선거일 일주일 전에 이루어졌다. Kate는 3세 10개월이다. Kate는 잡지 표지에서 대통령 후보자들의 사진을 오려서 엄마와 함께 하는 종이인형 놀이에 사용하고 있다.

엄마	Kate
그들은 서로 어떤 말을 하고 있니?	아무 말도 안 해요. 당신은 나에게 투표 안 할 거요. 나는 당신에게 투표 안 할 거요.
당신이 나에게 투표 안 한다고요?	네.
당신은 누구에게 투표할 거요?	엄마, 나 이 사람에게 해도 돼요? 나 이 사람 하고 싶어요.
내가 이 사람에게 할게. 좋아. 나는 C를 할 거야. 너는 누구를 할 거니?	F 대통령.
좋아, F 대통령은 C에게 뭐라고 말하니?	싫소. 나는 당신에게 키스 안 할 거요. 나는 나에게 키스할 거요. Kay? 나는 당신에게 키스할게요. 나는 나에게 키스할 거요.
그럴 거야, 허? 좋아, 나도 당신에게 키스 안 할 거요.	오, 맞아 봐!
아! 우! 그가 나를 때렸어. 아야!	맞아라!
아야! F 대통령님, 왜 나를 때리시나요?	왜냐하면 당신은 치사하기 때문이야.
아, 그렇지만 나는 그저 백악관에 들어가 살고 싶소.	알았어, 그렇게 하시오.
제가 이사 들어가 당신과 함께 살아도 될까요? 내가 백악관 어디에서 지낼까요?	내 침대에서.

엄마에게 질문을 하고 자녀의 역할에 맞추어 진행하라고 알려 주었다. 놀이의 주제는 이전보다 좀 더 지속되었고 복잡해졌다. 내용은 아동이 인지한 대통령 선거를 반영한다.

려고 부지런히 노력한다(Kamii, 1986, p. 71). Devries와 Kohlberg(1990)는 Piaget 학파의 구성주의자들은 '발달에서 행위의 역할에 관한 이론'에서 지각을 교육적 · 실제적 근원으로 보았다고 한다(p. 19).

자발적 활동은 정신 발달의 기초이다. Devries와 Kohlberg(1990)는 Piaget의 견해를 "발달 촉진을 목표로 하는 조기교육의 상호 의존적 특성" 세 가지로 요약하였다(p. 20).

1. 방법들은 아동의 자발적 정신 활동을 이끌어 낸다.
2. 교사는 성인 주도 활동과 아동 통제를 최소화하는 동반자적 교사 그리고 주도성, 놀이, 실험, 추론, 사회적 협조를 자극하는 지도적 멘토 역할을 한다.
3. 아동 간의 사회생활은 갈등을 포함하는 협동의 광범위한 기회를 제공하며, 그 상황 안에서 아동들이 타인과 협동하고 싶어 하는 욕구를 고무시키게 된다.

세 번째 특성은 아무리 과하게 강조해도 지나치지 않다. 사회적 상호작용은 학습의 수단으로서 매우 중요하다. Piaget는 협동은 생각이 없는 굴복이 아니라 각 개인이 조화와 갈등 안에서 상호작용하는 것이라고 지적하였다(사진 4-4).

Piaget가 아동의 자기 주도적 학습을 통한 새로운(emerging) 발달을 강조한 반면에, Vygotsky는 사회적 요인을 좀 더 강조해서 아동과 함께 작업하는 성인이 그 두 가지 현재를 고려하는 것이 중요하다고 언급하였다. 아동이 스스로의 놀이 활동을 발달시키는 시간을 보냄으로써 학습을 하는 것도 중요하지만, 아동에게는 성인과 나이 든 아동의 지원도 역시 필요하다는 것이다. 아동들은 다양한 매체를 통한 놀이를 발달시키는 기회를 갖는 것도 중요한데, 그것은 5장에서 설명할 것이다.

사진 4-4 아동들은 아동 간의 상호작용과 재료와의 상호작용을 통하여 학습을 하고 있다.

학습방식

아동들이 모두 같은 방식으로 학습을 하지는 않는다. 많은 **학습방식**이 있고 각 방식에는 강점이 있다. Fagella와 Horowitz(1990)는 Howard Gardner가 자신의 책 *Frames of Mind*에서 언급하고 있는 일곱 가지 학습방식을 소개하였다(23장에서 논의함). Gardner(1999)는 나중에 여덟 번째 지능, 즉 선천적 지능을 추가하였다. 두 가지 대조적인 예는 언어적 학습자와 신체/운동 감각적 학습자를 비교하는 것이다. 언어를 통해 가장 잘 학습하는 아동은 학교에서 잘할 수 있다. 그 이유는 그들이 읽고 쓰기를 좋아하며, 외우는 것을 잘하고, 말하고 듣고 단어들을 이해하면서 배우는 것을 가장 잘하기 때문이다. 이와는 대조적으로 신체/운동 감각 학습자는 교실에서 조용히 앉아서 학습하는 것을 잘할 수 없다. 신체/운동 감각 학습자는 돌아다니고, 만져 보고, 이야기하는 것을 좋아한다. 그들은 신체 활동과 만들기를 잘하며, 만지고 움직이고 공간과 상호작용하면서, 즉 신체 감각을 통한 지식 과정을 통해 학습을 가장 잘할 수 있다. 어떤 아동은 자신만의 학습을 할 때 최고로 잘하고, 다른 아동은 집단 안에서 작업을 할 때 더 잘하기도 한다. 학습방식은 학교에서의 학습에 극도로 중요한 요인이다. 아동은 상황별로 다른 방식을 사용하기도 한다(Schiller, 2010). 아동은 수학에서는 이런 학습방식을, 예술에서는 또 다른 학습방식을 사용할 수도 있다. Schiller는 교사는 학습방식에 맞추어서 가르치는 것에 신경을 쓰기보다는 모든 학생들에게 높은 기대감을 갖고 모든 학습방식에 적용되는 기술을 사용하여 가르칠 것을 제안한다. 23장의 다중

학습방식(learning styles) 아동이 지식을 획득하기 위한 방법들

지능에서 좀 더 자세히 다루고 있다.

5 학습의 동기

영유아와 함께 일을 하는 직업의 사람들에게 중요한 과제는 아동들이 학습을 하고자 하는 욕구의 유지를 위해 모든 방법을 사용하여 도와주어야 한다는 것이다. 학습욕구는 아동이 "문제를 해결하고, 사물이 어떻게 작용하는가를 알아내고, 그들이 하고자 하는 과제를 완성하고자"(Hauser-Cram, 1998) 하는 자연스러운 동기를 반영할 때 나타난다.

학습은 세상에 대해 알고자 하는 욕구 위에 세워지는 것이다. 영아와 걸음마기아는 학습에 강한 동기를 갖고 있지만, 많은 아동은 학교에 진학하면서 학습동기가 약해진다. Hauser-Cram(1998)은 아동의 연령별 학습동기의 변화를 설명하였다. 6개월 미만의 영아는 팔 뻗기, 입에 넣기를 통해 탐색한다. 9개월까지의 영아는 흔히 좀 더 목적 지향적이며 인과관계를 알고 싶어 한다(예: 방울을 흔들어 소리를 듣는다). 18개월경 걸음마기아가 되면 모방을 시작한다(예: 아빠가 면도를 하면 남아들은 그것을 흉내 낸다. 엄마가 립스틱을 바르면 여아들은 그것을 따라 한다). 걸음마기아는 남이 하는 것을 보고 그것을 따라서 하고 싶어 하는 강한 동기를 갖고 있다. 유아 전기아는 사고를 통한 문제해결을 포함하는 좀 더 복잡한 과제를 한다. 강한 동기를 갖고 있는 영아와 걸음마기아들은 탐색과 학습의 기회를 유지한다.

어떤 연구자는 발달적 · 신체적 장애가 있는 아동의 동기를 연구하였다. 영아와 걸음마기아는 장애 아동과 비장애 아동 모두 목적을 향한 끈기에서는 동일한 수준이었다. 아동이 점차 나이가 들어가면 성인은 지시적이 되고 아동의 놀이에 간섭을 하게 된다. 그러면 아동은 덜 자율적이 되고 과제를 숙달하는 것에 비자발적이 된다. 연구에서는 아동은 3학년 이전에는 학습욕구를 유지한다고 한다. 3학년에서 8학년 사이에 아동의 학습욕구는 감소한다(Bartholomew, 2007).

학생의 동기를 지지하고 분위기를 제공하는 것이 교사의 수업 내용보다 더욱 중요할 수 있다(Bartholomew, 2007). "동기에는 하려고 하며 성취하고자 하는 자극의 창조를 포함 한다"(Bartholomew, 2007, p, 594). 외적으로 통제된 보상과 처벌은 내적 동기의 핵심이 아니다. 아동의 통제와 순응이 반드시 학업성취를 발생시키는 것은 아니다. 사실 그 결과는 좌절, 분노, 지루함, 우울감일 수도 있다. Bartholomew는 동기가 학습의 필수적인 전제 조건이라고 말한다. 긍정적 접근이 학습동기의 핵심이다. 긍정적인 접근에는 기대를 설정하고, 반복적인 일상을 확립하고, 학생이 자신의 목적을 세우고, 선택을 제공하고, 학생의 말을 잘 들어 줌으로써 존중감을 보여 주고, 긍정적인 태도를 갖는 것이 포함된다.

Marilou Hyson(2008)은 학생의 열성과 관여를 촉진하기 위한 교실에서의 계획을 설명하였다. 학습 접근 요소로서는 학습하고자 하는 내적 동기, 학습에 대한 흥미와 즐거움, 관여,

인내, 계획 세우기, 집중에 초점을 맞추고 통제하기, 융통성 있는 문제해결 능력, 창의성, 좌절 인내력을 포함한다. 이러한 것들은 아동이 학교 경험을 통해서 키워야 하는 학교 준비도의 결정적 전제 조건이다. 다른 문화의 아동은 열성과 관여를 다르게 보여 줄 수도 있다. 그러므로 아동이 이전에 무엇을 경험하였고 가족이 무엇을 기대하는가를 아는 것이 중요하다.

학습방식에 잘 맞고 학생이 만족할 만한 프로그램을 제공하기가 점차 어려워지고 있는데, 그 이유는 초기 아동기 교육이 발달적으로 적절하지 않기 때문이다. 불행하게도 교육이 점점 종이와 연필, 연습장, 연습문제지 중심이 되면서 표준화된 테스트에 맞추어 가기 때문이다. Geist와 Baum(2005)은 교사는 발달적으로 부적합한 교수의 실제를 사용하도록 압력을 주는 것에 저항하고 있다고 하였다. 부적절한 많은 행위는 시험을 보는 방식이다. 즉, 교사, 부모, 행정가는 연습문제지와 훈련이 가장 효과적인 시험 준비라는 견해를 가질 수 있다. 다행스럽게도 평가방식을 개혁하려는 몇 가지 노력이 정착되었다. 영유아를 위한 교육과정은, 아동을 교육과정에 맞추어서 고치는 것이 아니라, 아동의 발달 수준과 학습방식에 맞추어서 고안되어야만 한다(Charlesworth, 1989).

생각해 보기

4학년이나 5학년이 되면 많은 아동들은 이른바 학습된 무력감에 시달리게 되며, 호기심과 학습의 동기를 잃는다고 한다. 당신은 무엇 때문에 이렇게 된다고 생각하는가?

6 학습의 매개체로서의 기술

21세기에 기술은 빠른 속도로 진보하고 있다. 미래의 영유아의 학습에서 기술은 틀림없이 끊임없이 계속해서 개발될 것이고, 학교와 가정에서 영유아와 함께 일하는 직업의 성인에게 다양한 도전을 제시하게 될 것이다. 기술이 점점 덜 비싸진다고 하더라도 아직까지는 많은 학교와 가정의 능력 밖에 있다.

20세기 말에 텔레비전이 대부분의 가정에 보급되었듯이 21세기 말에는 아마도 컴퓨터 기술이 더욱 일반화될 것이다. 교사, 부모, 그리고 다른 양육자는 새로운 기술과 아동의 학습에 미치는 새로운 기술의 효율성에 대해 탐색하는 것에 도전을 받는다. *Young Children*의 어떤 특집 기사(E-learning for educators, 2004)는 교육자의 어려움을 설명하고 있다. 교육자는 자신과 학생의 지식을 향상시키기 위해 기술 혁신을 따라잡아야 한다.

텔레비전은 더 이상 매체 세계의 지배자가 아니다(Brooks-Gunn & Donahue, 2008). 스마트폰, 태블릿, 아이팟, 아이패드, 비디오 게임, 즉석 교신과 이메일, 쌍방향 멀티플레이어 비디오 게임, 가상현실 사이트, 온라인 사회망이 지금은 텔레비전과 경쟁을 한다. 아동은 대부분 한 가지 이상의 매체에 접촉하며, 한 번에 한 가지 이상의 매체를 사용함으로써(멀티태스킹) 한꺼번에 여러 가지 일을 처리하고 있다. 아동은 친구와 아이팟에 연결된 헤드폰을 쓰고 문자 메시지를 하면서 텔레비전을 보고 있을지도 모른다. 스마트폰, 태블릿, 사진기, 텔레비전, 인터넷 포털, 그리고 라디오로도 사용할 수 있다. 연구에서는 매체로 보는 내용이 유아와 아동에게 영향을 준다고 한다. 영아와 걸음마기아에게는 사람과 사물과의 직접적인 경험이 필요하기 때문에, 인간의 관여가 없는 전자 매체는 그들에게 그다지 효율적이지 않다. 3세까지는 올바른 사용법을 제시해 줄 때 아동은 전자 매체로부터 학습을 할 수 있다. 한두 시간 안에 성취는 극에 도달한다. 이타주의, 협동, 인내심과 같은 친사회적인 행동은 전자 매체를 통해서 증가될 수 있다. 아동은 계속해서 전자 시장과 광고에 영향을 받을 수 있다. 그러므로 부모는 자녀의 전자 매체 사용을 제한할 필요가 있다.

NAEYC와 조기교육과 아동의 매체를 위한 Fred Rogers Center(2012)는 조기 유아교육에서의 기술에 대해 다음과 같이 기술하였다.

> NAEYC와 Fred Rogers Center의 입장은, 기술과 쌍방 매체는 발달적으로 적합한 방식으로 주의 깊게 전통적 도구와 자료와 함께 사용되고 영유아의 학습과 발달을 지지할 수 있을 때에 학습도구가 된다는 것이다(p. 1).

직장에서의 기술은 학교와 가정에서의 기술보다 앞서 있다. 앞으로 해야 할 일은 아동이 기술을 사용하여 학습을 경험하도록 도와서 미래의 직업이 요구하는 기술을 다룰 수 있도록 준비시키는 것이다. 이제 영유아의 학습의 매개체로서 전자 매체에 대해 조사해 본다.

텔레비전을 통한 학습

아동 학습 매체로서의 텔레비전의 힘은 논쟁의 여지가 없다. 많은 양질의 프로그램과 비디오들을 사용한다고 할지라도 아동들이 텔레비전과 그 밖의 전자 매체로부터 옳지 않은 행동들을 학습할 기회를 갖게 되며 부적절한 내용에 노출되기도 한다. 이러한 기술적인 도구들에게 많은 비판이 가해졌다.

1990년 NAEYC는 아동의 일상생활에서의 매체 폭력에 대한 입장을 다음과 같이 표명하였다(NAEYC, 1990).

> NAEYC는 아동을 겨냥한 폭력적인 텔레비전 프로그램, 영화, 비디오테이프, 컴퓨터, 게임, 그 밖의 여러 형태의 매체를 비난한다. NAEYC는 매체가 아동의 지식을 넓히고 친사회적 가치의 발달을 촉진하도록 건설적으로 사용되는 노력을 지지한다. NAEYC는 책임감 있는 성인이 아동이 매체를 통해 폭력에 노출되는 것에 제한을 가하는 조치를 지지한다(p. 18).

NAEYC는 정책 입안자들이 방송을 강하게 제한해야 하고, 교사는 아동이 친사회 행동을 배우도록 돕는 한편 폭력적인 놀이 활동을 제한해야 한다고 주장하였다. 또한 NAEYC는 부모는 자녀의 텔레비전 시청을 감독하고 자녀와 함께 텔레비전을 시청함으로써 좋은 것과 나쁜 것을 설명해 주어야 한다고 제안한다. 부모에게 저질의 폭력적인 상품과 지나친 폭력물의 사용 후기를 작성하도록 격려하고 있다.

1993년 NAEYC는 우리 사회의 전반적으로 폭력적인 상황에 대한 공식 입장을 발표하였다(NAEYC position statement on violence, 1993b). 행동에 대한 다음의 추천을 포함하고 있다.

> 아동용 텔레비전 프로그램에서 폭력 노출을 규제하고 매체, 장난감, 그리고 공식적으로 인정된 상품과의 연결을 통하여 보여 주는 폭력을 제한하는 것이다.

또한 NAEYC는 매체 폭력에 대한 국가특별대책본부에 소속되어 있다(NAEYC joins, 1993a). 국가특별대책본부의 활동 목적은 텔레비전 폭력물에 대한 정부 규제를 계속 확대하는 것이다.

Levin과 Carlsson-Paige(1994)는 아동을 우선시하는 발달적으로 적합한 텔레비전 프로그램의 필요성에 대한 지침을 마련하였다. 부모, 교사, 입법자를 교육하기 위한 조치가 취해져야만 한다. Levin과 Carlsson-Paige는 아동이 발달적으로 부적절한 매체 내용을 지나치게 많이 봄으로써 손상을 받고 있는 몇 가지를 설명하였다.

- 아동은 폭력적이고 끔찍한 내용을 봄으로써 신뢰와 안정감의 발달에 손상을 입는다. 아동은 자율성과 관계의 발달을 필요로 하는데, 그것은 매체에서 독립성과 종속성이 같이 작용할 수 없다는 설명과 상반된다.
- 아동은 권한을 부여받고 유능감을 발달시켜야 하는데, 텔레비전은 이러한 특성을 평화적인 방법으로 획득하는 모델을 제공하지 않는다.
- 텔레비전은 성역할의 왜곡된 모습을 제공하며 성 정체감의 획득을 지지하지 않는다.
- 텔레비전은 사람들이 어떻게 같고 다른가에 대한 이해와 인식의 발달을 지지하지 않고 끊임없이 정형화를 조장한다.
- 아동에게는 도덕성과 사회적 책임감(26장 참조)의 발달이 필요한데, 텔레비전은 문제를 폭력적으로 해결하는 것을 정당화하고 긍정적인 모델을 충분히 보여 주지 않음으로써 도덕성과 사회적 책임감의 건강한 발달을 훼손한다.

Levin과 Carlsson-Paige는 아동의 텔레비전 시청 습관을 고치기 위한 조치가 필요하다고 설명한다.

많은 연구자들이 3세 이상 아동의 텔레비전 시청 효과를 연구하였다. 예를 들어서 Anderson, Huston, Schmitt, Linebarger와 Wright(2001)는 유아 전기부터 사춘기까지 아동을 추적 조사하였다. 그 자료에 따르면 유아 전기 때 교육 프로그램을 보았던 아동은 보지 않았던 아동보다 고학년이 되어서 책을 더 많이 읽고 성취를 좀 더 중요시하고 더욱 창의적이고 덜 공격적이었다. 우리는 3세 이상 아동과 텔레비전에 대해서는 조금 알고 있다

할지라도 영아와 걸음마기아와 매체의 관계에 대해서는 거의 알지 못한다. 시애틀에 있는 어느 소아과 의사가 수행한 연구에 따르면, 3세 이하의 아기가 하루 2시간 텔레비전을 보게 될 경우에는 텔레비전을 보지 않는 아기보다 집중력의 문제가 20% 증가될 수 있다(O'Brien, 2005). 학습도구로서의 텔레비전의 힘을 긍정적인 방향으로 조율할 수 있다. 많은 프로그램들이 긍정적인 모델과 유용한 정보를 제공한다. Barney the purple dinosaur는 걸음마기아와 유아 전기아에게 사랑을 받는다. *Sesame Street*에서는 숫자 세기와 알파벳 외우기, 긍정적이고 문화적으로 다양한 모델을 보여 주기, 많은 형태의 좋은 정보 제공하기 등과 같은 기초 기술의 학습 기회를 제공한다. 그 밖의 유아 전기아에게 긍정적인 학습의 경험을 제공하는 프로그램의 예로는 *Reading Rainbow*, *Bill Nye the Science Guy*, *The Magic School Bus*, *National Geographic*의 특집 등이 있고, 그 밖에도 음악 프로그램과 콘서트가 있다. 아동의 텔레비전 시청 시간을 통제하고, 아동이 보는 프로그램의 형태를 모니터하고, 프로그램을 아동과 같이 시청하고 난 후 내용에 대해 토론하는 것은 성인에게 달려 있다.

심화학습 영유아용 텔레비전 프로그램을 조사해 보라. *Sesame Street*, *Sid the Science Kid*, *Clifford the Big Red Dog*, *Reading Rainbow*, 또는 Cartoon Network 방송국, Disney, Noggin, Nickelodeon, 또는 다른 상업 방송에서 상영되는 프로그램을 하나 또는 그 이상 시청하라. 그 프로그램을 분석하고 다른 상업용 공중파 방송의 프로그램과 비교하여 분석하라.

비디오 게임

비디오와 컴퓨터 기술의 결합인 비디오 게임은 1980년대에 소개되었다. 비디오 게임은 거의 모든 가정의 아동에게 확고하게 자리매김하였다. 아동은 텔레비전보다 비디오 게임에 더 많은 시간을 보낼 것이다. 비디오 게임이 문제해결 능력과 눈-협응 경험의 기회를 제공한다고 할지라도 폭력적인 내용도 역시 노출시킨다(Rogers, 1990).

2010년의 자료에 따르면 미국 가정의 67%가 비디오 게임을 한다(Blumberg, 2011). Roberts와 Foehr(2008)는 0~6세 아동 가정의 50%와 8~18세 아동 가정의 83%가 비디오 게임을 보유하고 있다고 보고하였다. Eugene Provenzo(1991)는 자신의 저서 *Video Kids: Making Sense of Nintendo*에서 수없이 많은 비디오 게임의 내용이 잔인하고 폭력적이라고 평가하였다. 비폭력적인 게임을 한다고 하더라도, 아동은 좀 더 근육 운동 활동을 해야 하고 야외 활동을 해야 하거나 좋은 책을 읽어야 할 시간에 비디오 게임에 시간을 쓰고 있다. 비디오 게임 시간은 제한되어야 한다. 부모는 비디오 게임을 구입하기 전에 게임을 미리 살펴보기도 하고 후기를 읽어 보아야 한다. Commom Sense Media(www. commom-senemedia.org)는 탁월한 정보를 제공한다. Provenzo는 부모에게 비디오 게임 포장 상자에 쏘다, 파괴하다, 죽이다와 같은 단어를 사용하고 있는 제품은 피해야 하고, "탐색하기 위한 수십 개의 숨겨진 장소"와 같은 설명은 많은 단계의 도전을 의미한다고 조언한다. 비디오 게임은 비폭력적이어야 하고 좋은 색채를 써야 한다.

Blumberg(2011)는 비디오 게임이 학습과 인지 기술에 미치는 영향에 대해 더 많은 연구가 필요하다고 지적하였다. 비디오 게임을 하는 시간의 양과 내용, 게임의 맥락과 구조, 그리고 게임의 기계적인 것이 미치는 영향에 대해 알려진 것이 거의 없다. 또한 우리는 게임의 기계적인 것이 미치는 영향에 대해서는 알려진 것이 거의 없다. 또한 우리는 게임에 교육적 내용을 삽입하는 최고의 방법을 알아야 한다. Wii와 같은 실행 게임을 할 때 얻을 수 있는 긍정적인 효과에 대한 참고 문서가 있다. 즉, 비만 아동들이 칼로리를 태울 수 있는 이점이 있고, 게임을 통해 개발된 어떤 기술은 다른 신체 활동으로 변환될 수 있다. 또한 우리는 아동의 전략에 대해서 좀 더 알 필요가 있다. 우리는 그들이 시행착오를 겪는 것을 안다.

컴퓨터, 태블릿, 스마트폰을 이용한 학습

컴퓨터, 태블릿, 스마트폰은 아동을 동기화할 수 있고 현재 아동의 생활에 한 부분으로 통합되었다. 성인인 우리들은 어떻게 영유아가 기술을 이렇게 쉽게 사용하는 법을 알게 되는지 놀랍다(Cushman, 2011). 영유아는 쉽게 첨단 기술 전문가가 되는 것 같다. 그들이 전문가가 되는 요점은 디지털 세계에 접근하는 방법에 있다. 그들은 재미있게 보이는 것을 보고, 특별한 결과물을 만들어 내야 한다는 압력 없이 그냥 뛰어들어서 해볼 수 있다. 기술 학습을 촉진하는 요인은 재미와 우정, 그리고 성공하리라는 기대, 실수에 대한 용납, 신비로움에 대한 즐거움이다.

소프트웨어는 발달적으로 그리고 문화적으로 적절해야 한다. Nikolopoulou(2007)는 어떤 문화의 아동이든 사용할 수 있는 소프트웨어의 선택의 기준을 제시하였다. 소프트웨어는 "그림, 애니메이션, 음향이 우세하며, 문화적으로 독립적이며, 중립적인 그래픽, 조화로운 이야기가 있는 특징을 포함해야 한다"(p. 178).

Silvern과 McCary(1986)는 컴퓨터를 적절하게 사용하는 다음의 지침을 제시하였는데, 우리는 이것을 태블릿과 스마트폰에도 적용할 수 있다.

1. 컴퓨터를 성취를 촉진하는 수단으로 사용하지 말라.
2. 컴퓨터를 다른 매체의 경험을 풍부하게 할 수 있는 부가적인 매체로 고려하고 다른 매체의 경험을 대체하는 것으로 생각하지 말라.
3. 컴퓨터 사용 경험은 아동의 실생활 경험과 연관된다는 것을 명심하라.
4. 아동이 지식을 구성할 수 있는 기회를 제공하라.
5. 컴퓨터 접근을 허용하고 강압적으로 하지 말라. 컴퓨터 사용에 대한 발달적으로 준비

가 되어 있고 흥미를 갖게 되면 컴퓨터를 사용할 수 있으며, 그렇지 않은 아동은 다른 활동을 선택한다.

좀 더 공격적인 아동이 교실의 기구들을 독점할 수 있다. 모든 아동이 공평하게 컴퓨터를 사용할 수 있도록 하는 한 가지 방법은 자신의 차례에 서명을 하고 타이머를 사용해서 각 아동에게 정해진 시간 동안만 컴퓨터를 사용하도록 하는 것이다. 손으로 조작하는 장치가 늘어나면서 아동은 자신의 전자기기를 가질 수 있게 되었다. Silvern과 McCary는 만약 성인에 의해 올바르게 통제된다면 컴퓨터의 사용은 구성주의 이론과 비견될 수 있다고 지적하였다. 그러나 우리는 지식 구성의 핵심인 구체적인 재료와 경험을 기술이 대신할 수 있다는 생각을 하지 않는 조심스러움이 필요하다. 기술 스스로가 제한을 설정하는 능력은 자연환경에는 없다.

기술이 우리의 일상생활을 더 많이 점령할수록 더 많은 아동 발달 전문가들은 영유아가 지나치게 많은 시간을 컴퓨터 사용에 소비한다고 우려를 표명한다(Alliance for Children, no date). 컴퓨터가 건강에 해롭고, "반복적인 스트레스성 상해, 눈의 피로감, 비만, 사회적 고립, 그리고 어떤 아동에게는 장기간의 신체적 · 정서적 · 인지적 발달의 저해 위험"이 있다는 우려가 있다. 미국공중보건국에서는 아동이 너무 많은 시간을 컴퓨터 모니터 앞에서 지낸다고 지적하였다. 기술의 사용이 학업성취를 증진시킨다는 증거는 없다. 특히 영유아는 언어, 개념, 정서와 사회 기술의 발달을 위해 다른 사람과의 대면 접촉이 필요하다. Allinace for Childhood의 관계자는, 오늘날의 기술은 현재의 영유아들이 노동인구가 될 때에는 쓸모없어질 것이고 반면에 창의력과 상상력은 항상 가치가 있다고 지적하였다. 게다가 기술의 사용은 장애 아동에게 **도움을 주는 기술**인 경우를 제외하고는 걸음마기아에게는 텔레비전 시청과 마찬가지로 제한되어야 한다.

사진 촬영

교사와 부모는 아동의 활동과 성취를 문서화하기 위해 사진 촬영을 오랫동안 사용해 왔다. 값싼 디지털 카메라가 사용되면서 영유아는 점차 촬영에 익숙해졌다(Blagojevic & Thomas, 2008). 사진 촬영은 영유아의 탐색에 새로운 수단이 되었다. 아동은 주제를 선택하고 그들이 찍은 사진을 편집해서 컴퓨터에 올리는 것을 배우게 되었다. 영유아는 카메라를 이용해서 이야기, 저널, 과학연구와 같은 프로젝트를 개발할 수 있다. Blagojevic와 Thomas(2008)는 4~5세 아동과 함께 수행한 성공적인 프로젝트를 보고하였다. Ching, Wang, Shih와 Kedem(2006)은 유치원 아동과 초등 1학년 아동이 만든 디지털 사진 신문을 소개하였다. 이 결과물은 교실에서의 기술 통합의 이점을 보여 준다.

도움을 주는 기술(assistive technology) 장애 아동의 일상 활동을 돕는 도구와 서비스들

영유아 교육기술 로봇 공학은 수학, 과학, 기계공학, 기술과 관련된 시장 영역이다. 로봇 조립이 LEGO® Dacta 블록에 고안되고 프로그래밍 되었다. 간단한 문에서부터 복잡한 로봇까지 조립할 수 있다. 좀 더 알기를 원한다면 온라인에서 ROBOLAB을 찾아볼 수 있다.

미래의 기술

The Future of Children(Five Commantaries, 2000)의 논평 부분에 컴퓨터 기술에 대한 내용이 게재되어 있는데, 다섯 명의 전문가들이 미래의 기술에 대한 각자의 견해를 이야기하고 있다. 그 전문가들에게 "컴퓨터 기술이 긍정적인 아동 발달을 촉진하기 위해서 공정하고 효율적이고 윤리적으로 사용되려면 우리가 어떻게 해야 하나요?"라고 질문하였다(Five Commantaries, 2000, p. 168). 전문가들은, 공정함이란 모든 아동이 최고 수준의 장비뿐만 아니라 동기와 긍정적인 태도에 접근할 수 있는 것이라고 대답하였다. 효율적이 되기 위해서는 개선된 그래픽과 이미지, 음향 효과가 제공되어야 한다. 더 좋고 훌륭한 장비는 자금이 좀 더 필요하다는 것을 의미한다(사진 4-5). 온라인 콘텐츠도 역시 아동의 흥미와 연령에 맞추어야 한다. 게다가 전문가들은 아동이 성인보다 컴퓨터가 능숙하기 때문에 성인이 좀 더 훈련을 받을 필요가 있다고 말한다.

좀 더 아동에게 재미를 주는 것에 상응하여 문제해결 기술과 사고력을 계발시키는 응용 프로그램들이 필요하다. 예술, 음악, 상담 지도, 독서 전문 프로그램을 포기하면서 컴퓨터 교실을 설치해서는 안 된다. 이미 언급하였듯이 기술에의 노출이 뇌 발달에 미치는 영향에 대한 우려가 있으므로 조심해야 한다. 한 조언가는 7세 이하의 아동은 컴퓨터를 사용해서는 안 되고, 어떤 소프트웨어는 유치원 아동의 창의성을 저하시킬 수 있다고 지적한다.

기술 장비와 소프트웨어 개발자는 기술의 창의성에 좀 더 초점을 맞추어야 한다. 한 조언가는 "컴퓨터는 핑거페인팅, 블록, 구슬처럼 만들기 재료로 사용할 수 있다."라고 말한다(Five

사진 4-5 컴퓨터는 사회적 기술을 지지할 수 있지만, 아동에게는 좋은 최신의 장비가 필요하다.

사진 4-6 유아원 아동도 태블릿을 사용할 수 있다.

Commantaries, 2000, p. 147). 이제는 유아원 아동조차 태블릿을 사용하고 있다(사진 4-6). 아동은 그래픽을 디자인하고 심지어 (프로그램할 수 있는 레고 블록으로) 기계를 디자인한다. 5학년 학생은 컴퓨터 교실에서 윈도, 키보드에서의 정확한 손가락 위치, 문서 작성법을 배우고 있다(인쇄하기, 폰트, 배열, 자르기, 복사, 붙이기, 삽입 기술, 오려붙이기 기술, 사진, 파워 포인트, 그 밖의 기술의 사용을 포함). 전문가는 기술이 영유아 발달에 미치는 영향에 대해 아직 좀 더 연구가 필요하다는 것을 염두에 두고 그 기술을 아동에게 보여 주고 사용하도록 해야 한다는 결론을 짓는다.

1학년 담당 교사인 Hilari A. Hinnant(1997)는 우리에게 사고를 위한 어떤 음식들의 목록을 제시한다. Hinnant는 컴퓨터에 붙어 앉아 정보 검색을 하기 위해 웹서핑을 하고 있는 영유아를 바라보면서 구체적이며 실생활 학습경험을 떠올리는데, 그것은 영유아에게 감각적 투입을 제공하는 데에 매우 중요하다. 야외에 있는 메뚜기, 뱀, 꽃, 그 밖의 많은 신기한 것들을 놓치고 있다. Hinnant는 인터넷이 물고기 잡기, 아기 안아 주기, 고양이의 탄생을 지켜보기와 같은 많은 것들을 가르칠 수 없다고 생각한다.

> 네, 1학년 교실에는 컴퓨터가 있습니다. 학생들은 인터넷을 통해 새롭고 흥미로운 정보를 수집하고 세상의 다양함을 보기도 합니다. 누군가 컴퓨터의 스위치를 끄고, 아동들을 껴안고 실제 세계로 돌아오도록 할 필요가 있습니다. 우리의 세계가 다시 살아날 때 우리는 웃고 질문하고 구체적인 연결을 만듭니다(Hinnant, 1997, p. 17).

7 특수아동의 통합과 학습

많은 아동은 특별한 욕구 또는 장애를 갖고 있어서 학습에 특수한 어려움을 갖게 된다. 이러한 아동은 특수한 도움이 필요한데, 그들이 대부분의 아동과는 다른 발달 패턴을 갖고 있기 때문이다. 그러나 우리는 무엇보다 그들을 아동으로 대우해야만 하며, 그다음으로는 그들이 특수한 욕구를 갖고 있음을 인정해야만 한다.

> 아동은 그 아동이 얼마나 똑똑한가, 지체되었나, 문제가 있나에 관계없이 그저 아동인 것이다. 모든 아동은 독특하고 다르며, 그들은 한 측면에서 또는 그 이상의 측면에서 예외적인 존재이다(Allen & Cowdery, 2012).

표 4-2 장애 상태

상태	설명
지적 장애	IQ 검사 점수, 기능적 적응 행동의 수준(예: 옷 입기, 화장실 사용, 음식 먹기), 사회 적응 행동의 수준을 포함한 다중 표준 척도에서 인지적 어려움이 있다.
약물 노출	인지, 운동, 지각의 결함, 가능한 운동의 문제, 중추신경계의 손상
시각 장애	전맹에서 교정 가능한 시력 장애까지 포함
청각 장애	농에서 교정 가능한 청력 장애까지 포함
학습 장애	평균 또는 평균 이상의 지적 능력을 갖고 있지만 학습의 어려움이 있는 상태, 즉 집중력, 기억, 지각의 문제를 갖는다.
신경학적 장애	뇌경색과 같은 신경 근육 장애, 간질과 같은 신경학적 장애
집중력 장애	지나치게 활동적이거나 자기 통제 부족으로 산만함, 무질서, 과제에서 벗어남
인간 면역 결핍 바이러스(HIV) 양성	질병과 싸우는 면역 체계의 결핍
정형외과적 장애	사지 중 하나 또는 그 이상의 상실로 인해 적절하게 기능을 하지 못함
신체 허약	심장 상태, 기관지 문제, 혈액 상태 등으로 인한 허약
언어 장애	조음 문제, 발달적 언어 지체, 이해 부족을 포함하는 언어 문제
정서와 행동 장애	적응 장애, 불행감으로 인한 행동 문제
자폐증	의사소통, 상상력, 사회성의 문제로 인해 사회적 상호작용을 회피한다.
전재성	높은 지적 능력, 창의성, 특별한 재능
문화 차이	아동의 문화가 주류의 모델이 아님
환경으로 인한 차이	학대, 영양 불량, 문화 차이

Allen과 Cowdery(2012)가 지적하였듯이 정상과 비정상 또는 전형과 비전형을 정의하는 것이 항상 쉽지 않지만 일반적인 발달의 초석이 지침으로 사용될 수 있다. 그러한 이정표가 이 책에서의 중요한 초점이다. 게다가 모든 아동은 동일한 모델을 따라 학습 수단에 대하여 이 장에서 이미 설명하였다. 장애 아동과 일할 때 겪는 어려운 점은 장애 아동의 제일 큰 학습의 장점을 찾고 취약점을 보강하는 것이다.

수년간 철학과 정부의 위임, 그리고 사회적으로 용인되는 용어에 커다란 변화가 있었다. **아동 우선 언어**라는 것이 장애 이전에 아동을 언급하고 있음을 의미한다.

특수아동들은 종종 표 4-2에 작성된 것과 같이 종종 **위기에 처한** 아동이라고 명명된다. Hrncir와 Eisenhart(1991)는 이 용어가 편리하고 설명적이라는 것은 인정하지만 이 용어를 사용할 때에는 항상 주의해야 한다고 경고한다. 그것은 특수아동의 배치를 결정할 때에는 지나치게 자주 무분별하게 사용된다. 위기에 있는 어떤 아동을 명명하기 위한 기준은 좀 더 조심스럽게 설명되어야 한다. 게다가 Hrncir와 Eisenhart(1991)는 이 용어를 사용할 때

아동 우선 언어(children-first language) 장애 이전에 아동을 언급하는 것

위기에 처한(at-risk) 특수한 욕구를 갖고 있는 아동을 설명하는 용어

의 세 가지 제한점을 설명하였다.

1. 위기는 불변의 상태가 아니다. 발달의 속도가 다양하듯이 환경적 속도에서도 그러하며, 그것이 위기의 속도가 다양하게 되는 원인도 된다.
2. 검사 점수는 위기 예측으로는 비효율적이다. 28장에서 설명되듯이 유아 전기의 검사 점수는 훗날의 기능을 예측하기에 타당하지 않으며 현재의 기능을 측정하기에도 타당하거나 신뢰롭지 않다.
3. 아동은 고립된 존재가 아니며 생태 맥락 안에서 발달한다. 가정과 학교의 상황 모두가 아동의 행동에 영향을 미친다. 아동은 발달적으로 적합한 장소에서는 잘 행동하지만 발달적으로 적합하지 않은 곳에서는 위기의 모습을 보인다.

이 책의 저자들은 위기라는 용어는 돌봄을 위해서 사용되어야 하며 차별적으로 사용되어서는 안 된다고 결론을 내렸다.

심화학습

1. 표 4-2에서 한 가지 특수교육의 형태를 선택하라. 상황에 대해서 당신이 할 수 있는 최대한으로 학습하여 보라.
2. 당신이 찾아낸 것에 대한 요약 보고서를 쓰라.

통합 교육 환경에서의 학습

특수교육 대상 아동과 장애 아동의 가장 큰 관심은 최고 · 최적의 교육 환경의 형태를 정의하는 것이다. 일반적으로 특수교육 대상 아동은 일반 아동을 위한 교육의 장에 포함되어야 한다고 생각한다. NAEYC의 영유아 분과(DEC/NAEYC, 2009)에서는 **통합** 교육을 다음과 같이 정의한다.

> 영유아기 통합 교육은 모든 영유아와 그들이 가족의 능력을 지원하는 가치, 정책과 실제를 구현하는 것이다. 장애 아동과 비장애 아동, 그리고 그들 가족의 통합 교육 경험의 바람직한 결과는 소속감과 멤버십, 긍정적 사회관계와 우정, 그들의 완전한 잠재력에 미치는 발달과 학습을 포함한다. 통합 교육의 결정적인 특징은 고품질의 유아교육 프로그램과 서비스에 접근, 참여, 지원을 정의하는 데 사용될 수 있다는 것이다(DEC/NAEYC, 2009, p. 1).

통합이라는 용어는 계속해서 변하고 있다. Fuchs와 Fuchs(1998)는 통합을 좋아하는 사람과 **종일 통합반**을 좋아하는 사람 간의 갈등을 설명하였다. 통합주의자는 학급에서는 아동의 특별한 욕구를 바꾸고 통제할 수 있는 능력에 한계가 있다고 믿는다. 연속적 특수교

통합(inclusion) 학교의 수업에 참여하는 각 아동에게 최대한 적절한 교육을 제공하고, 수업에 참여하는 경우에 지지적 서비스를 제공받도록 한다.

표 4-3 연속적 서비스

정규반	자문 지원이 있는 정규반	시간제 지원실이 있는 정규반	시간제 특수교육이 있는 정규반	종일제 특수반	종일제 특수 오전반	가정형 교수	병원 또는 기숙반

육 서비스는 각 아동의 특수교육 욕구에 맞추어서 만들어져야 한다. 이런 연속적 서비스를 표 4-3에 제시하였다. 완전 통합 지지자들은 교육자의 주요한 책무는 특수아동의 사회성 발달에 있다고 믿는다. 그들은 특수아동은 정상 발달 아동과 우정을 쌓는 것이 필수적이며, 그러기 위해서는 정규 학급에 하루 종일 배치되어야 한다고 믿는다. 종일반 배치는 특수교육이 필요한 학생에게 그 학급의 학생으로서 법적 지위가 주어지므로 그 학생은 특수교육을 위해서 그 학급을 떠날 수 없게 된다. 그 학생이 학급을 떠났다가 다시 돌아오면 그 학생은 완전히 그 학급에 속하지 않게 된다. 게다가 자립적인 특수 학급은 교육자에게 특수아동이 있는 반응적인 교실에서 반응적인 교수법을 개발하도록 하기보다는 어떤 장소를 제공하고 그곳에 특수아동을 보내게 되는 것이다.

Fuchs와 Fuchs(1998)는 통합주의자와 종일반 통합주의자의 견해 모두의 약점을 설명하였다. 대부분의 연구에서 유아원에서의 종일반 통합 교육을 다루면서 많은 긍정적인 결과를 내놓았다(예: Rafferty & Griffin, 2005). 그러나 초등학교에서 시행되고 있는 종일반 통합 교육 또는 연속적 서비스 모델에 관한 연구는 거의 없다. 통계에서는 일단 아동이 특수 학급에 배정되면 그것이 막다른 곳이 되는데, 그 이유는 정규 학급으로 되돌아가는 일이 거의 없기 때문이다. Fuchs와 Fuchs(1998)는 연속적 서비스 접근을 선호하는데, 그것은 학생이 정규 학급으로 상향 이동을 돕도록 고안되었기 때문이다.

Bronfenbrenner의 생태학적 연구 모델(3장)을 사용하여 Odom과 Diamond(1998)는 미시체계로서의 학급에 대한 연구를 요약하였다. 그 결과 중 몇 가지는 다음과 같다.

- 교사가 넓은 선택 범위의 활동을 제시하는 학급의 특수아동은 또래와 좀 더 높은 사회 수준의 상호작용을 한다.
- 소집단 활동의 기회를 주면 또래 상호작용이 더욱 많아진다.
- 혼합 연령 집단에 배치하면 특수아동에게 좀 더 사회적 기회를 주게 된다.

생각해 보기

당신이 특수아동과 함께한 경험이 있다고 생각해 보라. 당신은 그 경험을 어떻게 느낄 것인가? 어떤 어려움과 만나게 될 것인가? 통합반 아동을 가르친다면 당신은 무엇을 느끼게 될 것인가?

종일 통합반(full inclusion) 아동에게 필요한 모든 서비스와 지원은 그들이 정상적으로 출석하는 학교 안에서 주어져야 하며 유용하여야 한다고 확신하는 것 무엇보다도 연구에서는 특수아동이 정규 학급에 배치되면 사회성 발달의 이점을 얻게 된다는 결론을 지지한다.

요약

1 학습을 정의하기

학습이란 경험의 결과로 인한 행동의 변화라고 정의될 수도 있다.

2 뇌의 각 부분과 기능 설명하기

뇌는 두 개의 반구로 이루어져 있고, 각각의 반구는 네 개의 엽으로 구성되어 있다(Shore, 2006). 뇌의 각 부분은 각각 다른 기능을 한다. 상부 또는 피질은 생각하기, 계획하기, 기억하기, 실행하기 등과 같은 대부분의 정신 활동을 담당하는 곳이다. 뉴런이라는 작은 세포들이 뇌의 구성요소이다. 영아는 약 100조 개의 뇌세포를 갖고 태어난다. 각각의 뉴런은 다른 뉴런에게 정보를 전달하는 긴 돌기인 축삭돌기를 갖고 있다. 각각의 뉴런은 여러 개의 수상돌기를 갖고 있는데, 수상돌기는 짧은 머리카락 모양의 돌기로 정보를 받아들인다. 아동이 성장하면서 뉴런의 숫자는 동일하지만 각각의 축삭돌기는 크기가 커지고 수상돌기의 숫자는 증가한다. 축삭돌기는 다른 뉴런에 정보를 전달한다. 축삭돌기는 수초라고 하는 흰색의 지방질에 의해 보호된다. 뇌 발달의 비결은 뉴런의 연결에 있다. 이런 연결을 시냅스라고 한다. 아동의 경험은 연결을 증가시킨다. 어떤 뉴런은 무려 15,000개의 다른 뉴런과 연결되어 있을 수 있다. 초기 동안 아동의 뇌는 필요 이상으로 시냅스를 발달시킨다.

3 지각을 정의하고, 인식하고, 개념을 응용하고, 지각과 기억의 관계 이해하기

간단히 말하자면 지각은 인체적 감각을 뇌가 해석하는 것이다. 감각은 신체 자극이 신경 자극으로 바뀌어서 뇌로 전달되고 해석될 수 있게 된다. 미각, 촉각, 시각, 청각, 후각은 근육 수축과 같은 자기 자극에 감응하는 정보와 함께 뇌에 전달된다. 이러한 정보의 의미는 그 정보에 대한 개인의 지각에 따라 달라진다. 한 예는 "아름다움은 보는 사람의 눈에 달려 있다."라는 속담에서 찾을 수 있다. 주의력은 지각의 결정적으로 중요한 측면이다. 우리는 다감각 경험을 사용할 때 최고로 잘 학습할 수 있다.

기억은 인상을 보유하고 재생하는 정신적 능력이다. 어떤 정보는 감각을 통해 지각되고 다음에 사용하기 위해 저장한다. 그 정보는 다음 네 가지 과정 중 하나를 통해 재생된다. 네 가지 형태의 기억은 회상, 재인, 짝연합, 재생이다. 회상은 정신의 저장소에서 직접 가져와서 기억해 내는 것이다. 영유아는 아직은 기억 책략이 발달하는 과정에 있다. 그들의 기억 과정은 상대적으로 비효율적이지만, 만약 기억의 투입이 구체적 경험일 경우에 추상적 강의일 경우보다 좀 더 기억을 잘하게 된다. 예를 들어서, 아이들이 기억하는 첫 번째 숫자는 보통은 자신의 나이, 즉 "나는 두 살이야."라고 기억을 하게 된다.

4 학습이 어떻게 이루어지는가를 설명하기

영유아는 경험을 통해 학습을 한다. 그들은 환경과 상호작용을 하면서, 그리고 그들의 활동에 대한 통제를 행사하는 다양한 힘을 통하여 지식을 구성하면서 학습을 하게 된다. 영유아는 나이 든 아동이나 성인과는 다르게 세상을 지각한다. 그들은 그들의 모든 감각을 사용하여 세상을 지각하지만 정보를 받아들일 때에는 선별적이 된다. 그들은 수동적으로 듣거나 연습장이나 활동지를 통하여 학습을 할 때보다 구체적 사물을 조작하고 살펴볼 때 그리고 사회적 상호작용을 할 때 학습을 잘할 수 있다. 학습은 고전적 조건, 조작적 조건, 그리고 관찰과 모방, 환경 안의 재료와 사람과의 상호작용이 결합될 때 일어난다. 학습이 어떻게 발생하는가에 대한 대답은 복잡하다. 어떤 특정한 아동을 위한 정답을 찾기는 쉽지 않다.

그들의 학습방식에 맞는 강의를 할 때 아동은 좀 더 많이 성취하고 그들의 학습에 대한 의욕을 지속하게 된다.

5 영아기와 걸음마기 아기부터 초등 저학년 아동까지 학습동기의 변화를 설명하기

동기는 학습의 또 다른 중요한 요인이다. 아동은 학습의 욕구를 가질 필요가 있다. 영아기와 걸음마기 아기는 환경을 탐색하도록 동기화하는 선천적인 호기심을 가지고 있다. 나이가 들어가면서 이러한 동기를 유지하는 것이 어렵다. 초등학교 3학년 또는 4학년이 되면 이러한 초기의 호기심과 욕구가 종종 사라지기도 한다.

6 영유아 학습의 매개체로서의 기술의 장단점을 비교하기

성장하고 있는 기술은 학습의 새로운 도구와 새로운 도전을 제공한다. 스마트폰, 태블릿, 아이팟, 비디오 게임, 문자 메시지, 상호적인 다인용 비디오 게임, 가상의 실제 사이트, 사회적 네트워킹, 이메일 등이 현재 사용되고 있다. 이러한 일련의 기술은 학습의 새로운 국면을 열고 있지만 조심스럽게 다루어져야 하는데, 그 이유는 내용과 시간의 할애도 통제되어야 하기 때문이다.

7 특수아동의 통합 교육의 장점 설명하기

특수아동은 일반아동과 같은 발달단계를 따르지만 지각, 기억, 운동 능력, 신체 발달, 일반적 발달 속도에 어려움이 있어서 특수한 도움이 필요하다. 특수교육이 필요한 아동은 좀 더 넓은 사회적 세상에서 사는 법을 배우기 위해 정규 학급과 그 밖의 다른 환경 장소에서 가능한 한 오랜 시간을 보내야 한다는 것에는 일반적으로 동의한다. 그러나 특수아동이 정규 학급 종일반에 통합되어야 하는가, 시간제로 통합되어야 하는가에 대해서는 의견이 다르다.

제05장

놀이를 통한 학습

이 장과 관련된 표준

naeyc

NAEYC 프로그램 표준

1c: 영유아를 위한 건강하고 정중하고 지지적이고 도전적인 학습환경을 만들기 위해 발달적 지식을 사용하기

DAP

발달에 적합한 실제 지침

1: 학습자를 보살피는 공동체 만들기

2E 3: 교사들은 시간표를 편성할 때 놀이를 할 수 있는 시간을 제공한다.

2E 4: 교사들은 놀이를 할 수 있는 경험, 재료, 상호작용을 제공한다.

학습목표

1 놀이를 정의하고, 놀이 이론을 알고, 그 예를 든다.
2 놀이의 기능과 놀이의 매개체로서의 역할에 따른 놀이의 범주화의 예를 든다.
3 장애 아동을 위한 놀이 적응을 이해한다.
4 놀이의 맥락, 또래 집단에 참여하게 하는 요소, 놀이의 사회문화적 측면을 이해한다.
5 영유아를 위한 놀이 기반 환경을 지지하는 연구의 세 가지 영역을 이해한다.

나는 내 아이를 책을 통해서 가르치려고 했다.
그 아이는 나를 곤혹스럽게 바라볼 뿐이었다.
나는 나의 아이를 말로써 가르치려고 했다.
그 아이는 흘려듣기 일쑤였다.
옆으로 비켜 서서 나는 절망적으로
"내가 어떻게 이 아이를 가르쳐야 하나."라고 한탄했다.
우리 아이가 "이리 와요, 나랑 놀아요."라고 말할 때
그 해결책을 나에게 알려 주었다.
—작자 미상

1 놀이란 무엇인가

놀이는 아동의 행동을 매개하는 활동이다. 또한 놀이는 선천적 · 생물학적 기능이다(Elkind, 2003). 인간과 동물의 새끼들은 모두 놀이를 즐기고 놀이를 통해서 세상에 대해 학습하게 된다. Elkind(2003)는 놀이는 학구적인 것은 아니지만 자발적이고 창의적인 활동이라고 지적하였다. 진정한 놀이는 유쾌하고 즐겁다. Elkind(2005)는 아동에게 놀이는 성인에게처럼 선택적인 활동이 아니며 건강한 성장과 발달을 위한 필수적인 활동이라고 강조하였다. "놀이는 아동의 권리이며, 그것을 보호하여 주는 것이 모든 사람의 의무이다(Schmidt, 2003). 놀이와 뇌 발달에 관한 연구에 따르면, "능동적 · 신체적 · 인지적 자극을 주는 놀이"는 진보를 위한 인지적 기술의 여지를 제공한다(Stegelin, 2005).

놀이 이론

중요한 놀이 이론은 Freud와 Erikson의 정신분석 이론, Piaget와 Vygotsky의 구성주의 이론이다. 정신분석적 견해는 정서의 표현과 어려움의 숙달에 초점을 맞춘다. 구성주의자들은 놀이의 인지적 기능에 좀 더 초점을 두어서 영유아는 놀이를 통해서 지식을 구성한다고 판단한다. 상상놀이를 하면서 아동은 즐거운 기분과 불쾌한 기분 모두를 안전한 방법으로 경험하게 된다. 아동은 자신의 아기 인형을 마치 부모님이 자신을 돌보듯이 돌보게 된다. 아동은 체벌이나 복수에 대한 두려움 없이 무서운 괴물과 싸워서 죽인다. Freud의 견해에서 보면 아동은 성인의 참견 없이 자유롭게 자기를 표현하는 것이다.

Erikson은 아동이 자신의 정체감을 찾는 수단으로서의 놀이의 중요성을 강조하였다. 놀이는 현실을 직시하고 삶에 필요한 기술을 숙달하는 한 가지 수단이다. 걸음마기 아기는 기술을 숙달하기 위하여 놀이를 사용한다. 자율감을 획득한 유아 전기아는 자신의 주도성을 사용하여 창의적으로 문제를 해결한다. Erikson의 견해에 따르면 놀이에서 성인은 좀

더 능동적인 역할을 할 수 있다. 성인은 설거지하기, 식탁 차리기, 빨래 개기, 마루 쓸기, 애완동물 먹이 주기, 세차하기, 잔디 깎기와 같은 실제 경험을 제공해야만 한다. 이러한 실제 경험은 아동의 자발적인 놀이를 풍부하게 한다.

Piaget는 놀이가 인지 발달과 관계되어 있다고 보았다. 놀이가 동화와 조절 기능을 돕는다. 놀이 발달의 3단계는 아동이 사용하는 동화 행동의 유형에 따라 정의된다.

1. 실용놀이: 아동은 같은 활동을 계속 반복한다. 걸음마기 아기의 전형적인 행동이다.
2. 상징놀이: 아동들은 실제 자신이 아닌 어떤 것(예: 슈퍼히어로, 엄마 또는 아빠)인 체하거나 어떤 재료가 실제로 사용되지 않는 방식의 어떤 것인 체한다(예: 모래를 음식인 체하거나 블록을 자동차인 체한다). 전조작기 유아 전기아의 전형적인 행동이다.
3. 규칙이 있는 게임: 학령기 아동의 전형적인 놀이 유형이다.

Piaget에 따르면 아동은 놀이를 통해서 자신의 행동을 어느 정도 통제하도록 발달되어야 한다.

Vygotsky(Berk & Winsler, 1995; Bodrova & Leong, 2003a, 2003b)는 표상적 놀이를 강조하였다. Vygotsky는 유아 전기에 출현하는 가장놀이를 발달의 결정적 요인으로 보았다. 표상적 놀이가 규칙이 있는 게임으로 발전하는 것이 아동 중기 활동의 초점이 된다. Vygotsky에 따르면 놀이는 근접 발달 영역(ZDP)을 만들고 그 영역에서 아동들은 나이 든 아동이나 성인인 것처럼 행동할 수 있다. Vygotsky는 놀이의 두 가지 중요한 특성을 다음과 같이 말한다((Berk & Winsler, 1995, p. 53-54).

1. 모든 표상적 놀이는 아동의 비현실적 욕구를 허용하는 상상의 상황을 만든다. 상상놀이를 하게 되는 때는 아동이 지연된 만족을 배울 것이라고 기대되는 발달의 시기와 일치한다.
2. 표상적 놀이는 가상의 시나리오에 관여해서 완성해야만 한다는 행동 규칙을 포함한다. 모든 상상 행위는 발달 스크립트 과정 중에 개발되는 사회적 규칙을 따른다.

Berk와 Winsler(1995, p. 54)는 다음과 같이 결론을 짓는다.

> Vygotsky에 따르면 허구는 다음의 두 가지 상보적인 능력의 출현을 지지한다. (1) 행위와 사물을 별개로 사고하는 능력, (2) 고의적이고 융통성 있는 자기 규제 활동을 위해 충동적인 행동을 포기하는 능력.

그리고 상상놀이는 인지 행동과 사회적 기능 모두를 돕는다.

놀이는 각각의 이론 중 몇 가지를 포함한다. Freud는 놀이의 정서적인 면을, Erikson은 사회적인 면을, Piaget는 인지적인 면을, 그리고 Vygotsky는 인지적인 면과 사회적인 면 모두를 설명한다.

현실에서의 아동 발달

놀이로의 귀환

가족 환경이 아동의 놀이 기회에 미치는 영향에 대한 연구(Johnson, Christie, & Wardle, 2005)에서 보여 주듯이, 그리고 여러 가지 요인으로 인해서 놀이가 아동의 생활 속에 점점 덜 중요해지고 있다(Stout, 2011). 오늘날 부모는 자녀의 체육, 예술, 학업의 수행에 대하여 많이 불안해하며 놀이를 시간 낭비라고 믿는다. 그래서 놀이 시간은 줄어들고 구조화된 활동을 위한 시간은 늘어났다. 또한 부모는 그들이 깨어 있는 시간 동안 업무에 압도되어서 자녀와 같이 놀아야 할 시간이 거의 없음을 안다. 부모와 자녀 모두 휴대전화와 컴퓨터에 시간을 더 많이 쓰고 있다. 또한 부모는 성인의 감독 없이 자녀가 야외에서 노는 것은 안전하지 않다고 염려한다. 아동의 삶에 놀이를 돌려주려는 움직임이 처음에는 휴식과 비구조화된 놀이 시간을 유아원과 초등학교에 가져오는 것에 초점을 맞추었다. 지금 이 운동이 부모를 격려해서 자녀의 일정을 느슨하게 하고, 자녀가 블록, 게임, 크레용, 장난감, 소꿉놀이 소품과 같은 재료를 이용한 좀 더 융통성 있는 활동을 허락하도록 가족에게 기계 사용 시간을 제한하도록 한다. 성인이 주도하도록 하기보다는 아동이 스스로의 게임을 만들어 보도록 격려하였다.

출처: Johnson, J. E., Christie, J. F., & Wardle, F. (2005). *Play, development, and early education*. Boston: Pearson/Allyn & Bacon; Stout, H. (2011, January). Effort to restore children's play gains momentum. *The New York Times* Reprints; http://www.nytimes.com/2011/01/06.

이 장에서는 발달주의자와 행동주의자의 견해로부터의 시사점을 포함하는 기본 학습 과정을 설명한다. 그리고 또한 영유아의 학습에서 성인이 하는 역할에 대해 상세히 설명한다.

2 놀이의 매개체와 놀이의 기능

놀이는 아동의 나이에 따라 각각 다른 수준에서 다른 형태로의 발달단계를 거쳐 가게 된다. Johnson, Christie와 Wardle(2005)은 놀이와 발달은 쌍방 관계라고 보았다. "발달은 놀이의 도움을 받으며, 놀이를 통해 발달을 알 수 있다"(p. 56). 다른 말로 하면, 놀이가 발달을 지지하고 놀이 안에서 발달적 변화를 관찰할 수 있다는 것이다.

놀이에는 많은 형태가 있다. Catherine Garvey(1990)는 매개체와 자원의 차원에서 네 가지 놀이를 범주화하였다. 즉, 동작놀이와 상호작용놀이, 사물을 갖고 하는 놀이, 언어놀이, 사회적 놀이이다.

동작놀이와 상호작용놀이

Garvey(1990, p. 25)는 놀이를 다음과 같이 정의하였다.

충만함과 의기양양함을 가장 명백히 반영하는 놀이는 동작을 바탕으로 하는 놀이이다. 아

사진 5-1 동작놀이는 자신감을 키워 주는 대근육 활동이다.

동이 쉬는 시간이나 방과 후에 달리기, 뜀뛰기, 깡총 뛰기, 소리 지르기, 웃기 등의 활동을 하는 것은 즐겁고 자유롭고, 행복을 표현한다는 점에서는 전염성이 있기까지 하다.

다른 아동과 상호작용에 대한 흥미는 영아기와 걸음마기 때에도 보이지만, 사회적 상호작용이 급속도로 발달하기 시작하는 때는 유아전기이다(사진 5-1).

결국 놀이는 규칙이 있는 게임으로 통합된다. 도둑과 경찰 놀이처럼 쫓고 쫓기는 게임, 레드로버(red rover)[1], 돌차기 놀이, 숨바꼭질처럼 규칙이 있는 게임에 참여하게 된다.

사물을 갖고 하는 놀이

아동은 사물을 사용하여 자신과 자신의 환경을 연결한다. 사물을 갖고 하는 놀이는 여러 가지 방법이 있다(Garvey, 1990, p. 40). 다음은 그 예이다.

- 아동은 사물을 사용하여 자신의 감정, 생각, 흥미를 표현하거나 표상한다.
- 아동에게 사물은 성인이나 다른 아동과의 사회적 상호작용을 하는 통로가 된다.
- 친숙하지 않은 사물은 연속적인 탐색과 이해를 이끌어 주고, 그 과정을 반복하면서 결과적으로 물리적 세계의 속성(모양, 질감, 크기)에 대한 좀 더 성숙한 개념을 얻을 수 있도록 이끌어 준다.

사물과의 상호작용은 영아기부터 시작된다. 4개월 된 영아는 사물을 쥐고 자신의 입으로 가져간다. 또한 물체를 흔들고 두드린다. 12개월이 되면 보통 아기는 그 물체를 보고, 뒤집고, 만지고, 자신의 입에 넣어 보고, 흔들고, 두드린다. 15개월이 되면 아기는 그 물건을 갖고 놀기 전에 시각적 검색을 한다. 3세가 되면 아동은 장난감 컵과 컵받침으로 인형에게 음식을 먹이거나 인형이 장난감 트럭을 운전하게 하는 등 주제를 갖고 사물을 갖고 놀게 된다. Garvey는 3세가 되면 아동은 다음의 방법으로 사물을 가지고 논다고 지적하였다(1990,

1) (역자 주) 어린이 놀이의 일종으로, 두 팀이 어느 정도 거리를 두고 마주 보고 나란히 서서 번갈아 가며 상대 팀 사람을 지명한다. 지명된 사람은 손을 잡고 서 있는 상대방의 열을 돌파하려고 하며, 이에 실패하면 상대 팀의 일원이 되는 놀이이다.

p. 44).

1. 아동은 사물을 용도에 맞게 사용한다. 아동은 더 이상 사물을 입에 넣지 않게 되며, 숟가락이나 포크와 같이 음식을 먹을 때 사용하는 기구만 입에 넣는다.
2. 아동들은 말과 말 타는 사람, 컵과 컵받침, 인형과 인형 옷과 같이 서로에게 속하는 사물끼리 짝을 짓는다.
3. 아동은 요리하기, 식사하기, 설거지하기와 같은 일련의 행동들을 순서대로 수행한다.
4. 아동은 진짜 칫솔로 자신의 이를 닦거나 인형이나 다른 사람의 이를 닦아 주거나, 인형이 칫솔로 자신의 이를 닦도록 하는 것처럼 사물을 스스로 적절하게 사용한다.
5. 아동은 적절한 사물을 찾을 수 없을 때는 가상의 스프를 장난감 숟가락으로 먹는 것처럼 하며 마치 스프가 있는 체한다.
6. 아동은 필요한 물체가 없을 때에는 대체 사물을 사용한다. 예를 들어 숟가락이 없을 때에는 막대로 커피를 젓는다.

3세는 상징적 표상의 시기이다. Garvey는 영유아는 가장의 세계에 들어가기 위해서 실제 형태의 장난감이 필요하다는 것을 발견하였다. 아동은 가장과 상상의 기술을 획득하게 되면 추상적인 항목을 만들기 시작한다. 예를 들어 커다란 상자를 섬, 동굴이나 성으로 사용할 수 있게 된다.

아동은 새로운 사물을 접할 때 네 가지 활동, 즉 탐색, 조작, 연습, 반복이라는 일련의 네 단계를 거치게 된다. Garvey는 다음의 예를 보여 준다. 3세 된 남아가 커다란 나무 자동차에 접근한다. Garvey는 그 아동이 다음과 같이 일련의 네 단계를 거친다고 기술하였다 (1990, pp. 46–47).

1. **탐색**: 멈추고, 차동차를 검사하고, 만져 본다.
2. **조작**: 이것으로 무엇을 할 수 있는지를 알려고 노력한다. 바퀴를 돌려 보고, 번호판을 만져 보고, 경적을 찾아보고, 차에 타보기도 한다.
3. **연습**: 그 물체가 무엇이고 무엇을 할 수 있는지를 알고 난 후에, 그것으로 할 수 있는 일을 시도한다. 전화기를 넣었다가 빼낸다. 그다음에는 컵과 접시를 자동차에 넣는다. 그리고 이제 차로 할 수 있는 것이 무엇인지를 알게 된다.
4. **반복**: 아동은 자동차에 타고 적절한 동작과 경적을 울려 가면서 열정적으로 차를 앞뒤로 운전한다.

처음 세 가지 활동은 마지막 활동보다 확실히 재미있지 않다. 처음 세 가지 활동은 놀이라기보다는 실험 작업이다.

영유아는 사물을 갖고 노는 놀이에서 몇 가지 방법을 알게 된다. Garvey가 보여 주듯이 상상놀이를 즐기는 아동은 사물을 사용하는 문제해결에서 탁월하다. 아동의 사회생활은 많은 부분이 사물 중심이다. 걸음마기아의 사회활동은 사물의 교환이 중심이다. 3세 아동은 "이것은 네 것이고 이것은 내 거야."라고 하면서 사물이 누구의 소유인지를 결정하는 데 시간을 소비한다. "하나는 네 것, 하나는 내 것."이라고 말하면서 물건을 분배한다.

장난감에 대한 정서적 애착은 매우 강해질 수 있다. 우리는 낡은 봉제 동물 인형을 항상 가지고 다니거나 장난감 자동차 세트를 소중하게 여기는 아동을 볼 수 있다. 또한 아동은 사물을 이용해서 감정을 표현한다. 아동은 인형을 자신의 여동생이나 남동생으로 삼을 수도 있을 것이다.

좀 더 나이 든 아동이 사물을 갖고 하는 놀이는 좀 더 복잡하다. 쌓기 장난감을 갖고 놀 때에는 복잡한 구조물을 만든다. "그러나 이러한 변화에도 불구하고 끊임없이 호기심과 학습욕구가 생긴다. 사물을 갖고 노는 놀이를 하게 되면 아동은 사물의 사용법을 숙달하고 사물의 속성을 이해하게 되며, 그것은 사회적 접촉을 촉진하고 아이디어와 감정의 표현을 돕게 된다"(Garvey, 1990, p. 57).

영유아 교육기술

아동은 기술(technology)을 놀이의 도구로 사용하는 자유를 가짐으로써 놀이와 기술의 혜택을 얻을 수 있다. 예를 들어서 디지털 카메라를 극놀이에 사용할 수 있다. 아동은 가상으로 소풍을 가거나 파티를 여는 것을 이벤트로 기록할 수 있다. 아동은 블록 쌓기, 찰흙 모형 만들기, 정원 가꾸기 등과 같은 프로젝트의 결과를 기록한다. 아동은 그들의 포트폴리오에 포함되어 있는 사진을 저장하고 출력하는 방법을 배울 수 있다.

언어놀이

언어놀이에는 소음과 소리로 하는 놀이, 언어 체계를 재미있게 사용하는 놀이, 언어로 하는 사회적 놀이가 포함된다. 소음으로 하는 놀이는 옹알이 단계에서 시작한다. 좀 더 나이 든 아동은 소리와 음절을 리듬으로 사용한 놀이를 할 수 있다. 2세 2개월 된 아이가 자신의 장난감으로 다음과 같이 한다.

고, 빕빕빕, 빕빕빕.

고, 빕빕빕.

아이는 자신의 '슬리피 타임'이란 책을 발견하고 다음과 같이 노래한다.

슬리피 타임 어 슬리피 타임.

슬리피 슬리피 타임.

슬리피 타임.

2~3세 아동은 사물을 갖고 하는 놀이 또는 가장놀이에서 강아지 짖는 소리로 '멍멍', 전화벨 소리로 '따르릉', 권총 소리로 '땅땅'이라는 소리를 사용하기 시작한다. 또한 아동은 각기 특성에 맞추어서 자기 목소리를 바꾸어 내기 시작한다. 즉, 아빠처럼 하기 위해 깊은 목소리를 내거나 아이처럼 높고 우는 듯한 목소리를 사용하는 것이다. 목소리를 사용하는 놀이는 아동이 혼자 놀 때 흔히 한다. 다음은 한 아동이 혼자 욕조에서 한 무더기의 장난감을 갖고 놀면서 하는 말이다.

물속의 물속의 물속의 물은 깨끗해.

컵 속의 물, 넣는다. 컵속에 물이 있어…. 샴푸를 조금 물에 넣는다.

샴푸를 넣었어.

샴푸를 넣었어.

샴푸를 넣었어.

이 아이는 마치 언어를 실험하는 것처럼 구절과 문장을 리드미컬하게 반복한다.

사회적 놀이를 하는 동안, 언어놀이는 세 가지 범주로 구별되는데, 그것은 자발적 리듬과 단어놀이, 상상과 넌센스를 사용한 놀이, 대화를 사용한 놀이이다.

사회적 놀이

Garvey에 따르면 사회적 놀이는 사회적 세계를 중심으로 하며 허구놀이와 가장놀이의 원칙적인 자원을 제공한다. 이런 형태의 놀이에 인물, 극적 주제, 줄거리가 포함되면 **극놀이**라고 한다. 이런 형태의 놀이는 매우 복잡하고, 아동의 모든 자원을 하나로 통합하게 된다.

영유아는 몇몇 주제를 흔히 사용하게 된다. 두 가지 인기 있는 주제는 대접하기/치료하기인데, 누군가가 상처를 입고 도움을 받아서 회복하고, 괴물과 같은 위험이 가정되고 아동이 스스로를 구한다는 것이다. 그 외의 인기가 있는 주제는 짐을 싸고 여행 가기, 쇼핑하기, 요리하기, 식사하기, 수리하기, 전화하기이다. 종종 사물이 주제 선택에 영향을 주기도 한다. 즉, 극놀이 소도구가 영감을 주기도 한다. 극놀이 의상, 부엌도구, 운송수단은 주제와 계획에 영감을 준다(사진 5-2).

영유아는 보통 규칙을 따르는데, 이는 형식적 게임의 의미가 아닌 놀이 활동 중에 아동이 어떤 구체적인 한계를 설정한다는 의미이다. 약간의 짓궂음이 허락되는데, 그렇다고 비열하게 한다거나 놀이를 깬다는 의미는 아니다. 영유아의 놀이에는 의식(ritual)이 포함되는데, 이는 일종의 통제된 반복의 형태를 띤다. 보통 한 아동이 한 번씩 하는 것이 한 라운드가 된다. Garvey가 제시한 예를 보자.

극놀이(dramatic play) 사회적 세계가 중심이 되는 놀이이며, 인물, 극적 주제와 줄거리를 포함한다.

사진 5-2 극놀이를 할 때 아동은 성인 역할을 하기도 한다. 이 사진에서는 여종업원이 손님에게 음식을 서빙하고 있다.

	첫 번째 아동	두 번째 아동
1라운드	너는 소녀야.	아니야.
2라운드	너는 소녀야 .	아니야.

이러한 의식은 바쁜 유아원 교실에서는 거의 하지 않지만 두 아동이 사적으로 짝을 이루어서 놀 때 하게 된다.

심화학습 *Mr. Roger's Neighborhood*, *Bob the Builder*, *Dora the Explorer*와 같은 공중파 텔레비전 아동 프로그램을 보라. 그 프로그램에서 영유아의 상상놀이 또는 상징놀이를 불러일으킬 것 같은 물건들을 적어 보라.

극놀이

3세, 4세, 5세의 유아 전기아들의 극놀이는 조금 다른 특성을 갖는다. 보통 3세아는 미리 정해진 줄거리를 갖고 있지는 않다(Brown, Curry, & Tittnich, 1971). 그들의 놀이의 대부분은 상상의 인물이나 다른 친구 중 한 명이 가장하고 있는 인물의 위협과 공격으로 인한 두려움을 보여 주는 것이다. 어떤 3세 아동이 한 인물이 되었을 때 그 아동은 그 인물이 되는 것이다. 영유아의 놀이는 나이 든 아동의 의식적인 가장과 다르며, 그 역할은 유동적이며 끊임없이 변화한다. 그들은 가방과 여행가방 안에서 많은 것을 고르고 수집하고 가져온다. 양육자는 그들의 보관함에서 옷, 주방용품, 조작적 장난감들을 찾아야만 한다. 놀이는 매우 반복적이다. 아동은 똑같은 물건을 가지고 똑같은 방식으로 오랫동안 날마다 놀기도 한다.

4세 아동의 극놀이는 공격적 충동성의 처리와 관련이 있다(Brown, Curry, & Tittnich, 1971). 그들의 놀이는 보통 멋진 영웅이 공격하고 구출하는 것이다. 괴물이나 귀신이 공격을 하고 나머지 아동은 뛰어 도망을 감으로써 반응을 한다. 전형적으로 공격을 당하는 자들이 숨을 수 있고 보호받을 수 있는 안전하고 편안한 장소가 있다. 어떤 아동에게 공개적으로 공격성을 드러내는 것이 너무 위험하다고 여겨서 바보스럽거나 나쁜 말을 씀으로써 공격성을 발산한다. 남성성과 여성성의 특성들은 과장되게 표현되고 카우보이 복장, 소방관, 경찰, 그리고 의료도구, 의상, 면사포, 코트, 넥타이, 성인용 신발과 같은 소품이 필요하다. 한편 대근육 활동을 많이 하며, 특히 달리고 뛰뛸 때 그러하다. 이러한 형태의 놀이에서 좀 더 많은 역할을 하기도 하는데, 어떤 기준에 따라 집단을 설정하기도 한다. 예를 들어서 4세 남아 집단인 가죽 신발창 모임을 만드는데, 이 모임에는 신발창이 가죽인 아동만 참여할 수 있다. 이 연령에서는 상상과 실제가 좀 더 명확하게 구별되는데, 4세 아동은 의식적으로 가장하는 역할놀이가 가능하다. 종종 숨는 것도 그런 행위 중의 하나이다.

5세가 되면 복잡한 극화가 가능해진다(Brown, Curry, & Tittnich, 1971). 아동은 놀이 중에 개인적인 두려움과 적대감을 다루게 된다. 역할은 실생활의 인물일 수도 있고 동화속의 주인공이나 문화적 · 민속적 영웅이 되기도 한다.

초등 저학년 아동은 극화를 계속 즐긴다(Wasserman, 1990). "극화하는 기회—순수한 창작 시나리오일 수도 있고, 급우들에게 사랑받은 책 속의 이야기일 수도 있다—는 초등 저학년 교실의 일상생활의 부분이 되어야 한다"(Brown, Curry, & Tittnich, 1971, p. 175). 초등 저학년 교실에는 옷, 모자, 신발, 광대, 스카프, 손전등과 같은 손쉬운 도구들이 구비되어 있어야 한다. 자발적인 극놀이는 장려되어야 한다. 선호하는 이야기를 극화하여 새로운 이야기로 만드는 것은 특별한 것이 아니다. 인형과 인형극 무대를 만들어 놓으면 자발적인 극놀이를 할 수 있게 더욱 자극할 수 있다.

놀이의 기능: 아동이 학습하는 것

몇 년간 놀이의 기능에 대한 연구와 실험이 증가하여 왔다. 놀이의 기능은 인지 발달을 돕고, 언어 능력과 읽고 쓰는 능력을 지원하며, 사회적 역할의 학습을 지지하는 것을 포함한다.

놀이와 인지 발달

Elena Bodrova와 Deborah Leong는 놀이에 대한 Vygotsky 학파의 견해와 놀이와 인지 발달과의 관계에 대해서 광범위하게 저술하였다(2003a, 2003b, 2004/05). Vygotsky는 가장 놀이(또는 극놀이)가 유아 전기아의 ZPD를 만들어 내는 데에 주도적 활동이라고 보았다.

Vygotsky는 가장놀이의 주요한 세 가지 특징을 다음과 같이 제시하였다.

1. 상상적 상황을 만든다.
2. 역할들을 선택하여 행동한다.
3. 역할은 구체적 규칙을 가지고 행동한다.

이러한 특징이 정신의 발달에 중요한 역할을 한다. 가장놀이는 사고와 상상의 발달을 돕는다(사진 5-3). 가장놀이는 사전에 사고하고 계획하고 규칙을 따르고 행동을 규제하는 능력을 발달시킨다. Vygotsky의 제자인 Daniel Elkonin은 Vygotsky의 이론을 정교화하였다(Bodrova & Leong, 2003b). Elkonin에 따르면, 초등학교 입학 준비를 위하여 아동은 놀이를 통한 세 가지 결과를 성취해야 한다(Bodrova & Leong, 2003b, p. 13).

1. 놀이는 동기에 영향을 준다. 아동의 자율성이 발달되면 만족 지연을 학습한다.
2. 놀이는 인지의 자기 중심성을 촉진한다. 아동은 타인 조망 능력을 학습하게 된다.
3. 놀이는 정신적 표상의 발달을 이끈다. 아동은 점차 실제 사물을 이용해서 사물과 언어의 표상으로 사용하게 된다.

놀이는 고의적 행동(자발적인 신체적 · 정신적 행동)의 발달을 조장한다. 아동이 놀이를 위해 규칙을 따라야 함을 배울 때(예: 동물 역할을 하는 아동은 네 발로 기어야 한다) 그들은 기억과 집중과 같은 정신적 과정을 발달시켜야만 한다.

Henry Petroski(2004/05)는 아동이 어떻게 "엔지니어로 태어나는가"를 설명한다. 아동은 모래, 블록, 상자로 무언가를 만들고 그리고 색칠하고 글쓰기를 좋아한다. 아동은 선천적으로 즐겁게 창조하고 디자인하는 것을 좋아한다. 그러므로 그는 무언가를 만들어 내는 활동을 하도록 영유아를 격려할 필요가 있다고 믿는다. 초기 아동기에 실시한 엔지니어링 프로젝트는 후기 아동기와 성인기에 좀 더 심도 깊은 창의적 프로젝트를 이끌어 낼 수 있을 것이다. Elizabeth Jones(2003)는 '영리함'을 호기심과 비판적 사고에서 능숙하게 되는 것이라고 정의한다. 아동은 놀이를 통해 영리해질 수 있다.

사진 5-3 물놀이 테이블에서는 물에 대한 탐색을 할 수 있고 극놀이를 위한 장난감도 제공할 수 있다.

극놀이는 상상과 영감을 바탕으로 한다. 가장을 할 때 아동은 실제에서 벗어나 자신만의 규칙을 만들고 활동을 지배하는 힘을 갖게 되는 것이다(Klein, Wirth, & Linas, 2003).

뇌 발달

놀이와 발달에 적합한 실제(DAP)

뇌 발달 연구의 진보는 뇌가 어떻게 발달하는가에 대한 지식의 증가를 가져왔다. Rushton, Rushton, 그리고 Larkin(2010)은 뇌 발달과 놀이의 관계를 살펴보았다. Rushton과 동료들(2010)에 따르면, 놀이 발달과 뇌 발달 그리고 DAP 환경, 즉 놀이의 기회와 문제해결과 창의성을 촉진하는 환경은 밀접하게 관련이 되어 있다고 한다. 영아기에는 감각 운동 활동을 시작하면서 놀이를 하게 되는데, 감각 운동 활동은 뇌의 성장과 발달을 제공한다. 걸음마기에는 언어 발달이 빠르게 진행되며 그리고 (영유아들이 자신이 배운 언어를 연습하는) 가장놀이는 언어 발달을 돕는다. 3세에서 8세까지의 아동의 놀이는 정교해지고 아동들은 놀이를 통하여 문제해결, 정보 처리와 기억을 함으로써 그와 관련된 뇌의 발달을 향상시킨다. 우리는 아동의 자발적 놀이에서 그들의 뇌 발달을 관찰할 수 있는데, 그러므로 우리는 아동들에게 광범위한 재료와 경험을 제공해야 한다. 뉴런은 뇌의 기본물질이고, 영아기부터 시작해 그 이후까지 시냅스는 뉴런을 연결한다. 시냅스는 뇌 안에서 정보의 전달이 가능하도록 한다(Rushton et al., 2010). 영아기에 시냅스가 매우 빠르게 발달한다. 놀이 활동은 연결된 시냅스를 유지하는 것을 돕는다. 학령기 아동들도 역시 호기심을 자극하고 실험해 보도록 허용하는 DAP 환경이 필요하다.

출처: Rushton, S., Juola-Rushton, A., & Larkin, E. (2010). Neuroscience, play, and early childhood education: Connections, Implications and Assessment. *Early Childhood Education Journal*, *37*(5), 351-362.

놀이와 언어와 읽고 쓰기

언어 발달과 읽고 쓰기 능력은 많은 종류의 놀이 활동에 의해 도움을 받는다. 상징놀이와 읽고 쓰는 행동은 밀접하게 관련되어 있다. 이야기 재연은 이해와 보유를 촉진한다(Pellegrini, 1985). 읽고 쓰는 첫 단계는 교사가 읽고 쓰는 소도구들을 공급하고(예: 연필과 필기도구, 지도, 잡지, TV가이드, 메뉴) 아동에게 쇼핑 품목을 메모하도록 격려하는 상징놀이의 연장과 관련이 있다(Morrow, 1990; Schrader, 1990; Campbell & Foster, 1993; Neuman & Roskos, 1993; Perlmutter & Laminack, 1993). 놀이는 언어와 사회성 발달을 촉진한다(Monaghan, 1985). 놀이 중의 사회적 상호작용은 아동이 덜 자기 중심적이 되고 좀 더 다른 아동의 관점에서 보게 도움을 줌으로써 아동의 사회성 발달을 촉진한다. 놀이는 언어를 실생활 상황에 응용해 보는 기회를 통해서 언어 발달을 돕는다.

놀이와 다른 사람의 사회적 역할의 학습 그리고 사회성 발달의 지지

영유아의 역할놀이는 그들의 관점에서 다른 사람의 사회적 역할을 보여 주는 창을 제공한다(McLoyd, Ray, & Etter-Lewis, 1985). 역할놀이 또한 아동 언어 발달의 견해를 제공한다(Sachs, Goldman, & Chaille, 1985). 사회적 놀이는 성숙을 촉진하며, 아동이 가장놀이를 하지 않을 때보다 가장놀이를 할 때 더욱 성숙하게 행동한다(Berliner, 1990). 초등 저학년까지의 아동은 보통 동성의 놀이 친구를 선택한다. 또한 그들은 남아와 여아가 경쟁을 하고 오염 의식(예: 한 성의 아동이 다른 성의 아동에게 터치를 당하면 한 성이 오염된다는 생각) 또는 한 성을 놀리거나 다른 성의 게임을 방해하는 것 같은 침략적 의식을 하기도 한다. 무엇보다도 남아는 동작놀이를 많이 하고 놀이 중에 갈등도 많이 보인다. 여아는 자신의 문제를 좀 더 눈에 띄지 않게 해결하는 경향이 있다(Garvey, 1990).

3 장애 아동을 위한 놀이 적응

놀이는 장애 아동을 포함한 모든 아동을 위한 표현과 학습의 수단이다. 어떤 아동은 그들의 장애 때문에 동일한 연령의 보통 아동이 즐기는 평범한 놀이에 참여하기 어려울 수도 있다(Sandall, 2003). 그러나 놀이의 수정과 적응화를 통해서 비장애 아동과 장애 아동이 함께 참여하여 놀이를 할 수 있다. Sandall(2003)과 동료들은 8개의 수정, 즉 환경의 변화, 재료의 적응화, 활동의 단순화, 아동이 선호하는 놀이 재료의 제공, 특별 적응 도구 제공, 성인 지원 제공, 또래 지원 제공, 보이지 않는 지원 제공(예: 자연발생 사건을 수정한 것)을 설명하였다. Franke와 Geist(2003)는 3세 자폐아인 Jay의 놀이 수준을 올리기 위해 고안된 구조화된 교육과정 연구에서 성인 지원의 예를 보여 준다. 앞에서 논의하였듯이 아동은 생물학적으로 놀이를 하도록 장치되어 있다. 자폐아는 사회성과 의사소통 기술 그리고 놀이를 통해 배우는 데 필요한 상상력이 부족하다. Jay는 장애 아동과 비장애 아동이 같이 있는 통합 유치원에 등록하였다. Jay는 3세 아동의 전형적인 방식으로 놀 수 없었기 때문에 좀 더 높은 수준으로 장난감과 상호작용하고 놀 수 있는 일련의 구조화된 놀이 강습을 받았다. 연구자는 Jay가 구조화된 학습, 자유 선택 시간, 전체 집단 활동에 참여하는 동안에 Jay를 관찰하였다. 놀이 강습을 받으면서 Jay가 장난감을 좀 더 복잡한 방식으로 가지고 놀고, 또래와의 상호작용이 늘고, 사회적 기술을 새로운 놀이장소에서 일반화하는 것이 관찰되었다.

Murata와 Maeda(2002)는 개별화된 교습의 예를 보여 준다. 영유아에게 신체 활동은 필수적이다. Murata와 Maeda(2002)는 발달 지체가 있는 아동과 비장애 아동 모두에게 발달적으로 적합한 신체 교육을 개발하였다. 발달 지체 아동에게는 별도의 교습과 교사 지침이 필요하다. 그들에게는 또래의 비장애 아동보다 좀 더 많은 시간과 반복이 필요할 수도 있다. Murata와 Maeda의 접근법은 발달 지체 아동에게 이러한 절차를 제공함으로써 그들이 또래와 동일한 신체 발달 경험에 참여할 수 있게 한다.

생각해 보기

당신이 발달센터, 유치원, 초등학교에서 아동을 가르치고 있다고 하자. 어떤 부모가 당신에게 와서 "아이들이 왜 학습보다 놀이에 더 많은 시간을 사용하고 있나요? 아이들은 집에서도 놀 수 있습니다. 내가 왜 우리 아이들이 노는 데 돈을 지불해야 합니까?"라고 말한다면 당신은 어떻게 반응할 것인가?

4 놀이의 맥락, 또래 집단에 참여하기, 놀이의 사회문화적 측면

또래와의 상호작용은 **놀이 맥락** 안에서 일어난다. Kenneth H. Rubin(1977)과 동료들은 다음의 두 가지 관점에서 놀이 맥락의 발달에 관한 연구를 진행하였다.

1. **사회적 참여**: M. B. Parten(1932)의 놀이 범주를 사용하여 놀이 활동 중의 아동의 사회적 상호작용의 양을 구별하였다. Parten은 비사회적 놀이에서 사회적 놀이까지의 사회적 참여의 연속체를 개발하였다(Van Hoorn, Nourot, Scales, & Alward, 2007).
2. **놀이 활동의 인지 수준**: Smilansky(1968)가 개발하여 사용한 Piaget 기반 범주를 사용하였다.

Rubin과 동료들은 2차원 범주 체계를 개발하였다(표 5-1). Parten(1932)이 개발한 여섯 가지 범주는 다음과 같다.

1. **비몰입 활동**: 아동이 놀이를 하고 있지 않다. 아동이 주변을 둘러보거나, 매우 오랫동안 아무런 활동에도 집중하지 않으며, 자신의 옷을 가지고 놀거나, 여기저기 돌아다니기나, 교사를 쫓아다니기도 한다. 아동이 활동에 거의 흥미를 보이지 않으며, 어떤 한 가지 활동에도 오랫동안 집중을 하지 못한다.
2. **방관자 활동**: 다른 친구들이 놀이하는 것을 관찰한다. 다른 아동에게 말은 하지만 놀이 활동에 끼지는 않는다. 어떤 형태의 활동은 아동의 관심이 한 가지 특정한 활동에 강하게 초점을 맞추는 비몰입 활동과는 구별된다. 아동은 신체적으로 가까이 와서 다른 친구의 놀이를 눈으로 볼 수 있고 말로 참견을 하기도 한다. 아동은 놀이에 합류하기를 꺼리거나 합류하는 방법을 생각 중일 수도 있다. 성인은 그 아동을 도와줄 것을 결정하기 전에 시간을 두고 관찰해야 한다.
3. **단독 놀이**: 다른 친구들과는 독립적으로 혼자 놀이를 한다. 주변의 다른 친구와는 다른 재료를 사용한다. 단독 놀이를 하는 아동은 혼자만의 시간이 필요할 수도 있다. 놀이의 내용은 복잡한 극놀이가 될 수도 있다.
4. **병행 놀이**: 독립적으로 놀이를 하지만 다른 아동과 함께 있다. 아동은 다른 아동과 비슷하거나 똑같은 놀이 재료를 사용하고 있다. 아동은 다른 아동이 하고 있는 것을 통제하려고 하지 않는다. 이런 놀이의 형태는 집단 놀이를 유도하기 위한 목적에 도움이 되기도 한다(Van Hoorn, Nourot, Scales, & Alward, 2007).
5. **연합 놀이**: 다른 아동과 같이 논다. 그들이 하고 있는 것에 대해 이야기를 한다. 놀이 재료를 교환하고, 주변의 친구를 따라 하고, 누구와 놀 것인지를 통제한다. 모두들 비슷한 유형의 놀이에 참여하고 한 가지 목적이나 결과물을 위해 같이 작업을 하고 작업

놀이 맥락(context of play) 놀이의 맥락 안에서 또래와 상호작용을 하는 것이다.

의 분화는 없다. 모두들 자신이 하고 싶은 것을 맘껏 한다. 그들은 같이 작업하기를 원하는 것이 아니라 재료와 활동에 대한 공통의 관심 때문에 같이 노는 것이다. 협동 프로젝트는 하지 않는다.

6. **협동 놀이 또는 조직화된 보완적 놀이**: 집단의 아동은 어떤 부산물을 만들기 위해서, 목적을 달성하기 위해서, 형식적 게임을 하기 위해서와 같은 특정 목표를 위해서 조직화된다. 그 집단에 속하거나 속하지 않는 상황이 있다. 한 명 또는 특정의 리더가 집단의 활동을 통제한다. 아동들은 집단 안에서 각자의 의무와 역할을 맡게 된다. 그 집단은 아동들에 의해서 조직화되고 통제된다.

© 2014Cengage Learning

사진 5-4 영아는 재료를 탐색할 때 단독 놀이와 병행 놀이를 한다.

비몰입 활동, 단독 놀이, 병행 놀이 중에는 또래와는 상호작용이 없다(**사진 5-4**). 방관자 활동, 연합 놀이, 협동 놀이를 하는 중에는 또래 상호작용이 있다.

Rubin(1977)은 인지 놀이의 범주를 다음과 같이 세분화하였다.

- **기능 놀이**: 단순 반복적인 근육 동작으로, 물체를 갖고 할 수도 있고 물체 없이 할 수도 있다.
- **구성 놀이**: 물체를 조작하여 어떤 것을 구성하거나 만드는 것이다.
- **극놀이**: 아동의 개인적 소망이나 욕구를 상상적 상황으로 대체하는 것이다.
- **규칙이 있는 게임**: 사전에 합의된 규칙을 수용하고 그러한 규칙에 적응하는 것이다.

범주는 영아기에 보이는 기능 놀이에서부터 보통 구체적 조작 시기에 보이는 규칙이 있는 게임에까지 발달적으로 나열되어 있다. 만약 아동이 연합 놀이와 협동 놀이에 동시에 관여되어 있다면 또래 상호작용은 이 네 가지 놀이 형태 중 어느 것을 하는 동안에 발달될 수 있다. 가능한 조합들을 **표 5-1**에서 보여 준다. 위에서 아래는 최소의 참여에서 최고의 사회적 참여를, 그리고 왼쪽에서 오른쪽으로는 최저의 인지 수준 놀이에서부터 최고의 인지 수준 놀이를 표시한다.

유아원에서 하류층과 중류층의 4세아의 관찰 자료를 통하여 Rubin과 동료들(1977)은 사회경제적으로 하류층 가정에 속하는 아동이 사회적으로 인지적으로 좀 더 낮은 수준에 놀이를 하는 경향이 있음을 알아냈다. 유아 전기아와 유아 후기아를 비교할 때, 자유 놀이 행동에서 발달적으로 다르다는 것을 알아냈다. 아마도 나이 든 아동이 덜 자기 중심적 관점

표 5-1 자유 놀이 활동 관찰지에 사용되는 놀이 범주: 가능한 조합들

	놀이 활동의 인지 수준			
사회적 참여	기능 놀이	구성 놀이	극놀이	규칙이 있는 게임
비몰입과 방관자	아니요	아니요	아니요	아니요
단독 놀이	예	예	예	아니요
병행 놀이	예	예	예	아니요
연합 놀이	예	예	예	아니요
협동 놀이	아니요	예	예	예

을 갖고 있으므로 좀 더 호혜적이고 상호적인 놀이 활동에 참여할 것이다. 아동이 좀 더 사회적 활동에 참여할수록 또래가 좀 더 중요해진다. Shim, Herwig와 Shelley(2001)는 유아 전기아는 실내보다 실외에서 더욱 복잡한 사회극 놀이를 하는 것을 발견하였고 이것은 실내 놀이와 실외 놀이 모두가 중요함을 지적한다.

집단 놀이에 끼는 기술은 많은 연구의 초점이 되어 왔다(Hart, McGee, & Hernandez, 1993). 집단 놀이에 쉽게 끼어서 참여하는 아동은 그 집단이 의미하고 있는 것에 적합한 기술을 갖고 있는 아동이다. 집단에 끼는 가장 성공적인 기술은 짧은 시간 동안에 근처에서 맴돌다가 그 집단 아동의 행동을 따라 하는 것이다. 교실의 아동은 사회 집단에 성공적으로 끼어들어 참여하기 위한 자신만의 패턴을 개발하는 독특한 문화를 형성한다(Kantor, Elgas, & Fernie, 1993). 예를 들어서 물건을 나누어 갖는 것은 그 집단에게 그 물건이 가치가 있고 적절한 몸짓, 말투, 단어를 사용할 때에만 성공할 수 있다(Kantor, Elgas, & Fernie, 1993, p. 143). 사회적으로 유능한 아동은 또래의 사회적 지위를 잘 해석하고, 또래의 사회적 단서를 잘 읽을 수 있고, 이미 사회문화적 지식을 획득하고 있다. 또래 관계는 사회적 문제해결 상황에서도 살펴볼 수 있다. "사회적 문제해결(SPS) 행동은 사회적 상호작용 안에서 개인적 목표를 성취하려는 시도이다"(Krasnor, 1982, p. 113).

놀이의 사회문화적 관점

놀이는 "아동 생활의 보편적 특성이고 아동은 모든 장소에서 놀 수 있다"(Frost, Wortham, & Reifel, 2005, p. 190). Johnson, Christie와 Wardle(2005)은 인종과 민족성을 일반적 발달과 놀이 발달에 영향을 미치는 많은 요인 중 하나로 취급할 필요가 있고 생태학적 모델을 유념할 필요가 있다는 사회문화적 관점을 상기시켜 주었다(3장). Johnson, Christie와 Wardle(2005)은 놀이의 맥락의 중요성에 초점을 맞추었다. 세 가지 요인, 즉 물리적 환경, 사회 생태적 맥락, 문화적 맥락이 고려되어야 한다.

사회문화적 관점에서 보면 발달과 환경이 문화와 섞여서 통일체와 밀접하게 연결된다

(Johnson, Christie, & Wardle, 2005). 세 가지 요인이 모두 함께 작용하여 놀이 발달을 포함한 발달에 영향을 준다. 놀이를 일련의 생태 모델에 있는 같은 축을 갖는 원의 중심에 맞추는 것으로 보기보다는 사회문화적 관점은 놀이를 지역사회, 대인관계, 그리고 개인적 영향력의 조화로 본다. Johnson, Christie와 Wardle(2005, p. 160)은 "놀이와 맥락의 관계는 간단하지 않다!"라고 결론을 지었다. Johnson, Christie와 Wardle(2005)은 놀이에 영향을 준 요인들을 다음과 같이 간단히 설명하고 있다.

물리적 환경: 지리와 기후. 열대 기후에서는 학교 건물의 안과 밖이 큰 차이 없이 문이 열려 있다. 미국에서는 북쪽에 있는 학교는 실내와 실외를 명확하게 구분한다. 실내는 교육용, 실외는 휴식 시간과 놀이를 위한 공간이다. 어떤 학교에서는 좀 더 전통적 교실로서 문을 닫아 밀폐된 공간을 만든다. 실외 놀이는 기후의 영향을 많이 받는데, 추운 겨울이 있는 곳은 온화한 기후로 인해 1년 내내 실외 놀이를 할 수 있는 곳에 비교해서 실외 놀이를 덜 하게 된다.

사회생태학: 이웃과 지역사회. 많은 지역에서는 야외에서 이웃과 자연스럽게 놀이를 할 기회가 거의 없다. 따라서 타고 오를 나무, 스케이트를 탈 수 있는 보도, 탐색할 수 있는 뒤뜰, 어슬렁거릴 수 있는 이웃 공원도 없다. 그런 곳에서는 성인 주도의 놀이 기회만이 있다. Johnson, Christie와 Wardle(2005)의 최근 연구는 동네의 놀이 공간이 축소되었거나 없어졌다고 보고하였다. 연구자들은 부모가 아동의 놀이를 뒷받침하는 것이 아동 발달에서 중요하다는 주장을 지지한다. 부모는 놀이 상대가 될 수도 있고 놀이의 모델이 될 수도 있다. 사회 계급과 문화가 자신의 자녀와 하는 놀이의 가치에 대한 부모의 신념에 영향을 미친다.

다른 나라에서뿐만 아니라 한 나라 안에서도 놀이는 다른 형태를 띨 수 있다. Johnson, Christie와 Wardle(2005)은 다음의 예를 들고 있다.

> 과테말라의 고산지대에서는 8세 여아와 남아는 부모를 도와서 들에서 일하고, 커피를 갈고, 식사를 준비하고, 5세에서 6세의 소녀는 시냇가에서 빨래하는 것을 돕는다. 이 아동들은 일에 대한 전통적 개념을 갖고 있지 않고, 옥수수 밭에서 술래잡기를 하고, 시냇가에서 서로에게 물을 튀기고, 식사준비를 하거나 지역사회에서 축일 준비를 하고 있는 성인들 사이를 뛰어다니며 놀이를 한다. 때로는 성인들도 일을 잠시 멈추고 아이들과 놀기도 한다.

문화적 맥락. 어떤 놀이 행동은 모든 문화에서 공통적인가, 각각의 문화는 놀이를 어떻게 정의하는가, 그리고 그것이 어떻게 학습과 관련되는가에 대한 의견이 거의 일치되지 않는다(Johnson, Christie, & Wardle, 2005). Johnson, Christie와 Wardle(2005)은 놀이는 보편적인 활동이

생각해 보기

당신의 아동기 놀이를 회상해 보라. 당신의 경험과 오늘 관찰한 아동의 놀이를 비교해 보라. 당신의 아동기 놀이에 영향을 미친 가족, 이웃, 지역사회와 문화적 가치는 무엇이었는가? 오늘날의 유사점과 차이점은 무엇인가?

고 모든 문화의 아동은 놀이를 한다고 믿지만 특정 문화의 정의에 따라서 형태가 다르다고 기술한다. 예를 들어 미국의 중산층은 놀이가 초기의 인지와 사회성 발달을 촉진하고 어린이의 학교와 훗날의 인생을 준비시킨다고 믿는다. 그들은 상징적 놀이에 높은 가치를 둔다. 다른 문화에서는 매우 다르게 가치를 평가한다.

5 놀이 기반 환경에 기초한 연구

Dolores Stegelin(2005)은 영유아를 위한 놀이 기반 환경에 대한 논리적 근거를 지지하는 세 가지 중요한 연구 영역을 요약하였다. 세 가지 영역은 (1) 활동적 놀이와 건강 지표, (2) 뇌 연구, (3) 놀이와 초기의 읽고 쓰기와 사회적 역량이다.

Stegelin(2005)은 활동적 놀이와 건강 관련 지표에 관한 연구에서 도출된 결론을 설명하였는데, 아동기의 비만과 체중 관련 건강 문제가 증가하는 것은 신체 활동의 부족과 좌식 생활습관과 관련이 있다고 하였다. 게다가 영유아의 신체 활동은 불안, 우울 그리고 행동 문제를 경감시킬 수 있다고 한다. 실내와 실외 활동 놀이 모두 아동의 건강에 필수적이다. 달리기, 점프하기, 기어오르기, 그 밖의 대근육 사용의 경험을 포함하는 놀이는 여러 근육 운동의 협응과 근육을 만들어 주고 신진대사와 에너지 사용을 증신시키고 그리고 체중과 심장 관련 문제를 줄이고, 만성 스트레스 수준을 낮추고, 성취감, 자기 통제감, 역량에 대한 감정을 증가시킨다.

Stegelin(2005)은 뇌와 놀이와 인지와 신체 발날 산의 설성적인 언결고리가 있다는 연구 결과를 믿는다. 생애 첫 36개월 동안 환경적 자극을 받는 아동이 그렇지 않은 아동에 비해 양적 · 질적으로 더욱 높은 뇌 발달을 보여 준다. 장난감을 가지고 탐색하고 문제해결을 해 본 영아와 유아는 인지 기술의 증가를 보여 준다.

Stegelin(2005)은 놀이와 초기의 읽고 쓰기, 사회적 역량의 연결고리에 관한 연구들의 결과를 요약하였다. 연구에서 활동적 사회 놀이와 초기 언어와 읽고 쓰기의 발달과의 관계를 보여 준다. 아동은 협동, 순서 지켜 번갈아 하기, 규칙에 따라 놀기 등은 또래와의 사회극 놀이 도중에 배운다. 아동이 다른 사람과 의사소통을 배우게 되면 그들의 언어 기술이 증가한다. 읽고 쓰기를 위한 소도구의 포함, 시 · 노래 · 이야기하기 · 책을 공유하기 등을 포함, 이러한 재료들을 갖고 놀이를 할 수 있는 적절한 시간의 제공 등은 아동의 인상적 지식과 소리/상징 관계 지식을 증진시키는 기술을 제공한다.

요약

1 놀이의 정의, 놀이 이론 알아보기, 그리고 예를 제공하기

놀이는 아동기의 학습을 위한 주된 활동이다. 놀이는 자연스러운 생물학적 기능이다. 놀이는 즐겁고 기쁜 것이다. 여러 가지 놀이 이론은 놀이가 정서, 사회, 인지, 언어의 발달에 중요함을 지지하고 있다. 놀이 이론의 주요 학자는 Freud, Erikson, Piaget, Vygotsky이다. 이 네 명의 학자는 모두 놀이가 몇 단계를 거쳐 발달한다고 믿었지만 각자 강조하는 바는 달랐다. Erikon은 아동 각자의 정체성을 찾는 도구로서의 놀이를 강조하였다. Piaget에게 놀이는 동화와 조절을 촉진하여 인지 발달을 돕는 것이다. Vygotsky는 표상놀이를 중요시하였고 상상놀이를 인지와 사회성 발달을 보여 주는 결정적인 것으로 여겼다. Freud는 놀이를 정서 표현의 매개체로 생각하였다.

2 놀이를 범주화하기

아동은 몇 가지 형태의 자원(동작과 상호작용, 물체, 언어, 그리고 사회적 재료)을 놀이의 매개체로 사용한다. 많은 아동의 놀이에는 동작과 상호작용(달리기, 뜀뛰기, 쫓기, 오르기 등)이 포함된다. 아동은 사물을 사용함으로써 환경과 연결된다. 영아는 모든 감각을 사용하여 물체를 탐색한다. 결국에 아동은 사물을 용도에 맞게 사용하게 된다. 또한 아동은 숟가락이 없을 때 나무 막대를 숟가락처럼 대체하여 사용할 수도 있게 된다. 아동은 봉제 인형과 같은 장난감에 정서적으로 애착을 갖게 되기도 한다.

아동은 놀이를 통하여 개념, 언어와 읽고 쓰기, 사회적 행동을 학습하게 된다. 언어를 가지고 하는 놀이에는 소리와 리듬을 가지고 하는 놀이가 포함된다. 아동은 사회적 재료를 가지고 놀이를 하는데, 그것은 아동의 가상놀이와 극놀이를 위한 가장의 중요한 자원이 된다. 3세 아동의 극놀이에는 미리 짜여진 주제와 줄거리가 필요하다. 4세 아동의 극놀이에는 체포, 구조, 쫓기 등과 같은 가상의 공격성이 포함된다. 4세 아동의 놀이에는 장보기, 자동차 운전 등과 같은 가상의 집안일이 포함된다. 5세 아동의 극놀이는 좀 더 복잡하고, 협동 놀이와 각자의 구별된 역할이 주어진다. 초등학생은 좀 더 형식적인 놀이와 볼거리에 참여하는 것을 즐긴다. 놀이는 뇌 발달과 밀접하게 관련이 되어 있다. 가상놀이는 사고와 상상의 발달을 지원한다. 상징놀이와 읽고 쓰는 능력의 발달은 깊은 관련이 있다. 영유아의 역할놀이는 그들이 사람의 사회적 역할을 어떻게 알고 있는지를 보여 준다.

3 장애 아동의 놀이 적응을 이해하기

놀이 재료와 환경은 장애 아동의 학습욕구에 맞추어서 수정될 수 있다. 8개의 수정이 만들어질 수 있는데, 그것은 환경의 변화, 재료의 적응화, 활동의 단순화, 아동이 선호하는 놀이 재료를 제공하기, 특별한 적응 도구를 제공하기, 성인의 지원을 제공하기, 또래의 지원을 제공하기, 눈에 보이지 않는 지원을 제공하기(자연적으로 발생한 사건을 수정)이다.

4 놀이의 맥락, 또래 집단에 참여하게 하는 요소, 놀이의 사회문화적 측면을 이해한다.

Parten은 사회적 놀이의 연속체를 개발하였다. Smilansky는 놀이의 인지 수준을 파악하기에 유용한 범주를 창안하였다. 또래 놀이에 동참은 최근 연구에서 관심을 갖게 되었다. 어떤 아동은 한 활동을 잘 관찰하고는 놀이에 참여하도록 동의를 받는다. 어떤 아동은 집단에 참여하는 것을 주저하거나 혼자 놀기도 한다. 사회문화적 관점에서 볼 때, 지역사회, 이웃, 가족, 부모의 가치와 신념, 문화, 인종 이 모든 것이 아동의 놀이 활동에 영향을 준다. 문화적으로, 적절한 활동의 수준, 어떤 놀이 또는 사람이 놀이의 중심이 되어야 하는가, 놀이의 수, 그리고 놀이가 성인 중심 또는 아동 중심인가 등에서 다르다.

5 영유아를 위한 놀이 기반 환경을 지지하는 연구의 세 가지 영역 이해하기

연구의 결과는 놀이, 초기의 읽고 쓰기, 사회적 역량이 서로 관련이 있음을 밝혀 준다. 또한 연구는 활동적인 놀이가 건강한 신체와 정신에 도움을 준다는 놀이의 중요성을 지지한다.

제 06 장

학습에서의 성인의 역할: 일반적인 특성

이 장과 관련된 표준

naeyc

NAEYC 프로그램 기준

1c: 영유아를 위한 건강하고 정중하고 지지적이고 도전적인 학습환경을 만들기 위해 발달적 지식을 사용하기

4a: 아동과 함께 작업하기 위한 기초로서 긍정적인 관계와 지지적인 상호작용을 이해하기

6d: 조기교육에 대한 박식하고 사려 깊고 비판적인 견해를 통합하기

DAP

발달에 적합한 실제(DAP) 지침

1: 학습자를 보살피는 공동체 만들기

1C: 공동체 구성원은 서로 존중하고 책임감을 갖는다.

학습목표

1 Piget, Vygotsky, Skinner의 정의에 따라서 학습에서의 성인의 역할을 살펴보고, 학습에 대한 구성주의적 견해와 행동주의적 견해의 특징을 구별한다.
2 아동이 생각하고 학습하는 것을 돕는 교사의 행동과 조언을 찾고, 아동에게 놀이 재료, 도구, 공간을 제공하는 교사의 역할을 알아본다.
3 영유아가 기술을 통해 최고의 가치를 얻을 수 있도록 돕는 성인의 의무를 설명한다.
4 통합 교실에서 가르치는 성인의 역할을 설명한다.
5 양질의 환경과 양질의 교육을 만들기 위한 지침 목록을 만든다.

4장과 5장에서는 학습이 어떻게 이루어지는가에 관여하는 많은 요인들을 다루었다. 이 장에서는 영유아의 학습을 촉진하기 위한 환경과 경험을 제공해 주는 중요한 성인의 역할을 살펴본다. 성인의 역할은 두 가지 기본적인 측면을 갖고 있다. 즉, 매일의 일상생활 안에서 아동과 상호작용을 하고 아동이 활동할 수 있는 물리적 환경을 제공하는 것이다. 성인의 역할에 관한 가장 탁월한 두 가지의 관점은 Piaget와 Vygotsky의 구성주의와 Skinner와 Bandura의 행동주의이다. 그 밖의 이론가들의 견해는 비교적 덜 출중하지만 중요한 공헌을 한다. 이 장에서는 이러한 견해 안에서 성인의 역할을 심도 있게 살펴본다. 또한 학습에 관계가 있는 그 밖의 영역, 즉 아동을 동기화하기, 이론의 실제적 적용을 선별하기, 사고와 문제해결을 격려하기, 역량 개발하기, 놀이하기, 기술 사용하기, 특수아동을 돕기, 그리고 양질의 환경과 양질의 교습을 제공하기를 알아본다.

1 이론을 실제에 적용하기: 학습에서의 성인의 역할

각 이론들—Piaget, Vygotsky, Erikson, Freud, Rogers, Maslow, Bandura, Skinner의 이론—마다 학습에서의 성인의 역할에 대한 견해가 조금씩 다르다. Piaget 학파의 인지 발달적 관점에서는 성인은 안내자의 역할을 하며 학습을 위한 단계를 설정한다. 성인은 아동에게 질문을 함으로써 사고의 발달을 격려하고 학습자의 발달단계를 평가한다. 그리고는 성인은 적합한 학습경험을 제공한다. Vygotsky 기반 인지 발달적 관점에서는 성인은 아동에게 비계를 제공하여서 그들이 근접 발달 영역(ZPD)을 거쳐서 잠재적 학습 단계에 이를 수 있도록 좀 더 두드러지고 약간은 지시적인 역할을 한다(사진 6-1).

Erikson, Freud, Rogers, Maslow가 제시한 정신분석적 견해에서도 역시 성인은 안내자이다. 그러나 인지 발달보다는 정서와 인성 발달을 좀 더 강조한다. 성인은 정서적으로 지지적이고—감정, 동기, 행동의 해석자—아동이 정서적 구조와 각 발달 위기에 따른 그들의 진행 상황을 평가한다.

행동주의자인 Skinner는 학습에서 환경의 중요성을 강조한다. 인지 발달과 정신분석의 관점과는 대조적으로, Skinner는

사진 6-1 Vygotsky의 견해에서 보면 지지적인 성인은 비계를 제공하고, 그것은 아동이 좀 더 높은 발달의 수준으로 가는 것을 돕게 된다.

성인을 안내자라기보다는 관리자라고 여긴다. 성인은 단계를 설정하고, 강화와 처벌을 적용하고, 관찰 가능한 행동을 관리한다.

Bandura는 자신의 이론적 관점을 '사회 인지 이론'이라고 언급하였다(Perry, 1989). Bandura의 견해에서는 성인은 적절한 행동의 모델로서 중요한 기능을 한다. Bandura는 타인의 행동을 직접 모방 또는 정확한 흉내 내기에는 초점을 덜 맞추고 아동이 타인의 행동을 통해 학습하는 것에 더욱 초점을 둔다. **관찰**은 사회행동 학습의 중요한 도구이다. 또한 성인도 좀 더 추상적인 수준에서 사회적 세상에서 생존하고 번창하기 위해 필요한 과제를 성취하는 방법을 가르치는 자원이 된다(Miller, 2002; Newman & Newman, 2007). 인지 수준은 학습의 다양한 측면을 조화롭게 하고 필요한 정신 작업의 중요성을 강조하기 위한 것이다. 예를 들어서 아동은 공을 던지고, 잡고, 공을 치고, 달리는 것을 배운다. 또한 그들은 게임의 규칙을 배운다. 이러한 학습의 대부분은 나이 든 아동이나 성인이 야구를 하는 것을 관찰하는 과정에서 발생한다. 그러나 모든 아동이 야구를 하는 것이 아니다. 왜냐하면 그들이 야구에 흥미가 없거나 동기화되지 않았기 때문이다. 특정 사회적 행동을 관찰하고 학습하는 것으로 아동이 그것을 할 것이라고 보장할 수는 없다. 아동은 그것을 하고 싶어 하는 동기 또한 필요한 것이다.

환경 준비에서의 성인 역할에 대한 이론가들의 견해

성인에 의해 준비되는 환경은 각 이론의 위치에 따라 상대적으로 다르게 나타난다. 모든 발달적 접근은 공통적으로 어느 정도의 자유를 중요시한다. 인지 발달주의자에게 자유는 한계 설정 안에서 발생한다. 선택이 주어진다. 구체적 재료와 경험은 기본적 학습 활동이다. 사회적 상호작용의 기회가 존재하고, 아동은 관찰하고 연구하고 환경을 조작한다.

정신분석적 관점에서는 환경은 어느 정도 치료적 측면이 있다. 적대감, 의심, 수치감, 자존감, 행복감과 같은 감정을 표현할 방법과 배출구가 필요하다. 성숙주의자는 성장의 여유를 위해서 넓은 제한을 강조한다. 특정 행동 단계에서 꼭 맞는 활동들의 중요성을 고려한다. 행동주의자에게 환경은 적절한 적응 행동을 위한 최대의 정적 강화를 허용한다. 환경은 행동 모델을 제공하고 통제한다. 이 영역에 대해서는 이 장의 끝부분에서 심도 있게 논의할 것이다.

학습에 대한 이론 기반 접근

Piaget와 Vygotsky의 영유아를 위한 교육에서 가장 광범위하게 응용되는 발달적 접근법은 인지 발달과 학습에 대한 구성주의적 견해와 행동주의자들의 학습관이다. Bodrova와

관찰(observation) 아동이 사회적 행동에 관한 정보를 획득할 수 있는 한 가지 수단

Leong(2007)은 Piaget와 Vygotsky의 유사점과 차이점을 설명하였다. 두 학자 모두는 발달의 질적 단계를 밝혔지만, Piaget의 단계가 Vygotsky의 단계보다 좀 더 분명하다. 두 사람 모두 아동이 자신들의 학습과 지식의 구성에서 능동적인 역할을 한다고 믿었다. 그러나 문화의 역할에 대한 견해는 각자 다르다. Vygotsky는 "문화 맥락은 발생하는 바로 그 인지 과정을 결정한다"(Bodrova & Leong, 2007, p. 30)고 믿었다. "반면 Piaget는 학습에 초점을 두었다"(Bodrova & Leong, 2007. p. 30). 그러므로 Vygotsky의 견해는, Piaget와는 다르게, 성인의 역할이 좀 더 지시적이고 더불어 아동의 학습에 더욱 관여하게 된다. 행동주의자의 견해는 학습의 지도자와 통제자로서 성인의 역할을 한층 더 강조한다. 성인의 역할의 몇 가지 요소는 앞에서 이미 언급하였고 이후에 더욱 심도 있게 조사할 것이다.

Piaget의 학습에 대한 구성주의적 견해

Piaget의 인지 발달 견해의 실제 응용은 수없이 많다. Piaget(1971, pp. 155-157)는 "교육은 개인을 둘러싸고 있는 환경에 적응하는 것을 의미한다. 그러나 새로운 방법(개방 교육을 말함)들은 아동기 고유의 충동성을 이용함으로써 이 적응에 촉진을 촉구하며 그것은 인지 발달과 떼어낼 수 없는 자발적 행동과 동류인 것이다."라고 하였다. Piaget는 아동은 자발적인 학습의 욕구로부터 싹튼 근면하고 꾸준한 연구의 능력을 갖고 있다고 하였다(사진 6-2). 지능은 '진정한 활동'이다. Piaget에게 물리적 · 사회적 활동은 학습과 발달의 중요한 수단이다. 자발적 놀이는 이러한 활동의 매개체이다.

앞에서 이미 지적하였듯이 많은 유아교육자들은 Piaget의 **구성주의** 개념을 받아들였다.

구성주의(constructivism) 아동이 지식을 구성함에 따라 단계의 변화가 일어나는 과정을 기반으로 해서 학습이 발생한다는 믿음

사진 6-2 교사는 여유롭게 앉아서 아동이 스스로 문제 해결을 하는 것을 지켜볼 수 있지만 필요할 때에는 합류한다.

Constance Kamii(Kamii, 1986; Kamii & Ewing, 1996)와 Robeta DeVries(DeVries & Kohlberg, 1990; DeVries, Zan, Hildebrandt, Edmiaston, & Sales, 2002)는 4장에서 언급하였듯이 구성주의자이다. Kamii와 Ewing(1996)은 아동은 경험을 동화하고 그 안에서 지식을 구성한다고 강조하였다. 성인은 동화와 지식의 구성이 일어날 수 있도록 적절한 경험을 제공해야 한다. DeVries(DeVries & Kohlberg, 1990)는 "교사는 아동 중심이어야 하고, 아동과 잘 연계해야 하고, 학습을 순조롭게 운영할 줄 알아야 하고, 전통 유아원의 활동(또는 그 밖의 초기 아동기 수준의 활동)을 제공하는 법을 알아야 한다"(pp. 83-84)라고 지적하면서 교사의 역할을 정의하였다. 그리고 교사의 역할을 다음과 같이 덧붙였다.

1. 학습으로 유도되는 분위기 만들기: 아동의 독립성과 주도성을 촉진하여 아동이 발표하고, 질문하고, 실험하고, 탐색하게 함으로써 긍정적인 아동 발달을 북돋우는 분위기를 만든다.
2. 교재교구와 활동을 제공하고 아동이 생각하고 있는 것을 측정하기: 아동 스스로 교구를 탐색하도록 격려한다. 새로운 아이디어가 필요할 때에는 교사는 아동이 하고 있는 것에 자연스럽게 흘러들어가는 아이디어를 만든다. 교사는 아동의 흥미를 알아채고 아동에게 교사의 아이디어를 강요하기보다는 아동이 주도하고 교사를 따른다.
3. 아동에게 '바로' 답을 제시하기보다는 아동 스스로 끊임없이 시도하고 스스로의 지식을 구성하도록 격려하기
4. 아동 자신의 아이디어를 확장하도록 돕기

영유아의 전조작기 사고를 수정하려 하기보다는 Kamii와 DeVries(DeVries & Kohlberg, 1990)는 그것을 높이 평가하고 계획을 세우고 가르친다. Kamii(1986)는 **자율성**이 Piaget가 상상한 교육의 목적이라고 기술하였다. 즉, 아동은 문제해결을 통해 탐색하고 사고하게 되고 그런 행위를 통해서 독립적으로 지식을 구성하게 되는 것이다.

학습에 대한 Vygotsky의 견해

Moll(1990)은 아동의 학습에서 성인의 역할에 대한 Vygotsky의 견해를 설명하였다. Vygotsky의 문화 전파 이론은 발달과 학습을 결합하였다. Vygotsky는 교육은 인지 발달의 중심일 뿐만 아니라 인간의 사회문화 활동의 핵심이라고 보았다. 그의 작업은 사회의 기원과 개인 발달의 문화적 기초에 초점을 두었다. Vygotsky는 성인과 아동 간의 협동 관계를 교육과정의 주요 부분으로 보았다.

Moll(1990)은 근접 발달 영역(ZPD)의 개념이 Vygotsky 이론의 핵심이라고 여겼다.

자율성(autonomy) 아동은 문제해결을 통해 탐색하고 사고할 수 있으며, 그들의 행위를 통해서 독립적으로 지식을 구성한다.

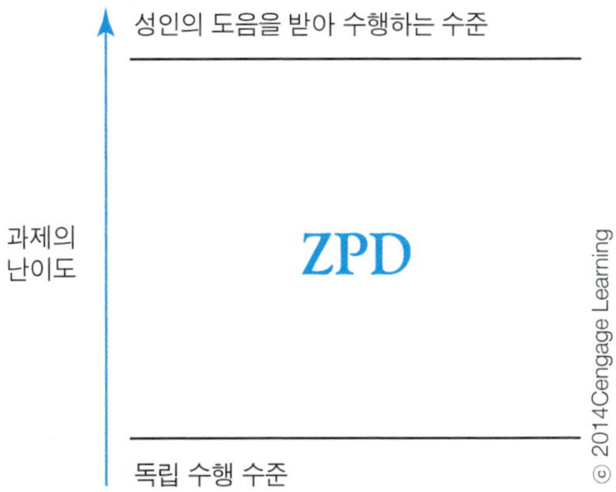

그림 6-1 근접 발달 영역(ZPD)

출처: Bodrova, E., & Leong, D. J. (2007). *Tools of the mind: The Vygotskian approach to early childhood* (2nd ed.). Upper Saddle River, NJ: Pearson/Merrill Prentice Hall.

Bodrova와 Leong(2007)은 아동이 독립적으로 성취할 수 있는 아래쪽 영역에서 아동이 도움을 받아서 성취할 수 있는 위쪽 영역까지로 근접 발달 영역의 범위 구역을 정의한다(그림 6-1). 이 영역은 아동이 새로운 성취의 수준에 도달함에 따라 끊임없이 변화한다. 도움을 받는 수행의 수준은 성인의 도움을 받아서 하는 행위와 좀 더 나이 든 아동과 좀 더 성취한 또래를 포함한다. 상호작용은 "힌트와 단서 주기, 즉 바꾸어서 질문하기, 아동에게 다시 말해 보도록 시키기, 아동이 이해한 것을 물어보기, 그 과제를 보여 주기, 그 과제의 일부를 보여 주기 등"(Bodrova & Leong, 2007, p. 40)을 포함한다. 기술을 실행하는 것을 도와주는 환경을 설치하기와 같은 간접적인 도움도 역시 포함된다. 예를 들어서, 교사는 쓰기 발달을 위해서 여러 가지 필기도구와 종이를 준비할 수 있다. 시간과 학습에 따라 그 영역은 좀 더 높은 수준으로 진화한다.

Vygotsky에 따르면 발달에 적합한 교육에는 아동이 도움을 받아서 학습하는 것이 포함되어야 한다. 교사들은 독립 수준을 넘어섰지만 근접 발달 영역(ZPD) 안에 있는 활동들을 제공하여야 한다. 성인의 중요한 역할은 아동의 현재 영역 안에 있는 적절한 도전의 수준이 어디인지를 측정하는 것이다. 성인은 근접 발달 영역을 최대한 사용하기 위해서 **확충**을 사용해야 한다. 확충은 아동의 이해 영역을 넘어선 어떤 것을 가르치는 가속과는 다르다. 예를 들어서 많은 3세 아동은 알파벳 암송을 학습하지만 지식을 실제로 읽고 쓰기에 응용하는 수준에 도달하지는 못할 수가 있다. 이 경우에는 알파벳은 사용 맥락에 없는 고립된 정보 조각인 것이다. 반면에 확충은 근접 발달 영역 안에 있는 동안 발달을 증가시킴으로써 아동의 힘을 만들게 된다. 도움을 주는 것을 **비계**라고 한다. 근접 발달 영역은 지식 구성이 발생하는 영역이다(Bodrova & Leong, 2007).

Vygotsky의 견해에서는 "학교 교육의 중요한 목적은 이러한 문화적 도구를 의식적으로 알아채고 숙달을 위한 사회적 맥락(또는 근접 발달 영역)을 만드는 것이다"(Moll, 1990, p. 12). 이러한 문화적 도구는 의사소통 도구인 읽기, 쓰기, 말하기이다.

한 아동이 어제는 도움 없이 할 수 없었던 것을 오늘 독립적으로 뭔가를 할 수 있다는 것을 보여 줄 때 근접 발달 영역 안에서 변화가 생긴 것이다. Vygotsky는 교실 학습은 사고하기와 교실 수업의 사회적 조직화와의 관계의 짜임이라고 보았다. "성인의 역할이 구조화

확충(amplification) 근접 발달 영역 안에서 좀 더 큰 도전을 위한 준비
비계(scaffolding) 근접 발달 영역 안에서 발전을 위해서 성인 또는 나이 든 아동이 도움을 주는 것

된 단서를 반드시 제공해야 하는 것은 아니지만, 매일의 활동을 교실에 편입시키기와 같은 사회적 매체 그리고 탐색적 대화를 통해서 아동이 그들의 학습을 통제하도록 도울 수 있다(Moll, 1990, p. 13). 학습은 성인과 아동의 협력적 경험이며, 성인이 아동의 머리에 단순히 지식을 전달하는 것은 아니다.

학습에 대한 행동주의자의 견해: Skinner와 Bandura

학습에 대한 행동주의자의 견해는 미국의 학습 이론 전통으로부터 성장하였다. 학습 이론가는 항상 행동 단계보다는 행동의 변화 방법에만 관심을 갖는 경향이 있다. Miller(2002)에 따르면 Skinner는 오직 관찰 가능한 행동만이 연구 가치가 있다는 견해를 가지고 있다. Skinner는 행동을 강화할 때 그 행동의 빈도가 점차 많아진다는 것을 알아냈다. 반면에 Skinner의 연구는 오직 쥐와 비둘기에 초점이 맞추어져 있으므로 그의 이론은 인간 행동으로의 응용에 대한 탐색의 흥미를 이끌어 낸다. 그 결과는 행동 수정 또는 행동 분석이라는 아동 행동 변화에 대한 접근이었다. 한 가지 기술로서 행동 수정의 기본적인 관점은, 만약 성인이 아동 행동의 빈도를 증가시키기를 원한다면 각 긍정 행동에 대한 긍정 결과가 따라와야 한다는 것이다. 이처럼 긍정 행동을 증가시키는 긍정 결과를 **보상** 또는 **강화**라고 한다. 행동 변화에 능숙한 기술을 갖고 있는 성인은 긍정 결과를 가지고 바람직한 행동을 이끌 수 있는 기회를 끊임없이 지켜보면서 바람직한 행동의 빈도를 늘린다. 이러한 강화물에는 언어와 비언어적 인정과 칭찬, 신체적 접촉, 활동, 특권과 물질이 있다. 바람직한 행동은 위험하지 않다면 일반적으로 무시된다. 행동 수정주의자는 행동 연쇄 그리고 양립할 수 없는 행동의 대체 등과 같은 기술을 사용한다. 행동 수정이라는 전체 학습 시스템(Bushell, 1982)은 행동주의 원칙을 사용한다.

Bandura는 아동의 관찰 학습 연구로부터 시작하였다. Bandura의 연구 덕택에 우리는 아동의 학습 매체로서 관찰과 모방의 중요성을 알게 되었다. 이후에 Bandura는 관찰과 모방의 기저의 사고에 대한 연구를 하였다. 영유아 관련 직업의 성인들은 Bandura의 사회 인지 이론의 응용이 아동이 관찰을 통해서 정보를 선택하고 일반적인 결론을 도출한다는 것을 안다. 다른 말로 하면, 예를 들어 한 아동이 어떤 행동으로 보상을 받는 것을 관찰하였을 때 그들은 의식적으로 이 정보를 모아서 만약 그들이 이와 똑같은 방식으로 행동을 하게 되면 보상을 받을 것이라는 결론을 내리게 된다.

행동주의자는 성인에게 다음의 중요한 지침을 제공한다.

- 적절한 보상을 하라.

보상(rewards) 긍정적인 행동을 증가시키는 긍정적인 결과: 강화
강화(reinforcements) 긍정적인 행동을 증가시키는 긍정적인 결과: 보상

- 부적절한 행동을 무시하라(만약 그것이 위험하지 않다면)
- 관찰 학습의 힘을 인식하라.

아동 행동에 대한 보상의 효과

점차 많은 연구에서 성인의 **외적 보상**(구체적이고 사회적인 것을 모두 포함)의 사용을 조심스럽게 할 필요가 있다고 지적한다. 음식, 돈, 장난감, 또는 지나치게 자주 하는 칭찬과 같은 구체적인 보상은 아동이 기분이 좋아지기 때문에 적절한 행동을 하기보다는 보상을 얻기 위해 적절하게 행동하도록 동기화할 수 있다. 아동은 그림을 그리고, 학교에서 학습을 하고, 사회적으로 수용되는 방식으로 행동을 하는데, 그 이유는 그럼으로써 기분이 좋아지고 자부심과 성취감을 느끼기 때문이다. 목표는 **내적 보상** 또는 내적 동기를 통해서 아동이 학습을 하도록 하는 것이다. 영아와 걸음마기아는 내재된 세상에 대한 학습 추동을 갖고 있다. 영아기와 걸음마기를 넘어선 아동은 본래의 호기심을 유지하는 것이 중요하다.

Alfie Kohn(2001b)에 따르면 언어적 칭찬조차도 지나칠 수 있다. 첫째, 뜻대로 조작하려는 의도가 될 수 있다. 언어적 칭찬은 성인에게 이로운 점을 주고 성인의 생활이 좀 더 편해질 수 있다. 예를 들어서 아동이 장난감을 치웠을 때 "잘했어요."라고 말하기보다 방을 정리하는 것과 장난감을 소중히 다루는 것의 중요성에 대해 토론이 있어야 한다고 제안한다. 둘째, 아동은 스스로 자신을 평가하기보다는 성인이 아동 자신의 가치를 측정해서 인정해 주는 것에 의존하게 된다. 아동은 자신의 성취를 평가하는 데 성인의 칭찬에 지나치게 의존하게 된다. 셋째, 지나치게 많은 칭찬은 아동의 즐거움을 빼앗아 간다. 아동은 자신의 성취에 대한 즐거움을 느낄 기회를 잃는다. 넷째, 아동은 칭찬이 없으면 활동에 대한 흥미를 잃을 수도 있다. 아동은 프로젝트를 하는 것이 재미있어서 완성하기보다는 오직 칭찬받기 위해서 동기화될 수도 있다. 마지막으로, 지나치게 많은 칭찬은 성취의 감소를 초래할 수도 있다. 아동은 다음에는 하지 말아야겠다고 생각을 할 수도 있다. 그러므로 아동은 그 성취를 유지하는 것이 어려울 수도 있다는 불안감 때문에 형편없이 하거나 포기할 수도 있다.

Kohn(2001b)은 성인은 칭찬을 줄여야 한다며, "우리는 아동이 칭찬을 들어야 하기 때문보다는 우리가 칭찬을 할 필요가 있기 때문에 더욱 칭찬한다"(p. 27)라고 하였다. 아동은 무조건적 사랑과 조건 없이 수용되어야 한다. 아동을 칭찬으로 조작하기보다는 그들이 적절한 행동과 좋은 가치를 발달시키도록 돕고 설명하는 데 시간을 써야 한다. Kohn은 아동이 인상적인 행동을 하였을 때 성인은 다음 세 가지 반응 중에서 선택할 수 있다고 제시한다.

외적 보상(extrinsic rewards) 구체적이고 사회적인 보상
내적 보상(intrinsic rewards) 아동 내면의 욕구로서 내적 동기를 통해서 아동이 학습하도록 한다. 자기 보상.

1. 말을 안 한다. 아동이 그 순간을 즐기도록 한다.
2. 당신이 본 것을 말한다. "너 혼자 옷을 입었구나." "너는 오랜 시간 동안 그림을 그렸구나." "너는 너의 친구를 행복하게 해주었구나."와 같이 평가가 포함되지 않은 말을 한다. 이런 말은 성인의 평가보다는 아동의 성취를 강조한다.
3. 말을 적게 하고 질문을 많이 한다. 아동에게 "너는 그렇게 하는 것을 어떻게 알았니?" 라고 물어본다.

목표는 아동이 스스로 자신의 삶을 통제하였다는 기분을 격려하고 지지하는 것이다.

학습에 대한 선천적 동기 유지하기

4장의 동기에 대한 토론의 연속으로 아동의 선천적 학습에 대한 동기를 유지하는 방법을 몇 가지 제안한다. Hauser-Cram(1998)과 Carlton과 Winsler(1998)는 성인이 영유아의 숙달 동기를 지지할 수 있는 몇 가지 방법을 제안한다. 성인은 감각 자극을 좀 더 제공할 수 있는데, 그 이유는 그것이 사물의 탐색을 지속하도록 지지하는 데에 중요하기 때문이다. 또한 성인은 위험하지 않은 정도에서 아동의 자율적 활동을 뒤로 물러나 지켜보고 끼어들지 말아야 한다. 아동은 자율적 행동을 통해서 그들에게 닥친 문제를 숙달하는 능력에 대한 신뢰감을 얻을 수 있다. Hauser-Cram(p. 71)과 Carlton과 Winsler(p. 165)는 숙달 동기를 지지하는 지침을 제공하였고, 그것은 다음과 같다.

1. 지나치지 않은 중간 정도의 활동을 제공하여 선택하도록 한다. 활동 선택 경험은 아동에게 자신의 학습을 통제할 수 있게 한다(Hauser-Cram).
2. 맞다, 틀리다로 반응하기보다는 문제해결과 탐색을 하도록 하는 활동을 제공하라 (Hauser-Cram). 아동이 환경을 그들 행위의 결과를 볼 수 있는 기회를 제공하는 장난감과 활동으로 채워 주어야 한다(Hauser & Winsler).
3. 아동의 활동을 지지하되 아동의 자율성을 방해하지 말라. 아동이 과제해결을 어려워할 때는 제안과 논평을 하기 전에 기다려야 한다. 아동이 좌절감을 보일 때는 직접적인 지시를 하기보다는 "이렇게 하면 어떨까?"라고 말하라(Carlton & Winsler).
4. 자기 평가를 강화하라. "이것을 어떻게 생각하니?" 또는 "이걸로 만족하니? 좀 더 해보기고 싶니?" 등의 질문을 하라.
5. 흥미를 끄는 활동이나 자료를 제공하라(Carlton & Winsler).
6. 아동이 즐길 수 있는 활동과 아동의 흥미를 찾을 수 있도록 부모와 이야기하라(Hauser-Cram).

제안들이 아동 중심이며 학습자의 역량 발달 중심이 되어야 함을 유의하라. Stipek, Feiler, Daniels와 Milburn(1995)은 학습과 기초 기술을 강조하는 학업 위주의 교사가 있는 지시적인 유치원과 유아원에 출석하는 아동과 아동 중심 프로그램에 참여하는 아동을 비교하였다. 고도의 교사 중심 프로그램의 아동은 철자와 읽기 성취 측정에서는 잘하였지만 수에 대한 지식에서는 아동 중심 집단보다 잘하지 않았고 성취 측정에서는 부정적인 결과를 보여 주었다. 철자와 단어 재인의 학습에서는 연습과 훈련이 효과적이었지만, 수학 개념의 학습에서는 그렇지 않았다. 훈련과 연습은 동기 영역에서 아동에게 역효과를 주는 것으로 나타났다. 아동 중심 프로그램에서는 그들의 능력을 좀 더 높게 평가하였고, 학교 관련 과제에 성공 기대가 좀 더 높았고, 좀 더 어려운 수학 문제를 선택하였고, 허락과 인정을 받기 위해 성인에게 덜 의존하였고, 그들이 성취에 좀 더 자부심을 갖고 학교에 대한 걱정이 적었다(Stipek, Feiler, Daniels, & Milburn, 1995, p. 220).

*Motivated Minds*라는 책에서 Stipek과 Seal(Alexander, 2001)은 학습에 대한 아동의 열의를 증진시키는 방법을 설명한다. Kohn과 마찬가지로 그들은 지나친 외부 통제를 하지 않는 것이 중요하다고 강조한다. 동기는 아동이 선택할 수 있는 기회를 제공하는 것에 의해 지지된다. 성인은 새로운 것을 학습하는 것에 대한 즐거움을 보여 주는 모델이 되어야 한다.

영유아에 대한 우리의 목적은 그들의 선천적인 동기를 유지하여 학교에 진학해서도 계속해서 학습에 본능적으로 흥미와 관심을 보이도록 하는 것이다. 아동은 상당히 어린 나이에 무기력하게 되어서 학습을 하지 않으려 할 수도 있다. 4학년이 되기 이전에 학습동기가 떨어지게 되면 그들은 학교에서 성취하려는 동기가 부족해질 수 있다.

실제 적용을 위한 이론을 선택하기

2장에서 다양한 이론이 각기 다른 문제에 어떻게 적용될 수 있는가를 보여 주었다. 교사는 자주 한 가지 이론을 도구로 채택하는 것을 피하는데, 왜냐하면 특정 이론을 장려하는 사람들은 흔히 한 측면만을 지지하고, 참여자들에게 선택의 문제를 남겨 주기 때문이다. 교사는 종종 각 이론을 교육의 지침으로 하기 위한 주장을 할 때 혼란에 빠지기도 한다. 모순적이기보다는 보완적 이론이 교육지침의 틀을 개발할 때 사용될 수 있다.

한 가지 이론만 고수하지 말라. 융통성 있고 통찰력이 있어야 한다(Honig, 1986, p. 10). 각 이론은 발달의 다른 측면을 설명하고 있다는 것을 명심하라. 당신은 우선 어떤 문제를 해결하기를 원하고, 그 문제에 가장 적합할 것 같은 이론을 고를 것이다. 2장의 예를 돌아보면, 이런 과정을 어떠할지를 알게 될 것이다.

심화학습 동기 부여에 대해 읽은 것을 연구와 관련지어 보고, NAEYC(Copple & Bredekamp, 2009, p. 154)가 제안한 3~5세 아동의 발달에 적합한 다음의 지침에 대해 논평하라.

- 아동이 다양한 학습경험을 할 수 있도록 교사는 흥미 영역을 만들고 프로그램의 목적과 아동의 다양한 흥미와 능력을 기본으로 하는 자료들을 구비한다.

다음으로 비교가 되는 절차를 고려해 보라(p. 154).

- 학습자료는 기본적으로 플래시카드와 그 밖의 아동의 흥미와 관련 없는 자료이며, 아동의 자기 규제를 촉진하고 아동에게 문제해결을 하게 하거나, 그 밖의 좀 더 높은 차원의 사고 기술을 사용하도록 한다.

2 사고하기, 문제해결하기, 그리고 학습환경

본능적 학습동기를 자극하기 위해서, 아동의 발달적 사고 그리고 탐색과 실험을 통한 문제해결 기술에 강조점을 둔다. Campbell과 Arnold(1988)는 교실에서 하는 질문이 대부분 읽고 쓰는 능력에 관한 것임을 발견하였다. 질문은 직접적인 정보 피드백을 답으로 요구하는데, 그것은 기억력만 요구할 뿐이며 사고력은 필요로 하지 않는다. Campbell과 Arnold는 질문의 발달적 접근은 간단한 질문에서 복잡한 질문으로 단계적으로 해야 한다고 제안한다. 읽고 쓰기 질문인 "무엇인가요?"라는 수준의 질문에서 시작한다. 그리고 이전 정보와 함께 새로운 정보를 연합하는 "그 밖에는 뭐가 있나요?"라는 질문을 한다. 그리고 인과관계를 묻는 "무엇?" 그리고 "왜?"라는 질문을 하게 된다. 이러한 질문은 아동을 당면적 상황에서 심화 과정으로 이끌게 된다. 그다음 수준에서는 "만약 이렇다면?"이라는 질문과 함께하는 놀이에 상상력이 도입된다. 이런 질문은 아동들의 사고를 가능하고 다양한 반응으로 이끌게 된다.

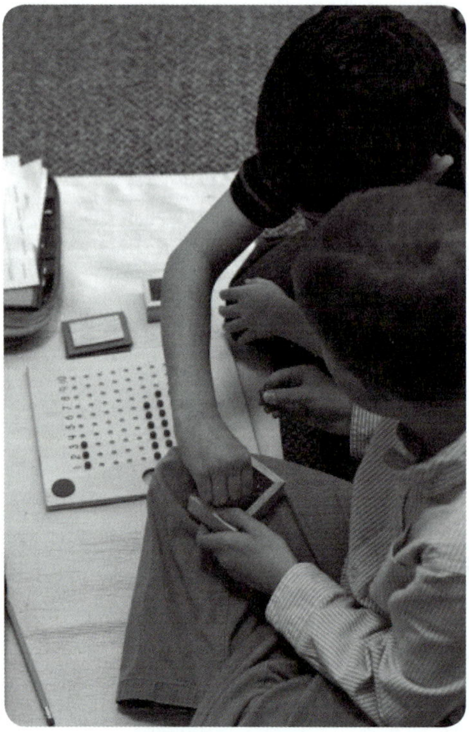

사진 6-3 성인 역할의 중요한 하나의 측면은 아동에게 다른 아동과 협동적으로 작업할 기회를 주는 것이다.

Vygotsky의 비계 개념은 아동 학습에서의 좋은 질문의 가치를 지지한다(Cassidy, 1989). 어떤 질문은 "우리가 어떻게 알아낼 수 있을까?" "우리가 이렇게 하면 어떻게 될까?" "우리는 무엇을 해야 할까?"와 같이 사고와 문제해결의 방법을 열어 준다. Carr(1988)는 특히 비판적인 사고 기술을 설명하였다. Carr는 학생은 가능한 답을 찾기 위해서 질문하기와 분석하기 방법과 겉으로 드러나는 것을 넘어서서 보는 것이 필요하다고 지적하였다. 비판적 사고 기술을 기르기 위해서는 매일 학습경험을 통합해야만 한다.

Tudge와 Caruso(1988)는 협동적 문제해결이 아동의 인지 기술을 강화할 수 있다고 지적하였다(사진 6-3). 아동이 함께 작업하여 문제를 해결할 때, 아동의 인지 성장이 지원된다는 점은 Piaget의 생각과 일치한다.

Tudge와 Caruso는 교사에게 진정한 협동으로 문제해결하기가 교실 안에서 일어날 수 있도록 많은 방법을 제안하였다. 그 제안은 다음과 같다(pp. 50-51).

1. 공동의 목적을 가질 수 있는 활동을 계획하라. 예를 들어서, 아동이 동물 장난감을 위한 동물원을 짓는 협동 놀이를 하도록 격려하라.
2. 목적이 본능적으로 아동에게 흥미를 줄 수 있어야 한다. 아동이 스스로 선택한 문제들, 예를 들어 필요한 블록을 나누는 법, 물놀이 테이블을 채우는 방법 등을 해결할 수 있도록 격려한다.
3. 아동은 자신들의 행위로서 목적을 성취해야만 한다. 아동은 자신이 해결해 보는 경험이 필요하다.
4. 아동 행위의 결과는 시각적이고 즉각적이어야 한다. 만약 아동이 한 해결책에 만족하지 못한다면 다른 방법을 시도해 볼 수도 있다.
5. 교사는 격려하고, 제안을 해야 하며, 지시적이지 않아야 한다.
6. 두 명 또는 그 이상의 아동이 함께 작업을 해서 풀 수 있는 문제를 제시함으로써 아동이 상호작용하도록 촉진하라.
7. 아동이 공유하는 목적을 명확하게 하거나 적합화하는 것을 도우라. 교사는 아동을 도와서 아동이 계획을 통한 사고를 하고 그 해결책을 수정하도록 한 후에 그들에게 그것을 반추하는 시간을 제공하라.
8. 문제 제기를 좋아하지 않는 조용하고 내성적인 아동을 토론에 참여시키도록 하라.

Tudge와 Caruso는 문제해결은 어떤 교육과정 영역에서도 일어날 수 있다고 지적한다. 그것은 놀이 중간이나 교사에 의해 고안된 제약이 없는 활동 중에도 발생할 수 있다. 협동적 문제해결을 격려함으로써 교사는 인지 발달을 훨씬 강하게 추진할 수 있다.

역량

초기 아동기의 중요한 목적은 인지와 사회적 역량 모두를 추진하는 것이다. 성인의 역할은 이러한 기능을 도와줄 수 있는 환경을 제공하는 것이다. Kontos와 Wilcox-Herzog(1997b)는 유아 전기아의 사회와 인지 역량에 영향을 주는 교실을 조사하였다. 실내 놀이 시간에 교사와 아동들을 관찰하였다. 아동의 사물 · 또래와의 상호작용뿐만 아니라 아동과 함께 있을 때 교사의 행동을 관찰하는 것을 초점으로 하였다. 아동이 예술, 블록, 극놀이와 같은 활동을 할 때 인지 역량이 최고 수준이었다. 그런 활동은 인지 기술을 최대한 발휘하도록 요구한다. 교사의 존재는 인지 영역에서의 긍정적 영향을 보여 주지 않는다. 사회적 역량은 또래와 교사의 존재와 연관이 있지만 활동의 형태와는 관련이 없다. 사회적 역량은 활발한 또래 상호작용에는 필수적이지만 단지 교사가 그 상황에서 벗어나 있거나 자극적인 관여를 제공할 때뿐이다. 저자는 "초기 아동기 교실에서 아동의 인지와 사회적 발달을 향상시키기 위해서 교사는 아동이 자유 놀이 시간에 선택하는 활동의 형태와, 이런 활동이 또래와 접촉하는 활동의 잠재력에 대해 특히 주목해야 할 필요가 있다"(p. 260)고 결론지었다.

Katz와 McClellan(1997)은 교사는 아동의 사회적 역량을 촉진하는 데에 중요한 역할을 할 수 있다고 믿는다. 그들은 따뜻하고 지지적인 교사-아동 관계를 통한 적극적 관여를 조장하는 개별화된 지침서를 추천한다. 사회성과 정서의 다른 영역 발달에서의 성인의 역할은 다음 장에서 다룬다.

놀이를 통한 성인의 학습 지원

이 부분에서는 놀이를 통한 교실 내 활동과 환경의 제공을 통한 성인의 역할을 좀 더 자세히 살펴보고자 한다. 아동의 활동의 다른 영역에서와 같이 성인은 놀이 중에 개입하고 끼어들고 지시적이 될 수 있다. 또한 성인은 뒤로 물러서고, 놀이의 밖에서 머물고, 필요시에 지침을 줄 수도 있다. 연구에서는 성인이 아동의 놀이를 직접적으로 향상시킬 수 있다고 지적하였다. 두 가지 형태의 사회극 놀이 훈련이 있다. 즉, **외부 개입**과 **내부 개입**(Christie, 1982)이다. 외부 개입 시에는 성인은 놀이의 밖에서 머물지만, 아동의 사회극 놀이 역할 향상을 돕기 위해 질문을 하거나, 제안하고, 지시하고, 명료화할 수 있다. 예를 들어서 "의사는 그 밖에 무엇을 할 수 있을까?" 또는 "소방관은 불을 끄기 위해 호스로 물을 뿌릴 수 있단다."와 같은 것이다. 내부 개입 시에는 놀이 활동에 성인도 참여하며 실제로 성인이 한 역할을 맡아서 하게 된다. 성인은 다양한 형태의 행동을 보여 줄 수 있다. 모방, 사물을 사용해서 가장을 하기, 가장 행위를 하기, 이미 설정된 놀이 상황에 진입하는 법을 보여 주기, 적절한 언어적 의사소통 사용하기, 이야기를 확장하기이다. 예를 들어서 성인은 환자 역할을 하면서 "의사 선생님, 머리가 아프고 배가 아파요. 제발 도와주세요."라고 말할 수 있다. 아동이 놀이 기술을 습득하면 성인은 점차 놀이에서 빠져나올 수 있다.

성인이 놀이를 장악해서는 안 된다(Trawick-Smith, 1985). Trawick-Smith(1998b)는 성인의 놀이 개입을 통한 놀이 훈련 모델을 개발하였다. 그는 "세밀한 관찰과 다양한 놀이 이론의 이해를 바탕으로 한" 사려 깊은 반영을 한 후에 선별한 몇 가지의 개입 전략의 시범을 보여 주었다(p. 127). 성인은 아동의 행동과 놀이 맥락에 맞추어서 전략을 짜야만 한다. 성인은 융통성이 있어서 상황이 변함에 따라 전략을 변화시켜야 한다. 다음은 놀이 훈련 기술의 사용과 가치를 지지하는 몇몇 연구의 예이다.

외부 개입(outside intervention) 성인은 놀이의 밖에서 머물지만, 그들의 사회극 놀이 역할 향상을 돕기 위해 질문을 하거나, 제안하고, 지시하고, 명료화할 수 있다.

내부 개입(inside intervention) 놀이 활동에 성인도 참여하며, 실제로 성인이 한 역할을 맡아서 하게 된다.

Morrow(1990), Neuman과 Roskos(1993), 그리고 Schrader(1990)는 읽고 쓰기 소도구와 놀이 활동을 하는 동안의 성인의 지지 모두를 제공함으로써 읽고 쓰기 지식과 개념을 향상시키는 연구를 실시하였다. Morrow(1990)는 극놀이 영역에 읽고 쓰기 자료를 포함시키면 읽고 쓰기 놀이의 빈도가 늘어난다는 것이 관찰되었다고 밝혔다. Morrow(1990)는 교사의 지도가 있을 때와 없을 때의 읽고 쓰기 행동의 빈도를 비교하였다.

읽고 쓰는 놀이 행동의 빈도는 교사의 지도가 없을 때보다는 있을 때 더욱 높았다. 모든 실험 교실에서는 필기도구, 서적 편집 도구, 다양한 크기와 형태의 종이, 연습용 노트, 잡지와 책, 연필, 매직펜, 크레용, 색연필을 담는 특별한 용기를 비치하였다. 이 세트를 갖춘 두 교실 중의 한 교실에서는 교사의 지도가 있고 다른 한 교실에서는 교사의 지도가 없었으며, 두 곳 모두 동물병원을 주제로 꾸며 놓았다. 읽고 쓰기 재료가 있고 교사의 지도가 없는 동물병원 놀이 영역에서는 첫날 교사가 자료들을 소개하고 그 자료의 사용방법에 대해서 토론하고 그것을 아동에게 다시 한 번 추천하지 않았다. 교사의 지도가 있는 교실에서는 교사가 각 놀이가 시작될 때 그 재료 사용의 잠재력에 대하여 토론하였다. 게다가 교사는 아동이 읽고 쓰는 체하며 놀 수 있다고 이야기해 주었다. 읽고 쓰기 자료의 추가는 읽고 쓰는 극놀이의 빈도를 증가시켰다. 교사가 지도하며 읽고 쓰는 행동이 한층 더 증가하였다.

Neuman과 Roskos(1993)는 헤드스타트 교실에 등록한 아동을 초점으로 하였다. 연구자는 자료들이 제공되고 성인이 적극적으로 아동을 도와줄 때 아동의 환경 안에서 쉽게 볼 수 있는 글자들(출구, 들어오시오, 열림, 닫힘, 등과 같은 공식적 문구)과 전화번호부책, 달력과 같은 기능적 물품의 표시를 읽는 능력이 증가하였다. "이런 발견은 풍부한 놀이 환경 안에서 성인과의 상호작용은 빈곤층의 소수 아동이 읽고 쓰는 방식으로 사고하고, 말하고, 행동할 수 있게 도와주는 기회를 의미한다"(p. 95).

놀이는 읽고 쓰는 능력뿐만 아니라 **자기 조절** 능력의 발달도 돕는다(Bodrova, Leong, Hensen, & Henninger, 2000). 놀이 활동에 참여하기 위해서는 아동은 다른 또래 아동이 설정한 규칙을 따라야만 한다. Bodrova, Leong, Hensen과 Henninger(2000)는 아동 놀이의 촉진자로서 성인 역할의 중요성을 강조한다. 성인은 비계, 공간, 자료를 제공한다.

놀이 환경 준비에서의 성인의 역할

놀이 활동을 촉진하기 위해서는 적절한 장난감과 놀이 공간이 필수적이다. 성인은 아동의 발달 수준에 맞는 자료와 도구를 준비(가구를 배열하고 재배열하기, 자료 준비하기, 필요한 새로운 재료를 제공하기 등)해야 하는 의무가 있다.

주제가 있는 환경과 **주제가 없는** 환경 모두 극놀이에 영향을 준다(사진 6-4). Dodge와 Frost(1986)는 역할놀이를 촉진하는 극놀이 영역을 만드는 방법을 연구하였다. 연구자는

자기 조절(self-regulation) 또래의 놀이 활동에 참여하도록 허락받는 데 필요한 행동 통제

사진 6-4 주제가 없는 놀이 도구는 다양한 극놀이 역할을 하도록 자극을 한다.

5세경의 아동을 그들이 직접 경험하는 것을 넘어선 사고를 하므로 보통의 소꿉놀이 영역은 역할놀이를 하도록 유도하기에는 덜 유혹적이다. 5세 아동은 빈 종이상자, 실패 모양의 물건, 널빤지, 대바구니와 같이 사용 범위가 넓은 소도구를 가지고 극놀이를 많이 한다고 하였다. 이와 같은 사용 범위가 넓은 소도구와 함께 다양한 형태의 실제적인 소도구는 아동이 선택하는 어떠한 역할에서도 사용될 수 있다. 구조화된 놀이 영역에서도 한 영역 이상 사용할 수 있다면, 예를 들어서 (집, 식료품가게, 사무실 등) 각 영역에 비치된 물건이 남아와 여아 모두의 흥미를 끄는 것이라면 놀이의 내용은 더욱 풍부해진다.

Thomas(1984)는 글을 빨리 읽는 아동은 그렇지 않은 아동과는 선호하는 장난감이 다르다는 것을 알아냈다. 글을 빨리 읽는 아동들은 책, 철자 카드와 같은 읽기 준비용 장난감을 선호하는 반면에 4세에 글을 읽지 못한 아동은 대근육 놀이, 구성 놀이, 환상 놀이 장난감을 선호하였다.

Rogers와 Sawyers(1988)는 장난감과 자료가 놀이에 미치는 영향을 연구하였다. 아동에게 장난감이 없거나 거의 없는 경우에는 공격적인 행동의 수가 훨씬 많았다. 미끄럼틀과 같은 놀이 기구를 할 때보다 작은 장난감을 가지고 놀 때 부정적인 상호작용이 좀 더 발생하였다. 옷 차려입기, 그 외의 극놀이 소도구, 작은 자동차, 그리고 블록보다 미술 재료, 조작 재료, 찰흙, 모래와 물을 가지고 놀 때 사회적 가장놀이를 덜 하였다. 성인이 제공하는 재료의 종류는 아동의 놀이의 유형을 결정할 수 있다. 아동은 참신함, 다양함, 복잡성에 매료된다. 장난감을 바꾸어 주어서 매일 같은 장난감을 갖고 놀지 않도록 해야 한다. 블록과 레고 같은 사용 범위가 제한이 없는 장난감은 아동의 인지 성장에 따라 복잡성이 증가하고 좀 더 복잡한 방법으로 놀 수도 있다.

Rogers와 Sawyers(1988)는 공간이 아동의 놀이에 미치는 영향에 관한 연구를 조사하였다. 공간은 적절해야 하고, 설비와 도구들은 최대한 복잡하고 진보된 형태의 놀이가 출현하도록 자극을 줄 수 있어야 한다. 공간이 작을수록 사회적 상호작용이 자주 일어난다. 공격성도 증가한다. 그러나 공간이 넓을수록 거칠고 엎어지고 넘어지는 놀이를 하고 더욱 뛰는 행동을 더 많이 하게 된다. 작은 집단의 아동은 더욱 친밀하며 상상놀이를 하는 경향이

주제가 있는(thematic) 가족놀이 영역, 병원놀이 영역, 소방서놀이 영역과 같이 구체적 역할이 주어지는 놀이 영역을 사용하는 것

주제가 없는(nonthematic) 사용 범위의 제한이 없는 재료와 다양한 유형의 실제적인 소도구를 사용하는 것

있다.나이가 어릴수록 더욱 집단으로 놀이를 한다. 매일 옥외 놀이를 하는 것도 역시 중요하다. 옥외 시설물 또는 도구들이 유동적일수록 상상놀이의 빈도가 더욱 늘어날 것이다.

3 기술의 적절한 사용을 위한 성인의 대책

4장에서 영유아의 생활에서의 기술의 역할과 그에 대한 다양한 견해를 제시하였다. 이 장에서는 영유아의 학습도구로서 기술의 적절한 사용을 위한 성인의 역할을 설명한다. 4장에서 이미 언급하였듯이 21세기에는 유용한 기술이 증가하였다. 1990년대에는 텔레비전이 중요한 매체 기술을 제공하였다(Brooks-Gunn & Donahue, 2008). 이제는 텔레비전이 스마트폰, 아이팟, 비디오 게임, 문자 메시지, 다자간 상호작용 비디오 게임, 가상현실 사이트, 웹 소셜 네트워크, 이메일과 경쟁을 해야 한다(p. 1). 대부분의 아이들은 한 가지 이상의 매체와 접촉을 하고 있다. 텔레비전과 그 내용의 영향력에 대한 많은 연구들이 있기는 하지만 좀 더 새로운 매체에 대한 연구는 거의 없다. Brooks-Gunn과 Donahue는『아동의 미래(*The Future of Children*)』라는 책에서 '아동과 전자 매체'라는 초점 이슈를 논하면서 매체의 형태보다는 내용이 더욱 중요하다는 결론을 내렸다. 그러므로 성인은 매체의 내용에 관심을 가져야 한다. 부모는 자녀가 내용에 접근하는 것을 규제하여야 한다. 부모는 적절한 내용에 대해서 이해하고 자녀를 위한 좀 더 좋은 내용을 선별하도록 청원을 하여 그 내용을 규제할 수 있다.

유아교실에서의 전자 매체

NAEYC와 Fred Rogers Center의 제안(2012)은 텔레비전뿐만 아니라 다양하고 새로운 영상 기술을 유아교육 현장에서 사용할 때의 지침서로서 사용할 수 있다고 밝히고 있다. 기술을 발달에 적합하게 사용하기 위해서 그리고 이미 앞서 가고 있는 아동을 따라잡기 위해서 교사와 부모가 교육을 받아야 한다. 5세 아동부터 기본적인 기술을 제공받아야 한다.

아동이 이러한 기술을 습득하기 위해서는 기술이 신중하게 선택되고, 발달에 적합하게 사용되어야 하고, 환경과 교육과정과 매일의 일상생활에 잘 통합되어야 한다(NAEYC & Fred Rogers Center, 2012). 기술이 창의적 놀이, 또래 그리고 성인과의 상호작용, 손으로 다루는 재료들을 대체되어서는 안 된다. NAEYC와 Fred Rogers Center의 제안(2012)은 다음과 같다.

- 영아와 걸음마기아에게는 장난감 모형의 디지털 기계를 제공하여 그들의 놀이에 사용하도록 한다.
- 유아 전기아와 유아 후기아에게는 전통적인 마우스와 키보드 컴퓨터와 함께 터치스크린을 사용할 기회를 제공한다.

- 학령기 아동에게는 다양한 범위의 전자플랫폼을 탐색할 수 있는 기회를 준다.

가족 안에서의 전자 매체

Lori M. Takeuchi(2011)는 영유아의 가족은 어떻게 전자 매체를 그들의 일상생활에 편입시켜 가는가에 대한 기록영화를 통해 2개의 연구를 보고하였다. 3세에서 8세 자녀가 있는 800명의 부모를 조사하였다. 대부분의 부모는 자녀와 비디오 게임을 하지 않고, 성인게임만을 한다. 대부분의 부모는 자녀와 함께 텔레비전을 시청하고, 독서하고, 보드게임을 한다. 부모는 컴퓨터로 하는 게임과 비디오 게임이 가치가 있다고 느낀다. 영유아 자녀에게는 스마트폰 사용을 금지한다. 부모는 전자 매체가 신체 운동을 대체하는 것을 우려하고, 온라인의 안전성과 사생활에 대한 걱정을 한다. 대부분의 부모는 전자 매체 사용에 관한 규칙을 가지고 있다. Takeuchi는 이러한 새로운 플랫폼과 관련된 아동 발달의 측면에서, 새 플랫폼의 학습 가능성, 그리고 함께 시청하는 것의 가치와 그 빈도 측면에서 연구가 이루어져야 한다고 지적하였다.

컴퓨터

컴퓨터는 영유아의 교실에서 발견되는 전자 매체이다. Haugland(1999)는 창의성과 문제해결력을 강조하는 방식으로 발달에 적합하게 컴퓨터를 사용하는 것이 중요하다고 주장한다. Haugland는, 3세 미만의 아동은 컴퓨터를 사용하지 말아야 하며, 3~4세 아동과 유아후기아와 초등학교 아동은 각각 다르게 컴퓨터를 사용해야 한다고 경고한다. 컴퓨터는 학습센터에서 발달적으로 적합한 **소프트웨어**를 이용해 적당한 시간 동안 사용되어야 한다. Fischer와 Gillespie(2003)는 한 헤드스타트 교실에서 한 대의 데스크탑 컴퓨터와 다섯 대의 노트북 컴퓨터를 사용할 수 있다고 기술하였다. 유치원과 초등학교에서는 발달적으로 적합한 소프트웨어가 연계되어야 하고, 이에 더하여 교사는 창의성과 문제해결력에 초점을 맞춘 좀 더 직접적인 프로젝트와 활동을 제시할 수 있다.

교실에서 컴퓨터를 잘 활용하기 위해서는 좋은 소프트웨어를 준비해야 한다. Haugland와 Shade(1990)는 소프트웨어의 선정을 위한 기준을 다음과 같이 제시하였다.

1. 개념과 제시 방법이 영유아에게 적합해야 한다.
2. 속도와 활동의 방향이 아동이 감당할 수 있어야 한다.
3. 교수법이 명확해야 한다.
4. 활동의 복잡성이 증가해야 한다.
5. 아동이 독자적으로 프로그램 조작이 가능해야 한다.

소프트웨어(software) 컴퓨터에서 사용되기 위해 설치된 개별 프로그램들

6. 활동이 성과물 중심이 아닌 과정 중심이어서 탐색과 발견을 격려해야 한다.
7. 소프트웨어는 세상의 어떤 측면을 간단히 본떠야 한다. 그래픽이 실제적이고 실물과 비례하는 것이어야 한다.
8. 밝은 색, 깨끗한 그림, 애니메이션, 그리고 소리 등 기술의 질이 좋아야 한다.
9. 소프트웨어는 시행착오식 문제해결을 위한 무제한적 기회를 제공하여야 한다.
10. 아동이 실생활에서 변형할 수 없는 것들, 예를 들어 도시에서 시골로의 장면 변화 또는 맑은 날에서 흐린 날로의 날씨 변화와 같은 변형의 기회를 주어야 한다.
11. 소프트웨어는 '다양한 배경, 문화, 영유아의 경험'을 반영하고 편견을 갖지 않도록 중립을 유지해야 한다(Haugland, 1992, p. 44).

컴퓨터 관련 자료의 다양성과 활동은 급격히 변하고 있다. 품질이 상승되거나 새로운 소프트웨어들이 계속해서 시장에 출시되고 있다(Haugland, 1993, 1994; Shade, 1993, 1994; Haugland, Baily, & Ruiz, 2002a; Haugland & Ruiz, 2002b). Super Kids Educational Software Review, Children's Software Review, 그리고 Common Sense Media 등과 같은 온라인 사이트에서 이를 확인할 수 있다.

CD-ROM 기술은 좀 더 흥미롭고 다양한 쓰임새의 프로그램을 제공할 수 있다. 네트워크와 정보 서비스를 사용한 새로운 전망이 열렸다(Brett, 1994). 이러한 온라인 서비스를 통해 풍부한 정보를 활용할 수 있다.

컴퓨터는 교실의 한 센터에 비치하고 학생들이 필요할 때 사용한다면 유용한 도구가 될 수 있다(**사진 6-5**). 그러나 종종 컴퓨터는 실습실에 설치되고 정해진 시간에 가야 하고, 실습실에서의 활동도 교실의 활동과 통합되지 않고 있다. 미래의 학교에서는 모든 교실에 2~3대 정도의 컴퓨터와 몇 대의 터치테이블이 설치되어 모든 학생이 접근할 수 있는 동등한 기회가 제공되기를 희망한다.

© 2014Cengage Learning

사진 6-5 학교 교실 컴퓨터에서 게임을 즐기고 있는 유아 전기아들

상업적인 소프트웨어와 더불어 많은 활동을 제공하는 수많은 **웹사이트**는 **인터넷**상 전 세계적인 컴퓨터 연결망에서 찾을 수 있다. Haugland(2000)는 소프트웨어에 비해 인터넷은 연구가 덜 되고 있는데, 그 이유는 상

CD-ROM 매우 다양한 정보와 활동들을 저장하기 쉬운 포맷으로 담은 휴대용 디스크 소프트웨어
웹사이트(websites) 많은 활동의 기회를 제공하는 인터넷 사이트
인터넷(internet) 전 세계적인 컴퓨터 연결

대적으로 최근에 성장하였기 때문이라고 설명한다. 인터넷은 아동에게 "문제해결력, 사고력, 창의성, 언어 기술, 지식 연구 기술, 정보 통합 기술, 사회성 기술, 그리고 자아 존중감을 향상"(p. 13)시키는 다양한 기회를 제공한다. 웹사이트의 질은 탁월한 것에서 형편없는 것까지 다양하다. Haugland와 Gerzog(1998)는 웹사이트를 평가하는 척도를 개발하였다(Haugland, 2000에서 인용). Haugland(2000)는 아동의 웹사이트를 네 가지 유형, 즉 정보, 커뮤니케이션, 상호작용, 출판으로 설명하였다. 정보 웹사이트에서는 학생과 교사의 연구를 도와주는 참고가 되는 정보를 제공한다. 커뮤니케이션 웹사이트에서는 친구, 친지, 그리고 다른 도시, 다른 나라의 사람들과 의사소통할 수 있다. 상호작용 웹사이트에는 소프트웨어 게임과 활동들이 많이 있다. 출판 웹사이트에서는 아동의 작업들이 출판될 수 있다. 높은 질의 웹사이트만 사용하여 교실 내의 학습목표와 통합되도록 사용하는 것이 중요하다. Haugland(2000)는 차폐 장치를 사용해서 아동이 유해 웹사이트에 접근하지 않도록 하고 아동도 자신의 개인정보를 공유해서는 안 된다는 것을 알아야 한다. Haugland는 자신의 애완견 이름이나 인형의 이름이나 필명으로 사용할 것을 제안한다. 마지막으로 성인은 컴퓨터를 골라 줄 의무가 있다. 불행하게도 컴퓨터 기술이 빠르게 진보하고 있어서 컴퓨터는 상대적으로 짧은 시간에 고물이 되어 버린다. 그러므로 쉽게 업그레이드할 수 있는 것을 고르는 것이 중요하다. 영유아가 컴퓨터를 사용하는 것에는 의견의 차이가 있지만 일단 사용하게 되면 점진적인 훈련 과정을 통해서 좋은 출발을 할 수 있도록 해야 한다(Haugland, 2000).

컴퓨터는 점차 크기는 작아지고 가격은 싸지고 더욱 유용해지고 있다. 교사는 디지털 촬영과 프린터를 사용하여 포트폴리오 자료를 만든다. 교사는 교실 웹사이트를 구축하고 이메일과 스마트폰을 사용하여 부모와 의사소통한다. *Young Children*이란 간행물의 기술 논평에서 여러 유형의 기술 통합을 갖추고 있는 4세와 5세 아동의 교실을 설명하고 있다(Meaningful Technology, 2008). 성인은 최신의 기술 발달과 보조를 맞추는 것이 중요하다.

기술과 장애 아동

영유아를 위해 사용하는 기술의 가치에 대한 의견이 분분하지만, 장애 아동을 돕기 위한 기술의 적용은 강하게 지지받는다(Hasselbring and Glaser, 2000; Wilds, 2001). 영아와 걸음마기 아기조차도 건강한 발달의 촉진을 위한 도움 기술(AT) 활동으로부터 혜택을 받을 수 있다(Wilds, 2000). 이런 기술은 장애 유아가 상호작용하고 기능적 능력을 증진시킬 수 있도록 해준다(그리고 그들의 가족에게 정보를 제공해 줄 수 있는 웹사이트도 존재한다). 책을 넘기는 운동 기능이 없는 걸음마기 아기는 키를 누르거나 스크린을 터치해서 책장을 넘길 수 있는 소프트웨어를 사용할 수 있다. "특화된 컴퓨터 소프트웨어, 커다란 트랙볼, 터치 윈도, 대안적 맞춤형 키보드 등은 놀이 시간 중 의사소통과 상호작용에 장애가 있는 영아와 걸음마기 아기를 위한 도움 기술이다(Wilds, 2001, p. 39). 좀 더 나이 든 장애 아동도 도움 기술을 사용할 수 있다(Hasselbring & Glaser, 2000). 그들은 워드프로세싱, 의사소통, 연구, 대중 매체 프로젝트를 위해서 컴퓨터 기술을 사용할 수 있다. Nelson과 Fritschi(2004)는 학교에서 널리 사용할 수 있는 도움 기술에 대한 계획을 설명한다. 그들은 장애 판정을 받지 않은 학생도 도움 기술로부터 혜택을 받을 수 있다고 설명한다. 교사와 가족은 모든 연령의 아동을 위한 장비와 그 사용법을 익혀야 한다.

영유아 교육기술 장애 아동을 위한 기술은 매우 크게 발전하였다. 2세 이전의 아기에게는 기술 사용이 금지되지만, 장애를 가진 영아와 걸음마기 아기에게는 큰 혜택이 될 수 있다. 이 분야에 관심이 있다면 웹사이트 Family Center on Technology and Disability를 방문하라.

기술은 우리에게 학습과 의사소통의 새로운 길을 제시한다. 성인은 기술을 분별력 있고 책임감 있게 사용하는 법을 아동에게 가르쳐 줄 의무가 있다.

심화학습 영유아와 기술에서의 성인의 역할을 토론하고 있는 정기 간행물 또는 온라인에서 논문을 찾아보라. 정기 간행물은 *Young Children*, *Childhood Education*, *Early Childhood Edcation Journal*, 그리고 *Pre-K Today*를 추천한다. 온라인으로는 America Academy of Pediatrics의 웹사이트를 찾아보거나 검색하라(Early Childhood Technology로 검색). 부모를 위한 잡지들에서도 관련된 글을 찾아보라. 당신이 찾은 것을 학습에서 발표하라.

4 특수교육이 필요한 아동 돕기

특수교육이 필요한 아동의 학습을 돕는 역할을 이해하기 위해 성인은 그들과 관련된 법과 친숙해져야 한다. 다음은 중요한 법률을 알아보고자 한다.

1975년도에 제정된 전장애 아동법 **공법 94-142**(이 법은 장애인교육법[IDEA]인 **공법 101-476**으로 개정됨)은 5세에서 12세 장애 아동을 위한 기념비적인 법이다. 이 법은 모든 장애 아동에게 동등한 교육의 기회를 보장하기 위한 것이다. 이 법은 1978년 가을에 시행되었다. 불행하게도 이 연방법은 학령기 아동에 비해 3, 4, 5세 아동에게는 강력한 힘을 발휘하지 못하였다(Cohen, Semmes, & Guralnick, 1979). 1997년 장애인교육법(**IDEA 97**)

공법 94-142 모든 장애 아동의 교육을 위한 1975년 아동법령에서는 5세에서 12세의 특수교육이 필요한 모든 아동은 동등한 교육의 기회를 가진다고 명시하였다.

공법 101-476 공법 94-142의 조항, IDEA 97이 한층 개선되었다.

IDEA 97 장애인교육법이 수정되어 장애 아동의 교육의 기회가 크게 확대되었다.

현실에서의 아동 발달

자폐 스펙트럼 장애(ASD)

자폐 스펙트럼 장애(ASD)는 그 빈도가 증가함에 따라 점차 관심을 받게 되었다(Lord & Bishop, 2010). 미국심리학회(APA)에서는 다음의 기준에 해당할 때 자폐 스펙트럼이라고 진단한다.

1. 사회적 의사소통과 상호 교환적인 상호작용에서 지속적인 손상이 있다.
2. 반복적인 근육 동작과 일상의 과도한 집착과 같이 관심사, 흥미의 범위가 한정되어 있고 반복적이다.
3. 초기 아동기부터 증세가 시작된다.
4. 증세는 일상의 기능에 제한과 장애를 준다.

Lord와 Bishop은 자폐 스펙트럼에 대한 진단, 빈도, 개입, 사회정책에 대한 연구를 살펴보았다. 미국에서는 아동 110명당 1명꼴로 ADS인 것으로 추정된다. ADS는 신경 발달(117쪽의 '뇌 발달' 글상자 참조)과 유전적 요인 모두로부터 영향을 받는다. ADS에 대한 정의는 점차 변하고 있지만 중요한 증후는 아동기 초기에 시작되며 사회적 의사소통에 어려움이 있고 관심사와 흥미에 제한이 있고 반복적인 행동 패턴을 보인다는 것이다. 보통 치료 기간이 길고 비용이 많이 들 뿐만 아니라 치료에 대한 합의가 부족하다. 최근에는 행동적 접근의 일종인 응용행동분석(ABA)이 가장 인기 있는 치료법이다. 치료법 중 가장 큰 지지를 받고 있는 것은 Early Start Denver Model(ESDM)인데, 이것은 총체적 공동체 접근법이다. 치료 시간은 일주일에 40시간이며 성인과 아동이 일대일로 하게 된다(Allen & Cowdery, 2012). Allen과 Cowdery(2012)는 ASD 아동을 교육할 때 필요한 다음의 지침을 제시한다.

- 간단하고 직접적으로 메시지를 준다.
- 단어와 함께 사물 또는 행동을 제시한다.
- 아동이 무언가를 요구할 때 말(단어일 수도 있고 소리일 수도 있다)을 사용하도록 요구한다.
- 행동요법을 사용할 때에는 작은 장남감, 스티커, 좋아하는 음식물 등과 같은 구체적인 강화물을 사용한다.

ASD는 평생 지속되는 것이며 발달함에 따라 치료법도 바뀌어야 한다. ADS는 정책 입안자들이 좀 더 관심을 갖어야 할 분야이다.

출처: Allen, K. E., & Cowdery, G. E. (2012). *The exceptional child: Inclusion in early childhood education* (7th ed.). Belmont, CA: Wadsworth, Cengage Learning; Lord, C., & Bishop, S. L. (2010). Autism spectrum disorders: Diagnosis, prevalence, and services for children and families. *SRCD Social Policy Report*, *24*(2); American Psychological Association (APA) (2011, January 26). A 09 Autism Spectrum Disorder (proposed revision); http://www.dsm5.org.

이 수정되어서 장애 아동을 위한 교육의 기회가 크게 확대되었다. 교육 계획과 결정에서 부모의 역할이 강화되었다(McLean, 2002).

미 의회에서 **공법 99-457**을 통과시킬 때 약점이 보강되었고, 그것이 장애 아동 조기교육 프로그램이다. 공법 91-230이 수정되어 공법 99-457이 되었고, 그것은 1970년에 의결되었다. 즉, 두 개의 프로그램이 공법 99-457로 위임되었다. 1조, 3세에서 5세까지의 장애 아동에게 5년간 조기교육을 지원한다. 출생에서 3세까지의 아동에게는 특별수당이 지급된다. 2조, 3세에서 5세 아동에게 직접 실시되는 Preschool Grants Program은, 공법 94-142에

공법 99-457 장애 영아와 유아를 위한 조기교육 프로그램이며, 연방정부는 3세에서 5세의 장애 아동에게 5년간 조기교육 프로그램에 참여하도록 지원한다.

따르면, 서비스 수혜 대상인 장애 아동의 범위를 확대 실시한다. 즉, 1991년 가을 이후, 공법 94-142에 의거하여 3세에서 5세에 해당하는 장애 아동뿐만 아니라 모든 장애 아동에게 무상의 적절한 교육을 제공한다.

1992년에는 **장애인평등고용법**이 시행되었다. 이 법에서는 "장애인도 고용 및 유아원과 유아교육 프로그램과 같은 공공 서비스, 공공시설에 동등한 권리를 갖는다. 그러므로 유아원 프로그램은 장애 아동도 사용할 권리가 있다"(Chandler, 1994). 2004년 영아, 걸음마기 유아를 위한 서비스가 개선되어서 공법 108-44으로 개편되었다(Trohanis, 2008). 공법 108-446은 2004년 장애인교육법(IDEA)의 일부이다. 이 법령은 IDEA로 공인되었으며 장애 아동에 대한 서비스가 보강되었다. 그 결과로 연방정부는 보조금, 연구, 훈련, 교육기술, 실증, 복지활동, 기술적 지원도 보장하였다. 이 법령의 C편은 영아, 걸음마기아에 대한 프로그램에 초점을 맞추고 있다. Trohanis(2008)에 따르면, 장애 아동을 위한 서비스에 커다란 진전이 있었지만, 미래에는 신분 확인, 가족 참여 서비스, 지역사회 활동에 대한 아동의 참여 등에서 좀 더 개선이 되어야 한다.

심화학습 당신이 살고 있는 지역사회를 조사하라. 장애 아동을 위해 어떤 서비스가 있는지를 알아보라. 각 프로그램에 참여를 위한 자격 요건은 무엇인가? 서비스가 필요한 모든 아동이 서비스를 받고 있는가? 당신의 지역사회는 특수교육 서비스가 필요한 아동에게 잘하고 있는가? 만약 그렇지 않다면 어떻게 해야 하는가?

통합 교실에서의 교육

모든 교사와 마찬가지로 통합 교실에서 아이를 가르치는 성인은 영유아의 전형적인 성장과 발달을 심도 있게 알 필요가 있다. 또한 그들은 다양한 예외 또는 장애에 대해서도 특별한 지식을 갖추어야 한다.

통합 학급에서 교육을 도와주기 위해서는 새로운 교육과정과 교육기술을 배워야 한다. Allen과 Cowdery(2012)에 따르면 통합 교실에서는 발달적 접근과 행동주의적 접근이 혼합될 수 있다. 장애가 있는 영유아는 학습에서는 비장애인과 같은 원칙이 적용되지만 그들의 특정 장애 때문에 특성 방식에서 크게 의존하면서 학습을 해야 한다. 예를 들어서 청각 장애 아동은 감각운동과 **촉각**에 의존하게 된다. 그들의 과제는 **과제 분석**이라는 과정을 통해서 좀 더 작은 단계로 세분화하여 특정 학습목표에 도달하기 위해서 연속 접근이 사용된다. 예를 들어서, Melissa(3세)는 자폐증을 진단받았다. Melissa는 식별 가능한 말하기를 보

장애인평등고용법(Americans with Disabilities Act, ADA) 장애인도 "고용, 아동 보호와 조기 유아교육에 대한 평등한 권리가 있음"을 명시하고 있는 법령

촉각(haptic) 접촉을 통해 느껴지는 감각

과제 분석(task analysis) 학습 장애 아동을 위해서 학습과제를 좀 더 작은 단계로 세분화하는 과정

이지 않는다. 처음 목표는 발화를 긍정적이고 바람직한 결과와 연결시키는 것이다. Melissa는 교실에서 제공되는 간식을 좋아한다. Melissa는 간식을 받기 위해 소리를 내어야 한다. 교사와 다른 아동은 이 바람직한 행동의 모델이 된다. 교사는 Melissa가 소리를 내면 칭찬을 하면서 간식을 준다. 특수아동의 교사는 학부모의 욕구를 파악하고 그들과 잘 협조하는 탁월한 기술을 갖추어야 한다. 그 부분은 7장에서 논의한다.

영유아기의 특수아동을 위한 성공적인 교육 프로그램을 편성할 때 교사의 역할은 중요하다. 제한된 신간을 아동과 함께 보내는 전문가나 학부모는 교육의 목표 달성이 어렵지만 교사는 매일 여러 시간 동안 아동과 함께 지낸다. 교사는 학습 안에서 아동의 행동과 실증적 언어에 대한 정확한 기록을 할 수 있다. 이러한 기록은 다른 전문가들이 행하는 면밀한 테스트만큼 가치가 있다. 교사는 이러한 과중한 업무로 스트레스를 받을 수 있다. Judge, Floyd와 Jeffs(2008)는 다양한 장애 아동을 가르치는 데 필요한 보조기술 도구 모음을 제안하였다. DeVore와 Russell(2007)은 통합 교육의 실제를 제안하였다. Filler와 Xu(2006)는 기록을 위한 계획과 방법들을 단계별로 제공함으로써 통합 교실 안에서 적용 가능한 발달에 적합한 실제들을 보여 주었다. 통합 교실의 교사를 위한 많은 자원들이 있다.

초등학교 준비

유아원과 유치원 교사는 특수아동이 초등학교 입학을 준비하는 전환 시점에서 특히 중요한 역할을 한다. 통합 교육의 빠른 성장으로 유아원 프로그램에서의 사회, 인지, 근육 운동 기술뿐만 아니라 아동의 교실 참여 기술에까지 관심의 초점이 되었다. 유아 후기에 초등학교 1학년 교실에서 필요한 참여 기술이 발달된다(Carta, Atwater, & Schwartz, 1991). 여러 연구에서 유치원 교사의 성공에 대한 기대에 관한 자료를 수집하였다(Beckoff & Bender, 1989; Rule, Innocenti, Coor, Bonem, & Stowitschek, 1989). Carta, Atwater와 Schwartz(1991)는 특수교육이 필요한 두 집단의 개입 전략을 고안하였다. 한 집단은 특수교육을 실시하는 유치원에 출석을 하였고, 다른 한 집단은 보통의 유치원에 출석을 하였다. 개입 기술은 특수교육 프로그램에 참여하였던 아동이 일반 초등학교로 진학하기 위해서 필요한 세 가지 필수적인 요소에 초점을 두었다. 그 세 가지 기술은 다음과 같다.

1. 집단교육에 잘 참여한다.
2. 교사의 지시를 최소로 할 경우에 개별 과제를 완성한다.
3. 교실 안에서의 변동사항을 독립적으로 다룬다.

개입 시기 동안에 교사는 얼마만큼 잘 개입을 수행하며 학생에게 즉각적인 효과를 주고 있는가를 알아보기 위해서 교사와 학생이 관찰되었다. 첫해에는 위의 세 가지 기술에서 모두 긍정적인 변화를 보여 주었다. 이 개입의 효과는 정규 유치원에서 초등 1학년의 배치에도 영향을 주었다.

특수아동을 교육하기 위해서는 일반 아동을 교육할 때와 동일한 발달과 학습에 대한 지식이 필요하다. 게다가 특수아동의 욕구와 특수아동을 위한 교수법에 대한 지식이 필요하다. 이 장의 마지막 부분에는 성인의 행동과 아동의 학습과 관련된 다양한 요소에 대한 연구를 살펴본다.

5 양질의 환경과 양질의 교육 제공하기

성인은 영유아에게 양질의 학습경험을 제공하기 위한 복잡한 역할을 해야 한다. 성인의 역할에 관한 두 가지의 탁월하지만 상반된 이론적 견해가 있다. 또한 아동의 동기에 대한 고려, 이론의 실제적인 응용을 선택하기, 사고와 문제해결을 격려하기, 역량 개발, 놀이하기, 기술의 사용, 특수아동 돕기, 양질의 교육 환경의 측면에서 환경과 교육이 포함된다. 이 장에서는 질적인 측면을 종합하고, 교사와 부모, 아동 간의 상호작용의 중요성, 교사의 신념과 실제, 그리고 NAEYC의 관련 원칙들을 논의할 것이다. 다른 질적인 측면은 다음 장에서 살펴본다(사진 6-6).

전반적 질적 특성

Phillipsen, Burchinal, Howes와 Cryer(1997)는 아동 보육의 질이 관찰된 아동 보육 기관의 구조적 특성을 알아보기 위한 연구를 시행하였다. 아동 보육에 관한 내규가 좀 더 엄격한 비영리 기관의 유아 전기아의 교실이 영아/걸음마기아의 교실에 비해서 전체 과정에서 좀 더 높은 질의 상태였다. 영아/걸음마기아의 교실에서는 보통 정도의 경험과 좀 더 높은 보수의 교사가 있는 유아 전기아의 교실에서 과정의 질이 높았다. 유아 전기아의 교실에서는 중간 정도의 경험과 보수가 상대적으로 높은 교사와 경험이 좀 더 많은 디렉터가 있는 경

뇌 발달

자폐 아동의 뇌

스탠퍼드 의대는 자기 공명 영상법(MRI)의 영상에서 자폐 아동의 뇌는 일반 아동의 뇌와 구별된다고 발표하였다(Digitale, 2011). 자폐 아동의 뇌, 백질의 기관 조직에서 미세한 문제가 발견되었다. 가장 중증의 의사소통의 결함이 있는 아동들은 가장 큰 뇌 구조의 차이를 보여 주었다. 현재의 자폐증의 진단은 관찰과 신경심리와 교육적 검사 배터리를 기본으로 하는, 시간과 비용이 소비되는 것이다. 뇌영상 기술은 자폐아를 식별하는, 특히 걸음마기 연령에서 손쉬운 방법을 제공한다.

사진 6-6 이 교실에는 다양한 흥미 영역이 준비되어 있다.

우가 과정의 질이 높았다. 저자들은 아동 보육의 규정들이 증가되어야 하며 예산이 재조정되어 직원의 보수에 많은 투자가 필요하다는 결론을 내렸다. 유아 전기아들에게는 성인/아동 비율을 낮추어서 등록 원아를 줄이고 영아와 걸음마기아의 비율을 낮추고 아동들에게 보조금을 지급한다면 유아 전기아들에게 제공되는 프로그램의 질을 높일 수 있을 것이다. 일반적으로 영아와 걸음마기아들은 좀 낮은 질, 최소한의 돌봄을 받고 있다. 만약 교사들이 좀 더 많은 급여를 받게 된다면 모든 연령의 아동을 돌보는 직원들의 이직률이 낮아질 것이다. 게다가 영아와 걸음마기아의 등록은 통제될 것이고, 유아 전기아의 교사의 급여와 교사를 위한 교육적 욕구는 좀 더 엄격해질 것이다. Kontos와 Wilcox-Herzog(2001)는 교사의 질은 교사의 정규 교육의 정도와 관계 있다는 것을 발견하였다.

아동 학습에 있어서 교사-아동 그리고 부모-아동 상호작용의 중요성

Kontos와 Wilcox-Herzog(1997a)는 교사-아동의 상호작용과 학습의 관련에 관한 연구를 살펴보았다. 성인과의 상호작용의 발달에 중요하다. 그러나 연구에서는 아동 초기의 교실에서는 개별 아동에 대한 집중이 자주 일어나지 않는다고 보고하였다. 교사는 70%의 시간 동안 아동과 상호작용을 하지만 3분의 1 또는 그 이하의 아동이 개별적으로 주목을 받는다. 발달에 적합한 프로그램의 교사는 학생과 좀 더 따뜻하고 좀 더 촉진적인 상호작용을 하는 경향이 있다. 아동이 교사와 섬세하고 관련성이 있는 상호작용을 할 때 아동이 인지, 사회정서, 언어 영역에서 발달이 향상되는 경향이 있다. 긍정적인 상호작용이 강할수록 더욱 강한 애착 관계를 형성하는데, 이것은 사회성과 인지 역량이 더욱 커지는 것과 연관이 있다. 또한 따뜻하고 긍정적인 상호작용을 하는 교실의 아동이, 엄격하고 비난하고 냉정한 상호작용을 하는 교사의 교실의 아동보다 스트레스를 덜 나타낸다. 첫째, 학급의 인원이 너무 많으면 교사는 개별 아동에게 주목할 수 없다. NAEYC는 다음에 성인과 아동의 비율을 제시하였다.

아동의 나이	성인:아동
0~1세	1:3
1~2세	1:5
2~3세	1:6
3~5세	1:8
5~6세	1:10

둘째, 특별한 훈련은 민감한 교사-아동 상호작용과 강하게 관련이 있다. 대부분의 주에서는 아동 보육 교사에게 최소한의 교육적 표준을 요구한다. 셋째, 발달적으로 적합한 교실의 교사가 온정적이고, 민감하며, 언어적 촉진을 많이 하는 것으로 나타났다. 마지막으로 교사는 학생에게 균등한 관심을 보여 주어야 한다. Kontos는 "아동 초기를 위한 프로그램의 질은 대부분 프로그램에 참여하는 성인과 아동 간의 상호작용의 기능이다."라는 결론을 내린다(p. 11).

Pianta, Nimetz와 Bennett(1977)의 연구에서는 교사-아동 그리고 엄마-아동의 관계와 아동의 학교에서의 성공에 대한 통찰력을 제공한다. 이 연구의 참여자는 학교에서 높은 위험군으로 예상되는 엄마, 유아원 교사, 그리고 유치원아들이다. 엄마-아동 그리고 교사-아동 간의 상호작용의 질은 개념 발달의 측정 시에 아동의 수행을 예측하게 된다. 엄마와 아동의 관계의 질이 교사-아동의 관계의 질보다 성공의 예측을 더욱 잘하는 것으로 나타났다. 그러나 그 두 관계에는 유사점이 있다. 안정적인 엄마-아동 관계와 안정적인 교사-아동 관계 모두에게서는 아이를 계속해서 주시하고 아동이 탐색을 할 때 성인은 안전한 기지의 역할을 하고 아동들을 편안하게 하고 편안한 얼굴 표정과 감정을 보여 주는 것이다. 엄마와 안정적인 관계를 갖는 아동은 교사와도 안정적인 관계를 갖는다. 엄마와 아동을 지나치게 통제하거나 또는 통제가 부족한 경우에는 아동은 교사와 갈등을 겪거나 의존적이거나 불안정한 관계를 맺게 된다. 긍정적인 엄마-아동 관계는 교사와의 긍정적인 관계와 좀 더 높은 수준의 개념 발달을 예측한다.

교사의 신념과 업무

교사의 신념과 업무에 관한 많은 연구들이 있으며, 그중 대부분은 유치원 교사를 대상으로 한다. 그러므로 Stipek과 Byler(1997)는 유아원, 유치원, 초등 1학년을 대상으로 신념을 연구하였다. 이 연구에서는 아동 초기 교육의 목적, 학교 입학과 관련된 정책에 대한 그들의 위치, 시험과 보육, 현재의 업무와 변화 압력에 대한 만족도, 실제적인 업무에 대한 신념을 연구하였다. Stipek과 Byler는 유아원과 유치원 교사의 신념, 목적, 업무, 정책 위치는 어느 정도 아동 중심 대 교육 중심, 기초 기술 접근식 교육 간의 논쟁과 같은 맥락에 있다는 것을 발견하였다. 그러나 초등 1학년의 교사는 예측된 관련성을 거의 보이지 않는다. 자신의 신념을 실행할 수 없었던 교사는 현재의 교육정책이 기초 기술에 치중되어 있는 교육과정이 의무화되어 있다고 느낀다. 부모가 압력원으로 가장 자주 지목된다. 초등 1학년의 교사는 가장 절충적인 신념과 업무를 하고 있다. 그들은 아동 중심의 실제가 어떤 목적에서는 최상이지만 다른 목적에서는 연습과 훈련이 더 좋다고 생각한다. 아동 중심 접근의 많은 이점들이 기술되어 있다(Hart, Burts & Charlesworth, 1997 참조).

영유아의 학습에서는 놀이가 중요한 매개체임을 기억하라. Kemple(1996)은 유아 전기아와 유아 후기아의 교사의 극놀이에 대한 신념과 실제를 조사하였다. Kemple은 대부분의 유아원 교실에서는 놀이의 기회가 마련되어 있지만, 유치원 교실에서는 그 기회가 줄어들고 있다고 지적한다. 교사가 사회극 놀이에 필요한 재료들을 가지고 있어도 그들은 놀이가 인지와 학업에 도움을 준다고 보지 않는 경향이 있다. 교사는 아동 놀이의 이점을 알지 못한다. 많은 교사는 놀이와 놀이가 학습에 주는 이점을 교육받지 못하였다. 교사는 보통 아동의 사회극 놀이를 격려하는 방법을 이용하지 못한다. 교사는 놀이의 사회성과 정서적인 이점만을 언급하며 학습에 대한 이점을 언급하지 않는다. 교사가 놀이 시간을 많이 갖지 않는 이유는 텔레비전에 의해 영향을 받는 공격적인 놀이를 너무 많이 한다는 한 가지 이유 때문이다. 그들은 다른 놀이를 선택할 수 있다는 고려점을 모르는 것 같다.

심리적 소진 피하기

아동에게 학습을 제공하는 것은 과로로 인한 심리적 소진 또는 기진맥진 그리고 우울감을 초래할 수 있다. Paula Jorde Bloom은 자신의 논문 “헌신은 죽을 만큼 한다는 의미가 아니다”(2005)에서 경영자들에게 경고를 하였는데, 이것은 교사가 심리적 소진을 피할 수 있는 탁월한 조언이었다. Bloom은 다음과 같은 질문을 하였다(p. 74).

- 당신이 자리를 비우는 사이에 업무가 밀리는 것이 싫어서 휴일을 갖거나 휴가를 떠나는 것을 두려워하십니까?
- 당신은 여러 사람 분의 일을 하고 당신 업무 이외의 일도 합니까?
- 당신은 탈진할 지경으로 일을 하며, 업무 이외의 일에는 흥미를 추구할 시간이 없습니까?

위의 질문에 긍정적인 대답을 하는 교사는 심리적 소진의 첫 번째 후보자들이다. Bloom은 건강하고 행복해지기 위해 다음의 제안을 하였다(p. 74-76).

- 스트레스에 대한 자신의 반응을 알아야 한다. 자신의 개인적 스트레스의 지표를 알아야 하는데, 그것이 신체적(예: 통증과 고통)일 수도 있고, 심리적(예: 걱정)일 수도 있고, 행동적(예: 소리지르기, 먹기, 마시기)일 수도 있다. 당신에게 활력을 주는 것과 지치게 하는 것을 알아야 한다.
- 균형을 잡도록 노력을 하라. 주고받는 것, 말하고 듣는 것, 계획과 즉흥적인 것, 혼자와 같이, 지금과 나중, 다양함과 단조로움, 신중함과 즐거움 사이의 균형을 찾아보라. 매일 퇴근할 때 정신적으로 일에서 떠나라. 흥미를 다양하게 하라.
- "단순함이 힘이다."라는 새로운 진리를 받아들여라. 중요한 것에 집중하고 중요하지 않은 것은 잊어라. 당신의 인생을 간소하게 하라.
- 당신이 모든 사람을 항상 즐겁게 할 수 없다는 사실을 받아들이라. 당신의 핵심적 가치를 알고 그것에 대한 제안과 비난을 비교하라.
- 스스로를 긍정적으로 위로하는 시간을 만들라. 당신의 신체와 정신을 새롭게 하는 시간을 갖도록 하라. 당신을 특별하게 느끼도록 하는 무언가를 하라.
- 자신을 지지하는 방법을 배우라. "아니요"라고 말하며 민감한 자기 주장을 하는 법을 배우라. 높고 실제적인 표준을 세우라.

일부러 게임을 할 계획을 세우고 그것에 따르라. 사건이 나를 지배하게 하지 말고 내가 사건을 지배하라.

발달과 학습에 대한 NAEYC의 원칙

발달에 적합한 실제의 세 번째 개정에서 NAEYC는 다음과 같은 지침을 제시하면서(Copple & Bredekamp, 2009), 질(quality)은 아동 발달과 학습의 12가지 원칙과 관련이 있다고 언급하였다.

1. 발달과 학습의 모든 면—신체, 사회, 정서, 인지—이 중요하며, 서로 밀접하게 연결되어 있다. 아동의 발달과 학습은 다른 영역의 발달에 의해 영향을 받는다(p. 11).
2. 아동 학습과 발달의 많은 측면은 이미 획득된 능력, 기술, 지식을 바탕으로 새로운 능력, 기술, 지식을 쌓는다(p. 11).
3. 발달과 학습은 다양한 개인차를 보일 뿐만 아니라 아동의 개별 기능 영역에 따른 불규칙한 속도를 보인다(p. 11).
4. 발달과 학습은 성숙과 경험의 역동적이고 끊임없는 상호작용의 결과이다(p. 12).
5. 초기 경험은 아동 발달에 중대한 영향을 주며, 어떤 형태의 발달과 학습은 최적의 시기가 존재한다(p. 12).

6. 발달은 더 큰 복잡성, 자기 규제, 그리고 상징 재현 능력을 이룩하는 방향으로 이루어진다(p. 12).
7. 아동은 안정적이고 반응적인 성인과 지속적으로 관계를 맺고, 또래와 긍정적인 관계의 기회를 가질 때 최고로 발달한다(p. 12).
8. 발달과 학습은 복합적인 사회와 문화 맥락 안에서 발생한다(p. 13).
9. 아동은 주변의 세계를 능동적으로 이해하려 할 때 다양한 방식으로 학습한다. 다양한 교수 전략과 상호작용은 이러한 모든 종류의 학습에 효율적이다(p. 14).
10. 놀이는 자기 규제뿐만 아니라 언어적 · 인지적 · 사회적 역량을 촉진하는 중요한 매개체이다.
11. 아동은 지금의 숙달을 넘어선 도전을 하고 성취할 때 그리고 새로 획득한 기술을 연습할 많은 기회가 주어질 때 발달과 학습이 진전된다(p. 14).
12. 아동의 경험은 그들의 동기와 인내, 주도성, 융통성과 같은 학습으로의 접근을 형성하고, 다시 이러한 성향과 행동들은 그들의 학습과 발달에 영향을 준다(p. 15).

생각해 보기

이 장을 되돌아보고 아동의 학습에 관련된 성인의 역할과 당신이 어떻게 관련이 있는지를 생각해 보라. 당신은 영유아 학습자에 대한 당신의 역할을 어떻게 인식하고 있는가?

이 원칙은 아동 발달에서 지식 획득의 중요성과 그것의 학습과의 연관성을 설명한다.

요약

1 Piaget, Vygotsky, Skinner의 정의에 따라서 학습에서의 성인의 역할을 살펴보고, 학습에 대한 구성주의적 견해와 행동주의적 견해의 특성을 구분하기

주요 이론들 간의 차이는 성인의 역할을 지시자로 보느냐, 아니면 안내자로 보느냐에 있다. Piaget 학파와 Vygotsky 학파 또는 구성주의와 행동주의는 각각 교육에 가장 광범위하게 응용되어 왔다. 구성주의자는, 성인은 환경을 준비하고 아동이 적극적으로 자신의 지식을 구성하는 것을 돕는 안내자로 본다. 돕는 것을 비계라고 하며 아동이 그들의 ZDP를 통해 향상되는 것을 돕는다. 행동주의자는 성인은 아동의 행동을 직접 형성하며 성인이 중요하다고 믿는 구체적인 지식을 아동에게 주는 지시자라고 본다.

행동주의자는 외적 보상으로 행동을 형성하게 되는데, 점차 내적 보상으로 학습을 하게 된다고 여긴다. 구성주의자는 아동은 선천적인 학습자이며 지식의 획득은 본능적으로 보상된다고 본다. 연구에서는 아동이 좋아서 하고 있는 일에 보상을 하면 그 행동이 줄어든다고 지적한다. 일반적인 칭찬보다는 구체적인 격려가 효과적이고 아동의 본래의 동기를 유지하는 데 도움이 된다.

2 아동이 생각하고 학습하는 것을 돕는 교사의 행동과 조언을 구하고, 아동에게 놀이 재료, 도구, 공간을 제공하는 교사의 역할 알아보기

아동에게 융통성이 있는 활동을 제공하고 개방형의 질문을 하고 필요한 비계를 제공하고 집단토론과 모든 교육과정의 영역 안에서 협동적인 문제해결을 격려하는 것이 아동이 자신의 학습적 잠재력을 펼치고 역량을 획득하는 것을 지원하는 데 필수적이다.

성인의 의무는 놀이를 적절하게 지원하고 기술에 접근하도록 돕고 특수아동의 학습을 돕고 높은 질의 학습환경을 제공하는 것이다. 주제가 있는 자료와 주제가 없는 자료 모두 필요하다. 실내와 실외 모두에서 적절한 공간을 제공해야 한다.

3 영유아가 기술을 통해 최고의 가치를 얻을 수 있도록 돕는 성인의 의무 설명하기

성인은 매개체의 내용을 중시하고 아동이 그들의 발달 수준에 적합하고 긍정적인 내용만을 접하도록 해야 한다. 부모와 그 밖의 성인은 좀 더 좋은 내용에 대한 로비를 하고 적절한 내용에 연구하여서 자녀가 사용하는 매개체의 내용을 규제할 수 있다. 오늘날 사용하는 많은 매개체는 성인에게 도전을 제공한다.

4 통합 교실에서 가르치는 성인의 역할을 설명하기

교사는 장애 아동의 교육과 관련된 법과 친숙해져야 한다. 교사는 정상 발달에 대한 깊은 지식뿐만 아니라 장애에 대한 특별한 지식을 알 필요가 있다. 교사는 객관적이고 실제적이어야만 한다. 그들은 교실에서의 행동을 정확하고 객관적인 언어로 기록할 수 있어야 한다. 그들의 가족은 다른 전문가에 의한 신중한 선별검사와 같은 영향력을 가져야 한다. 이러한 막중한 요구는 교사에게 매우 스트레스가 될 수 있다.

5 양질의 환경과 양질의 교육을 만들기 위한 지침 목록 만들기

아동 돌봄에 대한 엄격한 규정은 양질의 환경과 교육을 만든다. 어떤 학급에서든 모든 아동에 대한 개별 관심은 중요하다. 교사는 온화하고, 자극을 주며, 학생과 상호작용해야 한다.

긍정적인 교사-아동 상호작용은 인지, 사회정서, 언어의 발달을 향상시킨다. 교육과정에 놀이가 포함되어야 한다. 유아원과 유치원 교사는 상위 학년의 교사보다 이러한 요구에 부응한다. NAEYC 원칙들이 계획과 교육의 지침이 된다.

제 07 장

학습에서의 성인의 역할: 가족과 사회문화적 요인

이 장과 관련된 표준

naeyc

NAEYC 프로그램 기준

2a: 가족과 지역사회의 특성을 알고 이해하기

2b: 존중과 호혜적 관계를 통해 가족과 지역사회를 지원하기

2c: 가족과 지역사회가 아동의 양육과 학습에 동참하기

DAP

발달에 적합한 실제(DAP) 지침

5: 가족과 호혜적인 관계 형성하기

1: 학습자를 보살피는 공동체 만들기

1E 4: 가정에서 사용하는 언어를 주시하고 존중하기

학습목표

1 아동의 학습을 위한 계획을 세우는 데에 가족이 하는 역할을 설명한다.

2 발달에 영향을 미치는 사회문화적 요인을 알고 설명한다.

3 아동학대, 노숙, 이민의 생활방식이 아동 발달에 미치는 영향을 설명한다.

가족, 지역사회, 문화는 아동과 아동 발달에 심오한 영향을 끼친다. Bronfenbrenner의 모델(3장)은 가족, 지역사회, 문화 등 다양한 영역은 줄곧 상호작용을 하면서 아동에게 영향을 주고 있음을 보여 준다. 이 장에서는 아동 발달에 영향을 주는 다양한 요인을 살펴본다. 그 요인에는 아동의 학습에 대한 성인의 역할, 아동의 학습에 대한 성인의 의무, 사회문화적 요인이 포함된다.

1 아동 학습에서의 가족의 역할

영유아의 가족은 아동의 학습에 결정적인 역할을 한다. 이 절에서는 가족 역할의 몇 가지, 즉 부모-아동 상호작용, 부모가 아닌 사람의 양육, 부모의 교육과 학교의 관여, 가정 안의 기술을 살펴본다. Bradley, Corwyn, Burchinal, McAdoo와 Coll(2001)은 가정의 다양한 요인이 출생에서 13세까지 아동의 복지에 어떤 영향을 끼치는가를 살펴보았다. 이 연구에서 운동, 사회성, 어휘 발달과 관련된 결과, 즉 성취와 문제 행동을 살펴보았다. 이 연구에 참여한 아동은 유럽계 미국인, 아프리카계 미국인, 라틴계 미국인 가족으로, 빈곤층과 빈곤층이 아닌 경우를 포함한다. 이 연구에서는 세 가지의 환경적 측면, 즉 학습을 자극하는 자료와 경험, 부모의 민감성과 체벌에 초점을 맞추었다. 학습의 자극은 세 민족 모두 처음 3세까지의 운동, 사회성과 언어 역량, 유치원에서의 성취와 긍정적인 관계가 있다. 부모의 직접적인 가르침과 민감성은 모두 발달에 긍정적인 영향을 끼쳤다. 유아 전기의 체벌의 부적 영향은 사춘기에 이르기까지 더욱 커졌다. 체벌의 부적인 영향은 체벌을 당할수록 행동 문제가 더욱 늘어난다는 것이다. 전반적인 가정의 물리적인 환경이 좋을수록 아동의 역량이 더욱 커지고 문제 행동의 수준은 낮아졌다. 가족과 부모를 고려할 때, 미국 가족의 특성의 변화를 고려하는 것이 중요하다(de Melendez & Berk, 2010). 전통적인 가족의 개념은 가족의 다양성에 대한 인식이 확장되면서 바뀌었다.

de Melendez와 Berk는 가족을 전통적 가족과 비전통적 가족으로 구분하였다. 전통적 가족은 부모가 있고 **아버지**가 가장이며, 조부모, 고모, 삼촌, 조카들과 같은 방계친족이 있는 대가족을 의미한다. 비전통적인 가족은 재혼 가족, 조부모 가족, 혼합 가족, 새로 조직된 가족, 한부모 가족, 미혼 가족, 동성애 가족, 소년소녀 가족, 입양 가족 등이 있다. 가족은 개인과 사회의 생존을 위한 기본적인 사회와 인간의 단위이다. 가족은 경제적 지원, 휴식, 사회화, 자아 정체감, 애정, 그리고 교육을 제공한다. 각 문화 집단은 교육과 자녀 양육에 관한 가족의 의무에 대한 기대가 있다. 그러한 기대는 이 절의 다음 부분에서 살펴보고 학습에 대한 가족의 역할을 좀 더 일반적인 방식으로 살펴보고자 한다.

연구에서는 유치원 교육과정에서 부모와 자녀가 과제를 긍정적이고 협조적인 상호작

아버지(father) 아동의 생에서 주요한 남성 인물이다. 법적으로 아버지일 수도 있고 아닐 수도 있다.

사진 7-1 성인은 아동이 독립적이고 책임감 있게 자라도록 돕는다.

용으로 완성할 때 초등학교에서 좀 더 높은 학업성취를 예측한다고 밝혔다(사진 7-1)(Bradley, Corwyn, Burchinal, McAdoo, & Coll, 2001). 부모와 자녀가 책을 나누어 읽는 활동이 관찰되었다.

Okagaki와 Sternberg(1993)는 다른 문화 출신의 부모는 자녀의 학업수행에 관하여 다른 신념을 갖고 있음을 발견하였다. 캄보디아, 멕시코, 필리핀, 베트남, 그리고 본토 출생의 유럽계 미국인, 멕시코계 미국인 부모는 자신의 자녀 양육에 대한 의문점을 갖고 초등 1학년과 2학년 때 무엇을 가르쳐야 하는지, 똑똑한 아이는 어떤 아이인지에 대해 의문을 갖는다. 이민자 부모는 자율성보다는 순응하는 것을 좋아하지만, 미국 태생의 부모는 자율성을 선호한다. 유럽계 미국인 부모는 지성보다는 문제해결 기술, 언어 능력, 창의력 등과 같은 인지적 특성을 선호한다. 다른 집단은 동기, 사회성 기술, 실제 학교에서 응용되는 기술과 같은 비인지적 특성을 선호한다. Okagaki와 Sternberg(1993)는 이민자 부모는 순응을 강조하는데, 그것이 학교에서의 수행과 부적 상관을 보일지라도 새로운 문화에서 사는 법을 배워야만 하는 아동에게는 실제적인 접근이 될 수 있다(사진 7-2).

Takanishi(2004)는 미국 이민자 자녀의 교육적 욕구의 상태를 조사하였다. Takanishi는 출생에서 8세까지 미래의 기초를 만들어야 하는 시기에 초점을 맞추었다. Takanishi는 이민자 가족의 아동의 복지를 위해서 필요한 세 가지 영역—가족 경제의 안정, 건강관리의 접근, 건전한 조기교육의 접근—의 불리한 점을 발견하였다. 이민자 가족의 아동은 유아원 과정과 방과 후 프로그램으로 혜택을 받을 수 있지만 잘 참여하지 않는다. 멕시코계 미국인 아동과 기관 중심의 아동 보육 영역에서 특히 그러하다. 인종/민족 그리고 이민자 아동에 따른 참여율 저조의 이유는 밝혀지지 않고 있다. 그 이유는 부모와 문화적 선호의 차이 또는 경제적 여유와 접근성과 관련이 있을 수 있다. 질문을 살펴볼 필요가 있다. Takanishi는 높은 질의 조기 유아교육 프로그램을 모든 아동이 이용할 수 있어야 한다고 언급하였

사진 7-2 부모와 교사는 정규적으로 의사소통을 한다.

다. Kasinitz, Mollenkoph, Waters와 Holdaway(Adler, 2008 참조)에 의해 최근에 출간된 뉴욕시티의 **이민자** 연구에서 이민 2세대(러시아인, 도미니카인, 남미인, 중국인, 서인도 제도 사람들)는 매우 잘하고 있는 것으로 나타났다. 그들의 부모는 자녀가 성취할 수 있도록 뒷받침해 주고 자녀는 부모의 기대에 부응하는 것이다.

대부분의 연구는 학습에서의 어머니의 역할에 초점을 맞춘다. 아버지의 역할은 어떠한가? 앞에서 이미 언급하였듯이 가족을 구성하는 집단의 형태가 크게 변화하고 있다. 가족이 점차 다양화되듯이 아버지의 역할과 정의도 그러하다. 아버지의 정의도 점차 넓어지고 있는데, 아동과 한집에 사는 생물학적 아버지와 같이 살지 않는 생물학적 아버지도 있고, 어머니와 결혼한 계부도 있고, 결혼하지 않은 계부도 있다(Tamis-LeMonda & Cabrera, 1999). 아버지는 생물학적 아버지, 사회적 아버지, 법적 아버지, 비법적 아버지일 수 있다(Tamis-LeMonda & Cabrera, 1999). 좀 더 중요한 것은 아동의 생활에서 드러나는 남성의 역할이다.

Tamis-LeMonda와 Cabrera는 아버지의 역할이 전통적인 역할인 집안의 경제 책임자를 넘어서서 아동 양육과 관련된 역할로 옮겨 가고 있다고 말한다. 아버지의 관여는 세 가지 중요한 요소가 있다. **직접 관여**는 놀이, 양육, 여가 활동을 통한 직접적인 접촉이다. **접근 가능성**은 아동에게 아버지가 유용한 정도를 의미한다. **반응성**은 정서적 · 사회적 · 경제적 욕구를 충족시켜 주는 것이다. 이러한 역할이 아동의 구체적 성과에 어떻게 영향을 주는가에 대한 연구가 좀 더 필요하다. 그러나 아버지의 정서적 투자, 애착, 자원의 준비 등과 영유아의 복지의 정도는 연관이 있다. 생후 1년 동안의 아버지의 양육은 발달에 상관이 있다. 초등학교 1학년 때의 아버지의 양육은 학교에서의 성공과 관련이 있다. 학부모 회의 참석, 교사-학부모 모임 참여, 학교에서의 자원봉사는 학업성취와 학교에서의 즐거움과 관련이 있다. 재정적 지원과 배우자와 좋은 관계를 갖고 있는 아버지는 아동 발달에 정적인 효과를 지닌다. 전체적으로 아동 발달에 미치는 영향만큼이나 아버지의 영향에도 관심을 가질 필요가 있다. 아버지가 관여할 때 자녀는 좀 더 잘할 수 있다.

과거에는 수입이 적은 지역사회의 아버지가 자녀의 발달에 어떤 영향을 주는가에 대해 알려진 것이 거의 없었다. Daria Zvetina(2000)의 연구에 따르면, 수입이 적은 아프리카계 미국인 아버지는 적은 비율만이 자녀와 같이 살고 있으며, 반 이상이 약간의 재정적인 도움을 주고 최소한 한 달에 한 번 자녀를 방문하는 것으로 나타났다. 수입이 적은 라틴 아메리카계 미국인 아버지는 아프리카계 미국인 아버지보다 자녀를 덜 자주 방문한다. 시카

이민자(immigrants) 한 나라에서 다른 나라로 거주지를 옮겨서 정착하여 사는 개인

직접 관여(direct engagement) 놀이, 돌보기, 여가 활동을 통해 직접 접촉하기

접근 가능성(accessibility) 아동과 함께 활동을 할 수 있는 정도

반응성(responsibility) 정서적 · 사회적 · 경제적 욕구를 충족시켜 줄 수 있는 정도

고의 극빈 지역에 거주하는 아프리카계 미국인 가족의 연구에서, 걸음마기아의 아버지의 95%가 아기와 "애착"되었다거나 "강하게 애착"되었다고 어머니가 보고하였다. 59%의 어머니들이 걸음마기아의 아버지들이 양육에 많이 관여하고 있다고 보고하였다. 어머니는 아버지가 걸음마기아를 해로운 것에서 보호하고 올바른 것을 가르치고 훈육한다고 하였다. 3분의 2의 어머니는 그들의 아기와 최고로 잘 놀아 준다고 하였다. 이 연구는 저소득 지역의 아버지는 영유아를 포기한다는 고정관념을 깨는 연구 결과였다.

Saracho와 Spodek(2007)은 멕시코계 미국인 아버지에 대한 연구를 고찰하였다. 전통적으로 멕시코계 미국인 아버지는 가정에서 군림하는 남성 우월주의자이며 거친 남성으로서 정형화되어 있다. 실제로는 현 시대의 멕시코계 미국인 아버지는 따뜻하며, 자녀를 잘 돌보고, 권위적이지 않았다. 어머니와 아버지 모두 자녀를 비슷하게 대하였다.

가정 외에서의 양육

가족이 아닌 가정 외에서의 양육에 관한 것은 6장에서 다루었다. 가정 외에서의 양육은 영유아의 학습에 영향을 주었다. Alison Clarke-Stewart(1984)가 이 분야에서 광범위한 연구를 하였다. Clarke-Stewart는 가정 안에서 부모가 하루 종일 아기를 양육하는 것과 아동 보육 기관에서 하루 종일 보육하는 등의 양육 계획을 일련의 연속으로 나타내었다. 게다가 아기가 유아원에서 시간제로 양육되고 동시에 양육자의 집이나 자신의 집에서 시간제로 양육되는 아이도 포함시켰다. 어머니 양육 계획은 다음과 같이 정리된다.

1. 가정에서 부모가 양육
2. 가정에서 부모와 형제자매가 양육
3. 가정에서 보모가 양육
4. 가정 보육 시설
5. 시간제의 유아원
6. 전일제의 아동 보육 기관
7. 유아원과 보모

이러한 범주로 아동이 관찰되었고, 어머니와 아버지와 양육자를 면담하였다. Clarke-Stewart는 낯선 이, 부모, 친숙하지 않은 또래와의 상호작용 시에 아동 보육 기관의 아동이 좀 더 유능하다고 기술하였다. 또한 아동 보육 기관의 아동이 지적 능력과 사회적 지식에서 좀 더 발달되어 있었고, 부모로부터 좀 더 독립적이었다. 이 결과는 높은 질의 가정 외의 양육이 아동 발달에 이점이 될 수 있음을 지적한다.

또 다른 연구(Votruba-Drzal, Coley, & Chase-Lansdale, 2004)에서는 아동 보육 기관의 질과 저소득 가정 아동의 사회정서 발달 관계에서 긍정적 관련이 있음을 지적하였다. 이전의 연구에서는 양육 기관에 등록된 아동만을 연구하였던 것과는 달리 이 연구에서는 정규 과정과 비정규 과정, 비영리 양육 기관과 영리 양육 기관, 그리고 헤드스타트를 포함한 아동 보육 기관을 연구 대상으로 하였다. 이 연구에서는 질이 낮은 양육은 낮은 사회경제 상태의 아동의 사회정서 발달에 유해하였는데, 특히 남아에게 그러하였다. 반면에 Burchinal, Lee와 Ramey(1989)는 낮은 사회경제 계층의 아프리카계 미국인 아동이 영아기부터 높은 질의 아동 양육 프로그램에 등록하였을 때 유사한 조건의 아동이 낮은 질의 지역 아동 양육 프로그램에 등록하였을 때보다(이들이 전혀 양육 경험이 없는 아이들보다 조금 낫지만) 인지 발달에 유의하게 앞섰다고 지적하였다. Caughy, DiPietro와 Strobino(1994)는 빈곤층의 아동이 영아기부터 아동 보육 기관에서 양육을 받으면 인지 발달에서 같은 긍정적인 결과가 있음을 확인하였다. Phillips, Voran, Kisker, Howes와 Whitebook(1994)은 상류층 아동이 최상급 양육을 받고, 중산층 아동은 가장 낮은 양육을 받고, 하류층 아동이 좀 더 다양한 변수가 있다고 언급하였다. 연방정부는 대부분의 낮은 사회경제층을 위한 프로그램을 평가하고 좀 더 나은 프로그램을 제공해야 하는 의무가 있다. 초기 아동기 동안의 양질의 아동 양육은 영유아의 발달을 촉진할 수 있다는 신념을 지지한다.

부모/양육자의 교육과 관여

연구에 따르면 어떤 유형의 부모-자녀 상호작용은 아동의 학습 향상에 효과적이지만 어떤 상호작용은 방해가 될 수 있다. 그러므로 유아교육자들은 부모와 다른 양육자가 영유아인 자녀에게 좋은 교사가 될 수 있도록 도와주는 방법들을 모색해 왔다. 많은 학자가 부모와 양육자의 교육과 관여에 큰 관심을 가져왔다. 헤드스타트 프로그램(Celebrating Head Start's 25th anniversary, 1990)에서는 교육과 관여의 요소가 효과적으로 포함되어 있다. 헤드스타트는 부모의 교육과 관여를 아동의 교육만큼 중요하게 여긴다. 유아원 교육자들은 부모의 교육과 관여의 중요성을 이미 오래전에 인식하고 있었지만, 초등학교와 중등학교 교사는 최근에 알게 되었다(Epstein, 1991).

Christie(2005)는 아이들이 무엇을 어떻게 배울 것인가를 결정하는 데에서 부모-교사의 협력의 중요성을 지적하였다. Christie는 이 사실이 학교 교직원과 출신배경이 다른 저소득층 부모와 자녀에게는 특히 중요하다고 언급하였다. Christie는 경제 수준이 낮은 도시 공립학교에서의 부모의 관여를 연구하였는데, 이 학교에서는 부모-교사 간의 협력이 거의 없었다. 학교 교직원은 부모 관여의 의사 일정을 만들어서 어떤 형태로 할 것이고 어디서 개최하고 어떤 내용으로 할 것인지를 정해 놓았다. Souto-Manning(2010)은 학교 교직원은 스스로를 전문가로 생각하고 학부모의 의견과 의무감, 일정을 존중하고 부모에게 다양한 관여의 기회로 제공하여 선택할 수 있게 해야 한다고 제안하였다. 점차 유아교육학자는 부모와 양육자의 시간, 흥미 재능에 맞춘 많은 관여 전략을 개발하는 것의 중요성을 알게 되었다. Joyce Epstein은 부모 관여에 관한 인기 모델을 만들었다(1997). 그 모델에는 부모 관여의 여섯 가지 형태—부모 역할, 의사소통하기, 지원하기, 가정에서의 학습, 의사결정하기, 지역사회와 협력하기—를 포함한다.

- **부모 역할**: 모든 가족이 자녀의 학습을 지원하고 긍정적인 부모 역할을 함으로써 아동에게 건강하고 안전한 가정 환경을 제공하는 것을 목적으로 한다. 학교와 지역사회 기관에서는 부모 교육, 부모 지지 집단, 학교 안의 부모를 위한 공간, 사회 서비스 안에서 그리고 부모자원 도서관 등을 통해서 지원할 수 있다.
- **의사소통하기**: 이 전략의 목적은 부모와 연계되도록 효과적인 의사소통 형태를 고안하는 것이다. 의사소통의 형태에는 부모용 안내서, 뉴스레터, 오디오테이프, 활동 계획서, 연구와 질문지, 오리엔테이션 미팅, 가정방문, 편지, 메모, 전화 걸기 등이 있다. 학교에서는 학부모가 이해할 수 있는 의사소통이 되도록 고려해야 한다.
- **자발적으로 하기**: 부모의 지원을 모아서 조직화하는 것이다. 자발적으로 하는 것은 학교 안에서도 가능하지만 학교 외부에서도 역시 가능하다. 그 활동의 예는 다른 학부모에게 필요시에 전화하기, 자원봉사자 조정하기, 자금 조성, 게임 및 다른 자료를 구성하기, 교내 도서실이나 사무실에서 자원봉사하기, 운동장 감독하기, 운동장 설비를 설치하고 유지하기, 재능, 기술, 취미와 자원을 나누기이다(사진 7-3).
- **가정학습**: 이 전략의 목적은 부모에게 가정 안에서 자녀를 지도하는 데 필요한 자료와 아이디어를 제공하는 것이다. 부모를 도와 그들의 지식을 응용해서 자녀의 학습에 도움이 되는 자료와 활동들을 선별할 수 있도록 한다. 이 전략은 부모 면담, 집에서 활용할 수 있는 책과 활동 모음, 워크숍과 세미나 그리고 부모 교육용 책을 대출해 주기 등과 같은 활동을 통하여 개발된다.
- **의사결정**: 이 전략의 목적은 학교 의사결정 과정에 부모에게 의미 있는 역할을 하도록 하는 것이다. 학교는 훈련과 정보를 제공하여 학부모가 이 기회를 최상으로 만들도록 할 수 있다.

사진 7-3 질 높은 시설 양육은 아동에게 매우 좋을 수 있다.

- 지역사회와 협력하기: 학교는 가족이 건강관리, 문화 행사, 과외 서비스, 방과 후 아동 양육 등과 같은 서비스를 받을 수 있도록 도울 수 있다. 학교는 재활용 프로그램 지원, 식료품 지원과 같은 서비스를 장려할 수 있다.

Christie(2005)는 부모의 영향력의 수준에 따라 부모 참여를 다음과 같이 구분하였다.

1. 자녀의 학교에서 자원봉사하기
2. 학교 회의와 활동에 성실하게 참여하기
3. 위원회에서 봉사하거나 개인교사로 봉사하기
4. 자녀가 자신의 숙제를 하고, 조용한 장소에서 필요한 재료를 가지고 공부하고, 매일 정시에 학교에 출석할 수 있도록 하기
5. 가장 중요한 것으로서 자녀의 노력과 행동에 대한 높은 기대감을 갖기

요약하면, Christie는 모든 아동이 학업적 잠재 능력에 이르러야 한다는 점에서 부모와 학교가 서로 책임감을 가져야 한다고 제안하였다.

> **생각해 보기**
>
> 자신의 가족의 경험을 생각해 보라. 그리고 그것을 학습의 장으로서 평가해 보라. 만약 당신의 가정에 현재 어린 자녀가 있다면 학습의 장으로서 어떤지 설명하고 장점과 약점을 말해 보라. 만약 당신이 가족을 이루고 있지 못하다면 당신의 미래의 가족을 상상하여 설명하라.

특수아동의 가족의 관여

공법 94-142의 제정과 함께 특수아동을 위한 개별 교육 프로그램에 참여함에 따라 특수아동의 교육과 배치를 계획하는 데 가족도 참여하게 되었다. 이 참여는 공법 99-457 H에 **개별 가족 서비스 계획(IFSP)**의 부모 참여에 관한 규정이 포함되어 있다.

이에 따라 모든 특수아동의 가족은 IEP를 받을 수 있다. IEP는 학교 교직원과 학부모로 구성되어 있는 위원회에서 부모와 교직원이 협동하여 개발하였다. IEP가 작성되지 않으면 아동은 어떤 특수교육 프로그램에도 참여할 수 없으며, IEP에서 언급한 서비스를 따라야 한다.

IEP의 개발과 특수아동의 배치는 특수하게 명시된 과정을 통해 이루어진다. 이 과정은 부모가 서명한 허가서에 의해 수행된다. 부모가 허가를 하게 되면 평가 팀이 평가 과제를 갖고 착수하게 된다. 평가 팀은 교사와 간호사, 내과의사, 사회사업가, 언어치료사, 심리치료사, 특수교사 등과 같은 전문가로 구성된다. 검사와 관찰에 의해 자료가 수집되고 수치를 구하고 나면 평가 팀과 학부모가 함께 토론을 하게 된다. 부모는 배치에 대한 최종 결정권자가 된다.

개별 가족 서비스 계획(individualized family service plan, IFSP) 출생에서부터 3세의 특수교육 프로그램에 등록된 아동이 있는 가족의 발달을 위한 구체적 목표를 가지고 있는 계획

공법 101-476 IDEA는 아동에 초점을 두고 있지만, 공법 99-457은 가족에 초점을 맞춘다. 이 초점은 IFSP를 통해서 작동하게 된다(McGonigel, Kaufman, & Johnson, 1991; Widerstrom, Mowder, & Sandall, 1991).

> IFSP 사업은, 아동 발달과 가족 역량을 향상시키기 위하여 가족과 전문가가 함께 아동에게 필요한 서비스와 지원을 포함하는 계획을 개발하는 것이다(Widerstrom, Mowder, & Sandall, 1991).

IFSP에는 아동 현재의 기능 수준, 가족의 강점과 약점, 아동과 가족에게 기대되는 결과, 필요한 개입 서비스, 서비스가 필요한 기간, 한 회기당 필요한 시간, 개별치료 또는 집단치료의 선택 등에 대한 정보가 포함되어야 한다. 서비스를 받는 장소(예: 자가, 조기 개입 센터, 병원)도 반드시 지정되어야 한다. 법으로 구체화되어 있지 않지만 필요한 서비스를 받기 위한 단계도 설명될 수 있다. 서비스가 시작될 것으로 예상되는 날짜와 기간이 구체화되어야 한다. 만약 아동이 거의 3세에 해당하는 연령이라면 영아/걸음마기아를 위한 서비스를 받은 이후에 받을 수 있는 서비스 계획도 포함되어야 한다. 가족 사례 관리자, 서비스 통합 관리자의 회의를 통하여 가족이 편안하게 서비스를 받을 수 있도록 계획을 세워야 한다. IFSP는 6개월마다 점검되어야 한다. "공법 99-457의 메시지는 특수아동을 위한 조기 개입은 가족을 존중해야 한다는 것이다"(Widerstrom, Mowder, & Sandall, 1991).

IFSP의 개발을 통해 가족 전체에 관심을 갖게 되면서 연구자는 **가족 중심 실제**에 흥미를 갖기 시작하였다. McBride, Brotherson, Joanning, Whiddon과 Demmitt(1993)은 신념과 가치를 반영하는 가족 중심 실제의 중요한 세 가지 원칙을 다음과 같이 밝히고 있다(p. 415).

1. 가족은 서비스의 초점이다.
2. 가족의 의사결정을 지원하고 존중한다.
3. 가족의 기능을 강화하기 위한 서비스 개입을 제공한다.

McBride, Brotherson, Joanning, Whiddon과 Demmit(1993)은 가족 중심 실제의 경험과 관련하여 실제를 평가하기 위한 기준으로서 위의 세 가지 원칙을 사용하는 것에 대하여 전문가와 가족을 면담하였다. 면담 결과, 가족이 서비스를 받는 것에 만족하였다지만, 전문가가 평가하는 가족 중심성은 다양했다. 또한 전문가들은 아동에서 가족으로 그들의 초점을 전환하는 정도에도 다양성이 있었다. 위의 저자들은 서비스를 시작하기 전과 서비스를 하는 동안의 교육 프로그램 모두 강하게 가족 중심의 서비스가 되어야 한다고 결론을 짓고 있다. 지방 거주의 저소득층 가족을 대상으로 한 연구에서도 동일한 모순이 확인되었다(Ridgley & Hallam, 2006). 반면에 연구자가 면담을 할 때 부모는 아동 발달의 범위를 넘

가족 중심 실제(family-centered practice) 가족의 관점(대 전문가의 관점)으로 개발된 교육 계획과 실제

어서 가족 문제를 제기하는 반면에 서비스 제공자들은 주로 IFSP의 아동 발달에 초점을 맞춘다.

2 사회문화적 요인

우리는 모든 아동이 항상 변함없으며 모든 성인에게 언제나 똑같은 방식으로 반응할 것이라고 추측할 수 없다. 미국은 다양한 문화 집단으로 이루어진 다양성의 나라이다. 미국은 이민자의 나라였고 지금도 여전히 그러하다(Boutte, 2000; Banks, Cookson, Gay, Hawley, Irvine, Nieto, Schofield, & Stephan, 2001; West, 2001; Shields, 2004; Haskins & Tienda, 2011). De Melendez와 Berk(2010)는 미국의 이민사를 기술하였다. 미국은 전 세계에서 이민자를 받았고, 그 결과 다문화 절충주의 사회를 낳았다. 현재 미국 사회는 유럽 이민자로부터 시작되었는데, 그들은 체계적으로 미국 원주민을 말살하고 아프리카에서 노예를 들여왔다. 또한 서부와 남서부에 정착한 멕시코계 미국인을 내쫓고 시민권을 주지 않았다. 1965년 이민법이 바뀐 이후로 주요 이민국이 유럽에서 아시아와 라틴 아메리카로 바뀌었다. 이러한 변화로 인해 미국은 진정한 단일 국가가 되기 어려워졌고 모든 아동에게 동등한 기회를 제공하기 어렵게 되었다. 최근에는 이민국이 라틴 아메리카, 아시아, 서태평양 제도의 국가들을 포함한다. 미래 예측에 따르면 현재의 소수민족 집단은 2040년에는 다수민족이 될 것이라고 한다(Hernandez, 2004). 또한 미국은 지역(지방, 도시, 교외)과 사회계급에서도 매우 다양하다(West, 1986). 이런 모든 요인이 아동 학습에 대한 성인의 역할에 영향을 미친다. 각 성인은 자신의 문화 집단, 사회 계급, 주거지역에 따라 아동을 보는 관점이 다르다. 아동은 위의 요인에 대해서 다르게 반응을 한다.

아동 학습의 사회문화적 측면은 아동의 가정 밖의 기관에서 예비 초등아의 양육 또는 정규 학교 입학에 매우 중요한 고려점이다. 성인은 상투적이거나 잘못된 관념을 피할 수 있는 정보를 필요로 한다(Slaughter-Defoe, Nakagawa, Takanishi, & Johnson, 1990). 문화적 이해 부족으로 아동의 언어와 인지 능력을 잘못 해석할 수 있다(Boutte, 2000; Banks, Cookson, Gay, Hawley, Irvine, Nieto, Schofield, & Stephan, 2001; West, 2001; Mukhopadhyay & Henze, 2003). 예를 들어서 Bloch, Tabachnick과 Espinosa-Dulanto(1994)는 불완전하고 편견이 있는 교사의 정보를 바탕으로 한 아동의 학습 발전과 사회적 행동에 관한 불공정한 평가의 실태를 보여 주었다. 최고의 의도를 가진 교사조차도 "아동의 역량이 교실과 학습에서 발휘되기 위한 모든 방법을 시도하기 위한 아동의 배경지식을 거의 갖고 있지 않다(p. 245). Bloch, Tabachnick과 Espinosa-Dulanto(1994)는 학교에서 비유럽계 미국인 학생에게서 장점을 찾으려는 여지가 없음을 발견하였다. 그들은, 비유럽계 미국인 학생은 그들을 동화시키려는 압력이 너무 강하고 그들이 장점과 재능을 학교에서 발휘할 수 있는 개방성을 찾을 수 없다고 생각한다.

영유아 교육기술

Marinak, Strickland와 Keat(2010)는 유아원 아동에게 일회용 카메라를 사용하여 교사에게 자신의 가족과 문화에 대해 가르쳐 달라고 요청하였다. 아동은 카메라를 집으로 가져가서 그들이 원하는 것을 찍어서 연구자에게 주었고, 연구자는 그것을 인화하였다. 연구자들은 그 사진을 아동에게 주고 아동이 교사에게 설명하라고 하였다. 교사는 아동 생활에 관한 실제를 알게 되었고, 그것은 교사에게 학생과 가족에 대한 새로운 통찰을 가져다주었다. 교사는 문화적으로 좀 더 민감해졌고, 3~4세 아동은 교사에게 문화적 인식과 민감성을 가르쳐 주었다. 아동들은 의미 있는 사진을 계획하고 찍을 수 있는 유능한 사진사임을 보여 주었다. 당신은 이 연구의 중요성을 학습에서 논의할 수 있다.

출처: Marinak, B. A., Strickland, M. J., & Keat, J. B.(2010). Using photo narration to support all learners. *Young Children*, *65*(15), 32-38.

Perez(1994)는 다양성을 존중해야 한다고 언급하였다. Perez는 학교가 다양성을 문제로 취급하지 말고 다른 민족과 문화를 경험할 수 있는 기회로 볼 것을 제안하였다. 그는 그것을 몇 단계로 구분하였다. 예를 들어 아동의 이름을 영어식으로 바꾸지 말고 정확하게 부르는 것이다. 또한 학생의 모국어를 존중해야 한다. 교사는 모든 언어에 유창해질 수는 없지만 최소한 기본적인 어휘와 어구를 배울 수 있다. 학생은 만약에 영어가 강의의 주된 관심사가 아니라면 학교에서 자신의 모국어로 자유롭게 이야기할 수 있다. 영어를 가르치는 것이 모국어를 대치하는 것이 아니라 제2 외국어를 첨가하는 관점으로 보아야 한다. 마지막으로 교사는 학생의 문화를 존중해야 한다. 학생의 문화적 신념, 가치, 역사와 경험을 교육과정에 통합할 수 있다. 이것은 단편적인 방법이 아닌 다른 문화의 관점을 진정 통합적으로 보는 방식으로 이루어져야 한다.

교육에서 우리는 우리 문화 안에서 다양성을 존중하는 노력에 많은 문제점이 있음을 직면하게 된다. **다문화 교육**은 모든 아동을 위한 동등한 교육을 지원하기 위하여 제공되었다(Banks et al., 2001; Byrnes & Kiger, 2005; de Melendez & Berk, 2010). 다문화 교육은 우리가 애써서 이루어 놓은 목적이지만 아직은 해결해야 할 문제점이 있다. Knutson(1993)은 다문화의 문제점 두 가지를 지적하였다. 첫째, 다양한 인구—이민자, 피난민, 소수민족자—을 교육하는 문제, 둘째, 이러한 인구에 관하여 가르치는 문제이다. Clabaugh(1993)는 셋째 문제점으로, "우리의 다문화주의에 대한 탐색 안에서 우리가 얼마만큼 이루었는가?" 하는 문제를 거론하였다. 예를 들어서, 교육에 가치를 두지 않는 지역사회에서 온 학생이 있다면, 우리가 그 학생의 잘못된 행동에 대해 체벌을 사용할 권리가 있는가? 또는 여성을 재산으로 취급하는 문화에서 온 학생이 있다면, 우리는 그들에게 대안책을 쓰도록 제안할 권리가 있는가? 넷째 문제로, Ryan(1993)은 다문화주의가 개성화를 매장할 수도 있다고 주장한다. 다문화주의는 정형화를 연속시킬 수 있고, 그러므로 한 문화 집단의 각각의 구성원은 각자의

다문화 교육(multicultural education) 우리 문화 안의 다양성을 존중하는 교육

개성을 갖고 있다는 것을 간과하게 된다. Ryan은 다문화적 교육은 통합과의 구별(개인의 재능, 기술, 감정, 약점, 선호, 불호)에 집중해야 한다고 여긴다. 교사는 문화 다양성의 우세한 속성에 유념할 필요가 있지만, 한 집단의 모든 구성원이 이러한 속성에 정확히 맞출 필요는 없다는 것을 알아야 한다. 마지막으로 우리는 학교의 중요한 임무의 다양성을 중립적으로 존중하여야 한다(Rozycki, 1993, p. 127). 그것은 다음을 따른다.

1. 권력 분배에서 비독점(예: 민주주의)
2. 정형화의 배제(예: 편견)
3. 모든 사람이 사회에서 어떤 역할이든 할 수 있는 동등한 기회

Rozycki(1993)는 이런 명백한 불일치는 미국인이 되기 위해 이민 온 사람들을 혼란스럽게 한다고 지적하였다. Hilliard(1994)는 인종, 사회경제적 지위, 성 평등의 문제는 교육보다는 정치적으로 다루어져야만 한다고 믿는다. 한편으로 Hilliard는 문화는 공유된 창의성과 경험을 포함하는 실제적인 것으로 여긴다. 대부분의 사람에게 사회화와 학습은 모국의 문화 안에서 일어난다. 각 개인에게 최선의 교육을 제공하기 위해서는 문화의 다양성을 이해하고 교육적 의사결정을 위한 정보를 제공하여야 한다. Hilliard는 이 목적을 성취하기 위해서 교육자는 정치적인 것과 교육적으로 적합한 것을 구별해야 한다고 주장한다.

Ogbu(1994)는 문화 간의 차이를 또 다른 관점으로 본다. 동일 인종적 유산을 가진 사람을 국내와 국가별로 살펴본 연구에서 그는 미국의 소수 문화 안에 2개의 중요한 집단이 있음을 발견하였다.

1. 새로운 나라에 새로운 기회를 찾아서 자발적으로 이민 온 소수민족 사람은 새로운 나라에 강제적으로 왔다고 느끼지 않는다.
2. 미국에 노예로 오게 된 아프리카계 또는 미국에 정복되어 편입된 멕시코계 미국인은 그들의 의지에 반해서 새로운 나라에 강제로 오게 된 비자발적 이민자이다.

Ogbu는 자발적인 소수집단은 비자발적인 소수집단에 비해 학업과 경제적인 면에서 더욱 성취하는 경향이 있다는 것을 발견하였다. 그는 주류문화에 적응하는 것이 그들이 이 나라에 온 목적과 화합하기 때문이라고 믿는다. 그들은 목적을 달성하기 위해 새로운 나라의 문화를 선택하지만 그 문화에 흡수당하지는 않으며 그들의 문화, 언어, 그리고 정체성을 유지한다. 비자발적 이민자는 그들 고유의 문화를 포기하고 어떤 혜택도 없이 주류문화에 따르도록 강요당하였다. 비자발적 이민자에게 강제로 주류문화에 따르도록 하는 것은 어떠한 주류문화 특성과 관습을 획득하는 것을 회피하도록 만들 수 있다. 그러므로 그들은 협조적이기보다 저항적이 되었다.

모든 문화 집단은 다양한 개인의 집합으로 대표되며, 우리는 고정관념을 버려야 한다는 것을 기억해야 한다. 성인이 영유아와 그들의 가족과 함께 일을 할 수 있으려면 문화의 속

성을 이해하고 고려하여 그 문화를 존중하는 시각에서 바라보아야 한다. 다음에서 우리는 미국의 주요 문화 집단의 특성을 알아볼 것이다.

스페인계/라틴계 미국인

미국의 가장 큰 소수민족은 스페인 방언을 주 언어로 사용하는 나라로부터 온 사람들로 구성되어 있다. 미국에는 많은 멕시코계 미국인, 쿠바계 미국인, 푸에르토리코계 미국인, 그리고 중앙아메리카와 남아메리카 이민자가 있다. 멕시코계 미국인(73%)이 가장 많으며, 그다음으로 중앙아메리카와 남아메리카인(14%), 그리고 푸에르토리코인(6%)이다(Calderon, 2007). 2003년 기준 스페인계 미국인은 가장 빠르게 증가하는 소수민족이다. 전미라라자위원회(National Council of La Raza)에 따르면(Calderon, 2007), 3세 이하의 스페인계 아동의 가족의 67%가 연방정부의 빈곤선 한계에서 200% 이하에 해당하며, 대부분은 건강보험이 없으며 정규 의료 혜택을 받지 못하며, 그들의 어머니의 3분의 2는 대학을 다니지 않았거나 끝마치지 못하였다. 라틴계 미국인에게 가족은 매우 중요하다. 영유아의 절반 이상이 부모와 함께 살고 있으며 많은 가족은 대가족으로 살고 있다(Calderon, 2007). 이 집단의 가장 큰 문제는 영어를 잘 못하는 것인데, 25%가 스페인어만 사용하는 가정에서 살고 있어서 영어 어휘를 알지 못한 채 학교에 입학한다는 것이다. 이 문제의 해결은 21장에서 논한다.

가장 큰 집단인 멕시코계 미국인은 많은 관심을 받았다. 연구의 주된 주제는 멕시코계 미국인 학생이 학업에 성공하기 위한 요인을 밝혀내는 것이다. Losey(1995)는 이와 관련된 연구를 살펴보고 멕시코계 미국인을 위한 성공적인 교실 환경은 "동적 학습, 학생 흥미 중심의 학습계획, 학급에 대한 소속감, 언어 사용과 교육과정의 융통성"(p. 312) 등이라고 결론을 내렸다. Losey는 이것이 Vygotsky 이론인 교실의 사회적 맥락과 유사하며 그 안에서 언어적 의사소통의 다양한 기회를 제공한다고 밝혔다.

또 다른 연구의 영역은 멕시코계 미국인 엄마의 교육기술에 관한 것이다. Moreno(Scholars, 1994)는 17쌍의 멕시코계 엄마-아동과 12쌍의 유럽계 엄마-아동을 대상으로 엄마가 자녀에게 신발끈 매는 것을 가르쳐 주는 장면을 녹화하였다. 그는 처음 3분간은 멕시코계 엄마가 유럽계 엄마보다 명령을 좀 더 사용하였으나 다음 6분간에는 그 횟수가 줄어들어서 전체적으로는 유럽계 엄마보다 명령을 덜 사용하는 것으로 나타났다. 유럽계 엄마는 시간이 지남에 따라 칭찬이 감소하였지만 멕시코계 엄마들은 변함이 없었다. Moreno는 멕시코계 엄마는 이전에 종종 보고되었던 것과는 달리 실제로는 명령을 지나치게 사용하지 않는다는 결론을 내렸다. 문화/종족 집단 안에서도 다양함이 있다. 예를 들어 주류문화에 적응해 가는 정도에 따른 멕시코계 엄마의 아동 발달관을 비교한 연구에서 아동이 어떻게 자라는가에 대한 견해가 저마다 다양하다는 것을 알아냈다(Gutierrez, Sameroff, & Karrer, 1998;

Gutierrez & Sameroff, 1990).

똑같은 민족 배경을 가진 두 가족의 상호작용의 차이를 연구한 Delgado-Gaitan(1994)의 연구가 좋은 예이다. Delgado-Gaitan은 멕시코계 미국인 세대와 캘리포니아 주의 Carpinteria에 사는 멕시코계 이민 가족의 사회화를 관찰하였다. 1세대 부모는 캘리포니아 주에서 태어나서 인종차별 체계 속에서 Carpinteria 학교를 다녔다. 이민자 부모는 멕시코에서 교육을 받았고, 그들의 자녀는 Carpinteria 학교의 라틴계 학생을 위한 특수 프로그램에 출석하였다. Delgado-Gaitan은 부모-유아원 자녀의 상호작용에 관한 관심을 갖고 배경이 다른 두 집단의 멕시코계 미국인 가족을 비교하고자 하였다. 비교의 한 관점은 비평적 사고 기술과 어른에 대한 존경심 간의 가치 갈등을 가족이 어떻게 다루는가를 살펴보는 것이었다. 학교에서는 비평적 사고 기술을 강조한다. 아동은 학교에서 분석, 질문과 논쟁을 사용하도록 기대된다. 그들은 성인과 또래의 관점에 반대되는 질문을 하도록 격려된다. 멕시코 문화에서는 존경이 강조된다. 아동은 연장자에게 존경을 표시하고 공손하게 인사하며 그들과 논쟁하지 않는다. 아동들은 성인과의 대화에 끼어들지 않으며 하물며 자신의 의견을 내놓는 일도 없다. 두 집단의 가족 모두에게 존경은 중요하다. 지역사회 집단에서는 부모는 자녀에게 이야기를 읽고 편지를 쓰고 수를 세는 법을 가르친다. 이민 가족에서는 학교와 관련된 활동을 하는 동안에는 질문을 하거나 자신의 의견을 내는 것을 허락하며 그 외의 시간에는 존경을 표현하도록 한다. 1세대 가족에서는 엄마는 이야기 읽기 시간 동안에는 자녀에게 의견을 끌어내기 위해 질문을 하도록 하였다. 그들은 또한 잠자는 시간과 텔레비전 시청 시간 등과 관련된 규칙을 협상하거나 의견을 말하는 것을 허용하였다. 비판적 사고의 영역은 좀 더 넓어졌지만 존경의 범위는 좁아졌다. 이민자 가족은 학교 영역에서는 비판적 사고를 수용하는 것에 덜 적응하였고 가족 영역에서는 경직된 존경을 고수하였다. 언어 영역에서는 1세대 가족은 가족 안에서 영어로 말하고 스페인어를 말하는 능력을 거의 잃어버렸다. 이민자 가족은 집에서 스페인어를 말하며 그들의 자녀는 이중 언어 교육 프로그램에 출석하며 그들의 모국어를 유지하도록 하였다. 이 간단한 예는 문화 집단과 아류 문화 집단 간의 차이를 보여 준다.

원주민

Lee Little Soldier(1992)는 원주민이 비정규 헤드스타트 유아원 교실에서 열성적이며 말을 잘하는 것과 대조적으로 대부분의 유치원과 초등학교에서는 말을 거의 하지 않는 것을 관찰하였다. 전통적 초등학교에서 개별 아동에게 요구하는 성취와 수행의 압력은 원주민 가족의 가치와 갈등을 일으킨다. 원주민은 강한 집단 중심의 대가족 안에서 성장한다. 그들은 각 개인에게 보이는 대중의 관심을 불편하게 느낀다. 원주민 아동과 지내려면 다음의 가치를 존중해야 한다(Foerster & Little Soldier, 1978).

- 개인의 존엄성
- 협동
- 나눔
- 시작과 끝이 없는 시간
- 연장자들의 지혜
- 독립심

원주민 아동은 교사가 지시자가 되는 전통이 구조화된 상황과 교사가 배경이 되는 완전히 자유로운 상황 모두에서 반응이 약하다. "교사는 아동이 필요로 할 때 도움을 주지만 아동 스스로를 신뢰할 수 있도록 격려해야 한다"(Foerster & Little Soldier, 1978, p. 56).

Little Soldier(1992)는 이러한 핵심 가치를 빼고는 모든 원주민 가족이 정형화되어 있는 것은 아니라고 지적하였다. 2008년 4월 4일 *Federal Register*(2008, 4. 4)는 원주민이 563개의 부족이라고 공식 집계하였다. 각 부족은 그들 고유의 역사, 문화와 언어를 가지고 있다. 각 부족 사이에 동화 수준의 다양성과 교육 수준은 원주민 자녀의 학교 출석과 학교에서 편안함을 느끼는 정도를 결정하게 된다. 학업에 성공하기 위해서 학교의 기대에 맞추고, 그들의 문화를 바꾸어야 하기도 하고, 그들의 본래의 문화와 결별해야 할 수도 있다. 결국 그들은 원주민이 아닌 것처럼 행동을 해도 동등하게 수용되지 않으며, 외롭고, 화가 나고, 적대적이 되며, 좌절하게 되는 것이다. 그러므로 학교는 원주민 아동을 도와서 두 문화 모두에서 편안하게 살면서 학습을 할 수 있도록 도울 필요가 있다.

Little Soldier(1992, pp. 18-20)는 가정과 학교 간에 갈등을 불러일으킬 수 있는 다섯 가지 가치를 다음과 같이 설명하였다.

1. 직접적 · 개인적 비난과 거친 훈육은 아동의 자아 존중감에 부정적 영향을 줄 수 있으므로 가정 안에서는 그렇게 하지 않는다.
2. 원주민은 물질적인 것을 획득하는 것에 무관심하다.
3. 많은 원주민은 시간을 흘러가며 상대적인 것으로 보는 경향이 있어서 모든 것은 순리에 따라 이루어지며 미래의 계획에 따라 일어나는 것은 아니라고 본다.
4. 모든 아동—확실히 모든 원주민 아동—이 오늘날의 초등학교의 전형적인 논리, 계열 순차적 교수법에서 가장 잘 배우는 것은 아니다.
5. 신체적 조심성—화장실 사용, 탈의와 착의, 체육시간에서의 샤워 등에서 개인성의 존중—이 고려되어야 한다.

Little Soldier(1992, p. 21)는 "우리는 아동이 해야만 하는 것이 아니라 아동이 현재 처한 위치에서 시작해야 한다."라는 결론을 내렸다. 이것이 유아교육의 기본적 자세이다.

아동 학습을 지원하기 위한 중요한 요인은 그들의 문화와 학습방식을 존중하는 것이다.

예를 들어서 Tharp(1994)는 하와이 원주민을 위해 고안된 교육과정이 나바호 인디언 보호 구역에서 사용될 때 어떻게 수정되어야 하는가를 보여 주었다. 나바호족은 분석적 사고자인 하와이 원주민에 비교해서 통합적 사고자이다. 하와이 원주민은 작은 단계로 학습하는 것을 편안해하지만 나바호족들은 전체를 보고 세부를 고려하는 것을 선호한다. 학습방식이 고려되지 않는다면 아동은 자신의 능력만큼 학습을 할 수 없을 것이다. 아동에게 위기와 불리함이 아동 탓이 아닌 제도에서 생긴 것이 분명한데 그 아동은 위기 아동 또는 불우한 아동으로 낙인찍힐 수 있다(White, 1995, p. 176).

아프리카계 미국인

Harris와 Bergen(2008)은 아프리카계 미국인의 문화적 특성을 조사하였다. 아프리카계 미국인은 다양한 배경을 가지고 있다. 어떤 아프리카계 미국인의 조상은 미국에 노예로 잡혀 온 아프리카인이다. 그들의 자녀의 대부분은 가난한 노동자로 분류되지만, 그러나 많은 사람이 점차 중산층과 상류층으로 이동 중이다. 1990년대에 두 번째 아프리카계 이민자는 교육의 기회, 정치적 망명, 경제적 향상을 추구하기 위해 미국으로 왔다. 카리브 해에서도 이민자가 왔다. 최근에는 아프리카계 이민자가 그들보다 좀 더 학력이 높고 돈도 더 많이 버는 것으로 나타났다. Harris와 Bergen(2008)에 따르면, 아프리카계 미국인 아동은 다른 민족 집단의 아동에 비해 평생 가난하게 지내는 경향이 있다. 그들은 의료 서비스를 제대로 못 받고 영양 섭취도 적절하지 않다. 교육자는 아프리카계 미국인 간에도 수입, 교육 수준, 종교, 가치와 신념 등에서 차이가 있다고 지적하였다. 1980년대까지 대부분의 아프리카계 미국인 아동은 양부모 가정에서 자랐다. 1980년대 이후 이혼율, 실업률, 미혼임신이 증가하여 엄마가 가장인 한부모 가정이 늘어났다.

Carol Brunson Phillips(1994)는 아프리카계 미국인 아동 발달의 상호작용 접근법을 장려하였다. 이 관점에서 학교의 사회적 · 정치적 · 경제적 특성은 아동이 집에서부터 가져온 특성과 상호작용을 한다. 아프리카계 아동은 어떤 특정 핵심가치와 경험을 학교에 가져온다. 예를 들어 그들은 영아기 경험에서 비롯된 인간 지향성을 가지고 있다. 영아기 때 그들은 장난감을 가지고 놀기보다는 양육자의 얼굴을 가지고 놀면서 친밀한 대인관계를 발달시킨다. 아프리카계 미국인은 독특한 언어 사용법을 갖고 있어서 신화, 설화, 설교, 농담, 그 외의 특별한 종류의 이야기를 할 수 있다. 말하는 것은 인생과 세계를 학습하고 집단의 승인과 인식을 획득하는 용도로 쓰인다. 아프리카계 미국인은 독특한 언어 체계를 발달시켜서 유럽식 영어에 적용된 아프리카식 언어 전통으로 계승되었다. 그러므로 아프리카계 미국 아동은 이런 것과 다른 문화적 속성을 갖고 입학한다. 학교 전통과 가치는 개성화와 경쟁을 강조하는 유럽 문화를 바탕으로 한다. 그러므로 아프리카계 미국인 학생은 가정과 학교의 가치와 전통에서 갈등하게 된다. 그들은 그 체계와 싸우다 실패하고 완전히 그 체계에 융화되거나 두 곳에 적응해서 각 체계에 모두 자신의 스타일을 맞춘다. 교사는 아동이 아프리카계 미국인의 역사와 문화를 좀 더 학습하도록 함으로써 전통을 학교에 가져와서 이중 문화 모드로 만들 수 있고, 갈등 상황을 공개적으로 토론하도록 해서 학습의 기회를 삼아서 아동이 스스로 알게 할 수 있다.

아프리카계 미국 아동은 성공할 수 있는 학습 양식을 갖고 입학을 한다. 아프리카계 아동은 자유, 변형, 창조성, 새로움, 독특함, 감성 등으로 학교를 묘사할 때는 잘 맞는다. 좀 더 분석적 인지 양식의 아동은 규칙, 표준화, 획일화, 규칙성, 정확성 등과 같이 학습의 엄격한 구조를 설명하는 요인에 잘 들어맞는다. 아프리카계 아동은 물건보다는 인간 지향적이므로 학습을 할 때 많은 인간적 상호작용을 필요로 한다. 그들은 이야기, 음악, 춤의 역사를 가지고 있고, 그것들은 학교에서 이용할 수 있다(Harris & Bergen, 2008). 아프리카계 미국 아동은 에너지와 열정을 갖고 입학하지만 과다 행동으로 낙인찍히고 낙심한다"(Hale, 1981; Harris & Bergen, 2008). 학교는 무익하고 지루해진다. 아프리카계 미국 아동들의 문제해결에서 자기 주장적 방식은 교사에게는 부정적으로 보일 수 있다(Holliday, 1985; Harris & Bergen, 2008). 그러므로 9세에서 10세까지 "우리는 영유아 흑인 아동의 성취 노력을 학습된 무력감으로 바꾸어 버리는 교사의 태도를 바꾸어야 한다(Holliday, 1985, p. 128). 반면에 아프리카계 미국인 아동은 아동의 문화적 · 경제적 · 종교적 배경에 친숙한 교사가 있는 학습의 장에서 수행을 잘한다(Harris & Bergen, 2008).

아프리카계 미국인 엄마는 자녀에 대한 높은 열망을 가지고 있다(Washington, 1988). 그들은 자녀가 학습자가 되어 좋은 교육을 받기를 원한다. Washington(1988)은 아프리카계 미국인 엄마는 자녀의 진가를 알아보고 응용하는 법을 배워서 인간 중심적이고 활동적인 아프리카계 미국인 아동이 가정 안에서 학습을 향상시킬 수 있도록 하자고 제안하였다.

도시 빈곤자의 다수가 아프리카계 미혼모이다. Cook과 Fine(1995)은 자녀가 폭력, 약물, 가난을 극복하여 살아남기 위해 엄마가 해야 하는 현명한 자세를 기록하였다. 아프리카계 미혼모는 많은 어려움에도 불구하고 자녀의 교육적 노력을 지지한다. Arnold(1995, p. 146)는 아프리카계 미국인 가족의 핵심적 장점을 다음과 같이 지적하였다.

1. 강한 혈족 결속력
2. 강한 노동 윤리
3. 가족 역할의 순응성
4. 강한 성취 지향성
5. 강한 종교 지향성

이러한 핵심적 장점은 아프리카계 미국인이 그들을 좌절시키는 인종차별을 극복하려고 분발하게 만든다.

뇌 발달

동아시아인과 서구인의 뇌 기능 비교

John Grohol(2010)은 문화가 뇌의 구조와 기능에 끼치는 영향에 관한 논문을 조사하였다. 이 논문에서 동아시아인의 집단주의적 문화와 서구 문화의 개인주의적 문화가 보여 주는 징후는 뇌와 행동에 영향을 준다고 하였다. 동아시아인은 정보를 포괄적 방식으로 처리하는 반면에 서구인은 개별 부분에 초점을 둔다. 추론과 관련되어 있는 뇌의 전두부에서 서구인은 좀 더 두껍고 동아시아인은 지각 영역이 상대적으로 두껍다. Grohol, J. M. (2010, August 4). Cultural environment influences brain function, http:// psychocental. com/news.

출처: Grohol, J.M. (2010, August 4). Cultural environment influences brain function. http://psychcentral.com/news

동양계 미국인과 남태평양 섬주민계 미국인

2010년 인구조사(Humes, Jones, & Ramirez, 2011)에 따르면, 미국 인구의 4.8%가 동양계이고, 0.2%가 하와이 원주민과 남태평양 섬주민계이다. 동양계에는 매우 다양한 주요 집단, 즉 인도인, 중국인, 필리핀인, 일본인, 한국인, 베트남인, 캄보디아인, 몽족, 태국인, 라오스인이 포함되어 있다(de Melendez & Berk, 2010). 미국의 동양계와 남태평양 섬주민계 인구는 급속히 늘어나고 있다. 미국에서 가장 많은 인구를 차지하고 있는 섬주민계 집단은 하와이인과 사모아인들이다(de Melendez & Berk, 2010).

사진 7-4 동양계 미국인들은 커다란 문화적 다양성을 가지고 있다.

다른 민족 집단과 마찬가지로 아시아계 미국인은 문화적으로 매우 다양하다(사진 7-4). 어떤 사람은 자신이 매우 잘 융화하는 것에 자부심을 갖고 선조의 언어로 말하는 것을 거부하거나 선조의 관습을 따르지 않기도 한다. 또 다른 사람은 주류문화에 적응하면서 사회경제적으로 발전해 나가지만 선조의 언어와 관습을 유지하면서 자부심을 가지는 이중 문화 접근을 취하기도 한다. 미국에서 오래 살아온 가족은 새로운 이민자 또는 다른 아시아 국가에서 온 이민자와는 서로 맞지 않을 수도 있다. Pang(1990)에 따르면 캄보디아계 미국인 학생은 베트남계 미국인 학생의 도움을 받지 않으려 할 수도 있는데, 그 이유는 캄보디아와 베트남이 오랫동안 적대국이었기 때문이다.

많은 동남아시아 이민자는 미국에서 큰 성공을 거두었지만 또한 많은 사람이 어려움을 겪기도 하였다(Yang, 2004). 많은 사람이 영어 때문에 어려움을 겪는다. 미국 태생의 아동은 그들의 부모가 영어를 읽고 쓰지 못하고 영어 교실에 다닐 시간이 없기 때문에 자녀도 영어에 문제를 갖고 있다.

Kitano(1982)는 유아 전기 연령의 동양계 미국인 아동의 학습 특성을 살펴본 연구를 인용하여 다음의 결론을 내렸다.

- 동양계 미국인의 문화는 다 같지 않다.
- 집단 간 그리고 집단 내의 배경 경험이 다르므로 교사는 각 개인을 개별적으로 다루어야 한다.
- 경쟁보다 집단 성취를 강조해야 한다.
- 한국계 아동은 낮은 자아감을 갖고 있는 듯하다.
- 학습 양식도 집단 간의 차이가 있는데, 사모아계 아동과 이중 언어를 사용하는 중국계 아동은 학급 앞에서 개별적으로 발표할 때 덜 창의적이고 자기 속을 드러내지 않으며, 필리핀계 아동은 독립적이며, 베트남계 아동은 수동적인 경향이 있다.
- 동양계 미국인 유아원 아동은 학교 준비도에서 우수하다.
- 교사는 동양계와 남태평양 섬주민계 집단이 자신들의 문화와 관습을 가지고 있음을 기억하고 그들을 정형화된 틀에 맞추어서는 안 된다.

Holloway(1988)와 Stevenson과 Lee(1990)에 의한 연구에서는 일본과 대만 학생이 미국 학생보다 성취 수준이 높은 것은 부모의 신념과 훈육과 관련이 있을 것이라고 지적하였다. 일본과 중국의 부모는 성취 표준을 높이 잡는 경향뿐만 아니라 타고난 능력보다 노력이 더욱 중요하다고 믿는 경향이 있다. 미국에서는 노력보다는 선천적인 능력이 중요하다고 믿는다. 또한 동양계 미국인이 모두 높은 성취자라로 믿는 경향성이 있다. Pang(1990)은, 이러한 가설은 사실이 아니며, 그 이유는 집단 내의 넓은 변이성 때문이라고 설명하였다. 모든 동양계 미국인 아동이 '신동'은 아니다. 또한 모든 동양계와 남태평양 섬주민계 미국인이 능력보다 노력을 믿는 것도 아니다. Mizokawa와 Ryckman(1988)은 시애틀 공립학교에서 중국인, 필리핀인, 한국인, 베트남인과 그 밖의 동남아시아계 미국인 학생의 신념을 비교하는 연구를 하였다. 그들은 이 연구에서 아시아인이 성공을 선천적인 능력보다 노력의 결과라고 생각한다는 것을 알게 되었다. 그러나 다양한 소집단으로 나누어 볼 때 하나의 전형성을 찾을 수는 없었다. 한국 학생은 다른 집단보다 더 노력을 중요시하였다. 일본을 제외한 모든 학생은 자신의 성공을 노력 덕분이라고 생각하고 실패를 노력 부족으로 여겼다. 좀 더 낮은 사회경제 지위의 학생은 성공을 쟁취하려면 열심히 일해야 하는 것에 가치를 둔다. 반면에 그들은 수학과 과학의 실패는 능력의 부족으로 지각하였다. 이 연구의 저자는 동양 문화 집단에서 그들의 학업성취에 관한 신념에는 변이가 많다는 것을 강조하였다.

Amy Lin Tan(2004)에 따르면, 중국계 미국인에게 학업 성공은 큰 가치가 있다. 그들의 유아원 활동은 학구적이고 이때부터 초등학교를 준비한다. 일단 자녀가 정규 학교에 입학하면 부모는 아이가 열심히 공부할 것을 기대한다. 권위적인 인물과 교사와 같은 교육자는 존경을 받는다. 6세 이전의 아동이 옳고 그름을 모른다고 생각하지만, 반면에 6세 이후로는 부모는 많이 엄격해지고 좀 더 높은 기대를 한다.

중국인 가족은 빈부차가 극심하다. 중국인 가족은 일부 미국 방식은 받아들이지만 몇 가지 중국의 기본적인 관습과 신념은 유지한다. 가족은 조부모와 미혼자녀로 구성된다. 아빠는 엄격한 훈육의 의무를 엄마에게 양도하고 있다. 이혼을 하는 경우는 드물다. 2000년의 인구조사에 따르면 81%의 중국계 미국인 가족은 양부모 가족이다. 의사결정은 집단주의적인 경향이 있다.

교사는 동남아시아인을 동질의 집단으로 보아서는 안 된다(West, 1983). 1970년대 이전에는 미국에 태국인, 라오스인, 캄보디아인, 베트남인 이민자는 거의 없었다(West, 1983). 이 집단은 서로 다른 언어, 관습, 종교적 신념을 가진 별개의 문화 집단이다. Morrow(1989)는 동남아시아인의 이름에서 문화의 중요성을 설명한다. 베트남인, 캄보디아인, 라오스인과 몽족들 이름은 어떻게 배열하고 사용하는가에 독특한 규칙이 있다. 이름을 짓는 관습을 이해하는 것이 동남아시아계 미국인 학생의 문화와 관습을 이해하는 첫 단계이다.

동남아시아계 부모와 아동은 서로 의사소통하는 것에 문제가 있다. 부모와 아동 모두 교사 및 학교 관계자와 의사소통의 어려움이 있는데(Yang, 2004), 그 이유는 언어 문제 때문이다. 부모는 정규 교육이 부족하여 자녀를 도울 수 없다. 교사는 보통 학부모가 다가와 질문하기를 기대하지만 동남아시아계 학부모는 교사에게 접근하기를 수줍어하며 자신감이 없다. 젊은 사람은 좀 더 적극적인 미국 방식을 습득하지만 그것이 부모의 전통문화 관행과 갈등을 일으키기도 한다. 어떤 지역에서는 지역사회 기반 조직이 있어서 가족을 지원하기도 한다. 불행하게도 많은 동남아시아계 학생은 이런 지원을 받지 못하여 학교에서 소외감을 느낀다.

최근에 한국인이 미국으로 많이 이민을 하는데(Lee, 2003), 그들의 자녀는 생활이 다르다는 것을 알게 된다. 한국에서는 직접적인 강의를 통해 교육이 이루어지지만 미국에서는 게임이나 집단 프로젝트를 포함한 교육이 실시된다. 부모는 흔히 두 문화 모두를 받아들일 것을 장려한다. 한국 아동은 부모에게 순종하고 부모를 존경하라고 배운다. 미국에서는 아동이 성인에게 반대할 여지가 있다고 학습을 하므로 이것이 갈등을 초래한다. 한국인 학부모는 높은 학업 표준을 갖고 있고 자녀에게 방과 후에도 숙제 이외에 학습을 할 것을 요구한다. 한국인 부모와 아동은 교사의 이해와 자원이 필요하다.

미국 내의 인도인도 역시 늘어나고 있다. 그들은 학력이 높고 영어를 탁월하게 말한다

(Joshi, 2005). 인도 문화에서는 놀이 기반의 교육보다는 바르게 행동하는 것과 바른 습관이 중요하다. 그들은 초기 아동기 교육은 학업을 강조하며 교육이 신분과 동등하다고 믿는다. 인도인 가족은 숙제와 연습을 중요시한다. 인도인 학부모는 교사를 매우 존중하며 자녀도 그렇게 하기를 바란다. 가족은 독립심보다 충성과 상호 연대를 강조한다. 그들은 모든 행동에는 결과가 있다는 업보 개념을 신봉한다. 부모는 행동 형성을 위해 체벌을 사용하며 보상은 거의 하지 않는데, 보상이 자녀를 망칠 수 있다고 생각하기 때문이다. 학교에서 인도인 아동은 이름을 부를 때까지 기다린다. 그들은 보통 자신의 관점보다 타인의 관점에서 본다. 교사는 발달에 적합한 가정활동을 숙제로 제공함으로써 부모의 강한 신념을 지원할 수 있다. 학부모는 자녀의 학업 진전에 관한 세부사항을 논의하기 위한 대면 상담이 필요하다. 학생은 교실 안에서 자발적으로 하는 것을 꺼릴 수 있는데, 그것은 그들이 방해가 되어서는 안 된다고 믿기 때문이다.

서아시아계 미국인

de Melendez와 Berk(2010)에 따르면, 19세기 말에 처음으로 서아시아 사람이 미국에 왔다. 여러 가지 정치적 사건이 일어나면서 1980년대와 1990년대에 이란, 이라크와 아프가니스탄에서 사람들이 왔다. 걸프전으로 많은 쿠웨이트인이 미국으로 왔다. 이러한 이민자는 최소한 고졸이거나 많은 사람이 대졸 학력자였다. 2000년 인구조사에 따르면 서아시아인 중 가장 많은 집단은 레바논인, 이집트인과 시리아인이다. 이스라엘 이민자도 있다. 여기서 서아시아인은 파키스탄, 방글라데시, 아프가니스탄, 터키, 레반트, 아라비아 반도, 아랍 북부 아프리카에서 온 사람을 뜻한다. 서아시아인은 가장 빠르게 성장하고 있는 이민 집단이다. 2010년까지 서아시아계 이민 인구는 100만 명에서 약 250만 명으로 증가할 것으로 예상되었다.

미국의 서아시아계 이민자는 9 · 11 테러 이전에는 거의 눈에 띄지 않았다. 최근에는 미국 내의 서아시아 문화와 본래의 서아시아 문화의 관계에 대한 연구들이 생겨났다(Watanabe, 2007). 북아프리카의 민족 국가로부터 온 이민자인 아랍계 미국인에 대한 정보가 약간 있다(Arab-American experience and Middle Eastern Culture, 2008). 70%가 기독교인이고 30%가 이슬람교 신자이다. 아버지가 가족의 수장이자 가족 부양자이다. 어머니는 아이를 키우고 가정을 돌보고 중요 결정에 대한 상담자의 의무가 있다. 대가족, 친구, 이웃이 아동 양육을 나누어 한다. 대중 앞에서 애정 표현을 하지 않고 논쟁은 사적으로 하며 명예를 지키는 것을 중요시한다.

서아시아 문화와 미국 문화는 다르다. 서아시아인에게 가족은 중요하다. 가족끼리 많은 시간을 보내고 매일 방문하고 전화한다. 가족은 서로 중요한 인생사의 결정에 발언권이 있다. 부모와 연장자를 존중한다. 어린이는 어른의 이름을 부르지 않는다(Tehrani, 2008).

유럽계 미국인

역사적으로 유럽계 미국인은 미국 사회의 주요 집단이다. 2010년 인구조사에 따르면 미국인의 72.4%는 자신을 백인이라고 여긴다. 이것은 2005년 75.1%보다 낮은 수치이다. Howard(1993)는 유럽계 미국인들은 다문화 국가의 다문화 교육이 발달되고 있는 시점에서 자신들의 역할을 다시 생각해야 한다고 주장한다. 유럽계 미국인들은 다양한 문화적 배경을 가진 다양한 지역에서 왔다. 다양한 유럽계 미국인 문화 집단은 개신교 앵글로·색슨의 이미지를 받아들여서 '진정한' 미국인이 되라는 압력을 받는다. Howard(1993)는 주요 집단으로서의 유럽계 미국인은 생존하기 위해 소수문화 집단에 대해서 배우도록 강요되지 않는다고 지적하였다. 이제는 변해야 한다. 우리는 과거의 불공평함을 진정으로 마주하고 미래에는 바뀌어야 한다. Howard(1993)는 유럽계 미국인들은 좀 더 겸손해지고 모든 것을 알고 있다고 주장하지 않아야 한다고 지적하였다. 그들은 자신의 생각을 다른 집단에 강요하지 말아야 한다. 게다가 유럽계 미국인들은 다른 집단을 존중하고 그들이 다를 수 있는 권리를 가지고 있음을 인정해야 한다. 그들은 다문화 사회의 새로운 동반자가 될 수 있다.

유럽계 미국인에는 빈곤선 아래에서 생활하고 있는 가장 많은 비주류 집단이 포함된다(Garber & Slater, 1983). 앵글로계 미국인은 지속적인 경제적 위협 속에서 생활하고 있다. 그들의 수입은 항상 불안정한데, 그 이유는 건설과 같은 계절성 산업에 종사하므로 경제와 고용의 변화에 수입이 좌우되기 때문이다. 그들 자녀의 인지 양식, 고용 패턴, 그리고 동기는 중류층에 맞추어진 도전 과제에 맞추기가 어렵다. 미국은 열 가지 언어를 쓰는 37개의 유럽 국가에서 온 사람들이 정착하여 만들어진 나라임을 명심하라. 유럽계 미국인은 지금의 미국의 일부가 된 다문화주의의 창시자이다. 오늘날 이민은, 유럽계 미국인은 줄어들면서 전 세계화되었다. 50개 주 중 40개 주의 청소년 인구의 10% 이상이 비유럽계이다. 2000년 인구조사에서 1990년대보다 토박이와 새로운 이민자 모두가 미국 전역에 널리 퍼져 있음이 밝혀졌다(Tilove, 2003). 영유아 관련 직업에 종사하는 성인은 문화가 아동 발달에 끼치는 영향을 반드시 인식해야 한다(사진 7-5).

사진 7-5 교사들은 다양한 배경의 아동들과 일하기 위해서는 반응적이고 개방적일 필요가 있다.

혼혈 아동과 가족

다문화 인구가 증가함에 따라 혼혈 아동의 인구도 증가한다(Morrison & Bordere, 2001; West, 2001; Baxley, 2008). Burrello(2004)는 2000년 인구조사에서 700만 명의 미국인이 자신을 혼혈이라고 응답하였다. 2010년까지는 900만 명을 넘을 것이다. 18세 이하 아동의 4.2%가 혼혈이다. 인구조사에 따르면 1970년부터 1995년 사이에 혼혈 부부가 4배 증가하였다. 오늘날 미국 태생 19명의 아동 중 1명이 혼혈이다.

Wardle(2001)에 따르면 1980년대 이후 다문화 개념과 반편견 교육이 널리 퍼져 있지만 흑백 혼혈아와 다문화 아동은 배제되어 왔다. 1970년대 이후 순혈의 아기가 15% 증가한 것에 비교해 혼혈 아기는 260% 증가하였다(Wardle, 2001). 영유아를 위한 프로그램은 이런 아동의 특성을 존중하여 그들의 흥미, 재능, 문화를 고려한 교육과정을 제공해야 한다. West(2001)는 이런 아동을 제3문화 아동이라고 칭하고 그들이 두 문화(또는 그 이상)를 잇는 다리가 될 수 있으므로 그들에게 풍부한 배경을 제공하여 교실의 자산이 될 수 있어야 한다고 주장하였다.

Morrison과 Rodgers(1996)는 흑백 혼혈 아동의 발달은 연구와 교육 분야 모두에서 크게 무시되어 왔다고 지적하였다. Morrison과 Rodgers는 부모 한쪽이 앵글로 · 색슨계 미국이고 한쪽이 아프리카계 미국인 아동의 문제가 모든 혼혈 아동들이 갖는 문제와 동일하다고 믿는다. 역사적으로 그리고 현재에도 이러한 아동은 아프리카계 미국인으로 여겨진다. 그러나 문화 정체성은 아동의 자아 개념의 중요한 측면이고 그들이 두 인종의 존재로서 수용되지 않는다면 그들에게 어려움이 되는 것이다. Morrison과 Rodgers(1996, p. 30)에 따르면 두 인종 혼혈 아동의 정체성은 그들의 이중 민족 혈통의 조합으로서 보아야 한다. 비록 변화가 매우 빨리 일어나고 있지만 이중 혈통은 일반적인 것으로 인식되지는 않는다. 예를 들어서 개인 정보 간에 두 인종 혼혈 범주가 없다. Morrison과 Rodgers는 3학년 아동에게 어떤 범주를 택해야 하는가에 대한 설명을 주었다.

> 나의 엄마의 친할머니와 외할머니 모두 남부 텍사스 출신의 미국 인디언이며, 친할아버지와 외할아버지는 모두 아프리카계 미국인이다. 나의 아빠의 아버지는 서부 루이지애나에 정착한 쿠바인이고, 그곳에서 나의 아빠의 아버지는 크리올 사람(프랑스, 스페인, 미국 인디언, 그리고 아프리카인의 혼혈인)인 나의 할머니를 만나서 결혼하였다.

영유아와 그들의 가족과 관련된 직업에 종시하는 사람은 이중 혼혈을 인식하고 수용할 준비가 필요하다.

심화학습 당신이 거주하고 있는 지역 이외의 다른 민족/문화 집단을 아는가? 그 집단을 찾아서 그들에 대해 아는 것을 적어 보라. 만약 당신이 당신 이외의 다른 문화 집단의 일원과 알고 지낸다면 당신이 그들에 대해서 얼마나 알고 있나 점검해 보라. 당신이 알고 있는 지식이 정확하고 세밀하였는가? 다른 문화에 대해 새롭게 알게 되었는가? 이 장에서 제공한 정보와 비교해서 얼마만큼 알게 되었는가? 이 정보가 유아 전기아와 그들이 가족과 일하는 직업을 가진 성인인 당신에게 도움이 될 수 있는가?

문화 양식과 교육의 연결

문화 집단이 그 집단의 대부분의 구성원에게는 맞는 신념과 관습을 가지고 있지만, 그 문화 안의 각 개인과 가족은 독특한 점을 갖고 있다. Hilliard(1989)는 **문화 양식**과 **문화 인습** 간의 갈등을 이야기하였다. 문화 양식은 한 집단의 개성이다. Hilliard는 양식을 "한 인간 또는 한 집단에서 습관처럼 된 행동의 일관성"(p. 67)이라고 정의하였다. 양식은 학습된 것이며 타고난 것이 아니므로 변화되고 수정될 수 있다. 한 사람은 한 가지 이상의 양식을 학습할 수 있고 또 필요하다면 양식을 바꿀 수 있다. 문화 양식은 초기 아동기에 깊이 뿌리를 내린다. 그리고 아동이 입학하면 학습경험으로 일반화된다. Posey(1997)는 세 가지 미국 인디언 문화와 2개의 태평양 섬의 문화의 모델을 대상으로 교사의 양식을 분석하였고, 그것이 서구 또는 유럽계 미국인 모델과 다르고 더 복잡하다는 것을 알아냈다. 미국 원주민과 태평양 섬주민계 아동은 학교에서 한 가지 교수 실제 모드를 통해 학습을 하는데, 그것은 전통 학교의 실제와 다르다. Hilliard는 그 차이는 교사와 학생 양식 간의 부조화라기보다는 교사가 사용하는 교수 양식이 잘 전달되지 않기 때문이라고 지적하였다. Donmoyer와 Kos(1993), Swadener와 Lubeck(1995), 그리고 Tubachnick와 Bloch(1995)가 이 관점을 지지한다. 교사는 고정관념으로 학생을 볼 수 있다. 예를 들어 높은 성취 학생보다 낮은 성취 학생에게 교사는 요구를 적게 하며, 질문을 하고 기다리는 시간이 짧고, 질문을 반복해 줌으로써 지지하는 것이 덜하고, 단서를 주고 새로운 질문을 함으로써 다르게 취급한다.

Hilliard(1989)는 교사가 양식의 차이를 잘못 읽을 때 문제가 된다고 생각한다. 양식의 차이를 잘못 읽으면 교사는 아동을 낮은 수준으로 가르치고 그들의 잠재 능력을 발휘할 기회를 주지 않게 된다. 교사는 양식의 차이를 이해할 필요가 있는데, 정형화된 신념 때문이 아니라 직접적인 관찰 때문이면 이 정보를 활용하여 그들의 학생을 좀 이해하고 의사소통하여야 한다.

Irvine(1990)은 교사가 개발해야 할 몇 가지 특성을 제안한다. 교사는 마음을 열고 학생들을 관찰하고 유용한 결정을 하는 사려 깊은 실천가가 되어야 한다. 교사는 언어와 역사를 포함한 학생의 문화를 습득할 필요가 있다. Hauser와 Thompson(1995)은 Paula라는 1

문화 양식(cultural style) 한 집단의 개성
문화 인습(cultural stereotyping) 어떤 집단의 모든 구성원이 동일한 신념을 갖고 동일한 행동을 한다는 신념

학년 학급의 교사를 설명하였다. 학생은 여러 문화 출신이며, 심지어 라오스어, 크메르어, 러시아어, 스페인어를 포함한 다양한 모국어로 이야기하며 영어를 쓰지 못하거나 영어를 쓰는 데 한계를 갖고 있었다. Paula의 반은 성실한 학생은 바쁘고 열성적이고 약간은 시끄럽게 하면서 열심히 하고 있다. Paula 반 학생의 학부모는 학교와 가정은 별개이며 학교는 부모에게 외국과 같은 곳이다. 그러므로 Paula는 학생의 배경에 대해서는 조사하지 않고 학생의 장점을 찾는 것에 초점을 맞추었다. Paula는 다음과 같이 모든 학생은 배울 수 있다는 신념으로 시작하였다.

> 나는 나의 학생이 잠재력이 있는 동기를 갖고 있다고 생각한다. 그들은 탈락하지 않을 것이다. 그들은 스스로부터 그리고 집단으로부터 동기화된다. 그들은 의지와 결단력을 갖고 있

현실에서의 아동 발달

다문화 반편견 교육

초기 아동기 교육과정은 다문화적이고 반편견적이어야 한다(Byrnes & Kiger, 2005). 다문화 교육은 민족의 다양성을 존경하도록 고안되어 있다. 다문화 교육은 모든 아동에게 매일의 경험을 통해 이루어져야 한다(de Melendez & Berk, 2007). 이것은 이번 주의 '주제'이지만 다음 주에 잊혀지는 것이 되어서는 안 된다. 그것은 유아교육 프로그램 전반에 거쳐서 완성되어야 할 태도이자 학습 접근이며, 특히 자아 개념과 사회 개념 영역 안에서의 아동 발달이다.

반편견 교육은 특히 영유아와 그들의 교사를 위해 고안된 다문화 모델의 하나이다(de Melendez & Berk, 2010). 편견은 "한 사람을 그 사람의 정체성을 이유로 불공평하게 취급하는 것을 정당화라는 태도, 신념, 감정"으로 정의한다(Derman-Sparks & Edwards, 2010, p. xi). 반편견 교육은 모든 아동과 가족을 위해서 '최고'라고 생각하기를 원하는 교사에게 전략들을 제공한다. 반편견 교육은 선입견, 고정관념, 그 외의 편견에 도전한다. 반편견 교육은 부속적인 것이 아니라 정규 교육과정 안에 통합되어 있다.

반편견 교육은 네 가지 중요한 목적을 갖는다(Derman-Sparks & Edwards, 2010, p. xi),

1. 각 아동은 자각성, 유능감, 가족 자존감, 그리고 긍정적인 사회 정체감을 보인다.
2. 각 아동은 인간의 다양성, 언어의 다름, 인간관계에 대한 깊은 애정을 표현한다.
3. 각 아동은 불평등함을 인식하고 불평등이 주는 상처를 이해하고 불평등함을 말로 표현하게 된다.
4. 각 아동은 선입견, 차별적 행동에 맞서서 혼자 또는 다른 사람들과 함께 행동하여 권한을 보여 준다.

학습적 접근의 예는 다음과 같다.

1. 목적 1: 아동의 사회적 정체감(예: 인종, 문화 성, 경제 계급)을 탐색하여서 자아 개념 활동을 한다.
2. 목적 2: 아동 간의 유사점과 차이점을 탐색한다.
3. 목적 3: 신체적 장애, 피부색, 사회경제적 수준의 다양성에 관한 잘못된 생각과 고정관념을 평가한다.
4. 목적 4: 아동이 경험하거나 지각한 불공평한 일에 대해 토론한다.

출처: Byrnes, D. A., & Kiger, G. (2005). *Common bonds: Anti-bias teaching in a diverse society* (3rd ed.). Olney, MD: Association for Childhood Education International; de Melendez, W. R., & Berk, V. (2010). *Teaching young children in multicultural classrooms: Issues, concepts, and strategies* (3rd ed.). Belmont, CA: Wadsworth Cengage; Derman-Sparks, L., & Edwards, J. O. (2010). *Anti-bias education for young children and ourselves*. Washington, DC: National Association for the Education of Young Children Learning.

다. 속된 말로 손쉽게 되는 것이 아니다. 모든 책과 모든 예술품이 그러하듯이 우리가 하는 모든 것은 새롭고 위대하다(Hauser & Thompson, 1995, p. 213).

Paula는 협동, 자율, 의사소통, 동료 간 협조를 강조한 자신의 이론을 교실 안에서 실천하였고, 아동에게 스스로 선택한 그 집단 안에서 함께 작업하고 선택하고 집단토론에 참여하도록 격려하였다. Paula는 2개 언어 개인교사와 함께 협동해서 일하였다. Paula의 전체 목표는 학생이 사회성 기술의 발달, 의사소통 능력, 강한 자아감을 갖는 것이었다. Paula는 다양한 문화를 가지고 있는 학생이 자신의 이전 학습 방법과 이미 습득된 학습 방법의 지각을 응용할 수 있는 장을 마련한 것이다.

3 학습에 영향을 주는 특별한 환경

아동의 발달과 학습에 점점 더 큰 영향을 주는 세 가지 요인은 아동학대, 어린 자녀가 있는 노숙 가족, 이민자의 증가이다. 이 장에서 이 세 가지 영역을 자세히 살펴보자.

학대와 방임

아동보호기금(Children's Defense Fund, 2005a)에 따르면 2003년에 약 300만 명의 아동이 아동학대와 방임의 피해자로서 조사와 평가가 의뢰되었다. 국가적으로 약 90만 명의 아동이 학대의 희생자로 확인되었다. 63.2%는 방임 희생자이다. 가장 많은 희생자는 출생에서 3세의 아동이다(29%). 희생자의 반 이상이 7세 또는 7세 이하이다. Lansford, Dodge, Pettit, Crozier와 Kaplow(2002)는 아동기에 겪은 신체적 학대의 장기적 영향을 연구하였다. 그 결과는 아동기의 학대 경험은 사춘기의 심리, 행동 문제를 일으킨다는 것이었다.

약물과 폭력으로 인한 가족 스트레스가 학대와 방임의 증거와 관련이 있다. 직계가족이 아닌 입양 아동이나 친척들이 키우는 아동이 늘어난다. 후천성 면역결핍 증후군(AIDS)으로 부모를 잃은 아이가 늘어난다. 심각한 정서적 장애를 갖고 있는 300만 명가량의 아동의 3분의 1만이 적절한 보살핌을 받고 있다. 정서 장애 아동을 보호하기 위해서 좀 더 가족 중심, 지역사회 기반 접근을 하려면 조기에 장애를 파악하고 상태가 심각하게 악화되지 않도록 자금을 투입하고 있다. 학대받고 방임된 아동은 그들의 발달 잠재력에 도달하는 데 불리하다.

미국의 모든 주에서는 학대가 의심될 경우에는 교사와 같은 전문가가 보고하도록 의무화되었다(Gootman, 1993; Children maltreatment in America, 2006). English(1998, p. 41)는 주요 학대의 형태를 다음과 같이 정의한다.

- 신체적 학대: 양육자가 신체적으로 아동에게 상처를 입히거나 죽음에 이르게 하는 행

위이다. 예를 들어, 아동을 발로 차기, 깨물기, 흔들기, 찌르기, 주먹으로 치기 등이다. 손바닥으로 때리는 것도 멍이 들거나 상처가 나면 학대로 분류된다.

- **성적 학대**: 가해자의 성적 만족을 위해 성기의 삽입, 성기 접촉을 동반한 추행 등을 하거나 강요하는 행위이다. 아동의 성적 착취와 아동 포르노도 포함된다.
- **방임**: 부모나 양육자가 건강관리, 영양, 주거, 의복, 애정, 관심, 적절한 감독을 거부하거나 지연하는 행위이다.
- **정서적 학대**: 거절, 고집화, 위협, 무시, 개악시키는 등의 행위이다. 예를 들어 구금, 언어 폭력, 수면 방해, 음식과 주거를 제공하지 않고 가정폭력, 약물 남용, 범죄 행위를 시키거나 심리적 돌봄을 거부하거나 그 외 아동에게 위해가 되거나 위해의 위험이 있는 행위이다. 정서적 · 심리적 학대가 적용되기 위한 중요한 요인은 학대가 지속적이고 반복적이어야 한다는 점이다.

쉽게 발견할 수 있는 학대와 방임의 표시는 다음과 같다.

- **열악한 신체적 보살핌**: 아동이 지저분하고 더러운 옷을 입고 학교에 온다. 아프거나 약한 아이를 병원에 데려가지 않는다. 아동이 영양 불량에 배고파 한다. 아동이 피곤해하고 짜증을 낸다.
- **신체적 폭행**: 아동의 몸이 멍들어 있거나 뼈가 부러져 있거나 상처를 입고 있다.

성적 학대, 정서적 학대는 알아채기 어렵다. 학교를 떠나기 싫어하거나 성지식을 잘 알거나 성적 놀이를 하는 것을 통해서 학대받는 것이 나타날 수 있다. 급격한 행동의 변화, 퇴행적 행동, 위축, 물러서서 성인을 관찰하기, 토론, 이야기하기 또는 그림을 통해서 나타날 수도 있다(Meddine & Rosen, 1986).

불행히도 특수아동은 학대와 방임의 희생자가 되기 쉽다(Goldman, 1993; Disabled Children, 1994). 즉, 특수아동이 가진 장애로 인해 그들의 취약함이 가려질 수 있다. 예를 들어 특수아동들은 의사소통에 한계가 있다. 정형외과적 문제가 있는 아동은 신체적 학대에 의한 상처도 아동들이 스스로 넘어지거나 상처를 낸 것으로 변명을 하는 데 이용될 수 있다. 부모는 장애 아동에게 너무 많은 기대를 하거나, 좌절감으로 그들을 학대하거나, 기대를 하지 않아서 그들의 욕구를 무시할 수도 있다. 영유아기의 장애 아동은 특히 성적 학대에 취약한데, 그들이 다른 아동에 비해 양육자에게 많이 의존하기 때문이다. Goldman(1993)은 아동 양육 담당자가 이런 아동의 중요한 방어선이 될 수 있다고 언급하였다.

아동학대는 익명으로 신고할 수 있다. 대부분의 도시에는 아동학대 긴급 직통전화가 설치되어 있다. 점차 회원이 늘어나고 있는 익명의 학부모 집단에서 부모를 도와 그들이 문제를 직면하고 그것을 조절할 수 있는 방법을 찾도록 돕는다. 오랜 기간 또는 단기간 아동학대를 당한 피해자는 모두 부정적인 영향을 받는다(Leiter & Johnson, 1997; English,

1998). 아동학대 피해자는 신체 성장이 지체되고, 성적 접촉에 의한 병에 감염되고, 심한 심리적 문제를 갖게 되거나 심한 사회 부적응을 보일 수 있다. Leiter와 Johnson(1997)은 피학대 아동과 방임된 아동은 학교성적이 떨어지고 결석이 많아지고 제적의 비율이 높아지고 유급의 비율도 높아지고 특수 학급에 배치되는 경우도 상대적으로 높아진다는 사실을 발견하였다.

시카고 종단연구의 자료(Raynold & Robertson, 2003)를 보면 저소득층 부모를 위한 유아원/유치원/초등 수준의 지지 프로그램에 참여한 아동과 부모는 비교 집단에 비해 학대의 비율이 줄었다는 것을 확인할 수 있다. Title I Child-Parent Centers(CPC) 프로그램에 참여한 아동과 부모는 비교 집단에 비해 학대의 비율이 줄었다. 특히 유아원 참여자의 학대 비율이 줄었다. 중요한 요인은 부모 참여와 동일한 유아원과 유치원에서 동일한 초등학교로 입학한 경우 그 효과가 있었다고 하였다.

노숙과 빈곤

미국 전역에서 노숙 인구가 급증하고 있다(Anderson, 2011). 평균 아동 50명당 1명이 노숙을 경험한다. 실업을 하고 주택을 상실하는 비율이 늘어나면서 불안정하고 부적절한 주택 또는 실질적인 **노숙**의 위험에 직면하는 아동 수가 늘어나고 있다(Garland, 2010). 이러한 노숙 가족은 매우 다양하다. 부모 모두 실직하여 집을 구할 수 없는 경우, 엄마가 가출한 경우, 노숙과 빈곤의 배경을 갖고 있는 엄마, 궁핍한 가족을 위한 일시적 원조(Temporary Assistance for Needy Family)를 받고 있는 엄마가 있다. 그들이 주거하는 쉼터, 노숙자 숙소는 보통 음침하고 비위생적이다. 많은 노숙 가족은 쉼터나 노숙자 숙소에 들어가지 않고 빈 건물, 자동차에서 지내거나 친구나 친척의 집에 일시적으로 얹혀 산다.

노숙인은 황폐한 정신과 불량한 신체건강으로 고통을 겪는다. Solaz(1988)는 보스턴 연구에서 노숙 아동은 심각한 발달 문제와 정서 문제가 있음을 밝혀냈다. 예를 들어서 가정 양육 아동의 16%에 비해 노숙 유아 전기아의 절반이 최소한 한 가지 심각한 발달 지체를 보였다. 다른 연구자는 2.5~5세의 노숙 아동을 아동 보육 기관에서 관찰하였고, 그들은 여러 가지 행동 문제—짧은 집중력, 약한 충동 조절, 위축, 공격성, 언어 지체, 퇴행—를 보였다. 아동보호기금(Children's Defense Fund)에서는 노숙 아동 문제를 해결하려고 끊임없이 노력한다. 초등 연령 노숙 아동의 40%가 학교에 출석하지 않는 것으로 추정된다. 학교에 다니는 아동 중 많은 수가 유급된다. 그들은 부모가 직업을 찾는 동안 나이 어린 동생을 돌보아야 하기 때문에 학교에 가지 못하기도 한다. 그들이 이사하면 전학을 해야 하고 그러면 학업의 연속성이 깨어져 버린다.

노숙(homelessness) 가정이라는 안정된 장소를 갖고 있지 않은 상태

Anderson(2011)은 학교가 노숙 아동에게 낮 시간 동안 안식처를 제공할 수 있다고 제안하였다. 학교에서 그들에게 지원 서비스와 구제 서비스를 제공할 수 있다. 어떤 학교 체계는 쉼터 안에 학교를 열기도 한다. 어떤 학교 체계는 노숙 아동을 위한 특별 학급을 갖추기도 한다. 어떤 곳은 정규 학습 안에서 특별한 서비스를 제공하고 있다. Anderson(2011)은 학교에서 욕실, 깨끗한 옷, 칫솔질, 균형 잡힌 식사 제공과 같은 특별한 서비스를 제공하는 것에 대한 설명을 한다. 교육 구성요소는 개별화된다. 그러나 노숙 가족과 의사소통을 하기 위해 신뢰를 형성하는 것은 어렵다(Swick & Bailey, 2004). Swick과 Bailey는 노숙 가족과 함께 일하는 것에서 중요한 점은 그들의 강점을 찾아서 키워 주는 것이라고 강조한다.

아동보호기금은 빈곤층의 주택 부담금을 경감해 줄 것을 정부에 요청하였다. 빈곤층의 주택 부담금은 임금에 비해 빠른 속도로 오르고 있어서 점점 더 많은 가족들이 집을 살 수 없게 되었다. 빈곤 문제는 여전히 점점 더 커지고 있다(Children's Defense Fund, 2005a). 나라가 번영하고 있는데도 아동 6명당 1명이 가난하게 살고 있다. 소득의 성장이 공평하지 않기 때문이다. 현재의 아동은 20년 전이나 30년 전보다 더 가난하다.

이민자 가족의 아동

미국의 학령기 아동의 25% 정도가 이민자이거나 이민자의 자녀이다(Haskins & Tienda, 2011). 그들은 학교에서 애를 쓰고 있다. 그들의 가족은 집에서 영어를 쓰지 않을 수 있다. 그들은 빈곤선 아래의 경제 수준에서 부모는 직업을 구하기 위한 기술이 없거나 저임금 직업을 갖고 있을 수 있다. 그들의 부모는 불법 체류자이거나 미국에서 태어난 자녀는 부모가 추방될 수 있기 때문에 그들이 합법적인 미국 시민이라 할지라도 불안정한 상태에 놓이게 된다.

심화학습 이 장의 배경 정보와 다문화와 반편견 교육과정에 관한 참고문헌을 더 읽고 학급 안에서 적용될 수 있는 다문화와 반편견 표준의 기준을 만들어 보라.

요약

1 아동 학습의 계획에서 가족의 역할 설명하기

아동의 복지는 영아기와 초기 아동기의 학습에 뿌리를 둔다. 부모와 양육자는 아동의 최적 발달을 지원하는 중요한 역할을 한다. 성인이 아동을 가르치는 방식은 매우 다양하다. 어떤 방식은 다른 것보다 학습 증진적 접근을 하기도 한다. 아동은 의사소통을 명확하게 하고 성취에 대한 높은 기대, 성숙된 언어, 규칙 기반 규율, 자율적 조절과 함께 긍정적인 태도로 가르칠 때 성장하는 것 같다. 엄마와 아빠 모두 여아보다 남아에게 인지적 자극을 좀 더 제공한다. 엄마가 직업이 있으면 아빠가 자녀 양육을 좀 더 많이 한다. 부모와 양육자의 교육과 영유아의 교육에 가족 참여는 프로그램 개발에 중요한 부분이 된다. 특수 아동을 위한 법에서 가족과 전문가가 함께 협력할 것을 요구한다.

2 발달에 영향을 미치는 사회문화적 요인 설명하기

문화와 사회적 다양성도 역시 영유아의 학습에 영향을 준다. 영유아 관련 직업에 종사하는 성인은 가족과 아동의 사회문화적 배경에 대해서 알고 그것을 교육과정과 교수 계획에 활용해야 한다. 중요한 문화 집단은 앵글로계 또는 유럽계 미국인, 아프리카계 미국인, 라틴계 미국인, 아시아와 남태평양 섬주민계 미국인, 서아시아계 미국인, 미국 원주민이 있다. 혼혈 아동의 수도 점점 증가하고 있다. 집단 내의 다양성도 증가하고 있는데, 특정 지역 배경, 미국에 이주해서 살아온 기간, 사회경제적 수준, 지역 차이 때문이다. 교사는 생활방식이 다름을 이해하고 이러한 다름을 아동 학습 향상을 위한 교수법에 적용해야 한다. 모든 아동을 위한 교육과정은 다문화적이고 반편견적이어야 한다.

3 아동학대, 노숙, 이민 생활방식이 아동 발달에 미치는 영향 설명하기

빈곤층은 점점 증가하고 있고, 그것은 노숙을 동반한다. 학대도 중요한 문제로 떠오르고 있다. 이민자 가족과 그들의 자녀도 역시 많은 문제점에 직면한다. 이러한 요인들이 아동 발달에 부정적인 영향을 준다.

제 08 장 유전, 환경, 그리고 발달

이 장과 관련된 표준

naeyc

NAEYC 프로그램 기준

1b: 출생에서 8세까지의 발달과 학습에 영향을 미치는 다양한 요인들을 알고 이해하기

DAP

발달에 적합한 실제(DAP) 지침

5: 가족과 호혜적인 관계 형성하기

학습목표

1. 영유아와 일하는 성인들이 아동의 개인사를 아는 것이 중요한 이유를 설명한다.
2. 본성/양육(유전/환경)의 논쟁점을 설명한다.
3. 유전과 환경이 서로 영향을 미친다는 관점을 이해한다.
4. 아동 발달에서 유전의 중요성을 설명하고, 유전 관련의 상담이 필요한 시기를 인식한다.
5. 태내 환경 위험 요인을 기술한다.

1 유전과 환경의 중요성

유전과 환경 요인들은 아동 발달 과정에 영향을 미친다. **유전적** 요인들은 수정(受精)될 때 결정된다. **환경적** 요인들은 수정이 일어나는 순간부터 영향을 미친다(163쪽의 '현실에서의 아동 발달' 참조). 영유아와 일하는 성인은 수정 시기부터 아동 발달을 이해할 필요가 있다. 수정 시기부터 아동 발달에 관한 지식을 갖고 있는 성인은 아동이 발달 과정상 어디쯤에 와 있는지를 어림잡을 수 있다. 아동을 돌보게 될 성인은 사전에 부모와 대화를 나누면서 아동 발달에 영향을 미쳤던 결정적 배경 요인들에 대한 정보를 얻을 수 있는 질문도 할 수 있다(사진 8-1). 이러한 정보는 아동의 현재 행동을 평가하고 해석하는 데 유용하다.

사진 8-1 부모가 아동의 개인사를 설명한다.

2 수정: 본성과 양육/유전과 환경

정자가 난자 속으로 들어가서 아기가 형성되기 시작하는 순간에 모계의 특징과 부계의 특징이 혼합되어 하나 또는 하나 이상의 새로운 개체가 형성된다. 다태아 출산의 경우, **일란성 다태아**는 한 개의 난자에서 발달되어 수정 후 두 개 이상으로 분할된 것으로, 동일한 유전적 특징들을 갖는다. **이란성 다태아**는 별개의 다른 난자가 동시에 수정되어 발달한 것이다. 아동들에게 계승된 유전적 특징들에는 피부와 머리와 눈의 색, 잠재적인 신체적 크기와 비율, 잠재적 기질과 인지적 특성 같은 특징들이 포함된다. 일단 수정 순간이 지나가면, 환경은 아동이 자라면서 학습하는 것들에 강력한 영향력을 미치기 시작한다. 과거에는 유전과 환경에 대한 상대적 영향이 주요 관심 영역이었다. 이러한 **본성 대 양육**의 논쟁은 몇 년 동안 지속되어 오다가(예: Wolfe, 1972; Baumrind, 1993; Jackson, 1993; Scarr, 1993; Kagan, 1994), 점차 많은 발달심리학자들은 **상호작용주의자** 관점으로 기울어졌다(Horowitz,

유전적(hereditary) 수정할 때 결정된 발달 요인들을 기술하는 용어

환경적(environmental) 수정이 일어나자마자 작용하기 시작하는 발달 요인을 기술하는 용어

일란성 다태아[monozygotic(MZ) siblings] 한 개의 난자가 수정 후 두 개 이상의 부분으로 나뉘어 발달한 형제. 따라서 각 개체에 동일한 유전적 특징이 나타난다.

이란성 다태아[Dizygotic(DZ) siblings] 분리된 난자들이 동시에 수정되어 발달한 형제

본성 대 양육(nature vs nurture) 유전과 환경이 아동 발달에 미치는 상대적 영향력

뇌 발달

경험과 뇌 구조

경험은 뇌 구조를 변화시킨다. 뇌 발달은 활동 의존적이라고 할 수 있다. 모든 뇌 회로의 전기적 활성이 회로 구조를 만든다. 신경 회로는 전기적 흐름을 통과하는 정보를 처리한다.

모든 새로운 경험은 특정 신경 회로를 자극한다. 회로는 사용할수록 더 강해진다. 사용하지 않은 회로는 폐기되거나 가지치기가 된다. 이러한 과정을 통해 회로가 간결해지면서 더 빠르고 효율적으로 작동하게 된다.

출처: http://main.zerotothree.org.

1989; Kagan, 1994).

상호작용주의자들은 유기체의 다양한 잠재적 행동들이 발달 과정이나 환경적 기회에 따라 발달할 수도 있고 발달하지 않을 수도 있다고 판단한다. 발달을 통제하는 것은 유기체의 유전적 요인도 아니고 그렇다고 환경도 아니다. 발달 과정 그 자체가 결정적 요인이며 통제 요인이다. 태내기에 일어나는 것은 특정 행동들이 출현할 가능성을 결정하는 데 중요한 역할을 한다. Horowitz(1989)는 모든 인간 발달에서 보편적 특성이 있음을 지적한다. 즉, 모든 전형적 인간의 발달에는 규칙성이 존재한다. 차이가 있다면 단지 규칙성이 한 개인에게서 드러나는 방식뿐이다. 예를 들어 언어는 보편적이지만, 언어의 구성은 개인차와 관련된 사회문화적 맥락에서의 경험에 의해 결정된다. 환경은 발달을 촉진할 수도 있고 그렇지 못할 수도 있다. 유기체는 외부 힘에 대해 취약하거나 아니면 방어적일 수 있다. 유기체는 적절한 발달 결과에 도달할 수도 있으며, 그렇지 않으면 최소 수준의 발달에 머물 수도 있다. 유기체는 손상되거나 손상되지 않을 수 있다. 발달에는 많은 차원들이 있다. 특정 아동을 조사하거나 한 집단의 아동들을 연구할 때, 우리는 발달 질문에 관한 단순한 원인 결과 또는 유전/환경의 답을 있는 그대로 받아들이지 말고 모든 증거를 조사해야 한다. Kagan(1994, p. A64)은 생물학적 요인(유전)과 행동(환경) 간에 다음과 같은 관련성이 있음을 시사한다.

> 다행스러운 것은, 그 어떤 인간의 심리학적 프로파일도 유전적 요인만의 결과는 아니라는 점이다. 철학자 W. V. O. Quine의 수려한 문장을 재인용해 보면 다음과 같다. 모든 행동은 생물학적 요인이라는 검은색 실과 경험이라는 흰색 실로 짜여진 옅은 회색의 옷감이지만, 그 옷감에서 완전히 검은색 실이나 흰색 실을 구별해 내는 것은 불가능하다.

미국국립연구회의(National Research Council)에서는 신경생물학, 행동과학, 사회과

상호작용주의자(interactionist) 아동이 발달 과정이나 환경적 기회에 따라 발달할 수도 있고 발달하지 않을 수도 있는 다양한 잠재적 행동들을 갖고 환경 속으로 들어간다고 보는 사람.

학 분야에서 유전과 환경의 관계성을 살펴본 아동 초기 발달에 관한 연구들을 검토하였다(Shonkoff & Phillips, 2000). 과학 지식은 다음과 같은 내용에 대하여 더 깊은 이해를 제공해 주었다(From neurons to neighberhoods, 2005).

1. 유전과 환경의 높은 상호작용적 영향력뿐만 아니라 뇌 발달과 인간 행동의 전개에 미치는 생애 초기 경험의 중요성
2. 초기 관계의 중추적 역할

연구자들이 협력하여 본성과 양육의 관계를 검토한 결과, 발달에서 본성과 양육의 상호작용에 대한 새로운 이해의 문이 열렸다. 즉, 본성과 양육은 더 이상 대립 요인이 아니라 보완적 요인으로서, 본성 대 양육이 아니라, 양육을 통한 본성의 표현으로 간주되어야 한다는 것이다. 유전은 발달을 제한하는 것이 아니라 환경과 더불어 작동하는 것으로 간주된다. 부모와 양육자들은 아동의 행동을 읽어 내는 법을 배워 나가면서 아동의 요구와 기질에 맞는 환경을 창출해야만 한다. 예를 들어, 매우 활동적인 아동은 신체적으로 활동적인 놀이를 제공해 주는 환경이 필요한 반면에, 수줍어하는 아동은 자신보다 활동적인 아동들에게서 벗어난 조용한 장소가 필요할 수 있다. 유전적 특징은 환경 요인에 의해 통제될 수 있다. 뇌 발달도 더 이상 유전적으로 강하게 통제된다고 보지 않는다. 뇌 발달의 기본 과정이 유전 인자에 의해 통제된다 할지라도, 뇌가 저장하고 사용하고 창출하는 정보는 환경에서 온다. 뇌가 학습할 준비가 되었을 때, 환경은 그에 적절한 경험을 제공해 주어야만 한다.

이제 우리는 이러한 점을 염두에 두고 유전과 환경이 연구되는 방식을 살펴볼 것이다.

3 수정 후: 환경과 유전의 상호 영향

앞에서 언급한 것처럼, 유전과 환경의 복잡성은 과학자들의 호기심을 계속 자극한다. 과거 연구자들도 유전과 환경의 각 요인이 인간 행동에 얼마나 기여하는지를 결정하는 데 초점을 맞추어 연구하였지만, 오늘날에 와서야 두 요인 간의 상호작용 과정에 대한 연구가 올바른 방향으로 나아가고 있다고 여겨진다. 심지어 일란성 유전 인자를 가진 태아들조차도 자궁 내 위치로 인해 태내기 동안 다른 환경에서 시작하는 것이며, 그것은 그들의 태내 발달에 영향을 미칠 것이다(Wolfe, 1977). 쌍둥이의 태내 발달 과정은 여러 가지 요인으로 인해 달라진다. 예를 들어, 쌍둥이는 각각 자궁의 다른 부위에서 출산을 기다리고 있으며, 그들의 탯줄도 태반의 다른 부위에 연결되어 있다. 쌍둥이는 각자 자신만의 순환계를 갖고 있으므로 모체로부터 받아들이는 영양소의 양이 다를 수 있다. 먼저 태어난 쌍둥이는 더 좁은 출산 통로를 지나가야 하기 때문에 더 힘든 시간을 거쳐 이 세상에 나오게 된다. 두 번째로 태어나는 쌍둥이는 첫 번째 쌍둥이의 출산을 기다리는 동안 산소 부족을 겪을 수 있다. 따라서 수정 순간에 같은 유전적 배경을 갖고 시작한 일란성 쌍둥이조차도 다른 환경

사진 8-2 일란성 쌍둥이는 동일한 유전 인자를 갖고 있다. 그러나 환경은 그들에게 다른 방식의 기회를 제공한다.

을 살아가게 된다(사진 8-2). Peter Wolfe는 다음과 같이 결론을 내리고 있다.

> 수정 순간부터 탄생 순간까지 유전과 환경은 분리될 수 없는 요인으로 발달에 기여한다. 유전과 환경을 구분 짓는 것이 어떤 기술적 논의에서는 유용하지만, 이는 실제 발달 과정과는 상관없이 인위적으로 구분된 개념이다(Wolfe, 1972, p. 15).

오늘날 발달심리학자와 행동유전학자들은 서로 교류하며 협력적 연구를 진행하고 있다(Shonkoff & Phillips, 2000; From neurons to neighborhoods, 2005). **행동유전학자**는 유전과 환경이 양방향으로 상호작용하고 영향을 준다고 본다. 행동발달유전학은 유전 연구(유전학)와 행동 발달에 미치는 환경의 영향을 결합시킨다. 앞서 언급한 바와 같이 행동유전학은 유전과 환경의 양방향적 상호작용과 영향에 관심을 갖는다. 즉, 환경이 유전에 미치는 영향뿐만 아니라 유전이 환경에 미치는 영향을 찾는다. 행동유전학자들은 유전 인자를 정적이지 않고 능동적인 것으로 간주한다. 행동유전학자들은 아동을 환경에 맞추어 나가도록 변화시키기보다는 아동들의 개인차에 맞추어 환경을 어떻게 조절할 수 있는지에 특히 관심을 기울인다.

과거 본성/양육 연구는 유전과 환경이 행동에 기여하는 요인을 발견하기 위한 방편으로 입양아 연구와 쌍둥이 연구에 초점을 맞추고 수량적 공식을 개발하였다. 그러나 유전 연구가 폭발적으로 일어나면서, 이제는 좀 더 정확한 정보를 얻을 수 있게 되었다. 예를 들어, 기질적으로 적대적인 아동들은 좀 더 순한 성향의 아동들보다 부모(계부모 또는 친부모)로부터 가혹한 처벌을 받을 가능성이 높다. 또한 가혹한 훈육은 아동의 부정적 행동 수준을 증가시킨다. 자폐, 조현병, ADHD, 반사회적 행동과 같은 아동기 장애는 유전 가능성의 정보를 더 많이 제공해 준다. 유전과 환경이 행동과 발달에 얼마나 영향을 미치는지를 고려하기보다는 유전된 특성의 발달을 변경시킬 수 있는 환경적 중재를 살펴보는 것이 더 생산적인 것으로 간주한다(Shonkoff & Phillips, 2000; Form neurons to neighborhoods, 2005).

생각해 보기

당신이 만난 적이 있는 쌍둥이나 세쌍둥이를 떠올려 보라. 유전과 환경이 쌍둥이들의 유사성과 차이에 어떻게 기여하는지를 생각해 보라.

4 유전학

유전학은 살아 있는 유기체에 유전적 특징을 전달하는 요인들에 대한 연구이다. 과학자들

행동유전학자(behavioral geneticists) 유전과 환경을 양방향적 상호작용과 영향으로 보는 사람들

은 유전학 연구를 통해서 한 세대에서 다음 세대로 전달되는 특징을 예측할 수 있다. 예를 들어, 푸른 눈의 남자와 갈색 눈의 여자가 결혼한다면, 그들이 푸른색 눈과 갈색 눈을 가진 자손들을 가질 가능성이 얼마인지를 예측할 수 있다(Wolfe, 1972). 또한 유전학자들은 신체가 단백질을 적절히 이용하지 못하는 페닐케톤 요증(PKU), 과도한 출혈성 소인을 가진 혈우병 같은 질병을 가진 자녀를 낳을 가능성을 예측할 수도 있다. 자녀에게 그런 부정적 소인이 전달될 것인지를 알아내기 위하여, 수정되기 이전에 부부에게 검사를 시행할 수 있다. 또한 수정 이후에도 이러한 요인들과 기타 다른 요인들이 존재하는지를 측정하는 검사가 이루어질 수 있다. 아동의 성별도 알아볼 수 있다. Cole, Cole과 Lightfoot (2005)은 태내기 동안 확인할 수 있는 질병이나 조건들을 다음과 같이 예시해 주고 있다.

- 다운 증후군: 지적 · 신체적 지연이 일어난다.
- 헌팅턴 무도병: 중년기에 중추신경계와 신체가 악화된다.
- 클라인펠터 증후군: 청년기에 남자의 성적 성숙이 발달하지 않는다.
- 근이영양증(근육 퇴행 위축): 근력이 저하되고 쇠약해진다.
- 페닐케톤 요증(PKU): 단백질을 정상적 방식으로 소화시킬 수 없다.
- 겸형 적혈구 빈혈증: 적혈구 세포가 비정상적이다.

생식 계열 유전자 치료의 절차는 의사들이 여성의 난자, 남성의 정자 또는 며칠 된 배아의 유전 인자를 변경시키기 위해 사용하는 방법이다(Joyce, 1998). 이 방법의 목적은 앞서 기술한 유전적 질병과 장애를 전달하는 유전 인자를 제거하는 것이다. 예를 들어, 한 여성은 자신이 알츠하이머병의 초기 발생을 초래하는 유전 인자를 갖고 있다는 것을 알게 되었다(Weiss, 2002). 그녀의 38세 된 자매는 알츠하이머병으로 인해 이미 무능력해졌고, 남자 형제도 35세 때부터 증상을 보이기 시작하였다. 그녀의 아버지는 42세에 죽었다. 따라서 그녀가 자녀에게 알츠하이머병 DNA를 전달할 가능성이 50%였다. 그녀는 유전학자를 찾아가서, 자신의 난자 23개를 추출하여, 그중 유전적 돌연변이가 없는 난자들을 확인하여 남편의 정자와 수정시켰다. 네 개의 배아를 자궁에 착상시켰고, 그중 한 개에서 딸을 낳았다. 이러한 절차의 사용은 중요한 문제를 불러일으킨다. 어떤 장애 상태로 발전될 가능성을 제거하거나 아동의 생명을 연장시킨다는 면에서는 멋진 일이지만, 유전적 치료를 할 여력이 있는 사람들은 자녀들을 주문하여 디자인할 가능성도 있다.

앞의 예에서 보여 주듯이, 유전학 연구는 Gregor Mendel이 유전자를 발견한 1886년 이후 상당히 진전되어 왔다(Young, 1981). **유전자**는 유전의 생물학적 단위이다. 유전자는 각 염

유전학(hereditary) 살아 있는 유기체에 유전적 특징을 전달하는 요인들에 대한 연구

생식 계열 유전자 치료(germ-line gene therapy) 의사들이 여성의 난자, 남자의 정자 또는 며칠 된 배아의 유전 인자를 변경시키기 위해 사용할 수 있는 절차

유전자(gene) 유전의 생물학적 단위

색체에서 특정 위치에 있다. **염색체**는 유전을 통제하는 주요 단위이다. 각 유전자의 유전적 정보는 **DNA**란 물질 안에 포함되어 있다. 과학자 Kary Mullis(Dwyer, 1993)는 실제 유전자 또는 DNA 조각을 재생시키는 방법을 고안하였고, 그 결과 DNA의 절단면이 스스로 복제해 나갈 수 있게 하였다. 많은 생물학 실험실들에서 Mullis의 절차를 적용하여 유전학에 대한 더 나은 정보를 제공해 주는 연구를 수행하고 있다.

수정될 때 한 개인이 받아들여 자신만의 독특성을 만드는 유전자 세트를 **유전자형**이라 부른다. 개인의 외적 모습은 **표현형**과 관련되며, 환경과 유전적 요인에 의해 결정된다. 인간은 23쌍으로 된 46개 염색체를 갖고 있다. 한 쌍을 제외한 모든 쌍들은 비슷한 짝을 이루고 있다. 23번째 쌍은 성을 결정한다. 여자는 X와 X이며, 남자는 X와 Y이다. 이러한 유전자의 전달은 개인의 성별에 따라 결정된다. 여자는 어머니와 아버지로부터 각각 X 염색체를 물려받는다. 남자는 어머니로부터 X 염색체를, 그리고 아버지로부터 Y 염색체를 물려받는다. 키, 머리 색깔과 눈 색깔, 그리고 지문 형태 같은 특질은 여러 가지 유전 인자들의 조합에 의해 결정된다.

다른 분야의 연구는 인간 게놈(genome, 유전체)에 대한 연구이다. 게놈은 인간 유전 인자의 완전한 세트를 포함한다(Gillis & Weiss, 2000). 수정해서 죽을 때까지 모든 인간의 생물학을 지배하는 것은 유전적 지시이다. 과학자들은 신체가 어떻게 작동하는지를 좀 더 이해하기 위하여 게놈의 모든 정보를 해독하는 시도를 하고 있다. 그들은 그 정보가 질병의 이해, 치료법의 개선과 완치를 이루어 낼 것이라고 희망한다. 미국의 인간 게놈 프로젝트는 인간 DNA에서 20,000~25,000개의 유전자를 확인함으로써 2003년도에 그 목적을 달성하였다(Human Genome Project, 2005).

인간 게놈 프로젝트는 질병과 관련된 유전자를 발견하는 데 영향을 미쳤다. 30개 이상의 유전자가 유방암, 근육 관련 질병, 시각 장애, 청각 장애와 연관되어 있음이 확인되었다. DNA 배열은 심장 혈관 질환, 당뇨병, 관절염, 암과 같은 일반적 문제들과 관련이 있음이 밝혀졌다. 생물학자들은 이제 개별적 유전자의 연구를 넘어서 전체 게놈 배열을 연구하고 있다. 분자유전학 분야는 인간의 특정 행동과 특징들의 기저를 이루는 특별한 유전자들을 발견할 수 있는 희망을 보여 주고 있다. 심리학과 분자유전학의 공동 연구는 본성/양육 상호작용에 대한 더 구체적 정보를 제공해 줄 수 있을 것이다.

Kronstadt(2008)는 유전학과 경제적 이동(economic mobility)에 대한 흥미로운 프로젝트를 보고하였다. 그 프로젝트는 유전과 환경 요인이 사회경제적 지위(SES)에 어떻게 영향

염색체(chromosomes) 유전을 통제하는 주요 단위

DNA(deoxyribo nucleic acid) 유전 정보를 담고 있는 복잡한 분자

유전자형(genotype) 수정될 때 한 개인이 받아들여 자신만의 독특성을 만드는 유전자 세트

표현형(phenotype) 유전자형을 반영한 개인의 측정 가능한 외적 특징들

을 미치는지를 조사한 것이다. 앞서 언급하였듯이, 다양한 인지, 신체 및 정신건강 특질이 유전적으로 전달되어 사회경제적 결과의 차이로 연결될 수 있다. Kronstadt는 유전학이 특정 행동학적 결과의 가능성을 증가시키지만, 그것이 빈부의 결과를 낳으려면 특정 환경적 특질이 존재하여야만 한다고 조심스럽게 설명하고 있다. 인지적 능력은 자극이 풍부한 환경에서 더 증진될 수 있는 강한 유전적 구성 요소를 갖고 있음을 지지해 주는 증거가 있다. 가족은 SES가 높을수록 자녀의 인지적 능력을 충족시켜 주기 위해 더 많은 지원을 해줄 것이다. 건강도 역시 중요한 요인이다. 많은 의학적 조건들, 예를 들어 암, 천식, 심장 혈관 질환, 그리고 당뇨병과 같은 많은 질병들이 기본적으로 갖고 있는 유전적 요소들 중 어떤 요인들은 사람이 성취하고자 하는 능력에 영향을 미칠 수 있다. 정신적 질환도 SES와 관련이 있다. 즉, 양극성 질환, 조현병, 단극성 우울 모두 유전적 요소들을 갖고 있다. 환경적 스트레스원이 이러한 질환의 정도를 증가시킬 수 있으며 경제적 성공을 달성하고자 하는 사람의 능력을 방해할 수 있다. 기질적 속성도 유전되는 특질로, 부모의 양육 방식과 상호작용하게 된다(14장과 17장의 논의 부분을 참고). 부모들은 순한 자녀와 까다로운 자녀에게 다르게 반응한다.

유전 상담

부모들과 예비 부모들의 유전 문제를 도와주는 유전 상담을 하는 전문 직업이 새로이 등장하고 있다(The genetic counselor, 1977). 유전 상담자들은 부모들이 자녀 출산에 대한 주요 결정을 내리는 것을 돕는다. 예를 들어, 어떤 부부가 자녀를 가지려고 생각하고 있다. 그 부부는 아내 가계에 혈우병이 있다는 것을 안다. 유전 상담자는 자녀가 이 질환을 갖고 태어날 가능성을 조언해 줄 수 있다. 그때 부부는 자녀를 가질 것인지를 선택할 수 있다. 또 다른 예로, 한 여성이 아직 태어나지 않은 아이의 유전적 결손의 가능성에 대한 태내 정보를 알고 싶어 한다고 가정해 보자. 그녀가 유전적 판별 검사를 받고자 할 때 태내 정보를 얻을 수 있는 여러 가지 방법들 중에서 선택하게 될 것이다(Berk, 2005).

> **생각해 보기**
>
> 당신은 유전자를 수정할 가능성에 대하여 어떻게 생각하는가? 그것의 이점은 무엇인가? 위험 요인 또는 단점은 무엇인가?

양수천자는 일반적으로 사용되는 방법이다. 임신 16~17주경에 양수를 표본 채취한다. 양수는 태아의 성별을 밝혀 줄 수 있으며 출산 시 결손 가능성을 70%까지 알려 줄 수 있다. 이 절차는 아동의 성별을 궁금해하거나 출산 시 결손 가능성에 대하여 관심이 있는 임신 여성들에게는 일반화되어 있다.

또 다른 방법은 **융모막융모생검**이다. 이 방법은 초음파로 태아 위치를 확인하며 자궁 경부로 태아경(fetoscope)을 삽입한다. 그다음에 융모막 융모로부터 세포를 떼어 낸다. 융모

양수천자(amniocentesis) 양수를 표본 채취하여 태내 정보를 얻는 방법

막 융모는 배아를 자궁에 정착시켜 주는 막 세포의 돌기 부분인데, 약 10주경에 사라진다. 융모막융모생검 절차의 장점은 양수천자보다 일찍 시행할 수 있으며(임신 8주경), 이 시기에는 인공 유산이 더 안전하다는 것이다. 그러나 자연 유산의 위험성은 양수천자보다 2배 정도 더 높다.

태내 정보를 얻는 데 흔히 사용되는 세 번째 방법은 **초음파**이다. 인간의 귀로 들을 수 없는 고주파음을 모체의 복부에서 자궁으로 전달시킨다. 그러면 다시 태아로부터 되돌아온 반사파가 전기적 충격으로 전환되어 그 신호가 TV 모니터에 태아 이미지를 보여 준다. 이 절차는 임신 여부를 확인해 주고, 다태 임신을 알려 주며, 발달 이상을 탐지해 주며, 양수천자나 자궁 내 태아 처치와 같은 진단적 절차를 도와준다.

만약 부부가 자신의 가계에서 유전적 구성상 혈우병, 낭포성 섬유증, 겸형 적혈구 빈혈증, 다운 증후군, 취약 X염색체 증후군, 또는 테이 삭스병이 의심되거나 알고 있다면, 그들은 임신을 결정하기 전에 유전 상담을 받고 싶어 할 수 있다(Adams, 2011)(**사진 8-3**). 상담자는 부부에게 가계사에 대하여 질문하고 그들이 특별히 우려하는 많은 사실들에 대한 정보를 알려 준다. 그런 다음에 상담자는 그 부부가 임신을 시도할 것인지에 대하여 최선의 결정을 내릴 수 있도록 도와주려 할 것이다. 상담자는 이미 유전적 결함이 있는 자녀를 둔 부부가 또 다른 자녀를 가질 것인지에 대한 결정을 내릴 때에도 도움을 준다. 게다가 임신한 부부가 출산 또는 유산 여부를 결정하도록 도울 수 있다.

유전학에서 결정을 내린다는 것은 신중을 기해야 할 문제이다(Zellen, 2011). 얼핏 보면 결함이 있는 아기가 출산될 수를 감소시킨다는 면에서 경이로울 수 있다. 그러나 윤리 도덕적 문제가 관련된다. 수정이 이루어지면 낙태 문제가 제기된다. 수정하기 이전에 주의를 받았던 부모는, 결함이 있는 아이를 임신할 위험성을 제거하기 위해 불임 시술을 받아야 할 것인지가 문제이다. 결함이 있는 아이를 낳게 된다고 하더라도 낙태를 하지 않겠다고 결정하는 일이나 영원히 아이를 갖지 않는 것을 고려하는 일도 고통스러울 수 있다. 어떤 결정을 내리든 쉽지 않다. 유전 상담을 원할 때, 부부는 너무 많은 것을 앎으로써 오는 위험성과 어떤 결정에 의해 초래될 다양한 결과들을 주의 깊게 설명해 줄 수 있는 잘 훈련되고 우수한 상담자를 만나는 것이 중요하다. 유전 검사를 할 때 정서적 · 실제적인 측면을 고려해야

사진 8-3 유전 상담사는 부부가 미래의 자녀에게 미칠 잠재적 유전 문제를 알아보기 위해 자신들의 가족사를 살펴보도록 도와준다.

융모막융모생검(chorionic villus sampling, CVS) 융모막 융모로부터 세포를 떼어 내어 태내 정보를 얻는 방법

초음파(ultrasound 또는 sonography) 고주파음을 사용하여 전기 충격으로 돌아오는 정보를 얻는 방법

현실에서의 아동 발달

후생유전학

후생유전학(epigenetics) 분야는 본성과 양육 사이의 격차를 이어 주는 가교 역할을 해준다(What is epigenetics? 2011). 후생유전학은 유전자 발현을 조절하는 유전체 부분들의 화학적 반응, 그 외에 이러한 변화에 영향을 미치는 요인들을 연구한다(learn.genetics.utah.edu, 2011). 후생유전학은 유전적 부호의 변화를 다루지 않지만 다음 세대로 전달되는 유전 활동의 변화를 살핀다(Cloud, 2011). 연구들은 (기아, 과식, 또는 부모 흡연으로 인해 거의 죽음에 이르는 것과 같은) 강력한 환경 조건이 난자와 정자에 흔적을 남겨 새로운 특질을 전달시킨다는 것을 입증하고 있다. 반면에, 과학자들은 나쁜 유전자를 침묵시키고 좋은 유전자를 깨울 수 있는 새로운 약물을 개발하고 있다, 이 연구는 유전이 암, 조현병, 자폐증, 알츠하이머병, 당뇨병 등과 같은 질환에서 주요 기능을 하는 유전자를 끊는 수단을 제공해 줄 수 있다. 후생유전학은 쌍둥이와 형제 그리고 남아와 여아가 다르게 발달하는 이유를 설명해 줄 수 있다. 컴퓨터에 비유하여 게놈을 하드웨어로, 후생유전학을 소프트웨어로 간주한다. 후생유전학 정보는 본성/양육 논쟁을 끝낼 수 있을지도 모른다. 현재 인간 후생유전체 프로젝트(Human Epigenome Project)는 게놈 지도를 만들어 낸 것처럼 후생유전학 지도를 만들고 있다. 후생유전학 분야의 연구는 유전 상담에 대하여 더 많은 정보를 제공해 주며 태내기 이전과 태내기 동안에 이상적인 건강 실제를 지원해 준다.

출처: Cloud, J. (2010, January 6). Why your DNA isn't your destiny. *Time*, http://www.time.com; What is epigenetics? *The epigenome*, retrieved 10/22/11 from http://epigenome.eu

한다(Ubell, 1997). 결과들이 항상 분명한 것은 아니다. 암의 경우처럼 답을 찾는 것이 생명을 구하는 일이지만, 정서적 · 재정적 부담이 뒤따른다. 예를 들어 직업을 바꿀 때, 개인의 건강 기록상 유전적 정보에 따라 건강보험의 적용 범위가 제한될 수 있다. 유전 치료가 새로운 희망이다. 유전 인자들을 더 많이 규명해 낼수록, 위험한 유전 인자들이 제거될 수 있다. 유전 치료에서 이른바 정상적 유전 인자를 게놈에 주입하여 '비정상적' 질환 유발 인자를 대체한다. 그러나 지금까지는 유전 치료의 성공이 제한적이며, 실험적 절차로서만 인정되고 있다. 아직 FDA의 승인을 받지 못하고 있다(BERIS, 2011).

심화학습 급우들과 다음 주제를 갖고 토론을 해보라. 유전 또는 환경 중에서 어느 것이 발달에 더 영향을 미치는가? 여러분 각각이 논쟁의 한쪽 입장을 취한다. 각 입장을 지지해 주는 5분 발언을 한다. 여러분의 주장을 제시한 다음에 다른 사람의 입장을 논박하기 위한 5분을 갖는다. 급우들은 투표를 해서 논쟁의 승자를 가린다.

5 환경의 위험성

세계보건기구(WHO)는 아동들을 위한 안전 환경 캠페인을 적극적으로 하고 있다(World Health Day, 2003). 매년 4월 7일이면 세계 보건의 날을 경축한다. 건강한 장소여야 하는 가정, 학교, 지역사회가 불행히도 세계의 많은 아동들에게 안전하지 않다. 건강하지 않은 환경에는 병균, 기생충, 질병을 일으키는 곤충들이 서식하고 있다. 전 세계 10억 인구의 절반이 되는 아동들이 말라리아, 뎅기열, 콜레라 및 기타 질병에 감염되어 있다. 가난, 갈등, 자연재해 및 인간이 만든 재난, 그리고 사회적 불평등도 아동 건강에 대한 위협 요인의 심각성을 더 부추긴다. 다양한 환경적 위험 요인으로는 안전하지 않은 식수, 부적절한 위생, 실내 공기 오염, 부적절한 식품 위생, 빈약한 주거 환경, 부적절한 폐기물 처리 등이 있다. 위험한 화학 독성 폐기물, 소음 및 산업 공해, 장난감 및 가정용품에서 나오는 안전하지 않은 화학물도 아동에게 해를 끼칠 수 있다. 특히 미국에 만연된 두 가지 위험 분야는 물질 남용과 HIV/AIDS이다.

물질 남용

약물과 알코올 남용은 아동들에게 상당히 위험하다. 아동기 초기에는 예방이 일차 방어선이다. 만약 아동이 아동기 초기에 긍정적 행동을 획득할 수 있다면, 교육을 마치고, 물질 남용을 피해 훌륭한 시민이 될 가능성이 높다(Preventing drug abuse among children and adolescents, 2005). 방어적 요인에는 자아 통제력 학습, 부모의 밀접한 모니터링, 학문적 능력의 완성, 반마약 정책에 대한 참여, 이웃과의 강한 연대 등이 포함된다. 가족을 떠나서 학교로 들어가는 시기와 같은 중요한 전환기가 약물 남용의 위험이 가장 높은 기간이다. 미국국립약물남용연구소(The National Institute on Drug Abuse, NIDA)는 주로 남용되는 비처방 및 처방 약물에 대한 정보를 제공해 준다.

메타암페타민(Methamphetamine) 또는 메스(meth)는 "뇌 체계를 강하게 활성화시키는 중독성 각성제이다."(NIDA InfoFacts: Methamphetamine, 2005). 중추신경계가 활성화되면 잠이 달아나고, 신체 활력이 증진되며, 식욕 저하 · 호흡 증가 · 고체온 · 도취감 등이 나타난다. 다른 결과로는 초조함, 불면증, 혼동, 전율, 경련, 망상증 및 공격성 등이 나타날 수 있다. 고체온과 경련으로 사망에 이를 수 있다. 미국마약단속국(The Drug Enforcement Administration, DEA)은 메스의 위험성에 대한 공식 자료를 제시해 주고 있다(FACTSHEET, 2011). 메스는 도시가 아닌 그 어느 곳에서도 문제가 된다. 메스의 성분이 값싸고 손쉽게 구할 수 있기 때문이다. 이른바 탁상용 실험실이 부엌이나 창고 같은 편리한 장소의 작업대에 갖추어져 있다. 메스의 화학 성분이 매우 유독하고 폐기물이 땅이나 냇가에 버려지기 때문에 사용자뿐만 아니라 환경에도 매우 위험하다. 제조 과정에서 생성된 화학적 증기가 건물의 벽과 카펫에 스며들어, 종종 거주할 수 없는 실험실 건물로 만든다. 메스 '요리사들'인 아동들은 유독 환경으로 인한 위험에 처해 있다. "작년에 검거된 메스 실험실의 20% 이상에 아동들이 있었다"(FACTSHEET, 2011).

스파이스(spice)는 향료 또는 목욕용 소금처럼 불법적으로 거래되는 허브 혼합물 계통을 묘사하는 용어이다. 스파이스는 건조시켜 잘게 쪼갠 식물 원료를 조합한 화학물로 향정신성 효과를 낸다. 그 효과는 마리화나와 유사하지만, 어떤 화학물의 효과보다 훨씬 더 강력하다. 또한 조성도 매우 다양하다. DEA에서 특정의 기본적 유형들을 금지하고 있지만, 더 많은 연구가 이루어져야 한다. 어떤 주에서는 스파이스와 같은 생산품의 금지를 제도화하였다. 스파이스는 항상 흡연으로 남용된다. 주유소와 담배 판매처에서 항상 판매된다(NIDA InfoFacts, 2011).

NIDA는 담배, 알코올, 마리화나, 헤로인, 코카인과 같은 주로 남용되는 약물의 목록을 제시하고 있다(NIDA, 2011a). NIDA는 다양한 진정제, 모르핀 유도제 및 흥분제를 포함하여 널리 남용되는 처방 약물의 목록도 제시해 준다(NIDA, 2011b).

부모와 아동의 정서적 유대인 애착은 많은 연구의 초점이었다(10장, 11장, 14장, 17장). Rodning, Beckwith와 Howard(1989)은 태내기에 약물에 노출된 걸음마기아들의 애착과 놀이의 조직화 수준을 조사하였다. 애착과 놀이 상황에서 약물에 노출된 걸음마기아들과 미숙한 상태로 출생한 걸음마기아들을 비교하였다. 두 집단 모두 저소득층이고, 두 집단의 어머니 모두 산전 건강관리를 전혀 받지 못하였거나 부적절한 산전 관리를 받았다. 각 놀이 상황에서 약물 남용의 걸음마기아들의 수행이 발달적으로 뒤처져 있었으며, 양육자와의 애착도 부정적이었다. 계속 약물 남용을 하는 어머니와 살고 있는 걸음마기아들이 가장 불완전하게 애착되어 있었다. 가장 큰 결손은 자발적 놀이에서 나타난다. 약물 남용의 걸음마기아들은 자발적 놀이와 표상놀이가 적으며, 그 놀이의 조직화 수준도 낮았고, 다양성이 적으며, 활동을 완전하게 마무리하지 못하였다. 비록 성인 주도의 구조화된 과제에서는 좀 더 적절하게 수행하였지만, 전형적인 걸음마 수준의 활동들을 조직할 수 없었다. 그들의 얼굴은 기쁨도 고통도 없는 덤덤한 표정이었다.

AIDS 노출

인간 면역결핍 바이러스(Human immunodeficiency virus, HIV)는 **후천성 면역결핍 중후군(AIDS)**의 원인이 되는 바이러스이다(Testing HIV positive, 2005). HIV 치료를 받으면 AIDS의 발병을 예방할 수 있다. AIDS는 면역 체계를 파괴한다. 면역 체계가 없는 신체는 감염과 암에 맞서 싸울 수 없다. HIV/AIDS에 감염된 어머니에게서 태어난 아기들은 즉각적 검사와 필요시 치료를 받아야 한다. 이 영아들은 모유를 통해 HIV에 감염될 수 있기 때문에 모유 수유를 해서는 안 된다(HIV positive women and their babies after birth, 2005).

태내 AIDS 노출이 증가되면서, 산후 또는 소아 AIDS(AIDS에 걸린 13세 미만의 아동)가 유행병처럼 확산되었다. 이 아동들은 인지 및 운동 능력 영역에서 심각한 발달 지체를 보

후천성 면역결핍 중후군(acquired immunodeficiency syndrome, AIDS) 면역 체계를 공격하는 바이러스에 의한 감염성 질환

여 준다. 좀 더 효율적인 치료가 개발되면서, 성장, 신체 구성, 신진대사 영역에서 새로운 문제들이 표면화되었다(Growth, body composition, and metabolism, 2005). 신체 성장, 건강 및 영양에 대한 장에서 좀 더 자세히 다룰 것이다. 우리가 할 수 있는 일은 예방에 좀 더 주의를 기울이는 것이다. 특히 10대들이 취약하며, HIV/AIDS 감염을 피하기 위해서 성 관계의 절제, 주사기의 공동 사용 금지 등과 같은 단계적 교육을 받을 필요가 있다. 그 외에도, 약물과 알코올과 같은 물질은 저항력을 낮추고, 의사결정력을 흐리게 하기 때문에, 10대들은 약물과 알코올을 함께 사용해서는 안 된다. 이러한 조언은 10대와 마찬가지로 성인에게도 해당된다. HIV/AIDS는 어떤 연령에서도 전염될 수 있다.

요약

1 영유아와 일하는 성인이 아동의 개인사를 아는 것이 중요한 이유를 설명하기

아동의 배경과 이전 경험에 대한 지식은 현재 발달과 행동을 평가하는 것을 도와줄 수 있다.

2 본성/양육(유전/환경)의 논쟁점을 설명하기

수정 순간에 어머니와 아버지에게 받은 유전적 요인이 개인에게 새로이 나타난다. 유전과 환경은 둘 다 발달 과정에 영향을 미친다. 과거에는 어떤 요인이 가장 영향력이 있는지를 논쟁하는 것이었다. 눈과 머리 색과 같이 어떤 특징들은 기본적으로 정해져 있지만, 다른 특징들은 발달 과정에서 유전과 환경의 상호작용에 따라 다양한 경로로 발달할 수 있다.

3 유전과 환경이 서로 영향력을 미친다는 관점을 이해하기

인간 게놈 프로젝트와 같은 최근 연구는 유전과 환경 요인 간에 상호작용을 한다는 생각을 지지해 주고 있다. 그 두 요인은 이제 독립된 요인이라기보다는 전체의 일부로서 서로 관련되어 있는 것으로 간주된다.

4 아동 발달에서 유전의 중요성을 설명하고, 유전 관련 상담이 필요한 시기를 인식하기

유전학은 살아 있는 유기체에 유전적 특징을 전달하는 요인들에 대한 연구이다. 유전학 연구에서의 진보는 수정 이전이나 수정 직후에 비정상성 또는 질환을 야기하는 유전적 소인을 규명할 수 있는 연구자의 능력을 증진시켜 주고 있다. 생명공학에서 새로운 발견은 유전 치료의 기회를 제공해 준다. 유전 치료는 인간의 질병 또는 장애 가능성을 만드는 유전 인자를 변형시키고 심지어는 제거할 수도 있다. 인간 게놈 프로젝트는 인간 유전학에 관한 상당한 양의 정보를 우리에게 제공해 주었다.

유전 상담가들은 유전 검사를 통해 얻은 정보를 이용하여 부부들이 임신을 시도하거나 결손이 있는 태아를 분만할 것인지에 대한 의사결정을 내리는 데에 도움을 준다.

5 태내 환경 위험 요인을 기술하기

환경 속의 많은 위험 요인들이 아동들에게 영향을 끼칠 수 있다. 출산 전 물질 남용은 어머니와 아동 모두에게 해로울 수 있다. 특히 메타암페타민과 스파이스 같은 약물들 그리고 AIDS는 널리 확산되어 있어 아동들에게 위험하다. 다른 위험 요인들로는 안전하지 않은 식수, 부적절한 위생, 공기 오염, 부적절한 식품 위생, 빈약한 주거 환경, 부적절한 폐기물 처리 등이 있다.

제 09 장

수정과 태내 발달

이 장과 관련된 표준

naeyc

NAEYC 프로그램 기준

1b: 출생에서 8세까지의 발달과 학습에 영향을 미치는 다양한 요인들을 알고 이해하기

DAP

발달에 적합한 실제(DAP) 지침

5: 가족과 호혜적인 관계 형성하기

학습목표

1 수정과 임신에 이르는 일련의 과정들을 기술한다.
2 태내 발달의 세 단계와 그 특성들을 인식하고 기술한다.
3 태아에 영향을 미칠 수 있는 환경적 요인들을 나열하고 논의한다.
4 10대들을 포함하여 미래 부모들의 역할과 책임에 대해 논의한다.

1 임신

여러분이 이 교재를 읽다 보면, 다양한 연령과 발달단계에 있는 수많은 영유아들을 접하게 될 것이다. 이 장에서는 출생 전, 정자와 난자가 결합하는 수정부터 시작하여 이후 태내기 전 과정의 발달을 다룬다. 출생 전 아기 발달에 영향을 미칠 수 있는 환경적 요인도 살펴볼 것이다. 마지막으로, 태아를 돌보는 성인의 책임이 논의될 것이다.

약 28일의 생리 주기 중간 시점에 **난포**라 불리는 액체 주머니에 있는 여자의 **난자**가 한쪽 난소에서 떨어져 나와 복강을 향해 나아가며 난관으로 들어간다. 난자는 인간 세포에서 가장 큰 세포이다. 일단 난자가 난관에 도달하여 남자의 몸에서 나온 정자에 의해 수정될 수 있는 시간은 10~20시간이다.

남자는 수백만 개의 정자를 생성한다. 남자는 성교에 의해 절정에 도달하게 되면 **정액**을 사출하게 되는데, 여기에 3억 개 이상의 **정자**가 포함되어 있다. 정자의 길이는 1/600인치이며, 올챙이 모양이다. 정자의 수명은 24~48시간이다. 정자는 비교적 짧은 시간 안에 긴 통로를 여행하여 난자에 도달한다. 정자들은 질에서부터 경주를 하며 자궁 경부와 자궁을 지나 나팔관으로 올라가는데, 그곳에는 수정을 기다리는 난자가 있을 수도 있고 없을 수도 있다. 모든 정자가 똑같이 강하거나 빠르지 않다. 처음 방출된 수백만 개의 정자들 중 단 300~500개의 정자들만 난자에 도달한다. 만약 정자 하나가 난자의 외부 막을 뚫으면, 다른 정자들이 입구를 차지하지 못하도록 화학적 반응이 일어난다(Berk, 2005). **수정**되는 그 순간을 **임신**이라고 한다. 인간 발달은 난자와 정자가 **접합자**라 불리는 한 개의 세포로 결합되면서 시작된다(그림 9-1).

수태력은 수정 또는 임신에 성공적으로 기여하는 능력이다(Fogel, 2009). Fogel에 따르면, 여섯 쌍 중 한 쌍이 불임이며 가임기 동안 임신에 성공하지 못한다. 여성 불임의 원인은 난자가 성숙되지 않거나 배란되지 않아서, 또는 나팔관이 막혀 난자가 자궁까지 도달하지 못해서이다. 배란의 실패는 "과도한 운동이나 체중 감소, 당뇨, 과도한 알코올 섭취, 독성 화학물에 대한 노출, 성병 및 호르몬 불균형"(Fogel, 2009, p. 102)과 같은 치료 가능한 요인에 기인할 수 있다. 나팔관 폐색을 고치는 데에는 약물 치료와 수술 요법 둘 다 적용된

난포(follicle) 난자가 들어 있는, 액체로 채워진 주머니
난자(ovum) 여자의 생식 세포
정액(semen) 남자의 생식 기관에서 사출된 액체
정자(sperm) 남자의 생식 세포
수정(fertilization) 정자와 난자의 결합
임신(conception) 수정이 일어나는 순간
접합자(zygote) 난자와 정자가 결합하여 형성된 세포
수태력(fertility) 수정 또는 임신에 성공적으로 기여하는 능력

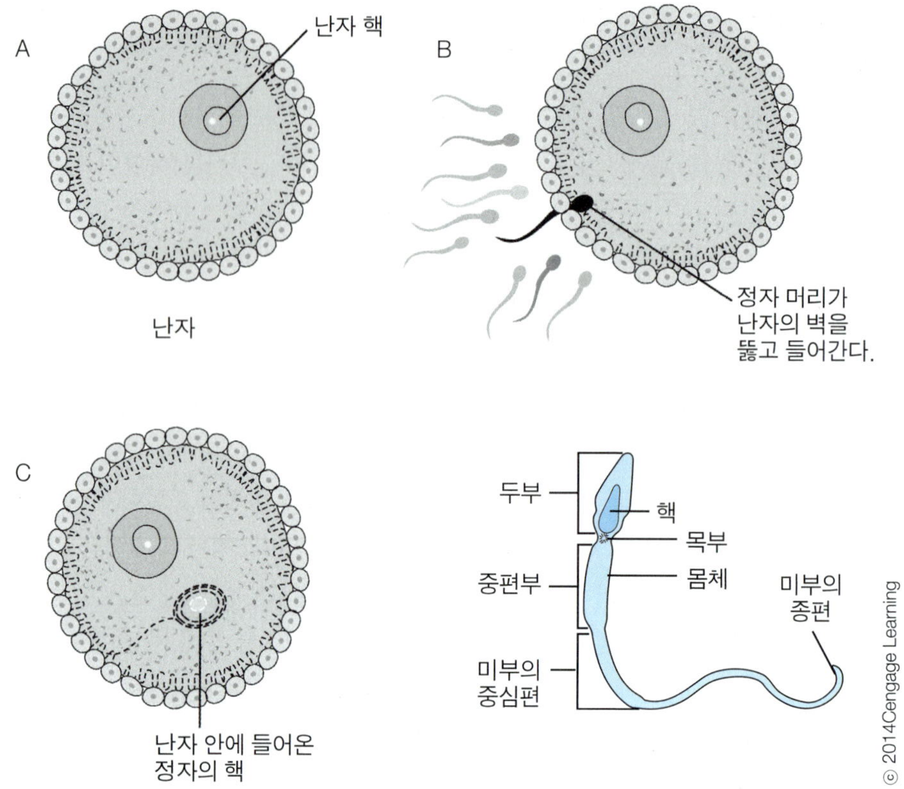

그림 9-1 올챙이처럼 생긴 정자는 난자에 비해 작으며 24~48시간 생존한다.

다. 가임 약물의 사용은 다태아 출산을 야기할 수 있다. 남성 불임의 원인은 "마리화나 및 흡연, 지나치게 죄이는 속옷의 착용, 뜨거운 사우나, 발기부전, 미숙한 사정 또는 사정의 실패"(Fogel, 2009, p. 120)일 수 있다. 이러한 원인들은 행동 변화나 성적 요법으로 치료될 수 있다. 고환의 미발육, 상해, 아동기 질환과 같은 원인들은 치료가 어려울 수 있다.

Fogel(2009)은 가임을 높이는 여러 가지 자연 요법들을 기술해 주고 있다. 예를 들어, 성교 시기를 배란 시작을 알리는 여성 체온 상승에 맞추어 조절할 수 있다. 자연 요법이나 약물 또는 수술적 방법, 그리고 기타 다른 방법들 중 그 어떤 방법으로도 가능하지 않다면, 여성의 몸에서 채취한 난자를 살균된 생물학적 배양기에서 남자의 정자와 결합시키는 **시험관 수정**을 해볼 수 있을 것이다. 만약 성공하게 되면, 난자와 정자가 결합된 접합체가 분할하고, 그리고 배아가 여성의 자궁에 착상하게 되면서 정상적 태내 발달이 이루어진다. 만약 정자가 너무 약해 난자 벽을 뚫고 들어가지 못하면, **세포질내 정자 주입**이란 방법을 사용하여 정자를 직접 주입할 수 있다(American Pregnancy Association [APA], 2011a). IVF 안

시험관 수정(in vitro fertilization, IVF) 실험실의 살균된 배양기에서 난자와 정자를 결합시켜 자궁에 착상시키는 것

세포질내 정자 주입(intracytoplasmic sperm injection) 정자를 난자에 직접 주입하는 과정

정성을 높여 준 주요 진전은 단일 배아 이식(single-embryo transfer)에 초점을 맞춘 것이다(Making babies, 2008). 이것은 다태아 출산 가능성을 줄인다. 다태아는 미숙아로 출산될 가능성이 높으며, 미숙아는 장기간 장애 또는 영아 사망 가능성이 높다. IVF의 고비용(11,000~15,000달러)으로 인해, 많은 부부들이 한 번에 두 명 이상의 아기들을 얻기를 원한다. 다소 논쟁거리가 되지만, 의학 문헌들은 한 번의 이식에 네 개의 배아로 제한하는 것이 적절할 것임을 시사하고 있다(APA, 2011a).

불임 부부가 부모가 될 수 있는 또 다른 방법은 난자 공여(egg donation)이다. 즉, 다른 여성이 공여한 난자를 IVF에 의해 착상시킨다. 난자 공여자는 21~35세여야만 한다. 공여자는 신체, 정신 및 유전적 준거를 충족시켜야만 한다. 공여자는 인종, 신장, 체격, 피부 유형, 눈 색깔, 머리색에서 자신과 매우 닮은 수혜자와 짝을 짓게 된다(State of New York Department of Health, April 2009).

생각해 보기

불임을 다루는 데 어떤 방법이 최선이라고 생각하는가? 그 이유는 무엇인가?

때로는 통제된 피임 방법으로 가임을 통제하고자 하는 요구가 있다. 가장 간단하면서 가장 저렴한 방법은 **자연 가족 계획**이다(Fogel, 2009, p, 97). 이 방법은 배란 날짜를 도표화하여 그 기간에 성교를 피하는 것이다. 다른 방법으로는 불임 수술, 경구피임약, 콘돔, 다이어프램(질격막), 살정자제, 피임용 패치, 링, 또는 지속적 금욕 등이 있다(Planned Parenthood, 2005). 어떤 나라에서는 출산율을 통제하고자 한다. 미국은 비교적 출산율이 낮지만, 브라질, 케냐, 인도와 같은 국가들은 비교적 출산율이 높다(Fogel, 2009, pp. 98-99). 인도는 빈곤하고 문맹률이 높아 자녀를 적절히 돌볼 수가 없다. 그러나 그들은 임신의 통제를 반대하는데, 그 이유는 생계를 유지하기 위해 많은 자녀가 필요하기 때문이다. 중국은 한 가족당 한 아이 정책을 실시하여 출산율을 낮추는 데 성공하였다. 가족 계획은 각 문화에 적합하게 적용되어야 한다.

2 태내 발달기

임신 기간은 **임신 주수**라고도 불린다. 임신 기간은 약 9개월 반이다(Berk, 2005). 임신 주수는 3단계로 나뉜다. 발아기(접합체, zygote: 수정에서부터 2주까지), **배아기**(3~8주), **태아기**(9주에서 출생까지)이다(그림 9-2). 자궁 내에 있는 시기 동안, 많은 변화가 일어나며, 많은 환경적 요인이 발달에 영향을 미친다(Nash, 2004/05). 모체가 숨쉬는 공기, 마시는 물, 먹는 음식 또는 약, 걸린 질환, 모체가 겪는 어려움 모두가 태아 발달에 영향을 미칠 것이

자연 가족 계획(natural family planning) 배란 날짜를 도표화하여 이 기간에 성교를 피하는 피임 방법

임신 주수(gestational period) 임신 기간으로, 항상 9개월 반 정도 지속된다.

배아기(embryo) 임신 주수의 두 번째 단계로, 임신 3주에서 8주까지의 기간

태아기(fetus) 임신 주수의 세 번째 단계로, 임신 9주에서 출산 때까지 기간

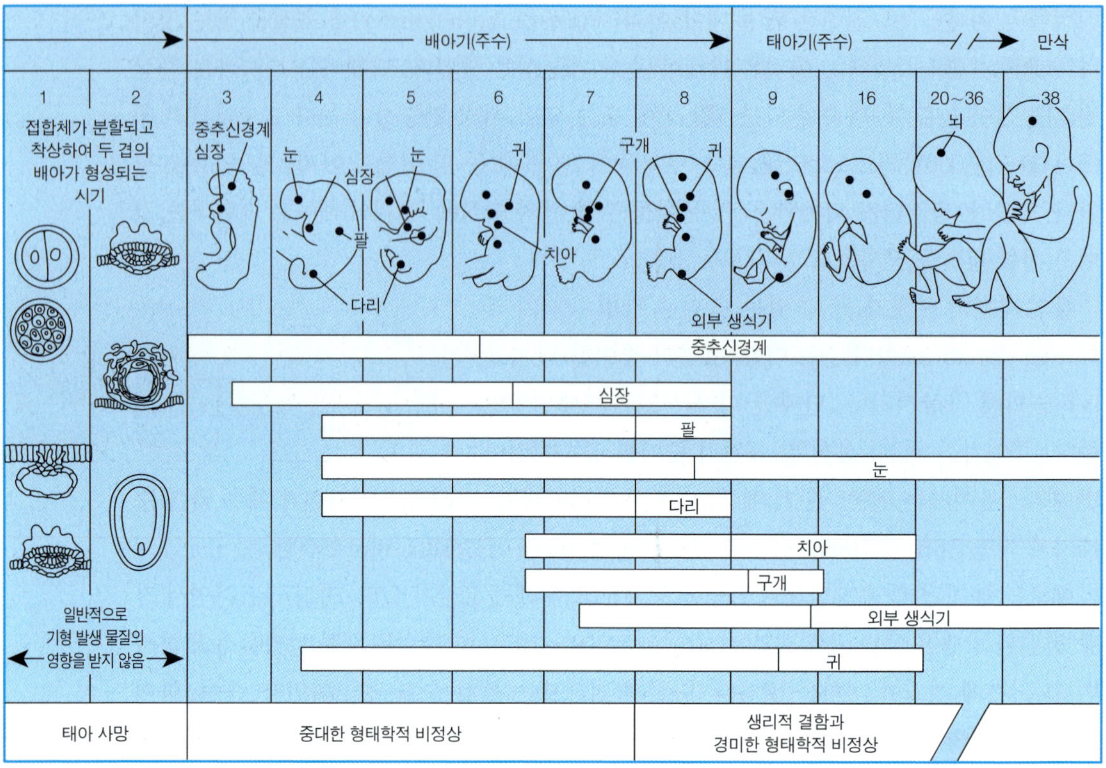

그림 9-2 태내 발달의 순서와 결정적인 위험 시기

다. CT 스캔, MRI, 초음파와 같은 기기는 수정에서 출산까지 발달 과정을 추적할 수 있게 해준다. 과학자들도 역시 태아 발달을 통제하는 화학적 신호와 스위치에 대하여 더 많은 것을 알게 되었다.

발아기(접합체)

첫 단계는 정자와 난자가 하나의 세포로 결합할 때 시작되며, 결합된 세포는 나팔관을 타고 자유롭게 떠내려온다. 이 단계는 약 2주간 지속된다. 이 기간에 세포 분열이 매우 빠르게 일어나며, 한 개의 세포가 수십억 개로 분열된다. 약 6일이 되면, 세포가 자궁에 도착하여 영양분을 얻기 위해 자궁 벽에 착상하기 시작한다. 발달 중인 태아를 보호하는 덮개로 영양분과 산소를 교환해 주는 매개체인 **태반**, 그리고 발달 중인 태아와 모체를 연결하는 생명선인 **탯줄**이 발달하기 시작한다(Nash, 2004/05; Pekkanen, 2004/05)(**그림 9-3**). 수정 후 4일째 되는 날 접합체의 형태가 변하기 시작한다. 세포의 두 개의 새로운 층이 형성된다.

태반(placenta) 발달하는 태아를 보호하며 둘러싸고 있는 것으로, 영양과 산소를 교환해 주는 매개체의 기능을 한다.
탯줄(umblical cord) 발달 중인 태아와 모체를 연결하는 줄

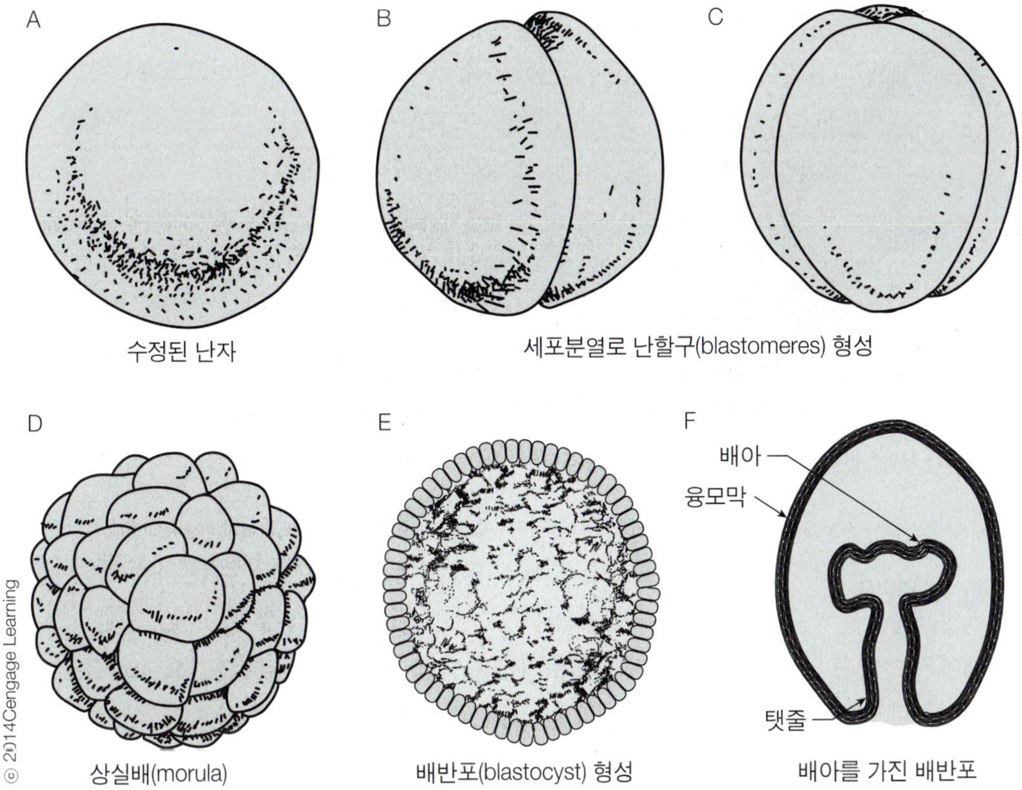

그림 9-3 수정에서 착상까지. 접합체는 여러 단계의 발달을 거치는데, 한 개의 세포에서 여러 개의 세포로 분할되어 배아로 발달한다.

한 층은 태반과 양막이 되며, 다른 층은 배아가 된다.

배아기

두 번째 단계는 접합체가 자궁 벽에 착상될 때 시작해서 약 8주까지 지속된다. 이 단계는 결정적 시기인데, 그 이유는 이 단계 동안 신체 부위의 95%가 나타나기 때문이다(Nash, 2004/05). 이 단계가 끝날 무렵, 발달하는 배아는 축소된 사람의 모습을 닮아 가기 시작한다(그림 9-4). 이 단계 동안 태아는 가장 취약하며, 약물, 알코올, 질병, 감염, 방사선, 빈약한 영양으로 인한 손상을 받는다(Berk, 2005). 독일 홍역에 걸렸거나, 코카인을 사용하였거나, 영양 공급이 빈약하였던 모체의 태아는 위험에 처하게 된다. 예를 들어, 임신 두 번째 단계에서 모체가 독일 홍역에 걸렸다면, 아기는 청각 및 시각 장애 또는 심장 질환을 갖고 태어날 위험에 처하게 된다.

태반의 발달은 배아기에 일어난다. 태반은 태아가 영양과 산소를 받아들이고 노폐물을 배출하는 수단이다. 탯줄이 태아와 태반을 연결해 준다. 자궁은 **양수**가 들어 있는 **양막**이

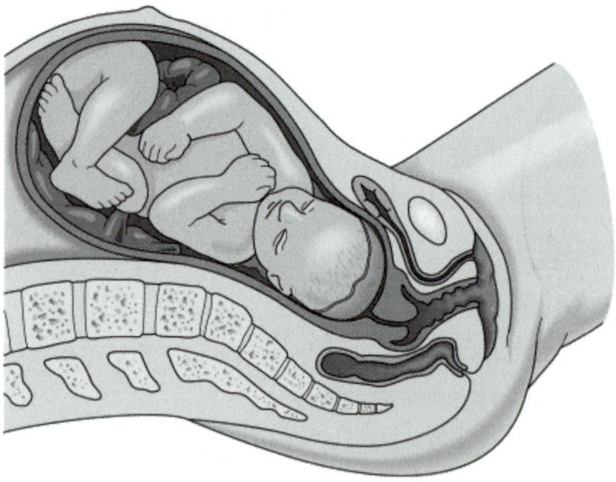

그림 9-4 태아기가 시작하면서, 비로소 태아는 인간 존재로 인식될 수 있다.

라는 주머니와 연결되어 있다. 양수는 여러 가지 기능을 한다. 즉, 태아를 외상으로부터 보호해 주고, 운동과 성장을 위한 공간을 제공해 주며, 온도를 일정하게 유지해 주고, 구강으로 수분을 공급해 주고, 노폐물을 걸러 준다(Berk, 2005).

배아기 동안, 발달이 상당히 일어난다. 척수와 뇌의 시작인 신경관과 머리와 꼬리의 축이 결정된다. 머리-꼬리 축은 **혹스 유전자**에 의해 설정된다. 이 발달은 신체 부위들이 신체의 정확한 곳에 있도록 보장해 준다. 팔다리의 싹이 나타난다(About pregnancy/birth, 2005).

태아기

태아기는 임신 9주경부터 출산 때까지의 시기를 말한다. 태아는 이제 인간의 모습을 닮기 시작한다. 배아기 동안 발달하기 시작한 모든 기관들이 태아기 동안 급속히 성장하며 발달한다. 머리는 다른 신체 부위에 비해 더 많은 비율을 차지하고, 팔다리가 좀 더 분명하게 분화된다. 4개월경이면, 태반이 완전히 작동된다. 태아 발달에서 가장 중요한 것(About pregnancy/birth, 2005; Berk, 2005)은 다음과 같다.

- 12주에는 아기의 뼈가 경화되거나 단단해진다.
- 외이(外耳)가 형성되며 외부 생식기가 분화되기 시작한다.
- 태반이 호르몬을 생성하여 임신을 유지시킨다.
- 12주경에는 남자 생식기와 여자 생식기가 보인다.
- 16경에는 모든 치배[(치아의 원기(原基)]가 형성된다.
- 21주경에는 태아가 자궁 밖에서 생존이 가능하다.
- 24주경, 태아는 눈썹과 속눈썹을 갖고 있으며, 눈꺼풀이 열려 있다.
- 28주경, 아기는 고개를 숙이기 시작한다.
- 40주경에는 발톱과 손톱이 형성된다.
- 초산의 경우에는 분만 1~2주 전에, 경산의 경우에는 분만 시기에 아기는 골반으로 내려와 태어날 준비를 한다.

양수(amniotic fluid) 양막을 채우고 있는 액체
양막(amnion) 자궁 내벽의 주머니
혹스 유전자(HOX gene) 머리-꼬리의 축을 형성해 주는 유전자

- 36주 동안, 팔다리와 기관들이 완전히 형성되며, 출산의 마지막 준비로 폐가 형성된다.

태아의 감각 능력과 학습

우리는 현대적 설비와 기술 덕분에 태아의 감각 능력을 이해할 수 있게 되었다(Cole, Cole, & Lightfoot, 2005). 우리는 감각이 태내기 동안에 반응하기 시작한다는 것을 알게 되었다(Cole, Cole, & Lightfoot, 2005). 심지어 신생아들이 자궁에서 들은 이야기들에 반응한다는 증거가 있다. 태내 5개월경이면, 태아의 중이(中耳)에 있는, 평형 감각을 조절하는 전정계(vestibular system)가 기능하기 시작한다. 이것은 태아가 모체의 자세 변화를 감지하여 양수에서 자신의 위치를 잡아 가며 떠 있을 수 있다는 것을 알려 준다. 26주경, 태아는 빛에 반응하기 시작한다. 임신 5~6개월경에, 태아는 소리에 반응한다. 작은 마이크를 태아 머리 쪽 옆 자궁에 갖다 대고 자동차 창문이 올라가는 수준의 소음을 들려주면, 내부 기관의 소음에도 불구하고 태아는 외부 소음들에 반응하고 구별한다.

3 태내 발달에 미치는 환경적 영향

표 9-1에서 보여 주는 바와 같이, 여러 가지 유형의 태내 환경이 태아에게 영향을 미칠 수 있다. 그것은 (1) 영양, (2) 모체의 특징, 경험 및 개인적 습관, (3) 약물과 질병으로 분류될 수 있다(Annis, 1978).

영양

영양은 임신기 동안 특별히 중요한 요인이다. "모체의 영양 결핍은 장기간 영향을 미치는

뇌 발달

태내기

두뇌의 발달은 신경계가 형성되는 수정 후 16일경에 시작한다. 수정 후 27일이면 신경계가 두뇌와 척수로 구분되기 시작한다. 일반적으로 중추신경계(뇌와 척수)는 "꼬리"에서 머리 방향으로 성숙한다. 임신 5주에는 척수에서 시냅스가 형성되기 시작한다. 6주경에는 이러한 초기 연결로 태아가 첫 운동을 하게 된다. 이어서 다른 움직임들이 나타난다. 8주경에는 사지, 10주 때는 딸국질, 스트레칭, 하품, 빨기와 같은 행위를 할 뿐만 아니라 손가락을 움직인다. 임신 후반기에는 뇌간(brainstem)이 심작박동률, 호흡, 혈압과 같은 생명 유지 기능을 통제하게 된다. 후반기 말에는 아기가 자궁 밖에서 생존이 가능하다. 마지막으로 성숙하는 뇌 부위는 대뇌피질로, 이 영역에서 정신 생활이 일어난다. 적절한 태아의 뇌 발달은 좋은 영양과 건강한 생활 양식에 의해 지지된다.

참조: http://main.zerotothree.org.

표 9-1 아동에게 부정적인 영향을 미칠 수 있는 태내기 모체 및 환경 조건

모체 및 환경 조건	아동에게 미치는 잠재적 영향
빈약한 영양	• 사산, 신생아 사망, 저체중, 조산 • 정신 장애, 구루병, 뇌성마비, 간질, 언어 장애, 일반적 신체적 허약
모체 특징	
• 우울 정서 상태	• 변덕스러운 성격
• 작은 신체 크기	• 난산
• 40세 이상	• 지체
• Rh 부적합	• 사산
• 저혈중 산소 수준	• 신경계 손상
모체의 경험 및 개인적 습관	
• X선 노출	• 조직 손상, 지체
• 흡연	• 저체중, 사망
• 물질 남용(예: 알코올, 카페인, 코카인, 헤로인)	• 성장 지체, 유산, 태아 알코올 증후군, 헤로인 중독
질병	
• AIDS	• 지적 장애
• 생식기 헤르페스	• 유산, 신체 기형, 지적 장애, 저체중아, 미숙
• 매독	• 유산, 신체 기형, 지적 장애, 저체중아
• 풍진(홍역)	• 유산, 신체 기형, 지적 장애, 저체중아, 미숙

위협 요인들 중 1위를 차지할지도 모른다. 영양 결핍은 아기가 정상 분만 기간을 채우고 태어난다 할지라도 성장을 저해한다"(Nash, 2004/2005, p. 20). 부적절한 태내 영양은 태아에게 가장 큰 위험 요인 중 하나이다. 영양은 모체의 에너지를 유지시켜 주며, 새로운 태아 조직의 기초를 제공해 주며, 산후 젖 분비에 필요한 에너지를 비축하게 해준다(Ural & Chelmow, 2011). 어머니들은 특히 임신 후반기에는 체중 증가가 있어야만 한다. 임신 동안에는 다이어트를 권장하지 않는다. 정상적인 임신 식사는 단백질 20%, 지방 30%, 탄수화물 50%이어야만 한다. 주당 세 끼 정도의 생선류 식사를 권장한다. 적절한 비타민과 무기질이 필수적이다. 빈곤으로 인해 체중 증가가 불충분하게 이루어질 수 있다. 여성, 영아, 아동(Women, Infants, and Children, WIC) 프로그램에서 보충 식품을 지원하고 있다.

모체 특징과 경험

어머니의 정서 상태, 연령, 신체 크기, 태아와 Rh 부적합성, 저혈중 산소 수준, 피곤 상태와 같은 모체 특징이 태아에게 영향을 미칠 수 있다. 알코올, 약물, 담배, 카페인 사용을 포함한 개인적 습관도 해로울 수 있다(Nash, 2004/2005; Pekkanen, 2004/2005). 장기간에 걸친 어머니의 흥분된 정서 상태는 태아에게 부정적 영향을 미칠 수 있다. 긴장되고 걱정이 많았던 임신과 짜증을 잘 내는 유아의 출산 사이에 관련성이 있다. 20세에서 30세 사이의 어머니들이 정상적이고 건강한 아기를 낳을 가능성이 가장 높다. 10대모는 섭식 습관이 비교적 좋지 않기 때문에, 발달하는 영아에게 영양을 공급해 줄 수 있는 이상적인 영양 상태에 있지 않을 수 있다. 미혼모들 중 상당 비율이 10대이다. 어린 미혼모들과 빈곤한 환경 속에 있는 어머니들은 빈약한 영양 섭취로 인해 고위험의 영아를 낳을 가능성이 높다. 게다가 여자 청소년들의 신체가 아기를 낳을 만큼 아직 충분히 성숙되어 있지 않다. 이것은 10대모의 아기들이 성숙된 여성의 아기들보다 위험한 상태로 태어날 가능성을 훨씬 높이는 또 다른 요인이다. 10대모의 아기들은 성인의 아기들보다 저체중, 지적 장애, 선천적 결손, 사산의 가능성이 높다(Nash, 2004/2005; Pekkanen, 2004/2005). 여성은 30세 이상이면 생식체계가 감퇴한다. 나이 든 여성의 초산의 경우에는 다운 증후군의 아이가 태어날 가능성이 상당히 높다. 모체의 신체 크기도 임신에 영향을 미친다. 작은 여성은 일반적으로 임신이 더 어렵다. 과체중 여성의 아기도 위험이 더 높다.

Rh 인자의 존재 여부로 표시되는 어머니 혈액형과 아버지의 혈액형이 서로 부적합할 때, 영아는 심각한 빈혈을 앓고, 그로 인해 사산, 뇌 손상, 조산의 가능성이 있다. 태아는 혈중 산소를 적절히 공급받아야 한다. **무산소증**은 혈중 산소 공급이 안전 수준 이하로 떨어진 상태이다. 이 경우에 신경계와 뇌는 뇌성마비, 간질, 지적 장애, 과잉 활동성과 학습 장애와 같은 행동상의 문제가 생길 가능성이 있다. 무산소증은 출산 과정에서 일어날 가능성이 가장 높다. 이때 아기는 적절한 산소 공급이 가장 필요하다. 무산소증은 모체의 빈혈과도 관계가 있을 수도 있다. X선과 같은 방사능은 발달하는 태아에게 또 다른 위험 요인이다. 조직상의 손상으로 정신적 · 신체적 지체가 올 수 있다. 과도한 방사능 노출로 사망에 이를 수도 있다.

모체의 개인적 습관도 고려되어야 할 또 다른 중요한 요인이다. 흡연은 저체중, 자연 유산, 사산, 신생아 사망과 관련 있다. 걸음마기아의 파괴적 행동과도 관계가 있는 것으로도 나타났다(Wakschlag, Leventhal, Pine, Pickett, & Carter, 2006). 흡연은 태아 심장박동률을 느리게 할 수 있으며 태아의 순환계에 영향을 미칠 수 있다. 어떤 연구는 흡연을 줄이거나 임신 4개월에 중단하면, 아기의 손상이 없을 것이라고 한다. 그러나 전반적으로 임신 여성은 금연할 것을 강력히 권고한다. 알코올, 특히 과량의 알코올은 태아에게 또 다른 위험 요인이다. 알코올 중독 어머니를 가진 아기는 신체적 성장이 느리며, 일반적으로 지체된 발달을 보인다. 소량의 알코올도 아기에게 위험을 증가시킨다. 커피, 차, 콜라, 초콜릿에서 발견되는 카페인이 양수에 부정적 영향을 미친다고 본다. 카페인은 높은 유산 가능성과 관련이

Rh 인자(Rh factor) 인간의 85%에서 발견되는 물질. Rh 인자가 존재하면 Rh 양성이고, 없으면 Rh 음성이다.

무산소증(anoxia) 혈중 산소 공급이 안전 수준 이하로 떨어진 단계

있다. 일반적으로 자신이 임신하였을지도 모른다고 생각하는 여성이라면 담배를 피우지 않고, 알코올 음료, 커피, 차, 콜라, 기타 카페인이 든 음료를 마시지 않는 것이 현명하다.

청소년의 임신을 예방하는 것은 중요한 과제이다. 매일 1,154명의 아기가 10대모에게서 태어난다. 10대의 출산은 어머니와 아기 모두에게 장기간의 부정적 영향을 미친다(Annie E. Casey Foundation, 2011). 10대들은 임신 의료 급여를 받을 가능성이 적어 건강을 해칠 가능성이 더 높다(Shore, 2005). 10대에게서 태어난 아기들은 저체중, 조산, 유아 사망과 같은 위험에 놓이게 된다. 또한 그들은 교육과 재정적 자원이 제한된 가족에게서 태어날 가능성도 높다. 2008년 10대 출산율이 가장 높았던 인구 집단은 히스패닉계/라틴계, 미국 흑인, 미국 인디언과 알래스카 원주민이었다. 다른 어떤 집단보다도 비히스패닉계 백인 10대들에게서 아기들이 많이 태어났다(Children's Defense Fund, 2008b). 2009년에는 15~17세 여자들의 출산 중 94%가 미혼이었다. 이와 대조적으로 1980년에는 그 비율이 62%였다(FIFCFS, 2011). 10대모의 아기들은 다른 아기들에 비해 저체중으로 태어나는 경향이 더 크며, 건강상의 문제와 발달 지체, 그리고 학대나 방임을 경험할 가능성이 더 크며, 결국 학교에서 성취도가 낮을 가능성이 더 크다. 게다가 학교에서 낙오되어, 문제를 일으키다가 다시 10대 부모가 되는 가능성이 더 높다(Shore, 2005).

애니 캐이시 재단(Annie E. Casey Foundation)(Shore, 2005, p. 3)은 10대 출산율을 낮추는 프로그램을 개발하였다. 이 프로그램은 다음 여섯 가지 전략에 초점을 맞추었다.

- 10대 임신의 기본적 원인을 다룬다.
- 부모가 성교육자 역할을 성공적으로 수행할 수 있도록 돕는다
- 임신 예방 노력의 영역을 확장한다.
- 위험 감수 행동을 감소시키는 방법에 대한 정확하고 분명하고 일관된 정보를 제공한다.
- 10대 임신 예방을 위하여 지역사회 차원의 실행 계획을 창출한다.
- 젊은이들에게 긍정적 미래를 받아들일 수 있는 비전을 심어 준다.

10대 임신 및 계획되지 않은 임신을 예방하기 위한 노력에도 불구하고, 미국은 여전히 산업화된 국가들 중 가장 높은 10대 출산율을 갖고 있다(Edelman, 2008). 아동보호기금의 의장인 Marian Wright Edelman에 따르면, 최선의 피임은 희망과 긍정적 미래에 대한 감각이다. 10대 임신의 가장 큰 예측 지표는 교육 부족과 가난이다.

약물과 질병

약물과 질병은 태아 발달에 손상을 일으킬 수 있다. 그 영향은 특히 임신 초기 3개월 동안에 심각하다. 이 시기에 여성들은 자신이 임신하였는지를 자각하지 못할 가능성이 높다. 임신 여성은 의사 처방이 없다면, 약을 먹어서는 안 된다. 약물이 태아 발달에 미친 가장 큰

재난 중 하나가 1960년대 초 유럽의 임신 여성들이 먹은 **탈리도마이드**에 관한 것이다. 임신 모들이 배아기 동안 입덧을 경감시키기 위해 이 약을 먹었을 때, 태아의 사지 발달이 지체되었다. 아기들이 팔과 다리가 없거나 발달이 덜 된 상태로 태어났는데, 그 모양이 배아와 흡사하였다. 사지 기형은 임신 여성의 피임약과 같은 호르몬 제제 섭취와도 관련이 있다. 신경안정제와 아스피린조차도 안전하지 않다. 분만 이전이나 분만 중에 먹는 약물도 아기에게 부정적 영향을 미칠 수 있기 때문에 극미량만 사용되어야 한다.

약물 중독은 임신 여성에게 또 다른 위험 요인이다. 중독성 있는 대표적 약물로는 코카인, 마리화나, 헤로인, PCP, LSD, 메타암페타민이 있다(American Pregnancy Association, 2011d). 코카인은 태반을 지나 아기의 순환계로 들어간다. 코카인은 성인에 비해 태아의 몸에서 제거되는 속도가 느리다. 임신 초기 동안에 코카인 노출은 유산의 가능성을 증가시킨다. 임신 말기에는 미숙아 출산 및 태아 사망의 위험성이 있다. 아기들은 작은 심장을 갖고 태어나고 성장이 제한된다. 코카인은 떨림, 근육 경련, 불면 및 섭식 장애와 같은 금단 증후군도 경험할 수 있다. 뇌손상뿐만 아니라 생식기와 신장에 결손이 생길 수 있다. 헤로인도 역시 태반을 지나 아기를 중독시킨다. 헤로인 중독 어머니는 분만 합병증이 나타나기도 한다. 헤로인에 중독되어 태어난 아동들은 때로는 헤로인으로 금단 증상을 보이는 성인과 유사한 행동을 보여 준다. 마리화나도 태반을 지나 산소 흐름을 방해한다. PCP와 LSD도 역시 아기에게 해를 끼치며 저체중아, 뇌 손상 및 금단 증후군을 야기한다. 메타암페타민도 코카인과 유사한 결과를 초래한다. 약물은 태아를 위험에 처하게 한다. 많은 의사들이 임신 동안에 특별히 의학적으로 필요한 경우를 제외하고는 그 어떤 약물도 복용하지 않는 것이 가장 안전한 접근이라고 조언한다.

태내기 동안 발달하는 영아의 또 다른 위험은 **태아 알코올 증후군**(FAS)이다. 매년 5만 명의 아기들이 임신 동안에 알코올을 마신 어머니에게서 태어난다. 지적 장애의 20%가 FAS에 의한 것으로 추정한다(Hymes, 1990). FAS 아동은 전형적으로 독특한 얼굴 특징을 갖고 있는데, 특히 눈 사이의 거리가 멀며, 윗입술이 얇고, 눈구멍이 작다. 또한 작고 말려 올라간 코, 뇌가 발달되지 못하였음을 반영하는 작은 머리 등도 FAS의 얼굴 특징이다(Berk, 1998). **태아 알코올 효과**(FAE)는 FAS의 신체적 특징을 항상 갖고 있지는 않지만, 영아가 과잉 활동적이다. 알코올을 소량 마시는 어머니의 아기들이 흔히 그렇다.

화학물질은 환경으로 침투하여 영아를 위협한다. 독성 물질인 PCB(polychlorinated biphenyl)은 특정 식품과 식수 중에서 발견되기도 하는데, 이를 임신 여성이 섭취할 수도

탈리도마이드(thalidomide) 1960년대 초 임신 여성들이 입덧을 경감시키기 위해 먹었던 약으로, 배아기 때 이 약을 먹으면 태아의 사지 발달이 지체되었다.

태아 알코올 증후군(fetal alcohol syndrom, FAS) 태아기 동안 모체의 알코올 섭취와 관련된 전형적인 아동 행동들

태아 알코올 효과(fetal alcholol effects, FAE) FAS와 관련 있는 상태로, FAS의 신체 특징을 항상 갖고 있지는 않지만 영아가 과잉 활동적이다.

있다. Jacobson과 동료들(Jacobson, Fein, Jacobson, Schwartz, & Dowler, 1985)은 PCB에 노출되었던 123쌍의 어머니와 신생아를 연구하였다. 어머니들은 PCB가 포함된 생선을 먹은 바 있었다. 생후 7개월경에 검사하였을 때, 영아들은 시각적 재인 기억에서 결손을 보여 주었다.

이 장에서 논의된 바와 같이, 질병은 치명적일 수 있다. 독일 홍역은 태아에게 심각한 손상을 입힐 수 있다. 수두, 이하선염, 홍역 및 간염은 그러한 증거가 나타나지 않았다. 일반적 감기는 태아에게 미치는 영향이 없어 보이지만, 독감은 그 영향이 있는 것으로 나타난다. 매독, 임질, 당뇨, 철분 부족성 빈혈, 겸형 적혈구 빈혈증 모두 태아에게 위험 요소이다. 질병이나 장애의 영향을 받은 전체 아동의 수는 적지만, 임신 여성은 의사의 처치를 받으며 가능한 위험을 피해야 한다.

태내 발달의 또 다른 위협은 후천성 면역결핍 증후군(AIDS)이다(8장에서 논의)(The AmFAR Report, 1993; ACOG, 2008). AIDS는 면역 체계를 공격하는 바이러스가 유발하는 전염성 질병이다. AIDS는 혈액을 통해 감염된다. 성적 상대자, 주삿바늘을 같이 사용한 사람, 수혈을 받은 사람, 임신한 모체로부터 혈액을 받은 태아에게 감염될 수 있다(ACOG, 2008). 13세 이하의 HIV 감염 아동들 중 80%는 부모들이 AIDS나 AIDS 관련 합병증, 또는 AIDS 위험에 처한 경우였다(ACOG, 2008). 10대들은 성적으로 활동적이어서 상대를 가리지 않는 성향이 가장 높으며 주삿바늘을 공유하기 때문에, AIDS는 태아에게 명백한 위험 요인이다.

심화학습 아동의 태내 발달에 미치는 해로운 요인들을 고찰해 보라. 태내 환경 위험 요인으로부터 아동을 보호하기 위한 방법들을 기술하라.

4 예비 부모의 역할과 책임

Apgar와 Beck(1973)이 제안한 단계들은 태어나지 않은 자녀들에 대한 부모들의 역할과 책임을 상세히 보여 주고 있다. 첫째, 사전에 계획하는 것이 중요하다. 임신을 하기에 앞서 (8장에서 논의된) **유전 상담**을 고려할 수 있다. 임신을 계획하고 있는 여성은 완전한 건강 검진을 받아야 한다. 검진하는 동안에 태어나지 않은 아기에게 위험 요인이 될 수 있는 많은 요인들의 중요성을 이해할 수 있는 논의 과정이 있어야 한다. 임신 중에 여성들은 규칙적인 의학 검진을 받아야 한다. 부모들은 임신과 분만 과정에 관한 출산 교육 강좌에 참여할 수 있다. Brazelton(1992)은 임신 7개월 때에는 출산 후 자녀를 돌봐 줄 **소아과 의사**를 알아

유전 상담(genetic counseling) 모계와 부계의 유전적 조성과 자손에게 미치는 영향에 대한 평가

소아과 의사(pediatrician) 출생에서 21세까지의 아동을 치료하는 전문의

둘 것을 권장한다. Brazelton은 부모가 그 이후에는 분만에 관심을 더 갖게 되고 아이의 미래 의사를 알게 되는 데 시간을 내지 않을 것이라고 생각한다. 특히 아버지가 소아과 의사를 단 10분이라도 만나 볼 것을 권하고 있다. 그는 그 짧은 만남이 아버지로 하여금 미래의 육아 건강 검진에 아기를 데려오는 데에 더 관심을 기울이게 할 것으로 생각한다.

미래 어머니들은 고위험군에 속한 임부를 전문으로 진료하는 **주산과 전문의**의 검진을 받아야만 한다. 고위험 요인들에는 어머니의 연령, 당뇨, 고혈압, 낭창(狼瘡: 결핵성 피부병의 하나), 겸형 적혈구 빈혈증, 다태아 출산이나 유산, 사산이나 신체 기형과 같은 출산상의 문제가 있었던 경력이 포함된다. 불행히도, 가난하고 대부분 10대인 미혼모들은 항상 이러한 유형의 산전 검진을 받지 못한다.

가난한 미혼의 10대 임신과 관련된 문제들은 10대 임신 예방에 초점을 두는 프로그램을 통해 경감될 수 있다. 그런 프로그램 중 하나가 Teen Outreach Program(TOP)이다(TOP, 2011). TOP에 참가한 젊은이들은 임신 위험을 53%, 강좌 탈락의 위험을 60%, 학교 정학의 위험을 52% 낮추었다. TOP은 예방하고 싶은 문제에 직접 초점을 맞추지 않고, 대신에 10대의 의사결정 능력, 또래와 성인과의 상호작용 능력, 자신의 정서를 알고 조절하는 능력을 강화시켜 준다는 점에서 독특하다.

10대 임신율과 기혼과 미혼의 10대 부모의 수는 여전히 높다. 많은 전문가들은 임신한 소녀들이 아기들을 건강하고 행복하게 키울 수 있도록 산전 · 산후 검진과 부모 교육을 받을 기회를 가져야 한다고 생각한다. 이러한 목표로 이루어진 출산 프로젝트(Birthing Project)(Ryan, 1997a; Birthing Project USA, 2011)는 흑인 미국 여성을 위한 국제 프로젝트의 대표적 사례이다. 출산 프로젝트의 초점은 임신 여성에게 산전 검진과 적절한 영양 지원을 제공하고, 그들의 문제를 경청해 주고, 가능한 건강 검진과 주거를 마련해 줄 수 있도록 일대일 자매 결연을 맺게 해주는 것이다. 임신 여성의 자매 결연자는 아기 다발(baby bunches)이라고 불리는 10명으로 구성된 집단으로 조직된다. 그들은 베이비 샤워와 같은 지원과 사회적 활동의 요구를 충족시켜 준다. 자매 결연자들은 아기 출산 후 최소 1년 동안 그들의 어린 자매들을 헌신적으로 지원해 준다.

영유아와 일하는 성인은 아동이 현재 행동하는 방식에 영향을 미칠 수 있는 과거 영향 요인에 민감해져야만 한다. Billy는 지나칠 정도로 활동적이고 산만해지면, 자신의 행동을 통제하지 못한다. Billy의 과거 경력을 살펴본 결과, 태어날 때 경미한 산소 결핍증을 겪은 것으로 나타났다. 그럴 경우에 성인은 Billy가 자아 통제력을 발달시킬 수 있도록 일상적인 도움보다 더 많은 도움이 필요하다는 것을 인식해야 한다. 건강한 병력은 학교 취업 신청서에 항상 포함되는 부분이다. AIDS 감염과 물질 남용의 피해를 입은 영아의 수가 증가하고 있는 이 시점에서 우리는 심각한 건강, 행동, 정서 문제를 가진 어린 아동의 수가 증가된

주산과 전문의(perinatologist) 임신 동안 고위험군에 있는 여성을 치료하는 전문의

미래를 직면하게 된다. 우리는 여전히 그들과 그들의 가족을 위한 방법들을 찾고 있다.

심화학습 임신하여 부모가 되는 상당수의 10대들이 겪는 주요 문제들을 나열해 보라. Annie E. Casey에 따르면 15~19세 1,000명의 여성 중 4명이 부모가 된다(*2011 Kids Count Data Book*). 이러한 상황을 다룰 만한 최선의 계획이 무엇인지를 설명하라. 10대를 위한 임신 예방, 태내기 돌봄, 아동 양육의 교수가 성공적인 것으로 나타난 프로그램들을 조사하라.

요약

1 수정과 임신에 이르는 과정 기술하기

28일마다, 생리 주기의 중간 시점에 난포라고 하는 액체 주머니에 있던 여성의 난자 세포 또는 난자가 여성의 한쪽 난소에서 떨어져 나와 복강을 향해 나아가며 난관으로 들어간다. 난자는 인간 신체에서 가장 큰 세포이다. 난자가 난관에 도달해서 10~24시간 내에 남성의 정자를 만나면 수정이 될 수 있다. 수태력은 수정 또는 임신에 성공적으로 기여하는 능력이다. 수태력은 성교 시기, IVF(시험관 수정) 또는 정자 현미경 주입에 의해 강화될 수 있다.

2 태내 발달의 세 단계와 그 특성들을 인식하고 기술하기

임신 기간은 3단계로 나뉜다. 첫 단계는 발아기(접합체)로, 약 2주간이다. 이 시기에는 세포 분열이 급속히 이루어진다. 태반과 탯줄이 수정 후 4일까지 발달한다. 두 번째 단계인 배아기는 접합체가 자궁 내벽에 확고히 착상할 때부터 시작해서 임신 8주까지 지속된다. 이 기간은 특히 신체 부위의 95%가 출현하기 때문에 결정적 시기이다. 세 번째 단계는 태아기로, 임신 9주에서 출생하기까지의 기간이다. 발달이 급격히 이루어지는 시기로서, 골격이 단단해지기 시작하고, 귀가 형성되고, 생식기가 분화하기 시작하며, 태반이 필수적인 호르몬의 생성을 맡게 되고, 잇몸이 형성되며 기타 발달들이 일어난다.

3 태아에 영향을 미치는 환경 요인들을 나열하고 논의하기

태아 환경은 많은 외부 요인들에 의해 위협을 받는다. 위협적 외부 요인들은 태아의 발달을 방해하고 손상을 입힐 수 있다. 발달 중인 태아는 모체로부터 모든 영양소와 산소를 받아들이기 때문에, 어머니의 건강은 결정적인 것이다. 어머니의 건강은 영양 상태, 알코올, 약물 또는 담배 등의 남용, 감염성 질환의 전염에 의해 영향을 받는다. 이러한 요인들은 아기에 직접 영향을 미치며, 성장과 발달에 부정적인 영향을 끼칠 수 있다. 미혼 또는 낮은 사회경제적 계층의 10대 임신은 특히 위험하다. 성교육은 필수적인 예방적 조치이다. 피임을 격려하는 프로그램들이 있는가 하면, 이미 임신한 10대와 저소득층의 여성이 산전 검진을 받고, 건강한 식사를 하고, 어떤 투약이나 중독성 물질의 남용을 피할 수 있도록 도움을 주는 프로그램들이 있다.

4 10대를 포함하여 미래 부모들의 역할과 책임에 대해 논의하기

사전에 계획하는 것이 중요하다. 어머니는 규칙적인 검진을 받아야 하며, 위험한 물질의 섭취를 피하고, 건강한 식사를 하고, 출산 강좌에 참여하고, 기타 여러 가지 건강 조치를 취해야 한다. 아기가 태어나기 전에 아기의 의학 검진을 맡아 줄 소아과 의사를 알아 두도록 한다.

제10장

출생과 생후 첫 2주

이 장과 관련된 표준

naeyc

NAEYC 프로그램 기준

1a: 출생에서 8세까지의 영유아의 특징과 요구를 알고 이해하기

DAP

발달에 적합한 실제(DAP) 지침

5: 가족과 호혜적인 관계 형성하기

학습목표

1 출생 시 신생아에게 일어나는 환경 변화와 다양한 분만 방법을 기술한다.

2 신생아기에 중요한 측면을 기술한다.

3 영유아와 일하는 성인이 맡아야 할 신생아와 그 가족에 대한 책무를 토론한다.

1 출산과 분만

출산 과정을 통해 세상으로 나온 아기가 자궁 밖에서 보낸 생후 첫 2주는 흥분되고 결정적인 것이다. 방금 태어난 작은 아이를 **갓난아기**라 부른다. 생후 첫 2주 동안에만 **신생아**란 용어를 사용하며, 이 시기를 **신생아기**라 한다. 생후 첫 2주 동안, 신생아가 인생의 건강한 출발을 할 수 있도록 주의해서 살펴봐야 한다.

할머니는 새로이 태어난 손녀, Summer Sky를 보기 위해 걱정하게 기다리고 있다. 할머니는 창문 너머로 신생아를 검진하는 곳을 쳐다보면서 사위가 손녀에게 다가가 조심스럽게 안는 것을 본다. 엄마가 제왕절개를 해서 아빠는 Summer가 세상 밖으로 나오는 것을 볼 수 있는 영광을 얻었다. 간호사가 딸이라고 분홍색 리본을 내밀었지만, 아빠는 Summer의 중간 이름인 '하늘(Sky)'을 의미하는 파란색 리본을 선택한다. 아빠는 마취에서 방금 깨어난 엄마에게 Summer를 데려다준다. 할머니는 대기실에서 기쁨의 소리를 듣는다. 이렇게 한 생명이 시작되고 부모와 아이는 첫 유대를 형성한다.

또 다른 장면에서는 훈련받은 조산사(doula)가 분만 중인 여성에게 정서적 지원과 유대감을 제공해 주고 있다. 조산사는 출산 과정 동안 산모의 안정을 도와주는 경험 있는 여성이다(Wechsler, 2009). 조산사는 아기를 직접 분만시키지 않지만, 아기가 태어나기 전, 태어나는 동안과 그 이후에 어머니가 안정을 유지하도록 지원해 주고 정보를 제공해 주면서, 부모와 아기의 첫 유대 형성을 지지해 준다(Abramson, Breedlove, & Isaacs, 2007).

부모는 이미 자신의 아기에 대한 기대로 부풀어 있다. 어머니는 아기가 자신에게 반응을 보이는 매 순간마다 양육자로서 능력을 확인받게 된다. 예를 들어, 아기는 어머니가 껴안아 주는 것에 반응을 보이거나 어머니 목소리가 나는 쪽으로 고개를 돌린다(Brazelton & Cramer, 1990). 영아의 이러한 긍정적 반응은 어머니가 잘 해나가고 있다는 것을 알려 주는 것이다(Brazelton & Cramer, 1990, p. 46).

태내기에서 출생 후에 일어나는 큰 변화들을 살펴보자. 영아의 환경이 자궁의 양수에서 공기로 변한다. 비교적 일정하였던 온도도 자주 변하게 된다. 미세한 자극 상태에도 움직이던 이 작은 존재는 모든 감각을 자극받게 된다. 영양 면에서의 변화를 보면, 태내기 때는 어머니의 혈액으로 통해 받아들인 영양 공급에 의존하였지만, 출생 후에는 외부로 들어오는 음식에 의존하며 신생아 자신의 소화계를 작동시켜 섭취한다. 산소는 이제 더 이상 어머니의 혈관에서 나와 태반을 거쳐 태아로 가지 않는다. 신생아의 폐가 작동하여 산소를 혈액으로 보낸다. 노폐물도 이제 더 이상 태반을 거쳐 어머니의 혈류로 가지 않는다. 신생

갓난아기(newborn) 방금 태어난 아기

신생아(neonate) 출생에서부터 생후 2주까지의 영아

신생아기(neonatal period) 신생아의 첫 2주간

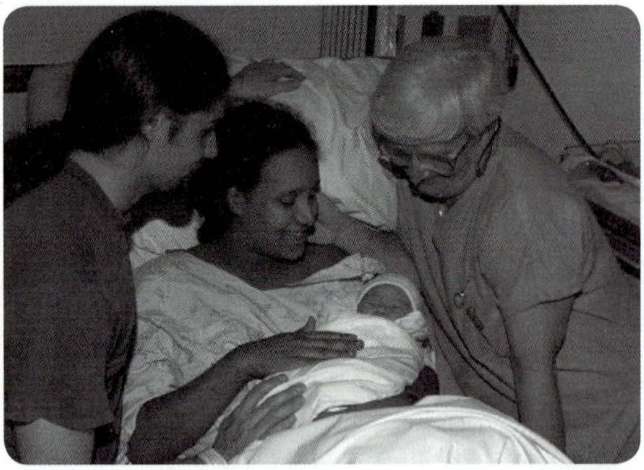
© 2014Cengage Learning

사진 10-1 분만은 예전에 비해 관련된 모든 사람에게 훨씬 더 즐거운 경험이 되었다.

아의 배출 체계가 이 일을 수행한다. 신생아의 피부, 신장, 폐, 장 체계가 작동하기 시작한다. 태내기에서 출생 후에 일어나는 변화가 크다는 것은 의심할 여지가 없다. 문제는, 아기나 부모가 출산 과정과 출생 후 전환 과정을 가능한 한 편안하게 지나갈 수 있도록 조성해 주는 것이다(사진 10-1).

모든 출산이 따뜻하고 흥분되거나, 조용하고 지지적인 장면은 아니다. 과거 일상적인 분만 방법과 산후 처치가 아기나 부모에게 너무 거칠다는 비판이 있었다(Newton, 1975). 부정적 요인으로는 어머니가 진통하고 출산하는 동안에 가족과 떨어져 있게 하고, 정상적으로 진통하는 여성을 침대에만 있게 하고, 화학물질로 진통을 자극하고, 분만용 겸자를 일상적으로 사용하고, 어머니와 신생아를 분리시키는 것 등이 있다. 그 외 다른 요인으로는 첫 모유 수유를 지연시키고, 4시간 수유로 제한시키고, 밤 수유를 금지시키고, 신생아의 형제들 방문을 제한하는 것 등이다.

Leboyer(1976)는 출생 직후의 밝은 빛, 소음, 거친 손길 등이 영아를 불편하게 만든다고 생각한다. Leboyer는 아기가 자궁에서 외부 세계로 나올 때 가능한 한 변화가 거의 일어나지 않도록 이완되고 행복한 분만 방법을 고안하였다. Leboyer 분만법은, 어머니가 물속에서 출산함으로써 아기가 자궁의 액체 환경과 유사한 물속으로 태어나게 하는 것이다. 주위를 어둡게 하고 아기를 어머니 가슴 위에 올려 놓는다. 그러면 아기는 엄마의 신체를 접촉하고 엄마의 심장 박동을 느끼게 된다. 아기가 어느 정도 새로운 환경에 익숙해질 시간을 가질 때까지 탯줄을 연결시켜 놓는다. 아기를 부드럽게 달래 주며 마사지를 해준다. **수중 분만**에 대한 연구에서 수중 분만법이 전통적 분만만큼 안전하지 않다고 지적되고 있다(American Academy of Pediatrics, 2002). 잘못 관리된 수중 분만으로 인해 사망이 보고된 예가 있으나, 진통 기간이 단축된다거나, 산도에 상해가 거의 없다거나, 진통제가 거의 필요하지 않다는 증거는 없다. 수중 분만법은 여전히 가능하지만, 저위험 임신과 의학적 감독하에서만 권장되고 있다(American Pregnancy Association, 2011b).

순수한 Leboyer 분만법이 미국에 널리 퍼지지는 않았지만, Leboyer의 생각은 의료 전문가들로 하여금 분만 환경을 좀 더 편안하고 쾌적하게 유지하고 개선시키도록 촉발시켰다. 현재 여성들은 병원, 분만원, 가정에서의 분만을 선택할 수 있다(Kids Health, 2008; Ameri-

수중 분만(water birth) 어머니를 물속에 있게 하면서 아기가 자궁의 액체 환경과 유사한 물속으로 나오게 하는 출산 방법

can Association, 2011b, 2011c).

분만원은 의료 안내원이 있는 가정 같은 분위기를 제공해 준다(Kids Health, 2008). 분만원에서는 조산사가 항상 분만을 도와주며, 필요한 경우에는 의학적 지원도 해준다. 아버지가 어머니와 신생아를 씻겨 준다. 분만 후 2시간이 되면, 가족은 집에 돌아갈 수 있다. 분만원은 매우 대중화되어서, 병원도 부모들을 위해 하나의 대안으로서 분만원을 두고 있다. 부모-영아 유대에 관한 Klaus와 Kennell의 연구도 역시 인간적인 분만법의 증가 추세와 분만실 환경 개선에 영향을 미쳤다(Goldberg, 1983).

1970년대에는 가정에서의 출산이 일반적이었다. 가정 출산은 저위험의 건강한 임신을 한 경우 훈련된 조산사나 간호사 출신의 조산사에 의해 이루어졌다(American Pregnancy Assoication, 2011b). 그러나 의학적 감독 없이 행해지는 분만의 위험성이 여성의 출산 과정에 대한 통제와 저비용이라는 장점을 능가한다. 「산부인과(*Obstetrics & Gynecology*)」의 2002년 8월 보고서는 가정에서 태어난 신생아가 병원에서 태어난 신생아보다 사망률이 거의 두 배가 높다는 것을 보여 준다. 가정에서 태어난 신생아도 Apgar 점수가 낮은 고위험군에 속한다. 또한 어머니들에게도 지연된 진통과 출산 후 출혈 같은 문제가 생긴다.

미래의 어머니들에게 이용 가능한 다른 분만 대안들이 상당히 많이 있다(Yarro, 1977). 분만 시 어려움이 예상될 경우에 하게 되는 **제왕절개**는 자궁을 수술적으로 절개하여 자궁으로부터 아기를 꺼내는 것이다. 라마즈 산전 교육은 매우 대중화되어 있다. 어머니와 코치는 진통과 분만에 관한 자세한 사항을 소개해 주는 3~12주 강좌를 이수한다. 어머니는 근육을 통제하고 이완시키는 방식과 어떤 종류의 신체 활동이 적절한지를 배운다. 남편은 아내가 진통과 분만하는 동안에 도와주는 방법을 배운다. 고통을 감소시키는 약물의 도움 없이 출산하자는 **자연 분만** 운동이 일어났다. 많은 병원들이 동생이 태어날 때 형제가 어머니를 방문하여, 병원 간호실에서 새로 태어난 동생을 볼 수 있게 해준다. 전체 가족이 분만에 참여할 수 있도록 병실을 꾸며 놓은 병원들도 있다. 심지어 어떤 의사들은 감독하에 아버지가 아기를 받을 수 있도록 훈련을 시키기도 한다(Steinman, 1979). 점점 더 많은 병원들이 아기가 어머니와 같은 방에 머물 수 있게 해주고 있다.

분만 중에 수많은 문제들이 일어날 수 있다. 예를 들어, 아기 엉덩이가 먼저 나올 수 있다(American College of Obstertricians and Gynecologists [ACOG], 2002b). 아기는 보통 태어나기 2~3주 전에 자궁 내에서 머리가 아래쪽으로 내려간다. 그러나 정상 분만의 약 3%가 아기 위치가 돌지 않고, 엉덩이, 다리 또는 둘 다가 먼저 나오게 되는 위치에 있는 경우가 있다. 만약 아기가 내려오는 기간의 중간 시점이라면, 의사는 아기를 출산 전까지 돌려놓을 수 있다. 둔위 분만(breech birth)의 문제는 신체의 가장 크고 단단한 부위인 머리가 나

제왕절개(cesarean section) 아기를 자궁에서 꺼내는 외과수술 방법
자연 분만(natural childbirth) 산통을 줄이는 약물의 도움을 받지 않는 분만

중에 나온다는 것이다. 따라서 머리가 산도를 따라 나오기 힘들 수 있으며, 탯줄이 감길 수 있으며, 아기에게로 가는 혈류가 차단될 수 있다. 둔위 분만의 경우에는 제왕절개가 최선의 선택일 수 있다. 최근 연구는 분만이 이루어진 시각이 신생아의 결과에 영향을 미치는 요인이라고 지적하고 있다. 밤에 태어난 아기는 낮에 태어난 아기보다 사망 위험이 더 크다(ACOG, 2005). 임신한 여성은 매일 최소 30분간 규칙적으로 운동할 것을 권장한다. 걷기, 수영, 자전거, 에어로빅을 하거나, (그 여성이 달리기 선수라면) 완화된 일상 활동을 권장한다. 피해야 할 운동은 스키와 하키, 농구, 축구처럼 몸을 부딪치는 운동이다. 더욱이 항공 여행은 임신 36주까지 안전하지 않다. 자동차 여행도 하루에 5~6시간으로 제한된다(ACOG, 2011a).

생각해 보기

일반적인 병원 분만, 가정 분만 또는 분만원 분만에 대한 찬반 의견을 살펴보라. 이러한 대안들에 대한 당신의 의견은 어떠한가?

2 신생아

신생아는 양수에 젖은 채로 이 세상에 나온다(Fogel, 2009). 피부는 창백한 상태이거나 분홍색일 수 있다. 신생아는 **정상적인 생리적 황달**로 인해 약간 노란색을 띨 수도 있다. Fogel (2009)에 따르면, 이 문제는 간 기능의 불균형으로 야기되지만, 특수 램프에 쪼이면 치료될 수 있다. 눈은 희부연 파란색이며, 거의 생후 1년이 되어야 자연스런 색깔로 돌아온다. 신생아의 머리는 다른 신체 부위에 비해 크며 아직 머리를 가누지 못한다. 다리는 활 모양으로 휘어져서 발바닥이 평행을 이룬다. 전형적으로 목은 짧고, 턱이 없으며, 코는 납작하다. 짧은 기간 머리가 다소 이상해 보일 수 있다. 신생아의 정수리에는 6개의 부드러운 지점들이 있다. 이 부드러운 지점들을 **숫구멍**이라 부른다. 숫구멍은 출산 시 머리를 유연하게 해주고 뇌가 성장할 수 있게 해준다. 숫구멍들은 항상 생후 18개월경에 닫힌다.

이미 기술된 바와 같이, 신생아는 매우 짧은 기간에 환경과 신체 기능상의 많은 변화를 거친다. 갓 태어난 신생아는 특히 첫 5분 동안 주의 깊게 살펴보아야 한다. 신생아의 활력 지표를 모니터링하는 것이 필수적이다. 활력 지표를 모니터링하는 일상적 도구는 **Apgar 척도**이다(Apgar, 1953; Apgar & Beck, 1973). 산부인과 의료진은 이 척도를 갖고 영아가 자궁 밖에서 살아갈 준비가 되어 있는지를 확인한다. 심장박동률, 호흡, 근육 긴장도, 피부색, 반사 능력을 출생 후 1분과 5분이 되었을 때 확인한다(표 10-1). 총 10점 중 4점 이하의 점수는 신생아가 즉각적인 도움이 필요하다는 것을 의미한다. 대부분의 영아들은 7점 이상의 점수를 받는다.

정상적인 생리적 황달(normal physiologic joundice) 간 기능의 불균형으로 인한 약간 노란 피부색

숫구멍(fontanels) 신생아 머리에 있는 6개의 부드러운 지점들

Apgar 척도 신생아의 활력 지표를 모니터링하는 일상적 도구

표 10-1 Apgar 점수는 신생아가 세상에 참여할 준비가 되어 있는지 확인하는 데 이용된다. 각 지표의 활력 점수는 0점부터 2점까지로 평정되며, 총점 10점이 가장 높은 점수이다.

Apgar 점수			
지표	0	1	2
맥박(심장박동률)	없음	느림(<100)	빠름(>100)
외모(피부색)	몸통이 푸른색	몸통 분홍빛, 팔과 다리는 푸른색	완전히 분홍빛
활동성(근력)	늘어지고 움직임이 없음	팔과 다리가 약간 움직이나 약하고 활동성이 없음	강하고 활동적인 전반적 움직임
반사(발바닥을 때렸을 때 얼굴을 찡그림)	반응 없음	근심 있는 표정 또는 약간 울음	활기찬 울음
호흡(숨쉬기)	없음(호흡을 하지 않음)	느리고 불규칙적 호흡	호흡이 강하고 활기찬 울음

신생아는 다섯 가지의 다른 **각성 상태**, 즉 잠이 들거나 깨어 있는 상태를 넘나든다(Berk, 1998, pp. 106-107). 다섯 가지 상태는 다음과 같다(Berk, 1998, p. 106).

1. 규칙적 수면은 영아가 완전한 수면 상태일 때 나타난다. 신체 움직임이 거의 없다. 눈꺼풀이 닫혀 있고 호흡은 느리고 고르다. 얼굴을 이완되어 있다(8~9시간).
2. 불규칙적인 수면 상태일 때 팔다리가 약간 움직이고 때때로 꿈틀거리며 얼굴을 찡그린다. 눈꺼풀이 닫혀 있으나 빠른 안구 운동(REM)이 일어나며 호흡이 불규칙적이다(8~9시간).
3. 졸린 상태는 영아가 곧 깨어나거나 막 잠이 들려고 할 때이다. 신생아는 불규칙적인 수면 상태보다 덜 활동적이지만, 규칙적 수면 상태보다는 더 활동적이다. 눈을 떴다 감았다 한다. 눈을 떴을 때는 게슴츠레하게 응시한다. 호흡은 고르나 규칙적 수면보다 빠르다(시간은 다양).
4. 조용히 깨어 있는 상태는 비교적 활동적이지 않으나, 눈은 떠 있고, 무엇인가에 주의를 기울이는 때이다. 호흡은 고르다(2~3시간).
5. 각성된 활동성과 울음 상태에서는 협응되지 않은 신체 활동이 자주 튀어나오며, 불규칙적인 호흡, 이완되거나 긴장된 주름진 얼굴 표정을 보이며 울기도 한다(1~4시간).

영아들은 생후 첫 1개월을 거의 잠으로 보내지만, 성인의 태도와 행동에 영향을 미칠 수 있는 독특한 생활 리듬을 갖고 있다. 예를 들어, 영아가 오랫동안 잠을 잔다면, 양육자는 충분히 휴식을 취하면서 양육 의무를 견디어 나갈 수 있다. 만약 영아가 많은 시간을 깨

각성 상태(state of arousal) 영아가 깨어 있거나 잠들어 있는 정도

어 있고 까다롭게 운다면, 양육자는 지치고 성마르게 되어 양육 일과를 조용하게 견딜 수 없다.

생후 첫 2주 동안 신생아의 정서 상태와 관련된 중요한 요인들이 있다. 그 요인들은 유대, 반응성, 민감성 및 기질이다. **유대**는 부모와 아동이 서로에게 특별해지는 과정이다. 1970년대에 Klaus와 Kennell이 유대 개념을 처음 소개하였을 때는 유대가 일어나는 결정적 시기가 출생 직후로 생각되었다. 예를 들어, 이 장 서두에서 언급한 Summer Sky와 그녀의 부모가 그와 같은 유대를 형성한 것이다. 처음에 서로 흘낏 쳐다보는 것이 유대의 기초를 형성한다고 생각되었다(Spezzano & Waterman, 1977). 그러나 이러한 관점은 이후 수정되었다(Goldberg, 1983; Palkovitz, 1985; Fogel, 2009). 유대는 결정적인 한 순간에 일어나는 것이 아니다. 그러나 강한 유대는 이후 애착 발달을 위한 기초가 된다(Fogel, 2009). 애착은 시간이 지나면서 형성되는 두 사람 간의 지속적인 정서적 유대이며, 전 생애 동안 다른 사람들과의 애정적 결합의 발달을 지원해 준다. 애착은 다른 장에서 더 구체적으로 논의될 것이다.

1983년 Goldberg는 관련 연구들을 검토하여 Klauss와 Kennell의 연구 결과(1982)가 의료계와 대중의 신념에 긍정적 영향과 부정적 영향을 둘 다 끼쳤다고 결론지었다. 긍정적 측면은 분만 과정이 훨씬 더 인간적이 되었고, 특히 아버지가 분만에 참여하도록 고무시킨 점이다. 아버지를 분만에 참여시켜 초기 부모-자녀 접촉이 이루어지게 한 것은 가족에게 많은 긍정적 영향을 미쳤다. 제왕절개 분만 또는 조산아 출산과 같은 경우에는 이러한 접촉이 즉시 가능하지 않지만, 그렇더라도 그것이 부모-아동 관계에 회복할 수 없는 손상의 원인이 되지는 않을 것이다. 부모들은 즉각적인 접촉 경험을 놓치는 것에 대한 죄책감과 속상함을 느끼게 된다. Klaus와 Kennell은 유대라는 용어의 정의를 출산 직후의 관계보다는 장기간의 관계 발달로 정의하고 있다(Goldberg, 1983). 유감스럽게도 대중적 언론에 계속 표현되는 유대란 용어는 분만 직후 어머니와 자녀 간의 연결의 발달로 정의되고 있다(Wheeler, 1993). 유대의 과학적 허구의 특성에 관한 책을 쓴 Diane Eyer 박사는 유대란 용어를 좀 더 가까운 관계를 기술하는 개념으로 확장할 것을 제안한다(Wheeler, 1993에서 인용됨).

특별한 요구를 가진 영아와의 유대는 가족에게 독특한 영향을 미친다(Fogel, 2009). 가족 구성원은 슬픔이나 우울을 느끼고, 영아를 정서적으로 거부하고 적응하는 데 어려움을 가질 수 있으며, 그들의 대인관계가 긴장되는 것을 볼 수 있다. 자신들이 문제의 원인이라고 느끼는 강한 정서 반응을 보인다. 또한 여러 의사와 병원을 방문해야 하는 특별한 양육 요구, 대소변을 가리지 못하는 것과 같은 특별한 어려움, 특별한 주거 또는 설비에 대한 요구, 재정적 곤란, 특별한 양육, 특별한 의류, 특별한 이동 수단 등과 같은 특별한 어려움

유대(bonding) 부모와 아동이 서로에게 특별해지는 과정

뇌 발달

출생 후 뇌 발달

출생 시 뇌는 작다. 성인 크기의 4분의 1이다. 척수와 뇌간만이 발달되어 있다. 뇌 하부(lower brain)는 차기, 집기, 울기, 수면, 젖 찾기, 수유를 통제한다. 신생아도 놀람 반응과 걷기 동작의 반사들을 보여 준다. 그 반사들은 하위 신경 센터(lower neuron center)에 의해 통제된다. 출생 이후의 뇌 발달은 환경 자극에 의해 좌우된다. 쓰다듬어 주기, 안아 주기, 달래 주기, 흔들어 주기, 노래 불러 주기, 말 건네기 등이 영아의 뇌 성장에 필요한 자극들이다. 성인이 영아의 뇌 성장을 자극하는 데 가장 중요한 것은 영아에게 말을 건네고 들어주는 것이다.

출처: http://main.zerotothree.org

에 압도당할 수도 있다. 부모의 스트레스가 다른 자녀에게로 넘어갈 수도 있다. 다른 자녀는 부모의 관심을 덜 받게 되어 사회적 · 정서적 어려움을 겪을 수 있다. 부모-영아의 상호작용에서도 영아의 긍정적 반응이 부족하므로, 부모로부터 긍정적 반응을 적게 받게 된다. 결국 유대와 애착 관계가 약해진다. 장애가 심각할수록, 부정적 결과도 항상 더 강하게 마련이다. 조산아와 정상 분만아를 비교하면, 부모-아동의 상호작용에서 차이가 12개월까지는 뚜렷하지 않다. 아기의 사회적 상호작용이 선형적일수록, 양육자와 긍정적 관계가 발달할 가능성이 더 높다.

신생아 평가

신생아 행동의 평가는 양육자가 아기를 이해하고, 앞서 8장에서 논의한 것과 같은 태내 환경상의 문제로 인한 손상을 확인하는 데 도움을 준다. 조산아가 발달상의 어려움과 관련 있다는 것은 이미 언급한 바 있다. 낮은 Apgar 점수도 역시 미래의 문제를 보여 주는 것일 수도 있다. Brazelton과 Cramer(1990)는 철저한 행동 평가가 미래의 발달을 예측하는 데 가장 유용하다고 생각한다. 이러한 목적을 위해 Brazelton과 동료들은 **신생아 행동 평가 척도**(NBAS)를 고안하였다.

NBAS는 상호작용 행동을 역동적으로 평가하도록 고안된 것이다. 그 평가는 부모가 사용하는 자극과 동일한 유형들, 예컨대 접촉, 흔들기, 목소리, 얼굴 움직임, 밝은 색, 밝은 빛, 기질 변화 등을 통합시킨 것이다. NBAS 반응은 신생아가 자신의 감각 능력을 통제하는 정도를 보여 준다. 부모가 영아를 이해하고 영아의 행동을 다루기가 어려운지를 알려 주는 데 매우 유용하다. 부모는 영아가 갖고 있는 어려움을 이해함으로써 아기가 기대한 만큼 반응을 보이지 않을 때 덜 실망하고 덜 좌절될 수 있다. 과잉 민감성과 비조직성을 보여 주

신생아 행동 평가 척도(Neonatal Behavior Assessment Sacle, NBAS) 신생아가 감각 능력을 통제하는 정도를 나타내는, 상호작용 행동에 대한 역동적 평가

는 아기들을 이해하고 그에 대처하기는 어렵다. 이런 아기들은 자극에 대하여 과잉 반응하고 부모가 재미있게 놀아 줄 시간이 없을 만큼 수면 상태에서 울음으로 다시 수면 상태로 재빠르게 변화한다.

미숙아

임신 37주 이전에 태어난 아기를 **미숙아**라 하는데, 대부분의 의학 전문가들은 아기들은 자궁에서 40주를 채울 필요가 있으며, 그보다 일찍 태어난 아기는 어떤 고위험 요인들과 관련되어 있다고 생각한다(MedlinePlus, 2011). Duff, Als와 McAnulty(1990)는 건강한 조산아와 정상 임신 기간을 채우고 태어난 영아를 임신으로부터 42주 되었을 때 비교하였다. 그들은 여러 발달 영역에서 두 집단 간의 유의한 차이를 발견하였다. 조산아(미숙아)는 잠에서 깨어나는 전환 행동에서 스트레스를 더 많이 보여 주었다. 또한 조산아에게는 운동과 신경학적 어려움의 증거도 나타났다. 조산아의 뇌 부위들은 정상 임신 기간을 채운 영아에 비해 작았다(Portions of brain, 2004). 생후 8개월 때 뇌의 부피를 비교한 결과, 미숙하게 태어난 영아들의 읽기, 언어, 정서, 행동을 통제하는 대뇌피질의 면적이 감소되어 있었다. 남아들은 여아들에 비해 백색질이 채워져 있지 않았다. 미숙한 남아들이 미숙한 여아들보다 읽기와 정서상의 문제를 갖고 있다는 것은 오랫동안 알려져 왔다. 그런 차이는 미숙아 분만 과정에 수반되는 의학적 합병증에 의한 것일 수도 있으며, 환경상의 변화가 너무 일찍 일어난 것에 기인한 것일 수도 있다. Bell(2011)의 연구는 환경과 특히 어머니의 정신 상태가 미숙아의 발달에 영향을 미칠 수도 있다는 결론을 내리고 있다. 어머니가 스트레스를 받으면 아기와 긍정적 애착을 형성할 수 없다.

2008년에 태어난 아기 중 8.2%가 체중이 2.5kg 미만이었고 저체중 출산으로 분류되었다(Kids Count, 2011a). 저체중 미숙아는 발달상의 문제, 단기 또는 장기의 장애, 생후 1년 이내의 사망 위험성을 가지게 될 가능성이 가장 높다. 미숙아에 대한 처치법은 계속 진전되고 있다(Shino & Behrman, 1995). 신생아의 집중 치료도 개선되고 있으며, 이러한 개선에는 미숙하게 태어난 아기들의 장기적 전망을 개선할 수 있는 기술상의 진보도 포함하고 있다. 아기가 신생아 집중 치료실(neonatal intensive care unit, NICU)에 있는 동안에, 부모들은 아기와 가능한 한 많은 시간을 보내야 한다(Parlakian & Lerner, 2009). 부모들은 아기에게 말을 건네고 노래를 불러 주고, 아기를 만질 수 있으며, 영아의 수면과 섭식 일정을 관찰할 수 있다. Jayne M. Standley(2002)는 NICU 환경에서 치료적이면서 비외과적인 양육 자극으로 음악을 사용할 것을 권장한다. 음악은 NICU에 있는 시간을 감축시키고 젖빨기 비율을 개선시키며, 산소 포화도(oxygen saturation)를 증가시키고, **항상성**, 즉 유기체의 내적

미숙아(premature infant) 임신 주수 40주가 되기 전에 태어난 아기

항상성(homeostasis) 유기체가 내적 안정성을 유지하는 경향

안정성을 유지시켜 주는 경향을 지원해 준다는 것이 보고되었다.

매우 미숙한 영아(임신 24주와 31주 사이에 태어난 영아)를 위한 약물 지원 형태는 인상적인 결과를 보여 주었다(Kantrowitz with Crandall, 1990). 태아가 임신 32주가 되는 시기에 폐에서 표면 활성제가 생산된다. **엑소서프®**는 아기가 이러한 표면 활성제를 형성시키는 것을 돕는 약물이다. 이 물질은 폐의 내벽을 코팅해 주며 공기층이 붕괴되는 것을 막아 준다. 따라서 표면 활성제는 아기가 호흡하는 데 필수적이다. 미숙아는 종종 충분한 표면 활성제가 발달되기 전에 태어나며, 그로 인해 심각한 태아 호흡 문제를 야기한다. 따라서 엑소서프는 폐의 표면 활성제 부족으로 태어난 영아에게 요긴하다.

미숙아 부모의 지원은 필수적이다(Akers, Boyce, Mabey, & Boyce, 2007). Brazelton과 Cramer(1990)는 미숙아를 낳은 부모의 감정을 기술하고 있다. 임신 27주 때 태어난 Clarissa는 심각하게 늘어진 상태였다. 출생 후 1분경에는 Apgar 점수가 5점이었고, 5분에는 7점이었다. 그녀는 수술과 항생제 투여가 요구되는 심각한 합병증을 보였다. 부모는 신생아 집중 치료실을 규칙적으로 방문하였다. 부모도 Clarissa의 치료와 NBAS 시행에 참여하였다. 부모는 의료진과 밀접한 치료적 관계를 형성함으로써 Clarissa의 발달상 문제를 다룰 수 있게 되었다. 그 외에도 Clarissa의 행동상의 진보와 미세한 발달적 증진의 중요성을 인식할 수 있었다. 부모는 Clarissa를 짐이 아닌 도전 과제로 받아들여 전형적인 미숙한 행동인 안달과 변덕스러움을 수용하게 된다. 미숙아는 안달하고 성마른 경향이 있어 부모들이 더 지치고 돌보는 재미를 덜 느끼게 되기 때문에, 미숙아는 자신들에게 절대적으로 필요한 촉각적 · 사회적 자극을 받지 못할 수 있다. 또 한편으로는 미숙아 또는 분만 과정에서 스트레스를 받은 아기들은 환경의 모든 자극에 지나치게 민감해져 자극이 낮은 환경을 해주어야 조용해질 수 있다(Brazelton, 1992). Barry와 Singer(2001)는 NICU에 있는 영아의 어머니들에게 짧은 일기를 쓰게 하는 것이 어머니의 스트레스 수준을 감소시킨다는 것을 발견하였다. 지역사회 지원(Greenwald, 2003)이 미숙아의 발달 전망을 증진시킬 수 있다. 정신건강 전문가, 건강 전문가, 발달 전문가들로 구성된 다학문적 팀이 공동으로 NICU에 입원한 영아의 가족을 대상으로 추후 중재를 해줄 수 있다. 일단 이 영아들이 병원을 퇴원하게 되면, IDEA, Part C(Individual with Disability Education Act)에서 제공되는 초기 중재 서비스의 대상이 된다.

심화학습 병원에서 NICU를 포함하여 산과 병동을 방문해 보도록 하자. 관찰실 창문을 통해 산과 영아실과 NICU에 있는 영아를 관찰해 보라. 한 구획 안에 있는 최소 한 명의 영아를 자세히 관찰해 보라. 외모와 움직임에서 어떤 차이가 있는지를 주시해 보라. NICU에서 사용하는 설비를 주의해 보라. 빛, 소리, 접촉, 또는 어떤 다른 자극에 영아가 반응을 보이는가? 이러한 경험에 대한 후기를 기술해 보라.

엑소서프(Exosurf)® 폐의 내벽을 코팅해 주고 충돌을 막아 주는 공기층을 유지하는 표면 활성제의 형성을 돕는 약물

영아의 민감성

영아의 민감성과 반응성이 과소평가되어서는 안 된다. 영아들은 "환경에 의해 주조되는 한 덩이의 찰흙"(Brazelton, 1977a)이 아니다. 아기들은 환경에 강력한 영향을 미친다. 영아의 이러한 특질을 잘 이해하고 있는 성인은 이러한 특질의 장점을 이용하여 관계를 발달시킨다. 신생아는 타고난 강점을 많이 갖고 있다. 태어날 때부터 신생아는 목소리에 반응하며, 사람 얼굴을 쳐다보며, 젖 냄새를 선호하며, 모유와 우유의 차이를 구별한다(Marlier & Schaal, 2005). 신생아는 환경에 매우 민감하다. 촉각적 접촉은 미숙아뿐만 아니라 정상 분만 기간을 채우고 태어난 신생아에게도 중요하다(Carlson, 2005). 촉각적 접촉은 뇌 발달에 중요하다. 촉각적 접촉은 영아가 스트레스를 관리하는 데 도움을 주며, 신체건강을 증진시키며, 신체적 성장을 지원해 준다. 또한 정서적 발달도 지원해 준다. 부모는 자신의 신생아가 얼마나 민감하고 반응적인지를 알게 되면서 아동을 관계를 맺을 수 있는 사람으로 보게 된다. 이러한 지식은 어린 아동과 더 밀접하게 묶어 준다. 다음 예에서 보는 바와 같이 부모들은 영아의 반응들에 주의를 기울이고 반응해 주는 것을 배울 수 있다.

- 어머니는 신생아의 귀 가까이서 딸랑이를 흔들어 준다. 신생아는 깜짝 놀라면서 소리 나는 쪽으로 고개를 돌린다
- 아버지가 신생아의 이불을 젖히면, 신생아는 팔과 다리를 휘저으며 반응한다.
- 어머니가 신생아의 옷을 벗길 때, 아기가 자신의 신체에 대한 제어에 반항하며 반응하는 것을 볼 수 있다.
- 요람이나 다른 사람 팔에 안겨 있는 신생아는 안아 주는 것에 반응을 보인다.
- 아버지는 신생아와 게임을 즐긴다. 아버지는 신생아 시야 밖에서 아기 이름을 부르면 아기가 아버지 목소리에 반응하여 고개를 돌리며 반응하는 것을 보며 좋아한다.

생후 첫 2주 이내에 상호적 교류가 순조롭게 이루어진다.

신생아의 울음에 대한 성인의 해석은 성인-아동 관계에서 여러 측면들을 결정하는 데 매우 결정적이다. Rescind와 Marshall(1988)은 어머니가 신생아 울음의 고저에 민감하다는 것을 발견하였다. 어머니는 영아의 울음을 7점 척도로 평정하였다. 급박한/급박하지 않은 울음, 불편한/불편하지 않은 울음, 커지는/진정되는 울음, 병약한/건강한 울음. 모든 울음은 고통을 야기하는 동일한 자극에 대한 반응들이었다. 유일한 차이는 각 영아의 반응 강도였다. 각 울음의 다양성은 심각성의 지표로 나타난다. 울음이 좀 더 다양한 영아는 관심을 더 받는다. 아기들의 울음이 저음일 때 아기들은 더 긍정적인 관심과 자극을 받게 된다. 아기의 울음이 성마르고 긴장되어 있으면 부모로부터 더 부정적 관심을 받게 된다. 아기의 성마른 울음은 무시될 가능성이 더 많고 아기에게 필수적인 자극을 못 받게 만든다.

민감한 신생아가 자신의 세계에 어떻게 적응하는지를 보여 주는 연구들이 증가하고 있

다. Brazelton과 Cramer(1990)는 신생아에게서 다섯 가지 감각이 기능하는 방식을 기술하고 있다. 신생아는 시각적으로 기민해질 수 있다. 아기들을 안고 흔들어 주면, 아기들은 눈을 뜨고 상호작용할 준비를 한다. 어머니와 신생아의 눈과 눈의 접촉이 애착을 강화시켜 주기 때문에, 분만실에서 갓 태어난 신생아가 볼 수 있는 능력은 유대 과정에서 중요한 요인일 수 있다. 신생아는 사람의 얼굴에 매력을 느끼며 얼굴 그림보다 실제 얼굴을 더 선호한다. 신생아는 시야의 흥미로운 대상을 보려고 하며, 그 대상이 움직일 때 시각적으로 추적하는 행동을 보여 준다.

신생아의 듣기 능력은 출생 시에도 나타난다. 신생아는 여자 목소리를 선호한다. 또한 청각적 자극에 흥미로워하며 부드러운 딸랑이 소리나 목소리에 기민해지고 소리나는 방향으로 고개를 돌린다. 출생 직후, 신생아는 어머니의 목소리에 반응하여 움직인다. 신생아는 우유나 설탕물과 같은 단맛에 더 끌리며, 식초나 알코올과 같은 불쾌한 냄새에 고개를 돌린다. 심지어 신생아는 모유를 다른 사람의 젖과 분유와도 구별할 수 있다. 아기들은 소금물을 거부하는 반면에, 단물은 빠르게 빤다. 또한 어머니를 목소리와 냄새로 인식하는 것으로 보인다.

앞서 언급한 바와 같이, 신생아들은 촉각적 접촉에 민감하다. 이것은 영아와 양육자 간의 의사소통에 중요한 수단이다. 천천히 가볍게 두드려 주면 아기는 차분해지고, 빠르게 두드려 주면 아기가 기민해진다. 또한 촉각적 접촉은 고통을 덜어 줄 수도 있다(McMichael, 1998). 촉각적 접촉은 미숙아의 상태를 개선시켜 주고 면역 기능을 증진시키며, 스트레스를 감소시키고, 자폐 아동의 과제 지향적 행동과 사회적 행동을 증진시켜 준다. McMichael은 미국인들이 다른 문화권에 비해 촉각적 접촉이 박탈되어 있다고 지적한다. 미국은 평상시의 촉각적 접촉이 시간당 두 번의 접촉으로 세계에서 가장 낮은 비율을 보이는 나라 중 하나이다. 반면에 푸에르토리코와 같은 나라는 시간당 180번으로 세계에서 가장 높은 비율을 보여 준다. 유감스럽게도 미국인의 촉각적 접촉에 대한 부적절한 관심이 '만지지 않고 가르치기(Teach, don't touch)'라는 정책을 이끌었다. 교사들은 우는 아동의 어깨에 손을 대는 것조차 두려워한다.

출생 전에 이미 손-입의 민감성이 형성되어 있다. 손과 입의 접촉은 자기 만족을 주며, 운동 능력의 활동성을 통제하며, 자기 자극(self-stimulation)이 된다. 신생아의 모든 감각들이 작동하고 있다. Gunnar, Porter, Wolf, Rigatos와 Larson(1995)의 연구와 Davis와 Emory(1995)의 연구에 따르면, 신생아는 스트레스 경험에 반응적이다. Gunnar와 동료들은 영아들이 스트레스에 반응(증가된 심장박동률, 커진 울음, 화학적 반응)을 보이지만, 회복 시간은 영아마다 상당히 다르다. Davis와 Emory는 남아와 여아의 신경생리적 스트레스 반응에서 성차가 있다는 것을 발견하였다.

영아의 기질

성인과 영아의 관계 특질은 영아의 **기질**에 의해 영향을 받는다. 뉴욕 종단 연구(New York Longitudianal Study)(Thomas & Chess, 1977)(Berk, 1998에서 재인용)는 기질에 관하여 가장 오랫동안 연구한 것이다. 연구자들은 아동을 영아기부터 성인기까지 추적하였다. 연구자들은 기질이 아동이 심리학적 문제를 경험하거나 스트레스에 잘 대처할 가능성에 영향을 미치는 중요한 요인임을 발견하였다. 그러나 부모의 양육 실제가 기질을 수정할 수 있다는 것도 발견하였다. 대부분의 아동은 세 가지 유형의 기질에 해당된다. **순한 기질의 아동**(표본의 40%)은 일상생활에 잘 따르고, 행복하며 잘 적응한다. **까다로운 기질의 아동**(표본의 10%)은 일상생활에서 까다로우며, 새로운 경험에 적응하지 못하며, 새로운 것들에 부정적이며 강한 반응을 보인다. **느린 기질의 아동**(표본의 15%)은 활동 수준이 낮고, 환경 자극에 약하게 반응하며, 부정적 기분을 보이며, 새로운 경험에 느리게 적응한다. 나머지 아동들(표본의 35%)은 이 유형들 중 어느 하나에 정확히 떨어지지 않지만, 그 유형들의 조합된 양상을 보여 준다. 어떤 유형이든 간에, 아동들은 구분되는 성격 특징을 갖고 태어나며 성장하면서 그 특징을 남아 있는 것처럼 보인다. 어떤 아동은 까다롭고 어떤 아동은 순하다. 어떤 아동은 능동적이고 어떤 아동은 수동적이다. 극단적인 기질의 신생아는 이후의 기질과 정적 상관을 보인다(Berk, 1998). 예를 들어, Korner와 동료들(1993)은 4세에서 8세 사이에 아동의 일상 활동을 관찰한 결과, 신생아 때 가장 활동적이었던 아동들이 여전히 가장 활동적이라는 것을 발견하였다. 이것이 생물학적 요인(유전) 또는 부모 기대와 같은 환경적 요인에 기인한 것인지는 아직 논쟁의 대상이다.

조용하고 느리게 반응하는 아동은 외향적이고 빠른 아동만큼 성인으로부터 긍정적 반응을 얻지 못할 수 있다. 까다로운 아동은 다른 사람으로부터 부정

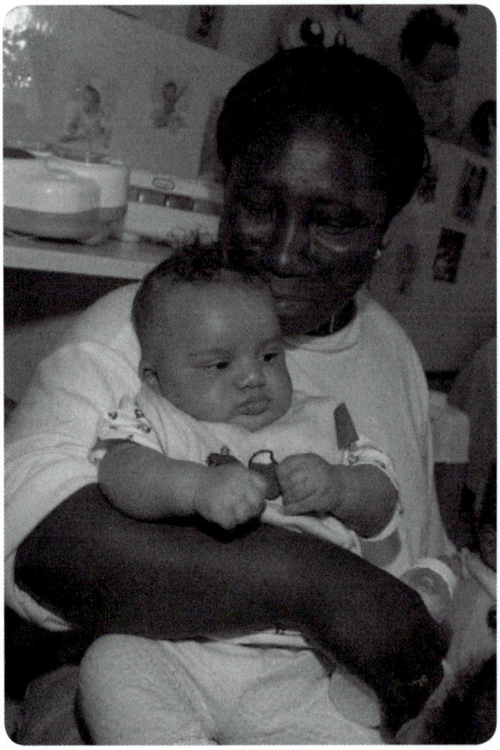

사진 10-2 초기 애착은 부모와 아동 간의 건강하고 즐거운 관계의 기초를 형성해 준다.

기질(temperament) 아동이 갖고 태어나며 전 생애 발달에서 그대로 남아 있는 독특한 성격 특징

순한 기질의 아동(easy child) 일상생활에 잘 따르고, 행복하며 잘 적응하는 아동

까다로운 기질의 아동(difficult child) 일상생활에서 까다로우며, 새로운 경험에 쉽게 적응하지 못하는 아동

느린 기질의 아동(slow-to-warm-up child) 활동 수준이 낮고, 환경 자극에 약하게 반응하며, 부정적 기분을 보이며, 새로운 경험에 느리게 적응하는 아동

적 반응을 유발하기 때문에 성장하면서 정서적 문제를 가질 가능성이 크다. 성인은 각 아동이 다른 특징을 갖고 태어난다는 것을 인식하고 각 아동을 개별적으로 다루어야 한다. 어떤 엄마는 아동과 상호작용을 하며, 어떤 엄마는 아동을 방임하고, 또 어떤 엄마는 상호작용을 시도하지만 좌절하기도 한다.

신생아는 복잡하다. 신생아는 자신만의 성격 특징을 갖고 태어난다. 신생아는 환경에 민감하며 자신이 만나는 성인과 상호작용하고 유대를 맺을 준비가 되어 있다. 성인의 책임은 신생아를 알아 가면서 밀접하고 보상적인 관계를 주고받을 준비를 갖추는 것이다(**사진 10-2**). 어떤 성인-아동 쌍에서는 애착이 즉각적으로 형성된다. 다른 쌍에서는 좀 더 느리게 사랑이 성장한다.

심화학습 Timmy와 어머니의 관계는 차갑고 거리가 있다. Timmy는 미숙아여서 생후 첫 1개월을 NICU에 있었다. 어머니는 Timmy의 동생이 태어나기를 기다리고 있다. 교사는 Timmy의 어머니가 다음에 태어날 아동과도 Timmy와 같은 관계를 맺을지 주의를 기울이고 있다. 어째서 교사는 이런 방식으로 생각하고 있을까? 여러분이 다음 부분에서 배울 정보를 Timmy 어머니의 상황에 적용해 보라. 여러분은 교사의 책임은 무엇이라 생각하는가? 여러분은 교사에게 어떤 종류의 조치(계획)를 제안하겠는가?

3 전문적 책무성: 신생아와 부모

어떤 부모들은 새로 태어난 아기와 관계를 맺는 방식을 배워 나가는 데 도움이 필요하다. 어린 아동들과 일하는 성인은 부모가 아동 발달에 대한 지식을 배우고, 그 지식을 새로 태어난 아이와 상호작용하고 이해하는 데 적용할 수 있도록 도와줄 책임이 있다. 또한 어린 아동과 일하는 성인은 부모와 아동이 필요한 다른 전문적 도움을 받을 수 있도록 도와줄 책임도 있다. 여러분은 부모가 새 아기가 태어난 후 다른 자녀들과 관계를 맺는 방식을 배울 수 있도록 도와줄 수 있다. 부모는 신생아가 사람과 환경에 능동적으로 참여하며 혜택을 취해 나가는 복잡하고 능동적인 존재라는 것을 이해할 필요가 있다.

Berry Brazelton(1990)은 1989년 4월 아동발달연구학회(Society for Research in Child Development, SRCD)의 회장단 연설에서 손상을 입은 영아에게서 문제가 증가하고 있음을 강조하였다. 그 당시 보스턴에서 신생아의 25%가 출생 당시 약물에 중독되어 있었다. 그들의 손상된 신경체계로는 양육자의 접근에 긍정적으로 반응하지 못한다. 양육자는 신경체계가 손상된 영아와 상호작용하기가 까다롭고 상당한 인내심을 요구한다는 것을 이해해야 한다. Brazelton의 목적은 이러한 문제와 싸울 수 있는 예방 및 중재 모델을 개발하는 것이다.

연방 법률(7장에서 논의됨)은 각 주가 위험군에 속한 영아와 걸음마기 유아, 그리고 그 가족을 위해 출생에서 학령기까지 지속적인 서비스를 제공할 계획을 세워 놓을 것을 지시하고 있다. 그러나 문제는 기관들이 각 수준에 적절한 특별한 서비스를 전달해 주고 있느냐에 있다. 예를 들어, Cardinal과 Shum(1993)은 위험군 영아에게 제공되는 서비스 유형을 알아보기 위해 캘리포니아 주의 NICU를 조사하였다. 그들은 영아가 NICU에 있을 때, 그리고 NICU에서 집으로 갈 때는 적절한 지원을 받고 있으나, 영아가 집에 있을 때는 지원과 추적 조사가 거의 이루어지지 않고 있음을 발견하였다. 기존의 NICU 중재의 효율성에 대한 연구들을 조사한 O'Brien과 Dale(1994)은 그에 대한 연구가 거의 이루어져 있지 않았음을 발견하였다. 이용 가능한 몇 개의 연구에서도 프로그램들이 영아에게만 초점을 맞추고 있으며, 가족에 대해서는 거의 지원이 없음을 지적하고 있었다.

Hughes와 McCollum(1994)은 영아가 NICU에 입원해 있는 첫 몇 주간 스트레스를 주는 것이 무엇인지에 대한 부모의 지각을 알아내기 위해 면담을 실시하였다. 어머니는 다음과 같이 다섯 가지 주요 스트레스원을 지적하였다. (1) 영아의 외모, 건강, 입원 과정, (2) 영아와의 분리/부모처럼 느끼지 못함, (3) 의료진과의 의사소통과 의료진의 조치들, (4) 재정상의 걱정, (5) NICU의 환경과 설비. 상당한 비율의 아버지들도 스트레스 요인으로 1과 2를 지적하였지만, 다른 영역 전반에 걸쳐 넓게 걱정을 하는 편이었다. 어머니들이 아버지들보다 스트레스 요인들을 유의하게 더 많이 보고하였다. 어머니와 아버지 모두 직접적인 의학적 상황 밖에서의 스트레스 요인들을 보고하였다. 예를 들어, 형제들이 NICU에 오지 못하는 것, 아동 보육을 맡길 데를 찾는 것이 문제로 지적되었다. 따라서 현장 방문형 보육이 도움이 될 것이다. 연구자들은 의료진이 부모에게 더 다가가 정보와 도움을 더 많이 제공해 주고 덜 권위적이어야 한다고 결론지었다. Meck, Fowler, Catlin과 Rasmussen(1955)은 영아가 NICU에서 퇴원한 후 1개월과 7개월 때 어머니를 면담하였다. 어머니들은 퇴원 후 기본적인 영아 보육(예: 목욕, 수유)에 관하여 도움이 되는 정보를 받지만, 아동 발달상의 문제, 의학적 기록의 이전, 재정과 관련해서는 곤혹스러워한다. 연구자들은 미숙아 어머니들에게 좀 더 강력한 정보 프로그램을 제공해 줄 것을 권장하고 있다.

미숙아 외에도 수많은 영아들이 특별한 요구를 갖고 태어난다. 이 영아들의 부모를 위한 교육 중재 프로그램은 필수적이다. Fogel(2009, p. 453)은 아동의 장애와 관련하여 부모를 교육하고, 정서적 지원을 해주고, 그들과 유사한 문제를 갖고 있는 다른 부모들과의 지원 연결망을 제공해 주고, 각 아동의 개별적 요구에 어떻게 반응하고 기대하여야 하는지를 가르치는 프로그램이 고안되어야 한다고 생각한다. 이러한 준거를 충족한 프로그램은 성공적이었다. 부모 또는 미래의 부모들은 누구든 간에 부모가 되기 전에 또는 아기가 태어난 후에 교육 프로그램으로부터 혜택을 받을 것이다.

Cynthia T. Garcia Coll(1990)은 낮은 사회경제적 계층에 있는 소수 집단의 영아들이 특히 위험군에 속한다고 지적한다. 그 영아들은 경제적으로 박탈되어 혜택을 받지 못할 가능성이 더 많다. 한부모 가구이면서 어머니 연령이 낮은 영아들은 적절한 부모의 돌봄을 받지 못할 가능성이 높다. 반면에 그들은 확대 가족의 지원망의 혜택을 받을 수도 있다. 이 영아들은 미숙아이고, 저체중이고, 빈약한 건강 상태에 있어 훨씬 더 취약하다. 전반적으로 사회경제적으로 박탈된 가족에게서 태어난 소수집단의 영아들 중 상당 비율이 고위험군 범주에 속해 있다. 반면에 발달 과정에서 이러한 위험 요인들에 대한 영아의 반응에는 문화적 차이가 있다. Coll은 문화적으로 배려한 중재와 예방 전략의 중요성에 대하여 주의를 환기시키고 있다. 즉, 예방 전략은 관습과 문화적 가치에 부합되어야만 한다.

요약

1 출생 시 신생아에게 일어나는 환경 변화와 다양한 분만 방법을 기술하기

생후 첫 2주는 아동의 생애에서 중요한 시기이다. 아동에게 출생은 극도의 환경적 변화를 겪는 시간이다. 근래에는 예전에 신생아가 받았던 출생 시 트라우마 사건들을 줄이려는 노력이 이루어지고 있다. 이제는 아버지들이 출산 과정에서 더 많이 참여하고 있으며, 출산 직후에 가족이 영아와 더 많이 접촉을 할 수 있도록 허용되고 있다. 부모들은 병원, 분만원, 가정 등을 포함한 분만 장소를 선택한다. 아기는 의사나 조산원에 의해 분만될 수도 있다.

2 신생아기에 중요한 측면이 무엇인지 기술하기

신생아 연구는 생후 첫 2주 동안이라 할지라도 아기들이 기민하며, 인식을 하며, 환경에 민감하다는 것을 입증해 주고 있다. 신생아들은 5단계의 각성 상태를 오간다. 규칙적 수면 상태, 불규칙적 수면 상태, 졸린 상태, 조용히 깨어 있는 상태, 각성된 활동성과 울음 상태. 신생아기에 기질적 특징이 나타난다. 가장 일반적으로 확인된 세 가지 유형의 기질(약 65%)로는 순한 아동, 까다로운 아동, 느린 아동이 있다. 아기가 처음 이 세상에 나오는 순간부터 적절한 자극과 따뜻한 환경의 제공은 아동 발달을 증진시켜 줄 수 있다. 생후 첫 몇 주 동안은 주 양육자가 영아와 강한 유대를 발달시킬 수 있는 중요한 시기이다. 이 유대는 주 양육자 그리고 아동 인생에서 중요한 다른 사람들과 평생 지속되는 애착을 형성해 주는 기초가 된다.

미숙아는 여러 가지 요인에서 고위험군이라고 할 수 있다. 분만 과정에서 위험도가 높은 의학적 절차가 신생아의 미래 발달에 영향을 미칠 수 있다. 미숙아들은 정상 임신 기간에 일어나는 발달 이정표를 거치지 않는다. 미숙아의 상당 비율이 낮은 사회경제적 계층 수준에 있는 10대모의 아기이다. 게다가, 미숙아와 정상 임신 기간을 채운 저체중아는 성마르고 까다롭기 때문에, 부모로부터 부정적 주의를 더 받게 되고 방임될 가능성이 높다. 따라서 이 영아들은 성장하는 데 필요한 긍정적 자극을 받지 못한다.

3 영유아와 일하는 성인이 맡아야 할 신생아와 그 가족에 대한 책무를 기술하기

많은 부모들이 영아와 관계를 맺는 방식을 배우기 위해서는 도움이 필요하다. 기저귀를 갈아 주고, 목욕시키고, 수유를 하는 일상 활동은 한부모나 양쪽 부모에게 완전히 새로운 일이다. 가족들이 미숙아 또는 특별한 요구가 있는 저체중아를 돌볼 때 직면하는 어려움을 이겨 나갈 수 있도록 도와줄 수 있는 더 많은 가족 지원 제도가 필요하다.

제11장 영아기: 이론, 환경, 문화

이 장과 관련된 표준

naeyc

NAEYC 프로그램 기준

1b: 출생에서 8세까지의 발달과 학습에 영향을 미치는 다양한 요인들을 알고 이해하기

DAP

발달에 적합한 실제(DAP) 지침

5: 가족과 호혜적인 관계 형성하기

학습목표

1. 영아기에 적용할 수 있는 Erikson, Freud, Piaget, Vygotsky, Skinner, Bandura, Rogers와 Maslow의 이론들을 이해한다.
2. 영아의 감각 능력의 예들을 인용하여, 어떤 영아의 감각 능력이 다른 영아에 비해 잘 발달되지 않은 이유를 설명한다.
3. 질적으로 우수한 영아 환경 요인들을 이해한다.
4. 영아 발달에 영향을 미치는 사회경제적 · 문화적 요인들을 열거한다.

다음은 1학년 된 아이가 같은 반 친구의 생후 5개월 된 여동생이 교실을 방문하였을 때 쓴 글이다.

Kate는 아가예요.

1. Kate는 미소를 지을 수 있어요.

2. Kate는 얼굴을 찡그릴 수 있어요.

3. Kate는 볼 수 있어요.

4. Kate는 울 수 있어요.

5. Kate는 만질 수 있어요.

6. Kate는 박수를 칠 수 있어요.

6살 된 어린아이도 5개월 된 아기가 능동적이고 기민하다고 느끼는 것을 알 수 있다. 이 글을 보면 Kate가 많은 능력을 갖고 있음을 확실히 알 수 있지만, Kate는 주변의 다른 사람들에게 완전히 의존적이어서, 그들이 Kate의 욕구를 충족시켜 주어야 한다. 엄마, 아빠, 오빠, 언니, 그리고 자신을 돌봐 주는 다른 사람들이 Kate에게는 매우 중요하다. 영아기 동안 Kate가 경험한 일들은 유치원 시기나 심지어 성인기에라도 Kate의 행동에 반영되어 있을 것이다.

1 영아를 보는 이론가들의 관점

2장에서 소개된 이론가들마다 영아에 대하여 나름대로의 관점을 갖고 있다. Erikson, Freud, Bandura, Maslow, Rogers, Piaget, 그리고 Vygotsky의 관점이 각기 달라서, 각 이론가들은 영아를 다른 방식으로 보고 있다.

Erikson은 아동이 발달하면서 여러 위기 단계를 거친다고 본다(Miller, 2002). 영아기 동안 해결되어야 할 위기는 기본적 **신뢰** 대 **불신**의 위기이다. 아동은 신뢰를 발달시켜야만 하며, 이 신뢰를 바탕으로 인생에서 겪게 될 많은 실패에도 불구하고 희망이라는 기본적 감정을 계속 유지시켜야 나가야 한다. 신뢰는 수유 경험 동안 어머니와의 관계 그리고 아기의 기본적 욕구를 충족시켜 주는 어머니와의 다른 활동들을 통해 발달한다. 영아는 자신의 기본적 욕구를 충족시켜 주는 어머니를 신뢰할 수 있다는 것을 알게 된다. 그다음에 어머

신뢰(trust) 다른 사람들의 행동에 대한 믿음
불신(mistrust) 다른 사람들의 행동에 대한 믿음의 부족

사진 11-1 영아들은 서로에게 매료된다.

니에 대한 신뢰가 전체적으로 영아가 속한 세계와 사회로 이전될 수 있다. 생존에 필요한 음식과 마찬가지로, 따뜻함과 사랑이 있어야 영아의 건강한 정서 발달이 이루어진다. 만약 신뢰가 발달되지 못한다면, 아동은 두려움이 많고 의심이 많으며 불신에 차 있게 된다.

Freud의 기본적 생각은 초기 경험이 이후의 발달에 특별한 영향을 끼친다는 것이다(Miller, 2002). 영아기 동안 입과 입의 기능이 매우 중요한다. 영양을 공급받기 위한 빨기 경험과 영양 공급과 관련 없는 빨기 경험 둘 다 아동의 성격 형성에 영향을 미친다. 또한 이 기간 동안 다른 사람과 밀접한 관계를 형성하는 것도 중요하다. 영아는 양육자 팔에 안겨 젖을 먹으면서 동시에 사랑, 따뜻함, 의존감을 발달시킨다. 어머니에 대한 애착은 이후 사회성 관계 발달에 기초가 된다(사진 11-1). 어머니로부터 받는 주의는 바람직한 행동의 발달을 촉진시켜 준다. Freud는 이러한 경험이 긍정적이지 않으면 영아는 불안해지고 의존적이고 수동적이 되며 무력한 성격을 발달시키게 된다고 생각하였다. Freud는 영아와 어린 아동이 정신적으로 건강하게 성장하려면 좌절되지 않고 즐거운 삶을 살아야만 한다는 생각을 아동 양육 실제에 불어넣어 주었다(Miller, 2002).

Bandura의 사회 인지 이론이 단계 이론 또는 발달 이론은 아니지만, 이 이론은 어느 연령에서든 어떻게 아동들이 사회적 경험을 통해서 발견한 것을 추출하고 통합시키는지를 제안해 주었다(Miller, 2002). Bandura 이론은, 연령 증가와 더불어 환경적 영향이 변하고 그 환경적 변화를 다루는 아동의 능력도 변한다는 것을 인정하고 있다. 영아는 첫 사회적 경험을 해나갈 때, 이 경험을 토대로 정신적 심상을 형성하기 시작한다. 대리적 경험 또는 관찰 경험들이 영아에게 특히 중요하다. 모방은 신생아기에 시작한다. 영아는 자신의 울음이 신체적 불편함에서 벗어나게 해준다는 사실을 빠르게 배운다. 또한 다른 사람의 반응과 행동을 관찰함으로써 행동 규칙을 배우게 된다. 영아는 자신의 행동을 통해 다른 사람을 통제할 수 있다는 것을 관찰하면서 자신이 능력 있는 존재라는 개념을 형성하기 시작한다. 사회 인지 이론은 아동을 지식의 수동적 수용자라 여기지 않으며, 환경에 대하여 아동 자신이 받은 인상이 무엇인지를 알아 가면서 지식을 구성하는 능동적 역할을 하는 존재로 본다(Miller, 2002).

Rogers(Smith, 2005)와 Maslow(Boeree, 2004)는 부모가 부모 자신과 다른 사람들을 받아들이는 것의 중요성을 강조한다. 아동에 대한 부모의 수용성은 영아기에 결정적인 것이다. 부모들도 때로는 아동에게 부정적 느낌을 가질 수 있다는 사실을 받아들일 필요가 있다. 즉, 그 어떤 부모도 완벽하지 않으며 항상 사랑을 보여 주지 못한다. 오히려 부정적 느낌을 거부하는 것이 긴장과 적대감을 야기하며 긍정적 감정을 가려 버릴 수 있다. 아동 초기부터 부모와 다른 양육자가 아동의 메시지로부터 욕구를 알아내고 그에 적절히 반응해 주는 것이 중요하다. 긍정적 자아 개념을 촉진시켜 주는 경험은 출생 때부터 시작한다. Rogers(Smith, 2005)는 Erikson처럼 아동과 학습 촉진자(부모나 다른 양육자) 간의 신뢰로운 관계가 중요하다고 강조한다.

Piaget의 관점(Miller, 2002)에서, 영아는 인지 발달의 첫 단계에 있다, **감각운동기**라 불리는 이 단계는 두 살 때까지 지속된다. 이 시기에 최초의 학습이 이루어진다. 이 단계에서 영아는 새로운 것을 알아 나가는 수단으로 촉각, 미각, 시각, 청각, 후각 등의 감각을 사용하는 것을 배운다. 영아들은 운동 행위를 통해 학습하며 성장한다. 영아들은 잡고, 기고, 서고, 걸으면서 세상에 대해 배워 나간다. 영아들이 더 멀리, 더 빨리 움직일 수 있게 되면서 감각을 통해 배울 수 있는 것이 더 많아진다. 영아는 새로운 어떤 것을 발견하면, 그것을 보고, 잡고, 냄새 맡고, 입으로 맛을 보고, 깨물고, 느낀다(사진 11-2). Piaget의 관점에서 성인은 환경을 제공해 주기 때문에 중요하다. 그러나 영아는 자신의 감각 및 운동 활동을 수행해 나가면서 자신이 배운 것을 어느 정도 통제한다.

Vygotsky는 아동 발달을 일련의 단계로 설명하였다(Bodrova & Leong, 2007). 각 단계는 발달상 위기로 시작하여 위기로 끝나는 안정기이다. 발달적 변화는 각 위기에 급속히 일어나며 새로운 어떤 것이 발달하기 때문에 교육적 문제를 야기할 수 있다. Vygotsky는 여러 위기들 가운데 한 위기가 출생 때 시작하여 약 2개월간 지속된다고 보았다. Vygotsky는 10장에서 언급한 것처럼 자궁에서 외부 환경으로의 변화를 트라우마로 인식하였다. 원초적인 정신 활동은 생후 첫 몇 주간 일어난다. 영아가 사람의 목소리에 첫 미소를 지을 때, 영아와 성인 사이에 진정한 호혜적인 사회적 상호작용이 시작하는 것이다. Vygotsky는 영아기를 생후 첫 2개월에서 생후 1년까지로 본다. 이 시기 동안 영아는 모든 것에 있어서 다른 사람과의 사회적 상호작용에 전적으로 의존하며, 상호작용에 필요한 특별한 요구를 발달시킨다. 영아는 자신을 성인과 독립된 존재로 보지 못한다. 영아는 정서적 유대의 일

감각운동기(sensorymotor period) Piaget의 인지 발달 중 첫 단계로, 출생에서 생후 2세 때까지 지속. 이 시기에 영아는 자신의 감각을 새로운 것들을 발견하기 위한 수단으로 사용하는 것을 배운다.

사진 11-2 나이 든 영아들은 입으로 탐색을 한다.

부이다. 생후 12개월경 영아가 걷기 시작하고, 언어가 나타나고, 정서적 반응들이 변하면서 새로운 위기가 발달한다. Vygotsky는 생후 첫 1년 동안 사회적 상호작용의 가치와 필요성을 강조하였다는 점에서 그의 시대를 앞서갔다(Bodrova & Leong, 2007).

따라서 지금까지 논의된 이론가들은 발달(성장과 학습의 상호작용)을 아동 삶의 중심으로 본다. Skinner(1979)는 아동에 대한 자신의 관점을 최적 환경에서 특별한 행동을 학습시키는 데 적용시켰다. 영아 학습에 대한 그의 관점은 어린 딸에게 사용한 접근법에 반영되었다. Skinner는 자신의 둘째 딸을 위해 아기 양육을 단순화한 완벽한 영아 환경을 만들어 주기로 결정하였다. 그는 **베이비 텐더**[후에 육아 상자(air crib)라고 불림]를 만들었다. 베이비 텐더는 요람 크기의 공간이며, 작은 방처럼 닫혀 있고, 한 면에 유리 그림의 창문이 달려 있었다. 바닥면에는 통기구가 있었다. 육아 상자에 들어가기 전에 공기를 여과시키고 따뜻하고 습기가 있게 만들었다. 영아는 기저귀만 차고 있었고 마음대로 움직일 수 있었다. 자유로운 움직임을 방해하는 꼭 끼는 옷, 퀼트, 덮개들을 없앴다. Deborah는 그 특별한 육아 상자에서 강하고 건강하게 성장하였다. Skinner는 이와 관련하여 다음과 같이 말하였다. "두 가지 측면의 문제가 있다. 아동을 위해 적절한 조건을 발견하는 것과 어머니가 그 적절한 조건들을 조성해 줄 수 있게 유도하는 것이다"(Skinner, 1979, p. 31). Skinner는 어떤 중요한 학습은 정상적이지 않은 환경에서도 이루어진다는 것을 발견하였다. 예를 들어, 아기는 기저귀가 젖으면 바로 차가워지고 매우 불편함을 느끼게 된다. Skinner는 Deborah가 그 불편함을 피하기 위해 소변을 참는 것을 일찍 배웠다고 느꼈다. Skinner는 올바른 환경이 건강한 발달의 열쇠라고 본다.

이 이론가들에게 영아는 감각과 운동 행위를 통해 세계에 대해 능동적으로 배워 나가는 존재로 간주된다. 영아와 양육자와의 관계, 주변 환경의 질이 개인의 잠재성이 발달하는 수준을 결정하는 데 있어서 가장 중요하다. 영아기에, 아동은 감각에 주로 의존하다가 감각과 운동 학습을 조합시키는 방향으로 움직여 나간다. 이러한 발달은 누운 자세에서 움직이던 영아가 앉은 자세로 움직일 수 있게 되면서, 그리고 한 장소에 머물러 있던 신체를 점차 이동시킬 수 있게 되면서 이루어진다. 영아가 앉을 수 있게 되면 양손으로 물건을 잡을 수 있게 된다(사진 11-3). 이것은 크기가 좀 더 큰 사물을 사용한 새로운 활동을 할 수 있게

사진 11-3 영아들은 자신들의 탐색에 반응을 보여 주는 대상에 매료된다.

베이비 텐더(baby tender) 아동을 위해 적절한 조건을 제공하는 Skinner식 환경

해주고 두 사물을 협응시킬 수 있게 해준다. 예를 들어, 앉아 있는 영아에게 바람직한 활동은 작은 사물을 큰 사물이나 용기에 집어 넣었다가 빼는 활동이다. 영아가 혼자 힘으로 움직일 수 있게 되면, 새로운 세계가 열린다. 영아는 자신에게 이용 가능한 모든 것들을 구석구석 흥미를 갖고 탐색한다.

심화학습 영아를 한 시간 동안 또는 깨어 있는 동안에 돌볼 수 있는 데를 찾아보자. 친구나 친척의 집 또는 가정 탁아나 기관 탁아가 될 수 있다. 당신이 하는 것, 영아가 하는 것, 그리고 여러분이 영아에게 어떻게 반응하는지를 기록해 보라. 영아 발달과 행동에 대한 이론가의 관점과 관련지어 여러분의 관찰과 상호작용을 기술해 보자.

2 영아의 감각 능력

영아는 자신의 환경에 대해 상호작용할 준비가 되어 있는 민감한 개체이다. 영아의 능력에 대한 연구는 영아가 환경 안에서 진행되고 있는 것들에 대하여 많은 것을 인식하고 있고 그것을 학습하고 상호작용할 준비가 되어 있음을 입증하였다(Caulfield, 1994). Bower (1977)는 영아의 능력을 요약하였다. 매우 어린 영아는 운동 활동에 필요한 신체 부위들을 통제하는 능력이 부족한 반면에, 지각적 능력을 통해 많은 것을 학습한다. **지각**은 신체 밖에서 일어나는 것을 우리가 알아차리는 방식을 의미한다. 우리는 여섯 가지 체계를 통해 지각한다. 촉각, 미각, 후각, 청각, 그리고 시각은 우리가 가장 잘 인식하고 있는 다섯 가지 체계이다. 여섯 번째 체계는 **고유수용성**이다. 이 감각은 우리의 신체 부위들이 전체와 관련하여 어디에 위치해 있는지를 알려 준다. 아기들은 성인만큼 정확하게 세계를 지각하지 못한다. 왜냐하면 눈, 귀, 코와 같은 영아의 감각 수용기들이 좀 더 발달되어야 하기 때문이다. 우리는 아기가 민감하다는 것을 어떻게 아는가? 신생아 행동의 예들을 살펴보자.

- 아빠가 영아의 오른쪽 다리를 부드럽게 간질인다. 영아는 마치 오른쪽 다리에 있는 것을 제거하려고 하는 듯 왼쪽 발을 오른쪽 다리로 움직인다.
- 영아에게 설탕물과 우유를 주어서 선택하게 한다. 영아는 설탕물을 선택한다.
- 아기에게 토스트 탄 냄새를 맡게 한다. 아기는 고개를 다른 쪽으로 돌린다.
- 언니가 침실의 딱딱한 마루 위에 장난감을 떨어뜨린다. 아기의 눈이 소리 나는 방향으로 빠르게 움직인다.
- 엄마가 손에 든 공을 아기 쪽을 향해 다가가게 하면서 장난치듯이 다음과 같이 말한

지각(perception) 우리가 우리 신체 밖에서 일어나는 것에 대하여 알아 가는 방식
고유수용성(proprioception) 우리의 신체 부위들이 전체와 관련하여 어디에 있는지를 알려 주는 감각

다. "우리 아가 잡으러 가자, 우리 아가 잡으러 가자." 아가는 자신을 방어하는 듯이 머리를 뒤로 움직인다.

- 밝은 색깔의 플라스틱 대상을 아기의 요람 위를 가로지르는 막대기에 걸어 놓는다. 아기는 그 대상을 향해 반복적으로 손을 뻗는다. 여러 번 그 대상에 근접하기도 한다. 때로는 그 대상을 만지기도 한다.

이러한 예들은 아기들이 사물과 관련하여 할 수 있는 능력들이 많다는 것을 보여 준다. 아기들은 접촉, 맛, 냄새, 소리, 그리고 위험에 민감하다. 그들은 눈과 손의 움직임을 협응시킬 수도 있으며, 감각을 사용하여 사람과 관계를 맺을 수도 있다. 다음 예를 주목해 보자.

> 어머니가 아기를 팔에 안고 있다. 어머니와 아기는 서로 쳐다보고 있다. 어머니가 입을 벌린다. 아기도 입을 벌린다. 어머니가 눈을 깜박거린다. 아기도 눈을 깜박거린다.

아기는 자신의 신체 부위를 어머니의 신체 부위에 대응시키는 감각을 갖고 있는 것처럼 보인다. 그래서 아기는 어머니가 하는 것을 똑같이 따라 할 수 있다. 영아는 생후 2주가 되면 다른 것들에 대한 지각들을 협응시키는 것을 배운다.

> 어머니는 (생후 2주 된) 아기에게 직접 말을 건넨다. 아기는 관심을 보이며 주시한다. 낯선 여자가 아기에게 직접 말을 건넨다. 아기의 주의는 낯선 여자에게 머물러 있지 않고, 시선을 돌려 버린다.

영아는 어머니와 낯선 여자의 차이를 지각할 수 있다.

영아 지각에 대한 연구가 광범위하게 이루어져 있다. 연구자들은 영아의 감각이 빠르게 발달하는 것을 발견하였다(Cole, Cole, & Lightfoot, 2005). 신생아는 말소리가 나는 쪽으로 고개를 돌린다. 신생아는 다른 사람이 일명 아기 말투(baby talk 또는 motherese)로 자신에게 느리고 높은 음조로 말할 때 주의를 기울인다. 영아는 사람의 말소리에 민감하다. 생후 6개월에서 12개월이면, 소리에 대한 영아의 주의는 모국어 환경에 있는 소리에 초점을 맞추게 된다. 신생아의 시각은 매우 미숙한 수준이지만, 생후 2개월이면 영아의 색 변별력이 성인 수준에 도달한다. 신생아들은 근시이지만, 생후 4개월이면 거의 성인 수준만큼 분명하게 볼 수 있다. 영아들이 근시이면서 예민성이 떨어지지만, 태어나자마자 훑어본다. 생후 12주경이면 사람의 모습에서 중요한 지점을 놓치기는 하지만 더 많이 훑어본다. 영아는 사물의 가장자리와 각진 부분에 특히 주의를 기울인다. 생후 2일이 되기 전에, 시각적 형태를 구별할 수 있다. 영아는 평범한 자극보다 패턴이 있는 자극을 선호한다. 태어날 때부터 얼굴에 관심을 보이며 초점을 맞추는 것처럼 보인다. 태어난 지 몇 시간밖에 안 된 신생아도 어머니 얼굴을 낯선 사람 얼굴과 구별하여 알아본다. 신생아는 이미 맛과 냄새에 대하여 예민한 감각이 발달되어 있다. 신생아는 식초에 비해 설탕물을 선호함을 보여 준다. 신

뇌 발달

우리는 영아의 뇌가 작동하고 성장하고 있다는 것을 어떻게 아는가?

Ellen Galinsky(2010)는 아동의 학습에 대한 연구들을 검토한 결과, 아기가 직접 배워 본 적이 없는 것들을 학습할 수 있도록 뇌가 준비된 상태로 태어난다고 결론지었다. 아기는 새로운 것과 친숙한 것을 구별할 수 있다. 생후 6개월경이면 수 감각이 발달하여 사물들을 큰 집단과 작은 집단으로 구별할 수 있다. 또한 생후 6개월 된 영아는 도움이 되는 사람과 도움이 되지 않는 사람을 구별하는 감각도 발달시킨다. 아기들은 자신의 일상 경험으로부터 지식을 계속 구성해 나간다.

출처: Ellen Galinsky. (2010). *Mind in the making*. New York: Harper Collins.

생아는 단 냄새에는 미소를 짓고 마늘이나 식초 냄새에는 얼굴을 찡그린다.

건강한 양육과 영양의 적절성, 어머니의 교육 수준과 부모 역할 능력과 같은 다른 요인들이 아동의 감각 능력 수준에 영향을 미칠 수 있다(Sameroff & Seifer, 1983). 아동의 신체적 외모도 아동 능력에 대한 성인의 평가에 영향을 미칠 수 있다. 예를 들어, Stephan과 Langlois(1984)는 유럽계, 아프리카계, 멕시코계 미국 성인들이 매력적인 영아들을 더 능력 있는 존재로 지각한다는 것을 발견하였다. 매력적으로 생긴 영아들이 덜 매력적인 영아들에 비해 관심과 자극을 더 받게 되므로 자신들의 지각 능력을 상당히 더 발달시킬 가능성이 있다. 어머니의 능력감은 영아의 수행 수준과 관련이 있다(Heinicke, Diskin, Ramsey-Klee, & Given, 1983). Heinicke, Diskin, Ramsey-Klee와 Given(1983)은 자신감 있는 어머니들의 영아들이 더 능력이 있다는 것을 발견하였다. 이 요인들 모두가 영아와 일하는 성인들이 부모들에게 발달적 정보와 심리적 지원을 제공해 줄 수 있도록 아동 발달에 관하여 많은 지식을 갖추는 것의 필요성을 지지해 준다.

지각적 성장이 일어나기 위해서는 감각들을 연습해야 한다(사진 11-4). 즉, 아동들은 만지기, 듣기, 냄새 맡기, 보기 등 지각하는 것을 연습해야 한다. 영아는 많은 지각 능력들을 갖고 태어나지만, 영아는 이러한 능력들을 발달시키기 위한 많은 유형의 자극을 경험해야 한다.

사진 11-4 영아는 대상을 시각적으로 탐색하는 것을 좋아한다.

특별한 요구와 조기 중재

어떤 영아들은 능력 있는 영아들의 특징인 감각 능력과 운동 능력을 갖추지 못하고 태어난다. 특별한 요구를 가진 아동들의 학습 문제는 4장에서 기술된 바 있다. Vygotsky(Berk & Winsler, 1995, p. 81)는 "아동 발달상 (심리학적 문제이든, 신체적 문제이든 간에) 문제를 가장 악화시키는 결과는 원래의 장애가 얼마나 심하냐에 있는 것이 아니라 그 결함이 문화 활동에 대한 아동의 참여 방식을 어떻게 변화시키느냐에 있다."라고 생각한다. 장애로 인해 아동은 또래와 성인과의 문화적 활동에 충분히 참여하지 못할 수 있다. Vygotsky에 따르면, 장애를 가진 어린 아동이 자신의 문화에서 규칙적 활동에 포함되는 것이 가장 중요하다. 이러한 문제를 경감시키기 위해서, **조기 중재** 프로그램이 개발되어 왔다. Karoly와 동료들(1998)에 따르면, "조기 아동기 중재는 어린 아동들의 생활의 질을 유지하거나 개선시키기 위해 가족 밖의 기관이 시행하는 공식적 시도들이다. 이 중재들은 태내기에서부터 시작하여 학교 입학(예: 유치원 또는 1학년)하기까지 계속된다. Karoly와 동료들에 따르면, 조기 중재 프로그램은 다음과 같은 것을 포함한다.

- 태내기 돌봄, 면역, 영양 공급 등을 제공하는 공공 건강 프로그램
- 아동 양육 질 또는 아동 양육 비용 보조금에 대한 규정
- 안전망 프로그램[예: 여성, 영아, 아동을 위한 특별 수유 공급 프로그램(Special and Supplement Feeding Program for Women, Infants, and Children, WIC)과 조기 및 주기적인 선별 진단 및 처치(Early and Periodic Screening Diagnosis and Treatment, EPSDT)
- 가정 방문 및 부모 역할 교실을 통한 아동 발달 지원 프로그램[예: Early Head Start, Head Start, 또는 Healthy Start, 텍사스 주에 있는 Early Childhood Intervention(ECI)처럼 Individuals with Disablilities Education ACT(IDEA) 산하에서 시행되는 Part H 영아와 걸음마기 프로그램]

Bruder와 Dunst(1999/2000)는 조기 중재가 자연 환경 속에서 학습할 기회에 초점을 맞추는 경향을 기술하고 있다. 즉, 사전에 계획되고 구조화된 활동으로만 구성된 중재들이 아닌, 가족과 지역사회 환경에서 자연스럽게 나타나는 활동들의 장점을 취한 중재들이다. 가족-생활 학습 기회는 일상적 활동, 놀이, 오락, 가족 의식 및 사회적 경험들을 포함한다. 지역사회-생활 기회는 가족 단위 활동들, 지역사회 행사, 여가 활동, 그리고 종교, 스포츠, 오락 활동들을 포함한다. 장애 아동들은 계획된 경험과 자발적인 자연스런 경험 둘 다로부터 혜택을 받을 수 있다.

Lanigan(2006)은 어린 아동의 잠재적 장애를 조기에 발견할 수 있는 아동 양육 제공자의 중요성을 지적한다. 아동 양육 제공자도 장애를 가진 영아와 걸음마기 아동을

생각해 보기

영아들의 감각 능력이 차이가 나는 이유들을 생각해 보라. 가족이 영아의 조건들을 보상해 줄 수 있는 것들을 제안해 보라.

조기 중재(early intervention) 태내기에서 학교 입학 때까지 아동에게 질적으로 우수한 생활을 유지 또는 증진시키기 위하여 가족 밖 기관이 시행하는 공식적 시도

위한 평가와 프로그램 배정을 받기 위하여 만나야 할 사람이 누구인지를 알아둘 필요가 있다. 또한 자신들의 프로그램에 장애 아동을 포함시키는 방법들을 교육받을 필요가 있다.

3 영아의 환경

영아가 충분히 발달하려면 환경이 영아의 기본적 욕구를 충족시켜 주어야 한다. 영아가 성장하려면 적절한 영양, 사회적 애착을 발달시킬 수 있는 반응적 양육자, 그리고 자신의 모든 감각을 이용하도록 고무시키는 자극적 환경이 필요하다.

영아는 흥미를 끄는 풍부한 환경이 필요하지만, 그 환경이 과잉 자극적이어서는 안 된다. 영아는 반응적 성인과 흥미진진한 대상들을 필요로 한다. 성인들은 Maslow의 욕구 위계(2장)에서 기술된 영아의 욕구를 인식해야만 한다(Albrecht & Miller, 2001). 영아는 자신의 생리적 욕구(예: 음식, 옷, 위생, 건강)를 충족시키고자 하는 욕구가 있다. 영아는 신체적으로나 심리학적으로 안전감을 느껴야 한다. 영아는 사랑을 받는다는 느낌과 자신이 어딘가에 속해 있다는 느낌을 가질 수 있는 정서적 지원을 필요로 한다. 영아는 만족스런 기분을 느껴야 한다. 그 지원은 그들을 돌봐 주는 성인과 잘 계획된 환경에서 온다.

Jim Greeman(2004)은 공간의 중요성을 기술해 준다. 공간은 환경 하중(environmental load)을 갖는다. 공간은 우리의 느낌에 영향을 미친다. 밀집되고 팽팽한 긴장감이 도는 공간은 우리를 과부하시켜 두려움, 회피, 흥분, 불안, 또는 걱정을 느끼게 만든다(사진 11-5). 지나치게 밀집되고 과활동적인 공간은 무력한 영아들에게 두려움과 혼란을 유발시킨다. 부드럽고 널찍하고 너무 밀집되지 않은 장소에서 영아는 차분하고 편안함을 느낄 수 있다. 미국 Fort George G. Meade(메릴랜드 주에 있는 미군 기지, NSA의 사령부가 위치함)에 있는 아동발달센터에서는 이동을 잘 하지 못하는 영아들을 위해 "한쪽 면에 칸막이로 구획을 지어서 이동성이 낮은 보관용품을 두는"(Friedman, 2005, p. 50) 영역이 있다. 그곳에는 "부드러운 장난감, 모빌 및 쿠션"이 있다. 창턱 모서리는 둥글게 처리하여, 영아가 안전하게 잡고 일어설 수 있게 하였다. 기어다니는 실험을 할 수 있는 방도 있다. 영아가 혼자서 갈 수 있는 곳에 영아용 책으로 채워진 도서 영역이 있다.

또한 영아는 외부의 자연을 경험해야 한다(Torquati & Barber, 2005). 성인은 영아를 유모차를 태우고 다니면서 영아가 보는 것에 대하여 이야기를 나눌 수

사진 11-5 영아는 움직일 수 있는 공간과 자신의 감각으로 탐색할 수 있는 장난감들이 필요하다.

있다. 영아는 주변에서 관찰한 것에 대하여 말하듯 옹알거린다. 영아는 담요를 깔고 누워 산들바람, 태양, 날아오는 잎들을 경험한다. 영아는 초목, 나무, 잔디를 살피며, 하늘을 쳐다볼 수 있다.

앞 장에서 지적한 바와 같이, 양육자와 아동 간의 질적 상호작용의 중요성이 과소평가되어서는 안 된다. 그 중요성을 이해하지 못하는 성인들은 아동의 정상적 행동도 다루기가 어려울 수 있다. T. Berry Brazelton에 따르면(Tots' normal development is rough on families..., 1984), 아기에게는 정상적이지만 급작스런 발달적 변화는 양육자를 당혹케 할 수 있다. 영아는 새로운 기술을 숙달할 때까지 그것에 사로잡혀 있다. 저자인 Brazelton도 생후 5, 6개월 된 딸이 요람에서 끙끙거리는 소리를 들은 적이 있었다고 한다. 아이 방으로 들어가 보니, 요람 범퍼에 매달려 있는 고무 밴드를 벗겨 내기 위해 딸은 자신의 몸으로 요람을 움직이고 있었다. 어머니가 성가실 정도로 아기는 의기가 충천해 있다. 아기는 젖병을 혼자서 잡겠다고 독립성을 주장한다. 어머니는 부모로서의 중요한 기능을 내려놓는 것을 배워야 한다. 영아의 자율성과 독립성 주장은 그것을 정상적 발달의 일부로 깨닫지 못하는 부모나 양육자를 화나게 만들 수 있다.

영유아 교육기술

또 다른 중요한 환경 요인은 장애가 있는 아동을 위한 적절한 장난감과 자료를 포함하는 것이다. The University of Buffalo Center for Assistive Technology는 장애 아동이 선택할 수 있는 놀이들에 관한 정보 웹사이트 "자원을 갖고 놀자(Let's Play Resources)"를 개발하였다. 장난감과 컴퓨터 지원 자료를 선택할 수 있는 안내와 영아와 걸음마기 아동들의 인지 발달을 고무시킬 수 있는 소프트웨어가 제공된다. 웹사이트에 들어가면 안내 지침을 내려받을 수 있다. 여러분이 안내 지침들을 살펴보면, 그 안내 지침이 3세 이하 아동들이 컴퓨터를 사용해서는 안 된다는 관점과 어떻게 부합되는지를 알게 될 것이다.

아버지의 역할

아버지의 참여는 국제적 관심 분야이다(Childhood Education, 2010). 아버지들이 더 많은 아동 양육의 책임을 맡는 것이 증가 추세에 있다(Goodnough & Goodnough, 2001). 많은 아버지들이 가정에서의 전통적 남성 역할을 덜 하게 되고, 아동의 주 양육자로 떠오르고 있다. 2010년 아버지의 아동 양육 비율은 19%였다(FIFCFS, 2011). 이 아버지들은 아내가 일하는 동안에 집에 있는다. Cobb(2003)은, 아직 구체적으로 확인되지 않았지만 아버지들이 필요로 하는 서비스가 있다고 생각한다. 아버지의 아동 양육 참여는 아동의 자아 존중감, 감정 이입 및 성취를 증가시킨다(National Center for Fathering, 2000; Goodnough & Goodnough, 2001). 아버지가 일하는 어머니를 지지해 주는 만큼, 어머니들도 아버지가 일과와 부모 역할의 책임을 처리할 수 있도록 도와주어야만 한다. Ninio와 Rinott(1988)은 아버지와 영아의 상호작용 수준과 영아의 사회 인지 능력에 대한 아버지의 평가 간의 관계를 연구하였다. 아버지가 영아 양육에 많이 참여할수록, 영아의 능력에 대한 아버지 의견의 정확성이 높았다. 평균적으로 아버지들은 어머니에 비해 영아의 능력을 낮게 평가하였다. 아버지들이 영아 양육에 더 많이 참여할수록, 영아 능력에 대한 어머니와 아버지의 평가가 비슷하였다. 상호작용 수준이 높은 아버지들은 영아를 자극하는 것이 중요하다고 생각하였다. 주 양육자인 아버지는 장난스런 태도를 보유하고 있는 경향이 있다. 그런 아버지들은 동조적이며 친근하고 부모 역할에 대한 자부심을 가지고 있었다. 따라서 남성 주 양육자는 예전에는 전적으로 여성에게만 있다고 생각된 특징들을 갖고 있을 뿐만 아니라, 영아와 상호작용할 때 전통적인 남성적 특징들도 보여 준다(Berk, 2006). 그럼에도 불구하고 여전히 아버지들은 아동 양육에 더 참여할 필요가 있다(OCD Developments, 2007b). 남자들은 아동 성장과 발달에 자신의 역할이 얼마나 중요한지를 인식하지 못하는 경향이 있다. 미국 아동의 25%는 아버지 없는 집에서 잠자리에 드는 것으로 추정된다. 아버지들에게 아동 발달을 교육시키고 아동들에게 더 개입하도록 하는 프로그램들이 개발되고 있다.

아버지의 부재는 관심 대상이다. 아동들의 25% 이상은 여성이 가장인 한부모 가정에서 살고 있다. 이러한 가정의 아동들 중 40%는 1년 또는 그 이상 아버지를 본 적이 없다. 어머니가 일터로 나갈수록, 아버지의 사랑과 돌봄이 그 어느 때보다 필요하다. 어린 자녀와 시간을 보내는 양육적인 아버지는 그 아동에게 양육과 연민의 발달에 필요한 긍정적 남성 모델을 제공해 준다(Louv, 1994). Roy와 Burton(2003)은 자녀 인생에서 일관된 아버지상이 없는 미국 저소득층 어머니들과 심도 깊은 면담을 실시하였다. 42%가 라틴계 또는 히스패닉계였으며, 40%가 아프리카계, 그리고 18%가 비히스패닉계 백인이었다. 이 어머니들은 모두 아동들의 삶에 '이상적 아버지'의 이미지, 현물과 재정적 자원, 신뢰할 수 있는 아동 양육, 그리고 부계로부터의 사회적 지원을 제공해 줄 아버지 역할의 인물들을 만들어 주기 위해 최선을 다하였다. 패턴은 아주 다양하게 나타났다. 어떤 경우에는 생부가 집에서 같이 살거나 최소한 자주 방문하였다. 다른 경우에는 동거하는 친구, 외삼촌, 할아버지가 아버지 역할을 맡고 있었다. 아버지 역할의 인물들은 자주 바뀌었다. 어머니들은 자녀를 위해 긍정적인 아버지 또는 아버지 역할의 인물을 가짐으로써 자녀에게 가족의 일관성을 유지시켜 주려고 부단히 노력하였다. The National Center for Fathering(2000)은 동거하지 않는 아버지를 아동 학습에 참여시키는 것에 대한 집중적인 보고서를 출판하였다.

영아기 동안 부모 취업

고용주, 부모, 아동의 이익 차원에서 많은 문제들이 있다(Friedman, 2001). 근무 일정, 아동 양육 시설, 승진, 아동 질병, 초과 근무 시간 모두가 논쟁 영역이다. 고용주들은 노동자들이 일과 가족 책임을 어떻게 균형을 이루어 가는지에 관심을 갖는다. 어떤 고용주들은 직장 내

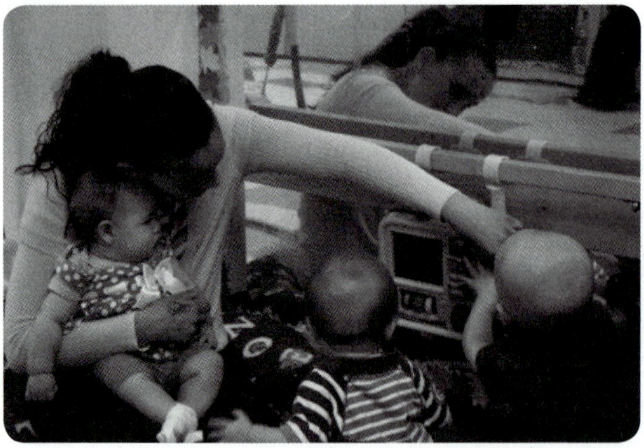

사진 11-6 아동 보육 종사자들은 영아의 학습을 지원해 주는 데 있어서 가족의 보완적 역할을 해준다.

아동 보육(사진 11-6), 유급 휴가, 유연시간 근무제와 같은 가족 친화적 정책을 편다. 그러나 이러한 혁신들이 그 정책들을 가장 필요로 하는 저소득 노동자들에게는 좀처럼 이용되지 않는다.

2008년 미국 불황으로 실업률이 더 높아지고 빈곤 가정이 더 많아졌다(Kids Count, 2011b). 2010년, 거의 11%에 달하는 아동이 최소한 한쪽 부모가 실직하였다. 2009년에는 42%의 아동이 저소득 가족이었다. 2007년, 2008년, 2009년을 평균 잡았을 때, 미국 아동의 34%가 한부모 가정이었다(Kids Count, 2011b). 2010년에는 미국 의회에서 불경기가 일하는 어머니에게 미치는 영향에 관한 보고서를 출판하였다(Maloney, 2010). 2009년에는 18세 이하의 자녀를 가진 어머니들의 48%가 종일 근무자였고, 17%가 시간제 근무자였다. 불경기로 인해 특히 모자 가정이 힘들었다. 2007년, 76.5%가 취업되었거나 적극적으로 일을 찾고 있었다. 2007년과 2009년 사이에, 모자 가정 어머니의 실업률은 8%에서 13.6%로 증가하였다. 재정적 필요에 의해 일을 하는 어머니들이 있는가 하면, 직업적 성취를 위해 일을 하는 어머니들도 있다. 어느 경우이든 그 결과는 정신없이 바쁜 가족생활일 것이다.

어머니의 취업이 아동 발달과 부모-아동 관계에 미치는 영향에 관한 관심이 높았다. 이 요인들을 어머니 관점에서 또는 아동 양육 관점에서 살펴본 연구들이 있다. 우리는 어머니 취업 관점에서 먼저 살펴볼 것이다. 영아 애착은 많은 연구의 초점이 되어 왔다. 연구자들은 항상 낯선 상황 실험 방법을 사용하여 어머니 취업 가정과 비취업 가정에서 어머니-영아와 아버지-영아의 애착을 조사하였다. 먼저 우리는 애착 측정도구로서 낯선 상황을 사용한 연구 결과들을 살펴볼 것이다.

영아의 아동 보육 문제를 다루기 앞서, 주목받는 어머니 취업 연구를 살펴보자. Zaslow, Pedersen, Suwalsky와 Rabinovich(1989)는 주말 저녁에 어머니, 아버지, 한 살 된 영아에 대한 가정 관찰을 하였다. 연구자들은 취업한 어머니들의 가정에서 그리고 전업주부인 어머니들의 가정에서 관찰을 실시하였다. 이 연구를 다른 연구와 비교한 연구자들은 다음과 같은 일관성 있는 결과에 주목하였다.

- 주말 저녁에 관찰하였을 때, 어머니 취업 가정의 부모들은 전업 주부 가정에 비해 영아와 상호작용이 적은 경향을 보였다.
- 어머니가 일하는 가정에서는 사물을 갖고 하는 놀이가 적으며, 그것은 영아의 적절한

인지 발달 수준에 미치지 못하는 것일 수 있다. 특히 남아들이 이러한 유형의 관심을 적게 받는다.

취업 부모는 저녁 요구(예: 집안일, 배우자와 접촉을 갖는 것)에 대한 부담으로 영아에게 적절한 양의 관심을 기울여 주지 못하는 것으로 보인다. 취업 부모는 일을 분담하여 한 사람은 집안일을 하고, 다른 한 사람은 아기와 놀아 줄 필요가 있다. 어머니는 일의 세계에서 요구되는 진지하고 사업적인 행동을 좀 더 놀이 중심의 부모 역할 행동으로 전환시키는 것을 어려워할 수도 있다. 마지막으로, 하루 종일 **아동 보육** 기관에 있었던 영아는 자율적이고 독립적인 놀이를 선호하게 되므로, 부모가 놀이 활동에 끼어들기가 어려울 수 있다.

별거와 이혼

재혼한 부모들은 계부모가 된다. 재혼 가족에 자신의 자녀들을 데리고 온 계부모들이 특히 더 힘들 수 있다. 결혼에 실패하면 양육 체계가 손상을 받는다. 양육 체계는 "성인이 특정 아동을 보호하기 위해 사용하는 심리학적 및 행동학적 책략"(Solomon, 2003, p. 33)으로 구성된다. 부모의 양육 체계는 아동의 애착 체계를 보완해 준다. 공동 부모 역할의 갈등은 양육을 와해시킬 수 있다. 자신이 버림받았다고 느끼는 부모는 부모 역할을 포기하게 되고, 방치된 아동은 애착을 형성하지 못한다. 이러한 상황은 심리학적으로 보호받지 못하는 영아들에게 특히 어렵다. 한 부모로부터 다른 부모로의 양육 이전은 언어 이전 시기의 영아에게 매우 힘든 사건으로, 영아의 애착 체계가 손상되고 혼동될 수 있다. 계부모가 각자 자신의 자녀를 데리고 왔을 때 계부모 역할은 특히 어렵다. 계부모에게는 서로의 자녀들, 배우자, 가족 구성원을 다루는 주의 깊은 계획이 필요하다.

질적으로 우수한 영아 보육 기관

상당히 많은 연구, 전문가들의 좌담과 논쟁이 영아를 위한 아동 보육에 초점을 맞추고 있다. 그러나 앞서 언급한 바와 같이, 어린 자녀를 둔 어머니들 중 63% 이상이 고용되어 있다(CDF, 2010). 6세 미만의 아동 다섯 명 중 세 명은 부모가 아닌 다른 사람에게 고정적인 돌봄을 받고 있다(CDF, 2010). 매일 1,300만 명에 달하는 취학 전 유아—600만 명의 영아를 포함—가 아동 보육 기관에 다닌다. 다섯 명의 어린 아동 중 세 명이 그렇다. 2010년 고비용의 아동 보육에 대한 보고서는 다음과 같은 점을 지적하고 있다(NACCRRA, 2010).

- 40개 주에서, 한 명의 영아당 기관 중심의 아동 보육 비용은 4년제 공립 대학교의 등록금보다 많았다.

아동 보육(child care) 성인 가족 구성원이 직장, 학교 또는 다른 곳에 있는 동안 아동을 돌봐 주는 가정 또는 기관

- 2009년 기관을 이용하는 종일제 영아 탁아의 평균 비용은 4,550~18,750달러에 달하였다.
- 가정 탁아를 이용하는 종일제 영아 탁아의 평균 비용은 3,750~11,900달러에 달하였다.
- 한 영아에게 들어가는 기관 중심의 평균 아동 양육비는 가족이 식품에 소비하는 1년 평균치를 초과하였다.

아동보호기금[Children's Defense Fund(CDF), 2001]은 질적으로 우수한 아동 보육 기관을 발견하기가 어렵다고 지적하였다. 미국의 기관 중심의 아동 양육은 질적으로 낮거나 보통 수준이다. 가정 탁아도 그보다 나을 것이 없다. 아동보호기금에서 기술된 한 연구에서, 프로그램의 3분의 1이 부적절하다고 평가되었으며, 그것은 환경이 아동 발달에 해롭다는 것을 의미한다. 아동 보육 종사자들은 훈련을 받더라도 거의 요구받지 않는다. 노동통계국(Bureau of Labor Statistics, 2010-2011)에 따르면 그들의 급여는 연봉 17,440달러에 지나지 않는다. 따라서 질적으로 우수한 양육 기관을 발견하기가 어려운 것이 당연하다. 어떤 주에서는 단지 고등학교 졸업장과 범죄 기록만 통과하면 아동 보육 교사가 될 수 있는 자격이 되며, 대부분의 주에서 2~5세 아동의 소집단을 돌보는 보육 제공자에 대해서는 전혀 규정이 없다(Bureau of Labor Statistics, 2010-2011). 질적으로 우수한 탁아를 위한 방안은 단순하지만 비용이 든다. 어린 아동은 방대한 언어적 및 인지적 자극, 민감하고 반응적인 양육, 풍부한 지원과 관심을 제공해 주는 양육으로부터 혜택을 받을 수 있다. 아동의 경험이 가장 긍정적일 때는 아동이 소집단으로 구성될 때, 아동-성인의 비율이 낮을 때, 그리고 보육 교사가 충분한 교육을 받고, 보상이 적절할 때, 그들의 역할이 안정적일 때(아동 보육 교사진의 이직률은 연간 평균 30%)이다(Larner, Behrman, Young, & Reich, 2001, p. 16).

아기를 위한 아동 보육의 정책적 틀은 Center for Law and Social Policy(CLASP)와 Zero to Three 간의 공조를 통해 개발되었다(Charting progress for babies in child care, 2008). 그 정책적 틀은 아기와 걸음마기 유아들이 아동 보육에서 필요로 하는 것에 대한 네 가지 주요 원칙과 그에 따른 권장 사항을 포함한다.

1. 탐색하고 학습할 수 있는 건강하고 안전한 환경
2. 영아가 성장하고 학습해 나가는 과정에서 신뢰할 수 있는 양육을 제공하는 양육적이고 반응적인 아동 보육 교사
3. 부모와 양육 제공자에 대한 지역사회의 지원과 연계
4. 질적으로 우수한 양육 대안들에 대한 가족의 접근성

Koralek, Colker와 Dodge(1993, p. 11)는 아동 보육 기관에서 발달적으로 적절한 영아실을 "아늑하고 가정 같은" 그리고 "영아의 요구를 일관되고 신속하게, 그리고 사랑으로 충족시켜 주는 아동 보육 교사진으로 구성된 것"으로 기술하고 있다. 아동 보육 교사는 영아가

현실에서의 아동 발달

영아 보육 기관이 아동 발달에 미치는 영향

영아기 동안 아동 보육은 아동 발달에 지속적인 영향을 미칠 수 있다. 아동 보육이 취학 전 유아에게 미치는 영향을 정서·사회·인지 발달 측면에서 조사하였다(Keefer, 2011). 질적으로 우수한 보육은 취학 전 유아의 인지 발달에 유익하다. 질적으로 우수한 보육을 경험한 아동들은 낮은 질의 보육을 경험한 아동들보다 높은 수학적 능력, 뛰어난 사고와 주의 집중 능력을 보여 주었으며, 행동상의 문제는 적게 나타났다. 반면에 낮은 질의 보육을 받은 아동들은 언어와 읽기 능력이 지연될 가능성이 있으며, 다른 아동과 성인들에게 더 공격적인 성향을 나타내었다. 아프리카계 미국 아동들이 가정 외 경험으로부터 받은 인지적 혜택은 인지 평가 검사 점수에 반영되어 나타났다.

영아기에 종일제 탁아를 경험한 초등학생들의 사회적 행동은 보육 기관에 다닌 적이 없는 초등학생들의 사회적 행동과 같은 것으로 나타났다(Keefer, 2011).

부모들의 주요 관심사는 탁아 기관에 아기를 맡기는 것이 영아에게 편안하고 안전함을 의미하는 애착 형성을 방해하는가이다(Keefer, 2011). 강하게 애착된 영아는 약한 애착의 영아에 비해 낯선 이와 남겨지는 것에 대하여 더 스트레스를 받는 경향이 있다. 강하게 애착된 영아도 결국에는 아동 보육 기관 종사자를 신뢰하는 것을 배우게 된다. 두 살 전에 탁아 기관에 다닌 아동들은 가장 친밀한 애착 대상과의 반복된 분리로 인해 정서적 고통을 받을 수 있다. 많은 전문가들은 한두 살 전에는 영아를 탁아 기관에 보내지 말 것을 권장한다(Day care information, 2011).

유감스럽게도 많은 부모들이 휴가가 끝날 즈음에 일터로 돌아가야만 하며, 영아를 아동 보육 기관에 맡기는 것 외에는 대안이 없다. 질적으로 가장 우수한 아동 보육 기관을 발견하는 것이 필수적이다. 지침들은 질적으로 우수한 아동 보육 부분에서 포함되어 있다.

출처: *Day care information: Effects on infants emotional development*. (2011). Demand Media. http://www.essortment.com

Keefer, A. (2011, May). The effects of day care on child development. Livestrong. http://www livestrong.com

자신의 발달하는 감각운동적 능력을 사용하도록 격려해 주어야 한다. 환경은 눈 높이의 그림들, 기어 다닐 수 있는 공간, 나이 든 영아가 탐색할 만한 적절한 자료를 갖추고 있는 편안한 집과 같아야 한다. 가정 보육 환경도 동일한 기준을 충족시켜야만 하며 가정 같은 분위기를 제공해야 한다.

영아기는 아동에게 결정적 시기이다. 영아가 아동 보육 기관에 다녀야만 한다면, 보육 교사와 환경은 앞서 제안된 기본적 요소를 갖추고 있어야만 하며, 보육은 민감하고 유능해야만 한다(Kovach & Da Ros, 1998). 이와 같이 적정한 비용의 질적으로 우수한 보육 기관을 발견하기는 어렵다. 질적으로 우수한 보육 기관에 대한 요구가 시급하다. 질적으로 우수한 보육 기관을 발견한다는 것이 희망 없는 좌절감만 안겨 주는 일이 될 수 있다.

부모 교육과 지원

전문가들이 질적으로 우수한 환경을 고안하고 시행하는 방법을 아는 것도 중요하지만, 부모도 이러한 능력들을 갖는 것이 중요하다. **부모 교육**은 점차 어린 아동의 생활을 개선해 주기 위한 주요 접근 방법으로 점차 대중화되어 가고 있다. 부모 교육은 많은 형태를 취할 수 있다. 태내기와 신생아기에 정보를 제공하는 병원 기반의 프로그램, 부모-아동 학습 기관(Vartuli & Rogers, 1985), 또는 가정 기반의 프로그램일 수 있다. 부모 교육은 아동 보육 기관이나 아동기 초기 프로그램에서 시행되는 워크숍 참여, 교육 자료 만들기, 학급 보조 교사 활동, 부모-교사 좌담회와 기타 관련 활동에 대한 참여 등을 포함한다.

부모 교육은 특히 영아를 돌볼 만한 준비가 잘 되어 있지 않고 고등학교를 마칠 가능성이 적은 10대 부모들에게는 필수적이다. 어떤 고등학교는 10대를 위한 부모 역할 프로그램과 그들의 자녀를 위한 아동 보육 기관을 갖고 있다(Kantrowitz, 1990). 이 프로그램은 10대 부모가 교실에서 공부를 하는 동안에 아기를 돌봐 주고, 10대 부모가 자신의 아이를 이해하고 부모 역할을 어떻게 해야 하는지를 이해할 수 있도록 아동 발달 과정을 이수할 수 있게 해준다. 가족 지원 프로그램도 청년기 어머니들에게 유익할 수 있다. Solomon과 Liefeld(1998)는 중재 프로그램이 청년기 어머니들로 하여금 다시 임신하는 것을 지연시키고 학교를 계속 다니도록 동기화시켜 준다는 것을 발견하였다.

가족 지원 제도(family support)는 장애를 가진 영아를 위해서도 마련되어 있다(4장 참조). 부모 지원 집단은 주로 이러한 자격을 충족시키는 데 주로 사용되는 방법이다(Krauss, Upshur, Shonkoff, & Hauser-Cram, 1993). Krauss, Upshur, Shonkoff와 Hauser-Cram(1993)은 장애 영아의 부모들을 지원 집단에 배치할 때 공공 장면에서 그들의 문제점을 논의하는 것에 불편해할 수 있기 때문에 이에 대하여 주의할 것을 당부하였다. 게다가 교육 수준이 낮은 부모들이 지원 집단에 참여할 가능성은 낮다. 이것은 교육 부족, 아동 보육 기관의 부족, 근무 시간과 모임 시간의 중복, 관심 부족, 낮은 사회경제적 지위, 모임 장소로 가는 이동 수단의 부족 때문일 수도 있다.

부모 교육, 참여, 지원을 제공해 주는 다른 방법은 가정 방문이다. 이 접근은 부모와 아동이 가장 편안하게 느끼는 장소에서 지원을 제공해 준다. 가정 방문에서는 가족 문화에 민감해지는 것이 특히 중요하다. LaPoint, Boutte, Swick과 Brown(1993)은 이중 문화적 접근을 사용할 것을 제안한다. 이 접근은 가족 문화와 주류 문화를 통합시키는 활동을 사용한다.

영아 가정 환경과 이후 발달

많은 연구들이 다양한 환경 특징들의 장기적 영향을 지지한다. 예를 들어, Bradley와 Caldwell(1984)은 생후 12~24개월 영아들의 가정에 **가정 환경 평정 척도**(Home Observation for

부모 교육(parent education) 아동의 부모들에게 정보와 자료를 제공해 주는 것

가정 환경 평정 척도(Home Observation for Measurement of the Environment, Home) 가정 환경을 평가하기 위한 척도

Measurement of the Environment, HOME)을 사용하였다. 그들은 그 관찰 결과를 동일 아동들의 1학년 성취 점수와 비교하였다. 그 관계는 정적으로 나타났다. 특히 12~24개월 때 적절한 놀이 자료와 높은 성취 점수 간에 강한 관련성을 보여 주었다. 어머니의 아동에 대한 수용성과 아동 발달의 격려 수준도 역시 학교 성취와 강하게 관련되었다. 부모 반응성은 3세 때 인지적 수준과의 관련성만큼 강한 관련성을 보여 주지 않았다. 그것은 아동이 성인으로부터 좀 더 독립적이 되는 3세 때는 이용 가능한 자료의 질적 특성이 중요한 반면에, 아동이 좀 더 의존적인 1학년일 때는 어머니의 반응성이 가장 큰 영향을 미치는 것일 수 있다. 확대 가족과 전문가와 같은 학교 지원 체계의 가용성과 사용, 그리고 개인적 통제감은 어머니의 부모로서의 능력에 영향을 미친다(Stevens, 1988). 할아버지는 영아에게 남성적 인물의 역할을 해준다.

많은 10대 어머니들이 생활 보호를 받고 있다. 1996년에 통과된 연방 복지 개혁은 어머니들이 생활 보호 대상이 될 수 있는 기간을 제한함으로써 그들을 일터로 나가게 한다. Yoshikawa, Rosman과 Hsueh(2001)는 4~6세 아동에게 미치는 장기 영향을 살펴보았다. 기관 중심의 양육을 받은 아동들의 어머니들은 교육, 직업 훈련, 개인적 발달 강좌와 같은 자기 성장 기회의 장점을 취하고 있었다. 흑인과 히스패닉계 어머니들은 비히스패닉계 백인 어머니들보다 발전 기회의 장점을 취하는 경향이 있었다. 어머니의 직업 훈련과 높은 질의 아동 보육 기관 선택은 아동의 인지 발달과 학교 준비도에 가장 긍정적인 영향을 미쳤다. 참여가 낮은 집단이 자격을 갖춘 10대 참여자들의 약 절반을 차지하는데, 이것은 이러한 어머니들로 하여금 좀 더 질적으로 우수한 아동 보육 기관을 이용하여 장점을 취하도록 동기화하는 방법들을 발견할 필요가 있음을 지적해 준다.

4 사회경제적 및 문화적 고려점

사회경제적 요인

아동보호기금(CDF)의 의장인 Marian Wright Edelman(The child's defender, 1993)은 건강 보호, 10대 임신, 폭력 및 빈곤과 같은 영역들에서 주도적인 아동 복지 지지자이다. 그녀는 1993년 면담에서 빈곤 문제를 논의하면서 우리의 관심과 자원을 요구하였다. 또한 그녀는 인종과 성에 대한 편견 문제를 논의하였다. 그녀는 우리 모두가 성인으로서 아동들에게 공정성과 관용의 예를 보여 줄 책임을 갖고 있다고 강조한다. 그녀는 미국이 특권층과 박탈된 계층으로의 분리가 심화되고 있는 것이 두렵다고 말한다. 또한 그녀는 인종적 분리가 부활하고 있다고 여긴다. 자신의 저서『성공의 척도: 나의 자녀와 여러분의 자녀에게 보내는 편지(*The Measure of Our Success: A Letter to My Children and Yours*)』(Edelman, 1992)에서, 그녀는 아동들이 건강하게 성장하는 데 필요한 지원을 받지 못하고 있다는 것에 관심을 보였다.

> 우리는 약물, 폭력, 너무 이른 부모기, 낮은 건강과 교육 수준, 실업, 가족 해체로 흑인 아동과 젊은이 두 세대를 잃어버리기 직전에 와 있다. 그들에게서 정신적·신체적 가난이 대물림되고 있다. 수백만 명의 라틴계 아동, 미국 원주민과 소수민족의 아동들이 유사한 위협에 직면해 있다(p. 11).

게다가 그녀는 수백만 명의 유럽계 미국 아동들도 역시 침몰하고 있다고 지적하였다. 아동보호기금의 2010년 보고서에 따르면, 1993년 이후로 상황이 더욱 악화되었다(CDF, 2010). 미국 아동의 20%는 가난하다. 절반은 4인 가족 기준으로 볼 때 극도의 빈곤(연간 11,025달러) 상태로 살아간다. 아동 중 42%는 저소득 가족으로 살아간다(Kids Count, 2011). CDF에 따르면 부자와 가난한 자의 차이는 엄청나며 계속 그 차가 벌어지고 있다. 2002년과 2007년 사이에 상위 1%의 소득이 하위 90%의 소득에 비해 10배나 빠르게 증가하고 있다. 아동들은 점차 학교에서 고군분투하고 있으며 낙오되고 있다. 2008년 16~19세인 10대의 실업률은 국가 실업률의 3배 이상이다.

문화적 고려점

미국에서 **문화적 다양성**에 대한 관용과 이해를 발달시키기 위한 노력은 아직 완전한 성공을 이루어 내지 못하였지만, 2008년 아프리카계 미국인 대통령의 당선은 미국에서 다양성의 수용에 대한 변화를 반영한 것일 수 있다. 1982년, Hilliard와 Vaughn-Scott(1982)은 소수민족이란 용어에 따라붙는, 열등하다는 부정적 고정관념을 지적하면서 각 문화 집단을 그들만의 고유 특질에 근거하여 고려해야 한다고 제안하였다. 문화 집단에 대한 이러한 관점은 어린 아동과 아동의 가족과 일하는 성인이 그 가족 문화를 이해하는 것이 얼마나 중요한지를 알게 해준다. Gonzales-Mena(1992)는 영아/걸음마기 보육 프로그램에서 아동 양육 실제에 관한 보육 종사자/부모의 갈등을 해결하기 위해서 문화적으로 반응적인 접근을 어떤 방식으로 해야 하는지를 기술해 준다. 생각을 차분하게 교류하는 것이 해결책을 제공해 줄 수 있다고 기대한다. 그녀는 아동과 일하는 성인들이 자녀에게 갖는 부모의 목적이 무엇인지를 알아내고, 자신들의 가치와 목적을 분명히 하고, 부모가 불편함을 느끼게 만드는 것에 민감해지고, 긍정적 관계를 형성하고, 문화 간에 효율적인 의사소통자가 되는 것을 배우고, 갈등이 생길 때 권위적 접근이 아닌 문제해결적 접근을 사용하고, 그리고 자신들과 부모들을 교육하는 데 헌신할 것을 제안한다(**사진 11-7**).

문화적 맥락 내에서 아동 발달을 이해하는 것이 필수적이다(Bowman & Stott, 1994; Maschinot, 2008). 어떤 연구는 아동 행동과 아동 양육 실제와 관련하여 문화적 차이를 입

문화적 다양성(cultural diversity) 다양한 문화 집단의 구성원 의식과 관련된 차이를 의미하는 용어

증하였다. Maschinot(2008)은 출생에서 3세까지 문화가 아동에게 미치는 영향에 대한 연구들을 개관하여 보고하였다. 문화에 대한 정의는 다음과 같다.

> 문화는 공유된 의미 체계이며, 그것은 한 집단 내 개인들의 일상 상호작용에서 한정된 언어 체계, 행동, 관습, 태도 및 실제를 통해 표현된 가치, 신념, 그리고 가정을 포함한다(p. 2).

사진 11-7 보육 종사자는 아동의 문화적 배경에 친숙해져야 한다.

문화들 간에 발견된 많은 차이들이 문화 그 자체라기보다는 환경적 요인의 결과일 수 있다. 예를 들어, 사회경제적 지위가 낮은 부모들은 사회경제적 지위가 높은 부모들보다 스트레스가 더 많으며 아동에게 더 통제적일 수 있다. 문화들 간의 주요 차이는 개인주의 대 상호 의존성의 정도이다. 개인주의적 문화는 개인의 성취와 달성을 강조하며, 아동이 선택하고 자기 주장을 하도록 격려한다. 상호 의존적 문화는 집단의 안녕과 적합성의 중요성을 강조한다. 대다수의 유럽계 미국인은 독립성을 강조한다. 개인주의적 문화에서 어머니는 영아가 탐색하고 실험하는 것을 격려한다. 상호 의존적 문화의 어머니는 영아를 좀 더 통제하려고 하고 지시적이다. 아동 보육 교사는 이러한 관점과 양육 실제를 인식할 필요가 있으며, 부모와 협력적으로 일을 해서 만족스런 관계를 형성해야 한다.

Harrison, Wilson, Pine, Chan과 Buriel(1990)은 Bronfenbrenner가 제안한 바와 같이 소수민족의 가족들을 생태학적 맥락에서 보았다. 그들은 아프리카계 미국인, 미국 원주민, 알래스카 원주민, 아시아·태평양계 미국인, 라틴계 미국인들의 적응적 책략, 사회화의 목적, 발달적 결과들을 고려하였다. 이 문화 집단들은 억압과 차별의 역사로 인한 생태학적 도전을 받으며 기능한다. 건강 보호, 고용 기회, 주거와 같은 사회적 지표 측면에서 소수 인종과 다수 인종 간에 차이가 계속 벌어지고 있다. 미국 원주민을 예외로 하고, 이 소수 인종의 가족들 대부분이 도시에 살며, 다수 가족들보다 가구 연령이 어리고 출산율이 더 높다.

각 소수 문화 집단은 생존과 안녕을 증진시켜 줄 수 있는 적응적 책략들을 개발하였다(Harrison, Wilson, Pine, Chan, & Buriel, 1990). 확대 가족이 문제해결과 스트레스에 대처하는 주요 책략이다. 우리는 10대 부모의 부모 역할 능력을 지지해 주는 확대 가족 체계의 힘을 살펴본 바 있다. **이중문화주의**는 또 다른 적응 책략이다. 문화 집단들은 다수의 문화에서 살아남기 위해 필요한 적응들을 만들어 내면서도 자신의 문화적 유산을 유지하기 위

이중문화주의(biculturalism) 두 개의 다른 사회적 집단의 언어와 관습을 실행하는 것

해 고군분투하고 있다. 소수 문화들은 조상들의 세계관을 유지하고 있다. 즉, 그들은 인생에 대한 장기간의 신념을 통해 힘을 얻는다. 대부분의 소수민족 사람들은 유럽계 미국인에게 팽배한 개인주의보다는 집단주의(집단에 대한 충성심) 가치를 중요시한다. 또한 그들은 자신의 행위들을 안내하는 강한 종교적 신념의 경향을 보인다.

비록 문화를 전달하는 기제가 다수 문화와 소수 문화에서 동일하지만, 민족성은 가치, 사회적 관습, 언어, 지각, 행동적 역할, 사회적 상호작용의 규칙과 같은 집단 패턴을 결정해 준다(Harrison, Wilson, Pine, Chan, & Buriel, 1990). 소수 사회의 가족들은 다수 사회에서 기능하기 위해 아동이 필요로 하는 도구를 제공해 줌과 동시에 아동들의 민족적 자부심을 유지하는 수단을 발견해야 한다. 성공적인 아프리카계 미국인 아동들의 부모들은 민족적 자부심, 자기 계발, 인종적 장벽의 인식, 사회 실제에서의 평등주의를 강조하는 것으로 나타났다. 소수 가족의 사회화는 성공의 경로로서 상호 의존성과 협력에 초점을 맞추고 있다. 이것은 경쟁, 자율, 자기 의존에 대한 서구 관점과 대조되는 것이다.

Harrison과 동료들(1990)이 조사한 세 번째 분야는 소수 가족에서 제기된 아동의 인지 발달 결과들이다. 이중문화주의의 주입은 소수 가족들의 주요 목적이다. 이러한 목적을 달성하려면 더 유연하게 사고하고 학습에 다양한 형태로 반응할 수 있는 아동들을 길러 내야 한다. 가정, 학교 기대와 환경 간의 연속성만 보장된다면, 소수민족의 아동은 학교에서 더 높은 성취를 이루어 낸다. 그러나 이중문화적 경향성을 갖고 있는 소수민족의 아동은 가정과 학교의 불연속성에 민감하다. Harrison, Wilson, Pine, Chan과 Buriel(1990)은 소수민족 가족에서 아동 양육의 문화적 맥락과 아동 발달에 관하여 아직 더 많은 것을 알아보아야 한다고 지적하였다.

Lee, Ostrosky, Bennett과 Fowler(2003)의 연구 결과에서 나타난 초기 중재 전문가들이 생각하는 가장 적절한 실제는 문화적 적절성을 반영하면서도 체계의 장벽들을 발견하고 그 도전 과제들을 부딪쳐 나가는 것이다. 여기에는 좀 더 많은 행정적 지원과 현직 및 사전 교육이 필요한 것으로 보인다. Bornstein과 동료들(1992)은 영아에 대한 어머니의 반응성을 미국, 프랑스, 일본의 세 나라를 대상으로 조사하였다. 연구자들은 이 세 나라에서 영아 행동이 유사하였으며, 어머니들도 유사한 방식으로 반응하고 있음을 발견하였다. 어떤 행동들은 문화적으로 보편적으로 나타나지만, 반면에 어떤 행동들은 아주 다르게 나타난다. 따라서 양육자가 다른 민족의 아동들에게 반응적이 되려면 모든 문화의 아동 양육 기법이 동일하다고 가정해서는 안 된다(Bhavnagri & Gonzalez-Mena, 1997; Copple & Bredekamp, 2009). 보육 종사자들은 양육과 아동 양육 관습의 차이를 토론하고, 필요하다면 가족과 타협하는 데 개방적이어야 한다.

생각해 보기

영아 발달에 영향을 미치는 빈곤과 문화적 다양성에 관련된 요인들을 고려해 보라. 여러분의 문화와 다른 문화가 특정 상황에 대해 다르게 반응을 보였던 경험이 있었는가?

요약

1 영아기에 적용할 수 있는 Erikson, Freud, Piaget, Vygotsky, Skinner, Bandura, Rogers, Maslow의 이론들을 이해하기

영아는 급속하게 발달하는 복잡한 유기체이다. 이론가들은 따뜻하고 애정이 있고 반응적인 성인이 적절한 영아 발달의 보장에 필수적인 것이라는 데에 동의한다. Erikson은 영아기를 기본적 신뢰가 발달하는 시기라고 보았다. Freud는 영양 섭취를 위한 빨기와 영양 섭취와 관련 없는 빨기 모두가 아동의 성격을 형성하는 데 영향을 미친다고 보았다. Bandura는 대리적 관찰 경험이 영아 발달에 영향을 미친다고 보았다. Piaget의 이론에서 영아는 감각운동기에 있다. Vygotsky의 관점에서 볼 때, 생후 첫 2주는 정신 과정의 발달에 결정적 시기이다. Rogers와 Maslow는 부모가 자신과 타인을 받아들이는 것이 중요하며, 그것은 부모가 영아를 수용하는 데 결정적이라고 생각한다. Skinner는 영아의 물리적 환경의 중요성을 강조하였다. 아동은 영아기 동안에 움직일 수 있게 되며, 세계에 대해서 더 잘 통제할 수 있게 된다.

2 영아의 감각 능력의 예를 인용하여, 어떤 영아의 감각 능력이 다른 영아에 비해 잘 발달되지 않은 이유를 설명하기

영아들은 아직 감각 능력이 발달하고 있는 중이지만, 접촉, 냄새, 소리, 움직임, 광경과 같은 자극들에 민감하다. 영아는 어머니의 얼굴을 생후 첫 2주 이내에 인식한다. 영아는 단맛과 신맛을 구별할 수 있으며, 패턴을 인식하고, 친숙한 목소리에 반응한다. 감각 능력을 발달시키려면 감각 자극이 필요하다. 전형적인 유능한 영아라면 당연히 갖고 있는 감각 및 운동 능력을 갖지 못한 채 태어나는 영아들도 있다. 장애를 가진 영아들도 자신이 속한 문화의 정상적 활동에 참여해야 한다. 이러한 문제를 경감시키기 위한 조기 중재 프로그램들이 개발되었다.

3 질적으로 우수한 영아 환경 요인들을 이해하기

아동들은 세계를 학습하기 위해 자신의 감각들을 작동시키는 데 필요한 기본적 능력들을 갖고 태어난다. 영아 연구는 많은 환경적 변인들이 영아 능력을 증진시키거나 감소시킬 수 있다는 결과를 보여 준다. 환경은 영아의 기본적 요구를 충족시켜 주어야 한다. 영아에게는 반응적 성인과 흥미로운 탐색 대상이 필요하다. 영아에게는 적절한 음식, 옷, 그리고 위생이 필요하다. 또한 증진되는 자신의 이동성을 시험해 볼 수 있는 공간이 필요하다. 또한 외부 환경에 대해 배우면서 시간을 보내야 한다. 영아는 이야기를 듣고 나이 든 아동과 성인들과 '대화'를 나누어야 한다.

4 영아 발달에 영향을 미치는 사회경제적 · 문화적 요인들을 열거하기

사회문화적 요인들은 영아 발달에 매우 중요하다. 영아는 자신의 발달하는 인지, 사회/정서, 심리운동 능력을 시험해 볼 수 있는 풍부한 환경이 필요하다. 발달은 영아의 주변 사람과 대상들에 의해 영향을 받는다. 아버지와 어머니 두 사람 모두 영아 발달에 중요한 역할을 한다. 오늘날 부모 모두가 취업하고 있을 때, 그리고 한 부모가 일과 아동 양육 책임을 균형 있게 이끌고 가야 할 때, 그 가족들은 부가적 스트레스를 받게 된다. 생후 1년 동안 어머니가 가정 밖에서 일을 할 경우 영아에게 심리적 손상이 있다고 생각하는 전문가들도 있다. 이에 동의하지 않는 전문가들은 질적으로 우수한 아동 보육 기관에 다니는 영아는 정상적으로 성장한다고 주장한다. 이러한 관점의 주요 문제는 질적으로 우수한 아동 보육 기관을 찾기가 어렵다는 것이다.

부모 교육의 범위가 넓어지고 있다. 부모들이 부모 역할을 하는 데 지원과 조언이 필요하다. 적절한 놀이 자료와 양육적인 양육자가 있는 가정 환경은 최적 발달을 도

모해 줄 것이다.

사회경제적·문화적 조건은 영아 발달에 매우 중요한 요인들이다. 소득이 낮을수록 가족이 적절한 건강과 영양 보호에 접근하지 못할 가능성이 더 크다. 민족 집단도 중요한 고려 사항이다. 각 문화 집단은 자신의 가치와 관습을 가지고 있을 뿐만 아니라, 수용 가능한 아동 행동과 수용 가능하지 않은 아동 행동에 대한 고유의 문화적 관점을 갖고 있다. 영아와 일하는 성인은 각 영아의 문화에 대한 지식을 갖추어야만 하며, 다문화적 관점, 즉 각 문화를 존경하되 주류 문화에서 기능하는 데 필요한 것들을 제공해 줄 수 있는 관점을 갖고 일해야 한다.

제 12 장

영아기: 건강, 신체, 운동 기술 발달

이 장과 관련된 표준

naeyc

NAEYC 프로그램 기준

1a: 출생에서 8세까지의 영유아의 특징과 요구를 알고 이해하기

DAP

발달에 적합한 실제(DAP) 지침

1D: 전문가는 건강과 안전을 보장하는 물리적 환경을 고안하고 유지한다.

학습목표

1 영아기의 일반적 건강에 중요한 요인들에 대해 논의한다.

2 영아기의 신체 발달 과정을 설명한다.

3 영아기 대근육 · 소근육 발달에서 관찰되는 중요 요소를 설명한다.

모든 영아의 신체 성장과 운동 기술 발달은 기본적으로 같은 유형으로 이루어지지만 그 속도에는 차이가 있다. 신체적 운동 성장과 발달의 정상 범위는 크다. 유전과 환경이 어떻게 상호작용하며 영향을 미치는가는 건강 지원과 발달의 환경적 지원에 달려 있다. 이 장에서는 영아의 건강, 신체 발달, 운동 기술 발달 등에 초점을 맞추어 기술할 것이다. 아동보호기금(CDF, 2011)에서는 미국 영아의 중요한 사실을 아래와 같이 열거하고 있다.

- 5명 중 한 명은 가난하게 태어난다.
- 3세 이하의 영아 6명 중 한 명은 지금도 가난한다.
- 6명 중 한 명은 임신 초기 3개월 동안 태내기 보살핌을 받지 못한 어머니에게서 태어난다.
- 26명 중 한 명은 태내기 후기에 보호를 받지 못한 어머니에게서 태어난다.
- 7명 중 한 명은 건강보험이 없다.
- 8명 중 한 명은 식품 지원을 받고 있는 가정에서 살고 있다.
- 8명 중 한 명은 가정에 일하는 사람은 있지만 여전히 가난한 가정에 살고 있다.
- 13명 중 한 명은 저체중으로 태어난다.
- 15명 중 한 명은 빈곤 수준의 절반에 못 미치는 수입으로 살고 있다.
- 139명 중 한 명은 첫돌 이전에 죽는다.

명백히, 가난과 적절치 않은 의료적 보호는 열악한 건강과 생활 조건과 영양과 관련이 있고, 이 모든 것들은 발달에 부정적 영향을 미친다.

1 영아 건강에 중요한 요인

9장에서 우리는 좋은 건강이 건강한 어머니와 건강한 태내 보살핌에 의해서 시작된다는 것을 살펴보았다. 이 장에서는 영양, 예방접종, 질병과 감염, 안전과 사고, 정신건강을 포함한 모든 영아에게 적용되는 일반적인 건강 요소가 설명되어 있다.

일반적 건강

영아와 관련되어 일을 하는 사람은 영아 건강의 모든 면에 주의를 기울여야 한다. 아동보호기금에 따르면 2009년에 보험에 가입되지 않은 아동의 수는 Children's Medicaid and the Children's Health Insurance Program(CHIP)의 영향 때문에 감소하였다(Children's Defense Fund, 2010). 2010년 3월에 통과된 건강 개정안을 통해 95%의 영아들에게 건강보험을 지급할 것이기 때문에 보험에 가입되지 않은 영아의 수를 감소시킨 것이다.

Pediatric well-child care의 역할은 최근 몇 년간의 이 분야의 접근 범위를 넓혔다(Kuo &

Inkelas, 2007). 이전에는 건강 분야의 초점이 감염되는 질병이나 때때로 발견되는 병에 있었다. 오늘날에는, 초점이 행동적 · 발달적 · 교육적 문제를 포함할 만큼 확장되었다. 소아과 의사의 의무는 매우 확장되었다. 그들은 이제 처음 3년 동안에 많은 문제들이 밝혀질 수 있고 치료될 수 있다는 것을 안다.

영양

처음 1년은 영아의 성장 속도가 가장 빠른 시기이다(Marotz, 2012). 아기들은 보통 생후 6개월 동안 태어날 때 몸무게의 두 배가 되고 생후 1년이 다 될 무렵에는 태어날 때 몸무게의 세 배가 된다. 영아는 음식을 전적으로 성인에게 의존한다. 음식을 주는 것은 생명을 유지시킬 뿐만 아니라 다양한 음식들로 사회화하고 자극을 주는 시간이어야 한다. 영아 양육 제공자는 식사시간이 즐겁고 적절한 시간 동안 지속될 수 있게 할 필요가 있다(Branscombe & Goble, 2008). 영아의 요구에 따라 우유를 먹이고 안아 주고 노래를 불러 주고 반응하는 것은 정서적인 안정을 줄 수 있는 적절한 기회이다. 또 중요한 것은 배고프다거나 배부르다는 영아의 단서에 반응하는 것이다. 양육 제공자는 부모와 소통하고 그들의 문화적 관행을 존중해야 한다.

영아는 빠른 속도로 성장하고 발달하기 때문에 적절한 영양이 꼭 필요하다(Marotz, 2012). 하지만 영아는 위가 작아서 영양가 높은 음식을 자주 섭취해야 한다. 처음에는, 열량이 성장에 필요하지만 영아가 더 활동적이게 되면서 열량은 신체 활동에 필요하게 된다. 태아기 때의 영양 부족으로 인해 피해를 입은 아기들은 **저체중 영아**일 것이다. 저체중으로 출생한 영아는 신체 온도 조절과 감염에 대한 높은 취약성과 같은 심각한 문제들을 보일 수 있다. 영양실조에 걸린 10대 어머니들의 영아는 저체중 영아일 가능성이 높다. 여성, 영아, 아동(Women, Infants, and Children, WIC) 프로그램은 임신한 여성, 모유 수유를 하는 여성, 영아, 5세까지의 영유아에게 영양가 있는(영양적으로 적절한) 식품을 제공한다.

생후 6개월 동안은 모유 수유가 더 바람직하다. 모유 수유는 감염을 막아 준다. 6개월 동안, 모유는 영아에게 필수적인 모든 영양소를 공급할 수 있다(Does breast feeding...?, 2007). 연구는 또한 모유가 아동기의 비만 가능성을 줄여 준다고 말한다(Does breast feeding...?, 2007). 생후 5개월까지는 어떠한 고체나 반고체 음식들도 먹이면 안 된다. Marotz (2012, p. 392)에 따르면, 어머니는 다음과 같은 상황이라면 분유를 선택할 수도 있다.

- 어머니가 아프거나 수술을 하였다.
- 어머니가 약을 복용 중이다.
- 어머니가 아기와 오랫동안 떨어져 있어야 한다.

저체중 영아(low-birth-weight infant, LBW infant) 열악한 태내 영양에 의한 피해 영아

- 어머니가 분유 수유를 개인적으로 선호한다.
- 어머니가 주류와 담배를 포함한 중독성 약물을 사용한다.

생후 4개월 동안, 영아가 먹고 싶어 할 때마다 먹이는 것이 좋은데, 이를 통해 영아가 먹을 수 있는 양을 예측할 수 있다. Marotz(2012, p. 395)는 다음의 지침을 제시한다.

0~1개월	3~4온스(oz)씩 6회 수유
1~2개월	3~5온스씩 6회 수유
2~3개월	4~6온스씩 5회 수유
4~5개월	5~7온스씩 5회 수유
6~7개월*	6~8온스씩 5회 수유
8~12개월*	8온스씩 3회 수유

*고체 상태의 음식도 받아들일 수 있으면 줄 수 있음

위생은 매우 중요하다. 영아를 돌보는 사람은 음식을 먹이기 전에 손을 비누로 씻어야 한다. 분유나 모유는 따뜻해야 하지만 모유를 전자레인지로 데우면 안 된다. 전자레인지가 모유에 있는 영양소들을 파괴할뿐더러 병에 담겨 있는 액체는 용기에 있는 액체보다 뜨거울 수 있어서 영아가 델 위험도 있다. Marotz(2012)는 수유 전에 영아를 껴안고 영아와 놀아야 한다고 권고하며 수유 중에도 대화를 해야 한다고 말한다. 양육자는 수유 중에 트림을 시키기 위해서 두세 번을 멈춰야 한다(사진 12-1).

영아는 5개월과 6개월 사이에 보통 반고체 음식을 먹을 수 있다. 시리얼이나 과일, 채소를 삶아 으깨어 물을 조금만 넣고 걸쭉하게 만든 유동식 음식(퓌레)이 적절하다. 영아의 소화 구조는 복잡한 탄수화물과 단백질을 소화시킬 만큼 성장하였다. 이때쯤이면 영아는 의자에서 일어날 수 있고 숟가락 쪽으로 몸을 굽힐 수 있고 음식을 씹고 삼킬 수 있다. 또한 영아는 충분히 먹었다는 신호로 고개를 돌릴 것이

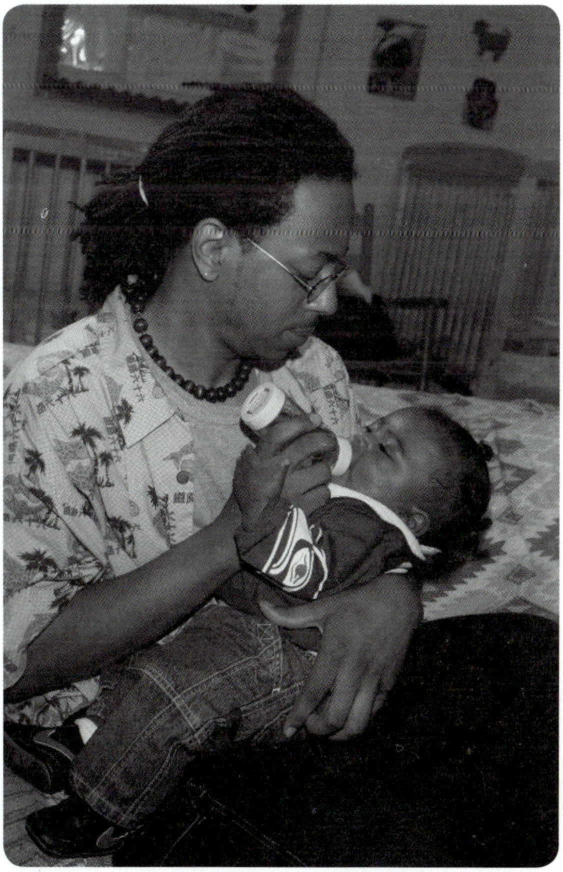

사진 12-1 수유를 통해 성인과 영아 간에 애착이 형성된다.

사진 12-2 영아는 음식의 질감을 즐긴다.

다. 영아는 이 시기에 음식을 느끼는 것을 즐기며 손으로 음식을 집어 먹는다(사진 12-2).

비만과 과체중은 자신의 키에 비해 몸무게가 너무 많이 나간다는 뜻이고, 에너지의 섭취가 영아가 성장, 유지, 활동에 필요한 양을 초과한 결과이다[Centers for Disease Control and Prevention (CDC), 2010a, 2010b; Marotz, 2012]. 영아의 비만을 초래하는 행동들은 잦은 젖병 수유, 고체 음식을 너무 이른 시기에 섭취하기, 젖병으로 이유식 먹기 등을 포함한다. 배부른 아기한테 다 먹으라고 강요하지 않는 것이 중요하다. 어른은 영아가 병으로부터 입을 막고 고개를 돌리고, 잠이 들고, 음식을 주면 야단을 떨고, 유두를 가지고 장난치거나 무는 등의 신호들에 집중해야 하고, 이런 때 먹으라고 강요하지 말아야 한다.

예방접종과 질병

영아기의 많은 질병들은 예방접종을 통한 면역으로 예방될 수 있다. 대규모의 캠페인이 모든 영아에게 예방접종을 하기 위하여 시작되었는데도, 겨우 76%의 영아만이 그 나이에 받아야 할 예방접종을 받은 것으로 밝혀졌다(Marotz, 2012). 몇몇 주들은 영아의 조기보호를 권장하는 법과 교육 프로그램을 시행하고 있으며, 초등학교는 모든 필수적인 예방접종을 시행하고 있다.

호흡기 세포 융합 바이러스(RSV)는 기도와 폐의 바이러스 전염병으로, 주로 늦가을(11월)부터 봄(3~4월)에 발생하지만 1년 내내 존재하기도 한다(Respiratory syncytial virus, 2005). 아기와 영아가 가장 빈번하게 감염된다. 생후 8개월이 안 된 어린 영아나 건강 문제가 있는 영아는 더욱 위험하다. RSV는 쉽게 퍼지고 전염성이 높다. 항균 비누로 손을 씻고 장난감, 고무 젖꼭지, 침대, 물건들을 소독하는 것이 중요하다. 초기에 RSV는 감기처럼 보이지만 결국 미열로 변하고 숨이 가빠 헐떡이게 되며, 의사에게 반드시 진료를 받아야 한다. RSV 유행기 동안은 영아의 외출을 삼가고 대중들로부터 피해야 한다.

영아 돌연사 증후군(SIDS)은 한 살 미만의 영아에게서 보이는 주요한 사망 원인이다. 대부분의 영아 돌연사 증후군으로 인한 사망은 수면 중에 발생한다. 평소에 건강해 보이다가 보통 밤 시간에 영아가 자고 있을 때 사망이 발생한다. 정확한 원인은 밝혀지지 않았지만 주요한 예방법은 영아를 침대에 등이 닿게 똑바로 눕히는 것이다. 또한, 딱딱한 매트리스

비만(obesity) 키에 비해 몸무게가 많이 나가는 것

예방접종을 통한 면역(immunization) 예방접종을 통해 질병으로부터 보호하는 것

호흡기 세포 융합 바이러스(respiratory syncytial virus, RSV) 기도와 폐의 바이러스성 전염병

영아 돌연사 증후군(sudden infant death syndrome, SIDS) 밤에 자는 동안에 주로 발생하는 영아의 사망 증후군

현실에서의 아동 발달

비만의 급속한 확산: 유행병처럼 번지는 비만

아이나 어른이나 비만 인구가 증가하고 있는 것은 매우 걱정스러운 일이다. 통계에 따르면 비만이 대체적으로 두 살경에 시작된다고 하지만 이는 영아기 동안에 관찰된 지표에 따른 것으로 볼 수 있다. 2006년에 비만에 관한 24편의 연구 결과를 살펴보면 생후 2년 사이의 크기와 성장이 성인기의 비만과 관련이 있는 것으로 나타났다(Reinberg, 2006). 통계를 살펴보면 미국 비만 인구는 최근 꾸준히 증가하고 있다. 미국의 경우 19세 이하의 아동이 약 17%가 비만으로 보고되고 있다(CDC, 2011).

비만은 당뇨병, 천식, 수면성 무호흡증, 삶의 질 저하, 수명 단축과 같은 결과를 초래할 수 있다(Coleman, Walinga, & Bales, 2010). 아동은 너무 많이 먹고 운동을 덜 한다. 패스트푸드와 자판기 간식을 너무 많이 먹고 집에서도 칼로리가 높게 조리된 음식을 섭취한다. 1인분 양도 너무 많다. 체육 수업도 축소되고 있고 많은 학교에서 심지어 없어졌다.

Coleman과 그의 동료들(2010)은 비만의 급속한 확산에 대처할 수 있는 방안을 가족들에게 제시하였다. 이러한 방안 중 몇 가지를 살펴보면 식료품점에 갈 때 건강에 좋은 음식을 자녀들에게 알려 주기, 건강에 좋은 음식을 집에서 먹을 수 있도록 준비해 놓기, 연습 모형으로 음식 차려 주기, 1인분 양 제한하기, TV 보는 시간과 전자기기 게임하는 시간 제한하기 등이 있다(CDC, 2011).

출처: Data and statistics: CDC. (2011). Obesity rates among all children in the United States, http://www.cdc.gov/obesity; Coleman, M., Wallinga, C., & Bales, D. (2010). Engaging families in the fight against the overweight epidemic among children. *Childhood Education*, *86*(3), 150-156; Reinberg, S. (2006). Adult obesity may trace to infancy. Obesity Discussion, http://www,obesitydiscussion.com

를 사용하고 베개, 박제동물, 장난감 등을 영아의 침대에서 치우도록 한다.

많은 영아들은 천식, 습진과 같은 만성 질환을 가지고 있다(Aronson, 2002). 점점 더 많은 인구가 의학적으로 취약해지고 있는데, 다시 말해서 일상생활에서 기술적인 의료 절차를 받아야 한다는 의미이다. 그들은 튜브로 식사를 할 수도 있고 기관 내 흡인, 산소, 또는 다른 절차를 사용할 수도 있다. 대부분의 영아는 가벼운 질병이 있는데, 이것은 그들의 면역 체계가 아직 발달하지 않았기 때문이다. 영아는 특히 집단 구성에서 취약성을 보인다. 집과 보육 기관에서 모두 매우 철저한 위생 실습이 정착되어야 한다. 성인은 관찰자가 되어야 하고, 다음과 같은 질병의 징조가 나타나지 않는지 파악해야 한다(Marotz, 2012).

- 평소와 달리 창백하거나 상기된 피부
- 빨갛거나 아픈 목구멍
- 확대된 림프샘
- 메스꺼움, 구토, 설사
- 발진, 반점, 아물지 않은 상처
- 눈물이 고이거나 충혈된 눈
- 두통과 어지러움
- 오한, 열감, 통증

- 피로, 식욕 감퇴

소아과 의사는 영아가 아픈 기색이 보인다면 반드시 상담을 해야 한다. 의사는 전화로 진단을 내릴 수도 있으며 증상이 심각하다고 판단되면 영아를 데려오게 할 수도 있다.

질병의 예방과 발견

영아와 관련된 일을 하는 사람들은 자주 또는 때때로 일어나는 질병, 장기적 또는 만성적 질병의 징후들을 알아야 한다(Marotz, 2012). 그들은 감기, 기저귀 발진, 설사, 귀앓이, 인후통, 복통, 치통, 구토, 열과 같은 흔한 문제들을 인식하고 집중할 필요가 있으며, 이러한 증상들이 더 심각한 만성 질환으로 변할 가능성에 대하여 민감해야 한다. 귓병은 청각에 심각한 손상을 입힐 수 있으며 언어 발달의 일반적 과정을 방해할 수 있다. 만성 질환이 진단되지 않고 치료되지 않는다면, 그것들은 학습 활동을 방해할 수 있다. 비정상적인 피로함과 잘못된 자세는 기초적인 문제들을 야기할 수 있다. 뇌 부위가 비정상적인 충격을 받아 야기된 발작은 고열, 뇌 손상, 중추 신경계 감염 등과 같은 문제를 일으킨다. 영아의 건강 문제에 대한 가장 많은 단일 원인은 알레르기이다. 알레르기 질환의 증상은 빈번한 감기와 귓병, 만성적인 콧물, 기침, 목구멍 청소, 두통, 빈번한 코피, 이유 없는 복통, 두드러기, 습진, 피부 발진을 포함한다. 겸형 적혈구 빈혈증은 아프리카계 미국인에게서 발견되는 유전적 장애이다. 초기에 발견되는 의료적 보호가 필요하다는 것을 부모에게 알려 줄 수 있다. 다른 영아들과의 경험이 없고 전형적인 영아 발달과 행동에 대한 지식이 없는 부모들은 이러한 많은 문제들을 발견하지 못할 것이다.

철저한 보살핌이 없다면, 음식 먹이기와 기저귀 갈기의 두 가지 행위는 질병이 퍼질 가능성이 큰 행위이다(Warrick & Helling, 1997). 다음은 안전하게 음식을 먹이는 절차의 몇 가지 예이다.

- 영아가 우유병으로 먹다가 남긴 모유나 음식물은 버리기
- 음식을 집이나 시설로 가져올 때 용기를 뜯지 않기
- 용기를 뜯기 전에 위쪽을 닦기
- 음식을 준비하기 전에 손을 씻기
- 분유, 우유, 주스를 담은 우유병(당분은 이빨을 썩게 할 수 있다. 아기가 우유병을 필요로 한다면 안에 물을 채워 넣어라.)을 영아가 물고 자게 하지 않기

기저귀를 가는 것 또한 신중하게 행해져야 한다. Marotz(2012, p. 128)는 다음과 같은 지침을 제시하였다.

- 기저귀를 갈 때 필요한 모든 물건들을 잘 정리해 두고 이름도 붙여 둔다.

- 기저귀를 갈 때 필요한 모든 물건들은 손에 닿는 곳에 있어야 한다.
- 일회용 기저귀, 물휴지 등의 표면이 변하지 않는 곳에 보관한다.
- 장갑을 사용한다면, 위에 올려 놓는다.
- 당신의 옷이 더러워지지 않도록(오염되지 않도록) 영아를 당신과 분리하라.
- 기저귀대에 종이를 깔고 그 위에 영아를 눕히고 기저귀대 안전벨트를 빨리 채운다. 필요하다면 영아의 옷과 신발이 더러워지지 않게 벗긴다.
- 더러운 기저귀를 벗겨 내고 기저귀 버리는 용도로 지정된 뚜껑 있는 플라스틱 쓰레기통에 기저귀를 버린다.
- 영아의 아랫도리와 엉덩이를 휴지로 닦고 휴지통에 버린다.
- 영아를 토닥거리며 아랫도리와 엉덩이를 말려 준다.
- 종이를 치우고 버린다.
- 손을 씻고 깨끗한 일회용 종이로 닦고 그 일회용품을 버린다.
- 절대 영아를 혼자 두지 않는다.
- 흐르는 물에 영아의 손을 씻긴다.
- 기저귀를 채우고 옷을 갈아입히고 영아를 다시 놀이 영역으로 데려간다.
- 기저귀대 또는 손이 닿았던 모든 기구와 기물을 표백제와 다른 소독용품으로 소독한다.
- 장갑을 아직 끼고 있다면 벗고 손을 다시 씻는다.

영유아와 일해 온 사람들의 주요 문제는 후천성 면역결핍 증후군(AIDS)에 걸린 아이들이 등장하였다는 것이다. 2009년 현재 인간 면역결핍 바이러스(HIV)에 감염된 사람은 260만 명 정도로 추정된다(UN AIDS Report, 2010). 이는 1999년의 310만 명보다 19% 줄어들었지만 여전히 많은 숫자이다. 바이러스는 대부분 임신 기간에 어머니로부터 감염되며, 극소수의 경우에는 오염된 피를 수혈받으면서 감염되기도 한다(Marotz, 2012). HIV는 성교와 수혈을 통해서만 감염된다(Marotz, 2012). 학교 체계와 아동 보육 기관에서는 직원이나 관계자들에게 AIDS와 HIV에 대해 설명할 필요가 있고, AIDS나 HIV에 감염된 아동이 오기 전에 대책을 마련해야 한다.

안전과 부상

안전한 환경은 최적의 영아 발달을 위한 전제 조건이다(사진 12-3). 영아는 자동차 사고, 화상, 익사, 넘어짐, 중독을 포함한 많은 유형의 사고에 연관될 수 있다(Marotz, 2012). 사고는 한 살 이상의 영아들에게서 보이는 주요한 사망 원인이다(Morrongiello & Schwebel, 2008). 미국에서 네 명 중 한 명의 영아가 매해 응급실을 간다. 부상의 위치, 부상의 유형, 그리고 부상의 위험 요인은 발달 상태에 따라 다르다. 대부분의 영아가 움직이기 시작하는 한 살쯤에 많은 부상을 겪는다. 영아의 부모들은 부상에 대비해 예방책을 마련하고 미

사진 12-3 영아가 안전한 환경에 잘 있다.

리 계획을 짜는 것이 필수적이다. 아주 어린 영아들에게는 이동식 책상, 소파, 침대, 자동차 바퀴 등 많은 것들이 위험할 수 있다(Robertson, 2010). Robertson(2010)은 영아의 사고 예방을 위해 몇 가지 예방책을 제시한다. 영아는 캐비닛 문을 열고 서랍을 당기고 큰 통의 꼭대기에서 내려갈 수도 있기 때문에 안전 자물쇠를 설치하는 것이 중요하다. 세척제와 위험한 화학물질은 모두 높은 곳과 잠긴 캐비닛에 보관해야 한다. 전기 콘센트는 안전한 플러그를 가지고 있어야 한다. 영아는 소근육 발달이 발달함으로써 작은 물건들을 집을 수 있고 그들의 코로 그것을 갖다 댈 수 있어 기도 손상에 관련된 부상을 입을 가능성이 높다(Marrongiello & Schwebel, 2008). 따라서 장난감은 그 지름이 5cm가 넘어야만 한다. 일단 영아가 기기 시작하면, 가구를 넘어뜨릴 가능성이 크다. 연구에 따르면 나이, 성별, 문화는 부상의 유형 및 빈도와 관련이 있다고 보고되고 있다. 추가적인 발달 요인들은 다음 장에서 논의된다.

Marotz(2012)는 건강한 신체적 · 인지적 · 심리적 발달을 촉진하는 영아 보육 환경의 기본적 요소들을 작성하였다. 면허 및 인증 기준은 환경이 물리적으로 안전한지를 검증하기 위해 만들어졌다(Marotz, 2012). 질 높은 환경적 기준은 건물 시설, 야외 활동 영역, 직원 자격, 집단 규모와 구성, 직원-영아 비율, 프로그램 내용, 건강 서비스, 교통수단 등이 충족되어야 한다. 환경적인 기준은 영아들의 수에 맞게 적절한 공간을 제공하는 것을 포함한다. 그리고 적절한 위생 시설, 낮은 창문에 안전한 유리, 좋은 조명, 튼튼한 가구, 쉽게 닦이는 벽과 바닥 덮개, 안전한 전기 소켓, 그리고 긴급 상황 시 편리하게 쓸 수 있게 위치된 전화기를 보유하는 것을 말한다. 또한 야외 환경은 그 크기가 적절해야 한다. 울타리가 쳐져 있어야 하며 걸쇠로 잠긴 문이 있어야 한다. 튼튼하고 안전한 다양한 놀이 도구가 있어야 한다. 독성이 있는 식물과 나무가 있으면 안 된다. 그리고 언제나 어디서나 잘 관찰될 수 있어야 한다. 좋은 훈련을 받은 유능한 전문가는 기준들이 충족되고 유지되었는지 확인할 필요가 있다(Marotz, 2012). 또한 살충제, 담배연기, 독극성의 미술 재료, 납, 신선하지 않은 공기, 석면과 같은 수많은 환경적 위험들에 대한 인식이 증가하고 있다. 이러한 많은 요인들은 예민한 성인에 의해 통제될 수 있다. 건축 공사, 전력선 위치, 흙과 물에 들어 있는 납, 살충제와 살초제 같은 것들은 직접적인 통제가 불가능할지 모르지만, 우리는 가능한 한 모든 건강과 안전에 대한 위험들의 존재를 알아야 하고 조사해야 한다. Federal Interagency Forum on Child and Family Statistics(2011)에 따르면, 2009년에 59%의 영아는 한 가지 이상의 오염물질이 허용 가능한 수치를 넘는 나라에 살고 있었다. 2005년에는 적어도 한 명의 흡연자와 함께 사는 0~6세의 영아의 비율이 8%였고, 2009년에는 건강 기준을 충족하지 않는 물을 쓰는 공동체에 사는 영아의 비율이 7%였다.

주거

사랑의 집짓기의 설립자이자 전 회장인 Millard Fuller(1998, p. 16)는 주거와 건강의 관계를 다음과 같이 요약한다.

> 주거와 건강은 명확하게 연결되는데, 그 연결은 부정적일 수도 있으며 긍정적일 수도 있고, 대조되거나 보완적일 수도 있다. 지붕이 새고, 통풍이 안 되거나 심하게 협소한 빈약한 집은 좋은 건강에 완전히 방해되는 반면, 단단한 벽과 좋은 지붕, 집을 더 좋은 것으로 만드는 간단하지만 기초적인 특징들을 가진 괜찮은 집은 굉장히 강력한 방식으로 건강을 증진시킨다. 안전하고 보안이 잘 된 집은 거주자로 하여금 밤에 평화롭게 잘 수 있게 해준다. 적절한 휴식은 건강을 증진시킨다.

2009년에, 영아를 둔 45%의 미국인 거주자들(집주인과 임차인 모두)은 한 가지나 세 가지 이상의 주거 문제들—물리적으로 부적절한 주거, 소란스러운 주거, 가정 전체 수입의 30%가 넘는 주거 비용—을 갖고 있었다(FIFCFS, 2011). 2009년에는 34만 6,000명의 아동들이 노숙인 쉼터나 임시 거처 서비스를 이용하였다.

심화학습 가난한 사람들의 주거 환경을 향상시키기 위하여 당신의 사회에서 어떤 일들을 하고 있는지 조사해 보라. 열악한 주거 환경에 처해 있거나 집이 없는 사람들을 위한 적절한 프로그램이나 계획이 있는가? Habitat 프로그램이 당신의 지역사회에 있는가? 공적 지역사회 사무실에 알아보고 지역 신문도 살펴보라.

정신건강

영아의 정신건강은 초기 아동 발달의 영역에서 상대적으로 중요성이 새롭게 부각된 영역이다. Leone-Getten(2005)은 다음과 같이 기술하였다.

> 영아의 정신건강 영역에서는 상호작용에 기초한 관계에 초점을 맞추고 있는데, 이러한 관

> 계는 건강한 발달에 핵심적이고 영아는 중요한 어른들과의 관계 속에서 가장 잘 이해될 수 있다(p. 13).

부모-자녀의 관계는 영아의 정신건강에 매우 중요하다. 선생님/치료사는 부모가 그들의 영아에게 필요한 행동들을 하기 위해 부모와의 관계에서 배려하고, 존중하고, 발전적이어야 한다.

영아 정신건강 전문가들은 영아의 감정적 웰빙에 초점을 두었다(Petersen, Bair, & Sullivan, 2004). 조기 헤드스타트(Early Head Start, EHS) 직원은 다음의 지침들을 강조하였다(Peterwen, Bair, & Sullivan, 2004, pp. 47-48).

1. 사회정서적인 발달의 평가를 위해 고안된 도구들은 직원들이 영아를 이해하도록 돕고 가족에 관련된 정신건강에 대한 주제를 다루기 위한 틀을 제공한다.
2. 영아-부모의 관계는 중재에 대하여 강력하고 접근 가능한 관점을 제공한다.
3. 조기 헤드스타트 직원에게 지원하는 것은 그들이 영아, 걸음마기아, 가족들에게 정서적 가용성을 유지하면서 밀도 있고 친밀한 업무를 할 수 있도록 돕는다.
4. 조기 헤드스타트의 모든 프로그램에서의 정신건강 개념과 전략은 신중한 계획을 요구한다.

조기 헤드스타트 직원은 가족 정신건강의 상황에 대해 정확히 알기 위해 환경, 부모, 영아에 초점을 맞춘 다양한 평가도구들을 사용한다. 예를 들어, 한 도구는 영아와 걸음마기아의 행동들을 다음과 같이 평가한다(Petersen, Bair, & Sullivan, 2004, p. 50).

- **자기 조절**: 불안할 때 침착함을 유지하는 능력
- **순응**: 요청된 것을 한다.
- **의사소통**: 옹알이를 한다.
- **적응 기능**: 낮 시간에 적어도 한 시간은 깨어 있다.
- **자율성**: 새로운 장소를 탐색한다.
- **애착**: 안기고 접촉하는 것을 좋아한다.
- **타인과의 상호작용**: 놀기 위해 주변 사람을 선택한다.

Balbernie(2004)는 영국의 부모-영아 정신치료 프로그램을 설명한다. 이 프로그램에서는 아기와 양육자 간의 관계를 진단한다. 이 프로그램은 가족에게 빈곤의 정도에 따라 서비스를 제공한다는 점에서 조기 헤드스타트와 유사하다. 이러한 가족들은 점점 더 부모-자녀 관계에 압력을 가하는 다양한 어려움에 직면한다. 위험 요인은 부모의 정신 질환, 부모들의 아동기 때 받은 방치, 상실, 가정 폭력, 학대와 같은 배경 경험, 알코올이나 약물 중독 등이다. 이러한 요인들은 양육 관계에 압력을 가한다. 양육자가 치료적인 관계에 개입

뇌 발달

지속적인 공포와 불안의 영향

발달하는 뇌의 구조는 지속적인 공포와 불안을 만들어 내는 환경에 의하여 붕괴될 수 있다. 약물 중독과 폭력에 노출된 경험은 극심하고 장기적인 스트레스 반응 시스템의 활동을 촉발할 수 있다. 스트레스 시스템의 과부하는 영아의 학습 능력과 사회적 상호작용의 능력을 감소시킬 수 있다. 미국에서 거의 40명 중 1명의 영아가 신체적·감정적·성적 학대의 만성적인 방치와 같은 학대를 경험하였다. 가난한 영아는 이러한 경험을 하기 쉽다. 학습과 기억은 만성적인 공포와 불안에 영향을 받는다. 조기 파악과 치료를 위해 가족에 대한 서비스가 마련되어야 한다. 지속적인 공포와 불안은 영아의 학습과 발달에 악영향을 끼칠 수 있다.

출처: 조사보고서 9. (2010). Center on the Developing Child, Harvard University(www.developingchild.harvard.edu).

할 수 있는 기회가 있을 때, 양육자는 영아와 대화하게 되는데(토론), 이를 통하여 영아의 관점을 보면서 도움을 줄 수 있고, 영아와의 관계를 생각하면서 영아를 이해할 수 있는 감각을 얻을 수 있고, 영아 발달에 대한 정보를 파악할 수 있고, 현재 행동에 영향을 미쳤을 수도 있는 과거 사건에 대해서도 알아볼 수 있다.

생각해 보기

영아는 그들의 요구가 간단하고 그들의 환경에서 무엇이 이루어지는 아직 잘 모르기 때문에 보살피기 쉽고 이해하기도 쉽다고 친구가 말하였다. 당신은 어떻게 반응할 것인가?

2 어떻게 영아의 신체 발달이 일어나는가

신체 발달은 운동 발달과 밀접하게 연관되어 있다. 둘 다 영아의 삶에서 중요한 영역이다. 일반적인 속도로 발달하는 영아는 또래들과 보조를 맞출 수 있다. 모든 영아는 기본적인 방식으로 같은 신체 발달을 경험하지만 그 시기는 개인마다 차이가 있다.

신체 발달의 원칙

신체 발달은 일곱 가지 기본적인 원칙을 따른다. 즉, 방향적 성장, 전체적에서 구체적으로의 성장, 성장의 차별화/통합, 성장의 변화, 성장에서의 최적의 경향, 순차적인 성장, 그리고 결정적 시기 동안의 성장이다.

1. 성장의 방향. 성장의 변화는 머리부터 발끝까지(**두미 방향**)와 중심으로부터 퍼져 나가는(**중심-말단 방향**) 방식이다. 머리에서 발끝으로의 성장은 그림 12-1에 나타나 있다. 머

두미 방향(cephalocaudal) 성장과 발달의 방향이 머리에서부터 발끝으로 진행된다는 용어

중심-말단 방향(proximodistal) 성장과 발달의 방향이 중심에서 말단으로 진행된다는 용어

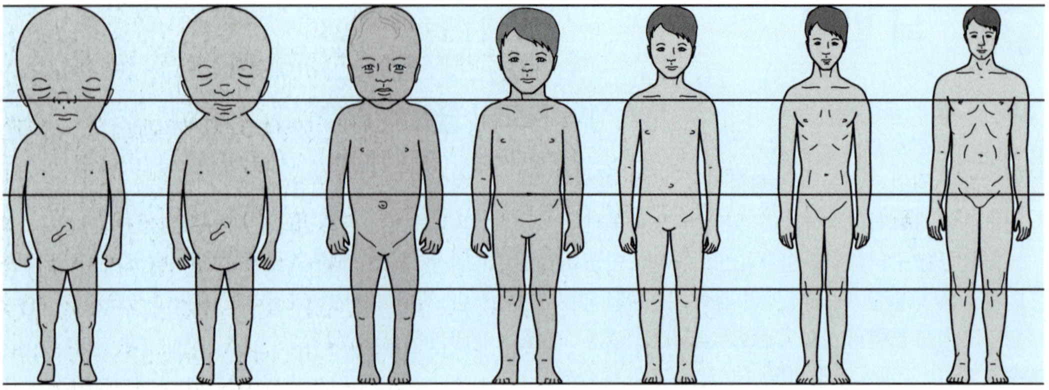

그림 12-1 태아에서 성인기까지의 신체 비율의 변화

리에서 발끝까지로의 변화 순서는 태아기부터 성인기까지 비율의 점진적 변화에서 볼 수 있다. 영아가 단계별로 도움 없이 앉는 것을 배움에 따라, 근육 성장은 머리를 드는 것에서부터 어깨, 몸통을 드는 순서로 발전한다. 다리와 발로 지탱할 수 있고 영아가 걷는 데 필수적인 근육들을 조직화할 수 있을 정도로 몸통에서 발끝으로의 발달이 이루어짐에 따라 결국 영아는 직립할 수 있고 마침내 걸을 수 있게 된다. 중심에서 퍼져 나가는 순서는 처음에는 어깨에서부터 팔 운동의 발달에서 보인다. 점진적으로, 영아는 팔꿈치의 팔을 조절하고 그 다음으로 손목, 손, 손가락을 조절하게 된다.

2. 전체적에서 세부적으로의 성장. 전체적에서 세부적으로의 성장은, 크게 움직이거나 대근육으로 주로 움직이며 점진적으로 성장하다가, 걷거나 그림을 그리는 등 세부적인 운동 기술을 사용하게 되는 운동 발달 진행 상황을 의미한다.

3. 성장에서의 변별/통합. **변별**(통합)은 영아가 자신의 몸의 세부적인 부분을 통제하면서 겪는 과정이다. 영아는 자신의 신체의 부분을 찾는 것에 종종 어려움을 겪는다. 예를 들어, 3세 영아가 바닥에 등을 대고 누워 있다가 머리를 들으라는 소리를 들었다. 십중팔구 이 영아는 어깨와 머리를 들 것이다. 5세 영아에게 동일한 요청을 하면 5세 영아는 일반적으로 어깨를 바닥에 둔 채로 머리만을 든다. 일단 영아가 개인적인 신체의 부분을 변별하기 시작하면, **통합적 운동**을 개발한다. 즉, 영아는 걷기, 기어오르기, 벽돌 탑 쌓기, 그림 그리기와 같은 더 복잡한 활동을 하기 위해 세부적인 운동을 결합시킬 수 있다. 많은 통합적인 운

변별(differentiation) 영아가 자신의 몸의 각 부분들에 대해 구체적인 조절 능력을 획득해 가는 과정

통합적 운동(integrated movements) 걷기, 기어오르기, 벽돌 탑 쌓기, 그림 그리기와 같은 더 복잡한 활동들을 수행하기 위해 세부적인 운동들을 결합시키는 것

동은 특별한 교육 없이도 자연스럽게 발달한다. 만약 환경이 영아에게 시도할 자유를 허락한다면, 영아들은 기어오르고, 걷고, 앉으면서 자기 자신을 파악할 것이다. 문을 열고, 스케이트를 타고, 자전거를 타는 것과 같은 다른 유형의 통합적인 운동은 특정한 도움을 필요로 할 수도 있다.

4. 성장에 있어서의 속도 편차. 영아의 성장 속도의 변화는 전형적이다. 사춘기 때까지 여아는 남아보다 빠르게 성장한다. 게다가, 각 신체 부위는 다른 속도로 성장한다.

5. 성장에서의 최적의 경향. 성장에서의 최적의 경향은 성장은 언제나 그것의 잠재력을 충족시키려고 한다는 것이다. 적절한 음식의 결핍과 같은 어떠한 이유에서 성장이 지연된다면, 일단 적절한 음식이 섭취된다면 신체는 다시 그것을 따라잡으려 할 것이다.

6. 순차적 성장. **순차적 성장**은 성장이 정해진 순서로 진행되는 것이다. 예를 들어, 앉은 다음에 기고, 긴 다음에 걷게 되는데, 이는 운동 발달에 필수적인 뼈와 근육의 발달의 순서에 기인한다.

7. 결정적 시기 동안의 성장. **결정적 시기**의 개념은 어떤 영역의 성장에 매우 특별히 중요한 시기가 있다는 개념이다. 예를 들어 이런 시기가 태내기에도 있고, 뇌 발달의 경우에는 첫 3년간이 매우 중요하다.

부모는 종종 영아의 성장 속도에 대하여 걱정한다. 그들은 영아가 너무 크고, 너무 작고, 너무 마르고, 너무 뚱뚱해서 걱정한다. 소아 성장 도표(그림 12-2와 12-3)는 이러한 질문에 대답한다. 도표를 이용하기 위해 다음의 단계를 따르라.

1. 당신이 평가하고 싶은 영아(남아 또는 여아)에 대한 도표를 고른다.
2. 도표로부터 관심 있는 특징(키 또는 몸무게)을 고른다.
3. 영아의 나이에 도달할 때까지 한 손가락을 그래프의 아래에 놓는다.
4. 영아의 키(또는 몸무게)에 도달할 때까지 두 번째 손가락으로 곡선을 따라간다.
5. 두 손이 만날 때까지 왼손은 수평으로 오른손은 수직으로 표의 중심 쪽으로 손가락을 움직인다. 그리고 연필이나 펜으로 그 점을 표시한다.
6. 영아의 몸무게와 키의 백분위를 찾기 위하여 가장 가까운 곡선을 따라간다. 백분위는 같은 나이에 있는 다른 영아와 비교할 수 있는 지점을 뜻한다. 백분위 50은 그 나이 영아의 50%(또는 절반)가 더 크고 절반은 더 작다는 것을 보여 준다. 백분위 10은 그 나이 10%의 영아는 더 작고 90%는 더 크다는 것을 보여 준다.

순차적 성장(sequential growth) 성장이 진행되는 순서 세트
결정적 시기(critical periods) 성장에서 어떤 영역은 발달에 중요한 특정한 시기가 있다는 개념

출생에서 36개월: 여아
연령에 따른 키와 몸무게의 백분위

이름 ____________
기록 # ____________

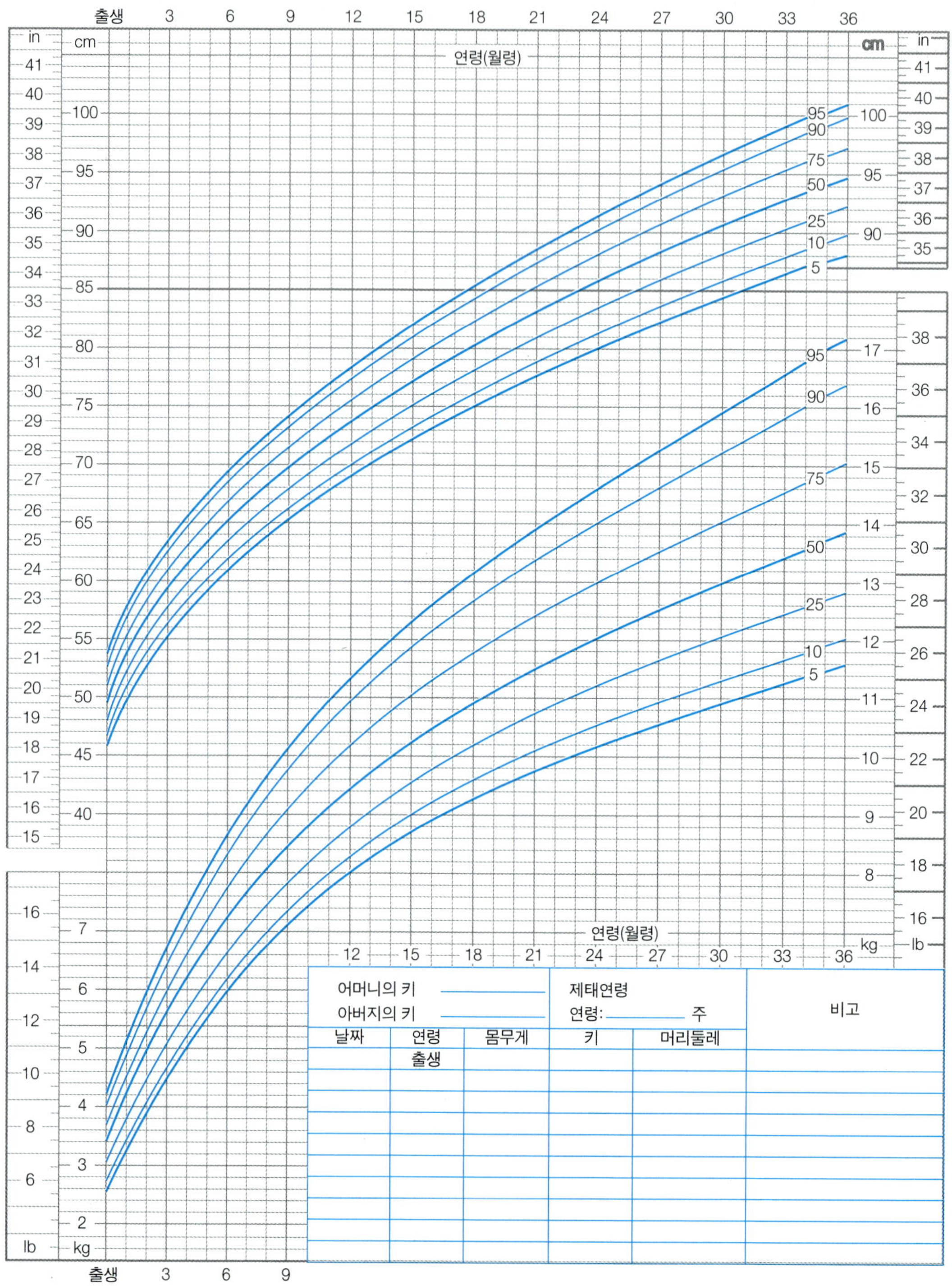

그림 12-2 출생에서 36개월까지의 여아의 키와 몸무게 변화 표. (Courtesy of the National Center for Health Statistics, United States Department of Health and Human Services, http://www.cdc.gov.)

출생에서 36개월: 남아
연령에 따른 키와 몸무게의 백분위

이름 ____________
기록 # ____________

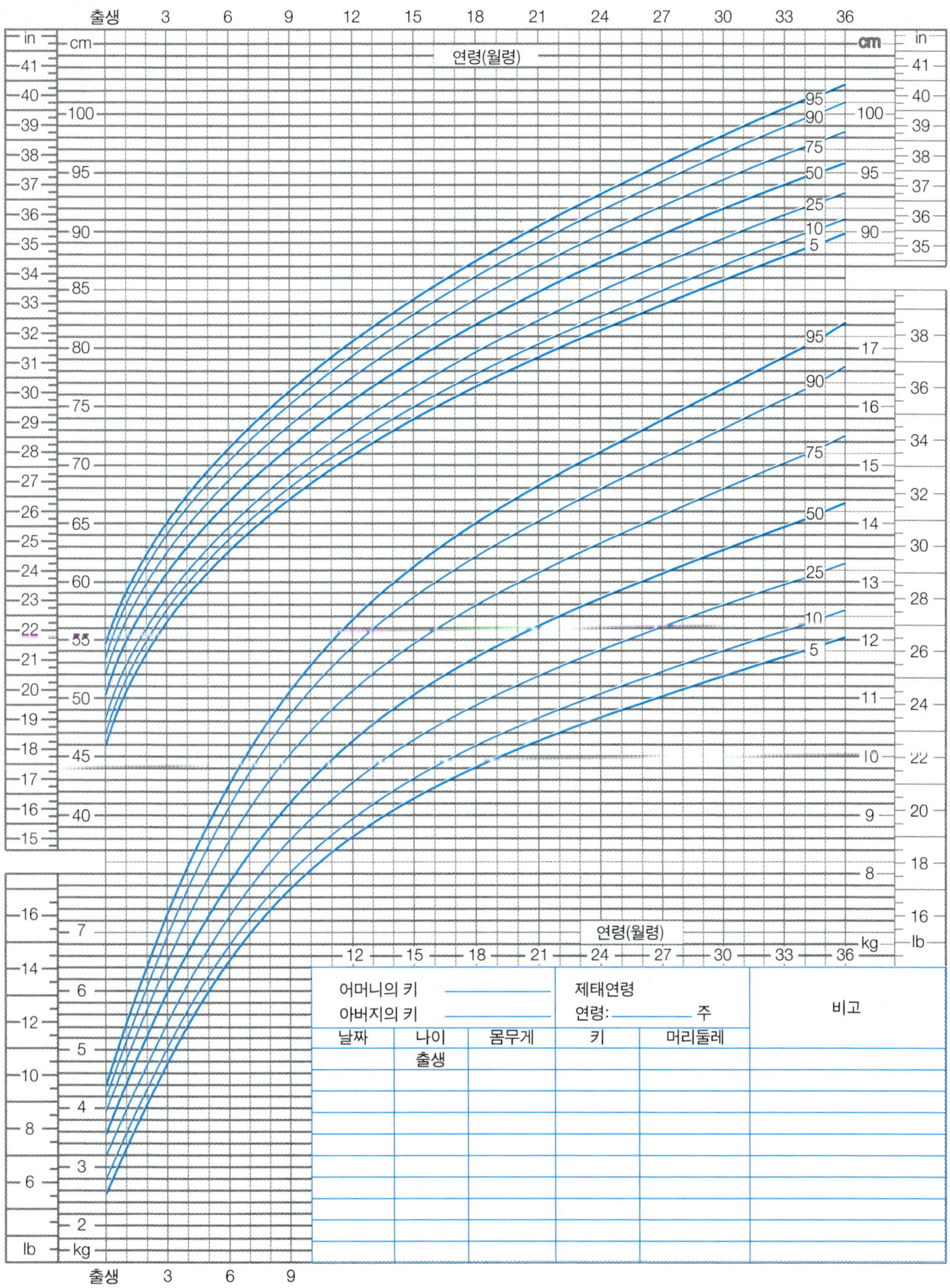

그림 12-3 출생에서 36개월까지의 남아의 신장과 몸무게 변화 표. (Courtesy of the National Center for Health Statistics, United States Department of Health and Human Services, http://www.cdc.gov.)

만약 영아의 키와 몸무게가 15%가 안 되거나 영아의 몸무게가 95%를 넘는다면, 영아가 좋은 건강으로부터 상대적으로 매우 위험한 상태에 있는 것으로 여겨진다. 이러한 영아는 의사를 보아야 한다. 측정은 가능한 한 주의 깊게 이루어져야 한다. 영아는 신발을 벗고 가벼운 옷을 입어야 한다. 눈금자도 정확해야 한다. 키를 측정할 때, 영아는 벽에 기대어 서야 한다.

지연되거나 제한된 신체적 발달

일반적이고 전형적인 발달과 비정상적이고 비전형적인 발달을 구별하는 것은 쉽지 않다(Allen & Cowdery, 2012). 이러한 이유로, 영아와 관련된 일을 하는 성인은 정상적이거나 전형적인 성장과 발달에 대한 철저한 지식을 갖고 있을 필요가 있다. 이러한 지식은 지연되거나 비전형적인 발달적 특징을 가지고 있을 수 있는 영아에 관련된 결정을 내릴 때 지침으로 사용될 수 있다.

> 만약 신체적 발달이 지연되거나 제한된다면 실질적으로 영아가 하는 모든 활동에 악영향을 받는다(Bowe, 2000).

기억하라, 영아는 세계에 대한 활동적인 탐색을 통하여 배워 간다. 비전형적인 신체적 성장 방식은 영아의 운동 능력에 영향을 미치는데, 이것은 또다시 그들의 탐색 능력에 영향을 미친다. 천식, 뇌성마비, 사지의 손상, 신체 일부의 결손, 외상성 뇌손상, 척수 손상이나 다른 마비, 팔 · 손 · 손가락 손상과 같은 조건들은 영아의 운동 활동을 제한하는 것이다. 지연의 원인은 유전적일 수도 있고 환경적일 수도 있다. 많은 요인이 좋지 않은 태아기의 환경과 관련된다(9장 참조).

3 영아 운동 기술 발달

신체적 발달과 밀접하게 연관이 있는 것은 운동 기술의 발달이다. 몸이 신체적으로 성장함에 따라, 근육이 발달하고 성숙하며, 영아는 새로운 운동 활동을 수행할 수 있다. 영아기는 영아가 그들의 신체 부위를 발견하고 어떻게 그것들이 작동하는지 탐색하는 시기이다. 운동 반응은 신체적 발달에 대한 이 장의 앞부분에 설명되어 있는 같은 방식을 따르는 것을 돕는다. 두미 방향 발달, 중심-말단 방향 발달, 전체적인 것에서 구체적으로 성장하는 발달 방식은 운동 발달에서도 분명하다. 대근육 발달은 소근육 발달 이전에 이루어진다. 왼손을 주로 쓸지 오른손을 주로 쓸지는 영아와 걸음마기아가 새로운 기술을 가지고 실험을 함에 따라 점진적으로 정해진다. 영아는 동시에 몸의 양쪽으로 움직이려는 경향이 있다는 점에서 양방향적이다. 점진적으로, 영아는 중심을 잡을 수 있게 되고 다른 쪽으로 움직이지 않으면서 한쪽으로 움직일 수 있다.

건강한 뇌 발달은 초기 운동 경험에 의해 촉진된다(Pica, 2010). 운동은 신경 세포망을 만드는 데 주요한 역할을 한다. 그들이 새로운 운동을 배우면서, 영아는 그들의 환경과 몸에 대하여 더 많은 정보를 습득한다. 영아는 운동을 통하여 다음과 같은 많은 기초 개념들을 습득한다.

- 거리: 생후 5개월 된 Sammy가 모빌 밑에 누워 있다. 팔 전체를 돌리며 모빌에 달려 있는 부드러운 장난감 중 하나를 친다. 모빌은 계속 움직이고 영아는 미소 지으며 소리 내어 웃는다.
- 높이: 생후 9개월 된 Asad는 계단 끝까지 기어 올라갈 수 있다. 그리고 아래를 쳐다보며 울기 시작한다.
- 공간: 생후 11개월 된 Kachina는 빨래바구니에 기어 들어가서 웅크리고 잠깐 낮잠을 잔다.

Sammy는 모빌의 거리에 따라 팔을 어떻게 조정할 수 있는지에 대해 배운다. Asad는 계단을 높이 올라가는 것은 도전이지만 내려오는 것은 무섭다는 높이에 대한 감각을 배운다. Kachina는 자신에게 꼭 맞게 편안한 공간을 찾았다. 세 명 영아 모두 자신의 운동 기술을 연습해 보면서 기초 개념들을 배우고 있다(표 12-1 참조).

영아 대근육 운동 발달

대근육 운동 발달은 영아기에서부터 8세경까지 빠르고 거대한 발달적 변화를 통해 진행된다. 이제 영아기 대근육 발달에 한하여 살펴보도록 한다. 영아기의 운동 및 신체 발달은 유전적 요인과 환경적 요인의 상호작용의 영향을 받는다. 신생아는 그들이 통제하지 않는 반사 형식으로 움직인다. **반사**는 자발적이지 않은 움직임이다. 어떤 반사는 영아의 생존을 위해 필수적이다(Cole, Cole, & Lightfoot, 2005). 눈 깜박임 반사는 밝은 빛과 이물질로부터 눈을 보호해 준다. 빨기 반사와 삼키기 반사는 먹는 것에 필요하다. Cole, Cole과 Lightfoot(2005)은 발달심리학자들은 생존을 위한 다른 반사의 필요성에 동의하지 않는다는 점을 지적하였다. 잡기 반사는 손가락이 손바닥 쪽으로 밀린 물체를 에워싸도록 한다. 팔로 잡는 모로 반사는 큰 소리나 떨어지고 있다는 느낌에 대한 반응이다. 태어날 때 나타나는 다른 반사들은 다음과 같다.

- 바빈스키 반사: 발 밑 부분을 맞았을 때 아기의 발가락이 펼쳐지고 동그랗게 말린다.

반사(reflexes) 출생 시 갖고 태어나는 비자발적인 운동 능력. 눈 깜박임 반사, 빨기 반사, 삼키기 반사, 모로 반사, 바빈스키 반사, 기기 반사, 포유 반사, 걷기 반사 등이 있다.

표 12-1 영아 운동 발달 측정표

관찰자_______________ 날짜_______________ 시간_______________ 장소_______________
영아 이름_______________ 생년월일_______________ 나이_______________

나이와 특징	관찰된 것: 예	관찰된 것: 아니요	비고
태어나서 생후 1개월			
출생 시 몸무게: 6.5~9파운드			
한 주에 평균 5~6온스 는다.			
출생 시 키: 18~21인치			
가슴은 머리의 크기와 같아 보인다.			
큰 머리: 몸 길이의 1/4			
생후 1개월에서 4개월			
평균 몸무게: 8~16파운드			
평균 키: 20~27인치			
한 주에 1/4~1/2 파운드 는다.			
머리와 가슴둘레가 거의 같다.			
머리둘레가 2개월까지 매달 3/4인치, 4개월까지 매달 5/8인치(뇌 발달의 지표) 증가한다.			
팔과 다리는 길이, 크기, 모양이 같다.			
다리는 약간 굽어 있을 수도 있다.			
발은 아치형이 아니고 평평해 보인다.			
생후 4개월에서 8개월			
한 달에 1파운드 는다.			
출생 시 몸무게의 두 배가 된다.			
매달 약 1/2인치 큰다. 평균 키: 27.5~29인치			
머리둘레가 7개월까지 매달 3/8인치 증가한다. 7개월 이후는 매달 3/16인치(뇌 발달을 암시) 증가한다.			
이가 나기 시작한다. 위와 아래의 앞니가 먼저 난다.			
생후 8개월에서 12개월			
키가 매달 3/8인치 정도로 느리게 증가한다. 첫 돌까지 출생 시 키의 1.5배가 된다.			
매달 약 1파운드의 무게가 증가한다. 1살에, 출생 시 몸무게의 3배가 된다.			
치아: 약 4개의 위아래의 앞니와 아래 2개의 어금니가 난다.			
팔과 손이 발과 다리보다 더 발달한다. 손이 다른 신체 부위에 비해 커 보인다.			
다리는 굽어 보일 수 있다.			
발은 여전히 평평해 보인다.			

출처: Marotz/Allen, *Development Profiles*, 7E. © 2013 Wadsworth, a part of Cengage Learning, Inc.
허락하에 게재(www.cengage.com/permissions).

- **기기 반사:** 통증이 배와 발바닥에 가해졌을 때, 아기는 마치 기는 듯이 운동한다.
- **포유 반사(먹이 찾기 반사):** 아기들의 뺨 쪽을 만지면, 그들은 그들의 고개를 돌리고 입을 벌린다.
- **걷기 반사:** 평평한 바닥에 똑바로 서도록 도와주면 아기는 그들의 다리를 마치 걷는 것처럼 움직인다.

생후 2년 동안의 초점은 자발적 운동 조절의 발달에 맞추어져 있다. 영양이나 감각적 탐색 기회와 같은 환경적 요소와 신체와 뇌에 연결된 내적 신경 요소들이 각각의 영아의 발달 진행이 어떻게 되는지에 영향을 미친다. 그러나 대부분의 영아는 자신의 속도로 맞는 전형적인 발달 유형을 보인다.

운동 · 신체 발달은 머리에서부터 발끝으로(cephalocaudal) 진행되고 중심에서 말단으로(proximodistal) 진행된다. 영아가 태어났을 때, 영아의 머리 크기는 어른에 비해 비교적 크다. 몸통에서 팔, 그리고 다리에서 발의 순서로 성장이 이루어진다. 영아는 처음으로 머리를 드는 법을 배우고, 그다음 어깨를, 그리고 결국에 몸통을 들고, 그에 따라 도움 없이 자리에서 일어설 수 있다. 기는 것에서부터 일어서고 걸을 수 있게 발전됨에 따라, 영아는 이제 다리를 통제할 수 있게 된다. 중심에서 말단으로의 발달은 영아의 팔 운동을 관찰할 때 명확히 드러난다. 처음에 영아는 어깨에서부터 팔 전체를 흔들면서 몸 진체로 운동한다. 점진적으로, 통제는 어깨로부터 팔로 진행된다.

Marotz와 Allen(2013)은 영아 발달의 프로필을 만들었다. 그들은 어떠한 프로필을 볼 때 현실적으로 모든 영역에서의 기준을 만족시키는 영아는 존재하지 않는다는 것을 명심하라고 경고하였다. 어떤 연령이든 다양한 범위의 전형적 발달이 있기 때문에 그것들은 모든 영아에게 정확히 부합할 수는 없다. Marotz와 Allen이 설명한 몇 가지 전형적인 영아의 특징의 예는 다음과 같다.

신생아: 운동 활동은 주로 반사적이고, 똑바로 세워 놓고 갑작스러운 큰 소리에 놀랐을 때 삼키기, 빨기, 하품하기, 눈 깜박이기, 잡기 운동, 걷기 운동과 같은 행동들을 포함한다.

생후 1~4개월: 평균 키가 20~27인치이고 평균 몸무게가 8~16파운드이다. 영아는 손 전체로 물건을 잡을 수 있고, 엎드린 자세에서 팔로 상체와 머리를 올릴 수 있으며, 누웠을 때 고개를 좌우로 돌릴 수 있다.

생후 4~8개월: 한 달에 몸무게가 1파운드씩 늘고, 키가 0.5인치씩 자란다. 이가 나기 시작하고, 침을 흘리며, 씹고, 물고, 물건을 입에다 댄다. 손가락과 엄지손가락을 사용(집게 손)하여 물건을 들어 올린다. 한 손에서 다른 손으로 물건을 옮긴다. 물건을 흔든다. 물건을 입에다 댄다. 기는 자세를 만들기 위해 몸을 바닥에 대고 꿈틀거린다. 앞에서 뒤로, 뒤에서 앞으로 몸을 뒤집는다.

생후 8~12개월: 한 달에 키가 평균 0.5인치 크고, 몸무게가 1파운드 는다. 계속해서 물체를 접하고 조작한다(쌓고, 나란히 놓고, 떨어뜨리고, 던진다). 서는 자세로 몸을 일으킨다. 손과 무릎으로 긴다. 첫돌이 될 무렵에는 어른의 도움을 받으며 걷는다.

운동 발달은 수많은 요인의 영향을 받는다. 유전, 출생의 상태, 크기, 운영과 조성, 영양, 양육과 출생 순서, 사회 계층, 인종, 문화의 영향을 받는다(Malina, 1982). 호흡기 질환을 가지고 있는 신생아는 운동 발달이 지연되고, Apgar 점수(신생아 기능의 지표)가 낮은 신생아는 점수가 높은 신생아보다 운동 발달이 늦어지는 것으로 밝혀졌다. 게다가, 출생 시 낮은 몸무게와 빈약한 발육 상태는 더 느린 운동 발달을 야기할 수 있다. 앉기, 서기, 걷기는 보통 출생 시 저체중 영아에게서 나중에 나타난다.

영양결핍과 영양실조를 겪는 영아는 근력과 일반적인 운동 활동에 필수적인 골격의 발달이 결여된다. 게다가, 영양결핍이나 영양실조를 겪는 영아에게서 나타나는 중추신경 기능장애는 조직화와 조절을 제한한다. 과체중 아기들 또한 제한된 발달을 보일 수 있다. 움직일 때 무게가 많이 나가기 때문에, 영아는 움직이려 하지 않고 필수적인 운동 기술들을 물리적으로 개발시킬 수 없을 것이다.

유동성이 극도로 증가함에 따라, 영아는 세상에 대한 새로운 시각을 얻는다(**사진 12-4**). 생후 9개월의 아이는 다음과 같다.

이동은 아이의 관점을 변화시킨다. 자신의 노력으로 돌아다니기를 시작할 때에야 비로소 의자가 무엇인지를 진짜로 발견한다. 새로운 관점으로 가구를 배치하고 싶은 부모는 아이의 사방을 자유롭게 해주고 9개월 또는 10개월 된 의자를 그 주변에 배치하도록 권고된다. 아이는 식당 의자의 아래쪽을 연구해야 하기 때문에 아마도 몇 년이 걸릴 것이다(Fraiberg, 1959, pp. 52-53).

사진 12-4 영아가 독립적으로 움직일 수 있게 되면 새로운 세계가 펼쳐진다.

Karasik, Tamis-LeMonda와 Adolph(2011)는 걷기의 시작과 물체를 다루는 것 사이의 관계를 조사하였다. 그들은 11개월 된 기어 다니는 영아와 절반 정도가 걸을 수 있는 13개월 된 영아를 관찰하였다. 13개월 된 기어 다니는 영아는 얼마나 자주 그들이 물체를 옮길 수 있는지를 200%까지 증가시키는 동안에 걸을 수 있는 영아는 그들의 물체 운반을 500%까지 증가시킨다. 물체를 공유하는 것은 영아가 엄마에 의해 사회화되는 주요한 수단이다. 영아의 발전된 유리한 지점과 자유로운 손은 그들에게 더 많은 물체를 운반할 수 있는 기회와 엄마에 의해 사회화될 수 있는 기회를 제공한다.

영아는 새롭게 습득한 운동 기술을 연습하면서 시간을 보낸다. 일단 그들이 스스로 움직일 수 있다면, 영아는 독립적인 탐험가가 된다. 그들은 이제 무엇을 할지에 대한 자신의 생각을 가진 개인이다. 이 시점에서, 영아와 어른 사이에 새로운 문제들이 발생하는데, 이것은 처음으로 이해관계가 상충하기 때문이다. 이것은 4장에서 다루어질 것이다. "독립적인 걷기는 영아기의 주요한 발달 과제이다"(Malina, 1982, p. 214). 걷기는 다른 운동 기술의 발달의 기초다. 영아는 성인의 손에 의지하지 않고 돌아다닐 수 있다(사진 12-5). 영아의 손은 이제 다른 종류의 운동 기술을 배울 때 자유롭다. 예상된 시기에 걷는 것은 신경계와 근육 발달이 정상이라는 것을 암시한다(Thelen, 1984). 걷기는 영아기의 끝과 걸음마기의 시작을 알리는 기준이다. Esther Thelen(1984)은 걷기의 발달을 매우 세심하게 관찰하였다. 영아가 처음으로 걸을 때는 어른의 걷기에 비해 많은 결함이 있다. 새롭게 걷게 된 영아들은 양발의 간격이 넓고, 한 다리로 매우 오래 서 있을 수 없으며, 짧은 보폭으로 걷고, 균형을 잡기 위해 영아의 팔을 펼치는 경향이 있다. 변함없는 자세를 유지하는 것은 어렵다. 이것이 어느 정도는 덜 성숙된 신경계 발달 때문일 수도 있지만 신체 비율, 무게 중심, 그리고 근력과 근 긴장 때문이기도 하다.

사진 12-5 남자 영아가 자신의 걷고 서는 새로운 능력에 기뻐하고 있다.

머리, 어깨, 엉덩이, 가슴은 처음 18개월 동안 다리보다 빠르게 성장한다. 일단 다리가 더 길어지고 가늘어지게 되면, 걸음걸이가 자연스러워진다. 동시에, 영아의 다리 근육은 상대적으로 약해지고 물렁해진다. 인지 발달 또한 걷기의 동기부여에 영향을 끼친다. Zelazo(1984)는 인지 발달의 시작이 걷기의 시작과 일치한다고 생각하였다. 그는 말하는 것과 기능적인 (단순히 탐구하기보다는) 물건 사용이 걸음과 마찬가지로 거의 동시에 일어난다고 주장하였다. 영아의 운동 발달에 대해서는 표 12-2를 보라.

영아의 소근육 운동 발달

생후 4개월에서 8개월 사이에, 영아는 손가락과 엄지손가락을 집게 모양으로 사용하여 작은 물체를 집을 수 있다. 이 시기는 보육자가 작은 물체들을 영아의 손이 닿지 않는 곳에 배치하도록 주의를 기울여야 할 시기인데, 영아가 물건을 입으로 넣어서 목이 막히거나 코나

표 12-2 영아 운동 발달 평가표

관찰자__________ 날짜__________ 시간__________ 장소__________
영아 이름__________ 생년월일__________ 나이__________

나이별 운동 기술	관찰된 것 예	아니요	비고
태어나서 생후 1개월까지			
운동 활동이 주로 반사적이다.			
특히 잘 때, 태아의 자세를 유지한다.			
주먹을 꽉 쥔다. 물체에 손을 대지 않는다.			
팔에서 지원되었을 때 건강한 상체 근 긴장.			
누웠을 때 고개를 양쪽으로 돌린다.			
눈과 손 운동을 조직화할 수 없다.			
생후 1개월에서 4개월			
몇몇 반사들이 사라진다. 포유 반사와 빨기 반사는 잘 발달한다.			
손 전체로 잡지만 물체를 쥐지는 못한다.			
완전히 열거나 반만 연 상태로 손을 맞잡는다.			
더 부드럽고 목적의식적인 움직임을 위한 크고 부산한 움직임 발달.			
상체 운동이 증가한다. 손을 머리 위로 들고, 팔을 이리저리 흔들며, 물건을 잡는다.			
배 위에서, 손과 상체를 팔 위로 올린다.			
고개를 돌리면 자기 의지로 몸을 말 수 있을 때까지 몸이 따라간다.			
생후 4개월까지, 도움을 받아야 앉을 수 있다(무릎이나 어린이 좌석).			
생후 4개월에서 8개월			
반사가 시작된다. 눈 깜박이기, 빨기, 삼키기.			
집게손처럼 손가락과 엄지손가락을 이용해 물체를 집는다.			
양팔을 뻗는 것에서 한 팔을 뻗는 것으로 이행한다.			
물체를 한 손에서 다른 손으로 옮긴다.			
손 전체를 사용하여 물체를 잡는다(손바닥 잡기).			
물체를 다루고, 흔들고, 두드린다. 모든 것을 입에 댄다.			
자신의 병을 잡는다.			
도움 없이 혼자 앉고, 머리를 세우고, 허리를 곧게 펴고, 받쳐진 팔로 도움을 구할 수 있다.			
기는 자세를 하지만 보통 처음에는 움직이지 않고 생후 8개월 때는 움직일 수 있다.			
생후 8개월에서 12개월			
물체를 주면 때 한 손으로 물체를 잡는다.			
물체를 조작하고, 한 손에서 다른 손으로 옮길 수 있다.			
새로운 물체를 탐색하기 위해 한 손가락으로 찔러 본다.			
작은 물체, 장난감, 손으로 집어먹을 수 있는 음식을 집기 위하여 고의로 집게손을 사용한다.			

(다음 쪽에 계속)

표 12-2 영아 운동 발달 평가표 (계속)

나이별 운동 기술	관찰된 것		
	예	아니요	비고
생후 8개월에서 12개월 (계속)			
물체를 쌓고, 그것을 상자에 집어넣는다.			
떨어뜨리거나 던짐으로써 물체를 놓아 준다.			
서는 자세를 위하여 몸을 일으켜 세우기 시작한다.			
가구에 기대어 선다.			
가구를 붙잡은 채로 쉬고 옆으로 걷는다.			
앉을 때 균형이 잘 맞는다.			
손과 무릎으로 긴다. 기어서 계단을 오르내린다.			
어른의 손을 잡은 채로 걷는다. 혼자 걸을 수도 있다.			

출처: Marotz/Allen, *Development Profiles*, 7E. © 2013 Wadsworth, a part of Cengage Learning, Inc. 허락하에 게재(www.cengage.com/permissions).

귀에 넣을 수 있기 때문이다. 영아는 한 팔을 뻗을 수 있으며 물건을 한 손으로 잡는 능력을 개발할 수 있다. 영아는 흔들고, 다루고, 물체를 두드릴 수 있고, 모든 것은 영아의 입으로 옮겨진다. 또한 영아는 쥐고 있는 병을 놓지 않을 것이다. 8개월에서 12개월 사이에, 영아는 한 손에서 다른 손으로 물체를 옮길 수 있다. 영아는 새로운 어떤 것을 탐색할 때 손으로 쿡 찔러 보는 경향이 있기 때문에 콘센트는 덮여 있어야 하며 전자 제품은 손에 닿지 않는 곳에 있어야 한다. 영아는 이제 손으로 집어 먹을 수 있는 음식을 집고, 물체를 쌓고, 물건을 상자에 넣을 수 있다. 영아는 물체를 떨어뜨리고 던지는 효과에 대하여 관심이 있다.

심화학습 영아 운동 발달 평가표(표 12-2)를 사용하여 한 명 이상의 영아의 운동 기술 발달을 평가하라.

요약

1 영양, 예방접종, 질병, 감염, 안전과 부상, 비곤과 주거, 정신건강을 포함한 영아의 일반적인 건강에 중요한 요인들에 대해 논의하기

좋은 건강과 영양은 적절한 신체 발달과 운동 발달에 필수적이다. 좋은 영양은 영아의 빠른 성장과 발달의 기초이다. 영아는 영양소를 매우 필요로 한다. 모유 수유는 처음 6개월 동안 선호되는 수유 방식이다. 비만은 아동기의 주요한 건강 문제인데, 이것의 원인은 영아기 때 있을 수 있다. 수많은 건강 관련 문제들이 영아에 대하여 다루어져야 한다. 부모는 일정에 맞게 영아 예방접종을 시작할 필요가 있다. 영아를 호흡기 세포 융합 바이러스(RSV)에 걸릴 수 있는 환경에 노출시키면 안 된다. 성인의 손 씻기가 영아의 건강을 지키는 좋은 방법이다. 성인은 영아에게 질병이나 부상을 야기할 수 있는 위험으로부터 안전한 환경을 제공할 책임이 있다. 어머니에 의한 태아기의 약물 중독의 영향, 에이즈에 감염된 엄마, 간접 흡연, 정신건강을 위협하는 사납고 폭력적인 환경, 적절치 못한 주거, 영아 보호 환경에서 전염된 질병과 같이 영아의 건강을 위협하는 문제들이 밝혀지고 있다. 성인들은 또한 영아의 부상을 피하기 위해 예방 조치를 취해야 할 필요가 있다. 가난은 영아 건강을 위협하는 많은 원인을 제공한다. 병이나 질병 때문에 영양실조가 있거나 건강하지 않은 영아는 육체적으로나 정신적으로나 제대로 기능할 수 없다. 영아와 관련된 일을 하는 성인은 영양과 다른 건강 요소들에 대하여 잘 알고 있을 필요가 있다.

2 영아기의 신체 발달 과정을 설명하기

영아기의 발달 속도는 매우 빠르다. 같은 나이의 다른 영아와 비교된 영아의 크기에 대한 질문은 정확히 측정된 영아의 키와 몸무게를 영아 성장 도표(미국 키와 몸무게 측정표)에 대입하면 그 결과를 빠르게 알 수 있다. 신체적 발달은 일곱 가지의 기본원칙을 따른다. 즉, 방향적 성장, 전체적에서 세부적으로의 성장, 성장에서의 변별/통합, 성장의 속도 편차, 성장에서의 최적의 경향, 순차적인 성장, 결정적 시기 동안의 성장이다. 비정상적인 신체 발달은 영아의 운동 능력에 영향을 미치는데, 이것은 다시 그들의 탐색 능력에 영향을 준다. 천식, 뇌성마비, 사지의 손상, 신체 일부의 결손, 외상성 뇌손상, 척수 손상이나 다른 마비, 팔, 손, 손가락의 손상들은 영아의 운동 능력을 제한한다.

3 영아의 대근육 발달과 소근육 발달에서 관찰되는 중요한 요소들을 설명하기

운동피질은 신경 발달의 초기 단계를 이끄는 역할을 한다. 운동은 발달하는 영아에게 있어서 주된 발견의 수단이다. 영아는 기본적인 반사 운동을 타고나는데, 이후 이 반사들은 점진적으로 자발적인 운동 기술로 발달한다. 운동 발달은 감각 발달과 밀접하게 연결되어 있다. 운동 활동과 놀이는 단순히 과도한 에너지를 분출하는 수단 이상의 것이며, 지적 · 인지적 발달 영역의 선구적 역할을 하나고 보아야 한다. 영아는 운동을 통하여 많은 기본적인 개념들을 습득한다. 순차적으로 운동 기술 발달이 이루어지는데, 이는 신체적 발달과 그 양상이 유사하다. 운동 발달은 개념 발달을 돕는데, 이것은 지각 운동과 밀접하게 연관이 있다. 대근육 운동 기술은 소근육 운동 기술보다 선행한다. 예를 들어, 영아는 반사적 움직임에서 시작하여 정신적으로 통제하는 팔운동으로(생각하며 팔을 움직이기 시작하고), 또 물체를 잡기 위해 팔을 사용하는 것으로의 과정을 겪는다. 영아가 스스로 돌아다닐 수 있을 때, 배움의 새로운 세계가 열린다.

제 13 장

영아기: 인지 발달

이 장과 관련된 표준

naeyc

NAEYC 프로그램 기준

1a: 출생에서 8세까지의 영유아의 특징과 요구를 알고 이해하기

DAP

발달에 적합한 실제(DAP) 지침

5: 가족과 호혜적인 관계 형성하기

3: 중요 목적을 성취하기 위한 교육과정 계획하기

학습목표

1 영아기에 인지 학습과 발달이 어떻게 일어나는지 간략하게 기술한다.

2 영아기 의사소통, 언어와 문해 발달에서 중요한 요인을 확인한다.

3 영아기 뇌 발달에서 중요한 변화를 기술한다.

4 영아의 사회적 참조와 영아 놀이의 중요성을 설명한다.

생후 첫 두 해 동안 인지 발달, 정서 발달, 그리고 운동 발달은 서로 밀접하게 연관되어 있다. 14장에서는 영아의 정서 발달에 대해 기술할 것이며, 12장에서는 영아의 운동 발달에 대해 개략적으로 살펴보았다. 영아기 동안 엄지손가락과 집게손가락으로 마주 잡는 펜치 잡기(pincer grip), 서기, 대상 영속성, 기억, 의사소통과 문제해결 기술의 발달에 관해 얼마나 알고 있는지 생각해 보자. 아래의 에피소드를 이러한 지식들과 연결시켜 보도록 하자.

어느 따뜻한 가을날 저녁에 생후 9개월 된 Bobby가 피크닉 테이블 앞에 앉아 있는 엄마와 아빠 중간에 서 있다. Bobby는 의자에 기대어 균형을 잡으며 처음으로 맛보는 감자칩을 아삭아삭 먹으면서 주변에서 일어나는 일들을 관찰한다. 손을 뻗어 엄지손가락과 집게손가락으로 또 다른 칩을 잡아 입에 마구 넣는다. 칩의 절반이 바닥에 떨어지지만 Bobby는 나머지 칩을 계속 먹는다. 칩을 다 먹은 후 또 다른 칩에 손을 뻗자, Bobby의 엄마는 감자칩 봉지를 Bobby의 손이 닿지 않는 데로 옮긴다. Bobby는 주먹으로 의자를 마구 치며 감자칩을 더 먹고 싶다는 표현을 한다. 엄마와 아빠는 아무런 반응을 하지 않는다. Bobby는 몸을 구부려 바닥에 떨어진 칩 조각을 잡으려고 한다. 엄마는 이를 가로막고 아빠는 칩 봉지에서 칩을 꺼내 Bobby에게 준다.

1 영아기 인지 학습과 발달

11장에 기술된 바와 같이 Piaget는 감각운동기에 대한 설명에서 운동과 인지적 관련성, 그리고 운동과 정서적 관련성을 인식하였다. 운동 발달은 아동의 움직임이 점차로 통제되고 정교화되는 데 중점을 둔 반면, 감각 발달은 지각 또는 감각적 기술(만지기, 맛보기, 느끼기, 듣기, 냄새 맡기)이 점차 통제되고 정교화되는 데 중점을 둔다.

감각 발달과 운동 발달을 연결하는 과정을 자세하게 살펴보기 위해 고안된 연구를 **발달적 생체역학**이라 부른다. 운동 발달에 대한 이러한 생체역학적 견해는 운동 발달의 계열성(연속성)뿐만 아니라 주로 운동 발달과 지각이 감각을 통해 어떻게 상호작용하는가에 관심을 둔다. 대부분의 생체역학적 연구는 신생아에서부터 걸음을 걷기 시작하는 영아를 대상으로 이루어진다(Lockman & Thelen, 1993).

영아는 감각 기술과 운동 기술의 이러한 통합을 통하여 세상에 대한 지식을 얻는 데 필요한 정보를 얻는다. 이렇게 지식을 구성해 나가는 것을 **인지 발달**이라고 하고, 이에 대해서는 20장에서 좀 더 설명된다. 영아기 인지 발달에 대한 연구는 아기들이 얼마나 알고 있

발달적 생체역학(developmental biodynamics) 감각 발달과 운동 발달을 연결하는 과정을 자세하게 밝히도록 고안된 연구

인지 발달(cognitive development) 시간의 흐름에 따라 발생하는 인지적 구조와 기능에서의 변화

고 어떻게 학습하는지에 초점을 둔다. 11장에서 기술된 바와 같이 영아들은 이전에 우리가 생각한 것보다 훨씬 더 유능하다. 감각 능력이 영아 능력의 기초가 되며 다양한 인지 발달 단계를 통해 발달한다.

Piaget는 **감각운동 발달의 하위 6단계**를 발견하였다(Fogel, 2009, p. 60). 출생에서 생후 2개월까지는 반사 작용의 단계로, 아기는 이 시기에 타고난 반사를 통해 처음으로 외부 세계와 상호작용한다. 두 번째 단계는 생후 2개월에서 5개월까지로, 일차적 순환반응이 이 단계의 가장 중요한 특징이 된다. '일차적'이란 자신에 대한 것이고 '순환반응'은 반복적 행동을 의미한다. 우연히 영아가 엄지손가락을 입에 갖다 대는 것처럼 자기 신체의 부분들을 서로 연결하게 되고 이러한 행동은 지속적으로 반복된다. 3단계는 생후 6개월에서 9개월까지로, 이차적 순환반응 단계라고 한다. 이 시기 동안 영아를 외부환경과 연결시키는 행동이 반복된다. 모빌을 움직이기 위해 침대에 누워 몸을 흔들며 움직이는 것이 한 예가 된다. 4단계는 생후 10개월에서 12개월 사이에 나타나는데, 이차적 순환반응들을 협응할 수 있게 된다. 즉, 이 시기에는 일련의 행동들을 협응할 수 있으며, 어떤 물체를 살펴보기 위해 손으로 잡는 것과 같은 목표 지향적 행동을 보인다. 5단계인 생후 12개월에서 18개월까지는 일반적으로 삼차적 순환반응이 나타난다. 영아는 높은 의자에서 어떤 물건을 떨어뜨리면 어떤 일이 발생할 것인지에 의문을 갖고 새로운 문제해결의 수단으로 이차적 순환반응을 사용한다. 운동 발달의 6단계는 생후 18개월에서 24개월 사이에 나타난다. 영아는 정신적 결합을 통해 새로운 수단을 만들어 낸다. 즉, 행동하기 전에 어떤 해결책을 생각함으로써 시행착오 없이 문제를 해결할 수 있다.

대상 영속성과 대상 인지

생후 첫해 동안 나타나는 두 가지 주요한 감각운동 능력인 **대상 영속성**과 **대상 인지**는 첫 번째 발달단계인 감각운동기를 통해 발달한다. 대상 영속성의 정의는 "어떤 사물을 볼 수 없거나, 들을 수 없거나, 또는 느낄 수 없더라도 그 사물은 존재한다"(Miller. 2002, p. 45)라는 것이다. 영아들은 감각운동기의 하위 6단계를 통해 이러한 지식을 습득한다. 6단계 중 4단계는 첫 1년 동안 발달한다. 1단계 동안(신생아에서 생후 2개월까지) 시야에서 사라진 물건은 영아의 마음에서도 사라진다. 영아는 숨겨진 대상을 찾지 않거나 그 대상이 감춰져 있다는 것을 아는 어떤 단서도 보이지 않는다. 영아는 2단계(생후 2개월에서 4개월까지)에서도 감추어진 사물을 찾지 않는다. 그렇지만 영아는 감춰진 장난감을 마지막으로 본 방

감각운동 발달의 하위 6단계(substages of sensorimotor development) 반사적 행동에서부터 정신적 문제해결까지 발달하는 6단계

대상 영속성(object permanence) 보이지 않거나 들리지 않거나 느껴지지 않더라도 사물들은 존재하고 있다는 지식

대상 인지(object recognition) 영아가 어떤 사물들을 식별하기 위해 사용하는 특성

향을 잠시 응시한다. 3단계(생후 4개월에서 8개월까지)에서 영아는 일부만 감추어진 장난감을 찾는다. 또한 영아는 자신이 딸랑이를 떨어뜨려 시야에서 사라진 뒤에도 사라진 딸랑이를 찾는다. 4단계는 생후 8개월에서 12개월 사이에 해당된다. 어떤 장난감을 천으로 덮거나 스크린으로 가리면 영아는 그 장난감을 찾기 위해 천을 들추어 장난감을 찾는다. 그러나 그 장난감이 또다시 어떤 다른 사물 아래에 감춰지면 두 번째 감춰진 그곳으로 가기 전에 처음 감춰졌던 곳에서 장난감을 찾으려 한다. 이 시기에 대상 영속성 개념이 발달하기 시작하는데, 완전히 발달하려면 만 1세 반 이후에나 가능하다. 4단계에서 성인과 영아는 까꿍 놀이를 즐길 수 있다.

두 번째 감각운동 능력인 대상 인지는 사물을 식별하기 위해 사용하는 특성에 관한 것이다. 영아는 자라면서 색깔, 형태, 크기와 질감과 같은 특성을 사용하게 된다. 생후 16주경에 이러한 능력을 습득하는 것으로 보인다. 더 어린 영아는 그 차이를 지각하나 식별하기 위해 사물의 특성에 대한 정보를 사용하지는 않는다(사진 13-1).

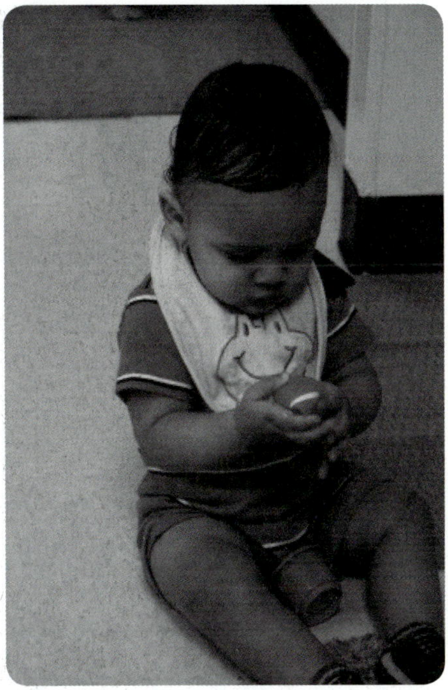

사진 13-1 영아는 사물을 조작하면서 정보를 얻는다.

범주화

초기 발달에서 **범주화**는 또 다른 중요한 영역이다. 범주화 기술은 사물들을 유사한 속성에 따라 분류하고 모을 수 있는 능력이다. 예를 들면 자동차, 트럭, 비행기와 배로 구성되는 탈것을 형태, 이용 장소(땅, 바다 또는 하늘), 색깔 또는 크기에 따라 분류할 수 있다. 유아기에 관찰되는 범주화 행동은 20장에서 설명된다. 연구자들은 범주화 기술과 개념이 나타나는 시점을 찾기 위해 영아를 관찰해 왔다. 영아는 인간의 얼굴, 새와 개와 같은 범주를 인지할 수 있는 것으로 알려져 왔다(Bjorklund & Blasi, 2012). 얼굴에 대한 범주는 출생 때부터 발달하기 시작하여 생후 첫해 동안 가장 복잡하게 발달하는 영역 중의 하나이다(Slater, Quinn, Kelly, Lee, Longmore, McDonald, & Pascalis, 2010). 영아가 학습하고 기억하는 것은 어떤 범주에 속한 항목들의 가장 명백하고 일관된 속성들이다. 예를 들면 영아는 숟가락이 먹기 위해 사용하는 어떤 물건이라는 것을 알게 되면 그것을 다양한 종류의 숟가락에 일반화할 것이다.

생각해 보기

영아와 어떤 놀이를 할 수 있는지 생각해 보라. 어떤 것이 대상 영속성 발달을 강화하는가?

범주화(categorization) 유사한 속성에 따라 사물들을 분류하고 그룹화하는 것

Eimas와 Quinn(1994)은 생후 3개월 영아와 생후 4개월 영아의 범주화 행동을 연구하였다. 영아에게 야생동물의 사진을 보여 주었다. 기본적 목표가 되는 기본 범주는 말이나 고양이였다. 영아는 고양이, 얼룩말과 기린을 말의 범주에 포함시키지 않았다. 그리고 말과 호랑이, 암사자가 아닌 사자를 고양이 범주에서 제외시켰다.

Younger(1993)에 따르면 생후 10개월 된 영아는 자신이 알고 있는 동물 범주에 맞지 않는 동물들을 그 범주에서 제외시킬 수 있었다. 이는 영아가 자신에게 제시된 항목들을 적극적으로 비교하여 어떤 것이 해당 그룹에 속하고 어떤 것이 속하지 않는지 결정한다는 것을 의미한다. 이 연구는 영아가 범주화 능력을 일상생활의 경험 속에 어떻게 적용하는지를 알려 주지 않고 단지 범주화 능력이 있다는 점만을 밝혔다. 그러나 이 연구는 영아가 범주화의 기초가 되는 사물들과의 경험을 통해 도움을 받을 수 있다는 점을 제안한다. 앞으로 더 나이 든 아동의 인지 발달을 고찰함으로써 범주 형성에 대해 살펴볼 것이다.

계획하기

계획하기는 인간의 고차원적 인지 능력이다. 계획하기는 실제로 문제해결을 시작하기 전에 문제를 해결하는 방법들을 고려해서 시행착오로 인해 소모하는 시간을 줄여 준다. 계획하기는 실제로 어떤 해결책을 시행하기 전에 문제해결을 이끄는 일련의 정신적 단계들을 거치게 한다. Willatts(Willatts, 1989; Willatts & Rosie, 1989)는 영아가 원시적인 단순한 계획을 할 수 있고, 영아 인지 발달에 관한 Piaget의 견해보다 더 이른 시기에 표상적 사고를 할 수 있다고 믿었다. Piaget는 계획 능력과 표상적 사고는 감각운동기 말에 나타난다고 믿었다. Willatts의 연구에 따르면 생후 9개월 된 영아도 계획 행동을 한다. 영아는 장애물을 치우고 끈을 잡아당겨 어떤 사물을 얻는 것이 가능한 상황과 끈이 물건에 연결되어 있지 않은 상황 간의 차이를 이해할 수 있었다. 첫 번째 상황에서 영아는 어떤 사물을 얻기 위해 장애물을 치우고 끈을 잡아당겼다. 두 번째 상황에서는 장애물을 집어 들고 그것을 가지고 놀았다. 영아는 자신이 원하는 물건을 얻을 수 있는 조건이나 얻지 못할 수 있는 조건을 이해하는 것처럼 보였다. Lobo와 Galloway(2008)에 따르면 생후 9~12주 영아는 과제가 단순하면 문제해결에 참여할 수 있다(**사진 13-2**). Berger, Adolf와 Kavookjian(2010)은 생후 16개월 된 영아가 벼랑 위의 다리를 안전하게 건너는 문제를 해결할 수 있다는 점을 발견하였다.

대상 조작

영아의 놀이는 의미가 있고, 그 의미는 "사물을 다루고, 탐색하고 여러 용도로 사용하면

계획하기(planning) 실제로 문제해결을 시작하기 전에 문제해결 방법을 고려하여 시행착오로 인한 시간을 절약할 수 있게 하는 인간의 고차원적인 인지 능력

서" 강화된다(Goldhaber & Smith, 1993). **대상 조작**의 촉각적(touch) 측면은 영아에게 의미 있는 정보를 제공한다(Catherwood, 1993). 영아는 가장 단순하고 색다른 사물에 주의를 기울인다. 예를 들면, Goldhaber와 Smith(1993)는 영아의 방바닥에 구겨진 종이를 던지고 영아의 행동을 관찰하였다. 생후 5~14개월 된 영아는 구겨진 종이 주변에 모여 종이의 속성을 탐색하였다. 즉, 구겨진 종잇조각을 집어 올리고, 입에 넣기도 하고, 흔들고, 떨어뜨리고, 바닥에 굴리면서 관찰하였다.

대상 조작은 사물에 손을 뻗고, 잡고, 탐색하고 문제를 해결하는 영아의 능력에 따라 차이가 난다(Lobo & Galloway, 2008). 일반적으로 영아는 생후 4개월경에 이러한 기술을 습득한다. 그러나 Lobo와 Galloway에 따르면, 부모가 아기를 앉혀 놓고 사물에 손을 뻗치도록 하거나 그것을 잡도록 하게 하면, 아기가 이러한 과정을 더 빨리 거칠 수도 있다. 사물에 접근하고, 사물을 꽉 잡고, 탐색하는 것은 분명히 문제해결을 위한 기초가 되는 것처럼 보인다.

사진 13-2 이 영아는 마음속으로 원하는 장난감을 얻기 위한 계획을 세우고 있다.

2 의사소통, 언어, 그리고 문해 발달

의사소통 영역에서도 영아는 유능한 의사소통자로 발달하고 있다. 고속으로 촬영한 사진을 이용한 고전적 연구에서 Condon과 Sander(1974)는 영아가 주변 성인의 말에 리듬감 있게 반응한다는 것을 보여 주었다. 또한 영아는 사물과 게임을 하는 것처럼 의사소통 체계를 발달시킨다(Watson, 1976). 즉, 영아는 모빌을 쳐다보거나 딸랑이나 끈에 달려 있는 공을 흔들면서 즐겁게 옹얼거리며 소리를 낸다. 이러한 소리 내기(발성화)는 영아의 요구나 기분을 반영한다.

아기는 출생 때부터 언어에 관해 무엇인가를 알고 있다(Gopnik, Meltzoff, & Kuhl, 1999). 아기는 자신이 무언가를 빨 때 나는 소리를 듣기 좋아한다. 다양한 문화권에 속한 생후 1개월 아기는 다양한 언어에서 나는 소리들을 구별한다. 생후 1개월이 되면 배고픔, 졸림, 화남, 고통과 같이 감정과 요구를 나타내는 울음을 발달시키는데, 울음이 동일하지 않고 감정에 따라 다른 양상을 보인다. 1세 때 영아는 자신이 속한 문화에서 듣는 소리들을 구별하여

대상 조작(object manipulation) 사물을 탐색하기 위해 사물의 표면을 손으로 만지면서 살펴보고 손에서 손으로 옮기는 것

그룹핑한다. 이 세상의 모든 아기들은 생후 3개월 때부터 쿠잉(cooing)을 한다. 아기는 양육자와 대화할 때 '우우'와 '아아'와 같은 작은 소리를 낸다. 생후 7개월 또는 8개월 때에는 옹알이를 시작한다. 옹알이는 '다다다'나 '마마마'와 같이 일련의 자음-모음 음절을 산출하는 것이다. 옹알이 단계를 지나면 아기들은 모국어와 닮은 소리를 내는 것을 중단하고 더욱 모국어 같은 소리를 낸다.

생후 10개월경에 영아는 말하는 것(speech)을 모방하기 시작한다. 1세경에는 단지 재미를 위해 소리를 내지 않고 어떤 것을 지시(참조)하기 위해 소리를 낸다. 예를 들면 Michael Halliday(1979)는 그의 고전적 연구에서 아들 Nigel이 한 살이 되었을 때 말한 발성 샘플을 모았다.

Nigel이 발음한 단어	지시 대상(referent)
Dada	Daddy
Da	Dog
Ba	Birds
Aba	a bus
Ka	Car

영아는 1세경에 의미 있는 말을 시작하는 언어적 시기로 진입한다.

양육자인 부모와 교사 모두 영아와 직접 대화하는 시간을 필수적으로 가질 필요가 있다(Bardige & Segal, 2004; Bardige & Bardige, 2008; Kovach & Da Ros-Voseles, 2011). 기저귀 채우기, 옷 입히기, 손 씻기기, 음식 먹이기, 그리고 함께 놀기와 같이 일상적으로 반복되는 활동들을 통해 대화를 하게 된다(**사진 13-3**). 아기는 양육자와 아기 서로를 연결하는 기회를 가질 필요가 있다. 아기와 성인의 대화는 서로의 행동과 표현들을 모방하는 것으로 이루어진다(Bardige & Segal, 2004; Bardige & Bardige, 2008).

사진 13-3 수유 동안 성인은 영아와 대화를 할 수 있다.

이름 붙이기(labeling)는 인지 발달의 중요한 요소로서, 영아들이 실제로 대화를 하는 데 필요한 단어를 말하기 전인 생후 10개월경에 나타난다(Baldwin & Markman, 1989). 영아는 생후 10개월에서 14개월 사이에 새로운 사물에 이름을 붙이면 이름을 제시하지 않았을 때보다 더 오랫동안 그 사물에 주의를 기울인다. 이름 붙이기는 "로봇을 봐라. 그건 로봇이야."같이 말을 하면서 사물을 보여 주거나 가리키는 것을 말한다(Baldwin & Markman, 1989, p.

394). 이전에 이름이 붙여진 장난감이 포함된 일련의 장난감들을 가지고 놀 때 영아들은 다른 장난감보다 이미 이름이 붙여진 장난감에 더 오랫동안 관심을 갖는다. 성인이 구어로, 즉 말로 이름을 붙이는 것은 인지 발달을 촉진시키며 영아가 첫 단어를 말하기 전까지 지속된다. 이는 아직 말을 하지 못한다 할지라도 사물에 이름 붙이기가 영아의 인지 발달에 가치 있다는 점을 의미한다.

Honig(1998)는 영아가 응시하거나 가리키기를 하면서 어떤 사물에 주의를 기울일 때 성인은 그 사물에 이름을 붙여 주어야만 한다고 제안한다. 영아의 말은 1개월 때 단모음 소리를 내는 것에서부터 8개월 때 모음-자음을 결합하여 소리 내고, 아마도 12개월 때 몇 가지 단어를 말할 때까지 점차적으로 발달한다. 이해 능력도 동시에 발달하는데, 12개월 때 "곰 인형을 찾아봐." 또는 "컵을 들어라."와 같은 단순한 지시에 반응할 수 있다.

생후 18개월경에 갑자기 언어 발달이 급격히 이루어진다는 것은 오래전부터 알려져 왔다(UI research challenges, 2008). Robert McMurray의 연구는 영아가 언어 발달의 급등기 이전에 이미 많은 단어들을 동시에 배운다는 것을 보여 준다. McMurray는 영아가 짧고 쉬운 단어(small words)로 말하기 시작하지만 또한 길고 어려운 단어(big words)와도 친숙해질 필요가 있다고 말하였다. 어려운 단어를 더 많이 들을수록 그러한 단어가 더 빨리 어휘 목록의 한 부분을 구성할 것이고 18개월 때 어휘 폭발에 도움이 될 것이다.

많은 사람들이 영아는 TV, 비디오나 DVD를 보지 말아야 한다고 할지라도(4장), 실제로 대부분의 영아들은 이러한 매체에 노출되어 있다. Weber와 Singer(2004)는 생후 1개월에서 23개월 된 영아들을 연구하였는데, 연구 대상 영아들의 절반이 비디오나 TV를 보았다. 일부 영아들이 아주 어린 연령인 생후 1개월 때 비디오나 TV를 보기 시작하기는 하지만 평균적으로 생후 6.1개월에 비디오를 보기 시작하고, 9.8개월에 텔레비전을 보기 시작하였다. 연구 대상 부모들 중 거의 반 정도는 아기와 함께 TV 프로그램과 비디오를 보면서 스크린에 나타난 노래하기, 춤추기와 행동 가리키기와 같은 활동을 한다고 보고하였다. 다른 연구들은 많은 부모들이 텔레비전이나 비디오를 보는 동안 스크린에 나타난 사물에 이름을 붙이고, 대화 내용을 반복해서 말해 주는 것과 같이 언어 관련 활동들을 한다고 보고하였다. 영아가 적극적이고 열의 있는 성인과 함께 본다면 매체는 언어 발달을 지원할 수 있다.

영아는 비언어적 몸짓으로 의사소통하는 능력이 있는 것 같다(Legerstee, Corter, & Kienapple, 1990). 손과 팔을 사용한 특별한 몸짓은 일관성 있게 사용되며 특별한 의미를 전달한다. 영아는 반응을 잘 해주는 엄마를 바라보고 웃을 때 가리키기를 하거나 손을 벌리는 몸짓을 수반한다. 영아는 소극적인 엄마나 인형을 볼 때는 수동적으로 바라보고 팔을 몸에 붙이고 주먹을 쥔다. 가리키기와 손을 벌리는 것은 적극적인 의사소통을 의미한다. 생후 9개월경에 시작되는 전언어적 베이비 사인을 적극적으로 가르치면 몸짓 발달이 더욱더 자연스럽게 이루어진다(Walters, 1998). Walters는 생후 9개월 된 Sonia가 비행기를 표현하기 위해 양팔을 뻗고, 치리오스(Cheerios™)라는 시리얼을 표현하기 위해 엄지손가락과 다른 손가락을 붙이는 것과 같은 30개의 베이비 사인을 어떻게 배웠는가를 기술한 바 있다. 연구는 베이비 사인을 사용하는 아기가 구어를 더 빨리 배운다는 점을 지지한다. 베이비 사인은 미국식 수화(American Sign Language)와 같이 형식적이지는 않고 그저 아동과 성인 간에 의미가 통하는 몸짓이다. 말하는 데 어려움이 있는 아동은 의사소통의 일종인 몸짓과 말을 혼합하여 사용하는 것이 의사소통하는 데 도움이 될 수 있다(Armstrong, 1997). 생후 9개월에서 12개월까지는 구어 발달의 시작에 앞서서 의사소통 발달과 주의력 발달을 위한 결정적 시기이다(Carpenter, Nagell, & Tomasello, 1998).

문해 발달은 의사소통 및 언어 발달과 밀접하게 관련되어 있다. 구어 발달은 문해 기술 발달의 기초가 된다(Parlakian, 2004, p 38). McGee와 Richgels(2008)는 **문해 시작자**로서 출생에서부터 3세 된 아동을 관찰하였다. 영아는 글로 표현된 상징(symbol)에서 의미를 찾아낼 수 있을 만큼 글을 알지 못하지만, 문해 행동과 문해가 무엇이라는 것을 이해한다. 영아기 동안 정기적으로 책을 접하고 읽는다면, 영아는 책을 읽어 주면 들어야 한다는 것을 알 수 있고, 책장을 넘길 수 있고, 위쪽이 위로 오게 책을 똑바로 잡을 수 있고, 책 속의 그림을 살펴볼 수 있고, 친숙한 책을 알아보고 이름을 말할 수 있다(사진 13-4). 영아가 성인 또는 나이 많은 아동과 함께 책을 보면 책이 갖는 정서적 측면이 인지적 측면과 연결되며 영아가 책에 대해 긍정적인 느낌을 갖게 된다. Schickedanz(1999)는 영아 발달에 적합한 책을 선택하는 지침을 제공한 바 있다. 예를 들면 가장 어린 영아에게는 밝은 색깔로 그려진 그림책을 소개할 수 있다. 아기가 머리를 들 수 있을 즈음인 생후 4개월에서 6개월경에는 아기를 무릎에 앉혀 책을 읽어 줄 수 있다. 아기는 책을 잡고, 씹고, 빤다. 부드러운 천이나 비닐로 된 책은 씻을 수 있고 입으로 빨거나 씹어도 내구성이 있어 아기용 책으로 적합하다. 생후 7개월에서 9개월 사이에 대부분의 아기들은 스스로 앉을 수 있고 자신의 무릎에 책을 놓을 수 있으며 그림을 보면서 책장을 넘길 수 있다. 아기는 친숙한 대상이 밝게 그려진 두꺼운 종이로 된 작은 책에 홍미를 보이며, 양육자는 이런

사진 13-4 아기들은 친숙한 책을 통해 책보기를 즐긴다.

문해(literacy) 문어에 관한 지식

문해 시작자(literacy beginners) 출생에서 3세까지의 아동(McGee & Richgels, 2008)

책들을 이름 붙이기를 위한 재료로 제공한다. 1세 때 아기와 함께 책을 읽는 것은 정기적인 일상이 되어야 하는데, 이를 통해 애착이 형성되며, 언어와 문해 발달이 이루어진다. Parlakian(2004)과 Birckmayer, Kennedy와 Stonehouse(2008)는 영아에게 문해 개념을 소개하는 많은 방법들을 제안하는데, 이런 방법으로는 영아를 돌보면서 책을 읽어 주고 이야기하고 운율 말놀이(rhyming)를 하고 노래를 하고 일상적 활동을 말로 묘사하는 것이 포함된다.

생각해 보기

여러분의 친구가 영아와 노래하고, 운율 말놀이를 하고 대화를 하고 영아에게 책을 읽어 주는 것이 중요하지 않은데, 그 이유가 이러한 경험들이 영아에게 도움이 되지 않기 때문이라고 말하면, 당신은 이 장에서 읽었던 정보를 활용하여 친구에게 어떻게 반응할 것인가?

3 영아기 뇌 발달

이전 장에서 살펴본 바와 같이 **뇌 연구**는 뇌 발달과 영아기의 자극 간에 관련이 있다는 점을 지지한다(*Zero to Three*, 2011; Thompson & Nelson, 2001; Jensen, 2006). 뇌 발달은 임신 1주 이내에 시작하며, 출생 시에는 1,000억 개의 뇌세포 또는 뉴런이 연결되기 시작한다(*Zero to Three*, 2011). 영아기 동안 감각들은 더욱 예민해진다. 영아기 동안 발달하고 있는 뇌는 세상을 탐색하는 매우 중요한 수단인 일련의 운동 발달에 영향을 미친다.

Thompson과 Nelson(2001)은 영아기 동안 감각들을 자극하는 것이 매우 중요하기는 하지만 다양한 유형의 뇌 발달은 태내기부터 전 생애를 통해 이루어진다고 주장하였다. 모든 연령과 모든 발달단계에서 적절한 자극을 제공하고 선강하게 돌봐 주는 것이 중요하다.

뇌 발달을 지원하기 위해 아기는 물건을 두드리고, 장난감을 빨고, 양육자와 쿠잉 및 옹알이로 대화를 하고, 다른 사람과 재미난 표정을 교환하고, 움직일 공간을 갖는 것과 같이 감각운동적 탐색을 할 기회가 필요하다(Gallagher, 2005).

뇌의 분화

뇌 연구의 또 다른 주제는 **뇌의 분화**에 관한 것이다. 뇌는 두 종류의 반구로 되어 있다. 각각의 반구는 다른 유형의 인지적 기능과 행동적 기능을 관장한다. 과거에는 두 반구가 다른 방식으로 다른 자료들을 변별적으로 처리한다고 생각하였다. 즉, 좌반구는 순차적이고 분석적이며 언어적 방식으로 기능하며, 반면에 우반구는 병렬적이고 총체적이고 공간적이며 비언어적 방식으로 기능한다. 그렇지만 Jensen(1998)은 양쪽 반구가 외부에서 입력된 자료를 다르게 처리한다 하더라도 좌반구가 언어와 수학처럼 좀 더 학문적인 정보들을 처리하고 우반구는 음악과 미술 같은 좀 더 창의적인 정보들을 처리한다는 입장은 낡은 생각

뇌 연구(brain research) 뇌가 어떻게 기능하는가에 대한 연구
뇌의 분화(brain lateralization) 좌뇌와 우뇌 기능 발달과 양쪽 뇌의 소통 발달

뇌 발달

영아기 뇌 발달에서 주의할 점

Zigler, Finn-Stevenson과 Hall(2002)은 아동 발달에 있어서 뇌 연구를 적용하고 해석하는 데 주의할 점이 있다고 지적하였다. 매체는 종종 뇌 발달에 대해 알려진 것을 과장하고, 부모들은 자녀를 더 똑똑하게 해줄 것으로 믿는 자료들을 서둘러 얻으려 한다. 예를 들면 1990년대에 고전음악이 영아의 지능을 증진시킨다는 말이 퍼졌다(University of Vienna, 2010). 이것은 모차르트 효과로 알려졌는데, 그 이후 근거 없는 것으로 판명되었다. Zigler와 동료들(2002)은 뇌 연구는 적절한 영양과 돌봄이 부족한 비자극적 환경이 아동 발달에 해롭다는 이미 알려진 아동 발달 연구 결과들을 단지 지지하는 것에 불과하다는 점을 지적한다. Zigler와 동료들(2002, p. 200)은 다음과 같은 결론을 도출하였다.

- 어린 아동의 세상과의 경험은 초기 발달과 그 이후 발달에 엄청난 영향을 미친다.
- 따뜻함, 지속적 돌봄, 사랑과 존경이 강조되는 양육 환경은 특별한 장난감이나 음악 또는 수업 없이도 영아와 어린 아동에게 건강하고 건전한 인지적 · 사회적 · 신체적 발달을 위해 필요한 요소들을 제공한다.
- 삶의 전반을 통해 발달과 학습이 일어나지만 인생 초기 몇 년이 평생 동안 학습하고 사랑하는 기반을 형성하는 데 결정적으로 중요하다.

출처: University of Vienna (2010 May, 10). Mozart's music does not make you smarter, study finds. *Science Daily*, retrieved August 29, 2011 from http://www.sciencedaily.com; Zigler, E. F., Finn-Stevenson, M., & Hall, N. W. (2002). *The first three years and beyond*. New Haven, CT: Yale University Press.

이라는 점을 지적한다. 좌뇌/우뇌 구분은 처음 학습할 때는 사실 그런 것처럼 보인다. 그러나 Jensen은 기량이 뛰어난 음악가는 자료를 좌반구에서 처리하고, 반면에 숙달된 체스 전문가와 뛰어난 수학자는 창의적 문제해결 기능을 사용하여 자료를 우반구에서 처리한다는 점을 지적한다. 우반구는 부정적 정서를 더 빨리 인지하고, 좌반구는 긍정적 정서를 더 빨리 인지한다. 연구는 영아가 양쪽 반구의 변별적 기능을 가지고 태어난다는 점을 지적한다. 뇌가 기능을 잘하기 위해 양쪽 반구 간의 긴밀한 소통이 필요하다.

뇌의 기능에는 약간의 미묘한 성차가 존재한다(*Zero to Three*, 2011). 남자의 뇌는 좀 더 국부화되는 경향이 있다. 즉, 말을 하거나 주변을 찾아가는 것과 같이 일종의 정신적 활동을 하는 동안 양쪽 반구는 좀 더 독립적으로 작동한다. 여아는 이러한 활동을 하는 동안 대뇌 반구를 더욱 동등하게 사용한다. 여아 영아는 남아보다 시각, 청각, 기억력, 후각과 촉각의 감각 영역이 더 발달된 경향을 보인다. 또한 여아는 사회적 성향이 더 강하고 일반적으로 언어와 소근육 기술이 더 발달된 경향을 보인다. 일반적으로 남아는 3세가 되면 이러한 기술에서 여아를 따라잡고, 퍼즐을 완성하고 눈과 손의 협응 과제에 숙달하게 하는 시공간 통합에서는 여아를 앞선다.

부모와 교사에게 뇌의 분화 요인은 중요한 의미가 있다(Cherry, Godwin, & Staples, 1989). 최적의 뇌 발달은 좌뇌와 우뇌 기능 모두를 발달시키는 것과 양쪽 뇌 간의 소통을 발달시키는 것이다. 이 시점에서 영아는 양쪽 뇌를 발달시킬 수 있는 다양한 경험을 할 필요가 있다. 양쪽 뇌를 자극하는 활동 자료로 청각 자극을 위한 뮤직박스와 손목벨, 시각 자극을 위한 모빌과 화려한 색깔로 그려진 그림, 발차기 자극을 위한 벨이 달린 신발이나 낮은 모빌, 손가락 발달을 위한 플라스틱 장난감, 공, 고리에 끼워진 원반(discs on chain), 빨기를 위한 젖꼭지 등이 있다. 오늘날 우뇌는 학문적 측면에서 종종 덜 강조된다. 영아가 분석적이고 언어적인 측면뿐만 아니라 창의적 측면을 발달시키기 위해 환경을 다루는 자신만의 방식을 발달시킬 시간을 가지는 것이 중요하다(사진 13-5).

사진 13-5 영아들에게 사물 놀이는 필수적 활동이다.

4 사회적 참조와 놀이

사회적 상호작용과 사회적 자원은 인지 발달을 위해 지원해야 할 필수적 요소이다. **사회적 참조**는 영아가 어떤 상황에서 사건을 이해하고 평가하여 그 상황에 적절한 방식으로 행동하기 위해 타인으로부터 정보를 얻는 데 사용된다(Hornik & Gunnar, 1988). 영아는 행동을 하기 위한 지침으로서 정보를 찾고 사용한다. 영아는 타인의 정서적 표현에 대해 정서적인 사회적 참조를 한다. 그리고 영아는 새로운 사물이나 사람과의 상호작용을 위해 타인이 사물이나 사람과 어떻게 상호작용하는지에 대한 정보를 사용하여 도구적인 사회적 참조를 한다(Thompson, 2008). 타인으로부터 받은 긍정적 정서는 새로운 대상에 대한 긍정적 행동을 촉진시키고 부정적 정서는 회피 행동을 증가시킨다(Hornik & Gunnar, 1988). 생후 12개월 된 Tony의 예를 살펴보자.

Tony는 토끼장 옆에 앉아 있다. Tony의 엄마는 아들 Tony 가까이에 있다. Tony는 토끼장으로 더 가까이 다가간다. Tony가 엄마를 쳐다보자 엄마는 미소 지으며 고개를 끄덕인다. Tony는 토끼를 흥미롭게 다시 쳐다본다. Tony는 토끼를 만지고 싶어 하는 것 같은데 망설인다. Tony가 엄마를 쳐다보자 엄마는 "토끼를 쓰다듬어도 된단다."라고 말한다. Tony가 아직도 망설이자 엄마가 와서 손을 뻗어 토끼를 쓰다듬으며 "귀여운 토끼네. 털이 부드러워. 너도 쓰다듬어 줄 수 있단다." Tony는 엄마가 보여 준 행동을 관찰한 다음 토끼장에 기

사회적 참조(social referencing) 영아는 어떤 상황에서 사건들을 이해하고 평가하여 적절한 방식으로 행동하기 위해 타인에게서 정보를 얻는다.

대어 엄마가 방금 한 것처럼 토끼를 부드럽게 쓰다듬는다.

타인에게서 정보를 얻어 이것을 새로운 상황에 적용하는 능력은 미래에 교육을 받고 삶을 경험하면서 최대한의 수혜를 누리는 데 기본적으로 필요한 능력이다. 영아는 모방을 통해 얻은 정보를 보유할 수 있고, 그 정보를 미래 상황에 적용할 수 있다(Melzoff, 1988). 영아는 타인의 행동을 주의 깊게 관찰하며, 이러한 관찰과 상호작용을 통해 감정과 사회적 행동을 배우는데, 이것이 이후 특정한 상황이나 현상을 이해하기 위한 기반이 된다(Thompson, 2008). 첫해 후반기 동안 성인과 영아는 서로 관찰하고 상호작용한다. 이 기간 동안 사회적 참조가 출현한다. 영아는 스스로 몸을 움직이기 시작하면서 흥미를 끄는 대상을 독립적으로 쫓아갈 수 있다.

놀이

학습을 위한 주된 도구로서 놀이의 가치는 5장에서 논의된 바 있다. 영아는 스스로 놀거나, 성인이나 나이 많은 아동이 비계 설정을 한 상황에서 그들과 함께 놀면서 세상을 경험하고, 뇌 발달을 통해 개념을 형성한다(Ruhman, 1998). 상상놀이와 모방놀이 행동은 영아의 활동 속에서 나타나기 시작한다.

놀이는 영아의 인지 발달, 운동 발달, 정서 발달의 주요 수단이다. 영아는 주로 탐색적 활동으로 놀이를 시작한다(Frost, Wortham, & Reifel, 2005). 감각운동 지능은 영아가 적극적으로 학습하면서 발달한다. 신체적 능력과 운동 능력이 나타남에 따라, 영아는 잡고 두드리고 맛보고 흔드는 능력을 사용하며 감각 능력을 확장하고 인지적으로 성장하면서 사물 및 사람과 상호작용을 한다. 생후 8개월에서 12개월경에 걷기 시작하고, 동시에 두 가지 사물을 가지고 놀 수 있으며 관습적 단어를 사용할 수 있다. 또한 영아는 대상 영속성을 습득하고 기억을 발달시킨다. 영아는 상징놀이 또는 가상놀이에 참여한다. 부모와 양육자는 장난감과 다른 자료를 제공함으로써 영아의 놀이를 지원할 수 있다. 많은 게임과 활동들은 영아의 놀이를 풍부하게 한다(Helping babies play, 2003). 표 13-1은 영아의 인지 발달을 개략적으로 보여 준다.

놀이(play) 인지적으로, 정서적으로, 심리측정적으로 아동이 하는 모든 것과 관련되어 있다.

표 13-1 영아의 인지 · 언어 발달 평가표

관찰자__________ 날짜__________ 시간__________ 장소__________
영아 이름__________ 생년월일__________ 나이__________

나이별 인지적 기술	관찰된 것 예	아니요	비고
출생~1개월			
누워서 자신의 손을 탐색하기 시작한다.			
다른 사람보다 엄마 목소리를 선호한다.			
종종 성인이 하는 말의 패턴에 따라 리듬감 있게 움직인다.			
울며 투정을 하면서 의사소통을 한다.			
어떤 음악과 목소리를 듣고 진정한다.			
어떤 목소리나 소리를 확인하기 위해 고개를 돌린다.			
때때로 울음보다는 다른 소리를 낸다.			

나이별 운동 기술	관찰된 것 예	아니요	비고
생후 1~4개월			
친숙한 대상을 약간 인식한다.			
떨어지거나 사라진 물건을 찾지 않는다.			
의도적으로 손을 응시한다.			
작별 손인사나 머리를 쓰다듬는 것과 같은 몸짓을 모방한다.			
팔과 다리 운동을 반복함으로써 장난감을 움직이게 하려 한다.			
물건을 빨기 시작한다.			
친숙한 목소리에 반응한다.			
성인과 리듬에 맞춰 소리를 내고자 한다.			
말을 붙이거나 웃어 주면 쿠잉이나 옹알이를 한다.			
단모음 소리를 사용하여 쿠잉을 하고 다른 소리들을 모방한다.			
소리 내어 웃는다.			
생후 4~8개월			
작은 물건에 관심을 갖고 다가간다.			
몸, 장난감과 주변을 탐색하기 위해 눈, 손과 입을 협응한다.			
손바닥 치기, 손인사와 까꿍놀이와 같은 행동을 모방한다.			
높은 의자나 침대에서 물건을 떨어뜨리고 즐겁게 아래를 쳐다본다.			
숨겨진 물건을 찾고자 한다.			
여러 감각을 사용하여 물건을 다루고 탐색한다.			
또 다른 장난감을 건네면 가지고 있던 장난감을 떨어뜨린다(동시에 두 가지 장난감을 다루지 못한다).			
소형 장난감을 가지고 적극적으로 논다.			
즐겁게 물건들을 두드린다.			
엄마나 단일 양육자와 완전히 애착을 형성한다.			

(다음 쪽에 계속)

표 13-1 영아의 인지 · 언어 발달 평가표 (계속)

나이별 운동 기술	관찰된 것 예	아니요	비고
생후 4~8개월(계속)			
"안녕." 하면서 "손을 흔들어 보자."와 같은 단순한 요구나 이름을 듣고 반응한다.			
기침이나 혀를 차는 것과 같은 비언어적 소리를 모방한다.			
다른 사람의 목소리 톤에 반응한다.			
모음과 자음 일부를 소리 낸다.			
정서를 표현하기 위해 다양한 소리를 낸다.			
장난감에게 말을 건넨다.			
"마, 마, 마"와 같이 음절을 반복하며 옹알이를 한다.			
생후 8~12개월			
먼 거리에 있는 대상을 가리킨다.			
단순한 지시를 따른다.			
모든 것을 입에다 넣는다.			
장난감을 의도적으로 떨어뜨린다.			
일상생활 용품을 적절히 사용하는 법을 보여 준다. 즉, 컵으로 마시거나 인형을 안아 주는 척한다.			
공간 관계(인식): 요구하면 컵 속에 블록을 넣는다.			
기능적 관계를 보여 준다. 즉, 숟가락을 입에 넣고 책장을 넘긴다.			
부분적으로 숨겨진 물건을 찾는다.			
사회적 상호작용을 주도하기 위해 옹알이를 하거나 알아듣기 어렵게 소리 낸다.			
"싫어."를 표시하기 위해 머리를 흔든다.			
일련의 문장같이 들리는 옹알이를 한다.			
'다다'와 '마마'라고 말한다			
라임과 단순한 노래를 즐긴다.			
적절한 몸짓을 수반하여 성인에게 장난감을 건네주려 한다.			
"안녕." 하고 말하면서 손을 흔들고 요구하면 박수를 친다.			

출처: Marotz, L. R., & Allen, K. D. (2013). *Developmental profiles: Pre-birth through adolescence*. Belmont, CA: Wadsworth Cengage Learning.

요약

1 영아기에 인지적 학습과 발달이 어떻게 이루어지는지 간략하게 기술하기

영아기 인지 발달은 감각운동 발달, 영아의 활동 및 사회적 발달과 밀접하게 관련되어 있다. 영아는 사물에 대한 지식과 언어 기능에 대한 지식을 증가시키는 데 초점을 둔 일련의 인지 발달단계를 거친다. 영아는 대상 영속성 개념과 대상 인지 개념을 발달시킨다. 영아는 단순한 범주화를 시작할 수 있고 목표를 달성하는 방법을 계획할 수 있다. 일단 사물을 조작할 수 있으면 빠른 속도로 정보를 축적시킨다. 성인의 역할은 개별적 상호작용과 자극적 환경을 통해 적절한 자극을 제공하는 것이다.

2 영아의 의사소통, 언어와 문해 발달에서 중요한 요소 확인하기

언어와 문해의 기초가 되는 의사소통 기술의 발달은 영아기에 시작된다. 영아는 말의 리듬에 주의를 기울인다. 영아는 자신이 내는 소리와 다른 사람이 내는 소리를 즐긴다. 쿠잉, 옹알이, 유사 단어를 말하는 단계를 거치면서 발전한다. 양육자는 기저귀 갈기와 목욕시키기 같은 일상활동을 하는 동안 대화하고 노래하고 라이밍을 해야만 한다. 환경에서 사물의 이름 대기는 말하기와 언어 이해의 기초가 된다. 적극적인 상호작용을 하는 성인과 함께 시청할 때 미디어는 영아의 언어 발달을 지원할 수 있다. 몸짓 언어(sign language)나 구어와 몸짓의 결합은 언어 발달을 지원할 수 있다. 단순한 책을 영아에게 읽어 주면서 영아기에 문해 발달이 시작된다. 함께 책 읽기는 정서적 애착, 언어, 그리고 문해를 결합시킨다.

3 영아기 뇌 발달에서 중요한 변화 기술하기

뇌 발달에서 중점을 두어야 할 점은 영아에게 감각운동적 자극을 제공할 필요성을 인식하는 것이다. 뇌는 지속적으로 새로운 연결망들을 만들어 가고 있다. 양쪽 뇌는 아직까지는 서로 소통해 오지 않았지만 영아의 환경에 대한 탐색을 통해 궁극적으로 소통하게 될 것이다. 양쪽 뇌 모두 자료를 다르게 처리하지만 또한 서로 소통한다. 여아와 남아는 각기 다른 시기에 다른 영역에서 강점을 발달시킨다. 양쪽 뇌 모두의 사용을 촉진하는 경험을 제공하는 것이 중요하다.

4 영아의 사회적 참조와 영아 놀이의 중요성 설명하기

영아는 사물에 대한 탐색과 놀이를 통해 배운다. 영아는 사물로 무엇을 할 것인지와 사회적 상황에서 어떻게 행동할 것인지를 결정하기 위해 타인으로부터 정보를 찾기 시작한다. 영아는 적극적인 학습자로 능력을 발달시키기 위해 감각운동기의 전반기 동안 타인과 함께 노는 시간과 혼자서 탐색하고 노는 시간 간의 균형을 맞출 필요가 있다. 일반적으로 영아는 영아기 끝 무렵에 단순한 가장놀이를 시작한다.

제14장 영아기: 정서 발달

이 장과 관련된 표준

naeyc

NAEYC 프로그램 기준

1a: 출생에서 8세까지의 영유아의 특징과 요구를 알고 이해하기

DAP

발달에 적합한 실제(DAP) 지침

1: 학습자를 보살피는 공동체 만들기

1C: 공동체 구성원은 서로 존중하고 책임감을 갖는다.

5: 가족과 호혜적인 관계 형성하기

학습목표

1 성인-영아 상호작용의 발달단계, 성인-영아 상호성의 역할, 애착과 낯선 이에 대한 불안을 확인한다.

2 영아가 성인 및 또래와 상호작용하는 방식을 기술하고 비교한다.

3 영아의 기질과 영아-부모 정서적 관계의 중요성을 설명한다.

4 문화가 부모자녀 관계와 상호작용에 미치는 영향에 대하여 설명한다.

5 영아가 여러 명의 양육자를 갖는 것의 영향에 대하여 논의한다.

Carlos는 생후 7개월 25일 된 영아이다. 아이는 엄마가 입과 혀로 소리 내기 시작하자, 엄마를 보면서 엄마 무릎에 앉아 있다. 처음에, 아이는 웃다가 곧이어 엄마 행동을 따라 하려고 한다. 아이는 재차 혀를 내밀고 곧이어 웃는다. Carlos는 모방하는 능력과 아주 기뻐하는 정서를 나타내고 있다. 영유아와 일하는 성인은 부모에게 그들의 자녀와 상호작용하는 적절한 방식을 시범 보이고, 정서 발달에 중요한 요소를 부모에게 설명할 기회를 갖는다. 영아의 **정서 발달**은 많은 연구의 초점이 되어 왔다. 리듬과 상호성, 애착, 성인과 또래와의 상호작용, 기질, 양육자의 역할, 영아의 정신건강과 정서와 문화적 요소 모두가 연구되어 왔다.

1 상호작용과 애착

초기 유대, 즉 특별한 느낌이 발달함과 동시에, 영아의 타인에 대한 애착은 건강한 정서와 사회성과 성격의 발달을 위하여 성장하고 심화된다. Brazelton과 Cramer(1990)에 따르면, 애착은 시간에 따라 증가한다. 결과적으로 영아는 분리되고 마침내 독립하게 된다. 애착의 기초는 출생 시부터 발달하는 상호적 부모자녀 관계이다. 초기 상호작용의 발달에서 네 가지 단계가 나타난다(Brazelton & Cramer, 1990). 첫 번째 단계는 생후 첫 주부터 10일까지이다. 이 시기 동안, 영아는 **유능성이 출현**하고 주의를 유지하려는 능력을 통제할 수 있게 된다. 성인의 역할은 영아가 유능성의 출현을 유지하고 받아들이면서 압도되지 않도록 하는 것이다. 생후 1주에서 8주에 해당하는 두 번째 단계는 주의를 유지하는 단계이다. 영아가 통제력을 획득함에 따라, **주의를 연장**하고 그들의 삶에서 가장 중요한 성인과 의사소통과 상호작용을 유지할 수 있게 된다. 그들은 상호작용할 성인에게 단서를 주는 미소, 소리 내기, 얼굴 표정과 운동 단서를 사용하면서 통제하기 시작한다. 성인은 그들의 행동을 아기에게 맞추게 된다. 세 번째 단계는 생후 3~4개월인데, 이 시기는 영아와 양육자가 다른 사람의 행동과 소통하면서 영향을 주는 능력을 시험하는 **한계 검증**의 시기이다. 상호작용은 보상적이어야 한다. 즉, 놀이에서는 즐거움이 있어야 한다. 네 번째 단계는 **자율성이 생기면서** 생후 약 4~6개월에 나타난다. 영아는 성인과 상호작용을 이끌기 시작하며, 성인으로부터 환경 안의 다른 사물과 사람들에게 주의를 이동하기 시작한다. 성인은 자율성에 대한 이러한 초기 징후를 존중해야 하고, 영아가 다시 주의를 돌리지 못해 압도되지 않도록

정서 발달(affective development) 정서, 성격과 사회적 상호작용을 포함하는 발달 영역

유능성의 출현(emerging competencies) 새롭게 발달하는 기술 또는 능력

연장된 주의(prolonging attention) 의사소통과 상호작용을 유지하는 것

한계 검증(limit-testing) 영아와 성인이 의사소통하는 능력을 검증하고, 타인의 행동에 영향을 주는 경우

자율성의 등장(emergence of autonomy) 영아가 성인과의 상호작용에서 주도하기 시작한다.

해야 한다.

❁ 리듬과 상호성

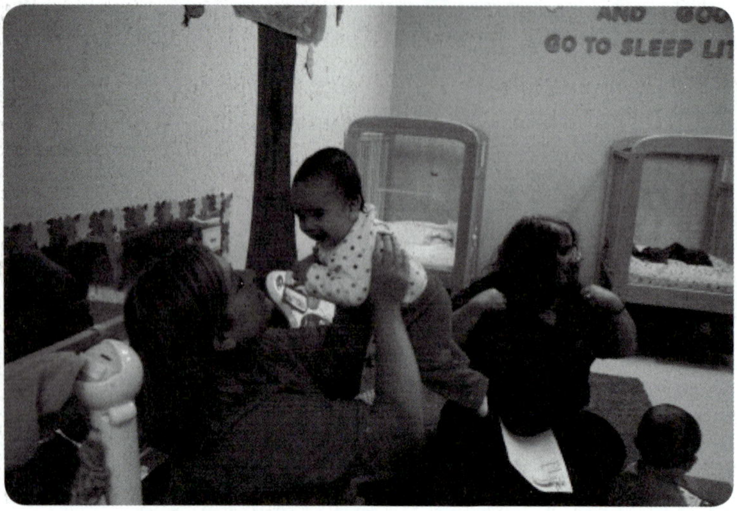

사진 14-1 성인과 아동은 상호적으로 즐겁게 놀이한다.

Brazelton과 동료들(1977a, 1977b, 1978, 1982, 1990)은 생후 2주부터 24주까지의 영아를 관찰함으로써 영아와 성인의 상호성을 연구하였다. 영아에게 아기 의자에 앉아 사물, 부모나 낯선 사람과 놀이를 할 기회를 제공하였다. 영아와 성인이 이런 놀이를 하는 동안, 사물이나 사람에 대한 주의 주기(cycle of attention)는 녹화되었다(사진 14-1).

아기가 사물과 관계하는 방법을 확인하기 위하여, 작은 고무 공을 30cm 거리에 놓았다. 영아는 공의 방향으로 움직이려고 한다. 이런 움직임은 보통 갑자기 생긴다. 영아의 주의는 집중하다가 그 후 그 사물을 무시하는 형태를 보인다. 이를 표상한 것이 **그림 14-1**에 있는 곡선 A이다. 어머니처럼 영아가 잘 아는 사람이 앞에 있으면, 영아의 반응은 달라진다. 주의 주기(cycle)는 곡선 B와 같이 더 부드럽다. 영아는 점점 더 주목하게 되고 그 후 점차적으로 갑작스럽지 않고 부드럽게 주의를 돌린다. 또한 영아는 주기에 따라 몸을 앞뒤로 움직인다. 영아들은 사람이 접

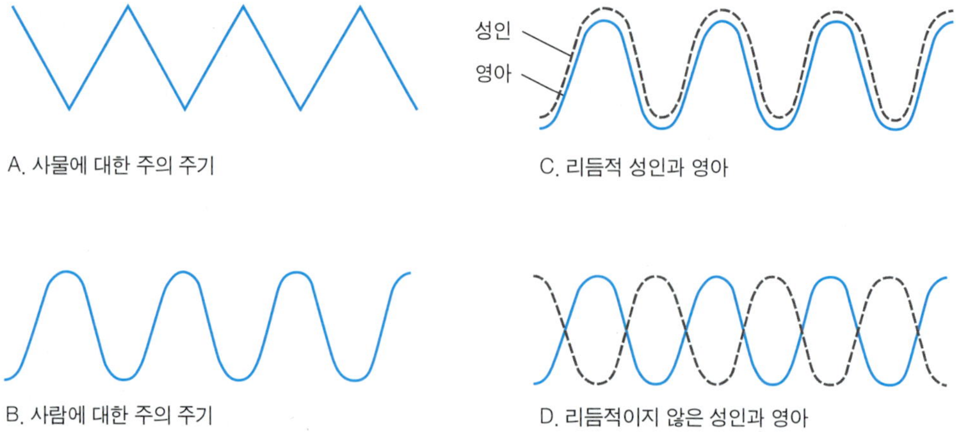

그림 14-1 주의 곡선

근하기를 바라는 듯 보인다. 자녀와 **리듬**을 타고 있는 부모는 곡선 C에서 보여 주듯이, 영아의 주의와 움직임에 따라 영아와 함께 오르내리면서 움직일 수 있다. 성인이 영아와 맞추지 못할 때, 곡선은 D곡선처럼 보일 수 있다. 영아는 성인과 함께 변화할 수 없다는 것을 알게 되면, 영아는 철회되고, 심지어는 하려고 하지 않을지 모른다. 어머니가 영아 앞에서 전혀 반응하지 않으면, 영아의 움직임은 마치 사물과 관련되는 것처럼 날카롭게 된다. 반응을 얻지 못하면, 아기는 곧 위축된다. 아동은 포기하고 자신의 신체나 옷을 갖고 놀게 될 것이다. 아동은 실망감을 나타내는 듯하다.

어머니와 아버지는 영아와 상호적 상호작용에서 다른 형태를 따른다. 이런 형태는 생후 2주 또는 3주 시기까지 발달한다. 어머니는 더 부드럽고 가볍게 시작하는 경향이 있고 아기의 형태를 발견하려고 노력한다. 아버지들은 더 홍겹고 규칙적인 대화를 하려고 한다. 이런 형태는 더욱 날카롭고 급작스럽다. 아기는 빨리 이 차이를 학습한다. 아빠가 접근할 때, 영아는 활동하려고 준비가 되었다는 듯이 더욱 재미있어하고 눈이 초롱초롱해진다.

낯선 이가 등장할 때, 영아와 낯선 이는 올바른 반응 형태를 발견하는 것이 어려울 수 있다. 낯선 이는 영아에게 기대된 반응을 주지 않는다. 낯선 이와 영아 모두 좌절하게 될 수 있다. 그들은 서로 변화하려는 노력을 포기할지 모른다.

Brazelton은 **상호성**의 발달은 정서 발달뿐만 아니라 인지 · 운동 발달을 위해서도 절대적으로 필요하다고 생각한다. 이같은 상호적 관계를 통해서 영아는 그들이 가져야 하는 사회적 자극을 받는다. 영아는 자극을 받으면서, 감각을 사용하고 예민해지며, 자신을 유능한 사람으로 여기기 시작한다.

Kochanska와 Aksan(2004)은 생후 7개월과 15개월에 부모와 영아 간 상호적 반응성을 검증하였다. 부모의 반응성은 부모에 대한 영아의 의사소통에 반응하는 부모의 방식의 질을 언급한다. 영아의 반응성은 부모의 행위에 반응하는 방식을 뜻한다. 생후 7개월 된 영아에 대한 초기 연구와 달리, 이러한 관찰은 자연적 환경에서 부모와 영아에 대한 관찰을 통해서 이루어졌다. 어머니와 아버지 모두가 포함되었다. 상호적 동반자로 부모와 영아 쌍이 구성되었다. 생후 7개월 때에는 부모가 활동을 주도한 반면, 15개월 때에는 영아가 더욱 주도적이었다. 부모는 걸음마기 유아의 자율성의 증가를 존중하는 듯 보였다. 어머니가 아버지보다 영아에게 더 많은 의사소통을 안내하는 반면, 영아는 어머니와 아버지로부터의 반응에 대해 똑같이 반응하였다.

리듬은 영아 발달에서 기본적 요소가 되는 듯하다. 리듬은 일대일 관계와 생리적 기능에 있어서 중요하다. 영아와 가족이 평행적이 될 때, 전체 가족 기능이 좋아지면, 구성원들도 더 잘 적응하였다.

리듬(rhythm) 성인과 아동 간 의사소통을 증진하는 상호적 교환 방식
상호성(reciprocity) 대등하게 주고받는 방식에서의 의사소통 교환

뇌 발달

영아기 인지와 정서의 융합

발달하는 아동에 관한 국가적 과학 심의회(2007)는 유전과 초기 경험 간 상호작용이 문자 그대로 뇌 건축을 형성하는 정도를 명확히 하기 위하여 아동 발달과 초기 뇌 발달에 관한 연구 개관을 고찰하였다. 심의회의 목적은 우리가 알고 있는 것과 우리가 하고 있는 것 간의 간격을 좁히려는 것이었다. 한 가지 핵심 개념은 뇌는 시간에 따라 만들어지는 것이라는 것이다. 뇌의 건축이 이전 장에서 설명된 바와 같이 세워지는 것과 같이, "초기 경험은 전생애 학습, 행동의 기본과 신체 및 정신건강을 만들어 낸다"(p. 5). 유전과 경험은 '주고받는' 관계로 상호작용한다. 테니스나 탁구처럼, 영아와 성인 간 주고받는 상호적 교환이 존재한다. 영아는 소리 내고, 얼굴 표정을 짓고, 움직이고 울음을 통해 반응을 추구한다. 성인은 소리와 몸짓으로 반응한다. 이러한 "상호적으로 보상적인 상호작용은 건강한 뇌 회로의 발달과 점자적으로 복잡해지는 기술을 위한 기본적인 선결조건이다"(p. 6). "인지, 정서와 사회적 능력은 전 생애 기간 동안 상당히 광범위하게 관련되어 있다"(p. 8). 언어와 기본 개념에 대한 학습은 사회적으로 의미 있는 방식으로 타인에게 주목하고, 집중하며 함께 하는 정도에 따라 달라진다. 그러므로 인지와 정서는 "인간 발달의 기초에서 벽돌과 모르타르의 관계와 유사하다"(p. 8).

출처: National Scientific Council on the Developing Child. (2007). *The science of early child development*. Cambridge, MA: Harvard Center on the Developing Child. http://www.developingchild.net.

애착의 정의

아동 심리학자는 영아의 애착 발달을 알려 주는 행동 발달에 장기간 관심을 갖고 있었다. **애착**은 영아와 양육자 간의 소속감에 대한 관계를 언급한다. 강력한 애착은 기본적 신뢰감을 나타낸다. 영아는 세 가지 단계를 통과하는 것으로 보고되고 있다(Schaffer, 1977). 첫째, 영아는 인간과 사물 간 차이를 말할 수 있게 된다. 이 단계는 첫 몇 주간 학습된다. 둘째, 영아는 다른 사람과 엄마를 구별할 수 있게 된다. 이 단계는 보통 생후 3개월 이전에 성취된다. 생후 7개월경인 세 번째 단계에 이르러서 비로소 영아는 엄마가 떠나고 없을 때 엄마가 없다는 징후를 보이면서 당황하게 된다. 약 7~9개월경, 영아는 낯선 사람에 대한 불안 징후인 **낯선 이에 대한 불안**도 나타낸다. 행복하게 웃고 있는 7개월 영아가 어머니의 팔에서 낯선 이의 팔로 옮겨질 때, 영아는 울면서 불행감을 느끼게 된다. 이 시점에 애착이 확립된다. 이 시점부터, 아기는 엄마가 보이지 않을 때(**사진 14-2**) 엄마(또는 주 양육자)를 능동적으로 찾는다.

연구자들은 애착 관계의 강도와 다른 행동에 애착에 어떻게 관련되는가에 관심이 있다(Bretherton & Waters, 1985). 연구에서는 1개월 시기의 영아의 욕구에 대한 어머니의 관찰된 민감성은 이후의 관계의 질을 예측한다는 견해를 지지한다. 또한 어머니의 민감성

애착(attachment) 영아와 양육자 간의 일체 관계
낯선 이에 대한 불안(stranger anxiety) 낯선 사람에 대한 공포

은 Ainsworth, Blehar, Waters와 Wall(Berk, 1998과 Fogel, 2009에서 인용됨, 1978)이 고안한 것과 같이, **낯선 상황** 자연 실험의 영아 반응과 관련된다. 이런 상황은 영아가 낯선 방에 들어가서 어머니와 함께 몇 가지 장난감을 탐색하도록 하는 상황을 말한다. 어머니와 영아가 몇 분간 장난감을 갖고 논 후에 낯선 성인이 등장한다. 세 명 모두 어머니가 3분간 낯선 이와 영아를 남겨 둘 때까지 장난감을 갖고 논다. 그 후 낯선 이는 떠나며 어머니는 돌아오지만, 아기와 상호작용하지 않는다. 낯선 이는 다시 돌아오고 어머니는 다시 떠난다. 마침내, 낯선 이가 떠나고 어머니가 돌아온다. 재결합 행동은 어머니와 자녀의 애착 관계의 안정감 정도를 반영한다. 관찰에 따르면, 어머니가 사라진 후 돌아올 때의 재결합 시 행동은 이후의 행동과 관련된다.

사진 14-2 섭식은 편안함과 애착발달을 위한 시간을 제공한다.

네 가지 재결합 행동의 형태는 안정 애착, 불안정 저항 애착, 불안정 회피 애착, 비조직화-비정향 애착이다(Berk, 1998; Fogel, 2009).

1. 안정 애착 영아는 부모를 장난감과 낯선 사람의 탐색을 위한 주요 근거로서 사용한다. 그들은 마지막 재결합 시 양육자로부터 편안함을 추구하지만, 그 후 독립적 놀이로 돌아간다.
2. 불안정 저항 애착 영아는 낯선 상황에서 덜 편안해한다. 그들은 어머니로부터 장난감으로 이동하면서 머뭇거린다. 아기가 장난감으로 이동할 때, 탐색하기를 주저한다. 저항 애착 영아는 낯선 이에 대한 관계를 더욱 의식하고 어머니가 방을 떠날 때 당황하게 된다. 재결합하는 동안, 이런 영아는 자신이 어머니에게 접근하고 난 후 어머니를 밀치는 것에 대해 양가적이다.
3. 불안정 회피 애착 영아는 보통 낯선 이와 남겨질 때 당황하지 않는다. 그러나 어머니가 돌아올 때, 접근하지 않고 어머니가 달래거나 안으려고 시도할 때 저항할 수 있다. 이런 영아들은 재결합하려고 할 때 어머니를 때리고 밀치기까지 한다.
4. 비조직화-비정향 애착 영아는 낯선 상황 실험에서 불일치한 행동을 보여 준다. 예컨대, 아기가 웃고 어머니에게 가서 돌아서고 떠나거나 가만히 앉아 있거나 벽을 쏘아볼 수도 있다. 이런 반응은 덜 빈번하게 발생하지만 가장 불안정한 상태를 반영할 수 있다.

낯선 상황(strange-situation) 영아가 낯선 방에 있고, 어머니 또는 낯선 사람과 함께 장난감들을 탐색하도록 하는 상황

애착 이론

애착 이론에 따르면, 애착의 근원, 즉 애착이 어려서 발달하는 것은 영아가 양육자의 신호에 주의하고 소통할 때 양육자가 얼마나 민감하게 반응하는가에 달린 것으로 본다. De Wolff와 van IJzendoorn(1997)은 원래의 낯선 상황 연구를 복제한 30개의 연구를 분석하였다. 그들은 민감성이 애착에 중요한 영향을 준다는 것을 발견하였다. 그러나 상호성과 동시성, 자극, 긍정적 태도와 정서적 지원도 강하게 애착 안정성과 관련된다. 더구나, 애착과 민감성 간의 관계는 임상 집단과 저소득 계층에서 더 약하다. 좋지 않은 아동 양육 조건은 민감성의 효과보다 더 중요할 수 있다. 생활 긴장과 스트레스는 정서적 안정성에 주는 영향으로서 부모의 민감성에 과한 부담을 줄 수 있다. 행동유전학 연구에 따르면, 유전된 기질적 특성은 애착 발달에도 영향을 줄 수 있다.

애착에서 아버지의 역할도 포함될 필요가 있다. Van IJzendoorn과 DeWolff(1997)도 이 분야의 연구를 검증하였다. 그들은 아버지의 민감성은 영아의 애착에 영향을 주지만, 그 효과는 어머니와 영아의 관계보다는 덜한 것으로 밝혀졌다. Cowan(1997)은 영아의 애착은 전체 가족 체계 안에서 검증되어야 한다고 제안하는데, 이는 보육과 가족 상황이 점차 다양해지기 때문에, 특히 중요한 견해인 듯하다.

어머니의 애착 행동은 아버지와 비교해 볼 때도 중요하다(Bretherton & Waters, 1985). 어머니와 아버지 관계의 질은 상당히 다를 것이다. 즉, 영아가 한 부모와는 안정적일 수 있으나, 다른 부모와는 그렇지 않을 수 있다. 주 양육자로서 어머니와의 관계는 아버지와의 관계보다 이후 안정감을 더 잘 예측하는 듯하다.

애착과 어머니 이외의 양육

아동 양육 상황의 다양성으로부터 발생된 주요 의문점은 어떻게 영아와 어머니의 애착 안정성이 영아의 어린이집 양육에 의해 영향을 받게 되는가 하는 것이다. NICHD 초기 아동 양육 연구 네트워크(NICHD Early Childhood Care Research Network, 1997)는 어린이집 양육과 영아와 어머니 애착 간의 관계를 관찰하는 연구를 수행하였다. 애착 안정성 측정을 위해 낯선 상황을 사용하여, 연구자는 어린이집 보육을 경험한 영아와 그렇지 않은 영아를 비교하였고, 두 가지 유형의 영아가 어머니와 분리될 때 나타내는 스트레스의 양에는 큰 차이가 없다는 것을 알아냈다. 그러나 낮은 어머니의 민감성과 반응성이 낮은 질의 보육, 오랜 시간 동안의 보육, 즉 한 번 이상의 어린이집 배치와 관련될 때, 영아의 애착은 안정적이지 않다. 반면에 높은 질의 보육은 어머니의 민감성과 반응성을 보상하는 듯하다. 게다가, 어린이집에서 시간을 많이 보내는 남아와 어린이집에서 최저 수준의 보육을 경험한 여아는 덜 안정적인 애착을 나타내는 경향이 있다. 저자는 다음과 같은 결론짓는다.

> 이 연구의 결론은 명백하게 보육 그 자체는 낯선 상황에 의해 측정된 어머니와 자녀 간 애착 관계의 발달에 위험이나 이득을 주지 않는다는 것을 나타낸다. 그러나 질이 낮고 불안정한 보육, 즉 최저 수준 그 이상의 보육은 명백히 이미 질이 낮은 어머니 역할에 내재된 위험성을 높여서, 그 결과 결합된 효과는 낮은 민감성과 반응성 그 자체보다 더 나빴다(p. 877).

많은 연구 결과에서 도출된 증거에 따르면, 생의 첫 3개월은 애착 관계 발달에 결정적 시기이다. 생후 12개월 시기 애착의 강도는 이후의 애착을 예측하는 것으로 나타났다(Bretherton & Waters, 1985). 안정 애착된 영아는 교사로부터 더 애정적으로 긍정적이고, 공감적이며, 더 유순한 반면(Bretherton & Waters, 1985), 18개월 시기의 비조직화 애착 또는 비정향적 애착은 학령 전기 유아의 적대감을 예측한다(Lyons-Ruth, Alpern, Repacholi, 1993). 또한 Bretherton과 Waters(1985)도 애착의 강도는 아동의 기능과 관련되는 것으로 지적하였다. 2세아가 어려운 과제에 도전할 때, 안정 애착된 영아는 어머니로부터 도움과 지원을 추구하는 반면, 불안정 애착 영아는 도움을 구하지 않는다.

또한 영아의 애착 안정성은 보육 교직원의 빈번한 교체로 인하여 어린이집에서 관심을 받고 있다. Raikes(1993)는 수준 높은 교사와 보내는 시간은 직접적으로 영아의 애착 안정성과 관련되는 것을 발견하였다. 생후 9개월 시기는 안정적 관계를 발달시키는 데 필요한 결정적 시간으로 여겨진다. 초기 애착에 대한 연구 결과는 영유아와 일하는 성인에게 시사점을 준다.

분리 불안

부모로부터의 분리는 영아와 부모 모두에게 고통을 일으킨다. 영아, 걸음마기아와 부모의 분리 불안은 영아가 보육 교사를 떠나게 하는 빈도를 증가시킨다는 연구가 존재한다(Godwin, Groves, & Horn-Wingerd, 1993). Field와 동료들(1984)은 영아가 깜빡 잠이 들어서 어린이집에서 차를 태워 갈 때 영아와 부모를 관찰하였다. 분리로 인한 고통은 2학기가 지나면서 증가하였다. 즉, 한 해가 지남에 따라 영아는 부모를 떠나는 것이 더 어려워지는 듯하다. 여아와 어머니의 분리는 더욱 어려운데, 영아는 더욱 울고 주의를 얻으려는 행동이 많아지고, 영아의 주의를 분산시키려는 노력이 더 많이 필요하다는 증거가 있기 때문이다. Field와 동료들은 부모에게 질문한 또 다른 연구에서, 75%의 어머니와 35%의 아버지는 영아가 울 것이라고 기대하였고, 40%의 어머니와 0%의 아버지는 떠나는 것에 대한 영아의 반응에 대하여 염려하였다. 이 발견에 따르면, 부모가 기대하는 것이 나타날 수 있다는 것을 암시한다. 걱정하는 부모는 떠나는 것을 주저하고, 영아가 성마르게 우는 신호에 대해 주저한다. 이는 유아와 부모가 떠나기 전에 상호작용하는 것보다 영아와 부모가 시간을 더 많이 보낸다는 것도 나타낸다. 영아와 걸음마기아의 분리는 고통을 증가시키나, 지나간 걸음마기의 고통은 줄어들게 되며, 걸음마기아와 부모는 더 쉽게 분리될 수 있다.

4장에서 언급하였듯이 반응적 양육자와의 관계가 영아기 급속한 뇌 성장 시기에 결정적이다(Jensen, 2006). 강한 애착 관계는 이후의 스트레스나 외상의 부정적 영향에 면역력을 갖게 하는 듯하다. 스트레스를 받으면 **코르티솔**이라 부르는 스테로이드 호르몬이 나오는데, 이는 순환계, 면역 체계와 뇌에 영향을 준다. 스트레스는 코르티솔의 분비를 통하여 면역 발달과 뇌 기능을 해칠 수 있다. 따뜻하고 양육적인 보살핌을 경험하는 영아는 다른 영아에 비해 스트레스를 받을 때 코르티솔을 덜 분비하는 듯하다. 같은 영향은 초등학교 시기에도 나타나는 듯하다. 이러한 연구는 영아의 기분과 소망에 반응적인 긍정적이고 자극적인 성인-영아 상호작용의 중요성을 더욱 지지한다.

Godwin과 동료들(1993)은 영아, 걸음마기아와 부모가 분리 불안을 관리하도록 돕는 제안을 제공하고, 또한 영아뿐만 아니라 부모도 도와야 하는 것의 중요성을 지적한다. 부모는 아이를 떠나는 것에 대해 죄책감을 갖기 때문에 불편감을 나타낸다. 아이와 점차 분리되면서 부모도 편안하게 느낀다는 것을 재확신하게 하고, 의사소통의 방법이 열려 있다는 것을 재확인하는 것이 중요하다.

영아기에 낯선 상황에서 관찰된 아이들 중 몇 명이 청년기 후기와 초기 성인기까지 성장함에 따라 연구자들은 초기 애착이 지속되는가에 대한 질문에 대답을 시도할 수 있다. Waters, Weinfield와 Hamilton(2000)은 그 추후 연구를 실시하였다. 그들은 영아기부터 청년기 후기와 초기 성인기 애착 연속성과 불연속성이 혼재되어 있음을 발견하였다. 안정적이고 긍정적 조건에서 성장한 사람들의 경우, 애착 안정성은 일관적이었다. 안정 애착에서 불안정 애착으로의 변화는 어머니의 우울과 같은 부정적 생활 사건과 관련되었다. 또 다른 종단 연구에서 Roisman, Padron, Stroufe와 Egeland(2002)는 매우 부정적인 아동기 경험을 가졌던 젊은 성인이 성인기에 애착 안정성을 획득할 수 있는지를 검증하였다. 연구자는, 힘든 경험에도 불구하고 지원해 주는 성인 비계 역할을 하는 사람이 있을 경우에 그런 일이 가능하다고 생각한다.

생각해 보기

생후 5개월에 누구에게나 기꺼이 가던 아동이 어머니나 아버지를 제외하고 8개월 시기에 누군가에게 안길 때 우는 이유를 설명하라.

2 성인과 또래와의 상호작용

연구자들은 영아-부모 상호작용의 또 다른 측면과 영아가 또래나 다른 영아에게 반응하는 방식에도 관심을 갖는다.

상호작용은 의사소통의 기반을 형성한다. 상호 주고받기는 영아 발달에 본질적인 신뢰감의 근원이다. 의사소통의 형태는 출생과 동시에 시작된다. 부모와 자녀는 상호성, 리듬

코르티솔(cortisol) 스트레스 상태에서 방출되는 스테로이드 호르몬

과 어느 정도의 일치성을 서로 교환하면서 발달시킨다. 응시는 이러한 초기 의사소통에 중요하다. 부모가 더 오래 볼수록, 영아는 더 오랫동안 쳐다본다. 그러나 만일 영아에게 너무 많은 주의를 요구하면 당황하고, 성내고, 위축될 것이다. 그래서 처음부터 아기는 상호작용을 통제하면서 공유한다.

특히 말을 하면서 영아와 상호작용한 총 시간은 유아기 유능성과 관련된 중요한 결정적 요소이다. 미소 짓기조차 신호에 대한 상호작용과 민감성과 관련된다. 양육자가 웃을 때, 아기는 잠시 관찰하고 나서 다시 미소를 짓는다. 양육자는 다시 주기(cycle)가 시작되기 전 잠시 영아에게 기회를 주기 위해 미소를 철회할 필요가 있다. 그들은 동일한 사물이나 사건을 응시할 수 있다. 양육자는 사물이나 사건에 대하여 이야기하고 논평하는 동안 영아는 사물이나 사건에 대하여 의사소통하듯이 보고 미소 짓는다. 영아가 옹알이를 하면서 소리로 표현하기 시작할 때, 상호작용적 동시성과 양육자의 반응은 좋은 발화 발달에 중요하다. 생후 5개월 된 영아는 자기 자신이나 다른 성인에게 향하는 찬성 또는 금지를 나타내는 성인의 목소리에 민감한 것으로 나타났다(Fernald, 1993). 영아의 목소리에 대한 부모의 즉각적 반응을 통하여 영아는 계속할 것에 대하여 격려받는다. **모방**은 부모자녀 상호작용에서 중요한 요소이다(Uzgiris, 1984). 성인과 더 나이 든 또래는 행동을 위한 모델로서 작용한다. 부모와 자녀 측면에서의 모방 반응은 각 참여자가 서로의 활동에 영향을 주고받는 주기로 발전할 수 있다. 발성 및 얼굴 표정의 표현은 모방하게 된다. 영아가 어머니를 교사로 느끼기 시작하는 것은 이러한 교환을 통해서이다. Uzgiris(1984)는 모방은 대인 간 의사소통을 발달시키기 위한 수단일 뿐만 아니라, 인지적 성장과 발달에서의 본질적 요소라고 결론짓는다. Brugger, Lariviere, Mumme과 Bushell(2007)은 생후 14~16개월 영아의 모방 반응에 관한 연구를 수행하였는데, 이 시기까지, 영아는 모방 과제를 해결할 기회를 제공하면 복잡한 인지적 처리 수준을 발달시켰다는 것을 증명하였다.

영아와 부모의 상호작용에서의 차이에 관한 연구는 틀에 박힌 몇 가지 견해로 나뉘었다(Sawin, 1981). 대체로, 아버지는 자신의 영아와 양육과 애정을 주는 데 있어서 어머니만큼 능동적이다. 어머니와 아버지는 반대 성의 자녀에게는 더 많은 애정적 주의를, 동성 자녀에게는 더 많은 주목과 자극을 주는 경향이 있다. 영아가 12개월이 될 무렵까지, 부모 행동에서 나타나는 성차가 관찰되었다(Snow, Jacklin, & Maccoby, 1983). 이 연구에서, 아버지는 여아보다 남아에게 더 많은 신체적이고 언어적인 금지를 사용하였다. 그러나 남아는 모방이 필요한 행동을 더 많이 보여 주는 경향이 있었다. 여아는 아버지와 더 가까이 머물며 더 많이 안겨 있었다. 또한 아버지는 금지된 물체에서 멀리 떨어지도록 하여 아버지가 행동을 덜 조절해도 되는 놀이를 진행하였다. 장난감 사용에서 나타나는 성 고정관념화된 행동은 이미 분명하였다. 아버지는 여아에게 트럭과 인형을 제안하였으나, 남아에게는 인형

모방(imitation) 누군가 다른 사람이 하는 것을 관찰한 행위를 하는 것

사진 14-3a 영아는 병행적으로 놀기 때문에 서로 참여할 시간이 필요하다.

사진 14-3b 영아는 다른 영아의 물건에 손을 뻗어 만진다.

을 절대 제시하지 않았다. 그러나 아버지들은 대근육 기술 사용과 관련된 장난감 진공 청소기는 아들이 갖고 놀도록 하였다.

또한 영아는 다른 영아와 사회적으로 관련된다(Fogel, 2009). 생후 3개월에, 아기들은 또래를 응시하고 갑작스럽게 덜컥이는 움직임을 할 것이다(Fogel, 2009). 생후 6개월에, 아기들은 또래를 보고 발화한다(Fogel, 2009). 아기는 "서로 만지고, 미소 짓고 움직이고 따라하면서 탐색"할 것이다(Fogel, 2009, p. 400). 1세까지, 영아는 간지럼 태우고, 만지고 웃으면서 일종의 대화 교환하기를 발달시킨다. 그들은 물건도 교환한다. 주고받기는 상호작용과 놀이의 초점이다(사진 14-3a와 14-3b).

3 기질과 정서 발달

기질은 "환경 안에서의 사람들과 사물과 관련하여 정서와 정서 조절의 지속적인 형태" (Fogel, 2009, pp. 334-345)로 정의되며, "정서 반응의 특성과 강도에서의 안정적 개인차"(Berk, 1998, p. 183)을 뜻한다. 기질은 성격의 주요 요소이다. 어떤 사람들은 조용하고 수줍은 반면, 다른 사람들은 사교적이고, 친절하며, 주장적이다. 연구자들은 얼마나 많은

기질(temperament) 환경 안의 사람들 및 사물과 관련된 정서와 정서 조절의 지속적인 형태

부분이 기질적 특성에서 유전되고, 얼마나 많이 환경적으로 결정되는가에 관심을 가진다. 기질은 성인과 신생아 상호작용에 의해 영향을 받는 듯하다.

뉴욕종단연구(Thomas & Chess, 1977; Berk, 1998; Fogel, 2009에서 인용)는 영아의 기질에 관한 가장 오래되고 광범위한 연구이다. 그들의 결과에 따르면 기질은 아동에게 발생되는 일에 가장 많이 영향을 줄 뿐만 아니라 육아 기술(parenting practices)에 의해서도 영향을 받는다. Jerome Kagan과 동료들도 기질에 관한 연구를 수행하였다(Kagan, 1998). 이 연구자들은 억제된 아동과 탈억제된 아동과 같은 극단적 기질에 관심을 가졌다. 첫 번째 연구에서, 그들은 생후 4개월 된 영아 500명을 연구하였다. 아기들은 얼굴 앞에 울리고 있는 요란한 색깔의 휴대전화, 이상한 목소리가 흘러나오는 녹음테이프와 코 아래에 희석된 알코올 면봉과 같이 다양한 친숙하지 않은 자극을 제시받았다. 아기 중 약 20%는 "매우 반응적"이었고, 친숙하지 않은 자극에 대하여 조급해지고 고통스러워하였다. "매우 반응적이지 않은" 아기는 다른 측면에서 극단적이었는데, 그들은 자극에 대해서 조용하고, 옹알거리거나 웃기도 하였다. 아기는 생후 14개월과 21개월 때 다시 실험실에 왔는데, 그때 신기한 상황을 보게 되었다. 덜 반응적이었던 영아는 공포를 나타내지 않은 반면, 매우 반응적인 영아들은 매우 무서워하였다. 아이들은 7세 때 다시 실험실에 되돌아왔다. 생후 4개월 시기에 매우 반응적이었던 것으로 관찰되었던 아이들은 가장 긴장하고, 길고 가는 신체 형태를 가진 것으로 나타났다. 매우 반응적이었던 아이들 중 약 15%는 수줍고 두려움이 많은 7세아가 되었고, 나머지는 정상적이었다. 단지 덜 반응적이었던 영아 중 약 15%만이 쾌활하고 두려워하지 않고 사교적이었고, 덜 반응적이었던 영아 대부분은 평범히였다. 결론은 "기질은 성격이 발달하면서 극단적인 정도를 제한하는 정도를 말하는데, 대부분은 평범해진다"(Kagan, 1998, p. 57)는 것이었다. Kagan, Snidman, Kahn과 Towsley(2007)는 이 영아들이 15세가 되었을 때 추후 평가하였다. 매우 반응적이었던 아이들은 면담 중 덜 웃고, 덜 자발적으로 말을 하는 경향이 있었고, 더 긴장하고 덜 반응적이었던 영아들에 비해 행복하지 않은 것으로 보고하는 경향이 있었다. 그러므로 기질은 영아기부터 청소년기까지 안정적인 듯 보였다.

Thomas와 Chess의 연구는 고전적이면서 기질 연구에 관심을 시작하게 된 연구인 반면, 기질은 초기에 간주되었던 방식에 비해 최근에는 훨씬 복잡한 것으로 여겨진다(*Zero to Three*, 2004). 선도적 연구자들은 기질을 "유전과 경험에 의해 오랫동안 영향을 받는 정서, 주의 반응성과 자기 조절에 있어서 체질에 기초한 개인차"라고 정의한다(Rothbart & Derryberry, 2000, Sturm, 2004, p. 5에 인용됨). 예컨대, 영아는 큰 소음에 강한 정서적 반응을 나타내거나 약한 반응을 느끼기 쉽다. 영아는 크게 감정적으로 울면서 이런 감정에 반응하거나, 주의를 돌리거나 주먹을 빨면서 자기 조절을 할 수도 있다. 아이들은 각각 반응성과 자기 조절에 있어서 기질적으로 단순하지 않았다.

과거에 기질은 아이들과 가까운 부모나 교사의 평정 척도에 의해 측정되었다. 최근에는,

사진 14-4 영아는 화가 날 때 강한 정서를 나타낼 수 있다.

기질의 생리적 측면과 생물학적 시각을 보는 새로운 도구를 통하여 연구되고 있고, 기질에 대한 측정은 심박률, 스트레스와 관련된 코르티솔 수준과 뇌 활동을 통해 이루어지고 있다. 이는 사회성, 수줍음, 두려움이나 화내는 경향성이나 행복해하는 경향성과 같은 유전되는 특성임이 분명하다. 그러나 이런 특성에는 상당한 다양성이 존재하며, 연구자들은 생물학적 요소와 생리적 요소뿐만 아니라, 기질적 특성에 영향을 줄 수 있는 환경 요소를 찾고 있다. Kagan과 동료들(2007)은 심리적 요소가 생물학적 · 생리적 요소보다 더 강한 것을 발견하였다.

Sturm(2004)은, Thomas와 Chess가 정의한 기질적 특성은 부모로 하여금 도전적이고 좌절하거나 당황하게 만드는 행동을 이해할 수 있도록 하고, 자녀와 잘 지내는 새로운 방식을 안내해 준다는 측면에서 유용하다고 추정한다. Wachs(2004)는 기질에 영향을 주는 일곱 가지 잠재적 요소를 인식하였는데, 이는 유전, 뇌 처리 과정, 가정 환경, 영양, 문화, 생물의학적 조건과 독성 물질(**사진 14-4**)이다.

또한 문화는 기질의 적응성을 평가하는 데 중요한 요소일 수 있다(Carlson, Feng, & Harwood, 2004). Carlson, Feng과 Harwood(2004)는 미국 아동 중 거의 40%는 영국계 미국인 가족 가운데 가치롭게 여겨지는 기질과 다른 특성을 가진 가족 구성원이 있다는 점을 지적한다. 예컨대, 미국에서 수줍고 민감한 아동은 종종 외롭고 우울한 것으로 분류된다. 중국에서 수줍고 민감한 아동은 사교적이고 학문적으로 유능한 것으로 간주되는 반면, 스웨덴에서는 미래의 성공을 위한 확률적 측면에서 볼때 긍정적이거나 부정적인 것으로 보지 않는다. 다양한 사회에서, 각 문화 집단은 그 문화권 자체의 "이상적" 아기에 대한 시각이 존재한다. 우리는 아동의 기질적 특성과 관련하여 평가와 기대에 있어서 융통성을 가질 필요가 있다. 이 장의 후반부에 문화적 요소에 대하여 좀 더 살펴보게 될 것이다.

심화학습

가정이나 어린이집에서 영아를 관찰해 보자.

- 이 아동을 순하거나 까다로운 것으로 분류할 수 있는 어떤 특성을 관찰할 수 있는가?
- 7세가 되었을 때 이 아동의 기질적 특성이 어떠할지 무엇을 예측할 수 있는가?
- 당신의 분석을 지지하는 기질 연구에 대하여 더 찾아보라.

정서 발달

정서와 행동의 발달은 인지의 발달만큼 중요하다. 아동은 자신들의 정서를 이해하고 조절하도록 배울 필요가 있다. 영아가 정서를 표현하고 조절하는 것을 배우는 것은 바로 양육자와의 상호작용을 통해서이다(Cole, Martin, & Dennis, 2004). Campos, Frankel과 Camras(2004)에 따르면, 아동의 정서적 레퍼토리는 뻗치고, 기고, 걷고 발화하는 것과 같이 새로운 기술을 발달시킴에 따라 확대되며, 이런 경험에 대하여 더욱 다양한 정서 반응을 할 새로운 경험과 기회를 제공한다. 영아의 정서는 비특정적 고통과 같이 광범위하고 특별하지 않고, 이것은 이후에 분노, 슬픔이나 공포와 같은 변별 정서가 된다.

정신건강은 영아의 정서적 안녕을 반영한다. Alice Honig(1993a)는 영유아와 일하는 성인에게 다음의 사항들을 잊지 말도록 당부하는데, 적절한 장난감과 양질의 신체적 양육 이외에, 영유아에게 사랑과 온화함을 제공해야 한다는 것이다. 그들은 또한 영아가 반짝거리지 않고 멍한 눈을 하거나, 성인에게 바싹 다가앉지 않고 밀치거나, 몇 시간 동안 슬픔을 가눌 수 없이 울고 과격하게 성질을 부리는 식의, 정서적으로 굶주려 있다는 영아의 신호를 외면하지 말아야 한다(Honig, 1993a, p. 72). 아동은 영아기부터 비극적 경험을 기억할 수 있다(Gaenbauer, 2004). 그들은 놀이에서 몇 년 후에 그런 경험을 재연하기도 한다.

어머니의 정신건강은 아동의 정신건강과 밀접하게 관련된다. 임신 말기와 초기 영아기 동안, 남녀 모두 심리적으로 새로운 생명을 위한 심적 공간과 삶에 집중하게 된다(Mayes, 2002). Mayes(2002)는 면담을 통하여, 부모가 "매우 의기양양해지고, 완전히 변화되고, 충분한 만족감과 말로 표현할 수 없는 기쁨과 상상 이상의 성취감과 완벽함"(p. 6)을 보고하였다고 밝혔다. 반면에, 어린 영아의 부모 중 많은 비율은 아기에게 발생할 수 있는 나쁜 일에 관해 걱정하고 있다고 보고하였다. 어린 영아의 어머니 중 약 10%는 **산후** 주요 우울증을 경험하였다(Epperson, 2002). 정상적으로, 대부분 처음 어머니가 된 사람들은 흔히 말하는 **산후 우울감**(baby blues)을 겪게 된다. 증상은 약하지만 저조한 기분, 울고 싶은 기분, 성마름, 정서적 동요, 불안과 수면의 어려움을 포함한다. 산후 우울증은 보통 이전에 증상의 발현을 경험한 여성에게 발생한다. 약물치료나 심리치료는 보통 **산후 우울증**을 가진 여성에게 적용될 수 있다. 불행하게도, 이것은 종종 감지되지 않는다. 반복된 증상의 발현은 부모-영아 관계와 자녀의 신경 발달에 부정적 영향을 줄 수 있다. 우울한 어머니는 영아에게 필요한 자극적인 상호작용을 제공하지 못하는 경향이 있는데(OCD Developments, 2008), 이로 인하여 영아는 인지 발달과 운동 발달에 손상을 입고, 까다로운 기질, 자기 조절의 어려움, 낮은 자존감과 행동 문제로 발전하여 문제 행동 고위험군이 되기 쉽다. 1,000

산후(postpartum) 아기 출산 후에 생기는

산후 우울감(baby blues) 아기 출산 후에 생기는 정상적인 침울해지는 시기의 증상

산후 우울증(postpartum depression, PPD) 아기 출산 후 짧게 나타나는 우울증

현실에서의 아동 발달

영아 정신건강

점점 더 영유아의 정신건강이 초기 중재의 본질적 핵심으로 인식되고 있다(Grabert, 2009). 미국심리학회는 영유아의 정신건강 상황에 대한 온라인 고찰을 출판하였다(2011년 2월 22호). 불행하게도, 영아는 정신적으로 미성숙하고 외상과 관련된 정서적 또는 행동적 반응으로부터 자라기 때문에 정신건강 문제를 발달시키지 않는다는 공통된 신념이 있었다. 사실상, 영아는 가정이나 이웃의 폭력, 학대와 방임, 지진, 홍수나 어떤 다른 놀라운 경험과 같은 환경적 사건에 반응한다. 영아는 감정을 느끼지 못하거나(apathetic), 우울하고, 내성적일 수 있다. 성인은 영아가 힘들고 우울하다는 것을 알지 못할 수 있기 때문에, 아동은 필요한 도움을 받지 못하고 아동 후기와 성인기까지 문제를 계속 나타낼 수 있다. 예컨대, 2007년에, 2005년 뉴올리언스의 카트리나 태풍 재난을 당한 아동은 여전히 필수적으로 정신건강 서비스와 지원이 요구되었다(Children's Defense Fund, 2007). 우리는 얼마나 많은 영아가 외상 후 스트레스 장애(PTSD)를 겪고 있는지 잘 모른다. 외상적 경험에 대한 반응을 나타내는 영아 행동에서의 갑작스런 변화를 인식하고 알아차리는 것이 중요하다. 영아와 그들의 가족과 일하는 성인은 영아의 정신건강 문제의 징후에 친숙해지고 예민해야 할 필요가 있다. *Zero to Three*(2005)는 재난이나 주요 지역사회 폭력에 의해 영향받는 영아의 진단을 위한 지침을 출판하였다.

출처: American Psychological Association(2011년 2월 22일). 아기와 영아는 정신 질환을 겪을 수 있고, 거의 치료받지 않는다. http://www.apa.prg/print; Grabert, J.C.(2009). Integrating early childhood mental health into early intervention services. *Zero to Three*, *29*(6), 13-17; *Zero to Three*. (2005년 11월). 재난이나 주요 지역사회 폭력에 의해 영향받은 영아의 진단을 위한 지침, www.zerotothree.org.

명의 산후 우울증 여성 중 1명꼴로 **산후 정신증(병)**을 경험하는데, 사람에 따라 괴상한 행동을 하기도 하고 자살이나 아기를 죽이는 영아 살해를 야기할 수 있다. 산후 조리에서 정상적인 호르몬 변화와 신경학적 활동의 복합적 상호작용으로 인하여 경미한 우울증이 정상적으로 나타날 수 있음을 어머니들에게 교육해야 한다. Epperson(2002)은 정책 입안자와 일반 대중에게 망상과 영아 살해를 야기할 수도 있는 산후 기분 변화와 생물학적 근거에 대해서 교육할 필요성을 지적하고 있다. 또한 우울한 어머니를 위한 산전 검진과 산후 치료의 필요성도 지적하고 있다(OCD Developments, 2008).

4 영아와 부모의 문화와 상호작용 형태

주로 주류 유럽계 미국 아동에 근거한 이론은 소수 인종 문화의 아동에게 일반화할 수 없다. Cynthia T. Garcia Coll(1990)은 특히 소수 인종 영유아에 초점을 둔 연구를 개관하였다. 영아와 부모의 행동은 문화마다 다양하다. 예컨대, 나바호족 인디언(북아메리카 최대의 인디언 부족)은 등에 지게식 요람(cradle board, 북아메리카 인디언 여성이 영아를 업는 데 사용하는 요람)을 지고 아기를 데리고 다닌다. 지게식 요람을 사용하면 영아의 각성과 활동

산후 정신증(병)(postpartum psychosis, PPP) 아기 출산 후에 나타나는 정신증

성이 낮아지고, 그 결과 상호적 주고받기가 덜 나타난다. 그러나 낮은 상호작용 수준은 요람을 사용하지 않을 때에는 일반화할 수 없다. 나바호족 영아는 첫 1년간은 유럽계 미국 영아보다 두려움을 덜 느끼지만 2년째에는 더 많이 두려워한다. 그러나 나바호족 집단 안에는 광범위한 다양성이 있다. 영아가 다른 사람들과 상호작용을 더 할수록, 덜 두려워하게 된다.

Coll(1990)은 소수민족 어머니와 영아 간 상호작용에 관한 다른 연구 결과를 설명한다. 멕시코계 미국 어머니는 유럽계 미국 어머니보다 영아를 자극할 때 더 많이 만지고 말을 덜 하는 경향이 있었다. 다양한 라틴계 집단의 어머니는 영아와의 행동에서 다양한 형태를 보여 준다. 쿠바계 어머니는 가장 말을 많이 하며 교육적 게임을 더 많이 하였고, 푸에르토리코와 남미 어머니는 말을 적게 하고 더 많은 사회적 게임을 하였다. 라틴계 어머니에 비해, 아프리카계 미국 어머니는 가장 적게 말을 하였고 영아와 게임을 하는 양이 가장 적었다. 질문을 할 때, 라틴계 어머니는 교육의 목적을 표현한 반면, 아프리카계 미국 어머니는 너무 많은 주의를 하면 영아를 망치지 않을까 하는 두려움을 표현하였다. 토박이 미국 어머니와 영아는 아프리카계 미국 어머니와 유럽계 미국 어머니와 자녀보다 더 조용하고 수동적이었다.

원주민 미국 영아가 더 수동적인 것을 제외하면, 이렇게 다양한 상호작용 방식이 영아와 양육자의 애착이나 영아의 기질에 어떻게 영향을 주는가에 대해서는 알려져 있지 않다. 반면에, 특정 문화에서의 대집단 연구가 어떤 문화적 형태를 인식하는 반면, 집단 구성원 개인은 상당히 다양할 수 있다. 예컨대, Brinker, Baxter와 Butler(1994)는 초기 중재 프로그램의 참여자였던 아프리카계 미국 어머니와 영아의 상호작용을 관찰하였다. 사회경제적 지위가 낮은 집단과 중간 집단 모두 표집되었고, 어머니 중 몇 명은 약물 사용자들이었다. 연구자들은 상호작용 형태의 다양성을 발견하였고, 어떤 특정 문화의 하위집단 구성원을 정형화하지 않는 것이 중요하다고 결론 내렸다.

일반적으로 자녀와 아버지의 참여에 관한 연구가 많이 증가하고 있다 해도, 개발도상국에서의 아버지 상호작용에 관한 연구는 거의 이루어지지 않는다. 반면에, 개발도상국의 출생률은 증가하고 있고, 이들의 많은 가족이 미국에 이민을 오고 있다. Engle과 Breaux(1998)는 많은 주에서 인종적으로 다양한 가족의 비율이 빠른 속도로 증가하고 있다는 점을 지적한다. 많은 이민 집단은 아버지 역할과 행동에 관하여 영국계 백인 미국인 문화와 다른 견해를 갖고 있다. 아버지 역할에 대한 광범위한 견해를 이해하기 위하여, 가족 안에서의 남성을 포함하여 **아버지**에 대한 정의를 확장시키는 것이 필요하다. 예컨대, 어떤 문화에서는, 가족 안에서의 남성은 생물학적 아버지가 아닐 수도 있다. Engle과 Breaux(1998)는 베트남과 같은 문화에서는, 할아버지와 같은 다른 남성 친척이 아버지 역

아버지(역할)(father) 자녀 양육에서 어머니의 책임과 동등하게 나타나고 있는 역할

할을 맡을 수 있다고 설명한다.

이전에 설명하였듯이, 여성이 가장인 가구의 비율이 증가하고 있다. 세계적으로, 더 많은 어머니들이 취업을 하면서, 어머니와 자녀와의 관계에서 남성을 다양한 위치에 놓게 한다. Engle과 Breaux(1998)는 아버지의 역할이 변화하는 문화적 사례 몇 가지를 제공한다. 전통적 멕시코 가족은 독재적인 남성과 의존적이고 복종적인 여성으로 구성된다. 남성은 생계 담당자이고 자녀를 훈육한다. 여성은 복종적이며, 음식을 만들고 온화함과 애정을 통하여 자녀의 욕구를 충족시킨다. 점차적 도시화로 인하여, 어머니와 아버지가 책임감을 평등하게 공유하는 새로운 모형이 정의되고 있다(Saracho & Spodek, 2007). 라틴계 아버지는 저임금의 일로 장시간 일하는 경향이 있다(Behnke, 2004). 그들은 집에 오면 너무 피곤해서 자녀에게 주고 싶은 주의를 제공하지 못할 수 있다. 많은 라틴계 아버지는 거의 영어를 하지 못하는 이민 온 지 얼마 안 되는 사람들이고, 따라서 자녀의 숙제를 도와줄 능력이 없다. 반면에, 라틴계 아버지는 많은 강점을 갖고 있다. 그들은 협동, 가족 융합과 자녀 양육을 강조한다(Behnke, 2004). 많은 라틴계 아버지는 정서적이고 양육적이며, 놀기 좋아하고 정서적으로 지지적이다.

미국과 유럽에서 이루어진 연구에 따르면 아버지는 자녀의 발달에 중요한 영향을 가지는 것으로 나타난다. 그러나 개발도상국에서 아버지가 어린 자녀와 상호작용하는 것에 대한 기대는 매우 드물다. 아버지가 기혼이든, 부재하든 간에 기여하는 수입의 비율에 따라 아버지의 경제적 지원의 효과는 매우 다양하다. 이전에 논의한 것과 같이, 부랑인 집단에 포함된 많은 가족이 증가하고 있다. 이러한 가족은 살아가면서 많은 스트레스원에 의해 관계를 방해받는다(Swick, 2008).

가족 안에서 남성의 역할을 재정의하고 강화하기 위한 프로그램이 유용하다. 가족 안에서 역할의 평등성을 위해 더 많은 노력이 이루어지고 있다. 다른 프로그램들은 남성이 더 책임감을 느끼고 부모 역할 기술을 획득하도록 계획하였다. 어떤 프로그램은 미국에서 결혼하지 않은 아버지들을 대상으로 한다. 예방적 교육은 남자 청소년을 대상으로 성역할에 대한 정의를 확대시키고 양육에 대한 견해를 발달시키는 데에 초점을 둔다. 기업과 산업체에서는 아버지 참여를 증진시키려고 아버지 휴가와 융통적 근무 일정을 권장하고 있다. 부재중인 아버지를 가진 자녀를 위한 더 많은 법적 보호가 필요하고, 자녀를 지원하는 남성의 능력을 증진시킬 수 있는 노력이 이루어지고 있다.

우리가 다른 문화에서 보는 바와 같이, 모든 지역의 가족 구조의 변화는 아동 발달에 지지적 효과를 주기 위하여 가족 안에서 남성 역할을 재구조화할 필요가 증가되고 있다.

5 양육자의 정서적 행동과 참여

더욱 최근에, 우리는 영아가 관계하는 사람보다 관계의 질이 더욱 중요하다는 것을 인식하기 시작하고 있다. 아동이 첫 1년간 신뢰를 발달시킴에 따라, 아동은 사랑하는 능력을 발달시킨다. 성장할 때 다른 사람을 사랑할 수 있기 위해서는, 아동이 생의 첫 몇 달 동안 사랑하는 것을 배우는 것이 필수적이다(Fraiberg, 1977). '보살핌' 활동은 공유될 수 있다. 아기는 끝없이 사랑을 주고 나누는 존재이다(Schaffer, 1977).

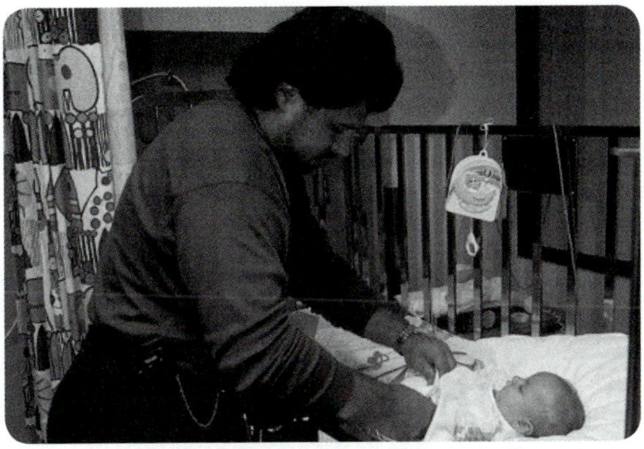

사진 14-5 이 아버지는 유능하고 다정한 양육자이다.

전통적으로, 어머니는 주 양육자로 간주된다. 그러나 이미 언급하였듯이, 남성 역할은 모든 문화권에서 재정의될 수 있다. 남성이 현재 출생 과정에 더 많이 개입하고 있듯이, 영아의 보육에서도 더욱 능동적인 역할을 담당하기 시작하고 있다.

중류와 저소득층 아버지는 산부인과 병동에서 관찰하면 신생아에게 어머니와 똑같은 흥미를 나타내는 경향이 있다. 부모로서 유능하려면 영아의 욕구에 대해 민감해야 한다. 유능한 부모는 영아의 메시지를 올바르게 읽고 적절하게 반응할 수 있다(사진 14-5).

상대적으로 볼 때, 인종 집단 간 아버지의 영아에 대한 참여는 잘 알려지지 않고 있다(Cabrera, Hoffeth, & Chae, 2011). Cabrera와 동료들은 아프리카계 미국인, 라틴계와 백인 세 집단으로부터 대규모 국가 수준의 표본(5,089명의 영아와 아버지)에서 아버지와 영아의 참여를 검증하였다. 참여의 수준은 언어적 자극, 양육과 신체 놀이에 대하여 검증하였다. 아프리카계 미국인과 라틴계 아버지는 백인 아버지보다 더 많이 양육하고 신체 놀이에 참여하였다. 비록 양육과 신체 놀이보다 덜 빈번하다 해도, 세 집단 모두 동일한 언어적 자극 활동에 참여하였다. 집단 안에서, 교육 수준이 높은 아버지는 특히 이야기 읽기와 같은 언어적 자극에 더 많이 참여하였다.

장애를 가진 어린 자녀(신생아부터 5세 연령)가 있는 가족에서는, 책임감과 이에 따르는 스트레스가 증가한다. Gavidia-Payne과 Stoneman(1997)은 장애를 가진 어린 자녀를 위한 프로그램에 어머니와 아버지가 참여하는 것에 관한 가족 예측 요인을 연구하였다. 경제적으로 더욱 유복하고 가족 상호작용을 건강하게 지각한 교육 수준이 높은 어머니일수록 가장 많이 관여하고, 대처 능력이 더 좋았다. 지원과 사회적 및 종교적 지원을 추구함에 있어서 능동적으로 대처한 아버지들은 자녀의 프로그램에 더 많이 관여하였다. 비록 그들은 항상 회의에 참석하거나 서비스 제공자와 자주 의사소통하지 않는다 해도, 아버지들은 서비스를 원하였다. 교육 수준이 더 높고 재정적으로 확실한 아버지는 자녀의 프로그램에 더 많이 관여하였

생각해 보기

이상적인 부모/양육자-영아 관계라고 지각하는 것에 대해 설명하라.

다. 긍정적 가족 관계도 더 높은 부모 참여를 나타냈다. 저자들은 이러한 결과는 초기 중재 프로그램에 관하여 Bronfenbrenner(3장 참조)에 의해 제안된 것과 같이, 생태학적 접근의 중요성을 지지한다고 생각한다.

요약

1 성인-영아 상호작용의 발달단계, 성인-영아 상호성의 역할과 애착 행동의 중요성과 작별 스트레스와의 관계 인식하기

자녀와 양육자의 좋은 상호적 관계는 강한 영아-양육자 애착을 위한 기반이다. 사랑과 따뜻함은 이 과업을 완수하는 데 기본이다. 영아는 다음 4단계를 통하여 유능성에 대한 통제력을 발달시킨다. (1) 영아가 주목을 얻는 방식을 배우는 동안 생겨나는 유능성. (2) 주의를 연장시키려고, 영아는 상호작용을 통제하려고 웃고, 발화하고, 얼굴 표정을 짓고, 운동 단서를 사용하는 것을 학습한다. (3) 영아는 통제의 한계를 시험한다. (4) 생후 4, 5개월경 영아가 앞장을 서기 시작하면서 자율성이 나타난다. 사회적 상호작용에서 공통적 리듬을 반영하는 상호적 교환 주기는 긍정적이고 민감한 관계의 징후이다.

첫 3개월은 애착 발달을 위한 결정적 시점이다. 영아의 유능성은 애착 발달에 의해 증진된다. 부모의 부재 후의 부모와 자녀 간 재결합을 보게 되면 애착 강도에 대한 단서를 얻을 수 있다. 아동은 애착의 강도에 있어서 다양하며, 다음 네 가지 행동을 보인다. 안정 애착, 불안정 저항 애착, 불안정 회피 애착, 비조직화 애착. 주의와 의사소통에 대한 시도에 대한 영아의 신호를 양육자가 민감하게 받아 주는 것이 안정 애착의 근원이다. 애착의 강도는 미래의 발달에 영향을 준다. 양부모와의 상호작용은 약간 다르다 해도 중요하다. 어머니와의 관계는 보통 아버지와의 관계보다 더 강력하다. 작별은 영아에게 공통적으로 스트레스를 주며, 조용하고 점차적으로 다루어져야만 한다.

2 영아가 성인 및 또래와 상호작용하는 방식을 설명하고 비교하기

상호작용은 의사소통의 기본이다. 상호작용과 의사소통 중 많은 것은 일과 중에 발생한다. 모방은 부모자녀 상호작용에서 중요한 요소이다. 비록 양육자에 대한 반응이라 해도, 영아는 상호작용의 몫을 통제하고 양육자의 반응에 영향을 준다. 부모는 남아와 여아에게 상호작용하는 방식이 다르다고 해도, 자녀에게 동일한 양의 주목과 애정을 제공한다. 만일 기회가 주어진다면, 영아는 성인뿐만 아니라 또래와의 관계에 관심을 갖는다. 영아는 서로 응시를 통해서 보기 시작한다. 생후 6개월 시기에, 영아들은 서로 보고 발화하고, 보통 모방하고 만지고 미소 짓고 움직인다. 1세까지, 그들은 간질이고, 만지고, 웃으면서 대화를 발달시키고 서로 모방한다.

3 영아의 기질과 영아-부모 정서적 관계의 중요성 설명하기

기질은 정서와 정서 조절의 지속적 형태이다. 그것은 성격의 주요 요소이다. 기질은 영아가 유순한지(조용하고 이완되어 있는지) 또는 까다로운지(활달하고 괴롭히는지)에 영향을 준다. 영아의 기질적 특성은 청소년기까지 계속되는 것으로 발견되고 있다. 기질은 유전, 뇌 과정, 가족 환경, 영향, 문화, 생물의학적 조건과 독성 물질에 의해 영향받을 수 있다. 다양한 특성은 각 문화에 의해 가치가 달라질 수 있다.

모든 기본 정서는 영아기 동안 발달한다. 아동은 정서 조절이 사회적 상호작용에 중요한 요소이기 때문에 그들의 정서를 조절하도록 가르쳐야 한다. 영아의 정신건강은 계속적으로 영아 발달 연구의 주요 초점이다. 가정에서의 학대 빈도가 증가함에 따라, 아기에 대한 영향은 인식되고 다루어져야 한다. 아기들은 따뜻하게 안길 수 있어야 하고, 다른 사람들과 잘 지내야 한다. 영아의 정신건강은 가정 폭력과 부모의 우울에 의해 영향받을 수 있다. 아기는 만일 지역사회 폭력, 태풍이나 전쟁과 같은 외상적 상황이 있다면 외상 후 스트레스 장애 증후군을 겪을 수 있다. 산후 우울증은 여성들에게 일반적으로 발생되는 것으로 인식된다. 문제는 어떤 프로그램도 평가와 치료가 가능하지 않다는 점이다.

4 문화가 부모자녀 관계와 상호작용에 미치는 영향에 대해서 설명하기

다양한 문화의 특성들 중 몇 가지는 7장에서 설명되었다. 각각의 문화는 영아와 상호작용하는 전형적인 방식을 갖는다. 어떤 문화에서는 영아가 활동적으로 놀이를 하도록 권장받고, 다른 문화권에서는 더욱 수동적으로 다루어진다. 어머니-자녀 상호작용에서 나타나는 문화적 다양성에 대해서는 어느 정도 안다고 해도, 우리는 이 다양성이 기질과 애착에서의 문화적 차이를 설명하는지, 어떻게 설명하는지에 대해서는 알지 못한다. 그러나 사회가 빠르게 변화함에 따라, 성인의 역할은 주시되고 존중되어야 한다.

5 영아가 여러 명의 양육자를 갖는 것의 영향에 대해 논의하기

연구에 따르면, 질 높은 양육자와 영아의 관계는 부모와 자녀 간 애착을 붕괴시키지 않고 사실상 증진시킬 수 있다. 아버지, 어머니와 다른 보육 제공자는 동일하게 따뜻하고 양육적일 수 있다. 가족의 안정성과 기능도 장애를 가진 어린 아동을 위한 부모 참여 프로그램에서 중요한 역할을 한다. 생태학적 견해는 부모와 자녀 간의 상호작용을 평가할 때 고려되어야 한다.

제 15 장 걸음마기: 자율성과 신체 운동 발달

이 장과 관련된 표준

naeyc

NAEYC 프로그램 기준

1a: 출생에서 8세까지의 영유아의 특징과 요구를 알고 이해하기

DAP

발달에 적합한 실제(DAP) 지침

1D: 전문가는 건강과 안전을 보장하는 물리적 환경을 고안하고 유지한다.

학습목표

1 걸음마기아가 자율성을 추구한다는 것을 인식한다.
2 이론가들의 관점으로부터 주요한 걸음마기아 의 특성들을 규명한다.
3 걸음마기아의 영양과 건강의 주요 요소에 대해 알아보고 걸음마기아의 영양과 건강을 유지하기 위한 성인의 역할에 대해 설명한다.
4 걸음마기에 발달하게 될 소근육 · 대근육 운동 기술에 대하여 열거한다.
5 전형적인 걸음마기아와 특별한 요구를 지니고 있는 걸음마기아를 위한 가장 효율적인 지도 실습을 추천한다.

1 자율성을 향하여

"걸음마기아들은 활동적이고 제한되지 않은 에너지로 꽉 차 있으며 열정적이며 호기심이 강하다. 걸음마기는 제한된 영아의 운동, 사회, 언어 그리고 인지적인 능력으로 시작하여 비교적으로 정교한 능력으로 끝나는 시기이다"(Marotz & Allen, 2013, p. 106). 걸음마기는 의존성에서 독립성으로 전이되기 시작하는 시기이다.

걸음마기는 1~2세 또는 1.5~3세까지의 시기를 말한다. 이 시기는 영아에서 유아로 성장하는 시기이다. 양육의 대가 T. Berry Brazelton 박사(Wilson, 2010)는, 아동이 두 살 또는 두 살 반 정도에 새로운 기술을 조합하고 세 살 때쯤에 움직이는 데 성숙해지는 시기가 걸음마기라고 본다(Brazelton, 1977a).

> **생각해 보기**
>
> 걸음마기아의 행동에 관해 읽어 보면서 왜 걸음마기아의 부모들이 쉽게 좌절하는지 생각해 보라.

걸음마기아의 주요 과제는 그들이 독립적으로 움직일 수 있도록 하는 **자율성**을 추구하는 것이다. 걸음마기아는 자신보다 나이가 많은 유아 또는 성인이 하는 일들을 하고 싶어 하며 또 그것들을 자기 스스로의 힘으로 성취하길 원한다. 걸음마기아는 성인에게 특별한 과제를 제시한다. 부모들은 걸음마기아들이 사회적으로 적합한 자율적인 행동을 하게 하는 다른 방법을 찾는다(이 장의 지도 관련 부분에서 다뤄질 것이다). Fields와 Fields(2006)는 이 시기에 걸음마기아들이 스스로가 생각과 바람을 가진 독립된 존재라는 것을 깨닫게 된다고 지적한다. 이들은 스스로에게 새로 발견한 자율적 능력을 확신시키기 위해서 앞에서 언급한 발견을 계속 시험한다. "맞아"라는 의미일 수 있을 때조차도, "아니야!"라는 말은 어떤 요구에나 빈번한 반응으로 나타난다. 이 시기를 **미운 두 살**이라고 하는데, 그 이유는 걸음마기아가 강한 고집을 주장하기 때문이다. 이 시기는 성인에게 굉장히 좌절스럽고 힘든 시기이다. 걸음마기아에게는 외출 시 두 옷 중 하나를 고르거나 후식으로 푸딩이나 아이스크림 중 어느 것을 먹을지와 같은 실제 선택을 할 기회가 필요하다. 또한 옷 입기, 먹기, 접시 닦기(비록 다시 닦아야 될지라도), 쓰레기 처리 등과 같은 독립적인 활동을 할 수 있도록 하는 것도 필요하다. 어린 걸음마기아들은 운동, 인지, 정서의 영역에서 새로운 능력을 빠르게 발달시킨다. 그러나 이러한 능력이 발달됨에 따라, 성취와 그들이 할 수 있는 것에 대한 걸음마기 아동들의 발견의 노력은 돌봄을 제공하는 성인으로부터 많은 주의 집중과 에너지를 요구한다.

자율성(autonomy) 독립을 향한 성장

미운 두 살(terrible twos) 영유아가 활동적으로 탐색하고 독립성을 추구하는 시기로, 성인이 강하게 지도하게 되는 시기

2 걸음마기 아동에 대한 이론가들의 관점

Erikson, Freud, Bandura, Piaget, Vygotsky, Skinner 모두 걸음마기를 자신들의 관점으로 해석하였다. 그중에서도 Skinner와 Bandura는 걸음마기를 성장과 학습에서 중요한 시기라고 분류하였다.

생후 약 18개월 시기는 Erikson의 두 번째 단계에 해당하며, 이 시기에 그들은 위기를 처리해야 한다. 즉, 위기를 잘 처리하는 과정에서 자율성, 수치심과 의심을 발달시킬 수 있다(**자율성 대 수치심 및 의심**)(Miller, 2002). 걸음마기아는 새롭게 발달시킨 운동 능력을 밀고 나가며 이용하려는 강력한 추동을 가지고 있다. 동시에 걸음마기아는 자기 조절력을 발달시키고 환경의 제한된 장(set) 속에서 자기의 기술을 사용하는 방법을 익히고 발달시킨다. 그들은 소파에 올라 앉을 수는 있지만 뒤에 걸쳐 앉거나 뛰어내리지 말아야 한다는 것을 배운다. 그들은 바깥에서는 뛰어도 되지만 집 안에서는 뛸 수 없다는 것도 배운다. 걸음마기아가 잘못된 행동을 하였을 때 느끼는 수치심은 건강한 감정이라고 볼 수 있는데, 이러한 건강한 감정의 수치심을 발달시키는 것이 필요하다.

동시에 만약 수치심 감정이 너무 강하다면 자신의 능력에 대해 의심이 생기게 되고 독립성(자율성)의 건강한 감정을 발달시킬 수 없다. 걸음마기는 매우 반항적인 시기일 수 있고("아니요" 시기 또는 부정적 행동을 금지시키는 시기), 또는 매우 순응적인(자신을 주장하지 않고 모든 것을 따라 하는) 시기일 수도 있다. 따라서 성인은 이 시기 동안 자기 조절력이 있는 자율적 행동을 격려하면서 걸음마기아들을 지도해야 한다. 이러한 많은 위기들 중에서 행동은 배변 훈련에 집중되고 신체적·운동 발달적으로 중요한 성취들이 일어난다.

Freud는 생후 18개월에서 3세 시기의 배변 훈련의 중요성을 강조하였다. 그리고 이 시기를 **항문기**라고 명명하였다. 그는 성인기에 심리적 문제를 가진 사람들이 자신의 부적절한 배변 훈련 경험에서 그들 문제의 근원을 찾을 수 있다고 보았다. 이것은 우리 문화에 주요한 관심사이다. 소변과 대변을 참으려는 책임감은 어린 아동에게서 만들어진 생물학적·심리사회적 필요를 조절하기 위한 최초의

사진 15-1 이 활동적인 걸음마기아는 스쿠터를 타기 위하여 운동 기능을 협응시키느라 열심이다.

자율성 대 수치심 및 의심(autonomy versus shame and doubt) Erikson의 두 번째 단계로, 걸음마기아는 이 시기에 이러한 위기(갈등)을 처리해야 한다.

항문기(anal stage) Freud의 두 번째 단계(걸음마기에 해당)로, 이 시기에는 배변 훈련이 주요 관심사이자 목표이다.

요구이다(Miller, 2002).

Bandura의 견해에서 보면 개선된 운동 기술과 향상된 인지 기술은 관찰 학습을 통하여 걸음마기아가 능력을 더 잘 사용할 수 있도록 한다(Miller, 2002). 걸음마기아는 보는 것에 의지해서 활동하였던 시기에서 상징적 표상을 이용하여 활동하게 되는데, 이런 것은 걸음마기아가 더 이상 관찰할 수 없는 시기에도 이미 관찰하였던 것들을 모방할 수 있도록 해준다. 또한 걸음마기아의 더욱 정교해진 운동 기술은 매우 다양한 과업들을 성취할 수 있게 해준다. 일반적으로, 이러한 결과는 걸음마기아들이 엄마같이 화장하거나 아빠같이 면도하려고 하는 모방 행동에서 찾아볼 수 있다.

Piaget의 견해에서 보면, 걸음마기는 감각운동기의 후기에서 시작하여 **전조작기**의 초기로 진행된다. 18개월에서 두 살 사이에 아동은 감각운동기에서 전조작기로 이동하게 된다. 인지적으로 아동은 대상 영속성을 갖게 되고 더 어른과 같은 정신적 형상을 갖게 된다. 인지적 성장이 지배적으로 되게 하기 위하여 운동 발달이 멈추고, 언어 발달이 가속화된다. 놀이와 모방이 학습에서 주요한 수단이 된다. 이러한 견해는 Erikson과 일치한다.

Vygotsky의 견해에서 보면(Berk & Winsler, 1905, chapter 2), 1~3세 시기는 사물에 대한 조작에 주의를 집중하는 활동을 하고, 공공연한 사적 언어를 시작하며 자기 조절을 발달시키는 시기다. 이 기간에 영아는 놀이에 참여하기 위해서 자신의 충동성을 조절하게 되고 놀이의 규칙을 따라야 하기 때문에 덜 충동적으로 발달하게 된다. 걸음마기아의 주요한 발달 과업은 자율적 언어, 자기 조절적 사적 언어이다. 단어들은 종종 맥락과 관련이 없다. 걸음마기아는 주로 아주 가까이에 있는 가족들만이 이해할 수 있는 자신들만의 근접 영역을 만든다. 이때 초기 발화의 의미는 맥락에 달려 있다. Vygotsky에 따르면 사고는 아직 언어적으로 발화되지 않았다. 우리는 다음 장에서 Vygotsky의 언어에 대한 견해를 살펴보도록 하겠다.

발달 학자들의 견해에 따르면, 걸음마기는 전형적으로 매우 활동적이고 독립적인 인간이 되기 시작한다. 근육을 조절할 수 있을 만큼 성숙함으로써 걸음마기아는 걷고, 올라가고, 뛰고, 배변 활동을 할 수 있다. 활동에 대한 걸음마기아의 억눌린 욕구는 두 살과 두 살 반 또는 세 살 사이에 정점에 도달하게 되는데, 이때 그들은 약간 정착하려는 경향을 보인다. 언어는 학습과 소통에 새로운 영역을 열어 준다. 놀이와 모방은 세상, 성역할, 독립성, 공격성, 옳고 그름의 차별화, 사회적 행동에 관한 기대된 행동을 배우는 주요한 수단이다. Skinner의 견해에 따르면, 적절한 환경은 움직이고 탐색하고 강화나 기대된 행동을 통하여 배움을 지지해 주는 공간을 제공한다.

전조작기(preoperational period) 약 2세에서 7세까지의 시기로, 이 시기의 발달은 주로 언어 발달에 초점이 맞추어져 있다.

3 영양과 건강

12장에서는 영아의 영양과 건강이 다루어진다. 18장에서는 적절한 섭취량이 소개된다. 이 장에서는 일반적인 영양과 건강 주제가 다루어질 것이다.

일반적인 건강과 영양은 오랫동안 아동의 신체적 발달과 행동에 중요한 영향을 미치는 요소로 인식되어 왔다. 미국에서 어린 아동에게 적절한 영양을 제공하는 것은 아주 중대한 문제이다. **식품 안전성 보장**은 언제나 활동적이고 건강한 삶을 유지하기 위해 충분한 영양이 공급되어야 한다는 접근으로 정의되어 왔다(Federal Interagency Forum on Child and Family Statistics 2011, p. 17). 2009년에 1,720만 명의 아이들이 불안전한 음식(**열악한 식생활**) 상황에 있었다(FIFCFS, 2011). 즉, 그들은 적절한 음식을 제공받기 어려운 가정에서 생활하였으므로 식품 불안정 상태가 초래되었다. 영아들이 자라면서, 그들의 음식의 질은 낮아졌는데, 가장 큰 이유는 과일의 섭취가 적어지고, 우유를 적게 먹었기 때문이다. 영양적으로 위험에 처해 있는 저소득층 임신 여성, 유아, 5세까지의 어린아이들은 WIC 프로그램(Women, Infants, and Chldren, 2011)을 통해 식료품을 지원받을 수 있는데, 이것은 연방의 자금을 지원받는 것이다. WIC는 단백질, 칼슘, 철, 비타민 A, C가 함유된 영양가 높은 음식물을 제공한다. 영유아는 철분 강화 분유, 이유식, 시리얼 등을 제공받을 수 있다. 성인들은 철분 강화 시리얼과, 비타민 C가 풍부한 과일나 채소 주스, 유제품, 우유, 치즈, 땅콩버터, 과일과 채소, 통조림을 받을 수 있다. 많은 아동들은 정부가 지원하는 식료품 할인권을 받는 가정에서 자란다. 영유아들에게는, 비록 저소득층 지역과 저소득층 공급자에 의해 운영되는 가정 기반 보육 시설에 대한 보조의 기준이 현재 엄격해지고 있지만, 연방 기금이 계속해서 아동 보육 기관과 가정 기반 보육 시설을 중심으로 보조된다.

일반적 건강관리는 걸음마기 시기에 지속적으로 중요하다. 좋은 탁아 시설에서 소아과 진료(Pediatric well-child care)를 통해 걸음마기아의 발달 정도를 꾸준히 측정하는 것은 필수적이다(Kuo & Inkelas, 2007). 이를 통하여 발달상의 문제들이 초기에 확인되고 치료될 수 있다. 동시에, 가족들의 심리적 건강과 환경도 점검되어야 한다. 대부분의 건강관리자들은 영아와 걸음마기아들이 예방주사를 두 살 때 맞아야 한다고 권고한다(LeBlanc, 2002). 2009(FIFCFS, 2011)에는, 19~35개월의 아동들의 70%가 권고된 여섯 가지 백신을 접종받았다. 백신들은 홍역, 볼거리, 풍진, 디프테리아, 파상풍, 백일해, 소아마비, B형 간염, 수두, A형 간염, 폐렴구균의 질병으로부터 보호한다. 백신은 저소득층을 위해서 지역 보건소로부터 저소득층의 경우에는 무료 또는 저가로 접종된다. 생후 6개월부터는, 매년 독감 예방접종이 권고된다.

식품 안전성 보장(food security) 항상 충분한 영양을 갖도록 유도하기
열악한 식생활(food insecurity) 적절한 영양 안전성을 유지하기가 어려움.

영양과 건강관리에 대한 성인의 역할

영유아와 함께 일을 하는 성인이나 영유아의 가족은 양질의 영양과 건강관리를 제공함으로써 그들의 신체적 · 정신적 발달을 지원해 줄 수 있다. 학교나 아동 보육 기관에서는, 영양가 있는 식사와 간식이 제공되어야 한다. 손을 씻는 습관도 강조되어야 한다. 건강과 영양 교육 프로그램도 학생과 그들의 가족을 위해서 개발되어야 한다.

Marotz(2012)는 건강의 기초로서 양질의 영양의 필요성을 설명한다. 성인은 좋은 역할 모델을 수행하기 위하여 적절한 영양에 대한 지식을 가지고 있어야 한다. 그들은 에너지를 제공하고, 신체 조직의 성장과 조직을 위한 재료, 신체 조절을 위한 재료에 어떤 영양소가 필요한지를 알 필요가 있다. 날마다 신체는 유제품, 단백질, 과일과 채소, 곡류의 네 가지 기초 영양군을 섭취해 일정량의 영양소를 공급받아야 한다. **영양 섭취 기준(DRIs)**은 어떤 음식을 살지 결정하고 날마다의 음식 섭취량을 점검하는 데 사용될 수 있다. DRI 표는 Marotz(2012, pp. 321-32)에서 찾을 수도 있고, USDA's Food and Nutrition Information Center의 웹사이트(http://fnic.nal.usda.gov)에서도 찾을 수 있다. 성인은 영양가 있는 음식을 영아에게 제공함으로써 좋은 영양을 지원해 줄 수 있다. 너무 단 사탕과 인스턴트 또는 패스트푸드(junk food)는 영아의 식단에 포함되어서는 안 된다.

식사시간은 행복하고 즐거운 시간이 되어야 한다. 식사를 제공하는 가족의 방식은 행복한 분위기를 촉진할 수 있고, 아동이 독립성을 발달시킬 수 있는 기회를 제공할 수 있어야 한다(Bomba & Knight, 1993; Marotz, 2009). 영유아들은 먹는 행동을 점진적으로 발달시키므로, 영유아들의 먹는 방식은 존중되어야 한다. 예를 들어, 어린 걸음마기 유아들은 대부분 손으로 먹을 것이고, 입으로 들어오는 숟가락을 밀어낼지도 모른다. 두 살쯤 되면, 식욕이 줄고, 음식 기호가 발달된다. 어른들은 이 시기에 참을성을 가질 필요가 있다. 두 살짜리 유아는 스스로 먹는 것을 즐기지만 도구와 함께 손가락을 이용하기도 한다. 손으로 먹을 수 있는 음식이 제공되어야 한다. 세 살부터는, 도구 사용과 함께 식욕이 일반적으로 증진되지만 손으로 먹을 수 있는 음식이 여전히 먹기에 쉽다. 세 살경에는, 걸음마기아들은 음식 준비를 돕는 것을 즐긴다. 이들은 소화 능력이 떨어지는 반면에 많은 에너지를 사용한다. 그러므로 치즈나 과일, 채소, 과일 주스와 같은 영양가 있는 간식들이 식사 중간중간에 제공되어야 한다(**사진 15-2**).

성인은 종종 적절한 행동을 위한 보상이나 새로운 음식을 시도하기 위해 음식을 사용한다. 예를 들어, 걸음마기아가 장난감을 잘 집거나 몸에 좋은 초록 콩을 먹으면 쿠키나 한 줌의 사탕을 받기도 한다. 그러나 새로운 음식을 시도하였다거나 어떤 행동을 하였다고 해서 음식을 보상으로 사용해서는 안 된다(Marotz, 2012). 새로운 음식을 시도한다는 이유로 보

영양 섭취 기준(Dietary Reference Intakes, DRIs) 4대 기초 식품군이 포함된, 우리 몸이 매일 필요로 하는 영양소의 최소량

사진 15-2 건강한 간식은 아동이 소근육 협응 능력을 기를 기회를 제공한다.

상을 주는 것은 장기적으로 어떠한 효과도 없는 것으로 밝혀졌다. 실제로, 이것은 음식을 보상으로 사용하는 것이 아동으로 하여금 그 특정 음식을 좋아하게 만드는 방법이 아니라는 것을 암시한다. 걸음마기아에게 음식을 다 먹으라고 하는 것은 비만을 초래하는 한 방법이다. 걸음마기아는 자신이 배부른 정도의 양만큼만 먹어야 한다.

영유아와 함께 일을 하는 성인들은 영유아 건강 상태의 관찰자이며 평가자이다. Marotz (2012)는 건강 평가를 위한 모형을 제시한다. 날마다 영유아를 관찰하는 것은 그들의 에너지 상태와 동기에 대한 정보를 모을 기회를 제공한다. 활동 상태의 변화는 문제를 암시할 수 있다. 날마다의 건강 검사는 1, 2분이 걸리지만 매우 중요하다. 대략적인 겉모습, 머리, 얼굴, 눈, 코 등에 어떤 의심스러운 변화가 있는지 살펴본다. 부모는 검사가 완전히 끝날 때까지 자녀와 함께 있어야 한다. 이러한 정책은 부모를 건강관리에 포함시키고, 어떤 특정한 관심사가 중요할 때 부모가 자녀 곁에 있으면서 이를 들을 수 있게 한다. 건강 교육 또한 중요하다. Marotz는 부모와 자녀가 안전, 아침식사의 중요성, 영양가 있는 간식의 중요성, 운동의 중요성, 청결, 날씨에 맞는 옷차림, 구강 위생 등과 같은 문제에 대해 함께 정보를 공유하는 것이 필요하다고 말한다.

약물 남용

약물 남용의 폐해는 8장과 9장에 설명되어 있다. 부모의 간접 흡연뿐만 아니라 약물 남용, 술 남용 등은 계속해서 영유아에게 심각한 문제를 일으킬 수 있다. 우리는 남용의 문제를 입증할 확실한 정보를 충분히 가지고 있지 않지만, 그 가능성을 무시할 수도 없다. 더 많은 정보가 사용 가능해짐에 따라, 약물 남용 문제를 앓고 있는 영유아와 가족을 돕는 프로그램에 더 많은 주의가 집중되고 있다(*Zero to Three*, 2007).

2001년에, 5세 이하 영유아의 10%와 6~11세 아동들의 8%가 약물 남용 부모들과 살고 있었다(SAMHSA, 2008). 미국의 국립약물남용연구소(NIDA)는 약물 남용자들을 위한 치료 프로그램을 제공하였다(Powers, 2007). 부모와 아동들 모두에게 도움이 필요하였다. 아동의 장기적인 정신건강 문제를 피하기 위해서는 부모와 아동의 유대가 강화될 필요가 있다.

Rist(1990)는 1990년에 처음으로 코카인 중독자 어머니에게서 태어난 유아들이 유치원에 입학하였다고 보고하였다. 이 아이들은 하나같이 무엇을 배우기가 어려웠다. 코카인 중독자 어머니에게서 태어난 아이들은 보통 태어날 때부터 결함이 있거나, 버려지거나, 코카인이 중독되어 있는 환경으로 다시 돌아갔다. 그들은 너무 많은 감각적 자극에 대응할 수 없어 보였고, 복잡한 일이 요구되었을 때 제대로 반응할 수 없었다. 자극적인 교실 환경에 놓인 이 아이들은 위축되거나 사나워지고 통제되기 어려운 경향을 보였다. 학교는 감정적인 지원과 집에서의 혼란에 반격하기 위해 유아 때부터 시작하는 구조적인 학교/아동 치료 환경을 필요로 하는 상처받은 아이들을 다루기 위해 준비할 필요가 있다.

약물 중독자 부모의 자녀가 약물에 직접적으로 영향을 받지는 않더라도, 그들은 감정적으로 상처를 주는 환경에 살고 있을 것이다(Thompson, 1998). 만약 약물이나 술을 자녀보다 좋아한다면, 자녀는 버려졌다고 느끼고 어른들을 신뢰하지 못할 것이다. "영유아기 전문가는 양육의 질을 개선하고, 일관된 일상생활을 유지시키며, 교실에서 놀이 치료를 제공함으로써 약물 중독자와 알코올 중독자 가정의 영유아를 도울 수 있다"(Thompson, 1998, p. 35). 이러한 가정의 영유아는 일관되고 신뢰를 형성하는 성인과의 관계를 가질 필요가 있다.

Lilian Katz(1994)는 약물 남용 방지 교육을 위해 영유아기 선생님들이 만들고 있는 몇몇 자료들이 적절하지 않으며 혼란스러울 수 있으며 심지어는 아동들을 잘못 인도할 수 있다고 경고한다. 예를 들어, 영유아들이 가끔 맥주를 먹는 어른과 알코올 중독자의 차이를 인시할 수 있을까? 불법적인 마약을 사용하는 환경에서 자라온 아동들이 자신의 가족들과 친구들이 어떤 나쁜 행동을 하고 있다는 것을 어떻게 받아들일까? 다음에 살펴보겠지만, 영유아는 이러한 상황의 기저에 깔린 상대성을 이해할 수 있는 수준까지 정신이 발달하지 않았다. 전체 수업 시간에 이러한 부적절한 주제를 다루기보다는, Katz는 영유아기의 교사들이 문제가 감지되는 각 아동과 가족을 위해서 개별적으로 도움을 줄 것을 제안한다. 그동안에, 성인은 영유아의 이해의 한계에 적합한 약물 남용 방지 교육의 방법을 찾을 필요가 있다.

건강하지 않은 식단

걸음마기아는 반고체와 고체의 음식들을 먹는다. 안타깝게도, 2세 이상의 걸음마기아는 건강한 식습관을 가지고 있지 않다. 2~3세 아동의 36%는 '좋은' 식사를 하며, 60%는 '개선이 필요한' 식사를 하고, 4%는 '빈약한' 식사를 한다. 걸음마기아는 종종 채소와 고기와 같은 필수 식품을 섭취하지 못한다. 아동기의 비만 또한 점점 더 중대한 문제로 인식되고 있다(CDC, 2009). 2009년에 2~19세 아동의 과체중 비율은 17%였다. 그 비율은 미성년자와 저소득층에게서 더 높게 나타나는 경향을 보였다. 비만 아동은 그들이 소비하는 칼로리보다 더 많은 칼로리를 섭취하였다. Fraser(2004)는 이러한 현상에 대한 몇 가지 원인을 밝혀냈다. 비만 아동은 탄산음료를 두 배로 마시며, 집에서 만든 음식을 적게 섭취하고 패스트푸드를 많이 먹으며, 지방 · 설탕 · 탄수화물을 많이 먹으며, 과일들과 전분이 없는 채소를 먹는다.

또한 CDC(2011)는 아동들이 신체적 활동을 적게 하며 텔레비전을 너무 많이 시청하는 것에 주목한다. 또한, 텔레비전을 시청하면서 먹는 아동은 먹을 때 텔레비전을 시청하지 않는 아동보다 더 많은 피자, 과자, 고기, 카페인 음료를 섭취하는 경향을 보이며, 더 적은 양의 과일, 채소, 주스를 섭취한다고 보고하였다. 저소득층 가정은 주로 과일과 채소를 적게 섭취하였는데, 그 이유는 이런 것들이 비싸고 보통 정제된 곡류, 설탕, 지방보다 덜 포만감을 주기 때문이다. 과체중 아동은 2형 당뇨병의 위험에 직면한다. 또한 그들은 높은 수치의 콜레스테롤, 고혈압 문제를 가질 수 있으며, 성장하는 뼈에 너무 많은 무게가 가해지기 때문에 자칫 기형의 문제가 생길 수 있다.

가족들은 건강하지 않은 식품들을 집에서 없애야 하고 우유와 물의 양을 늘리고 주스와 카페인 음료를 줄여야 하며, 가족으로서 함께 식사하고, 음식을 보상이나 처벌로 사용하지 않으며, 신체적으로 활동적인 생활습관을 익혀야 하며, 텔레비전과 비디오를 보면서 먹는 시간을 줄여야 한다. 또한 학교도 건강한 식사를 제공하는 좋은 일을 할 수 있다. 지역사회는 더 좋은 스포츠 장소(공원이나 자전거 도로와 같은)와 아동들을 위한 스포츠 활동을 제공할 수 있다. 걸음마기 아동들은 날마다 구조화된 놀이 시간(30분)과 비구조화된 활동적인 놀이 시간(60분)이 필요하며, 잘 때를 제외하고 60분 이상 앉아 있어서는 안 된다(Carlson, 2011a).

생각해 보기

여러분은 걸음마기아에게 건강한 영양을 제공하는지 생각해 보라. 식성이 까다로운 아이에게 어떻게 적절한 식단을 제공할 수 있을까?

4 신체적 발달과 운동 발달

신체적 발달과 운동 발달의 일반적인 방향은 12장에 설명되어 있다. 활동적인 걸음마기아는 키가 더 커지고, 더 균형 있게 되며 괄목할 만한 대근육 · 소근육 발달을 이룬다. Aronold Gesell는 사진과 영상자료를 기록한 자료를 토대로 발달 검사를 만드는 영역의 선구자였다(Maldonado, 2007). *Gesell Developmental Schedules*는 생후 4주에서 6세까지의 아동의 발달을 평가하는 데 사용될 수 있다. Gesell은 대근육 발달(머리 가누기, 앉기, 일어서기, 기기, 걷기, 잡기), 소근육 발달(눈-손의 협응, 도달, 조작), 식사 능력, 소변 조절과 같은 관련 자료들을 체계적으로 기록하여 발달 검사를 만들었다. Gesell의 자료가 뉴잉글랜드의 백인 아동들만을 기초로 하였다고 비난을 받았지만, 오늘날의 걸음마기아는 Gesell이 밝힌 방식대로 행동한다(Maldonado, 2007).

걸음마기 아동의 대근육 운동 발달

생후 17개월이 되자, Kate는 자기가 생후 5개월 때 방문하였던 많은 아이들로 구성된 2단계 교실을 방문한다. Shelly라는 여아가 Kate에 대한 묘사를 아래와 같은 "걸음마기 활동 이야기"로 표현하였다.

> 걸음마기아 Kate는 걷고 말하고 냄새를 맡을 수 있으며, 가장 좋아하는 것은 기어 다니는 것이다. Kate는 "pop"(호칭으로 부르는 아빠), "milk"(우유), "DaDa"(아빠), "achee" "MaMa"(엄마), "craker"(과자)라고 말할 수 있다. 작년에 Kate는 생후 5개월이었다. 하지만 지금 Kate는 생후 17개월이며 장난치는 것을 좋아하고 가장 좋아하는 장난은 구르기이다.

Shelly는 걸음마기아를 특징 짓는 두 가지 주요한 변화에 주목하였다. Kate의 발전된 운동 능력과 말하기 능력이 그것이다. 운동 능력은 걸음마기 1년차에 언어 발달과 더불어 두드러지는데 2년차까지 계속된다. Selma Fraiberg는 이제 막 걸음마기가 되는 아동을 다음과 같이 묘사한다.

> 독립적인 이동 능력과 새로운 자아의 발견은 성격 발달의 새로운 국면으로 이끈다. 걸음마기아는 자기가 성취한 것에 대하여 굉장히 짜릿한 기분을 느낀다. 걸음마기아는 마치 자기가 새로운 이동 방식을 발명해 낸 것처럼 행동하고(엄밀히 말하자면 사실이다), 또한 굉장히 똑똑해졌다는 이유로 자신을 매우 사랑하게 된다. 동이 트고 질 때까지, 황홀한 기분으로 행진하듯 돌아다니며, 피곤해서 쓰러질 때까지 흥얼거리면서 춤을 춘다. 아이는 더 이상 집의 사방에 구속되지 않고, 울타리가 쳐져 있는 마당은 걸음마기아에게는 마치 감옥과 같다. 실질적으로 제약이 없는 공간에서, 수평선의 끝을 향해 팔을 벌린 채로 즐겁게 휘청거리며 걷는다. 기회만 있으면 그렇게 할 것이다(Fraiberg, 1959, pp. 61-62).

운동적으로, 걸음마기 아동은 매우 숙련되고 기동성이 있다. 그들은 더 이상 조용하고 수동적이지 않으며, 아기 놀이울이나 좁은 방에 만족하지 않는다. 그들은 항상 움직여야만 한다. "운동 활동은 걸음마 시기에 너무나도 중요하기 때문에, 심지어는 잠과 같은 생물학적 과정으로 이러한 활동을 방해하거나 제한하는 것도 용납되지 않는다"(Fraiberg, 1959.

걸음마기아의 호기심은 그들의 발달하는 운동 기술들과 결합되면서, 계속해서 결과물을 내고 성인에게 과제를 제시한다. 걸음마기아를 위해 환경을 안전하게 유지하는 것은 필수적이다. 걸음마기아는 빠르게 움직이지만 아직 숙련되지 않았고 자주 발을 헛디디고 넘어질 것이다. 그들은 가구를 기어오를 수 있지만 떨어질 것이다. 의도치 않은 부상은 사고라는 용어로 대치될 수 있는데, 이것은 이 시기에는 대부분의 부상은 예방될 수 있기 때문이다(Marotz, 2009). 1~3세 아이에게 가장 큰 위험은 문, 창문, 열려 있는 문이나 자물쇠가 없는 문, 수영장의 물이나 욕조, 독소류, 화상, 차량, 작은 부품들로 이루어진 장난감, 성인용 도구, 야구방망이를 들고 있는 아이들, 딱딱한 공, 자전거, 거친 신체 활동 등이다. 안전한 놀이 도구들을 실내와 실외에 확실히 제공하는 것과 지속적으로 걸음마기아를 관찰 감독하는 것은 성인의 책임이다. 성인은 적절하고 안전한 놀이 활동을 위하여 한 발짝 나아

사진 15-3 걸음마기아가 바퀴 달린 장난감을 밀며 새로운 운동 기술을 이용하는 것을 즐기고 있다.

가 적절히 개입할 필요가 있다. 자동차 시트는 꼭 있어야 하며 정확하게 설치되어야 한다.

걸음마기에는 대근육 · 소근육 발달을 시키기 위해 실내 환경과 야외 환경이 모두 필요하다. 걸음마기아는 밀고 당길 수 있는 장난감을 가지고 논다(Frost et al., 2005). 장난감 청소기, 잔디깎이, 작은 차와 외바퀴 손수레, 사다리와 미끄럼틀, 뛰고 점프할 수 있는 야외 공간은 걸음마기에 대근육 · 소근육 운동 기술들을 사용할 수 있게 한다(사진 15-3). 걸음마기아가 봉제 동물과 인형들을 가슴에 꼭 안은 채 쏘다니는 것을 볼 수 있다. 종이 가방이나 다른 용기에 물건을 채워 넣는 것을 즐기고, 그것들을 다른 장소로 옮기고, 물건들을 쏟아냈다가 다시 용기들을 채우고 이러한 과정을 반복한다. 걸음마기아는 마치 그들이 그것을 완벽하게 할 수 있도록 연습하는 것처럼 행동을 반복한다. 걸음마기아는 점점 더 민첩해지고, 협응을 잘하게 된다. 세 살이 되면, 걸음마기아는 유치원생이 되고, 매우 많은 양의 운동 조절이 분명해진다(표 15-1).

배변 훈련

적절한 배변 훈련 습관의 성취는 걸음마기 말기(3세경)에 성취하도록 기대되는 주요한 신체적/운동 기술이다. 두 살 정도면 대부분의 걸음마기아는 낮 시간 동안 배변을 가리지만, 어떤 걸음마기아는 세 살 때까지 낮 시간에 배변을 가리지 못하는 경우도 있다. 밤에 배변 활동을 잘 조절하는 것은 보통 더 늦게야 가능하다(Cole, Cole, & Lightfoot, 2005). 배변 조절 능력은 괄약근의 성숙과 방광과 장에서 보내는 신호가 뇌에 도달할 수 있게 하고, 욕구로 이어지게 하는 신경계의 성숙에 달려 있다. 즉, 걸음마기아는 화장실을 가야 할 시간이라는 신호와 화장실을 갈 때까지 근육을 조절해야 한다는 신호를 얻어야 한다. 그들은 또한 화장실에 배설을 하기를 원해야 한다. 걸음마기아는 화장실에서뿐만 아니라 화장실 갈 때까지 대소변을 지리지 않기 위해 근육을 조절을 사용할 수 있다.

걸음마기아는 근육의 성숙과 욕구뿐만 아니라 인지적인 성숙도 필요하다. 그들은 지시를 이해하고 따를 수 있어야 하며 배설 작용에 대한 정보도 있어야 한다. 어른이 더 일상적

표 15-1 걸음마기아의 대근육 운동 발달 측정표

관찰자____________ 날짜____________ 시간____________ 장소____________
영아 이름____________ 생년월일____________ 나이____________

	관찰된 것		
나이와 운동 기술	**예**	**아니요**	**비고**
한 살			
기술적이고 빠르게 기기			
혼자 서기			
도움 없이 먹기			
두 살 때 도움 없이 걷기, 자주 넘어짐			
서 있는 상태를 유지하기 위해 가구를 사용하거나 자신을 바닥 쪽으로 낮게 위치시키거나 털썩 주저앉을 수 있음			
걷는 동안 장난감들을 밀고 당기기			
사물을 집고 던지기			
뛰려고 시도함, 넘어질 수도 있음			
계단을 기어서 오르내리기			
작은 의자에 앉기			
장난감을 이곳저곳에 운반하기			
두 살			
더 자신 있게 뛰기, 덜 자주 넘어짐			
쪼그려 앉아서 놀기			
도움 없이 계단을 기어갈 수 있지만 발로는 대체하지 못함			
몇 초 동안 한 발로 균형을 잡음			
배변 훈련을 성취하기 시작함			
큰 공을 떨어뜨리지 않고 아래로 던짐			
의자에 기어오르고, 돌아서 앉음			
바퀴 달린 장난감을 바퀴를 적절히 사용함			

출처: Marotz, L. R. & Allen, K. E. (2013). *Development Profiles: Pre-birth through adolescence* (7th ed.). Belmont, CA: Wadsworth Cengage Learning.

이고 편안하게 대할수록, 배변 훈련이 성공적으로 성취될 가능성이 높다(Honig, 1993b).

보육 기관에 다니는 걸음마기아의 수가 증가함에 따라, 배변 훈련 교육과정이 가정과 가정 외에서 아이들을 돌보는 사람들과 공유되고 있다. Riblatt, Obegi, Hammons, Ganger와 Ganger(2003)는 배변 훈련에 대한 태도와 실행에서 부모와 보육 전문가들이 어느 정도로 동의하는가를 조사하였다. 그들은 보육 전문가들과 부모들 사이의 확연한 차이를 연구의 네 가지 주요 영역에서 찾았다. 즉, 개입 연령, 준비도, 실행력, 사고에 대한 반응이 그것이다. 예를 들어, 많은 전문가들이 생후 24개월 이후에 배변 훈련을 시작해야 한다고 생각하는 반면, 많은 부모들은 24개월 이전에 시작해야 한다고 생각한다. 전문가들은 준비도에

"마법의 시기"는 없다는 것을 지지할 가능성이 더 높다. 거의 100%의 전문가들과 달리 겨우 50%의 부모들만이 걸음마기아가 배변 훈련 준비가 된 정도를 발달과 정서적인 면을 고려하여, 화장실에 가고 싶은지를 물어보면서 배변 활동에 관심을 보이며 규칙적으로 속옷을 갈아입힌다. 걸음마기아는 배변 활동 중 칭찬을 하거나 배변 활동과 관계된 동화책을 읽어 주는 등 인내심을 갖고 배변 훈련을 시키면 약간 더 잘할 수 있다. 대부분의 전문가들은 걸음마기아가 배변 활동을 실수하였을 때 씻기고, 옷을 갈아입히고, 변기로 다시 데려가 다음번에 기억할 것에 대해 이야기하고, 몸이 어떻게 느끼는지에 대하여 함께 이야기하는 것에 동의한다. 그런데 이런 방식으로 반응하는 부모들은 매우 적다. 따라서 Riblatt와 동료들(2003)은 배변 훈련에 관하여 부모와 아동 보육 전문가들 사이에 더 많은 의사소통을 하기를 권고한다. 어떤 경우에는 문화에 따라서도 다를 수 있으며, 그래서 토의가 필요하고 그 절차에서 어떤 동의를 이끌어 낼 수 있다.

걸음마기아의 소근육 운동 기술들

걸음마기아는 많은 시간을을 대근육 운동을 하며 보내지만 소근육 운동 기술 역시 무시해서는 안 된다(**그림 15-4**). 걸음마기 동안에 손과 손가락 운동이 점진적으로 발달한다(Marotz & Allen, 2013). 엄지와 손가락들 간의 협응이 향상되고 손을 좀 더 정확하게 사용할 수 있다. 작은 물체들도 솜씨 좋게 조작할 수 있다. 걸음마기 동안에 손가락을 사용하여 독립적으로 먹는 것을 배우고, 그다음 도구를 사용하여 먹는 것을 배운다. 공간과 운동이 협응되고, 사물을 잡을 때 최소한의 노력과 유연성을 가지고 사물에 닿고 사물을 집을 수 있게 된다. 생후 15개월경이 되면 상자에 사물을 집어넣고 뺄 수 있으며 동시에 두 개의 사물을 한 손으로 쥘 수도 있고 사물들을 끼워 맞출 수 있고 판지나 천으로 된 책을 넘길 수 있고 크레용을 손 전체로 쥘 수 있고 두세 개의 블록을 쌓을 수 있다. 걸음마기의 나머지 기간 동안에 이러한 기술들은 더 향상된다. 두 살 반이 되면, 주먹으로 쥐기보다 손으로 연필을 잡고 그림을 그리기 시작하고 한 용기에서 다른 용기로 액체를 부을 수 있다(Marotz & Allen, 2013).

사진 15-4 찰흙 놀이는 소근육 운동과 감각 경험을 제공한다.

감각운동기 동안, 인지 발달은 영아가 탐색할 수 있는 기회에 따라 향상된다. 이러한 탐색에 영아가 주의 집중을 할수록 영아는 더 많은 정보를 얻게 된다(Ruff, 1986). 생후 6개월 정도부터, 영아는 일정 시간을 사물에 명확하게 주의 집중할 수 있다. 사물을 몰두

뇌 발달

걸음마기 뇌와 운동 기술

걸음마기가 시작되는 생후 18~24개월 즈음에 걷기는 종합적인 운동 기술 발달의 시작을 알리는 신호이다(BrainWonder, 2001; Gabbard & Rodrigues, 2007). 처음의 뻣뻣하고 어설픈 걸음걸이는 첫해를 지나면서 많이 유연해지고 많이 협응할 수 있게 된다. 이것은 더 명확하게 정보를 받도록 하는 뇌의 운동 경로 수초 형성이 증가하기 때문이다. 아울러 연습도 많이 하게 되고 결과적으로 더 향상된 협응 이동 능력을 가지고 좀 더 순조롭게 걷게 된다. 신경 연결이 가속화되고 연습을 많이 하게 된 결과, 더 잘 협응할 수 있고 근육도 강화되는데, 이렇게 되어 걸음마기아는 달리고 뛰뛰고 기어오를 수 있게 된다. 걸음마기아가 운동 연습을 함에 따라 신경 회로가 더 활발히 활성화되고, 근육은 더 강화된다. 수초 형성도 정교한 운동 기술 발달에 영향을 미친다. 소뇌의 성숙도 적기성과 협응 능력을 향상시킨다. 그리기 도구들을 사용하면서, 구슬 꿰기, 블록 쌓기 등을 하면서, 걸음마기아의 뇌와 운동 체계 발달의 피드백을 통하여 정교한 운동 기술이 더욱 향상된다. 생후 18개월경에 50%의 걸음마기아가 한 손을 안정적으로 사용하는데, 아직 많은 걸음마기아가 아동기에 진입할 때까지 양손을 사용하기도 한다. 걸음마기 말(3세경)쯤 되면 영아의 뇌의 시냅스 밀도는 최고조에 달한다(*Zero to Three*, 2011; BrainWonder, 2001).

출처: Gabbard, C., & Rodrigues, L. (2007). Optimizing early brain and motor development through movement. *Early Childhood News*, http://www.earlychildhoodnews.com; *Zero to Three* (2011), http://main.zerotothree.org.

한 표정으로 보면서 그것을 만지작거리고 돌린다. 이러한 행동 유형을 **조사**(또는 탐색 조사)라고 한다.

소근육 운동 발달이 더욱 정교화되면서 걸음마기아는 사물을 더 능수능란하게 다룰 수 있게 된다. 표 15-2는 걸음마기아의 소근육 발달 능력 유형이다.

5 효과적인 지도 실습

걸음마기아의 관점에서 보면, 이들을 사회화하는 성인은 걸음마기아의 인생에 즐거울 수 있는 시간을 매우 방해하는 셈이다. 그런데 성인의 관점에서 보면, 어떤 것들은 걸음마기아의 건강과 안전, 어른들의 정신건강에 매우 위험하다. 걸음마기아 자신의 계획을 가지고 어른의 방해에 저항하게 되면 그들은 곧 부정적이라는 평판을 얻는다. 어느 정도 자신이 무엇이 받아들여질 수 있는지와 없는지를 배우기 시작해야 하고, 동시에 탐구할 자유를 가져야 한다. 걸음마기는 자기 조절을 발달시키는 데 있어 결정적인 시기이다(Bronson, 2000).

Selma Fraiberg는 걸음마기아의 관점을 다음과 같이 설명한다.

어른들은 걸음마기아가 보물처럼 생각하는, 돌아다니다가 발견한 녹슨 빗장, 까맣게 탄 옥

조사(examining, 탐색 조사) 강한 표정으로 주의를 집중하며 사물을 만지작 거리거나 돌려 보면서 살피는 것

표 15-2 걸음마기아의 소근육 운동 발달 측정표

관찰자______________ 날짜______________ 시간______________ 장소______________
영아 이름______________ 생년월일______________ 나이______________

나이와 운동 기술	관찰된 것 예	관찰된 것 아니요	비고
한 살 때의 소근육 운동 기술들			
팔 전체를 사용해서 크레용과 마커로 낙서하기			
책장을 넘기는 것을 돕기			
2~4개의 (블록과 같은) 물건들을 쌓기			
장난감 망치로 나무못 두드리기			
큰 형틀이나 퍼즐에 세 개의 기하 도형 위치 맞추기			
한 살 때 자기 혼자 할 수 있는 것			
스스로 먹기, 숟가락 잡기(종종 거꾸로)			
유리잔이나 컵으로 마시기			
도구를 사용하여 먹을 때 종종 흘림, 자주 엎지름			
아직 손을 이용하여 먹을 수도 있음			
두 살 때의 소근육 운동 기술들			
큰 나무못 꽂는 판에 꽂기(팩보드 판에 큰 못 꽂기)			
손잡이를 돌려서 문 열기			
손바닥으로 큰 크레용 잡기, 큰 종이에 낙서하기			
쏟고 채우는 것을 즐김(모래, 물 등)			
4~6개의 사물들을 쌓기			
물건들을 합치고 분리하기			
두 살 때의 자기 혼자 할 수 있는 것			
컵이나 유리잔을 한 손으로 잡을 수 있지만 종종 쏟음			
큰 단추를 풀기			
큰 지퍼를 풀기			
향상된 기술로 혼자 먹을 수 있음			
욕조에서 혼자 씻는 것을 시도함			
옷 입기를 시도함			
보통 옷을 벗을 수 있음			
배변 오래 참기, 배변 훈련에 흥미를 보일 수 있음, 변기에 몇 분 동안 자진해서 앉아 있기도 함			

출처: Marotz, L. R. & Allen, K. E. (2013). *Development Profiles: Pre-birth through adolescence* (7th ed.). Belmont, CA: Wadsworth Cengage Learning.

수숫대, 말라비틀어진 사과의 속 등에서 손을 떼라고 재촉한다. 어른들은 걸음마기아가 굉장히 높은 곳에 올라가는 것과, 새까만 물구덩이를 절벅절벅 걸어가는 것과, 잡기 힘든 애완견의 꽁무니를 따라다니는 것을 막기 위해 애쓴다. 어른들은 쓰레기통과 휴지통을 비우는 장난을 막기 위해 대기하고 있다. 물론 어른들은 걸음마기아의 입장에서는 전혀 자고 싶지 않은 시간에 낮잠과 취침을 제안하는데, 이것은 단지 어른들에게만 분명한 이유가 있다 (Fraiberg, 1959, pp. 62-64).

걸음마기아와 일할 때 고려해야 할 두 가지 개념은 예방과 행동 수정이다. **예방**은 그들을 위해 환경을 건강하고 안전하게 하도록 개입하고, 과도한 제약의 필요를 최소화하는 것이다. 예를 들어, 전등의 콘센트는 반드시 덮여 있어야 하며 독성 물질은 손이 닿지 않는 곳에 있어야 한다. 부서졌을 때 복원될 수 없는 귀중품은 잠시 동안 시야가 닿지 않는 곳으로 옮겨야 한다. 부서지기 쉽지만 복원될 수 있는 물건들은 보살핌과 함께 어떻게 물건을 다루는지 보여 주기 위한 교육 도구로 사용할 수 있다. 또한 예방은 반응이라기보다는 조치라고 볼 수 있다. 사전에 대비하는 방식은 잠재적인 문제들을 예견하고 그것들이 발생하는 것을 막는다. 반응하는 방식은 문제가 발생할 때까지 기다리고 그것에 반응한다.

Skinner의 이론: 행동 수정

B. F. Skinner의 교육 이론은 **행동 수정**이라 불리는 기술의 기초로 사용되어 왔다. 걸음마기아는 그들 스스로 말할 수 있는 정도보다 훨씬 더 잘 언어를 이해한다. 행동 수정에서 언어 행동과 비언어 행동의 조합는 걸음마기아가 바람직한 행동을 배우고 바람직하지 않은 행동을 포기하도록 하는 것을 돕는 데 사용된다(사진 15-5). 첫 번째 단계에서, 걸음마기아는 적절한 행동을 한 것에 대하여 보상을 받는다. 보상으로는 미소, 쓰다듬기, 귀 기울여 주기 등이 있다.

걸음마기 아동들은 곧 어떤 행동이 긍정적인 주의를 가져오고 어떤 행동이 지적을 가져오는지 배우고, 그러한 행동들을 반복한다. 행동 수정의 두 번째 기술은 대체와 방향 조절의 사용을 포함한다. 대체에서, 걸음마기 아동들은 바람직하지 않은 행동을 하지 않도록 하는 어떤 것을 하도록 유도된다. 예를 들어, 걸음마기 아동은 서랍과 찬장을 여는 것을 좋아한다. 매번 아동은 어른이 열기를 원치 않는 것을 열

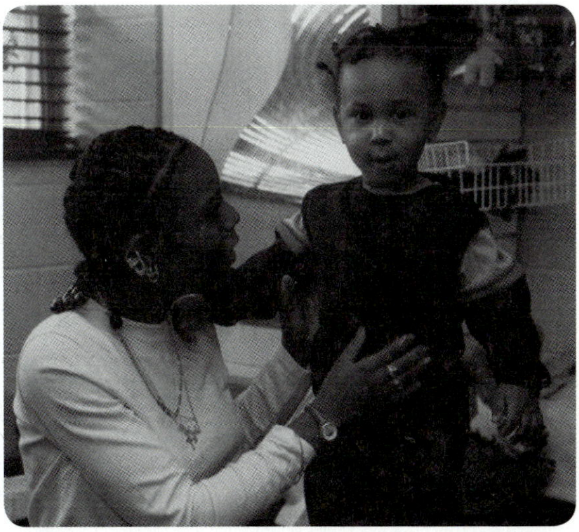

사진 15-5 바람직한 모델을 제공하면서 영유아의 협조적 행동이 보일 때 즐거운 목소리로 강화하며 아동에게 말을 하고 있는 장면

예방(prevention) 영유아를 위해 환경을 건강하고 안전하게 만들도록 개입하는 것으로, 영유아에게 탐색할 수 있는 공간을 주면서 과도한 제약의 필요를 최소화하는 것

행동 수정(behavior modification) Skinner의 이론으로, 아동이 바람직한 행동을 배우고 바람직하지 않은 행동은 포기하게 하기 위하여 언어적·비언어적 행동을 조합하여 사용하는 것

사진 15-6 걸음마기아들은 어른의 물건을 탐색하며 어른의 행동을 모방하기를 좋아한다.

고, 어른은 "닫으렴, 너 스스로 그것을 해야 해."라고 다정하게 말하면서 걸음마기 아동이 그것을 닫도록 돕는다.

방향 조절은 걸음마기아의 행동 과정을 신체적으로 바꾸는 것을 포함한다. 걸음마기아가 어른의 소유물로 향할 때, 어른은 다정하게 그들이 그들 자신의 장난감들에게 향하도록 이동시킨다(사진 15-6).

Eva Essa(2008)는 때리기, 물기, 독점하기, 지시에 순응하지 않기, 변기에 물건 넣고 내리기, 성질 부리기, 음식 가리기 등의 흔한 걸음마기아의 행동 문제들을 밝혀내고 해결하기 위한 접근을 제시한다. 먼저 행동을 불러일으키는 원인에 주의를 집중해야 한다. 예를 들어, 원치 않는 행동이 강화되는 이유를 밝혀내기 위해서 영유아의 환경과 생활에 관련된 사람들에 대해서 알아보는 것이 중요하다. 가끔 문제의 동기가 되는 요소가 규명되거나 변경될 수 있다. 각각의 문제를 위하여, 가능한 해결책이 제안된다. 마지막으로, 구조화된 행동 수정 계획이 만들어질 수 있도록 구체적인 틀을 만든다.

❀ 지도 책략의 효율성에 영향을 미치는 다른 요소들

걸음마기에서 유아기로 사회화되는 과정은 쉬운 일이 아니다. 이것은 성인의 입장에서 보면 대단한 인내와 긍정적인 행동을 요구한다. 이러한 정보는 새로운 것이 아니다. Sears, Maccoby와 Levin(1957)의 연구 결과를 보면 처벌 그 자체는 장기적으로 걸음마기아의 자기 조절과 순응을 발달시키는 데 도움이 되지 않는다.

Da Ros와 Kovach(1998)는 갈등 상황들에서 걸음마기아를 다루는 책략에 대해 강조한다. 갈등이란 걸음마기 사회화 과정에서 어떤 규칙을 배우고자 하는 상호작용을 할 때 흔히 나타난다. 갈등은 그것이 아동들과 일어나든 다른 어른들과 일어나든 어떤 어른들에게서는 종종 다루기 힘든 일이다. Da Ros와 Kovach는 갈등을 다루는 첫 번째 방식으로서 갈등을 정상적이고 자연스러운 일로 받아들이는 것을 제안한다. Piaget 학파의 관점에서 보면, 갈등은 지식을 구성하는 데 필수적이다. 그러나 어른들은 종종 빨리 개입하고, 지나치게 자주 걸음마기아에게 갈등을 해결하는 방법을 가르치는 것을 등한시하고, 그들 자신의 문제해결을 구성할 시간을 주지 않는다. Da Ros와 Kovach는 갈등을 해결하기 위한 적절한 두 가지 책략, 즉 예방과 **중재**를 밝혀냈다. 예방 책략들은 아동을 작고 양립 가능한 집단에

중재(intervention) 위험하거나 영유아의 문제해결에 코칭이 필요할 때 개입하는 것

배치하고, 걸음마기아에게 움직이고 탐색하고 의사결정 기술을 얻을 수 있는 자유를 주는 방법을 포함한다. 중재 책략들은 갈등 해결을 위해 어른들이 사용하는 방법이다. 양육자들은 개입하기 전에 상황을 충분히 관찰하고 분석할 필요가 있으며, 갈등을 해결하는 자연스러운 결과를 도출할 수 있는 충분한 시간을 허락할 필요가 있다. 다른 종류의 중재는 걸음마기아에게 문제를 해결하기 위한 시간을 제공하면서 상황을 설명해 주고 만약 상황이 위험해 보인다면 예방하고 중재하는 책략이다. Da Ros와 Kovach는 "걸음마기아는 갈등에 참여할 것이다. 이것은 그들이 어떻게 사회적 기술을 배우는가에 있어서 필수적인 부분이다"(p. 30). 사회적 기술들을 배우는 것을 돕는 방식으로 이러한 상황들을 다루는 것은 어른들의 책임이다.

부모들과 다른 아동들을 다루는 사람들은 긍정적인 지침 기술들을 배워야 한다. Miller(2010)는 지도가 없다면 아동은 긍정적인 방향으로 발달하지 않을 것이라고 지적하였지만 한편으로는 그들이 점토처럼 만들어진다고 하지도 않았다. 어른들은 각각의 영유아가 "각자의 잠재성과 성격적 특질들을 타고났음"을 인정해야 한다(Miller, 2010, p. 15). Miller는 어른들의 역할을 다음과 같이 정리한다.

> 아동은 개인적인 성격, 기호, 흥미, 동기를 가지게 된다. 어른의 역할은 확신과 존경심을 가지고 아무리 어린아이일지라도 그가 인간의 모든 권리(종종 부정적이고 저항하는 권리라고 하더라도)를 가지고 있는 진정한 사람이라는 것을 절대로 잊지 않는 것이다. 발달적 상호작용론자들의 관점에서 보면, 아동 지도는 합리적인 제한 내에서 그들의 선택을 허락하며 그들 자신의 행동을 논리적 결과로 도출할 수 있도록 도우면서 그들의 세상에 실제에 대한 피드백을 아동들에게 주는 것이다(Miller, 2010, p. 354).

특별한 요구를 가진 걸음마기 특수아동

특수아동을 발달적으로 적절하게 지도하기 위해서는 그들의 장애를 이해해야 한다(Miller, 2010). 어른들은 아동의 행동에 나타나는 신체적 · 감정적 · 정신적 문제들과 같은 결함들이 아동의 잘못이 아니라는 것을 인정할 필요가 있다. 특수아동은 집에서든 아동 보육 기관에서든 질 높은 최선의 보살핌을 받아야 한다. Booth와 Kelly(2002)는 특수아동들의 적응력의 정도가 보육의 질에 직접적으로 연관되어 있음을 알아냈다. 그들은 이러한 요소가 특수아동에게 더 개인적인 영아 보육 시설에서 더 큰 집단 보육 시설로 이동할 수 있는 더 좋은 기회를 제공한다고 생각한다.

Lewis(2003)는 다양한 장애를 가진 영아들의 집단에서의 다양성에 관한 발달을 설명하였다. 예를 들어, 어떤 시각 장애 아동은 정상 아동들과 유사한 행동을 발달시키는 반면, 다른 시각 장애 아동은 뒤처지는 경우가 있다. 예를 들어, 시각 장애 아동이 물체를 잡는 것, 기동성, 정형화된 운동 능력을 갖게 되는 것이 늦어지는 것이 일반적이다. 따라서 어른들은 시각 장애 아동들과의 상호작용을 위해서 신호를 잘 파악하여야 할 필요가 있다. 시각 장애가 있는 걸음마기아가 이런 것들을 배우고 자율성을 개발하기 위해서 환경은 일관성이 있을 필요가 있다. 청각 장애 걸음마기 자녀를 둔 부모는 행동의 제약들에 대해 의사소통을 할 수 있는 방법을 찾아야 한다. 연구에 따르면, 청각 장애 자녀를 둔 부모들은 덜 허락해 주는 경향이 있고, 훈육 기술로서 육체적 처벌을 가할 가능성이 높다고 한다. 의사소통하는 것이 매우 중요하며 들을 수 있는 부모가 수화를 배우는 것도 중요하다. 다운 증후군이 있는 아동들은 배움에 어려움을 겪는 가장 큰 집단이다. 그들은 보통 아동들과 똑같은 순서로 발달하는 경향이 있지만 더 늦은 속도로 발달한다. 그들이 일반적으로 발달하는 영아들보다 덜 반응적일지라도 그들은 많은 상호작용이 필요하다. 그들의 사고 과정은 더 느리기 때문에, 요청을 하거나 제약을 설정할 때 어른들은 참을성을 가져야 한다. 아이들이 할 수 있는 행동들만을 요청하는 것이 매우 중요하다. 다운 증후군이 있는 아동은 흔히 일관되지 않은 기억을 가지고 있어서 겉보기에는 전날 완전히 익힌 습관이나 행동을 기억하지 못할 수도 있다. 행동 장애가 있는 걸음마기아는 어느 정도의 자율성을 달성하기 위해서 가능한 한 많은 도움이 필요하다. 일반적 발달을 보이는 걸음마기아들도 자율성을 가지는 과정에서 많은 어려움이 있지만, 행동 장애가 있는 걸음마기아를 대하는 성인은 더 많은 참을성과 기술을 필요로 한다.

심화학습 친구나 친척의 걸음마기아와 친하게 지내라. 당신이 좋은 친구가 되기 위해 서로에게 충분한 시간을 쏟은 다음, 걸음마기아를 산책시켜 보라. 걸음마기아는 멀리 가지 못할 것이기 때문에 짧고 흥미로운 길로 계획하라. 만약 가까이에 있다면 놀이터에 데리고 가도 된다. 결국, 당신은 무엇을 배웠는가? 당신은 어떤 기대된 행동을 관찰하였는가? 어떤 뜻밖의 일이 일어났는가?

요약

1 걸음마기아가 자율성을 추구한다는 것을 인식하기

걸음마기아는 매우 활동적이다. 달리기, 뜀뛰기, 기어오르기, 들기, 옮기기, 상자에 채우고 비우기 등의 활동을 한다. 걸음마기아는 자율성을 추구하면서 자신이 새롭게 얻은 독립성에 흥분한다. 그들은 모든 일을 그들 스스로 하기를 원한다. 어른이 도와주려고 할 때 걸음마기아는 보통 이렇게 반응한다, “싫어! 나 스스로 할 거야!”

2 이론가들의 관점으로부터 주요한 걸음마기아의 특성들을 규명하기

Piaget와 Erikson의 이론들에 따르면, 걸음마기아는 자율성을 추구한다. Erikson에 따르면 걸음마기아는 위기를 자율성 대 수치심, 의심으로 다루려고 노력한다. Freud는 항문기 시기인 1~3세에 배변 훈련 경험이 중요하다는 것을 강조하였다. Bandura는 더 정교화된 운동 기술과 높은 인지 기술이 걸음마기아를 더 기술적인 관찰자로 만든다고 하였다. Piaget 이론에 따르면, 걸음마기아는 감각운동기 후기에서 전조작기 초기로 이행한다. Vygotsky의 견해에 따르면(Berk & Winsler, 1995, Chapter 2), 1~3세의 시기는 걸음마기아의 활동이 사물을 조작하는 데 집중하도록 이끄는 시기이며, 공공연한 사적 언어가 시작되고, 자기 조절이 발달하는 시기이다. Skinner에 따르면, 바른 환경은 좋은 발달에 열쇠이며, 놀이와 관찰은 배움의 주요 수단이다.

3 걸음마기아의 영양과 건강의 주요 요소에 대해 알아보고 걸음마기아의 영양과 건강을 유지하기 위한 성인의 역할에 대해 설명하기

적절한 영양 공급과 건강관리는 발달을 돕는다. 많은 가정들이 가난하여 그들의 자녀들에게 음식과 건강관리를 제대로 제공할 수 없다. 아동이 성장하면서 적절하지 않은 식사를 섭취하는 경향이 있다. 그러나 영아기와 걸음마기 동안의 균형 잡힌 식사는 발달에 좋은 출발을 할 수 있게끔 해준다. 몇몇 연방 보조 식품과 건강관리 프로그램이 사용 가능하다. 모든 영유아는 좋은 보육을 받아야 하며, 두 살 때 예방접종을 받아야 한다. 모든 성인은 영유아를 위해서 좋은 영양과 건강관리를 최선으로 제공해야 한다. 학교와 아동 보육 시설은 건강한 식사와 간식을 제공해야 한다. 학교와 아동 보육 기관은 건강한 식사와 간식을 제공해야 한다. 성인은 정부의 식품 피라미드나 권장된 식단 허용량에 유의해야 한다. 설탕으로 만든 사탕이나 패스트푸드는 영아 식단에는 포함되어서는 안 된다. 식사 시간은 행복하고 즐거워야 한다. 걸음마기 아동들은 손가락을 사용할 필요가 있고 기구들을 사용해 보아야 한다. 음식은 절대로 바람직한 행동의 보상으로 이용되어서는 안 된다. 아동들은 매일같이 어떠한 의심스러운 변화들이 있는지 주의 깊게 관찰되고 검사되어야 한다. 부모들은 영양과 건강에 관련된 교육을 받아야 한다.

4 걸음마기에 발달하게 될 소근육 · 대근육 운동 기술에 대하여 열거하기

걸음마기는 걷기의 출현과 함께 시작된다. 곧 걸음마기아는 기어오르고, 뛰고, 던지고, 다른 대근육 활동에 참여한다. 소근육 기술들도 발달하게 되는데, 걸음마기아는 퍼즐, 크레용과 미술 붓, 구슬 꿰기, 모래와 물 붓기 등 소근육 기술들을 향상시키는 여러 재료들에 접해야 한다. 배변 훈련은 운동 기술 발달과 배변 훈련을 잘 성취하기 위한 기초적인 욕구를 필요로 한다.

5 전형적인 걸음마기아와 특별한 요구를 지니고 있는 걸음마기아를 위한 가장 효율적인 지도 실습을 추천하기

걸음마기아의 끊임없는 동작과 사물들과 사람을 탐색하고자 하는 충동적인 욕구 때문에, 어른들은 쉽게 걸음마기아의 행동에 대해 화가 나고 좌절하게 된다. 어른들은 이것이 발달의 자연스러운 단계임을 이해하여야 하고 침착하고 참을성을 가져야 한다. 어른들이 지켜보고 필요할 때 도움과 지원을 해줄 준비를 하고 있을 동안 걸음마기아는 자신의 갈등을 스스로 해결할 기회를 가질 필요가 있다. 행동 수정, 방향 조절, 대체는 걸음마기아에게 사용되는 효율적인 전략이다. 특별한 요구를 지닌 걸음마기아(장애를 가진 특수아동) 또한 자율성을 달성하기 위해 도움을 받아야 한다. 지도 전략들은 장애 아동에게 맞추어져야 한다.

제 16 장

걸음마기: 인지 발달

이 장과 관련된 표준

naeyc

NAEYC 프로그램 기준

1a: 출생에서 8세까지의 영유아의 특징과 요구를 알고 이해하기

DAP

발달에 적합한 실제(DAP) 지침

5: 가족과 호혜적인 관계 형성하기

3: 중요 목적을 성취하기 위한 교육과정 계획하기

학습목표

1 걸음마기 인지 발달에 대한 Piaget와 Vygotsky의 견해를 기술한다.

2 걸음마기아의 개념 학습의 예를 열거한다.

3 말과 언어 발달 간의 관계를 기술한다.

4 개념, 지식, 언어와 문해 간의 상호작용에 대해 설명한다.

5 걸음마기 인지 발달과 언어 발달의 사회문화적 측면의 중요성을 이해한다.

1 Piaget, Vygotsky와 인지 발달

걸음마기아는 세상에 대한 호기심이 많으며, 동시에 독립성을 발달시킨다. 호기심과 독립성이 결합되어 걸음마기아는 많은 실험을 한다. 걸음마기아는 장난감을 변기 속에 흘려보내고, 젖은 천 동물 인형을 오븐 속에서 말리며, 성인들이 만드는 것을 본 대로 케이크를 만들기 위해 다양한 재료를 섞는다면 어떤 일이 일어날지에 대해 알고 싶어 한다. 걸음마기는 성인들에게는 힘든 시기가 되는데, 걸음마기아의 호기심과 독립심이 결합되어 나타나기 때문이다. 이전 장에 기술된 바와 같이(5장과 12~15장), 뇌 발달은 첫 3년 동안 빠른 속도로 진행된다. 이 장에서는 Piaget와 Vygotsky의 견해에서 걸음마기아를 바라볼 것이며, 걸음마기의 개념 발달, 말과 언어와 문해 발달, 개념과 언어의 상호작용, 그리고 사회문화적 요소들을 살펴볼 것이다.

Piaget에 따르면 걸음마기는 인지 발달단계인 전조작기를 향해 감각운동기를 통과하고 있는 시기이다. 걸음마기 이전에는 감각 활동과 운동 활동이 학습을 하기 위한 지배적 수단이 된다. 학습에 대한 감각과 운동 양식은 전 생애를 통해 중요하나 전조작기 동안에는 놀이와 모방이 인지적 성장을 위한 주요 수단이 된다.

걸음마기는 반사 운동으로부터 시작하여 행동하기 전에 당면한 문제에 대해 사고하는 단계까지 발전하는 감각운동기의 하위 6단계 중 마지막 2단계에 해당한다(Fogel, 2009). 일반적으로 생후 12~18개월에 걸음마기아는 다섯 번째 단계를 경험한다. 그 아이는 어떤 행동을 반복하기를 즐길 뿐만 아니라 새로운 방식으로 어떤 일을 시도한다. 걸음마기아는 같은 장난감을 되풀이해서 같은 방식으로 침대 밖으로 떨어뜨리는 것에서 다른 장난감을 각기 다른 방식으로 떨어뜨리는 것으로 변화된 행동을 보인다. 생후 18개월경에 걸음마기아는 Piaget의 감각운동기의 마지막 단계인 여섯 번째 단계에 이른다. 이 기간에 **표상적 사고**가 발달한다. 여섯 번째 단계에서 아동은 행동을 하기 전에 생각하기 시작하는데, 이것을 표상적 사고라고 한다. 이 단계에서 걸음마기아는 행위로 옮기기 전에 마음속으로 문제를 표상하거나 사고할 수 있다. 어떤 걸음마기아가 손이 닿지 않는 선반 위에 있는 장난감을 가지고 싶어 한다고 가정하자. 걸음마기아는 손을 뻗어 그 장난감을 잡으려 하고, 그렇게 할 수 없을 때는 잠시 중단하고 그 문제에 관해 생각하는 것처럼 보인다. 더 이른 시기에는 계속해서 선반에 기어 올라가 장난감을 잡으려고 하는데, 그런 시도는 실패할 것이 분명하였다. 지금 걸음마기아는 마음의 눈으로 다음 행동을 표상한다. 그 아이는 멈추고, 생각하고, 올라가기 위해 작은 의자를 가져와 원하는 장난감을 얻을 수 있다(사진 16-1).

동시에 걸음마기아는 마지막 2단계를 통해 대상 영속성 개념을 발달시킨다. 생후 12개월 때 걸음마기아는 누군가가 장난감을 감추는 것을 본다면, 그리고 같은 곳에 항상 감춘

표상적 사고(representational thinking) 행동하기 전에 사고하기 시작하는 Piaget의 감각운동기 하위 여섯 번째 단계

사진 16-1 사물을 가지고 노는 것은 걸음마기아에게 필수적인 놀이이다.

다면 천 아래 감춰진 장난감을 찾을 수 있다. 생후 12~18개월의 걸음마기아는 물건을 숨기는 것을 보면 숨겨진 물건을 찾을 수 있는 능력이 발달한다. 18개월 또는 18개월 직후에 걸음마기아는 감추는 곳을 보지 않고도 감춰진 물건을 찾을 수 있다. 이 기간에 걸음마기아는 물건을 숨기고 찾는 놀이를 즐긴다.

Vygotsky의 관점에 따르면, 걸음마기는 언어 발달에서 중요한 시기이다(Bodrova & Leong, 2007) 즉, 이 시기는 언어를 위한 결정적인 근접 발달 영역(zone of proximal development, ZPD)에 속한다. 말(speech)은 더 높은 수준의 정신적 기능을 발달시키는 데 필수적이다. 즉, 말은 개념 발달을 지원한다. 걸음마기아가 환경을 탐색할 때 성인이나 나이 많은 또래로부터 받는 비계 설정, 지지와 안내는 인지 발달적 잠재성을 발휘하도록 돕는다.

Bodrova와 Leong(2007)에 따르면 만[1] 1세에서 3세 사이에 보이는 주도적(leading) 활동은 **사물에 대한 조작**이다. 걸음마기아는 사물을 만지고, 옮기고, 두드리고, 돌리기를 통해 학습한다. 영아들은 한 번에 하나의 사물을 가지고 노는 반면, 걸음마기아는 한 번에 여러 개의 사물을 가지고 논다. 걸음마기아는 용기 안에 물건들을 집어넣고 블록들을 쌓는다. 그들은 공을 굴려 블록 탑을 부수는 것처럼 어떤 사물이 또 다른 사물에 영향을 끼칠 수 있다는 것을 알게 된다. 걸음마기아는 성인의 직접적인 지시 없이 스스로 놀기 시작한다. 걸음마기아는 탐색하면서 언어를 사물과 연결시킨다.

2 개념 발달

개념은 지식을 형성하는 벽돌이다. 개념은 사고와 문제해결을 위해 사용되는 아이디어이다.

걸음마기아는 크기, 형태, 수, 분류, 비교, 공간, 부분과 전체, 부피, 무게, 길이, 온도와 시간과 같은 개념에 대해 적극적으로 분주하게 학습한다(Charlesworth & Lind, 2013). 걸음

1) (역자 주) 이 장에서는 한국식 연령 계산으로 인한 혼동을 피하기 위해 연령 앞에 '만'을 붙여 만 나이로 표시한다.

사물에 대한 조작(manipulation of objects) 걸음마기의 학습은 사물을 만지고, 옮기고, 두드리고, 돌리기를 통해 이루어진다.

마기아는 일상적인 환경에서 돌아다니며 많은 것을 시도하면서 의미 있는 방식으로 사물의 속성에 대해 학습한다(Goldhaber & Smith, 1993). 예를 들면 다음과 같다.

> **생각해 보기**
>
> 걸음마기아의 인지 발달에 관해 Piaget와 Vygotsky의 견해를 비교하라. 걸음마기아의 인지 발달을 강화하는 데 두 학자의 기본적 아이디어를 어떻게 적용할지 생각해 보라.

- Raymond는 커다란 비치볼을 잡아 안으려 시도하다가 자신의 짧은 팔로는 비치볼을 잡기 힘들다는 것을 발견한다(크기).
- Juan은 찰흙을 두드리고, 손가락으로 주무르고 굴린다(모양).
- 몇 살이냐고 물으면 2세 Nathan은 두 손가락을 들어 보여 준다(수).
- Marnie는 초록색 블록을 한 줄로 배열하고 두 번째 줄에는 노란색 블록을, 그리고 세 번째 줄에는 빨간색 블록을 배열한다(색에 의한 분류).
- 2세 반인 Alfred는 Tanya의 사과와 자신의 사과를 가리키면서 "내 사과가 더 커."라고 말한다(비교).
- Aisha는 팬더 인형을 작은 상자 속에 쑤셔 넣으려 하다가 팬더 인형이 상자에 들어가지 않는다는 것을 알게 된다(공간).
- Azam은 과자를 두 조각으로 부러뜨리면서 "난 과자 두 개를 가지고 있어."라고 말한다(부분과 전체).
- 여러 명의 걸음마기아들이 물이 찬 수조 주위에 모여 다양한 용기에 물을 채우고 물을 붓고 물을 합친다(부피)(사진 16-2).
- Chan은 장난감 상자를 들어 올리려고 하지만 들 수 없다(무게).
- Bonnie는 장난감 침대에 인형을 눕히려고 하지만 인형이 너무 길다. Bonnie는 인형의 크기에 딱 맞는 빈 종이상자를 찾아 인형을 위한 침대를 만든다(길이).
- Maria는 뜨거운 스프 한 숟가락을 먹고 "아야."라고 말한다(온도).
- David는 "다음은 주스 먹는 시간."이라고 말한다(시간).

Shore(1997)가 기술한 바와 같이, 위의 이러한 예들은 완벽하고 빠른 뇌 발달을 지원하는 여러 종류의 활동과 행동을 보여 준다. 걸음마기아에게 새로운 기억력을 제공하는 뇌의 한 영역이 생후 12~18개월에 발달한다(Brain Wonders, 2002).

사진 16-2 걸음마기아는 물을 가지고 놀면서 부피에 대해 배운다.

걸음마기아는 자신이 본 것을 현재 기억할 수 있고 이후에도 그것을 반복 재연할 수 있다(**지연된 모방**). 걸음마기아는 행동이나 말을 반복하여 잘하는데, 아마도 그것이 뇌 연결을 강화한다. 생후 18~24개월에는 뇌에서 많은 새로운 회로들이 발달하고, 걸음마기아가 달리고, 기어 올라가고, 뛰고, 퍼올리고 부을 수 있게 하는 뇌의 영역들이 발달한다(Brain Wonders, 2002). 그리고 언어와 가상 능력을 증진시키는 뇌 영역이 발달한다. 생후 24~36개월에 걸음마기아는 매우 활동적이 된다. 언어와 운동 놀이는 문제해결 기술과 사고력을 발달시킨다. 새로운 시냅스가 아직도 형성되고 있으며, 반면에 이전에 형성된 시냅스는 속도와 효율성을 높이도록 재구성된다(Brain Wonders, 2002). 3세경에 걸음마기아의 뇌는 성인 뇌 크기의 약 80%에 이른다(Brain Wonders, 2002).

전형적으로 상징놀이는 걸음마기에 시작된다(Brain Wonders: 18-24 month, 2006). 걸음마기아는 사물을 다른 어떤 것으로 가장하기 시작하는데, 플라스틱 바나나가 전화기로 사용되기도 한다. 또한 걸음마기아는 단어와 그림이 실제 세계의 사물, 사람과 동물에 대한 상징이라는 것을 인지한다.

걸음마기아는 문제해결 기술을 연습할 기회가 필요하다. Segatti, Brown-DuPaul과 Keyes(2003)에 따르면, 걸음마기아는 문제해결 경험을 통해서 많은 기술을 익히고 그 이점을 얻게 된다. 또한 성인은 걸음마기아가 자신의 문제를 해결하도록 충분한 시간을 제공하고 기다려 줄 필요가 있다. 이전에 언급된 예들에서 기술된 바와 같이 문제해결은 뇌 발달을 촉진시키고 개념 학습을 지원한다. 다양한 종류의 용기, 플라스틱 관, 플라스틱 머리 감는 도구, 열쇠와 같은 재활용품, 블록, 구슬과 퍼즐 같은 물건들이 모두 걸음마기아에게 도전을 해보게 하는 시험대가 된다. 걸음마기아에게는 발견할 수 있는 시간이 필요하다(Brain Wonders, 2002). 이 아이들이 빨간색 물감과 파란색 물감을 가지고 실험을 한다면 두 가지 색이 섞여 보라색이 된다는 것을 발견할 것이다. 파란색과 빨간색이 섞여 보라색을 된다는 것을 직접적인 가르침을 통해 배울 때보다 스스로 발견한다면 기억하기 더 쉬울 것이다(**사진 16-3**).

사진 16-3 걸음마기아의 호기심은 개념 발달을 지원한다.

걸음마기아는 일상 활동으로부터 문제를 해결하는 경험을 한다. Febo(2005)는 걸음마기아가 물에 관한 장기 프로젝트에 어떻게 참여하게 되었는지를 묘사하였는데, 물

지연된 모방(deferred imitation) 생후 12~18개월의 걸음마기아는 그들이 보았던 것을 나중에 반복 재연할 수 있다.

이 개수대에서 사라져서 어디로 가는지에 대해 관심을 갖는 것으로부터 프로젝트가 시작되었다. Sieminski(2005)는 걸음마기아가 빛과 그림자를 어떻게 탐색하는지를 기술하였다. 걸음마기아가 빛과 그림자에 강한 호기심을 갖고 있음을 인지하고, 교실의 한 영역을 플래시라이트, 오버헤드 프로젝트, 빛 테이블과 같이 빛과 관련된 자원으로 구성하였다. 이후 아동들은 지속적으로 빛과 그림자에 대해 탐구하였다.

또한 걸음마기아는 분류화와 범주화하는 것을 발달시키기 시작하는데, 유사한 특성을 가진 것들을 연결시키고 그것들을 그룹화하기 시작한다. 어린 아동은 범주화하면서 세상에 대한 감각을 키워 간다(Gelman, 1998). Gelman에 따르면 "범주는 어떤 측면에서 유사한 것들을 분류한 것이다." 아동의 초기 범주화에 대한 연구는 아동의 사고가 성인의 사고와 다르다 할지라도 아동은 사고를 이끌어 가는 수준 높은 범주 체계를 발달시킨다는 점을 보여 준다. Mareschal과 Tan(2007)은, 생후 18개월 된 걸음마기아는, 트럭이 탈것에도 속하는 것처럼, 기본수준 범주와 상위수준인 포괄적 범주 모두를 개념화할 수 있음을 발견하였다. 걸음마기아는 범주를 과잉 확장하는 경향이 있으며 이를 매우 폭넓게 적용한다. 즉, 바퀴가 있는 모든 것을 자동차라고 하며, 작은 털이 있는 모든 동물을 고양이라고 한다. 3세 이전에는 겉모습(외관)과 실제를 동시에 평가하지 못하고 겉모습(외관)에 속는 경향이 있다. 누군가가 이떤 분장을 하면 걸음마기아는 평소에 알던 사람이라도 그 사람이라는 것을 인지하지 못할 수도 있다. 그리고 어떤 종류의 새가 둥지에 살고 있고 어떤 종류의 음식을 먹는다고 배우면 이러한 정보를 모든 종류의 새에게 일반화하는 경향이 있다. 걸음마기아가 초기에 부정확한 정보를 바탕으로 분류화를 하면 잘못된 분류화로 인한 모순된 상황에서도 기존의 분류화를 고수한다. 일반화의 횟수는 2세 반 무렵에 극적으로 증가하는 경향이 있다. 그래서 성인은 걸음마기아를 위해 사물에 이름을 붙이고 사물의 유사점과 차이점

뇌 발달

양질의 지방

15장에서 비만을 막는 식습관의 중요성이 논의되었다. 지방이 많은 고기류와 튀긴 음식들을 피하도록 해야 한다. 그러나 어떤 종류의 지방은 뇌 기능에 좋다. 뇌의 60~70%가 지방으로 구성된다. 오메가-6과 오메가-3 지방산은 뇌 발달과 뇌 기능을 위해 필수적인 지방산이다. 이 지방산들은 뇌세포를 만들어 내고 자가 교정 시스템(self-repair system)을 지원하는 전달체를 형성하는 데 결정적인 역할을 한다. 지방산은 음식 섭취를 통해서만 얻을 수 있다. 오메가-6 지방산은 잇꽃기름, 해바라기기름, 옥수수기름, 콩기름과 다른 종류의 기름 속에 함유되어 있다. 오메가-3 지방산은 호두, 계란, 맥아, 참치, 연어, 정어리와 냉수성 어류 등에서 발견된다. 우리가 먹는 음식에는 오메가-6가 너무 많고 오메가-3는 불충분하다. 그래서 오메가-6와 오메가-3 사이의 균형이 필요하다. 나쁜 지방은 지방산으로 전환되는데, 경화유로 만들어지는 음식들 속에 들어 있으며 우리 몸에 나쁜 영향을 미칠 수 있다.

출처: Fisher, K. (2011, September 11). *Good fats for your toddler's brain development*, http://www.livestrong.com.

을 인식하도록 격려할 필요가 있으며 아이는 이러한 도움을 통해 지식을 넓혀 간다.

영아기와 걸음마기에 수학 개념이 출현한다는 사실이 관심을 끌고 있다(Geist, 2009). 이미 언급된 바와 같이 걸음마기아는 사물을 범주화한다. 또한 사물들을 차례로 배열하고 비교한다. Geist(2009)는 성인이 영아와 걸음마기아가 수학 개념을 발달시키도록 지원할 수 있는 많은 방식들을 제시한다.

3 말과 언어 발달

사진 16-4 말하는 것이 발달함에 따라, 걸음마기아는 그림책을 보면서 사물의 이름을 말한다.

걸음마기아는 언어적 시기로 진입한다. 즉, 의미 있는 말을 하기 시작한다(사진 16-4). 걸음마기아가 2세가 되면 빠른 속도로 구어가 발달한다(Honig, 1998)(표 16-1). 일단 첫 단어를 말하면 언어 발달의 **일어문 단계**로 들어간다(Cole, Cole, & Lightfoot, 2005; Rathus, 2006). 이 단계 동안 걸음마기아는 한 단어로 이루어진 **일어문**을 말한다. 일반적으로 이러한 단어들은 몸의 부분과 같이 친숙한 명칭이다. 처음에는 '강아지', '자동차', 또는 '야옹이'와 같이 움직이고 활동하는 것에 이름을 붙인다. 걸음마기아가 초기에 사용하는 말은 음식 관련 단어이거나 자신이 원하는 사물의 이름이다.

또한 걸음마기아는 실제 단어는 아니지만 특별한 것을 지시하는 단어들을 사용한다. 생후 17개월 된 유아가 '물(water)'을 말하기 위해 'adoo'라는 말을 한다. 또한 비슷한 말을 하는데, '우유(milk)'를 말하기

일어문 단계(holophrastic stage) 언어 발달에서 아동이 한 단어로 된 문장을 말하는 단계
일어문(holophrases) 한 단어로 된 문장

표 16-1 걸음마기의 구어 발달

연령	언어적 특성	의미론적 요소
12개월	• 첫 단어를 말하거나 소리가 조합된 단어 비슷한 말을 함	• 단어의 대상이 있음
12~18개월	• 일어문, 한 단어 발화 • 행동하고 반응하는 친숙한 대상의 이름을 말함	• 참조 대상, 맥락이 결정적임
18~30개월	• 전보식 문장, 필요한 단어만 포함된 2~3단어로 구성된 문장 사용	• 참조 대상, 맥락이 매우 중요함
약 2세 반에서 4세	• 4개 또는 그 이상의 단어로 구성된 문장 사용	• 성인 청자에게 더 분명하게 들리고 아이는 더 구체적으로 말함

위해 'mulk'라고 말한다. 대부분의 어린 아동은 소리를 대치하거나(예: milk에서 i와 tummy에서 t) vitamin을 minee로 말하거나 first를 fust로 말하는 것처럼 일부 소리들을 빼고 말한다. 일반적으로 아동은 일어문과 전보식 문장 시기에 영어의 모든 소리를 분명하게 발음하지 못한다. 아동은 소리를 대치하거나 생략하기도 한다. 다음에 제시된 생후 23개월 여아의 예에서 왼쪽 칸은 무엇이 대치되고 생략되었는지 보여 준다.

아동이 말한 단어	실제 단어
1. greem	green
2. kik	kiss
3. Chrik	Chris
4. Hena	Helena
5. pritess	princess
6. yove	love
7. glakkes	glasses
8. bwony	bologna

*n*은 *m*으로, *s*는 *k*로, *c*는 *t*로, *l*은 *y*로 대치되고, 두 가지 경우에 *l*이 생략되는 것을 볼 수 있다. 때때로 2세 반에서 4세 사이에 문장이 완성될 때까지 문장이 길어진다. 문장의 의미가 성인이 하는 말의 의미와 좀 더 가까워져 문장 그 자체로 맥락이 이해된다. 예를 들면 "No bed"는 "I no go to bed"로, 이후에 "I don't go to bed"로 전환된다. 4세가 되면 일반적으로 아동의 구문론은 성인의 구문론과 비슷해진다. 걸음마기에는 맥락이나 어디서 또는 무엇에 대해 이야기하는 것이 중요한 시기이다. 단일어 문장을 사용할 때 걸음마기아가 지시하는 것이 무엇인지를 아는 것이 매우 중요하다. 예를 들면 "Doggie!"가 의미하는 것은 다음과 같을 수 있다.

"I see a doggie in my book."
"There is a doggie outside."
"I want the doggie to come in"
[with tears] "Doggie knocked me down."

일반적으로 걸음마기아는 그들이 말할 수 있는 것보다 더 많은 것을 이해한다. 그래서 성인은 "Show me", "Take me to...", 또는 "Point to..." 등을 사용하기도 한다. 또한 성인은 걸음마기아가 말한 것을 확장시킬 수 있고, 걸음마기아가 정확한 의미를 알고 반응하는지 아닌지를 알 수 있다. 예를 들면 걸음마기아는 "Doggie!"라고 말하고 엄마는 "There is a doggie outside?"라고 응답한다. 걸음마기아는 거실을 향해 달린다. 엄마는 아이를 따라가고 강아지가 집 앞에 있는 것을 본다. 아이가 흥분하여 웃으면서 강아지를 지적하면 "There is a doggie outside."라고 엄마가 반복해 말한다.

말을 배우는 어린 아동은 의식적으로 언어를 분할하여 각 부분에 이름을 붙이지 않는다. 그러나 성인은 묘사하기 위해 그렇게 한다. 각 아동은 고유의 유전적 특성이 부여된 특별한 언어 환경 속에서 살아간다. 언어 발달에서 선구적인 연구를 통해 Katherin과 Nelson(1982)은 이러한 차이점들에 관해 논의하였다. 말을 시작하는 1세와 2세 아동의 두 가지 주요 유형은 참조적 유형과 표현적 유형이다. 화자의 각 유형들은 독특한 특징이 있다.

- **참조적 화자**는 일부 동사와 함께 적합한 명사 및 적절한 명칭과 형용사를 주로 사용한다. 반면에 **표현적 화자**는 "Stop it."과 "I want it."과 같이 단어들이 결합된 훨씬 더 다양한 말을 사용한다.
- 참조적 화자는 주로 명사를 사용하는 반면, 표현적 화자는 대명사를 폭넓게(extensively) 사용한다.
- 참조적 유형의 아동이 많은 대상에 이름을 붙인다 할지라도 표현적 유형의 아동은 더 긴 문장을 한두 단어로 나타내는 축약된 문장을 사용한다.
- 초기에는 두 가지 유형이 다 나타나는데, 이야기 시간에는 참조적 유형, 사회적 놀이에서는 표현적 유형을 보인다.

이러한 차이점들은 신경학적으로(뇌 피질 지배), 환경적 조건(부모의 아동과의 상호작용)에 따라, 언어를 주로 인지적 과제로 배우는지, 아니면 아동이 다양한 맥락(상황)에서 언어를 적절하게 배우는지에 따라 설명될 수도 있다. 이러한 개인차에 대한 이유가 무엇이든 간에 특별한 아동의 말의 발달을 평가할 때 이러한 점들을 인식하는 것이 중요하다.

McCune(1989)은 걸음마기아 10명의 음성(vocal) 발달을 생후 9개월부터 16개월까지 기록하였다. 걸음마기아가 16개월 때 강력한 명칭 단어와 관계 단어들을 사용한 시점과 횟수는 매우 다양하였다. **강력한 명칭 단어**는 적어도 두 가지 참조물을 일관적으로 언급하는 명사이다(예: 진짜 고양이와 천으로 만든 고양이 인형을 의미하는 kitty). **강력한 관계 단어**는 잠재적으로 가변적 관계를 위해 일관적으로 사용되는 단어이다(예: pick me up을 up으로 지칭). 생후 16개월 때에 강한 단어의 범위는 9~27개에 이른다. 그런 단어를 사용하기 시작하는 때는 생후 14개월부터이다.

걸음마기아는 생후 18개월과 2년 반 사이에 때때로 2개 또는 3개 단어로 된 문장을 사용

참조적 화자(referential speaker) 일부 동사와 함께 명사, 적절한 이름과 형용사를 주로 사용하는 화자

표현적 화자(expressive speaker) "Stop it.", "I want It."과 같이 여러 단어가 결합된 다양한 말을 사용하는 화자

강력한 명칭 단어(strong nominals) 적어도 2개의 참조물을 일관적으로 지칭하는 명사

강력한 관계 단어(strong relationals) 잠재적으로 가변적 관계를 위해 일관적으로 사용되는 단어

전보식 문장(telegraphic sentences) 생후 18개월에서 2세 반 사이의 아동은 2개 또는 3개 단어를 사용하여 전보식 문장을 말하는데, 성인의 기준으로 보면 이는 불완전한 문장이다.

하기 시작한다. 성인의 기준으로는 아직 불완전한 이러한 짧은 문장을 **전보식 문장**이라고 하고, 말(speech)의 발달에서 이러한 두 번째 단계를 전보식 단계라고 한다. 이 단계에서 문장은 전보와 같이 단지 필수적인 것만 포함한다.

"More mulk."
"Daddy work."

아직도 맥락이 중요하다. 즉, "Hurty pummy."라고 말할 때 아동은 무엇을 지칭하고(참조) 있는가?

"My tummy hurts."
"Teddy bear's tummy hurts."

성인은 탐정처럼 걸음마기아가 원하는 반응을 하기 위해 아이가 말하는 의미를 알아채는 단서들을 찾아야만 한다.

생후 18개월과 만 4세 사이의 아동의 경우, 문장은 마치 성인의 문장처럼 더 길어지고 더욱 완성되어 간다. "Daddy work."란 문장은 "Daddy is at work."로 완성된다. 만 2세아의 말은 매우 다양한 양상을 보인다. 일부 아동은 일어문을 사용하고, 일부 아동은 전보식 문장을 사용하며 일부 아동은 성인과 더욱 유사하게 말을 한다.

Piaget와 Vygotsky 모두 아동이 매일 일상 활동에 참여하면서 자기 자신에게 말을 한다고 인식하였다(Berk & Winsler, 1995). 이러한 자기 말(self-talk)은 **사적 언어**로 불린다. 그렇지만 Piaget와 Vygotsky는 아동 발달상 사적 언어의 본질과 기능을 다르게 해석하였다. Piaget는 이러한 말을 자기 중심적이고 미성숙한 것으로 보았다. Piaget는 사적 언어는 아동이 또 다른 사람의 관점을 수용하지 못함을 반영하는 것으로 믿었다. 반대로 Vygotsky는 사적 언어를 아동 발달에서 중요한 요인으로 보았다. 그는 사적 언어가 어려운 과제를 해결할 때 사용되고 유아기 동안 최고조로 사용되며 그런 다음에 속삭이거나 웅얼거리는 형태로 변하며 점차 내면화된다고 인식하였다. 그러므로 그는 사적 언어의 목적은 **자기 조절**의 목적을 위해 자아와 의사소통을 하는 것이라는 결론을 내렸다. 사적 언어는 사고를 위한 도구이다. 일반적으로 만 1세와 2세 사이에 사적 언어가 뚜렷하게 나타나고 사고를 반영하기 위해 사용된다. 아동이 좀 더 많은 사회적 경험을 하게 됨에 따라 사적 언어는 사회적 언어와 섞이고 결국 내면화된다. 오늘날 사적 언어에 대한 연구는 Vygotsky의 견해를 기반으로 진행된다.

만 2세와 3세 사이 걸음마기아의 사적 언어는 낮잠을 자기 시작하거나 저녁 잠자리에

사적 언어(private speech) 자기 말
자기 조절(self-regulation) 사적 언어에 의해 예민함을 유지하는 것

사진 16-5 걸음마기아는 놀이에서 말 기술을 사용할 수도 있다.

들 때 기록되었다(Berk & Winsler, 1995). 이러한 독백을 요람 말(crib speech)이라고 한다. 독백과 같은 언어 놀이는 아동들이 즐기는 놀이이며, 언어 연습 시간을 제공하고 자신의 감정과 경험을 이해하도록 돕는다. 독백의 내용은 일반적으로 다가올 사건에 대한 기대, 과거 사건에 대한 회상, 규칙에 따라 행동하는 법에 대한 논의 등이 포함된다.

Furrow(1984)는 만 2세아의 사적 언어와 사회적 언어 사용에 대해 연구하였다. 사적 언어는 혼자 있을 때 나타나고, 사회적 언어는 또 다른 사람과 관계를 맺을 때 나타난다. Furrow는 만 2세아가 사적 맥락과 사회적 맥락에서 동일하게 기능하는 말을 사용하는지 여부에 관심을 가졌다. 가정에서 아동이 비형식적 놀이를 하는 동안 연구하였다. 필요에 따라 연구자가 놀이 친구 역할을 맡아 아동이 놀이 활동을 이끌어 가도록 하였다. Furrow는 사회적 맥락과 사적 맥락에서 말을 다르게 사용한다는 것을 발견하였다. 사회적 말은 더 규제적이고(존재하지 않는 사물이나 사람에 대해 말하는 것) 주의적인(다른 사람으로부터 주의를 끄는 것) 기능을 포함한다. 자기 조절적인 말이나 또는 자기 자신의 활동을 향한 말은 사적 맥락에서 나타난다. 전반적으로 사회적 맥락에서 훨씬 더 다양한 기능으로 말이 사용된다(사진 16-5).

생후 16~18개월 된 걸음마기아는 말하는 것에 더 강하게 집중하며, 갑자기 장난감에 흥미를 잃기도 한다. 많은 시간을 성인 곁에서 지내기를 원하고 언어적 상호작용을 요구한다. 사물에 이름을 붙이기를 요구하고 성인이 말할 때 입을 유심히 쳐다본다. 이 시기에 아동은 책에 높은 흥미를 보인다. 자신이 하는 말에서 단어들을 효율적으로 사용할 때까지 지속적으로 이러한 행동을 보인다. 이상에서 언급된 행동들은 생후 18개월부터 만 4세까지 급속하게 진행되는 언어 발달과 말의 발달 시기로 진입하는 데 중요한 활동이 된다(Cawfield, 1992).

만 4세경에 대부분의 아동들이 유창하게 말을 하지만, 상당수의 아동들이 지체를 경험하고 어휘가 매우 제한되어 있어 한 단어로 구성된 구를 말하기도 한다. 일부 어린 아동은 언어 장애를 겪고 **특별히 언어적으로 손상된 아동**(SLI)으로 판명되기도 한다(Weiss, 2001).

특별히 언어적으로 손상된 아동(specifically language impaired, SLI) 언어 능력이 연령 기대치에 미치지 못하는 아동 언어 능력 장애는 아동의 언어 능력이 아동의 생활 연령에서 기대되는 능력과 다를 때로 정의된다. 이러한 아동들은 말하기, 듣기, 그리고 일반적인 발달을 평가받아야만 한다. 표 16-2는 언어 발달의 지표를 보여 준다.

표 16-2 걸음마기아의 인지적 발달과 언어적 발달 평가표

관찰자________ 날짜________ 시간________ 장소________
영아 이름________ 생년월일________ 나이________

	관찰된 것		
연령, 기술/행동	예	아니요	비고
1세 인지			
사물을 숨기고 찾는 놀이를 즐긴다.			
그림책 보는 것을 즐긴다.			
함께 속하는 사물(예: 그릇 안의 숟가락)을 인식한다			
일상에서 볼 수 있는 사물에 이름을 붙인다.			
공간과 형태를 구별하기 시작한다. 단순한 퍼즐을 맞춘다.			
사물을 용기 안에 넣고 꺼낸다.			
1세 언어			
알 수 없는 말을 한다. 말하는 것과 유사한 패턴으로 단어와 소리를 함께 연결한다.			
일어문으로 말한다.			
단순한 지시를 따른다.			
물어보면 친숙한 대상을 가리킨다.			
신체 부위의 이름을 대면 세 가지 신체 부위를 찾아낸다.			
사물이나 행위에 대한 명칭(예: '강아지', '안녕')을 안다.			
적절하게 머리를 움직이면서 단순한 질문에 '예/아니요'로 반응한다.			
말하는 것 중 25~50%가 이해 가능한 말이다.			
5~50단어를 사용한다.			
몸짓을 사용하여 성인의 주의를 끈다.			
리듬과 노래를 즐긴다. 직접 부르기도 한다.			
대화적 상호 교환을 이해하는 것처럼 보인다.			
상호 간에 대화를 번갈아 하는 것을 이해한 것처럼 보인다.			
2세 인지			
사물에 대한 상징으로서 다른 사물들을 사용한다(전화기를 상징하기 위해 바나나 사용).			
단순한 분류 과제를 완성한다(예: 개와 고양이).			
자기 선택적 과제를 할 때 집중할 수 있는 시간이 늘어난다.			
원인과 결과(고양이를 밀어 붙이면 고양이가 할퀸다)를 찾아낸다.			
처음에 마지막으로 숨긴 장소를 쳐다봄으로써 감추어진 물건을 찾는다.			
수용 언어가 표현 언어보다 먼저 발달한다.			
그림책에 나온 사물에 이름을 붙인다.			

(다음 쪽에 계속)

표 16-2 걸음마기아의 인지적 발달과 언어적 발달 평가표 (계속)

연령, 기술/행동	관찰된 것 예	관찰된 것 아니요	비고
2세 언어			
손으로 가리키고, 책장을 넘기고, 책과 연관된 소리를 내는 것을 허용하면 성인과 함께 책 읽는 것을 즐긴다.			
주의를 끌기 위해 언어를 사용할 수 있다는 것을 알게 된다.			
50~300단어를 사용한다. 어휘가 증가된다.			
수용 언어가 아직도 표현 언어보다 발달된다.			
전보식 말을 사용한다. 대화적 문장을 사용하기 시작한다.			
'아니'라는 단어를 사용하여 부정적 문장을 구성한다.			
반복적으로 "이게 뭐야?"라고 묻는다.			
약간의 복수형 단어를 사용한다.			
주위에서 흔히 볼 수 없는 사물이나 사람에 관해 말한다.			
때때로 일부 소리를 다른 소리로 대체하고 비관례적인 말을 사용한다.			
하는 말 중 60~70%가 이해 가능하다.			

출처: Maratz, L. R., & Allen, K.(2013). *Developmental profiles: Pre-birth through adolescence*. Belmont, CA: Wardsworth Cengage Learning.

언어 발달에서 성인의 역할

많은 연구자들은 성인이 어린 아동의 언어 발달에 어떻게 영향을 미치는지에 대해 살펴보았다. Pan, Rowe, Singer와 Snow(2005)는 저소득 가정에서 어머니의 행동과 걸음마기아의 어휘 산출 발달 간의 관계에 중점을 두고 연구를 하였다. 연구자들은 만 1세와 3세 사이에 어머니와 걸음마기아 간의 의사소통에 대해 살펴보았다. 만 3세 때 중류 가정 아동이 10분 동안에 말한 어휘 수와 비교할 때, 저소득 가정의 아동은 같은 시간 동안 더 적은 수의 어휘를 산출하였다. 어머니가 말을 많이 하는 것보다는 다양한 단어를 산출할수록 아동의 어휘력이 더 풍부하였다. 저소득 가정의 어머니는 덜 다양한 단어들을 사용하였다. 또 다른 연구(Fewell & Deutsher, 2004)에서 연구자들은 미숙아 집단에서 만 3세 때 IQ, 만 5세 때와 8세 때 구어 IQ, 만 8세 때 읽기의 예측 변수로서 생후 30개월 때 놀이를 하는 동안 아동의 언어를 살펴보았다. 만 3세 아동의 언어에 대한 어머니의 촉진과 어머니의 교육 수준은 아동의 의사소통 기술 수준에 강하게 영향을 미쳤다. 초기 표현 언어는 이후의 구어 능력과 읽기 능력에 중요하게 기여하였다. Tan과 Yang(2005)은 생후 18~35개월에 입양된 중국 여아의 언어 발달을 연구하였다. 입양 가족의 사회경제적 지위는 높았다. 입양아는 평균 생후 16개월을 입양 가정에서 생활한 후에야 전형적으로 기대하는 영어 사용 수준에 이르렀다. 그 후에 입양아의 언어 기술은 미국 규준보다 높았다. 마지막으로 McMurray(UI Researcher, 2007)는 일반적으로 생후 18개월경에 나타나는 어휘 폭발을 연구하였다. Mc-

Murray에 따르면, 아동이 한 번에 한 단어 이상을 학습하고 쉬운 단어보다는 어렵거나 보통 정도의 단어를 많이 학습한다면 이러한 성장이 확실히 나타난다. 이러한 연구들로부터 어휘를 폭넓게 사용하여 걸음마기아와 의사소통하는 것이 아동의 언어 발달을 강화시킬 수 있다는 것이 분명해진다.

양육자는 일상적인 놀이 중에 언어 교수 전략을 사용하도록 훈련을 받을 수 있다(Woods, Kashinath, & Goldstein, 2004). 실제로 언어 활동을 증가시킴으로써 4명의 언어 지체아의 의사소통 기술이 향상되었다.

아동 양육 상황에서 대화 또한 중요하다(Bardige & Segal, 2004). 교사는 대집단, 소집단, 그리고 개별적으로 아동과 말을 해야만 한다. 교사는 질문을 해야 하고 감정, 예측한 것과 시간에 대해 말해야 하고 아동이 그의 문제를 통해 사고하도록 도와줘야만 한다. 교사는 새롭고 흥미로운 단어들은 제공할 수 있고 서로 대화하도록 아동들을 격려할 수 있다. 모래상자, 요새, 놀이집, 다락방, 단순한 무대와 블록은 또래 간의 협력과 대화를 이끌어 낸다. 언어 지체아는 특별한 주의와 격려를 필요로 할 것이다.

영유아 교육기술

4장에서 어린 아동들에게 허용되는 TV 시청 시간에 대해 논의한 바 있다. 영아와 걸음마기아들에게는 TV를 전혀 보여 주지 말 것을 추천한다 할지라도 약 74%의 걸음마기아는 만 2세 때 TV를 본다. TV는 교육적 도구가 될 수도 있지만 TV가 아동의 일과를 지배한다면 걸음마기아의 뇌에 손상을 줄 수 있다. TV는 개념 형성과 주의력을 기르는 데 필요한 놀이 활동으로부터 걸음마기아들을 멀어지게 한다. 또한 걸음마기아는 손과 눈의 협응력과 사회적 기술을 발달시킬 필수적인 기회를 놓치게 된다. 아동이 TV를 볼 때 시간을 정해서 보게 하고 아동의 방에 TV를 두지 말고 식사 중에는 TV를 끌 것을 추천한다.

4 개념, 지식, 언어와 문해의 상호작용

이미 언급한 것과 같이 개념과 언어의 발달은 서로 관련되어 있고 상호작용한다. McCune(1989)은 대상 개념의 발달, 표상놀이의 출현, 빠른 언어 발달의 시작 간에 관련성이 있음을 입증하였다. 걸음마기아는 더 많은 언어를 배워 감에 따라 사고할 때 더 많은 과정을 거치게 되고, 더 높은 수준의 사고를 함에 따라 더 복잡한 방식으로 언어를 사용할 수 있었다. 아동이 하는 말을 통해서 아동의 사고 과정에 대해 많이 알게 된다. 한 예로 다음에 제시된 걸음마기아의 행동을 살펴보자.

> Emmett은 셀로판테이프의 많은 속성을 찾아내려는 데 관심을 보이고 있었다. 그는 부엌에서 서서 끈적거리는 테이프 조각을 허공으로 던지려는 노력을 하였다. Emmett이 알아채지 못한 채 테이프 조각이 바닥에 떨어졌다. Emmett은 테이프가 사라졌다고 인식하였다. 그

는 천장을 바라보며 "하늘에 테이프가 붙었어."라고 말하였다.

이 예에서 우리는 Emmett의 추론(생각하는 순서)을 어렴풋이 짐작할 수 있다. 그 나이의 대부분의 아동들은 가장 명백해 보이는 현상이 맞는 답이라고 받아들인다. 끈적거리는 무엇인가를 허공으로 던지려 하고 그것이 사라진다면, 그것은 틀림없이 하늘에 달라붙어 있어야 한다.

Vibbert와 Bornstein(1989)은 어머니와 걸음마기아의 상호작용, 걸음마기아의 특별한 참조적 언어 능력, 그리고 가장놀이 간의 관련성을 연구하였다. 연구 대상은 모두 생후 13개월 된 걸음마기아이며, 다음의 상호작용 영역을 살펴보았다.

- **사회적 상호작용**: 상호 간의 정서적 의사소통, 언어적인 것과 비언어적인 의사소통
- **교수적(직접 교수에 의한) 상호작용**: 주어진 환경에서 걸음마기아가 사물에 주의를 기울이도록 하는 어머니의 노력
- **통제 행위**: 어머니나 걸음마기아가 활동을 주도하고 지속하는 정도

가정에서 어머니와 걸음마기아를 자연스럽게 관찰하였다. 그런 다음 걸음마기아의 언어 능력과 자유 놀이 능력을 개별적으로 평가하였다. 어머니의 교수적 빈도는 걸음마기아의 명사 이해 및 전반적인 언어 능력과 강하게 연관되어 있었다. 교수적 활동은 사물을 지적하고 사물이 어떻게 작동하는지를 보여 주고 사물의 속성을 자세하게 설명하는 것을 포함한다. 이런 활동들을 통해 걸음마기아는 단어가 사물을 대표(의미)한다는 것을 알게 된다. 이러한 교수적 활동은 말로 하는 사회적 칭찬과 격려를 수반한다. 순수한 사회적 대화에서와 걸음마기아가 주도적으로 활동을 통제하는 상황에서는 교수적 활동에서와 같은 효과가 나타나지 않는다. 다른 연구는 만 1세 말경에 어머니가 걸음마기아에게 활동을 주도하도록 전환하면 더욱 효과적이라고 제안한다. 어머니가 가장놀이에서 상호 교환적인 체계적 지도를 자주하면 아동에게 더 많은 가장놀이 기술을 길러 줄 수 있다. 놀이 기술의 발달에서 상호작용은 통제보다 더욱 중요해 보인다. 가장하는 것을 배우는 상황은 언어를 배우는 상황보다 더 쉽고 자연스럽다. 걸음마기아는 가장놀이 내용의 많은 부분을 전화하고 요리하는 것과 같은 일상 활동의 관찰을 통해 배운다.

걸음마기 동안 아동이 읽기와 쓰기를 이해하려 하는 시도를 지속적으로 지원하는 것이 중요하다(McGee & Richgels, 2008)(**사진 16-6**). 아래 내용은 어린 아동의 걸음마기 문해 경험에 관한 책에서 발췌한 것이다(McGee & Richgels, 2008, pp. 31-32).

> Kristen은 첫 번째 생일에 책을 위쪽이 위로 오게 똑바로 잡고 앞에서부터 뒤로 책장을 넘길 수 있었다. Kristen은 때때로 미소를 지으며 그림을 두드리거나 의도적으로 책의 각 면을 살펴보면서 한 면에서 다른 면으로 책장을 넘겼다.

또한 Kristen은 친숙한 상표가 그려져 있는 쿠폰에 관심을 보였다.

> 첫 번째 생일 후 몇 달이 지나 Kristen은 책에 그려진 동물과 사람을 가리키며 "Dat?"이라고 물었다.

> 생후 16개월이 되었을 때 Kristen은 책 읽는 중에 장난감이나 다른 물건을 찾기 위해 아버지 무릎에서 뛰어내려 아버지와 함께 책 읽는 것을 방해하기 시작하였다. 예를 들어 Kristen은 그림책에서 크레용 그림을 볼 때마다 일어나 자신의 크레용을 찾곤 하였다.

만 2세 때 Kristen은 좋아하는 햄버거 매장 상표와 같이 선호하는 일부 상표들을 인식하였다. 또한 좋아하는 책의 일부를 읽는 척하기 시작하였다. 3세 때 Kristen은 책 읽기 중에 질문을 하고 자기 의사를 말하고 있었다. McGee과 Richgels는 이러한 이른 시기에 Kristen이 배워야 할 일곱 가지 중요한 문해 관련 개념을 요약하였다(pp. 36-37).

그림 16-6 걸음마기아들은 스스로 책을 선택해서 읽는 것을 좋아한다.

1. 문해 활동은 즐겁다.
2. 문해 활동은 예측 가능한 반복적인 일상 속에서 발생한다.
3. 언어는 읽기와 그리기의 중요한 한 영역이다.
4. 문해 자료는 특별한 방식으로 다루어진다.
5. 문해는 상징 사용을 포함한다.
6. 문해는 의미를 전달하는 것과 관련이 있다.
7. 문해는 문화가 반영된 사회적 상호작용에서 발생한다.

매일 책 읽기를 하는 아동(Richman & Colombo, 2007; Harris, Loyo, Holohan, Suzuki, & Gottlieb, 2007)은 1학년에서 읽기를 잘할 가능성이 높다. 걸음마기아는 적절한 언어 경험과 문해 경험을 해야만 구어와 문어가 서로 관련되어 있다는 점을 알 수 있다(Rosenquest, 2002; Language and literacy in the earliest years, 2004). 걸음마기아는 다양한 그림책을 소유해야 하고 적극적으로 그림책 읽기에 참여해야 한다(Jalongo, 2004). 성인은 걸음마기아가 그림을 가리키고 그림에 이름을 붙이도록 시간을 갖고 기다려 주어야 한다. 걸음마기아의 주의력 주기는 상당히 짧기 때문에 적절한 책을 선택하여 읽어 줌으로써 책 읽는 시간이 읽기 동기를 형성하는 즐거운 시간이 되도록 하는 것이 중요하다. 소집단 읽기는 (학급 전체와 반대로) 논평, 질문을 통한 언어적 참여와 가리키기, 책 다루기, 교사에게 가까이 있기, 또래와 상호작용 하기, 가장하기와 같은 비언어적 참여를 더 많이 제공한다(Phillips & Twardosz, 2003).

또한 걸음마기아는 쓰기에 대한 그들의 출현적 지식을 보여 주기 시작한다(Mayer, 2007). 쓰기가 구어를 표상한다고 인지하면서 걸음마기아는 종이와 크레용이나 연필 같은 쓰기도구를 가지고 처음에 긁적이기(낙서하기)와 그림 그리기를 한다. 예를 들어 2세아 Summer는 종이 위에 긁적이기를 한다. Summer는 엄마에게 "하나, 둘, 셋, 넷, 다섯, 여섯, 일곱, 여덟, 아홉, 열."을 썼다고 말한다. 이 시점부터 아동들은 22장에서 설명되는 쓰기 단계로 진입한다.

심화학습 도서관에서 걸음마기 수준의 책을 빌려 보라. 도서관 사서가 적절한 책을 찾도록 도와줄 수 있다. 빌린 책들을 만 1세아와 2세아와 공유하라. 걸음마기아가 당신과 어떻게 상호작용하고 책과 어떻게 상호작용하는지 살펴보라. 이 아이가 책 지식을 보여 주는가? 다른 말로 Kristen이 첫 3년 동안 배운 일곱 가지 사항 중 어떤 사항을 보여 주는가?

5 사회문화적 요인

3장에 기술된 바와 같이, 아동은 지역 공동체, 가족과 또래 집단에서 상호작용하고 관찰될 필요가 있다. 그러나 영아와 걸음마기아를 대화 상대로서 받아들이는 것이 문화에 따라 매우 다양하다(Jones & Lorenzo-Herbert, 2008). 어떤 문화에서는 성인이 2세 미만 아동과 대화하지 않는 반면, 다른 문화에서는 출생 시부터 적극적으로 대화를 한다.

또한 가장놀이를 발달시킬 수 있는 비구조화된 놀이에서는 공동체의 문화적 행위가 반영되어야 한다. Howes와 Wishard(2004)는 라틴계 걸음마기아 두 명이, 말로 표현하지 않지만 아기를 씻기고 물기를 닦아 주고 천으로 싸고 흔들어 주는 동작의 의미를 공유하면서 아기를 목욕시키는 놀이 모습을 묘사하였다. 걸음마기아 가정의 문화를 살펴보면 왜 놀이가 말 없이 진행되었는지를 알게 된다. 일곱 명의 식구가 작은 집에 거주하고 있다. 어른들이 다양한 시간대에 일을 하기 때문에 아이들은 조용히 해야만 하며, 동네가 위험해서 아이들은 밖에 나갈 수 없다. 이러한 상황에 처한 여아들은 말하면서 놀이를 할 기회가 필요하다. 담화 발달은 이후의 문해 발달과 연관되어 있다. 가장놀이와 담화를 통해 아동은 이야기 개념을 발달시키는데, 이것은 읽기 이해를 위한 중요한 개념이다.

출현적 문해는 가장놀이와 담화뿐만 아니라 책과 활자화된 자료인 인쇄물 경험(**그림 16-7**), 그리고 대화를 통해 발달한다. 의미를 공유하는 것은 문해의 기초가 된다(Howes & Wishard, 2004). 아동은 협동적으로 놀이할 때 이미 줄거리가 있는 이야기를 실제로 재연하고 있다. 아동이 이야기를 할 때 담화를 만들어 낸다. 가장놀이 담화가 언어적이든 비언어적이든, 놀이를 하는 아동들이 그 의미를 공유하는 것이 중요하다. 17장에 기술된 Rogoff와 Mosier(1993)의 연구는, 과테말라의 마야족 인디언 도시와 미국의 어느 중류 도시의 두 가지 다른 문화에서 대조적으로 나타나는 걸음마기아와 부모 간의 상호작용을 잘 보여 주는 좋은 예이다. 이 연구는 인도의 부족 마을과 터키의 중류 도시 지역의 관찰이 포함된 대규모 프로젝트(Rogoff, Mistry, Goncu, & Moiser, 1993)의 일부였다. 각 문화에서 걸음마기아와 양육자는 서로 이해하고 적응하기 위한 상호 협력체계를 발달시켰다. 문화적 다양성은 그 문화의 가치와 목적이 다르다는 것에 중점을 두었다. 각 공동체의 주요 차이점은 아동을 성인의 활동에 참여시키는지 격리시키는지에 있다. 미국의 중류 가정에서 아동을 성인의 활동에서 분리시켰을 때 양육자는 특별히 언어를 계획적으로 직접 가르쳐야만 하였다. 성인은 아동을 대화의 상대로서 간주하였다. 마야족 인디언 가정에서처럼 아동이 성인의 활동에 참여할 때는 계획된 직접적인 가르침은 아니지만 성인의 반응을 관찰하면서 스스로 많은 것을 배웠다. 중류 가정의 양육자-걸음마기아 상호작용은 전통적인 학교에서의 가르침과 유사하였다. 저자는 비중류 가정의 부모는 중류 가정 부모가 아동에게 학교 준비를 시키는 기술들을 습득하여 아동에게 많은 도움을 줄 수 있다고 제안한다. 다른 한편으로 중류 가정의 부모와 학교 교사는 아동이 스스로 더 많이 노력하고 관찰하면서 학습하게 함으로써 아동에게 도움을 줄 수 있다. 미국에서는 아동이 자신의 고유 문화의 가치와 관습을 잃지 않으면서 주류 문화에서 적응하는 법을 배울 필요가 있다는 점을 인식해야만 한다.

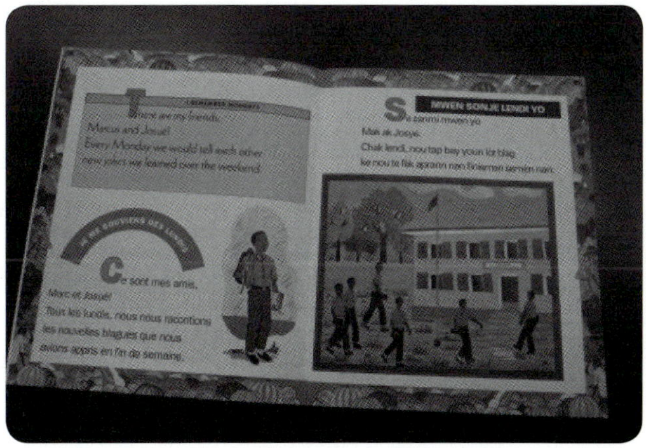

그림 16-7 다양한 언어로 쓰여진 책들을 이용할 수 있어야 한다.

오늘날 유아기 프로그램에 참여하는 많은 아동이 모국어나 영어에 아주 조금 노출되거나 학교 생활에 크게 도움이 되지 않는 그 외 언어에 거의 노출되지 않고 있다. 각 문화는 각기 다른 방식으로 언어를 사용한다. Okagaki와 Diamond(2003)는 미국과 일본 어머니들이 영아에게 말할 때 강조하는 점이 어떻게 다른지 기술하였다. 미국 어머니는 사물의 이름을 강조하고, 일본 어머니는 놀이의 관계적 측면에 더 중점을 둔다(즉, "여기에 차가 있네. 그걸 나한테 줘.").

일부 사람들은 영아와 걸음마기아가 두 가지 언어에 노출되면 두 언어를 혼동할 것이라고 믿는다(Genesee, 2008). 그렇지만 한 번에 한 가지 언어만 사용한다면 이것은 문제가 되지 않는다. 좋은 전략은 어머니는 독일어를 사용하고 아버지는 영어를 말하는 것처럼 각기 다른 사람이 각기 다른 언어를 사용하게 하는 것이다. 한 문장 내에서 언어를 섞어 말하는 것은 일반적이며 문제로 봐서는 안 된다. 부모는 자녀에게 언어 기술을 사용할 때 어떤 도움을 받을 필요가 있다. 실제 초기 이중 언어 사용은 어린 아동에게는 인지적 이점이 있다(Yoshida, 2008). 두 가지 언어 간에 균형을 맞추면서 두 언어를 우수한 수준으로 사용하면, 자발적으로 자신의 지식을 재구조화하기 위해 환경으로부터 정보를 사용하는 능력인 인지적 융통성을 증진시킬 수 있다. 또한 이중 언어는 어떤 결정을 내리는 집행 기능을 지원하는데, 이러한 기능은 인지적 · 사회적 발달에서 계획하기, 조직화 능력, 정신적 유지력, 선택적 주의와 억제 조절의 근간이 된다(Yoshida, 2008). 또한 아동은 한 언어에서 다른 언어로 지식을 전달한다.

DeBey(2007)는 양질의 유아기 프로그램에서 제2언어 학습이 어떻게 이루어지는가를 기술하였다. 이중 언어 모델은 영아와 걸음마기아가 두 가지 언어 모두 풍부한 언어 환경에서 매일 생활하는 것이라고 제안한다. 한 교사는 단지 주류 언어를 말하고 또 다른 교사는 단지 제2언어를 말한다. 그래서 아동은 정규적 활동 중에 두 가지 언어를 배운다. 구조보다는 의사소통이 오히려 강조된다. 제2언어 학습자를 가르칠 때 교사는 비언어적 의사소통을 많이 사용하고 메시지를 단순화하고 문장에서 중요한 단어를 강조하고 몸짓과 말을 결합시키고 핵심 단어를 반복해야만 한다(Tabors, 2003). 가족은 가족의 문화에 참여하고 교사는 다른 가족의 문화를 존중하는 것이 매우 중요하다.

요약

1 인지 발달에 대한 Piget와 Vygotsky의 견해 기술하기

Piaget 이론에 따르면 걸음마기 동안 감각운동적 단계에서 전조작적 인지 단계로 발달한다. 표상적 사고가 나타나고 대상 개념이 발달한다. 대상 조작이 걸음마기의 주된 활동이다. 걸음마기아는 세상을 탐색하면서 지식을 구성한다. Vygotsky는 언어 발달에 중점을 두었다. 말은 개념 발달에 필수적이다. 성인과 나이 많은 또래의 비계 설정은 걸음마기의 인지적 · 언어적 발달을 지원한다.

2 걸음마기아의 개념 학습의 예 열거하기

걸음마기아는 크기, 모양, 색깔과 공간과 같은 많은 개념들에 관해 학습하고 있다. 사물을 분류하여 그룹화하는 능력이 발달할수록 세상에 관한 지식들을 더 잘 조직하게 된다. 상징을 처음 사용하면서 표상적 놀이가 시작된다. 그들은 문제해결 전략과 기억 전략을 발달시키고 있다. 걸음마기아는 구어적 설명을 수반한 성인의 시범을 관찰하고 모방함으로써 많은 것을 배운다.

3 말과 언어 발달 간의 관계 기술하기

걸음마기는 언어 기술이 급속하게 발달하는 시기이다. 한 단어 문장은 4~5개 단어로 구성된 문장으로 발달한다. 처음에는 이해가 표현을 앞서나, 이 기간에 표현 언어가 순조롭게 발달한다. 사회 상황에서 사용하는 언어 유형은 사적 언어에서 혼자서 놀이를 할 때 사용하는 언어 유형과 다르다. 사적 언어는 아동의 자기 조절을 돕는다.

4 개념, 지식, 언어와 문해 간의 상호작용 설명하기

걸음마기아의 원시적 사고는 언어에 반영되어 있다. 성인과의 적절한 대화는 언어 발달에 필수적이다. 성인은 언어 모델과 대화 상대가 된다. 구어와 가장놀이는 문해 출현과 밀접하게 관련되어 있으며, 걸음마기아는 인쇄된 활자와 쓰여진 것은 상징이라는 것을 배운다. 걸음마기아는 문해 활동은 즐거움을 주고 예측 가능한 일상에서 일어나며, 언어는 읽기와 그리기의 중요한 영역이고, 문해 자료는 특별한 방식으로 다루어지고, 문해는 상징을 사용하며 의미를 전달하고 문화 내에서 사회적 상호작용으로부터 발생한다는 것을 알게 된다.

5 걸음마기 인지 발달과 언어 발달의 사회문화적 측면이 갖는 중요성 이해하기

모국어가 영어가 아닌 아동을 가르칠 때 각 아동의 가족이 언어를 어떻게 사용하는지 알고 각 문화를 존중하는 것이 중요하다. 이중 언어 경험은 영아기에 시작될 수 있다. 이중 언어를 사용하는 아동은 두 가지 인지적 장점을 발달시킬 수 있다. 즉, 인지적 융통성과 실행적 기능을 발달시킨다. 이중 언어를 집중적으로 사용할 수 있는 상황은 영아와 걸음마기 언어 학습자에게 이점이 된다.

제 17 장

걸음마기: 정서 발달

이 장과 관련된 표준

naeyc

NAEYC 프로그램 기준

1a: 출생에서 8세까지의 영유아의 특징과 요구를 알고 이해하기

DAP

발달에 적합한 실제(DAP) 지침

1: 학습자를 보살피는 공동체 만들기

1C: 공동체 구성원은 서로 존중하고 책임감을 갖는다.

학습목표

1 걸음마기아에 대한 Vygotsky와 Erikson 견해를 설명한다.

2 걸음마기아의 탐색적 놀이와 또래 놀이 특성을 인식한다.

3 걸음마기아의 정서 발달에 미치는 성인의 영향을 기술한다.

4 정서적 · 사회적 무능력을 가진 걸음마기아의 특징을 기술한다.

5 일반적인 걸음마기아의 기질 특성을 인식한다.

1 이론가의 견해

25장에서 좀더 자세히 서술되듯이, 정서 영역은 사회, 정서, 성격 특성과 자기 개념의 발달에 초점을 둔다. 걸음마기아의 증가하는 독립성은 놀이와 사회활동에서 나타날 수 있다. 양육자와의 애착과 이에 따르는 자기 신뢰와 타인에 대한 신뢰를 통하여 걸음마기아는 성인으로부터 이동하여 사물을 시도하게 된다. 아동 행동의 사회적 · 정서적 측면은 걸음마 시기 동안 성숙을 향한 비약적 발전을 이루게 된다. Vygotsky(Berk & Winsler, 1995)는 인지 발달을 위한 지원으로서 사회적 맥락에서 사회적이고 협동적인 행동의 중요성을 특히 강조한다. 숙련된 동반자인 성인이나 나이 든 아동은 **근접 발달 영역(ZPD)** 안에서 아동의 학습을 지지한다(근접 발달 영역은 어떤 시점에서의 실제 발달과 잠재적 발달 간 차이를 말한다). Erikson(Miller, 2002)은 문화적 맥락 안에서 심리 발달의 사회적 · 정서적 측면을 강조하였다. Erikson이 걸음마기아를, 정체성을 지속적으로 추구하는 데 있어서 자율성 대 수치심 및 의심의 시기로 부른 것을 회상해 보라. 이 시기에 아동의 기질은 변하기 쉽고 예측할 수 없고, 그들의 정서는 자신들이 누구인지에 대한 정의를 추구하면서 매우 강하게 표현될 수 있다. Gopnik, Meltzoff와 Kuhl(1999)은 '사랑스러운' 1세아에서 '괴물'인 2세아로의 변화를 기술한다. 1세아는 성인이 자신처럼 생각한다고 믿는 반면, 2세아는 마치 성인이 생각하는 것을 발견하려고 시도하는 것처럼, 성인이 자신과 다르게 생각한다는 것을 알고 계속적으로 성인의 반응을 시험한다.

이 장은 놀이와 사회적 관계, 성인 역할, 사회적 민감성, 사회적 · 정서적 무능력, 기질과 자기 개념의 분야에서 걸음마기아의 정서 발달에 대하여 살펴본다.

2 놀이와 사회적 관계

인지 발달에서와 같이, 놀이는 정서 발달을 지지하는 데에 필수적이다. 사물과 성인과의 놀이 이외에 또래 간 놀이가 더 중요해진다. 사회적 행동은 더욱 복잡하게 변한다.

놀이

5장에서 학습을 위한 주요 수단으로서 아동의 놀이에 대하여 광범위하게 설명하였다. 이 장에서는 1세아와 2세아의 놀이가 초점이다. 걸음마기아는 분주한 아동인데, 그들은 많은 측면에서 환경에서 탐색하고 실험하는 작은 과학자와도 같다(**사진 17-1**). 이전 장에서 설명한 것과 같이, 운동 기술의 발달과 함께 놀이는 더욱 복잡해진다(Frost, Wortham, & Reifel, 2005). 15장에서 설명한 바와 같이, 걸음마기아는 밀고, 당기고, 올리고, 채우고, 파

근접 발달 영역(Zone of Proximal Development, ZPD) 어떤 특정 시점에서 실제적 발달과 잠재적 발달 간의 거리

사진 17-1 영아는 모래와 같은 사물에 대해서 독립적으로 탐색하는 놀이에 참여한다.

는 것을 좋아한다. 놀이는 만지고 맛보고 느끼고 냄새 맡고 사물을 잡으려고 하는 감각을 쓰면서 탐색하게 된다. 또한 인지 발달은 놀이 내용의 발달에 영향을 준다. 생후 12개월까지, 대상 영속성은 증가된 기억 발달과 함께 성취된다. 상징, 즉 표상적 놀이는 생후 18개월과 24개월 사이에 나타나고, 걸음마기아는 놀이 활동을 계획할 수 있게 된다. 2세까지 아동은 감정적(정서적, 성격, 사회적) 특성을 반영하는 가장놀이에 참여한다.

걸음마기아의 놀이는 활동적이고 즐겁다. 다음은 18개월 된 Enrique가 교사와 하는 놀이 활동을 나타내는 전형적 예이다.

Enrique는 테니스 공을 모두 모아서 교사에게 준 후, 다른 방향을 지적하고 던진다. 교사가 공을 던지면 Enrique는 낄낄거리면서 공을 잡으러 뛰어간다. 그는 잡을 수 있을 만큼 많이 집고, 작은 플라스틱 빨간 화물기차에 공을 넣고, 나머지 공을 모으려고 화물기차를 끈다. 공을 모두 모으면, 그는 화물기차를 교사에게 주고, 미리 예상하였다는 듯이 가리키면서 뛴다. 교사가 공을 던지면 Enrique는 다시 가능한 한 빨리 뛰어서 그가 잡을 수 있을 만큼 많이 모아서, 공을 빨간 화물기차에 넣는다. Enrique는 다른 활동으로 옮기기 전에 몇 번 이런 활동을 반복한다. 그 후, 몇 개의 작은(7cm) 벽돌로 탑을 세운다. 탑이 그의 키만큼 높아질 때, Enrique는 탑을 밀면서 "붐!"이라고 소리친다. 그는 신경질적으로 웃고, 쓰러진 벽돌을 가리키면서, 다시 벽돌을 늘어놓기 전에 몇 초 동안 춤을 춘다.

Enrique는 전형적인 걸음마기아의 놀이를 나타낸다. 그의 놀이는 반복적이고 활동적이고 즐겁다. 그의 놀이는 굉음과 함께 탑을 쓰러뜨리면서 가장놀이(pretended play)의 시작을 보여 준다.

Ruhman(1998)은 걸음마기아의 모방놀이와 상상놀이를 증진시키는 것이 중요하다는 것을 지적한다. 걸음마기 동안, 표상은 아동의 놀이로 합류된다. 원래 놀이는 아동이 성인, 동물, 탈것과 다른 사람들과 사물이 되는 것과 같이 상징적이다. 놀이 재료는 Enrique가 벽돌탑을 큰 소리를 내면서 쓰러지는 건물이라고 여기듯이 원래 상징적이다. 표상적 놀이는 아동이 표현을 편안해하지 않을 법한 사상, 사고와 감정을 기술하기 위한 상황을 제공한다. 양육자는 침대에 있는 인형을 깨우거나 아동의 장난감 차를 위해 벽돌로 차고 만드는 것을 돕는 것처럼, 활동을 가장하는 모델을 제공하면서 아동과 놀이를 할 수 있다. 걸음마기아의 놀이는 모래와 같이 사물에 대한 독립적 탐색과 관련된다. 여기서 중요한 것은 성인이 참견하지 않고 비계 역할을 제공하면서 걸음마기아가 주도하게 만드는 것이다.

걸음마기아는 활발하게 새롭게 발달한 운동 기술을 사용한다. 아이들은 매일 던지고 오리고 세우고 춤출 기회가 필요하다(Wardle, 1998). 그들은 모든 크기의 공, 오르기 기구, 사다리, 다리, 그리기 붓, 화물기차, 블록과 속이 빈 벽돌이 필요하다. 이런 사물들은 상상놀이와 모방놀이를 위한 기반을 제공할 수 있다.

놀이 경험이 없는 영아와 걸음마기아는 중요한 정서적 경험을 박탈당하게 된다. 시설 아동과 입양 아동은 종종 이러한 초기 놀이 경험이 부족하다(Comfort, 2005). 그들은 장난감으로 무엇을 할지 모르고 장난감을 탐색조차 하지 못할 수 있다. 그들은 장난감을 장난감 통에서 내버리고 그냥 내버려 둘지도 모른다. 그들은 가장놀이를 하지 않을 수도 있다. 그들은 화를 내고 다른 아이들 또는 사물에게 공격적이기 쉽다. Comfort(2005)는 성인은 그들과 함께 놀이를 할 책임이 있으며 신뢰감을 갖게 되면 아이들에게 점차적으로 놀이를 안내해야 한다고 설명한다.

또래 관계

걸음마기아는 다른 아이들에게 관심이 있다. 두 살이 되면, 아이들은 다른 아이들 옆에서 놀이를 할 수 있다. 2세까지, 그들은 기꺼이 **또래**와 참여하고자 할 것이다(The power of play, 2005). 그들은 운동, 문제해결과 언어 기술을 발달시켰다. 공유하기와 때리지 않기 등과 같은 사회학습 기술은 3세 때의 과제이다. 가장놀이는 더욱 명백해지지만 제한적이다. 초기 사회활동은 보통 상호 모방과 관련된다(Berk, 2006). 걸음마기아는 뛰고 쫓기를 즐긴다. 그들은 놀이 활동을 제안하는 언어를 사용하기 시작한다.

사회적 활동은 다른 아동을 모방하는 것을 포함하는데, 다른 아동에게 장난감을 보여 주고, 다른 아동에게 장난감을 제공하고, 장난감을 다른 아동으로부터 받아들이고, 다른 아동이 끝낸 장난감을 사용하고, (다른 아동이 저항하지 않을 때) 장난감을 다른 아동으로부터 얻고, (다른 아동이 저항할 때) 장난감을 안 빼앗기려고 하고, 역할을 담당하는 것이 협동 놀이의 시작이다. **협응 놀이**는 둘 이상의 아동이 함께 무언가 하는 것을 포함한다. 그들은 벽돌로 탑을 세우고, 양동이에 물을 채우거나, 벽돌을 계속 쌓아 탑을 만들었다가 그 탑을 무너뜨린다(Brownell, Ramani, & Zerwas, 2006). Brownell과 동료들은 협동 노력이 필요한 문제를 푸는 상황에서 1세아는 또래와 협동하는 데 익숙하지 않으나, 2세아는 또래와 협동하는 방향으로 진보한다. 실제적 동반자 관계는 2세 후반에 나타나고 3세에 종종 관찰될 수 있다. 3세는 협동적 사회 기술의 발달에 있어서 걸음마기아를 지지하기 위한 중요한 시점인 듯하다.

또래(peers) 동일 연령 또는 동일 발달적 수준인 영아

협응 놀이(coordinated play) 두 명의 아이들이 함께 무언가를 하는 것과 관련되는 놀이

사진 17-2 걸음마기아가 다른 아동의 장난감을 원할 때 교사는 중재해야 할 수도 있다.

Brownell(1990)은 서로 아는 사이인 생후 18개월과 24개월 걸음마기아 동일 연령 또는 혼합 연령 쌍을 놀이실 상황에서 관찰하였다. 기대대로, 나이 든 아동이 훨씬 더 복잡한 사회적 활동에 참여하였다. 흥미로운 것은 나이 든 영아와 짝지어진 어린 걸음마기아의 행동이었다. 나이 든 아이와 짝이 된 18개월 걸음마기아는 "더욱 사회적으로 활발하고, 참여적이고, 정서적으로 열광"하였고, 더 어린 아동과 있을 때보다 나이 든 아동과 있을 때 더 발전된 수단을 사용하였다(Brownell, 1990, p. 844). 이 결과는 Logue(2006)의 연구에서 증명된 혼합 연령 집단의 가치를 지지하였다. Brownell과 Carriger(1990)는 각각 생후 12, 18, 24, 30개월의 동일 연령 또래 간 협동 발달을 관찰하였다. 나이별 동일 연령 쌍은 장난감을 얻기 위해 협동해야 하는 문제해결 상황에 놓였다. 한 아동이 장난감을 얻기 위해 지렛대를 누르는 동안, 다른 아동은 장난감을 얻을 수 있었다. 장치는 한 아동만으로는 과제를 완수할 수 없도록 설계되었다. 12개월 쌍은 하지 못하였고, 18개월 쌍도 장난감을 얻기 위해 협동적으로 일할 수 없었던 반면, 24개월과 30개월 영아는 훨씬 더 협동하려고 애를 썼다(사진 17-2).

보통 걸음마기아의 또래 관계는 약간 거친 것이 특징이다(Honig & DiPerna, 1983). 걸음마기아는 다른 아동의 장난감을 잡고, 치고, 무는 것과 같은 부정적인 사회적 행동을 보였다(사진 17-3). 그들은 사물을 탐색하는 것과 같은 방식으로 또래를 탐색하는 듯하다. 또한, 만일 자율성이 발달하는 시기가 되면, 그들은 또 다른 아동의 의지를 꺾는 일이 만족스럽다는 것을 알게 될 것이다. 걸음마기아를 집단에 넣는 것은 어려움을 자초하는 일인 듯하다. 그러나 Howes(1985)가 수행한 연구에 따르면, 만일 걸음마기아가 서로 잘 알게 되고 매일 상호작용할 기회를 갖는다면 그들은 긍정적인 사회적 관계를 발달시킬

사진 17-3 교사는 여아들이 그들의 문제를 해결하는 것을 돕고 있다.

수 있다는 것을 나타낸다. 걸음마기아는 대집단과 달리, 쌍으로 긍정적 상호작용을 더 많이 하는 듯하다(Honig & DiPerna, 1983). 이는 걸음마기아의 놀이 집단은 두 명 이상의 아이들이 동일한 장소에서 놀아야 하는 제한된 선택을 제공하기보다는 한 명 또는 두 명의 아동이 놀 수 있도록 몇 가지 영역을 제시하면, 더욱 융통성 있게 놀 수 있다는 것을 나타낸다. 더구나, 상호작용은 작은 장난감보다는 대근육 장난감을 가지고 놀 때 더욱 긍정적이다. 장난감은 분쟁이 최소화되도록 충분히 많아야만 한다. 걸음마기아는 서로 따라 하는 것을 좋아하므로, 장난감을 2배 갖추어 놓아야 한다. 만일 걸음마기 영아가 똑같은 장난감을 선택하고 또래를 따라할 수 있다면, 긍정적인 사회적 발달이 강화된다. 만일 똑같은 것이 없다면, 걸음마기아는 그 후 다른 아동의 장난감을 가지려고 할 것이다. Da Ros와 Kovach(1998)가 제안하였듯이(15장), 성인은 보통 걸음마기아에게 그들 자신의 갈등을 해결하는 방법을 이해할 만한 시간을 주지 않고 너무 빨리 중재하려고 한다. 성인은 문제를 그들 자신이 수정하려고 하고, 그들 자신의 해결책을 부여함으로써 과잉 조절하고, 걸음마기아가 자신의 협상 능력을 발달시키도록 돕지 않으면서 조용해지기를 바라고, 영아가 너무 어려서 보상이 무엇인지를 이해하지 못하는데도 공격자에게 보상하도록 하는 경향이 있다. 성인이 도와주어야 한다고 해도, "너는 네 인형을 Jane이 갖는 것이 싫다고 말할 수 있어." 또는 "너의 벽돌을 쓰러뜨리지 말라고 Tom에게 말할 수 있어."라고 말하면서 비평가적인 기법을 제안하고 아이들이 해결할 수 있도록 시간을 허락해야 한다.

생각해 보기

다음 상황을 분석하고, 당신이 어떻게 반응할 것인가를 설명하라.

가정 어린이집에서 Johnny는 자신이 놀고 있는 곳으로 당신을 불러 이렇게 말한다. "내가 점심을 만들고 있어요. 선생님이 나랑 같이 먹으면 좋겠어요."

3 걸음마기아의 정서 발달에서 성인의 영향

성인은 걸음마기아의 사회적 행동에 강력한 영향을 줄 수 있다. 예컨대, Howes, Hamilton과 Matheson(1994)은 영유아 집단으로 하여금 4세까지 보육 시설에 등록하도록 하고 추적하였다. Howes와 동료들(1994)은 아동의 사회적 유능성과 관련된 교사와 또래 행동의 관련성을 검증하였다. 교사와 그들의 관계에 있어서 더욱 안정적인 걸음마기아는 또래에게 덜 공격적이고 더 긍정적 놀이에 참여하였다. 교사가 아동이 또래와 접촉을 시도하도록 하고, 또래와의 만남을 감독하고 또래 행동을 설명하는 것과 같이, 긍정적 방식으로 사회적 문제에 접근하면, 아동은 또래들에게 매우 쉽게 받아들여지는 경향이 있었다. 즉, 또래와 상호작용하는 방법을 직접적으로 가르치는 것은 긍정적 결과를 낳았다(사진 17-4).

Fagot, Hagan, Leinbach와 Kronsberg(1985)는 생후 13~14개월 걸음마기아들의 놀이 집단을 관찰하고, 9~11개월 후에 그 집단을 다시 관찰하였다. 그들은 걸음마기아의 주장 행동에 대한 교사의 반응을 기록하였다. 첫 번째 관찰 동안, 교사들은 남아와 영아에게 다르

사진 17-4 여아가 다른 여아를 돕고 있다.

게 반응하였는데, 남아에게 더욱 부정적이었다. 두 번째 관찰에서, 교사는 남아와 여아의 주장 행동에 동일하게 반응하였다. 그러나 또래는 여아의 주장 행동보다 남아의 주장 행동에 더 부정적으로 반응하였다. 성인이 보게 되면, 이러한 행동은 더욱 유지되는 듯하다. 교사는 남아와 여아를 다르게 대우하는 것에 민감할 필요가 있는 듯하다. 비록 교사가 두 번째 관찰 시기에 **성 정형화된 반응**을 보이지 않았다고 해도, 아동은 또래 상호작용에서 그런 방식을 채택하는 듯하다. 부모도 성 전형적 장난감을 선택하여 걸음마기아의 놀이에 영향을 주는 것이 관찰되었다(Eisenberg, Wolchik, Hernandez, & Pasternack, 1985). 남아는 더 어릴 때, 여아가 전형적인 여아용 장난감 선호를 의식하게 되는 것보다 일찍 전형적인 남아용 장난감 선호도를 알게 된다(Bjorklund & Blasi, 2012). 2세까지 남아는 여아용 장난감과 활동을 피하는 경향이 있다.

Rogoff와 Mosier(1993)(16장 참조)는 아동이 특정 문화에서 기능하는 데 필요한 것을 학습하는 수단으로서 **안내된 참여**에 대하여 검증하였다. 이런 견해의 초점은 교훈적 가르침보다는 상대방(어린 아동과 나이 든 아동인 더 숙련된 상대)과의 사회적이고 협동적인 행동이 근접 발달 영역 안에서 성장을 지원한다는 Vygotsky 이론에서 나왔다. Rogoff와 Mosier(1993)는 Utah 주 Salt Lake City와 과테말라의 마야족 마을에 사는, 각각 네 명의 걸음마기아와 그 가족을 관찰하고 면담하였다. 그들의 목적은 발달을 위한 지역적 목적을 고려한 문화적 맥락에서의 안내된 참여를 관찰하는 것이었다. 관찰 결과, 성인은 의사소통을 조정하고 과제를 단순화하며 어려운 부분을 도우면서 아동을 안내하고 있었다. 걸음마기아와 성인이 다음에 무엇을 할지 동의하지 않을 때, 성인은 보통 아동의 선택을 존중하였다. 이런 행동은 특히 마야족 어머니에게 적용된다. Salt Lake City에 사는 어머니는 더 복잡한 언어적 설명을 사용한 반면, 마야족 어머니는 더 많은 시범을 보여 주었으며, 이에 따라 의사소통 양식을 선택할 때에도 문화적 차이가 반영되었다. Salt Lake City의 부모는 걸음마기아가 더 많이 움직였다 해도, 면대면 의사소통을 더 많이 하였다. Salt Lake City의 부모는 영아와 놀이를 하는 데 시간을 많이 보내는 반면, 마야족 어머니는 어머니가 일을 하

성 정형화된(sex-stereotyped) 남아와 여아를 성에 근거하여 다르게 대우하는 것

안내된 참여(guided participation) 특정 문화에서 기능하기 위해 학습할 필요가 있는 것을 아동이 체험하는 수단

뇌 발달

영아 교실 디자인

유아기 센터는 건강한 뇌 발달을 지원하도록 조직되어야 한다(Segal & Freshwater, 2011). Segal과 Freshwater는 뇌 친화적 교실을 위한 지침을 제공한다. 일단 걸음마기아가 센터에서 성인과 안정된 애착을 발달시켰으면, 그들은 환경적 자극으로 이동할 수 있다. 교실 활동 센터는 놀이와 탐색을 지원하기 위하여 분명하게 정의되어져야 한다. 디자인은 다감각적 학습을 증진시켜야 한다. 시각, 후각, 촉각, 청각과 미각은 환경적 감각이 새롭기 때문에 영유아에게 더욱 강렬하다. 교실은 혼잡 없이 최상의 자극을 위하여 정돈되고 조직화되어야 한다. 공간은 사고와 문제해결을 지원해야 한다.

출처: Segal, M. & Freshwater, A. (2011). Organizing, editing and inspiring. http://communityplaythings.com.

기 위해서 걸음마기아가 혼자 놀도록 격려하였다. 마야족 문화에서, 아동은 중류 Salt Lake City 문화에서와 같이 대화 상대로 여겨지지 않았다. 마야족 문화에서, 아동은 필요한 기술을 얻기 위해 관찰 학습에 의존하였다. 그들의 주의 집중은 Salt Lake City 아동과 같은 정도가 아니었다. Salt Lake City의 어머니는 동기 유발이 되도록 칭찬, 지원과 가장된 흥분을 많이 사용하였다. 비록 양 문화에서 특정한 안내 기술이 다르다 해도, 양육자와 아동은 특정 상황에서 발생하는 것을 결정하는 데 있어서 협력하였다. 많은 양의 적절한 놀이 재료를 제공하는 것은 걸음마기아의 건설적인 놀이를 지원한다. 걸음마기아는 단순한 놀이 재료에 상당히 만족할 수 있고, 이는 밀고 당기는 장난감, 마커펜과 크레용과 같이 대근육과 소근육 협응을 발달시키는 데 도움을 준다. Swim과 Watson(2011)은 걸음마기아를 위해 간단히 집에서 만드는 장난감을 제안한다(p. 358). 환경적으로도 아이들이 그들 자신의 문화를 편하게 느끼도록 해야 한다(Whaley & Swadener, 1990).

Whaley와 Swadener(1990)는 다문화 교육은 영아기와 걸음마기에 시작해야 한다고 강조한다. 그러나 다양한 문화가 실감나게 나타나 있는 인형, 책, 음악과 다른 매체가 포함되어야 한다. 아동이 모국어에 유능하도록 격려하고 또한 압박하지 않는 방식으로 영어에 노출되도록 하라. 다양한 문화를 나타내는 그림을 제시하라. 영유아가 그들 스스로에 대해 좋게 느끼고, 다른 사람들의 감정에 대해 공감하고 나누고 존중하도록 격려하라. 초기 다문화 교육은 교육과정이 아니라 공정성에 대한 시각과 관여(commitment), 민감성과 임파워먼트이다. 그것은 영유아의 일상적 경험에 짜넣을 수 있고, 짜넣어져야 한다. 또한 직접적으로 가르치는 것이 아니라 영유아의 놀이 경험으로 많은 생각들이 통합되어야 한다. 아마도 가장 중요한 것은 이 연령의 아동은 자기 존중감, 수용과 공감의 영역에서 힘을 받을 수 있다는 사실이다(Whaley & Swandener, 1990, p. 240).

Keller와 동료들(2004)의 연구는 생후 3개월 시기의 부모 행동과 생후 18~20개월 시기 아동의 자기 인식과 자기 조절 간의 관계를 세 문화 집단 사이에서 비교하는 것이었다. 여기서 세 집단은 카메룬의 농부, 그리스의 도시 중산층, 코스타리카의 중산층이었다. 세 가지 유형의 부모 행동이 발견되었다.

1. 접근 양식은 순응과 관계성을 강조하는 사회문화적 양식에 따르는데, 신체 접촉과 신체 자극을 강조한다.
2. 소원 양식은 독립, 자율성과 분리를 강조하는 사회문화적 양식이며, 면대면 교환과 사물 자극을 강조한다.
3. 접근과 소원 양식의 결합은 자율과 관계성을 강조하는 사회문화와 관련된다.

접근하는 양육 행동을 경험하는 카메룬의 걸음마기아는 다른 두 집단의 걸음마기아보다 더 일찍 자기 조절을 발달시켰다. 소원한 양육 행동을 경험한 그리스의 걸음마기아는 다른 두 집단의 걸음마기아보다 더 일찍 자기 인식을 발달시켰다. 접근과 소원한 부모 행동 모두를 경험한 코스타리카의 걸음마기아는 자기 조절과 자기 인식에서 다른 두 집단 사이에 있었다. 결과적으로, 양육 행동은 사회문화적 지역사회의 문화적 기대에 부합한다.

또래와 성인과 사회적 관계는 걸음마기에 잘 확립된다. 이미 설명하였듯이, 이러한 관계가 항상 긍정적인 것은 아니다. 일반적으로 2세아가 또래에게 공격성을 나타내고 갈등 상황을 시작한다고 해도, 공격성과 갈등의 정도는 매우 다양하다. 걸음마기아 간에 드러나는 내적 통제의 정도에는 다양성이 존재한다. Rubin, Hastings, Chen, Stewart와 McNichol(1998)은 어머니의 행동과 특성과 관련되는 2세아의 다양성을 관찰하였다. 어머니와 걸음마기아는 놀이 상황과 간식 상황에서 관찰되었다. 전반적으로, 남아는 갈등을 더 많이 시작하였고 여아에 비해 더 많이 분노 공격을 나타냈다. 걸음마기아의 성별과 상관없이, 정서 조절과 부정적 어머니의 지배는 파괴적 행동을 예측하였다. 즉, 자기 조절 기술이 낮고 혐오적이면서 통제적 행동 비율이 높은 어머니를 가진 아동은 또래에게 더 공격적인 경향이 있었다. 내적 통제를 못 하면서 강하게 외부적 통제를 하는 아동은 타인에게 가장 공격적이었다. 이런 관계는 여아보다 남아의 경우에 더 강하였다. 연구자들은 관찰된 공격성과 보육 경험 간 관련성을 발견하지 못하였다. 이 결과는 어머니 역할이 아동 행동의 가장 강력한 예측 요인이라고 밝힌, 2세아와 3세아의 보육에 관한 NICHD Early Child Care Research Network 연구(1998)와 일치한다.

걸음마기아의 사회적 민감성

걸음마기아는 민감성과 정서적 표현성을 발달시켰다. 또래 관계에 대한 토론에서 언급되었듯이, 걸음마기아는 또래와의 관계에서 표현적이면서 저항적인 의사소통을 사용한다. 또한 이처럼 민감성이 증가하는 것은 가족 관계에서도 명백히 드러난다.

현실에서의 아동 발달

실행 기능

Ellen Galinsky(2010)는 초점화와 자기 통제가 어떻게 학습을 위한 최초의 가장 본질적인 삶의 기술인가에 대하여 설명한다. 초점화와 자기 통제를 통하여 아동은 학습 기회에 주목하게 된다. 실행 기능은 영아가 환경에서 사물과 사람들에 집중함에 따라 영아와 관리 의무를 시작한다. 주의 또는 초점화는 뇌의 전전두엽에서 제공되는 실행 기능에 의해 관리된다. 실행 기능을 통하여 사람은 창의적 방식으로 이미 알고 있는 것을 사용하게 된다. 실행 기능이 관리하는 영역 중 하나가 정서의 억제적 통제인데, 이것은 예를 들면 분노 발작을 하지 않고 스트레스를 받는 상황에서 행동하기 전에 생각하거나 스트레스를 주는 과제에 주의를 집중하는 것을 뜻한다. 성인은 다음과 같은 방법으로 영아와 걸음마기아에게 초점화와 자기 통제를 증진시킬 수 있다.

1. 아동을 흔들고 부드럽게 이야기하는 것과 같이 신성시키는 방법을 이해하라.
2. 아기에게 자신을 통제할 시간을 제공하라.
3. 아기나 걸음마기아에게 그가 성공하였다는 것을 알게 하라. 그에게 "네가 해냈어, 잘했어."라고 말하라.
4. 아동이 나이듦에 따라, 숨바꼭질, 무궁화꽃이 피었습니다 놀이, 의자에 먼저 앉기 같은 집중과 통제를 요구하는 게임을 하는 것과 같이 일상적 활동에 통제 기술을 연결하라.
5. 항상 즉각적 만족을 기대하지는 않도록 아동을 격려하라.
6. 잠재적으로 스트레스를 주는 상황에서, 아동이 방해받지 않고 성공하도록 안내하라. 예컨대, 미끄럼틀의 위로 계단을 통해 올라가고 싶어 할 때, 목적을 달성하기 위한 방법을 이해하도록 돕지만, 아동을 위해 해주지는 말아야 한다.

출처: Galinsky, E. (2010). *Mind in the making*. New York: HarperCollins.

정서 표현

정서 표현은 걸음마기에 잘 확립된다(13장 참조). 걸음마기아는 정서를 명명함에 의해 인식하고 조절하는 것을 배울 수 있다(Adams, 2011). 걸음마기아는 때로는 강력하고 압도하는 다양한 범위의 정서를 경험한다(사진 17-5). 정서 어휘를 확립하는 것은 정서 조절을 지원할 수 있다. Adams는 부정적(화나고, 질투하는) 단어와 긍정적(행복한, 유치한)이고 중립적(편안한, 참는, 고요한) 단어로 구성된 감정 단어 목록을 만든다. 또한 Adams는 정서 명명을 제안한다. 예컨대, "너는 화났어" "참아 주어 고마워" "네 사진을 보니 행복해" 등이다. 아동은 그들이 갖는 부정적 정서를 나쁜 감정 없이 조절하는 것을 배울 수 있다. 또한 그들은 긍정적이고 중립적인 감정을 경험하면서 좋은 감정도 경험할 수 있다.

민감성과 표현

걸음마기아는 타인에 대한 동정심을 나타낼 수 있다. 1세아는 편안함을 주려고 하고 고통을 겪고 있는 타인을 도우려고 할 수 있다. 걸음마기아는 다른 누군가가 화나거나 상처받

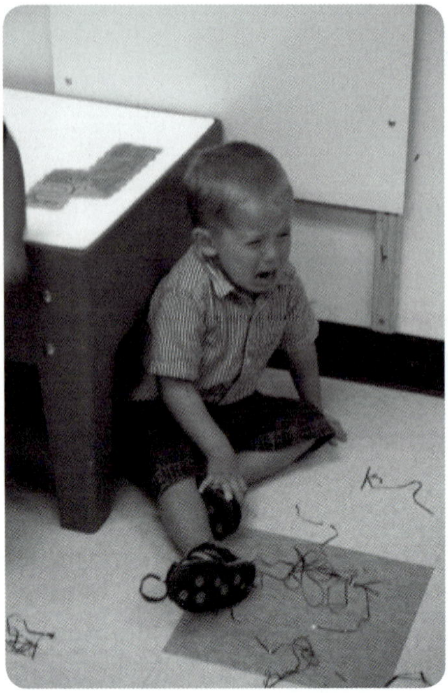

사진 17-5 좌절은 분노 폭발을 일으킬 수 있다.

는 때를 매우 잘 인식하고 종종 도움을 주고 동정하면서 반응한다. 또한 걸음마기아는 타인의 고통에 주목하는 것과 같이 공감의 시작을 나타낸다(Lamb & Zakhireh, 1997; Gopnik et al., 1999). Lamb과 Zakhireh(1997)는 이렇듯 주의를 끌려는 고통스러운 행동은 공감의 시작일 수 있으며, 이는 도덕 발달의 일부분이라고 생각한다. Quann과 Wien(2006)은 걸음마기아의 공감적 행동에 대한 관찰하였다. 그들은 영유아의 공감을 "타인의 감정을 관찰하고 타인을 위하여 돌봐 주고 걱정스럽게 반응하는 능력"(p. 22)이라고 정의하였다. Quann과 Wien은 걸음마기아가 고통스러워하는 다른 아이들에게 관심과 걱정을 보이는 것을 관찰하였다. Warren, Denham과 Bassett(2008)은 정서에 대한 연구를 고찰하였다. 그들은 정서 표현, 정서 이해와 사회적 정보 처리는 사회적 이해를 위한 근거라고 결론지었다. 그들은 공감은 사회적 상호작용을 위해 필수적인 정서적 요소를 세우는 데 중요한 성취라고 생각한다.

생후 18개월 무렵의 걸음마기아는 다른 사람이 어떤 사건에 대해 반응하는 것과 똑같이 하지 않을 수 있다는 것을 이해하기 시작한다. 또한 그들은 생후 24개월경 정서적 첫 단어를 말한다. 그들은 **행복하고**, **화나고**, **슬프고**, **무섭다**는 말을 쓰기 시작한다. 36개월까지, 그들은 자신의 정서를 아는 데에서 타인의 정서를 알게 되는 변화가 생긴다.

첫째인 걸음마기아가 동생의 출생을 경험할 때, 더 나이 든 아동은 종종 이전에 그만두었던 아기 같은 행동으로 퇴행한다. 예를 들면 다음과 같다.

> 남동생이 태어나자 Janie(2세)는 어린이집에서 행동 변화를 보였다. 간식시간 후에, Janie는 엄지손가락을 빨고, 인형 침대로 들어가고 트림을 하는 것이 관찰되었다.

또한 아이들은 질투의 징후를 나타내고 새로운 동생을 없애고자 하는 소망을 드러낼 수 있다.

> 동생이 있는 3세 남아 네 명은 매일 소방관 놀이를 한다. 매일 그들의 활동 과정에서, 아기 인형들은 오븐에서 완전히 타게 된다.

걸음마기아는 환경으로부터 지원을 얻기 위해 정서 표현을 사용하게 된다(Buss & Kiel, 2004). 생후 24개월 된 걸음마기아들이 위협과 좌절 상황(어머니가 같이 있는 상황)에서 관찰되었다. 도움을 구하기 위해 어머니 쪽을 돌아보는 아이들은 분노나 공포보다는 슬픔의 표현을 더 많이 드러내는 경향이 있었다.

Laible, Panfile과 Makariev(2008)는 어머니와 걸음마기아의 갈등, 애착과 기질의 관계를 검증하였다. 이런 갈등은 보통 행위의 정서, 규칙, 욕구와 결과에 초점을 둔다. 아동은 부모가 문제에 대해서 토론하고 협상을 사용하는 갈등의 질적 측면을 통해서 논쟁과 협상의 기술을 배울 수 있다. 안정 애착을 형성한 아동은 어머니와의 갈등에서 어머니가 자신의 생각에 대해서 합리적 근거를 제공하였다. 그들의 갈등은 공격적이고 파괴적인 행동에 대한 것보다는 소유권과 독립에 대해서 더 자주 초점을 두는 경향이 있다. 기질도 갈등 행동과 관련된다. 활동 수준이 더 높은 아이들은 공격적이면서 파괴적인 행동에 초점을 두는 갈등에 참여하기 쉽다.

또한 걸음마기아는 폭력에도 반응하고, 놀이에서 사건을 '재경험'하고, 정서적으로 가라앉고 움츠러들게 되며, 야경증을 보이거나, 폭력적 사건에서의 사람이나 상황과 유사한 사람이나 상황을 피하고, 잠을 잘 못 자는 것과 같이 불안 징후를 발달시키고, 파괴적인 섭식 습관과 공격성을 나타내거나, 주의 폭이 제한적으로 발달하고, 신뢰 관계를 왜곡하는 것과 같이 **외상 후 스트레스 장애(PTSD)**를 나타낼 수 있다(Special report, 1994).

걸음마기아는 성공과 실패감, 성공과 실패를 수반하는 정서를 발달시키기 시작한다(Stipek, Recchia, & McClintic, 1992). 2세 전에, 걸음마기아는 내적 성취감을 갖는 듯하다. 2세경, 걸음마기아는 성인에게서 긍정적 의견을 구하기 시작한다. 어머니에게 칭찬을 많이 받은 아동은 그들의 성취에 관하여 미소, 손뼉치기와 외침과 같은 자발적인 긍정적 정서를 더 많이 표현하는 경향이 있다.

걸음마기아는 자신의 정서와 타인의 감정에 민감하다. 그들은 동정감, 적대감과 질투를 나타낼 수 있다. 그들은 성취에 관한 좋은 감정을 즐기고 확인을 위하여 성인을 보게 된다. 정서 조절은 성인과 아동 간 협동적 활동으로서 영아기에 시작한다(Campos, Frankel, & Camras, 2004). 아기가 발달하면서, 점차적으로 정서 조절을 떠맡는다. 첫 15개월 동안 정서 조절에서 큰 변화가 생긴다.

유머

14장에서, 우리는 영아를 위한 유머의 중요성에 대하여 공부하였다. 웃음과 킬킬거림은 동일하게 모두 걸음마기에 중요하다(Nwokah, 2003). Nwokah(2003)에 따르면, 유머는 몇 가지 측면에서 아동 발달을 지지한다(p. 2). 그 내용은 다음과 같다.

- 창의적 사고를 향상시키고,

외상 후 스트레스 장애(post-traumatic stress disorder, PTSD) 놀이를 통하여 폭력적이거나 스트레스를 주는 사건을 '재경험'하는 것

- 기억을 도와 학습 과정을 증진하고,
- 단어의 의미를 알게 하고,
- 사회적 과정과 기술에 기여하고,
- 아동이 스트레스와 불안에 대처하도록 돕는다.

유머는 부정적 정서 상태를 긍정적 정서로 변화시킬 수 있다. 걸음마기아는 추격하는 놀이를 할 때, 유치하게 보이는 안경이나 웃기는 모자를 쓴 사람을 볼 때, 성인이 아기처럼 흉내 낼 때 즐거워한다. 2세까지, 말이 빠르게 발달하게 될 때, 그들은 재미있는 소리를 내거나 유치한 말이 포함된 단어 게임을 즐긴다. Cameron, Kennedy와 Cameron(2008)은 30개월 된 여아의 삶 전체를 기록하였다. 그들은 네 가지 유형의 유머, 즉 광대짓, 짓궂게 괴롭히기, 농담과 재미있는 말 하기, 신체적 활동에 대하여 발견하였다.

Ward와 Dahlmeier(2011)는 평가, 책임감과 학문적 기대의 증가를 점차 강조함에 따라 교실에서 기쁨이 사라졌다고 표현한다. 기쁨은 "누군가가 긍정적 선택을 하고, 자신의 행위를 통제하고 연결될 때 생기는 최상의 경험"(Ward & Dahlmeier, p. 94)이다. 즐거운 교실에서 아동은 탐색하고 선택하고, 그들이 선택한 목표를 이루고 즐거운 학습을 경험한다.

애착

걸음마기아와 부모는 여전히 분리 불안을 경험할 수 있다(Godwin, Groves, & Horm-Wingerd, 1993). 어린이집에서 헤어지고 다시 만날 때의 행동에 관한 연구에서, Field와 동료들(1984)은 부모가 떠나는 시간에 걸음마기아가 영아보다 더 강하게 저항하였다는 것을 발견하였다. 걸음마기아는 더 주의를 끌려고 하고, 언어적으로 저항하고, 달라붙고 우는 행동을 나타냈다. 걸음마기아의 부모는 더욱 맴돌고 분산시키는 행동을 보였고 교실을 슬쩍 피하였다. 작별을 위하여 언어적 설명을 받은 아동은 저항을 덜 하고 스트레스를 덜 나타낸다. 더욱 쉽게 머문 아동이 역시 더 쉽게 떠나는 경향이 있었다. 영유아와 일하는 성인은 부모에게 걸음마기아가 작별에 저항하는 것이 정상이라는 것을 이해하도록 도와줌으로써 지지적이 될 수 있다. 부모는 이것이 정상 발달의 일부인지를 알 필요가 있다. 그렇지 않으면, 그들은 그들이 잘못한 것이라고 느낄 수 있다.

걸음마기아는 궁극적으로 양육자와 애정적 관계를 발달시킨다. 애정은 강력하고 건강한 애착 발달과 정서 발달에 필수적이다. 애정적인 교사의 행동에 대한 걸음마기아의 반응에 대한 연구에서, Zanolli, Saudargas와 Twardosz(1997)의 관찰에 따르면, 미소가 가장 긍정적인 반응을 얻었다는 것을 발견하였다. 또한 미소는 걸음마기아가 상호적으로 반응하는 가장 초기의 애정적인 교사의 반응이었다. 이러한 연구 결과에 따르면, 교사와 다른 양육자가 웃는 것이 가정에서 보육 시설로의 전이를 가장 잘 도울 수 있다. 미소는 성인이 보살피고 상호적 관계를 발달시키고자 원하는 아동에게 상징인 듯하다.

도덕 발달

영유아와 일하는 성인을 위한 주요 관심사는 옳고 그른 것에 대한 이해, 즉 도덕성에 해당하는 윤리적 행동의 발달이다. **도덕성**은 사회적 관계로부터 성장한다(Damon, 1988). 성인은 도덕성이라는 특별한 견해를 이해하기 위하여 아동의 사회적 세계를 이해해야 한다. 도덕성은 정의하기 쉽지 않다. Damon(1988, p. 5)은 아래의 내용을 포함하여 설명하고 있다.

1. 선과 악을 구별하고 선한 것을 설명하는 행위와 사건에 대한 평가적 지향
2. 집단에서 타인에 의해 공유된 기준에 대한 암시적인 의무
3. 자신의 소망을 넘어서서 확장되는 타인의 복지에 대한 관심
4. 타인에 대한 한 사람의 관심을 위한 책임감(보살핌, 친절, 박애와 자비)
5. 타인의 권리에 대한 관심(정의와 공정)
6. 솔직에 대한 관여
7. 도덕성에 부응하는 판단과 정서적 반응(수치심, 죄책감, 분노, 공포와 경멸)

성인은 독특하고 비성인적인 사회적 맥락 안에서 시간에 따라 도덕성에 대한 아동의 견해와 판단이 어떻게 변화하는 가에 관심이 있다.

초기 도덕적 정서는 공감, 수치심과 죄책감이다(Damon, 1988). 걸음마기아가 공감이나 타인의 감정에 대한 민감성의 시초를 보인다 해도, 모든 걸음마기아가 이런 정서를 보이지는 않는다. **수치심**은 아동이 느끼기에 어떤 행동적 기준에 부합되지 않았을 때 발생될 수 있는 당황감이다. Erikson에 따르면, 걸음마기아는 자율성을 갈망하나 실패하면 수치심과 의심을 한다는 것을 기억하라. 배변 훈련은 종종 이런 감정과 함께 걸음마기아가 최초로 경험하게 되는 중요한 부분이다. 부모는 배변에 성공하지 못하면 아동에게 굴욕감을 줄 수 있다. 수치심은 걸음마기아에게만 해당되지 않고, 똑같이 받아들여지지 않는 행동에도 반복될 수 있다. 일단 전조작기에 죄책감이 발달하면, 걸음마기아는 행동이 수용되지 않는다는 것을 안다는 것을 증명할 것이다.

걸음마기아는 도덕성을 막 발달시키기 시작하고 있다. 그들은 옳고 그름, 좋은 것과 나쁜 것을 배우기 시작하며, 어떤 종류의 행위가 각각의 딱지(label)에 해당되는가를 알게 된다. 그러나 그들의 가치는 보통 상황 특수적이다. 예컨대, 그들은 고양이 꼬리를 잡아끌지 말라고 배우는 것은 개의 꼬리를 끌지 말라는 것을 의미하지 않기 때문이다.

교실 안에서, 규칙은 도덕적 경계와 규범적 경계라는 두 가지 분리된 경계에 따라 발달한다(Crosser, 2004). 도덕적 규칙은 모든 상황에 적용되고, 공격성(예컨대, 신체적 상해)와 자원 위반(예컨대, 누군가의 장난감을 빼앗기)과 관련된다. 사회적 규범은 특별한 맥락을 다

도덕성(morality) 윤리적 행동, 선악에 대한 이해 발달
수치심(shame) 아동이 어떤 행동적 기준에 미치지 못하였다고 느낄 때 생길 수 있는 당황감

루도록 고안된 것이고, 다양한 맥락과 활동을 위한 질서와 규범 안에서 사물을 지키기 위한 규칙(예컨대, 이야기 도중 말하지 않기, 특별한 영역에 벽돌을 놓기)을 포함한다. Smetana(1984)는 두 가지 유형의 위반 간의 사회적 상호작용에서 질적 차이를 발견하였다. 규범적 위반에 대한 반응은 1세아와 2세아에게 유사하다. 전체적으로, 그들은 거의 주목하지 않는다. 교사는 이야기 시간에 잡담을 하지 않고 식사시간에 앉아 있는 것과 같이 기본적 규칙을 반복적으로 상기시켜야만 한다. 걸음마기아는 도덕적 위반에 더 반응적이다. 그들은 두 연령대에서 정서적이고 신체적으로 반응한다. 또한 더 나이 든 아동은 벌어진 해악에 대하여 진술하는 경향이 있다. 양육자가 도덕적 위반에 대한 근거를 제공하는 경향이 있는 반면, 규범적 위반은 그렇지 않다. 고통이나 손실을 보고 느끼고, 양육자에 의해 제공된 이유와 같은 도덕적 위반의 본질은 아마도 규범적 규칙을 학습하는 것이라기보다는 더 어린 시기에 공정함에 대한 학습 때문일 것이다. 또한, 규범은 종종 아동의 견해에서 보면 자의적이다. "먹을 때 왜 서 있지 말아야 하나요?" "왜 다 끝내고 물건을 치우나요?" 이런 규칙에 대한 이유는 다른 아동의 머리를 잡아당기는 것의 결과와 같이 명백하지 않다.

Kochanska와 동료들(Kochanska, Padavich, & Koenig, 1996; Kochanska, Murray, & Coy, 1997)은 걸음마기아의 억제적 통제 수준(금지된 행위를 하지 않는 것)과 양심 발달 간 연관에 대한 증거를 제공한다. 걸음마기아는 선악에 대한 분명한 형태를 발달시킬 수 있고, 걸음마기 동안 금지된 행동을 억제하는 능력은 미래의 양심 발달을 나타낸다.

생각해 보기

도덕성이 걸음마기 동안 어떻게 발달하기 시작하는지 설명하고, 도덕성이 정서 발달과 어떻게 관련되는지 기술하라.

4 정서적 · 사회적 무능력

Wittmer, Doll과 Strain(1996)은 가능한 한 빨리 사회적 · 정서적 무능력을 가진 아동을 알아내는 것이 중요하다고 설명한다. 중재는 평가와 진단이 시작됨과 동시에 시작해야 한다. 효과적인 관계를 만들고 유지하는 아동의 능력은 성인 정신건강의 강력한 예측 요인이라는 것이 강하게 입증되었다. 영유아가 정서에 적절하게 반응하고 표현하고 조절하는 능력은 이후 발달 장애와 병리적 장애를 예측한다. 각각의 주(state)는 사회 및 정서 장애에 대한 정의를 정립하고 아동의 지위를 평가하기 위한 수단을 발달시키고 있다. 발달에 관한 문헌을 고찰한 후, Wittmer와 동료들(1996)의 세 가지 목표 영역을 확인하라(p. 301).

1. 협동적이고 친사회적 행동
2. 또래 간 우정과 성인 관계의 능동적 개입과 유지
3. 공격성과 갈등의 관리

이런 행동이 초기 몇 년간 명백해야 한다는 것은 영아와 걸음마기아의 정서 발달에 대한 설명으로부터 나올 수 있다.

사회적 · 정서적으로 무능력한 아이들은 학교에서의 모든 경험을 힘들어할 수 있다(Bowe, 2000). 만일 행동 변화가 초기에 이루어지지 않으면, 문제는 더 악화된다. 사회적 · 정서적 문제는 다른 영역에서의 무능력과 관련될 수 있을 것이다. 시각 장애, 운동 장애와 청각 장애 또는 다른 장애를 가진 아동은 외로움을 경험하고, 그 결과 그들이 유아원에 들어갈 때 부적절한 행동을 일으킬 것이다.

영아와 걸음마기아의 정신건강을 지원해서 사회적 · 정서적 무능력을 예방해야 한다(Vacca & Bagdi, 2005). Vacca와 Bagdi(2005, p. 9)는 영아기 정신건강을 다음과 같이 정의한다.

> 영아의 정신건강은 건강한 심리사회적 존재를 유지하고, 긍정적 자기상을 증진하고, 자율적 의사결정을 돕고, 타인과의 지속적 관계를 발달하기 위하여, 가소성을 위한 근원으로서 영아와 걸음마기아의 사회적 · 정서적 성장을 지원하기 위하여 적절한 환경을 제공하는 발달 및 가족 지향적 과정이다.

가정과 교실 환경 모두 안전하고 양육적이어야 한다. 안정된 관계는 아이들로 하여금 초기 아동기의 발달 과업에 대처할 수 있도록 만든다. 안정된 관계는 아동기 자기 조절 기술, 긍정적 자기 개념, 규칙의 내면화와 선악에 대한 감각을 발달시킬 수 있게 한다. 어머니, 아버지, 조부모, 다른 양육자와 형제 모두 지지적 관계를 제공할 수 있다. 성인은 아동을 위한 정서를 정의할 필요가 있고, 아동이 정서를 관리하고 조절하도록 돕고, 친사회적 행동을 학습하고 가족과 교실 환경의 중요한 구성원이 되도록 돕는다.

5 기질

14장에서 기질에 대해 정의하고 설명하였다. 부모가 영아와 함께 하는 것처럼, 걸음마기아의 부모는 아동의 기질적 특성을 고려해야 하고 아동의 기질에 따라 다루는 방식을 맞추어야 한다. 부모는 자신의 기질을 이해하고 그 후 아동의 기질을 이해해야 한다. 아동의 기질을 연구함으로써, 성인은 그들의 반응을 예측할 수 있고, 반응을 위한 계획을 발달시킬 수 있다(Lerner & Dombro, 2004). 몇 가지 기질 유형은 '까다로운' 것으로 간주된다(Tomlin, 2004). 연구자들은 다음과 같은 행동을 연구하였다(Tomlin, 2004, p. 30).

- 특히 강한 부정적 정서, 요구(demandingness)와 공격성과 같은 부정적 정서성
- 연구자가 "긍정적 접근" 또는 "억제되지 않거나 원기왕성한 스타일"로서 이야기하는 충동성과 관련된 행동
- 바람직하지 않은 행동에 대한 집착, 순응 결핍 또는 통제에 대한 저항

- 단기 주의 폭과 낮은 의도적 통제

종종 까다롭다고 여겨지는 것은 "제 눈에 안경"(Tomlin, 2004, p. 30)이다. 그러나 대부분은 성인이 다루기 어렵다고 생각하는 행동이 있다. 2~3세 걸음마기 연령에서는 정상 행동이 까다로운 범주에 해당될 수 있다는 점을 고려해야 한다. 관리가 어려운 공통적 걸음마기아의 행동은 "공격성, 분노 발작과 성인의 명령에 순응하지 못하는 행동"(Tomlin, 2004, p. 31)이다(사진 17-5).

이런 행동은 걸음마기아가 무언가 전부를 원하고, 양육자가 안전하지 않다고 느끼는 무언가를 하려고 하거나, 자신만의 방식으로 하려고 할 때 나타난다. 성인은 걸음마기아가 정서 조절에 있어서 제한될 수 있고 여전히 인지적으로 발달하고 있는 중이라는 것을 기억해야 한다. 따라서 그들은 기대를 이해하지 못할 수도 있다. 그들은 타인이나 대상에게 상처를 주게 된다는 것을 알지 못할지도 모른다. 중재, 방향 다시 정하기와 가르치기가 필요하다. 그들은 특히 "하지 말아야 하는" 명령에 순응해야 하는 이유를 이해하지 못할 수 있다. 주의 폭은 사물과 아동의 흥미에 따라 다양하다. 생후 18개월까지, 아이들은 활동을 선택할 때 의도를 갖기 시작한다. 걸음마기아는 흥미 있는 과제에는 주목하지만, 주의 분산을 회피하는 능력은 매우 제한적일 수 있다. 주의 폭이 짧다는 것이 3세 이하의 아동에게 문제로 인식되면 안 된다. 까다로운 기질로 인한 까다로운 행동과 장애 행동의 경계는 구별이 어려울 수 있다. 예컨대, 까다로운 기질을 가진 아동이 ADHD로 진단될 수도 있다. 이후의 행동 문제와 관련된 영유아의 유일한 불순종 행동은 특히 소리 지르고 때리고 발로 차는 것과 같이 순응하지 않는 행동을 만성적으로 나타내는 경우이다. 걸음마기아의 행동을 분류할 때에는 주의해야 한다. 까다로운 행동은 발달적 국면에서 전형적일 수 있으므로 까다로운 기질이거나 행동 장애일 수 있다. 성인은 아동이 자기 조절 기술을 발달시킬 수 있도록 지원할 책임이 있다. 걸음마기아의 성격적-사회적 기대 행동에 대해서는 표 17-1을 참고할 수 있다.

자기 개념

사회적 상호작용과 놀이를 통하여, 영유아는 점차적으로 그들이 누구인지에 관한 생각을 발달시킨다. 이렇듯 자신에 대한 상이 흔히 말하는 **자기 개념**이다(Berk, 2006). (문화와 상관없이) 환경에서 직면하는 사람과 대상으로부터 받았던 피드백은 자기 개념 안에서 걸음마기아에게 반영된다. 각각의 아동은 모방하려고 선택한 사람들과 아동이 참여하려는 경험에 따라 개인적 자기를 발달시킨다(사진 17-6). 놀이를 통해서 아동은 그 문화에서 수용받을 수 있는 구성원으로 발달하게 된다. 아동은 그들의 놀이 활동에서 관찰을 통해서 배

자기 개념(self-concept) 어떤 사람이 자신에 대해 느끼는 방식

표 17-1 영아 운동 발달 측정표

관찰자________ 날짜________ 시간________ 장소________
걸음마기아의 이름________ 생년월일________ 나이________

	관찰된 것		
나이와 특성	예	아니요	비고
1세아의 성격적-사회적 영역			
타인에게 친절하다. 낯선 사람에 대해 덜 경계한다.			
장난감을 집어넣는 것을 돕는다.			
잠시 혼자 논다.			
잡고 읽기를 좋아한다.			
놀이에서 성인의 활동을 모방한다.			
성인의 주목을 즐긴다. 성인 곁에 있는 것을 좋아한다. 안고 뽀뽀한다.			
거울로 자신을 인식한다.			
다른 아이들과 함께 있는 것을 즐긴다. 보통 병행 놀이에 참여한다.			
독립을 주장한다. 도움 없이 일상적 일과(예컨대, 옷 입기, 목욕하기, 먹기)를 하기 원한다.			
피곤하고 좌절될 때, 분노 발작을 한다.			
매우 신기해한다. 만일 가까이에서 지도하지 않으면 쉽게 힘들게 될 수 있다.			
2세아의 성격적-사회적 영역			
다른 아이가 화낼 때 공감과 보살핌의 징후를 나타낸다. 너무 많은 포옹과 뽀뽀를 제공할 수 있다.			
좌절할 때나 화났을 때, 신체적 공격성을 계속 사용하지만 분노를 언어화하는 것을 배우게 된다.			
분노 발작이 절정에 이른다.			
기다리거나 순서를 지키는 것이 힘들다.			
가사일을 '도움'으로써 즐거워한다. (인형에게 먹이거나 배부른 동물을 배변 훈련시키는 것과 같이) 일상적 활동을 모방한다.			
어른을 쥐고 흔든다.			
보통 혼자 놀지만 관찰하면서 더 나이 든 아동을 모방할 수 있다.			
비록 장난감을 다른 아동에게 제공한다 해도 장난감을 갖는다.			
선택을 어려워한다. 양쪽을 다 원한다.			
저항하고 "안 돼!"라고 소리친다.			
의식적일 수 있다. 일과가 똑같기를 원하고, 물건들이 적절한 장소에 있기를 바란다.			

출처: Marotz, L.R., & Allen, K. (2013). *Developmental profiles: Pre-birth through adolescence*. Belmont, CA: Wadsworth Cengage Learning.

사진 17-6 성인으로 가장하는 것은 자기 개념의 발달에서 중요한 활동이다.

운 것을 연습하면서, 그 문화의 수용할 만한 구성원이 되는가를 그들 가운데 있는 사람들의 반응으로부터 발견한다. 칭찬, 찬성과 과제의 성취와 같은 긍정적 반응을 많이 얻는다면, 자신에 대한 긍정적 감정을 발달시킨다.

Pipp-Siegel과 Foltz(1997)는 2세까지, 걸음마기아는 그들 자신을 타인과 사물과 구별한다. 걸음마기아는 타인과 비교하여 자신을 범주화하는 듯하다. 연구자들은 이런 범주화가 자율성의 발달에 중요하다고 생각한다.

자기 개념의 발달에서 기본적으로 중요한 것은 인종적 정체성의 발달이다. 인종적 정체성은 **인종적 사회화**를 통하여 발달한다. "인종적 사회화는 아이들이 어떤 인종 집단의 행동, 지각, 가치와 태도를 획득하고, 그들 스스로와 타인을 그 집단의 구성원으로서 보게 되는 발달 과정을 말한다"(Phinney & Rotheram, 1987, p. 11). 자기 개념과 자기 존중감은 인종적 정체성과 밀접하게 관련되고 인종적 사회화를 통해 발달한다. 걸음마기 동안, 아이들은 피부 색깔, 머리 유형과 머릿결과 같이 사람들의 신체적 측면에 관한 어떤 정보를 동화한다. 그러나 3, 4세 연령이 되어서 비로소 그 차이를 구분하고 비교하며, 특정한 범주에 그들 스스로를 놓기 시작한다.

자기 개념의 주요 부분이 성에 대한 정체성이고, 걸음마기아는 막 이해하기 시작하는 단계이다. 여아는 여성에게 고정관념화된 활동과 사물을 선호하고, 남아는 남성에게 고정관념화된 활동과 물체를 선호할 수 있다. 그들의 선택에 영향을 줄 수 있는 남녀 뇌의 차이는 자궁에서부터 존재한다(*Zero to Three*, 2011). "행동에 있어서 어떤 부분의 성차가 어린 걸음마기아의 (호르몬과 같은) 뇌의 생물학으로부터 야기되고, (우리가 기대하고 제공하는) 사회적 경험의 영향이 어떤 부분에서 나타나는가"(*Zero to Three*, 2011)를 실제로는 결정할 수 없다. 수정 후 7주경, 남성 호르몬인 테스토스테론이 생기고 남성 태아의 뇌를 남성화시키기 시작하는 것으로 알려져 있다. 일반적으로 남녀는 다른 정서적 스타일로 태어난다. 예컨대, 여아는 더욱 사교적이고 남아는 더 활동적이며 공간적인 방향을 보인다. 남성

인종적 사회화(ethnic socialization) 아동이 어떤 인종 집단의 행동, 지각, 가치와 태도를 획득하고, 그들 스스로와 타인을 그 집단의 구성원으로 보게 되는 발달 과정(Phinney & Rotheram, 1987)

뇌의 두 반구는 어떤 과제에서 독립적으로 기능하는 경향이 있는 반면, 여성 뇌반구는 더욱 균등하게 작용한다. 평균적으로 남성 뇌는 여성 뇌보다 더 크다.

심화학습 집, 어린이집이나 유치원에서 몇 명의 걸음마기아를 관찰해 보라. 관찰한 것을 수업에서 보고하라. 당신이 관찰한 정서 행동의 유형을 요약하여 차트로 만들어서 수업 중에 공유하라.

요약

1 걸음마기아의 사회 · 정서 발달에 대한 Vygotsky와 Erikson의 견해 설명하기

Vygotsky와 Erikson은 사회 · 정서 발달을 걸음마기의 중요한 분야로 보았다. Vygotsky는 사회적 맥락에서의 사회적 행동과 협동을 인지 발달을 위한 지원으로 여겼다. Erikson은 문화적 맥락 안에서 심리 발달의 사회적 · 정서적 측면을 강조하였다. 걸음마기아는 자율성 대 수치심과 의심의 위기를 다루어야 한다.

2 걸음마기아의 탐색적 놀이와 또래 놀이의 특성 인식하기

걸음마기아는 환경과 대상을 매우 능동적으로 탐색한다. 걸음마기아는 사회성과 성격 특성을 잘 확립하였다. 걸음마기아는 혼자서 잘 놀고 지지적 상황에서 또래와 즐겁게 노는 것을 배우기 시작한다. 가장놀이는 초기 단계에 있고, 탐색놀이가 두드러진다. 또래를 서로 막 사귀기 시작하게 된다. 또래 관계는 종종 서로의 신체와 장난감을 변덕스럽고 공격적으로 만지는 것으로 특징지어진다. 걸음마기아는 적절한 사회적 행동을 비계할 수 있는 지지적 성인을 필요로 한다. 걸음마기아는 혼합 연령 집단에서 더욱 성숙하게 행동하는 경향이 있다.

3 걸음마기아의 정서 발달에 미치는 성인의 영향 설명하기

타인에 대한 주의를 얻는 법과 공유하는 법에 관한 직접적 가르침은 걸음마기아의 놀이를 더욱 긍정적으로 만드는 데 도움이 된다. 안내된 참여도 유용한 기법이다. 그러나 성인은 뒤에 서 있고 걸음마기아가 자신의 문제를 해결하기 위해 시도할 시간을 갖도록 해야 한다. 성인의 반응은 걸음마기아의 행동에 영향을 준다. 양육 방식은 행동에 영향을 준다. 아동은 성인이 주목하는 긍정적이고 부정적인 행동을 반복하는 경향이 있다. 성인은 여아의 부정적 행동보다는 남아의 행동에 더 많이 주목하는 경향이 있다. 걸음마기아는 상업적 놀이용 장난감까지는 아니라 할지라도, 단순한 가사용품을 즐긴다. 장난감이 다문화적이고 실감 나는지를 주의해야만 한다.

성인은 걸음마기아의 사회적이고 정서적인 행동을 관찰해야 한다. 걸음마기아는 자신의 정서와 다른 사람들의 정서를 인식하기 시작한다. 걸음마기아는 타인의 감정에 민감하며 사회적 갈등 상황에서 발생되는 것을 이해하기 시작하고 있다. 그들은 공감의 징후를 보여 주기 시작한다. 만일 외상적 사건을 경험한다면, 걸음마기아는 외상 후 스트레스 장애의 증거를 나타낼 수 있다. 걸음마기아는 특히 상처받는 것과 그렇지 않은 것과 관련하여, 선악을 구분하기 시작하는 도덕 발달의 시작 단계에 있다. 추상적 규칙은 걸음마기아에게 거의 의미가 없다. 유머는 기쁨과 행복 정서를 확립하는 데 있어서 중요한 요소이다. 걸음마기아가 독립을 갈망함에 따라, 부모에 대한 정서적 애착에 대한 의존은 절정에 달하는 경향이 있다. 걸음마기아는 막 선악을 이해하기 시작하며 도덕적 감각을 발달시키고 있다. 공감, 수치심과 죄책감은 도덕성의 근원이다. 그들은 타인에게 상처 주지 않거나 다른 사람의 물건을 갖지 말아야 하는 것과 같이 도덕적 규칙을 이해할 수 있다. 탁자에 앉지 않거나 이야기 시간에 먹거나 말하지 않는 것과 같은 규범적 규칙은 걸음마기아가 이해하기 더 어렵다.

4 정서적 · 사회적 무능력을 가진 걸음마기아의 특성 설명하기

걸음마기아는 정서를 적절하게 반응하고 조절하는 것을 배우기 시작해야 한다. 그들은 (1) 협동적이고 친사회적 행동, (2) 일련의 또래 간 우정과 성인 관계의 능동적 개입과 유지, (3) 공격성과 갈등을 유지하는 것을 학습해야 한다. 만일 이 영역에서 진전이 없다면, 그들은 평가되어야 한다. 미래의 무능력은 걸음마기아의 정신건강에 적절하게 주의한다면 예방할 수 있다.

5 일반적인 걸음마기아의 기질 특성 인식하기

기질적 특성은 이 시기에 안정되는 경향이 있다. 그러나 다루기 어려운 행동은 반드시 기질적 특성이 아닐 수 있으나 단지 일반적인 걸음마기아의 발달일 수 있는가를 알아차리는 것이 중요하다. 걸음마기아는 공격성, 난동 부리기, 성인의 요구에 순응하지 못하는 것과 같은 관리가 어려운 행동을 보이는 것으로 알려져 있다. 걸음마기아는 자신을 더 잘 인식하기 시작하고 더 광범위하게 자기 개념을 발달시키기 시작한다. 자신에 대한 생각에 인종적 자기 개념을 포함하기 시작한다. 그들은 또한 성 정체성에 대한 인식을 발달시키고 있다.

제 18 장 신체 발달, 건강, 안전, 영양: 3~6세

이 장과 관련된 표준

naeyc

NAEYC 프로그램 기준

1a: 출생에서 8세까지의 유아의 특징과 요구를 알고 이해하기

DAP

발달에 적합한 실제(DAP) 지침

1D: 건강, 안전, 신체 활동

학습목표

1 아동의 키, 체중, 신체 비율이 정상 범위에 있는지 평가한다.
2 아동 발달에 좋은 적절한 식단, 전반적인 건강관리, 신체 적성, 정신건강의 중요성을 토론한다.
3 미국 농무부 MyPlate 지침에 따라 영양적으로 적절한 식단의 중요성을 평가한다.
4 영유아의 안전 요인을 측정한다.
5 영유아를 위한 영양, 건강, 안전 교육 프로그램의 기본적인 부분을 설명한다.

12장에서 영아의 건강과 영양에 대해 중요한 점을 설명하였다. 성장의 원칙 및 성장과 신체, 운동 발달 간의 관계 역시 설명하였다. 걸음마기의 영양과 건강에 대해서는 15장에서 언급하였다. 이 장에서는 유아 전후기의 신체 발달, 건강, 영양, 안전 및 영양과 건강 교육의 영역을 다룬다.

1 신체 발달

유아 전기 동안, 키와 체중의 성장은 보통 안정적이다(Colson, 2006a). 신체적 성장에 영향을 미치는 여섯 가지 요인(Simon, 2009)은 다음과 같다.

1. 유전: 유전적인 역사는 성장에 영향을 미치는 가장 강력한 요인이다. 부모를 보고 키와 신체 구조를 비교해 보라.
2. 영양: 좋은 영양이 없다면, 아동은 타고난 유전적 성장 패턴을 따르지 않는다. 지나친 정크푸드, 청량음료, 주스는 영양가 있는 음식의 식욕에 영향을 미칠 수 있다.
3. 의학적 상황: 다양한 의학적 상황은 성장에 영향을 미칠 수 있다. 예를 들어, "위장 장애, 음식 알레르기, 갑상선 이상, 호르몬 부족, 심장 · 신장 · 간 질환, 특정 염색체 이상" 등이다(p. 1). ADHD 치료를 위해 처방된 리탈린 같은 약물은 성장에 영향을 미칠 수 있다.
4. 운동: 정규적인 신체 활동은 뼈와 근육을 강하게 한다. 하지만 체조나 달리기처럼 지나치게 격렬한 활동은 성장을 방해할 수 있고 뼈에 손상을 입힐 수 있다.
5. 수면: 숙면을 취하는 동안에 성장 호르몬(GH)의 약 70~80%가 분비된다.
6. 정서적인 안녕: 사랑, 영양, 지지적인 가족 환경은 성장을 지지한다.

아동의 성장은 일반적으로 **그림 18-1**과 **18-2**에 있는 성장 곡선을 따른다. 소아 청소년과 의사는 기록을 남겨야 한다. 부모 역시 나름의 기록을 하도록 권장되어야 한다. 때로는, 특히 봄에는 급성장을 이루기도 하지만 전반적으로 아동의 성장은 일정한 비율로, 자신의 설정된 백분위 범위 내에서 이루어져야 한다. 2회 이상 곡선을 가로지르거나, 몸무게가 백분위 5(5퍼센타일) 이하나 백분위 95(95퍼센타일) 이상인 경우는 위험 신호이다. 백분위 95 이상의 몸무게는 비만으로 간주되며, 백분위 5 이하의 몸무게는 만성적인 질병을 가리킨다. 백분위 5 이하의 키는 성장 호르몬의 결핍을 가리킨다. 인공 성장 호르몬은 정상적인 키를 지원하도록 처방될 수 있지만, 매일 주사를 맞아야 하고 비용이 많이 든다. 3세경 유아는 보통 출생 키의 두 배가 된다. 4~10세에 유아는 보통 1년에 5cm 정도 자라고 2.7kg 정도 더 무거워진다.

Marcon(2003)은 유아의 신체 발달에 관한 연구를 검토하였다. 그 연구에서는 인지적 · 사회적 발달과 신체 발달이 연결된다. 미국에서는 **잘못된 영양 상태의 아동**이 많이 있다. 이런 아동은 충분히 먹지만 필수 영양소를 섭취하지 못한다. 아동은 나이 들면서 식습관이 나빠진다. 2~5세 아동(27%)은 6~9세 아동(13%)과 비교해서 좋은 식습관을 가지고 있다. 불충분한 식습관은 신체적 · 인지적 · 사회적 발달에 부정적 영향을 미친다. Marcon(2003)은 연령별 키와 몸무게가 어떻게 신체적 성숙뿐만 아니라 인지적 성숙의 지표가 되는지 설명한다. 키가 자신의 연령 집단의 바닥에 속하는 아동은 인지 발달과 학업적 성취에서도 뒤처지는 것 같다. 키-몸무게는 '지적 발달, 인지적 추론, 주의'와 관련 있다. 가난은 아동의 영양, 신체적 성장 상태, 인지적 발달에 영향을 준다. 이러한 상호관계는 매우 복잡하다. 영양 보충만으로 인지적 결핍 문제가 해결되지는 않는다. 건강관리 향상, 개인지도, 가족 생활 여건의 향상 역시 필요하다. 사회적으로 결식 아동은 아동의 성장과 발달에 필요한 활동적인 놀이 참여에 취약할 수 있다. 또한 운동 근육 경험뿐만 아니라 사회적 경험 역시 놓칠 수 있다. 그림 18-1과 18-2는 2~20세 남아와 여아의 성장 표이다.

심화학습 4~5명의 다른 학생 집단을 만나라. 3~5세 유아들의 키와 몸무게를 측정하라. 얻은 정보를 3세, 4세, 5세 세 집단으로 나누어라. 각 여아 집단과 각 남아 집단의 키와 몸무게를 더하라. 그리고 키와 몸무게의 평균을 구하기 위해 각 집단의 유아의 수로 나누어라. 당신의 자료와 그림 18-1과 18-2의 표를 비교해 보라.

2 건강

유치원 시기에 적절한 영양을 공급받는 유아는 점차적으로 키와 몸무게가 더욱더 균형을 이루게 될 것이다. Marotz(2012)는 영유아와 함께 일하는 성인은 영유아의 건강 문제에 어떤 신호가 있는지 매일 관찰해야 한다고 제안한다. 예를 들어, 다음의 건강 관찰 체크리스트를 보자(Marotz, 2012, p. 43).

- 전반적인 외양: 급작스러운 몸무게 변화, 피로의 신호, 창백하거나 상기된 피부, 연령 집단에 대한 상대적인 체격
- 두피: 머릿니, 탈모, 깨끗하지 못한 머리
- 눈: 충혈된 눈동자, 눈물, 진물
- 얼굴: 전반적인 표정, 피부 상태, 상처, 멍이나 발진
- 귀: 청력, 진물
- 코: 콧물, 재채기
- 입: 충치, 구강 점막 질환
- 피부: 발진, 돌기, 멍
- 행동과 기질: 급작스러운 행동 변화

잘못된 영양 상태의 아동(misnourished children) 충분히 먹지만 필수 영양소를 섭취하지 못하는 아동

확인해야 할 다른 영역으로는 목구멍, 목, 가슴, 피부, 말하는 능력, 팔다리가 있다.

많은 상황이 유아의 건강에 영향을 미친다. 예를 들어 알레르기, 납 중독, 천식, 당뇨병, 습진, 피로, 발작 장애, 겸상 적혈구 빈혈증, 감기, 바이러스가 있다. 손 씻기는 전염병 확산을 막는 최고의 무기이며, 매일의 양치질은 구강 보건에 필수적이다. 불소 치약으로 하루에 두 번 꼭 양치질을 해야 하고, 3세경에는 꼭 치과를 방문해야 한다(Iannelli, 2007). 또한 유아는 충분한 수면을 취해야 한다. 보통 3~6세 유아는 낮잠을 포기하지만, 4세 유아도 여전히 한시간 정도 낮잠을 잘 수 있다.

영아와 걸음마기 유아에게 예방 건강관리 차원의 진찰은 필수적이다. 2~6세에 이러한 건강 진단은 해마다 이루어져야 한다(Colson, 2006b). 병원에서 키와 몸무게를 측정하고 전반적인 진단과 예방접종을 한다. 시각과 청각도 점검한다. 피와 소변도 살필지 모른다. 전반적인 성장에 대해 논의하고 안전에 대해서 검토할 수도 있다. 몇 가지 운동 기술을 보여 달라고 요구될 수 있다. 완벽한 신체적 검사는 심장, 폐, 복부, 생식기, 머리와 목을 포함한 머리에서 발끝까지 검사하는 것이다.

자주 아픈 아동의 양육을 보장하기 위하여 건강보험은 필수적이다. 주 아동 건강보험 프로그램(The State Children's Health Insurance Program, SCHIP)은 너무 가난해서 민간 보험을 들 형편이 안 되는 가정의 아동의 건강관리를 제공한다.

신체 단련

아동의 신체 단련은 큰 관심사이다. 성인은 식단에 신경 쓰고, 규칙적으로 달리거나 걷고, 공식적인 운동이나 신체 단련 프로그램에 등록한다. 아동은 다른 한편으로 방임된다(Huettig, Sanborn, DiMarco, Popejoy, & Rich, 2004). 2~6세 수준의 신체 활동에 대한 연구에 따르면(Tucker, 2008), 유아 전기 연령의 유아의 거의 절반은 충분한 신체 활동에 참여하지 않는다. 국립 스포츠 및 체육 협회(NASPE)의 유아 전기아를 위한 신체 활동 지침으로 하루에 몇 시간까지도 비구조화된 신체 활동과 적어도 60분의 구조화된 신체 활동을 권장한다(**사진 18-1**)(National Association of Sport and Physical Education, 2009).

유아 전기 아동은 한 번에 60분이 넘지 않는, 주로 앉아서 하는 활동에 참여해야 한다. 대근육 활동의 기회는 많은 유아 프로그램에서 사라졌다. 가만히 앉아서 하는 영유아용 프로그램에 대한 경향성은 비만을 확산시킨다. 실외 자유 놀이 시간이 충분하다 하더라도, 비만 아동이 매우 활동적일 가능성은 없기 때문에, 적어도 그들에게 어떤 신체 활동의 기회가 있어야 한다. Sutterby와 Frost(2002, p. 37)에 따르면, "활발한 신체 활동은 비만을 예방하고 방지하는 데에 식이요법보다 훨씬 효과적이다." 실외는 이 활동을 위한 주요 영역이며, 잘 고안된 놀이터는 필수적이다(Sutterby & Frost, 2002). 놀이터는 장애 아동이 접근하기 쉬운 곳이어야 한다. 시각 장애, 청각 장애, 신체적 어려움, 자폐, 인지적 지체와 같은 모든 종류의 장애 아동

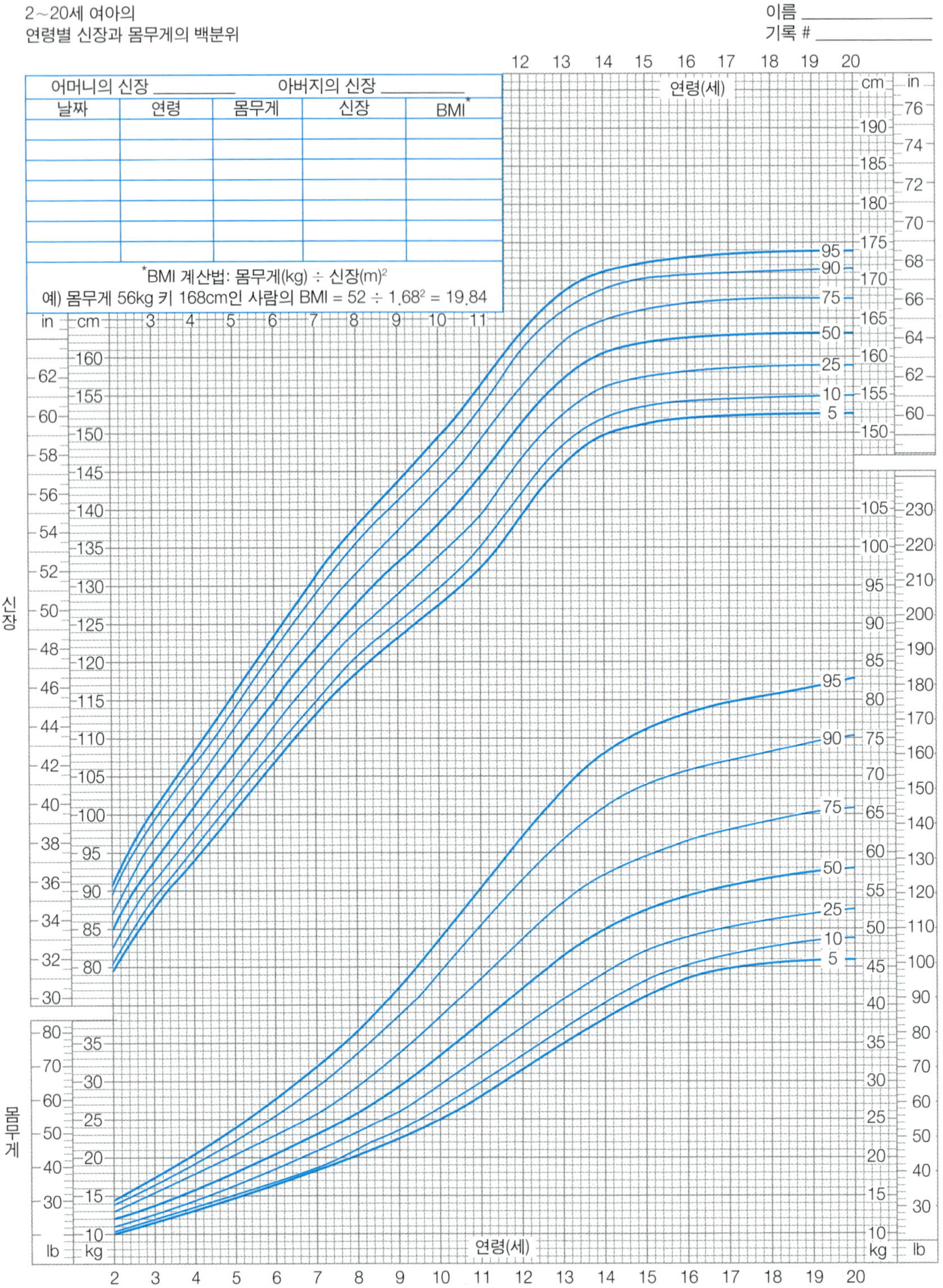

그림 18-1 여아의 연령별(2~20세) 신장과 몸무게의 백분위(2000년 5월 30일, 2000년 11월 21일 수정)

출처: Developed by the National Center for Health Statistics in collaboration with the National Center for Chronic Disease Prevention and Health Promotion (2000).

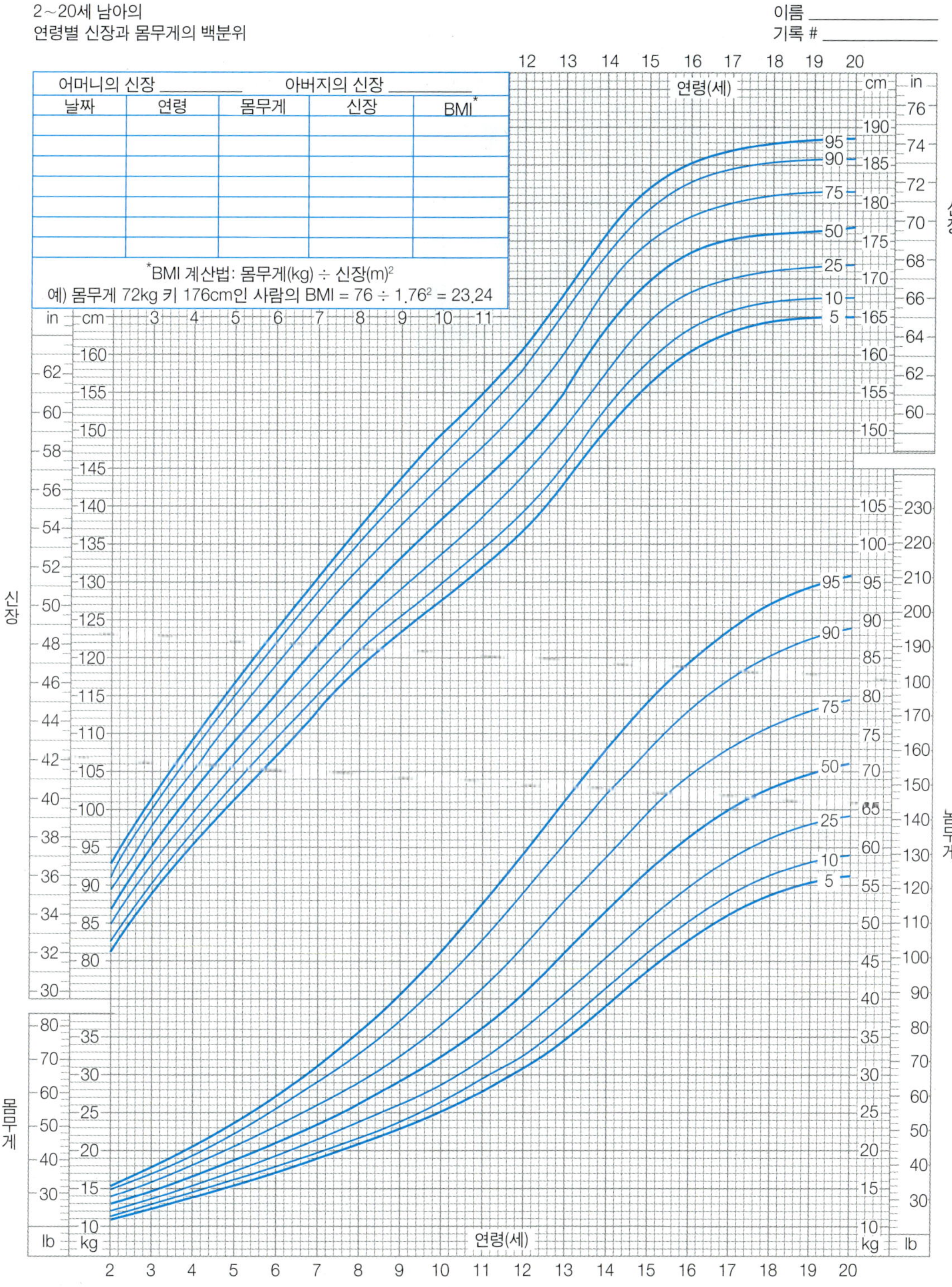

그림 18-2 남아의 연령별(2~20세) 신장과 몸무게의 백분위(2000년 5월 30일, 2000년 11월 21일 수정)

출처: Developed by the National Center for Health Statistics in collaboration with the National Center for Chronic Disease Prevention and Health Promotion (2000).

사진 18-1 신체적 활동 기회가 매일 제공되어야 한다.

에게 안전하고 소중한 신체적 활동을 제공할 수 있도록 설계되어야 한다.

놀이는 유아가 학습하는 주요 수단임을 기억하라. Carlson(2011a)은 **Big Body Play**를 "유아가 선천적으로 갈망하는, 활기차고 대근육을 이용한 매우 신체적인 활동"(p. 5)으로 정의한다. 이러한 놀이 유형은 구르기, 달리기, 오르기, 쫓기, 거칠고 소란스럽고 적극적인 신체활동을 포함한다. 유아 전기 동안 유아는 자신들의 놀이 활동 맥락에 big body play를 포함시킨다. 활기찬 활동은 이러한 놀이 유형과 구별된다. 이는 생애 첫 1년 말경 자유의지로 움직일 수 있을 때 시작해서 4, 5세경 정점에 달하고, 1학년 동안 점차적으로 감소한다. 달리기, 달아나기, 레슬링, 쫓기, 뛰기, 밀기, 당기기, 들기, 오르기 등을 포함하며, 개인 놀이 활동일 수도 있고 집단적 놀이 활동일 수도 있다. 슈퍼 영웅은 매우 인기 있는 놀이 주제이다. 3~5세 아동은 제스처나 큰 소리를 내며, 여러 액션을 사용하며, 서로 쫓고 쫓기는 놀이를 한다(Barnes, 2008). 놀이를 구상하고 규칙을 발달시키기 시작하였을지 모른다. 유아 전기아는 슈퍼 영웅에 매료되도록 책임을 느끼고 싶어 한다. 또한 협동 놀이에 참여하기 시작하고 새로운 우정을 발달시킨다. 슈퍼 영웅은 역할 놀이 선택에 공통점을 제시한다. 하지만 많은 유아기 전문가는 슈퍼 영웅 놀이에 불편함을 느끼고, '제로 관용 정책' 접근을 취한다. 많은 전문가들은 슈퍼 영웅 놀이가 너무 공격적이고 너무 남성 지향적이며 너무 시끄럽고 사고나 상해의 가능성이 있다고 밝힌다. 다른 한편으로 어떤 전문가는 슈퍼 영웅 놀이를 유아가 창의적이 되고 강력하다고 느끼고, 폭력에 대해 자신들의 감정을 들추는 수단으로 본다. Barnes(2008)는 전문가가 안전하게 놀이하는 방법에 대해 관찰하고 잘 듣고 아동과 토론함으로써 슈퍼 영웅 놀이를 지원하도록 제안한다. 1학년 동안 아동은 특히 남아는 **거친 신체 놀이**를 많이 하게 된다(26장과 31장 참조). 이 놀이는 매우 격렬하며, 레슬링, 맞잡고 싸우기, 차기, 텀블링 등이 포함될 수 있다. 이 놀이는 공격적으로 보이나 장난 같은 사회적 상호작용이 특징이다. 모든 유아들에게 근육 발달과 전반적인 신체 단련, 지구력을 증진시킬 수 있다. 게다가 Carlson은 어떻게 Big Body Play가 유아에게 중요한 기능을 하는지 설명한다. 신체 발달뿐만 아니라 인지적 · 사회적 발달에도 일조한다. 예를 들어, 운동 · 인지 발달과 뇌 발달 간

Big Body Play "유아가 선천적으로 갈망하는 활기차고, 대근육을 이용한 매우 신체적인 활동"(Carlson, 2011, p. 5)

거친 신체 놀이(rough-and-tumble play) 행복한 활동, 공격적이거나 적대적이지 않음. 싸우는 놀이, 미소, 뛰기를 포함한다.

에는 밀접한 관계가 있다. 거친 신체 놀이가 의사결정과 사회적 차별을 관장하는 뇌 영역에 영향을 주는 화학물질을 방출한다는 증거가 있다.

유아 전기아의 구조화된 신체적 활동 60분은 던지기, 잡기, 차기, 때리기, 점프하기, 깡충깡충 뛰기, 전속력으로 달리기, 뛰어넘기처럼 여러 기본적인 움직임을 포함한다. 다른 기술로는 스트레칭, 굽히기, 비틀기, 흔들기 등이 있다(Breslin, Morton, & Rudisill, 2008). 다른 활발한 활동으로는 꼬리잡기, 행진하기, 춤추기, 줄넘기, 자전거 타기 등이 있다(Pica, 2008). 구조화된 활동은 적어도 하루에 60분간 해야 하는데, 5~15분씩 나뉘어 행해질 수 있다.

정신건강

WebMD(2009)에 따르면, 어느 한 해에 미국 아동의 20% 정도가 아동기 정신질환을 겪었다. 거의 500만 명의 미국 아동이 일상생활을 망칠 만큼 심각한 정신질환을 지니고 있다. Marotz(2012)에 따르면, 따뜻한 교실 분위기는 유아의 긍정적인 정신건강에 기여한다. 발달에 적합한 교육과정은 성공적이고 긍정적인 자기 개념을 촉진한다. 교사가 심리치료사 훈련을 받지 않았다 할지라도, **관계**를 제공할 수 있다. 즉, 교사는 교육과 정신건강을 통합하는 양육 관계나 분위기를 제공할 수 있다. 극놀이, 미술, 음악, 운동처럼 창의적인 활동을 통해서 자신의 감정을 표현하고 실행할 수 있는 분위기가 유아에게 필요하다.

발달에 적합하지 않은 교육과정은 스트레스를 일으킬 수 있다. 어떤 유치원에서는 문맥 밖의 발음, 철자, 수를 학습하는 것처럼 추상적인 개념에 초점을 맞추는 학습지 활동이나 문제지 활동 또는 대집단 활동에서 학생들이 오랫동안 가만히 앉아 있는 것처럼 적절하지 않은 교수 실제를 사용한다는 연구가 있다(Burts, Hart, Charlesworth, & Kirk, 1990; Burts, Hart, Charlesworth, Fleege, Mosley, & Thomasson, 1992; Hart, Burts, Durland, Charlesworth, DeWolf, & Fleege, 1998). 이러한 실제가 주요 교수 수단일 때, 대집단 활동 시간을 제한하고, 유아가 교실을 돌아다니는 것을 허용하고, 추상적인 것보다 구체적인 교구를 사용하는 것처럼 발달적으로 적합한 실제가 사용된 유치원보다 유의미하게 더 많은 스트레스 행동이 관찰된다(사진 18-2). 유아의 정신건강에 더욱 위험한 것은 종이와 연필을 사용한 표준화된 성취 검사를 사용하

관계(relationship) 교사는 양육 관계와 분위기를 제공할 수 있다.

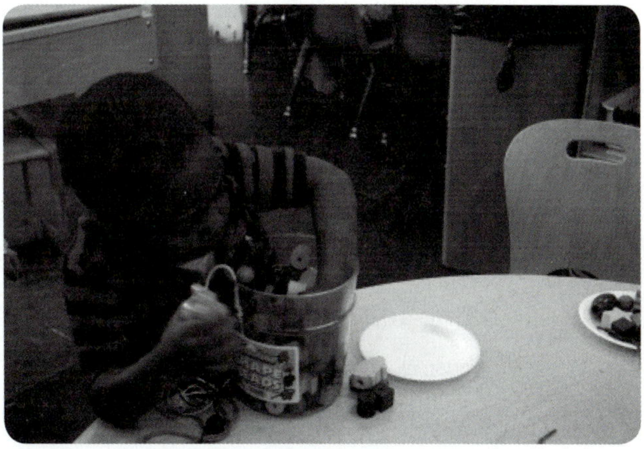

© 2014Cengage Learning

사진 18-2 유아에게 스트레스가 적은 활동은 구체적이고 선택을 제공하는 활동이다.

는 것이다. Fleege, Charlesworth, Burts와 Hart(1992)는 표준화된 검사 회기 기간과 그 전후의 유치원생을 관찰하였다. 관찰된 스트레스 행동의 빈도는 검사 기간 동안 유의하게 증가하였다.

스트레스는 유아의 정신건강에 영향을 줄 수 있다. 부모와의 분리, 이사, 형제의 출생, 새로운 선생님, 입원, 부모의 이혼, 애완견이나 친척의 죽음, 허리케인 같은 재해 등이 스트레스의 원인이 된다(Marotz, 2012). 가난이나 집이 없는 것은 가족에게 결국 아동의 스트레스를 증가시킬 수 있다. Morotz에 따르면, "능숙한 양육은, 의심할 여지 없이, 아동이 역경을 관리하고 잠재적으로 해로운 결과를 피하는 것을 돕는 가장 중요하고 결정적 요인이다."(2012, p. 30) 교사와 부모는 트라우마로 고통받는 아동과 스트레스가 증가하기 때문에 정신건강 자문에 접근할 필요가 있다(Walker, 2006; Osofsky, Osofsky, & Harris, 2007; Brennan, Bradley, Allen, & Perry, 2008). 예를 들어, 허리케인 카트리나 이후, 정신적 충격을 받은 많은 아동은 정신건강 전문가를 긴급히 필요로 하였다(OCD Developments, 2007a).

생각해 보기

당신은 유아기에 경험한 스트레스 사건을 기억할 수 있는가? 만약 있다면, 어떻게 그것들을 대처하였는가?

3 영양

"**영양**은 음식에 대한 연구이며, 음식이 어떻게 신체에 사용되는지에 관한 것이다"(Marotz, 2012, p. 318). 어떤 영양소가 신체에 들어가는지 결정되는 것은 섭식과 관련된 사회적·경제적·문화적·심리적 요인과 연관되어 있다. 유아가 성장하고 에너지를 얻기 위해 영양소를 공급하는 음식이 필요하다(Marotz, 2012). 2011년 미국 농무부는 MyPlate에서 새로운 기본 음식군의 상을 소개하였다(USDA, 2011). 음식군은 유제품에 대한 작은 동그라미와 함께 접시에 네 부분으로 구분되어 그려져 있다.

- 과일
- 채소
- 곡물
- 단백질

그림 18-3은 2011년의 MyPlate를 그린 것이다. MyPlate.gov 웹사이트에 MyPlate 사용법이 자세히 설명되어 있다. 포스터는 스페인어로도 되어 있다.

Fiese와 Schwartz(2008)는 가족 식사에 관한 연구를 고찰하였다. 함께하는 가족 식사는 약물 남용의 위험을 줄이고, 언어 발달을 촉진하고, 더 나은 학업 성취와 소아 비만의 위험

영양(nutrition) "영양은 음식에 대한 연구이며, 음식이 어떻게 신체에 사용되는지에 관한 것이다"(Marotz, 2012, p. 318).

을 줄인다고 한다. 식사시간은 조용하고 편안해야 한다. 유아는 모든 것을 먹어 볼 수 있도록 권장되어야 하나 강요되면 안 된다. 유아는 식탁 차리는 것을 도울 수 있고 식사를 끝냈을 때 자기 자리를 깨끗이 정리할 수 있다(사진 18-3).

각각의 문화마다 문화의 맛과 지역 식품 생산에 맞는 다른 음식군이 있다. 남동 미시건 영양학협회(Southeastern Michigan Dietetic Association, SEMDA) 웹사이트는 아랍, 중국, 멕시코, 쿠바, 미국 원주민, 인도 문화처럼 문화적으로 관련 있는 음식 지침을 소개한다. 좀 더 자세한 정보를 얻으려면 www.semda.org에 방문해 보라.

가장 효과적인 것은 영양학적 보충이 가능한 한 조기에 유용하게 개입하는 것이다. 영양 부족은 초기 영아기의 체중, 신장, 인지적 수행에 영향을 미친다(Rose, 1994). 이는 6세 이후 공급된 음식이 긍정적인 영향을 미치지 않는다는 의미는 아니다. 사전에 입은 손상은 복구할 수 없지만 이후 손상은 피할 수 있다. 가장 좋은 방법은 시작부터 충분한 영양을 공급하는 것이다.

Pollitt와 동료들(1996)은 영양과 행동 발달에 관한 국제 대책 위원으로 유용한 연구를 검토한 후 아동 발달에 대한 영양 결핍의 영향은 더 큰 그림의 일부라는 결론을 내렸다. 영양 결핍은 단지 하나의 요인일 뿐이다. 빈약한 사회적 상황이나 환경적 상황 역시 우울한 인지 발달과 관련이 있다. 영양 결핍의 개인차는 전염병, 납 노출, 방임, 낮은 질의 학교, 부모의 불완전 고용, 의료 혜택의 접근성 부족 등 추가적인 위험 요인에 노출될 가능성을 더욱 높인다. 영양 결핍과 관련되어 줄어

그림 18-3 Choose MyPlate.gov

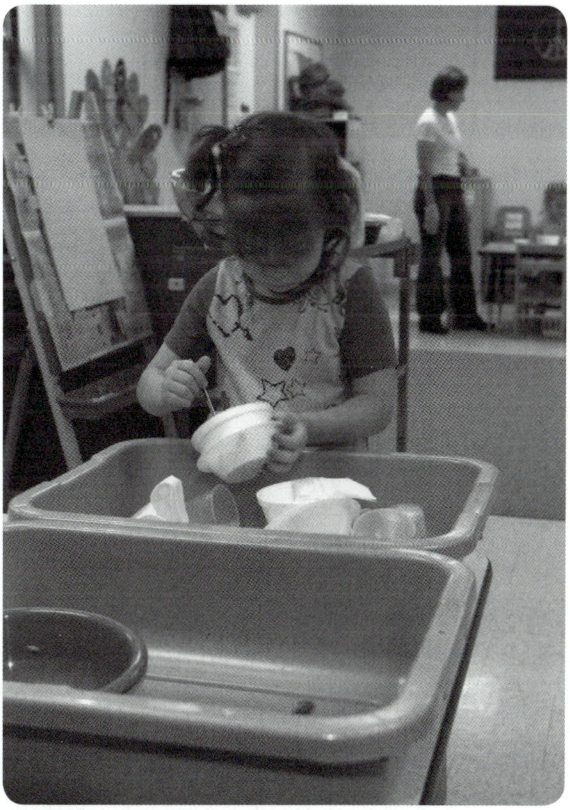

사진 18-3 점심식사 후, 유아 전기아는 자신의 접시를 비우고 설거지 통에 넣는다.

현실에서의 아동 발달

가정의 식량 불안

식량 안전/불안은 15장에 설명되었다. Fiese, Gundersen, Koester와 Washington(2011)은 가정의 식량 불안에 대한 연구를 고찰하고, 이것이 아동 발달에 미치는 영향, 공적 · 사적인 음식 지원 프로그램에 대한 영향, 연구자와 정책 입안자의 권고를 게재하였다. 2009년, 일반 가정의 14.7%가 그 해 특정 시기에 식량 불안을 겪었다. 유아가 있는 가정에서는 21.3%가 2009년 특정 시기에 식량 불안을 겪었다. 가난은 식량 불안의 근원이다. 2009년 유아가 있는 저소득 가정의 46.9%가 식량 불안을 겪었다. 발달적으로 유아의 정신건강과 신체건강, 학업 성취는 식량 안정의 결여에 부정적인 영향을 받는다. 유아 전기에 식량 불안을 경험한 유아는 건강의 질이 낮은 경향이 있어 입원까지 하게 되는 건강 문제를 겪게 되는 것 같다. 3~8세에 식량 불안을 경험한 유아는 생활의 물리적 질이 떨어지는 경향이 있고, 매일의 학교 활동에 충분히 참여하지 못하거나, 복통이나 근심 걱정의 징후 같은 신체적 증상을 호소할 수도 있다. 심리사회적 건강 역시 우려를 낳는다. 식량 불안은 불안과 행동 문제와 관련이 있다. 부모의 우울, 불안과 연관이 있는 것 같고, 더 나아가 유아의 정신건강에 영향을 미치는 것 같다. 유아의 식량 불안 점수는 IQ 지수와 성취 검사 둘 다 낮춘다. 두뇌와 면역 기능은 부적절한 영양에 의해 영향받을 수 있다. 가정의 식량 불안은 혼란이며 격동인 것 같다. 식량 불안 외에 여러 요인이 아동 발달을 저해한다.

몇몇 프로그램은 가족에게 음식을 지원하고자 한다. 연방 정부는 영양 보충 지원 프로그램(SNAP)을 제공한다. 이는 예전에 푸드 스탬프 프로그램이라 불렸다. 여성, 영아, 유아를 위한 WIC 프로그램은 12, 15장에 언급하였다. 사적인 프로그램은 식량 저장실과 무료 급식소를 포함한다. 학생들에게는 학교에서 아침과 점심을 제공하는 프로그램이 있다. 육아 시설에 보충 음식을 제공하는 정부 프로그램도 있다. Fiese와 동료들(2011)은 몇 가지의 정책 권고사항을 만들었다. 식량 보충 프로그램에서 누락된 가족들을 위해 많은 노력을 기울일 필요가 있다. 이익의 결정 구조는 경계 소득 가족을 포함할 필요가 있다. 여름 음식 프로그램 참여자는 증가되어야 한다. 주말 감정 프로그램의 효과성은 평가될 필요가 있다. 사적인 음식 프로그램의 역할은 확인되고 평가될 필요가 있다. 가장 중요한 것으로, 가난은 감소될 필요가 있다.

출처: Fiese, B. H., Gundersen, C., Koester, B., & Washington, L. (2011). Household food insecurity: Serious concerns for child development. *SRCD Social Policy Report*, *25*(3).

든 인지 능력의 확산을 감소시키기 위해, 가난과 관련된 기본적인 문제 역시 경감시켜 주어야만 한다.

비만

형편없는 섭식 습관의 문제점이나 신체 활동의 부족에서 기인하는 비만은 15장에서 논의되었다. 2008년경에는 아동, 청소년의 3명 중 1명은 과체중이며, 5명 중 1명은 비만에 가까운 것으로 밝혀졌다(Ambinder, 2010). 비만 아동은 고혈압과 높은 콜레스테롤 수준, 2형 당뇨병, 체중을 지탱하는 관절에 무리가 가서 발생하는 정형외과 문제와 같은 일생의 건강 문제로 심각하게 고통받는 것 같다(Lynn-Garbe & Hoot, 2004/2005). 유아가 체중 문제 때문에 또래로부터 괴롭힘을 당하거나 거부당할 때 사회심리학적 문제가 일어나는 것 같다.

비만은 최근 몇 년간 연구와 심층 연구 고찰의 주제였다. The National Summit on Obesity Policy(2007)는 유행이 되다시피한 비만과 싸우는 아젠다를 발달시켰다. '유아의 미래'는 유아기 비만 상황에 대한 상세한 고찰을 게재하였다(Paxon, Donahue, Orleans, & Grisso, 2006). Krishnamoorthy, Hart와 Jelalian(2006)은 유아기 비만에 관한 연구를 자세히 고찰하였다. 이러한 모든 보고서는 유아의 영양 상태가 좋지 않다는 결론과 함께 공공 정책의 개선을 권고한다.

비만은 유전과 환경적 요인이 복합적으로 작용하는 것 같다. 가정에서, 식당에서, 학교에서, 식사는 지방이 높은 경향이 있다. 교실에서는 사탕이 교구로 사용되기도 한다(사탕을 분류하거나 세는 활동처럼). 유아의 섭식에서 영양가 있는 음식이 부족하면, 유아는 신체적으로 덜 활동적이다. 운동 발달과 신체 활동은 19장과 29장에서 논의될 것이다.

영유아 교육기술

교수 자원으로 MyPlate 웹사이트(www.MyPlate.gov)를 사용하라. 아동에 대한 정보뿐만 아니라 식단 계획과 신체 활동에 대한 제안이 있다. 더 어린 유아를 위해서 좋은 영양을 가르치는 아이디어와 MyPlate 포스터가 있으며, 후기 아동을 위해서 컬러링 시트가 있다. www.kidshealth.org는 게임, 실험, 영화, 건강, 안전에 대한 정보 등 많은 것들을 소개하고 있다.

4 안전

안전은 더욱 큰 재미를 제공한다(KidsHealth, 2012). KidsHealth 웹사이트는 실내외 위험과 응급처치 요령에 대한 정보를 제공한다. 실내 안전에 관해서는 부엌 안전, 개 안전, 소방 안전, 총기 안전, 식품 안전과 같은 여러 안전 문제를 포함한다. 실외 안전에 대해서는 자전거 안전, 생활 안전(street smarts), 농장이나 캠핑 안전, 불꽃놀이 안전, 스포츠 부상 등이 있다. 식품 안전과 개 안전은 엄청난 주목을 받아왔다. 어린이집에서 유아는 식단을 계획하거나 음식 준비, 저장에 관해 관여하지 않는다(Enke, Briley, Curtis, Greninger, & Staskel, 2007). 정부 차원에서 영양이나 식품 취급에 관한 규제를 한다 하더라도, 감독과 단속은 종종 무계획적으로 이루어진다(**사진 18-4**).

사진 18-4 교사는 점식식사와 간식시간 전후에 테이블을 소독한다.

애완동물, 특히 개는 유아에게 위협이 될 수 있다(Jalongo, 2008c). 키가 작고

뇌 발달

납 노출의 영향

환경에서 납의 존재는 계속되는 문제이다. 주와 지방은 납에 의한 오염을 한결같이 감독하지는 않는다. 다른 부정적인 효과 중, 유아의 시스템 내의 납은 뇌의 발달과 기능에 영향을 준다. 납이 신경에 들어가면 정상적인 세포기능을 방해한다. 세포는 죽고, 정상적인 신호 전달은 비정상이 된다. 또한 납은 단백질 기능을 방해하고 이는 신경 기능에 치명적이다. 유아는 특히 납에 민감하다. 장기적인 영향으로는 지능/인지 영역에 가장 중요하다. 초기 납 노출은 낮은 IQ 점수와 부정적인 학업 성취에 영향을 미친다. 증가하는 유아기 납 노출을 감소시키려는 예방적인 노력을 반드시 해야 한다. 납 오염의 근원은 수돗물, 납성분이 포함된 페인트/페인트 먼지, 오염된 토양, 오염된 장난감 등이 있다. 납 노출을 낮추는 권고로는 감면 관행의 증가, 교육과 진단의 증가, 후속조치 증가, EPA와 CDC 간에 공동 작업 증가 등이 있다.

출처: Cole, C., & Winsler, A. (2010). Protecting children from exposure to lead. *SRCD Social Policy Report*, *24*(1).

연약한 유아는 종종 개에게 얼굴이나 목을 물린다. 또한 유아는 갑자기 충동적으로 움직이는 경향이 있는 반면, 개는 느리고 안정되고 조용한 행동에 가장 잘 응답한다.

Jalongo(2008c)는 주의해서 개에 다가가기, 개를 만져도 되는지 언제나 주인에게 물어보기처럼 몇 가지 개 안전 규칙을 제안한다. 유아는 개를 만지기 전에 개가 킁킁거리며 냄새를 맡게 내버려 두어야 한다. 고양이나 다른 애완동물을 다룰 때에도 거의 같은 주의사항이 적용된다. 성인에 의한 적절한 감독은 안전과 부상 예방에 필수적이다(Morrongiello, Klemencic, & Corbett, 2008). Morrongiello와 동료들은 높은 행동 강도를 지닌 유아(모험을 좋아하는 경향이 있음)가 낮은 수준의 감독보다 높은 수준의 감독하에 부상을 덜 입는다고 밝혔다. 유아는 같은 연령에서도 자기 규제가 각기 다르다. 즉, 어떤 아이들은 전혀 혼자 둘 수가 없는 반면, 다른 아이들은 장기간 책임질 수 있다. 적절한 감독의 정의는 유아의 기질에 달렸다.

유아 후기아는 다른 위험에 노출될 수 있는 집 밖에서 시간을 보낸다. 공립학교는 오래된 공업용지나 쓰레기 매립지처럼 입지 조건이 좋지 않은 곳에 세워질 수도 있다. 수은이나 라돈 같은 물질이 지표면에서 발견되기도 한다. 영유아는 체격에 비해 성인보다 훨씬 더 많은 수분을 섭취한다. 그래서 수돗물에 포함된 납의 영향에 더욱 큰 고통을 받는 것 같다. 생물학적 유해물질은 태아의 태반을 통해, 피부를 통해, 기도를 통해, 또는 소화관을 통해 흡수될 수 있다. 전반적으로 영유아는 환경적인 위험에 매우 취약하다.

생각해 보기

유아 보육 시설을 조사할 때, 부모는 잠재적인 환경적 위험을 고려해야만 한다. 3세아를 위한 유아기관을 찾을 때 부모는 어떤 관찰을 해야 하는가? 어떤 질문을 해야 하는가?

안전 교육은 부모나 학생 모두에게 중요하다. 부모는 뉴스레터, 학부모 모임, 관찰, 교실 참여, 현장 학습 지원, 프로그램 자체 발표를 통하여 안전 교육에 점차 관여할 수 있다(Marotz, 2012). 유아는 장비와 교구의 조절과 사용 규칙을 알 필요가 있으며, 그 이유를 알 필요가 있다. 안전 단원은 소방관, 경찰, 의료인과 같이 우리를 보호하는 전문가에 초점을 맞출 수 있다. 유아는 자전거 안전, 보행자 안전, 교통 안전 규제, 위험한 약물, 가정 안전에 관해서도 학습할 수 있다(Marotz, 2012).

5 영양과 건강 교육

전형적인 섭식 패턴이 이해되고 유아를 위한 필수 음식이 확인되면, 다음 단계는 이러한 요인에 관해 유아와 부모를 교육시키는 것이다. 더욱이, 저소득층 유아 학교에서, 종일반인지 또는 반일제 프로그램인지에 따라, 보충 음식이 아이들에게 제공될지 모른다. 이러한 보충은 그냥 간식이거나 한 끼 또는 그 이상의 끼니를 포함할 수 있다.

국가적 관심은 영양과 교사, 부모, 유아를 위한 영양 교육의 필요성에 접근하고 있다. 유아는 좋은 영양의 기본적인 개념을 학습할 능력이 있다. 또한 음식에 관한 새로운 지식과 태도를 획득할 능력이 있다. 유아 프로그램은 보기, 맛보기, 만져 보기, 준비, 다양한 음식 먹어 보기 등의 여러 가지 감각 경험이 포함되어야만 한다(사진 18-5). 게다가 게임, 영화, 책, 여행은 음식 경험을 지원해야 한다. Charlesworth와 Lind(2013, 22, 26, 37장)는 극놀이, 수학, 과학, 사회학 활동을 통하여 유아 교육과정으로 통합될 수 있는 음식 경험 방법에 대한 실례를 제공한다. 유아는 특히 음식을 준비하는 데 참여하고, 음식 재료를 연구하고, 음식을 맛보고, 다른 문화의 음식에 대해 읽는 것을 즐긴다.

Fuhr와 Barclay(1998)은 영양 교육이 자녀에 대한 부모의 요구와 조화롭고 일관적으로 이루어져야 한다고 지적한다. 가족의 음식 선호와 섭식 패턴이 고려될 필요가 있다. Fuhr와 Barclay는 음식 관련 유아 도서 목록을 포함하여 몇 가지 통합된 영양 단원을 제공한다. 정보는 www.kidshealth.org 온라인에서 찾아볼 수 있다.

유아는 건강, 위생, 안전의 기본 개념에 대해 역시 학습할 수 있다. 영양 교육은 건강한 생활에 관한 지식에 기여한다. 게다가 유아는 양치하기, 손 씻기, 목욕, 배변, 날씨에 맞게 옷 입기처럼 일상적인 기본 생활습관을 학습할 수 있다. 손 씻기는 특히 중요하다(사진 18-6). 세균은 더럽거나 제대로 씻지 않은 손을 통해서 전파될 수 있다. 교육과정 교구는 손 씻

사진 18-5 유아는 스스로 먹을 수 있을 때 만족감을 느낀다.

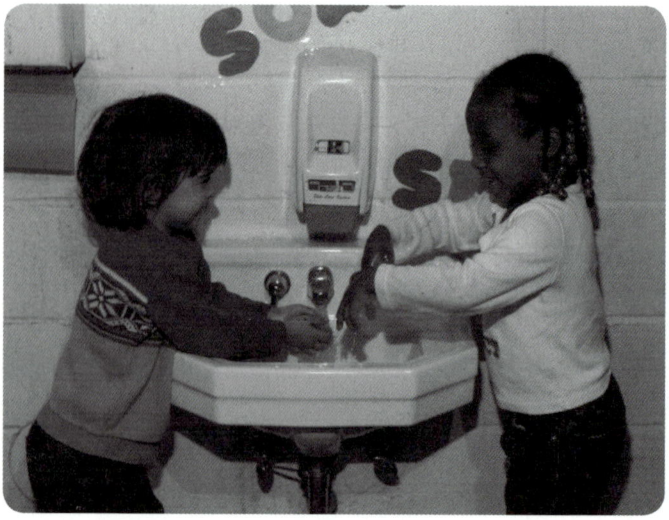

사진 18-6 유아용 세면대가 있으면 독립적으로 자기 손을 씻을 수 있다.

> **생각해 보기**
>
> 유아와 가족을 위한 건강과 영양 교육 프로그램의 시행 근거를 고려하라. 재정과 지역사회의 지원을 얻기 위해 입법자와 지역주민에게 어떤 이유를 제공하는가?

기 설명을 지원하기에 유용하다(http://www.globalhandwashingday.org 참조). 전 세계 손 씻기 날은 매년 10월에 열린다. 유아는 손이 세균을 옮기는 것을 보여 주는 과학적 연구를 수행할 수 있다. 예를 들어, Charlesworth와 Lind(2013, 37장)는 깎은 감자 두 개를 사용하여 연구의 개요를 서술한다. 몇 시간 동안 손을 씻지 않은 유아가 한 감자를 손질하고 병에 넣은 뒤 '안 씻은 손'이라는 라벨을 붙인다. 다른 유아는 손을 씻고 두 번째 감자를 손질하고 병에 넣은 다음 '씻은 손'이라는 라벨을 붙인다. 그리고 유아는 매일 매일 감자에서 발생하는 물리적 변화를 관찰한다.

요약

1 아동의 키, 체중, 신체 비율이 정상 범위에 있는지 평가하기

좋은 건강과 영양은 적절한 신체적 발달뿐만 아니라 인지적·정서적 성장에 기본이 된다. 유아 전기아의 성장률은 임신기와 영아기의 빠른 속도보다는 느리다. 유아 전기와 학령기 동안, 키와 몸무게의 성장은 보통 변동이 없다. 다음 여섯 가지 요인이 신체적 성장에 영향을 미친다. 유전, 영양, 의학적 상황, 운동, 수면, 정서적 건강. 같은 연령의 다른 유아와 비교하여 유아의 체격에 관한 염려는 키와 몸무게의 신중한 측정과 국가 차원의 키와 몸무게의 결과 비교를 통해 재빨리 응답을 얻는다. 키가 백분위 5 이하이거나 백분위 95 이상은 걱정의 원인이 된다. 잘못된 영양이나 적절한 영양소를 섭취하지 못해 과체중 유아가 된 경우가 꽤 있다. 부적절한 영양 상태는 신체적·운동적·사회적·인지적 성장에 영향을 미친다.

2 아동 발달에 적절한 좋은 식단, 전반적인 건강 관리, 신체 적성, 정신건강의 중요성을 토론하기

유아가 전반적인 외형, 두피, 눈, 얼굴, 귀, 코, 입 또는 행동이나 기질에서 어떤 변화를 보이는지 매일 확인해 봐야 한다. 양치하기나 손 씻기는 질병 예방을 위해 매우 중요하다. 2~6세경 유아는 철저한 신체 검사를 위해 병원을 자주 방문해야 한다. 유아는 적어도 60분의 구조화된 신체적 활동과 물리적 활동 놀이를 할 충분한 기회가 필요하다. 오늘날에는 유아가 주로 앉아서 생활하도록 되어 있다. 신체 단련은 중요하나, 신체 교육 프로그램 역시 발달에 적합해야 한다. 슈퍼 영웅 놀이를 유아에게 허락해야 하는지에 관해서는 전문가들 사이에서 다소 불일치가 있다. 오늘날 생활 스트레스는 유아와 그 가족에게 정신건강 서비스의 요구를 증가시킨다.

3 미국 농무부 MyPlate 지침에 따른 영양상 적절한 식단의 중요성 평가하기

USDA MyPlate 도표는 좋은 영양의 지침을 제공한다. 태아기, 영아기, 유아기 동안 인지적 자극과 결합된 식품 보충은 가난한 유아의 미래의 신체적 건강과 인지적 성장의 예후를 호전시킬 수 있다. 잘못된 영양 상태의 유아나 질병 때문에 신체적 건강이 나쁜 유아는 신체적이든 정신적이든 제대로 기능할 수 없다. 이완되고 잦은 가족과의 식사시간은 더 높은 성취와 비만의 위험 감소, 약물 남용의 위험 감소와 상관이 있다. 소아 비만은 국가적 관심이다.

4 영유아의 안전 요인 측정하기

실내외에는 모두 영유아에게 수많은 안전 위험 요소가 있다. 실내 안전 요인은 부엌 안전, 개 안전, 소방 안전, 총기 안전, 식품 안전 등을 포함한다. 실외 안전 요인은 자전거 안전, 생활 안전, 농장과 캠핑 안전, 불꽃놀이 안전, 스포츠 부상 등이 있다. 식품 안전과 개 안전이 주 관심사이다. 성인은 질병이나 부상을 일으킬지 모르는 위험으로부터 안전한 환경을 유아에게 제공할 책임이 있다. 또한 부상을 예방하기 위해 유아의 활동 시 적절한 감독을 해야만 한다.

5 영유아를 위한 영양, 건강, 안전 교육 프로그램의 기본적인 부분 설명하기

영유아와 함께 일하는 성인은 영양과 다른 건강에 관한 사정에 정통해야 한다. 일반 성인 역시 유아와 그 가족의 영양과 건강 교육에 관여할 필요가 있다. 영양 교육은 유아의 지식을 증가시키고 유아의 음식에 대한 선택의 폭을 넓히도록 도울 수 있다. 여러 감각의 음식 경험은 유아의 음식에 대한 선택의 폭을 넓혀 줄 수 있다. 게임, 책, 농장이나 식품점, 낙농장 현장 학습은 영양 지식을 높여 준다. 건강 교육은 목욕하기, 손 씻기, 양치하기와 같은 기본 위생을 포함한다.

제 19 장

운동 발달: 3 ~ 6세

이 장과 관련된 표준

naeyc

NAEYC 프로그램 기준

1a: 출생에서 8세까지의 영유아의 특징과 요구를 알고 이해하기

DAP

발달에 적합한 실제(DAP) 지침

1D: 신체 활동

학습목표

1 유아의 대근육 발달을 지원하고 평가한다.
2 쓰기 발달과 그림 발달 간의 관계를 설명한다.
3 유아의 운동 기술 평가가 왜 중요한지 설명한다.
4 유아가 운동 기술을 어떻게 학습하는지 설명한다.

1 대근육 발달: 유아 전후기

앞의 12장과 15장에서 언급하였듯이, 운동 기술 발달은 신체적 성장과 밀접한 관련이 있다. 신체가 물리적으로 성장함에 따라 근육은 발달하고 성숙하며, 아동은 새로운 운동 행동을 수행할 수 있다. 유아 전기와 후기는 신체의 다양한 부분의 분화가 완성되는 때이며, 통합에 우선적으로 집중되는 시기이다. 6세경 유아는 두 가지 이상의 움직임을 조정하는 것에 대해 인지적으로 생각할 수 있는 지점에 다다르기 때문에, 뛰면서 공을 던지거나 차기, 탭댄스를 추며 막대를 돌리기, 줄을 돌리며 그 위를 뛰기와 같은 움직임을 통합하기 시작한다. 유아 전기아는 아직 규칙이 있는 게임을 할 준비가 되지 않았다. 예를 들어, Dave Barry(2004, p. 1D)는 4세 딸에게 축구 경기 규칙을 다음과 같이 설명한다.

1. 공을 발로 찬다.
2. 공을 손으로 잡지 않는다.
3. 정말로 공을 만지고 싶더라도, 그러면 안 돼.
4. 화장실에 가야 할 때, 운동장을 종종걸음으로 나가는 대신에 휴식 시간을 기다리도록 한다.
5. 때때로 이를 기억하기 힘들 수 있지만, 그래도 절대 공을 손으로 집으면 안 돼, 알았지?

대부분의 경우, 여아는 서로 껴안거나 그냥 돌아다닌다.

걸음마기부터 시작해서 7세경에는 기초 운동 기술이 발달한다. 이러한 기술은 "달리기, 제자리 뛰기, 한 발 뛰기, 두 발 뛰기와 같은 보행성 운동 기술과 던지기, 잡기, 차기, 치기, 드리블과 같은 사물을 조절하는 기술"(Burton, 1992, p. 3)을 포함한다. 이러한 **기초 운동 기술**은 모든 이들이 학습하며, 나중에 학습할 더욱 세분화된 운동 기술을 위한 기초가 된다. 초기 아동기가 끝날 즈음, 세분화된 기술은 각 개인의 특정 흥미나 요구에 따라 발달된다. 이러한 **세분화된 움직임**의 예로는 야구공 던지기, 배구 스파이크, 테니스 서브하기 등의 다양한 방법을 학습하는 것을 포함한다(Burton, 1992). 6, 7세경 유아는 두 가지 이상의 기술을 통합하기 시작한다. 즉, 달리면서 던질 수 있고, 한 발로 서서 구부려 물건을 집을 수 있고, 라켓을 잡고 균형을 유지하면서 공을 칠 수 있다.

특정 기술이 나타나기 시작하는 시기에 영향을 미치는 몇 가지 요인으로는 체격, 신체적 성장, 체중에 대한 상대적인 체력, 신경계 성숙 등이 있다. Burton(1992)에 따르면, 신경계 성숙이 가장 결정적인 요소이다. 신경계는 움직임의 각 구성 단위를 통제하여 결국 각각의 움직임에 대해 생각할 필요 없이 자연스럽게 움직일 수 있도록 한다. 움직임을 촉진하고 그

기초 운동 기술(fundamental motor skills) 아동이 자라면서 배우게 되는, 좀 더 전문화된 기초 운동 기술
세분화된 움직임(specialized movements) 각 개인의 특정 흥미와 요구에 따라 발달하는 개별 기술

사진 19-1 등반 장치는 체력과 협응을 발달시키는 기회를 제공한다.

에 대한 기회를 제공하는 환경의 정도는 운동 기술 발달 수준의 적기와 유능감에 영향을 준다.

아동의 첫 번째 목적은 각 기초 운동 기술을 통제하는 것이다(Halverson, 1971). 일단 통제를 하게 되면, 신체 움직임이 정교해져서, 동작이 정확하고 자연스럽고 부드러워진다(사진 19-1). 예를 들어, 공을 튀기는 것을 배울 때, 첫 번째 목적은 신체 가까이 공을 두는 것이다. "아동의 조정은 기본적으로 대상에 달려 있다. 공을 튀기기에 너무 어렵거나 너무 멀거나, 튀기는 공에 몸을 숙여 코에 맞거나, '놓친' 공을 잡으려 쫓는 등의 여러 문제가 있다"(Halverson, 1971, p. 29). 아동이 몸 근처에 공을 두는 것에 숙달하면, 빠르게 튀기거나 느리게 튀기거나 다리 아래로 공을 튀기는 등의 변화를 시도한다. 이러한 변화는 질적인 정교함이다. 기초 기술 발달과 정교함은 바로 아동의 지각 발달에 달려 있다. 예를 들어, 공을 튀기기 위해 아동은 자신의 신체 움직임의 방향과 속도, 비율에 대한 상대적인 공의 위치와 속력을 지각해야만 한다. 운동 기술 발달은 단순한 눈과 손의 협응 이상을 의미한다(Halverson, 1971).

운동 기술 발달에 관한 연구를 고찰한 결과, Betty Flinchum(1975, p. 12)은 "단순한 팔과 다리 동작에서 고도로 통합된 몸 전체가 협응하는 패턴으로 발달한다."라는 결론을 내렸다. '던지기'의 예를 들면, 팔꿈치를 이용해 던지는 것에서 어깨를 이용해 던지는 것으로 향상이 이루어진다는 것이다. '잡기'의 예를 들면, 팔과 몸을 이용해 잡는 것에서 손가락으로 잡는 것으로 향상이 이루어진다. 즉, 어린 유아는 팔꿈치로 던지는 경향이 있는 반면, 나이 든 아동은 어깨의 움직임으로 던진다. 어린 유아는 몸으로 공을 받는 반면, 나이 든 아동은 손으로 공을 잡는다. 공 차기 역시 향상 과정이 있다. 처음에는 공을 차기 전 다리를 뒤로 뻗는 동작이 없다. 그러다가 무릎을 흔들어 공을 차게 되고, 그다음에는 엉덩이, 마지막에는 다리 전체를 흔들어 공을 차게 된다(Flinchum, 1975).

적절한 순서를 따르는 움직임의 패턴은 준비, 동작, 마무리 동작의 세 가지 측면이 있다. 그림 19-1의 공 차기 동작의 순서에 주목하라. 아동은 다리를 뒤로 들고(준비), 공을 차고(동작), 공을 찬 후 가속도로 다리가 앞으로 나아가게 된다(마무리 동작). 던지는 순서로는 팔을 뒤로 보내고(준비), 팔을 앞으로 움직여 공을 던지고(동작), 팔은 몸쪽으로 포물선을 그리며 내려온다(마무리 동작).

발달의 다른 측면과 마찬가지로, 아동이 전형적으로 향상하는지 확인할 수 있는 지침이 있다. 표 19-1은 대근육 활동의 규준을 보여 준다. 각 기술은 흔히 제시된 시기 동안 발달한다. 같은 연령의 아동이라도 정확히 같은 기술을 습득하는 것은 아니다.

주의할 점은 발달하는 근육을 과도하게 사용하지 않도록 하는 것과 성장하고 있는 뼈를 손상시키지 않도록 하는 것이다(Micheli, 1990). 한 가지 이상의 동작을 협응시키기 시작하는 동시에 아동은 구체적 조작기에 들어서며, 그러한 운동 기술을 규칙이 있는 게임을 하도록 적용할 수 있다. Jack Maguire(1990)는 홉스카치(hopscotch, 사방치기), 야구, 경찰과 도둑, 수건 돌리기, 덕덕구스(duck-duck-goose), 피구, 줄넘기, 레드 로버(red rover), 그 외 널리 알려진 놀이 등과 같이 규칙이 있는 놀이를 소개하였다.

그림 19-1 움직임 패턴의 세 가지 측면: 준비, 동작, 마무리 동작

장애가 있는 아동의 운동 발달

신체 활동이 정상적인 발달과 학습에 매우 필수적이기 때문에, 이러한 능력이 제한된 아동은 상당히 불리하다(Bowe, 2000; Gargiulo & Kilgo, 2011). 천천히 움직이는 아동이나 사물을 조작하는 데 비효율적인 아동은 전형적으로 발달하는 아동보다 탐색적인 경험을 덜 하게 된다. 유아특수교육(Early Childhood Special Education, ECSE) 종사자는 운동 발달이 지연된 유아를 구별하기 위하여 전형적인 운동 발달에 관해 알 필요가 있다. 주요 신체적 건강상 결함에는 천식, 낭포성 섬유증, 백혈병, 당뇨병, 이분척추, 뇌성마비, 근육위축병(muscular dystrophy), 척수 손상 등이 있다(Gargiulo & Kilgo, 2011). 난간과 경사로를 설치해 움직임을 용이하게 할 필요가 있을지도 모른다. 교구는 유아가 접근할 수 있는 곳에 위치해야 한다. 어떤 유아는 의학적으로 허약하며 장비에 의존해야 한다. 이러한 유아에게는 영양 공급을 위한 기계나 산소호흡기와 같은 장비가 필요하며, 24시간 상시 모니터링이 필요할지 모른다(Bowe, 2000). Bowe는 운동 장애 유아가 활동적인 놀이에 참여할 기회를 가져야만 하고 다른 유아와 마찬가지로 학습에 대한 혜택을 누려야 한다고 강조한다.

Kourtessis, Tsigilis, Maheridou, Ellinoudis, Kiparissis와 Kioumourtzoglou(2008)는 교사가 발달성 협응 장애(DCD)에 관해 잘 몰라서 이 질병을 제대로 발견하지 못한다고 여긴다. DCD는 대근육과 소근육 기술 모두에서 발달 지표 도달 지연을 통해 드러난다. Kourtessis와 동

생각해 보기

현재 유치원생인 Aisha는 다리 일부분이 없이 태어났다. 엄마와 할머니는 다른 두 친구들과 뛰어놀고 있는 Aischa를 지켜보고 있다. Aisha는 엄마와 할머니가 앉아 있는 곳에 잠깐 들러, 앉아서 의족을 벗고 다리를 긁는다. 그리고 엄마에게 의족을 똑바로 끼울 수 있도록 도움을 요청한다. 의족을 장착한 Aisha는 다른 친구들과 놀기 위해 달려간다. 여기에서 중요한 점은 무엇인가?

표 19-1 유아 전기/후기의 대근육 발달 표

관찰자________ 날짜________ 시간________ 장소________
아동의 이름________ 생년월일________ 나이________

대근육 기술	관찰된 것 예	 아니요	 비고
3세			
발을 번갈아 이용하여 계단 오르내리기			
맨 아래 계단에서 두 발을 이용하여 뛰기			
2초 동안 한 발로 균형 맞추기			
큰 공 차기			
제자리에서 뛰기			
작은 세발자전거 타기			
두 팔을 뻗어 큰 공 잡기			
그네의 흔들거림을 즐기기			
최대한 흘리지 않고 액체가 담긴 컵이나 잔 옮기기			
완전한 소변 통제			
4세			
바닥에서 줄 따라 일자로 걷기			
한 발로 뛰기			
세발자전거를 타고 장애물 주변을 돌기			
사다리, 나무, 정글짐 오르기			
두 발로 12~15cm 높이의 사물을 뛰어넘기			
쉽게 장애물 주변을 달리기, 출발, 정지, 움직이기			
머리 위로 공 던지기			
5세			
발뒤꿈치에서 발가락으로 디디며 뒤로 걷기			
발을 교차하며 혼자 계단 오르기			
올바른 방법으로 공중제비 배우기			
무릎을 굽히지 않고 발가락 닿기			
평균대 걷기			
발을 교대로 사용하여 두 발 뛰기			
90cm 정도 떨어진 거리에서 던져진 공 받기			
보조바퀴가 달린 자전거 타기			
넘어지지 않고 10번을 연속해서 앞으로 뛰기			
10초 동안 한 발로 균형 잡기			

출처: Marotz, L.R., & Allen, K. (2013). *Developmental profiles: Pre-birth through adolescence*. (7th ed.). Belmont, CA: Wadsworth Cengage Learning. 허락을 받아 사용.

료들은 체육교사와 유아교사 모두 간단한 교육을 받으며 식별 기술을 향상시킬 수 있다고 여긴다.

기초 운동 기술 발달 지원

Susan A. Miller(2005b)는 유아에게 필요하고 당연히 해야 할 대근육 활동의 기회를 제공하는 것이 중요하다고 지적한다. Miller는 유아가 실외에서 달리고, 오르고, 미끄럼틀을 탈 기회를 가져야 하고, 실내에서 적극적인 이야기 나누기 활동 시간과 근육 형성을 위한 큰 블록을 가져야 한다고 주장한다. Zachopoulou, Tsapakidou와 Derri(2004)는 유아 전기아를 대상으로 한 실험 연구에서, 신체 교육 프로그램만 하는 것보다 음악과 운동 프로그램이 점프하기와 동적인 균형감을 더욱 향상시키는 것을 알아내었다. 리듬을 동반한 운동 활동이 운동 기술 발달을 향상시키는 것으로 보인다. Murata와 Maeda(2002)는 발달 지연이 있거나 없는 유아 전기아에게 사용된 신체 교육 프로그램에 대해 설명한다. 이것은 대집단 활동이라기보다는 유아가 선택한 신체 활동으로 이루어진 센터 기반 신체 교육 프로그램이다. 교사는 질문하기나 제안하기를 통해 지침을 제공한다.

발달에 적합한 신체적 운동 활동은 아동기 비만을 방지하는 한 가지 방법이다(Huettig, Sanborn, DiMarco, Popejoy, & Rich, 2004; Lynn-Garbe & Hoot, 2004/2005). Huetting와 동료들이 시행한 2000년 조사에 따르면, 조사된 2~5세 유아의 20.6%가 과체중이나 비만이었다.

실외놀이

도시든 시골이든 간에, 과거에는 아동이 동네를 자유롭게 탐색할 수 있었다. 오늘날의 아동은 자연과의 접촉을 잃었다. Richard Louv(2008)에 따르면, 아동은 나무 위의 집, 숲, 들판을 놓치고 있다. 이것들은 예전 세대가 운동 기술을 발달시키며 탐색하였던 것이었다. Louv는 아동의 정신과 신체, 영성의 건강을 지원하기 위하여 자연과의 직접적인 경험으로 되돌아갈 필요가 있다고 믿는다. NASPE(2009)에 따르면, 유아 전기아는 기초 운동 기술에서 유능감을 쌓기 위해 격려받아야 하고, 대근육 활동을 수행하기 위한 안전한 규준을 충족하는 실내외 영역에 접근해야만 한다. 구조화/비구조화된 신체적 활동을 위한 기회가 제공되어야만 한다.

발달에 적합한 놀이터는 유아가 운동 기술을 개발시키는 동안 과도한 체중을 태워 없앨 수 있는 환경을 제공할 수 있다(Sutterby & Thornton, 2005). 평평한 표면은 달리기, 점프하기, Big Body Play와 같은 대근육 운동 기술의 공간을 제공한다(Carlson, 2011a). 놀이터의 놀이 기구는 오르기, 흔들기, 균형 맞추기처럼 복잡한 움직임을 위한 기회를 제공한다. 양손을 번갈아 매달리며 철봉을 건너가는 기회 역시 중요하다. 이는 링이나 **구름다리**처럼 머리 위에

사진 19-2 구름다리는 상체 근력을 발달시킬 기회를 제공한다.

있는 놀이 기구를 사용함으로써 상체 힘을 발달시킨다(사진 19-2). 신체적 장점 외에, 놀이터 활동은 신경학적 이익을 제공할 수 있다(Sutterby & Thornton, 2005). 영아기부터 시작하여 청소년기를 통해 지속하는 뇌의 감각운동 피질의 성장은 달리기, 한 발로 뛰기, 점프하기, 오르기와 같은 대규모의 신체적 움직임에 달려 있다(Sutterby & Thornton, 2005). 이것은 유아에게 활동적인 놀이 기회를 제공하는 또 다른 이유이다. 자연과 상호작용하는 기회 역시 중요하다(Blanchet- Cohen & Elliot, 2011; Community Playthings, 2011).

진정한 통합을 위해서는 놀이터가 특수 요구를 가진 유아에게 접근 가능해야 하고, 활동과 가변성을 제공해야 한다. 장애 아동의 고유한 요구와 학습 유형을 충족시키기 위해 조정되고 수정되어야만 한다(Flynn & Kieff, 2002). 공감각의 기회는 유아가 야외를 즐길 능력과 감각을 사용할 수 있게 할 것이다. Flynn과 Kieff(2002)는 많은 가능한 적응에 대한 아이디어를 제공한다. 시각적으로 손상을 입은 유아나 시각을 상실한 유아에게 놀이터를 안내해 주고 시설을 사용하는 방법에 대해 알려 주어야 한다. 초기 지원을 제공해 주면, 그들은 가장 열렬한 등반가가 될지도 모른다. 교사는 청각 장애가 있는 유아와 의사소통을 하기 위해 시각적인 제스처를 사용하여 놀이터가 시각적으로 친숙하게 되도록 도와야만 한다. 신체적인 어려움을 겪는 유아에게는 폭이 넓은 평균대와 더 크고 부드러운 공이 필요할지 모른다. 자폐아에게는 규칙적인 일상과 반복이 필요하다. 인지적으로 지연된 유아에게는 반복되는 게임과 간단한 지시가 필요하다.

놀이터 설계에서 다른 주요 요소는 안전과 발달적 적합이다. 안전을 위해서, 놀이 기구 아래는 모래나 완두콩 자갈, 균일한 나무 조각(부스러기), 고무 매트와 같은 탄력 있는 표면이어야 한다. 발달적 적합을 위해서, 놀이터 환경은 창의적 놀이를 지원해야만 한다. 만약 놀이터가 제시된 것처럼 교구와 시설이 다양하다면, 다양한 가능성으로 유아를 위한 활동을 제공하고 장애 유아와 전형적인 유아 간 협동 놀이를 장려할 것이다.

구름다리(brachiating) 양손을 번갈아 매달리며 건너가는 놀이 기구. 머리 위로 설치된 장비를 사용하여 상체의 힘을 기른다.

영유아 교육기술

Nintendo Wii와 Xbox Konnect는 유명한 비디오 게임 시스템이다. 어떤 사람들은 이러한 시스템이 전형적인 발달 아동에게 신체적 활동을 제공하고 뇌성마비 아동과 자폐아와 같은 장애 아동의 운동 수행을 향상시키는 데 유리하다고 여긴다. 또 다른 이들은 이 게임 시스템이 유아의 신체적 능력에 대해 지나친 자신감을 갖게 한다고 생각한다. 비디오 게임에서 할 수 있는 것이 실제 생활에서는 전환이 되지 않아서 좌절을 낳는다. 앞의 게임기를 직접 사용해 본 후 자신의 의견을 작성하고, 이 주제에 대해 다음과 같은 온라인 자원을 탐색해 보라.

- Gumundsen(2008): "Kids save the day with Dora on Wii," *USA Today* 웹사이트
- Schmidt, T. S.(2007): "Is the Wii Really Good for Your Health?" *Time* 매거진 웹사이트
- Macrae, F.(2008): "Playing Active Computer Games 'Keeps Children Fit' and Could Turn the Tide of Obesity," *DailyMail* 웹사이트
- Waxman, S.(2012): "'Sesame Street' to Become First Interactive TV Show," Province 웹사이트

2 유아 전기의 기본 소근육 기술

다음의 아동은 그들 연령의 전형적인 소근육 활동을 하고 있다.

- Kate 5세, 주의 깊게 구슬을 꿰고 있다. 체계적으로 양손을 사용하여 하나씩 주의 깊게 놓는다.
- Theresa 5세 반, 찰흙으로 만든 고양이를 사랑스럽게 뽐낸다. 두 개의 공으로 머리와 몸을 만들고 귀와 꼬리를 꼬집어 만들었다.
- Jason 5세, 종이에 자신의 이름을 쓴다.
- Rudy 3세, 블록으로 탑을 쌓고 있다. 8개의 블록을 쌓아 올렸고, 탑은 점점 높아진다.
- Isabel 4세, 그림을 말리기 위해 빨래집게를 사용하여 줄에 건다.

아동의 행동이 표 19-2에 소개된 기술과 비교하였을 때 정상적인 기대에 충족하는 것을 볼 수 있다. 5세 Kate는 구슬을 꿰맬 수 있어야 한다. 5세 반 Theresa는 적어도 두 조각의 작은 찰흙으로 사물을 만들 수 있어야 한다. 3세 Rudy는 8개의 블록 탑을 만들 수 있어야 한다. 그림을 걸기 위해 빨래집게를 사용하는 것은 아마도 4세 Isabel에게 약간 고급 기술이다. 자신의 이름을 인쇄체로 쓰고 글씨를 따라 쓰는 것은 Jason 같은 5세아에게 기대된다. 아동은 소근육 기술을 지원하는 여러 경험으로부터 득을 본다. Rule과 Stewart(2002)는 흔히 유치원에서 소근육 조작 교구를 사용하는 유아와 Montessori가 개발한 교구를 사용한 유아의 집게손가락 발달을 비교하였다. Montessori 교구 사용 유아들이 집게손가락 사후 검사에서 가장 큰 향상을 보였다. 집게나 핀셋, 숟가락을 사용하여 작은 물건을 옮기는 소근육 운동 경험을 제

표 19-2 유아 전기/후기의 소근육 발달 표

관찰자__________ 날짜__________ 시간__________ 장소__________
아동의 이름__________ 생년월일__________ 나이__________

소근육 기술	관찰된 것 예	아니요	비고
3세			
최소한의 도움으로 스스로 식사하기			
크레용이나 마커 조절하기: 수평선, 수직선, 동그라미 그리기			
책 한 번에 한 장 넘기기			
8개 이상 탑 쌓기			
찰흙 두드리기, 굴리기, 쥐어짜기			
우세 손이 나타나기 시작			
옷의 큰 단추나 지퍼 조작하기			
손 씻고 말리기			
부분적으로 양치하기			
4세			
10개 이상의 블록으로 탑 쌓기			
찰흙으로 쿠키, 스낵, 간단한 동물 같은 형태나 사물 만들기			
약간의 형태나 문자 쓰기			
보조 장치를 이용하여 크레용이나 마커 쥐기			
마음속에 목적을 가지고 그리거나 색칠하기			
망치로 못이나 말뚝을 두드릴 수 있음			
줄에 나무 구슬 꿰기			
5세			
모델을 보고 따라서 작은 큐브로 3차원 구조물 쌓기			
사각형, 삼각형, 원과 같은 형태 복사하기			
작은 문자(특히 이름) 따라 쓰기			
연필과 마커 조절이 상당히 좋아짐			
선 안에 색칠하기 가능			
가위로 선 자르기(완벽하지 않을 수 있음)			
우세 손 확실히 자리 잡음			

출처: Marotz, L.R., & Allen, K. (2013). *Developmental profiles: Pre-birth through adolescence*. (7th ed.). Belmont, CA: Wadsworth Cengage Learning. 허락을 받아 사용.

공하는 것은 소근육 기술뿐만 아니라 유아의 과제 주의집중까지 향상시킬 수 있다. 이야기는 그림으로 시작한 다음 글쓰기로 이어지며, 이는 학령기 초기에 순조롭게 진행된다.

❁ 쓰기

소근육 발달은 결국 쓰기 기술을 숙련하는 데 기초가 된다(Lamme, 1979). 쓰기는 어린 연령에서 가르쳐지는데, 그 결과 많은 유아들은 필요한 선행 기술을 미처 갖추기 전에 쓰기를 학습하게 된다. Linda Lamme(1979)의 선행 기술의 여섯 가지 영역을 다음과 같이 제시하였다.

1. 소근육 발달
2. 눈과 손의 협응
3. 쓰기 도구를 잡을 수 있는 능력
4. 기본적인 획을 그을 수 있는 능력
5. 문자 지각
6. 인쇄된 언어로의 지향

첫 네 가지 기술 영역은 소근육 발달이다. 아동은 소근육을 통제할 수 있어야만 쓰기 도구를 사용할 수 있다. 즉, 손목과 손가락 근육을 조절할 수 있어야 한다. 이러한 통제 능력은 직소 퍼즐이나 구조적인 장난감, 똑딱 구슬과 같이 조작적인 교구를 사용함으로써 얻을 수 있다. 유아 역시 페그 인형, 자동차, 트럭, 인형의 집 가구와 같은 작은 장난감을 가지고 놀면서 소근육을 조절할 수 있게 된다. 점토, 모래, 플레이도, 진흙과 같은 만들기용 교구가 소근육 발달을 지원한다. 지퍼 잠그기, 단추 채우기, 가위나 크레용 등의 미술 교구 사용하기는 손재주를 발달시킨다.

일단 유아가 소근육 기술이 발달하면 손과 눈을 협응할 수 있다. 이미 언급한 많은 활동이 눈과 손의 협응 기술을 장려한다. 망치로 똑바로 못을 박거나, 넘어뜨리지 않고 블록 탑을 쌓고, 복잡한 기하학적 도안을 따라 그릴 수 있는 유아는 아마도 쓰기에 필요한 눈과 손의 협응을 획득한 것이다.

쓰기를 위한 어떤 도구는 다른 것보다 사용하기 쉽다. 마커와 사인펜은 매우 약한 손가락 힘만으로도 원하는 결과를 얻을 수 있기 때문에 유아가 사용하기가 가장 쉽다. 초크는 다음으로 쉽고, 다음은 크레용, 마지막으로 연필이다. 일반적인 믿음에 반하여, 두꺼운 연필은 어린 유아가 사용하기에 반드시 쉬운 것은 아니다. Carlson과 Cunningham(1990)은 어떤 유아 전기아는 두꺼운 연필을 더 잘 다루고 어떤 유아는 얇은 연필을 잘 다룬다는 것을 알아내었다. 그러므로 둘 다 유용하며 유아가 잡을 수 있고 쉽게 통제할 수 있는 것을 스스로 선택하도록 권한다. 유아는 쓰기에 쓰기 도구를 사용하기 전에 그리기에 쓰기 도구를 실험할 수 있는 기회가 필요하다. 그림 그리는 붓, 주방 도구, 원예 용구, 체와 여과기, 목공 장비를 사용할 시간 역시 가져야 한다. 이러한 모든 교구를 어떻게 잡는지부터 배우고, 손만으로는 할 수 없는 어떤 행동을 수행할 수 있도록 한다. Lamme(1979)에 따르면, 처음 쓰기를 배우는 유아에게는 마커나 사인펜을 주어야 한다. 유아가 쓰기를 위해 연필을 고르기 시작할 때, 연필을 정확하게 잡을 수 있도록 도움을 주어야 한다.

> 연필의 깎은 지점 위를 손가락으로 느슨하게 잡아야 한다. 두 손가락이나 세 손가락이 아니라, 집게손가락만 연필 위에 남아 있어야 한다(pp. 22-23).

Lamme은 유아가 글씨를 쓸 때 쥐는 것에 대해 심한 압력을 받아서는 안 된다고 경고한다. 유아가 의욕을 잃게 될지도 모른다. Lamme은 어려움을 겪는 아동을 두 가지 조짐으로 알아챌 수 있다고 제시한다.

1. 유아가 연필을 너무 꽉 쥐면 빨리 지치고 오랫동안 쓸 수가 없다. 연필은 유아가 잡은 데서 바로 빠질 만큼 느슨하게 잡아야 한다.
2. 유아는 종이에 깊은 자국을 남기며 이를 악물고 꾹 누른다. 압력은 균일해야 한다.

글씨 쓰기는 그리기에서 비롯된다(Church, 2005a). 유아는 긁적거리기에서 상징적인 그리기로 옮겨 가는 동안 그림을 실험해 본다. 유아는 같은 방법으로 쓰기를 실험한다.

> 여러모로, 미술은 초보 독자와 작가의 첫 언어이다. 유아는 보통 글을 쓰기 이전에 그림을 그린다. 어떤 것을 표현하기 위해서 간단한 긁적거리기나 구불구불한 선, 마구 그린 흔적, 방울처럼 보이는 것을 그린다. 쓰기와의 연결은 명확하다(Church, 2005a, p. 34).

유아의 그림을 관찰해 보면, 성인은 유아가 쓰기에 필요한 기본적인 획을 그을 수 있는지 아닌지 결정할 수 있다. 직선, 원, 곡선을 찾아보라. 집, 차, 사람 또는 다른 사물을 그렸을 때 서로 선이 연결되는가? 이러한 획은 미술 시간에 가르쳐서는 안 되고 자연스럽게 일어나도록 두어야 한다. 결국, 형식적인 글쓰기 수업에 들어가면 쓰기의 획을 가르친다. 유아는 그림에서 쓰기로 천천히 점차적으로 전환 과정을 거친다. Lamme(1979)은 유아가 글쓰기 준비가 되었는지 결정하는 데 사용할 수 있는 다섯 가지 지침을 다음과 같이 제시한다.

1. 유아는 반복해서 패턴(또는 문자나 단어)을 반복한다.
2. 유아는 왼쪽에서 오른쪽으로 가고 그다음 왼쪽에서 다시 시작하기 위해 부드럽게 미끌어지듯 되돌아간다.
3. 유아는 문자 요소가 가변적인 패턴으로 되풀이될 수 있음을 깨닫는다.
4. 유아는 알고 있는 모든 문자(또는 단어나 상징)의 목록을 작성한다.
5. 유아는 문자 요소, 개념, 글자, 단어에 존재하는 유사점과 차이점을 지각한다(p. 23).

쓰기는 단지 소근육 협응만으로 되는 것이 아니다. 지각과도 관련 있다. 유아는 유사점과 차이점, 형태와 크기, 방향을 지각해야만 한다. 이러한 지각은 글쓰기를 하기 위하여 소근육을 통제하면서 통합된다. 유아에게 표준 문자 모델을 보여 주는 것은 중요하다. 또한 줄이 없는 종이에 쓰기 시작하며 동일한 크기로 쓸 때까지 계속된다. 글자 뒤바꿈은 처음 글씨를 쓰는 아동에게 흔히 일어나며, 유아 전기아와 유아 후기아에게 매우 정상적이다.

뇌 발달

잘 쓰는 손

무언가를 쓰거나 그림을 그릴 때, 흔히 **잘 쓰는 손**에 대한 관심이 드러난다. 오른손잡이가 왼손잡이나 손의 선호도가 정해지지 않은 유아에 비해 유리한 점이 있는지에 대한 관심이다. 우세 손은 뇌의 전문화로 시작한다. 태아기에, 신경은 뇌의 한쪽 반구에서 다른 쪽 반구로 가로지른다. 각 반구는 신체의 반대쪽 근육을 통제한다. 오른손잡이의 좌반구에서 운동 발달과 기술을 위한 신경이 더 강하게 발달한다. 왼손잡이는 우반구가 장악한다. 유아 전기 동안 중추신경계는 여전히 발달하며, 손가락으로 보내는 복잡한 메시지를 가능하게 한다. Tan(1985)의 연구에서 왼손잡이 유아는 오른손잡이만큼 과제 평가를 하는 것으로 나타났다. 특정 손에 대한 선호가 없는 유아가 더욱 문제가 있는 것 같고 남아가 많은 것 같다.

출처: Tan, L. E. (1985). Laterality and motor skills in four-year-olds. *Child Development*, *56*, 119-124; Which hand? Brains, fine motor skills, and holding a pencil. (2007, Spring). *Texas Child Care Quarterly*, http://www.childcarequarterly.com.

*b*와 *d*, *p*와 *q*와 같은 문자는 흔하게 헷갈린다. 대부분의 유아에게 이러한 문제는 1학년이 되면서 점차적으로 사라져야만 한다. 하지만 어떤 유아는 지속적으로 그리기와 쓰기에 문제가 있다. 이를 쓰기장애(dysgraphia)라고 한다(Allen & Cowdery, 2012).

결국 Lamme(1979)은 유아가 인쇄된 언어에 대해 예비교육이 필요하다고 시사한다. 즉, 유아는 말로 하는 언어를 상징하는 것이 인쇄된 언어임을 이해해야만 한다. 유아는 책이나 크리스마스 카드, 표지판을 만들기 위해 그리고 그림에 라벨을 붙이기 위해 초기 쓰기 기술을 사용할 필요가 있다.

그림 19-2, 19-3, 19-4, 19-5는 초기 글쓰기의 실례이다. 4세 반경 Kate는 쇼핑 목록을 모방한다(**그림 19-2**). 성인의 글씨체처럼 보이도록 문자와 닮은 형태를 만든다. 5세경에는 부엌에 앉아서 시리얼과 세제 용기의 글자를 베낀다(**그림 19-3**). 5세 반경에는 자유롭게 글을 쓴다(**그림 19-4**). 반복과 뒤바뀜에 주목하라. 또한 5세 반경, 그림에 제목을 쓴다(**그림 19-5**).

3세가 되면 대부분의 유아는 이름 쓰기에 관심을 표현한다. Hildreth(1936)와 Harste, Woodward와 Burke(1984)는 3~6세 유아의 이름 쓰기의 발달적 순서를 기록하였다. 3세아는 필기체나 문자처럼 보이는 형태를 가장한 것처럼 보이게 긁적거린다. 4세아는 흔히 실제 문자와 문자처럼 보이는 형태를 결합한다. 5세경에는 오른쪽 방향으로 정확한 문자로 자신의 이름을 정확히 쓸 수는 있는데, 모두 대문자를 사용하거나 대/소문자를 섞어 쓰기도 한다. 6세경, 대부분의 유아는 문자 처음에 대문자를 쓰고 다음에 소문자가 오게끔 자신의 이름을 정확히 인쇄체로 쓸 수 있다. 유아는 시간과 격려가 주어지면 자신의 이름을 쓰는 학습을 즐긴다. 또한 **그림 19-2**에서 **19-5**에서 본 것처럼 다른 단어를 실험하는 것도 즐긴다.

잘 쓰는 손(handedness) 오른손잡이, 왼손잡이, 선호도 없음으로 결정

그림 19-2 4.5세의 아동이 만든 쇼핑 목록

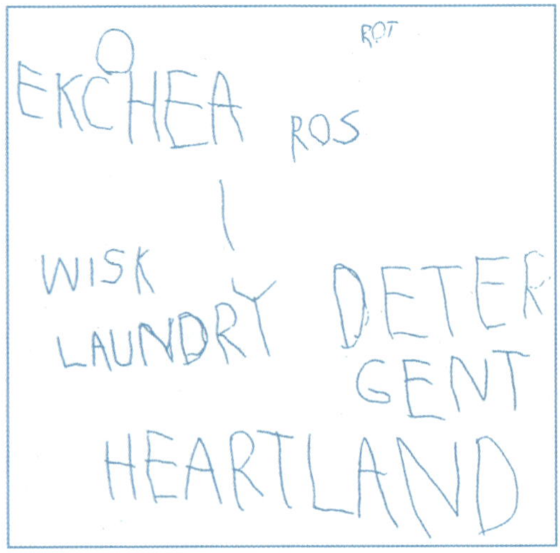

그림 19-3 5세 아동은 주변 환경의 인쇄물을 따라 쓰기를 즐긴다.

그림 기술 발달

그림 기술 발달은 쓰기 기술 발달과 유사하다. 두 기술 모두 직선이나 곡선, X표, 점, 원처럼 많은 같은 선과 형태와 관련이 있다. 대부분 어린 유아 전기아는 쓰기 이전 단계이며, 표상 이전 단계, 실험 단계이다. 쓰기에 낙서를 사용하는 것처럼 그림에도 낙서를 사용한다. 유아 전기아는 교구 사용에 있어 두 가지 주요 단계를 거친다(Sevigny, 1979). 첫 번째, 조작 탐색 단계이다. 이 단계는 유아가 교구를 가지고 무엇을 할 수 있고 할 수 없는지 알기 위한 실험 단계이다. 어느 정도 교구를 통제하는 것이 유아의 목적이다. 이 단계 유아의 그림은 난화기이다. 자신들이 만든 것에 이름 붙이지 않으나 할 수 있는 것을 찾아서 엄밀히 실험한다. **의사소통 단계**는 유아가 자신의 그림에 명명할 때 시작한다. 이제 유아는 교구로 할 수 있는 것을 알고 이름을 붙일 수 있는 배열을 찾는다(Sevigny, 1979).

미술 발달의 첫 단계는 **마구 긁적거리기**로 나타난다. 유아는 팔과 어깨의 움직임과 종이에 나타난 패턴 탐색을 즐긴다. 점차적으로 움직임은 잘 통제되어 간다. 그다음 유아는 "통제된 패턴의 움직임, 통제된 선, 통제된 형태, 명명된 형태, 예술로 향하는 상징적 형태"(Sevigny, 1979, pp. 3-4)로 나아간다. 첫 세 단계는 직선 통제, 원형 통제, 곡선 통제이다. 이러한 통제의 3단계 모두 손 글씨 기술 발달의 기초가 된다.

유아가 이러한 통제의 세 수준을 달성할 때, 형태를 만들기 위하여 선과 곡선, 원을 결합

의사소통 단계(communicative phase) 유아가 자신의 그림에 명명하기 시작할 때이다.

마구 긁적거리기(random scribble) 미술 발달의 첫 번째 단계, 유아가 팔과 어깨의 움직임과 종이의 결과 패턴을 탐색한다.

그림 19-4 5.5세의 아동은 쓰기 연습을 좋아한다.

그림 19-5 5.5세 아동은 자신의 그림에 제목을 붙인다.

할 수 있다. 형태 조절 단계에 도달한 것이다.

유아는 여전히 어떤 것을 만들려고 시도하지 않고 단순히 형태를 탐색할 뿐이다. 결국 형태란 유아가 보았던 어떤 것을 상기시키기 시작한다. 유아는 작업을 끝낸 후 형태를 명명한다. 유아는 이러한 상징 이전 형태로 작업하다가, 점차적으로 상징적 형태나 실제 사물의 표상으로 작업해 간다.

주요 발달 연구에서 Kellogg(1970)는 아동 미술에서 흔히 보이는 형태 몇 가지를 확인하였다. 블록 쌓기와 같은 20가지 기본 난화를 확인하였다. 점, 단/복수의 수직선, 수평선, 대각선, 단/복수의 곡선, 고리, 나선형, 원형 등이 포함된다. 2세경에는 Kellogg가 분류한 **초기 다이어그램 형태**를 보인다. 이러한 형태는 지정된 공간에 그려진 조절된 난화이다. 3세경에는 보통 **다이어그램**이 등장한다. 다이어그램은 십자가를 그리거나 원, 삼각형, 다른 형태를 그리기 위해 단일 선을 사용하는 것으로 특징지어진다. Kellogg는 여섯 가지 다이어그램을 발견하였다. 즉, 직사각형과 정사각형, 타원과 원형, 삼각형, 정십자형, 대각선, 끊어지지 않은 단일 선으로 그려진 부정형이 있다. 3~5세 유아의 그림은 대부분 **집합체**를 구

초기 다이어그램 형태(emergent diagram shapes) 지정된 공간에 그려진 통제된 난화

다이어그램(도표, diagrams) 십자가를 그리거나 원, 삼각형 같은 형태를 그리기 위해 단일 선을 사용하는 특징을 보인다.

집합체(어그리게이트, aggregates) 둘 또는 그 이상의 다이어그램의 결합

성한다. 어그리게이트란 둘 또는 그 이상의 다이어그램의 결합이다. 유아는 점차적으로 만다라(mandala)에서 태양형, 사람 형태로 나아간다. 만다라는 중심 공간에 십자가가 있는 원의 형태이며, 태양형은 선이 튀어나온 원의 형태이다. 처음 사람 그림은 흔히 직선의 팔과 원시적인 형태의 얼굴로 된 태양이다. 또한 유아는 방사형으로 그리는 경향이 있는데, 이는 가운데 한 지점에서 뻗어 나가는 형상이다. 그림 19-6a에서 19-6d는 전형적인 초기 사람 그림이다.

유아는 근육과 뼈, 개념화의 자연스러운 성숙 발달에 따라 이러한 단계를 거치기 위하여

a. 성숙한 유아 전기아의 그림

b. 미성숙한 유아 전기아의 그림

그림 19-6 이 그림은 유아 전기아와 유아 후기아에게서 나타나는 넓은 범위의 운동 발달의 실례를 보여 준다. (계속)

교구를 탐색할 충분한 시간이 필요하다. Sevigny(1979)는 따라 그리기 책이나 색칠하기 책이 유아에게 주어져서는 안 된다고 믿는다. 유아에게는 커다란 종이와 움직일 공간이 필요하다.

4세 또는 5세의 유아 전기아는 어떤 상징을 사용한다. 이러한 상징은 사람에게 가장 일상적인 상징이 되는, 꽤 원시적인 상징이다. 형태는 원과 선으로 만들어진다. 흔히 머리의 동그라미 선은 팔과 연결된다. 점차적으로 유아의 그림은 세상에 보이는 것과 더욱 비슷해져 가지만 여전히 필수적인 것만 포함한다. 좀 더 자세하고 현실적인 비율은 6세가 되어서야 나타나기 시작한다. **그림 19-7**과 **19-8**은 4세 반의 여아가 그린 그림이다. **그림 19-7**이 보여 주는 세 소녀의 간략함에 주목하라. 그럼에도 불구하고 저들이 소녀임은 의심할 여지가 없다. 긴 머리와 원피스를 입은 듯한 신체는 확실한 단서이다. **그림 19-8**에서 소녀는 동

c. 성숙한 유아 후기아의 그림

d. 미성숙한 유아 후기아의 그림

그림 19-6 이 그림은 유치원생과 곧 유치원생이 될 유아에서 넓은 범위의 운동 발달의 실례를 보여 준다.

그림 19-7 유아의 그림에서는 그냥 필수적인 것만 표현되고 있다.

그림 19-8 말을 탄 두 소녀를 그린 이 그림에서 아동은 기본적인 형태를 사용해서 가장 필수적인 세부사항을 표현하고 있다.

물(소녀의 말에 따르면, 말)을 타고 있다. 소녀들이 안장 없이 말을 타고 있는지, 아니면 단지 유아의 원근감의 표현인지 우리는 알 수 없다. 아동이 1학년이 되면, 그림이 보통 표상적이고 세부적이다. 유아가 쓰는 이야기의 삽화를 창조하기 위하여 그림 그리기와 색칠하기를 즐긴다. 이렇게 기술이 통합된다.

그림 19-6은 유아 전기아와 유아 후기아가 가을 학기에 그린 가족 그림이다. 신체 부분과 옷 입히기가 더욱 자세하게 그려지면서 유아 전기에서 1학년이 되면서 복잡성이 증가하는 것뿐만 아니라 각 집단 내에서 넓은 발달 범위를 보여 주기 위해 저자는 각 수준마다 미성숙한 그림과 성숙한 그림 둘을 선택하였다.

생각해 보기

당신은 어린이집이나 유치원 시절에 어떤 유형의 신체 활동을 하였는가? 요즘의 유아는 당신이 어렸을 때보다 이러한 활동을 더 하는가, 아니면 덜 하는가?

3 운동 기술 평가

특정 운동 기술 유형에서 성숙한 수행은 유치원과 1학년에 대한 준비를 예측하는 것으로 보인다. 이러한 이유에서, 유아 전기아 관련 종사자가 이러한 기술을 지각하고 평가하는 방법을 아는 것은 중요하다. 표 19-1과 19-2는 대소 근육 운동 평가를 위한 지침으로 사용될 수도 있다.

전반적인 운동 기술 발달 평가

비형식적인 운동 기술 목록은 South Carolina 대학교의 Harriet G. Williams(1983)에 의해 개발되었다. 이 도구는 다음 지각 운동 능력의 네 가지 측면을 평가한다.

1. **대근육 통제**: 달리기, 한 발로 뛰기, 점프하기, 두 발로 뛰기, 던지기, 받기
2. **소근육 통제**: 자르기, 붙이기, 물건 조작하기, 박수 치기, 연필이나 크레용 같은 도구 사용하기
3. **시각적 지각**: 눈과 손의 협응, 사물과 배경 지각, 모양 항상성 지각, 공간에서의 위치 지각, 공간 관계 지각
4. **신체 지각**: 공간에서 위치 지각, 손 사용 선호도, 좌우, 신체 부분 인식

활동은 각 영역에서 아동 발달을 돕도록 제시된다.

Williams(1983)는 4, 5, 6세에 적합한 다수의 다른 운동 측정도구를 확인하였다. 운동 진단은 주의를 요한다고 경고한다. 종종 유아는 능력이 없어서가 아니라 지시를 이해하지 못해서 운동 과업을 부정확하게 수행한다. 형식적인 운동 측정을 시행하기 이전에, 놀이 활동 시간에 충분히 아동을 관찰하고 비형식적인 체크리스트로 평가해야 한다.

소근육 기술 평가

Gesell의 준비도 검사는 소근육 기술에 초점을 둔 공식 발달 측정도구이다. 여기에는 동그라미 · 십자가 · 정사각형과 같은 형태 따라 그리기, 사람 그림 완성하기, 인쇄체로 이름 쓰기, 블록 구조물 따라 만들기 항목이 포함된다. 좌우, 시각 지각, 전반적인 정보와 관련된 항목 역시 포함된다. Gesell 검사가 학교 준비도를 높게 예측한다는 주장이 있었다(Carll & Richard, 발행 연도 불명). Gesell 검사 지지자들은 유치원 직전 유아와 1학년 직전 유아의 배치 측정에 이 검사가 매우 유용하다고 여긴다. 각 유아는 유치원 전인지, 유치원인지, 1학년 전인지, 1학년에 배치되는지 나타내는 발달 연령 점수를 받는다. 하지만 예비 검사 도구로 Gesell 검사를 사용하는 것에 대하여 엄청난 비판이 있었다(Meisels, 1987). 예를 들어, Lichtenstein(1990)은 Gesell 검사의 예측 가치를 연구한 후, 학년 배치를 결정하는 주요 결정 요인으로 사용해서는 안 된다고 경고한다. 배치 의사결정에 다른 관찰을 보충하는 것은 유아에 대해 어느 정도 유용한 가치를 제공할 수 있다. Lichtenstein은 Gesell 검사가 연구 대상 유아의 50% 이상이 1학년이 될 준비가 되지 않았음을 예측한 반면, 다른 측정은 집단이 평균적인 능력이 있음을 나타내었다고 밝힌다. 또한 Gesell 교육을 받은 교사일수록, 유아가 1학년 배치에 준비되지 않았다고 평가하는 경향이 있다고 언급한다. 그 검사가 부정

확하다는 것이다. 예를 들어, 독립적인 평가자가 아동의 수행을 평가하면, 받아들이기 어려울 정도로 낮은 동의율이 나온다. Gesell의 발달 철학은 연필이나 종이, 블록 경험의 결여와 같은 환경적 요인을 무시하고, 학습 준비도의 결정 요인으로 선천적인 발달 시간 스케줄을 매우 강조한다. Graue와 Shepard(1989)가 수행한 Gesell의 학교 준비도 검사의 타당도 연구에서 유사한 잘못된 판단을 한 결과가 나타났다.

유아 전기아 관련 종사자는 대소 근육 운동 행동에서 나타나는 각 아동의 기술 수준을 지각할 필요가 있다. 대근육 기술은 소근육 기술의 선행조건으로서 발달해야 하고, 소근육 기술은 지식을 의사소통하기 위해 필수적이다.

심화학습 유아 전기에서 유아 후기, 초등학교를 거치면서 흔히 구체적 활동에서 더욱 추상적인 지필 활동으로 옮겨 간다. 당신이 유치원 교사라고 가정하고, 조작적인 장난감 사용, 플레이도, 점토, 색칠하기와 그리기, 다른 소근육 발달 교구와 활동을 통하여 학생의 소근육 기술을 형성하는 데 일조하였다. 당신 반의 유아가 간단한 더하기 빼기 문제를 푸는 방법처럼 약간의 지식이 있는데, 지필이나 워크북으로는 아니지만 구체적인 수단을 통해 표현할 수 있다. 당신은 1학년을 맡을 교사가 워크북이나 학습지에 의존한다는 것을 안다. 당신은 이 유아를 돕기 위해 무엇을 할 수 있는가?

4 학습과 운동 발달

감각 발달과 운동 발달 간의 관계는 발달적 생물역학의 통합 영역으로 과거보다 더 상세하게 연구되고 있다. 운동 능력 발달은 유아가 많은 감각 정보를 받아들이도록 하고 자신의 환경에 관하여 학습하게 한다. 이 영역의 연구자는 운동, 지각, 인지 발달과 기능 간의 정확한 관계를 해명하고자 한다. 한편, 다중 감각 경험은 유아의 학습을 가장 향상시키는 것 같다.

Poest, Williams, Witt와 Atwood(1989)는 유아교육 기관에 등록한 유아의 부모와 교사로 하여금 유아의 신체 활동의 빈도와 유형을 알아내도록 고안된 질문지를 작성하도록 하였다. 연구자는 대부분의 유아 전기아가 심장을 자극하고 건강과 최적의 운동 발달을 촉진하는 높은 강도의 신체 활동에 거의 참여하지 않는다는 것을 발견하였다. 놀이터의 놀이 기구가 최상이라 할지라도, 대부분의 활동적인 놀이는 낮은 강도로 이루어진다. 아동은 신체 단련에 필요한 활동성 규준을 충족시키지 않는 낮은 강도의 활동인 사회극 놀이를 위한 장비를 사용하였다. 교사 지시적인 운동 활동으로 매우 적은 시간을 보냈다. 아동 발달 교육을 받은 교사는 초등 교육을 받은 교사보다 훨씬 운동 지도를 많이 하였다. 또한 신체적인 활동을 더 많이 하는 부모의 자녀는 신체적 활동에 더 많이 참여하였다. 저자는 유아교육 기관이나 보육 시설에서 더 많은 신체 단련과 운동 발달 지도가 있어야 한다고 결론짓는다.

Poest, Williams, Witt와 Atwood(1990)는 운동 발달 프로그램이 기초 운동 기술, 신체 단련, 지각-운동 발달의 주요 세 가지 범주를 포함해야 한다고 제시한다. 기초 운동 기술은 유아 전기아가 신경학적으로 발달할 준비가 된 "걷기, 뛰기, 도약, 점프하기, 한 발로 뛰기, 질주, 미끄러지기, 스키핑, 오르기, 세발자전거 타기; 던지기, 차기, 노 젓기, 치기, 맞받아치기(차기), 바운싱, 드리블(손), 드리블(발), 구르기, 잡기, 트래핑의 조작 기술이나 구기 기술; 구부리기, 스트레칭, 비틀기, 돌기, 스윙, 똑바로/거꾸로 균형 잡기, 몸 굴리기, 피하기, 평균대 걷기의 균형 기술"(Gallahue, 1982, Poest et al., 1990, p. 4에서 인용)이다. Poest와 동료들(1989, 1990)은 유아가 이러한 기술을 발달시키는 것을 그대로 내버려 두어서는 안 된다고 믿는다. 유아는 최적의 발달을 보장받기 위해 성인의 지시에 따른 실천이나 지도가 필요하다. 유아를 위한 운동 프로그램은 반드시 **발달적으로 적합**해야 한다. 활동은 연령에 적합해야 한다(Sanders, 2002; Copple & Bredekamp, 2009). 예를 들어, 3세아에게는 공으로 할 수 있는 것을 탐색하게 하는 것이 적절하며, 조직화된 경기 상황은 3세에게 적절하지 않다. 활동은 개별적으로 적합해야 한다. 즉, 각 유아의 능력 수준에 맞아야만 한다. 예를 들어, 어떤 4세아는 공을 드리블 할 수 있는 반면, 어떤 유아는 단지 공을 잡고 있거나 떨어뜨릴 수 있을지도 모른다. 발달적으로 적합한 지도를 해야 한다. 두드러진 교수 전략은 "움직임 탐색, 안내된 발견, 창의적인 문제해결"(Sanders, 2002, p. 6)이다. 문화적인 적합성 또한 필수적이다. Sanders(2002)는 신체 활동 세팅이 "차이점과 유사점을 인식하도록 학습하고, 다른 사람과 함께 작업하고, 다른 관습과 문화적 습관이 장벽이 아니라는 것을 이해하기 위하여 유아에게 탁월한 기회"(p. 6)를 제공한다고 제안한다. 신체 단련은 "건강 발달 수준과 기능적인 신체 능력을 말한다"(Poest et al., 1990, p. 5). Poest와 동료들(1990)에 따르면, 신체적으로 단련하기 위하여, 유아는 심폐 지구력, 근육의 강도, 근지구력, 유연성, 군살이 없는 신체의 적절한 수준을 유지해야 한다. 지각-운동 발달은 감각을 통하여 정보를 받아들이고 운동 반응을 만들어 낸다. 지각-운동 발달은 "신체, 시간, 공간, 방향, 시각, 청각의 지각"(Poest et al., 1990, p. 6)을 포함한다.

Poest와 동료들(1990)은 대근육 시간을 높이기 위해 많은 제안을 한다. 먼저, 계획은 필수적이다. 각 기초 운동 기술은 체계적으로 설명되어야 한다. 장비는 각 기술마다 도전할 수 있도록 준비되어야 한다. 신체 단련 활동은 매일 계획되어야 한다. Poest와 동료들(1990)은 단체 미용 체조나 틀에 박힌 운동이 유아에게 부적절하다고 조언한다. 신체 부분을 건드리며 움직임을 따라 하는 지각 운동 활동(공자 가라사대)은 신체 지각을 발달시킨다. 시간 지각은 박자, 리듬, 운율에 맞추어 행진하는 것을 통하여 발달할 수 있다. 공간 관계는 장애물 코스를 통과하는 것으로 발달할 수 있다.

유아의 전반적인 학습은 운동 근육(vs 추상적) 접근을 사용함으로써 향상된다는 증거가 있다. 예를 들어, Herman, Kolker와 Shaw(1982)는 친숙하지 않은 환경에서 사물의 위치에

발달적으로 적합(developmentally appropriate) 각 유아에게 개별적으로, 지도적으로, 문화적으로 적합한 활동으로 기술된 용어

대한 유치원생의 기억은 운동 활동에 의해 향상된다는 것을 발견하였다. 이는 교사가 단지 절차를 말해 주거나 시범 보이는 것보다 유아가 학교에서의 모든 일상적인 활동을 주의 깊게 연습하는 것을 지원한다.

신체/운동 장애가 있는 유아는 **보조 공학**을 사용함으로써, 유용한 학습 기회를 얻어 내도록 도움받을 수 있다. IDEA는 보조 공학을 다음과 같이 정의한다(Parette & Murdick, 1998; Judge, Floyd, & Jeffs, 2008; Parette & Stoner, 2008). "상업적으로 재고품으로 획득하였거나 수정하였거나 주문 제작을 하였는지 여부와 상관없이, 모든 품목, 장비, 제품 시스템, 즉 장애가 있는 유아의 기능적 능력을 향상시키거나 유지하거나 증가시키기 위해 사용되는 것"(Parette & Murdick, 1998, p. 193). 특히 대근육 장애가 있는 유아에게 유용할 수 있는 보조 공학의 예는 다음과 같다(Parette & Murdick, 1998; Judge, Floyd, & Jeffs, 2008).

- 기동성을 돕는 휠체어나 스쿠터
- 손으로 드는 전기 장난감과 같은 레저나 레크리에이션 도구
- 단추 채우기나 손 뻗기를 돕는 것과 같은 독립적인 생활을 위한 장치
- 적절한 신체 정렬을 유지하기 위해 사용된 비닐 커버로 된 통이나 받침대 같은 장치
- 건전지로 작동되거나 스위치로 조정할 수 있는 장난감
- TV나 VCR의 리모컨
- 다른 유아와 함께 협동하는 데 사용될 수 있는 컴퓨터
- 조정할 수 있는 좌석, 책상, 테이블
- 신체 인식을 위한 웨이트 조끼

다음은 소근육 기술을 지원하는 도구이다.

- 조정할 수 있는 가위
- 연필 그립
- 스위치
- 전기 장난감
- 말하는 책
- 컴퓨터의 터치 스크린
- 적응형 컴퓨터 키보드

이러한 장치는 통합을 지원하고 유아의 학업 잠재력을 달성할 수 있도록 한다.

보조 공학(assistive technology) "모든 품목, 장비, 제품 시스템, 즉 장애가 있는 유아의 기능적 능력을 향상시키거나 유지하거나 증가시키기 위해 사용되는 것"(Parette & Murdick, 1998, p. 193)

요약

1 유아의 대근육 발달을 지원하고 평가하기

운동 기술은 신체적 성장의 발달과 비슷한 순서로 발달한다. 운동 발달은 개념 발달, 지각 발달, 표상 유능감을 지원한다. 대근육 발달은 큰 근육을 사용하도록 하는 활동을 포함한다(던지기, 달리기, 뛰기, 당기기). 대근육 기술에서 소근육 기술로 나아간다. 기본적인 대근육 기술 발달의 결정적 시기는 걸음마 시기에 시작하며 6, 7세경까지 계속된다. 활동적인 놀이를 위한 야외 활동이나 다른 기회는 신체적/운동 연습 기회를 제공함과 동시에 경쟁 자극에 대한 유아의 마음을 맑게 하는 시간으로서도 유용해야 한다. 성인은 유아의 발달하는 근육을 과용하거나 성장하는 뼈를 다치지 않도록 돌보는 것이 필수이다. 운동 장애가 있는 유아 역시 활동적인 놀이 기회가 필요하다. 이 장의 끝에 제시된 바처럼, 보조 공학은 운동 장애 유아를 도울 수 있다. 유아는 비형식적이고 구조화된 운동 활동의 기회를 가져야 한다. 놀이터는 많은 대근육 활동 기회를 제공할 수 있다.

2 쓰기 발달과 그림 발달 간의 관계 설명하기

소근육 활동은 손목이나 손의 작은 근육을 사용하도록 한다. 구슬 꿰기, 장난감 구조물 쌓기, 그리기, 점토 따라 만들기 등과 같은 소근육 활동은 글쓰기에 필요한 기술을 발달시키는 데 기초가 된다. 유아 교사는 너무 빨리 형식적인 글쓰기 수업에 어린 학생들을 몰지 않도록 주의해야 한다. 그리기가 문자에 사용하는 형태를 비형식적으로 연습하기 위한 기회를 제공하기 때문에 그리기 교구는 손쉽게 이용할 수 있어야 한다. 흔히 그리기가 먼저 나타나고 실험적 쓰기가 출현하며, 그다음 관례적인 쓰기가 따라온다. 잘 쓰는 손에 대한 선호는 보통 3~5세경 발달한다.

3 유아의 운동 기술 평가가 왜 중요한지 설명하기

유아 전기가 기초 운동 기술 발달에 결정적 시기이기 때문에 각 유아가 잘하고 있는지 평가하기 위하여 유아 교사는 각 유아의 발달 진행을 의식해야 한다. 모든 유아가 기초 기술을 발달시킬 기회를 갖도록 보장하는 비형식적인 교사 계획, 교사 지시적인 운동 활동에 참여하는 것은 유아에게 중요하다. 유아 교사는 유아의 운동 기술 발달을 평가하는 데 노련해야 할 필요가 있다.

4 유아가 운동 기술을 어떻게 학습하는지 설명하기

몇몇 연구에서는 대부분의 유아 전기아가 높은 강도의 신체적 활동을 거의 하지 않으며 교사 지시에 따른 운동 활동도 거의 하지 않는다고 지적한다. 운동 발달 프로그램은 주요 세 가지 범주를 포함한다. 즉, 기초 운동 기술, 신체 단련, 지각 운동 발달. 기초 운동 기술은 유아 전기아가 신경학적으로 발달할 준비가 된 "걷기, 뛰기, 도약, 점프하기, 한 발로 뛰기, 질주, 미끄러지기, 스키핑, 오르기, 세발자전거 타기; 던지기, 차기, 공 젖기, 치기, 맞받아치기(차기), 바운싱, 드리블(손), 드리블(발), 구르기, 잡기, 트래핑의 조작 기술이나 구기 기술; 구부리기, 스트레칭, 비틀기, 돌기, 스윙, 똑바로/거꾸로 균형 잡기, 몸 굴리기, 피하기, 평균대 걷기의 균형 기술"이다. 신체 단련은 신체적 건강과 기능 능력과 관련된다. 신체적으로 단련하기 위하여, 유아는 심폐 지구력, 근육의 강도, 근지구력, 유연성, 군살이 없는 신체의 적절한 수준을 유지해야 한다. 지각-운동 발달은 감각을 통하여 정보를 받아들이고 운동 반응을 만들어 낸다. 지각-운동 발달은 "신체, 시간, 공간, 방향, 시각, 청각의 지각"을 포함한다.

제 20 장

인지 체계와 개념 발달

이 장과 관련된 표준

naeyc

NAEYC 프로그램 기준

1a: 출생에서 8세까지의 영유아의 특징과 요구를 알고 이해하기

4b: 테크놀로지를 적절하게 사용하는 것을 포함하여 조기교육을 위한 효과적 전략을 알고 이해하기

DAP

발달에 적합한 실제(DAP) 지침

3: 중요 목적을 성취하기 위한 교육과정 계획하기

3A 1: 아동이 알고 이해해야 하며, 훈육을 통해 할 수 있는 것을 이해하기

3A 1: 교사는 각 연령 집단에게 필요한 핵심 기술을 이해하고 익숙해진다.

학습목표

1 인지와 인지 체계를 정의하고 기술하며, Piaget와 Vygotsky의 인지 발달 이론을 기술하고 설명한다.

2 인지 구조와 인지 기능의 의미를 기술한다.

3 뇌와 인지 발달 간의 관계를 기술한다.

4 전조작기와 구체적 조작기 아동의 인지적 특성을 확인하고, 기본적인 전조작적 개념을 기술한다.

5 Piaget와 Vygotsky의 이론을 교육 실습에 적용한다.

6 테크놀로지가 어떻게 개념 발달을 지원하거나 방해하는지를 설명한다.

이 장을 살펴보기 전에 Ramona Quimby이라는 아동 도서 시리즈의 주인공인 가상적 아동을 만나보자. 이 아동은 자신을 아주 특별하게 보이게 하는 전형적인 행동을 한다. 만 4세 때 Ramona와 만 5세 때 Ramona를 만나보자. Ramona가 보여 주는 만 4세의 특성은 상상력이다. Ramona의 엄마는 "정말이지, Ramona의 상상력은 우리의 상상을 초월할 정도야."(Cleary, 1955, p. 40)라고 말한다. Ramona는 거실 한가운데에 비치된 빈 간이 풀장 안에 앉아 마치 배를 타고 호수 한가운데 있는 것처럼 행동한다. 때때로 어른과는 다르게 Ramona의 상상력과 곧이곧대로 받아들이는 특성은 잘못된 추론을 이끌어 내기도 한다. 예를 들면 Ramona는 자신이 〈헨젤과 그레텔(*Hansel and Gretel*)〉의 그레텔이라 여기고 인형을 마녀로 가상하면서 인형을 케이크 굽는 오븐에 밀어 넣는다. 말할 것도 없이 케이크와 인형 모두에게 비참한 결과를 초래한다. 요약하면, 세상을 액면 그대로 보는 만 4세 Ramona는 극놀이에서 확실하게 상상력을 발휘하고 언니와 부모의 인내심을 시험한다.

만 5세가 되어도 Ramona는 아직 모든 것을 글자 그 자체로 해석하여 액면 그대로 받아들이고 있다. Ramona의 유치원 교사인 Binney 선생님이 "잠시 여기 앉아 있어(Sit here for the present)."라고 말하면, Binney 선생님은 '잠시(temporarily)'를 의미하지만 Ramona는 Binney 선생님을 선물(gift)을 받을 특별한 사람이라고 생각한다. 학급 아이들이 'the dawnzer lee light'에 관한 새로운 노래를 배우는데, Ramona는 dawnzer가 무엇인지 확실하게 모르기 때문에 혼란스러워한다. Binney 선생님이 *Mike Mulligan and the Steam Shovel* 이야기를 학급 아동들에게 읽어 준다. Mike와 Mike의 증기 삽은 시청을 만들기 위해 온종일 지하실을 파고 있다. 이야기를 듣고 난 후 토의하는 동안, Ramona는 중요한 질문을 한다. "Binney 선생님, 저는 Mike Mulligan이 시청 지하실을 파는 동안 어떻게 화장실에 갔는지 알고 싶어요"(Cleary, 1968, p. 23). Binney 선생님이 오히려 깜짝 놀란다. 반면에 다른 모든 아이들도 마음속으로 같은 질문을 하고 싶어 하는 것 같다.

1 인지 발달에 대한 이해

이 책에서 아동 행동의 어떤 유형을 언급하기 위해 이미 **인지적**이란 용어를 많이 사용하였다. 본문에 '인지적'이란 용어에 대한 정의와 설명을 좀 더 자세하게 하고 있고, 유아원 아동(preschoolers)[1]과 만 5세 유치원 아동(kindergarteners), 그리고 초등학생의 개념 발달과 언어 발달에 이 용어를 적용한다. 이 장(chapter)에서는 '인지적'이란 용어를 정의하고 인지에 대한 다양한 견해를 기술한다. 인지 발달, 인지 구조와 인지 기능을 포함하는 인지 체계에 대해 살펴보고, 마지막으로 뇌 발달과 기능에 대해 논의할 것이다.

인지적이라는 용어는 마음, 그리고 마음이 작동하는 법과 관련이 있다. 인지 체계는 세

1) (역자 주) 이 장에서는 한국식 연령 계산으로 인한 혼동을 피하기 위해 연령 앞에 '만'을 붙여 만 나이로 표시한다.

가지 영역으로 구성된다.

1. **인지 기능**은 인지 체계가 작동하는 방식을 기술한다.
2. **인지 구조**는 인지 체계의 모든 영역을 포함한다.
3. **인지 발달**은 시간이 지나면서 나타나는 인지 구조와 인지 기능에서의 변화를 의미한다.

'인지적'이란 마음속에 있는 것(아동이 아는 것)과 마음이 작동하는 방식(아동이 생각하는 방식) 모두와 관련된 용어이다. 우리는 마음속을 직접 볼 수 없기 때문에 아동의 마음속에 어떤 일이 일어나고 있는지에 대해 추측을 해야 한다. 예를 들면 다음과 같다.

> 만 세 살 된 Bill은 몇 가지 색깔의 작은 블록을 가지고 놀고 있다. Bill은 "이것은 파란색, 이건 빨간색, 이건 초록색이야."라고 말한다. 그리고 엄마를 쳐다보며 "이 블록들은 모두 다른 색깔이야."라고 말한다.

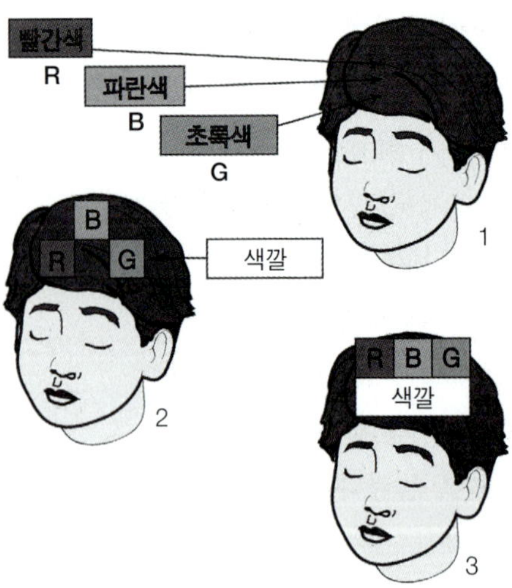

그림 20-1 Bill은 빨간색, 파란색, 초록색이 모두 색깔이라는 것을 안다.

Bill의 행동을 통해서, Bill의 마음속에 색깔에 대한 아이디어가 있다고 추정할 수 있다. 첫째, Bill은 파란색, 빨간색, 초록색의 명칭을 블록의 색과 일치되게 연결할 수 있다. 둘째, Bill은 파란색, 빨간색, 초록색이 모두 색깔이라는 것을 안다(**그림 20-1**). Bill의 마음속의 '색깔' 저장소에는 파란색, 빨간색, 초록색이 저장되어 있다. 이것은 인지적 구조를 보여 주는 예이다. 각각의 색깔에 대한 아이디어가 가장 먼저 Bill의 마음속에 들어간다. 다음으로 색깔에 대한 개념이 마음속에 들어가고, 이미 알고 있는 빨간색, 파란색, 그리고 초록색의 저장 장소로 변한다.

Bill과 블록의 예에서 인지 기능은 각 색깔이 Bill의 마음속에 들어가 나중에 사용하기 위해 저장되고 필요할 때마다 기억되고 문제해결을 위해 적용되는 것을 보여 준다. 이 경우에 Bill은 가지고 놀고 있던 블록에 색깔의 이름을 대응시킨다. 이 장에서는 인지 기능, 인지 구조와 인지 발달에 대해 설명한다. 개념 발달에 관해 좀 더 구체적으로 논의를 하면서 인지 구조를 더욱 상세하게 설명한다.

Piaget는 아동이 인지 발달의 각 단계에서 마음을 다르게 사용한다는 것을 발견하고 인

인지적(cognitive) 마음과, 마음의 작동(work)과 관련된 용어

인지 기능(cognitive functioning) 인지 체계의 작동을 설명하는 용어

인지 구조(cognitive structure) 인지 체계의 모든 영역을 포함하는 구조, 또한 아동의 마음의 내용과 마음이 조직되는 법

인지 발달(cognitive development) 시간이 지나면서 나타나는 인지 구조와 인지 기능에서의 변화

연령	단계
출생~2세	감각운동기
만 2~5세	전조작기
만 5~7세	전이기: 전조작기에서 구체적 조작기 사이
만 7~11세	구체적 조작기
만 11세~성인	형식적 조작기

그림 20-2 Piaget의 인지 발달 단계

지 발달을 4단계로 나누었다(**그림 20-2**). 아동은 만 3~8세 사이에 전조작기를 거쳐서 구체적 조작기로 진입한다. 아동은 때때로 만 5~8세에 구체적 조작기에 들어간다. **형식적 조작기**는 일반적으로 만 11세 또는 만 12세경인 초기 청소년기가 되어야 나타난다.

걸음마기아는 감각운동기를 거쳐 전조작기로 옮겨 간다. 전조작기는 만 2세경에 시작되어 약 만 7세까지 지속된다. 만 5세와 7세 사이에 다음 단계로 진입하는 변화의 기간 또는 전이 기간이 있다. 이 단계를 일명 만 5~7세 전이 기간이라 부른다. 어떤 아동은 만 5세 또는 만 7세 또는 만 5~7세 구체적 조작기에 도달할 수도 있다. 전조작기 동안 발달의 주안점이 감각과 운동에서 언어와 말하는 것으로 변화한다. 이 시기 동안 아동이 이후 삶에서 사용할 대부분의 구어 기술이 발달한다. 만 3~4세 이후 언어는 더욱 복잡해지지만, 만 4세경이 되면 대부분의 기본적인 언어 기술들이 발달한다.

전조작기 아동은 가장놀이를 통해 배운다. 아동은 자신의 입장에서 세상을 바라보고, 자신이 본 것과 자신이 본 대로만 믿는다. 이 시기에 아동의 마음은 영아보다 성인의 마음과 더 비슷하게 작동하지만 아직 성인의 마음과 똑같이 작동하지는 않는다. 성인 입장에서는 잘못된 것처럼 보이지만 어린 아동이 생각할 수 있는 범위 내에서는 합당한 아이디어를 많이 생각해 낸다. 예를 들면 다음과 같다.

- 만 2세인 Kaitlin은 작고 털이 있는 모든 동물들을 Ki-Ki라고 부른다. 이러한 동물로는 고양이, 강아지, 토끼와 다람쥐가 있다(**사진 20-1**).
- 만 3세인 Brian은 짧고 넓은 유리잔에 있던 우유를 길고 좁은 유리잔에 붓고 "지금 우유가 더 많아졌어."라고 말한다. 성인은 처음 유리잔에 있던 우유와 다른 유리잔으로 옮겨 담은 우유의 양이 똑같다는 것을 알지만, Brian에게는 좁은 유리잔에 있는 우유

형식적 조작기(formal operations period) Piaget의 인지 발달 단계 중 네 번째 단계로, 만 11세 또는 12세경인 초기 청소년기에 해당한다.

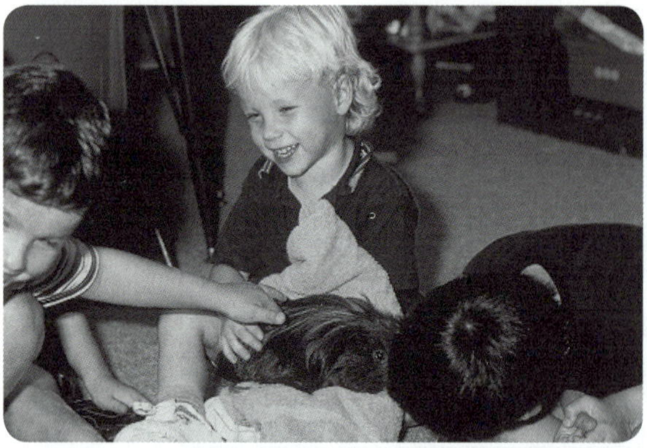

사진 20-1 결국 아동의 인지적 구조는 Ki-Ki 외에 작고 털이 있는 모든 사물을 위한 어떤 장소를 마련할 것이다.

의 높이가 높아서 양이 더 많아 보인다.

이 기간에 아동은 다른 사람들을 모방하면서 새로운 기술을 습득한다. 또한 어떤 대상을 표상하기 위해 무엇인가를 사용한다. 예를 들면, 놀이 중에 음식을 표현하기 위해 모래를 사용하고, 인형으로 진짜 아기를, 그리고 나뭇가지로 총을 표현하기도 한다. 아동은 성숙해 가면서 어떤 사물이 마치 거기에 있는 것처럼 가상할 수 있어 실물이나 대체물을 필요로 하지 않게 된다. 아동은 상상의 음식을 먹을 수 있고, 상상의 침대에서 잘 수 있으며, 상상의 친구와 함께 놀 수 있다. 또한 전조작기의 다음 단계로 이동하면서 다른 사람의 행위를 단순히 모방하는 것에서 자신이 모방하고자 하는 바로 그 대상이 된다. 즉, 아동 자신이 군인, 아버지 또는 가게주인이 된다. 이와 함께 여행을 가거나 쇼핑몰에서 물건을 사는 것처럼, 주제가 있고 실연이 포함된 놀이가 나타난다.

만 5~7세 사이의 **전이 기간**은 매우 중요하다(Bartgis, Lilly, & Thomas, 2003). 이 기간에 아동이 사고하는 방식이 전조작기에서 **구체적 조작기**로 변화한다. 아동을 관찰하고 인터뷰하면 이러한 변화가 일어나는 시점을 알 수 있다. 대부분의 아동들이 학교를 가기 시작하는 때가 이 시기에 해당한다. 전이 기간 통과 여부에 따라 1학년 입학 준비가 얼마나 되어 있는가를 가늠할 수 있다. 만 5세와 6세 아동과 함께 생활하는 성인은 아동이 전이 기간을 통과하도록 도와야 한다. 전조작적 사고에서 구체적인 조작적 사고로 이동하는 이 시기에 많은 변화가 일어난다. 아동은 자신과 다른 사람의 행위를 지시하기 위해 언어를 사용한다. 아동은 또 다른 사람의 관점에서 바라 볼 수 있고 자신의 입장과 함께 타인의 입장을 고려할 수 있다. 아동은 사물을 볼 때 더 이상 보이는 대로만 보지 않는다.

- 만 5세인 Kate는 작고 털이 있는 많은 종류의 동물을 인식하고 이름을 정확하게 말하며, 이들이 모두 **동물**이라는 명칭으로 분류된다는 것을 안다.
- 지금 6세가 된 Bill이 좁고 긴 유리잔에 우유를 부을 때 "이 유리잔은 더 길지만 더 좁기도 해. 그래서 우유의 양이 같아."라는 것을 알고 말할 수 있다.

전이 기간(transition period) 만 5~7세에 아동이 생각하는 방식이 전조작적 사고에서 구체적인 조작적 사고로 변화하는 시기를 말한다.

구체적 조작기(concrete operational period) 아동이 자신의 행위나 타인의 행위를 지시하기 위해 언어를 사용하는 시기. 아동은 다른 사람의 관점에서 볼 수 있고 자신의 입장과 더불어 타인의 입장을 고려할 수 있다. 아동은 사물을 볼 때 더 이상 보이는 대로만 보지 않는다.

만 5세 유치원과 1학년 시기 동안, 아동은 전조작적 사고방식에서 구체적인 조작적 사고방식으로 전이되는 단계에 있다.

인지 발달 지원하기

인지 발달을 지지하는 몇 가지 상호 보완적인 이론이 있다. Piaget 학파에 따르면, 아동은 지식을 스스로 구성한다. 성인은 안내자의 역할을 하면서 아동에게 사물 및 사람과 상호작용하는 기회를 제공한다(Kamii, 1986). Vygotsky 학파는 성인이나 나이 많은 아동이 근접 발달 영역(ZPD) 내에서 비계 설정을 하는 것이 중요하다는 점을 강조한다. Vygotsky 학파는 아동이 더 유능한 상대에게 가르침을 받을 때 학습이 발달로 이어진다(Berk & Winsler, 1995)고 여긴다. 이러한 가르침을 통해 아동이 근접 발달 영역에서 잠재적 발달 수준으로 상승할 수 있다. 따라서 아동은 활동적인 사회적 환경에서 능동적인 학습자가 된다. 이러한 유형의 교육을 지원적 발견(assisted discovery)이라고 명명한다. 아동이 스스로 발견하도록 격려하고 동시에 더 빠른 속도로 발전하도록 가르치는 것이다.

Brown(1988)은 두 가지 이론을 비교하면서 Piaget와 Vygotsky가 지식 습득의 개인적 측면과 사회적 측면 모두를 중요하다고 본 점에 주목하였다. Bandura의 사회 인지 이론은 더 확장된 관점(Perry, 1989)으로, "아동이 사회적 경험을 어떻게 인지적으로 조직하고, 반대로 이러한 인지적 조직이 아동의 행동과 발달에 어떻게 영향을 미치는가?"에 대한 기본 틀을 제공한다(Perry, 1989, p. 3). 세 명의 이론가 모두 상징을 다루는 아동의 발전하는 능력을 인지의 가장 중요한 부분으로 간주한다. 아동은 환경과의 상호작용을 통해, 적절한 시기에 성인의 지원을 받은 결과로, 그리고 다른 사람의 행동을 관찰하여 지식을 구성하여 학습한다.

따라서 Piaget와 Vygotsky 이론에는 다음과 같은 공통점이 있다(Berk & Winsler, 1995).

- 자연적 발달과 사회적 발달은 동시에 이루어지고 서로 상호작용한다.
- 발달은 주어진 환경에서 경험한 것의 결과이다.
- 아동이 성장하면서 사고에서 중요한 질적 변화가 이루어진다. Piaget는 단계를 통한 이동을 강조한 반면에, Vygotsky는 아동의 언어 능력이 발달하고, 더 유능한 인물의 가르침을 받아 아동이 자신의 생각을 더 잘 인식하고 통제한다는 점을 강조한다.

유아기의 인지 발달을 위한 필수적인 맥락은 놀이에 기초한 교육과정이다(Gmitrova & Gmitrov, 2003). Gmitrova와 Gmitrova(2003)는 연구에서 다음과 같은 결론을 내렸다

생각해 보기

인지 발달에 관한 정보를 이용하여 어린 아동의 사고에 관한 다음 예를 살펴보라. 만 5세 Tahir는 친구들과 놀고 있다. 해가 구름 속을 나왔다 들어갔다 한다. 해가 사라졌다가 다시 나타날 때 Tahir는 "저기를 봐! 해가 우리한테 윙크하고 있어."라고 친구들에게 말한다.

(p. 245).

> 인지 기술인 가상 능력은 유아기에 습득하는 능력으로서, 공적으로 미래 정책적으로 정해진 표준화된 정보(예: 알파벳, 숫자, 색깔, 기타)를 기억하는 능력보다 학습 준비도와 이후 학업 성취를 위해 더 중요하다.

Gmitrova와 Gmitrov(2003)는 Vygotsky 이론의 근접 발달 영역(ZPD)을 제시하면서 나이 많은 아동이 더 어린 아동의 인지 발달을 돕기 위해 함께 놀이하는 것이 중요하다고 지적하였다.

2 인지 구조와 인지 기능

마음의 내용과 마음이 조직되는 방식을 인지 구조라고 한다. 아동의 마음 내에는 사고의 단위가 있다. 사고의 대단위는 개념이다. 이러한 단위들은 아동의 사고 과정에 사용된다. Piaget는 영아기에 발달하기 시작하는 단순한 단위를 **도식**(schema; 복수 형태는 schemata)이라고 명명하였다. Piaget는 이러한 도식은 영아가 실제로 본 것과 경험한 것의 부분적 모습이라고 믿었다. 어떤 도식은 영아가 지각한 것의 두드러진 특징을 포함한다. 예를 들면, 아동이 일단 어떤 모양을 본 적이 있다면 원 모양을 다시 보았을 때 이전에 본 것과 동일한 것으로 인지하지 않더라도 원 모양을 인지하였다는 것을 표현할 것이다. 아동이 더 많은 도식을 저장하면서 점차적으로 전 개념이 발달하고 그 이후에 개념이 발달하게 된다. 전 개념이나 개념은 몇 가지 도식들이나 사건들을 함께 연결한다.

감각운동기 후반기와 전조작기 초기 동안 아동의 도식은 전 개념(preconcept)에 속한다. **과잉 일반화**나 **과잉 변별화**를 전 개념이라고 할 수도 있다. 아동이 새로운 어떤 것을 보면, 마음속에 이미 그것과 비슷한 것이 있는데, 새로 본 것을 기존의 비슷한 것과 같은 것으로 대입하면서 과잉 일반화 현상이 나타난다. 예를 들면, Kate는 작고, 털이 있고, 다리가 네 개인 새로운 어떤 것(토끼)을 보고 ki-ki라고 부른다. 그런 후에 스컹크를 보고 그다음에는 다람쥐를 본다. Kate는 각각을 ki-ki라고 부른다. 또 다른 아동은 종이가방을 머리에 쓰고 "모자야."라고 말한다. 그런 다음에 장화를 머리 위에 올리고 그다음에는 골판지를 올리고는 매번 "모자야."라고 말한다.

아동은 어떤 것을 과잉 일반화하지만 과잉 변별화하기도 한다. 아동은 어떤 것이 자신이

도식(schema) 영아가 실제로 본 것과 경험한 것의 부분적 모습으로 영아가 지각한 것의 두드러진 특징을 포함한다.

과잉 일반화(overgeneralizations) 아동이 새로운 어떤 것을 보면, 마음속에 이미 그것과 비슷한 것이 있는데, 새로 본 것을 기존의 비슷한 것과 같은 것으로 대입하면서 과잉 일반화 현상이 나타난다.

과잉 변별화(overdiscriminations) 아동은 어떤 것이 자신이 기대하는 대로 보이지 않으면 그것에 대한 여지를 두지 않는 것처럼 보일 수 있다.

기대한 것과 다르면 그것에 대한 여지를 두지 않는 것처럼 보일 수 있다. 예를 들면, Ariela가 슈퍼마켓에서 선생님을 만난다. Ariela는 놀라서 멈칫거리며 아빠에게 매달린다. 그 선생님은 그 아이가 매일 유아원에서 보는 같은 사람이 아니다. Ariela은 현재 맥락에서 정신적으로 이 선생님을 받아들일 수 없다.

아동이 전조작기 후기에 진입하면서 단순한 개념을 습득한다. 즉, 도식들을 함께 모아 공통적 속성을 가진 그룹으로 분류한다. 이러한 개념 분류는 성인이 하는 것과 유사하다. 아동은 둥근 물체끼리, 털과 깃털이 있는 것끼리, 바퀴를 가진 물체끼리 함께 모아 저장하기 시작한다. Kate에게 ki-ki는 'kitty'가 되고 고양이에 속한다. Kate는 개는 짖고 뛰어 오르고 얼굴을 핥는, 털이 있는 대상과 관련이 있음을 배운다. 둘 다 동물이면서 애완동물이다. 어떤 종류의 고양이는 애완동물이 아니다. 고양이, 개, 애완동물, 동물과 야생동물 모두 개념에 해당된다.

그림 20-3을 살펴보자. 9개의 도식이 영아의 마음속에 자리 잡고 있다(1). 전조작기 동안 이러한 9개의 도식이 **전 개념**으로 발달하고(2), 그런 다음 개, 집고양이와 야생 고양이 등 세 종류의 개념으로 발달한다(3). 마지막으로 이러한 세 가지 개념은 '동물'이라는 더 넓은 개념에 속하게 된다. 아동이 사고하는 데 사용하는 원 자료인 이러한 개념들이 인지 구조를 형성한다(사진 20-2).

마음 이론

흥미 있는 연구 영역 중의 하나는 아동이 자신의 사고에 대해 언제, 어떻게 생각하기 시작하는가를 알아내는 것이다(Adrian, Clemente, & Villanueva, 2007; Bernstein, Atance, Meltzoff, & Loftus, 2007; Lockl & Schneider, 2007; Slaughter, Peterson, & Mackintosh, 2007; Ziv, Solomon, & Frye, 2008; Wellman, Fang, & Peterson, 2011). 연구자들은 아동이 언제부터 **마음 이론**을 발달시키기 시작하는지에 대해 관심을 가졌다. 사고에 대해 생각하는 이러한 행위를 **상위인지**라고 부른다. 성인은 그림 20-4(예: 회상, 추론, 문제해결)에 열거된 것과 같이 자신의 정신적 행위에 대해 생각할 수 있다. Berk(1998)는 어린 아동이 종종 '생각하다', '기억하다', '가정하다'와 같은 단어를 사용한다는 점을 지적하였다. 또한 아동들은 믿음과 현실이 다를 수 있다는, 즉 **틀린 믿음**을 이해할 수 있게 된다.

Wellman과 Hickling(1994), Wellman, Cross와 Watson(2001)에 따르면, 아동은 만 3~5세 때 처음으로 마음 이론을 습득하는 것으로 보인다. 그러나 위의 학자들의 견해는 마음에 관

전 개념(preconcepts) 부분적이고 미성숙한 개념
마음 이론(theoy of mind) 사고에 관해 생각하는 행위
상위인지(metacognition) 인지에 관한 지식과 생각을 의미하는 용어
틀린 믿음(false belief) 현실과 맞지 않는 믿음

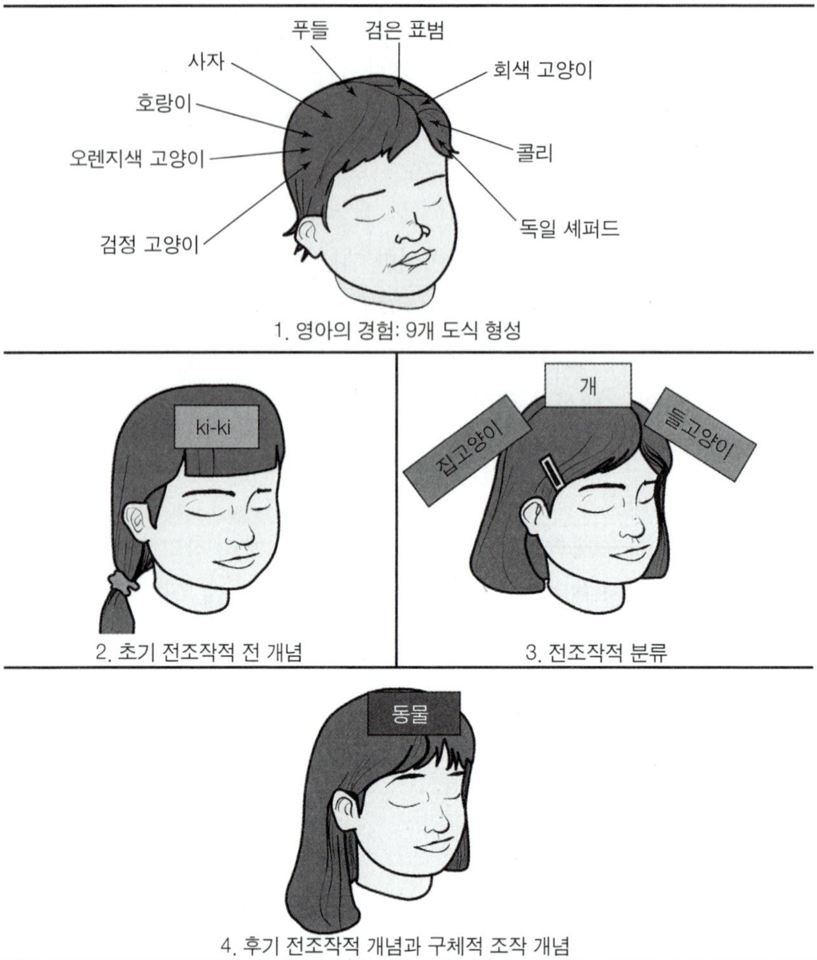

그림 20-3 Kate의 사고는 도식에서 전 개념으로, 이후에 개념으로 발달한다.

사진 20-2 이 소녀들은 컴퓨터 게임을 통해 숫자를 배운다.

한 성인의 견해와 정확하게 일치하지는 않는데, 학자들은 마음을 그 자체로 존재하는 분리되고 활동적인 것으로 인식한다. 예를 들면 어떤 어른이 "오늘 내 마음이 잘 작동하지 않고 있어." 또는 "내 마음이 나를 속이려 해."라고 말하기도 한다. 마음에 대해 이렇게 표현할 수 있는 것은 만 6~10세경에 나타나는 것으로 보인다. 만 6세 미만의 아동은 정신 구조와 기능에 대해 어느 정도 이해를 하나 제한적으로 이해한다. 만 4세 반 또는 만

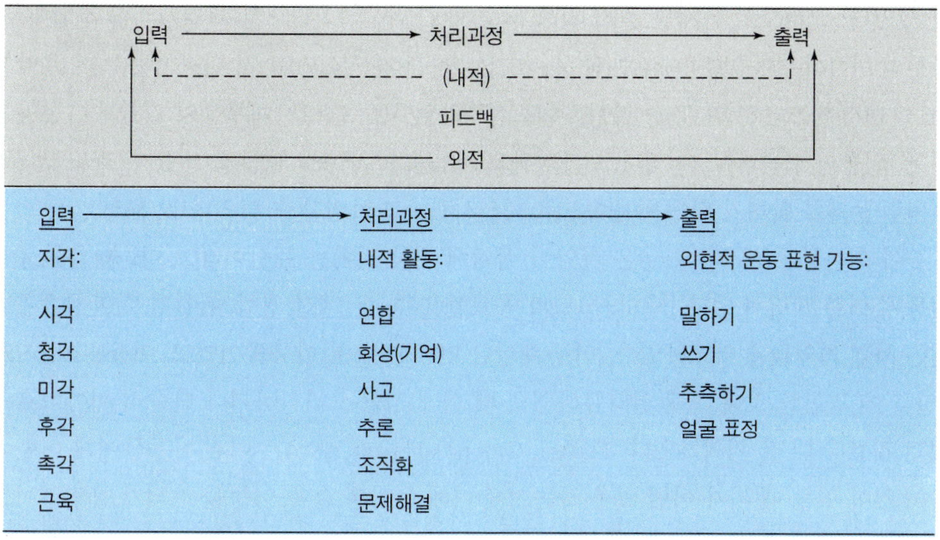

그림 20-4 인지 기능의 모델

5세경에는 '보이는 것'에 대해서만 생각하지만 마음을 독립된 구조로 인식하지는 못한다.

많은 연구들은 아동의 **믿음**에 대한 이해에 관심을 두었다(예: Blair & Razza, 2007; Carneiro, Albuquerque, Fernandez, & Esteves, 2007; Milligan, Astington, & Dack, 2007; Roberts & Powell, 2007; Howe, 2008). 믿음에 관한 아동의 이해를 확인하는 한 가지 방법은 아동이 틀린 믿음을 어떻게 설명하는가를 살펴보는 것이다. 예를 들면 Slaughter와 Gopnik(1996)은 만 3세와 4세 아동에게 골프공처럼 보이는 비누, 작은 책이 들어 있는 구급상자와 같이 실제로 보이는 것과 다른 물건을 보여 주었다. 아동들은 공 모양의 물건이 무엇인지, 구급상자 안에 무엇이 있을지를 예측해 보았다. 그런 다음 그 물건들을 살펴보고 처음에 가졌던 믿음이 틀렸다는 것을 발견하였다. 일부 아동들은 자신들의 지각이 틀린 믿음을 이끈다는 점을 모르는 것 같았고, 반면에 다른 아동들은 모순된 정보가 제공되었을 때 놀라움을 나타냈다. 이러한 반응은 마음이 자신을 속였다고 아동이 인식하고 있음을 보여 준다.

Estes(1998)는 마음이 어떻게 작용하는지를 인식하는 아동의 연령과 단순한 문제해결 후 사고 과정을 정신적으로 설명을 할 수 있는 시점을 알고자 하였다(성인으로서 우리가 읽었던 책이나 나누었던 대화를 다시 회상하는 것처럼 종종 마음속으로 사건과 행위를 되돌아보며 정신적으로 계획한다.). Estes는 만 4세, 만 6세 아동들과 성인들에게 컴퓨터 게임을 사용하여 단순한 문제를 반복적으로 풀게 하였다. 아동과 성인은 일련의 원숭이 쌍을 보고 각 쌍의 두 원숭이가 같은 손을 잡고 있는지 그 여부를 맞혀 보라는 말을 들었다. 각각의 원숭이 쌍은 한 원숭이가 위를 향해 서 있고 반면에 다른 원숭이는 그 옆에 서 있거나 거꾸로

믿음(belief) 어떤 견해

서 있었다. 그러므로 문제를 풀기 위해 원숭이 모습을 정신적으로 회전시켜야 하였다. 대부분의 만 4세 아동들은 "왜냐하면 음, 저 원숭이는 거꾸로 있고 저 원숭이는 똑바로 서 있어. 그래서 다르다고 말할 수 있어."라고 설명하였다(p. 1351). 대부분의 만 6세 아동과 성인은 "원숭이가 똑바로 서 있다고 가정하고 마음속으로 이걸 둥글게 돌렸지."라고 말하는 것처럼 문제를 맞히기 위해 마음속으로 회전시켰다고 설명할 수 있었다(p. 1351).

유아기 아동(preschoolers)은 기억이 실재에 대한 정확한 표상이라고 믿는다. 즉, 틀린 믿음에 대한 개념이 없다. Murachver과 동료들(1996)은 직접 경험, 관찰과 이야기를 통해 얻은 사건 기억들을 비교하였다. 연구 대상은 만 5세와 6세 아동들이었고, 이들은 3일 또는 4일 후에 경험한 것에 대해 인터뷰하였을 때 실제 경험을 관찰하거나 단순히 이야기로 들었던 것보다 더 잘 기억하였다. Flavell, Green과 Flavell(1993)은 어린 아동들에게 어떤 사람이 앉아 있을 때 뇌가 어떤 일을 하는지에 대해 물어본 결과, 아동들은 뇌가 틀림없이 비어 있다고 믿었다. 높은 비율의 만 6세와 7세 아동조차 마음이 지속적으로 생각하고 있다고 인식하지 못하였다. 어린 아동에게 기억 전략을 훈련시키고 자신이 낸 아이디어에 관해 생각하게 함으로써 더 효율적이고 더 나은 인지적 전략을 발달시킬 수 있다.

틀린 믿음에 대한 이해는 언어 능력과 관련되어 있는 것으로 알려져 있다(Milligan et al., 2007). Milligan과 동료들은 104편의 연구를 검토한 후 일반적 언어 능력은 아동의 틀린 믿음 이해 정도와 마음 이론 이해와 관련 있다는 입장을 강하게 지지하는 결과를 얻었다.

Casanova(1990)는 학생들이 학습에 관해 생각하고 좀 더 효율적인 학습자가 되도록 돕는 상위인지적 실행을 위한 제안을 하였다. 예를 들면 어떤 아동이 곤충 표본을 가지고 교실에 들어가 교사에게 그것이 무엇인지를 묻는다고 가정하자. 교사는 단지 아동들에게 말해 주거나 표본을 쳐다보는 대신에 처음에 다른 아이들 중 누군가에게 표본이 무엇인지 질문할 수 있다. 그런 다음 교사는 어떻게 그런 아이디어를 갖게 되었는지 물을 수 있다. 아동들은 책 속에서 표본에 대한 정보를 찾거나 부모님한테 물어볼 것을 제안한다. 마지막으로 실천 가능한 방법들을 아동들과 논의한 후에 교사는 곤충의 이름을 찾는 과제를 내준다. 이러한 방식으로 아동들은 정보를 얻는 법에 관해 생각하고 대안을 찾고 결국 답을 결정한다. 아동이 계획하고, 정보를 조직하고, 결정을 내릴 때 상위인지 기술을 사용한다.

사진 20-3 전조작기 아동은 분명히 보이거나 이해할 수 있는 것을 중심으로 자기 자신의 입장에서 문제를 바라본다.

아동에게 상위인지가 부족하다는 또 다른 예로 가장놀이 동안 마음속에서 일어나는 일에 대한 아동들의 생각을 들 수 있다. 이미 언급한 바와 같이 가장놀이는 마음이 어떻게 작동하는가를 이해하는 연결고리처럼 보인다(Lillard, 1993a). 그러나 전조작기 아동은 가장놀이와 정신적 표상을 연결 짓지 못하는 것 같다(사진 20-3). 즉, 전조작기 아동은 행위의 의도를 이해하기보다는 실제 보이는 대로 받아들인다. 예를 들면 어떤 사람이 바나나를 전화기인 척할 때, 그 사람은 마음속에 음식으로서 그리고 가상의 전화기로서 바나나에 대한 정신적 표상을 가지고 있다는 것을 이해하지 못한다(Lillard, 1993b).

심화학습 만 3~7세 아동 몇 명과 인터뷰를 하라. 이 장에서 기술된 것과 같은 틀린 믿음의 자료를 준비하라. 각 아동에게 그가 그 자료에 대해 믿고 있는 바를 설명하게 하라. 그런 다음 그것을 자세히 살펴보게 하라. 아동들이 진실을 발견할 때 마음속에서 일어난 일들에 대해 말할 수 있는지, 그렇지 않은지 주목하라.

인지 기능

인지 기능은 인지가 작동하는 방식을 말한다. 인지 기능은 보통 자극과 관련된 일련의 과정이며 마음속으로 반응을 일으키는 활동이다. 우리는 자극과 반응을 관찰할 수 있으나 마음속에서 발생하는 활동을 관찰할 수는 없다. 관찰이 불가능한 이 모든 활동이 인지이다. 이는 정보처리적 관점이다. 자극은 **입력**이고 반응은 **출력**이며 내적 활동이 **처리과정**에 해당된다.

그림 20-4 인지 기능의 모델은 인지 기능의 네 번째 측면인 피드백을 보여 준다. 반응 또는 출력 뒤에는 또 다른 자극(또는 입력)인 (내적이거나 외적인) 반응이 존재한다. 그림의 아랫부분은 입력, 처리과정, 출력에 대한 정의이다. 입력은 지각을 통해 이루어지고, 그것은 감각적인 것으로 해석된다. 일단 지각되면 정보가 처리된다. 처리과정은 회상, 사고, 추론, 조직화, 연합, 문제해결이나 이러한 과정들의 결합을 포함한다. 출력은 말하거나 쓰거나 몸짓이나 얼굴 표정과 같이 항상 움직임의 표현 활동이다.

인지 기능의 세 가지 측면 중 어떤 것이든 제대로 작동하지 않으면 역기능적 결과가 발생한다. 전조작기 아동의 지각은 나이 많은 아동이나 성인의 지각과 다르게 작용한다. 전조작기 아동은 동시에 자기 앞에 있는 정보의 모든 측면에 주의를 기울이지 못한다. 결과적으로 이용 가능한 정보의 유일한 어떤 부분에만 집중한다. 그래서 아동은 종종 성인의 관점에서 보면 잘못된 문제해결을 한다. Piaget는 한 가지 측면에 제압되는 이러한 과정을 **중심화**라고 언급하였다. 아동이 사물을 지각하는 경험을 더 많이 하면서 세부적인 것을 알

입력(input) 인지적 기능에서 자극
출력(output) 인지적 기능에서 반응
처리과정(processing) 인지적 기능에서 내적 활동

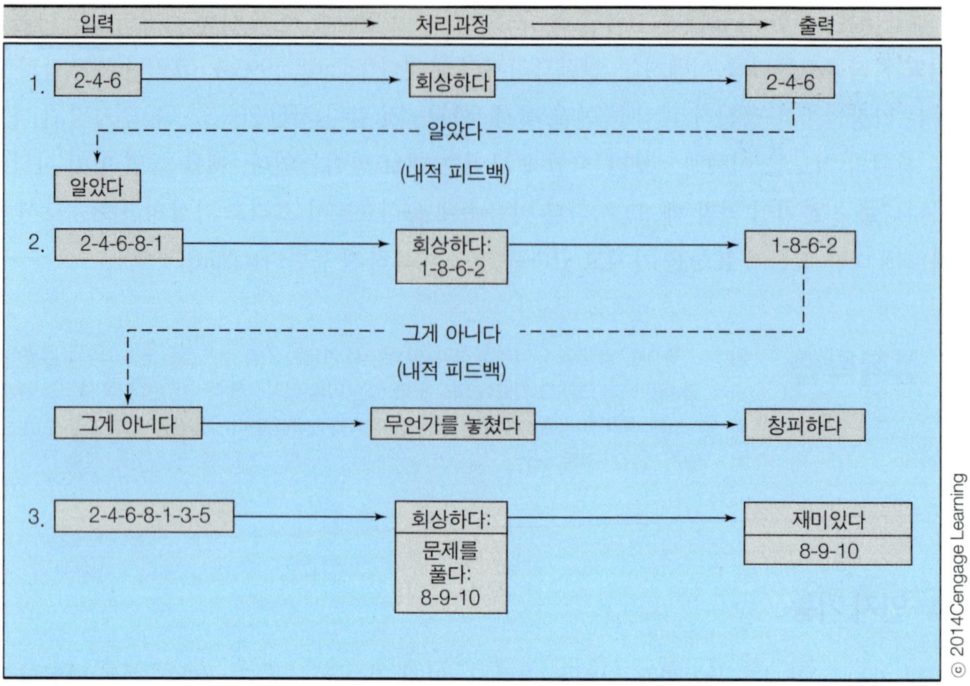

그림 20-5 세 개 숫자 주기 문제가 제시되었을 때 Celina의 인지 기능

아가고 각 도식의 전반적인 모습을 습득한다. 아동이 구체적 조작을 하면서 동시에 더 많은 정보들에 주의를 기울이고 지각하고 처리할 수 있다.

인지 기능이 어떻게 작동하는지를 알아보기 위하여 다음의 예를 살펴보자. 3세인 Celina와 어른이 숫자 외우기 검사를 한다(그림 20-5).

> 나는 2-4-6 숫자 주기를 사용하였고, 그다음에는 2-4-6-8-1, 그리고 7개 숫자 주기인 2-4-6-8-1-3-5을 사용하였다.
>
> 나는 Celina와 활동을 시작하였다. Celina는 첫 번째 숫자 주기를 정확하게 반복하였다. 두 번째 주기부터 혼동을 하였다. 몇 초 곰곰이 생각하더니 1-8-6-2라고 대답하였다.
>
> 나는 Celina가 조금 놀라는 모습을 보았다. 7개 숫자 주기를 기억하지 못하였다. Celina는 재미있어 하면서 자신이 고안한 8-9-10 주기를 제시하였다. 마지막 주기는 Celina의 머리에서 나왔고, 마치 신경을 안 쓰는 것처럼 보였다.

이 경우에 입력은 청각적인 것으로, 일련의 세 개의 숫자를 듣는 것이다. 처리과정은 주로 기억(회상)과 관련이 있었으며, 출력은 숫자를 반복해 말하는 것이다. 두 번째 대답 후

중심화(centering) Piaget에 따르면, 인지 기능에서 한 가지 측면에 제압되는 과정을 중심화라고 한다.

놀라는 Celina의 표정과 세 번째 대답 후 즐거워하는 모습에서 어떤 내적 피드백이 있었던 것처럼 보인다. 즉, 첫 번째 경우에 Celina는 자신의 실수를 감지하고 놀라는 반응을 하였고, 두 번째 경우에는 즐거운 반응을 하였다. 출력이 언어적 표상과 상징적 표상을 결합시키는 법을 **그림 20-6**을 통해 알 수 있다.

Piaget의 도식에서 동화와 조절은 인지의 기능적 측면이다. 동화는 입력 측면이고, 조절은 과정적 측면이다. 학습에 대한 문제해결적 접근은 더 복잡한 인지적 기능을 지원한다.

Casanova(1990)의 상위인지에 기초한 학습의 예는 문제해결적 접근으로 분류될 수 있다. 비판적 사고는 문제해결적 접근의 또 다른 이름이다. 문제해결적 접근은 아동이 창의적이길 요구하고 누군가로부터 주어지는 원칙보다는 자기 자신의 원칙을 세워 가길 바란다. *Young Children*이라는 학술지에 수록된 몇몇 논문은 어린 아동의 사고 기술을 발달시키고 강화하는 것에 중점을 두고 있다(Fostering critical thinking and problem-solving skills in young children, 2011). 논문에는 탐색과 발견을 증진시키는 경험들이 제시되어 있다.

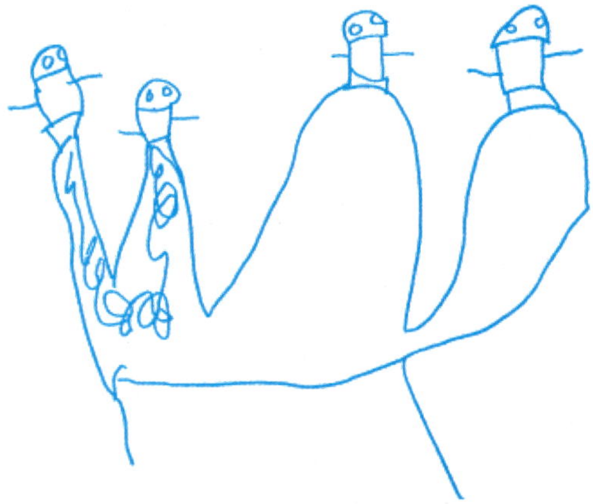

그림 20-6 유아기 아동의 출력은 입력과 처리과정을 반영하여 언어적 표상과 상징적 표상을 결합시킨다. 이 예는 치아에 붙어 있는 세균에 관한 아동의 개념을 보여준다.

3 뇌와 인지

인지적 과정과 학습 중에 뇌가 어떻게 작동하는가에 대해 많은 관심이 집중되어 왔다(예: Jensen, 2008a, 2008b; Sternberg, 2008; Willingham, 2008; Willis, 2008). 이른바 '뇌 기반 교육'을 설명하고 정착시키려는 시도가 쇄도하여 왔다. 신경과학으로 인해 뇌 기능에 관한 많은 정보가 알려졌지만 아직까지 이러한 지식들을 확실하게 학습과 연결시키지는 못하고 있다(Jensen, 2008a, 2008b; Sternberg, 2008; willingham, 2008; Willis, 2008). Eric Jensen은 뇌연구 결과를 교육에 적용할 것을 강하게 지지한다. 그는 특히 뇌의 다양한 영역이 다양한 유형의 인지적 · 감각적 · 운동적 활동을 어떻게 통제하는지에 대해 관심을 가졌다. 예를 들면 일부 교육자들은 11장에서 언급한 바와 같이 뇌의 좌측과 우측이 다른 방식으로 자료를 처리한다고 믿는다. 뇌의 좌측 부분은 입력된 것을 분석하고, 논리적이며 조직적이라고 알려져 있다. 뇌의 우측 부분은 공간에서의 방향성, 창의적 재능, 신체 인식, 얼굴 재인(기억)을 통제한다고 알려져 있다. 그러나 Jensen(1998, 2008a, 2008b)이 지적한 바와 같이, 신중하게 살펴보면 좌뇌 기능 또는 우뇌 기능으로 보이는 것들이 더 이상 그렇지 않은 것으로 판명되기도 한다. 뇌의 좌측과 우측이 다르게 작동될 수도 있다. 그러나 양쪽이 서

뇌 발달

신경과학의 핵심 개념

신경과학의 핵심 개념(The society for Neuroscience, 2011)은 뇌와 신경계에 관해 알아야 할 것에 대해 기초적 원리를 개략적으로 설명한다. 특별히 이 장과 관련된 일부 핵심 개념은 다음과 같다.

- 추론하고 계획하고 문제를 해결해 가면서 뇌가 발달한다.
- 삶의 경험은 신경계를 변화시킨다.
- 인간의 뇌는 세상이 어떻게 돌아가는지를 이해하기 위한 자연스런 호기심을 부여한다.

이러한 핵심 개념들은 아동에게 탐색하고 발견하고 문제해결 기회를 제공하는 것이 중요하다는 점을 지지한다.

출처: *Neuroscience core concepts: The essential principles of neuroscience*. (2011). The Society for Neuroscience, www.sfn.org/coreconcepts

로 소통하고 뇌의 다른 부분들과도 상통한다. 그래서 뇌의 좌우 반구 개념은 뇌를 너무 단순화하는 것 같기도 하다(Willis, 2008). 그러나 우리는 좌뇌, 우뇌 개념을 지지하는 행동들을 한다. 예를 들면, 한 아이가 나무를 색칠한다고 하자.

> Rudy가 그림을 그리고 있다. 아이의 논리적 뇌는 논리적 방식으로 반응한다. 즉, 나무는 갈색 몸통, 가지, 푸른 잎을 가지고 있어야만 한다. 아이의 창의적 뇌는 정서적으로 반응할 수도 있다. 즉, 아이는 즐겁게 팔을 움직여 만족스런 그림을 그리고 밝고 따뜻한 색을 칠한다.

논리와 정서가 상호 보완적으로 작용한다면, Rudy는 진짜처럼 보이는 독창적인 나무를 그릴 것이다. 교육은 논리적 · 분석적 학습을 강조하고 학습의 정서적/창의적 측면을 무시하는 경향이 있다. 개념을 완전히 이해한다는 것은 지각과 처리과정 양쪽을 통합하는 것과 관련이 있다. 전반적인 창의적 잠재성을 이끌어 내기 위해 교육자들은 뇌 안에서 영역들 간에 소통하는 경험을 제공해야만 한다. Jensen(2008a)이 지적한 바와 같이, 우리가 하는 모든 일은 뇌와 관련되어 있으므로 교육은 다학제적(여러 분야에 걸친 교육과정)이어야 하고 모든 뇌 영역을 각성시켜야만 한다. 뇌는 가소성이 있어서 지속적으로 변화한다. 연구자들이 운동을 인지 및 새로운 뇌세포 성장과 연결하는 것처럼 Jensen은 운동을 자주 하는 것이 중요하다고 믿는다.

뇌 발달에 대해서 이전 장에서 논의한 바 있다. 뇌는 삶을 통해 많이 변화한다(Brain Wonders, 2006). 아동 중기(만 4~8세 사이)를 통해 시냅스가 최고 수준에 이른다. 초등학년 중반기에서 청소년기까지 많은 시냅스가 점차적으로 사라진다. 어린 아동의 뇌는 아동 중기에 매우 열심히 일하고 최고의 에너지 수준에 도달한다. 20대에 고차원적 사고를 지원하는 뇌 영역에서 수초화가 진행된다.

초기에 풍부한 경험을 하는 것이 뇌 발달에 필수적이다(Is early experience enough? 2002). 긍정적인 유익한 경험은 뉴런의 연결을 강화하고 불필요한 연결에 대해 가지치기를 하게 한다. 그렇지만 아동의 인지적 습득을 위해 아동기 중반까지 풍부한 경험이 지속되어야 한다.

4 인지적 특성과 개념 발달

개념은 인지 구조의 구성요소이며, 어린 아동의 인지 구조의 기본 부분들을 구성한다. 예를 들면 사람, 동물, 자동차, 집과 같은 범주 또는 빨간 것, 부드러운 것, 달콤한 것과 같은 속성을 말한다. 나이 든 아동과 성인의 개념과 비교하면 어린 아동의 개념은 불완전하고 부정확해 보이기도 한다. 그러므로 어린 아동의 개념은 성인에게는 잘못된 반응으로 보일 수도 있는데, 어린 아동의 입장에서는 옳을 수도 있다. 예를 들면 다음과 같다.

> 어린 남자 아이가 엄마에게 아이스크림을 사달라고 하고 있다. 엄마는 안 된다고 말한다. 그 아이는 왜 그런지 알고 싶다. 엄마는 돈이 모자란다고 설명한다. 아이는 아이의 논리 수준으로 "벽(즉, 은행 현금인출기)에서 돈을 찾아오면 되잖아."라고 말한다(Goodman, 1991).

'벽'에 갈 수 있기 전에, 즉 현금인출기를 이용하기 전에 은행에 돈을 입금해야 돈을 찾을 수 있다는 개념은 유아기 아동에게는 너무 추상적이다. 2학년 또는 3학년이 되어야 돈을 어디서 벌고 돈으로 무엇을 할 수 있는지를 이해하기 시작한다.

각각의 개념에는 다양한 측면이 있다. 우리가 어린 아동들에 대해 알고자 하는 것은 개념의 여러 측면들을 얼마만큼 이해하고 조합하는가이다.

전조작적 사고의 기본 특징

Piaget의 초기 개념 발달에 관한 견해는 매우 잘 알려져 있다. 이러한 견해는 어린 아동들과 함께 생활하는 성인에게는 매우 의미가 있으며, 어린 아동들을 가르치고 이해하는 데 적용될 수 있다. 어린 아동이 학습하는 일부 기본 개념들(예: 크기, 모양, 수, 분류, 비교, 공간, 부분과 전체, 부피, 무게, 길이, 온도와 시간)은 이미 언급된 바 있다.

전조작기 아동은 그 시기에 나타나는 특징적인 방식으로 사고한다. 아동이 만 2세 때 전조작기에 진입하면서 대상 영속성을 습득하고 실재적(real) 사고와 직관을 보여 준다. 운동발달 속도는 느려지고, 걷고, 뛰고, 오를 수 있고, 혼자서 먹고 크레용을 사용하는 것처럼 소근육 기술이 꽤 발달한다. 언어 습득이 발달의 중심이 되며, 표상적 · 상징적 놀이가 필수적 활동이 된다.

세상에 대한 전조작기 아동의 관점은 **자기중심적**이라고 알려져 있고, 이것은 자신의 눈

개념(concepts) 인지 구조의 구성요소

으로 본 가장 분명한 것에 집중하고 본 것에 얽매이는 것을 의미한다. 또한 아동은 자신이 본 것을 그대로 믿는 경향이 있다. 정신적으로 물리적 조작을 되돌릴 수 없다. 예를 들면 전조작기 아동은 동전을 옆으로 길게 늘어놓았다가 포개어 놓는 것처럼 공간에서 동전을 이동시키면 마음속으로 포개진 동전들을 다시 길게 늘어놓을 수 없다. 그러나 모든 사람들이 전조작기 아동이 자기중심적이라는 Piaget의 결론에 동의하지는 않는다(Lee, 1989). 어린 아동들은 다친 누군가에게 동정심을 보이는 것처럼, 어떤 상황에서는 또 다른 사람의 입장을 고려하는 것처럼 보인다. Lee(1989)는 물리적 상황에서보다 사회적 상황에서 좀 더 탈중심화할 수 있다는 점에서 물리적 상황에서보다 사회적 상황에서 다르게 지각한다는 점을 제시하였다.

전조작적 사고는 어린 아동의 일상행동에 반영되어 나타난다. "Juanita가 나에게 사탕을 줬어. 그 아이는 좋은 아이야." 또는 "John은 찰흙을 나눠 주지 않아. 그 아이는 나쁜 아이야."라고 말하는 것처럼 원인과 결과의 연합이 분명하게 나타난다. 좋거나 나쁘거나처럼 어떤 사람의 가치는 방금 관찰된 행위에 의해 결정된다. 전조작기 아동은 자신이 본 것을 그대로 믿는다. 믿음을 흔들 어떤 일이 발생할 때, 아동은 인지적으로 그것을 받아들일 수 없다. Bobby는 텔레비전에서 남자 유치원 선생님을 보았다. Bobby는 "우리 학교에는 모든 선생님들이 여자야. 그렇게 하기로 되어 있어."라고 생각하면서 다른 가능성을 부정한다. 이는 Bobby가 실제로 본 것이고 원래 그런 것으로 받아들인다. 따라서 이러한 모순을 받아들이기 어렵다.

만 5세가 되면 아동은 전조작적 사고에서 구체적 사고로 이동한다. 구체적 조작기에 도달하면서 전조작기의 전형적인 비논리적(성인의 입장에서 보면) 사고방식을 수정하기 시작한다.

구체적 조작기 사고의 기본 특성

구체적 조작기에 진입하여 이 시기를 거치면서, 아동은 보존 개념 문제와 같이 변환된 것을 정신적으로 되돌릴 수 있게 된다. 아동은 어떤 문제에 직면하면 가장 분명히 드러나는 측면에 덜 의존하고 마음속으로 동시에 몇 가지 변인들을 고려할 수 있다(사진 20-4). 이 시기는 만 7세경에 시작되고, 일반적으로 11세 또는 그 이상이 되더라도 완전히 성취되지는 않는다(Miller, 2002).

조작은 조직화된 인지 구조의 일부로서 내적으로 발생하는 행위이다. 구체적 과제를 통해 제시될 때 수학적 조작을 쉽게 할 수 있다. 일대일 대응에서부터 더하기, 빼기, 곱하기, 나누기와 같은 조작까지 정신적 행위 체계가 점차적으로 형성되면서 각 단계를 통과한다.

자기중심적(egocentric) 가장 분명한 것을 기초로 지각하고 본 것에 얽매이는 것

조작(operation) 조직화된 인지 구조의 일부로서 내적(정신적)으로 발생하는 행위이다.

다음 장에서 볼 수 있겠지만 아동이 구체적 조작기에 진입하고 이 시기를 거치면서 사회적 행동 또한 변화한다(Miller, 2002). 지금 아동은 생각을 뒤바꾸고, 탈중심화할 수 있고, 성인과 비슷하게 사고한다. "구체적 조작은 아직 '구체적'이다. 실제 존재하거나 정신적으로 표상 가능한 구체적 사물에 대해서만 구체적 조작이 적용될 수 있다. 아동들은 무엇일 수 있는가보다는 무엇인가를 다룬다."(Miller, 2002, p. 56)라는 점을 명심해야 한다. 초등학교에 입학할 무렵의 아동은 기껏해야 구체적 조작기의 시작 단계에 있다.

사진 20-4 구체적 조작기에 도달한 아동은 3+4가 4+3과 같다는 것처럼 어떤 문제에서 한 가지 이상의 속성을 마음속으로 고려할 수 있다.

기본 개념

전조작기에서 구체적 조작기 동안 아동은 유목화(또는 분류화), 논리적 사고, 보존 개념, 순차 배열화 또는 서열화, 공간 개념, 인과론과 같은 몇 가지 기본개념들을 발달시킨다. 이 모든 개념들은 수학의 기초가 된다.

유목화와 논리적 사고

가장 중요한 인지적 기술 중의 하나는 환경에서 사물들을 분류하고 범주화하는 능력이다. 아동은 어떤 것이 빨간색이고, 우리 몸을 가리기 위해 어떤 것을 사용하고, 어떤 것이 자동차이고 장난감인지를 배운다. 또한 어떤 것은 빨갛고 스웨터이고 울(wool)이라는 한 가지 이상의 범주에 속할 수도 있다는 점을 알게 된다. 또한 **유목화**는 수학과 과학을 이해하는 데 기초가 된다. 수학에서 기초가 되는 개념은 유목(group) 개념이다. 아동은 초록 사과 세 개와 빨간 사과 두 개를 더하면 다섯 개의 사과가 된다는 문제해결 상황에서 이러한 개념들을 사용하기 위해 사과, 빨간색과 초록색 개념을 이해해야만 한다. 과학에서 범주화는 기본적 조작이다. 예를 들면 지리학에서 무기물은 색깔, 강도와 반드러움으로 구별한다.

일상의 놀이 활동 중에 자연스럽게 범주화가 이루어지는데, 만 4세 Joanie의 다음 행동들에서 이를 확인할 수 있다.

> Joanie는 가족을 그린 그림에 색칠을 하다가 마커를 쏟아 놓기로 하였다. 그런 다음에 모든 동일한 색의 마커를 한데 모았다. 마커를 색깔별로 모두 분류하고, Joanie는 각 색깔 그룹을 가족이라고 결정하였다. 각 마커에 이름을 붙이고 각 마커에게 다른 목소리로 말하기 시작

유목화(classification) 환경에서 사물을 분류하고 범주화하는 능력

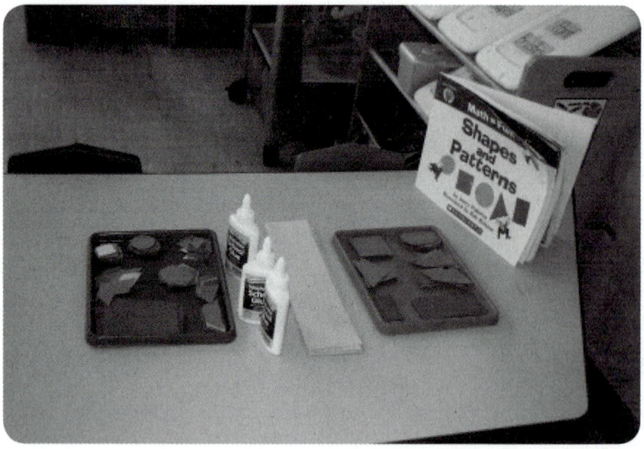

사진 20-5 모양과 패턴을 탐색하기 위한 재료가 준비되어 있다.

하였다. 빨간 마커 가족은 St. George로 갈 것이라고 결정한다. 빨간 마커 가족을 박스 안에 넣고 또 다른 방으로 들고 가는데, 그 방은 St. George가 될 것이다.

Joanie는 마커를 색깔별로 군집화한다. 그런 다음 여행 갈 가족을 표상하기 위해 색깔 그룹 중 하나를 사용하여 극놀이를 진행한다.

걸음마기아와 유아원 시기 아동은 사물을 다양한 집단으로 분류하는 데 많은 시간을 사용한다. 두 명의 대학생에 의해 알려진 다음의 예는 만 3세와 만 5.5세 아동의 대조된 분류 행동 모습을 보여 준다. Tito는 만 3세이고 Kate는 만 5세이다(사진 20-5).

> Tito는 4개의 사각형, 4개의 삼각형과 4개의 원을 가지고 있고, 각 도형은 파란색, 초록색, 노란색과 빨간색이다. 모양으로 분류하게 하였을 때 Tito는 그것들을 모양으로 분류하였다. 또 다른 방식으로 분류하게 하였을 때 Tito는 재조직하는 데 몇 분을 소요하고 같은 패턴을 제시하였다.
>
> Kate는 동일한 모양 세트를 받았다. 처음에 모양별로 분류하였다. 또 다른 방식으로 분류하라고 하였을 때 즉시 색깔별로 분류하였다.

Tito는 전형적인 전조작기 사고자로서, 한 가지 방식인 모양대로 분류하고 또 다른 방식으로 분류하라고 하였을 때 모양에 중심화된 모습을 보였다. 구체적 조작기를 향해 이동하는 Kate는 또 다른 방식으로 쉽게 사물을 분류할 수 있었다. 16장에 언급된 바와 같이 만 2.5세나 만 3세가 되면 어린 아동의 논리적 유목화는 더욱 성숙해지고 전 개념에서 개념으로 발전한다. Gelman(1998)과 동료들은 아동이 만 2.5~4세에 일반화를 폭넓게 한다는 점을 발견하였다. 이러한 폭넓은 범주화는 일반적으로 사람과 동물에게 집중되고, 아동과 그 어머니가 이를 표현한다. Nguyen과 Murphy(2003)는 아동에게 개방적 질문을 하면 만 3세아와 만 4~7세 아동이 사물들을 한 가지 이상의 범주로 유목화할 수 있다는 것을 발견하였다.

- 색, 모양, 크기
- 종이, 천, 나무, 플라스틱 같은 재료
- 점, 줄무늬 또는 민무늬 같은 패턴
- 기능(먹거나 쓰는 데 사용되는 것처럼 공통적인 쓰임새가 있는 항목)

- 연관성(공통적 기능을 수행하지는 않지만 서로 관련 있는 항목들. 우유는 컵에 따라지고 성냥은 촛불을 켜기 위한 것이지만 둘 다 가게에서 구입한다.)
- 음식, 동물, 도구, 사람 같은 유목 이름
- 공통적 요소(모두가 바퀴가 있고, 모두가 긴 머리를 하고 있거나, 모두가 티셔츠를 입는다.)

유목화 개념의 부가 개념은 유목 포함(class inclusion)이다(Siegler & Svetina, 2006). 유목 포함은 어떤 한 범주가 또 다른 범주의 하위 범주에 속할 수 있다는 것을 지각하는 것과 관련이 있다. 예를 들면 강아지와 고양이는 동물의 하위 범주에 속한다. "강아지 6마리와 고양이 3마리가 있다면 강아지가 많은가? 동물이 많은가?"라고 물었을 때, 만 7세나 8세 미만의 어린 아동들은 고양이보다 강아지에 집중하는 경향을 보인다. 그러나 Siegler과 Svetina는 유목들 내에서 유목 개념을 이해시키기 위해 만 5세아를 훈련시킬 수 있었다. 숫자 세기로 설명하는 것보다 논리적 설명이 더 효과적이었다. 즉, 강아지와 동물의 수를 세게 하고 비교하게 하는 것보다 강아지가 동물이라는 점을 지적하는 것이 유목 포함을 이해하는 데 더 효과적이었다.

심화학습 동료 학생들과 함께 가방이나 지갑에서 무작위로 가져온 물건들을 이용하여 어린 아동인 것처럼 가장한다. 논리적 범주에 따라 물건들을 유목화한다. 유목화한 것(색, 재료, 패턴, 기능, 연관성, 유목 이름이나 공통요소와 같이)의 근거는 무엇인가? 다른 학생들과 유목화한 것을 비교하라. 물건들을 분류하고 재유목화하면서 얼마나 많은 종류의 그룹들로 나눌 수 있는지 살펴보라. 어린 아동으로서 유목화하는 것과 성인으로서 유목화하는 것의 차이는 무엇인가?

보존 개념

전조작기 아동은 탈중심화를 할 수 없어서 Piaget가 명명한 보존자(보존 개념 획득자)는 아니다. **보존** 개념을 가지고 있다는 것은 외양에 구애받지 않고 자료의 변환을 이해하는 능력과 관련이 있다. 예를 들면 **그림 20-7**을 보라. 많은 동전을 아동 앞에 놓는다. 그런 다음에 변화를 준다. 즉, 동전의 위치를 변화시킨다. 이 경우에는 동전들을 넓게 늘어놓는다. 동전의 수가 아직도 같은지, 동전이 더 많이 있는지 전조작기 아동에게 물어보면, 아동은 동전의 실제 수보다는 사용된 공간의 양에 집중하기 때문에 "더 많아요."라고 대답할 것이다. 또한 아동은 마음속으로 변화된 것을 되돌릴 수도 없다. 반면에 구체적 조작기 아동은 "같아요, 10개."라고 대답한다. 이 아동은 마음속으로 본래 상태로 되돌릴 수 있고 각 경우에 사용된 공간의 양에 속지 않는다.

전형적으로 만 6세 또는 만 7세경에 수 보존 개념이 처음으로 발달한다(Cole, Cole, &

보존(conservation) 외형의 변화에 속지 않고 사물의 변환을 이해하는 능력

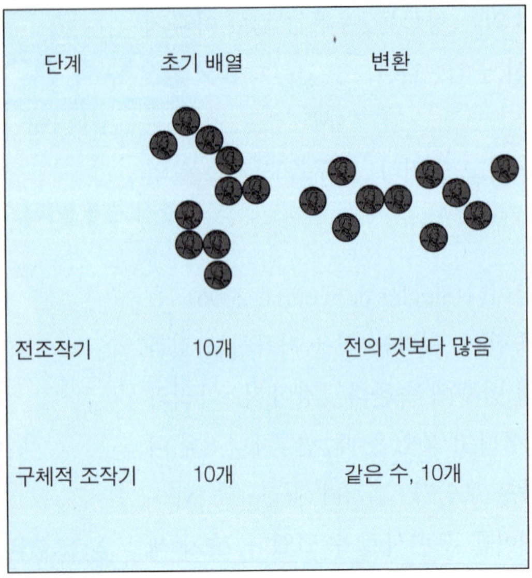

그림 20-7 전조작기에서 구체적 조작기로 가면서 사고가 변화한다.

Lightfoot, 2005). 아동에게 수 보존 개념이 있는지 알아보기 위해 일렬로 놓어놓은 10개(최소 7개)의 사물을 보여 주며 **그림 20-8**에서와 같이 일렬로 같은 양을 만들라고 요구한다. 아동이 똑같이 배열할 수 없다면, 아직 **일대일 대응** 개념이 발달하지 않은 상태이며, 이때는 더 이상 인터뷰가 진행되지 않는다. 더 어린 전조작기 아동은 일대일 대응을 하는 데 놀이시간을 많이 필요로 한다. 처음에 설명된 과제에서 일대일 대응 개념이 발달하지 않은 아동은 아래에 제시된 것처럼 배열하기 쉽다.

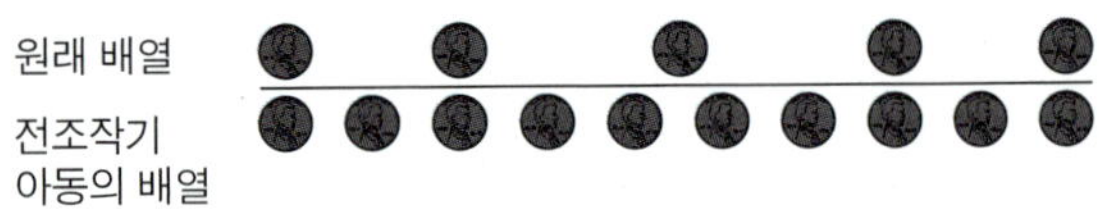

아동은 길이와 수 모두를 고려하기보다는 단지 길이에만 집중한다.

그림 20-8을 보라. 아동이 일대일 대응 개념을 가지고 있다면, 아동에게 2A, 2B, 2C와 같은 일련의 변환을 보여 준다. 각 경우에, 아동은 처음 두 줄이 같다는 것에 동의한다. 그런 다음 한 줄을 변화시키고 아동에게 "두 줄의 동전 수가 똑같니? 한 줄이 더 많니?"라고 물어본다. 전조작기 아동은 각 경우에 긴 줄의 동전이 더 많다고 대답한다. 왜 그렇게 생각하느냐고 물으면 아동은 일반적으로 "더 길기 때문이에요."라고 대답한다. 구체적 조작기 아동은 "같아요. 방금 한 줄만 움직였어요."라고 대답한다. 전환기에 있는 아동은 동전을 일대일 대응시키거나 숫자 세기를 하면서 점검한다. 아동이 구체적 조작기 단계로 더 가깝게 이동하면서 찰흙 공으로 팬케이크나 뱀으로 만드는 것처럼 추가적인 자료 변환을 할 수 있다. 길고 좁은 용기에 담긴 물을 짧고 넓은 용기에 붓는 것이나, 곡선의 길을 직선 길로 만드는 것도 한 예이다. 보존 개념

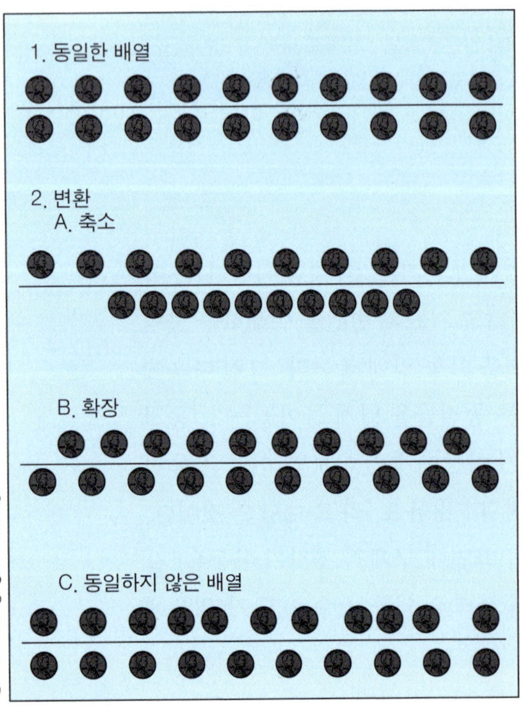

그림 20-8 일대일 대응(1. 두 줄이 같음)과 세 가지 변환(2A, 2B, 2C)

일대일 대응(one-to-one correspondence) 동일성을 이해하는 기초

습득을 위해, 유아는 사물들 간에 일대일 대응을 하고, 찰흙으로 부분과 전체를 구별하고, 물과 모래를 가지고 부피를 다루고, 다양한 종류의 사물을 이용하여 더 많이, 더 적게, 그리고 같다는 경험을 한다.

유아는 수 보존 개념 문제를 풀 수 없어도 수학적 개념에 대해 약간의 지식을 가지고 있다(Golbeck & Ginsburg, 2004; Charlesworth & Lind, 2013). 예를 들면 만 3세에 아동은 더 많다와 더 적다에 대한 개념을 이해한다. 아동에게 동전 6개와 4개 또는 5개와 9개 등과 같이 동전을 두 그룹으로 나눠 보여 줄 때 아동은 어느 그룹의 동전이 더 많은지를 말할 수 있다. 만 4세 또는 만 5세가 되면 두 그룹의 동전이 같은 양이라는 것에 동의를 한 후 동전들을 두 개의 상자 안에 넣고 한 상자에 동전 한 개 또는 두 개를 넣으면 아동은 한 상자 안의 동전이 다른 상자 안의 동전보다 더 많다는 것을 안다. 블록 3개를 모아놓은 것과 블록 2개를 모아 놓은 것을 보여 주고 전체 블록 수를 물으면 숫자 세기를 사용하여 문제를 해결해야만 한다. 그래서 아동은 더하기를 이해하기 시작한다.

어린 아동들은 일상 활동에서 숫자 세기 기술을 적용하는 것을 즐기는데, 다음의 예에서 그것을 볼 수 있다.

- Carlos(만 4세)는 에너지가 넘친다! Carlos는 앞으로 구르기와 같은 재주넘기를 반복적으로 하고 재수넘기 횟수를 센나. "하나, 둘, 셋, 넷, 다섯."
- Kelly(만 4세)는 점심을 먹으면서 교사인 Carrie와 상호작용하고 있다. Kelly는 Carrie에게 큰 잔에 있는 우유를 마시는 데 얼마나 걸리는지 숫자를 세어 달라고 부탁한다. Carrie가 천천히 수를 세자 Kelly는 즐겁게 손가락으로 10까지 센다. Kelly는 10개 손가락을 쥐고 의기양양하게 "선생님, 우유를 이만큼 마셨어요!"라고 말한다.
- Chan(만 5.5세)은 학교 행사에서 엄마와 함께 낚시 놀이를 하고 있다. "안녕, 이름이 뭐니?"라고 진행 보조자들 중 한 명이 물었다. "Chan이고요, 5살 반이에요." 보조자는 Chan에게 사용할 막대기를 주었다. "좋아. 셋까지 세고 난 다음 낚싯줄을 연못에 넣고 잡히는지 봐라. 준비되었니?" Chan은 고개를 끄덕이고 "좋아요. 하나, 둘, 셋." 하고 숫자를 센다.

순차적 배열 또는 서열화

유아기 아동들은 크기, 연령이나 나이와 같은 어떤 준거에 따라 사물을 순서대로 배열하는 데 많은 시간을 소비한다. 이것을 순차적 배열 또는 **서열화**라고 한다. 유아들은 크다와 작다, 나이가 많다와 어리다, 밝다와 어둡다 등 단순한 비교를 하기 시작한다(Yuzawa et al., 2005). 그런 다음에 작다, 중간이다, 커다랗다와 같이 세 가지를 비교하는 단계로 이동한

서열화(seriation) 크기, 연령이나 나이와 같은 어떤 준거에 따라 사물들을 순서대로 배열하는 것

다. 유아들은 *The Three Bears*와 *The Three Billy Goats Gruff* 같은 이야기를 즐기는데, 이 이야기들 속에 이러한 서열화 개념들이 나온다. 결국 유아는 4개 또는 그 이상의 항목들을 서열화할 수 있게 된다. 예를 들면, Tito와 Kate에게 다양한 크기의 동그라미를 서열화하게 하였다.

> 다음 과제는 서열화이다. 나는 Kate에게 7개의 동그라미를 주고 가장 큰 것과 가장 작은 것을 보여 달라고 하였다. Kate는 어려움 없이 이것을 하였다. 가장 큰 것부터 가장 작은 것까지 크기 순서대로 놓으라고 요구하였더니 다음과 같이 배열하였다.
>
> 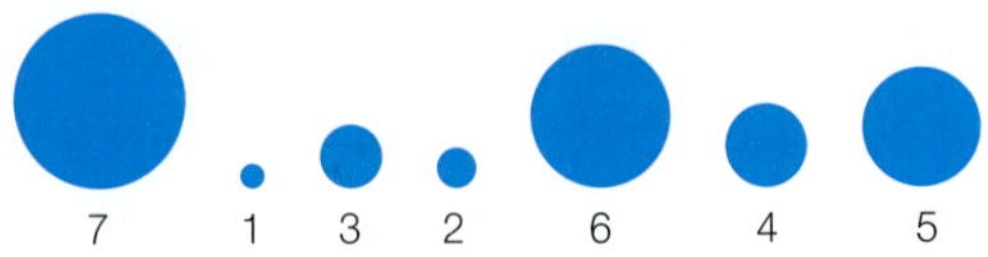
>
>
> 가장 작은 것부터 가장 큰 것까지 순서대로 놓으라고 하였더니 Kate는 다음과 같이 배열하였다.
>
> 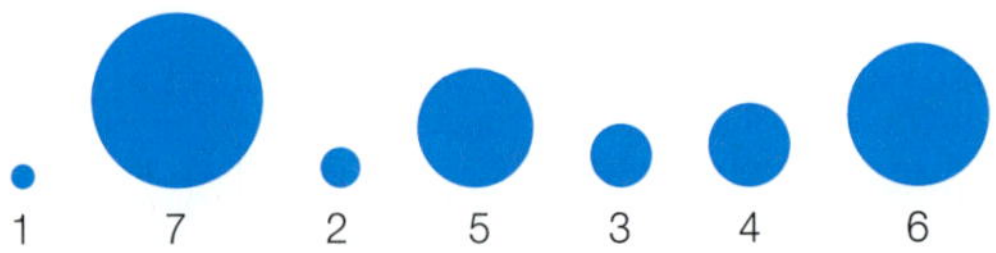
>
>
> 매번 Kate는 가장 큰 것과 가장 작은 것을 바로 옆에 놓았다.
>
> Tito가 서열화하는 것을 가장 흥미 있게 관찰하였다. 나는 Tito에게 큰 동그라미, 중간 동그라미, 작은 동그라미 3개를 주었다. Tito는 질문을 받았을 때 가장 큰 동그라미와 가장 작은 동그라미를 정확하게 가리켰다. 그러나 세 가지 동그라미를 가장 큰 순서대로 놓으라고 하였을 때, Tito는 가장 작은 것을 들어 가장 큰 것 밑에 숨겼다(또 다른 때에도 이 과제를 요구받았을 때 지금과 똑같이 하였다.).

Tito는 한 번에 두 가지 크기를 다룰 수 있는 비교 단계에 있는 것처럼 보인다. Kate는 크기 비교에서 양극단을 볼 수 있으나 아직까지 중간 크기의 동그라미들을 연속적으로 배열하는 것을 할 수 없다. 또 다른 공통적 반응은 다음과 같은데, 아동은 가장 짧은 막대와 가장 긴 막대를 정확하게 놓지만, 그 사이에 있는 막대들을 배열하는 데 혼란을 보인다. 그래서 아동은 일련의 사물들의 양 끝에 집중한다.

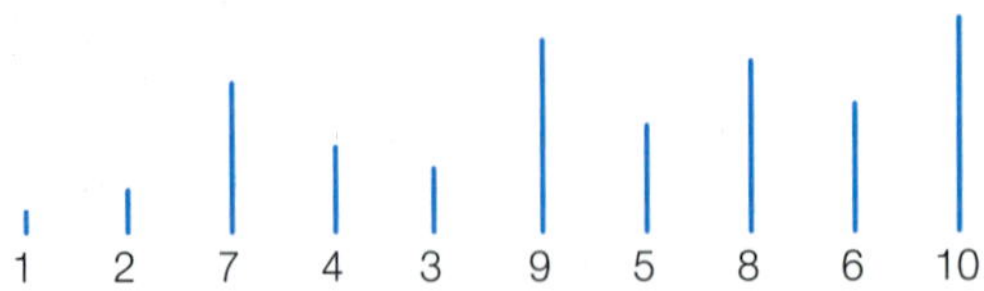

순차적 배열 또는 서열화는 어린 아동이 놀이 활동을 하는 중에 종종 관찰된다. 예를 들면, Isabel(만 3세)은 자신과 장난감에게 말을 하면서 마루에 누워 있다. Isabel은 장난감 12~15개를 가지고 소부터 시작해서 일렬로 배열한다. Isabel은 가장 큰 소를 가장 먼저 놓고 단숨에 새끼소를 배열하였다. 다음으로 소를 가지고 한 것처럼 말들을 크기 순서대로 정확하게 놓았다. 그런 다음 성별과 하고 있는 일 또는 다른 유사성에 따라 범주화한 사람들을 순서대로 놓았다. Isabel은 손 흔드는 여자들, 모자 쓴 작은 소년들, 곱슬머리를 한 안경 쓴 남자들끼리 함께 배치하였다. Isabel은 계속해서 모든 장난감을 논리적으로 그룹화(범주화)하고 일렬로 배열하였다.

공간 개념

공간 개념 또한 유아기에 발달한다. 공간 개념은 안에, 위에, 아래에, 안으로, 함께, 옆에, 사이에, 맨 위에, 안쪽에, 바깥쪽에, 밑에 등을 포함한다. 영아와 걸음마기아는 자신의 몸을 움직이고 사물을 실험하면서 이러한 개념들을 알아가기 시작한다. Pollman(2010)은 블록을 사용하는 것은 공간에 관해 학습하고 교육과정을 통합하는 훌륭한 활동이라고 지적한다. 블록 놀이를 통해 기하학과 측정의 개념들을 배운다. 블록 쌓기는 단계별로 진행된다. 즉, 걸음마기아는 블록을 나르고, 만 3세 때는 쌓아 올리고 다리를 만들며, 만 4세 때는 폐쇄공간을 만들고, 만 4세 또는 만 5세 때에는 장식적 패턴을 만든다. 만 4.5세가 되면 만든 구조물에 이름을 붙이고, 만 5세가 되면 보았던 구조물을 모방하여 만든다(사진 20-6 참조). Wolfgang, Stannard와 Jones(2001)는 유아기의 블록 쌓기 수행과 중학교 초기(7학년)와 고등학교 때의 수학적 성취 간에는 긍정적 관련성이 있다는 것을 발견하였다. 높은 수준의 블록 쌓기 활동의 긍정적이고 장기적 효과는 형식적 조작기에 수행해야 할 수학의 기초를 다지도록 하는 것 같다. Park, Chae와 Boyd(2008)는 비구조화된 블록 놀이와 구조화된 블록 놀이에서 만 6세와 7세 남아 두 명을 관찰하였다. 비구조화된 놀이는 단위 블록과 친숙해질

사진 20-6 단위 블록은 아동에게 공간 개념과 비형식적으로 측정하는 경험을 제공한다.

공간 개념(spatial concepts) 다음과 같은 개념들이 포함된다. 안에, 위에, 밑에, 안으로, 함께, 옆에, 사이에, 맨 위, 속에, 밖에, 아래에.

시간을 제공하였다. 두 남아는 블록을 처음으로 경험하였다. 그런 다음에 그 아이들은 주어진 블록을 가지고 어떤 형태를 만드는 구조화된 경험을 하였다. 블록 문제를 해결해 가면서 아이들은 각도, 길이, 방향, 넓이와 같은 기하학적 지식을 보여 주었다.

평면도와 지도에 관한 어린 아동의 공간 개념이 연구되어 왔다. Pollman(2010)에 따르면, 만 3세 정도 된 아동은 평면도 위에 종이 직사각형과 같은 어떤 것이 테이블과 같은 또 다른 것을 표상할 수 있다는 점을 이해할 수 있다. 유아기 아동은 교실이나 학교의 그림지도를 보고 따라갈 수 있다. 지도 만들기는 교실에서 시작되어 학교, 놀이터, 이웃과 도시로 확장되어야 한다.

인과론

어린 아동은 성인에게 "왜?"라고 많이 묻는다. Piaget는 **인과론**에 관한 연구에서 아동에게 이 세상에서 어떤 일들이 왜 일어나는지 물어보는 것이 중요하다고 지적하였다(Charles, 1974). Piaget는 어린 아동이 실재론에서 객관론으로 발전한다는 점을 발견하였다. 실재론은 어린 아동이 자신과 타인을 명확하게 구별할 수 없는 것이다. 아동이 자신을 나머지 세계와 분리시키면서 객관론에 도달하게 된다. 객관론적 단계에 아직 도달하지 못한 아동은 **물활론**과 **인공론**을 사용한다. 물활론은 자동차, 나무, 바람 또는 태양과 같은 인간 이외의 것에 인간의 특성을 부여하는 것이다. 인공론은 어린 아동이 세상에 있는 모든 것이 인간을 위해 존재한다고 느끼는 것을 말한다(예: 태양이 있기 때문에 우리가 존재하기보다는 태양이 우리에게 빛과 따뜻함을 주기 위해 존재한다.). 만 3~5세아는 성인의 관점으로 보면 잘못된 것처럼 보이는 "왜?"라는 질문을 다양한 방식으로 한다. 예를 들면 다음과 같다.

- 아동은 인간적 동기를 사건의 원인으로 돌린다. 예를 들면 우리가 나쁘기 때문에 다치는 것이고, 누군가가 우리를 춥게 하길 원하기 때문에 눈이 오는 것이다.
- 어떤 일들이 시간 또는 공간적으로 인접해서 발생하면 인과적 관계가 있는 것으로 본다.
- 어떤 것이 있거나 어떤 일이 생기는 것은 그것이 있기 때문에 그렇다. 꼬리가 강아지의 일부분이므로 강아지는 꼬리가 있다. 비는 하늘에서 내리기 때문에 비가 온다.
- 한 사람의 몸짓, 생각과 단어는 또 다른 사람에게 영향을 미친다. 누군가에게 나쁘게 말하면 그 사람이 아플 것이다.
- 어떤 일이 발생하는 것은 그 일이 일어날 수밖에 없기 때문에 발생한다. 비행기는 날

인과론(causality) 왜 그러한 현상이 일어나는가에 대한 질문
물활론(animism) 자동차, 나무, 바람, 태양과 같은 사람이 아닌 물체에 인간의 특징을 부여하는 것
인공론(artificialism) 세상에 존재하는 모든 것이 사람을 위해 존재한다고 느끼는 것

기 때문에 추락하지 않을 것이다. 낮이 시작되기 위해 밤이 끝나야 한다.

다음의 예는 어린 아동의 인과적 추론 능력을 보여 준다.

성인	Kate(만 4.5세)
너는 살아 있니?	네.
왜?	왜냐하면 신이 우리를 만들었기 때문이에요.
구름은 살아 있니?	네.
왜?	왜냐하면 그것도 신이 만들었기 때문이에요.
자전거는 살아 있니?	아니에요, 자전거는 말을 못 하잖아요..
자동차는 살아 있니?	네, 자동차는 실제로 달리잖아요.
나무는 살아 있니?	아니요, 나무는 풀 위에 앉아 있잖아요.
총은 살아 있니?	아니요, 총은 말을 못 하잖아요.

Kate는 자신과 구름의 존재 이유로 더 높은 권위를 언급한다. Kate는 만들어진 물체와 나무에 대해서는 어느 정도 물활론적 해석을 한다. 말하거나 달릴 수 있는 인간의 특성과 관련지어 각 사물이 살아 있는지, 그렇지 않은지를 결정한다.

수학적 적용

위에서 설명된 아이디어와 예들은 수학과 과학의 기본개념의 일부를 보여 준다(Charleswort & Lind, 2013). 인지 발달에 대한 Piaget의 관점은 수학과 과학 관련 많은 연구의 기초가 된다. 수학은 개념 발달 연구를 위해 각광받는 영역이다

많은 연구들이 특별한 훈련을 통해 수학 학습을 촉진하려는 시도를 해 왔다. 다른 연구들은 다양한 방법으로 아동을 평가하여 아동은 실제로 Piaget가 제시한 것 이상을 알고 있다는 것을 증명하였다(Price, 1982). 아동에게 과제를 다르게 줄 경우에 동일한 개념이 검증되는지의 여부에 대해서는 일치된 입장을 보이지 않는다. 예를 들면 Gelman과 Gallistel (1983)은 만 2, 3, 4세 아동을 위한 수 보존 과제를 단순화하였다. 그리고 보존 과제를 위한 한 개 그룹의 크기를 2~5개로 훨씬 더 작게 하여 아주 어린 아동도 일대일 대응과 숫자 세기 개념을 가지고 있다는 것을 보여 주었다. 그러나 수 보존 개념이 있으려면 10 또는 그 이상의 단위를 다룰 수 있어야만 한다.

어린 아동을 대상으로 한 많은 연구들은 수를 이해하는 것보다는 숫자 세기 기술에 초점을 맞추었다(Golbeck & Ginsburg, 2004). 숫자 세기 기술과 더하기와 빼기에 숫자 세기 기술을 적용하는 일련의 발달순서가 밝혀졌다. 숫자 세기 기술은 중요한 도구이지만 유아기 수학의 전체를 대표하는 것은 아니다. 발달 과정 중에 수 감각(하나, 둘, 셋 등이 의미하는 것), 보존 개념, 유목화와 서열화와 같은 기초 개념이 형성될 뿐만 아니라 수의 개념을 이

해하는 것은 숫자를 기계적으로 암기하는 것보다 아동 발달에 더욱 중요한 역할을 한다.(Charlesworth & Lind, 2013).

20세기 동안 어린 아동을 대상으로 한 수학 연구는 아동이 할 수 없는 것에서 할 수 있는 것으로 방향이 전환되었다(Baroody, 2000). 어린 아동이 이해하는 개념들은 다음과 같다.

- 만 3세 정도 되는 어린 연령에서는 △△는 □□와 같은 양이고, 또는 △△△는 □□□와 같은 양인 것처럼 수량이 적은 경우 동량에 대한 것을 이해한다.
- 아동이 숫자 세기를 배울 때(만 4세경) 수의 그룹 간에 수가 더 많은지를 비교할 수 있고 동일한 개수인지 아닌지 알 수 있다.
- 일단 아동이 3 다음에 4가 오고 4가 3보다 많다는 것과 같이 수의 연속성을 이해하면, 보통 만 5세경인 유치원 입학 때 숫자 5까지 그리고 졸업할 때 숫자 10까지 머리속으로 비교할 수 있다.
- 만 5세 이전인 유아원 시기 아동은 구체적인 사물을 가지고 더하기와 빼기를 할 수 있다.
- 만 5세에 해당하는 유치원아는 나누기의 기초가 되는 동일하게 나누는 문제를 푸는 방법을 알 수 있다.

Baroody는 유아기 아동은 많은 비형적인 수학 지식을 가지고 있기 때문에 발달적으로 적절한 수학 활동에 참여해야만 한다고 결론을 내렸다. 어린 아동들에게 아동의 지도와 성인의 지도의 교수 기회가 많이 주어져야 한다(Charlesworth & Lind, 2013).

Ginsburg, Lee와 Boyd(2008)는 어린 아동들이 놀이와 조직화된 교육과정, 그리고 의도적 교수를 통해 매일 많은 수학적 경험을 하더라도 대부분의 유아교육자들은 수학을 가르칠 준비가 되어 있지 않고 편하게 여기지 않는다는 점을 지적하였다. 유아원과 유치원에서 이루어지는 대부분의 수학교육는 비형식적이고 계획적이지 않다. 그래서 유아교사를 위한 수학 교육에서 예비교육과 현직교육이 훨씬 더 필요하다. 유아교사는 수학교육을 계획할 때 더욱더 의도적일 필요가 있다(Epstein, 2007).

의미 있는 연구는 다양한 문화에서 아동이 수학 개념을 발달시키는 과정과 학교에서 수학 성취를 증진시키는 요인들을 살펴보았다. 미국을 비롯한 모든 다른 나라에서 그 나라의 문화를 연구하고 비교하였다. 연구자들은 미국과 아시아 나라에서 아시아 초등학생의 고급 수학에서의 성취에 특별히 관심을 가져왔다(Stevenson & Lee, 1990). Ginsburg와 동료들(Ginsburg, Lopez, Chung, Netley, Chao-Yuan, Macarthy, Codero, Blake, Song, Baroody, & Jaegers, 1989)은 미국 내에서 유럽계와 아시안계 중상위층 만 4세 아동들이 수학적 지식이 앞선 경향을 보인다는 것을 발견하였다.

5 교수법에 개념 발달 이론 적용하기

개념 발달의 개요 부분은 유아기에 발달해야 하는 많은 개념들을 개괄적으로 설명하였다. 이 장의 마지막 부분에서는 Piaget와 Vygotsky의 개념 발달 이론이 교육적 실천과 어떻게 관련되어 있는지를 살펴볼 것이다.

Piaget 이론의 적용

교수법(교사가 하는 것), 교육과정 계획(아동이 할 수 있는 것), 평가(아동이 발달에서 어떤 지점에 있는 것)를 포함해서 어린 아동을 가르치는 방식에 Piaget의 아이디어가 많이 적용된다. 이러한 적용은 특별한 기술과 개념을 가르치는 특별한 방법이기보다는 원리를 안내하는 형태로 이루어진다. Ginsburg와 Opper(1979)는 교사들을 위해 Piaget 이론에 기초한 다음의 원리들을 제안한다.

- 학습은 아동 중심이어야 한다. 학습은 성인의 관점보다 아동의 관점에서 계획되어야 한다. 아동은 사물을 성인과 다르게 본다는 점을 성인이 기억할 필요가 있다.
- 학습은 자기주도적 활동을 할 때 가장 효과적이다. 이러한 활동은 실물을 사용하고 사고하는 것을 포함해야만 한다.
- 아동 집단 내에서 다양한 발달을 위해 개별화된 교수법을 사용할 필요가 있다. 교사는 아동의 발달 수준에 적합한 학습 경험을 계획하기 위해 아동의 현재 상황을 알아볼 필요가 있다. 아동은 혼자 힘으로 무엇인가를 할 기회를 필요로 한다.
- 사회적 상호작용은 아동이 자기중심적 관점을 개선해 나가는 것을 도와준다. 다른 아동과의 상호작용을 통해 다른 사람의 의견이 자신의 것과 다를 수도 있다는 것을 알게 된다. 또한 자신이 옳다는 것을 다른 사람에게 확신시키길 원한다면 분명하고 논리적인 주장을 할 수 있어야 한다는 것을 알게 된다.
- 발달 단계에 따라 아동의 학습에는 한계가 있다. 또한 단계는 아동이 어떤 개념을 알아야 하고 어떤 학습과정에 있어야 하는지를 알려 준다.
- Piaget가 발달시킨 인터뷰 기술은 우리에게 아동이 생각하는 방식을 알려 준다. Piaget식 인터뷰를 통해 아동이 어떤 개념 발달 단계에 있는지를 알 수 있다.

Roopnarine과 Johnson(2008)이 기술한 바와 같이 Piaget의 연구는 구성주의자들의 관점에서 많은 교수법에 영감을 주었다. 이 분야에서 권위자로는 Constance Kamii, Rita DeVries, George Forman, 이탈리아의 Loris Malaguzzi와 Reggio Emilia 등이 있다. 그들 각각은 구성주의를 자신의 방식대로 해석하였다. 구성주의 권위자들의 기본적 입장 차이는 성인이 어떻게 안내자적 역할을 하는가와 제공하는 자료와 활동의 특성에 따라 생긴다. 그들 모두는 실제로 아동이 이해하기 위해 구체적 사물을 가지고 작업을 해야 하고 성인은 아동이 자신의 행동에 대해 생각하도록 격려해야 한다는 것에 동의한다.

Vygotsky 이론의 적용

이미 논의된 바와 같이 Vygotsky의 이론은 아동의 학습을 위한 지원으로서(비계 설정) 사회적 상호작용이 중요하고 적절한 시기와 적절한 수준에서 적절한 지원을 제공하는 것(근접 발달 영역)이 중요하다는 점을 알려 준다. Piaget 학파의 지식의 내적 구성에 더하여 성인 또는 나이 든 아동이 어린 아동의 개념 발달과 습득을 위해 지원하는 것이 강조된다. Vygotsky의 이론은 아동의 경험과 지식에 구조를 더해 가는 입장을 취한다. Vygotsky는 성인-아동 상호 의존성이 교수(instruction)의 핵심이라는 관점을 가지고 있다(Moll, 1990). Vygotsky 이론은 유아원의 문해교육, 쓰기교육, 가정에서의 교육, 과학교육과 경증 정신지체아와 학습장애 아동 교육에 적용되어 왔다(Moll, 1990). 구성주의적 입장인 Piaget 학파와 후기 Piaget 학파가 비슷하게 '적극적 방법'을 선호하지만, Piaget 학파에 영감을 받은 관점과 Vygotsky 학파에 영감을 받은 관점이 결합한 후기 Piaget 학파의 교수법은 아동의 지식 구성 과정에서 '특별한 상호작용과 중재'를 강조한다(Inagaki, 1992; Berk & Winsler, 1995). 순수한 Piaget 학파의 구성주의와 비교할 때, 후기 Piaget 학파의 구성주의적 접근법은 개방적 질문을 사용하고 특별한 행동을 이끄는 자료를 제공하는 등, 교사가 좀 더 주도적 방향으로 이끌어 간다. 사진 20-7에 기술되어 있는 것처럼 Piaget와 Vygotsky 모두 놀이가 개념 학습에 주요 수단이라는 것을 강조한다(Berk & Winsler, 1995; Bodrova & Leong, 2007).

생각해 보기

Piaget와 Vygotsky의 아이디어가 어린 아동과 함께 하는 과거, 현재, 미래의 작업과 어떻게 관련되어 있는지에 대해 생각해 보라.

사진 20-7 모래 또는 물은 아동이 자신의 방식으로 탐색할 수 있는 개방적 경험을 제공한다.

6 개념 발달과 테크놀로지

개념을 가르치는 수단으로 컴퓨터 소프트웨어를 사용하는 것이 점점 더 일반화되고 있다. Jalong(1998a)은 모든 아동의 학습 문제를 테크놀로지로 풀 수 있다는 과장을 하지 말아야 한다고 지적하였다. 또한 Jalong은 테크놀로지를 최우선에 두는 것이 항상 현명한 것은 아니라고 언급하였다. 테크놀로지가 발전하고 있고 사용하기 쉽긴 하지만 또한 빠르게 쓸모없어지기도 한다. 많은 소프트웨어 프로그램은 아주 유익한 정보를 제공하고 사고 기술을 증진시킨다. 그런 프로그램은 수학적 사실과 같이 가장 보편적으로 쓰이는 낮은 수준의 기술을 연습시키는 프로그램이다. Jalong은 "과도하게 부풀려진 테크놀로지는 우리 아이들의 지적 능력을 이해하는 또 다른 방식일 뿐 새 천 년에 나타날 도전에 맞설 준비를 시키지는 못한다."(p. 222)라고 결론 내렸다. David Elkind(2011)는, 테크놀로지는 아동이 아는 것과 아동이 이해하는 것 간의 간격을 넓힌다고 경고하였다. 아동들은 기술적으로 테크놀로지를 사용할 수는 있으나 무엇이 테크놀로지를 작동하게 하는지를 이해하지 못한다.

만 3세와 4세 때 어린 아동은 컴퓨터를 사용하여 도움을 받을 수 있다(Lacina, 2007/2008). 가정에서 컴퓨터를 사용하는 것은 유치원과 초등학교에서의 학업 성취를 높이는 것과 관련이 있다(Espinosa, Laffey, Whittaker, & Sheng, 2006). 질 높은 온라인 자료와 소프트웨어를 이용하도록 어른들이 도와주고 격려하는 것이 중요하다. 아동들은 학습도구로 디지털카메라, 대화형 화이트보드와 태블릿 컴퓨터를 사용하고 있다. Young과 Behouneck(2006)은 부모 컨퍼런스에서 유치원아가 파워포인트 발표를 만드는 간단한 시스템을 개발하였다. 테크놀로지는 우리 생활의 일부이지만 신중하게 사용해야만 한다.

요약

1 인지와 인지 체계를 정의하고 기술하기, Piaget와 Vygotsky의 인지 발달 이론을 기술하고 설명하기

'인지적'이란 용어는 마음과 마음이 작동하는 방식을 말한다. 인지 체계는 기능, 구조, 발달이라는 세 가지 영역으로 구성된다. 또한 그 용어는 아동이 아는 것과 사고하는 것을 의미한다.

유아교육과 유아의 발달에서는 인지에 관한 Piaget의 관점이 널리 받아들여지고 있다. Vygotsky, Bandura와 정보처리 이론은 상호 보완적 관점을 보인다. Piaget의 인지 발달 이론은 정신적 성장을 4단계로 나눈다. Piaget와 Vygotsky 이론은 어린 아동의 개념 발달과 습득을 이해하는 데 도움이 된다. Piaget의 이론은 특히 어린 아동을 위해 일하거나 생활하는 어른들이 적용할 수 있는 많은 아이디어를 제공한다. Piaget의 구성주의 이론과 인지 발달 단계는 유아교육 프로그램을 개발하는 데 지침으로 점차적으로 알려져 왔다. 학습의 사회적 측면을 강조하는 Vygotsky의 이론은 교수법을 풍부하게 한다. 근접 발달 영역(ZPD)과 비계 설정의 개념은 교수법에 관한 지침을 제공한다. 우리는 Piaget의 관점을 기반으로 아동은 환경을 탐색해 가면서 자신의 지식을 구성해 간다고 본다.

2 인지 구조와 인지 기능의 의미를 기술하기

인지 구조는 도식, 전 개념, 개념과 같은 지식들로 구성된다. 상위인지 또는 생각에 관한 생각은 아주 흥미 있는 영역이다. 마음 이론과 틀린 믿음에 대한 인지는 관심받는 연구 영역이다. 사고에 관해 생각할 수 있으면 더 효율적으로 학습하고 더 많은 것을 기억할 수 있다. 기억은 인지 구조의 중요한 측면이다. 문제해결적인 교수법은 학습자가 자신의 학습법에 관해 생각하게 하는 상위인지적 전략을 사용한다. 인지 기능은 인지가 작동하는 방식을 의미한다. 정보처리 과정 모델은 인지 기능이 어떻게 나타나는가를 보여 줄 수 있다. 인지 기능은 감각을 통한 지각적 입력으로 시작되며 회상, 사고, 추론, 조직화, 연합, 문제해결 등과 같은 내적 활동으로 이어진다. 출력은 말하기, 몸짓, 쓰기와 얼굴 표정 등과 같이 운동적인 형태로 나타난다. 학습에 대한 문제해결적 접근은 더욱 복잡한 인지 기능을 지원해 준다.

3 뇌와 인지 발달 간의 관계 기술하기

일명 뇌 기반 교육의 중요성이 증가하고 있다. 신경과학의 발전은 뇌가 어떻게 작동하는지에 대한 많은 정보를 제공해 오고 있다. 그러나 뇌과학과 교육의 관련성은 명확하게 제시되지 않고 있다. 일부 교육자들은 좌뇌와 우뇌의 고유 기능을 강조한다. 그러나 이런 견해는 너무 단순하다. 뇌 기능은 훨씬 더 복잡하다. 뇌의 가소성으로 인해 뇌가 지속적으로 변화한다.

4 전조작기 아동과 구체적 조작기 아동의 인지적 특성 구체화하기, 기본적인 전조작적 개념 기술하기

유아원에서 유치원을 거쳐 아동들은 전조작기, 전이 시기를 거쳐 구체적 조작기로 진입한다. 만 2~4세까지의 유아는 전조작기에 해당된다. 이 시기는 개념 발달을 위해 표상 활동이 활발하게 나타나는 결정적 시기이다. 만 5~7세에 구체적 조작을 이끄는 전이 시기로 들어간다. 각 시기 동안 아동은 어른이나 나이 든 아동의 사고방식과는 다른 특별한 방식으로 사고한다. 아동의 능력에 따라 각 단계로 이동하기 위해 아동은 자신의 학습과정에 적극적일 필요가 있다. 성인은 탐색을 위해 아동이 자유롭게 자신의 지식을 구성해 나갈 환경을 제공해야 한다. 개념은 사고의 기초이다. 어린 아동들은 유목화, 보존 개념, 서열화, 공간과 인과론과 같은 기본 개념을 적극적으로 구성한다. 유목화는 논리적 사고의 기초가 되며 사물들을 그룹으로 모은다. 보존 개념은 물체가 공간적으로 재배열되거나 형태가 변해도 마음속으로 원래의 모습을 간직하는 능력이다. 서열화(순차적 계열화)는 크기, 무게 또는 높이와 같이 어떤 속성에 따라 물체를 순서대로 배열하는 것이다. 공간적 연결은 안과 밖과 같은 위치 개념과 관련이 있다. 인과론은 어떤 일이 발생하는 것에 대한 아동의 추론과 관련이 있다. 유아기 동안 수학 개념 발달에 대한 연구는 아동이 이러한 내용 영역을 어떻게 이해하는지에 대한 통찰력을 제공한다.

5 Piaget와 Vygotsky의 이론을 교육 실습에 적용하기

Piaget의 이론은 문제해결과 탐색을 중시하는 많은 교육적 접근법을 발달시키는 데 영감을 주었다. Vygotsky의 근접 발달 영역(ZPD)과 비계 설정의 개념화는 어린 아동의 개념 학습에서 성인의 역할을 정하는 데 중요한 지침이 되고 있다.

6 테크놀로지가 어떻게 개념 발달을 지원하거나 방해하는지 설명하기

소프트웨어와 온라인 사이트를 신중하게 선택하면 테크놀로지가 개념 발달을 촉진시키는 도전적인 문제들을 제공할 수 있다. 어린 아동들은 많은 유형의 테크놀로지를 접하고 있다. 그들은 디지털 카메라, 대화형 화이트보드, 태블릿 컴퓨터 파워포인트 소프트웨어를 사용하고 있다. 영아기와 같이 너무 이른 시기에 테크놀로지에 노출되거나, 프로그램이 적절하지 않고 빈약하거나, 아동이 장시간 동안 컴퓨터나 비디오 게임을 한다면, 테크놀로지는 개념 발달을 방해할 수 있다.

제21장 구어의 발달과 사용

이 장과 관련된 표준

naeyc

NAEYC 프로그램 기준

1a: 출생에서 8세까지의 영유아의 특징과 요구를 알고 이해하기

DAP

발달에 적합한 실제(DAP) 지침

3: 중요 목적을 성취하기 위한 교육과정 계획하기

3A 1: 교사는 각 연령 집단에게 필요한 핵심 기술을 이해하고 익숙해진다.

1E 4: 가정에서 사용하는 언어를 주시하고 존중하기

학습목표

1 주요 언어 규칙의 정의와 예를 든다.
2 언어 학습에 대한 현재의 관점을 설명한다.
3 사고와 언어 간의 관계를 기술한다.
4 문화, 언어 발달, 언어 사용 간의 관련성이 중요함을 설명한다.
5 유아기에서 초등학교 시기의 언어 사용의 발달을 기술한다.
6 놀이가 학업 성취와 언어 발달을 어떻게 지원하는지 설명한다.

언어는 아동 발달에서 복잡하고 중요한 영역이다. 언어는 몇 가지 측면에서 필수적 분야이다.

- 언어는 우리의 문화를 다음 세대에 전달하는 주요 수단이며 중요한 교육적 도구이다.
- 언어는 사고, 문제해결력, 기억과 같은 정신적 과정과 연관되어 있다.
- 언어는 의사소통의 수단이 된다.

언어 상징은 임의적이다. 즉, 언어 상징은 어떤 의미를 가지고 의사소통을 하는 데 사용하기 위해 어떤 집단이 합의한 것이다. 영국, 중국, 이집트, 스페인 그리고 여러 문화 집단이 각자 고유의 언어를 발달시켰는데, 어떤 지역에서는 지배적인 언어가 되었다. 언어는 구어, 쓰기, 몸짓, 얼굴 표정, 그리고 신체적 자세(physical position) 등, 많은 형태로 나타난다. 어떤 언어는 구어적 의사소통에 의지하지 않고 다른 감각들을 사용한다. 예를 들면 청각 장애인이 사용하는 수화는 시각적이고, 시각 장애인이 사용하는 점자는 촉각적이다.

13장과 16장에서 영아와 걸음마기아의 언어 발달을 다루었다. 이 장에서는 언어 발달 단계, 언어 규칙, 언어 학습기제, 사고와 언어와의 관계, 언어의 문화적 측면, 일상 활동에서 구어가 어떻게 사용되는지를 살펴보고자 한다. 언어의 놀라운 측면은 언어가 학습되는 속도이다. 일반적으로 아동의 언어 능력은 만[1] 4세경에 거의 성인의 언어 능력에 가깝다.

보통 만 4세경에 구어가 잘 발달하지만 다음의 예에서 보는 것처럼 단어를 전부 이해하지는 못한다(Jack Smith, 1991). 유치원 아동들의 단어에 대한 정의를 모은 실례들은 어린 아동들이 새로운 단어의 의미를 어떻게 이해하는지에 대한 통찰을 제공한다. 일부 단어에 대해 정의된 대로 단어를 사용한다. 다른 단어들에서는 소리가 같거나 유사한 이미 알고 있는 단어에 새로운 단어를 연결시킨다. 예를 들면 다음과 같다.

- 언어: 네가 나쁜 말을 하면, 누군가가 "말조심해."라고 말한다.
- 사모하다(adore): 그것을 통해 갈 수 있고 왔다 갔다 할 수 있어요('a door'와 비슷하게 들리기 때문에 이렇게 이해한다).
- 독신남(bachelor): 그것으로 물건을 뒤집을 수 있어요. 그것으로 쿠키를 오븐에서 꺼내요['spatula(주걱)'와 비슷하게 들리기 때문에 이렇게 이해한다].
- 결혼(marriage): 어떤 사람을 좋아하고 사랑하게 되면 결혼을 해요.
- 비유(analogy): 세균이에요. 독감에 걸리게 해요. 아프게 해요('an allergy'와 비슷하게 들리기 때문에 이렇게 이해한다).
- 뇌(brain): 말하고 싶은 말들을 이곳에 보관해요. 머리 안에 생각을 하게 하는 것이 있어요.

1) (역자 주) 이 장에서는 한국식 연령 계산으로 인한 혼동을 피하기 위해 연령 앞에 '만'을 붙여 만 나이로 표시한다.

1 언어와 언어 규칙

언어는 언어 공동체 구성원이 암묵적으로 말하기, 듣기와 쓰기를 이해하는, 잘 정립된 규칙 체계이다(Yussen & Santrock, 1978, p. 245). 일부 과학자들은 구어가 발달하기 전에 몸짓 언어가 발달한다고 믿고 있다(Barry, 2007). 이 과학자들은 인류가 나타나기 전에 유인원과 닮은 조상들은 처음에 서로 간에 이해할 수 있는 손짓을 사용해서 의사소통을 하였다고 믿는다. 오늘날 인간은 구어를 배워야만 한다. 언어에 관한 우리들의 지식은 기본적으로 무의식적인 지식이다. 즉, 언어는 자연스러운 일상생활 중에 습득된다(사진 21-1).

사진 21-1 언어 발달은 모든 문화에서 동일한 단계를 거쳐 이루어진다.

언어에는 세 가지 유형의 언어 규칙이 존재한다. 일부 규칙은 우리가 사용하는 음성 단위(unit)를 다루는데, 즉 소리들이 어떻게 의미 있는 방식으로 결합되는가에 대한 것이다. 영어 사용자의 경우 *gato*라는 소리 연속체는 의미가 없다. 그렇지만 스페인어 사용자에게는 의미가 있다. 영어 사용자는 *g-a-t-o*에 반응하지 않지만 *c-a-t*에는 반응을 한다. 세 단위가 함께 모여 *a-t-c*나 *t-c-a*로 결합된다면 영어 사용자에게는 의미 있는 결합방식이 아니다. 어떤 소리가 사용되고 소리들이 어떻게 연결되는가에 대한 규칙은 **음소**나 **형태소**로 불리는 음성 단위를 다룬다. 두 번째 규칙 유형은 수용 가능한 문장이나 절로 만들기 위해 단어들이 연속적으로 배열되는 것과 관련이 있다. 이것을 **통사론**이라고 한다. 세 번째 규칙 유형은 언어가 의미하는 것과 구체적인 상황에서 언어가 가장 적절하게 사용될 수 있는 법을 정해 준다. 이러한 규칙들은 **의미론**, **화용론**과 관련이 있다(표 21-1).

언어(language) 언어는 언어 공동체 구성원이 암묵적으로 말하기, 듣기, 쓰기를 이해하는, 잘 정립된 규칙 체계이다.

음소(phonemes) 언어의 가장 작은 단위. 언어에서 말소리에 해당된다.

형태소(morphemes) 언어에서 가장 작은 의미 단위와 의미를 갖는 소리 연속체

통사론(syntax) 문장이나 절을 만들기 위해 단어가 연속적으로 배열되는 방식에 관한 규칙들

의미론(semantics) 적절한 맥락 내에서 사용되는 단어와 관련이 있고 적절한 대상에 부여된 단어를 나타내는 의미에 관한 학문

화용론(pragmatics) 적절하고 효과적으로 언어를 사용하기 위한 규칙들

표 21-1 언어: 언어 공동체에 의해 정확한 것으로 수용되는 규칙 체계

규칙 유형	말의 지배적인 측면
음운론	말소리의 가장 작은 단위인 음소의 사용에 관한 것
형태론	말에서 가장 작은 의미 단위인 형태소의 사용에 관한 것
통사론	수용 가능한 절이나 문장이 되도록 단어를 배열하는 방식
의미론	맥락에 맞게 단어를 정확하게 사용하고, 단어를 그 대상과 관련짓는 것
화용론	주어진 상황에서 언어가 적절하고 효과적으로 사용되는 정도

음소

음소(phonemes)는 소리의 가장 작은 단위이다. 영어는 36개의 개별 말소리를 가지고 있다. 이 소리들이 영어의 음소이다. 영어에서 소리들의 결합은 구체적인 규칙을 따른다. 예를 들면, 다음의 소리 결합을 보고 어떤 것이 영어 규칙을 따르고 어떤 것이 따르지 않는지 판단해 보자.

aq *kz* *kl* *bc* *br*

*kl*과 *br*에 대해서는 '예'가, *aq*, *kz*와 *bc*에 대해서는 '아니요'가 맞는 답이다.

형태소

형태소(morphemes)는 의미가 있는 소리 연속체(일련의 소리)이다. 형태소는 언어에서 가장 작은 의미 단위이다. 다음의 예를 보고, 어느 것이 형태소인지 찾아보자.

a *gpa* *car* *drw* *pre-* *-ing*

형태소는 *a*, *car*, *pre-*, *-ing*이며, 나머지인 *gpa*와 *drw*는 영어에서 의미가 없다.

통사론

언어의 통사론(syntax)은 수용 가능한 절과 문장을 산출하기 위한 규칙들이다. 예를 들면, "Dog a it is"는 수용되기 어려운 문장이다. 영어 문장은 "It is a dog."와 "Is it a dog?"으로 말해야 받아들여진다. 어린 아동은 단어를 연결하여 의미 있는 맥락을 만들기 위해 처음에 자신만의 통사론이나 규칙을 만들어 낸다(Genishi, 1987). 초기 규칙은 명사와 또 다른 단어를 단순히 결합하는 것이다. "Milk gone(우유 없어)", "Daddy bye-bye(아빠 바이바이)"와 "Water hot(물 뜨거워)"이 그 예이다.

의미론

의미론(semantics)은 의미에 관한 학문이다. 의미론은 적절한 맥락 내에서 사용되는 단어와 관련이 있고 적절한 대상에 부여된 단어를 말한다. 강아지는 강아지로, 테이블은 테이블로 언급하는가? 의미 있는 방식으로 문장들이 만들어지는가?

- The dog ate the bone.
- The house ate the dog.

첫 번째 문장은 의미 있게 단어들을 사용하였다. 두 번째 문장은 그렇지 않다. 아동이 초등학교에 입학할 무렵에 의미의 미묘한 차이를 더 잘 이해한다. 즉, 사탕과 사람에게 '달콤하다(sweet)'라는 단어를 쓸 수 있고, '가는 것(thin)'과 '마른 것(skinny)'은 유사하지만 미묘하게 다른 의미가 있다(Genishi, 1987).

화용론

화용론(pragmatics)은 언어를 적절하고 효과적으로 사용하기 위한 규칙들에 관한 것이다. 다음의 어떤 예가 화용론적 규칙을 잘 사용하는가?

- Open the door please. (문 좀 열어 주시겠어요?)
- (Gruff voice) Open the door! [(거친 목소리로) 문 열어!]

첫 번째 예는 사회적으로 바람직한 언어 사용을 보여 준다. 첫 번째 예에서 요구하는 것은 두 번째 예에서의 명령보다는 허락으로 받아들여지기 쉽다(사진 21-2).

사진 21-2 성인은 질문을 하고 설명을 하고 문제를 제시한다.

2 구어 습득

언어 습득에 관한 세 가지 관점은 학습 이론, 생득적 구조주의 이론, 사회적 상호작용주의적 이론이다(Bjorklund & Blasi, 2012). 언어 습득에서 **학습 이론**적 관점은 환경을 강조하고, 생득적 구조주의 관점은 유전적 요소를 강조하며, 상호작용주의적 관점은 언어 습득을 유전과 환경의 상호작용으로 본다.

아주 단순하게 본다면 학습 이론은 고전적 조건 형성, 조작적 조건 형성과 모방의 기제를 통해 언어 습득이 이루어진다고 설명한다(Bjorklund & Blasi, 2012). 고전적 조건 형성과 단순한 연합을 통해 시각적인 것과 발성(vocal)이 연결된다. 아동은 자신이 들은 것을 모방하여 다른 사람에게 어떤 사물의 이름처럼 들리도록 말하면 보상을 받게 된다. 아기의 첫 번째 단어는 실제 단어와 유사한데 단지 가족들만이 이해한다. 실례는 다음과 같다.

17개월	21개월	24개월
Adoo	Wodder	Water

처음에 아동은 음소 사용이 제한되고 들었던 것을 완전하게 기억하지 못하기 때문에 단어 산출이 제한적이다. 그러나 모든 가족들이 물 한 잔을 들 때, 욕조에 물을 채우거나 호스의 물을 틀 때와 같이 맥락에 적합하게 *adoo*에 반응을 하기 때문에 아동은 점차적으로 *water*를 말할 때까지 계속 *adoo*를 사용한다. 말하는 것을 배우는 아동 또한 *adoo*보다 실제 단어와 관련이 더 적은 소리 연결체를 사용한다. *adoo*를 말한 아동은 *pacifier*를 *pow*로 말한다. 젖꼭지(pacifier)를 사용하지 않을 때까지 아동뿐만 아니라 전체 가족이 이런 용어를 지속적으로 사용한다. 정상적인 모든 아동은 쿠잉에서 옹알이, 한 단어, 두 단어, 세 단어, 그리고 완전한 문장으로 발전하는 동일한 단계를 거친다. 아동이 배우는 특별한 언어는 아동이 사는 환경에 의해 결정된다.

생득적 구조주의 이론은 언어 습득을 좀 더 복잡한 과정으로 설명한다. 생득적 구조주의 이론에 따르면, 사람들은 언어 습득을 위해 필요한 구조와 과정을 가지고 태어난다(Bjorklund & Blasi, 2012). 이러한 입장은 언어에 관한 생물학적 기조를 제공한다. 언어의 규칙을 발달시키기 위해 생물학적인 것이 필요하다. 반면에 강화와 모방은 피드백이 되고 어휘를 축적시킨다. 규칙 습득은 타고난 것이며, 각 아동이 모국어를 숙달하기 전에 거쳐 가는 일련의 발달 과정이다. 더욱 새로운 이러한 관점에는 몇 가지 논리적 이유가 있다.

- 아동은 전혀 들어 보지 못하였던 문장을 만들어 낸다. 즉, 각 문장을 따로따로 배우는 것이 아니라 규칙을 배운다. "The bird is on the branch."를 배운다면 "The cat is on the fence."라는 문장을 만들 때 동일한 규칙을 적용할 수 있다.
- 반복된 훈련이 아동의 발달단계를 변화시키지는 않는다. 아동은 발달적으로 가능할 때 변화한다.

  Sandy: "우유!"

  엄마: "아, '우유 주세요.'라고 말한 거니?"

학습 이론(learning theory) 언어 습득이 고전적 조건 형성, 조작적 조건 형성, 그리고 모방의 기제을 통해 이루어진다고 보는 관점

생득적 구조주의 이론(structural-innatist theory) 언어에 대한 규칙 체계를 발달시키는 것은 생물학적으로 타고난 것이며, 강화와 모방은 피드백으로 작용하고 어휘를 축적시킨다고 설명하는 이론

Sandy: "우유!"
엄마: "'우유 주세요.'라고 말할 수 있어?"
Sandy: "우유!"
엄마: "Sandy야, '우유 주세요.'라고 말해 보렴."
Sandy: "우유!" (Yussen & santrock, 1978, p 251)

Sandy는 두 단어 문장을 사용하는 전보식 단계에 있고, 엄마의 애원이 선천적으로 이미 정해진 단계를 앞당기지는 못한다.

- 아동은 부정확하거나 미성숙한 문장에 대해 긍정적 강화를 받는다.

Maria(생후 20개월)	Maria의 아빠
"Daddy, dog big."	"Yes, the dog is big."
"More milk."	He pours her a glass of milk.
"Car blue."	"Yes, the car is blue."

아동이 문법적으로 부정확한 문장을 말하면, 이러한 긍정적 반응을 이끌어 내지만 아동은 지속적으로 문장을 확장하고, 궁극적으로 성인 언어와 같은 문법적으로 더 정교한 문장을 만들어 낸다.

사회적 상호작용주의 이론은 생물학적인 요인과 환경적 요인이 상호작용한다고 설명한다. 사회문화적 환경은 언어 습득에서 중요한 역할을 한다. 언어 발달의 순서와 시기는 생물학적으로 결정되는 반면, 아동이 배우는 특정한 언어는 그 아동이 살아가는 환경에 의해 결정된다(Bjorklund & Blasi, 2012). 일부 상호작용주의 학자들은 언어는 감각운동적 사고로부터 발달하고, 주로 원하는 것을 얻기 위해 단어를 사용하는 법을 배운다(Cole, Cole, & Lightfoot, 2005)는 인지적 측면을 강조한다. 언어 규칙을 학습함으로써 의사소통을 더 명확하게 할 수 있게 된다. 다른 상호작용주의 학자들은 문화적 맥락을 강조한다. 아동이 언어를 다시 만들어 내기도 하지만, 아동 주변에는 이미 아동의 언어를 알고 언어 습득 과정을 안내하는 사람이 있다(Cole, Cole, & Lightfoot, 2005). 표 21-2는 발달적으로 예상되는 만 3~6세 아동의 구어 사용 경향을 보여 준다.

심화학습 표 21-2를 사용하여 만 3세, 만 4세, 만 5세 또는 만 6세 아동의 언어 발달을 평가해 보라.

아동은 소리와 단어를 결합하고 배열하는 규칙을 배우면서 또한 새로운 어휘를 배운다. 어휘 발달은 매우 흥미 있는 연구 영역이다(Roskos & Burstein, 2011; Roskos, Ergul, Bryan, Burstein, Christie, & Han, 2008; Walsh, 2008). 어휘 습득을 위한 중요한 자원은 함께하

사회적 상호작용주의 이론(social-interactionist theory) 구어 발달의 순서와 시기는 생물학적으로 결정되고, 아동이 배우는 특정한 언어는 그 아동이 살아가는 환경에 의해 영향을 받는다.

표 21-2 발달적으로 기대되는 만 3, 4, 5, 6세 아동의 언어

연령/발달적 특성	예	아니요	때때로/비고
만 3세경			
• "Put ___ in the box.(상자 안에 ___을 넣어라.)"에 반응한다.			
• 큰 것 대 작은 것, 긴 것 대 짧은 것 등, 요구사항에 맞는 정확한 항목이나 사물을 선택한다.			
• "발에는 무엇을 신어야 하지?"와 같이 물건 사용에 대해 안다.			
• 질문을 한다.			
• 의미를 수반한 기능적인 구를 말한다. "Daddy go airplane.(아빠, 비행기 가.)"과 "Me hungry now.(나 배고파 지금.)"			
만 4세경			
• "Put it beside.(그것을 옆에 놓아라.)"와 "Put it under.(그것을 밑에 놓아라.)"에 적절하게 반응한다.			
• 두 가지 지시 사항에 반응한다. "Give me the car and put the block on the floor.(나한테 자동차를 주고 블록은 바닥에 두어라.)"			
• 딱딱한 것 대 부드러운 것, 빨간색 대 파란색, 기타 등, 정확한 물건을 선택하면서 반응한다.			
• What, If와 When으로 시작하는 질문에 대답한다.			
• 기능에 관한 질문에 대답한다. "What are books for?(무엇을 위해 책이 필요하지?)"			
만 5세경			
• 단순한 세 가지 지시 사항에 반응한다. "Give me the pencil, put the book on the table, and hold the comb in your hand.(나한테 연필을 주고 책을 책상 위에 두고 빗을 쥐고 있어라.)"			
• penny, nickle과 dime을 선택하게 하면 정확하게 반응한다.			
• How를 사용하여 질문한다.			
• "Hi.(안녕)"와 "How are you?(잘 있었니?)"에 언어적으로 반응한다.			
• 과거와 미래 시제를 사용하여 사건에 대해 말한다.			
• 단어와 구를 연결하는 접속사를 사용한다. "I saw a bear, a zebra, and a giraffe at the zoo.(나는 동물원에서 곰, 얼룩말과 기린을 보았어.)"			
만 6세경			
• 대명사, 복수, 동사 시제, 접속사 같은 모든 문법적 구조를 사용한다.			
• 복잡한 문장을 사용하여 대화한다.			

출처: Marotz, L. R., & Allen, K. E. (2013). *Developmental profiles: Pre-birth through adolescence* (7th ed.). Belmont, CA: Wadsworth Cengage Learning. 허락을 받아 변용.

는 독서(Pappano, 2008; Shedd & Duke, 2008)와 대화이다(Dickinson, Darrow, & Tinubu, 2008; Yifat & Zadunaisky-Ehrlich, 2008). 아동들에게 자주 책을 읽어 줄수록 어휘가 더 많이 발달한다(**사진 21-3**). 특히 아동이 말과 질문을 단지 반복하는 것 이상으로 대화가 이루어지고 질문, 코멘트, 의견들이 활발하게 이루어진다면, 집단에서의 대화나 개별적인 대화

그림 21-3 이야기책은 어휘 습득과 대화의 기회를 제공한다.

는 아동에게 구어 기술을 적용할 기회를 제공한다.

3 사고와 언어

언어를 연구하는 학자들은 언어와 사고가 어떠한 관련이 있는지에 대해 관심이 많다. 환경주의적 학습 관점을 가진 학자들은 인간의 사고는 언어에 의존한다고 믿는다. 단어(word)는 의사소통에 도움을 주고 아동이 세상과 사물을 더 잘 이해할 수 있게 해 준다. 그러므로 아동이 단어를 많이 알수록 아동의 인지는 더 발달한다(Cole, Cole, & Lightfoot, 2005).

Piaget 이론은 상호작용주의적 관점의 밑바탕이 된다. 영아기 말에 감각운동적 도식으로부터 새로운 표상 양식이 발달한다. Piaget의 관점에서 보면 언어는 사고를 반영한다. 언어가 사고에 영향을 주지는 않고 사고가 언어를 결정한다. 초기 사고와 같이 초기 구어는 자기중심적이다. 즉, 초기 언어는 가장 분명하게 두드러지는 것에 집중하여 실제 표현되어야 할 말을 하지 못하기도 한다(Cole, Cole, & Lightfoot, 2005).

생득적 구조주의 관점은 감각운동적 인지로부터 말(speech)이 발달한다는 점에 동의하지 않는다. 이 관점은 인간에게 이미 언어 장치가 내재되어 있다고 믿는다. 그래서 언어는 사고를 표현하기 위해 사용되고 언어와 사고는 상호 의존적이 아니다(Cole, Cole, & Lightfoot, 2005).

Vygotsky는 문화적 맥락에서 언어와 사고의 관계를 설명하는 이론을 정립하였다. Vygotsky는 아동의 언어 발달의 시작은 사회적 맥락에서 시작된다고 믿었다(Bodrova & Leong, 2007). 아동은 처음에 사회적 의사소통의 형태로서 말을 하게 된다. 종국에는 내적 언어를 발달시키는데, 이것은 사고와 언어를 연결한다. Vygotsky의 연구는 Piaget가 자기중심적 언어라고 한 것이 아동의 입장에서는 보면 의사소통적 기능이 있다고 지적한다. Vygotsky는 출생 이후 첫 두 해 동안 언어와 사고가 평행적으로 발달하여 사고 없이 언어가 발생하고 언어 없이 사고한다고 믿었다. 만 2세 때 언어와 사고가 서로 결합하기 시작한다. 언어가 인지적이 되고 사고는 언어적이 된다. 언어가 개별적으로 사용된다 할지라도 언어는 사회적 맥락에 그 뿌리를 두고 있다(Cole, Cole, & Lightfoot, 2005).

이러한 언어-사고 관계의 입장에서 어느 이론이 맞는가? 이 질문에 대한 답은 아직 없다. 그러나 언어와 사고는 확실하게 관련이 있으며, 가장 잘 알려진 Piaget와 Vygotsky의 이론을 비교하면 특히 첫 두 해 이후에 공통적이고 보완적인 측면을 찾을 수 있다(Lucy, 1988). Piaget는 언어의 표상적 특성에 중점을 두었고, Vygotsky는 사회적 본질에 중점을 두었다. 실제적인 측면에서 두 가지 특성은 모두 중요하다.

언어에 반영된 사고

언어와 사고 발달의 관계에 관한 관점이 무엇이든 간에 아동의 사고 과정과 개념 발달에 관해 알기 위해서는 아동이 말하는 것을 듣는 것이 가장 좋은 방법이다. 만 4세 아동의 사고는 아직 전조작적이지만 말은 성인처럼 한다. 즉, 만 4세 아동은 다양한 어휘를 구사하고 문법적으로 성인과 유사하게 말한다. 어린 아동들과 의사소통을 할 때 이러한 점들을 염두에 두어야 한다. 아동이 말로 분명하게 표현할지라도 만 3세 정도 되는 아동의 예에서 보는 바와 같이 추론은 아직 전 조작적 수준에 머물러 있다(*Growing Child*, 1973).

> John은 누나가 학교에 갈 때 함께 자동차를 타고 가기를 원한다. 아빠는 오늘은 자동차를 운전할 차례가 아니라고 설명한다. 카풀(car pool)을 하기 때문에 내일이 자동차를 운전할 차례이다. 다음날 John은 수영복을 입길 원한다. 왜 수영복을 입으려 하느냐고 물었을 때 John은 "아빠가 오늘 수영장(pool)에 갈 거라고 약속하셨잖아요."라고 대답한다.

이 예는 어떤 상황이나 문제를 보이는 대로 믿는 전조작적 사고를 반영한다. 아동은 글자 그대로 언어를 받아들이고, 성인기에 획득되는 더욱더 추상적인 개념을 형성하지 못한다. 어린 아동들과 의사소통을 할 때, 아동들이 글자 그대로 해석한다는 점을 명심해야 한다. 성인과 아동이 동일한 단어를 사용하더라도 그 의미가 다를 수도 있다.

유아의 어휘력은 이해력보다 부족하고 추론 능력은 의사소통 능력보다 더 낫다는 점에 유념해야 한다. 어린 아동은 종종 언어의 미묘한 차이를 의식하지 못하는 것 같다. 예를 들면 Flavell, Speer, Green과 August(1981)의 연구에서 유치원 아동은 불완전한 지시를 받았을 때 제대로 지각하지 못하였다. Flavell과 동료들(1981)은 유치원 아동과 2학년 아동들에게 블록 구조물을 만들기 위해 녹음된 지시를 따라야만 하는 일련의 과제를 제시하였다. 몇 가지 과제를 수행하는 동안, 연구자들은 해야 일을 일부러 불완전하고 불명확하게 지시하였다. 유치원 아동들은 일부 지시가 부적절하다는 것을 인지하지 못하였다. 구조물을 만드는 동안 지시 사항에서 무언가가 잘못되었다는 점을 깨달았던 아동들조차 과제 완성 후 질문을 받았을 때 항상 지시 사항이 괜찮았다고 대답하였다. Flavell과 동료들은 "아동은 종종 자신이 보고, 듣거나 읽은 것을 이해하지 못하며, 이러한 상황을 감지하지 못한다."(p. 53)라고 결론을 내렸다. 아동과 함께 지내는 성인은 아동에게 지시할 때 주의해야 하고, 아동이 자신의 이해력 부족으로 인해 상황을 인식하지 하지 못할 때 이 점에 대해 이해하고 받아들여야만 한다. 아동의 언어 인식에서 흥미로운 점은 언어의 구조와 기능에 관해 생각하는 능력이다(Grieve, Tumner, & Pratt, 1983). 연구에 따르면, 이러한 인식은 유아기에 발달하기 시작한다. 어린 아동은 언어 인식에 관해 아래 제시된 것과 같은 징표를 보여 준다.

1. 어린 아동은 다음과 같이 언어에 관해 판단할 수 있다:
   - 만 4세 아동은 "I want a piece of candy.(사탕 한 개 줘요.)"라고 말하기보다 "I would like a piece of candy.(사탕 하나 갖고 싶어요.)"라고 말하면서 성인에게 사탕 한 개를 갖고 싶다는 것을 보여 주어야 한다는 것을 안다.
   - 만 4세 아동은 극놀이에서 다양한 역할에 맞는 목소리를 구사하고 더 어린 아동과 이야기 할 때는 더 단순하게 말함으로써 상황에 맞게 말할 수 있다.
   - 만 5세 아동은 성인이 아동보다 더 복잡한 문장을 사용한다는 것을 안다.
   - 매우 어린 아동은 이 장 앞부분에 제시된 단어 목록에 있는 것과 같은 단어를 정확하게 표현하지 못할 수도 있다는 점을 안다.
2. 어린 아동은 언어 규칙을 적용할 수 있다.
   - 하나 이상의 사물에 복수 표시인 s를 더할 수 있다.
   - 과거시제를 표현하기 위해 ed를 더할 수 있다.
3. 어린 아동은 언어를 수정할 수 있다.
   - 마음대로 어떤 단어를 더하거나, 어떤 단어를 바꾸거나 단어 순서를 바꿈으로써 자신이 실수한 것을 인정한다는 것을 보여 준다.
   - 성인에게 즉각적으로 반응한다. 즉, 성인은 다른 단어를 기대한다고 지적하고, 아동은 그것이 무엇인지를 생각해 낸다.
4. 어린 아동은 단어의 기능에 의해 단어를 정의할 수 있다.
   - 빗자루는 쓸기 위한 것이다.
   - 공은 던지기 위한 것이다.
5. 어린 아동은 단순하고 적절한 방식으로 과제가 제시되면 문장의 일부분이나 단어의 일부분을 알아낼 수 있다.
6. 아동이 자신이 만든 소리를 통제할 수 있다는 것을 알 때 반복, 챈트, 라임과 단어 놀이를 통해 단어를 연습하고 단어로 노는 것을 즐긴다.

Grieve와 동료들(1983)은 연습이 중요하다는 점을 제안하였다. 첫째, 아동은 학교에 입학하기 전에 언어에 대해 많이 안다. 둘째, 언어 인식은 읽기 학습을 위한 중요한 전제조건이 될 수도 있다. McGee, Charlesworth, Cheek와 Cheek(1982)는 언어 인식과 읽기 시작 간의 관계에 관한 연구를 전반적으로 살펴보았다. 연구는 이야기 지식이 읽기 학습의 전제조건이 된다는 것을 제안한다. 모든 이야기에는 공통적으로 사건과 인물이 존재한다는 인식이 필수적으로 요구된다. 아동이 이야기는 도입, 전개, 결말의 구조를 갖는다는 기본 개념을 가지고 있으면 이야기를 더 잘 기억한다. 유치원 아동에게는 이야기 개념 발달을 위한 결정적 시기가 있는 것 같다.

- 이야기는 시작, 중간, 결말의 구조를 가진다.
- 이야기에는 등장인물이 있다.
- 이야기에는 배경이 있다.
- 이야기에는 주제가 있다.
- 이야기에는 줄거리가 있다.

유치원 교육과정에 아동들이 이야기 지식을 발달시킬 수 있는 활동들이 포함되어야 한다.

4 언어의 문화적 측면

언어 발달이 세계 어느 곳에서나 동일한 순서로 진행된다는 것은 잘 알려져 있다(Slobin, 1972). 즉, 아동은 나름대로 쿠잉, 옹알이, 한 단어, 두 단어, 세 단어 단계를 거쳐 성인처럼 말하게 된다. 국가 간에 그리고 한 국가 내에서 언어 차이는 사용되는 실제 소리들과 소리 결합 규칙에서 나타난다(Munroe & Munroe, 1975). 학교에서 사용하는 언어와 다르거나 교사가 이해하는 언어와 다른 언어를 사용하는 아동이 학교에 입학하면 문제가 발생한다. 아동이 영어 이외의 언어로 말을 하는 경우에 중요한 언어적 차이가 생긴다. 언어적 격차를 더 크게 하는 것은 교육을 받은 사람들의 말투와 다르게 방언을 사용하는 것이다. 제2언어 학습자에게 언어를 가르치는 최상의 방법에 대해 논쟁이 많다. 언어에서의 차이는 또한 사회경제적 지위와 연관이 있다. 다양한 사회계층에서 매우 다양한 언어가 발달한다.

방언

아프리카계 미국 아동을 가르치려고 계획할 때 1차 언어가 영어의 방언인지 아니면 영어 단어를 사용하는 아프리카 언어의 파생 언어인지를 중요하게 고려해야 한다. **방언**은 표준어에서 변형된 것이다. 아프리카계 미국인들이 사용하는 아프리카식 미국 영어[African American English, AAE; 1990년대에는 에보닉스(Ebonics)라고 불렀고, 일부 학자들은 이 용어를 아직도 사용한다.]는 표준 영어(Standard English, SE)의 방언(uniform dialect)이라

방언(dialect) 표준말의 변형

고 볼 수 있으며, 어디를 가도 일관된 문법을 사용하여 말한다(Rickford, 발행 연도 미상; Dialect, 발행 연도 미상). 다음의 예에서 일부 차이점을 알 수 있는데, 2학년인 Freddie가 수학 문제를 푸는 것을 도와주고 있다.

Freddie, 아프리카식 미국 영어	표준 영어
Okay boys and gur, take out you math bookses. We gona' check ours work. Numba' one twenty-fo, two is fo plus nine is thuteen. Don't you getten out you set.	Okay, boys and girls, take out your math books. We are going to check our work. Number one twenty-four, two is four plus nine is thirteen. Don't you get out of your seats.

표준 영어와 비교하면 아프리카식 미국 영어에서는 동사 시제가 다르고 소리가 다르게 조직되었으며 소리가 일관성 있고 규칙에 따르는 방식으로 대치되었다. 최근까지 언어학자들은 아프리카계 미국인들이 사용하는 아프리카식 미국 영어가 영어의 방언이라는 점을 널리 받아들였다. 동시에 대다수의 사람들은 아프리카식 미국 영어를 학교에서는 수용되지 않는 낮은 수준의 속어(slang) 버전으로 보았다. 이런 상황은 학교 내에서 아프리카식 미국 영어의 입지에 대한 논쟁을 불러일으켰다. 문제는 아프리카식 미국 영어를 말하는 사람들에게 표준 영어를 가르쳐야 한다면 언제 어떻게 해야 하는가이다. 아프리카식 미국 영어에 관한 또 다른 입장은, 아프리카계 미국인 언어는 노예에 의해 전해진 아프리카 언어에 그 뿌리를 둔다는 점이다. 이러한 관점에서 보면 아프리카식 미국 영어는 영어 단어를 사용하면서 아프리카 언어의 문법을 사용한다고 볼 수 있다(Smith, 1998).

영어 학습자

미국의 학생들은 언어적으로나 문화적으로 더욱더 다양하다(FIFCFS, 2011; Tabors, 1998; Wolf, Herman, Bachman, Bailey, & Griffin, 2008). 영어가 모국어가 아닌 가정의 학생들이 점차 늘고 있는데, 이런 학생들을 **영어 학습자**(English language learner, ELL)라고 한다. 2025년까지 미국에서 학교에 다니는 아동의 절반 이상이 유럽계가 아닌 '소수집단'에 속할 것으로 예상된다(Genishi, 2002, p. 66). 아시아와 라틴 아메리카에서 많은 이민자들이 유입될 것으로 예상된다. 2009년에 학령기 아동의 21%가 가정에서 영어 이외의 언어를 사용하였다(FIFCFS, 2011). 1994년과 1995년 사이에 그리고 2004년과 2005년 사이에 영어 학습자 학생의 입학이 60% 이상으로 증가한 반면, 유치원생에서 12학년 학생의 수는 단지 2%를 상회하는 정도만 증가하였다(Wolf, Herman, Bachman, Bailey, & Griffin, 2008). 이러한 영어 학습자 학생은 400개 이상의 다양한 언어를 사용하였다. 그중 히스패닉계의 비율이 가장 높았다(Yen, 2009). 2009년에 아시아계 학령기 아동의 63%와 히스패닉계 학령기 아

영어 학습자(English Language Learners, ELL) 영어가 모국어는 아니지만 영어를 학습하는 과정에 있는 사람

동의 66%가 가정에서 영어 이외의 언어를 사용하였다(FIFCFS, 2011). Isabel Sanchez의 예를 보자. 가정에서 어머니인 Sanchez 부인은 아래의 내용을 읽어 준다.

Esta es una grande.
Aquí vive la familia Raton.
Tambíen vive aquí un gato grande. (DeHoogh, 1978, p. 1)

학교에서 Isabel Sanchez는 아래의 내용을 들을 것이다.

This is a big house.
The mouse family lives here.
A big cat lives here too.

Isabel이 미국에서 산다면 영어로 말하는 것을 배워야만 한다. 그러나 Isabel이 영어를 언제 어떻게 배워야 하는가에 대해서는 의견 차이가 많다. 역사적으로 이러한 아동들이 이용할 수 있는 세 가지 유형의 주요 프로그램이 있다. 모국어 사용 학급, **이중 언어** 사용 학급, **영어 사용 학급**이다. 전체적으로 볼 때 모국어 사용 학급은 거의 없다. 이중 언어 사용 학급이 많으나 대부분의 영어 학습자는 영어 사용 학급에 배치되어 있었다. 최근에 이중 언어 교육에 관한 접근은 부분 몰입, 양방향 몰입과 이중 언어 몰입으로 이루어진다(DeBey & Bombard, 2007).

- 부분 몰입: 아동들은 하루 일과의 절반 정도의 시간 동안 모국어(primary language)를 사용하고 나머지 절반의 시간 동안 제2언어를 사용한다. 각 언어를 위한 시간이 구체적으로 정해져 있다.
- 양방향 몰입: 두 가지 언어로 가르치나 제2언어를 50~90% 사용한다. 각 언어를 위한 시간이 구체적으로 정해져 있다.
- 이중 언어 몰입: 영어와 다른 언어를 사용하는 두 명의 교사가 각각 다른 언어를 사용한다.

Soto(1991)는 어린 아동과 제2언어 학습에 관한 일부 오해를 설명하고 성공적인 이중 언어 교육의 접근 방법을 기술하고 유아교육자들의 연구 결과가 어떻게 적용될 수 있는지를 제시하였다. Soto(1991, p. 31)는 "기존의 이중 언어 연구와 어린 아동의 발달에 관해 알고 있는 지식에 따르면, 수용과 의미 있는 상호작용을 가능하게 하는 지지적이고 자연스러우며 언어가 풍부한 환경이 최적의 상태로 보인다."라고 믿었다. 너무나 자주 이중 언어 교육

이중 언어(bilingual) 두 가지 언어를 말하는 것
영어 사용 학급(English-language classroom) 영어로 가르치는 학급

의 모델이 결함이 있다고 보는데, 이는 아동이 모국어에서 보여 주는 강점을 인지하기보다는 이 아동의 언어 능력이 부족하다고 보는 데서 그 이유를 찾을 수 있다. Garcia(1986, pp. 15-16)는 다음의 조건들이 포함된 유아기 이중 언어에 대한 정의를 제시하였다.

- 아동은 두 가지 언어의 언어학적 측면을 이해하고 산출할 수 있다.
- 아동은 두 가지 언어가 사용되는 유아기에 자연스럽게 두 가지 언어로 하는 사회적 상호작용에 자연스럽게 노출된다. 이러한 조건은 실질적으로 이중 언어 환경을 요구하고 가족이나 확대가족 또는 여행 경험을 통해 이루어진다.
- 두 가지 언어는 동시에 발달한다. 이것은 한 가지 언어만 사용하는 원어민의 언어 교육과 대조되는데, 원어민은 모국어인 한 가지 언어에 숙달된 후에 제2언어를 습득하기 시작한다.

Garcia는 첫 5년 동안 이루어지는 이중 언어 습득에 이러한 정의를 적용하였다. Soto(1991)는 제2언어 학습자에게 사용되는 다양한 용어를 다음과 같이 기술하였다(p. 32).

소수 언어집단 학생(linguistic minority student): 소수집단의 언어를 사용한다.

다수 언어집단 학생(linguistic majority student): 다수집단의 언어를 사용한다.

현실에서의 아동 발달

영어 학습자(ELL) 학생 가르치기

유아기 영어 학습자를 가르치는 것에 관한 연구는 다양한 교수 방법을 보여 준다. 연구의 몇 가지 예는 다음과 같다. Barnett, Yarosz, Thomas, Jung과 Blanco(2007)는 이중 언어 몰입이나 양방향 몰입 학급에서 유아기 아동의 언어 성취를 단일 언어인 영어 몰입 학급의 언어 성취와 비교하였다. 양방향 몰입 프로그램에서 아동들은 매주 두 명의 교사(영어 사용 교사, 스페인어 사용 교사)에게 번갈아 가면서 배웠다. 두 가지 프로그램에 참여하는 대부분의 아동들은 히스패닉계였고 모국어로 스페인어를 사용하였다. 두 가지 프로그램 모두에서 아동들의 영어가 동일하게 향상되었다. 양방향 몰입 프로그램 집단의 아동들은 스페인어의 표현어휘보다 수용어휘가 더 향상되었다.

Duran, Roseth와 Hoffman(2010)은 전통적인 영어 사용(EO) 학급에서 배운 Head Start 학생들을 전통적인 이중 언어 교육(TBE) 학급과 비교하였다. 아동들은 영어만 사용하는 학급으로 이동할 만큼 영어를 잘 할 수 있을 때까지 이중 언어 교육 교실에서 모국어를 배웠다. 이중 언어 교육 집단의 아동들은 스페인어에서 향상을 보였고 영어만 사용하는 집단의 아동들만큼 영어를 동일하게 잘하였다.

16장에서 Yoshida(2008)의 이중 언어 상용으로 인한 인지적 수혜에 관한 입장이 기술된 바 있다. 즉, 한 가지 언어에서 학습된 것이 또 다른 언어로 전이된다.

출처: Barnett, W., S., Yarosz, D. J., Thomas, J., Jung, K., & Blanco, D. (2007). Two-way and monolingual English immersion in preschool education: An experimental comparison. *Early Childhood Research Quarterly*, *22*, 277-293; Duran, L. K., Roseth, C. J., & Hoffman, P. (2010). An experimental study comparing English-only and transitional bilingual education on Spanish-speaking preschoolers' early literacy development. *Early Childhood Research Quarterly*, *25*, 207-217.

뇌 발달

영어 학습자(ELL) 교육에 대한 뇌 기반 연구 적용

Judy Lombardi(2004)는 영어 학습자(ELL) 학생들의 뇌가 자극되도록 학습하는 법을 제시하였다. 그녀는 오늘날 학생들은 비디오 게임을 하면서 동시에 핸드폰으로 이야기하고 음악을 듣는 다중 작업자(multi-taskers)라는 점을 지적하였다. 그녀는 질적 학습의 기초가 되는 마음/뇌학습 원리를 다음과 같이 기술하였다.

1. 뇌는 다양한 방식으로 학습하는 복잡한 적응체계라는 점을 인지한다. 뇌는 지루한 언어적 경험을 과도하게 하기보다는 시각적이고 감각운동적 경험으로 자극받을 필요가 있다.
2. 협동 학습과 같은 사회적 활동은 영어 학습자를 가르치는 데 필수적 요소이다(사진 21-4).
3. 교실 분위기는 따뜻하고 지지적이고 도전적이어야 하며 위협적이지 않아야 한다.
4. 뇌의 모든 영역을 자극하기 위해 여러 학문의 통합적 교수 방법이 사용되어야 한다.

출처: Lombardi, J. (2004). Practical ways brain-based research applies to ESL learners. *The Internet TESL Journal*, *10*(8); http://iteslj.org/Articles.

제한적 영어 사용자(limited English proficient, LEP): 제2언어로서 영어 사용의 양이 제한되어 있다.

비영어 사용자(non-English procifient, NEP): 오직 모국어만 사용한다.

영어 사용자(English only, EO): 단일 언어로 영어만 사용한다.

유창한 영어 사용자(fluent English procifient): 가정에서 영어와 또 다른 언어를 사용한다.

사진 21-4 유아는 협동 활동을 하면서 언어 기술을 적용한다.

Soto는 이러한 제한적 영어 사용자(LEP)와 같은 용어는 아동의 강점보다 아동의 약점을 강조한다고 지적하였다. 매우 자주 이러한 학생들을 위한 프로그램은 영어를 강화하기보다는 보완하려는 것에 치중한다. 이러한 학생들을 영어 학습자(ELL)로 간주하는 것이 낫다.

Soto(1991)는 어린 아동인 제2언어 학습자에 관해 일반적으로 알려진 몇 가지 오해를 밝혔다. 첫째, 어린 아동은 제2언어를 성인만큼 빠르게 배우지 못한다. 어린 아동들은 덜 내성적이고 더욱 빈번하게 사회적 상호작용을 하고 발음에 어려움을 겪지 않기 때문에 성인보다 빨리 배운다고 생각할 수 있다. 둘째, 아동이 어릴수록 제2언어를 더 쉽게 배운다는 증거는 없다. 그러나 시작이 빠를수록 더욱 언어 사용이 능숙해지기 쉽다. 셋째, 제2언어를 습득하는 최상의 방법이 있다고 믿는다. 그러나 다른 유형의 학습처럼 개인차를 고려해야 한다. 일반적으로 제2언어 학습은 어떤 정해진 일련의 수업에 의해서가 아니라 자연스럽게 이루어진다.

언어 발달에서 나타나는 사회경제적 차이

어린 아동을 돌보는 성인이 중요하게 고려해야 할 점은 언어 발달과 언어 사용에 있어서 사회경제적 지위(SES)이다. 1950년대 이래로 저소득층 아동의 언어 기술을 향상시키고자 하는 중요한 목표 아래 실험적인 유아기 프로그램들이 많이 개발되어 왔다. Bartlett(1981)는 이렇게 출판된 많은 프로그램들을 분석하고 평가하였다. Joan Tough(1982a)는 패키지(packaged) 프로그램이 낮은 사회경제적 수준의 아동을 위한 언어 교육과정에 대한 전반적인 해결책이 되지 않는다고 경고하였다. 이 연구는 더 낮은 사회경제적 계층의 아동들은 좋은 언어 능력을 가지고 있으나 교사-아동 간의 자연스런 대화만을 통해 발달할 수 있는 언어가 결핍되어 있다는 점을 지적한다.

영국의 사회학자인 Basil Bernstein(1972)은 낮은 사회경제적 계층의 아동을 위한 프로그램을 개발할 때 주의해야 할 점을 제시하였다. 그는 우리는 "문화적으로 결핍된, 언어적으로 결핍된, 그리고 사회적으로 약자인"(p. 135)과 같은 표현들을 너무 쉽게 사용한다고 주장하였다. 그는 보상 교육의 전반적인 개념에는 아동이 교육의 혜택을 받을 수 없게 하는 어떤 결핍이 가족 내에 내포되어 있다고 믿었다. 반대로 이것은 아동이 자신의 문화적 정체성을 떨어드리는 압력으로 작용한다. Bernstein은 저소득층의 아동은 중류층이나 상류층의 아동과 다르게 언어를 사용하기 때문에 언어 발달이 결핍되어 있다는 가정해서는 안 된다고 경고하였다. 더 낮은 계층의 아동의 경우 학교에서는 어려움이 있으나 문화, 가족, 그리고 지역사회 내에서 유용한 언어를 발달시킨다(Walker, Greenwood, Hart, & Carta, 1994). Berstein은 "우리는 아동이 제시할 수 있는 것을 가지고 교육해야 한다는 것이 교육적 원리이다. 그렇다면 왜 그것을 실행하지 않는가?"라고 말하였다.

Schecter와 Bye(2007)는 저소득층 유아기 아동들의 언어 발달을 저소득층만 있는 교실의 아동들과 저소득층과 중상류층이 함께 있는 통합교실의 아동들과 비교하였다. 통합교실에 있는 저소득층 아동들은 저소득층 아동만으로 구성된 교실의 아동들보다 유아기 동안 언어 발달에서 훨씬 더 많은 발전을 보였다. Catherine Garvey(1990)는 아동이 하는 말의 속성을 기술하였다. 말하는 것(talk)은 언어의 구어적 측면이며, 걷거나 노는 것과 같이 예정된 생물학적 발달 과정에서 발생하는 자연스런 활동이다. 말하는 것은 아동이 언어를 학습하는 도구이다. 아동이 다른 사람이 말하는 것을 듣고 자신이 말을 하면서 언어가 발달한다. 대부분의 말은 사회적인 상황에서 발생하지만, 아동은 혼자 있을 때도 말을 한다. 그러나 중요한 말을 하는 것(important talk event)은 아동이 혼자 있을 때 발생한다. 말하는 것은 언어의 적극적 측면이며, 사회적 행위와 상호작용을 학습하는 것과 밀접히 관련되어 있다. 대화는 각기 상대방의 말이 의미하는 것이 무엇이고 자기 차례가 되었을 때 어떤 반응을 하는 것이 적절한지에 대해 예상하는 협동과업이다. 대화 상황은 화자가 참여자에게 전달하는 말의 의미에 크게 영향을 미친다.

어린 아동은 점차적으로 소리에서 단어를 형성하고 단어에서 문장을 만드는 규칙을 배운다. 아동은 다른 사람도 이해 가능한 단어나 단어와 유사한 명칭을 어떤 대상에 붙이는 것을 배우며 다양한 일상 상황에서 의사소통하는 법을 배운다. 어린 아동들은 자신의 권리를 보호하고 자신의 행동을 정당화하고 타인의 행동을 이끌어 내고 필요한 것을 얻기 위해 말하는 것을 배운다. 결국 과거, 현재, 미래에 관해 말하기 위해서, 논리적으로 문제를 해결하기 위해서, 질문에 답하기 위해서, 상상적 상황을 만들어 내기 위해서, 사회적 관계를 유지하기 위해서, 감정을 표현하기 위해서 말을 사용하는 것이다. 말은 어린 아동의 놀이에서 중요한 요소이다. 성인은 구어 사용자로서 아동이 기술을 증진하도록 지원하는 중요한 역할을 한다.

생각해 보기

다양한 문화나 사회계층의 아동들을 가르치기 위해 무엇을 할 필요가 있는지 생각해 보고 성공적 경험을 알아보자.

5 유아기와 초등학교 시기의 언어 사용

Vygotsky는 전형적으로 아동이 만 2세 또는 만 3세경에 능숙하게 대화를 한다는 점에 주목하였다(Berk & Winsler, 1995). "아동은 대화의 순서를 지키고, 눈을 맞추고, 상대방의 말에 적절하게 반응하면서 주제를 유지해 가는 것과 같은 언어적 상호작용의 규칙을 따른다(Berk & Winsler, 1995, pp. 13-14). 아동의 언어 사용 능력의 확장은 자신과 타인의 사고와 행동에 영향을 미친다. 말은 사회적 맥락 내에서 의사소통을 가능하게 한다. Vygotsky의 관점에서 보면, 처음에는 타인과 의사소통하기 위해 말로 표현하고 사용하고 이후에 자신의 행동과 사고를 통제하기 위해 사용한다.

유아기와 초등학교 시기 아동의 언어 사용에 관한 연구에서 몇 가지 예를 살펴보면 다음과 같다.

- 아동은 자신이 하는 말을 청자의 연령에 맞게 수정한다(Shatz & Gelman, 1973). 예를 들면 아동은 아이와 말할 때보다 어른과 이야기할 때 더 긴 문장을 사용한다. 아동은 청자가 기대하는 것과 이해할 수 있는 것에 대해 알고 있는 것 같다.
- 만 3세가 지나면 자유 놀이 시간 동안 말하는 것이 덜 자기중심적이 되며 더욱 협동적이 된다. 낮은 계층의 아동보다 중류층 아동은 자기주장을 잘하고 학교에서 어른에게서 도움을 얻어내고자 한다(Schachter, Kirshner, Klips, Friedricks, & Sanders, 1974).
- 친숙하지 않은 주제로 대화할 때보다 친숙한 주제에 관해 대화할 때와 친숙한 주제 중

심으로 극놀이에 참여할 때 어린 아동은 좀 더 발전된 형태의 말을 한다. 아동이 역할, 대상, 활동순서를 아는 주제(theme)는 친숙하지 않은 주제보다 더 높은 수준의 말을 이끌어 낸다(French, Lucariello, Seidman, & Nelson, 1985). 그래서 아동의 실제 구어 능력을 평가하기 위해 아동에게 친숙한 주제에 관해 이야기하거나 친숙한 역할 놀이를 할 때 자료를 수집할 필요가 있다.

- 아동의 언어 사용은 책과 그림에 관해 말하는 것을 통해 반영된다. 책과의 경험은 질의응답을 이끌어 낸다. 예술작품은 그림에 대한 설명이나 줄거리를 이끌어 낸다(Genishi & Dyson, 1984).
- 극놀이는 풍부한 의사소통을 하는 상황을 만든다(Genishi & Dyson, 1984).
- 유치원 아동은 극놀이, 미술, 과학과 수학과 같은 개방적 활동을 하는 동안 복잡한 대화를 한다(Genish & Dyson, 1984). 아동들은 대화를 유지하기 위해 서로의 그림에 대한 의견을 말하는 것처럼 어떤 구체적인 참조 대상을 필요로 하는 것 같다(Ramirez, 1989). 유아기 아동은 어떤 참조 대상을 언급할 때 더 효과적인 언어 전략을 사용할 수 있다(Mathews, Lieven, & Tomasello, 2007).
- 어린 아동은 종종 부적합한 메시지를 보내거나 받은 것을 알지 못한다(Robinson & Robinson, 1983; Beal & Belgrad, 1990; Sodian & Schneider, 1990).
- 수업시간 동안 아동이 하는 말은 교사가 강조한 것을 반영하여 보여 준다(Lawton & Fowell, 1989).
- 아동이 질문하고 토론하고 정보를 알려 주고 또래를 가르치는 기회를 통해, 아동의 말 표현은 교육과정에 영향을 미칠 수 있다(Kessler, 1989).
- 놀이를 위해 제공하는 발달에 적합한 교육과정은 사회적 · 학문적 성공을 가져올 수 있다(Barnett et al., 2008). 다양한 자료를 제공하고 대집단 활동을 더 적게 하는 예비 유치원 프로그램은 만 7세 때 아동의 인지적 수행을 증진시킨다(Montie, Xiang, & Schweinhart, 2006).
- 아동은 부모와의 대화를 통해 또래와 대화를 하는 데 필요한 전략을 배운다(Martinez, 1987).
- 생후 3년째 되는 기간 동안 아동은 가족의 대화를 관찰하면서 관련된 질문과 정보를 가지고 대화에 끼어 들게 된다(Dunn & Shatz, 1989). 어린 아동은 이미 손위 형제와 어머니 간의 대화에 어떻게 참여하는지를 배우고 있다. 확대가족 구성원과의 상호작용 기회는 아동의 스페인어 사용을 강화하는 반면에, 히스패닉 가족의 도서관 방문은 영어 능력을 향상시킨다(Gonzales & Uhing, 2008).

Berk와 동료들은 **사적 언어** 영역을 지속적으로 연구하였는데, 그것은 Vygotsky의 관점

사적 언어(private speech) Vygotsky는 사적 언어가 언어 발달과 언어 사용의 핵심 요소라고 지적하였다.

에서 언어 발달과 사용의 핵심이 된다. Vygotsky에 따르면, 발달은 사회적 언어에서 사적 언어로, 그다음에는 언어적 사고로 진행된다. 대부분의 사적 언어는 자기 지시를 위해 사용되고 또한 단어 놀이, 환상, 그리고 일부는 정의적 표현을 위해 사용될 수 있다. 이 외에도 사적 언어는 언어적 자극, 놀이와 휴식, 감정의 표현, 사고와 경험의 정서적 통합을 위해 사용된다(Berk, 1985). 새로운 과제를 수행할 때 사용하는 사적 언어의 양은 아동이 미래에 과제를 수행할 때의 성공과 긍정적으로 관련이 있다(Behrend, Rosengran, & Perlmutter, 1989).

사적 언어는 아동이 과제를 수행하는 것과 관련된 학습을 지원하기 위해 사용된다(Winsler, Diaz, & Montero, 1997). Winsler와 동료들에 따르면, 아동은 과제 수행에 앞서서 비계 설정이 있으면 실험실에서 제시된 문제를 더 성공적으로 해결할 수 있다. Winsler와 동료들은 사적 언어는 점차 성인의 협조를 대치하는 자기 협조로서 작용한다고 결론을 내렸다. 사적 언어는 성공적인 문제해결을 지원하고 만 3세 반 무렵에 절정에 이르며, 사고를 지원하기 위한 내적 언어가 발달하면서 감소해 간다. 외현적 사적 언어는 만 5세경에 더욱 내현적 사적 언어로 대치된다(Winsler & Naglieri, 2003). 만 5~8세에 아직 외현적인 말이 가장 두드러지고, 그런 다음에 점차 내현적인 말로 전이된다. 어른들은 사적 언어가 중요한 자기 지시 기능을 하고 교실에서 사적 언어를 격려해야 한다는 점을 명심해야 한다. 또한, 어른들은 아동의 사적 언어의 내용을 듣고 아동의 사고에 관해 알 수 있다. 마지막으로 Winsler와 동료들(1997, p. 77)은 성인과 아동의 상호작용에서 다음에 제시된 특성이 사적 언어 단계에 있는 아동을 지원하고 사적 언어 사용을 극대화하도록 하는 데 가장 효과적이라고 제안한다.

- 협동적 · 목표 지향적 활동에 아동을 참여시킨다.
- 도전하기에 적절한 수준에서 아동이 작업하도록 하기 위해 과제 요구와 성인의 도움을 주의 깊게 조절한다.
- 아동이 독립적으로 문제해결을 할 수 있도록 잠시 성인의 통제나 도움을 철회한다.
- 교수의 기본으로서 중요하고 개념적인 질문과 언어적 문제해결 전략을 사용한다.

Krafft와 Berk(1998)는 교실에서 활동 중인 만 3~5세 유아들을 관찰하였다. 관찰된 사적 언어의 빈도는 교사 참여 및 지원 활동에 비하여 또래와 참여하는 활동, 환상 놀이, 연합 놀이와 협동 놀이인 개방적 활동에서 더 많이 나타났다. Krafft와 Berk는 교육과정의 가장 중요한 요소는 또래 상호작용을 촉진하고 아동이 자신의 과제 목표를 설정하고 수정하는 것을 승인하는 가상 놀이라고 결론을 내렸다(p. 656).

Joan Tough(1977)는 어린 아동의 언어 사용에 관해 가장 광범위한 연구를 하였다. 그녀는 만 3세, 만 5세 반, 만 7세 반이 되었을 때 영국 아동의 언어를 수집하였다. 만 3세 때 아동이 표준화된 놀이자료 세트를 가지고 친구와 45~60분 동안 노는 과정에서 사용하는 언

표 21-3 Tough의 언어 범주

기능	사용
1. 지시적 기능	a. 자기 지시 b. 타인 지시
2. 해석적 기능	a. 현재와 과거 경험에 대한 보고 b. 추론
3. 투사적 기능	a. 예측하기 b. 공감하기 c. 상상하기
4. 관계적 기능	a. 자기 보존 b. 상호작용

어를 모은 언어 샘플을 사용하였다.

Tough는 아동의 말을 네 가지 범주 또는 기능으로 분류하였다(표 21-3). 아동이 하는 말에서 **기능**이란 아동이 언어를 사용하여 어떤 목표를 성취하는 수단이다. 각 기능 내에는 하위 범주가 있다. Tough에 따르면 네 가지 기능은 다음과 같다.

1. 지시적 기능: 아동은 행위와 작업을 지시하는 것에 관심이 있다.
   a. 자기 지시적 언어:
      Jimmie: "이 차는 여기 아래로 가고…. 그 작은 차는. 그 차를 여기로 밀고…. 그 작은 차는."
   b. 타인 지향적 언어:
      James: "벽돌을 오른쪽 위에 놓아. 주의해서 해. 그걸 밀지는 마."
2. 해석적 기능: 아동은 사건이나 상황의 의미를 전달한다. 아동은 현재의 경험이나 과거의 기억에 관심을 둔다. 아동은 논리적 추론을 한다.
   a. 보고
      Mark: "저것은 개고, 저것은 고양이야."
      Tim: "나는 큰 배를 봤어. 그 배는 바다 위를 가고 있었어."
      Tom: "차고가 너무 작아서 차를 넣을 수 없어."
   b. 추론
      Jane: "우리가 냉장고에 아이스크림을 넣는 것을 잊어버려서 아이스크림이 녹아 흐물흐물해졌어."
      Andrew: "네가 그 물건을 가진다면 사람들이 너를 좋아하지 않을 거야. 난 그렇게 하지 않아."

기능(function) 아동이 언어를 사용하여 어떤 목적을 성취하는 수단

3. 투사적 기능: 아동은 현재 관여하지 않는 상황에 관해 말한다. 아동은 발생한 적이 없고 결코 발생하지 않을 미래의 어떤 일에 관해 말한다.

   a. 예측하기

   "그 애가 4세 또는 8세가 될 때까지 기다려. 그런 다음에 그 애는 유치원이나 학교에 갈 것이고, 유치원이나 학교에 다니는 새로운 아이가 될 거야."

   "내가 소매를 적셨기 때문에 엄마가 화를 낼 거야."

   b. 공감하기

   "그 남자 아이는 시소를 타고 올라갔다 내려갔다 하는 것을 좋아하지 않아. 그것이 그 아이를 아프게 할 것 같아."

   c. 상상하기

   "그 빌딩이 불에 전부 타고 있어. 어떤 사람이 맨 꼭대기에 있어. 내려올 수가 없어…. 불자동차가 와. 엥 엥 엥 엥…. 사다리를 꺼내. 그것을 세워."

4. 관계적 기능: 아동은 언어를 사용하면서 자신과 다른 사람을 연결한다.

   a. 자기 보존

   "과자를 먹고 싶어."

   "단것을 먹을 수 있어요?"

   "가 버려. 넌 나를 속상하게 하고 있잖아."

   "빨간색 크레용이 있으면 그림을 더 잘 그릴 수 있어."

   "네 그림이 마음에 들지 않아."

   b. 상호작용

   "내가 집에 가야 하니까 내 차를 돌려주겠니?"(자기 보존보다 더 사려 깊고 덜 자기중심적인 관계)

Tough는 수집한 만 3세 아동의 자발적인 말들을 분석하였다. 그는 저소득층 아동의 말과 중상류층 아동의 말의 양은 거의 동일하지만 다양성에서 매우 다르다는 점을 발견하였다. 저소득층 아동의 언어는 현재의 경험과 자신이 하고 있는 활동에만 제한되어 있는 경향이 있다고 지적하였다. 중상류층 아동은 아래에 제시된 것들을 위해 언어를 더 자주 사용하였다.

- 현재와 과거의 경험을 분석하고 추론하며 전체적인 구조를 인식한다.
- 현재의 경험을 미래의 사건, 대안적인 행동 및 그 결과, 그리고 타인의 감정과 경험 속에 투사한다.
- 언어를 많이 사용하는 놀이를 하기 위해 상상적 장면을 만들어 낸다.

Tough는 "학교에서 빈곤한 아동이 불리한 상황에 처하는 것은 이러한 방식으로 사고하고

자 하는 동기와 경험이 부족하고 이러한 언어 사용의 의미에 대해 잘 인식하지 못하는 데서 발생되는 것 같다."라고 결론을 내렸다(1977, pp. 165-166). 문제는 언어적 자원의 부족에서 발생되지 않는다.

6 놀이에서의 언어 사용

사진 21-5 사회극 놀이의 역할을 실연하기 위해서 고도로 발달된 언어 사용 기술을 갖추어야 한다.

어린 아동들은 대부분의 시간을 놀이를 하면서 보내야만 한다. 유아기 동안 놀이 상황은 언어 사용을 위한 풍부한 자원으로 입증되어 왔다. Genishi와 Dyson(2009)은 유아기 아동이 상상력을 발휘하고 언어를 많이 사용하는 자유롭고 비구조적인 놀이 시간을 많이 가져야 할 시기에 전통적인 교사 중심 활동을 하는 경향에 대해 경고하였다. 아동은 자신들과 다른 사람들에게 역할을 제공하고 이야기 구조(story line)를 발달시키고 담화를 만들어 낸다. 그래서 아동은 자신의 언어 기술을 확장하고 적용한다. 아동은 창의성을 발휘하고 사회적 관계를 발달시키고 문제를 해결한다(사진 21-5).

사진 21-6 아동은 웃고 농담을 하면서 언어를 사용한다.

Trawick-Smith(1998a)는 상황이나 주제와는 동떨어진 역할놀이 동안 나타나는 다양한 언어적 상호작용을 기록하였다. 이러한 상호작용의 빈도는 만 3~5세의 경우에 연령에 따라 증가하였다(사진 21-6). 이러한 언어는 다음과 같다.

- 어떤 대상을 변형시켜 "이것을 빗자루라고 하자." 또는 "사냥꾼이 오고 있다고 하자."와 같은 가상적 행동

을 알리는 것

- "James, 오늘이 축제 시작일이지?"와 같은 가상적인 말을 명확하게 하는 것
- "엄마가 정말 화났다고 말하자, 알겠어?"와 같이 내적인 정신적 상태를 말하는 것
- J와 G가 농장 동물들과 놀 때처럼 의견의 일치와 비일치:

  J: "소는 집에서 살아, 그렇지?"

  G: "소는 집에서 살지 않아. 왜냐하면 집을 어지럽히기 때문이야."

  J: "맞아. 그렇지만 침실에서 산다고 하자."

  G: "그래."

Trawick-Smith는 어른이 모델링과 질문을 통해 역할 놀이 밖에서 아동의 대화를 촉진해야만 한다고 제안하였다. 사회극 놀이는 구어를 학습하고 사용하는 데에 있어서 매우 가치롭다.

요약

1 주요 언어 규칙의 정의와 예 확인하기

언어는 말하기, 듣기와 쓰기를 위한 질서정연한 규칙 체계이다. 세 가지 유형의 질서가 있다. 즉, 의미 있는 방식으로 소리를 함께 배열하는 규칙(음운론적·형태론), 수용 가능한 구와 문장을 함께 배열하는 규칙(구문론), 단어의 의미와 적절한 사용을 정하는 규칙(의미론과 화용론)이다.

2 언어 학습에 관한 현재의 관점 설명하기

아동은 단순한 것에서 복잡한 것으로 일련의 단계를 거쳐 언어를 발달시키는 능력을 가지고 태어난다. 이러한 단계를 거치는 언어 발달 속도는 타고난 능력과 환경의 영향에 달려 있다. 언어 학습에는 세 가지 관점이 존재한다. 즉, 학습 이론적 관점, 생득적 구조주의 관점, 사회적 상호작용주의적 관점이다. 세 번째 관점이 가장 널리 알려져 있고 유전과 환경의 상호작용을 강조한다.

3 사고와 언어 간의 관계 기술하기

말이 발달하면서 아동이 말한 것은 아동이 생각하고 있는 것을 반영하는 것처럼 보인다. Vygotsky와 Piaget는 사고와 언어 간의 관계에 관한 발달에서 다른 견해를 보인다. 그러나 두 학사 모두 만 2세경에 사고와 언어 간에 관계가 형성된다는 점에 동의한다.

4 문화, 언어 발달, 언어 사용 간의 관련성을 고려하는 것의 중요성 설명하기

아동을 돌보거나 아동을 대상으로 일하는 성인은 방언, 영어가 아닌 아동의 모국어와 사회경제적 지위과 같은 문화적 요인의 영향에 관한 지식을 갖추고 있어야만 한다. 아프리카식 미국 영어(AAE) 또는 에보닉스(Ebonics)는 그것이 표준말인가, 속어인가에 관계없이 관심을 끈다. USBE 영어를 연구한 사람들은 영어의 아프리카화를 발견하였다. 미국 학교의 구성원들이 더욱 다양해지면서 영어 학습자(ELL)가 더 관심을 받는다. 유치원에서 12학년 학생들 중 20%가 히스패닉계이고, 학교에는 다양한 모국어를 말하는 다양한 집단이 존재한다. 가장 최근에 완전 몰입 외에 제2언어 학습 접근법이 영어를 가르치고 아동의 모국어를 보존시키기 위해 사용되어 왔다. 즉, 부분 몰입, 양방향 몰입, 이중 언어 몰입을 의미한다. 이중 언어 사용은 학업 성취를 지원한다. 낮은 사회경제적 지위는 빈약한 언어 발달과 관련이 있다. 한 교실에 저소득층 아

동을 중류층, 중상류층 아동과 함께 배치하는 것이 저소득층 아동의 언어 숙달을 증진시킬 수 있다.

5 유아기에서 초등학교 시기의 언어 사용의 발달 기술하기

만 2세 반이나 만 3세경에 아동의 말은 성인의 말과 비슷해진다. 아동은 다양한 기능을 위해 언어를 사용하게 된다. 아동은 요구하고 명령하고 상호작용적 말을 하기 시작한다. 아동은 점차적으로 질문하고, 상상을 하며 정보를 사용하게 된다. 유치원에 들어갈 무렵에 예측, 공감, 추론과 같은 더 높은 수준의 기능을 위해 언어를 사용할 수 있어야 한다. 아동은 자기 선택적 놀이 활동을 위해 다양한 자료가 비치되어 있고 적절한 시간이 배정된 교실에서 언어를 가장 잘 발달시킬 수 있다. 유치원 이전 시기와 유치원 시기 동안 자기 지시적 놀이 활동을 위한 도구로 사적 언어가 발달한다. Joan Tough는 어린 아동 언어의 네 가지 기능, 즉 지시적 기능, 해석적 기능, 투사적 기능, 관계적 기능을 제시하였다

6 놀이가 학업 성취와 언어 발달을 어떻게 지원하는지 설명하기

아동은 특히 사회극 놀이를 위한 적절한 시간을 가질 필요가 있다. 사회극 놀이 상황에서 언어를 풍부하게 사용한다. 이러한 상황 속에서 아동은 언어적 기능을 사용하고 사회적 관계 유지를 위해 언어적 기능을 적용하는 법을 배운다. 아동의 사적 언어 사용을 격려하는 것이 중요한데, 이것은 자신의 활동을 지시하기 위해 사용된다.

제22장 문어의 발달과 일상적 사용

이 장과 관련된 표준

naeyc

NAEYC 프로그램 기준

1a: 출생에서 8세까지의 영유아의 특징과 요구를 알고 이해하기

DAP

발달에 적합한 실제(DAP) 지침

3: 중요 목적을 성취하기 위한 교육과정 계획하기

3A 1: 교사는 각 연령 집단에게 필요한 핵심 기술을 이해하고 익숙해진다.

학습목표

1 유아의 문해 발달 지원에서 제기되는 주요 쟁점을 설명한다.

2 읽기와 쓰기에 관한 균형적 관점을 찬성하거나 반대하는 토론을 한다.

3 유아가 읽기와 쓰기에 관해 무엇을 알고 있는지를 기술한다.

4 철자와 활자에 관한 유아의 지식을 기술한다.

5 읽기와 쓰기를 시작하는 유아의 성취에 미치는 사회문화적 영향을 기술한다.

1 문해의 시작

문해자가 되는 것, 즉 읽기와 쓰기를 배우는 것은 영아기와 걸음마기 동안 책과 다른 활자 매체를 경험함으로써 시작된다. 13장과 16장에 그러한 경험에 대한 내용이 수록되어 있다. 이 장에서는 어린 아동이 유아원에서 형식적 교육의 첫 해인 유치원 시기[1]로 전환되면서 유아의 인쇄물(print)에 대한 이해와 사용을 좀 더 깊이 있게 다루었다. 학령 초기의 읽기와 쓰기 학습에 대한 내용은 30장에서 다루고 있다.

1998년 NAEYC와 국제읽기연합회(International Reading Association, IRA)는 어린 아동을 위한 읽기와 쓰기 교수에서 발달에 적합한 실제에 기초한 공동 성명서를 발표하였다(NAEYC/IRA, 1998). 공동 성명서는 초기 읽기와 쓰기에 관한 연구를 철저하게 분석한 것에 기초하였으며, 몇 가지 쟁점들을 다음과 같이 명확하게 제시하였다(pp. 31-32).

- 아동이 능숙하게 읽기와 쓰기를 하도록 가르치는 중요한 이유는 오늘날 요구되는 높은 문해 기준을 성취할 수 있게 하기 위해서이다.
- 오늘날 학교 내에 다양한 가정 배경을 가진 아동들이 늘어나면서 더욱더 실험적인 교수 방법이 시도되고 있다. 교실은 더욱 다양한 집단으로 구성되는데, 즉 문화적으로뿐만 아니라 유아교육 기관에 머무르는 시간의 양과 장애 유형에 따라 다양한 집단이 구성된다.
- 유아교사들 중에는 많은 반대 증거에도 불구하고 아동 발달에 관한 성숙주의적 관점을 고수하는 교사들이 있다. 많은 교사들은 아직까지 발달상 일정 시기에 도달하면 읽기를 위한 준비가 될 것이라는 읽기 준비도 관점을 가지고 있다. 기본적인 이야기 읽기 외에도 유아기 동안의 많은 다양한 문해 경험은 분명히 형식적 읽기 교수를 위한 기초가 될 수 있다(사진 22-1).
- 이른 시기에 문해 습득을 시작하는 것은 어른이나 나이 든 아동에게는 적합한 방법이지만 유아기와 학령 초기 아동에게 비효과적인 부적절한 교수 방법을 사용하게 되는 결과를 초래한다. 부적절하게 실행하는

사진 22-1 함께 책 읽기는 기본적인 문해 활동이다.

1) (역자 주) 미국의 유치원은 초등학교 입학 1년 전인 만 5세에 해당되므로 우리나라 유치원 연령과 다르다.

문해적인(literate) 읽고 쓸 수 있는 것

교수 방법은 대집단으로 가르치고 훈련시키고 단일 기술을 연마하는 데 중점을 둔다. 적절한 실행은 의미 있는 맥락 내에서 이루어지고 어린 아동의 학습 유형에 맞는 교수법을 사용한다.

- 최근의 정책은 예비 교육과 전문성 신장이 요구되는 일로서 유아교사와 초등학교 교사가 모든 아동의 문해 발달을 지원할 자질을 갖추었다는 확신을 주지 못한다. 유아교사들은 종종 공식적 교육이 부족하고 최소 임금을 받는다.

2001년에 통과된 **아동낙오방지법**(No Child Left Behind, 2002; No Child Left Behind: Expanding the Promise, 2005)은 유아교육 기관 교사들에게 아동의 학령 초기 읽기를 준비시키도록 압력을 주었다. 1996년에서 2002년까지 연방정부가 막대한 재원을 교육에 쏟아부었지만 읽기 점수는 향상되지 않았다. 표준화된 검사 점수에 따르면, 미국 4학년 학생의 1/3이 약간 안 되는 학생들만이 능숙하게 읽을 수 있었다. 아동낙오방지법의 목적은 학업 성취를 평가하는 기준과 도구를 마련함으로써 모든 학교에 학생들의 학업 성취를 높이도록 책임을 부여하는 것이다. 단지 과학적으로 입증된 프로그램만 재정적 지원을 받아 왔다. 어떤 프로그램이 '과학적으로 입증된' 것인가에 대해서 정책 입안자와 유아교육자가 반드시 동의하는 것은 아니었다. Richard Allington(2002a)은 아동낙오방지법이 연방정부의 너무 많은 개입을 초래하여 주정부의 자율성을 해친다고 비판하였다. 또한 아동낙오방지법은 어린 아동들에게 부적절한 검사를 과도하게 실시하게 하였다(Kauerz & McMaken, 2004). 2008년 가을에 아동낙오방지법 시행 결과에 대한 Gerald Bracey의 비평은 그것이 이득(good)보다는 해가 더 많다고 제안하였다. 최근 교육부는 아동낙오방지법을 더 융통성 있게 재정비하고 있다(McNeil, 2011).

아동낙오방지법의 일부로서 연방정부 지원 프로그램인 **Early Reading First**는 유치원 연령 이전의 유아에게 학교 입학 준비를 위해 언어와 인지, 초기 읽기 기술을 준비하도록 개발되었다(Kauerz & McMaken, 2004; Early Reading First, 2005). Early Reading First 프로그램의 목표는 다음과 같다(p. 1).

연령에 적합한 발달을 지원하기 위해 과학적 기반과 연구에 기초한 문해 활동과 언어를 제시한다.

- 구어(어휘, 표현 언어, 듣기 이해)
- 음운론적 인식(라이밍, 조합, 분절)
- 인쇄물 인식
- 알파벳 지식

아동낙오방지법(No Child Left Behind, NCLB) 모든 아동이 초등학교 3학년 말에는 읽을 수 있게 할 목적으로 만들어져 2001년에 통과된 연방법

Early Reading First 연방정부에서 유아를 위해 만든 읽기 프로그램

Early Reading First 프로그램이 만들어졌을 때, 많은 유아교육자들은 학업 성취의 기초로서 문해를 강조하면 정의적이고 심리운동적 영역이 도외시될 수 있으며 발달적으로 부적합한 교수법과 평가도구가 사용될 수 있다는 점을 걱정하였다. 예를 들어 Early Reading First는 Dynamic Indicators of Basic Early Literacy Skills(DIBELS)와 같은 진단 검사를 사용하도록 지원하였다. DIBELS는 읽기 성취에 한정된 영역을 평가하고 이해력 측정보다는 읽기 기술을 중점적으로 측정한다(Gordinier & Foster, 2004/2005). Bracey(2008a)는 DIBELS를 '수익성 좋은 바보 짓'(DIBELS의 저자는 150만 달러의 저작료를 받음)이라고 평가하였다. 단지 평가도구로서 DIBELS를 사용하면 내용에 대한 이해 없이 빠른 읽기만을 강조하게 된다(Li & Zhang, 2008).

Phi Delta Kappa/Gallup 40주년 여론조사로 공립학교에 대한 대중의 태도를 알아본 결과(Budshaw & Gallup, 2008), 응답자의 54%가 아동낙오방지법에 대해 전혀 알지 못하였다. 또한 여론조사에 따르면 미국인 4명 중 1명은 아동낙오방지법이 학교를 더 좋게 만든다고 믿었다. 미국인 4명 중 3명은 아동낙오방지법이 해가 되거나 별 다른 차이를 가져오지 못한다고 믿었고, 지역사회에서 학교 간 격차를 초래하는지 아닌지 확신하지 못한다고 답변하였다. 그래서 대중은 아동낙오방지법에 대해 찬성, 반대, 그리고 그 목적에 대한 훨씬 더 많은 정보를 얻을 필요가 있다.

심화학습 인터넷과 전문 학술지를 이용하여 아동낙오방지법의 지지 의견과 반대 의견에 관한 더 많은 정보를 수집하라. 주정부와 지역 수준에서 교육에 관한 아동낙오방지법의 효과에 대한 각각의 입장을 알아보자.

McGee와 Richgels(2008)는 문해 발달의 4단계를 **문해 시작 단계**, **초보적 문해 단계**, **실험적 문해 단계**와 **관례적 문해 단계**로 제시하였다(p. 22). 이러한 단계에 대한 개요는 표 22-1에 제시되어 있다.

인쇄물이 풍부한 환경과 인쇄물 사용을 도와주는 사람들이 많다면 아동은 자연스런 활동을 통해 읽기와 쓰기에 대한 개념을 형성한다. 교육적 향상을 위해 국가는 우리의 교수 체계에서의 단점을 지적하고 재정비를 요구하여 왔다. 유아교육자들은 부적절한 문해 학습을 저지하기 위해 문해와 친숙해지고 이러한 문해 발달 과정의 중요성을 이해하는 것이 매우 필요하다.

문해 시작 단계(beginning literacy) 책과 쓰기 자료와의 기초적이며 의미 있는 경험을 함

초보적 문해 단계(novice reading and writing) 인쇄된 활자가 의미를 전달한다는 것을 인식함

실험적 문해 단계(experimenting reading and writing) 아동이 알파벳 철자를 알고 글자를 쓰고 단순한 단어를 읽으려는 시도를 하는 전이적 기간

관례적 문해 단계(conventional reading and writing) 사회에서 합의한 것에 맞게 실행하는 것이 '진짜' 읽기와 쓰기임

표 22-1 문해 발달의 4단계

단계	특징
문해 시작 단계 (출생~만[2] 3세)	책과 쓰기 자료와의 의미 있고 기본적인 경험을 한다. 아직 쓰여진 상징에서 그 의미를 발견하지 못한다.
초보적 문해 단계 (만 3~5세)	활자화된 본문은 메시지를 전달한다고 인식한다. 비관례적 방식으로 읽기와 쓰기를 시도하지만 아동이 시도한 결과물을 보면 목록, 편지와 이야기가 어떻게 구성되는지를 이해하는 것으로 보인다. 아동은 알파벳 철자 일부와, 선호하는 음식 포장지나 음식점에 표시된 것을 로고로 인식한다.
실험적 문해 단계 (만 5~7세)	전이 시기이다. 일반적으로 모든 알파벳 철자를 인식하고 발명 철자를 만들기 시작하며 익숙하고 반복적인 본문을 읽기 시작한다.
관례적 문해 단계 (만 6~8세)	우리 사회의 대부분의 사람들이 '진짜' 읽기와 쓰기로 인정하는 방식으로 읽고 쓴다.

출처: McGee, L. M., & Richgels, D. J. (2008). *Literacies beginnings: Supporting young readers and writers* (5th ed.). Boston: Allyn & Bacon.

2 균형적인 읽기와 쓰기

Catherine Snow(2002a)는 이른바 읽기 전쟁, 즉 읽기를 가르칠 때 개별 철자의 소리로 시작해야 하는지, 단어의 의미로 시작해야 하는지에 관한 논쟁을 종식시키는 사례를 보여 주었다. 읽기를 가르치는 적합한 접근법으로서 파닉스와 총체적 언어 접근법이 논쟁의 중심에 있다.

파닉스 접근법(발음 중심 접근법)은 철자와 철자 소리 간의 관계에 초점을 두었다. 단어 패턴이 강조되고 아동에게 새로운 단어를 소리 내어 말하도록 격려한다. 단어 쓰기의 규칙처럼 정확하게 읽는 것이 강조된다(Wren, 2003). 이것은 때때로 전통적인 접근으로 간주된다.

읽기와 쓰기에 대한 **총체적 언어 접근법**은 일찍이 언급된 개념으로부터 발달되었다. 총체적 언어철학은 아동과 아동의 요구를 교육과정에서 가장 중시한다(Reutzel & Hollingsworth, 1988). 아동을 자신의 학습에 적극적으로 참여하는 존재로 본다. 총체적 언어 접근법은 인지 발달적 관점이나 구성주의적 관점에 적합하다. 언어를 부분(즉, 읽기, 쓰기, 철자 쓰기, 듣기와 말하기)으로 나누기보다는 전체로 고려한다. 아동은 철자 이름과 소리를 배우는 것으로 시작하기보다는 이야기, 시와 환경인쇄물(예를 들어, 시리얼 상자와 다른 용기에 있는 표시나 라벨)을 통해 자연스럽게 읽기와 쓰기를 배운다.

총체적 언어 접근법으로 가르치는 교실에서 아동은 다양한 상황 속에서 배운다. 일부 아

2) (역자 주) 이 장에서는 한국식 연령 계산으로 인한 혼동을 피하기 위해 연령 앞에 '만'을 붙여 만 나이로 표시한다.

총체적 언어 접근법(whole-language approach) 아동과 아동의 요구를 교육과정의 중심에 두는 접근법. 인지 발달적 또는 구성주의적 관점에 적합하다.

뇌 발달

난독증(읽기 장애, dyslexia)

난독증은 심각한 읽기 문제가 있는 증세를 말한다. 발전된 뇌 기반 연구에 힘입어, 매우 어린 아동의 난독증을 추적하는 것이 가능하다(Lasley, 2009). 지금은 난독증이 시각적 장애가 아니라 단어를 구성하는 소리들을 지각하지 못해서 발생하는 음운론적 문제라고 알려져 있다. 난독증이 있는 아동은 들은 단어를 분리할 수 없다. 쓰여진 단어는 의미가 없다. 뇌 영상 연구는 난독증이 독특한 신경 징후(signature)를 수반한다는 점을 보여 준다. 뇌의 두 영역에서 단어 분석이 단계적으로 느리게 지원된다. 즉, 전두엽 쪽에 위치한 브로카 영역과 후두엽 쪽에 위치한 또 다른 영역이 이에 해당된다. 뇌의 뿌리(bottom of the brain) 쪽에 있는 또 다른 영역(후두 측두골 영역)은 능숙한 읽기자에 의해 활성화된다. 이 영역(단어 형태 영역)에서 능숙한 읽기자는 단어 패턴에 즉각적으로 반응한다. 난독증이 있는 사람은 단어 형태 영역의 활동을 발달시키지 못하기 때문에 단어에서 소리를 추출하는 데 어려움이 있다. EEG 부착으로 신생아의 난독증을 찾아낼 수 있다. EEG를 이용하면 유치원생에게서 미래의 읽기 어려움을 예측할 수 있다. 장기적으로 만 6세 때 적절한 중재를 하면 지속적으로 읽기가 향상된다. 유치원생에게 동일한 소리로 시작되는 단어나 라이밍을 말하도록 하여 난독 증세가 있는 아동을 찾아낼 수 있다. 나이 든 아동에게는 의미 없는 단어를 쓰게 할 수 있다. 더 어린 아동의 경우 말하는 것이 늦다면(15개월 이후에 첫 단어를 말하고 2세 때까지 구나 절을 사용하지 못하면) 난독증으로 볼 수 있다. 음운론적 중재를 통해 말의 정확성이 향상될 수 있으나 유창성(단어 형태) 향상을 위해서는 의료적 중재가 필요할 수도 있다.

출처: Lasley, E. N. (2009). *Ability to catch dyslexia early may stem its effects*. The Dana Foundation; http://www.dana.org.

동은 책상 앞 의자에 앉고, 다른 아동은 베개로 채워진 욕조 안에 있고, 또 다른 아동들은 무릎 받침대를 사용하여 카펫에 앉아 있고, 일부 아동들은 오래된 긴 의자에 앉아 있다. 아동들이 쓴 자료와 그린 그림들이 온 벽면을 채운다. 총체적 언어 접근법을 따르는 교실에서는 흥미 있는 주제에 초점을 맞춘 학습센터에서 학습이 이루어지고, 아동들은 자신에게 흥미 있는 것을 읽고 쓴다. 그래서 결과물보다는 과정이 강조된다. 이곳에서는 발명 철자 쓰기(또는 전환 철자 쓰기)가 받아들여진다(표 22-2). 아동들은 아이디어를 나누고 다른 또래의 작품을 살펴본다. 측정은 관찰과 인터뷰, 토론, 아동의 읽기 영상 또는 녹음 자료와 선정된 아동의 작품 샘플을 통해 이루어진다. 교사는 안내자, 적극적 참여자, 읽기와 쓰기를 하는 데 시간을 보내는 모델 역할을 한다.

Snow(2002a)는 성공적인 읽기자가 숙달해야 할 세 가지 기술을 제시하였다(p. 1). 세 가지 기술의 일부 측면은 발음 중심 교수(파닉스 가르치기)와 관련이 있고, 또 다른 측면은 총체적 언어 접근법과 관련이 있다.

1. 아동은 철자와 소리를 연결하여 인쇄된 단어를 확인한다.
2. 아동은 읽고 있는 단어의 의미를 파악하기 위해 사전 지식과 이해 전략을 사용한다.
3. 아동은 유창하고 빨리 읽고 즐겁게 이해하면서 읽는다.

표 22-2 전통적 방식(파닉스) 대 발명 철자 쓰기(총체적 언어)

전통적 방식으로 철자 쓰기	발명 철자 쓰기
The snake is green.	WAS A PON ATIM
The pig is white.	TAR WAS A
The fish is orange.	HRNINT HWS TAR
George.	WAS A LITL GOST AND TAT LITL GOST WOTIDI SAM WAN RO PLA TAT LITOL GOST GOT SUM WAN TO PLAY WIT JOHN

발음 중심 교수와 총체적 언어 교수 간의 비교는 표 22-2에 제시된 George와 John의 쓰기 예에서 찾아볼 수 있다. George는 안전하게 단지 확실하게 아는 단어만을 사용한다. 마침표를 주의 깊게 사용한 것에 주목하라. John은 위험을 감수한다. 그는 자신의 이야기를 말하고, 들은 단어를 자유롭게 쓴다.

John의 이야기의 요점은 무엇인가? 아직 John이 하는 이야기를 파악하지 못하였다면 다음 글을 보면 알 수 있다.

> 옛날에 유령의 집이 있었어요 작은 유령이 살았어요 작은 유령은 누군가와 놀고 싶었어요 작은 유령은 누군가와 놀았어요. (ONCE UPON A TIME THERE WAS A HAUNTED HOUSE THERE WAS A LITTLE GHOST AND THAT LITTLE GHOST WANTED SOMEONE TO PLAY THAT LITTLE GHOST GOT SOMEONE TO PLAY WITH)

최근 **읽기 교수에 대한 균형적 접근법**—교사는 발음 중심 접근법(파닉스)과 총체적 언어 접근법 모두를 결합하는 시도를 한다—이 강조된다. 그러나 Wren(2003)은 결합하거나 균형을 맞추는 한 가지 공식이 존재하지 않는다는 점을 지적하였다. Wren에 따르면 균형적 접근은 교수법을 개별 아동에게 맞추는 것을 말한다(p. 7). 그러나 교수법이 개별 아동의 학습적 요구에 맞춰진다면 교사는 개별 아동에 대한 관찰과 평가를 통해 그 아동을 가르치는 데 필요한 사항에 중점을 둔 수업을 더욱 능숙하게 계획할 필요가 있다.

읽기 교수에 대한 균형적 접근법(balanced approach to reading instruction) 발음 중심(파닉스) 교수과 총체적 언어 교수의 결합을 시도하는 접근법

읽기에 관한 사실

미국의 국립읽기위원회(National Reading Panel)에서 수행한 연구(No Left Child Behind, 2002)는 읽기 교수의 다섯 가지 핵심 요소를 과학적으로 입증하였다.

1. **음운 인식**: 개별 소리와 단어를 듣고 확인할 수 있는 능력
2. **파닉스**: 문어의 철자와 구어의 소리 간의 관계
3. **유창성**: 본문을 정확하고 신속하게 읽는 능력
4. **어휘**: 효과적으로 의사소통하기 위해 알아야만 하는 단어
5. **이해력**: 들은 것을 이해하고 의미를 파악하는 능력

확실히, 읽기에서의 다섯 가지 요소는 모두 중요하다. 그러나 이러한 요소들이 일상생활과, 수학, 과학과 사회와 같은 내용 영역과 어떻게 연결되는가? 쓰기, 말하기와 듣기는 어떠한가? 국립읽기위원회 보고서는 총체적 언어를 지지하지 않는다. 그렇지만 파닉스를 필요로 하는 아동들을 위해 파닉스 가르치기와 균형을 맞추어 간다면 총체적 언어 접근법이 효과적이지 않다는 증거도 없다(Krashen, 2002). 읽기 학습에 관한 1988년 연구에서 Snow, Burns와 Griffin은 아동에게 철자와 소리의 관계를 이해하는 기술과 더불어 문해 및 언어 경험 모두를 제공하는 균형적 읽기 프로그램이 필요하다는 결론을 내렸다. 학령 초기 아동을 위한 Reading First 프로그램은 3학년 말에 해당 학년 수준으로 읽을 수 있도록 개발되었다(*Reading First Impact Study Final Report*, November, 2008). 평가 연구에 따르면, Reading First 프로그램은 그 목표를 성취하지 못하였다. 다음 절에서 어린 아동의 읽기, 쓰기와 인쇄물에 관한 지식과 문어를 배우는 방법에 대해 구체적으로 살펴볼 것이다.

생각해 보기

유치원생에게 일렬로 철자 A를 쓰게 하고 이 아동들이 종이에 철자를 쓰려고 애쓰는 것을 관찰하라. 여러분은 쓰기에 관해 세 가지 접근 중 어떤 입장을 취하였는가? 이 장을 읽고 여러분의 견해가 변화되었는가?

3 읽기와 쓰기에 관한 유아의 지식

읽기 학습의 첫 단계는 환경에서 단어를 찾아내는 것이다. 문해 사회에서 대부분의 아동들은 인쇄물(print)로 둘러싸인 환경에서 자란다. 가정에는 책, 잡지, 편지, 음식과 다른 물

음운 인식(phonemic awareness) 개별 소리와 단어를 듣고 확인할 수 있는 능력

파닉스(phonics) 문어의 철자와 구어의 소리 간의 관계

유창성(fluency) 본문을 정확하고 빠르게 읽는 능력

어휘력(fluency) 효과적으로 의사소통하기 위해 알아야만 하는 단어들

이해력(comprehension) 들은 것을 이해하고 의미를 파악하는 능력

품을 담는 포장용기, 전화번호부, 텔레비전 프로그램 홍보책자와 같은 다양한 인쇄물이 있다. 단지 매우 가난하고 고립된 지역에서 문맹인 부모와 사는 아동은 유아기 동안 환경인쇄물을 접하기가 힘들 것이다.

문해 관련 연구는 어린 아동이 환경인쇄물을 매우 잘 인식한다는 점을 보여 준다. 아동은 인쇄물이 의미하는 바에 주의를 기울이고 그 의미를 알 수 있다. 아동은 좋아하는 상점이나 패스트푸드 식당과 같이 자주 방문하는 장소와, 치약이나 좋아하는 시리얼와 같은 공산품과 연관된 로고(logo)를 특별히 잘 인식한다. Reutzel, Fawson, Young, Morrison과 Wilcox(2002)에 따르면, 어린 아동의 인쇄물 지식에 관한 개념은 환경인쇄물을 읽는 능력과 관련이 있다. 그래서 환경인쇄물이 파닉스나 음운론적 인식과 같은 요소들의 학습을 위한 발판 역할을 한다.

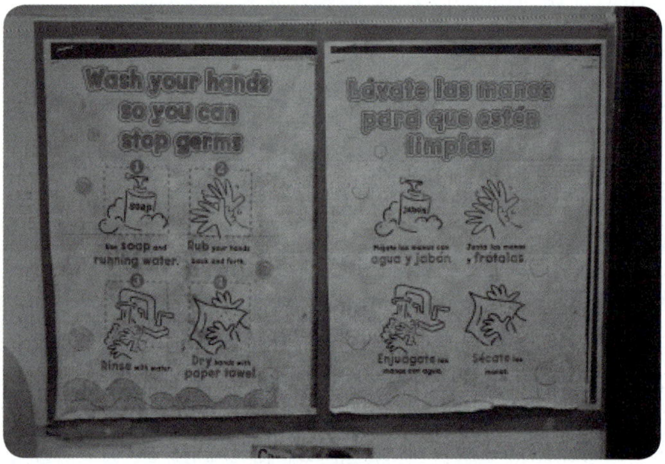

사진 22-2 유아원 주변에 인쇄물이 두드러지게 많이 게시되어 있다.

인쇄물을 접하는 어린 아동은 인쇄물 사용과 관련된 관례나 일부 규칙을 배운다(사진 22-2). 예를 들면 영어에서 글을 읽을 때 왼쪽에서 오른쪽, 위에서 아래로 읽고 책을 앞쪽에서부터 뒤쪽으로 읽는다. 많은 아동들은 유치원 입학 시점에 이러한 관례적 사용을 알고 있다. 반면에 걸음마기아는 책을 거꾸로 들고 보며 책장을 뒤에서부터 넘기는데, 일반적으로 만 5세 아동은 책을 바르게 들고 책장을 앞에서부터 뒤로 넘긴다.

초등학교 연령이 되면 읽기 과정—읽기의 의미, 읽기의 목적과 읽기 방법—과 관련된 것을 정확하게 설명한다. 대부분의 더 어린 아동들은 의식적으로 이러한 개념이 발달하는 과정 중에 있다(McGee, Richgels, & Charlesworth, 1986). 연구에서 다음 사항들이 밝혀졌다(McGee et al., 1986).

- 만 5세 아동에게 책을 주면 많은 아동들이 인쇄된 활자와 그림을 설명할 수 있다.
- 만 3세 아동은 인쇄된 글이 메시지를 전달한다는 것을 안다.
- 어린 아동은 인쇄물(print)은 읽혀지기 위해 적어도 세 가지 다른 철자로 구성되어야 한다고 믿는다.
- 만 6세 아동은 읽기를 위해 특별한 눈의 움직임이 필요하다는 것을 아는 반면, 만 4세 아동은 읽는 것과 단지 책장을 보는 것을 구별하지 못한다.
- 만 3세 아동은 전화번호부, 식료품 목록, 편지, 지도와 같은 인쇄물에 명칭(label)을 붙

일 수 있고 이것들이 어떻게 사용되는지에 관해 말할 수 있는 반면, 만 6세 아동은 각각의 읽기 자료에서 인쇄물의 용도를 구체적으로 알 수 있다.

일반적으로 읽기를 위해 철자 인식이 전제되어야 한다고 알려져 있다. 철자 인식이 중요한 부분인 것은 확실하나 그것이 실제로 전제조건인지의 여부는 연구해야 할 주제로 남아 있다. 연구 결과는, 읽기의 기초가 되는 많은 기술들 중의 하나가 철자 이름 대기이고, 아동은 철자를 인지하기 시작하는 때와 동시에 인쇄물에 관한 개념을 발달시키기 시작한다. 그래서 철자 이름을 가르치는 것이 그 자체로 읽기 성공을 확실하게 보장해 주는 것은 아니지만(McGee et al., 1986), 철자 이름 대기는 철자에 내포되어 있는 말소리를 제공한다(Martin, 2008). McGee와 동료들(1986)은 다음과 같이 결론을 내렸다.

> 어린 아동의 읽기에 관한 지식을 상세히 설명한 연구는 아동이 읽기 사건에 참여함으로써 읽기에 관해 학습하는 것처럼 보인다고 밝혔다. 아동은 인쇄물을 전반적으로 관찰함으로써 환경인쇄물을 읽게 된다. 아동은 철자를 인식하기 전이나 철자를 인식하는 것과 동시에 읽기와 쓰기가 책이나 지시문 등과 같은 인쇄물 형태에서뿐만 아니라 환경인쇄물에서 읽기와 쓰기가 어떻게 이루어지는지를 인식하기 시작한다(사진 22-3).

사진 22-3 유아기 아동은 책 보는 것을 즐긴다.

아동은 알파벳 배우기를 학습지나 '금주의 철자 배우기'와 같은 활동으로 시작하기보다는 아동의 이름으로 시작한다(McNair, 2007; Martin, 2008). 매일 이름 카드를 가지고 연습하기, 이름 카드로 노래하기, 개인 알파벳 책 만들기와 이외 다른 활동들은 아동이 자신의 이름에 있는 철자와 친구의 이름에 있는 철자를 배우고 철자를 쓰도록 동기화한다. 이야기 받아쓰기가 도움이 되는데, 그것은 구어를 활자로 전환하여 보존하고 구어와 문어를 연결시킨다(Tunks & Giles, 2009).

쓰기

연구자들은 어린 아동이 어떤 표시가 의미를 지니고 다른 사람에게 전달되는지를 언제, 어떻게 배우는가에 대해 관심이 있다. 연구자들은 그리는 것과 쓰는 것 간의 관계, 놀이 동안 사용하는 언어와 문어 발달 간의 관계, 문어의 형태와 의사소통을 위한 쓰기 시도 간의 관

그림 22-1 관례적 글자/ 단어 상징에서 쓰여진 메시지는 세균을 나타내는 그림 상징들로 둘러싸여 있다. 글자에서 발견되는 많은 기본 형태가 세균 그림들에서도 나타난다.

계와 알파벳 쓰기 발달에 대해 연구해 왔다.

어린 아동은 그리기를 즐기고 많은 시간을 그리기 활동을 하면서 즐겁게 보낸다(그림 22-1). 어른의 눈으로 보면 초기 단계에서 그리기와 쓰기가 같아 보이지만, 매우 어린 연령에서도 어린 아동은 그 차이를 인식하는 것처럼 보인다. 그리기와 쓰기는 각기 평행적으로 발달하는 것처럼 보이지만, 끼적이기에서부터 표상적 그리기, 그리고 실제 철자를 쓰는 것으로 발달한다. 일부 학자들은 그리기가 쓰기를 지원한다고 보는 반면, 다른 학자들은 쓰기가 그리기를 지원한다는 견해를 보인다. 그리기와 쓰기는 모두 상징적이거나 표상적이다. 즉, 그리기는 사물을 표상하고 쓰기는 말(speech)을 표상한다(Schickedanz & Casbergue, 2004). 교실에서 쓰기 영역은 그리기와 쓰기를 시도하는 장소이다. 쓰기 영역에는 연필, 크레용, 마커, 펠트 펜, 다양한 종류의 종이, 작은 노트, 봉투, 컴퓨터와 프린터처럼 그리기와 쓰기를 위한 자료들이 비치될 수 있다.

아동은 일반적으로 초보 수준에서 알파벳을 인식하고 그것을 쓰기와 연결시킨다. 알파벳을 사용하기 위해 아동은 소리와 철자와의 관계를 인식해야만 한다. 간단한 전래 동요(nursery rhymes)를 배우고 스스로 가락을 만들면서 소리를 인식할 기회를 얻고 궁극적으로 철자와 소리를 연결시킬 수 있게 된다(Shorey, 2007). McBride-Chang(1998)의 연구는 유치원에서 1학년까지 철자와 소리 간의 연결 과정, 발명 철자와 해독 기술에 관한 기록을 보여 준다. 소리 인식은 발명 철자를 만들고 단어를 해독하는 능력과 강하게 관련되어 있다. 발명 철자를 만드는 능력은 소리 인식과 철자 인지 모두를 적용해야 하기 때문에 성공적인 관례적 읽기의 핵심 요인이 된다. 발명 철자 검사(Tangle & Blachman, 1992, McBride-Chang, 1998, 재인용)는 유치원 말과 1학년 초기의 미래 읽기 성취를 예측하는 훌륭한 도구이다.

21장에서 구어 발달을 위한 사회극 놀이의 중요성이 논의된 바 있다. 가상 놀이와 쓰기 간의 관계 또한 연구되었다(Roskos & Christie, 2002). 놀이 또한 상징적인 활동이다. 극놀이 주제에 맞게 놀이할 수 있는 것은 이야기 읽기 경험에 의해 강화되는데, 아동은 이러한 경험을 통해 이야기 본문(텍스트)과 이야기 지식과 친숙하게 된다. 다른 한편으로 극놀이는 아동이 이후 쓰기에서 사용할 수 있는 쓰기 형식(format)에서 담화(narrative)를 발달시킬 기회를 제공한다. 또한 이러한 경험들이 아동이 교과서를 접할 때 도움을 주는 지식으로 제공된다(McGee et al., 1986). 극놀이는 영어 학습자(ELL) 아동의 영어 습득을 지원하는 유용한 도구가 된다(Cheatham & Ro, 2010). Rokos와 Christie(2002)는 극놀이 동안 이루어지는 유아의 문해 활동의 예를 보여 준다. 아동들은 읽고 쓰는 척하면서 메시지를 쓰고 문안 카드를 만들고 자신의 이름 쓰기를 연습하고 사인을 만들며 축적된 문어 지식을 적용해 가면서 철자 쓰기로 전환한다. West와 Cox(2004)는 극놀이에 문해 활동을 포함시키는 다양한 방법을 제시하였다.

아동은 점차적으로 쓰기는 선형적이고 지속적으로 발달한다는 개념을 갖고 자신의 이름 쓰기를 시작한다. 이름은 매우 개인적인 것이고 자신의 이름 쓰기는 고도로 동기화된 목표가 된다. 일반적으로 만 5세경에 자신의 이름을 꽤 잘 쓸 수 있다(McGee et al., 1986). 그렇지만 만 5세 아동들 내에서도 개인차가 크다. 예를 들면 **그림 22-2**는 유치원 입학 전 여름 동안 만 4세 말과 5세 초기에 있는 아동이 자신의 이름을 쓴 것을 보여 준다. **그림 22-3a**와 **22-3b**는 만 4세 아동이 자신의 그림에 이름을 쓴 예이다.

철자와 단어 쓰기를 배우는 것 외에도 다양한 유형의 메시지는 다양한 형태로 나타난다는 것을 안다(**그림 22-4**). 즉, 목록, 편지와 이야기는 각각 특별한 방식으로 구성된다. 예를 들면, 어린 아동은 편지와 봉투의 형태를 구분하는 것으로 보인다. 아동은 알파벳을 베껴 쓰는 활동보다 오히려 문어적 의사소통의 다양한 형태를 탐색하면서 알파벳 철자를 자연스럽게 인식하고 쓸 수 있게 된다(McGee et al., 1986).

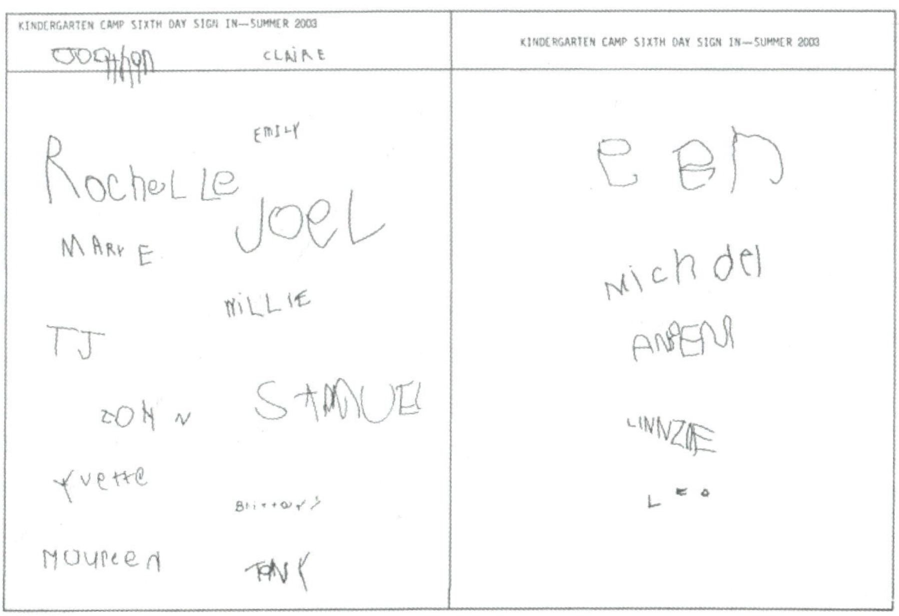

그림 22-2 일반적으로 어린 아동은 자신의 이름을 쓰기 시작한다. 이러한 이름 쓰기는 만 5세 유치원 입학 시점에 나타난다.

a b

그림 22-3 초기 이름 쓰기의 전형적인 형태. Ali는 이름을 반대로 쓰고 Summer에서 's'를 반대로 썼다.

4 인쇄물과 철자에 관한 유아의 지식

연구자들은 어린 아동들이 개별 소리(음소), 음절과 단어와 같은 언어 단위를 의식적으로 어느 정도 인식하는지에 관심을 가져왔다. 이러한 영역은 읽기와 쓰기에서 필수적으로 필요하지만 말하기와 듣기에서는 필요하지 않은 지식이기 때문에 관심을 끈다. 아동을 대상으로 다음 세 가지 영역이 연구되어 왔다. (1) 말의 단위로서의 단어 인식, (2) 단어 지식과 읽기 능력과의 관계, (3) 인쇄물에서 단어 단위에 관한 인식(McGee et al., 1986).

일반적으로 어린 아동은 구어로 표현된 단어들의 구성단위(units)에 대해 혼동한다고 알려져 있다. 그러나 만 5세 유치원 시기와 1학년 입학 시기 동안이 전이 기간으로, 이 기간에 아동은 이러한 청각적 구분을 하기 시작한다. 더욱이 이러한 변별 능력은 읽기 능력 수준과 긍정적으로 관련되어 있다(McGee et al., 1986; McBride-Chang, 1998).

아동이 철자를 만들어 낸다고 알려져 있다. 이러한 발명 철자는 만 5세 유치원 시기에 나타나며 유치원과 초등학교 1학년 사이의 전이 기간까지 지속적으로 나타난다. 철자 쓰기는 1학년 동안 점차 관례적으로 되어 간다. 이러한 발명 철자 또는 **전환 철자**는 영어의 음운론이 어떻게 작동하는지에 대한 아동의 지식을 반영한다. 이러한 지식은 아마도 무의식적으로 존재한다. **그림 22-5**는 유치원아가 그린 할로윈(Halloween) 그림이다. Zach는 자신

전환 철자(transitional spellings) 일반적으로 아동이 친숙한 철자 소리에 근거하여 표준 철자를 쓰기 전에 고안해 낸 철자로, 발명 철자라고도 한다.

그림 22-4 유치원 입학을 위한 여름 프로그램 동안 다양한 편지가 개인 편지함으로 배달되었다. 발달 단계에 주목하라. a, c와 d의 예는 유치원아가 1985년 여름에 Charlesworth 박사에게 쓴 것이고, b는 Samuel이 Juan에게 쓴 것이다. e, f의 예는 쓰기가 더 발달된 Mary가 쓴 것이다.

의 이름을 쓰고 달력을 보고 'October'를 베껴 썼고, 혼자서 'bat'를 관례적 방식으로 썼다. Zach는 'witch'를 나타내기 위해 'wich', 'grave'를 쓰기 위해 'grav'로, 2개의 다른 단어를 위한 철자를 발명하였다. Zach는 단지 무음 철자를 빠뜨리긴 하였지만 뛰어난 음운론적 감각을 가지고 있었다. 유아기 아동의 철자 인식, 소리 연합 지식과 발명 철자에 관한 연구에서 Richgels(1986b)는 철자-소리 대응에 관한 의식적 인식은 발명 철자를 만드는 능력과는 관련이 없다는 것을 발견하였다. 반대로 아마도 철자(알파벳) 이름이 글자 쓰기의 단서가 되

g h i j

그림 22-4 (계속) g, h의 예도 쓰기가 더 발달된 Mary가 쓴 것이다. i와 j의 예는 영재아가 다니는 유치원 아동이 쓴 것이다.

기 때문에 철자 이름 지식은 글자를 쓰는 데 도움이 된다. 예를 들면 "You are my friend."를 위해 "U R MI FRND"라고 쓴다.

Richgels(1986a)는 발명 철자 쓰기 측정도구를 개발하였는데, 그것은 형식적 읽기를 가르치기 위해 1학년의 읽기 준비도를 측정하는 데 사용되는 일반적인 표준화 검사보다 우수

그림 22-5 할로윈 그림에서 유치원 시작 시점에 있는 아동은 그리기와 쓰기가 결합된 표현을 한다.

한 것이다. Richgels는 앞의 예에서와 같이 어른들이 아동이 쓴 철자를 수용하고 인정할 수 있다면 아동 자신의 철자 쓰기를 격려함으로써 아동의 음운론 지식에 대해 많은 것을 알아볼 수 있다. Richgels(2003)는 발명 철자 쓰기와 음운론적 인식 간의 밀접한 관련성을 보여 주었다. 아동의 발명 철자 쓰기는 음소와 철자 간의 관계에 대한 의식적 인식을 보여준다. 아동은 단어 놀이를 통해 언어의 소리 구조(또는 음운론)를 인식하게 된다(Yopp & Yopp, 2009). 영어 학습자(ELL) 아동은 모국어와 영어 모두에서 음운론적 인식을 발달시킬 필요가 있다(Stewart, 2004). 분명히 아동은 형식적인 가르침 없이도 문어에 관해 많은 지식을 습득한다. 발명 철자를 살펴봄으로써 아동이 알고 있는 것을 잘 찾아낼 수 있다. 표 22-3은 초기 읽기와 쓰기에서 유아기부터 초등학교 3학년까지의 연속적인 발달 상황을 보여 준다.

영유아 교육기술

21장에서 어린 아동의 학습을 지원하기 위해 테크놀로지가 다양한 방식으로 사용된다고 기술한 바 있다. 사진 22-4는 초기 읽기를 위해 테크놀로지를 적용하는 예를 보여 준다. 초기 읽기와 쓰기를 위해 적용되는 다양한 사례는 다음과 같다.

- 단어와 상징 처리과정 프로그램인 Symbol 2000 software(Parette, Boeckman, & Hourcade, 2008)
- 출현적 문해자가 읽기와 쓰기를 실행하기 위해 단어와 그림을 선택할 수 있는 소프트 프로그램인 Click 5(Parette, Hourcade, Dinelli, & Broeckman, 2009)
- 유치원아가 사진을 붙이고 설명글을 쓰는 데 사용하는 Knowledge Forum®(Pelletier, Reeve, & Halewood, 2006)
- 받아쓰기 자막이 있는 Digital photo journals(Ching, Wang, Shih, & Kedem, 2006)
- 조기 문해 학습을 지원하기 위한 웹사이트의 사용(Lacina, 2006/2007)
- 읽기와 쓰기 학습에서 고도 장애를 가진 아동을 위한 문해 활동을 개발하는 데 사용되는 PowerPoint™(Parette, Hourcade, Boeckman, & Blum, 2008)

표 22-3 초기 읽기와 쓰기 발달

아동__________ 연령__________ 학년__________
학교__________ 교사__________

아동이 할 수 있는 것	평가 날짜	비고
만 3~4세 유아의 목표: 인식과 탐색		
• 그림책 읽어 주는 것 듣기와 그림책에 대해 이야기하는 것을 즐긴다.		
• 인쇄물이 메시지를 전달한다는 것을 이해한다.		
• 읽기와 쓰기를 시도한다.		
• 환경에서 상표(label)와 기호(sign)를 안다.		
• 라이밍 게임(rhyming games)에 참여한다.		
• 몇몇 철자를 알고 철자와 소리를 연결한다.		
• 문어를 표현하기 위해 알고 있는 글자나 유사 글자를 사용한다.		
만 5세 유아를 위한 목표: 실험적 읽기와 쓰기		
• 단순한 이야기나 정보책을 듣고 다시 말하는 것을 즐긴다.		
• 설명하고 탐색하기 위해 묘사형 언어를 사용한다.		
• 철자를 인지하고 대부분의 철자-소리 연결을 인지한다.		
• 라이밍과 친숙하고 첫소리 인식에 익숙하다.		
• 인쇄물이 왼쪽에서 오른쪽으로, 위에서 아래로 배열되는 것과 같은 기본개념을 이해한다.		
• 구어 단어가 문어 단어와 대응한다는 것을 이해한다.		
• 알파벳 철자, 자신의 이름이나 가족의 이름 또는 고양이, 개 등과 같은 고빈도 단어를 쓰기 시작한다.		
1학년 아동을 위한 목표: 초보적 읽기와 쓰기		
• 친숙한 이야기를 읽고 다시 말한다.		
• 이해하지 못할 때 다시 읽기, 예측하기, 질문하기, 맥락과 관련짓기와 같은 다양한 전략들을 사용한다.		
• 자신의 목적을 위해 읽기와 쓰기를 시도한다.		
• 적절한 수준에서 유창하게 읽을 수 있다.		
• 철자-소리 연합, 단어의 부분들, 맥락을 통해 새로운 단어들을 습득해 간다.		
• 시각 단어의 수가 늘어난다.		
• 한 단어에서 모든 주요 소리를 내고 표현할 수 있다.		
• 개인적으로 의미 있는 주제(topic)에 관해 쓰기를 한다.		
• 마침표와 대문자 사용을 시도한다.		
2학년 아동을 위한 목표: 전이적 읽기와 쓰기		
• 더욱 유창하게 읽는다.		
• 글을 이해하지 못할 때 더 효율적으로 전략들을 사용한다.		
• 새로운 단어를 해독하기 위해 전략을 더 효율적으로 사용한다.		
• 시각 단어 수가 증가한다.		
• 다양한 독자를 위해 광범위한 주제로 글을 쓴다.		
• 단어를 쓰기 위해 일반적인 글자 형태와 단어의 중요한 특징을 사용한다.		
• 정확하게 구두점을 찍고 자신이 쓴 것을 교정한다.		

(다음 쪽에 계속)

표 22-3 초기 읽기와 쓰기 발달(계속)

아동________ 연령________ 학년________
학교________ 교사________

아동이 할 수 있는 것	평가 날짜	비고
2학년 아동을 위한 목표: 전이적 읽기와 쓰기 (계속) • 매일 읽기를 한다. • 주제(topic)를 찾기 위해 읽기를 한다.		
3학년 아동을 위한 목표: 독립적이고 생산적인 읽기와 쓰기 • 유창하게 읽고 읽기를 즐긴다. • 본문으로부터 의미를 끌어낼 때 다양한 전략들을 사용한다. • 모르는 단어를 접하면 자동적으로 단어 확인 전략들을 적절하게 사용한다. • 다양한 본문 구조의 요소들을 인지하고 토의한다. • 본문들 간의 연결을 잘한다. • 이야기, 시, 보고서와 같이 다양한 형태의 쓰기를 한다. • 다양한 본문 형태에 적절한 다양한 어휘를 사용한다. • 작문을 하는 동안과 작문을 한 이후에 자신이 쓴 것을 교정할 수 있다. • 최종 원고에서 단어를 정확하게 쓴다.		

출처: Continuum of Children's Development in Early Reading and Writing. *Learning to Read and Write: Developmentally Appropriate Practice for Young Children, A Position Statement* by NAEYC and International Literacy Association, 1998. 허락을 받아 변용. Copyright © 2011 NAEYC®. 허락하에 번역하고 재인쇄함. 여기에 제시된 번역본의 정확성의 책임은 박학사에 있다.

5 읽기와 쓰기에 관한 문화적 요소

다른 발달 영역과 마찬가지로 문어 발달에 영향을 미치는 사회문화적 요소가 고려되어야만 한다. 예비 유치원에서부터 학령기에 이르기까지 다양한 배경을 가진 아동들이 교실에서 동질적이고 획일화된 활동을 실행하는 것은 모순적인 면이 있다(Genishi & Dyson, 2009, p. 4). Genishi와 Dyson은 사회적 관점에서 학교 교육을 보았다. 아동은 자신의 사회문화적 경험을 바탕으로 구어와 문어를 이해한다. 어린 아동에게 구어와 문어는 개별적 특성이 반영된다. 아동들이 나란히 앉아 소집단 활동을 할 때 쓰기, 그리기와 아이디어 나누기와 같은 개인적 생각이 명백히 나타난다. 아동의 문어 기술 발달

© 2014Cengage Learning

사진 22-4 테크놀로지 활동으로 알파벳을 경험한다.

을 위한 또 다른 중요한 측면은 아동에게 문화적으로 불편하지 않으면서 관련된 문학작품을 제공하는 것이다. 잡지 칼럼과 기사에서 모국어로 된 적절한 책을 추천하고 있다. Isabel Schon(예: 2007)은 *Young Children*이라는 잡지에 스페인어로 책에 관한 칼럼을 쓴다. *Children Education*에서 Tami Al-Hazza(2007)는 아랍 아동들을 위한 문학작품을 소개하였다. 이러한 활동을 통해 자존감을 높여 주고 정보를 제공하며 영감을 주는 책이 소개될 수 있다(Brinson, 2009). 예를 들면 Brinson(2009)은 아프리카계 미국 여성의 자부심을 지원할 수 있는 책들을 소개하였다.

많은 연구에서 읽기와 쓰기에 관한 아동의 기초 지식을 탐구하여 왔다. 예를 들면 Korat(2005)는 이스라엘 유치원 아동들을 대상으로 저소득층 아동과 중산층 아동의 문해에 관한 기술과 지식을 비교하였다. Korat는 두 가지 유형의 문해 지식을 살펴보았다.

1. **맥락적 지식**: 인쇄물 자료 사용법, 환경인쇄물에 대한 인지, 인쇄물의 기능
2. **탈맥락적 지식**: 인쇄물 개념, 음운 인식, 철자 이름, 출현적 쓰기, 단어 인지

Korat는 두 가지 사회경제적 집단은 맥락적 지식에서는 동일하였으나 탈맥락적 지식에서 중류층 아동들이 더 발달한 것을 발견하였다. Korat의 연구 결과는 출현적 문해의 탈맥락적 지식이 아동의 출현적 단어 인지와 출현적 쓰기의 가장 중요한 요소라는 점을 시사한다(p. 234). Korat는 저소득층의 유치원 교육과정에서 탈맥락적 요소들을 우선적으로 고려해야 한다고 하였다.

언어와 문화는 아동이 글을 읽고 쓰는 것을 습득하는 데 장애가 될 수도 있다. 오스트레일리아 원주민의 유아기 문해 학습에 관한 Simpson과 Clancy(2005)의 글에서 비주류 언어와 다양한 문화적 관습에 관한 백인 교사의 이해 부족이 어린 원주민 아동에게 어떻게 부정적 피드백을 제공하고 학업적 발전을 방해하는지를 보여 주었다. 교수적 접근에서 백인 교사들은 질문을 통해 가르치고 반면에 원주민 아동들은 관찰과 모방을 통해 배우는 것을 선호하였다.

미국에서 아프리카계 아동은 빈약한 읽기 성취를 보인다(Bowman, 2002). 모든 아프리카계 미국 아동의 거의 반 정도가 가난하게 사는데, 가난이 발달을 저해시킬 수 있다. 이러한 아동의 대부분이 저소득 가정에서 능력을 발휘하고 배울 수 있다 할지라도 음성언어, 음운론적 이해, 철자 지식과 같은 기본적 읽기 기술은 증진되지 않을 수도 있다. Snow(2002b)는 아프리카계 미국인과 백인의 어휘 격차를 기술하였다. 그녀는 문해를 위한 기초로서 아프리카계 부모들은 아동과의 일상적 대화와 언어 관련 활동의 중요성을 이해할 필요가 있다고 제안하였다.

이러한 단순한 예들은 사회문화적 맥락에서 문어 지식의 발달과 이해를 고려해야 한다는 점을 보여 준다.

생각해 보기

유아 교실의 쓰기 영역에 가장 필수적 자료는 무엇이라고 생각하는가? 쓰기 영역으로 어떻게 접근시킬 것인가?(예: 아동들이 자유롭게 와서 참여하게 할 것인가?)

요약

1 유아의 문해 발달 지원에서 제기되는 주요 쟁점을 설명하기

읽고 쓰기 위하여 아동은 영아기 초기부터 책과 인쇄물을 경험할 필요가 있다. NAEYC와 IRA는 어린 아동들의 문해 교수를 위한 발달적으로 적합한 실제에 관한 연합적 입장을 공표하였다. 공표문은 비적절한 교수법에 대해 경고하였다. 아동낙오방지법의 통과는 결과적으로 비적절한 교수법을 사용하여 시험 결과가 잘 나오게 가르치도록 압력을 가하였다. 문해 발달은 다음 4단계로 진행된다. 문해 시작 단계(출생~만 3세), 초보적 문해 단계(만 3~5세), 실험적 문해 단계(만 5~7세), 관례적 문해 단계(만 6~8세). 어른들의 지원과 더불어 인쇄물이 풍부한 환경은 아동들에게 읽기와 쓰기에 관한 개념을 제공한다.

2 읽기와 쓰기에 관한 균형적 관점을 찬성하거나 반대하는 토론을 하기

문어 발달은 균형적인 교수 접근법으로 강화된다. 읽고 쓰기를 처음 시작하는 아동은 읽기, 쓰기, 철자 쓰기와 구어를 통합하고, 음운 인식과 소리-상징 관계에 관한 균형적 작업을 하는 총체적 언어 접근으로 도움을 받는다. 아동에게 책과 인쇄물을 풍부하게 제공하고 다양한 쓰기 자료를 이용 가능하게 하는 접근법은 아동을 읽기와 쓰기에 전념하게 할 수 있게 하고, 인쇄된 활자를 의미 있게 하고, 의미 있는 맥락 내에서 발음을 할 수 있게 한다. 발명 철자 쓰기는 아동이 가상적 쓰기에서 관례적 쓰기로 이동하는 전이 단계에서 나타난다. 국립읽기위원회는 성공적 읽기의 다섯 가지 요소를 제시하였다. 음운 인식, 파닉스(발음 중심법), 유창성, 어휘력와 이해력이다. 그런데 불행하게도 이해력은 충분한 관심을 받지 못하고 있다.

3 유아가 읽기와 쓰기에 관해 알고 있는 것을 기술하기

아동은 환경인쇄물을 인식하고 있다. 인쇄물로 둘러싸여 있고 매일 책을 읽는다면 아동은 구어와 문어를 곧바로 연결시킨다. 만 5세 유치원 입학 시점에 아동은 뒤에서부터 앞으로 책장을 넘기고 왼쪽에서부터 오른쪽으로 본문을 읽는 것처럼 인쇄물을 관례적으로 사용하는 것을 안다. 철자의 이름은 아동이 전환 철자 쓰기(또는 발명 철자 쓰기)에서 단어를 만들어 내도록 도와준다. 가장 중요한 글자 이름은 아동 자신의 이름 속에 있는 글자들이다.

쓰기는 아동의 그리기와 더불어 발달한다. 쓰기의 가장 기본적 형태는 아동의 그림에서 찾아볼 수 있다. 소리와 단어 간의 연결은 아동의 음운 인식의 발달을 지원한다. 역할 놀이와 쓰기는 밀접한 관련이 있다. 쓰기 자료는 역할 놀이를 지원하는 중요한 자료가 된다. 이름 쓰기를 배우는 것은 어린 아동들에게 동기를 부여하여 다른 단어들을 쓰도록 이끌 것이다. 어린 아동은 다양한 형태의 쓰기 자료(예: 목록, 편지, 책, 기호, 기타 등)가 있다는 것을 알게 된다.

4 인쇄된 활자와 철자에 관한 유아의 지식을 기술하기

언어 단위를 배우는 것은 유아기 아동에게 어려운 일이나. 그러나 만 5세 유치원 아동은 청각적 변별이 가능한 전이 단계로 진입한다. 청각적 변별을 할 수 있는 것은 읽기 능력과 관련이 있다. 발명 철자 또는 전환 철자를 사용하는 것은 문해 발달의 중요한 요소이다. 발명 철자는 아동이 단어를 어떻게 써야 하는지에 대해 얼마만큼 이해하고 있는지를 보여 준다.

5 읽기와 쓰기를 시작하는 유아의 성취에 미치는 사회문화적 영향을 기술하기

사회경제적 지위(SES)와 같은 사회문화적 요소와 문화적 관습은 또한 읽기와 쓰기를 시작하는 아동의 성취에 영향을 미친다. 아동의 쓰기는 아동의 사고와 그들 문화에 관한 생각을 보여 준다. 일반적으로 저소득층의 아동은 중류층 아동들보다 읽기와 쓰기 경험이 부족한 상태로 학교에 입학한다. 따라서 아동의 문화를 존중하는 교수 방법을 사용하고 문학작품을 제공해야 할 필요가 있다.

제23장

지능과 창의성

이 장과 관련된 표준

naeyc

NAEYC 프로그램 기준

1a: 출생에서 8세까지의 영유아의 특징과 요구를 알고 이해하기

DAP

발달에 적합한 실제(DAP) 지침

3: 중요 목적을 성취하기 위한 교육과정 계획하기

3A 1: 교사는 각 연령 집단에게 필요한 핵심 기술을 이해하고 익숙해진다.

학습목표

1 지능에 관한 심리측정적 접근, 인지 발달적 접근, 정보처리적 접근, 지능의 삼원 이론, 다중 지능 이론, 생태학적 접근의 특징을 구별한다.
2 영유아 평가에서 IQ 검사와 점수의 사용에 대한 비판점을 열거한다.
3 비차별적 검사의 속성을 인식한다.
4 지능, 창의성, 영재성의 관련성을 논의한다.

지금까지 우리는 개념 발달 그리고 구어와 문어 발달에 반영된 인지를 조사하였다. 지능과 창의성은 인지 발달과 인지 과정에 전반적인 영향을 미친다. 영유아와 활동하는 성인은 지능이 어떻게 정의되는지, 지능 측정을 위한 IQ 검사 사용이 어떤 비판을 받고 있는지, 그리고 영유아의 지적 발달에 미치는 환경의 역할은 무엇인지에 대해 인식할 필요가 있다. 또한 영유아 발달에서 창의적 측면을 인식하여 창의적 성장과 발달을 지지해 주는 적절한 방식으로 활동하는 것이 중요하다. 그 외에도 지능, 창의성과 영재성의 관계를 이해할 필요가 있다. 이 장은 지능과 창의성의 다양한 측면들을 조명한다.

1 지능이란 무엇인가?

가장 넓은 의미에서 **지능**이란 경험을 유용할 수 있는 능력, 즉 사람이 인생의 발전을 위해 자신의 능력과 기회를 이용할 수 있는 정도를 말한다. 지능을 측정하고, 정의하고, 연구하는 데 있어서 다양한 관점들이 있다. 이러한 관점들에는 심리측정적 접근(미국식 이론), 정보처리적 관점(정신적 표상과 처리), 인지 발달적 관점(Piaget 이론), 성공적 지능 이론(Sternberg), 다중 지능 이론(Gardner), 그리고 생태학적(자연주의적) 관점이 포함된다.

심리측징직 접근은 개인치의 측정, 즉 한 개인과 다른 개인의 비교를 강조한다. 또한 개인의 지능을 추정하기 위해 측정되는 행동들로는 획득된 지식과 언어 능력들을 강조한다. **정보처리적 접근**(또는 인지과학적 접근)은 문제해결 과제에서 밟아 나가는 모든 단계들을 확인하고사 한다. 정보처리 관점은 문제해결을 전체적으로 보기보다는 한 개인이 문제를 해결하기 위해 밟아 나가는 단계들을 상당히 구체적으로 다룬다. 예를 들어, 정보처리 심리학자들은 IQ 검사 문제들에 대한 답에 도달하기 위해서, 또는 Piaget식 보존 과제를 해결하기 위해서 어떤 지적 단계들을 거치는지를 정확하게 규명하려고 한다. 궁극적인 목적은 개인의 문제해결 책략들을 컴퓨터로 시뮬레이션(모의실험)할 수 있게 하는 것이다. **인지 발달적 접근**은 지능 성장의 지표로서, 논리적 사고, 추론 및 문제해결의 발달 단계를 강조한다. **생태학적 접근**은 지능을 개인이 인생에 대처하고 적응해 나갈 수 있는 정도라고 본다. Sternberg와 동료들(Sternberg, Torff, & Grigorenko, 1998)에 의해 개발된 **성공적 지능 이론**

지능(intelligence) 경험을 유용할 수 있는 능력, 즉 사람이 인생의 발전을 위해 자신의 능력과 기회를 이용할 수 있는 정도

심리측정적 접근(psychometric approach) 개인차의 측정, 즉 한 개인과 다른 개인의 비교를 강조한다. 또한 개인의 지능을 추정하기 위해 측정되는 행동들로는 획득된 지식과 언어 능력들을 강조한다.

정보처리적 접근(information-processing approach) 개인이 문제를 해결하기 위해 사용하는 과정을 강조한다.

인지 발달적 접근(cognitive-developmental approach) 지능 성장의 지표로서 논리적 사고, 추론 및 문제해결의 발달 단계를 강조한다.

생태학적 접근(ethological approach) 지능을 개인이 인생에 대처하고 적응해 나갈 수 있는 정도라고 본다.

접근은 개인이 자신의 인생 목적에 도달하기 위해 사용하는 지능을 강조한다. 이 지능은 특정 사회문화적 맥락 내에서 발견되며, 분석적 · 창의적 · 실용적 능력의 적용을 포함한다. Gardner(1983, 1984, 1999)가 개발한 **다중 지능 이론**은 Piaget 이론과 마찬가지로 생물학적 기반을 갖고 있지만, 지능이 잠재적으로 다양한 유형으로 구분되어 있다고 본다.

여섯 가지 관점들의 정의, 측정 방법, 주요 강조점, 측정 내용 등이 표 23-1에 요약적으로 제시되어 있다. 표를 살펴보면, 관점들의 전반적 차이점을 알 수 있다. 즉, 심리측정적 접근과 정보처리적 접근들은 매우 구조화되고 특수하게 정의된 행동 표본을 강조하고 있다. 또한 인지 발달적 접근, 삼원 이론, 다중 지능 접근은 다소 개방적인 표본들을 보여 준다. 또 한편, 생태학적 접근은 개인의 일상생활에서 전반적 적응을 강조한다.

심리측정적 접근

다음은 심리측정적 접근의 예이다. Lewis Terman과 동료들은 Alfred Binet가 개발한 프랑스의 검사를 영어로 번역하여 Stanford-Binet(Leslie, 2000) 검사라고 명명하고, 검사 점수를 지능 지수(IQ)라고 불렀다. 80년 이상 동안, Stanford-Binet 검사나 그와 유사한 검사가 거의 모든 미국 학령기 아동에게 시행되었다. 유아들에게는 Wechsler 검사들이 자주 사용되었다(Bjorklund, 2012).

> 한 유아가 표준화된 지능 검사를 받고 있다. 그 유아는 검사자와 함께 작은 탁자에 앉아 있다. 검사자는 유아에게 일련의 과제를 하나씩 제시해 주고 있다. 과제들은 블록으로 탑을 만들거나, 신체 부위를 알아맞히거나, 그림에서 본 것을 토론하는 것들로 구성되어 있다(Cole, Cole, & Lightfoot, 2005). 유아가 수행한 답이 검사 개발자가 기술해 놓은 가능한 정답 유형과 비교하여 얼마나 정확한가에 따라서 점수를 받게 된다. 그다음에는 유아가 받은 IQ 점수를 동일 연령의 다른 유아의 점수와 비교한다. IQ 90~110의 점수는 그 유아의 검사 결과가 평균에 속한다는 의미이다. 110 이상의 점수는 그 유아가 평균 이상이며, 90 이하의 점수는 평균 이하의 수행을 보여 주는 것이다.

정보처리적 접근

정보처리적 접근은 지능의 심리측정적 접근과 Piaget식 측정의 약점을 보완하고자 한 시도이다(Siegler & Richards, 1982). 정보처리는 개인이 문제를 해결하는 데 사용하는 과정을

성공적 지능 이론(theory of successful intelligence) 개인이 분석적 · 창의적 · 실용적 능력을 사회에 적용할 수 있는 능력

다중 지능 이론(theory of multiple intelligences) Gardner가 개발한 것으로, 지능을 여덟 가지 유형의 잠재성으로 보는 이론

표 23-1 지능의 여섯 가지 관점

지능의 특성	심리측정적 접근	인지 발달적 접근	생태학적 접근	정보처리적 접근	성공적 지능 이론	다중 지능 이론
정의	지능이 뛰어난 사람이 하는 것	아동이 구성해 가며 새로운 상황에 적응하는 것	지능적으로 행동할 수 있는 성향: 문제해결을 통해 적응하는 것	사람들이 정보를 표상하고 처리하는 방식들에서 유도된 지능	특정 사회적 맥락 내에서 개인적 목적을 달성하기 위해 지능을 사용하는 것	지능을 여덟 가지 유형으로 구분 • 언어적 지능 • 논리적-수학적 지능 • 신체-운동 지능 • 대인관계 지능 • 개인 내 지능 • 음악적 지능 • 공간적 지능 • 자연주의적 지능
측정 방식 및 장소	통제된 상황에서 구조화된 일련의 과제로 측정	통제된 장면에서 개방된 질문을 사용하여 측정	개인이 속한 환경에서 일상생활 과제를 통해 관찰	실험실 장면에서 일대일로 측정	기억을 평가하는 선다형 질문, 분석적 · 창의적 · 실용적 성취를 측정하는 수행 평가, 교실 활동	자연스러운 장면 또는 자연적 장면에서 비간섭적 측정
강조점	개인차	각 발달 단계에서 논리적 사고의 공통성	적응적 문제해결에 필요한 인지적 능력의 규명	정보처리에서 가장 상세한 기초적 단위들; 상징의 조작	분석적 · 창의적 · 실용적 영역을 적용시킨 지도 방법으로, 각 아동의 강점을 활용하는 삼원 이론	각 영역마다 발달상 다른 수준을 성취하게 함, 개인의 지적 강점에 맞는 활동들을 짝지어 줌
측정 내용	획득된 지식과 언어 능력	추론 능력과 문제해결 능력	일상 활동의 관찰을 통해 적응 수준을 평가	정밀하고 검증 가능한 기억과 문제해결 단계들에서 지적 기능	일상적 교실 검사로 측정되는 기억, 분석적 · 창의적 · 실용적 지능의 적용	전체 지능의 부분을 구성하는 다중 지능 유형들

강조한다. 기억 과정과 문제해결은 정보처리 연구의 초점이었다. 기억 용량, 책략, 조직화와 같은 기억 요인들이 연구되었다. 문제해결 과정을 과제 분석 차원에서, 또는 하나의 과제를 하위 단계들로 나누어 조사한다. 예를 들어, 앞서 기술된 Piaget식 수 보존 과제를 해결하려고 하는 아동을 관찰해 보자. 그 아동이 여러 집합들을 조사하여 공간을 더 크게 차지한 집합이 다른 집합보다 개수를 더 많이 가지고 있다고 결정하는가? 아동이 일대일 대응을 사용하여 그것들을 확인하는가? 각 집합의 수를 세어 가며 확인하는가? 아동이 공간 배열상의 변화로는 존재하는 사물의 개수에 영향을 주지 못한다는 것을 알고 있는가? 아동이 그 과제를 해결한 자체보다 해결에 어떻게 도달하는지를 강조한다.

❁ 인지 발달적 접근

인지 발달적 접근의 예가 20장에 기술된 Piaget식 임상적 면접이다. Montreal 대학교의 심리학 연구소에 있는 몇 명의 심리학자들(Pinard & Sharp, 1972)이 Piaget 과제를 사용한 지능 검사들을 개발하였다. 그 검사들 가운데 하나가 사물이 뜨고 가라앉는 과제들을 포함한다. 검사자와 아동이 작은 탁자에 앉는다. 그 탁자 위에는 작은 물 탱크가 있다. 다양한 작은 사물들이 이용될 수 있다. Pinard와 Sharp(1972, pp. 66-67)는 아동에게 제시되는 과제를 기술하고 있다. 그 면접 내용은 다음과 같다.

> 검사자가 아동에게 못을 들어 보여 주면서, 아동이 원하면 만져 보게 하며 다음과 같이 말한다. "만약 우리가 이 못을 물에 넣으면 그것이 바닥으로 내려갈까, 아니면 물 위에 떠 있을까?"
>
> 아동: 바닥으로 내려가요.
>
> 검사자: 왜 바닥으로 내려간다고 생각하는지를 나에게 설명해 주겠니?
>
> 아동: 무거워서요.
>
> 검사자: 그럼 네가 못을 물에 집어넣고 무엇이 일어나는지를 보자.
>
> 아동이 못을 물에 집어넣는다. 못이 바닥에 가라앉는다.
>
> 검사자: 못이 왜 바닥으로 내려갔다고 생각하니?
>
> 아동: 못이 스스로 밀어 내려갔어요.

아동에게 여러 가지 사물들을 제시해 준다. 매번 아동이 그 사물을 물에 넣기 전에 무엇이 일어날 것인지를 예측해 보고 그 이유를 설명해 보게 한다. 심리측정적 검사에서와 마찬가지로 옳고 그른 답이 없다. Piaget식 검사에서는 단지 아동이 일련의 발달 단계에서 어느 단계에 있는지 알기 위해 평가를 한다. 이 4세 반 된 아동은 전형적인 전조작적 반응을 보여 준다.

성공적 지능의 삼원 이론

Sternberg와 동료들(1998)의 성공적 지능 이론은 "성공적 지능이란 개인이 인생, 즉 자신이 속한 사회문화적 맥락 내에서 스스로 설정한 목적들을 달성하기 위해 자신의 지능을 사용하는 것을 포함한다."(p. 668)라는 신념에 기초한 것이다. 따라서 성공적 지능 이론은 개인들이 자신의 지적 능력을 성공적으로 적용시키는 정도에 근거한 비교적 광범위한 이론이다. Sternberg와 동료들에 따르면, 성공적 지능은 분석적 · 창의적 · 실용적이라는 세 가지 능력 영역으로 구성되어 있다. 이 세 가지 능력 모두를 가르침으로써, 모든 사람이 강점을 활용하고, 약점을 보완하고, 학습 내용을 보유해 나갈 수 있는 동등한 기회를 갖게 될 것이다. 이러한 교수 방법을 **삼원 교수법**이라 부른다. 성취도 평가에서는 기억을 평가하는 선다형 질문들이 사용된다. 삼원 능력을 평가하기 위해서는 수행 평가가 사용된다. 분석적 평가는 상상력을 포함하는 문제해결 과제와 프로젝트를 조직하는 실제적 과제를 통해서 이루어진다. 다음은 3학년 학생의 사회과 영역의 수행 평가에 관한 예이다(Sternberg et al., 1998, p. 669).

- 분석적 평가: 학생들에게 각각의 주정부마다 주지사가 왜 필요한지, 주지사의 지위에 왜 권한이 있어야 하는지, 그리고 어떤 특권과 제한이 있어야 하는지를 묻는다.
- 창의적 평가: 학생들에게 그 누구도 훌륭한 시민이 되려고 하지 않는 장소, 즉 그 누구도 학교나 지역사회의 규칙에 따르려고 하지 않는 장소에 있다고 상상해 보라고 한다. 이러한 장소에 방문하는 경우를 이야기로 써 보라고 한다.
- 실제적 평가: 학생들에게 학급 회장을 뽑기 위한 선거를 조직하기 위해 학급의 '선거 위원'으로서 수행할 단계들을 기술해 보게 한다.

이 세 가지 방법 모두를 가르칠 때, 학생들은 세 가지 유형의 수행 평가와 전통적인 기억 평가를 잘하게 된다. 다양한 교수 전략을 사용함으로써 모든 학생들이 학습 내용을 잘 수행할 수 있는 기회를 갖게 될 것이다.

다중 지능 이론

1983년 Howard Gardner는 다중 지능 이론을 제안하였다. Gardner는 사람이 전반적 지능을 갖고 있지만, 이 지능이 여러 부분으로 나뉠 수 있고, 각 부분은 전체 지능에 기여한다고 생각한다. 각 지능은 능력이지, 학습 유형이 아니다. 이러한 재능들은 학교에서 연마되는 것이지만, 직접 가르칠 수 있는 것은 아니다. Gardner는 원래 일곱 가지 지능을 확인하였다.

1. 언어적 지능: 언어의 숙달

삼원 교수법(triarchic instruction) 분석적 · 창의적 · 실용적 능력을 적용시킨 교수법

2. 음악적 지능: 음악적 재능의 수준
3. 논리적-수학적 지능: 사물의 세계와 세기와 서열화하기와 같은 사물에 대해 수행하는 행위의 숙달
4. 공간적 지능: 세상을 정확하게 지각할 수 있는 능력, 자신의 최초 지각을 변형시키고 수정할 수 있는 능력, 그리고 시각적 자극이 제시되지 않아도 시감각 양식을 통해 학습한 것을 재창조할 수 있는 능력
5. 신체-운동 지능: 자신의 신체를 능숙하게 사용할 수 있는 능력과 사물을 능숙하게 다룰 수 있는 능력
6. 개인 내 지능: 자신의 내적 느낌에 접근하기. 예를 들어 쾌와 고통을 구별하는 것
7. 대인관계 지능: 다른 사람의 기분, 기질, 동기 및 의도를 인식할 수 있는 능력

후에, Gardner(1999)는 여덟 번째 영역을 추가하고 아홉 번째 영역을 고려하고 있다.

8. 자연주의적 지능: 식물과 동물의 자연 세계와, 자동차와 신발과 같은 사물로 이루어진 광물 세계에서의 중요한 차이를 인식할 수 있는 능력
9. 영적/실존적 지능: 인생, 죽음 그리고 궁극적인 실존의 문제를 제기하고 사고할 수 있는 능력

측정은 자연스런 장면에서 아동 행동을 관찰함으로써 이루어진다(Hatch & Gardner, 1986; Gardner & Hatch, 1989; Gardner, 1993; Krechevsky, 1998). Gardner는 표준화된 검사들이 주로 언어와 논리적 능력을 측정한다는 점에서 매우 제한되어 있다는 것을 전제로 하고 있다. 따라서 새로운 측정 방법은 문화적으로 친숙하고 자연스런 활동을 하는 동안에 나타나는 모든 영역의 지능을 다루는 것이 필요하다.

Gardner의 제안은 세 가지 프로젝트를 통해 실행되었다(Gardenr & Hatch, 1989; Gardner, 1993). 아트 프로펠(Art PROPEL)은 중등 수준에서 예술 분야의 성장과 학습을 평가하기 위한 방법을 찾아내었다. 보급용 자료들이 개발되었다. 초등 수준에서 시행된 Indianapolis의 키 스쿨(Key School) 프로젝트는 다중 지능 이론에 기초하여 개발된 교육과정으로, 학생들이 다중 지능에서 정의된 자신의 강점에서부터 활동해 나간다(Armstrong, 2002). 미국 Tufts 대학교와 Harvard 대학교에서 시행된 프로젝트 스펙트럼(Project Spectrum)은 취학 전 유아의 아동 중심 교육과정에 적합한 평가들을 개발하였고, 그 이후에는 유치원과 1학년 아동을 위한 평가도구로 확장시켰다. 자료들은 프로젝트 제로(Project Zero)의 e-서점에서 구입할 수 있다. 프로젝트 스펙트럼 평가는 다중 지능을 이용하도록 고안된 특수 활동을 통해 수행된다(Krechevsky, 1991; Gardner, 1993; Krechevsky, 1998). 활동들은 정규 학급 구조의 학습 영역에서 제공된다. 활동들의 범주는 육류 다지는 기계를 분해하고 조립하는 특수 활동에서부터 과학 발견 영역과 같은 개방적인 활동에 이르기까

지 폭넓다. 성장은 채점표, 관찰 체크리스트, 포트폴리오, 녹음기와 같은 다양한 방법으로 기록된다. 스펙트럼 평가 체계는 여러 가지 독특한 차원들을 포함하고 있다(Krechevsky, 1991, 1998; Gardner, 1993; Krechevsky, 1998).

- 평가가 일상 활동에 통합되어 있어 교육과정과 평가 사이의 연결이 모호하다.
- 평가는 의미 있는 실제 활동에 스며들어 있다.
- 사용된 측정은 '공평한 지능(intelligence fair)' 검사이다. 즉, 언어와 논리 이상의 지능들이 다루어진다.
- 아동들의 강점이 강조된다.
- 아동의 '작업 양식(working style)'이 고려된다(예: 인내력 있는 vs 좌절되는, 사려 깊은 vs 충동적인, 자신감 있는 vs 자신 없는; 시각/청각에 반응하는 그리고/또는 운동적 단서에 반응하는)

프로젝트 스펙트럼에 대한 전반적인 내용과 초기 학습 활동은 Chen, Krechevsky와 Viens (1998), Chen(1998)의 논문에 포함되어 있다. Gardner의 목표는 아동이 편안하고 생산적인 느낌을 받을 수 있는 역할을 발견할 수 있게 하기 위해서 아동들이 표준화된 검사의 좁은 관점에서 벗어나 자신의 지능을 발견하게 하고, 정보를 직업적인 여가 선택 활동들로 나아가는 지침서로 이용할 수 있게 하는 것이다. 좀 더 구체적인 적용은 24장에 기술되어 있다.

생태학적 접근

생태학적 접근에서는 검사자가 아니라 관찰자이다. 아동을 평가하는 장소는 탁자 한 개와 의자 두 개만 있는 작은 방이 아니라, 아동의 자연스런 환경이다. 관찰자는 뒤에 앉아서 아동의 행동을 기록하게 된다. 관찰자는 아동이 문제해결 상황을 어떻게 대처하는지와 같은 특수한 종류의 적응을 살펴보게 된다(Charlesworth, 1978). 또는 이상적인 적응을 나타낼 만한 일반적 행동도 살펴볼 수 있다(사진 23-1).

사진 23-1 평가는 아동의 정규 교실 활동에서 교사의 관찰을 통해 이루어질 수 있다. 교실에서 아동들의 작업은 평가에 필요한 풍부한 정보를 주는 원천이다.

심리측정적 접근이 아동의 지적

능력을 공정하지 않게 묘사한다고 주장하는 많은 사람들(Cole, Cole, & Lightfoot, 2005)은 지능 검사 점수가 그동안 아동들에게 상처를 주는 방식으로 이용되었으며, 아동들이 자신의 잠재 가능성에 도달하는 것을 방해하였다고 생각한다.

2 IQ 점수: 비판점과 주의점

여러 가지 이유로 IQ 검사들과 IQ 점수의 사용에 대한 비판이 확산되었다(Fleege, 1997).

- IQ 점수가 학교 성공을 예측해 주기는 하지만, 그 점수가 대처 능력으로 간주되지 않는다.
- IQ 점수를 잘못 사용하여 실제 그렇지 않은 아동에게도 발달적으로 장애가 있는 아동이라는 꼬리표를 붙인다. 그 아동들은 단순히 검사 수행 능력이 낮은 것일 수도 있다.
- IQ 검사 내용이 정답을 하는 데 필요한 영어권의 언어 능력 또는 지식과 경험을 갖고 있지 않은 아동들에게는 공정하지 않다.
- 유아들의 검사 반응은 검사할 때마다 일관되지 않는다.
- 검사 준비와 검사의 실시가 스트레스 수준을 높인다.

Kanaya와 Ceci(2007)는 IQ 점수를 특수교육 배정을 위해 사용하는 것이 위험군의 아동들에게는 공정하지 않을 수 있다는 예를 제시하였다. 지적 지체(mental retardation, MR)를 나타내는 IQ 점수의 기준점은 70이다. 플린 효과(Flynn effect)라 알려진 현상으로, 전 세계적으로 매년 IQ 점수가 꾸준히 올라가고 있다. 따라서 70이라는 IQ 점수 요구 조건을 충족시키는 아동들의 수도 점차 감소하고 있다. 특수교육에 배정되어 혜택을 받아야 할 아동이 제외된다. 그러나 그 검사들의 규준을 재설정하여 플린 효과를 제거했을 때, 어떤 아동들은 특수교육 서비스를 진정 필요로 하지 않는데도 특수교육에 배치될 수 있다. Kanaya와 Ceci에 따르면, 주요 준거로서 IQ 점수의 기준점 사용이 매우 문제가 있다.

지적 능력이 인종에 따라 차이가 있는지(Gould, 1982; Moore, 1982; Jensen, 1985; Moore, 1985; Kanaya & Ceci, 2007) 또는 소수 민족이나 낮은 사회경제적 지위(SES)의 아동이 받은 낮은 점수가 지능 검사의 편향성을 반영하는 것인지(McGowan & Johnson, 1984; Cole & Washinton, 1986; Kanaya & Ceci, 2007; Bjorklund, 2012)에 관하여 상당한 논란이 제기되어 왔다. Constance Kamii(1990)를 비롯한 다른 학자들(예: Ogbu, 1994; Brooks-Gunn, Klebanov, & Duncan, 1996; Gonzalez, 1996)은 특히 유급이나 특수 프로그램의 입학과 같은 중요한 교육적 결정이 표준화 점수 결과에 의해 좌우된다면, 문화적 편향성이 영유아기에 표준화 검사의 사용을 제한해야 하는 주요 요인이라고 생각한다. 영유아의 특성과 미처 발달하지 못한 그들의 능력을 고려해 볼 때, 어린 아동과 일하는 성인은 IQ 검사와 다른 표준화 검사 점수를 사용하고 해석하는 데 주의를 기울여야 한다. 배치 또는 유급

결정을 내리기 전에 다양한 측정 결과들을 검토해야 한다.

소수 집단의 아동들은 표준화된 IQ 검사로 평가받을 때 종종 불리하다. Gonzalez는 형식적 학교 교육, 가정 환경 및 SES와 같은 사회문화적 요인들이 지능에 어떻게 영향을 미치는지를 지적해 준다. 문화적으로 공평한 도구들을 개발하고자 하는 노력은 성공적이지 못하다. 앞서 언급된 바와 같이, Gardner와 Sternberg 두 학자 모두 다른 종류의 평가 척도를 실험하고 있다. 연구들은 언어를 배우는 영유아들이 언어적 측면보다는 비언어적 측면의 수행을 더 잘한다는 것을 보여 준다. Gonzalez는 우리가 다음과 같은 것들을 이해할 것을 제안한다.

- 소수 집단과 다수 집단의 아동의 인지를 평가하는 데 있어서, 언어적 절차와 비언어적 절차는 대안적인 것이 아니라 상호 보완적인 준거이다.
- 모국어와 제2언어를 사용하는 이중 언어의 아동들에게는 언어적 과제와 비언어적 과제 둘 다를 실시해야 한다.
- 소수 언어를 사용하는 아동들을 위한 다양한 이론과 평가 모델이 개발될 필요가 있다. 그 모델은 새로운 대안적 측정 결과를 낳을 것이다.

현재 측정되는 지능은 아동의 전반적 잠재력이 아닌, 언어 및 논리수학적 지식에 초점을 두고 있다.

Hastorf는 IQ 검사의 예언적 가치에 대한 Terman의 장기간의 연구에 대하여, 검사들이 '학교에서 똑똑한' 아동을 잘 구별해 주는 것이라고 설명한다(Leslie, 2000에서 인용). 다시 말하면, 검사가 아동들이 학교에서 얼마나 잘할 것인지를 예언해 주지만, 유전, 생물학적 건강 및 동기와 같은 다른 요인들도 역시 학교 성공에 영향을 미친다. 같은 IQ 점수를 가진 아동들도 그들의 지구력, 자신감, 초기 부모 개입에서의 차이로 인해 그 성취 수준이 다를 수 있다.

3 지능: 환경과 문화적 영향

영유아와 일하는 성인은 개별적 교수 프로그램을 계획하고 평가하기 위해 아동의 지적 능력의 평가를 고려해야 한다. 교사는 형식적 검사 또는 비형식적 검사로부터 얻은 정보와 더불어 학급, 가정, 이웃에서의 수행도 고려해야 한다. 여러 기관들이 유아에게 발달적으로 적절하고 공정한 평가에 대한 입장을 표명하였다. 미국유아교육협회(NAEYC)와 미국 교육부 산하 유아교육전문가협회(NAECS/SDE)(2003)는 교육과정, 평가, 프로그램 평가에 대하여 공동으로 입장 표명을 하였고, 이어서 어린 영어 학습자들(young English Languae learner)의 진단과 평가에 대한 입장을 보완하였다(NAEYC & NAECS/SDE, 2005). 미국특수 아동협의회(CEC)의 유아사무국(2007)에서는 장애 아동을 위한 부가적인 정책강령을 만들었다.

> **생각해 보기**
>
> 당신의 어린 시절을 돌이켜 생각해 보자. 당신의 지능이 평가되었을 때를 기억할 수 있는가? 만약 기억이 난다면 평가의 목적을 기억하는가? 평가하는 동안에 여러분의 느낌이 어떠하였는가?

Sternberg(2007)는 '성공적인 지능'이란 자신의 이론을 다양한 문화에서 지능을 정의하고 평가하는 데 적용할 수 있는 사례를 만들었다. Sternberg의 이론에서는 지능을 "성공에 대한 자신만의 정의에 따라서, 자신이 속한 사회문화적 맥락 내에서 인생 성공에 필요한 것"(p. 148)이라고 정의한다. 다른 문화에서 지적인 수행은 서구 문화에서 가치 있게 여기는 학문적 강조점이 없을 수 있다. 예를 들어 어떤 아동에게는 야생에서의 생존 능력을 학습하는 것이 필수적인 반면에, 다른 아동에게는 정중함을 배우는 것이 중요할 수 있다. Sternberg는 역동적 평가, 즉 교수의 일부가 되는 평가를 권장한다. 이러한 접근은 Vygotsky의 근접 발달 영역(ZPD) 교수법과 일맥 상통한다. 교사들은 자신이 가르치는 아동의 가족들이 지능을 어떻게 정의를 내리는지를 당연히 알아야 한다.

학급이나 학교에서 아동 집단의 평가도 역시 IQ 점수를 넘어서 아동과의 면접 정보, 체크리스트, 학급 관찰, 아동의 활동 포트폴리오를 사용하는 것이 바람직하다(Kamii, 1990; Fleege, 1997; Shores & Grace, 1998; McAfee, Leong, & Bodrova, 2004). 참평가(실제 상황 평가)(authentic assessment) 정보는 인위적인 개인 또는 집단 검사 상황이 아니라, 아동들이 일상 활동을 하고 있을 때, 발달적으로 적절한 학생 활동을 통해서, 발달적으로 적절한 과제를 이용한 개인 면접 동안에 얻어지는 것이다. 이에 대한 상세한 지침은 NAEYC/NAECS/SDE의 입장(2003)을 참조하라.

영유아와 일하는 교사들이 고려해야 할 주요 사항은 프로그램의 장기 효과이다. 영유아의 교사는 아동의 첫 학교 경험을 다룬다. 교사가 한 아동에게 장기적 영향을 끼치는가? 아동이 초기 교육 경험을 받지 않는 경우보다 인생에 대해 더 잘 대처할 수 있을 것인가? 1950년대와 1960년대 영아 및 취학 전 프로그램에 참여한 아동들에 대한 장기간의 추적 연구와 초기 모델과 다른 모델의 연구들은 매우 고무적이다(Lazar, Darlington, Murray, Royce, & Snipper, 1982; Miller & Bizzell, 1983; Miller, 1984; Farnsworth, Schweinhart, & Berrueta-Clement, 1985; Schweinhart & Weikart, 1985, 1997; Schweinhart, Weikart, & Larner, 1986; Frede & Barnett, 1992; Schweinhart, Barnes, & Weikart, 1993; Bracey, 1994; Campbell & Ramey, 1994; Schweinhart & Weinkart, 1997; Schweinhart, 2002; Bracey & Stellar, 2003). 예를 들어, 이 아동들은 학교를 다니는 동안 특수교육에 덜 배정받았다. 또한 그 아동들은 취학 전 교육 경험이 없는 아동들보다 유급 가능성이 더 낮았다. 3학년 동안 IQ 점수에서 단기 증가를 보였다. 취학 전 프로그램은 아동들에게 저학년 동안 성공적으로 대처하는 데 필요한 언어 및 개념 능력들을 가르친다. 이러한 취학 전 프로그램도 역시 학교를 다니는 동안에 읽기, 쓰기, 셈하기 기술을 더 잘 수행할 수 있게 해 준다. 최근 추적 연구는 질적인 취학 전 교육의 장기적 가치를 지지해 준다(Campbell, Wasik, Pungello, Burchinal, Barbarin, Kainz, Sparling, & Ramey, 2008; Jacobson, 2008; Reynolds, Temple,

Ou, Arteaga, & White, 2011). 그러나 지식의 간극을 채워 줄 좀 더 많은 연구가 요구된다(Takanishi & Bogard, 2007). 사회문화적 영역에서 변화하는 아동기 준비 과정에 대한 장기적 연구가 필요하다. 과거에 시작된 연구들에서 조사된 아동들 대부분이 아프리카계 미국인이었다. 오늘날의 인구 분포를 보면, 히스패닉 인구가 급속히 증가하고 있으며, 다양한 나라에서 온 이민자들이 증가하고 있다. Britto, Yoshikaswwa, & Boiler(2001)는 사회정책 보고서에서 질적인 유아 발달 프로그램의 장기 효과에 대한 증거들을 검토하였다.

심화학습 학급을 두 집단으로 나누어 보자. 한 집단은 환경보다 유전이 지능에 더 강한 영향을 미치는 이유들을 열거해 보자. 다른 집단은 유전보다 환경이 지능에 강한 영향을 미치는 이유들을 열거해 보자. 각 집단은 커다란 포스터 판, 칠판, 또는 오버헤드 프로젝트를 사용하여 그 이유들을 기록해 보자. 마지막으로 제시된 두 가지 입장의 합의를 이끌어 내어 보자.

4 창의성이란 무엇인가?

Houston(2006)은 과거 우리에게 경제적 성공을 가져다준 우리 문화의 강점을 평가한다. 그는 우리가 학문적 지식 분야에서 서로 경쟁하기보다는 혁신에 전력을 기울여야 한다는 것을 강조해야 한다고 제안한다. Houston은 우리의 미래가 창의성에 달려 있다고 믿는다. 창의적 문제해결과 혁신적 디자인을 발견하는 것이 우리의 초점이어야 한다. 교사는 **창의성**의 모델이어야 한다. 우리는 아동기 초기 교육에서 결과가 아닌 과정이 중요하다고 오랫

창의성(creativity) 독창성, 실험성, 상상력, 그리고 탐색 정신을 반영하는 행동 측면

뇌 발달

창의성

Balzac(2010)의 보고서에 따르면, Albert Einstein은 창의성에서 뇌 역할을 이해하는 데 유용한 방법은 매우 창조적인 사람의 뇌를 연구하는 것이라고 생각하였다. Einstein은 사후 자신의 뇌를 연구용으로 기증하였다. 상당 부분들이 손실되기는 하였지만, 창의적 뇌의 특징에 대한 정보를 충분히 제공해 주었다. 창의적 뇌는 높은 수준의 연결성을 보여 준다. 이는 고도로 발달된 창의성에 필수적인 것이다. 즉, 보통은 연결되어 있지 않은 부분들이 연결될 수 있다. Einstein의 창의적인 아이디어는 공간 추론에 있다. 분명한 것은, 그의 비정상적인 좌반구 발달이 우반구를 공간 연산에 특화되게 해 주었다는 것이다. 대안적 해결책을 개발하거나 발산적 사고를 하는 능력은 창의적 사고에 결정적인 것이다. 연결되어 있지 않았던 뇌 부위들이 서로 연결되어야 한다. 사람들은 배운 지식에서 벗어나서 대안적인 연결을 할 수 있어야 한다. 전두엽은 창의성에 가장 중요한 뇌 부위인 듯하다. 창의성은 독립적이고 발산적인 사고를 촉진하는 우수한 교육적 요소를 갖춘 풍부한 환경에서 육성될 수 있다.

출처: Balzac, F. (2010, July 5). Exploring the brain's role in creativity. *Neuropsychiatry Review*. *The Creative Leadership Forum*; http://www.thecreativeleadershipforum.com.

사진 23-2 창의성이란 어린 아동이 자신이 속한 환경에 있는 자료들을 상상력 있고 독창적으로 탐색하는 데에 반영되어 있다.

그림 23-1 '말 탄 여자 아이'처럼 아동이 원래 생각한 방식대로 그릴 때 창의적이 된다.

동안 주장해 왔다. Houston은 글을 잘 읽지 못하거나, 철자를 정확하게 쓰지 못하거나, 또는 수학을 잘하지 못하는 학습 부진아라 할지라도 그들은 농구장에서 10명의 선수 움직임을 이해할 수 있고 복잡한 노래 가사를 기억할 수 있음을 지적한다. 어떻게든 이 아동들의 능력과 자산이 활용되어야 한다.

우리는 창의성에 초점을 맞추어야 할 연령이 있다(사진 23-2). 그림 23-1과 23-2에 제시된 아동들의 그림은 창의적인가? 그림 23-1의 Kate의 말 탄 여자 아이 그림은 어떤가? 그 그림은 학령기 아동이나 성인에게 창의적인 것과 같은 의미에서 정말 창의적인 것인가, 아니면 세상을 전조작적 시각으로 보기 때문에 창의적으로 보이는 것인가? 성인에게는 새로운 것이 아니지만 유아들에게 새로운 것이라면, 유아들에게는 그 어떤 것도 창의적인 것으로 간주될 수 있다.

Piaget와 Vygotsky는 창의성의 개념을 이론적으로 이해하는 데 기여하였다(Ayman-Nolley, 1988). 두 학자 모두 창의성이 아동들의 상상놀이에서 나타난다고 보았다. 아동들의 상상놀이는 실제에서 벗어나, 그들의 전조작적 사고방식에 의해 왜곡된 반영물이다. Piaget와 Vygotsky에 따르면, 진정한 창의적 상상은 청년기와 성인기에 들어서 추상적 사고와 개념화가 가능해질 때 발달한다. 두 이론가는 모두 자신들의 생각을 예술적 행동에는 적용하였지만, 그에 비해 과학적 발명에 대해서는 거의 언급하지 않았다. Isenberg와 Jalongo(2006)에 따르면, 어떤 행동이 창의적인 것으로 간주되려면 아동의 사고 과정에서 다음 네 가지 기준을 충족시켜야 한다.

1. **독창성**: 우연성이 낮고, 새로운 아이디어 또는 아이디어들의 새로운 조합을 반영한 것인가?

그림 23-2A 아버지 모습을 그린 유치원생들의 그림: 초기 표상 수준에서부터 좀 더 성숙한 수준의 표상까지

그림 23-2B 아버지 모습을 그린 1학년생들의 그림: 초기 표상 수준에서 좀 더 구체적이고 전조작기 형태의 표상 수준까지

2. **적절성과 관련성**: 아동의 목적을 반영한 것인가?
3. **유창성**: 아이디어의 결과들을 이전의 지식으로부터 쉽게 발전시킬 수 있는가?
4. **융통성**(또는 유연성): 어떤 아이디어나 자료를 그 누구도 본 적이 없는 새로운 방식으로 사용하는 것을 보여 주는가?

이러한 기준을 사용하여 아동의 행동이 창의적이냐 비창의적이냐를 평가하고, 아동들에게 해결해야 할 문제와 발명 자료를 제공해 줄 때도 이러한 기준을 사용하여 그들의 상상력을 평가하도록 한다.

영재성이란 무엇인가?

미국영재교육협회(National Association for Gifted Children)에 따르면, "**영재**란 한 영역 이상의 표현 분야에서 발군의 성취 수준을 보여 주는 잠재력을 지닌 사람이다." 영재성의 어떤 측면들은 매우 일반적이지만, 지적 능력, 창조적 사고, 리더십, 시각/공연 예술, 또는 특수 학문적 능력에서 특별한 재능이 발견될 수 있다.

Walker, Hafenstein과 Crow-Enslow(1999)와 Renzulli(2002)는 영재성의 개념이 일반적인 높은 학문적 성취에 대한 전통적 강조점을 뛰어넘는 것이라고 설명한다. 취학 전 유아들에 대한 연구는 과학, 예술, 음악과 같은 특수한 분야에서의 영재성을 입증하고 있다. 영재아들은 차별화된 교육 프로그램을 필요할 정도로 하나 이상의 분야에서 뛰어난 지식과 능력을 보여 준다. Walker와 동료들은 아동의 지적 영재성을 보여 줄 수 있는 인지, 정서, 신체 발달 영역의 특징들을 기술하고 있다(p. 33).

- 인지적 특징: 높은 언어 발달 수준, 빠른 사고, 독창적 아이디어와 해결책 생성 능력, 학습 민감성, 그리고 합성 및 추상적 사고 능력. 그들은 특히 흥미를 끄는 주제나 활동에 대해서는 이례적인 주의집중 시간을 보여 준다.
- 정의적 특징: 사람을 조직하고 싶어 하는 경향성은 놀이 친구를 조직하기 위해 게임을 발명할 수 있고, 정서적으로 민감하며, 환경을 잘 인식한다. 그러나 지적으로 동등한 사람들과 사귈 기회가 없다면 사회적으로 고립될 수 있다.
- 신체적 특징: 소근육 운동 능력이 지적 발달에 비해 뒤처져 있어, 머릿속에 있는 것을 그려 내거나 구성하지 못할 수 있다.

독창성(originality) 우연성이 낮고, 새로운 아이디어 또는 아이디어들의 새로운 조합을 반영한 행동

적절성과 관련성(appropriate and relevant) 아동의 목적을 반영한 행동

유창성(fluency) 이전의 지식으로부터 쉽게 발전되는 아이디어들

융통성(flexibility) 어떤 아이디어나 자료를 그 누구도 본 적이 없는 새로운 방식으로 사용하는 것

영재(gifted person) 최소한 한 영역에서 우수한 성취를 보여 주거나 잠재성을 보여 주는 사람

현실에서의 아동 발달

창의성의 위기

미국에는 창의적 문제해결 능력을 갖춘 사람들이 부족하다. Bronson과 Merryman(2010)은 Torrance 창의성 검사의 예언적 가치에 대한 연구들을 검토하였다. Torrance의 과제에서 좀 더 창의적 사고를 나타낸 아동들이 발명가, 대학교 학장, 작가, 의사, 소프트웨어 개발자가 될 가능성이 더 높았다. 창의성 점수가 1990년대까지는 증가하다가 그 이후 꾸준히 감소하였다. 교사들은 교육과정 기준들에 압도되었고, 교육과정에서 예술 영역이 감소하였다. Bronson과 Merryman은 예술 영역만이 창의성이 나타나는 유일한 분야가 아니며, 아동들에게 자신의 사고 능력을 사용하고 창의적으로 사고하는 것을 배울 수 있는 프로젝트를 제공해 준다면 창의성이 교육과정에 스며들 수 있음을 지적한다. 아동들은 문제해결 과정에서 발산적 사고와 수렴적 사고 둘 다를 사용할 수 있다. 먼저 아동들은 사실 발견(우리가 이미 알고 있는 것)을 하게 하고, 그다음에 문제 발견(작동할 가능성이 가장 높은 것)을 하고, 그다음에는 아이디어 발견(가능한 한 많은 아이디어를 생성하기)을 하고, 마지막으로 해결책 발견(어떤 아이디어가 가장 최적으로 작동하는지)을 할 수 있다. 어린 아동들에게 적절한 문제는 그들의 흥미와 자연스런 호기심에서 출발하는 것이다. 취학 전 유아들은 평균적으로 매일 100개의 질문을 한다. 중학생들은 그 이상 질문을 하지 않는다. 창의성을 격려하는 방법은 다음과 같다.

- 안정감을 주면서 아동의 독특성을 지지해 주기
- 역할 놀이 격려하기(사진 23-3)
- 지나치게 복잡한 정보로 아동이 과부화 걸리지 않게 하기
- 인습에 얽매이지 않은 대답, 이따금씩의 혼란, 호기심의 우회로를 견디어 주기
- 아동들이 자신의 질문에 대한 답을 발견하도록 안내하기
- 아동들이 자신의 열정을 추구해 나가도록 허용하기

출처: Bronson, B., & Merryman, A. (2010). The creativity crisis. *Newsweek*, July 10; http://www.newsweek.com/2010/07/10.

Karnes와 Schwedel(1983)에 따르면, 어린 영재아는 호기심이 유난히 많으며, 다른 아동들보다 질문을 더 많이 하며, 뛰어난 문제해결력을 보이며, 지략이 더 많다.

영재아들은 하루 종일 영재성을 보인다는 것을 명심하는 것이 중요하다(Rotigel, 2003). 따라서 영재아들은 학교와 집에서 항상 적절한 경험을 가질 필요가 있다. 사회적 · 정서적 발달은 자신의 연령에 전형적인 수준이지만 지적으로 앞서 있는 지적 영재아는 때때로 또래 집단에 어울리기 위해 자신의 영재성을 숨긴다. 그들은 자신의 지적 · 정서적 · 사회적 욕구를 충족시키기 위해 다양한 수준에 있는 또래 집단이 필요하다.

사진 23-3 역할 놀이는 창의성을 고무시켜 준다.

영재성을 정의하고 측정하는 것은 논란의 여지가 있는 문제이다(Hoge, 1988). 누가 영재성이 있고 영재성이 없는지를 결정하기 위해 적절한 측정을 선택하는 데는 많은 어려움이 있다. 영재성을 정의하는 것도 어려운 문제이고, 영재아를 확인할 수 있는 타당하고 신뢰로운 도구를 발견하는 것도 어려운 문제이다. 영재아의 정의에는 동기와 창의성과 같은 구인이 포함되어 있지만, 실제적 확인은 항상 IQ 검사 점수에 좌우된다. 그런 선발 수단들은 영재성을 나타내는 특질들과 IQ 검사의 약점을 무시한다. 영재아를 확인하는 절차들이 문화적으로 더욱 다양해지는 집단들을 반영해 주지 못한다(Cohen, 2000; Lohman, 2004; Allen & Cowdery, 2012). Jackson과 Sacks(1994, p. 8)에 따르면, 영재성이 있는 아프리카계 미국 아동과 라틴계 아동의 발견을 방해하는 몇 가지 이유가 있다. "(1) 영재성에 대한 지나치게 협소한 정의, (2) IQ 점수와 성취도 검사 점수에 대한 과도한 비중, (3) 유럽계 미국인이 많은 교육구에 있는 교직원들의 이 아동들에 대한 낮은 기대." 12개의 비백인 교육구에 대한 조사에 따르면, 영재 프로그램에 소수 집단의 아동들이 실제보다 적게 포함되어 있다고 밝혔다. Jackson과 Sacks는 소수집단의 낮은 SES의 아동들을 검사하기에 앞서 사고능력을 발달시키기 위해 고안된 지적 자극을 투입시키고 그들이 성취할 수 있는 것을 입증하도록 잘 준비시켜 줄 것을 권고하고 있다.

미국 교육부의 교육 개혁 및 연구과(Office of Educational Research and Improvement in the U.S. Department of Education)에서 출판된 한 보고서(*Talent and diversity*, 1998)에서 제한된 영어 능력을 가진 학생들(limited English proficient studnets, LEP Students)이 영재 교육 프로그램에 실제보다 적게 포함되어 있음을 논의하고 있다. 그러나 이 보고서는 Gardner의 지능 이론과 Sternberg의 지능 이론을 점차 수용하고 있으며 영재아를 선발하는 주요 수단이었던 IQ 점수에서 벗어나려고 하고 있다고 지적하고 있다. 그럼에도 불구하고 LEP 학생들은 관례적인 선발 절차의 적용으로 인한 영향을 가장 심각하게 받는다. 다음은 LEP 학생들이 받는 장애 요소이다(p. 14).

- 영재 가능성의 지표를 인식하지 못하는 교사의 무능력
- 교사의 편견적 태도(예: LEP 학생들, 특히 낮은 SES인 경우에는 가정에서 교육적 활동의 혜택을 받지 못한다고 당연시하는 것)

LEP 학생들을 영재 교육 프로그램에 포함시키려면 지능과 능력의 새로운 평가 방법과 문화적 규준과 관련된 확장된 관점이 요구된다.

창의성, 지능, 그리고 영재성

창의성과 영재성의 정의는 겹친다. 그러나 그 두 가지가 반드시 함께 가는 것은 아니다. 즉, 아동이 지능에서 뛰어나다 할지라도 매우 창의적이지 않을 수 있거나 또는 매우 창의적이

지만 지능상 뛰어나지 않을 수 있다. 아동이 창의성과 지적 능력에서 둘 다 낮거나, 한 영역에서는 영재성이 있지만 다른 영역에서는 영재성이 없을 수 있다. 각 아동을 개별적으로 살펴보고, 그 아동 방식으로 그리고 아동이 흥미를 보이는 영역에서 창의성을 발달시켜 나가도록 도와주어야 한다.

❁ 창의성, 호기심, 그리고 문제해결

문제해결 능력과 호기심은 창의성 정의에 중요한 요소들이다. Torrance(1983)는 학교에 들어갈 시점에는 모든 아동에게서 어느 정도 발달하는 여러 가지 유형의 창의적 사고를 규명하였다. 아동이 상징, 대상, 수, 사람, 장소 그리고 단어들을 조직할 때 창의적 사고 능력은 새로운 조합과 관계성을 발달시키게 해 준다. 자연스런 호기심은 아동의 성숙된 질문 추구 능력이 발달하면서 아동의 지식을 확장시켜 준다. 이러한 사고 능력은 어린 아동의 호기심과 문제해결 활동을 지지해 준다(사진 23-4). 아동의 탐색적 행동은 탐색적인 또래 친구가 있는 환경에 있게 될 때 증가한다(Moore, 1985). 지지적인 성인의 존재도 역시 어린 아동의 자연스런 호기심을 끌어내 준다(Schmidt, 1985).

사진 23-4 아동들은 창의적 사고와 문제해결 능력에서 자부심을 갖는다.

아동기 초기의 교실은 자발적인 활동과 계획된 활동 둘 다를 위한 흥미로운 자료들이 풍부하게 제공됨으로써 아동의 탐색을 조장할 수 있다. 환경을 변화시키는 것은 종종 아동들의 호기심을 자극시키며, 아동들로 하여금 새로워진 것이 무엇인지를 탐색하고 발견하도록 유도한다. 과학 조사는 아동 스스로 다음과 같은 질문들을 탐색하도록 이끈다.

- 콩에서 콩나물이 되기까지 얼마나 오랜 시간이 걸리는가?
- 어떤 종류의 물건들이 자석에 이끌리는가?
- 증기는 어디에서 오는가?

성인들은 언제 질문을 해야 하는지 그리고 아동 혼자서 자신의 프로젝트와 문제를 연구하도록 놔두어야 하는 시점이 언제인지에 대해서 민감해져야 한다(Clark, 1985).

예술적 발달

Sautter(1994)에 따르면, 미술과 학교 교육과정을 통합시키는 것은 교육과정에서 긍정적 변화를 이끌 수 있다. 시각 미술은 다른 내용 영역에 쉽게 통합시킬 수 있다(Colbert, 1997; Thompson, 2005; Mayesky, 2012; Fox & Schirrmacher, 2012). 쓰기, 음악, 미술, 드라마 그리고 춤을 통한 창의적 활동 기회는 학생들의 동기를 강화시킬 수 있고, 모든 아동의 창의성을 발산시켜 주는 출구가 될 수 있다(Davis, 1993; Gardner, 1993). 만약 1학년 아동들에게 1년 동안 창의성의 기회를 매일 제공해 준다면, 창의성이 사라지지 않고 성인 미술에 다시 나타날 것이다.

유아를 위한 이탈리아의 Reggio Emilia 프로그램에서, 시각 미술을 훈련받은 교사가 취학 전 교실의 교사와 아동들과 밀접하게 활동을 한다(Hendrick, 1997; Althouse, Johnson, & Mitchell, 2003). Reggio 학교에서, "아동들의 매체 사용은 교육과정과 독립된 부분이 아니라, 학습 과정에 포함된 전체 인지적/상징적 표현의 분리될 수 없는 통합된 부분이다"(Hendrick, 1997, p. 21). Reggio 방법과 미국 조기 유아기 프로그램을 통합시키고자 하는 운동이 있다(Haigh, 2011; North American Reggio Emillia Alliance, 2012; http://www.reggioalliance.org 참조).

영유아 교육기술

일반 학생들과 장애 학생들의 학습을 지원하기 위한 창의적 활동에 사용할 수 있는 많은 소프트웨어 프로그램들이 있다. 과학 기술은 드라마, 음악, 미술 경험을 위한 부가적 수단을 제공해 준다. 컴퓨터 그래픽은 창의적 표현을 할 수 있는 길을 열어 줄 수 있다. 기존의 운영 체계들에는 디지털 사진으로 작업할 수 있는 능력을 갖고 있다. 윈도(Window)에는 Paint와 Moviemaker 기능이 탑재되어 있다. MacOS는 iMovie와 Garage Band를 갖고 있다. 무료 프로그램(free programs)이란 단어와 당신의 주제를 탐색하면 무료 프로그램을 발견할 수 있다.

무료 프로그램에 대한 제안은 다음 온라인 논문, "미술과 과학기술의 통합: 창의성을 불어넣기"(2009)에서 찾아볼 수 있다. 국가기술혁신센터(National Center for Technology Innovation)와 교육기술혁신센터(Center for Implementing Technology, CITEd)와 http://www.ldonling.org도 참조할 것.

출처: Mayesky, M. (2012). *Creative Activities for Young Children* (10th ed.): includes an entire chapter on technology and creativity.

"아동이 작업한 소묘, 회화, 조각 작품들은 아동의 사려 깊은 계획, 지각 및 개념 발달, 그들의 개성과 흥미를 보여 주는 증거이다(Hendrick, 1997, p. 202). 즉, 그것들은 아동들의 마음을 들여다볼 수 있게 해 준다(**사진 23-5**). 예술적 행동은 항상 성인의 흥미를 끄는데, 그 이유는 아동의 작품들이 계획, 지각 및 개념 발달, 그리고 의사소통 능력을 반영해 주는 유형물이기 때문이다(Taunton & Colbert, 1984; Thompson, 2005). 그림(그리기)은 상당히 많이 연구되었다. 앞서 19장에서 기술된 바와 같이 그림의 첫 단계는 낙서이다. 이 단계에서 아동은 활동을 통해 얻은 유형의 결과만큼이나 그리기 도구들을 탐색하고 운동감각적 경험을 즐긴다. 3~5세에, 표상적 그림이 나타난다. 첫 번째 표상은 항상 머리와 다리처럼 생긴 부속물이 있는 사람 모습이다(그림 23-2a). 어린 아동들이 사람 모습에 대한 심상을 구성할 때 가장 먼저 위에서 아래로 초점을 맞춘다. 그림 23-2A와 23-2B는 유치원 아동과 1학년 아동이 그린 인물 그림을 비교해 주는 것이다. 두 학년의 아동 모두 표상적으로 그릴 수 있다. 그러나 한 학년 내에서도 발달적으로 큰 차이를 보이기도 하고, 두 학년의 아동들의 발달이 서로 겹치기도 한다. 전반적으로 1학년 아동들의 그림이 좀 더 성숙되어 있다. 사진들이 서술적 말하기를 고무시키듯이, 22장에서 언급한 바와 같이 그림도 역시 쓰기를 발달시킨다(그림 23-3).

사진 23-5 이 남자 아이의 그림은 아이가 생각하는 것을 보여 주는 창이다.

그림 23-3 Summer가 노트패드에 그린 세 개의 그림은 창의적 에너지의 발산을 보여 준다.

요약

1 지능에 대한 심리측정적 접근, 인지 발달적 접근, 정보처리적 접근, 지능의 삼원 이론, 다중 지능 이론, 생태학적 접근의 특징 구별하기

지능에 대한 여섯 가지 관점, 즉 심리측정적 관점, 정보처리적 관점, 인지 발달적 관점, 성공적 지능 이론, 다중 지능 이론, 생태학적 관점이 이 장에서 기술되었다. 앞의 세 가지 지능 관점들은 지능에 표준화된 질문에 대한 반응들이 반영되어 있다고 본다. 다중 지능 이론과 생태학적 관점은 지능을 매일의 일상 활동에 반영되어 있는 것으로 본다. 성공적 지능 이론은 지능을 일상생활에 대한 반응으로 보되, 표준화된 상황에서 측정하려고 한다.

2 영유아 평가에서 IQ 검사와 점수의 사용에 대한 비판점 열거하기

많은 비평가들은 심리측정적 접근(예: IQ 검사의 사용)이 지적 능력의 불공정한 평가라고 생각한다. IQ 검사가 특히 소수 집단 아동에게 불공정한 것으로 간주되는 이유는 문화적 편향성과 다른 언어적 경험 때문이다. 아동이나 프로그램을 평가할 때에는 검사 점수들을 주의 깊게 사용해야 하며, 다른 측정 및 관찰 자료들과 결합시켜야 한다.

3 비차별적 검사의 속성을 인식하기

비차별적 평가는 개별 아동들의 연령, 사회경제적 지위, 문화적 배경에 맞도록 설계된 것이다. 평가는 개별 아동의 모국어로 실시되어야 한다. 비형식적 면접, 실제 학생 작업, 학생의 포트폴리오, 발달적으로 적절한 과제로 시행되어야만 한다. 중요한 결정은 그 어떤 것이라도 지필식 검사에 근거해서는 안 된다. 평가는 표준화된 검사를 넘어서 창의성, 상상력, 문제해결력을 고려해야 한다.

4 지능, 창의성, 영재성의 관련성을 논의하기

창의적인 행동은 항상 독창성, 높은 수준의 호기심, 빈번한 문제해결 측면에서 정의된다. 영재성은 하나 이상의 표현 영역에서 특출한 수행 수준을 보여 줄 수 있는 능력 또는 잠재력으로 정의된다. 창의성에는 높은 지능이 수반되기도 하지만 항상 그렇지는 않다. 낮은 지능의 아동들도 창의적일 수 있고, 높은 지능의 아동이라고 해서 반드시 창의적인 것은 아니다. 영재성이 있는 사람은 지적으로나 창의적으로 뛰어날 수 있으며, 아니면 두 가지 면에서 모두 뛰어날 수 있다. 교육은 세상의 도전에 부딪칠 수 있도록 창의성과 문제해결 과정에 초점을 맞추어야 한다.

제 24 장

인지 발달에서의 성인의 역할

이 장과 관련된 표준

naeyc

NAEYC 프로그램 기준

1a: 출생에서 8세까지의 영유아와의 특징과 요구를 알고 이해하기

4a: 아동과 함께 작업하기 위한 기초로서 긍정적인 관계와 지지적인 상호작용을 이해하기

4c: 발달에 적합한 교수/학습 접근에 대한 광범위한 목록을 사용하기

DAP

발달에 적합한 실제(DAP) 지침

3: 중요 목적을 성취하기 위한 교육과정 계획하기

3A 1: 교사는 각 연령 집단에게 필요한 핵심 기술을 이해하고 익숙해진다.

1E 4: 가정에서 사용하는 언어를 주시하고 존중하기

5: 가족과의 호혜적인 관계 형성하기

학습목표

1 개념과 언어 지도가 서로를 어떻게 지원해 주는지를 설명하고, 아동의 초기 구어 발달에서 성인이 수행하는 역할에 영향을 미치는 요인들을 기술한다.
2 성인이 아동의 구어 발달을 확장시킬 수 있는 접근들을 기술한다.
3 언어의 다양성을 지원해 줄 수 있는 중요한 성인 책무들을 선택한다.
4 가정과 학교에서 유아의 학습과 문해 발달 지원을 위한 성인의 역할을 논의한다.
5 아동의 발달에 창의적 측면을 제공해 주는 방식을 설명한다.

제5부의 첫 부분에서, 유아의 개념 발달, 구어와 문어, 그리고 지능과 창의성과 같은 인지 영역들의 발달 요인들을 살펴보았다. 이 장에서는 이러한 영역들에서 성인이 수행하는 역할에 초점을 둔다. 성인은 아동의 인지 발달에 여러 방식으로 영향을 미친다. 다음은 그에 대한 실례들이다.

- **유아 전기**: Kofi(4세)가 모래밭에서 놀고 있다. Kofi는 웅크리고 앉아서, 먼저 한 손으로 모래를 들어 올려 손가락 사이로 흘려 보낸다. 그다음에 유아원에서 배웠던 글자 쓰기를 손가락으로 해 본다. Kofi는 나무에서 떨어진 가지를 쳐다본다. 그는 달려가 나뭇가지를 얼른 집어 들고 모래밭으로 돌아와서는 나뭇가지로 글자를 쓴다. 그런 다음에 모래에 나뭇가지로 자기 이름을 써 본다. 그는 나뭇가지가 상상의 연필이라고 설명한다.
- **유아 후기(유치원생)**: Marta는 Wood 선생님 반 학생이다. Marta와 다른 학급 친구들은 개 사진을 보고 그림을 그리고, 개와 함께 무엇을 할 것인지에 대해서 한두 글자 써 보라는 지도를 받았다. 모든 학생들이 개와 함께 할 것들에 대해서 생각을 해 보았다. Wood 선생님은 교실을 이리저리 다니면서 몇몇 학생들의 생각을 물어보았고, 그 생각들을 칠판에 적었다. Marta는 개와 함께 걷고 싶었다. Marta는 개가 걸어가는 그림을 그리고, 단어 '걷다'를 썼다.

이 두 유아는 자신의 지식을 그림과 단어 쓰기로 보여 주었다. Kofi는 유아원에서 자신의 이름을 쓰는 것을 배웠다. 또한 Kofi는 자신의 상상도 보여 주었다. Marta는 유치원에서 그림 그리기와 쓰기에 관련된 과제를 하면서 개에 대한 자신의 개념을 보여 주었다.

1 언어와 개념 발달을 촉진하기

20장에서 인지 체계와 개념 발달을 살펴보았다. 인지 발달을 위한 지원은 Piaget와 Vygotsky 이론에 기술되어 있다. 성인들은 아동이 근접 발달 영역(Zone of Proximal Development, ZPD)에서 진보해 나갈 수 있도록 비계 설정해 주고, 아동이 지식을 구성해 나갈 수 있는 탐색적 환경을 조성해 줄 책무가 있다. **의도적 교수**(intentional teaching)의 개념(Epstein, 2007)은 아동 주도 교수와 성인 주도 교수 간의 균형을 강조한다. 아동 주도 활동은 아동에 의해 선택되고 통제되지만, 자료들은 성인이 생각하는 목표에 준하여 제공된다. 아동이 탐색해 나가는 동안 성인은 언급을 하거나 질문을 던진다. 예를 들어, 아동이 블록을 쌓고 있을 때 "높은 빌딩을 세웠네."란 성인의 언급은 단어 '높은'을 그 개념과 연결시켜 준다. 성인 주도의 활동은 성인에 의해 선택되고 통제된다. 예를 들어, 성인은 아동이 크기(size) 단어와 그와 관련된 개념들을 알고 있어야 한다는 것을 안다. 그래서 성인은 "네가 세운 빌딩이 얼마나 높은지 보자."라고 말한다. 목적과 목표는 아동 발달에 적절해야 한다. Epstein은 성인이 목적과 목표뿐만 아니라 교수에 필요한 선택 가능한 책략들을 고려해야 한다고 믿는다. 20장에 기술된 개념들은 분류와 논리적 사고, 보존, 분류 또는 서열화, 공간 및 인과성 등이다. 이 개념들과 수학 간의 관계도 기술되어 있다. 개념 어휘는 아동들이 문제를 해결한 방식을 설명하고 자신들이 발견한 것을 기술하는 데 필요하다. 토론과 대화를 하고, 책을 읽고, 이야기를 쓰고, 삽화를 그리는 것은 성인으로 하여금 아동이 알고 있는 것과 생각하는 것이 무엇인지를 볼 수 있게 해 준다. 이 장에서는 학교와 가정에서 인지 발달을 위해 언어, 문해, 문화적으로 적절한 자료와 창의적 표현을 통한 성인의 지원은 의도적 교육을 영유아의 학습에 가장 적절한 책략들을 선택하는 수단으로 사용하는 것이라고 기술하고 있다.

2 구어 발달에서 성인이 수행하는 역할

사진 24-1 성인의 비계 설정은 아동의 언어 사용을 지원해 준다.

이 장은 영아와 걸음마기 아기가 유아기에 이를 때까지 그들의 언어 환경이 언어 사용과 기술에 어떻게 영향을 미치는지를 예시해 주기 위해 초기 구어 발달의 시작을 개관하고 있다. 성인의 사려 깊은 비계 설정은 언어 발달의 기초를 제공해 준다(사진 24-1).

언어 발달의 지원

성인의 기본적 역할은 영유아의 언어 발달에 적절한 비계를 설정해 주는 것이다. Vygotsky에 따르면, 영유아를 지원해 주는 성인의 안내는 그 아동이 이해하게 될 때까지 필요하다고 제안하였다(사진 24-2). 여기서 안내란, 영유아의 능력이 허용하는 한 쉽고 빠르게 언어 발달 단계들을 밟아 나갈 수 있도록 도와주는 것이다. 성인은 모델로서, 언어 경험의 제공자로서, 아동과 대화를 주고받는 상호작용자로서의 역할을 한다. Tough(1982b)에 따르면, 교사는 아동과 의미 있는 대화를 나누는 과정을 통해서 아동의 사고를 촉진하는 환경을 제공해 준다. 성인은 한 가지 정답이 없는 발산적 질문을 던짐으로써 아동이 개념을 구성해 나가는 언어 경험을 하도록 격려한다. 아동이 무엇을 생각하고 있는지에 대해서 성인이 관심을 보이고 있다는 것을 알게 해 준다. 성인-아동 상호작용은 많은 연구의 초점이 되어 왔다. 연구자들은 영아기와 아동기 초기의 다양한 연령 단계에서 아동과 성인의 역할을 다양한 관점으로 조사하였다.

성인의 결정적 역할은 영아기에 시작한다. 생후 첫날부터 영아는 말에 반응한다(Condon, 1979). 성인의 말 리듬에 따라 영아가 몸을 움직이는 것을 관찰할 수 있다. 두 살 된 영아의 발성에 대한 어머니의 반응은 영아의 구어 발달에 도움이 된다는 것이 밝혀졌다(Freedle & Lewis, 1977). 아이가 1세에서 4세가 될 때까지 성인은 **아기 말**을 사용한다. 아기 말은 단순화된 형태의 말로서, 아동의 경험하는 범위 내에서 짧고 단순한 문장과 단순한 어휘로 구성되어 있다. 그것은 종종 높은 음과 많은 질문과 명령으로 구성되어 있다. 아기 말은 다양한 문화권의 모든 곳에서 발견된다. 아기 말은 언어 획득 과정에서 여러 가지 기능을 보여 준다(Ferguson, 1977, pp. 209-235).

사진 24-2 아동에게 책 읽어 주기는 구어와 인쇄물을 연결시키는 경험을 갖게 해 준다.

- 아기 말은 이상적이고 명료한 의사소통과 자기 표현을 가능하게 해 준다.
- 구어의 초기 발달 단계에 있는 유아에게 언어를 가르치는 데 적합하다.
- 아동은 예쁜, 좋은, 나쁜, 더러운과 같은 단어를 자주 사용함으로써 사회적 가치를 학습한다.
- 아동은 특정 신체 부위를 지칭하는 금기어를 나타내기 위해 사회적으로 수용할 수 있는 '귀여운(cute)'이란 용어를 배우게 된다.

아동이 발달하는 전 기간 동안 성인의 듣기 행동은 아동의 말 사용의 증가를 강화해 준다. Newport, Gleitman과 Gleitman(1977)은 '으흠'과 같은 평범한 반응도 아동 구어의 강력한 강화인으로서 기능한다는 것을 발견하였다. '으흠'이란 반응은 아동의 말이 들을 가치가 있다는 신호를 보내는 것이며, 결국 아동은 말할 가치를 느끼게 된다.

아동들은 모든 지역사회에서 같은 방식으로 언어를 배우지 않는다. 지역사회는 각각 나름대로의 기대와 관습을 가지고 있다. Shirley Brice Heath(1983)는 두 지역에서 언어 발달 환경을 연구하였다. 그중 Roadville 지역의 부모는 아기가 방을 갖는 것을 중요하게 여겼다. 생후 첫 1년 동안 아기는 언어와 문해 경험을 제공해 주는 많은 장난감과 기회가 있는 다채로운 환경에서 보냈다. 영아는 전래 동요를 들으며, 색깔, 모양, 재질을 경험할 수 있는 많은 사물과 놀았다. 부모는 영아와 대화를 자주 나눈다. 주로 아기 말이 사용된다. 어머니

아기말(baby talk, BT) 아동의 단순화된 형태의 말로서, 아동 경험의 범위 안에 있는 짧고 단순한 문장과 간단한 어휘로 구성된다.

들은 아기들에게 너무 빠르거나 너무 많은 것을 들려주지 않도록 주의를 기울였다. 그들은 영아가 음운에 귀를 기울여 듣게 하려면 영아가 실제로 요구하는 것들을 말해 주는 것이라는 것을 알았다. 또한 그들은 아기들이 혼자서 소리를 탐색하고 놀 시간을 갖게 해 주었다. 어머니들은 첫 단어에 근접한 음운에 바싹 귀를 기울였다. 어머니들은 상당히 많은 시간을 가정에 있었고, 영아와 대화하는 데 많은 시간을 보냈다. 성인들은 단어에 근접한 소리들을 알아듣고, 영아가 사용한 단어에 언어적 반응을 해 주었다. 또한 어머니들은 영아들에게 "우유, 우유라고 말해 봐." 하며 사물에 이름을 붙이기 시작하였다. 걸음마 아기들은 성인이 알아들은 어휘들을 더 발전시켰다. 성인들은 아이들의 혼잣말을 격려해 주며 아이들이 말한 것을 확장시켰다. 성인들은 아이들이 사용한 명사들을 알아듣고, 각 명사들을 긴 담화의 주제로 사용하였다. 성인들은 자신들을 영아의 언어 교사로 생각하고, 모든 기회를 이용하여 이름을 붙이고, 질문을 던지고, 아동의 발성을 확장해 준다.

2세부터 남아와 여아는 따로 놀며, 성 고정화된 장난감을 제공받는다. 조금 나이가 들면 아동은 성인과 손바닥 치기 놀이와 까꿍 놀이와 같은 사회적 게임을 한다. 대부분의 성인-아동 놀이는 책이나 장난감 중심이다. 이런 놀이 활동은 4세경이 되면서 끝나고, 대부분의 아동은 유치원에 들어가서 교육적 활동을 받게 된다. 도덕 교육은 4세 이후 가정에서 주로 이루어지며, 아동은 모든 것에 한 가지 옳은 방식이 있다는 것을 배우게 된다. 대안에 대한 사고는 권장하지 않는다.

Roadville 지역의 영아들과는 대조적으로, Trackton 지역의 영아는 밤낮으로 성인과 나이 든 아동에게 둘러싸여 있다. 그 영아들은 혼자서 쿠잉이나 옹알이를 한 적이 거의 없다. 모든 사람이 자러 갔을 때를 제외하고는 영아들은 대화와 집 안의 다른 소음 한가운데에 있었다. 영아들은 다른 사람들이 대화를 나누는 한가운데 있었지만, 그 의사소통은 거의 영아를 향한 것이 아니었다. 영아들은 사람들이 무엇인가에 대해 말하는 것을 들었을 뿐, 사람들과 말하는 것은 아니었다. 성인은 영아의 발성이 의미가 없기 때문에 반응할 필요가 없다고 생각하였다. 또한 성인은 아동이 준비가 되면 자연스럽게 말을 하게 될 것이라고 생각하였다. 그들은 아동에게 말하는 것을 가르치지 않는다. 심지어 영아가 원하거나 필요로 하는 것을 의미 있는 소리로 내기 시작하였을 때조차도, 성인들은 영아가 필요로 하는 것을 가장 잘 알고 있다는 듯 영아가 내는 소리를 무시하였다. 성인들은 걸음마 아기들이 탐색하는 것을 주의 깊게 지켜보았다. 성인이 내는 발성은 항상 위험을 경고('해' 또는 '하지마')하는 것이었다. 걸음마기의 남아들은 특별한 지위를 갖게 되고 성인 대화에 낄 수 있게 된다. 그 이유는 남성에게 대화 기술이 특별한 가치로 간주되기 때문이다. 남아들은 성인들로부터 놀림을 받는데, 특히 생후 16개월과 24개월의 남아들은 자신들을 괴롭히는 사람에게 반응해서 사용하는 특별한 어구를 알아들었다. 예를 들어, 생후 16개월 된 Teggie의 '자, 해봐(go on, man)'란 말은 '싫어' '내게 줘' 등의 의미이다. Trackton의 아이들은 비언어적 행동으로부터 자신들이 취해야 할 역할이 무엇인지 판단 내리는 것을 배웠다. 자세와 제스처가 의사소통에서 중요한 의미를 갖는데, 그 이유는 그 자세와 제스처들이 놀리는 것인지, 반항하는 것인지, 대장이나 아기처럼 구는 것인지, 아니면 꾸짖는 것인지를 아동에게 말해 주기 때문이다. 아동들에게 문제 상황을 주고 "만약 그런 상황이라면 너는 어떻게 할래?"라는 질문을 던져서 아동 스스로 해결책을 생각해 보게 하였다.

Trackton에서는 영유아들을 대화 상대자로 보지 않았다. 아동들은 정보 제공자도 아니었다. 아동들은 인식아(認識我)이다. 즉, 주의를 기울이며 학습을 하였다. 걸음마기아의 발성은 주변의 대화에서 항상 되풀이되는 부분들이다. 영아가 듣는 대화와 병행하여 그 발성이 독백으로 발달한다. 궁극에 가서는 영유아들이 성인 대화에 끼어들며 대화 상대자가 되려고 시도하였다. Trackton 지역의 부모들은 수정을 많이 하였고, 말을 단순하게 하거나 느리게 말하여 명료하게 해 준 적이 결코 없다. 여아들은 남아들이 말하는 단계들을 그대로 똑같이 밟아 나가지만, 각 단계에 도달하는 시기가 좀 늦었다. 남아들은 생후 14~18개월경에 대화를 하려고 시작하는 반면에 여아들은 생후 22개월경에 참여하기 시작하였다. 여아들은 도전적 과제에 참여하지 않았지만, **수다**라고 불리는 여자들의 교류와 나이 든 아이들과의 유희요(playsong)에 참여한다. 유희요 게임은 즉각적으로 내는 운과 노래들이다. 그것들은 전래 동요와 상당히 유사하며, 중류 계층의 성인들이 영아와 걸음마기 아기들과 놀면서 하는 게임을 떠올리게 한다. 어린아이들이 질문하는 것을 기대하지 않는다. 성인들이 아이들에게 질문을 한다. 가장 일반적인 질문들은 아동이 한 상황에서 다른 상황으로 정보를 전달할 수 있는지를 알아보기 위해 고안된 유추들(analogies)이다. 이를테면 "저게 뭐 같으니?"이다. 예를 들어, 항목을 분류할 때 아동들은 색, 모양, 크기보다는 작은 흠집 같은 작고 세밀한 것에 초점을 맞추는 경향이 있다. 아동들은 자신들이 왜 그렇게 분류하였는지에 대한 질문에 답할 수 없다. 성인들도 좀처럼 "왜?"라는 질문을 하지 않는다. 대부분의 아동들이 성인들에게 하는 질문은 맥락과 관련이 있다. 이를테면 "이게 누구 거예요?"와 "당신이 이것을 샀어요?"이다.

두 지역에서 아동들은 매우 다른 언어 환경에서 말하는 것을 배운다. Trackton 지역의 영아들은 '자랐다(come up)'라고 말하는 반면, Roadville 지역의 영아들은 '키웠다(brougt up)'라고 말한다. Trackton 영아들은 항상 다른 사람에게 둘러싸여 있고 특별한 일과가 없는 반면에, Roadville 영아들은 대부분의 시간을 혼자서 또는 어머니와 보내고 예측 가능한 하루 일과를 보냈다. Roadville 부모들은 영아와 걸음마기 아기들과 대화를 나누고 직접적인 지시어를 사용하였고, Trackton 부모들은 자녀들에 대해서 말을 하고 자녀들이 스스로 배워 나가기를 기대하였다.

취학 전 프로그램에 등록하였을 때, 두 집단 모두가 교사에게 언어와 관련된 문제를 제기하였다. 두 집단 모두가 교사의 표준어에 적합하지 않은 방언을 사용하였다. 그러나 그

수다(fussing) 여성의 상호교류

방언이 아동들이 언어를 사용하는 방식만큼 그렇게 교사들을 힘들게 한 것은 아니었다. 교사들은 단어들을 이해할 수 있었지만, 의미를 이해하지 못하였다. Trackton 아동들은 질문에 답을 하지 않았고, Roadville 아동들은 아주 최소한의 대답을 하였다. 아동 입장에서 볼 때, 두 집단은 간접적으로 말하는 규칙들을 이해하는 데 어려움이 있었다. 예를 들어 "이 가위를 어디에 두어야 할까?" 대 "가위는 이 바구니 안에 속해 있는 거야."이다. 집단 토론을 하는 동안에도, Trackton 아동들은 옆 친구들을 방해하고 잡담을 나누었다. 교사들은 이 아동들을 성공적으로 가르치기 위해서는 자신들이 새로운 역할 행동을 맡아야 한다는 점을 인식하였다. 예를 들어, 아동들에게 직접적이고 매우 구체적으로 지시를 해야 한다는 것을 알게 되었다. 교사들이 변하기 시작하자 아동들도 변하기 시작하였고, 모든 사람이 만족스러워하며 학교생활에 참여하게 되었다.

Heath의 연구는 교사가 학생이 속한 지역사회의 언어 환경을 이해하고 아동들이 학교로 갖고 오는 언어에 적합한 방법을 찾는 것이 얼마나 중요한지를 입증해 준다. 가정의 가치와 방법이 주류의 중류 지향적 기대에 부합되도록 아동을 준비시켜 주지 못할 수 있다. Heath는 자신의 연구에서 이런 측면을 입증하였다(1982). Heath는 학급 교사들이 가정에서 자녀와 상호작용하는 것을 관찰하였다. 그녀는 교사들이 취학 전 자녀와 대화를 하는 데 있어서 질문이 많다는 것을 발견하였다. 교사들은 이것이 부모로서 자녀에게 반응해 줄 수 있는 유일한 방식이라고 생각하고 있었고 성공을 하였다. 교사가 학급에서와 똑같은 책략을 사용한다는 것은 놀라운 것이 아니다.

Snow, Dubber와 DeBlauw(1982)는 비주류 아동들이 학교에서 사용하는 언어에 대한 준비 부족은 중요한 언어적 촉진에 대한 부모의 가치 차이, 아동의 초기 언어 발달에서 아동과 밀접하게 활동할 수 있는 에너지와 시간의 부족, 그리고 다양한 지도 방식에 기인할 수 있다. 연구들은 가장 이상적인 학교 준비가 상호작용 방식이라는 결론을 지지한다. 부모의 역할은 Snow와 동료들이 **일과**라고 부르는 것에서 아동과 상호작용을 번갈아 가며 수행하는 것이다. Snow와 동료들은 세 가지 유형의 일과를 기술하고 있다. (1) 짝짜꿍처럼 어머니와 영아가 하는 형식적 놀이, (2) 신체 부위를 가리키며 "이게 뭐야?" 하며 질문하는 어머니와 영아의 지시적 놀이, (3) 3세 때 어머니의 특별한 양식의 질문이 수반된 공동 책 읽기. Snow와 동료들은 일과에서 얻는 언어적 가치가 가장 클 때는 아동이 놀이를 수행하고 통제하는 그 지점에서 부모들이 반복해서 놀아 줄 때라고 제안한다.

자녀들의 언어를 풍부하게 해 주는 방법을 알지 못하는 어머니들은 영유아의 언어를 풍부하게 해 주는 활동들을 이용하는 훈련을 받을 수 있다. 예를 들어, McQueen과 Washington(1988)의 연구에서, 아프리카계 미국 청소년의 어머니 집단들에게 다음 활동들로 집중적인 훈련을 실시하였다.

일과(routines) 형식적 놀이, 지시적 놀이, 공동 책 읽기

- 어머니들이 수학, 영어, 아동 발달 및 부모 교육 강좌에 등록하였다. 어머니들에게 자녀와 활동하는 방법을 가르치고 부모-아동 센터(parent-child center, PCC)에서 아동 학급에서 교사 보조 역할을 하도록 하였다.
- 어머니와 아동들이 PCC에서 만나서, 퍼즐, 융판, 음악기구와 같은 장난감들을 만들며 함께 작업을 하였다. 이러한 회기 과정에서 어머니와 아동의 언어적 대화를 격려하였다.
- PCC에서, 어머니들은 자녀에게 이야기를 읽어 주고, 질문을 던지고 대답을 경청하고, 자녀들과 이야기 토론을 하고, 자녀들로 하여금 급우들에게 이야기를 다시 말해 보도록 하는 것을 배웠다.

아동의 언어 발달을 지지해 주는 방법에 대한 훈련을 받지 않거나 덜 집중적인 훈련을 받은 어머니들의 자녀들에 비해서, 집중적인 부모 교육 프로그램은 아동들의 언어 검사 수행 점수에 유의하게 긍정적인 효과를 끼쳤다. 이러한 책략들 모두가 아동을 좌담가가 되도록 격려하였고, 주고받는 대화에 참여하게 하였다.

21장에서 기술된 바와 같이, 성인들은 아동의 언어 발달을 많은 방식으로 촉진할 수 있다. 대화는 아동의 언어 학습을 지원해 주는 강력한 역할을 한다(Genishi & Dyson, 2009; Koralek, 2002). Koralek(2002)은 언어 학습 지원에 특별히 초점을 맞춘 서론 부분에서 독자들에게 다음과 같은 저자들의 초점을 상기시켜 주고 있다. "언어의 순수한 기쁨은 (…) 언어가 건강한 사회 및 정서 발달, 읽기와 쓰기 능력, 창의력, 과학 및 사회과의 학습 내용에 어떻게 연결되어 있는지를 입증하는 것이다"(p. 8). 성인들은 아동과 대화를 나눌 때 정보를 주고, 설명을 하고, 감정에 대해서 말해 주고, 알지 못하는 것을 예상해 보고, 미래에 대해서 말해 주고, 가장하거나 상상하는 것을 보여 줄 수 있다. 성인들은 자녀가 영아기일 때 주고받는 대화를 시작하여 아동기 초기에 걸쳐 계속해야 한다. 또한 성인들은 영유아를 또래와 만나게 하여 말하는 언어 능력을 연습하고 확장시킬 수 있게 해야 한다. 마지막으로, 성인들은 아동들에게 사회극 놀이, 성인이나 다른 아동과의 담화, 학교에서 한 가지 물건을 갖고 와서 발표하는 토론 장면과 같은 상황에서 어떤 것을 말해야 하는지에 대한 많은 사회적 경험 및 정보를 제공해야 한다. 유아들은 다양한 목적으로 언어를 사용하는 것을 학습해야 한다. 성인은 아동이 반성적인 내적인 대화를 수행하는 것을 도와줄 수 있다. 성인은 아동이 소리 내어 생각하고 상상놀이로 언어를 확장시키는 것을 도와줄 수 있다. 성인은 아동이 보고할 기회, 아동이 상상을 이용하여 관찰 가능한 직접적 상황을 뛰어넘을 기회, 추론하여 문제해결을 할 기회(사진 24-3)를 줄 수 있다. 성인은 아동이 언어 발달 사용에서 어느 지점—즉, 근접 발달 영역—에 있는지를 평가해서 아동의 현재 근접 발달 영역의 한계에서 비계 역할을 해 주는 경험들을 제공해 준다.

사진 24-3 부러진 파이프를 보고 있는 노동자들은 관찰과 대화의 장면을 제공해 준다.

심화학습 당신이 유치원 교사라고 가정해 보자. 당신이 아동들에게 극놀이, 대화와 같은 학교 활동에 참여할 시간을 제공하여 아동들이 다양한 영역에서 활동을 하게 하였다는 이유로, 당신에게 비판적인 부모들이 여러 명 있을 수 있다. 부모들은 극놀이가 유치원에서 시간 낭비라고 생각한다. 또한 그 부모들은 조용한 교실이야말로 학생들로 하여금 '진정한' 학습에 참여할 수 있게 하는 곳이라고 생각한다. 부모들은 '학문적'인 것에 더 많은 시간을 보내기를 원한다. 극놀이와 대화의 인지적 · 사회적 가치를 지지해 준다는 주장을 전개해 보라. 그러한 것을 지지해 주는 NAEYC의 입장을 참조하라.

Bodrova와 Leong(2007)은 성인이 교실에서 언어를 사용할 수 있는 Vygotsky식 접근의 여러 가지 방식을 제안해 준다. 그들은 다음과 같은 방법을 제안해 주고 있다.

1. 당신의 행위와 아동들의 행위를 언어로 표현하게 하라. 당신의 행위와 아동들의 행위에 이름을 붙여 보자. 예를 들어 "작은 빨간 블록을 내게 건네 줘.", "네가 주의를 집중할 때, 네 다리는 프리첼 같고, 네 눈은 책을 보고 있다." 등이다.
2. 당신의 생각과 사용하는 책략을 소리 내어 말하는 모델이 되어 보라. 예를 들어 아동들은 "이 가방 안에 무엇이 들어 있을까?"란 질문에 반응하지 않는다. 대신에 아동들은 "난 이 가방 안에 무엇이 있는지 궁금하네. 가방 안에 손을 넣으면 느낄 수 있을 거야. 여러분이 (손을 넣어서) 그게 무엇인지 나에게 단서를 주겠니?"란 질문에는 반응한다.
3. 새로운 개념을 소개할 때는 그것을 행위와 확실하게 연결시켜 보라. 당신이 온도계를 소개하기 위해 커다란 카드보드지로 된 모형을 갖고 있다. "이것은 온도를 측정하고, 빨간 기둥이 올라가면 더워지는 것이고, 내려가면 차가워진다."
4. 아동의 개념과 책략에 대한 이해를 점검하려면 생각 말하기를 이용하라. 아동들이 생각하는 것을 당신과 친구들에게 직접 말하도록 격려하라.

5. 아동이 개념이나 책략을 이해하고 있는지를 점검할 때 다양한 맥락과 다양한 과제를 이용하라. 아동들은 특정 과제를 한 맥락에서만 성취할 수 있을지도 모른다. 예를 들어, 아동들로 하여금 다양한 목표를 갖고 많은 사물들과 사람들을 세어 보게 하라.
6. (앞서 기술된 바와 같이) 사적 언어(private language)를 사용하도록 격려하라.
7. 매개체를 이용하여 사적 언어를 촉진하라. 예를 들어, 아동들에게 어떤 것을 '기억 은행'에 집어넣기 위해서, 그것을 최소한 세 번을 반복해서 소리 내어 말해야 한다고 말해 준다.
8. 생각하는 것을 말하도록 격려하라. 문제해결 과정에서 말하기는 아동들로 하여금 실수를 확인할 수 있게 해 준다.

22장에 나온 책략들을 참조해 보면, 그것은 구어와 문어를 연결해 준다.

Jeffrey Trawick-Smith(1994)는 아동과의 진정한 대화의 중요성을 다음과 같이 기술하고 있다. "아동과 성인은 대화를 통해 흥미를 갖는 관련된 문제들에 대해서 서로 이야기를 나눈다"(p. 10). Trawick-Smith는 이러한 대화들이 성인으로 하여금 아동의 현재 능력보다 약간 넘어선 언어 모델 역할을 할 수 있는 자연스런 기회를 제공해 준다고 믿는다. Trawick-Smith는 이른바 교사 말(teacher talk)의 결정적 특징을 기술하고 있다. 결정적인 특징은 아동의 말 형태에 반응(예: 문법 수정)하지 않고 그 의미에 대해서 반응한다는 것이다. 성인은 아동이 표현한 주제를 수정하거나 변형시키지 않고, 확장시켜 주어야 한다. 주의 깊게 이루어진 언어적 정교성도 역시 가치 있을 수 있다. 성인은 아동의 활동을 통제하기 위해서 진술이나 질문을 하는 것이 아니라, 반응을 요구하는 아동의 활동에 대해서 언급하거나 질문을 해야 한다. 질문도 역시 폐쇄적인 한 가지 답을 요구하는 질문이 아닌 개방적 질문을 할 때 언어 발달을 촉진할 수 있다. 아동들이 자신의 대답을 통해 사고할 수 있는 시간을 주는 것이 중요하다. **아동에게 하는 성인 언어**(ACL)는 성인이 아동과 말할 때 사용하는 특별한 형태의 말이다. 그것은 성인-성인 간의 언어보다 더 느리고 구체적이며 문장이 더 짧은 경향이 있다. 그것은 아동이 현재 사용하는 언어의 복잡성 수준보다 약간 넘어서 있다.

성인이 통제하는 다른 결정적인 요인은 교실을 준비하는 방식으로, 방의 배열과 이용 가능한 자료와 활동들이다. Pellegrini(1984)는 2, 3, 4세 아동이 유아원 교실에서 제공되는 여러 가지 활동 영역에 참여할 때의 언어 행동을 관찰하였다. 그는 아동들의 말을 Halliday의 범주들에 근거하여 범주화하였다. 소꿉놀이 영역과 블록들은 수많은 상상의 언어들을 유발시켰다. 사회적 상호작용 및 다기능적 언어는 소꿉놀이 영역에서 상당히 많이 사용되었고, 집단 사회극 놀이의 상상의 주제들을 지원해 주었다. 대조적으로 미술 및 물놀이 영역

아동에게 하는 성인 언어(adult-to-child language, ACL) 성인이 아동에게 말할 때 사용하는 특별한 형태의 말. 좀 더 느리고 정교하게 말하고, 성인 간의 언어보다 더 짧은 문장을 포함한다.

에서는 활동이 개인적이어서 놀이 유지에 대화가 필요하지 않았다. Isbell과 Raines(1991)도 대화가 일어나는 영역의 유형이 언어 생성에 영향을 미친다는 것을 발견하였다.

Pellegrini도 놀이 영역에서 성인의 존재가 미치는 영향을 살펴보았다. 성인이 있을 때 어린 유아들은 말이 증가하였지만, 나이 든 유아들은 말이 줄어들었다. 나이 든 유아들은 놀이를 지속시킬 수 있는 수준에 도달해 있어서, 성인의 지원이 더 이상 필요하지 않을 수도 있다. 2세와 3세 때는 성인 존재가 필수적이다. 이러한 연구 결과는 언어를 충분히 사용할 수 있는 기회를 제공하는 데에는 극놀이 영역이 필수적이라는 것을 시사한다. 또한 나이 든 유아가 사회극 놀이에 참여할 때는 교사가 주의를 기울여야 한다는 것을 시사해 준다. 만약 놀이가 잘 진행되고 아동들이 상상의 다기능적 언어를 사용하고 있다면, 성인은 그 자리에서 벗어나야 한다.

Pellegrini의 학급에 대한 결론은 부모 비계에 초점을 맞춘 연구들에 의해서 지지를 받는다. Behrend, Rosengran과 Perlmutter(1989)는 부모의 상호작용 양식이 연구자가 고안한 놀이 회기 동안 아동에게 강력한 영향을 미친다는 것을 발견하였다. 부모의 강한 통제가 3세 아동에게는 도움을 주지만, 5세 아동의 수행 수준을 낮추는 것으로 나타났다.

성인은 언어 사용의 평가자 역할도 한다. 성인은 관찰을 통해서 아동의 언어 표본을 수집하여 아동이 다양한 기능의 언어를 사용하고 있는지를 발견할 수 있다. Genishi와 Dyson(2009)은 성인이 유아의 언어 발달을 기록하고 평가하는 여러 가지 방식들을 제안해 주고 있다. 카드, 포스트 잇, 노트 패드에 쓴 메모들, 카메라, 다른 전자 보조 기기, 체크리스트, 상업용 평가도구들, 아동 작품 포트폴리오 등이다.

Lane과 Bergan(1988)은 Head Start에 등록한 취학 전 유아를 대상으로 교수 변인이 언어 능력에 미치는 영향을 조사하였다. 학생들이 좀 더 직접적인 언어 교수법으로 교육을 받고, 교사가 교수 방식을 계획할 때 필요한 평가 업무를 적절하게 수행하였을 때, 학생들의 언어 능력 수준이 가장 높은 것으로 입증되었다.

분명한 것은 성인이 아동의 장단점을 평가하고 성인과 또래와의 다양한 구두 언어 경험을 계획해 줌으로써 유아의 구두 언어 능력을 강화시킬 수 있다는 것이다.

생각해 보기

부모나 교사가 아동의 언어 사용을 지원해 줄 수 있도록, 아동에게 제공해 줄 수 있는 제안들을 생각해 보라.

3 문화적 다양성과 언어 발달

2011년 미국 연방 아동과 가족 통계국의 관계 부처 간 포럼(Federal Interagency Forum on Child and Family Statistics, FIFCFS)에서 제시된 미국 아동의 안녕에 대한 지표들은 영어가 모국어가 아닌 아동들에 초점을 맞추어야 할 필요성을 지지해 준다. 7장에서 기술된 바와 같이, 히스패닉 아동들은 급속히 증가하는 데 비해, 유럽계 미국 아동의 비율은 점차 감소하고 있다. 2020년 즈음에는 미국 아동의 5명 중 한 명 이상은 히스패닉 태생일 것이라고 예상된다. 2009년에는 학령기 아동의 21%가 가정에서 영어 이외의 다른 언어를 사용하였다. 연방 법은 제한된 영어 능력을 가진 아동들이 적절한 서비스를 제공받고 평가될 것을 요구하고 있다. 문제는 어떤 유형의 지도가 가장 효과적인지 결정하는 것이다.

성인이 다양한 문화와 언어 배경을 가진 유아들의 구어 사용을 촉진하기 위한 몇 가지 대안들이 21장에서 기술되어 있다. 모든 아동들에게 구어를 사용할 다양한 기회를 제공하는 것은 결정적으로 중요하다. 또한 모든 아동이 가정에서 사용하는 언어를 존중하고 지원하는 것도 중요하다(Macrina, Hoover, & Becker, 2009). 그러나 구어 사용이 어떻게 발달해야 하느냐에 관해서 이견들이 있다. 주요 문제들은 다음 부분에서 지적될 것이다.

제2언어 학습자 지원하기

Soto(1991)는 이중 언어 교수에 대한 성공적인 접근법을 기술하고 있다. 가장 일반적으로 사용되는 세 접근법이 전환적(transitional), 보존적/발달적(maintenance/developmental), 양방향(two-way) 이중 언어 교육 접근법이다. 전환적 접근법은 모국어 교수를 시작해서 가능한 한 빨리 영어 교수로 넘어가는 것이다. 보존적/발달적 접근법은 모국어 언어 능력을 형성하면서 동시에 영어를 숙달할 수 있는 방향으로 이동하는 것이다. 양방향 접근법은 소수 언어로 말하는 사람과 주류 언어로 말하는 사람 두 집단 모두를 위해 고안된 것으로, 두 집단 모두가 학문적으로 성공하고 이중 언어 사용자가 될 것을 기대한다. 전반적으로 아동기 초기의 이중 언어 교육 프로그램을 평가한 연구는 두 언어의 유창성을 발달시키

뇌 발달

이중 언어와 뇌 발달

Marian과 동료들(2009)은 이중 언어에 대한 연구 결과를 개관하였다. 신경 조직화(뇌가 조직화되는 방식)의 영역에서, 초기 연구들은 반구 우세성(반구의 한쪽 측면이 우세)을 조사하였다. 초기 이중 언어 사용자들은 양쪽 반구가 활동적인 반면에, 처음 언어 획득을 하는 시기에 단일 언어를 사용한 아동들이 제2언어 학습을 계속하면서 좌반구가 우세해지는 경향성이 있었다. 그러나 신경영상학을 사용한 최근 연구들은 좌우 반구의 차이를 발견하지 못하였다. 즉, 두 반구가 다르게 활동하지 않았다. 그러나 문법, 어휘, 음운 처리와 같은 특정 언어 과제에 따라 활성화되는 뇌 부위에 차이가 있었고, 맞춤법(문어) 처리에서는 차이가 없었다. 고해상도의 MRI로 수행된 연구는 어린 연령에 제2언어를 획득하여 유창한 사람은 좌측 두정엽 피질(머리의 뒤쪽과 정수리에 가까이에 위치)의 회색질 밀도가 높았다는 것을 발견하였다. 단일 언어 사용자와 이중 언어 사용자의 신경학적 차이는 제2언어가 언제 획득되는지에 따라 좌우된다는 것이다.

출처: Marian, V., Faroqi-Shah, Y., Kaushanskaya, M., Blumenfeld, H. K. & Sheng, L. (2009, October 13). Billigualism: Consequences for language, cognition, development, and the brain. *The ASHA Leader*. http://www.asha.org/publication/leader.

는 프로그램 교육을 받은 아동이 두 개 언어의 성취와 확산적 사고 능력과 인지적 유연성을 발달시킬 수 있는 이점이 있다고 지적해 준다.

Soto(1991, pp. 34-35)는 유아의 교사를 위한 일곱 가지 제안을 하고 있다.

1. 개인차를 인식하라. 제2언어를 유창하게 하도록 아동을 너무 빨리 밀어붙이지 말라.
2. 아동이 말하는 것은 무엇이든지 수용하라. 시행착오의 기회는 매우 중요하다. 아동들은 두 언어를 전환시킬 수 있는 시간을 가져야만 한다. 성인들이 대화에 지배적이 되어서는 안 되고, 경청하고 아동의 노력을 지원해 주어야만 한다. 아동들은 극놀이, 이야기, 요리 등을 하는 동안에 비형식적 대화를 나눌 수 있는 많은 기회를 제공받아야 한다.
3. 첨가적 접근법(additive approach)을 이용하라. 제1언어 능력을 유지하고 향상시키면서 새로운 언어 능력을 첨가하라.
4. 교사 주도적이고 각본 중심의 교수 방식이 아니라, 자극이 풍부하고 발달적으로 적합한 교육과정을 제공하라.
5. 그 어떤 아동에게도 문화적으로 반응적이 될 수 있는 경험을 포함시켜 보라.
6. 비형식적 관찰을 이용하여 계획에 필요한 정보를 수집하라.
7. 교실 환경이 수용적이 되도록 보장해 주고, 문화적으로 그리고 언어적으로 다양한 어린 아동을 존중하라.

Soto(1992), Genishi(2002), Macrina, Hoover와 Becker(2009), 그리고 Nemeth(2009)는 영어 한 개만을 지지하는 사람들이 있음에도 불구하고 이중 언어 교육 지원하기를 옹호한다. 아동의 모국어와 문화가 집, 지역사회, 그리고 학교에서 유지된다면, 이중 언어 교육이 아동들에게는 지적으로 상당한 이점이 있다. 성인들은 제1언어가 영어인 아동들과 영어가 제2언어인 아동들을 지원해 주어야 한다. 이것은 오늘날 가장 중요한 성인 책임 중 하나이다.

여러 개의 모국어가 상용되는 다중 언어 장면에서는 영어 학습이 더 복잡하다. 이 경우에, 모국어와 영어를 가르치는 것이 항상 가능하지는 않다. 예를 들어, Solorzano(1986)는 Virginia주 Falls Church 지역에 있는 어느 학교에서는 55개의 다른 언어의 말이 사용되고 있다고 기술하고 있다. 이러한 장면에서 Soto(1991)에 의해 기술된 이중 언어 교육은 비현실적이다. 이러한 유형의 상황에서, **제2언어로서의 영어**(ESL), 몰입 프로그램만이 유일한 가능성이다. 이러한 접근법은 암기, 교사 지시적 활동뿐만 아니라 비형식적 대화도 상당한 시간 동안 영어로 이루어진다면 효과적이다. Genishi, Dyson와 Fassler(1994)는 다중 언어와 이중 언어 교실에 있는 아동들이 또래와 교사와의 대화가 계속 조성되는 분위기에서 의사

제2언어로서의 영어(English as a Second Language, ESL) 제1언어가 영어가 아닌 학습자들에게 영어를 가르치는 특수 기법들

소통 유창성을 빠르게 발달시킨다는 것을 관찰하였다.

중국인인 Zheng He는 제1언어가 중국어인 유치원생이 입학한 ESL 학급을 관찰하는 데 흥미를 가졌다. 그는 그 유치원생의 영어가 빠르게 증진되지 않았기 때문에 관심을 갖게 되었다. 다음은 그의 관찰 내용에서 발췌한 것이다.

> 10명의 아동들이 교실에 있다. 그들은 각기 다른 10개국에서 왔다. 교사와 보조교사는 소집단과 일대일 교수 활동을 통합한 몰입 접근법을 사용한다. 소집단 활동은 교사 주도적이다. 그 프로그램은 아동을 위한 6단계 ESL 프로그램을 사용한다. 프로그램은 Sesame Street 주제로 한다. 아동들은 그림을 보고 이름을 붙이고, 책을 읽고, 테이프를 듣고, 합창 반응을 하고, 역할 놀이 세트 대화를 하고, 놀이를 하고, 활동지를 한다. 아동들은 집단 활동을 50분간 하고, 일대일 활동과 놀이, 역할 놀이, 그리고 프로젝트를 30분간 한다. 구체적인 자료로 놀거나 Genishi와 동료들(1994)의 연구에서 입증된 제2언어 학습을 촉진할 수 있는 비형식적 자발적 대화를 나눌 시간이 없다.

어떤 경우에 교사는 가정에서 영어 이외의 다른 언어로 말하는 한두 명의 학생들만을 갖고 있다. 이중 언어와 다중 언어 집단에서처럼, 교사는 비형식적 대화를 나누며 시행착오를 겪을 많은 시간을 제공할 필요가 있으며, 좋은 경청자가 되도록 모든 학생을 격려해야 한다. 이 저자는, 전혀 영어를 말해 본 적이 없는 베트남 아동이 2월에 정규 유치원 교육과정을 시작해서 5월에 되어서는 영어로 하는 수업들에서 읽는 것을 관찰하였다. 교사와 다른 학생들은 그 베트남 아동이 영어를 배우려고 하는 노력을 환영하고, 수용하고 지지해 주었으며, 그 아동은 매우 성공적이었다. Courtney Cazden(1990)에 따르면, 어린 제2언어 학습자에게 도움이 되는 교사는 다음과 같다.

1. 아동들을 일대일 대화에 참여시킨다.
2. 아동들의 언어 발달 단계에 따라 대화를 적응시킨다.
3. 아동들을 영어로 말하는 친구들과 함께 구조적 활동[예: 반복적 음운, 노래, 손가락놀이(finger play), 그림책 읽기]에 참여시키고, 활동에 수반된 언어를 일관되게 사용하는 성인과 조작 활동(퍼즐, 쌓기 장난감, 찰흙)에 참여시킨다.
4. 아동의 언어 학습 책략을 인식하여, 그것을 분명한 언어 획득 단계들에 관련시킨다. (예: 시행착오의 사용, 추측하기, 몸짓과 근접한 영어로 대화하기, 또래들과 대화하기 위해 유용한 어구와 이름들을 학습하기, 그리고 그들의 노력이 결과를 얻게 되면 계속해서 말한다.)

이러한 발달 단계와 기법들을 유념하고 있는 교사는 학급에 들어온 제2언어 학습자를 쉽게 느낄 수 있다.

Tabors(1998)와 Genishi(2002)가 지적한 바와 같이, 부모와 활동하는 것은 필수적이다.

앞에서 이미 언급한 바와 같이, 교사들은 가족의 언어적 · 문화적 배경을 알아야 할 필요가 있다. 질문지나 면접을 통해, 교사는 언어와 문화적 실제, 식사 습관, 아동 양육 사항, 부모의 기대를 알 수 있다. 결국 부모도 교실에서 자신의 문화와 관습을 기꺼이 공유하고자 한다.

제2언어 학습자를 가르치기

Giacchino-Baker(1995)에 따르면, 제2언어 학습이 제1언어 학습과 유사한 단계로 일어나지만, 실제 유창성은 다음 두 가지 유형으로 나뉜다.

1. **기본적 대인관계 의사소통 능력**(BICS): 매일 사회적 활동에서 사용된 언어
2. **인지 학문적 언어 유창성**(CALP): 학문적 언어

BICS 유창성은 2년 안에 달성될 수 있는 반면에, CALP 유창성은 약 7년이 걸리는 것으로 추정한다. 이중 언어 접근의 교육을 지지하는 사람들은 BICS/CALP 모델에 근거한다. 즉, 아동이 제1언어로 먼저 학문적인 것을 학습할 수 있다면, 나중에 영어로 전환시킬 수 있다. 그러나 이중 언어 교육의 효과 대 ELS 학생들의 영어 몰입 접근의 효과는 일치되어 있지 않다(예를 들어, 각 교수 접근에 대한 주장으로 Baker, 1988; Krashen, 1996을 참조).

앞서 언급된 바와 같이, 이중 언어(BL) 접근은 다수의 소수 언어(ML)를 사용하는 학생과 제1언어를 말하는 교사가 있는 장면에서 잘 작동될 것이다. 반면에, Necochea와 Cline (1993)은 이중 언어 교육 접근법을 구어 사용을 조장하기 위한 유일한 접근법으로 보는 관점의 위험성을 지적하고 있다. 첫째, 모든 소수 언어 사용 학생들의 요구를 충족시켜 줄 만한 이중 언어 교사가 충분하지 않다. 둘째, 대부분의 교실에서 이러한 학생들은 소수민족이고 많은 학생들이 (베트남 소수 민족인 흐몽족의) 흐몽어, 베트남어, 라오스어와 같은 낮은 빈도의 언어를 말하고 있다. Necochea와 Cline은 영어를 말하는 많은 교사들이 이중 언어 철학의 그림자에 무력감을 느끼며 자신들이 효율적일 수 없다고 생각한다. 반면에 Necochea와 Cline은 교사가 소수 언어 사용 학생들과 활동하기 위해 개발한 창의적이고 효과적인 실제들을 기술하고 있다. 실제들 중 가장 이상적인 것은 통합과 포함을 강조할 뿐만 아니라 "소수 언어 사용 학생들을 위해 교수 전달 방식을 수정함으로써, 학생들로 하여금 핵심적인 주류 프로그램에 참여할 수 있게 해 준 것이다."(p. 407). Fassler(1998)는 다문화 교실에서 아동들에게 서로 영어 사용을 도와주는 한 유치원을 기술하였다. Mari Riojas-Cortez (2002)는 멕시코계 미국 이중 언어 학생들에게 구성주의적 접근을 사용한 Alma Perez의 취

기본적 대인관계 의사소통 능력(Basic Interpersonal Communication Skills, BICS) 기본적인 대인관계 의사소통 능력을 달성하기 위해 사용된 언어. 매일 사회적 활동에서 사용되는 언어를 말한다.

인지 학문적 언어 유창성(Cognitive Academic Language Proficiency, CALP) 학문적 언어

학 전 교실을 기술하고 있다. Alma는 학생들의 장단점을 조사하여 그들의 요구에 맞추어 가르친다. Alma는 학생들이 교실에서 풍부한 대화를 나누고 학생들의 어휘를 증가시킬 수 있도록 아동들이 선택한 언어로 의사소통한다. 놀이 중심 교육과정은 언어 발달에 적절한 비계를 설정해 준다. 아동들은 연습과 실습이 아닌 극놀이, 음악, 손가락 놀이, 대화를 통해서 영어를 학습한다.

영어 학습자들의 영어 유창성을 위한 결정적 시기

Halle, Hair, Wandner, McNamara와 Chien(2012)은 유치원 입학 당시에 영어가 유창한 영어 학습자들(ELLs)이 영어로 말하는 친구들만큼이나 미래에 학교에서 성공할 것이라는 점을 지적해 준다. 1학년 봄까지 유창한 아동들은 그 시기까지 유창하지 않은 아동들보다 더 잘한다. 결론은 취학 전 시기가 결정적 시기라는 것이다. 사실, 유치원 전에 취학 전 프로그램에 다녔던 아동들이 영어가 더 유창한 상태에서 유치원에 입학하였다. 다른 중요한 요인들은 자극을 주는 가정환경과 부모의 학교 참여였다.

제1언어로서 AAE로 말하는 학생들에게 표준 영어 가르치기

21장에서, 에보닉스(Ebonics)의 기원을 설명하였다. 많은 아프리카계 미국 아동들은 성장하면서 아프리카식 미국 영어(African American English, AAE, 또한 에보닉스로 알려져 있음)로 말하는 것을 배운다. 그들은 큰 소리로 책을 읽을 때조차도 표준 영어(Standard English, SE)를 AAE로 전환시키기도 한다. Delpit(1998)은 새로운 언어의 학습과 읽기 이해를 혼동해서는 안 된다는 것을 지적한다. AAE로 말하는 학생들을 계속해서 수정해 주면, 그들은 읽기와 말하기를 싫어하게 된다. 반면에, 편집은 좋은 글 쓰기를 위한 필요조건이므로, 문어로 된 결과물을 편집해 주는 것은 좀 더 타당해 보인다. 아동들을 비하하지 않는 방식으로, 즉 AAE와 SE의 유사점과 차이점을 객관적으로 지적해 주는 방식으로, AAE와 SE의 문법과 철자의 관계를 가르칠 수 있다. Blake(1994)는 세 명의 어린 아프리카계 미국 아동들과 그 어머니의 언어 사용을 기록하였다. Blake는 아프리카계 미국 어머니와 아동 쌍이 유럽계 미국 어머니와 아동 쌍과 다르게 언어를 사용한다는 것을 발견하였다. 아프리카계 미국인은 언어의 정서적 기능을 강조한다. 좋아하는 것, 싫어하는 것, 그리고 감정에 초점을 맞춘 언어를 사용한다. 따라서 이 아동들은 언어의 사회정서적 사용을 강조하는 문화를 지닌 채 학교에 입학한다. 대부분의 미국 교사들은 대화 유형에서의 이러한 차이를 인식하지 못하고, 오히려 그것을 토대로 하기보다는 경시할 수 있다.

아프리카계 미국 아동들이 표준 영어 중심의 언어 환경의 혜택을 받을 수 있다는 결론을 지지해 주는 증거가 있다. 예를 들어, Benedict(1994)는 낮은 사회경제적 계층의 아프리카계 미국 유치원생들과 중류 계층의 미국 유치원생들 두 집단 모두를 총체적 언어 유치원

(whole-language kindergarten)에 등록시켰을 때, 낮은 계층의 아프리카계 미국 유치원생의 구어 사용이 중류 계층의 유럽계 미국 유치원생만큼이나 증진되었고, 기본적인 유치원(basal-based kindergarten)에 다니는 아프리카계 미국 유치원생보다 더 향상되었다.

4 유아가 문어를 학습하는 방법

유아가 단지 이용 가능한 것이라고 해서 인쇄물에 대해서 배우지는 않는다. 목적을 달성하는 데 이용될 수 있는 읽기와 쓰기를 학습한다. 글을 읽고 쓸 줄 아는 능력의 발달을 촉진하는 사회적 학습 맥락이란 어떤 것인가? 인쇄물은 가족 구성원과 친구들 사이에 접촉이 이루어질 때 이용된다.

- 친구들 명단
- 친구들과 가족 구성원이 쓴 노트와 편지들
- 레모네이드 가판대에 붙여 놓은 표지판

가정에서 읽기와 쓰기

Heath(1980, 1983)은 전문직 계층의 가족 집단을 연구하였다. 전문직 계층의 가족 집단은 앞서 언급된 방식으로 그리고 지식을 증진시키기 위해 읽기를 이용하였다. 그들이 읽기를 할 때, 이야기를 과거 활동과 관련지음으로써 이야기-읽기 활동을 확장시켰다. 성인도 역시 이야기와 관련하여 많은 논평을 해 주었고, 충분히 나이가 든 아동들에게는 이야기와 관련한 논평을 하도록 격려하였다. 다른 연구자들은 부모가 아동에게 문어 활동을 격려하고, 책이나 문어에 대한 흥미를 이끌어 냄으로써 글을 읽고 쓰기를 촉진하는 것을 발견하였다. 유아들은 가족과 친구들과의 지지적인 문해 경험을 통해 인쇄물에 대하여 배운다(McGee et al., 1986). **그림 22-4**(457~458쪽)에 있는 편지들을 살펴보라. 이 편지들은 유치원에 입학하기 전 여름에 아동들이 교실 우편을 통해 보낸 것이다. 아동들은 이렇게 편지를 교환하면서 쓰기를 하고 싶어진다. 그들은 편지를 받는 설렘을 경험하며, 수신자가 자신의 편지를 받았을 때도 흥분한다. 쓰기는 친구와 사회적 접촉을 하는 목적을 달성하였다.

아동들은 쓰기를 하는 동안에 쓰기를 학습하는 책략을 발달시켰다. 아동들은 쓰기를 하기 전, 쓰기를 하는 동안, 그리고 쓰기를 한 후에 항상 말을 한다. 그들은 쓰기에 필요한 정보를 얻기 위해서, 쓰기를 하는 동안에 논평을 하면서, 또는 자신들이 쓴 것을 읽으면서 말을 하게 된다. 아동들은 서로 말을 나누고, 쓴 것을 서로에게 읽어 줌으로써 자신들의 쓰기를 강화한다. 또한 아동들은 다른 언어 상황에서 학습하였던 것을 구어와 문어 쓰기에 적용한다. 유아의 쓰기에서 가장 중요한 것은 그들이 위험을 감수하고 실험을 하려고 해야 한다는 것이다. 어쨌든 간에, 대부분의 성인들은 쓰기를 유아원생과 유치원생들을 위한 과제로 보지도 않으며, 이러한 실험을 격려하지도 않는다. 일찍 읽고 쓰는 아동들에게는 항상 그들의 문해 능력을 격려해 주는 나이 든 사람이 가정에 있다는 것에 주목하라. 만약 아동이 창의적 철자와 통상적이지 않은 문장으로 말하는 것을 성인이 받아들일 수 있다면, 아동들은 문어를 어떻게든 혼자서 학습해 낼 것이다(Bissex, 1985; McGee, Richgels, & Charlsworth, 1986).

연구자들은 문해 능력의 발달을 고무시키는 데 결정적인 것으로 보이는 성인-아동 상호작용의 특징을 발견하려고 하였다. 이러한 연구들을 개관해 본 결과, 다음과 같은 지지적인 요인들이 제시되었다.

- 책을 읽기 전, 워밍업 질문하기
- 이야기 읽기를 하는 동안에 이야기 내용을 아동의 과거 경험과 관련지으며 언어적 상호작용하기
- 아동의 반응을 긍정적으로 강화하기
- 책을 읽은 후에 평가적 질문하기
- 아동이 반응을 할 수 있기 전인 영아기에도 책 읽기를 하면서 대화를 시작하고, 영아의 언어 이전 단계의 반응을 관례적 반응(conventional responses)인 것처럼 다루어 주고, 마지막에는 이름을 붙이기 위해 사용한 근접한 또는 관례적 단이에 보상해 주기
- 어머니가 영아와 대화를 나누며 삽화의 중요한 부분에 이름 붙이기
- 영아가 성인이 한 것을 모방하여 반응하도록 격려하기

이러한 유형의 상호작용은 학교 문해 활동에서 성공을 위한 강한 기반을 제공하는 것으로 보인다. 목록에 나열된 행동들은 노동 계층이나 하류 계층의 부모-아동 쌍보다 전문직 계층과 상류층의 부모-아동 쌍에서 더 잘 관찰되는 경향이 있다. 하류층 어머니들은 중류층 어머니들보다 이야기 읽기 동안에 말을 적게 하고, 더 제한된 어휘를 사용한다. 가족 문해 프로그램은 가족 구성원들이 함께 책 읽기 경험을 잘 하도록 도와줌으로써 ELL 학생들의 문해 능력을 강화시켜 줄 수 있다(Harper, Platt, & Pelletier, 2011). 이야기 읽기와 쓰기 회기 둘 다 성인으로부터 지시받고 지적을 받을 때보다는 오히려 상호적 상호작용으로 아동의 구어와 문어 사용을 강화시키고, 아동의 실험을 격려해 줄 때 아동에게 가장 가치 있어 보인다. Dail과 McGee(2011)는 취학 전 교사가 교실에서 어휘 교수법에 적용할 수 있는 전문성 발달 프로그램을 개발하였다. 그 교수법의 목적은 유아에게 높은 수준의 어휘를 사용하도록 하는 것이다.

이 장에서 여러 차례 언급하였듯이, 질문하기는 문해 발달에 결정적인 요인이다. 글을 읽을 줄 아는 사람이나 읽지 못하는 사람 모두에게 질문은 중요하다. 아동이 글을 읽는 사람에게 하는 질문도 마찬가지로 중요하다. 아동들은 인쇄물의 여러 측면에 대해서 질문을 한다(McGee et al., 1986).

- 글자: "이 글자는 뭐예요?"
- 단어: "이것은 뭐라고 말하는 건가요?"
- 정보: "사람도 계란에서 나오나요?"
- 인쇄물: "그것은 어디에 쓰여 있나요?"

아동들에게 이러한 질문을 하도록 장려하는 이유에 대해서 추측해 보자. 한 가지 이유는 아동들이 영아기와 걸음마기 동안에 읽기를 시작하는 방식에 있다. 그들은 성인 행동을 모방한다. 또한 책 삽화는 도로 표지판이나 건물 간판처럼 눈에 띄게 그려져 있어서, 아동들의 시선을 끌 수 있다. 게다가 아동들이 몇 가지 글자들을 알게 되었을 때, 책 본문에서 이 글자들을 찾아낼 수 있으며, 이 글자들을 포함하고 있는 단어들이 무엇을 말하는지를 궁금해한다.

사진 24-4 교사는 아동이 컴퓨터를 사용할 때 비계를 설정해 준다.

기술공학은 초기 읽기와 쓰기에 대한 지식을 획득하는 길을 제공해 줄 수 있다(사진 24-4). 컴퓨터 소프트웨어는 초기 단계의 읽기와 쓰기 프로그램을 제공해 준다. TV는 아동들에게 알파벳 글자와 음운, 사용 빈도수가 높은 시각 단어들(sight words), 문학 등을 가르치기 위하여 고안된 많은 프로그램들을 제공해 준다. PBS's Teacher Source(발행 연도 불명)는 아동용 프로그램에 근거한 문해 관련 활동들을 제안해 주고 있다. 아동용 프로그램으로는 *Arthur*, *Barney*, *Clifford*, *Mr. Rogers' Neighborhood*, *Dragon Tales*, *Jay Jay the Jet Plane*, *Saywak*, *Sesame Street*, 그리고 *Zoboomafoo*가 있다. PBS는 특히 3~7세 유아의 초기 읽기에 맞추어진 프로그램인 *Between the Lions*를 개발하였다(Rath, 2002; St. Clair, 2002; Moses, 2009). *Reading Rainbow*는 아동들에게 고전 문학을 소개해 준다. 연구를 개관한 Moses(2009)는 적당한 양의 교육 프로그램을 시청한 유아들이 지속적이고 긍정적인 문해 습관과 능력을 발달시킬 것이라는 연구 증거를 보여 준다고 결론지었다.

학교에서 읽기와 쓰기

통상적인 유치원 교육과정은 **자모음 이름**과 **자모음 소리**에 더 많은 초점을 맞춘다. 아동들

자모음 이름(letter names) 알파벳 상징들의 이름
자모음 소리(letter sounds) 알파벳 상징들과 관련된 소리

이 자모음 이름과 자모음 소리를 어떻게 학습하는지를 이해하여 연령에 적절한 경험을 계획하는 것은 필수적이다. Treiman, Tincoff, Rodriguez, Mouzaki와 Francis(1998)는 유아들이 자모음 소리를 어떻게 학습하는지를 조사하였다. 그들의 연구는 유아원생과 유치원생들에게 초점을 맞추었다. 유아들은 자모음과 특정 소리를 관련짓기 전에, 항상 자모음의 이름부터 학습한다. 그러나 22장에 기술된 McBride-Chang(1998)의 연구에서 보았듯이, 아동들은 철자 맞춤법을 처음 시도할 때 자모음 이름 지식을 적용하게 된다. Trieman과 동료들은 아동들이 자모음 이름에 대한 지식을 사용하여 자모음 소리를 학습한다는 증거를 제시하였다. 가장 쉽게 학습되는 소리-상징의 관계는 자음 *b*와 같이 아동 자신의 이름에서 첫 소리음으로 나오는 글자들이다. 그다음으로 쉬운 소리-상징은 자음 *l*과 같이 아동 이름의 맨 끝에 나오는 소리의 글자들이다. *f*처럼 소리에 대한 단서가 포함된 글자들은 *w*같이 소리 단서가 없는 글자보다 쉽게 배울 수 있다. 연구자들은 "아동들이 (…) 글자-소리 관계를 암기에 의한 짝 연상으로는 기억하지 못한다. 오히려 아동들은 자모음 이름과 그 이름들이 포함한 소리에 대하여 알고 있는 것을 토대로 이러한 관계들을 이해하려고 한다."(p. 1537)라고 결론지었다. 연구자들은 이러한 결과에 비추어 볼 때 각 글자마다 동일한 시간을 투자하는 유치원들의 공통된 교육 실제는 이치에 맞지 않음을 시사한다. 쉽게 학습되는 소리에는 적은 시간을 투자하고, 좀 더 어려운 소리에는 더 많은 시간을 투자할 수 있어야 한다.

23장에서 언급하였던 바와 같이, 알파벳을 학습하려는 강한 동기 요인은 아동의 이름이다(Kirk & Clark, 2005). 아동의 첫 시각 단어(sight word)는 바로 자신의 이름이다.

> Summer는 할머니의 '책 쓰기' 컴퓨터에 앉아 있다. 그 책은 'Summer'로 시작해서, 무작위 철자와 숫자로 된 줄들이 이어졌다.

아동들은 자신의 이름에 강한 애착을 보이고 결국 친구들의 이름에도 애착을 보인다. Kirk와 Clark는 의미 있는 맥락에서 이름을 사용할 것을 제안한다. 예를 들어 아동들의 영역이나 작품에 이름 붙이기, 당번 일정표에 이름 붙이기, 매일 학급에 올 때 사인하면서 이름 쓰기 등과 같은 것이다. 취학 전 학급에서 당번 일정표는 아동들이 친구들 이름을 인식하도록 동기화하며, *John*, *Jane*, *Jim*, *Jon*과 같은 이름의 유사점과 차이점을 주목하기 시작한다.

Jalongo(1998b)는 읽기 학습의 주요 요소로서 소리-상징 관계 학습에 초점을 맞춘 유일한 읽기 지도법인 **파닉스**를 공격한다. 그 지도법은 항상 많은 플래시 카드 연습과 워크북 활동을 포함한다. 청각적 어려움을 가진 아동을 제외하고는, 파닉스에 대한 지식은 새로운 단어를 해독하는 데에는 도움이 된다. 그러나 Jalongo가 지적한 바에 따르면, 파닉스에 대한

파닉스(phonics) 소리-상징의 관계에 초점

사진 24-5 아동들은 선택한 책을 혼자서 또는 친구들과 보는 것을 즐긴다.

초점은 읽기 이해의 진정한 목표를 놓친다. 또한 그것은 즐거움과 정보를 얻기 위한 읽기 동기를 감소시킨다. 아동들은 읽기와 그 기능에 대해서 배울 필요가 있다. 그런 다음에 문해에 중요한 도구로서 파닉스를 배울 수 있다. 읽기의 첫 단계는 아동들을 책과 다른 인쇄 매체에 노출시키는 것이다(사진 24-5). 앞서 언급한 바와 같이,이것은 아동낙오방지법(No Child Left Behind)의 요건과 관련된 주요 관심 사항이다.

우리는 **그림 그리기**와 **손으로 쓰기**가 밀접하게 연관되어 있음을 이미 살펴보았다. 그림 그리기도 역시 구성하는 것으로서 쓰기에 연결될 수도 있다. Oken-Wright(1998)는 아동의 그림 그리기를 강화시켜 주면서, 동시에 창의적 쓰기로 안내해 주는 단계들을 제시해 주었다. 첫 단계는 그림에 대한 적절한 질문을 하는 것이다. Oken-Wright는 “여기(그림)에 무슨 일이 일어나고 있어?”란 질문이 아동이 자신의 언어를 확장시키는 가장 이상적 질문이라고 제안한다. 교사가 먼저 받아쓰기로 시작해서, 아동이 그 받아쓰기를 따라서 쓴 다음에, 독립적인 쓰기로 나아가야만 한다. Thompson(2005)을 참조하라.

놀이는 아동이 학습하는 주요한 매체임을 명심하라(5장 참조). 인쇄물과의 상호작용 기회를 놀이 경험으로 스며들게 하는 것이 필수적이다(McGee & Richgels, 2008). (22장에서 기술된 바와 같이) 읽기와 쓰기 영역 외에도, 다른 놀이 영역에서 인쇄 자료를 다룰 수 있다. 소꿉 영역에 잡지, TV 가이드, 전화번호부, 아동의 그림책을 포함하고 있어야 한다. 또한 전화 메시지를 적고 쇼핑 목록을 작성할 수 있는 포스트잇® 메모지, 종이 패드, 연필과 펜도 포함되어 있어야 한다. 부엌 선반에는 빈 음식 상자들로 채워야 한다. 다른 극놀이 영역도 비슷하게 인쇄 자료들로 채워야 한다. 놀이는 유아원 교실뿐만 아니라 유치원 교실에서도 주요 활동이어야 한다. 유치원생들의 메모 작성, 목록 쓰기, 표지 만들기가 더 중요하게 된다. 이야기 극화하기는 1학년으로 확장시킬 수 있는 필수적 놀이 기회이다. West와

그림 그리기(drawing) 도구를 사용하여 그림을 산출하기

손으로 쓰기(handwriting) 도구를 이용하여 글자나 글자 같은 형태를 만들어 내기

놀이(play) 아동이 지식을 구성해 가는 행위와 활동들

Cox(2004)는 문해 소품들을 포함한 많은 아이디어들을 제공하고 있다.

영유아 교육기술 아동들의 경험은 그림, 쓰기, 읽기에 영감을 불러일으킨다. 현장 견학은 동기를 유발시킬 수 있지만 항상 그렇지는 않다. 가상 현장 견학(virtual field trip, VFT)은 교육적 여행의 수단이 될 수 있다. 아동은 인터넷으로 박물관, 다른 나라, 지방, 도시, 흥미 있어 하는 다른 곳들을 여행할 수 있다. 어떤 여행은 온라인으로 가능하지만, 교사와 아동은 자신만의 것을 창조할 수 있다. 예를 들어 동물원이나 농장 견학을 촬영해 와서 나중에 볼 수도 있다. Dennis J, Kirchen은 VFT에 대한 찬반론을 포함한 정보를 제공해 준다. 그의 논문 "유치원생과 1학년 학생들을 위한 가상 현장 견학(VFT) 만들기와 VFT로 견학하기"[*Young Children 66*(6), November 2011] 참조.

아동들은 창의성을 촉발시키고 문어 이해를 발달시킬 수 있는 발달적으로 적합한 활동을 통해서 읽기와 쓰기를 배울 수 있다. 이에 대한 안내서로 Greenberg의 읽기, 쓰기, 철자 맞춤법에 대한 논의(1998a, 1998b, 1998c)와 유치원 문해 지도를 제안한 McGee와 Morrow(2005)를 참조하라. 다중 언어 교실에서 이중 언어 학습자들(DLLs)도 역시 쓰기 실험에 대한 혜택을 받을 수 있다(Shagoury, 2009). 그들은 영어 맞춤법(글자가 사용되는 방법)과 모국어의 맞춤법을 사용하여 그리기와 쓰기를 할 수 있다. 이중 언어 학습자들은 모든 언어에서 유사한 방식으로 쓰기 과정을 학습한다.

초기 읽기와 쓰기 발달에서 성인이 수행하는 역할

초기 읽기와 쓰기 학습 단계에 대한 연구를 개관한 McGee와 동료들(1986)은 아동들이 문해 출현을 지원해 주는 다양한 인쇄물 경험이 필요하다고 결론지었다. 아동들이 소리와 철자들을 확인하고 변별하고, 음운을 배우고, 구어 능력을 발달시키는 것 이상으로 필요하다. 아동 초기의 교육자들은 가정과 학교에서 많은 종류의 인쇄물 경험을 포함하는 교육과정을 개발해야 한다(Rosenkoetter, 2001a, 2001b; McGee & Morrow, 2005; McGee & Richgels, 2008; Genishi & Dyson, 2009). McGee와 동료들(1986, pp. 63-65)은 다음과 같은 것들을 제안한다.

1. 아동이 받아쓰기를 써 내려가는 동안 전통적 방식의 인쇄물에 대한 주의를 환기시키도록 한다.
2. 아동들이 극놀이에서 사용한 전화번호부, 이야기책, 쇼핑 목록, 인사 카드, 메뉴, 잡지와 같은 인쇄 자료들을 이용하도록 알려 준다.
3. 예컨대 도서실이나 휴식 시간 동안에 아동이 읽고 있을 때, 읽기 행동의 모델이 되어 준다.
4. 아동들이 견학하는 동안에 표지판을 읽게 한다.

그림 24-6 교사가 아동이 쓰기 영역에서 쓰기 도구를 선택하는 것을 도와준다.

5. 아동들의 받아쓰기를 읽어 주고, 아동들로 하여금 자신의 받아쓰기를 읽어 보게 한다.
6. 쓰기와 읽기를 격려해 주고, 산출물에 이름표를 붙이게 한다.
7. 아동들이 이름을 쓰거나, 그림에 이름을 붙이거나, 또는 받아쓰기를 할 때처럼 맥락과 관련해서 글자에 주의를 기울이게 한다.
8. 줄이 있는 종이와 줄이 없는 종이, 큰 종이와 작은 종이, 펜, 마커, 연필, 쵸크와 칠판, 그리고 페인트와 페인트 붓과 같은 다양한 쓰기 도구와 자료들을 제공한다(**사진 24-6**).
9. 아동들에게 쓰기를 격려하고, 그들이 전통적인 쓰기에서 얼마나 동떨어져 있든 간에 상관하지 말고 그들의 산출물을 받아들여 준다.
10. 역할 놀이와 이야기 재현을 자극시켜 줄 소품과 인쇄 자료들을 제공해 준다.
11. 놀이를 하는 동안과 쓰기 활동을 하는 동안에 협동적인 사회적 상호작용을 격려해 준다.
12. 움직이는 글자들을 제공하여 실험해 보게 한다(예: 짝짓기, 분류하기, 서열 짓기).
13. 아동들에게 개인적으로 중요한 단어들을 쓰도록 격려함으로써 아동을 동기화한다(예: 자신의 이름, 친구와 가족의 이름, 애완동물 이론, 또는 좋아하는 놀이 자료 등).
14. 글자 쓰기, 감사 카드, 목록, 이름표, 캡션 작성하기, 이야기 쓰기 등을 할 수 있는 기회를 제공한다.
15. 아동들이 읽은 단어들을 지적하면서 친숙한 이야기를 인쇄하는 것에 관심을 불러 일으킨다.
16. 아동들에게 메시지를 써서 보낸다(예: "나는 네가 좋아.", "넌 도움을 주는 친구야.", "오늘 잘 놀아 줘서 고마워.", "손을 씻을 시간이야.").
17. 아동들에게 성인들이 문어를 사용하는 것을 보게 한다.
18. 이야기 읽기를 하는 동안에 질문과 토론을 격려해 주고, 특히 이야기 내용과 아동의 과거 경험을 연결시켜 준다.

생각해 보기

당신이 다음 진술에 동의하거나 동의하지 않는지를 생각해 보자. "유아의 읽기와 쓰기 발달에서 성인이 수행하는 주요 역할은 인쇄물이 풍부한 환경을 제공하고, 아동의 읽기와 쓰기 시도를 수용하고 격려해 주고, 문해 과정을 멀리 떨어져서 관찰하는 것이다."

19. 개별적인 이야기 읽기 시간에 이야기 읽어 줄 사람으로서 부모, 자원봉사자, 나이 든 아동의 보조를 요청한다.
20. 부모들에게 가정에서의 학습을 강화하는 기법을 제공해 주는 부모 교육 프로그램을 개발한다.
21. 예측 가능한 패턴이 있는 책에서 쉽게 학습되는 이야기를 모방하여 읽기를 흉내 내도록 격려해 준다.
22. 아동 문학, 글이 없는 그림책, 신문, 전화번호부, 카탈로그, 만화, 메뉴, 쿠폰, 광고 우편물, 아동용 잡지 등을 포함하는 풍부한 읽기 자료를 제공한다(사진 24-7).

사진 24-7 듣기 영역은 이야기를 경청하고 책의 이야기 흐름을 따라갈 수 있는 기회를 제공한다.

이러한 자료와 활동들은 영유아에게 인쇄물이 풍부한 환경을 제공해 줄 것이다. 이 장에서 기술된 인쇄물이 풍부한 환경과 같은 정보를 적용하는 성인은 아동이 인쇄물의 개념과 읽기와 쓰기 기술을 스스로 구성해 나가도록 격려해 줌으로써 문해 발날을 강화해 줄 수 있다.

5 성인이 유아의 발달에서 창의성을 촉진할 수 있는 방법

국제아동교육연합회(Association for Childhood Education International, ACEI)는 표현 예술을 할 아동의 권리에 대한 성명서를 냈다(Jalongo, 1990). 성명서는 교육과정에 음악, 예술, 드라마, 춤, 쓰기와 같은 표현 예술들을 포함시키자는 주장을 제시해 주고 있다. 표현 예술들은 **반영적 학습**(예: 내면으로부터의 학습)을 길러 준다. 그것들은 상징적 발달과 모든 영역의 발달에서 성장을 강화하며, 아동을 의미를 구성하고 만들어 가는 존재로 간주한다. 표현 예술은 아동이 창조하고 구성할 수단을 제공해 줌으로써 모든 교과 내용의 영역으로 통합될 수 있다. 성인의 역할은 아동에게 자료와 그 자료를 자유롭게 사용할 수 있는 자극을 제공하는 것이다(그림 24-1).

Mayesky(2012, pp. 10-12)는 아동의 타고난 창의성 표현을 고무시켜 줄 수 있는 여덟 가

반영적 학습(reflective learning) 내면으로부터 일어나는 학습

그림 24-1 공동 작업: Summer는 할머니에게 자신을 그리게 하였다. Summer는 팔과 다리를 완성하였다. 그리고 Summer는 할머니와 엄마를 그렸다.

지 방안을 제시하였다.

1. 아동이 변화를 받아들이도록 도와주어라.
2. 아동이 어떤 문제든 쉽게 답을 구할 수 없다는 것을 깨닫게 하라.
3. 아동들로 하여금 많은 문제들이 수많은 답들을 갖고 있다는 것을 인식하게 하라.
4. 아동이 자신의 감정을 판단하고 받아들이도록 도와주어라.
5. 아동의 창의적인 것에 보상해 주어라.
6. 아동이 스스로 창의적 산출물을 내고 문제들을 해결하는 것에 즐거움을 느끼게 하라.
7. 아동이 다른 사람들과 다르다는 것을 이해하게 하라.
8. 아동이 인내심과 끈기를 발달시키도록 도와주어라.

Mayesky에 따르면, "창의성이란 개인에게 독창적이고 그 사람이나 다른 사람에게 가치 있는 어떤 것을 사고하고, 행동하고, 또는 만드는 방식이다."

아동들이 대략 5세경 표상 단계에 들어설 때, 교사들은 학생들이 배우고 경험한 것을 표상할 수단으로서 미술을 단원 주제와 프로젝트에 통합시키되, 아동이 갑작스럽게 떠오른 영감을 작업할 수 있는 많은 기회를 허용해 주어야 한다. Nancy Smith(1982, 1983)는 그림 주제를 제시하고 아동이 창의적이 되도록 자유롭게 놔두는 접근법을 개발하였다. Smith는 아동이 표상적 그림에 숙달되고 여러 가지 매체로 집중적인 실험을 해 보았을 때, 교사는 더 이상 전면에 나서지 말아야 한다고 지적한다. Smith의 절차는 준비되어 있는 아동, 즉 5

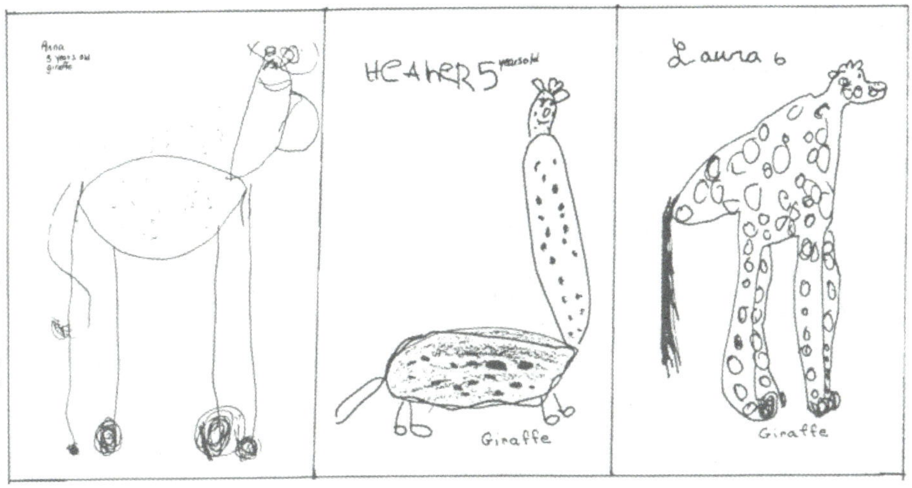

그림 24-2 세 명의 유치원생이 기린을 관찰하며 그린 그림으로, 막대기 그림(stick drawing) 수준에서 모양, 윤곽, 패턴의 그림 수준에 이르는 세 수준의 발달을 예시해 준다.

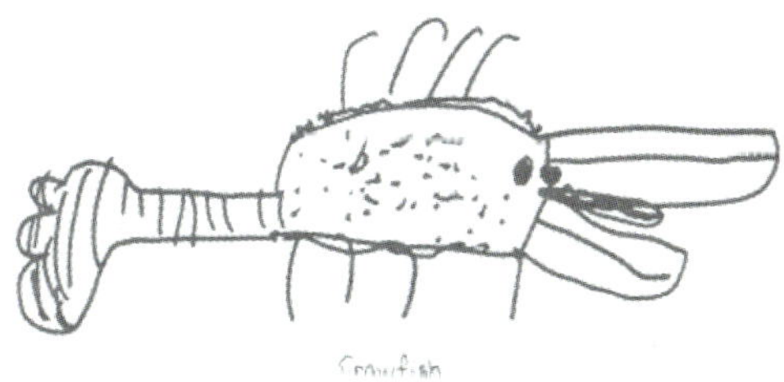

그림 24-3 유치원생의 가재 관찰 그림은 이 연령의 아동이 비일상적인 세부적 사항에 주의를 기울였음을 보여 준다.

세 이상의 아동에게는 관찰하는 미술을 하도록 고안되어 있다. Smith는 아동들이 회상해서 완벽하게 그리는 것보다는 그릴 대상을 관찰하도록 격려해 준다면, 아동들이 더 구체적인 미술 작품을 산출한다는 것을 알았다. 그림 24-2와 24-3은 유치원생들이 그린 관찰 그림이다(Koenig, 1986). 모델들은 유아원과 유치원 교실에서 극놀이에 이용되는 플라스틱 동물들과 진짜 살아 있는 가재였다. 아동들이 그림을 그리기 전에, 성인은 아동들과 동물의 특징(윤곽, 모양, 신체 부위)에 대해서 토론하였다. 결과로 나온 그림은 매우 구체적이면서 표상적이었다. Smith가 수집한 자료와 비교해 볼 때, 이 아동들의 그림은 나이 든 아동들의 그림에서 주로 발견되는 많은 구체적 사실들을 포함하고 있다는 점에서 매우 진전되어 있었다.

창의성은 사회적 상호작용으로 길러진다. 독창적 생각의 씨앗은 종종 또래와 성인과의 상호작용에서 생긴다(Mayesky, 2012). Mosley(1992)는 유치원생들이 새, 무지개, 집, 사람과 같은 기본적 그래픽 요소들에 대한 생각들을 공유하고 있지만, 그 요소들을 독창적 방식으로 통합시키는 것을 관찰하였다. Thompson(1990)은 아동의 말과 그리기 발달에 대한 이론과 연구를 개관하였다. 3세 이전에는 도구의 용도를 학습하는 행위가 항상 아동의 주의를 끈다. 약 3세가 넘어가면서, 아동은 그림에 대해서 말을 하게 된다. 이 시점에서 성인과 아동은 미술 작품을 중심으로 토론에 들어갈 수 있다. 이러한 성인의 지원은 예술가로서의 아동 발달을 강화시키는데, 이는 Vygotsky의 비계 개념을 우리에게 다시 상기시켜 준다. 성인의 논평은 아동의 논평에 반응하는 것이어야 하며, 주제에 대한 질문이나 이야기를 강요하지 않고 모양, 색깔, 질감 등에 대해 초점을 맞추어야 한다. 적절한 논평의 예는 다음과 같다. "너는 밝은 색깔을 좋아하는구나." 또는 "넌 원을 만드는 것을 좋아하는구나."

또한 아동들에게 다음과 같은 창의적 사고를 촉진하는 질문을 한다.

- 만약 코끼리의 코가 없으면 어떻게 될까?
- 만약 아침에 창문 밖을 보는데, 마당에 공룡이 있다면 어떻게 하겠니?

상상을 격려해 주어라. 아동이 "침대에 악어가 있어요."라고 말할 때, 그 상상을 따라가 주어라. 아동에게 "악어가 무엇을 하고 있어요? 배가 고픈가? 그 악어 이름이 뭐야?"라고 질문을 던진다. 이러한 유형의 게임은 아동의 창의적 잠재성을 자극하고 아동 자신의 상상을 이용하도록 격려해 준다. 아동이 호기심을 갖고 탐색을 하게 하고 스스로 답을 발견하도록 안내해 준다. 모든 아동은 창의적 능력을 갖고 있다. 창의적 능력을 찾고자 하는 성인이 아동의 창의성을 발견할 것이다. 창의성을 촉진하는 데 필요한 많은 훌륭한 자원들이 있다. 예를 들어 Koralek(2004), Mayesky(2012), 그리고 Fox와 Schirrmacher(2012)이다.

심화학습 도서실이나 이 장에서 소개된 온라인 자료집에서 취학 전 유아를 위한 창의적 활동 하나를 선택하라. 필요한 자료를 챙겨서 3~6명의 아동들과 활동을 하라. 활동을 하는 동안에 각 아동이 무엇을 하는지 기술하라. 다음 척도를 이용하여 아동의 창의성 수준을 평가하라.

창의성 척도				
1	2	3	4	5
낮은 창의성(독창성, 유연성, 호기심, 탐색 의지 부족—다른 사람이 하는 것을 보거나 똑같이 따라함)		다소 창의적(창의성의 특징을 다소 갖고 있거나 전혀 없음)	높은 창의성(독창성, 유연성, 호기심, 탐색 의지를 보여 줌, 자신이 하고 싶은 것을 함, 다른 사람에 의해 영향을 받지 않음)	

요약

1 개념과 언어 지도가 서로를 어떻게 지원해 주는지를 설명하고, 아동의 초기 구어 발달에서 성인이 수행하는 역할에 영향을 미치는 요인을 기술하기

의도적 교수(intentional teaching)의 개념은 아동 중심 지도법과 성인 주도 지도법의 균형을 강조한다. 아동 중심 활동은 아동에 의해 선택되고 통제되지만, 자료들은 종종 성인이 생각하는 목적에 따라 제공된다. 개념 어휘는 아동들이 문제를 해결한 방식을 설명하고 아동들이 발견한 것을 기술하는 데 필수적이다. 토론과 대화하기, 책 읽기, 그리고 이야기를 쓰고 삽화 그리기는 문해 경험을 제공해 주고 성인에게 아동이 무엇을 알고 있고 무엇을 생각하고 있는지를 볼 수 있게 해 준다. 언어 발달에서 성인의 역할은 언어 발달을 지지해 주는 비계 경험들을 제공하는 것이다. 성인은 언어 모델의 역할을 수행하며 언어 경험과 언어 상호작용을 제공해 준다. 아동이 능력 있는 성인이나 또래와 주고받는 대화는 아동기 초기의 언어 발달에 가장 결정적 요인인 것으로 보인다. 영아기와 걸음마기에 성인과의 풍부한 언어 경험에 참여하였던 아동은 취학 전에 다른 유아보다 높은 수준의 언어 수행을 보여 준다.

2 성인이 아동의 구어 발달을 확장시킬 수 있는 접근법을 기술하기

성인들은 아동이 대화에 참여하는 능력을 발달시키는 데 결정적 역할을 한다. 성인은 말을 촉진하는 환경을 제공하고 최초의 대화 경험을 제공한다. 성인이 영아, 걸음마기아, 2세와 3세 유아를 대화에 참여시키고 주고받는 대화를 촉진시키기 위해서는 의식적인 노력을 기울여야 한다. 4, 5세 유아의 경우에, 성인은 뒤로 물러나서 관찰하고 아동이 스스로 말하도록 놔두어야 한다. 그러나 아동이 말의 다기능적 언어를 보여 주지 않는다면, 성인이 개입하여 대화를 촉발시켜야 한다. 또한 유아의 사적 언어를 격려하는 것이 중요하다. 2~5세의 유아들은 사적 언어를 사용하여 자신의 활동 방향을 지시하고 통제한다. 사적 언어는 아동들의 구어에 대한 초기 시도와 이후 언어적 사고에 참여하는 능력을 이어 주는 가교 역할을 한다.

3 언어의 다양성을 지원해 줄 수 있는 중요한 성인 책무들을 선택하기

다양한 문화에서 온 아동들은 집중적인 대화 경험을 통해 구어 사용을 확장시킬 수 있다. 그러나 표준 영어(SE)를 가장 잘 숙달할 수 있는 것은 이중 언어 경험을 통해서인지, 아니면 몰입 경험을 통해서인지에 대해서는 의견이 다르다. 가장 결정적인 것은 성인이 아동의 영어 학습과 가정의 언어 학습을 존중해 주고 지원해 주는 것이다. 학교 장면에서 이상적인 것은 이중 언어 교사가 있거나 각자 한 가지 언어를 사용하는 두 명의 성인이 있는 것이다. 그러나 많은 교실에서는 다중 언어를 사용한다. 교사가 각 언어의 기본적 어휘를 배우고 부모나 지역사회 구성원들에게 교실에 시간을 기부하도록 격려해 줄 수 있느냐에 달려 있다. ELL 학생들이 배우는 방식은 교실의 인종적 구성비에 달려 있다. 비표준의 방언 사용자의 말을 지속적으로 수정할 필요는 없다. 이것은 말하고자 하는 의지를 꺾을 것이다. ELL 학생들이 1학년이 되어 쓰기를 배우게 될 때, 그들 작품을 교정하고 수정하면서 표준 영어를 학습하는 것을 도울 수 있다.

4 가정과 학교에서 유아의 학습과 문해 발달 지원을 위한 성인의 역할 논의하기

아동이 학교에 들어갈 때면, 아동이 구어에 대해 학습한 것을 교사가 활용하고 있듯이, 아동들도 교사들이 활용하고 있는 문어에 대해서 이미 상당히 알고 있다. 아동기 초기의 교실은 아동이 읽기와 쓰기에 대한 지식을 스스로 구성하도록 조성된 인쇄물이 풍부한 환경이어야 한다. 인쇄물이 풍부한 가정의 아동은 환경인쇄물을 인식하고, 책들을 다루는 방법을 알고 있고, 알파벳의 전부 또는 일부를 인식하고 있고, 자신의 이름과 다른 단어들을 쓸 수 있고, 편지, 노트, 목록, 다른 인쇄된 자료들의 사용과 양식을 알고 있는 상태에서 학교에 온다. 그 아동들은 가정에서 많은 이야기 읽기 회기를 가졌으며, 그 회기들 동안에 질문을 받고 질문을 하도록 격려받았다. 기술 공학도 언어와 문해 발달을 지원하는 데 유용할 수 있다.

인쇄물이 풍부한 환경은 아동들을 관례적인 쓰기와 읽기로 나아갈 수 있게 해 준다. 인쇄물 경험을 거의 갖지 못한 채 학교에 입학하는 아동들을 위한 인쇄물이 풍부한 환경은 다른 아동들이 가정에서 경험하였던 자연스런 방식으로 읽기와 쓰기의 세계로 안내하는 것이다. 읽기와 쓰기 학습을 지원해 주는 22개의 경험이 기술되어 있다.

5 아동의 발달에 창의적 측면을 제공해 주는 방식을 설명하기

유아와 활동하는 성인은 아동이 독창적이고 비일상적인 생각을 밀고 나갈 수 있는 환경을 제공해 줌으로써 창의적 행동을 조장해 줄 수 있다. 그림 그리기와 쓰기는 아동 자신의 흥미와 생각에 근거한 것이어야 한다. 상상을 격려해 주어야 한다.

제 25 장

정서 발달의 본질: 이론, 정서와 성격

이 장과 관련된 표준

naeyc

NAEYC 프로그램 기준

1a: 출생에서 8세까지의 영유아의 특징과 요구를 알고 이해하기

DAP

발달에 적합한 실제(DAP) 지침

1: 학습자를 보살피는 공동체 만들기

1C 1, 2, 3, 4, 5: 공동체 구성원은 서로 존중하고 책임감을 갖는다.

3A 1: 교사는 각 연령 집단에게 필요한 핵심 기술을 이해하고 익숙해진다.

학습목표

1 정서적이라는 것의 의미를 이해하고, 정서적 성장에 관한 주요 이론가의 견해를 인식한다.
2 영유아의 정서 발달에서 나타나는 다양한 측면을 설명한다.
3 성격 발달에서 중요한 요소를 인식한다.
4 성성의 발달에서 중요한 요소를 인식한다.
5 자기 개념의 발달과 설명에서 중요한 요소를 인식한다.

1 정서 발달에 관한 주요 이론가의 견해

정서적이란 사회적 · 정서적(emotional) · 성격적 특성과 자기 개념의 발달에서 중심적인 영역으로 정의된다. 주요 이론가들은 정서적(affective) 성숙에 관해 어느 정도 관심을 갖고 있다. Freud, Erikson, Rogers와 Maslow의 경우, 정서적 성장이 주요 관심 영역이다. Freud 이론은 성격 발달과 관련된다. Erikson의 심리사회적 이론은 성격 발달에 관한 사회환경의 영향에 중점을 둔다. Rogers의 이론은 자기 개념의 발달을 강조한다. Maslow도 자기 실현을 통한 자기 개념의 발달을 강조하였다. Bandura의 사회 학습 이론은 사고의 정서적이고 동기적인 측면에 초점을 둔다(Miller, 2002). Piaget의 사회적 이론에서는 "사회도덕적 · 정서적 · 인지적 발달"(DeVries, 1997, p. 4)에 있어서 개인과 사회 간의 관계에 초점을 둔다. Vygotsky는 인지를 사회적 행동으로 간주하였으며, 사회적 경험은 사람들이 생각하는 방식을 형성하는 것으로 보았다(Berk & Winsler, 1995)(그림 25-1).

이전에 논의하였듯이, 영아기의 유대감은 애착과 미래 독립심의 근본으로 형성된다. 1~3세의 걸음마기아는 자신 고집대로 하기 마련이다. 아동은 다른 아이들과 상호작용하

정서적(affective) 사회적 · 정서적 · 성격적 특성과 자기 개념의 발달에서 중심적인 영역

그림 25-1 정서적 행동은 행복한 감정과 슬픈 감정의 표현에서 드러난다.

표 25-1 Freud의 초기 아동기 성격 발달 단계

어린 아동이 긍정적 방식으로 각 단계에 제시된 종류의 문제를 다루게 되는 것이 중요하다.

단계	연령	초점
구강기	영아기	섭식 경험의 정서적 측면
항문기	1.5~3세	배변 훈련 경험의 정서적 측면
남근기	3~6세	성역할 동일시와 양심 발달
잠재기	7~13세	이전 단계의 발달 통합

면서, 사회적 활동에서의 흥미와 긍정적 자기 관심(regard)을 발달시킬 욕구를 나타내고, 힘들거나 고통스러운 사람들에게 친절한 감정을 나타내기조차 한다. 그러므로 유치원에 가게 될 때까지, 아동은 이미 정서 발달의 두 번째 단계까지 진보하였다.

Freud

Freud 이론(Miller, 2002; Newman & Newman, 2007)은 출생부터 청소년기까지 발달하면서 아동이 거쳐 가는 5개의 단계를 기술한다. 이미 설명하였듯이, 영아는 구강기에 있고 걸음마기아는 항문기에 있다. 3~6세 연령은 **남근기** 단계이다. 7~13세 시기는 잠재기이다. 이 같은 4단계에 대한 개요를 표 25-1에 서술하고 있다. Freud에 따르면, 남근기 동안에 아동은 자기 자신을 남성 또는 여성으로 인식하고 동일시 과정을 성공적으로 다루게 된다. 이 같은 과정을 통해서, 아동은 동성 부모의 행동을 취하게 된다. 또한 어린 아동은 초자아가 발달함에 따라, 양심을 발달시킨다(이것은 Erikson 이론에 대한 설명에서 더 논의됨)(사진 25-2).

사진 25-2 학령 전기 아동은 점차 독립적이 되고 자신의 일을 더 하게 된다.

Erik Erikson

Erikson 이론(Miller, 2002; Newman & Newman, 2007)은 각각의 사람이 출생부터 노년기까지 발달하는 8단계를 포함한다.

이미 설명하였듯이, 영아는 신

남근기(Phallic Stage) Freud는 3~6세 아동이 이 단계에서 성역할 동일시와 양심 발달에 집중한다고 설명하였다.

표 25-2 Erikson 이론: 초기 아동기의 4단계

Erikson 이론은 사람들의 생애 주기 동안 진행되는 8단계에 초점을 둔다. 각 단계마다 사람들이 다루어야 하는 새로운 갈등을 제시한다. 각각의 갈등은 영아기에 시작되고, 전 생애 동안 그 사람의 행동에 계속적으로 영향을 미친다. 초기 아동기의 4단계가 여기 제시된다.

단계	직면하는 갈등
I. 영아기	기본적 신뢰 대 불신
II. 걸음마기	자율성 대 수치심과 의심
III. 초등학교 이전 시기	주도성 대 죄책감
IV. 초등학교 시기	근면성 대 열등감

뢰 대 불신의 위기를 경험하고, 걸음마기아는 **자율성 대 수치심과 의심**의 위기를 직면한다. 유아는 3단계 동안 **주도성 대 죄책감**의 위기에 직면한다. 초등학생 시기 동안, 아동은 네 번째 위기인 **근면성 대 열등감** 단계에 들어간다. 각 위기는 영아기에 근거하고, 지속적으로 미래 발달에 영향을 미친다. Erikson의 초기 아동기 단계가 표 25-2에 나열되어 있다. 어떠한 위기도 해결되지 않는다. 갈등은 생애를 통하여 우리와 머문다. 각 단계에서 성공적으로 대처하는 사람은 긍정적이고 건강하게 이 같은 갈등을 다루게 된다.

유아는 현재 자신이 하는 것에 있어서 목적감을 갖는다. 아동은 활동을 위하여 과제를 계획하고 그 후 감행한다. 아동은 탐구하고 탐색하기를 좋아하나, 동시에 주도성의 한계를 배워야 한다. 아동은 부모로부터 벌어지기 시작하고 독립적으로 무언가를 하기 시작해야 한다. 독립성은 점차적으로 성인에 의해 주어진다. 영유아는 받아들여질 수 있는 행동과 받아들여질 수 없는 행동이라고 생각되는 것을 배우기 시작해야 한다. 양심, 즉 옳고 그름에 대한 감각은 이 같은 단계에서 발달하기 시작한다. 자아, 즉 자기 개념은 심리운동, 지각, 의사소통과 사회적 영역에서 기본적 기술을 완성하면서 습득된다. 아동은 입고, 간식을 스스로 먹고, 나무, 점토와 다른 사물을 사용해서 활동을 하는 것과 같이 점차 독립적으로 되고, 스스로 더 많은 것을 하게 된다. 동시에, 아동은 그들의 행동을 내적으로 통제하는 것을 발달시키기 시작한다.

학령 전기 동안, 아동의 성역할 정체성의 기반이 세워진다. 남아와 여아는 각각 남아와 여아가 되는 것과 관련하여 자신이 누구인지를 학습한다. 놀이는 꿈을 시도하고 갈등을 통과시키는 수단으로 작용하는 어린 아동의 주요 활동이다. 놀이를 통해서, 아동은 놀이가

위기 III: 주도성 대 죄책감(Crisis III: Initiative Versus Guilt) 3세에서 6세 사이에 나타나는 Erikson의 발달 이론에서의 단계. 이 단계에서, 아동은 자신의 선택을 하고자 하는 소망과 양심 발달의 요구에 직면함으로써 생기는 위기를 다루게 된다.

위기 IV: 근면성 대 열등감(Crisis IV: Industry Versus Inferiority) 아동이 생산적이고 성공적이려는 욕구에 대처하고 실패와 열등감에 압도당하지 않는 중기 아동기 시기의 Erikson의 발달 이론의 단계

아니면 불가능한 활동을 수행할 수 있다. 아동은 극놀이와 이야기를 통해 성인이 하는 것을 할 수 있다. 아동은 자신이 갖지 못한 특권을 어른들이 갖고 있다는 것을 인식하게 된다. 장난감과 도구를 이용한 활동을 통하거나 더 어린 아동에 대한 책임감을 통해서 학령 전기 아동은 이러한 몇 가지 어른 같은 행동을 연습한다. 이러한 시기를 통과하는 학령 전기 아동은 성공적으로 사회의 제한 안에서 주도성을 행사하는 방법을 배운다. 아동은 양심을 발달시키지만 자신은 할 수 없는 것을 하려는 소망에 의한 죄책감으로 인하여 당황하지 않는다. 아동의 새로운 통제감으로 인하여 현실적 경계 안에 머무르도록 해 준다.

아동이 학교에 들어가면서, 그들은 또한 **근면성 대 열등감**의 단계에 들어간다. 열등감을 발달시키지 않기 위해 성공과 생산성이 필수적이다. 그들은 학교 장면에서 인지적 활동뿐만 아니라, 기술과 수집과 같은 프로젝트, 스포츠와 춤과 같은 신체 활동과 미술과 음악과 같은 예술적 노력을 통해서 생산적이고자 한다.

학령 전기 시기까지, 아동의 성격은 원초아, 자아와 초자아라는 세 가지 주요 구조를 발달시켰다(표 25-3). **원초아**는 출생 시부터 존재하고 한 개인의 무의식적 동기와 소망을 포함한다. 그것은 쾌락 원리에 의해 작동된다. 즉, 그것은 아동의 안락과 안녕과 관련된다. 출생 시 **자아**는 발달하기 시작하고, 아동이 환경으로부터 분리되어 있다는 것을 발견하기 시작하면서 계속 발달하게 된다. 자아는 이성과 상식에 의해 특징지어지며, 현실 원리에 의해 작용된다. 즉, 자아는 아동에게 현실을 해석한다. **초자아**는 출생 시부터 대략 4세부터 발달하기 시작한다. 이것은 사회의 도덕적 가치를 유지하는 성격의 일부인 양심이다.

자아, 원초아와 초자아는 계속적으로 갈등 중이다. 원초아로 인하여 아동은 즐거운 활동에 참여하게 된다. 아동은 어머니가 하지 말라고 해도 과자를 집어들고, 당장 갖고 놀고 싶어서 다른 아이에게서 장난감을 잡아채려 한다. 초자아는 선하고, 화내지 말고, 과자를 먹지 말고, 다른 사람의 소유물을 취하지 말라고 말한다. 자아는 아동이 원초아와 초자아 사이에서 지배당하지 않도록 두 가지를 중재해야 한다. 자아를 통해서 아동은 자기감을 발달시키고, 사회적 경계를 넘지 않으면서 자신 있게 주도할 수 있게 된다. 한 가지 극단적 측면에서, 원초아에 지배당하는 아동은 자기 자신의 쾌락과 소망만을 생각하고 이에 따라 행동한다. 다른 극단적 측면에서, 초자아에 지배당하는 아동은 잘못할 것을 두려워하는 나머지 기회를 잡는 것을 꺼리게 되고, 그 결과, 목적과 주도성을 발달시키지 않게 된다.

원초아(id) Freud에게, 이것은 출생 시부터 존재하고, 한 사람의 무의식적 동기와 소망를 포함하고, 쾌락 원칙에 의해 작용한다.

자아(ego) Freud에게, 이것은 이성과 상식에 의해 특징지어지며 현실 원칙에 의해 작용한다.

초자아(superego) Freud에게, 이것은 4세경 발달하기 시작한다. 그것은 양심이거나, 사회의 도덕적 가치를 따르는 성격의 일부이다.

표 25-3 성격의 구조: 정신분석적 견해

성격	발달이 시작되는 연령	사례 특징	통제 시기
원초아	출생 시	• 무의식적 동기 • 쾌락 원칙 • 배고픔과 편안과 같은 기본적 소망과 관련된 행위	아동이 배가 고프다. 과일을 먹도록 요청받아도 과자가 더 먹고 싶기 때문에, 과자를 먹는다.
자아	출생 직후 발달하기 시작	• 이성과 상식 • 현실 원리 • 원초아와 초자아를 매개함. 통제하에서 원초아와 초자아를 유지하려고 함	아동이 배가 고프다. 과자를 먹고 싶지만, 단지 과일만이 허락된다는 것을 안다. 아동은 사과를 선택한다.
초자아	4세경 발달하기 시작	• 양심; 사회의 도덕적 가치를 통합	아동이 배가 고프다. 먼저 어른으로부터 허락받지 않고 어떤 음식 먹기를 두려워한다. 만일 어른에게 물어보지 못하면, 먼저 먹기보다는 계속 배고픈 채로 있는다.

Rogers와 Maslow

2장에서 토론하였듯이, Rogers와 Maslow는 단계 이론가가 아니고 오히려 두 이론 모두 긍정적 자기 개념을 성취하는 과정에 초점을 두고 있다. 아동은 부모의 사랑과 긍정적 또래 상호작용에 의해 지원되는 자기 실현화로 이동한다. 3세에서 6세 사이에, 아동은 부모에게 집중하다 또래로 이동하기 시작하고, 이에 따라 또래와의 상호작용은 이전의 두 명의 이론가들보다 더 중요성을 띠게 된다.

Rogers는 아동의 개인적 경험에 집중하는 것에 대한 중요성을 강조하였다. 아동은 그들의 일상적 경험으로부터 나오는 대부분을 얻기 위해 신체적이고 정신적인 능력을 완전히 사용할 필요가 있다. Rogers와 동료들은 자녀 양육에서 상담적 접근, 즉 문제를 토론하는 것과 관련된 접근을 강조한다. 정서적으로 건강한 사람들은 그들의 정서와 타인의 정서를 분명하게 볼 수 있다. 즉, 그들은 상징적 수준으로 그들을 이끌 수 있고 말할 수 있다. 부모는 결정적 지위를 갖는다. 그들은 자기 자신과 자녀에 관한 감정을 받아들이게 될 필요가 있다. 그들은 '완전하게' 되지 않아도 괜찮다는 것을 받아들여야 한다. 그들은 아이가 하는 모든 것에 대해서 항상 긍정적으로 느끼고 받아들이지 않아도 괜찮다는 것을 받아들여야 한다.

Maslow는 또한 자기 인식을 강조하였다. 그는 사람이 자기 실현화를 위해 처리해야 하고 만족시켜야 하는 **욕구의 위계**에 대해 논의하였다. 낮은 단계의 욕구는 더 높은 수준의 욕구에 도달하기 위하여 만족되어야 한다. 낮은 단계부터 가장 기본적인 단계는 다음을 포함한다.

1. 신체적/조직적 욕구
   - 생존—먹고, 숨 쉬고 사는 것
   - 안전—예측 가능성, 미래에 닥칠 확신
2. 결연/사회적 욕구
   - 소속감—한 집단의 일부분
   - 자긍심—가치 있고 독특하게 느낌
3. 성취/지적 욕구
   - 지식—사물, 상징 등에 대하여 알고자 함
   - 이해—작은 지식 조각들을 함께 더 큰 그림으로 포함함
4. 심미적 욕구
   - 심미적—질서, 균형과 미에 대한 감각, 모든 것에 대한 사랑
5. 자기 실현 욕구
   - 완전하게 기능하는 사람이 되는 것
   - 진실된 자기가 되는 것

정서적 욕구는 생존 이후에 가장 기본적이라는 것을 알 수 있다. 이 같은 일련의 모든 욕구는 아동이 학교에 들어갈 때 지식, 이해와 본질적 동기를 추구하도록 동기화되기 전에 완성되어야만 한다.

Jean Piaget

Piaget는 인지 이론으로 잘 알려져 있으며, 또한 사회성 발달의 중요성을 인식하고 사회적 이론을 구성하였다(DeVries, 1997). Piaget는 객관적 세계에 대한 지식이 아동에 의해 구성되는 것과 같이, 심리사회적 지식도 구성된다고 믿었다. 게다가, 그는 정서적 유대는 사회도덕적 발달을 위한 동기로 작용한다고 생각하였다. 마침내, Piaget는 자기 조절적 과정은 마치 인지적 영역에서와 같이 사회도덕적 발달 영역에서 작동된다고 생각하였다.

Piaget의 사회적 이론은 특히 **사회도덕 발달**을 강조한다(DeVries, 1997). 사회도덕적 발달은 다음의 세 가지 과정을 통해서 진행된다.

1. **아노미**—타인 또는 자신에 의해 조절되지 않음

욕구의 위계(hierarchy of needs) Maslow에게, 이것은 한 사람이 자기 실현을 성취하기 위하여 완수해야 하는 수준의 연속이다.

사회도덕 발달(sociomoral development) 사회의 도덕적 규칙과 조절의 발달

2. **타율성**—타인에 의한 조절
3. **자율성**—자기 조절

세 번째 단계에 도달하려면 협동적인 성인-아동 관계가 필요하다. 이 같은 관계 안에서 아동은 관련된 모든 사람들의 최선의 이익을 위하여 그들 자신의 결정을 하도록 격려받는다. 성인은 아동과 아동의 생각과 행위를 위한 존중을 나타낸다. 성인은 도덕적 규칙을 제공하고 특정 상황에서 아동의 사려 깊은 적용을 촉진한다. 아동-아동 관계에서, 아동은 자율적 의사결정을 할 기회를 갖고, 이는 조망 수용과 탈중심화를 지원할 수 있다. Piaget의 정서 및 성격 발달 이론은 그의 사회도덕적 발달 이론과 통합된다(DeVries, 1997). Piaget는 **정서성**을 지적 작업을 하게 만드는 연료로 보았다. 아동이 더욱 사회적인 상황에서 상호작용함에 따라, 아동의 성격은 점차적으로 발달한다. 감정은 인지적 행위와 관련된다. 즉, 우리가 사물과 다른 사람들과 행위할 때, 우리는 그러한 행위에 대하여 긍정적 또는 부정적 감정을 발달시킨다. 관계에서 결정적인 요소는 **사회적 상호성**이다. 상호적 상호작용을 통해서, 아동은 다양한 견해에 대하여 맞추면서 타인과 협동하는 것을 배운다. 만일 아동이 성인과 상호적 관계를 맞추게 되면, 아동은 또래와 유사한 관계를 발달시킬 수 있다. 협동적인 사회적 관계가 발달하면 보존과 같은 인지적 관계에서도 동일한 발달적 형태를 따르게 된다. 아동은 수나 양에 대한 보존과 같이 놀이에서의 역할에서도 보존 개념을 형성한다. 만일 Jimmy가 "공간 탐험가 놀이를 하자."라고 말하면, Jenny는 "좋아."라고 대답하고 공간 탐험가 역할을 따르고, 보존 개념을 획득한다.

DeVries(1997)는 협동적 사회적 교환을 하는 사회적으로 상호작용적인 교실이 가치로워야 한다는, 교육에 대한 Piaget의 견해에 대한 시사점을 믿는다. Devries와 Zan(1994)은 구성주의자 교육의 첫 번째 원칙은 "상호적 존중이 계속적으로 이루어지는 사회도덕적 분위기를 함양하는 것"이라고 설명한다. DeVries(1997, p. 14)는 다음의 **협동적 교수**의 원칙을 인식한다.

1. 협동적 방식으로 아동과 관련된다.
2. 갈등 해결을 포함하여, 또래 간 우정과 협동을 증진한다.
3. 공동체 의식을 함양하고, 집단적 가치를 구성한다.

아노미(anomy) 조절되지 않는 행동

타율성(heteronomy) 타인에 의한 행동 조절

자율성(autonomy) 자기 자신에 의한 행동의 조절

정서성(affectivity) Piaget는, 감정이 인지 발달과 밀접하게 관련되고, 이 같은 감정은 인지적 과업을 가능하게 하는 연료가 된다고 생각하였다.

사회적 상호성(social reciprocity) 사회적 관계의 주고받음

협동적 교수(cooperative teaching) 학생들 간의 협동과 긍정적 상호작용을 증진하는 교수 방법

4. 아동의 흥미에 호소하고, 아동의 목적에 참여한다.
5. 아동의 이해에 적응한다.

불필요한 강요는 최소화되어야 하며 존경과 협동이 극대화되어야 한다. 모든 아동을 위한 목적은 자기 조절의 발달, 즉 내적 통제이다. 다른 용어로 표현한다고 해도, Vygotsky의 이론은 정서적 영역에서 동일한 목적에 초점을 둔다.

Lev Vygotsky

학습에 관한 Vygotsky의 사회적 요소에 대한 관심은 이전 장에서 설명하였다. 그는 행동 조절의 결정적 도구로서 언어에 초점을 두었다(Bodrova & Leong, 2007). 성인은 "이야기를 들을 시간이야.", "너의 어깨 바로 위에 블록을 쌓아라." 또는 "네가 화가 났을 때 친구에게 말하는 단어를 사용해라."와 같이 그들의 소망을 전달하는 언어를 사용한다. 아동은 그 후 이러한 말을 또래와 행동을 하고 상호작용하는 데로 전이한다. 프로젝트에서 함께 활동하거나 상호적 언어 교환을 통한 **공유된 활동**으로, 아동은 정신적 기능을 공유한다. 공유된 활동은 의미 있는 학습을 위한 세팅을 제공한다. 놀이 상호작용과 문제해결에 대한 설명을 통하여, 아동은 세상에 대하여 그들의 배운 것을 명료화한다. 공유된 활동의 상호적 상호작용을 하는 동안, 타인 조절자와 자기 조절자의 역할은 교환된다. 3세에, 아동은 보통 타인에게만 적용되는 규칙을 보면서, 타인 조절자이다. 6세가 되면서 아동은 점차로 자기 조절자가 되고 타인뿐만 아니라 자신에게 적용되는 규칙을 지각한다.

B. F. Skinner

Skinner의 조작적 조건 형성 이론은 영유아의 행동 수정을 위한 방식으로 발달되어 왔다. 이 이론은 공유와 협동과 같은 긍정적 행동의 빈도를 증가시키고, 분노 발작과 공격성과 같은 원하지 않는 행동의 소거에 특히 유용하였다. (15장에 소개된) Skinner의 이론을 통하여 아동 지도에서 행동 수정 접근을 활용하게 되었다. 27장에서 논의될 이 같은 접근은 걸음마기아에게 특히 효과적이다. 또한 더 나이 든 아동 행동을 수정하는 데 광범위하게 사용되고 있다.

Fields와 Fields(2006)는 인위적인 보상 체계가 어떻게 아동 행동을 외적으로 통제하기 위하여 만들어지는가에 대하여 설명한다. 행동 수정은 대집단 아동을 통제하기 위한 수단으로서 학교에서 매우 인기가 있었다. 행동 수정은 언어적이고 만질 수 있는 보상은 아동 행동을 바람직하게 할 수 있다는 가정에 근거한다. Fields와 Fields는 이 같은 방식을 추천하지 않는다.

공유된 활동(shared activities) 학생들이 프로젝트에서 함께 공부하거나 문제해결을 논의하는 것

Albert Bandura

Bandura의 이론은 적절한 정서적 행동의 획득을 위한 개념틀을 제공한다. 타인을 관찰하는 것은 적절한 정서, 성격, 그리고 사회적 행동을 위한 기대 지식을 제공한다(Miller, 2002; Newman & Newman, 2007). 아이들은 행동과 활동을 스스로 선택함으로써 자신의 환경을 창조한다. 타인에게 친절하고 관대한 아동은 타인에게 상호적 반응을 받는 반면, 적대적이고 이기적인 아동은 무시당하거나 타인에게 부정적으로 취급받게 된다. TV를 시청하는 아동은 다른 아이들과 더 많은 시간을 보내는 아이들보다 다양한 모델을 보게 된다. 인지적으로 성숙하고 상징을 다룰 수 있게 되면서, 아동들은 관찰한 사회적 역할을 정신적으로 다룰 수 있고, 그 행동을 자신의 특정 행동에 맞출 수 있게 된다. 모방이 반드시 관찰된 것에 대한 일대일 대응인 것은 아니다. 인지도 아동이 환경을 다룰 때 스스로 유능하다고 지각하는 정도의 역할을 한다. 아동은 특이한 과제를 성취할 기술을 가져야 할 뿐만 아니라 그들 스스로 숙달을 성취할 기술을 사용할 수 있는 것으로서 간주해야 한다.

결론

이론가들은 각자 정서 발달에서 어느 정도의 관심을 갖고 있다. 정서적 영역은 자기 개념, 사아와 초아자, 성역할 동일시, 공격성, 의존, 도덕 판단, 또래와의 사회적 행동과 놀이 활동의 내용을 포괄한다. 정신분석학자인 Selma Fraiberg(1959)는 '자기(I)'의 발달이 초기 시기 아동 발달의 중심에 있다고 생각한다. 아동이 6세까지 정신적으로 건강하려면, 내적 욕구와 외부적 현실을 만족시키도록 갈등을 다루고, 좌절을 인내하고, 적용하고 문제를 발견할 수 있어야 한다. "이 같은 자아의 특성은 부모와의 유대감의 소산이며, 인간화 과정의 산물이다"(Fraiberg, 1959, p. 302).

심화학습 각각의 이론을 고려해 보고, 어떤 이론이 더 좋은지, 당신의 선택에 대한 이유를 설명하라. 한 가지 이론을 선택하고, 그 이론이 어린 아동과 일하는 데 적용되기 위한 방법을 조사해 보라. 당신은 도서관 참고서적이나 온라인 정기간행물을 선호할 수 있다.

2 정서 발달

"나는 다른 사람들과 다른 사물과 관련하여 어떤 종류의 감정을 갖는가? 나는 이러한 감정을 어떻게 표현하는가? 이 감정은 어떤 목적으로 작용하는가?" 이 같은 질문에 대한 대답은 정서 발달 연구에서 발견된다. 정서적 영역은 불안, 공포, 슬픔, 분노, 행복, 사랑과 애정과 같은 감정을 포함한다. 어린 아동은 그들이 학령 전기 시기에 도달할 때까지 일련의 정서적 반응을 발달시킨다. 이 같은 반응은 환경 안에서 타인, 사물과 사건에 관하여 아동이 스스로 느끼는 감정에서부터 출발한다. 아동의 정신건강을 위하여, 그들이 감정을 표현하기 위한 기회와 방법을 갖는 것이 중요하다. 그들은 또한 감정을 갖는 것이 정상적이라는 것을 배울 필요가 있다. 우리 문화권에서 성인은 종종 감정을 부정하고, 이는 유사하게 그들의 감정을 억제하도록 이끌 수 있다. Fraiberg가 표현하듯이, 어린 아동은 '느낄 권리'를 갖는다(1959, p. 273).

예컨대, Fraiberg는 자신의 아들이 햄스터가 죽은 것을 발견하기 전에 다른 햄스터를 사려고 한 사건을 설명한다. Fraiberg는 아이가 상실감을 경험할 권리가 있다고 생각한다. "아이들을 고통스러운 감정으로부터 보호하기 위하여 우리는 고통스런 경험을 숙달하기 위한 가장 최선의 방법을 아이들로부터 빼앗을 수 있다"(1959, p. 274). Fraiberg는 아이가 햄스터를 애도하는 경험을 갖는다면, 그 같은 경험을 통해서 친구나 가족 구성원의 상실을 직면하는 것을 돕게 될 것이라고 생각한다. 게다가, 감정을 억제하는 것은 정신적으로 건강하지 않다. 또한 아이는 죽음과 사망에 관한 감정을 통과할 수 있을 것이다.

Lewis와 Michalson(1983)은 초기 아동기에 정서와 발달에 관한 심층 연구를 수행하였다. 정서와 인지 발달이 관습적으로 분리된 과정으로 간주되는 반면, Lewis와 Michalson은 두 영역을 관련짓는 모델을 제안한다. 그들은 인지적 과정으로서 정서적 행동과 감정을 간주한다. 그들이 제안한 모델은 20장에서 제시되는 인지 기능 모델과 같다. 그 모델에 따라서, 내적이거나 외적 사건은 투입으로 지각되고, 그 후 내적 감정 반응을 발달시키고, 얼굴 표정, 발성, 제스처나 자세, 또는 운동 행동을 통하여 나오게 된다. 내적 또는 외적 피드백은 다시 연속적으로 움직이도록 한다.

예컨대, 분노는 다음과 같이 나타난다.

1. Jason은 20분 동안 만들고 있었던 블록 빌딩을 갑자기 무너뜨린다. [외적 사건]
2. Jason은 팔꿈치에 블록 빌딩이 닿는 것을 느끼고 쓰러지는 것을 본다. [촉각과 시각적 지각]
3. Jason은 "오, 안 돼! 쓰러진다!" [처리]
4. Jason은 뜨거워지는 것을 느끼고, 그의 몸은 뻣뻣해진다. [내적 반응]
5. Jason은 바닥에 넘어져서, 팔다리를 마구 흔들면서 운다. [산출, 운동과 소리 외적 반응]

정서를 다루는 것은 어린 아동과 일하는 데 있어서 중요한 부분이다. 성인은 아이들이 그들의 개인적 정서 반응과 행동을 형성하는 다양한 경험을 하였고, 이에 따라 행동할 준비가 되어 있다는 것을 인식해야 한다(Elkind, 1993).

역사적으로, 정서 발달은 초기 아동기 교육과정의 주요 초점이었다. "전통적으로, 초기 아동기 프로그램은 교사-아동 관계의 정서적 본질, 아동의 정서적 욕구에 대처하는 활동의 선택, 아동과 성인에 의해 경험된 가정의 개방적 표현, 긍정적 · 정서적 성향의 발달과 아동의 정서적 반응에 대한 성인의 인식을 강조하였다"(Hyson, 1996, p. 5). Hyson은 초기에, 초기 아동기 교육은 Freud, Erikson과 인본주의 발달 이론가들에 의해 많은 영향을 받아 왔다고 지적한다. 최근에는, 정서에 대한 초점이 사라졌다. "아동 양육 프로그램에서 양육자간의 광범위한 몰이해, 분리와 엄격함"(Hyson, 1996, p. 5)이 관찰되었다. 게다가, 감정에 대해 거의 말하지 않는 것을 조장하는 교실은 정서적으로 메마른 듯하다. 성학대로 체포되는 것에 대한 두려움과 상아탑 속에 살아가는 학자들에 대한 증가된 주의는 아마도 이 같은 변화에 기여하게 되었다. 불행히도, 더 많은 아이들이 "높은 수준의 불안, 스트레스와 정서적 취약성을 갖고"(Hyson, 1996, p. 6) 학교에 오고 있으며, 이에 따라 정서적 지원에 대한 요구가 매우 높다. 건강한 정서 발달은 학교 준비의 필수적인 부분이다(Bowman & Moore, 2006).

Daniel Goleman(Daniel Goleman 대담, 1999)은 정서 연구에서 정서 지능에 관해 다시 관심을 갖게 되었다. 정서 지능은 23장에서 논의된 Gardner의 다중 지능 이론과 같이 구성된다. Goleman(Daniel Goleman 대화, 1999, p. 29)에 따르면, 정서 지능은 다음의 다섯 가지 영역으로 구성된다.

1. 정서에 대한 인식: 감정이 생길 때 스스로 인식하고 인지하기
2. 정서에 대한 관리: 적절하게 감정을 관리하기
3. 자신을 동기화하기: 정서적 자기 통제, 즉 만족을 지연하고 충동성을 억누르기
4. 타인에게 정서를 인식하기: 공감, 즉 근본적인 인간 기술
5. 관계를 다루기: 타인과의 관계를 관리하는 기술

Goleman에 따르면(Daniel Goleman 대담, 1999, p. 29), "이러한 능력은 자긍심, 리더십

뇌 발달

정서 지능

초기 아동기 동안, 우리는 자기 통제를 잃지 않도록 가르치려고 시도한다. 정서적 폭풍이 다가오는 것을 알 때, 우리는 의식적으로든 무의식적으로든 우리의 시각을 바로잡고 일들이 올바로 되도록 신경생리학에 요구한다?. 뇌 안에는 편도(amygdala)라고 부르는 아몬드 모양의 선(glands)이 있다. 이것들은 우리의 나쁜 생각을 없애기 위하여 아드레날린, 즉 코르티솔을 보내면서 우리를 안전하게 유지한다. 편도도 위험할 때 돕기 위한 행위를 하도록 해 준다. 또한 우리는 거울 뉴런도 갖고 있는데, 이는 우리의 환경 안에서 진행되는 것을 경계하게 만들고 우리 주변에서 긍정적이거나 부정적인 감정과 동작을 모방하도록 만든다. 다행스럽게도, 전전두엽은 뇌의 더욱 고요한 부분을 활성화하는 능력을 우리에게 제공하며, 이는 정서 지능을 지지하게 만든다. 우리는 정서 지능을 발달시키고, 이를 통해 우리의 감정을 관리하도록 만든다. 집행 기능은 정서적 아이큐와 연결되어 있고, 공포, 분노, 죄책감, 수치심, 기쁨이나 슬픔과 같은 정서를 관여시켜서 정서적 상황에 대처할 때 합리적으로 생각하도록 만든다.

출처: Bruno, H.E. (2011). The neurobiology of emotional intelligence: Using our brain to stay cool under pressure. *Young Children*, *66*(1), 22-27.

과 대인관계의 효율성을 증진하도록 경험한다." 첫 3년간, 뇌가 빠른 속도로 성장할 때, 정서 지능이 학습되어야 한다. 성인은 아동의 욕구에 대한 긍정적 반응을 통해서 이 같은 학습을 지지한다. 아이들이 배워야 하는 기본적 교훈은 "모든 감정은 갖고 있어도 괜찮으나, 몇 가지 반응만 괜찮다."라는 것이다(p. 30). 아이들이 정서적 언어를 배우는 것은 중요하다(Novick, 2002). Sullivan과 Strang(2002/2003)은 독서 치료가 아이들이 정서 지능을 배우는 것을 돕는 데 매우 중요할 수 있다는 것을 제안한다. 문학은 효과적인 사회적 기법을 배우기 위한 기본으로 사용될 수 있다. 건강한 정서 및 사회성 발달은 학습 준비의 근본이다(Bowman & Moore, 2006).

이 장에서 논의할 어린 아동의 정서와 그 발달은 애착, 의존, 공포와 불안, 스트레스, 적개심과 분노와 행동과 유머이다. 또한 교사의 신념과 재인과 정서 조절이 논의된다.

애착

애착은 영아가 양육자를 특별한 사람으로 지각할 때인 출생부터 생후 6개월 시기 즈음에 생기는 지속적인 관여(commitment)이다(Sroufe, 1991)(14장과 17장 참조). 신뢰감을 내면화한 학령 전기아들은 영아기에 안정 애착을 확립하고 걸음마기에 독립적으로 행위할 강점을 갖는다(Riley, San Juan, Klinkner, & Ramminger, 2008). Terri Smith(1991)는 안정 애착이 부족해서 사회적 행동에 미치는 영향에 대해 설명한다. 어머니와 안정적으로 애착을 형성한 4세 아이들은 서로 좋은 친구가 되어 더 행복하고 조화로운 관계를 맺는다는 것을 발견하였다. 불안정하게 애착을 형성한 6세 남아들은 교사와 또래에 의해 덜 유능한 것으로 평가되고, 안정 애착의 남아보다 행동 문제를 더 많이 나타내는 것으로 평가되었다. 다른 연구 결과들(Barnett, Kidwell, & Leung, 1998; Chisholm, 1998; Verschueren & Marcoen, 1999)은 아동 행동에 대한 애착 관계의 중요성을 지지한다. 안정 애착을 가진 형제들도 더 좋은 관계를 갖는다. 어린아이들과 일하는 사람들은 부모가 안정 애착을 발달시키도록 도와야 하고, 만일 그들이 양육자/교수자 역할에서 어린아이들과 일한다면 그들 스스로 안정 애착을 가진 사람들을 제공해야 한다. 또한 아동의 정서 발달과 학문적 발달에서 아버지의 중요성에 주목해야 한다(Gadsden & Ray, 2002). 다음에 소개되는 토론에서 제시되는 정서 발달의 다양한 측면들은 마찬가지로 중요하며, 앞에서 설명된 인지 발달 요소의 통합적 부분이다.

의존

신생아는 욕구를 모두 충족하기 위하여 그들의 환경에서 타인에게 의존한다. 두 가지 유형

정서 지능(emotional intelligence) 정서를 이해하고 관리하는 능력에 관한 Goleman의 견해

의 의존성이 발달한다. 즉, 애착 발달로부터 나오는 **정서적 의존**과 **신체적 의존**이다.

사진 25-3 유아는 신체적으로 독립적이나 정서적으로 성인에 여전히 의존적이다.

신체적 의존은 영양, 편안과 배설과 같은 기본적 욕구와 관련된다. 어린 영아들은 이 같은 욕구에 대한 보살핌에 대해 타인에 전적으로 의존한다. 그러나 신체적 의존은 나이가 많아지면서 급격하게 변화한다. 무기력한 단계였던 아이들은 협동하고 도움을 받아들이는 단계로 들어갔다가 마침내 스스로 무언가를 하는 단계로 들어간다. 학령 전기에 도달한 아이들은 식사, 배변, 만들기와 걷기에서 독립적이 되고, 옷 입기도 혼자 할 수 있게 된다. 학령 전기에 아동의 놀이와 사회적 행동은 점차 독립적이 된다.

정서적 의존은 신체적 의존과는 다른 방식으로 발달한다(그림 25-3). 안고, 뽀뽀하고, 지대는 것은 영유아에게 수용될 만한 행동이지만, 애정과 사랑을 주고받는 방식은 학령 전기 동안 발달하면서 달라질 것이다. 즉, 그들은 표현을 덜 하게 되고 치대는 행동도 줄일 것이다. 어린이집에서 집으로 올 때, 마중 나와서 안아 주기를 원하는 것에서부터, 학령 전기아는 언어적 인사, 미소 또는 재빠른 안기를 발달시킨다. 껴안기는 가정의 사생활을 위하여 보호된다. 목적은 아동이 정서적 애착과 독립적으로 아동을 만들려는 것이 아니라, 아동이 사랑을 보여 주는 방식을 변화시키려는 것이다. 게다가, 아이들은 또래, 친척과 교사와 같은 다른 사람들에게 정서적으로 의존적인 애착을 넓히려고 격려된다. 아이들은 여전히 사랑받는다는 재확신을 얻기 위하여, 학령 전기아는 더욱 언어적으로 주목받고자 한다.

- "내가 무엇을 할 수 있는지 보세요!" [아동이 재주넘기를 시도한다.]
- "내 사진 봐라!" [아동이 그림을 들어 보인다.]
- "저 좀 도와주셔요!" [아동이 방에서 가구를 옮기려고 한다.]
- "이 옷 예쁘지 않아요?" [아동이 새옷을 입고 들어온다.]

정서적 의존(emotional dependency) 초기 유대와 애착으로부터 발달하는, 다른 사람들과 연합하려는 욕구

신체적 의존(physical dependency) 영양, 편안, 배설과 같은 기본적 욕구를 타인에게 의존하는 것

어떤 성인은 의존적 행동을 강화하는 것은 좋지 않다고 생각한다. 그러나 아동의 정서적 욕구는 계속적으로 완성(fulfillment)을 요구한다. 이 같은 요구는 아동이 독자적으로 신체적 행위를 수행할 때에 주의를 줌으로써 완성된다. 의존성을 위한 처벌은 단지 그들이 주의, 재확신과 애정을 추구하는 빈도와 갈망을 증가시킬지도 모른다. 아동 보육 기관에서 있었던 몇 차례의 성학대 사건으로 인하여, 양육자와 교사는 어린 아동을 만지는 것에 관한 걱정이 있다(Carlson, 2006). 이는 포옹, 토닥임, 다정한 손길 같은 적절한 접촉을 바라는 욕구를 가지고 있는 아동에게는 불행한 일이다(Carlson, 2006). 접촉은 정서와 인지 발달을 지원한다.

신체적 독립성의 발달은 아동으로 하여금 자신의 활동에 대한 책임감을 증진시키도록 만든다(Veach, 1979). 이것은 아동에게 더 복잡한 선택을 할 기회를 제공함으로써 완성된다. Lewis와 Michalson(1983)은 유능성을 "긍정적 감정에 의해 수행되는 연령과 관련된 일련의 과제에 참여하는 능력"(p. 344)으로 정의하였다. 연구에 따르면, 이러한 감정은 생후 10주처럼 이른 시기에 생길 수도 있다. 일단 유능감 또는 무기력이 형성되면, 아동들은 새로운 상황에 놓일 때 이러한 감정에서 벗어나기 어렵다.

공포와 불안

어린아이들은 학령 전기 동안 전형적으로 공포와 불안을 발달시킨다(Robinson & Gladstone, 1993). Robinson과 Gladstone은 귀신이 3~5세아들이 종종 언급하는 공포라는 것을 발견하였다. Robinson과 Gladstone연구에서의 아동은 읽기 학습을 하지 못하는 것, 수업 중에 말할 수 없는 것, 억류되는 것에 대해 아동들이 가지고 있는 공포를 언급하였다. 전반적으로, 80개의 다양한 공포 대상이 언급되었다. 어린 아동은 벽장 속의 귀신과 침대 밑의 작은 요정에 대해 걱정한다. 아동들은 욕탕 배수구로 내려가거나 화장실에 빨려 들어갈까 봐 두려워할지 모른다. 또한 새로운 상황과 사람들을 두려워할지 모른다. 바람, 천둥과 번개도 두려움을 일으킨다. 이 같은 공포를 통과하면 아동이 정신적으로 건강한 사람이 될 수 있다. 아동기 공포를 통과함으로써 아동은 세상과 관련하여 권력의 감정을 강화시킨다. 어린 아동은 위험을 다루기 위하여 정신적 장치를 발달시킨다. 만일 성인이 작은 요정과 마녀를 다루는 정신적 장치를 사용하는 방법을 아동에게 가르친다면, 아동은 나중에 실제 위험을 만날 때 그러한 기술을 적용할 수 있을 것이다. 아동은 이를 치료하고 병원에 가서 주사를 맞는 것, 동물이나 사람이 죽으면 어떻게 되는지 생각하는 것과 같이 현실적으로 불안과 공포를 유발하는 것들을 다루는 방법도 배울 것이다.

공포는 아마도, 유전과 학습 요소의 결합을 통하여 발달한다. 공포는 조건 학습과 관찰 학습을 통하여 획득되는 것으로 보인다. 또한 공포는 두려운 사람이 실재하는가에 대한 아

공포(fear) 조건 학습과 관찰 학습을 통하여 획득되며, 유전과 학습 요소의 결합을 통하여 가장 잘 발달한다.

동의 지각에 의존한다. 예컨대, 주변에 사람들이 많고 다양한 체격과 외형의 사람들과 마주치는 영아는 흔히 낯선 사람에 대한 공포를 덜 발달시킨다. 아동이 성장하고 발달함에 따라, 두려운 것과 그렇지 않은 것에 대한 생각은 변화한다. Sayfan과 Lagattuta(2008)는 어떤 인물이 얼마나 공포스러운지에 대해 실제 인물과 상상적 인물이 나오는 그림 이야기를 3, 5, 7세아와 성인에게 물어보았다. 이 같은 연구자들은 실제 인물과 상상적 인물에 대한 공포의 근원에 관한 아동의 지식에 대해 흥미를 갖고 있었다. 어린 아동에 비해 나이 든 아이들은 등장인물이 두려운지 그렇지 않은지를 결정하는 사람의 마음에 관하여 더 많이 언급하였다. 이것은 특히 상상적 인물과 관련해서 사실이었다. 그러므로 더 나이 든 아이들은 마음 이론을 발달시키기 시작한다.

어린 아동의 정상적 공포는 그들이 존재하지 않는 것처럼 하는 것이 아니라 그들을 직면하는 것으로 해결될 수 있다(Hyson, 1979; Smith, Allen, & White, 1990; Robinson & Gladstone, 1993). Hyson(1979)은 다음의 제안을 한다.

- 공포에 관하여 이야기하자. 아동이 단어나 그림으로 표현하도록 돕자(사진 25-4).
- 극놀이를 위한 기회를 제공하자. 때때로 의사, 나쁜 늑대, 마녀와 같은 공포스러워하는 역할을 맡음으로써, 아동은 자신의 불안을 줄일 수 있다.
- 두려운 사물이나 경험에 점차적으로 탈감각화를 사용하거나 대비해야 한다. 아동이 다 자란 개를 무서워한다면, 강아지와 놀게 하라. 아이가 큰 수영장을 무서워한다면, 작은 수영장에서 놀게 하라.

사진 25-4 공포에 관하여 아이들에게 이야기하기

- 아동의 공포가 개인적 욕구에 중심된다면, 그같은 욕구에 노력을 들이는 것이 가장 좋을 수 있다. 예컨대, 귀신을 두려워하는 아동은 실제로 공격적이 될 필요성과 관련된 문제를 가질지도 모른다.
- 아동이 공포에 대처하는 기술을 배우도록 도와라. 예컨대, 병원으로 여행을 가는 극놀이 또는 책을 통해 준비하라. 아동에게 "그것은 상처를 주지 않을 거야."라고 아동에게 말하지 말라.

죽음은 어린 아동이 이해하기가 특히 어려운 개념이다. 대부분의 어린 아동은 죽은 벌레, 애완동물이나 친척을 통해서 죽음을 직면한다. 이 같은 경험은 죽음에 관한 이해와 감정의 요소를 제공한다(Essa & Murray, 1994). Essa와 Murray는 죽음에 관한 아동의 이해와 감정에 관한 연구를 개관하였다. 죽음 개념의 이해는 만일 아동이 죽음을 경험하였다면 더 심화된다.

어떤 어린 아동은 자신의 죽음에 직면해야 할 수 있다. 성인들이 자신의 공포를 아픈 아동에게 전이하지 않는 것이 중요하다. 그들은 죽음을 삶의 한 부분으로 취급해야 한다. 학령 전기아는 보통 죽음이 영속적이라는 것을 이해하지 못하나 희생자가 다시 살아돌아올 수 있는 만화에서 본 것과 같이 생각한다. 아동들은 자신의 병을 자신이 생각하거나 행한 무언가에 대한 처벌이라고 보기 때문에, 그렇지 않다는 것을 확신하도록 할 필요가 있다(Lucile Packard Children's Hospital, 발행 연도 불명).

5, 6세보다 더 어린 아이들은 죽음에 대해 제한된 견해를 갖는다. 죽음에 대한 좀 더 명확한 개념은 구체적 조작에 해당하는 5~7세 전이 시기 동안 발달한다. 초등학교 시기 동안, 아동은 모든 사람들이 결국 죽지만 어떤 개인적 관련성을 보이지는 않는다는 것을 이해하기 시작한다. 죽음에 대한 이해는 네 가지 근본적인 발달적 요소를 포함한다.

1. **최종**(finality): 죽음은 돌이킬 수 없다. 학령 전기아는 마법이나 의학이 과정을 반전시킬 수 있다고 생각한다.
2. **필연성**(inevitability): 모든 생물은 결국 죽을 것이다. 어린 아동은 죽음은 회피할 수 있다고 믿는 경향이 있다.
3. **신체 기능의 중단**: 죽음은 운동, 감정과 사고를 끝낸다. 학령 전기아는 죽음을 수면의 형태로 간주하기도 한다.
4. **인과성**(causality): 죽음이 생기는 방식을 이해한다. 어린 아동은 총이나 사고와 같은 외부적 요인에 초점을 맞추는 경향이 있는 반면, 나이 든 아동은 병이나 고령과 같은 내적 요인이 원인일 수 있음을 지각한다.

처음 세 가지 요소는 보통 5~7세에 이해된다. 인과성은 좀 더 어려운 개념인 듯하고 이후에 이해된다.

인지 발달 이외에 고려될 수 있는 다른 요소는 문화, 경험과 환경이다. TV에서 죽었다가 다시 살아나는 등장인물을 보는 것은 어린 아동의 죽음 개념을 왜곡시킬 수 있다. 문화마다 죽음에 대한 견해가 다양할 수 있다. 예컨대, 어떤 문화는 죽음을 "손을 떼면 자동 정지하는 것(deathman)"으로 인식한다. 전쟁에 짓밟히거나 폭력 지향적 환경 안에서 사는 아이들은 초기에 직접적으로 죽음과 관련된 경험을 갖는다(Essa & Murray, 1994; Alat, 2002). 많은 아동에게, 죽음은 주위에서 평범하게 발생되는 것이다. 2007년에는 3,042명의 아동과 10대가 총기로 인하여 죽었다(Children's Defense Fund, 2010).

정서적 수준에서, 애도와 슬픔은 정상적 반응이지만, 불안과 공포도 그렇다. 아동이 나이가 듦에 따라, 불안이 증가하는 것은 일반적이다. 가까운 친구나 친척의 죽음은 어린 아동에게 깊은 정서적 반응을 일으킨다. 아동들은 그런 사실에 대해 철회하거나 부정할지 모른다. 성인은 민감하고 지지적 방식으로 이 같은 상황을 다룰 책임을 가진다(Essa & Murray, 1994; Hogan & Graham, 2002; Levin & Zugelder, 2009).

자연재난도 공포와 불안을 일으킬 수 있다. 해일, 허리케인과 화재는 어린 아동을 매우 놀라게 할 수 있다. 2005년 여름에, 허리케인 카트리나와 리타는 미국 멕시코만 연안 지역을 파괴하였다. New Orleans는 큰 피해를 입어 황폐화되었다. Aghayan, Schellhaas, Wayne, Burts, Buchanan과 Benedict(2005)는 학령 전기 아동 집단, New Orleans와 Baton Rouge에서 온 피난민들이 허리케인 카트리나로 인하여 얼마나 큰 공포를 경험하였는가를 설명하고 있다. 아이들은 극놀이와 예술 과정과 산물을 통하여 자신의 경험과 걱정을 드라마로 표현하였다. 교사는 아이들에게 정서적 지지, 정보를 제공하고 아이들의 공포에 주목하였다. 폭풍이 지나고 5년 동안, 허리케인 카트리나를 경험한 아이들은 여전히 더 적절한 의학 및 정신건강 서비스를 기다리고 있었다(Brito, 2011). 정서, 신체 및 사회적 영향이 여전히 지속되고 있었다.

전쟁과 테러에 대한 위협도 어린 아동에게 당황과 공포를 일으킬 수 있다. 1980년대에는 핵전쟁이 아동의 큰 걱정이었던 반면(Beardslee & Mack, 1986), 2001년부터는 테러가 더 큰 걱정이 되고 있다(Greenman, 2001). 핵위협을 설명하는 텔레비전 뉴스와 프로그램은 아이들을 매우 놀라게 할 수 있다. 핵의 위협에 대한 이해는 죽음에 대한 이해와 병행적으로 발달하는 듯하다. 4~6세의 아이들은 그러한 현상에 대한 진정한 이해 없이 놀랄 수도 있다. 3~4학년이 되면서 아동은 걱정에 대한 용어를 이해하기 시작하고 정확한 정보를 필요로 하기 시작한다. 어린 아동은 재확인이 필요하지만, 심화된 설명은 오히려 아이들을 혼란시킬 수 있을 것이다(Children's nuclear fears, 1984; Greenman, 2001).

오늘날, 전쟁은 일상생활 안에 존재하고 있을 수 있다. 지금 글을 쓸 때에도, 사람들이 이라크 전쟁으로 부상당하고 있고, 아프가니스탄에서의 전쟁은 여전히 가족과 아동의 삶에 영향을 미치고 있다. 성인은 위험에 대해 솔직해야 하고 그들이 아이들을 보살피고 안전하게 해 줄 것이라고 확신시켜야 한다. 당황하고 놀란 아이들에게 긴 설명을 하기보다는, 아이들의 의견에 경청하고 오해를 수정하면서 도와주는 것도 중요하다. 토론과 극놀이를 통해서, 전쟁의 위험에 관한 어린 아동의 공포를 진정시킬 수 있을 것이다. 마지막으로, TV 시청과 라디오 청취는 아동이 너무 놀라지 않도록 최소화되어야 한다. Hogan과 Graham(2001)은 아동이 대처하는 것을 돕기 위해서 비극적 사건과 제안에 반응하는 방법을 개관하고 있다.

생각해 보기

Kayla는 세 살 반이다. Kayla는 지하실에서 접시 닦는 수건을 달라는 요청을 받는다. Kayla는 처음에 동의하고 계단의 끝으로 가지만, 아래층으로 내려가기를 거절하면서 다시 뛰어온다. Kayla는 그녀의 아주머니에게 "무서워요."라고 말한다. 아주머니는 "오빠와 함께 간다면 갈 수 있니?"라고 묻는다. 두 아이는 1분 후에 빈손으로 다시 돌아온다. Kayla는 "너무 무서워요. 우리와 같이 가 주실래요?"라고 말한다. 공포와 불안에 관해 읽은 것을 회상해 보라. 이 같은 사건에 대한 당신의 생각은 무엇인가?

스트레스

스트레스는 "개인의 안녕이라는 정상적 상태를 파괴하는 내적 또는 외적 영향"(Middlebrooks & Audage, 2008)으로 정의된다. 스트레스는 심장 박동을 증가시키고, 혈압과 호르몬 수준을 상승시키는 정서적 고통을 일으킬 수 있다. 스트레스 요인은 병, 실패에 대한 공포, 신체적 외모에 관한 짜증, 사랑의 상실에 대한 공포, 빈곤, 재난, 질병과 재해(예컨대, 폭풍이나 지진), 핵 위협, 전쟁, 테러, 형제의 출생, 죽음, 별거와 이혼과 결합가족으로부터 발생될 수 있다. 각각의 아동은 스트레스 요인이 개인적으로 아동에게 의미 있는 것에 따라서 동일하거나 유사한 스트레스 요인에 다르게 반응한다. 스트레스의 다음 세 가지 유형이 밝혀졌다(Middlebrooks & Audage, 2008, pp. 3–4).

- 긍정적 스트레스는 놀잇감을 빼앗기는 것과 같이 짧은 시기의 부정적 경험에서 발생한다. 성인은 아동이 그것을 다루는 것을 도울 수 있다. 그것은 정상적 사건이고 아동이 그것을 다루는 것이 중요하다.
- 참을 수 있는 스트레스는 가족의 죽음이나 자연재해와 같이 더 강렬하나 상대적으로 짧다. 참을 수 있는 스트레스는 보살피는 성인의 도움을 통해 극복될 수 있다. 그것은 긍정적 스트레스로 발달할 수 있다. 적절한 지원이 없다면, 독성 스트레스로 발달할 수 있다.
- 독성 스트레스는 강렬한 부정적 경험으로부터 나오고, 며칠, 몇 주, 몇 달 또는 몇 년간 지속될 수 있다. 아동학대는 주요 사례이다. 지원을 제공하는 돌보는 성인은 스트레스 감소를 도울 수 있다.

독성 스트레스는 부정적 방식으로 뇌의 기능에 영향을 줄 수 있다. 그것은 뇌 회로의 연결을 손상시키고 뇌를 축소시킬 수 있다. 기억과 학습은 스트레스의 영향을 받을 수 있다. 높은 수준의 스트레스 호르몬은 면역 체계를 손상시킬 수 있다. 이 같은 요소는 성인기로 연장될 수 있다. 성인은 아동을 보호(예컨대, 환경에서의 스트레스를 감소시키기)하고 스트레스를 다루는 방법(정서 지능에 대한 논의 참조)을 학습하도록 도움으로써 아동을 도울 수 있다(Middlebrooks & Audage, 2008).

오늘날의 어린 아동은 세상, 집, 공동체와 학교에서 수많은 스트레스 요인에 노출되어 있다(Witkin, 1999). 스트레스는 축적된 효과를 가질 수 있기 때문에, 성인은 가능한 한 많은 스트레스 요인을 제거하려고 노력할 필요가 있다. 학교 스트레스는 특히 어린 아동에게 정서적으로 손상을 줄 수 있다. Burts, Hart, Charlesworth와 Kirk(1990), Burts, Hart, Charlesworth, Fleege, Mosley와 Thomasson(1992), Hart, Burts, Durland, Charlesworth, DeWolf와 Fleege(1998)에 따르면, 발달적으로 부적합한 교수 실제(Bredekamp, 1987, Bredekamp & Copple, 1997; Copple & Bredekamp, 2009에 의거)는 발달적으로 적절한 교범보다 유치원에서 관찰된 스트레스 행동(예컨대, 어둠 속에서 거짓말하는 것, 신체 부분이

스트레스(stress) 개인의 정상적 안녕 상태를 파괴하는 내적 또는 외적 영향

나 옷을 갖고 노는 것, 사물을 갖고 놀이를 하는 것)을 낳는다고 언급하였다. 학습지 교육과정은 구체적 경험의 교육과정보다 더 스트레스를 유발한다는 것을 지적하고 있다. 부가적 스트레스는 어린 아동에게 표준화되고, 집단적 지필식 평가를 요구하는 부적절한 평가 실제의 사용에 의해 부가될 수 있다(Fleege, Charlesworth, Burts, & Hart, 1992). 이 같은 연구는 발달적으로 부적합한 교수 실제와 평가 실제를 제거하면 어린 아동의 학교에서 기인하는 스트레스를 줄일 수 있다는 것을 제안한다.

어린 아동과 일하는 성인은 그들의 삶에서 스트레스와 외상을 대처하는 탄력성을 발달시키도록 도울 수 있다. 스트레스적인 아동기와 외상적 사건을 견딘 아동은 필요한 지지와 이해를 제공하는 가족이나 교사와 같은 다른 성인들을 가진다(McCormick, 1994; Zimmerman & Arunkumar, 1994; Melson, Windecker-Nelson, & Schwarz, 1998; Novick, 1998).

심화학습 학교 장면에서 아동이 스트레스로 느끼는 요소는 무엇인가? 온라인이나 출판된 논문에서 좀 더 탐색해 보라.

적개심과 분노

적개심 또는 **분노**는 공격적 행동을 암시하는 정서이다. 영아는 크게 울고, 팔과 다리를 흔들고, 얼굴이 빨개지고, 거칠게 숨쉴 때 분노하는 듯하다. 아기가 더 나이 든 아동이나 성인과 같은 방식으로 분노를 느낀다고 확실할 수는 없으나, 적어도 아기도 분노하는 듯하다. 그 행동은 이후의 분노 발작을 최소화한다. 어린 아동을 위한 문제는 이 같은 분노와 적대적 감정 표현을 통제하는 것을 학습하는 것이다. 아동은 분노를 느낄 권리를 갖지만, 사회적으로 적절한 분노의 표현 양식을 학습할 필요가 있다. 적개심과 분노를 다루는 방식은 이후의 26장과 27장에서 논의된다.

1993년, NAEYC는 아동의 삶에서의 폭력에 관한 지위 논문을 발행하였다(NAEYC, 1993b). 폭력과 관련된 문제를 해결하기 위한 평화로운 대안이 있다는 것을 어렸을 때부터 아동에게 가르치기 위하여 노력해야 한다(Bernat, 1993; Parry, 1993; Boyatzis, 1997; Cain & Boher, 1997; Jackson, 1997; Marion, 1997).

분노에 관한 연구에 따르면, 어떤 아이들은 적대적 감정이 올라올 때 부정적으로 반응하는 반면, 다른 아이들은 긍정적으로 행동하도록 만드는 요소가 있다. Eisenberg, Fabes, Nyman, Bernzweig와 Pinuelas(1994)는 중산층 학령 전기아의 분노 행동에서 나타나는, 건설적인 요소와 건설적이지 않은 요소에 대해 검증하였다. 전반적으로 문제에 대처하는 건설적 방식을 갖는 아이들과 낮은 강도의 정서에 반응하는 아이들은 자신의 분노를 다루는

적개심(hostility) 공격적 행동을 암시하는 정서

분노(anger) 적개심을 보라.

과정에 언어적 방식을 더 사용하는 편이다. 건설적이지 않은 대처 전략을 사용하는 아이들과 강한 정서에 반응하는 아이들은 공격적으로 분노에 반응하는 경향이 더 높다. 학대당하거나 성인 간 폭력에 노출된 어린아이들은 정서 형태를 잘 조절하지 못하고 불안과 우울 증상을 더 많이 보이는 경향이 있다(Maughan & Cicchetti, 2002).

행복과 유머

행복은 즐거움, 기쁨과 환희와 같은 긍정적 정서 표현이다(Lewis & Michalson, 1983). 미소(smile)는 행복에 대한, 가장 널리 알려진 단서이다. 우리는 이미 미소의 발달에 대해 설명하였다. 초기 미소가 이미 행복을 반영하지만, 양육자에게 완전히 긍정적 신호인지 우리는 잘 모른다. 첫 번째 미소 후 1~12개월에 보통 웃음(laugh)이 나타난다. Lewis와 Michalson은 행복에 있어서 발달적 추세를 발견하지 못하였다. 행복할 수도 있지만, 그렇지 않을 수도 있다. 생후 19개월 이상의 나이 든 아동은 어린 아동보다 더 많이 행복을 보여 준다. 더 많이 웃고 미소짓는다. Hestenes, Kontos와 Bryan(1993)은 질 높은 어린이집에 다니고 더 많이 미소와 웃음을 드러내는 교사들과 생활하는 아동이 더 낮은 질의 어린이집에 다니는 아동보다 더 많이 미소짓는 것을 발견하였다. 기쁨의 중요성은 17장에서 논의하였다(Ward & Dahlmeier, 2011). 기쁨은 교실에서 만족, 의도적 활동과 평화로운 기쁨의 표현으로 나타난다(사진 25-5). 그것은 스트레스와 반대이다.

유머(예컨대, 농담과 수수께끼)를 이해하는 것은 영아들의 웃음을 일으키는 활동보다 높은 수준의 인지 발달을 요구한다. 영아의 미소와 웃음은 간지럼, 깡충깡충 뛰기, 까꿍놀이에 의해 유발된다(Poole, 2005). 걸음마기아도 숨바꼭질과 쫓고 놀리기도 즐긴다. 걸음마기아는 어른들이 하는 우스꽝스러운 짓을 따라 하기를 좋아한다. 3세아와 4세아는 바보 같은 짓을 하기 좋아한다(Miller, 2005a). 이 아이들은 흔히 재미난 소음을 만들어 내고, 웃긴 이야기를 만들고 우스꽝스러운 짓을 하기 쉽다. 4세아는 더 나이 든 아동에게 배운 노크노크 농담(knock-knock jokes)을 하기도 한다. 이 아이들은 반복해서 이야기한 한 가지 농담을 할지도 모른다. 유치원 연령까지, 아이들은 보통 일련의 노크노크 농담을 수집하고 있다(Church, 2005b). 노크노크 농담의 예측할 수 있는 형태로 인하여 아이들은 쉽게 기억하고 반복한다. 아이들의 어휘가 증가함에 따라 유머러스하게 보이는 다양한 방식으로 언어를 사용한다. 유치원아는 우스꽝스러운 동작으로 다른 사람들을 즐겁게 하기를 즐긴다. 그들은 친밀한 친구들과 욕실 유머를 공유하는 경향이 있다. 우스꽝스러워지는 것과 함께 웃는 것은 중요한 사회적 활동이다. 웃음은 뇌에 피를 제공하고, 마음에 힘을 주고 활기를 증

행복(happiness) 기쁨, 즐거움, 유쾌와 같은 긍정적 정서의 표현

유머(humor) 영아들에게 웃음을 일으키는 간지럼과 까꿍놀이에 대한 반응을 위해 요구되는 것보다 더 높은 수준의 인지 발달을 요구하는 농담, 수수께끼 등에 대한 이해

사진 25-5 아이들은 교사와 게임을 할 때 즐거움을 나타낸다.

가시켜서 학습에 대한 수용력을 증가시킨다. Loizou(2006)는 유치원아의 그림 유머에 대한 설명을 탐색하였다. 그림은 개구리가 있는 목욕통에 옷을 입고 있는 사람에 관한 것이었다. 샤워기가 있었고 목욕통은 발이 있었다. 대부분의 아이들은 그림에서 불일치를 지각하고 그것을 설명할 수 있었고, 재미있다고 생각하였다.

교사의 신념

Hyson과 Lee(1996)의 연구는 정서에 관한 초기 아동기 실천가의 신념에 초점을 맞추었다. 실천가들은 4~6세 아동을 가르치는 교사였다. 미국과 한국의 교사 집단은 그들의 정서에 관한 신념에 대한 질문지에 답하였다. 발견된 것은 교육 수준이 교사의 신념에서 중요한 요소였다는 것이다. 교육을 더 많이 받은 미국의 교사는 강한 정서적 유대감이 성인과 아동 간에 존재해야 하고, 성인은 아동과 정서에 대해 이야기해야 하며, 아동은 그들의 정서를 통제하는 능력을 갖고 있으며, 기분 나쁘거나 강한 감정으로부터 아이들을 보호하는 것이 덜 필요하다는 사실을 강하게 믿었다. 초등교육 학위를 가진 교사들은 교사가 정서적으로 표현적이어야 하고 아이들은 그들의 감정을 수용할 수 있는 방식으로 표현할 수 있어야 한다는 것을 강력하게 동의하였다. 한국의 교사는 미국 교사보다 교사는 정서적 표현을 피해야 하고 아이들은 정서적으로 고통스러운 사건으로부터 보호받아야 한다고 생각하였다.

정서 인식과 조절

발달적으로, 아이들은 타인의 정서를 해석하는 것을 배우기 전에 자신의 정서를 인식하게 된다. 또한 아이들은 부정적인 정서 전에 긍정적 정서를 인지한다. Lewis와 Michalson (1983)은, 아이들에게 특정한 정서를 나타내는 얼굴 표정을 하도록 요청하면, 2세 정도의 아이들은 행복하고, 슬프고, 화나고 놀란 표정과 같은 다양한 종류의 얼굴 표정을 지을 수 있다고 지적하였다. 4세 아이들은 행복하고, 슬프고, 화나고, 재미있고, 놀라고 공포스러운 표정을 지을 수 있었다. 2세아는 4세아보다 근육 통제를 덜 할 수 있고, 명명을 덜 하고, 게임에 더 빨리 싫증을 내는 것과 같은 차이가 있었다. 또한 2세아는 이야기를 들으면서 그에 적절한 행복한 얼굴, 슬픈 얼굴, 화나고 역겨운 얼굴 사진을 인식할 수 있었다. Lewis와 Michalson은 아이들이 6세까지 정서를 표현하는 시기와 방법을 알게 된다고 결론 내린다.

Carroll과 Steward(1984)는 아동이 자신의 감정을 이해하는 인지 발달의 역할을 탐색하였다. 그들은 분류와 보존 과제의 수행과 4세아와 5세아, 그리고 8세아와 9세아의 감정 이해에 대하여 관찰하였다. 아이들에게 "네가 행복하다는 것을 어떻게 아니?"와 "네가 행복하다는 것을 내가 어떻게 알까?"와 같은 질문을 하였다. Carroll과 Steward는 전조작기 아이들은 일반적 용어보다는 상황적 용어로 감정을 설명한다는 것을 발견하였다. 즉, 전조작기 아이들은 행복을 아이스크림 콘을 갖게 되는 것과 같이 인식하는 반면, 구체적 조작기의 아이들은 상황과 내적 감정을 언급한다. 높은 언어 지능을 가진 더 어린 아이들도 더 세부적인 대답을 한다.

정서 인식을 차치하고, 아이들도 정서를 조절하는 방법도 배울 필요가 있다. Katz와 McClellan(1997)은 정서 조절을 사회적으로 수용받을 수 있는 정서로 경험에 대처할 수 있고 필요할 때 반응을 지연할 수 있는 것으로 정의한다. 정서는 문제해결과 다른 활동을 위한 동기로서 작용한다. 정서 패턴은 학령 전기에 잘 확립되고 미래의 사회적 성공을 나타낸다(Eisenberg et al., 1997). 아이들은 부모의 조절에 의존하는 것에서 벗어나 스스로를 조절하게 된다. 어떤 아이들은 그들의 정서를 과잉 조절하고 이에 따라 정서를 일으키는 사회적 상황에서 책임을 지지 않는다. 우수한 사회적 기능을 나타내는 아이들은 수준 높은 조절 유능감을 갖는다. 낮은 수준의 조절 유능감을 가진 아이들은 사회적 기능도 낮다.

낮은 수준의 조절과 이에 따른 부적응 행동은 국립정신건강(NIMH)의 주요 연구 동기가 되고 있다(DelCarmen Wiggins, 2008). 정신건강 전문가들은 정서적이고 행동적 통제가 부족하거나 과잉 통제를 하는 아이들 중 자기 조절 기술을 향상시키기 위한 상담 모델을 발달시키는 데에 관심이 있다. 아이들이 더욱 복잡한 사고자로 발달함에 따라, 아이들은 다양한 내적 관리 도구를 적용함에 따라 더 좋은 자기 관리자가 될 수 있어야 한다(Thompson, Lewis, & Calkins, 2008). 유전, 뇌 구조와 기능, 그리고 발달의 가소성 등의 다양한 요소들은 정서 조절에 기저를 이룬다. 정서 발달의 이상은 특히 흥미를 모은다. Cole, Luby와

Sullivan(2008)은 초기 아동기의 우울증을 연구하였다. 일반적으로 1학년까지, 대부분의 아이들은 우정을 학습하고 형성하고 유지하고 학급의 규칙에 복종할 수 있도록 정서를 조절할 수 있다(Cole, Luby, & Sullivan, 2008). 그러나 아동들에게는 갈등과 스트레스를 잘 다루기 위해 필요한 도구가 여전히 부족하다. 고통을 경험하는 학령 전기아들은 분노, 불안, 죄책감과 수치심과 같은 극단적인 부정적 정서를 나타내고, 기쁨, 흥미와 자신감과 같은 긍정적 정서가 부족할 수 있다. 미래에, 우울한 어린아이들을 인식하고 다루는 데 도움을 주는 연구가 필요하다.

3 성격

귀엽고, 재미있고, 행복하고, 잘 적응하고, 자신감 있고, 공격적이고, 수줍어하고, 여성적이고 남성적인 것과 같은 특성은 우리가 보통 생각하듯이 성격 특성으로 간주된다. 10장과 14장에서, 영아의 기질이 논의되었다. 연구에 따르면, 영아는 부모의 자녀 양육 실제에 의해 수정될 수 있는 정확한 기질적 특성을 가지고 태어난다. 기질이 대부분의 극단적 성격이 발달하는 방식을 제한하는 반면, 아동은 자라면서 중간을 향해서 이동하는 경향이 있다. 이 장의 나머지에서는 성역할, 성 유형화, 성성(sexuality), 자기 개념과 성격 발달에서의 문화적 차이에 기여하는 몇 가지 특성과 발달의 분야에 대해 검증한다.

성 유형화와 성역할

개인의 성격의 주요 측면은 스스로를 남성 또는 여성으로 어떻게 지각하는가에 의해 나타난다. Maier(1978)는 "젊은 사람들은 그들의 환경 안에서 사람들 간의 성 차이와 다른 역할 차이를 인식하기 시작하는데, 이것은 사회의 요구에 따라 추구하는 그들 자신에 대한 자기에 대한 정의와 과정에 영향을 미친다."라고 설명한다. 소녀는 여성으로, 그리고 젊은 소년은 남성으로 인식해야 한다. 이들은 각각 사회에서 말하듯이 남성과 여성으로서 적절한 행동을 보여야 한다. Ruble과 동료들(2007)은 3~7세 아동을 대상으로 성과 관련된 신념에서의 연령 변화를 인식하기 위하여 면담을 하였다. 그들은 '성 안정성'에 대해 검증하였는데, 이것은 성적 범주가 영원하다는 것에 대한 신념, 즉 "나는 항상 소녀이다." 또는 "나는 항상 소년이다."와 같은 생각을 말한다. 신념이 3~5세에 더욱 명확해진다 해도, 5세 이후에 신념의 융통성이 증가되었다.

성격 발달에 관한 본성과 양육에 대한 문제와 이의 효과는 지속적으로 연구되었다. 성 유형화와 성역할은 많은 연구의 초점이었다. Lehman(1997)은 성역할의 복잡성에 대해 설

성격 특성(personality traits) 아동이 환경을 경험하면서 초기 유전적 기질 특성으로부터 발달한 특성

명하면서 본성과 양육의 영향에 대하여 질문하였다. Lehman에 따르면, **생물학적 성**과 **사회적 성**은 다음과 같이 정의된다(p. 47).

> '성'은 생물학—이른바 남성과 여성이라 부르는 해부학적이고 생리학적 특성—을 설명한다. '(사회적) 성'은 남성을 '남성답게' 그리고 여성을 '여성답게' 만드는, 사회적이고 문화적인 덧씌움(overlay)을 상징한다.

성은 수술과 호르몬에 의해서 바뀌는 것을 제외하고는 고정된 특성인 반면, 사회적 성은 사회적이면서 문화적으로 창조된다. 사회적 성은 시간과 문화에 따라 남성과 여성과 관련한 역할과 특성을 나타낸다. 고대부터, 서양의 문화는 남성과 여성에 대한 동일한 특성을 적용하였다(Lehman, 1997, p. 49; How to understand, 발행 연도 불명).

> 남성적 특성은 여전히 힘, 용기, 독립성, 경쟁, 야망과 공격성을 포함한다. 여성적 특질은 여전히 정서적 민감성, 인내, 주의, 양육, 수동성과 의존을 포함한다. 남성은 힘에 더 높은 가치를 부여하도록 학습되고, 여성은 대인관계에 더 높은 가치를 부여하도록 학습된다.

본성 또는 생물학적 견해는 남성과 여성의 역할 차이를 유전적인 것으로 지각하는 반면, 양육 또는 문화적 견해는 이 같은 차이를 문화적이고 사회적 신념에 의해 영향받는 것으로 인식한다.

성역할의 발달은 복합적 과정이다.

성역할 기준이란 사회에서 남성과 여성에게 적절한 것으로 간주하는 행동을 말한다. 1970년대 이래로, 남성과 여성에 대한 기대가 진부하다는 생각, 즉 사회가 세워 온 남성과 여성의 상이 반드시 진실하거나 공정하거나 필요한 것은 아니라는 생각이 관심을 끌게 되었다. 20세기 후반 동안, 여성은 이 같은 고정관념을 깨고, 부모기와 커리어를 결합하면서 자신의 커리어를 위한 더 많은 선택을 열기 위한 운동을 이끌었다. 그러나 2007년 연구인 Freeman 보고서에 따르면, 3~5세아의 부모는 성 특징적 놀잇감의 선택과 관련하여 고정관념적이지 않은 방식으로 반응하였다 해도, 아이들이 고정관념적 방식으로 반응하였다. 그러므로 아이들은 여전히 적절한 놀잇감에 관해서 성에 고정된 메시지를 갖고 있었다. LEGO®는 최근에 성 중립적 규범적 LEGO®와 대조적으로 쇼핑, 미용실과 해변에서 빈둥거리기에 초점을 둔 성 고정관념적 여성용 LEGO®를 만들었다(Knox, 2012).

Jalongo(1989)는 직업 교육과 성역할 고정관념에 관한 연구를 개관하고 직업 인식에서의 성역할 고정관념은 초기 아동기에 획득되고 아동이 점차 자라면서 더 강해진다는 것을

생물학적 성(sex) 남성과 여성이라는 해부학적이고 생리적 특성
사회적 성(gender) 남성을 '남성답게' 하고, 여성을 '여성답게' 만드는, 사회적 · 문화적인 덧씌움
성역할 기준(sex-role standards) 사회에서 남성과 여성에게 적절하다고 간주하는 행동

발견하였다. 2학년까지, 남아는 아버지의 직업에 관하여 더 지식이 넓어지고 여아보다 2배 많게 인식할 수 있다는 것을 발견하였다. 더 나이 든 여아들이 많은 직업 선택을 인식한다 해도, 여아들은 스스로를 더 정형화하여 지각하는 경향이 있다. 어머니의 취업은 여성의 직업 선택에 대한 지각에 영향을 준다. 자신의 직업에 만족하는 어머니들은 더 높은 직업 열망을 가진 딸을 갖는 경향이 있다. 아버지도 또한 영향을 준다. 고등학교 졸업까지, 남녀 모두 아버지의 직업 태도에 동일시하는 경향이 있다. Brookins(1985)는 어머니가 일을 하는 아프리카계 미국 아이들이 어머니가 일하지 않는 다른 아이들보다 더 평등적 성역할 태도를 갖는다는 것을 발견하였다. 어머니가 높은 수준의 직업을 가진 아이들이, 어머니가 낮은 수준의 직업을 가진 아이들보다 더 광범위한 범위의 직업 선택을 표현하였다. Jalongo(1989)는 직업교육은 학령 전기에 시작해야 하고 교육과정을 통해서 통합되어야 한다고 결론지었다. 소년과 소녀가 고정관념을 깨고 직업뿐만 아니라 다른 흥미와 활동에서도 다양한 선택을 할 수 있도록 격려하는 데 더 많은 노력을 기울여야 한다. 또한 여아에게 전통적으로 남성적인 직업적 선택을 제공하는 것과 같이, 남아에게 전통적으로 여성적인 더 많은 직업, 예컨대 간호와 교육과 같은 다양한 선택을 제공하도록 추천되어야 한다(Sparks, 2011a).

성역할에 대한 고려는 교실에서 중요한 요소이다. Evans(1998)는 초기 아동기 교실에 관한 연구를 통해 관찰된 성과 관련된 요소 중 몇 가지에 대해 지적한다. 이 같은 연구에서 더 많은 성 공정성이 초기 아동기 교실에 존재한다고 지적한다. Evans도 **성 공정성**을 증진하기 위한 지침의 개요를 서술하고 있다. 여아들은 외모, 협동과 복종에 대하여, 그리고 남아들은 성취에 관하여 더 많이 칭찬받는 경향이 있다. 게다가, 남아들은 블록 놀이를 할 때, 여아는 인형 놀이와 요리 만들기를 할 때 칭찬받을 수 있다. 남아들은 처음에 더 능동적인 놀이터 시설과 놀이 공간을 선택하는 경향이 있다. 아동을 위한 동화책과 교과서 모두 남성은 강하고 주장적인 반면, 여성은 수동적이고 양육적인 것으로 성 공정성을 묘사하면서 향상시키는 것으로 인용되어 왔다. Evans는 성 공정성 확립을 위해 다음과 같은 지침을 제안한다.

- 다양성을 반영하는 반편견적 문헌을 사용하고 고정관념을 조장하지 않는다.
- 반편견적 놀이 활동을 장려한다. 남아에게 양육적 역할을, 여아에게 주장적 역할을 맡도록 격려한다.
- 교육과정은 반편견적이어야 하고 남아와 여아가 참여하는 다양한 경험을 제공해야 한다.

Trepanier-Street와 Romatowski(1999)는 아동의 성역할 지각에 관한 아동의 문헌의 영향

성 공정성(gender equity) 남성과 여성을 공정하게 취급하는 것

을 재검증하였다. 이전의 연구에 따르면 반편견적 아동의 문헌의 사용을 통한 증가된 고정관념적인 성역할 견해에 관한 단기 효과를 보여 주었다. Trepanier-Street와 Romatowski는 직업 역할에 관한 어린 아동의 견해와 선택을 보았다. 그들의 표본은 학령 전기부터 1학년까지 남녀 아동을 포함하였다. 6권의 반편견적 책이 선택되었고 관련된 교실 활동을 위한 핵심으로 활용되었다. 그 결과, 엄격하게 남성적이거나 여성적인 직업을 덜 편향되게 선택하고 양성에 적절한 직업 선택이 증가되었다.

TV는 성역할 사회화와 고정관념의 보존에 영향을 주는 것으로 검증되었다(Signorielli, 1998; Witt, 2000). Signorielli는 여성이 항상 남성보다 낮게 표시되고 여성의 미모를 강조하면서 남성보다 더 젊다는 것을 지적한다. Witt(2000)는 다음과 같은 부가적 성편향을 지적한다(p. 322).

- 남성은 일반적으로 여성을 지배한다.
- 남성은 권력적 특성을 가지고 있고, 강하고 똑똑하고 폭력적인 것으로 설명되고 있다.
- 여성은 권력적이지 않은 특성을 가지고 있고, 민감하고 매력적이고 순응적인 것으로 설명되고 있다.
- 결혼은 남자가 아니라 여자에게 강조된다.

남자는 전문직으로 설명되는 반면, 취업모의 대부분은 미숙련 저임금 직업을 가진 것으로 설명된다. Hall(2006)은 아동 프로그램인 *Bob the Builder*를 분석하였다. Hall은 Bob이 그의 여자친구인 Wendy가 그림을 기르고 사무실을 청소하는 동안 구상을 책임지고 있다고 생각한다. Hall은 프로그램의 인물들이 다양하지 못하고 중류층 교외 지역 중심이고 모든 남자 기계는 'cool'한 이름인 반면, Wendy의 기계의 이름은 Dizzy(당황스러운)라는 것을 발견하였다.

Bob은 세상 어디든 있고, Hall은 세상에 있는 견해들이 고정관념적인 시각을 갖는다는 것에 대해 걱정한다. 프로그램의 긍정적 측면은 인물들이 팀으로 일하고 환경에 대하여 관심이 있다는 것이다. Lee(2008)는 영화 역시 고정관념을 제공한다고 지적한다. 디즈니 영화의 여자 등장인물들은 약하고, 수동적이고, 피해를 당하고, 독립적 활동이 없는 모델을 제시하는 것에 대해 비판받아 왔다. Lee는 인기 있는 문화와 디즈니 영화의 결혼 묘사가 어린(5.5~8.5세 연령) 한국 이민 소녀에 의해 해석되는 방식을 검증하였다. 소녀는 남자는 그들이 원하는 누구든지 결혼을 선택하는 반면, 여자는 그렇지 않다는 것으로 인식하였다. 그들은 이 같은 지식을 실제 우리 삶의 문화적 고정관념에 적용하였다. 남성은 아이들의 프로그램을 지배한다. TV를 보는 아이들은 TV를 보지 않는 아이들보다 더 성 고정관념적 견해를 가진다.

소녀가 기술 면에서 소년보다 덜 유능하다는 것에 대한 잘 알려진 고정관념적 견해는 수학과 기술과 관련된다. 이 같은 견해를 검증하기 위해서 Yelland(1999)는 6세 아동을 남아-

남아, 여아-여아와 남아-여아로 짝을 짓는 실험을 고안하였다. 각 쌍들은 거북이가 장난감을 들어 올리도록 설명된 컴퓨터화된 미로 활동인 '장난감을 잡아라'에 참여하였다. 아이들에게 가장 효과적인 통로의 그림을 그리도록 요구하였다. 소녀 쌍은 문제를 해결하는 데 더욱 성공적이었다. 소녀들은 더 많은 사전숙고를 보여 주었고, 해결책을 발견하고 각 단계를 평가하였다. 반면에, 소년들은 컴퓨터에서 유리한 자리를 찾으려고 다투고, 충동적이고 신체적이었다. 소년들은 자신들의 움직임을 반영하지 않는 경향이 있고, 더 좋은 위치에서 거북이를 놓고 수정하기보다는 보통 자신들의 움직임에 집착하는 편이었다.

성차는 생물학적으로 결정되고 사회적으로 결정된 다양한 측면으로부터 검증되었다. Shapiro(1990)는 그들의 발견에 관하여 연구자들에게 면담하였다. (소녀에게 호의적인) 언어적 행동과 (소년에게 호의적인) 수학에서의 오랜 차이는 좁혀져 왔다. 그러나 몇몇 차이점들이 떠받쳐지고 있다. 예컨대, 소년은 더 능동적인 경향이 있으나, 그 차이는 학령 전기 동안 매우 작다. 4세 또는 5세까지, 아동은 그들의 부모가 그들에게 개방된 모든 통로를 떠나게 하려고 한다 해도 고정관념적인 역할을 채택하는 듯하다. 여아는 언어적 비방과 사회적으로 잔인한 말(예컨대, "우리는 너와 놀고 싶지 않아.")을 사용하고, 남아는 능동적 총놀이를 함으로써 공격적 본능을 푼다. 아이들은 초등학교에 입학할 즈음까지 보통 동성 놀이

성차(sex differences) 생물학적으로 또는 사회적으로 결정될 수 있는 차이

뇌 발달

성차

다른 성차(Hales, 1998)는 여성과 남성의 뇌 사이에서 발견되었다. 신경과학 연구에 따르면, 남성과 여성의 뇌는 크기, 구조와 민감성 측면에서 차이가 있다. 어떤 활동에 관여할 때, 여성의 신경 활동은 광범위하게 펼쳐지는 반면, 남성의 뇌 활동은 특정 분야에 집중된다. 여성은 동시에 몇 가지 활동을 검토할 수 있으나, 남성은 현재의 관심사를 제외하고는 모두 고려하지 않는다. 여성의 뇌는 정서에 더 집중적이고 정확하게 반응한다. 뇌가 쉴 때, 남성의 뇌는 공격성과 폭력과 같은 정서 표현을 향한 분야에서 이완된다. 여성의 뇌는 다양한 영역에서 쉬게 되는데, 몸짓과 단어와 같은 상징적 표현 형태와 관련된다. 남성은 정서적으로 원시적인 듯하다. 흥분할 때 남성은 공격하기 쉬운 반면, 여성은 "나는 너에게 화가 나."라고 말을 하기 더 쉽다. 소녀는 소년보다 더 빨리 말하고 더 먼저 읽는 것을 배우고, 소년보다 학습장애가 적다. 이것은, 소녀는 뇌의 좌우 모두에서 신경세포를 사용하기 때문인 반면, 소년은 의사소통할 때, 단지 좌뇌만을 사용한다. 소녀는 뇌의 논리적이고 창의적 부분 모두를 끌어낸다. 여성은 더 예리한 시각을 갖고, 더 예민하게 듣고, 남성보다 기억력이 더 날카롭다. 이것은 여성이 뇌의 좌우측 모두가 동시에 사용되면서 정서적 요소를 접하면서 더 분명하게 범주화할 수 있기 때문이다. 결과적으로 보자면, 여성 뇌는 더 직관적이다. 빈번한 좌우 교차로 인하여 여성은 남성에게 결코 발생되지 않는 연결을 할 수 있게 된다. 그러므로 여성은 다른 사람의 행동이 의미하는 것을 더 잘 읽고 적용한다.

출처: Hales, D. (1998, May). The female brain. *Ladies Home Journal*, *128*, 173, 176. 184.

친구를 선택한다. 그들은 오염 의식(예컨대, 한 성은 다른 성에 의해 오염된다), 또는 침입 의식(예컨대, 한 성은 다른 성의 게임을 조롱하거나 끼어든다)에 관여하면서 남아는 여아에 대항하면서 경쟁한다. 전반적으로, 남아는 움직이면서 더 많은 놀이에 관여하고, 그들의 놀이에서 더 많은 갈등을 포함한다. 소녀는 더 낮은 방식으로 그들의 문제를 해결한다(Garvey, 1990).

남성과 여성의 행동에 사회적 힘의 효과를 분리하는 것은 어렵다. 예컨대, 공격성에 접하였을 때, 소녀는 언어적 설명을 받기 쉽고, 소년은 어떠한 설명 없이 처벌받기 쉽다. 이 같은 요소는 소년이 더 종종 소녀보다 잘못 행동한다는 사실을 설명할지 모른다. 책을 읽을 때조차도, 성차가 관찰된다. 부모도 소년보다 소녀에게 더 많은 정서적 단어를 사용한다. 연구에 따르면, 부모의 모델은 중요한 것으로 인식된다. 아버지가 아동 양육의 측면에서 동등하거나 심지어는 전담하는 역할을 취할 때, 소년은 더 양육적이 되고, 소녀는 그들이 미래에 열망할 수 있는 더 포괄적인 역할에 대한 견해를 가진다.

성 유형화는 영아기부터 환경적 요소와 경험을 축적하는 노년기까지 영향을 미친다. 몇몇 연구들은 성적 명명(labels)은 성인이 아기를 취급하는 방식에 영향을 준다고 기록하였다(Honig, 1983). 한 연구에서, 동일한 아기가 처음에는 분홍색 옷을 입고 소녀의 이름으로 불리었다가 다음에는 파란색 옷을 입고 소년의 이름으로 불리었다. 아기와 놀이를 한 성인은 영아를 이름과 복장에 따라 전형적인 남성 또는 여성적 특성을 나타내는 것으로 간주하였다. 아기가 소녀라고 생각한 성인은 아기에게 인형을 갖고 놀도록 하였고, 아기의 '여성성'과 달콤함에 대해 칭찬하고 더 양육적이었다. 아기를 남자라고 생각한 성인은 아기의 강인함과 크기에 대해 칭찬하고 인형놀이를 제안하지 않았고, 신체 활동을 더 장려하였다. 어린이집에서 학령 전기 아이들과 일을 하는 성인도 실험실 상황에서 성인이 행동한 것과 동일한 방식으로 행동하는 것을 관찰하였다. 예컨대, 그들은 소녀에게 더 양육적인 것을 제안하고 소년에게는 더 신체적으로 능동적이 될 것을 격려하였다.

초등학생이 되면서 소년과 소녀들은 교사에게 다르게 대우받는다고 기록되어 있다. 점차적으로, 소년의 자존감은 증가하고 소녀는 감소한다. 소녀는 빨리 변화되는 듯하다. 예컨대, 소년은 더 구체적이고, 일을 할 때 도움을 주는 말을 자주 한다. 즉, 소년은 컴퓨터를 사용하도록 장려되는 반면, 소녀는 그렇지 않다. 그리고 소년은 더 주목을 요구하고 주목받게 되는 반면, 소녀는 침묵하면서 뒤에 앉는 경향이 있다(Chira, 1994).

자기를 남자 또는 여자로 인식하는 것, 즉 남성적이거나 여성적인 활동을 보여 주는 것이 아동의 초기 시기에

생각해 보기

당신의 초기 아동기 시절을 회상해 보라. 당신은 당신의 성역할 발달에 가장 영향을 준 사람이 누구라고 생각하는가? 부모, 오빠와 여동생, 또래, 아니면 다른 사람이었는가? 이성 형제자매와는 다른 대우를 받았는가?

성 유형화(sex-typing) 영아기부터 환경적 요소와 경험을 축적하는 노인기까지의 영향. 이 같은 성적 명명은 종종 성인이 아기를 취급하는 방식에 영향을 준다.

관찰될 수 있다. 2세 여아는 어머니의 향수를 사용하고 레이스 장식이 달린 드레스를 입고자 할 수 있다. 학령 전기 여아는 자신을 디즈니 영화의 공주로 인식할지도 모른다. 동일 연령의 소년은 자신의 놀이를 트럭, 자동차와 블록에 국한시킬지도 모른다. 초기 시기에 아이들은 흥미가 오락가락하지만 보통 6, 7세 연령에 도달하면서 사회가 기대하는 행동을 향해서 점차적으로 이동된다. 학령 전기아에 대한 연구(Hyun & Choi, 2004)와 유치원아에 대한 연구(Blaise, 2005)에 따르면, 아이들은 이미 사회적 성역할을 깊이 구성하고 있는 것으로 기록하고 있다. 수많은 힘들에 의해 아동의 성역할 행동은 형성된다. 이 같은 힘은 가족, TV, 교사와 또래로부터 나온다. 남아가 파란 장화를 신고, 여아가 분홍 장화를 신는 시기부터, 소년과 소녀는 다르게 대우받고 동성 모델을 따라 하면서 강화되었다.

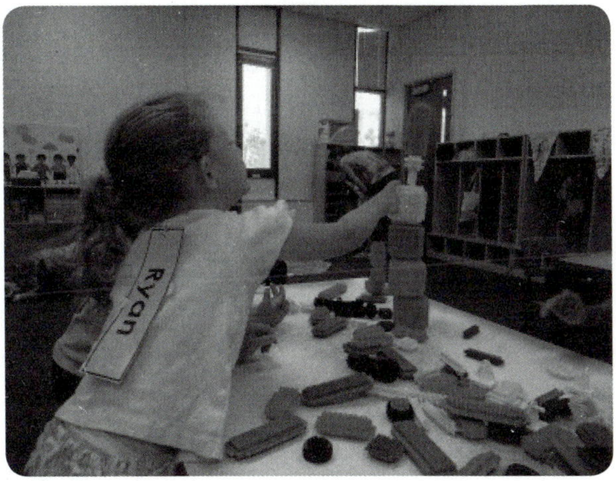

사진 25-6 소녀는 구성적 놀잇감으로 작업하기를 좋아한다.

아이들은 성 편향적 또는 반편견적 방식으로 교육받을 수 있다. Keener(1999)는 초기 유아기 교실에서 성적으로 공정한 교수 실제와 질을 나타내는 다른 프로그램 변인 간의 관계에서의 다양성을 검증하였다. Keener는 시설, 개인적 보육 일정과 상호작용에 관한 환경이 더 높게 평정될수록 교실 실제는 성적으로 공정성이 높나는 것을 발견하였다(사진 25-6). 더 높은 질의 프로그램은 성적으로 공정한 교수 실제를 사용하는 경향이 있다.

4 성성

아동이 자신의 역할을 편안해하고 만족하게 느끼는 성인으로 발달하는 것은 영아기에 시작된다(Lively & Lively, 1991). "**성성**은 사람의 생물학적 본성, 양성 관계의 신체적 측면과 성과 관련된 행동의 다른 많은 측면을 포함하는 용어이다"(Lively & Lively, 1991, p. 21). 해부학과 생식에 관한 학습은 아동의 성성 발달의 중요한 측면이다. Lively와 Lively(1991)는 아동의 성성 발달을 지지하는 데 있어서 성인을 위한 중요한 초점은 특정 성적 지시가 아니라, 아동에 대한 사랑과 인정을 나타내는 긍정적이고 자연적인 접근을 취하는 것이라고 강조한다.

성성(sexuality) "사람의 생물학적 본성, 양성 관계의 신체적 측면과 성과 관련된 행동의 다른 많은 측면을 포함한다"(Lively & Lively, 1991, p. 21).

해부학은 보통 아동이 집에서 옷을 입지 않은 다른 가족 구성원을 볼 때 학습된다. 만일 아니라면, 어린이집이나 이웃 놀이 친구를 통해서 학습될 수 있다. 학령 전기 집단에서, 보통 매우 호기심이 많은 아이들이 지속적으로 친구가 화장실 가는 것을 관찰한다. 2세아 집단에서, 아이들은 젖은 바지를 갈아입는 아이를 둘러싸기도 한다. 이것은 이 같은 연령에서는 정상적이고 자연스러운 행동이고 호기심에 근거하고 있다. Thackeray와 Readdick (2003/2004)는 성과 관련된 해부학적 신체 부분의 이름을 아는지에 관하여 4세아에게 질문을 하였다. 그들은 대부분의 아이들이 정확한 이름을 모른다는 것을 발견하였다. 그러므로 그들은 어린아이들에게 긍정적 태도를 발달시키기 위해 이름을 가르쳐야 한다고 제안한다. 영유아 시기에 부모와 다른 양육자와 세운 신뢰는 아동이 학령 전기 시기에 건강한 성적 교육을 준비시키게 한다(The development of sexuality, 2006). 아동의 성성은 점차적으로 발달하는데, 사람들은 저마다의 속도를 갖게 된다.

3세경에 아이들은 출산에 관심을 갖게 된다. 그들은 이 연령에 "내가 어디서 태어났어요?" 또는 "사람들은 어떻게 아기를 갖나요?"와 같은 질문을 한다. Anne Bernstein(1976)은 60명의 소년, 소녀들에게 "사람들은 어떻게 아기를 갖나요?"라는 질문을 하였다. 아이들 중 3분의 1은 전조작기의 3, 4세였고, 3분의 1은 구체적 조작기인 7, 8세였고, 3분의 1은 구체적 조작기에 막 들어선 11, 12세 아동이었다. 아이들은 **표 25-4**와 같이 6개의 발달 수준에

표 25-4 아동의 성과 출생에 대한 이해 발달에 관한 6단계

연령	단계	병행적 Piaget 단계	특성
3~4	지리(1수준)	전조작기	아기가 가게, 위(stomach) '신의 장소'와 같은 위치에 있다. 그들은 항상 존재하였다.
3~5	제조(2수준)	전조작기	아기가 기구, 차나 놀잇감처럼 만들어지거나 함께 있다. 그들은 아버지에 의해 어머니의 뱃속에 있는 것으로 지각될 수도 있다.
5~7	전이 생리학과 기술(3수준)	전이적 시기	사랑과 결혼, 성교와 정자와 난자의 결합이 관련되나, 전 과정이 함께 이루어질 수 없다는 것을 인식한다.
8~12	구체적 생리학(4수준)	구체적 조작기	수정을 설명할 수 있으나 왜 발생하는지에 대한 방법을 이해하지 못한다.
8~12	전 형식적 조작기(5수준)	구체적 조작기	수정을 설명하려고 하지만, 아기는 생식세포로부터 미리 형성된다고 생각한다.(아기는 때때로 정자 그 자체가 난자 안에서 먹고 산다고 생각한다.)
12세 이상	신체적 인과론(6수준)	형식적 조작기	모든 것이 아동을 위해 함께 나오기 시작한다. 부모는 유전적으로 아기에 기여하고, 수정은 결혼없이 발생한다고 인식하기 시작한다.

출처: Bernstein, A. C. (1976, January). How children learn about sex and birth. *Psychology Today*, 31-35+에서 변용함.

서 질문에 대답하였다. 학령 전기 아동 대부분은 지리적 1수준 또는 제조의 2수준이었다.

1수준 아동은 마치 지리적 질문인 것처럼 질문에 대답한다. 아동의 설명은 아기가 있는 곳과 관련된 생각을 나타낸다. 1수준 아동은 각각의 아기는 항상 어딘가에 존재한다고 생각한다. 아동은 아기가 어머니의 배에서 자라지만 그들이 필요할 때 하나의 위에서 다른 위로 움직이면서 아기의 그림을 갖는 듯하다.

2수준 아동은 아기를 자동차, 스토브 또는 놀잇감처럼 제작되는 것으로 여긴다. 아동은 현재 아기가 항상 존재하지는 않는다고 생각한다.

자기중심적으로, 아이들은 자신의 경험을 통해서만 문제를 해결할 수 있다. 아이들은 "씨가 어머니의 위로 들어가서 아이가 나오는 것으로 안다. 아이들은 종종 **소화 오류**를 채택한다. 즉, 아이들은 아기가 삼켜지고, 어머니의 뱃속에서 자라고, 그 후에 나온다고, 즉 음식이 통과되는 것과 같은 과정이라고 생각한다. 이 같은 수준에서, 아버지를 그림으로 넣기 시작하나, 아이는 난자와 결합하는 어머니의 위(stomach)로 싹트는 방식을 개념화할 수 없다.

3수준에서, 아이들은 전조작기에서 구체적 조작기적 사고로 전이된다. 그들은 5세에 이 수준에 도달하나 6세 또는 7세에 도달하기 쉽다. 이 같은 단계에서, 아이들은 "사랑과 결혼과 같은 사회적 관계, 성교, 정자와 난자의 결합"(Bernstein, 1976, p. 33)이 관련되는 것으로 인식하나, 이 같은 정보 모두를 함께 하나의 일관된 상으로 놓을 수 없다.

학령 전기와 유치원 아이들은 생식(reproduction)에 관한 호기심을 나타내나, 그들의 이해는 전조작적 사고에 의해 제한된다. 이 같은 이유 때문에, 성인은 어린 아동에게 다룰 수 있는 더 많은 정보를 주지 않도록 주의해야만 한다. 너무 많은 세부 내용으로 인해 아동은 혼란스러워할 수 있고, 더 많은 정보는 왜곡된 생각을 초래할 수 있다. Bernstein은 성인이 먼저 아동이 생각하는 능력 범위 안에서 발견하도록 질문에 반응하는 것을 추천한다.

- 사람들은 어떻게 아기를 갖나요?
- 엄마는 어떻게 엄마가 되나요?
- 당신의 아기는 어떻게 아빠를 갖게 되었나요?

Bernstein은 아이들이 자신의 이해를 넘어서서 1수준에서 설명할 수 있을 것이라고 생각한다. 아이들이 혼합된 설명을 할 때 비웃거나 어리석다고 느끼지 않게 하는 것이 중요하다. 전조작기 아동의 경우, 아동이 말하는 것은 완전히 자신의 견해에서 보면 논리적이다.

Bernstein은, 아동은 제시된 많은 양의 세부적인 부분에 의해 종종 당황할 수 있기 때문에, 전조작기 아동과 유용한 성교육 책을 사용할 때는 주의를 당부한다.

우선 생식에 관한 지식도 애완동물과의 경험에서 나온다. 집이나 학교에서, 쥐, 게르빌

소화 오류(digestive fallacy) 아기가 삼켜지고, 어머니의 뱃속에서 자라다가 그 후에 나온다는 아동의 생각

루스쥐, 개, 고양이, 토끼, 또는 물고기는 수정, 임신과 출생의 과정에 대한 경험을 제공할 수 있다. 가장 중요한 요소는 어린 아동의 질문에 정직하고 단순하게 대답하는 것이고, 아동의 해석을 그 나이에서는 정상인 것으로 받아들이는 것이다. 성역할, 성차, 해부학과 생식에 대한 정직한 토론은 어린 아동이 스스로를 남성 또는 여성으로 건강한 느낌을 발달시키는 것을 돕는다.

몇 가지 주제는 내놓기 어렵다. 자위, 성에 관한 이야기와 성적 놀이에 관한 의사소통은 쉽지 않다(Lively & Lively, 1991; Kostelnik, Gregory, Soderman, & Whiren, 2012; The development of sexuality, 2006). 부모는 주요한 성 교육자이어야 하지만, 교사도 학교에서 이 문제를 다루어야 한다. 의사소통은 개방적이고 솔직해야 한다. 처벌과 자위에 대한 꾸중은 어린 아동에게 불안과 공포감을 일으킬 수 있다. 자위는 신체적으로 해롭지 않으나 아동에게 심리적으로 상처를 입힐지도 모른다. 이따금씩의 자위는 무시될 수 있다. 빈번한 자위는 전문적 도움을 필요로 하는 정서 문제의 상징일지 모른다. 성인도 '성에 관한 이야기'와 '성적 놀이'에 관심을 가진다(Lively & Lively, 1991). 성인은 어떤 말들은 학교에서 승인될 수 없다는 것을 정직하고 직설적이면서 처벌적이지 않은 방식으로 명확하게 할 수 있다. 3세 때에 다른 사람들의 해부학에 흥미를 느끼는 것이 자연스럽고 개방적으로 표현된다 해도, 5세 또는 6세까지 아이들은 성인이 해부학을 받아들이지 못하고 자신들의 활동을 숨기려고 비교하는 데에 관심을 갖는다는 것을 알게 된다(Lively & Lively, 1991). 서로의 몸을 탐색하는 행위에 빠져 있을 때, 아이들이 죄책감을 느껴서는 안 된다. 다른 활동을 제안하는 것이 가장 좋다. 이것은 또한 몸의 어떤 부분은 사적이고 다른 사람이 보거나 만져서는 안 된다고 설명하는 기회일 수도 있다. 교사는 필요할 때 도움과 충고를 제공하며, 학교에서 수용하고, 건강한 환경을 제공함으로써 아이들의 건강한 성성 발달을 증진하는 과제를 도울 수 있다.

5 어린 아동의 자기 개념

Shirley C. Samuels(1977)는 초기 아동기가 자기 개념 발달에 결정적 시기라고 지적한다. 어린 아동은 감정에 관하여 여전히 개방적이고 그와 일하는 성인은 어린 아동이 느끼는 방식을 더 쉽게 평가할 수 있다. 아이들이 나이가 듦에 따라, 자신의 감정을 숨기고 무엇이 실제로 일어나는지를 발견하기 더 어려워진다. 성인은 어린 아동에게 긍정적 **자기 개념**을 발달시키도록 도울 수 있다. 즉, 그들은 그들 스스로에 관해서 좋게 느끼는 것을 도울 수 있다.

아동이 사회정서적 영역에서 발달을 다루는 방식은 자신에 대한 개념에 이런저런 것들

자기 개념(self-concept) 자신이 누구인지에 관한 생각

을 더한다. Samuels는 자기 개념을 일곱 가지 차원으로 나눈다.

- 신체상: 아동이 자신을 어떻게 보는가, 신체적으로 어떻게 보고, 자신의 신체에 어떻게 반응하고 행동하는가
- 사회적 자기: 인종, 민족, 문화와 종교적 자기
- 인지적 자기: 아동의 정신 발달과 적성에서 보여 주는 자기
- 자긍심: 아동이 자기 개념을 평가하는 방식, 아동이 자신에 대하여 존중을 하는 정도

Curry와 Johnson(1991)은 자긍심의 견해를 확대하였다. 그들은 **자긍심**을 지속적인 발달 과정으로 본다. "아이들이 스스로에 대해 느끼고 생각하는 방식은 통합적으로 신체, 사회, 도덕, 정서, 인지 및 성격 발달에 관련된다"(Curry & Johnson, 1991, p. 5). 아이들이 그들의 인지적 측면의 구성자로서 여겨지듯이, 아이들은 현재 자기감을 구성하는 데 있어서 능동적으로 관여하는 것으로 간주된다. 그들 스스로에 대한 견해는 어떤 방식으로 행동하도록 만든다. 행동은 환경으로부터의 반응을 일으키는데, 반복해서 아동에 의해 해석되고 자기 개념으로 통합된다. 학령 전기아는 영아기와 걸음마기에 자기감을 공고히 하고, 수용, 힘과 통제, 도덕적 가치와 효율성과 유능감을 위해 투쟁하면서 자기를 시험하고 평가하는 시기를 거친다. 유치원 아동과 초등학생들은 구체적 조작기와 근면성 대 열등감의 새로운 시기에 들어간다. 그들이 스포츠, 스카우트, 캠프, 취미와 수업에 관련되면서 이웃으로 나오면서 더욱 복잡하게 된다. 힘, 유능감, 승인과 도덕적 가치에 대한 추구는 아동이 형식적 교육의 요구에 대처하려고 함에 따라 훨씬 더 복잡해진다. 우리는 30장과 31장에서 초등학생에 대해 더욱 상세히 살펴본다.

자기 평가는 자긍심의 기초가 된다. 아이들이 그들의 유능감에 대해 어떻게 느끼는가는 성취 동기에 영향을 준다. Stipek, Recchia와 McClintic(1992)은 1세부터 5세까지 아동의 성취에 대한 자기 평가의 발달을 검증하기 위해 일련의 연구를 수행하였다. 그들은 아동이 자신의 유능감을 평가하기 시작하는 때와 정서적 반응, 즉 선한 것 또는 악한 것에 대한 개념을 발달시킬 때를 발견하는 데에 관심이 있었다. 그들은 자기 평가가 3단계로 발달하는 듯하다는 것을 발견하였다. 아이들은 성공할 때 미소짓지만 자부심을 제안하는 어떠한 반응도 나타내지 않는다. 2세가 되기 직전에, 아이들은 자신의 수행에 대한 성인의 반응을 예상하기 시작하는 두 번째 단계로 들어간다. 아이들은 성공에 대해 칭찬을 추구하고 실패에 대한 부정적 반응을 회피하려고 한다. 세 번째 단계에서, 때때로 3세 이후에, 아이들은 점차 성공과 실패에 대한 외적 반응을 내면화한다. 아이들은 자신들의 수행을 평가하고 자신들이 성인으로부터 기대하는 반응과 상관없이 정서적 수준에서 반응하기 시작한다. Stipek과 동료들은 아이들이 2세까지 성공과 실패 개념을 갖는 듯하고, 그러므로 성인은 경직된

자긍심(self-esteem) 한 사람이 자신의 자기 개념을 평가하는 정도, 그 사람이 자기 스스로를 존재하는 정도

기준을 강요해서는 안 되는데, 이는 어린아이들에게 낮은 자기 평가를 발달시키게 되고, 이는 또다시 성취 동기 부족을 발달시킬 수 있다.

학교는 아이들의 자긍심을 증진하는 것에 대해 우려한다. 형식적 학교 프로그램은 특히 자존감을 형성하려고 발달되었다. Katz(1993)는 이 같은 프로그램은 유명인과 행복한 얼굴과 같은 피상적인 아첨과 보상을 제공함으로써 비현실적이고 맥락에 맞지 않은 견해를 어린아이들에게 제공하는 경향이 있다는 것을 제안한다. Katz(1993, p. 1)에 따르면, "자긍심은 성인과 또래가 아이들을 존경스럽게 대우하고, 아이들의 견해와 선호도를 상담하고 (…) 아이들이 그들에게 중요한 것들에 대해 의사결정과 선택을 할 기회를 제공할 때에 생기게 된다". 자존심은 성공과 실패를 다루는 기회를 제공하는 일상적이고 건설적인 활동을 통해 형성된다. 이 같은 학교에서의 경험은 특히 아이들이 집에서 보호되는 긍정적 자존감을 갖지 못한 아이들에게 결정적이다.

특별한 요구를 가진 아이들

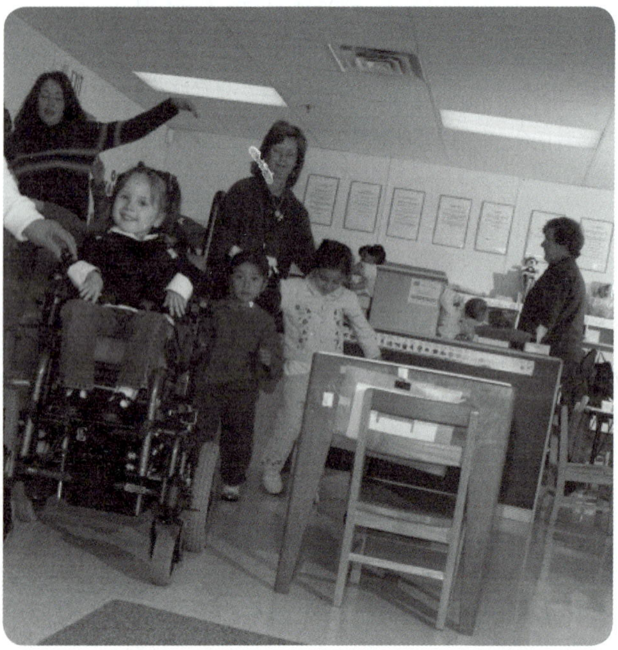

사진 25-7 장애를 가진 소녀가 정규 교실에서 행복하게 통합교육을 받고 있다.

특별한 요구를 가진 아이들은 자기 개념을 증진하기 위해 부가적 지원을 필요로 할 수 있다. 학습장애 아이들은 특히 학교에 들어갈 때 취약하다(Elbaum & Vaughn, 1999). 그들의 장애는 종종 그들이 유치원 또는 초등학생이 될 때까지 나타나지 않는다. 이 같은 학생들과 일하기 위한 프로그램은 30장에서 설명된다. 집단을 보았을 때, 영재들은 일반적인 학생들과 마찬가지로 스스로에 관하여 긍정적으로 생각한다(Hoge & Renzulli, 1991). 영재들을 일반 교실의 밖으로 옮기는 것은 영재들의 자존감을 낮출지도 모른다(사진 25-7). 어떠한 유형의 장애를 가진 아이들이 스스로에 대하여 긍정적으로 느끼고 그들의 강점이 인식되는 것은 중요하다.

인종과 사회계층 요소와 자기 개념

Samuels(1977)는 아이들은 2세 반까지 인종 의식과 인종적 정체감을 발달시킨다는 것을 발견하였다. 소수 인종 집단 그리고/또는 낮은 계층의 아이들이 가정에서 긍정적 자존감을 획득하면, 그들은 가족 밖에서 직면하는 편견에 맞설 수 있는 힘을 얻을 수 있다. 이 같은 아이들이 스스로에 관하여 긍정적 감정을 지지하고 유지함에 따라, 교사는 그들의 잠재력을 성취하도록 도울 수 있다. 자기 개념에 있어서 사회계층은 인종보다 훨씬 더 중요한 요소일지 모른다. 예컨대, 낮은 계층의 아프리카계 미국 아이들은 중류층 아프리카계 미국 아이들보다 더 높은 자존감을 갖는 듯하다.

주류 사회로 통합되면서, 아동은 주류에서 분리되는 동안 갖지 못하였던 기회를 비교하기 시작한다. 또한 아동의 문화적 근원이 묽어지거나 무시될지 모른다. 이것은 특히 통합 상황에서 소수집단 아이들에게 지원을 하기 위한 강력한 욕구를 암시한다. 소수집단 아동은 자신의 문화적 자부심이 강화되는 것이 중요한 상황에서 군중 속에서 쉽게 잃어버릴 수 있다. 아프리카계 미국 중산층 아버지와 아이들의 상호작용 형태를 연구하면서, McAdoo(1979)는 아버지들이 대부분 따뜻하고 지지적이고 양육적이며, 그들의 자녀들이 긍정적 자긍심을 갖는다는 것을 발견하였다. McAdoo(1979)는, 아프리카계 미국 아이들이 자신의 자긍심을 유지하고 잠재력을 성취하기 위해서 그들의 아버지가 아이들의 학령 전기 프로그램에 더 많이 투입되어야 한다고 생각한다.

아동의 문화에 대한 존경은 언어와 관습뿐만 아니라 문화적 자기 개념을 포함해야 한다. 자기는 한 사람의 집단의 견해의 일부분이다. 예컨대, 아프리카계 미국인들은 자기와 관련된 아프리카인의 시각에서 근원을 갖는다. 이 같은 문화는 개인성을 강조하지 않는데, 주류 북아메리카의 문화는 그렇다.

인종적 정체성과 관련해서 아동의 개념을 측정할 때 고려할 필요가 있는 또 다른 요소는 아동의 인지 발달적 수준이다(Semaj, 1985; Spencer, 1985). 현재, 아프리카계 미국 아이들의 자기상에 관한 초기 연구로부터 부정적 결과는 인지 발달적 요소를 무시하는 것, 즉 전조작적 사고를 가진 아이들이 생각하는 방식을 고려하지 않는 것으로부터 야기되었다고 생각하였다. 이 같은 초기 연구에서, 연구자들은 아이들에게 선택에 대한 이유를 고려하지 않고, 보통 그들이 어두운 피부색을 가진 인형을 가지고 노는 것을 선호하는지, 밝은 피부색을 가진 인형을 가지고 노는 것을 더 선호하는지 질문하였다.

(긍정적이고 부정적인) 인종적 고정관념은 이미 유럽계 미국 학령 전기아의 사고에 내재되어 있다(Bigler & Liben, 1993). Bigler와 Liben은, 학령 전기아들은 반고정관념적인 자료에 제시될 때, 사전에 형성된 자신의 고정관념에 맞추기 위해 그것을 왜곡하는 경향이 있음을 지적하였다. Bigler와 Liben은 아이들에게 전형적이지 않은 자료를 제시하는 것은 고정관념을 깨는 것에 충분하지 않고, 오히려 아동의 마음에서 고정관념을 굳히기까지 할 수 있다는 결론을 내린다. 그들의 연구는 7장에서 제시되는 반편견적 접근을 위한 필요를 지지하는데, 이는 모든 양육자들이 아동의 초기 시기 동안 부정적인 고정관념을 회피하기 위한 것이다.

요약

1 정서적이라는 것의 의미를 이해하고, 정서적 성장에 관한 주요 이론가의 견해를 인식하기

정서적이란 사회적·정서적·성격적 특성과 자기 개념의 발달에서 중심적인 영역이다. 주요 이론가들 각각은 정서적 성장에서 몇 가지 흥미를 갖는다. 발달의 정서적 분야는 몇 명의 심리학자들, 즉 Sigmund Freud, Erik Erikson, Carl Rogers, Abraham Maslow, Jean Piaget, Lev Vygotsky, B. F. Skinner와 Albert Bandura의 이론을 검증함으로써 정의될 수 있다. 초기 시기 동안, 정서적 성장은 아동의 자기상의 발달에 초점을 맞춘다. 6세까지, 아동은 자신의 자아를 발달시키면서 자신과 서로를 관련시키면서 다른 사람과 사회를 보기 시작할 준비를 한다.

2 영유아의 정서 발달에서 나타나는 다양한 측면을 설명하기

초기 아동기는 정서 발달에서 결정적 시기이다. 어린아이들은 불안, 공포, 슬픔, 분노, 행복과 사랑과 같은 정서를 스스로 느끼고 타인들의 정서를 인식하는 것을 학습한다. 그들이 다른 사람들을 상대로 형성한 애착은 주도성을 얻고 독립으로 향하여 이동하게 하는 기초로 작용한다. 초기 신뢰 관계는 애착의 근원이다. 접촉은 신뢰 관계를 창조하는 데 있어서 중요하다. 아이들은 귀신과 죽음, 테러리즘, 자연재해와 전쟁에 대한 많은 종류의 공포를 경험한다. 상상적 공포에 대처하는 것은 현실에 있어서 근본을 가진 공포에 대처할 필요가 있는 기술을 얻도록 돕는다. 7세가 가까워짐에 따라, 아이들은 공포가 마음에 정의된다는 것을 인식하기 시작한다. 어린아이들은 사회적으로 수용되는 방식으로 스스로 정서를 다루는 방법을 배워야 한다. 스트레스는 강한 정서를 일으킬 수 있는 또 다른 요소이다. 적대적이고 분노한 감정은 공격적 행동을 암시한다. 긍정적 측면에서, 행복과 유머는 좋은 느낌의 정서를 표현한다. 초기 아동기를 통해서, 아이들은 점차 자신의 정서적 행동과 타인의 행동을 명명하고 정의하고 이해하는 방법을 배운다.

3 성격 발달에서 중요한 요소를 인식하기

어린아이들의 성격은 성, 성역할 학습 경험과 자기 개념에 반영된다. 아이들이 인식할 수 있는 기질적 특성을 갖고 태어난다 해도, 경험은 그들의 미래 행동에 강력한 영향을 준다. 초기 시기는 성역할 행동 발달에 결정적인 시기이다. 3~5세에, 아이들은 성 안정성에 관한 그들의 신념에서 매우 견고해진다. 7세까지, 아이들은 더욱 융통성이 생기기 시작한다. 성역할 기준은 사회에 의해 기대되는 성과 관련된 행동이다. 어린아이들의 진로 선택에 대한 견해는 일반적으로 고정관념적인 범주 안에 있다. 고정관념적이지 않은 책은 아이들에게 반편견적 견해를 제공할 수 있다. TV 프로그램은 또한 어떠한 고정관념적 성역할로서 평가되어져야만 한다. 성 유형화는 영아기에 시작된다. 반편견적 교육은 아이들에게 적절하고 기대되는 행동의 고정관념적인 견해에 대안을 제공한다.

4 성성의 발달에서 중요한 요소를 인식하기

성교육은 (고정관념적이 아니라도) 수용할 수 있는 성역할 행동의 획득, 성역할 기준과 남성 또는 여성으로서 자기의 인식을 포함한다. 어린 아동도 해부학과 생식에 대한 지식을 얻는다. 성인의 책임은 설명을 할 때 긍정적이고 중립적 접근을 취하는 것이다. 애완동물과의 직접 경험은 생식에 관한 중요한 정보를 제공할 수 있다. 5~6세경, 아이들은 각자의 신체를 탐색하는 것에 흥미를 갖게 될 수 있다. 그러한 관심은 다른 활동으로 차분하게 전환되어야 한다.

5 자기 개념의 발달과 설명에서 중요한 요소를 인식하기

학령 전기 아이들의 자기 개념은 계속 발달한다. 인종과 사회계층 시민권은 아이들이 스스로를 지각하는 방식에 영향을 미친다. 학령 전기 아동과 일하는 성인은 아동의 독특한 인종적·문화적 특성을 존중해야 할 필요가 있다. 자긍심은 그들의 다양한 측면(신체상, 인지, 사회)의 자기 개념을 평가하면서 발달한다. 평가는 성인에 의한 정직한 평가에 근거해 이루어져야 한다. 성인은 특히 장애를 가진 아이들의 경우, 아동의 강점에 초점을 둘 필요가 있다. 교사는 문화적 성격 요소에 대한 존중을 나타내기 위해서 그 학생들의 가족의 견해를 이해할 필요가 있다. 교수는 학습과 성인에 대한 반응을 하는 아동의 방식과 리듬 속에서 진행되어야 한다.

제 26 장

사회성 발달

이 장과 관련된 표준

naeyc

NAEYC 프로그램 기준

1a: 출생에서 8세까지의 영유아의 특징과 요구를 알고 이해하기

DAP

발달에 적합한 실제(DAP) 지침

1: 학습자를 보살피는 공동체 만들기

1C 1, 2, 3, 4, 5: 공동체 구성원은 서로 존중하고 책임감을 갖는다.

3A 1: 교사는 각 연령 집단에게 필요한 핵심 기술을 이해하고 익숙해진다.

5: 가족과 호혜적인 관계 형성하기

학습목표

1 사회성 발달의 이론적 견해를 설명한다.

2 사회적 관계, 사회적 유능감, 자기 규제에 관한 중요한 요인을 확인한다.

3 또래 관계의 다양한 측면을 설명한다.

4 도덕성과 친사회적 행동, 공격성, 품행, 갈등, 놀이, 권위에 대한 관계를 정의하고 설명한다.

5 통합 환경에서 장애 아동의 사회적 행동과 관련된 중요한 요인을 이해한다.

유아는 발달하는 동안 사교적이면서 사회화된다. 유아는 가능한 한 다른 유아와 함께 많은 시간을 보낸다. 어린이집 시기 동안, 유아는 사회적인 상호작용을 용이하게 하는 구두 언어 기술을 향상시키며 발달한다. 유아는 다른 사람들로 하여금 자신의 욕구를 따르도록 할 수 있게 된다. 유아와 가족, 또래 사이에 발달하는 복잡한 관계는 유아의 사회적 유능감 수준에 영향을 준다. 이 장에서는 유아의 사회성 발달에 관련된 복잡성에 대해 살펴본다. 이론적인 관점, 관계의 전반적인 영역, 사회적 유능감, 또래 관계, 도덕성 발달, 통합 환경에서의 사회적 관계를 살펴본다(사진 26-1).

그림 26-1 교사와 유아는 함께 재미있게 논다.

1 사회성 발달에 대한 이론가의 견해

Erikson, Piaget, Vygotsky, Bandura, Maslow, Rogers 모두 하나 또는 그 이상의 측면으로부터 유아의 사회성 발달에 초점을 맞추었다. Erikson의 3단계는 유아의 놀이 활동에 초점을 둔 것이다(Miller, 2002; Newman & Newman, 2007). Erikson의 관점에서 놀이는 유아가 생활에 대한 자신의 감정을 작동할 수 있는 수단 역할을 한다. 유아 후기의 주된 사회적 과업은 다른 사람과의 관계를 발달시키는 것이다. 유아는 점점 부모에게 사회적으로 덜 의존적으로 되며, 이웃 속으로 또는 종종 또래 집단 속으로 들어간다. 또한 Piaget(Miller, 2002)는 놀이를 유아의 학습을 위한 중요한 수단으로 보았다. Piaget에 따르면, 놀이는 동화와 조절을 위한 유아의 주된 수단이다. 다른 유아와의 대립은 사건의 자기중심적 관점에서 벗어날 수 있도록 한다는 점에서 유아의 인지 발달을 위해 매우 중요하다. 즉, 대립은 유아가 다른 사람의 관점에서 보게끔 한다. Piaget의 사회 이론은 24장에 설명되어 있다. Piaget는 정서적 유대와 사회적 상호작용의 중요성을 인지하였다(DeVries, 1997).

Vygotsky는 사회적 상호작용이 유아의 학습에 결정적 역할을 한다고 믿었다. 문화적 지식의 제공자인 성인에게 초점을 맞추었다. 특별히 또래의 역할에 관심을 갖지는 않았다. 하지만 놀이는 표상 능력의 발달과 관련이 있고, 인지적 한계를 극복하도록 유아를 자극시키는 근접 발달 영역(ZPD)을 창조한다고 믿었다(Musatti, 1986). 왜냐하면 매우 많은 놀이 시간을 또래와 함께 보내기 때문에, 관계는 또래와의 놀이와 인지 발달을 포함하는 사회적 상호작용 내에 반드시 존재한다. Wenner(2009)는 상상놀이가 행복하고 잘 적응한 성인으로 성장하도록 유아를 지원한다고 지적한다. 또한 놀이는 창의성과 협동을 증진한다.

Piaget는 유아의 도덕성 발달을 중요한 것으로 간주하였다. Piaget의 사회 이론은 유아가 자율성과 자기 규제를 향해 나아가는 사회도덕적 발달에 초점을 둔다(DeVries, 1997). 선악과 옳고 그름에 대한 유아의 개념은 전조작기 동안 구체화된다. 비록 가끔 유아가 자신이 틀린 것을 알면서도 행할지라도, 여전히 유아는 성인을 궁극의 권위로 간주하고 그 권위를 존중한다.

Maslow와 Rogers(Mead, 1976)는 Erikson처럼 유아기는 유아가 자율성을 위해 분투하지만 의존성을 포기하기는 어려운 시기로 본다. 유아는 여전히 성인으로부터 사랑과 수용, 안전을 요구한다. 사회적 상호작용은 건강한 자기 개념 발달에 있어 유아에게 필수적이다. 유아가 타인에게 적응하는 것을 학습하는 것처럼, 세상에 혼자만 있는 것이 아니라는 것을 깨닫기 시작한다. 타인의 관점에서 고려될 필요가 있다. Bandura의 사회 인지 이론은 사회적 행동이 어떻게 학습되는지 관점을 제공한다(Miller, 2002). 사회 인지적 관점에서 유아는 강화 또는 모델의 관찰과 모방을 통해 사회적 행동을 획득한다. 유아는 매력이 있거나 (또는) 힘이 있어 보이는 모델을 따른다. 부모는 가장 초기의 모델이지만, 또래와 교사는 유아가 성장할수록 더욱 주의를 얻게 된다.

발달 심리, 사회 심리, 인류학, 사회학 분야의 어떤 연구자는 인지 이론을 사회성 발달에 적용시키고자 하였다. 이러한 관심으로부터 사회 인지라 불리는 영역이 발달해 왔고, 유아의 사회적 사건을 이해하는 것이 관심인 연구자로 구성되었다. 사회 인지 관점은 구성주의이다(Piaget 참조). 즉, 유아는 자신의 사회성 발달에 적극적인 역할을 한다. 사회적 인지는 사회적 상황과 사회적 이해(인지), 그리고 사회적 행동의 결과와 연관 짓고자 한다. 초점은 사회적 상황에 대한 유아의 관점이며, 사회적 반응을 이끄는 추론이다. 예를 들어, Porath(2003)는 4, 5세아가 어떻게 "학급에서 자신과 타인의 의도, 역할, 관계, 활동을"(p. 469) 이해하였는지 검토하였다. Porath의 연구는 Gardner의 대인관계 지능 개념에 기초하였다(23장). 결과는 타인의 의도와 역할을 이해한 유아가 교실 관계를 훨씬 더 잘 분석함을 가리킨다. 유아 후기아는 유아 전기아보다 타인을 훨씬 더 잘 이해하였다.

2 관계

Willard W. Hartup의 선구적인 작업에서, 관계란 '진행 중인 행동적 상호 의존적인 용어'로 사회적 발달의 주목을 받게 되었다. 유아 또는 유아 안에서 작동하는 과정을 살펴보기보다, 발달적 변화는 유아와 가장 연관 있는 사람들과 유아를 포함한 관계의 복잡성으로 간주된다. 본질적으로 유아의 변화는 유아와 상호작용하는 다른 사람들에 의해 영향을 주고받는다. 사회적 발달은 생리적 성장 요인과 다수의 환경적 요인 간의 끊임없는 주고받기이다. 우리가 특정 부분을 살펴본다 할지라도, 유아가 자라고 발달하면서 유아를 둘러싼 상호작용 또한 고려해야만 한다. 예를 들어, 가족과 또래의 영향과 상호작용 간의 복잡한 관계는 확인되었다. 하지만 각 개인적인 관계는 일대일 관계이며 다음 네 가지 차원으로 달라진다. (1) 전문지식의 유사성이나 차이점, (2) 힘, (3) 신뢰 또는 불신, (4) 유사하거나 대조적인 목표 지향. 관계가 어떻게 발전해 나가는지는 두 당사자 간 지원에 달려 있다. 부모-자녀 관계, 우정, 괴롭힘 가해-피해 관계 모두 그들 고유의 방식으로 작동한다. 가족이나 학교 같은 집단 내 관계 또한 그들만의 복잡성을 지닌다. 그러므로 특정 유아를 조사한 것처럼, 유아가 기능하는 관계의 사회적 맥락을 고려해야만 한다.

사회적 유능감

사회적 유능감은 유아가 다른 사람과의 관계에서 성장하는 특성이 있다. 연구는 유아기 동안 타인과 긍정적인 관계를 발달시키는 중요성과 가치를 지원한다. (이 연구는 이 장 나중에 토론된다.) 유아가 타인과 잘 지낼수록 성인 생활에서 건강하고 구성적인 적응을 더 잘하는 것 같다. Katz와 McClellan(1977)은 사회적 유능감을 다음과 같이 정의한다(p. 1).

> 개별적 유능감은 좋은 발달적 성과를 얻기 위해 환경적 자원이나 개인의 자원을 사용할 수 있는 사람이다. 성과란 유아가 속한 집단이나 지역사회, 더 큰 사회에 만족스럽고 능숙하게 기여하거나 참여하는 것이다.

사회적 유능감은 유아의 전반적인 유능감의 필수 요소로 보인다. 예를 들어, Raver와 Zigler(1997)는 헤드스타트(Head Start) 프로그램의 성공을 평가하는 차원으로 사용될 수 있는 사회적 유능감 모델을 제안한다. Raver와 Zigler는 사회적 기술의 세 가지 유형을 설명한다. 즉, 정서 조절, 사회적 인지(이 장에서 후에 언급), 또래와 사회적 상호작용(이 장의 후반에서 토론)이다.

자기 규제는 사회적 유능감의 필수적인 측면이다. Bodrova와 Leong(2008)은 자기 규제를 "성인뿐만 아니라 유아가 주의 깊고 의도적이고 사려 깊은 행동을 가능하게 하는 깊고 내적인 메커니즘"(p. 56)이라고 정의한다. 유아는 감정과 인지에서 자기 규제적이게 된다. 유아는 자신의 행위와 사고, 정서를 단속한다. 통제를 잘하는 유아가 또래에게 인기가 많고 선호도가 높다. 사회극 놀이 상황은 자기 규제를 발달시키는 주요 무대가 될 수 있다(Elias & Berk, 2002).

사회적 관계와 사회적 유능감은 20세기 후반 동안 엄청난 양의 연구 주제였다. 다음 절은 이 연구에서 학습된 것을 설명한다.

사회적 유능감(social competence) 유아와 타인의 관계에서 성장하는 특성

자기 규제(self-regulation) 정서를 조절하고, 다른 사람과 긍정적인 방법으로 상호작용하고, 부적절하거나 공격적인 행동을 피하고, 자기 지시적인 학습자가 되는 능력

뇌 발달

뇌 생리와 자기 조절

40년 전 Stanford 대학교에서 유아 전기아를 대상으로 만족 지연에 관한 연구가 이루어졌다. 유아는 즉각적으로 한 가지 선물 받기를 선택하든지, 아니면 15분 이후에 두 가지 선물 받기를 선택하였다. 연구는 여러 형태로 이루어졌으며, 몇몇 후속 연구가 이루어졌다. 자기 통제는 IQ 검사보다 학생의 학업적 성취를 더욱 잘 예언하였다. 뇌에서 무슨 일이 일어났는지는 빠졌다. 그런데 최근에는 원래 이 연구 대상 유아들 간 뇌의 차이를 연구해 오고 있다. 의사결정 선택은 뇌의 두 영역에서 활성화된다. 중립적인 결정은 전두엽 피질을 작동시킨다. 어렵거나 기대치 않은 결정은 복부 선조체를 작동시키며, 이는 욕망이나 보상을 처리하는 뇌의 보다 원시적인 부분이다. 유아기 때 만족 지연이 안 된 사람은 성인이 되어도 같은 통제의 결여를 보였다. 자기 통제가 결여된 사람들은 환경적 단서에 의해 방해받지 않는 것 같다. 요즘 연구자들은 어떻게 만족 지연을 가르치는지에 관해 연구하고 있다.

출처: Sparks, S. D. (2011, September 20). Study reveals brain biology behind self-control. *Education Week*, *31*(4). http://www.edweek.org.

3 또래 관계

또래는 우리가 정기적으로 상호작용하는 동등한 지위(즉 연령, 학년, 발달적 수준)의 사람들이다. 학교에서 유아의 또래는 보통 같은 연령의 유아들이다. 가정과 이웃에서는 더 나이가 많거나 더 어리거나 같은 연령일 수 있다. 또래는 놀이 동반자, 강화자, 모델, 친구 역할을 한다. 또래 집단에 들어가고 수용되고 인기를 얻는 방법을 배우는 것은 유아 전기부터 초등 연령까지 탐색하는 중요한 기술이다. 또래는 수용할 수 있거나 수용할 수 없는 사회적 행동의 모델이 될 수 있다. 또래는 유아에게 매우 중요하다(사진 26-2). 유아가 비인기 아이거나 사회적으로 고립될 때, 흔히 걱정의 원인이 된다. 형제나 자매 역시 사회성 발달에 또래와 같은 역할을 한다.

한때 또래를 같은 연령의 유아들이라고 생각하였다. 최근에는 또래를 놀이에서 같은 발달적 수준으로 상호작용하는 유아로 정의해 왔다. 유아 전기아는 학교에서 같은 연령의 다양한

사진 26-2 오르기 놀이 기구는 극놀이와 또래 관계를 위한 장소를 제공한다.

또래(peers) 우리가 정기적으로 상호작용하는 동등한 지위(즉, 연령, 학년, 발달적 수준)의 사람

아동과 만나는 학령기 아동보다 넓은 범위의 유아들과 논다.

Hartup와 Moore(1990)는 또래 관계의 중요성과 또래 관계가 유아 발달에 공헌한다는 근거를 제공하였다. 성인과의 관계와 달리, 유아와 유아의 관계는 꽤 평등하다. 즉, 언제나 지배하거나 복종할 가능성이 있다. 반면 성인과 유아의 관계에서 성인이 언제나 최종 발언권을 갖는다. 유아와 유아의 상호작용은 다양한 사회적 행동과 상황을 다루기 위해 더 넓은 기회를 제공한다. 협동, 경쟁, 공격, 다툼, 협상, 이것들은 성인과 유아의 관계에서는 유효하지 않을지도 모른다. 첫 2년 동안은 성인과 관련하여 주된 학습을 하며, 반면 2세 이후에는 또래가 재미뿐만 아니라 사회적 세상에서 잘 지내는 방법에 관하여 학습하는 자원으로서 중요성이 증가하게 된다. 종단 연구에서는 유아기 우정과 좋은 또래 관계는 이후 정신건강과 적응에 필요한 전조임을 가리킨다.

또래 강화와 또래 인기

또래 강화는 유아의 사회적 행동에서 결정적인 역할을 한다. 긍정적인 강화를 주는 것은 타인의 행동을 형성시킬 뿐만 아니라 **또래 인기** 정도와 관련이 있다. Charlesworth와 Hartup (1967), Hartup, Glazer와 Charlesworth(1967)의 관련된 두 연구에서 사회적 강화를 정의하고, 그것의 빈도와 힘에 대한 정보를 수집하였다. 긍정적 · 부정적 강화 범주 모두 정의되고 사용되었다.

긍정적 강화

I. 긍정적 주의와 승인(발화를 수반하거나 수반하지 않는 미소나 웃음 포함)
II. 애정과 개인적 수용을 주는 것(물리적 수용과 언어적으로 지위를 주는 것)
III. 굴복(다른 사람의 생각, 모방, 협동 수용하기)
IV. 토큰 주기(자발적으로 다른 유아에게 장난감 주기)

부정적 강화

I. 부정적 강화(불이행, 거절, 다른 활동 거부, 비하, 반감)

4세아는 3세아보다 긍정적인 강화를 더 많이 해 주었다. 이 발견은 놀랍지 않다. 나이 든 유아보다 어린 유아가 또래와의 사회적 놀이에 덜 참여하기 때문이다(사진 26-3). 나이 든 유아는 어린 유아가 한 것보다 더 다양한 유아에게 강화를 주었다. 여아는 여아를 강화하는 경향이 있고 남아는 남아를 강화하였다. 더욱 긍정적인 강화는 다른 종류의 활동보다 극놀이에서 일어난다. 최소한의 긍정적인 강화는 미술 활동이나 조작적인 장난감을 가지

또래 강화(peer reinforcement) 유아의 행동에서 결정적 역할은 또래의 긍정적 강화나 부정적 강화에 의해 결정된다.
또래 인기(peer popularity) 가장 긍정적인 강화를 많이 주는 유아가 또래에게 곧잘 선호되는 경향이 있는 것 같다.

사진 26-3 또래가 세발자전거를 같이 탄다.

고 노는 테이블 활동 시간에 그리고 유아가 교실을 돌아다닐 때 일어난다.

긍정적인 강화를 주는 것은 인기와 관련이 있다. 즉, 가장 긍정적인 강화를 하는 유아는 또래에게 매우 선호도가 높은 것 같다. 전반적으로 긍정적인 강화의 양과 비교해서 비교적 적은 부정적인 강화가 주어진다. 이 연구는 학령 전 시기에서 또래로부터의 강화는 강력한 사회적 요인이 된다는 것을 가리킨다.

교실을 넘어, 몇몇 연구자들은 유아의 사회적 행동을 연구하는 데 있어 놀이터가 매우 자연스럽고 덜 제한적인 맥락을 제공한다고 믿는다. Ladd와 Price(1993)는 놀이터에서 수용아와 거부아의 놀이 유형을 조사한 몇몇 연구를 설명한다. 학기 초에 숙련된 협동 놀이를 하는 유아는 인기아가 된다. 마찬가지로 학기 초에 따지기 좋아하는 유아는 그 해 거부아가 되는 경향이 있다. 나이 든 유아도 유사한 패턴을 따른다. 놀이터에서 협동적이고 사회적인 놀이를 하는 유아는 사회측정도 검사에서 또래로부터 가장 높은 선호도를 보였다. 사회측정도 검사에서 또래에게 거부된 유아는 비참여 행동으로 놀이터에서 많은 시간을 보내는 것 같다.

인기아는 의견이 일치하지 않을 때 또래와 협상을 더 잘한다. Black(1989)은 실험실 놀이 회기 동안 사회적 상호작용에서 긍정적인 협상 전략을 사용함으로써 또래에 의해 가장 선호도가 높은 유아로 선택된다는 것을 알아내었다. 긍정적인 전략은 또래의 생각에 동의하고 그 생각을 확장시키고, 또래 제안에 설명을 구하고, 새로 들어오는 아이에게 놀이의 진행을 설명해 주는 것과 같은 행위를 포함하였다. 선호된 유아는 노골적으로 또래의 생각을 거부하거나 자신의 생각을 고집하는 대신 또래의 생각에 자신의 생각을 붙여 자기 생각을 끼워 넣을 수 있었다.

Ladd(1990)는 유치원에서의 첫 두 달 동안 나타나는 유치원생의 또래 관계, 유치원에서의 태도, 학년말 학업 성취 정도 등을 조사하였다. 가장 만족스러운 또래 관계를 성취한 유아가 학업적으로 더 성공하고 학교에 대한 태도가 좀 더 긍정적임을 발견하였다. 일찍이 거부된 유아는 학교에 대해 부정적인 관점을 지니는 것 같고 학업적인 성공을 제대로 경험하지 못하는 것 같다. 결과는, 만약 유아가 유아 전기 친구들과 같은 유치원에 배치될 수 있다면, 오랜 우정을 잘 유지할 기회를 얻고 학교에 더욱 잘 적응할 것임을 가리킨다. 또한 유치원 교육과정의 통합 부분으로 사회적 기술을 발달시키는 것이 중요함을 지적한다.

우정

우정은 다른 사람과 발달하는 특별한 관계이다. 우정은 어린 유아에게 특별한 기능을 한다. 어린 유아의 우정은 즐거움, 재미, 만족감에 초점을 맞춘다. 목표는 높은 수준의 환상놀이를 통한 자극과 흥분이다. 유아는 위험에서 구조하는 것처럼 같은 주제를 되풀이해서 반복한다. 유아는 극놀이를 함으로써 의사소통, 갈등 관리, 협상, 타인의 관점 되기의 수단을 개발하기 위해 학습한다. 우정은 네 가지 주요 기능을 한다(Hartup, 1991, pp. 1-2).

1. 스트레스 조절과 재미를 위한 정서적 자원
2. 문제해결과 지식 획득을 위한 인지적 자원
3. 기본적인 사회적 기술을 획득하거나 정교화하는 맥락
4. 이후 관계의 전조

우정은 유아의 관점에서의 우정, 연령의 발달적 변화, 갈등 해결, 또래 지위에 미치는 영향에 기초하여 볼 수 있다.

Selman과 Selman(1979)은 우정에 관하여 유아의 생각이 발달하는 것을 탐색하였다. 어린 유아는 자기중심적인 경향이 있어 타인의 관점을 볼 수가 없다. 물리적 행위와 이면에 있는 의도를 보거나 분리하는 것은 어렵다. 어떤 사람이 유아에게서 장난감을 잡아챌 때, 다른 사람이 자신이 장난감을 가질 권리가 있다고 느낄 수도 있다는 것을 그 유아는 이해할 수 없다.

친구는 자기가 가진 물적 · 신체적 속성에 의해 평가되고 근접성에 의해 정의된다(사진 26-4). 한 아이가 우리에게 말하였다. "걔는 내 친구야." "왜?" "걔는 커다란 슈퍼맨 인형이랑 진짜 그네를 가지고 있어."(Selman & Selman, 1979, p. 71)

이 단계의 유아는 자기가 좋아하는 사람을 결정할 때 가장 명확한 신체적 특징을 성인처럼 본다.

사진 26-4 친구들은 함께 즐긴다.

- 긴 머리의 여자 아이는 멋지다.
- 우리 선생님은 고양이를 가지고 있어서 멋져.
- 걔는 나한테 사탕을 주니까 내 친구야.

유아가 더 높은 수준으로 올라감에 따라, 자신의 관점과 타인의 관점을 구별하기 시작할

우정(friendships) 다른 사람과 발달하는 특별한 관계

수 있다. 하지만 여전히 주고받기의 필요성을 이해할 수 없을지도 모른다. 좋은 우정은 보통 한 사람이 다른 사람에게 해 주었으면 하는 것을 하는 것과 관련 있다.

> "걔는 더 이상 내 친구가 아니에요." "왜?" "내가 원할 때 함께 가지 않았어요."(Selman & Selman, 1979, pp. 71-72)

유아 전기아가 우정을 형성하는 시작 단계임을 고려하면, 유아의 우정이 다음과 같은 특성이 있어도 놀랍지 않다.

- 실제 주고받기 관계가 있는 것보다 한 사람은 이끌고 다른 이는 따라가는 관계이다.
- 따르는 사람이 더 이상 따르지 않으면 우정이 깨진다.
- 타인의 관점을 이해하기는 유아에게 어려운 부분이다.

사회적 인지 또는 유아가 우정을 보는 견해, 사회적 행동은 우정의 성공에 결정적이다. 타인의 사고를 지각할 수 있는 아동은 사회적으로 더 유능하다. 공유하기와 돕기는 우정과 우정이 아닌 것 간의 차이를 표시하는 데 결정적 요인이 되는 듯하다. 관계를 특별하게 만든다. 어린 유아는 친구들과 더 경쟁적인 경향이 있다. 공유하기와 돕기는 연령에 따라 증가한다. 유아기라 할지라도 우정을 지키기 위해 친구가 원하는 것을 하는 유아의 욕구와 독립을 위한 욕구 사이에서 갈등은 일어난다. 전반적으로 생존을 위해, 우정은 두 참여자에게 만족감의 원천임에 틀림없다.

갈등을 해결하는 방법은 참여자의 우정의 수준에 의해 영향을 받는다. Hartup, Laursen과 Stewart(1988)는 친구인지 친구가 아닌지에 대해 유아 전기아가 갈등을 다루는 것을 비교하였다. 친구들 간 갈등은 친구가 아닌 관계보다 덜한 경향이 있다. 게다가 친구는 완강히 버티거나 협상을 하기보다 풀거나 외면함으로써 갈등이 끝나는 것 같다. 친구는 승자와 패자의 결과로 끝나는 확고한 대안을 피함으로써 갈등을 중화한다. 또한 갈등 후에도 서로에게 가깝게 남아 있는 것 같다.

3세에 친구와의 갈등을 잘 다루는 성숙한 유아는 6세에도 더욱 성숙함을 지속한다(Dunn, 1999).

형제

형제자매는 유아에게 또 다른 중요한 사회적 네트워크가 되는 것으로 여겨진다. 형제관계는 또래 간 관계와 비교되고 분석되어 왔다. 형제의 상호작용은 긍정 행동과 부정 행동으로 구성된다. 형제는 서로에게 공감을 표현한다. 또한 돕기, 협동, 애정, 보살핌이 자주 있다. 다른 한편으로는 언어적 모욕, 신체적 공격도 있다. 하지만 긍정적인 행동이 부정적인 행동

형제(siblings) 형제와 자매

보다 두 배 더 많이 관찰되었다. 손위 형제가 어린 동생보다 친사회적 행동을 더 잘하였다. 물론 부정적 행동 역시 많이 보였다. 손위 형제는 보통 동생의 공격에 대해 보복하는 반면, 동생은 손위 형제에게 굴복하는 것 같다. 형제 경쟁은 둘째가 태어나자마자 수면 위로 떠오를지 모른다. 동생은 손위 형제보다 매우 자주 모방한다. 이는 동생에게 모델로서 교사로서 손위 형제의 중요성을 지지한다. 이성의 형제보다 동성의 형제끼리 더 잘 모방한다. 동생은 손위형제에게 긍정적으로 반응함으로써 관계를 유지하는 데 중요한 역할을 한다.

유아의 또래 관계와 형제간 비교에서, 혼합 연령의 또래 관계는 손위 형제가 사회적 활동을 안내할 수 있고 동생은 더 유능한 놀이 상대를 모방할 기회를 갖는다는 점에서 형제간 상호작용과 유사하다. 형제간 상호작용은 긍정적 · 부정적 상호작용의 기회를 제공하고, 그 결과, 더욱 복잡한 사회적 교환이 발생하는 상황을 제공할지도 모른다. 성차는 형제간 상호작용에서 중요하지 않지만 또래 상호작용에서는 중요하다. 형제의 친숙성이란 성차를 무시할 정도로 가까운 것 같다. 형제는 또래와는 필적할 수 없는 독특한 사회적 경험을 제공한다.

Downey와 Condron(2004)은 형제와 아동의 사회적 대인관계 기술 간 관계를 살펴보았다. 그들은 유아기 종단 연구에서 1998-1999년 유치원 학급을 중심으로 아동을 살펴보았다. 하나 이상의 형제가 있는 아동은 유치원 교사가 측정한 사회적 대인관계 기술에 유리함을 발견하였다. 형제가 있는 아동은 자기 통제에서 더 높은 평정을 받았다. 아동은 형제와 상호작용함으로써 어떤 중요한 사회적 기술을 학습하는 것 같다.

Dunn(1999)은 형제와 친구 연구에서, 갈등 상황에서 타인의 사고와 정서를 아동이 이해하는지에 초점을 두었다. Dunn과 동료들은 Pennsylvania주에서 2~4.5세 아동 집단을, 영국에서 유아기부터 청소년기 아동 집단을 추적하였다. 다른 형제와의 질 높은 놀이나 손위 형제와의 극놀이는 타인의 사고와 정서를 이해하는 아동의 능력에 큰 영향을 주는 것 같다. DeHart(1999) 역시 형제와 또래 관계를 비교하였다. 특히 갈등에 초점을 맞추었다. Dunn처럼, DeHart는 질적 연속성이 형제-또래 관계에서 존재한다고 지적하였다. 아동은 갈등 후 형제보다 친구에게 더 긍정적인 감정을 갖는 경향이 있다. 하지만 또래 관계는 잦은 갈등의 결과로 더욱 고통을 받는 것 같다. 잦은 형제 갈등은 낮은 우정의 질과 관련이 있다. DeHart는 형제와 친구 갈등 그리고 갈등 피하기를 연구하였다. 형제와 비교해서 친구 간에 사회적 개입을 더 많이 하는 것으로 나타났다. 갈등과 갈등 피하기는 친구나 형제 사이에 거의 같은 빈도로 일어났다. 단지 사회적 참여를 고려하면, 형제는 친구보다 분당 갈등과 갈등 피하기를 더 많이 하였다. 또한 형제 갈등은 공격성을 더 많이 포함하는 것 같았다. 형제-친구 상호작용에서 유일한 직접적 관계는 갈등당 전환의 횟수와 갈등당 공격적 행동

생각해 보기

3세 Kayla는 5세 언니 Joanie와 놀기 위해 초대받았다. Joanie는 이웃을 배경으로 몇 가지 캐릭터의 상상의 극적 상황을 연기한다. Joanie가 Kayla를 놀이에 초대한 후, Kayla는 Joanie처럼 여러 가지 캐릭터로 행동하기 시작한다. 형제 상호작용에 관해 지금껏 배워 온 것을 토대로 이 장면을 분석하라.

의 횟수였다. DeHart는 다음과 같이 결론지었다.

> 형제 관계와 우정은 어린 유아에게 상당히 다른 상호작용 맥락을 제공하고, 갈등을 관리하기 위해 다른 사회적 기술과 전략을 사용하도록 요구한다. 형제는 친구보다 서로 간 상호작용을 유지하려는 동기가 덜한 경향이 있다. 형제의 상호작용은 친구의 상호작용보다 상호간과 일방적, 둘 다의 반대 개념을 포함한다.

전반적으로 형제 갈등은 또래 갈등보다 더욱 공격적이고, 긍정적인 갈등 해결 전략과는 다소 거리가 있었다.

사회적 고립과 비인기

이미 나타난 바와 같이, 아동은 집단 내에서의 인기 정도는 학교생활 초기에 확연히 드러난다. 어떤 비인기 아동은 **사회적 고립**을 당할지도 모른다. 이러한 아동은 또래와 거의 상호작용을 하지 않는다. 또 어떤 아동은 상호작용을 시도하지만 거부당할 수 있다(Roopnarine & Honig, 1985). 비인기 아동은 수줍음을 타고 위축되어 있거나, 아니면 파괴적이고 공격적일지 모른다. 다른 아동이 함께 놀고 싶은 아동을 선택할 때 비인기 아동은 잘 선택되지 않는다. 이는 연구에서 중요한 영역이 되었다. 왜냐하면 초등학교 시절의 또래 거부는 청소년기와 초기 성인기에 학업 중단, 반사회적 행동, 비행, 성적 장애, 정신병을 예측하는 것으로 밝혀졌기 때문이다(Rubin, 1982). 만약 고립되고 비인기인 아동이 초기에 밝혀질 수 있다면 사회적 기술을 개발시키도록 도울 수 있을지 모른다. 하지만 우리가 놀이 집단에 끼기 힘든 아동이나 공격적인 아동과 함께 작업하는 데 있어 확신에 차 있더라도, 수줍음을 타는 아동에게 주의해야만 한다. 약 15%의 아동은 수줍음을 많이 타는 성향을 지니고 태어나는 것으로 추정된다. 이들을 밀어붙일 경우, 새로운 상황으로부터 뒷걸음칠 것이기 때문에, 성인은 이러한 아동에게 지지적이어야만 한다.

Roopnarine과 Honig(1985)는 비인기 아동에 관한 연구에서, 인기아는 다른 인기 있는 아동과 함께 노는 경향이 있고 비인기아는 다른 비인기아와 노는 경향이 있다는 것을 알아냈다. 이렇게 비인기아는 인기아의 행동을 관찰할 기회가 거의 없다. 비인기아는 인기아와는 다르게 시간을 보낸다. 거부아는 언어적 신체적 공격을 하는 데 더 많은 시간을 보낸다. 이들이 사회적 접촉을 하려고 시도하면 거부당한다. 또한 거부아는 활동의 가장자리를 맴돌고 구경하고 배회한다. 이들이 집단에 들어가면 종종 무시당한다. 인기아는 비인기아보다 긍정적인 강화를 더 많이 주고받는다.

연구는 초기 가족 관계가 좋은 아동이 "어린이집에서 더 인기가 있고, 사회적 접촉을 더 자주 하는 경향이 있고, 다른 이에게 안내나 제안을 할 때 더 효과적이다. (…) 빈약한 가족

사회적 고립(social isolates) 또래와 거의 상호작용하지 않거나 상호작용을 시도하지만 거부당하는 것

관계는 교사에 대한 의존과 빈약한 충동 통제를 수반"한다는 것을 보여 준다. 상호작용에 서툰 방식을 지닌 거부아는 지속적이고 반복적인 사회적 실패를 해서, 그 결과로 더욱 긍정적인 사회적 기술을 획득해야만 하는 기회를 감소시킨다.

Rubin(1982)은 고립된 유아 전기아들을 대상으로 놀이 행동을 관찰한 후, 그들의 놀이가 인지적으로 덜 성숙함을 발견하였다. 그들은 또한 사회적 놀이와 극놀이에 덜 참여하였다. 이 두 놀이는 높은 수준의 인지적 기능과 관련이 있다. 이러한 아동의 예를 보면, 좀 더 공격적인 또래와는 대조적으로, 사회적 고립이 덜 일반적이었다. 다른 아동과 함께 있는 상황에 놓이면 고립 아동들은 혼잣말을 더 자주 하는 경향이 있고, 그들의 발화는 더욱 자기중심적인 수준이었다. 또한 사교적인 아동이 하는 것보다 무생물체에 더 많은 말을 한다. 더욱 사회적인 집단은 고립 아동보다 높은 정신 연령을 지닌다. 인지적 발달을 향상시키는 사회적 놀이 경험의 부재로 인해 고립 아동의 정신 연령은 낮아질지 모른다.

Coplan, Rubin, Fox, Calkins와 Stewart(1994)는 대부분의 시간을 홀로 보내는 아동에 대해 자세하게 살펴보았다. 이 연구자들은 철회 행동의 세 가지 유형을 다음과 같이 정의하였다.

1. 조용한 혼자 놀이는 물체를 가지고 조용히 놀거나 혼자 노는 동안 구성 놀이를 하는 것을 포함한다. 이 유형의 놀이는 성인에 의해 강화되고 초기 아동기 동안 또래에 의해 호의적으로 수용된다.
2. 동적인 혼자 놀이는 물체를 가지고 또는 물체 없이 반복하는 신체 활동과 혼자 하는 극놀이를 포함한다. 이 놀이 유형은 흔히 공격적이고 충동적이고 미성숙한 성인과 연관이 있으며 또래 거부와 관련 있다.
3. 목적 없는 혼자 놀이는 방관자, 비참여 놀이처럼 어떤 수반되는 놀이 없이 타인을 바라보는 것으로 정의한다. 집단에 합류하는 것에 대한 불안을 나타내는 것 같다. 아마 어떻게 들어가야 하는지 자신감이 없거나 거부당할까 봐 두려워하기 때문으로 보인다.

Coplan과 동료들(1984)의 연구는 정의된 혼자 행동의 세 가지 유형이 실제로 일어나는지 살펴보기 위해 네 가지 놀이 집단의 유아 전기아를 관찰하였다. 연구 결과, 사회적 철회가 하나 이상의 형태로 온다는 것을 확인하였다. 저자의 관심은, 만약 아동이 대부분의 시간을 나 홀로 활동에 지속적으로 사용하면 그 아동이 아동기 중기에 다다랐을 때 또래에 의해 거부될 것인가 하는 것이다.

Nelson, Hart와 Evans(2008)는 동적인 혼자 행동을 더 자세히 살펴보았다. 놀이터에서 유아 전기아의 행동에서 관찰된 혼자 기능 놀이와 혼자 극놀이의 빈도를 조사하였다. 혼자 기능 놀이는 또래와 떨어져 혼자 하는 그네 타기, 미끄럼틀 타기, 줄넘기, 깡충 뛰기, 오르기와 같은 반복 놀이이다. 혼자 극놀이는 또래와는 고립된, 동물이나 슈퍼 영웅 놀이 같은 역할을 하는 것이다. 사회측정도 검사 또한 시행되었다. 아동은 급우에 의해 매우 같이 놀고 싶은지, 조금 놀고 싶은지, 전혀 놀고 싶지 않은지 측정되었다. 결과는 놀이의 두 유형이 관련 없음을 지지한다. 혼자 기능 놀이는 사회적 상호작용으로부터의 철회를 반영하는 반면, 혼자 극놀이는 미성숙, 공격성, 또래 거부를 반영하는 것 같다. 후자 집단은 또래에 의해 거부되고 괴롭힘을 당하는 경향이 있는 반면, 전자 집단은 무시당한다.

4 도덕 발달

도덕성은 보편적인 정의를 지니지 않는다(Damon, 1988). 도덕성은 계속해서 진화하고 변한다. 하지만 Damon(1988, p. 5)은 보통 도덕성을 개념화할 때 포함하는 다음 몇 가지 측면을 열거하였다.

- 지속적으로 좋은 행동을 규정하고 선과 악을 구별하는 행위와 사건에 대한 평가적 지향
- 사회적 단체에 의해 공유된 규준에 대한 의무감
- 타인의 복지에 대한 관심
- 보살피는 행위, 자선, 친절함, 자비를 통하여 타인에 대한 관심에 따라 행동한 책임감
- 타인의 권리에 대한 관심, 정의와 공정함에 대한 관심
- 대인관계 거래 시 규준으로서 정직에 대한 약속
- 폭력이 수치심, 죄책감, 격분, 공포, 경멸 같은 정서적 반응을 초래할 수도 있다는 지각

도덕적 가치는 부모, 관리인, 또래, 교사, TV를 통해서 학습된다. 도덕적 추론은 도덕적 판단을 하게끔 하는 도덕성의 인지적 측면이다. 즉, 사람은 문제 상황에서 자신의 가치를 고려하고 그 상황에서 무엇을 해야 하는지 판단한다. 예를 들어, 어느 5세아가 다른 5세아에게서 장난감을 빼앗았다. 두 번째 아동은 자기 통제와 너그러움의 가치를 배웠다. 또한 순종의 가치를 배웠고, 그래서 장난감을 되찾으려 낚아채려는 충동을 통제한다(자기 통제). 그리고 자신의 가치를 철저히 조사하여 정직에 다다른다. 그 아동은 엄마에게 달려가 어떤 아이가 장난감을 훔쳤다고 말한다. 훔치는 것은 잘못된 것이라고 배웠기 때문에 아동은 자신의 딜레마를 벗어나는 방법으로 여긴다. 아동은 훔치는 것과 빌리는 것의 특성을 아직 구분하지 못한다. 엄마에게 달려가는 것은 도덕성의 세 번째 측면, 즉 행위이다. 행위는 유아가 추론한 판단의 마무리이다.

또한 도덕 발달은 정서적 요소인 **양심**이 있다. 이 정서적 요소는 죄의식과 불안감을 포함한다. 앞선 예에서, 아동은 엄마의 인정을 잃는 것이나 처벌에 대한 공포로 인해 장난감을 되찾으려 낚아채거나 다른 아동을 공격하는 것에 대한 약간의 불안을 느꼈다. 이는 장난감

도덕성(morality) 윤리적 행동, 옳고 그름에 대한 이해의 발달
양심(conscience) 내적 통제, 죄의식과 불안감을 포함한 정서적 요소

을 되찾아 오는 방법을 더 연구하게 만든다. 만약 다른 아동을 공격하고 장난감을 갖고 도망쳤다면, 죄책감을 느꼈을 가능성이 크다. 즉, 자신이 배워 온 가치와 일치하는 행동을 못하였기 때문에 불편함을 느꼈을 것이다. 양심이나 내적 통제의 발달은 학령 전기 동안 도덕적 훈련의 주요 목표이다.

도덕 발달에 관한 대부분의 연구는 **도덕적 추론**의 발달과 **도덕적 판단**을 하는 것에 초점을 둔다. Piaget(1965)와 Kohlberg(1968)의 이론에서 가장 자세히 연구되었다. 기본적으로 Piaget와 Kohlberg는 덜 자기중심적인 사람일수록 도덕적 판단이 더 성숙하다고 지적하였다. 유아 전기아는 여전히 전조작기에 머무르고, 그러므로 자기중심적인 지각이 풍부하다. 3, 4, 5세아는 다음의 행동을 보인다.

- 상대적 쾌락주의, 즉 자신의 복지와 즐거움에 최대 관심이 있다.
- 외적인 제재에 의해 통제된다. 즉, 처벌과 승인의 상실을 두려워한다.
- 상황 특수성의 가치를 지닌다. 즉, 한 상황에서 옳고 그름을 다른 상황에까지 일반화할 필요는 없다.
- 좋은 행동은 언어화할 수 있으나, 좋은 행위는 처벌의 위협과 승인의 요구에 의존한다.

성인이 유어에게 얼마나 자주 "나는 네가 잘 아는 거 알아!"라고 말하는지! 그리고 성인이 옳고, 아동은 "잘 안다." 하지만 아동은 아직 자신의 지식으로 지속적으로 추론하거나 행동할 수 없다. 아동은 6세가 되어서야 규준을 발달시키고 제재를 일반화하고 내면화하기 시작한다. 이렇게 하여 도덕적으로 행동하게 된다. 단순히 처벌만 피하는 것이 아니라 그렇게 행동해야 하기 때문이다.

Piaget는 도덕적 추론의 두 단계 이론(표 26-1)을 구성하였다. 첫 번째 단계는 도덕적 실

도덕적 추론(moral reasoning) 사람이 문제 상황에서 자신의 가치를 고려할 때 그리고 그 상황에서 무엇을 해야 하는지 판단하는 것

도덕적 판단(moral judgments) 도덕적 딜레마를 해결하기 위한 결정

표 26-1 Piaget의 도덕 발달의 두 단계 이론

연령	단계	특성
4~7세	도덕적 실재(전조작기)	• 행위의 결과에 중점 • 불변의 규칙 • 규칙을 어기면 자동으로 처벌을 받는다
7~10세	전환(구체적 조작기)	• 두 번째 단계의 사고로 점차적으로 변화
11세 이상	도덕적 자율성, 실재, 상호관계(호혜주의) (형식적 조작기)	• 의도 고려하기 • 규칙이란 임의적인 관습임을 깨닫기 • 처벌은 사회적으로 정해진 것이고 필연적이지 않음

재(4~7세)이며, 유아의 평가는 의도가 아니라 손상의 정도에 중점을 둔다. 앞에서 예로 든 5세아는 정확히 이런 식으로 반응한다. 7~10세 유아는 각 유아의 의도를 고려하는 전환을 경험한다. 이 아동은 손상의 정도와 의도 둘 다 고려할 수 있다. 유아 전기아는 결과에 초점을 맞출 뿐만 아니라 규칙이란 변하지 않으며 어기면 자동적으로 처벌받는 것으로 본다. 또한 규칙이란 사람들이 만든 것이라기보다 항상 존재하는 것으로 여긴다. 의도를 고려하지 않고, 어떤 위반 또는 모든 위반은 반드시 처벌받아야만 한다고 느낀다. 용서는 아직 유아의 영역이 아니다. 구체적 조작기와 동시에 일어나는 Piaget의 전이 시기 동안, 아동은 규칙이 임의적이며 항상 변화하고 처벌은 자동적으로가 아니라 사회적으로 결정된다는 것을 알기 시작한다.

초기 동안, 아동은 성인과 같은 방식으로 추론하고 행동하지는 못하지만 자신의 환경에서 사람들의 가치를 배운다. 유아 전기아는 이렇게 의도성을 보도록 도움을 필요로 한다. 협력적인 노력과 책임감을 통하여, 아동은 다음 단계로 이동할 수 있도록 도움받을 수 있다.

Piaget의 관점에서, 복종의 도덕성을 따르는 것은 도덕적 판단의 자율적인 규칙이 내재화된 결과가 아닐 것이다(DeVries & Kohlberg, 1990; DeVries & Zan, 1994; DeVries, Hildebrandt, & Zan, 2000; DeVries, Zan, & Hildebrandt, 2002). 다른 개념으로는 아동은 자신의 인지적 행위를 통하여 도덕적 규칙을 발달시킬 자유를 필요로 한다.

DeVries와 Zan(1994)은 아동의 자율성을 연습시킬 기회를 제공하는 교실 모델을 제공한다. 그들의 접근 방식은 교사의 기술을 매우 많이 요구한다. DeVries와 Zan(1994)은 유아에게 교실 공동체를 개발시키는 방법을 설명한다. DeVries와 동료들(1991), 그리고 Schmidt와 동료들(2007)이 행한 연구는 민주적인 교실에 있는 아동의 행동과 권위주의적인 교실에 있는 아동의 행동에 있어 대조를 보인다. 민주적인 교실에서는 긍정적인 안내 전략이 문제에 대한 학생 자신의 해결을 구성하도록 지원하는 데에 사용된다. 권위주의적인 교실에서는 부정적인 안내 전략이 공포를 통해 복종을 장려하도록 사용된다. 이러한 연구 결과는 민주적인 교실에서 더욱 진보된 아동의 사회도덕적인 행동이 나타남을 보여 준다.

그렇게 많은 유아들이 보육 기관에서 하루의 대부분을 보내기 때문에, 이 경험이 도덕적 · 사회적 규칙의 개념에 어떠한 영향을 미치는지 알아내려고 시도하는 것은 중요하다. Siegal과 Storey(1985)는 적어도 18개월 동안 보육 기관에 있었던 유아 전기아의 도덕적 판단과 최근 등록한 유아 전기아의 도덕적 판단을 비교하였다. 연구자는 사회적 규칙을 다루는 경험이 많은 유아가 도덕적 규칙(상황 전체에 걸쳐 일반적인 규칙)과 사회적 규칙(특정한 상황에서의 임의적인 규칙)을 잘 구별할 수 있는지에 대해 관심이 있었다. 도덕적인 규칙은 공유하기, 때리지 않기, 밀치지 않기, 다른 친구에게 물건을 던지지 않기, 다른 친구의 물건에 손대지 않기 등과 같은 모든 상황에서 적용되는 규칙이다. 사회적 규칙은, 보여 주며 발표하기에 참여하기, 이야기 시간에 지정 장소에 앉기, 장난감 제자리에 놓기, 개인 사물 제자리에 놓기와 같은 특정한 상황이다. 기관에 오래 다닌 유아나 새로 등록한 유아 모두 똑같이 도덕적 위반에 대해 받아들일 수 없다고 여겼다. 하지만 기관에 오래 다닌 유아는 사회적 위반에 대해 더 관대하였다. 이러한 위반이 일어날 것이며, 성인의 개입 없이 해결할 수 있을 것이라고 여기는 것 같았다. 이렇듯 아동 보육 경험은 규범적 규칙과 임의적인 규칙을 구별해 낼 수 있는 이해 수준을 높이는 것 같다.

아동의 가치는 자신의 도덕적 추론과 판단에서 반영된다. 하지만 행위 역시 똑같이 중요하다. 아동은 긍정적인 도덕적 해결에 관해 말할 수 있을지도 모르나 행동을 할 때에는 추론과 판단을 실천에 옮기지 못할 수도 있다. 유아 관련 종사자의 두 가지 관심 행동 영역은 친사회적 행동과 공격적 행동이다.

친사회적 행동

긍정적인 도덕적 발달의 외형적 표현은 **친사회적 행동**에서 드러난다. 이는 관대함, 보살핌, 공감, 감정 이입, 도움 주기에서 나타난다(사진 26-5). 다른 사람과 함께하기를 시도하고, 타인과 협동하고, 제안을 하고, 타인의 안내에 따르고, 대화에 동침하는 것 등이 포함된다. DeSousa와 Radell(2011)은 유아 전기아 집단이 극놀이에서 친사회적인 슈퍼 영웅 놀이를 만드는 방법을 어떻게 학습하였는지 설명한다. 그들의 슈퍼 영웅 놀이는 친절함, 보살핌, 도움 등을 시범 보인다. 부가적인 연구는 유아가 친사회적 행동을 사용할 능력이 있고 시범을 보인다는 결론과, 부모와 교사는 친사회적 교육과정을 통해 친사회적 행동을 장려할 수 있다는 결론을 지지한다. 예를 들어, Schmidt는 긍정적인 지도(PG)를 받은 아동과 부정적인 지도(NG)를 받은 아동에게 "만약 친구가 운동장에서 다치면 어떻게 할 거야?"라고 물었다. PG 아동은 반창고를 가져다주거나 친구를 위로하거나 친구가 기분이 좋아질 때까지 곁에 있어 주는 등 친구를 돕겠다고 일관되게 대답하였다. NG 아동은 모두 선생님을 부르러 가겠다고 응답하였다. PG 아동은 성숙한 수준의 사회도덕적 발달을 보여 주며, NG 아동의 반응은 도덕적 책임에 대한 지식의 부족을 반영하였다.

사진 26-5 이 소년들은 태블릿을 함께 공유한다.

감정 이입은 도덕적 발달에서 중요한 측면이다. 감정 이입은 개인이 다른 사람의 입장에

친사회적 행동(prosocial behaviors) 관대함, 보살핌, 공감, 감정 이입, 도움주기에서 나타난 긍정적인 도덕적 발달의 외형적 표현

감정 이입(empathy) 개인이 다른 사람의 입장에 있을 때 생기는 느낌

있을 때 생기는 느낌이며, 다른 사람과 같은 감정을 경험한다. 6, 7세경까지 다른 사람의 마음이 어떤지 진실로 이해하지는 못하지만, 어린 유아도 다른 이의 감정을 알아차린다. 감정 이입이 중요하다는 것을 알게 하기 위해, 성인이 아동의 공감 행동에 대해 알아차리는 것은 매우 중요하다. 성인에게 역시, 행복하거나 화날 때, 슬플 때, 속상할 때 자신의 감정에 대해 솔직해질 수 있도록 감정 이입은 중요하다. 요약하면, 다음과 같다.

- 유아 전기아는 행복감, 슬픔, 화와 같은 감정에 대해 공감할 수 있다. 하지만 좌절이나 당혹감과 같은 복합 정서에는, 아직 그 감정에 관해 정확히 모르기 때문에, 공감할 수 없다.
- 성인은 다른 이에게 관심을 보이고 공유하는 아동을 칭찬함으로써 공감적인 행동을 강화해야 한다.

폭력과 공격성

제목이 말해 주듯이, "10대 살인이 무섭게 확산되고 있다"(Bayles, 1993). 유치원생이 자기 일기에 살인에 대한 그림을 그렸다. 이 아이는 숙모가 자기 엄마에게 총을 쏘는 것을 목격하였던 것이다. 매우 많은 아동이 범죄와 폭력에 희생되고 있다. 게다가 안전하고 부유한 환경에서 자란 아동이 중학교나 고등학교에서 화가 나서 선생님이나 또래에게 총을 겨누기도 한다. 아동보호기금(CDF)(2010)에 따르면, 미국에서는 매일 9~10명의 아동이 총기 사고로 사망하며, 매일 4명의 아동이 학대나 방임으로 사망한다. 이러한 **폭력**에 노출된 아동은 또래보다 우울증, 낮은 자존감, 지나친 울음, 죽음이나 상해에 대한 걱정을 더 많이 경험하는 것 같다. 과도한 폭력에 노출된 도심 지역의 많은 아동은 학교에서 학습할 능력을 억제하고 공격적이 되도록 하는 심리적인 방어 기제를 발달시킨다. 가난은 범죄 활동에 가장 강력한 예측 변수이다. 아프리카계 미국 아동의 40%가 가난한 생활을 하므로, 아프리카계 미국인 남성이 가장 큰 범죄자인 동시에 희생자 집단이라는 것은 놀랄 만한 일도 아니다. 아동은 쉽게 무기에 접근할 수 있으며, 이웃뿐만 아니라 TV와 비디오 게임에서 폭력을 경험한다.

이러한 폭력의 확산에 대응하여, NAEYC는 1993년에 아동의 삶에서의 폭력에 대한 입장을 발표하였다. "학교와 아동 보육 프로그램은 아동을 보호하는 심리적인 완충제가 될 수 있도록 부모의 자원을 준비하고 아동의 회복 탄력성을 강화하는 매우 중요한 지원 체계가 될 수 있다."(NAEYC 성명, 1993b, p. 81) 27장에 부모나 다른 성인이 유아를 보호할 수 있는 몇 가지 단계가 제시된다. 이 장은 공격적 행동과 그 영향, 즉 유아의 현행과 미래의 사

폭력(violence) 상처를 입히거나 학대하기 위해 물리적인 힘을 행사하는 것. 파괴적인 힘이나 행동. 아동의 폭력에 대한 노출은 우울증, 낮은 자존감, 지나친 울음, 죽음이나 상해에 대한 걱정을 초래할 수 있다.

회적 발달에 미치는 영향에 대한 연구를 약간 언급하였다.

공격적 행동은 친사회적 행동과는 다른, 동전의 또 다른 면이다. 유아를 대상으로 일하는 성인의 가장 중요한 과제 중 하나는 유아의 적대적인 감정을 긍정적인 쪽으로 조절하는 것을 돕고 더욱 친사회적 행동을 계발시키는 것이다. 유아에게 공격적인 행동이란 타인을 해치기 위해 저지르는 행동으로 정의된다. 공격성에는 두 가지 주요 유형이 있다.

1. 도구적 공격성: 공격성은 물건이나 영역, 특권을 되찾는 것처럼, 차단된 목적을 해제시키기 위해 만들어졌다.
2. 적대적 공격성: 공격성은 사람 지향적이다. 행위는 사람을 신체적이거나 심리적으로 해칠 의도가 있다(예: 비판, 조소, 고자질, 언어적 반감).

현행 연구는 **관계적 공격성**에 초점을 맞춘다. 관계적 공격성은 놀이에서 다른 아동을 배제하거나, 지시를 따르지 않는 아이를 위협하거나, 함께 놀고 싶어 하는 아동을 또래가 거부하게끔 만드는 등의 적대적인 행동을 포함하는 적대적인 공격성의 일부이다. Nelson, Robinson과 Hart(2005)는 관계적으로 공격적인 유아 전기아 역시 인기가 있고 매우 사회적이며, 반면 신체적으로 공격적인 아동은, 특히 여아의 경우 사회적으로 용인되는 것처럼 보이지는 않는다는 것을 발견하였다. 이와 같이 여아는 관계적 공격성을 매우 자주 보인다.

또래 괴롭힘은 아동 후기에 주로 문제가 되었는데, 이제는 유아 전기/후기에서도 문제가 된다. 괴롭히는 아동은 다른 이에게 힘을 발휘하는 수단으로 신체적 위협이나 별명 부르기, 거절과 같은 마음을 상하게 하는 행동을 함으로써 다른 이에게 반복적으로 공격적인 행동을 한다. 그들은 도구적이고 적대적인 접근을 모두 사용하는 경향이 있다. 또한 특정 희생자를 골라 지속적으로 공격적 접근을 하는 경향이 있다.

유아는 과도하게 공격적이지 못하게 할 긍정적인 사회적 기술을 발달시키도록 학습할 필요가 있다. 때로 어떤 사건이 아동을 화나게 할 수 있다. 유아에게 아마도 이러한 사건은 어떤 이가 유아가 가진 어떤 것을 가져가거나 원하는 것을 주지 않는 것, 활동에 동참하지 못하도록 하는 것, 교구를 공유하지 않는 것, 마음을 아프게 하는 것, 신체적으로 아프게 하는 것 등이다. 아동은 이러한 문제를 해결하기 위하여 조절하고 타협하는 것을 점차적으로 학습해야만 한다. 27장에서는 문제를 다루기 위해 아동이 비폭력적인 절차를 발달시키도록 하는 수단 몇 가지를 살펴본다. 이 장의 나머지 부분에서는 폭력과 공격성에 관련된 여러 영역, 즉 사회경제적 지위(SES)와 품행, 교실 갈등, 거친 신체 놀이, 권위에 대한 유아의 견해에 대해 살펴본다.

공격적 행동(aggressive behavior) 친사회적 행동의 반대로서, 타인을 해칠 목적을 가진다.

관계적 공격성(relational aggression) 놀이에서 다른 아동을 배제하거나, 지시를 따르지 않는 아이를 위협하거나, 함께 놀고 싶어 하는 아동을 또래가 거부하게끔 만드는 등의 적대적인 행동을 포함하는 적대적인 공격성의 일부이다.

사회경제적 지위와 품행

Dodge, Pettit와 Bates(1994)는 유아 전기에서 3학년까지 585명의 아동을 추적하였다. 그 중 51명은 사회경제적 지위가 낮은 아동이었다. 이 연구의 목적은 초기 사회경제적 지위와 후기 아동의 문제 행동 간 관계를 설명할 수 있는 사회화 과정을 찾는 것이었다. 결과, 유아 전기에 SES 수준이 낮을수록 더 공격적인 것으로 교사와 또래에 의해 측정되는 것 같다. 후기 문제 행동을 예측하는 유아기 가난과 관련된 요인은 엄한 훈육, 이웃이나 가족의 폭력, 일시적인 또래 집단(안정적인 우정의 부재), 가정에서 인지적인 자극의 부족 등을 포함한다. 더욱이 이들의 어머니는 온정적이지 않은 경향이 있어서, 아동은 가족을 상대적으로 높은 수준의 스트레스 요인으로 경험하며, 사회적 지지가 낮다고 지각하며, 상대적으로 소외감을 느끼며, 문제해결 방법에 공격성을 용납하는 경향이 있다. 이들의 부모가 자신의 자녀들이 공격적이기를 원하는 것은 아니지만 폭력적인 동네에서 공격성을 유일한 생존의 수단으로 지각한다. 한편, 엄한 훈육은 후기 문제 행동과 가장 강한 관계가 있으며, 아동은 공격적인 모델로부터 학습한다. 저자는 이러한 요인들이 가난한 환경을 "공격적인 행동 발달의 온상"(p. 662)으로 만든다고 결론짓는다.

Campbell, Pierce, March, Ewing과 Szumowski(1994)는 4~6세경 중류층과 중상류층 남아를 대상으로 연구하였다. 그 결과, 아동은 교사나 부모에 의해 특정 상황에서 활동이나 충동성, 불이행, 공격성을 통제하는 데 있어 기본적인 어려움을 경험하는 '문제가 있는 것'으로 확인되었다. 가장 심한 경우에는 6세경에 후속 연구하였을 때에도 여전히 문제가 있었다.

교실에서의 갈등

또래 갈등은 연구의 주요 초점이 되는 또 다른 영역이다. 교실에서 또래 갈등에 대한 연구에서 Wheeler(1994)는 또래 갈등의 문제는 성인의 도움 없이 독립적으로 갈등을 해결하는 방법을 아동에게 가르치는 것에 대한 관심을 이끌었다고 지적한다. Wheeler(1994)는 또래 갈등은 확인할 수 있는 구조가 있음을 주목한다.

- 갈등의 쟁점은 논쟁할 만한 사건이며 초기 대립이다.
- 전략은 서로 반대편을 다루는 방법이다.
- 결과는 갈등의 종결이다.

전형적으로 갈등의 쟁점은 신체적 환경이나 사회적 환경을 통제하는 것과 관련이 있다. 매우 어린 유아의 대부분을 차지하는 논쟁은 소유물에 관한 것이다. 나이가 들면 갈등은 도덕성(신체적 피해, 심리적 손해, 장난감 분배, 권리)과 사회적 질서(일이 행해지는 방법에 관한 규칙)에 대해 초점을 맞춘다. 전략은 신체적이거나 언어적이며 공격적이거나 비공격적일 수 있다. 결과는 미해결, 성인의 강요에 의한 해결 결과, 한 아동의 다른 아동에 대한 굴복, 또는 상호 토론을 통한 타협 등이다.

몇 가지 흥미로운 점이 Wheeler(1994)의 고찰에서 나타났다. 갈등 맥락에서 살펴보면, 협동 또는 연합 놀이를 하는 아동은 방관자, 고립 또는 병행 놀이를 하는 아동보다 덜 공격적이다. 친구가 아닌 상황보다 친구에게서 자주 갈등이 나타나지만 강도는 덜하다. 만약 성인에 의해 혼자 남겨진다면, 아동은 스스로 갈등을 해결할 수 있다. 성인이 개입할 때, 보통 지속적이지 않고 편견이 있다. 만약 해결을 위한 첫 번째 조치가 공격적이라면 다음 반응 역시 공격적이다. 만약 첫 번째 조치가 회유책이라면 평화로운 해결책에 도달할 가능성이 더욱 크다. 결과라는 면에서 대부분의 갈등은 미해결로 보인다. 즉, 그냥 중단되었다.

거친 신체 놀이

거친 신체 놀이(R & T) 또는 Big Body Play는 유아에게 실제로는 건설적인 목적이 있지만 공격적으로 보이는 놀이 유형이다(MacDonald, 1992; Jarvis, 2006; Tannock, 2008; Carlson, 2011a, 2011b). R & T에는 장난으로 하는 레슬링, 쫓기, 가짜로 하는 공격 등이 있고, 전반적으로 활기차고 생기 넘친다. R & T는 가장 성행하고 있는 초등학교 수준에서 집중적으로 연구되었는데(30장 참조), 유아 전기 수준에서도 나타난다(McBride-Chang & Jacklin, 1993). McBride-Chang과 Jacklin(1993)은 자녀와 함께한 아버지의 R & T 양과 유아의 R & T 양 간의 관계를 알아내었다. MacDonald(1992)의 관심은 과거의 유아와는 달리 오늘날의 유아는 학교 밖 활동을 철저히 관리당해서, 재미있고 흥분된 R & T를 할 기회가 없다는 것이다.

Jarvis(2006)는 18개월 이상 동안 어린이집 학급에서 참여자/관찰자였다. Jarvis는 모든 남아, 모든 여아, 혼성의 R & T를 기록하였다. 대다수의 단일 성 R & T는 남아에 의해 나타났다. 여아에 의한 단일 성 R & T는 드물었지만 구성이 매우 복잡하였다. 남아의 구성은 주로 현행 매체의 특성에 기초한다. 남아는 터프가이 역할의 중요한 요소가 되는 가라데의 손날치기 동작처럼 매우 높은 에너지를 보였다. 마녀의 손아귀에서 아기를 구하는 것처럼 여아의 R & T는 배려적이고 모성적이다. 혼성 놀이는 자주 관찰되었다. 혼성 놀이는 대부분 여아의 주도로 이루어지는 쫓기 놀이였다. 여아 소집단은 한두 명의 남아를 초대하여 그들을 쫓는다. 남아는 힘 있고 무서운 괴물인 척하였으며, 여아는 그들로부터 달아났다. 각 R & T 유형마다 구체적이면서 무언의 규칙이 있는 것 같다.

Tannock(2008)는 교육자와 유아 전기아를 대상으로 R & T에 대한 지각을 조사하였다. 성인과 아동 모두 유아 사이에서 놀이의 일상적인 양식으로 R & T를 인지하였다. 성인은 부적절하다고 생각하는 경향이 있었고 유아는 허락되지 않았다고 믿었다. 하지만 유아는 그 놀이를 하였고, 성인은 누구도 다치지 않는 한에서 참아 주었다. 누구도 다치지 않는 것은 받아들일 수 있는 R & T의 비결이 되는 것 같다. 성인에게 놀이 얼굴 표정은 매우 중요하다. 즉, 반드시 행복한 얼굴이어야 한다. 화를 내거나 공격적이어서는 안 된다. Tannock는 받아들일 수 있는 R & T가 무엇인지에 대해 지침이 있어야 한다고 결론지었다. 성인들이 허락하지 않는다고 주장해도, 신체적인 운동이나 에너지 발산 그리고 사회적 유능감 발달을 위해서 R & T는 가치 있다고 본다.

권위에 대한 견해

아동이 더욱 공격적이 되고 통제가 덜 되는 것을 고려하면, 권위와의 관계를 살펴보는 것은 중요하다. Laupa(1994)는 유아 전기아가 성인의 상태(지위)와 특정 상황과 관련된 권위의 사회적 지위 모두 고려한다는 것을 알아내었다. 즉, 그냥 아무 성인에게 복종할 필요가 있다고 느끼지는 않는다. 예를 들어, 다른 성인들보다 교사에게 더 많은 권한을 준다. 놀이 맥락에서는 또래에게 권한을 주고자 한다. 유아 전기아 역시 교사를 주요 권위자로 보지만, 인물의 지위와 맥락을 기초로 권한의 특성을 구별해 내기 시작한다.

우리의 세계가 더욱 폭력적이 되면서 유아는 공격성에 더 많이 노출되고, 결국 공격적이고 폭력적인 행동을 더 많이 보이게 된다. 더 이상 말로 유아에게 도덕적인 행동을 가르칠 것이라 가정할 수 없다. 평화롭게 살도록 유아를 가르치는 것은 이제 과거보다 더욱 복잡하다. 성인의 역할은 27장에서 살펴보기로 한다.

5 통합과 사회적 행동

4장에서는 특수교육이 필요한 유아의 통합 학급 배치에서의 사회적 학습의 장점을 설명하였다. 2009년 NAEYC와 DEC는 유아 통합에 대한 입장을 발표하였다. 이 성명의 목적은 유아 통합을 정의하는 것과 수준 높은 통합 프로그램의 주요 구성요소를 확인하기 위하여 청사진을 제공하는 것이었다. 유아 통합은 다음과 같이 정의된다.

> 유아 통합은 가족, 지역사회, 사회의 완전한 구성원으로서 넓은 범위의 활동과 맥락에 참여하기 위하여 능력과 관계없이 영아, 유아, 가족의 권리를 지원하는 가치, 정책, 실천을 구현하는 것이다(DEC/NAEYC, 2009, p. 2).

수준 높은 프로그램은 참여를 보장하는 데 필요한 모든 폭넓은 다양한 경험과 강한 지원 구조를 제공해야만 한다. Odom, Zercher, Li, Marquart와 Sandall(1998)은 유아 통합 환경의 2개국 이상 대상으로 사회적 관계를 연구하였다. 장애 유아는 전형적으로 발달하는 유아보다 또래와의 긍정적인 사회적 상호작용을 하는 빈도가 매우 낮다. 장애 유아의 70% 정도는 긍정적인 사회적 상호작용을 위한 사회적 수용 기준을 충족하는 것으로 측정되었다. 대략 30%는 또래와의 갈등이나 교실에서의 혼란과 같은 부정적인 행동으로 거부되는 것으로 확인되었다. Okagaki, Diamond, Kontos와 Hestenes(1998)의 연구는 유아 통합 학급에 참여하는 것이 전형적인 유아가 타인의 다양성을 받아들이도록 돕는다는 결론을 지지하였다. 장애 유아가 사회적 놀이보다 병행 놀이를 더 많이 한다 하더라도, 저자는 병행 놀이가 전형적인 사회생활로 가는 관문을 제공한다고 믿는다. Hundert, Mahoney, Mundy와 Vernon(1998)은 유아 통합 학급에서의 중도(severe) 장애 유아의 사회적 상호작용에 대해 연구하였다. 이러한 유아는 분리되거나 통합되든지 간에 사회적으로는 얻는 것이 거의 없고, 통합된 환경에서 높은 비율로 발달하였다. 전반적으로, 최선의 환경이 되도록 사려 깊은 관심으로 통합 배치에 대한 지원이 계속되고 있다. Odom(2002)은 각기 다른 유형의 장애 유아가 통합으로부터 어떤 유형의 이익을 얻게 되는지 면밀히 살필 필요가 있다는 것을 제시한다. 통합은 전 세계적인 이슈이다. 아동과 부모, 교사의 통합에 대한 가치를 지원하고 정보를 공유하는 것이 국제적인 추세이다.

심화학습 놀이 활동 시간에 한 시간 이상 아동을 관찰하라. 긍정적인 사회적 상호작용과 부정적인 사회적 상호작용 모두 주목하라. Parten, Smilansky, 또는 Rubin의 놀이 범주와 Hartup과 Charlesworth에 의한 사회적 강화 범주를 결합하여 적용해 보라. 발견한 것들을 요약해 보라.

요약

1 사회성 발달의 이론적 견해 설명하기

Erikson, Piaget, Vygotsky, Bandura, Maslow, Rogers 모두 자신들의 이론에서 사회성 발달을 강조하였다. Erikson, Piaget, Vygotsky는 사회적 · 정서적 · 인지적 발달의 주요 수단으로 놀이를 강조하였다. Maslow, Rogers는 유아가 성장, 발달하고 자율성을 획득하면서, 여전히 성인으로부터의 안전, 수용, 사랑을 필요로 한다고 지적하였다. 유아의 사회적 인지 역시 성장한다. 즉, 타인의 관점을 이해하기 시작하며, 타인의 의도와 역할을 이해하는 것을 바탕으로 어떻게 행동을 결정하는지에 대해 추론하기 시작한다.

2 사회적 관계, 사회적 유능감, 자기 규제에 관한 중요한 요인 확인하기

걸음마기와 학령기 사이에 유아는 사회성 발달에서 장족의 발전을 한다. 사회적 관계의 많은 부분이 연구의 초점이 되어 왔다. 유아의 변화는 이들과 상호작용하는 사람들에 의해 영향을 주고받는다. 사회성 발달은 생리적 성장 요인과 다수의 환경적 요인 간의 끊임없는 주고받기이다. 사회적 유능감의 발달은 유아 전기 동안 필수적인 과업이다. 다른 사람과 잘 지내면 지낼수록 건강하고 건설적인 방식으로 성인 생활에 적응하는 것 같다. 자기 규제는 사고와 행동을 사려 깊게 통제하는 능력이며, 다른 사람과 잘 지내기 위해 필수적이다.

3 또래 관계의 다양한 측면 설명하기

유아 전기/후기 동안, 유아는 또래와 더욱 복잡한 관계를 발달시키는 것을 학습한다. 또래는 놀이 동반자, 강화자, 모델, 친구 역할을 한다. 또래 관계는 언제나 권위적인 인물인 성인과의 관계와는 반대로, 평등주의 방식으로 문제를 해결할 수 있는 동등한 사람 간에 발달한다. 우정은 또래 관계에서 자라난다. 우정은 즐거움, 재미, 만족감에 초점을 둔 특별한 관계이다. 전조작기 유아에게 우정의 가치는 물리적이고 물질적인 속성에 기초하는 경향이 있다. 우정은 협력을 통해 유지된다. 형제관계는 사회적 상호작용의 중요한 자원 역할을 한다. 형제관계에서 긍정적이고 부정적인 상호작용 모두 경험한다. 동생은 형을 따라 하는 경향이 있다. 형제가 있는 유아는 사회적 행동이나 대인관계 행동에서 교사로부터 높은 점수를 받는다. 인기가 없는 유아는 고립되거나 다른 이에게 받아들여지지 않는 행동을 할지도 모른다. 이러한 유아에게는 적절한 사회적 기술을 발달시키도록 도와주는 특별한 성인의 관심이 필요하다.

4 도덕성과 친사회적 행동, 공격성, 품행, 갈등, 놀이, 권위에 대한 관계 정의하고 설명하기

유아는 도덕적 가치를 획득하고, 맞고 틀리는 문제에 관해 추론하고, 판단을 발달시키고, 이러한 판단에 따라 행동하기 시작한다. 긍정적인 행동은 '맞고' 공격적인 행동은 '틀리다'라고 학습한다. 부모, 양육자, 또래, 교사, TV로부터 도덕적 가치를 학습한다. 도덕적 추론은 사람이 도덕적 판단을 하도록 하는 도덕성의 인지적 측면이다. 자기중심적인 사람이 아닐수록, 성숙한 도덕적 판단을 한다. 유아 전기아는 여전히 전조작기이며, 그러므로 자기중심적인 지각을 많이 한다. 3, 4, 5세경은 상대적 쾌락주의이며, 외부 제재(즉, 처벌을 두려워하며 인정을 잃을까 두려워한다)에 의해 통제되며, 상황 특수적인 가치를 지니며, 자신의 행동은 좋은 행동이 아닐지라도 좋은 행동에 대해 언어화할 수 있다. 긍정적인 도덕 발달의 외형적 표현으로 관대함, 보살핌, 공감, 감정 이입, 도움 주기 등의 친사회적 행동으로 나타난다. 동네와 지역사회 환경이 폭력적이고 가족생활이 스트레스 요인이 되는 환경에서 유아 관련 종사자는 공격적 행동과 심각한 행동 정서 문제를 반드시 다루어야만 한다. 유아의 긍정적 행동 패턴이 발달하도록 돕는 것은 그 어느 때보다 큰 도전이다. 관계적 공격성과 괴롭힘은 연구의 주된 관심이다. 가난은 행동 문제와 정적인 상관이 있다. 갈등은 이웃에서 교실로 넘쳐 나온다. 거친 신체 놀이(R & T)는 공격적으로 보이지만 실제로는 유아에게 건설적인 목적을 제공하는 놀이의 한 유형이다. R & T는 장난으로 하는 레슬링, 쫓기, 가짜로 하는 공격 등이 있고, 전반적으로 활기차고 생기 넘친다. R & T는 유아에게 중요한 사회적 학습 경험을 제공한다. 3, 4, 5세아는 흔히 중요한 권위의 대상으로 여전히 교사를 보고 있다.

5 통합 환경에서 장애 아동의 사회적 행동과 관련된 중요한 요인 이해하기

장애 유아는 완전한 사회 구성원으로 포함되는 기회를 가질 필요가 있으며, 비장애 유아와 함께하는 환경에 배치됨으로써 사회적으로 혜택을 얻을 수 있다. 장애 유아는 비장애 유아와 함께하는 환경으로 통합될 때 사회적으로 더 빨리 발달한다.

제27장

정서 발달에서의 성인의 역할

이 장과 관련된 표준

naeyc

NAEYC 프로그램 기준

1a: 출생에서 8세까지의 영유아 특징과 요구를 알고 이해하기

4a: 아동과 함께 작업하기 위한 기초로서 긍정적인 관계와 지지적인 상호작용을 이해하기

4c: 발달적으로 적합한 교수/학습 접근에 대한 광범위한 목록을 사용하기

DAP

발달에 적합한 실제(DAP) 지침

1: 학습자를 보살피는 공동체 만들기

1C 1, 2, 3, 4, 5: 공동체 구성원은 서로 존중하고 책임감을 갖는다.

3A 1: 교사는 각 연령 집단에게 필요한 핵심 기술을 이해하고 익숙해진다.

학습목표

1. 성인의 의사결정을 위한 NAEYC 지침을 설명한다.
2. 사랑과 애정의 주요 요소를 인식한다.
3. 발달적으로 적합한 안내 기법의 장점을 선택하고 설명한다.
4. 민주주의, 비폭력과 도덕적 자율성의 발달을 교수하기 위해 내재된 요소를 설명한다.
5. 위기 시에 아이들을 지원하는 방법에 대해 설명한다.

이전에 설명하였듯이, 정서적 영역에서의 아동의 발달은 복잡하며, 인지 및 심리운동 발달과 밀접하게 통합된다. 많은 아이들은 전통적이지 않은 생애 유형과 증가되는 폭력에 직면한다. 아이들은 예측할 수 없는 세상을 살아가도록 요청받는다. 어린아이들과 일하는 성인은 아동의 정서 발달을 지원하기 위한 책임을 완수하는 데 있어서 더 큰 도전을 갖는다.

1 의사결정을 위한 NAEYC의 지침

성인의 의사결정을 위한 발달적으로 적합한 실제적 지침은 다음과 같다.

- 학습자를 위한 보육적 공동체의 창조: 모든 아이들은 발달하고 배우도록 지원받는다. "공동체의 근원은 성인과 아동, 아동 간, 교사들과 교사와 가족 간의 일관적이고 긍정적이고 보육적 관계이다. (…) 실천가들은 공동체의 구성원들이 심리적으로 안전하다는 것을 확신시켜야 한다. 전반적인 사회정서적 분위기가 긍정적이다"(Copple & Bredekamp, 2009, pp. 16-17).
- 발달과 학습을 증진하기 위한 교수법을 위해 "교사들은 아동을 존경하고 가치 있게 여기고 수용하며, 품위 있게 아동을 다루어야 한다."라고 강조된다: 교사는 학생들을 잘 알게 되고, 학생들의 말을 경청하고, 개별적으로 계획하고, 스트레스와 외상의 흔적들에 예민하고, 스트레스를 감소시키는 전략을 알고, 가소성을 발달시킨다. 교사는 아동의 자기 조절적이고 책임감 있는 능력을 발달시키기 위해 노력한다(Bredekamp & Copple, 1997, p. 17). "교수는 성인 주도와 아동 주도적 경험의 최상의 균형을 제공한다"(Copple & Bredekamp, 2009, p. 17).

사진 27-1 교사에 의해 제공된 소품으로, 이 소녀는 행복하고 자랑스런 어머니가 된다.

NAEYC 지침은 유능한 어린아이들의 발달을 증진하기 위해 계획되었다. 유능감은 유전적 요인, 애착 유대와 양육 방식에 관한 다중적 원인을 갖는다(Schneider, 2000)(유능감에 대해서는 26장 참조). Jambunathan, Burts와 Pierce(1999)는 발달적으로 적합한 실제는 그들 자신의 유능감에 대한 어린 아동의 지각을 증진한다고 생각하였다(사진 27-1). Jambunathan과 동료들은 자기 유능성에 대한 지각에 관하여 학령 전기 아동을 면접하고 놀이실도 관찰하였다. 이 같은 관찰과 면담으로부터 그들은 발달적으로 적합한 실제를 위한 평정에 도달하였다. 이 같은 연구자들은 적절한 교육과정, 교수와 내적 동기 증진뿐만 아니라 안내하는 방략이 또래 수용에 대한 지각을 높이는 것과 관련 있음을 발견하였다. 어린 아동의 또래 관계의 중요성을 고려해 보면, 이 같은 연구는 발달적으로 적합한 수업의 실제가 아이들로 하여금 그들의 또래 관계에 더욱 만족하게 한다고 결론짓게 한다.

NAEYC 지침에 따를 때, 성인도 또 다른 중요한 측면이 아동의 가족과 상호적 관계를 확립하는 것이라는 것을 명심할 필요가 있다. 이 같은 지침의 중요 요소는 "교사는 가족의 선택과 아동을 위한 목적을 인식하고 민감하게 반응하고, 그러한 선호도와 관심과 관련해서 초기 아동기 실천가는 발달적으로 적합한 실제를 통해 아동의 학습과 발달를 지지해야 한다는 책임을 포기하지 말아야 한다."(Copple & Bredekamp, 2009, p. 23)라는 점이다.

성인은 또한 아동의 특정한 경험과 문화적 배경도 명심해야 한다(7장 참조). 경제적 어려움(McLoyd, 1990), 가족 생태학(Harrison, Wilson, Pine, Chan, & Buriel, 1990)과 인종/종족적 사회화(Lin & Fu, 1990; Thornton, Chatters, Taylor, & Allen, 1990)와 같은 배경 요소가 어린 아동의 정서 발달에 영향을 준다. 예컨대, 멕시코계 미국인과 같은 문화 집단은 다른 문화 집단보다 훨씬 더 정서적 영역을 강조하며, 이로 인하여 어떤 아이들은 학교에 입학하여 그들 자신과 타인의 감정에 훨씬 더 민감하다. 북아메리카 원주민과 같은 어떤 문화에서는 다른 문화권에 비해 자기 의존과 독립성을 강조할 수 있다. 다양한 인종, 문화와 사회경제적 집단은 안내와 훈육 방략의 선택, 수용받을 수 있는 행동에 대한 정의와 권위적 인물의 장소를 선택하는 데 있어서 다양한 견해를 가질 수 있다(Gonzalez-Mena & Shareef, 2005). 어린 아동과 일하는 성인은 차이로 인해 문제가 현실화될 때, 문화적 관습과 부모와 타협을 고려할 필요가 있다(Copple & Bredekamp, 2009). 사회정서적 강점은 모든 아동이 학교를 준비하는 데 있어서 필수적이다(Bowman & Moore, 2006). 어린 아동과 일하는 성인도 남녀 동성애자와 성 전환자인 부모 가족이 증가한다는 것을 알 필요가 있다. 연구에 따르면, 이 같은 가족에 속한 아이들이 일반적인 아이들만큼 사회정서적으로 건강하다는 것을 지지하고 있다(National Adoption Information Clearinghouse, 2000; Cianciotto & Cahill, 2003; Child Welfare League of America, 2006). 이 같은 아동이 사회정서적 영역에서 경험하는 어떠한 문제도 가족 단위 안이 아니라, 가족 밖에서 화나게 하고 괴롭히는 것에서 나온다.

2 사랑과 애정

모든 아동은 사랑받고 돌봄을 느낄 필요가 있다. 영아기 동안 성장하는 애착과 애착의 기본인 신뢰감을 통해서 아동은 사랑받는다고 느낀다(Watson, 2003). 불안정 애착인 아동은 행동 문제를 나타낼 수 있다. 아동에게는 양육적이고 지지적인 방식으로 접근해야 한다(사진 27-2). 어린 아동에게 **사랑과 애정**을 표현하는 것은 우리가 언뜻 생각하는 것보다 더 복합적인 절차일 수 있다. Alan Fogel(1980)은 애정을 주는 행위의 복잡성에 대해 지적한다. 그는 어떤 사람이 느끼는 애정을 주는 정서적 측면은 간지럽히고, 포옹하고, 뽀뽀하는 것과 같은 행동을 관찰하는 것만큼 또는 관찰 행동보다 더욱 중요하다고 생각한다. Fogel은 애정을 주는 것에 대한 세 가지 주요 측면을 인식하고 있다. 아동은 따뜻하고 수용적인 성인으로부터의 사랑을 필요로 한다. 사랑은 아동이 유능하고 안정적으로 느끼는 것을 돕는다. 성인의 과거 경험은 아동이 사랑을 필요로 하는 반응에 영향을 미친다. 어떤 성인은 다른 사람이 참지 못하는 아동이라 해도 수용할 수 있다. 어떤 성인은 아동에게 사랑을 표현하는 것에 대해 양가적이거나 확신하지 못한다. 효과적이려면, 성인은 아동이 애정을 필요로 하는 것을 느끼는 동시에 아동이 애정을 필요로 한다고 느껴야 한다.

사진 27-2 성인의 인정과 주의는 필수적이다.

Fogel은 비록 어린 아동들이 자율성을 성취하고 독립으로 향해서 이동할 필요가 있다 해도, 아동들은 또한 필요할 때에는 성인이 지지와 도움을 제공할 것이라는 신뢰감을 배울 필요가 있다고 언급하였다. 아동은 설사 그들을 통제할 수 없을 때조차도 사랑하고 존경하는 믿을 수 있는 성인이 필요하다. 동시에, 어린아이들은 어른들을 위해 이 기능을 할 수 있는 시점에 있지 않기 때문에, 어른들은 다른 어른들과 그들의 감정을 통해 일을 해야만 한다.

성인은 사랑의 가치와 관련하여 주의할 필요가 있다. 사랑은 의지에 의해 생기거나 사라질 수 있는 자발적이고 자연적인 감정이다. 수용과 존경이 먼저 나타난다. 특정 아동이나 성인을 위한 사랑은 필수적으로 따르지 않는다. Rita M. Warren(1977, p. 4)은 "무차별적 포옹, 등 두드리기와 머리 만지기는 사랑과 관련되지 않고, 사람들 사이의 관계에 대해 아동의 이해가 성장하는 것을 강화하지 않고 고갈시킬 수 있다고 경고한다. 성인은 사랑과 애정을 느끼거나 표현할 필요 없이 아동과 긍정적 관계를 가질 수 있다. 수용과 존경은 좋은 관계를 위한 가장 필수적인 요소이다.

보통, 작은 아동과 관계를 시작하는 가장 효율적인 방식은 뒤에 서서, 몸을 낮추고, 아동이 편안하게 느낄 때 첫 번째 움직임을 하도록 만드는 것이다. 지나치게 열성적이고 과장

사랑과 애정(love and affection) 서로 좋아하고 보살피는 것

뇌 발달

초기 양육의 영향

정서를 다루는 뇌의 기능은 포유류의 뇌로 알려져 있다(Emotional coping brain, 2011-2012). 신경과학자는 이 같은 뇌 기능을 변연계라고 부른다. 어린아이를 양육하고 먹이려는 어머니의 본능적 욕구와, 자신의 생존이 어머니에게 가까이 머무는 것에 달려 있다는 아기의 인식은 정서적 뇌에서 나온다. 정서적 애착을 위한 우리의 능력은 이 같은 뇌의 기능에서 나온다. 우리는 행동하거나 슬프거나, 좋아하거나 싫어하는 등 감정이라고 언급한 감각을 받는다. 워싱턴 대학교의 세인트 루이스 의과대학의 연구자들은 6세 때 학령 전기 동안 사랑받고 자란 아이들은 더 큰 해마, 즉 학습, 기억과 스트레스에 대한 반응에 중요한 뇌의 구조를 가진다는 것을 발견하였다(Goodwin, 2012; Nauert, 2012). 해마는 스트레스 호르몬의 방출을 조절하는 데 중요하다. 이 같은 연구는 뇌 발달에 대한 사랑과 양육의 중요성을 지지한다. 부모와 아이들은 스트레스를 주는 상황에 대처하는 방식에 대해 토론할 필요가 있고, 부모는 사랑과 정서적 지원을 제공할 필요가 있다.

출처: *Emotional Coping Brain & For Parents and Educators*. (2011-2012). http://www.copingskills-4kids; Goodwin, J. (2012, January 30). Nurturing moms may help their child's brain develop. *HealthDay*. http//:healthday.com; Nauert, R. M. (2012, January 31). Early nurturing aids in brain development. *Psych Central News*, http://psychcentral.com/news.

된 성인도 종종 작은 아동을 불편하고 당황시키게 된다. 접촉은 학령 전기 아동에게 중요하지만, 아동의 용어로 행해져야 한다. 어떤 학령 전기아는 성인의 무릎에 앉아 품에 안길 필요가 있다. 다른 아이들은 대화를 나누거나 활동을 할 때 성인이 몇 분간 주의를 기울여 준다거나 몇 차례 토닥여 주는 것으로도 긍정적 감정을 얻는다.

연구에서 친밀성과 신체적 애정이 건강한 정서 발달에 필수적이라 해도, 신체적 애정을 주는 것과 관련된 문제는 아동 성학대과 관련된 문제로부터 나왔다(Carlson, 2006). 1988년에 Hyson, Whitehead와 Prudoe는 "성학대에 관한 공공성은 정상적 신체적 애정에 관한 부당한 부정적 태도를 만들 수도 있다."(p. 55)라고 밝혔다. Hyson과 동료들(1988)은 실험 연구를 통해서 성학대의 만연과 영향에 대한 지식은 성인이 영유아에게 주는 신체적 애정에 대한 승인 수준을 낮출 수 있다는 점을 증명하였다. 반면에, 친밀함과 신체적 애정을 위한 욕구에 대한 지식은 승인 수준을 높일 수 있다. 그들의 연구는 성인이 성학대와 좋은 접촉 간의 차이를 명료화할 필요를 나타낸다. Carlson(2006)은 '본질적 접촉'을 위한 욕구에 대해 설명하였다.

생각해 보기

당신이 어렸을 때 감정을 표현하면 당신의 가족은 어떻게 하였는가? 당신의 가족은 사랑과 애정을 드러내 표현하였는가? 현재 당신은 애정을 표현하고 수용하는 것에 관하여 어떻게 느끼는가? 교사로서, 만일 아동이 지속적인 주목을 요구하면서 당신에게 집착한다면 어떻게 할 것인가? 만일 당신이 정말로 좋아하는 아동이, 당신이 다가설 때마다 얼어붙는 듯하다면 어떻게 느낄 것인가?

3 발달적으로 적합한 안내 기법

훈육이란 무엇인가? **훈육**이란 용어는 종종 처벌과 관련된다. 어떤 성인에게, 이 용어는 동일하다. 그러나 훈육은 처벌이 단지 한 부분인 훨씬 더 넓은 개념이다.

훈육이라는 용어는 본래적 의미의 많은 부분을 잃고 부정적 용어가 되었다. 그것은 학습과 교육과 연결되어 확립된 존경할 만한 라틴어 어원을 갖는다. 그것은 여전히 사전적인 의미로 "자기 통제, 인격, 질서 있음과 효율성을 발달시키는 훈련"을 뜻하며, 교육과 관련하여 유지되고 있다. 그러나 오늘날에는 '처벌', 특히 체벌과 동일하게 사용되고 있다(Gartrell, 2004), 아동이 훈육되고 자기 통제된 사람이 되도록 가르치는 과정에서, 다양한 기법이 사용될 수 있다. 오늘날 **안내**라는 용어가 훈육이라는 용어의 부정적 인용과 구별되는 긍정적 기법으로 사용된다. Hyson과 Christiansen(1997)에 따르면, 초기 아동기 교육에서의 안내에 대한 견해는 Freud, Erikson의 정신분석 이론, Rogers의 인본주의적 시각과 Gesell의 성숙 이론으로부터 나왔다. "'안내'라는 용어는 아동의 충동이 자연스럽게 건강하고, 성인의 역할은 직접적이거나, 그러한 본능을 사회적으로 수용받을 만하고, 발달적으로 건강한 출구라는 신념을 반영한다."(p. 288) Piaget의 영향을 받은 그러한 이론은 "'안내'를 교실 안에서 아동이 능동적으로 적절하고 생산적인 방식으로 구성하는 과정의 일부로서 간주되었다"(p. 288). 어떤 사람들은 교실 관리와 행동 관리라는 용어를 사용한다. 그러한 용어는 "더욱 성인 선택적 목적을 갖고, 과제에 대한 직접적 접근을 제안하고(p. 288), 환경 관리, 모델링과 체계적 강화 기법을 포함한다. 발달적으로 적합한 실제는 안내적 시각으로부터 나온다.

가장 빈번한 안내와 훈육적 기법은 표 27-1에 개관되어 있다. 이 같은 기법은 다음 두 가지 주요 범주로 나뉜다.

1. 아동 행동은 억제된다.
2. 아동 행동은 지시적이다.

힘 주장적이고 심리적인 두 가지 억제적 기법 유형이 있다. 이 같은 기법 모두는 관련된 수용되지 않는 활동을 진행하는 것에 대해 아동을 억제하거나 중지시킨다. 힘 주장적 기법은 엉덩이 때리기 같은 신체적 처벌, 소리치고 위협하기와 같은 언어적 처벌, 아동을 붙잡거나 활동을 제약하는 신체적 억제를 포함한다. 두 가지 형태의 심리적 기법이 있다. 한 가지 형태는 애정 철회와 수치심과 같이 죄책감을 야기하는 방략 또는 아동이 성인의 사랑과 지지를 잃었다고 느끼게 만드는 방법을 포함한다. 두 번째 심리적 기법은 귀납의 사용이다. 귀납은 추론과 결과에 대한 강조를 포함한다(그림 27-3, 27-4, 27-5). 즉, 아동은 왜 자신이 하

훈육(discipline) 본래 '가르치는 것'을 의미하는 용어. 오늘날, 그것은 사회적으로 적절한 행동의 기법을 가르치는 것을 의미한다.

안내(guidance) 아이들에게 사회적으로 적절한 행동을 가르치는 데 사용되는 기술

표 27-1 안내와 훈육 기법

아동 행동	실제
억제적 기법	1. 힘 주장적 기법 • 신체적 처벌 • 소리 지르기 • 위협 • 신체적 억제 2. 심리적 기법 • 애정 철회와 죄책감 야기 • 귀납(추론과 결과에 대한 강조)
직접적 기법	3. 모델링 • 관찰 학습 • 모델링 진술 4. 강화

려는 일이 허락받을 수 없는지, 그리고 어떤 부정적 결과가 있는지를 듣게 된다. 귀납의 또 다른 측면은 의사결정과 문제해결에 아동을 관여시키는 것이다(MacNaughton, Hughes, & Smith, 2007). 아동의 견해를 발견하고 해결을 위한 생각을 제시해 보라.

직접적 기법은 모델링과 강화와 같은 행동주의적 접근을 포함한다. 모델링은 관찰 학습과 모델링 진술을 포함한다. 관찰 학습을 통해서, 아동은 다른 아이들이 하는 것을 보고 그 후 긍정적 강화와 자기만족을 느껴서 똑같이 한다. 모델링 진술은, 성인이 아이들에게 어떤 모델이 바람직한 행동을 반영하는지 명확하게 보여 주기 위하여 사용한다.

- "좋아, Jason, 너는 바닥 선반 뒤에 블록을 놓고 있구나."
- "나는 Carlos가 코트를 입고 나갈 준비가 된 것을 볼 수 있다."
- "Isabel과 Theresa야, 너희들은 인형을 공유하는구나."

성인의 강화는 아동이 따라야 할 행동의 관점뿐만 아니라 아동이 모델로서 사용하는 강화를 관찰한다는 측면에서 강력할 수 있다. 모델링 진술은 아동 행동을 방향 짓는 데에 있어서 강력한 기법일 수 있다.

안내 목적에 대한 연구를 개관한 후, Hyson과 Christiansen(1997)은 다음의 네 가지 주요 안내 목적을 제안하였다(p. 301).

1. **자기 조절**: 이 목적은 아이들이 자신의 본능을 통제하고 조절하도록 돕고, 사회적이고 문화적인 세계에서 살기 위해 이 같은 도구를 사용하도록 돕는다.
2. **자기 효율성과 자기 존중**: 이 목적은 아이들이 유능하고 가치 있고 어렵고 도전적인 문제에 맞설 수 있는 준비를 도와준다.

3. 정서적 이해: 이 목적은 아이들이 자신의 감정과 타인의 감정(25장 '정서 지능' 참조)에 대한 민감성을 발달시키는 것을 돕는다.
4. 사회문화적 유능감: 이 목적은 아이들이 공통의 집단 목적을 향해서 교실 공동체 안에서 일하는 것을 돕는다. 갈등은 생산적 방식으로 다루어진다.

성인들은 아동의 도전적인 행동의 많은 다양성과 직면한다. 가장 공통적인 행동 문제는 "높은 수준의 부정적인 분노 감정, 순응에 대한 저항, 부모와 다른 성인에 대한 반항, 신체적 공격성과 관련될지 모르는 다른 아이들과의 빈번한 하찮은 다툼(squabbles), 지시에 따르지 못하는 것과 또래와 지내는 문제"(Campbell, 2005, pp. 7-8)를 포함한다. 개개의 아동에게 어떠한 접근을 취하는가를 결정하는 것은 쉽지 않으나, 선택할 많은 접근들이 있다. 부모, 교사와 다른 성인은 많은 도전에 직면한다.

부모의 훈육 기법이 아동 행동에 영향을 어떻게 주는가? **양육 방식**에 관한 몇 가지 가장 잘 알려진 연구는 Diana Baumrind(1975, 1978)와 동료들에 의해 수행되었다. Baumrind는 표 27-2에 제시되어 있는 부모 역할의 네 가지 방식을 인식하였다. 부모 역할의 세 가지 가장 공통적인 접근 유형은 권위주의적 방식, 권위적 방식, 허용적 방식이다. 몇몇 부모가 조화로운 방식으로 불리는 네 번째 접근을 사용한다.

권위주의적인 부모는 아이들에게 덜 양육적

양육 방식(parental styles) 권위주의적 방식, 허용적 방식, 권위적 방식, 조화로운 방식의 네 가지 방식을 포함하는 부모의 훈육 기법

사진 27-3 교사는 화가 난 두 소녀를 돕기 위하여 가담한다.

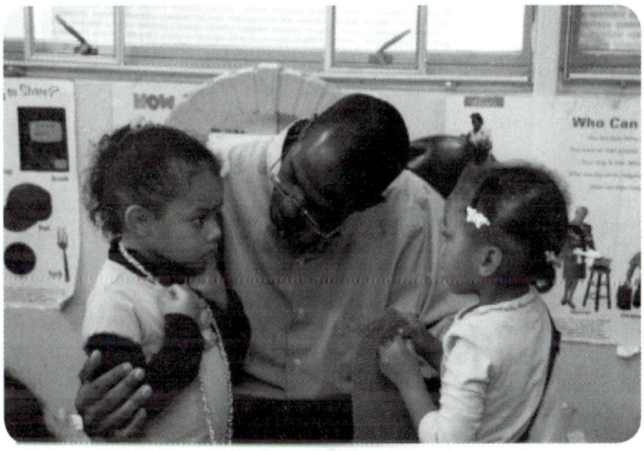

사진 27-4 귀납을 통하여, 교사는 소녀들이 자신들의 문제에 대한 해결책을 발견하도록 돕는다.

사진 27-5 소녀들은 서로 화해한다.

표 27-2 Baumrind의 네 가지 부모 역할의 방식

방식	부모 행동	아동의 결과
권위주의적 방식	낮은 양육과 동정, 덜 합리적인 통제 방법과 타인보다 더 많은 위협을 하는	불만족한, 철회된, 신뢰하지 못하는
권위적 방식	통제적이나 따뜻하고 좋은 의사소통을 가진	성숙한: 독립적인, 책임지는, 주장적인
허용적 방식	비조직적이고 통제되지 않는, 사랑을 철회하거나 조롱하는	미성숙한
조화로운 방식	독립성과 개별성을 증진하는	소녀: 매우 유능한 소년: 유능감이 낮은

이고 동정적이다. 그들은 통제하는 데에 덜 합리적인 방법과 더 많은 위협을 사용한다. 이런 부모를 가진 아이들은 더 불만족하고, 철회적이고 신뢰하지 않는다. **권위적**(authoritative) 통제 기법을 사용하는 부모는 여전히 온화하게 통제하고 아이들과 분명하게 의사소통한다. 그들의 아이들은 더 성숙한 것으로 판단된다. 부모는 성숙하고 복종적인 행동을 주장한다. 아이들은 독립적이고, 책임감 있고, 주장적이다. **허용적** 부모의 아이들은 가장 미성숙한 경향이 있다. 그들의 부모는 처벌 기법으로 사랑의 철회를 사용하는 경향이 있다. 허용적인 부모는 다른 부모들과 같이 조직적이고 통제적이지 않다.

조화로운 부모는 순응주의자가 아니다. 그들은 통제적 유형의 행동을 나타내지 않고, 여전히 그들의 아이들은 기대되는 것과 따라야 하는 것이 무엇인지 아는 듯하다. 일반적으로, 이 같은 부모는 잘 교육받고, 아이들에게 풍요로운 환경을 제공하고, 독립성과 개인성을 장려한다. 자녀들이 복종할 때, 이러한 부모는 나쁜 행동보다 의견의 차이에 대해 더 주목한다. 소녀는 매우 자신감 있고, 소년은 유능성이 낮아진다.

권위적 접근은 아동 행동에 대해 가장 긍정적인 영향을 준다. 권위적 부모를 가진 아이들은 가장 성숙하고 잘 적응하는 경향이 있다. 이러한 부모는 그들의 기대에 관하여 분명한 의사소통을 하고 강력하고 온화한 관계를 가진 아이들에 대한 높은 기대에 평형을 유지한다. 그들은 주로 통제를 위하여 귀납법을 사용한다. 그들은 아이들이 동의하지 않을 때 아이들의 의견을 듣고 항상 아이들의 결정에 대하여 분명한 이유를 준다.

Baumrind가 정의한 부모의 훈육 방식이 어떻게 아동 행동에 영향을 주는가에 대하여 심층적으로 보는 것에 흥미가 증가하고 있었다. 힘 주장적인, 즉 권위주의적 어머니는 적대적 방법을 또래 갈등을 해결하기 위한 성공적 수단으로 간주하고 놀이에서 더욱 반사회적 행동을 사용하는 학령 전기 아이들을 갖는 경향이 있다(Hart, DeWolf, & Burts, 1992). 귀납적, 즉 권위적 어머니들은 긍정적 방략이 갈등을 해결하는 데 성공을 가져오고 놀이터에서의 놀이에서 친사회적이고 긍정적 행동을 나타내는 아이들을 갖는 경향이 있다(Hart, DeWolf, & Burts, 1992). 귀납적 어머니를 둔 아이들도 또래 사이에서 더욱 인기가 있다(Hart,

DeWolf, Wozniak, & Burts, 1992). 이 같은 두 가지 연구의 결과는 아이들에 대한 귀납적, 즉 권위적 훈육의 장점을 지지한다.

Jambunathan, Burts와 Pierce(1999)는 **교수 방식**도 아이들의 행동에 영향을 줄 수 있다는 분명한 연구 결과를 제시하였다. 다른 연구들은 안내 지향적 접근은 권위주의적 유형의 교실에 있는 아이들보다 더 잘 훈육되고 자기 조절적인 학생들을 야기하는 긍정적 사회적 분위기를 발달시킨다는 생각을 지지한다(Marcon, 1993; Hart, Burts, & Charlesworth, 1997; Pfannenstiel & Schattgen, 1997; Stipek, Feiler, Byler, Ryan, Milburn, & Salmon, 1998). McMullen(1999)은 발달적으로 적합한 실제를 받고, 이 같은 철학을 교실에서 적용하는 초기 아동기 교사들은 그들 자신의 유능감과 교실에서 발생되는 통제력을 믿는 경향이 있다. 발달적으로 적합한 교사들도 초등교육 학위보다는 학령 전기 교육 분야의 학위, 아동 발달 과목 이수, 그리고/또는 유치원에서의 교사 경험을 더 많이 갖고 있었다.

처벌은 주목을 받을 만한 훈육 분야이다. 신체적 또는 물리적 처벌의 사용은 논쟁이 되고 있다(Richardson & Evans, 1993; Ispa & Halgunseth, 2004). 학교에서의 신체적 처벌은 현재 19개의 주 법에 의해 허용된다(Discipline in schools, 2010). 미국소아과학회(American Academy of Pediatrics, 2000/2006)과 미국아동청소년정신의학회(AACAP, 1988)는 학교에서 신체적 처벌에 대한 목적을 요구하는 공식 입장을 발표하였다. NAEYC(1993)는 『아동 삶에서의 폭력』에 관한 공식 입장을 발표하였고, 이는 학교와 아이들에 대한 다른 모든 프로그램에서의 신체적 처벌에 대한 금지를 포함한다. 그러나 신체적 처벌은 장기적으로 볼 때 긍정적 효과가 없고, 자주 그리고 심할 경우 많은 부정적 영향과 관련된다고 해도 여전히 많은 학교와 부모가 사용하고 있다(Niolon, 2010).

유치원 유아와 그들의 부모에 대한 연구 결과에 따르면, 가정에서 신체적 처벌을 받은 아이들은 학교에서 더 많은 문제를 일으켰다(Michels, Pianta, & Reeve, 1993). 비신체적 처벌(예컨대, 타임아웃, 아동의 잘못된 행위에 대한 부모의 지적)을 받은 유치원아들은 상대적으로 학교에서 외현화 행동을 나타내지 않았다. Weiss, Dodge, Bates와 Pettit(1992)는 부모에 의해 사용된 체벌 정도("심각하고, 엄격하고, 그리고 종종 신체적인")는 직접적으로 학교에서 나타나는 자녀의 공격적 행동의 양과 관련되었다. 즉, 체벌이 더 심할수록, 교사가 평정한 교실 안에서의 아동의 공격적 행동은 더 높았다. 서부 아프리카의 사립학교에서 이루어진 연구에 따르면, 신체적 처벌을 사용한 학교에 있는 아이들은 실행 기능을 요구하는 과제에서 수행이 나빴고, 신체적 처벌은 아동의 언어성 지능에 해로운 영향을 준다(University of Toronto, 2011).

아동 양육자의 훈육 방식도 관심을 끈다. Scott-Little과 Holloway(1992)는 내적 요소에

교수 방식(teaching styles) 아이들의 행동에 영향을 줄 수 있다. 안내 지향적 접근, 권위주의적 접근, 발달적으로 적합한 실제는 다양한 교수 방식의 예들이다.

처벌(punishment) 아이들을 훈육하는 것으로, 논쟁이 되고 있는 주제이다.

현실에서의 아동 발달

호랑이 어머니

2011년 Amy Chua의 책인 *Battle Hymn of the Tiger Mother*는 부모와 전문가들 사이에서 상당한 논란을 일으켰다(Chua, 2011a, 2011b; Kohler, Aldridge, Christensen, & Kilgo, 2012). Chua는 자신이 성장한 중국계 미국 문화에서 학습한 아동 양육의 권위주의적 방법에 대해 기록하였다. Chua의 자녀들은 외박, 놀이 모임, 학예회, TV 시청, 비디오 게임이나 과외 활동과 같이 미국 아이들에게 흔한 활동에 참여하도록 결코 허락되지 않았다. 그들은 체육을 제외하고 A 이하 점수를 받는 것과 체육을 제외한 모든 과목에서 1등 학생이 되지 않는 것과 바이올린이나 피아노를 연주하는 것이 결코 기대되지 않았다. Chua는 중국 어머니들이 이 같은 엄격한 부모 역할 계획을 따르는 유일한 사람들은 아니라고 진술한다. 그녀는 학습은 재미있어야 하고 학문적 성공은 과도하게 강조되어서는 안 된다고 믿는 서양 어머니와 호랑이 어머니를 대비시킨다. 중국 부모는 매일 학과 공부에 10배가량 더 많은 시간을 보낸 반면, 서양 아이들은 집단 스포츠에 더 많이 참여하는 경향이 있다. 중국인 부모는 자녀들에 대해 개방적으로 비판한다. "너는 너무 뚱뚱해." 또는 "너는 게으르다." 그들은 완벽할 때에만 칭찬을 한다. A⁻는 별로 좋지 않다. 그들은 아이들이 정상이 될 수 있다고 생각하고 그것이 옳다는 것을 얻을 때까지 아이들을 훈련시킬 것이다. Chua는 그녀의 딸이 어려운 피아노 곡을 완벽하게 치는 사례를 설명한다. 서양 아이들은 자신의 개인적 열정을 따르고 강화받고 양육되는 반면, "중국인들은 미래를 준비하고, 그들이 할 수 있는 것을 보도록 하고, 아무도 따를 수 없는 기술, 노동 습관과 내적 자신감으로 무장하게 함으로써 자녀들을 가장 잘 보호할 수 있다고 생각한다"(p. 6). Chua의 막내 여동생은 다운 증후군을 갖고 있다. 그녀의 어머니는 그녀가 자조 기술과 기본적 학업을 훈련하는 데 많은 시간을 들여서, 그 결과 그녀는 직업을 갖고 독립적으로 살 수 있었다. 엄격함과 사랑은 함께 작용할 수 있다. Kohler, Aldridge, Christensen과 Kilgo(2012)는 Chua의 양육 방식에 관한 글들은 호랑이 어머니 주제를 옳고/잘못된 견해로 취급하였다. 그들은 다섯 가지 요점을 꺼낸다.

1. Chua는 문화 및 가족적 기대가 그녀의 가치와 아이들에 대한 기대를 결정지었다고 지적한다.
2. Chua의 가족은 실제로 중국인 엄마와 유태인 아빠인 다문화 가족이다. 다시금, 그러므로 문화가 중요하다.
3. 이 같은 저자들은 Chua는 두루 널리 적용되는 정신을 가졌다고 결론짓는다.(비록 당신이 그녀의 막내 여동생을 고려한다 해도, 어떤 아이들은 전 과목 A를 받을 수 없고, 그것은 괜찮다는 것이 현실적인 부분이 있다.)
4. 몇 가지 관습은 학대적인가? 그 기준선에 대한 고려가 있어야만 한다.
5. 고려할 마지막 질문은, 어떤 양육 행동이 적절하고, 어떤 양육 행동이 적절하지 않은가 하는 점이다.

호랑이 어머니는 양육과 아동 발달에 대한 사고를 위한 몇 가지 자료를 제시한다. 아동 발달에서, 우리는 권위적 접근에 의지하지만, 그것이 최선의 접근인가?

출처: Chua, A. (2011, January 8a). Why Chinese mothers are superior. *The Wall Street Journal*. http://online.wsj.com/article; Chua, A. (2011, January 13b). The Tiger Mother responds to readers. *Wall Street Journal*. http://blogs.wsj.com/ideas-market; Kohler, M., Aldridge, J., Christensen, L. M., & Kilgo, J. (2012). Tiger moms: Five questions that need to be answered. *Childhood Education*, *88*(1), 52-53.

관한 잘못된 행동을 비난한 양육자들은 아동의 통제로부터 나온 외적 원인을 고려한 양육자보다 힘 주장적 훈육 방식을 사용하였다는 것을 발견하였다. 이 연구자들은 아이들의 잘못된 행동의 원인에 있어서의 깊이를 더 주목하는 양육자의 욕구를 지적하였다.

좀 더 최근의 연구에 따르면, 저소득층과 중산층 가구 모두에서 약하거나 중간 수준의 신체적 처벌은 아이들에게 해롭지 않다는 것을 지적한다. 체벌 사용 회피에 관한 아동 발달 전문가의 강조에도 불구하고, 대부분의 부모는 여전히 체벌을 사용하고 있다(Ispa & Halgunseth, 2004). Ispa와 Halgunseth는 9명의 저소득 아프리카계 미국 어머니의 신체적 처벌에 관한 시각에 대해 심층 면담 연구를 하였다. 그들은 어머니가 신체적 처벌을 계속 사용하는 이유를 발견하는 데 초점을 맞추었다. 심지어 어머니들이 그들의 레퍼토리에 대해 긍정적 안내 기법을 덧붙일 때에조차, 그들은 조기 헤드스타트(Early Head Start) 가정 방문가들이 다른 절차를 옹호함에도 불구하고 신체적 처벌을 포기하지 않았다. 몇 가지 이유가 어머니와 연구자의 대화로부터 표면화되었다.

- 어머니들은 긍정적 안내 기법이 그들의 만족에 작용하지 않았다는 것을 발견하였다. 아이들은 더 약한 훈육 형태를 심각하게 받아들이지 않는 듯하였다.
- 다른 가족 구성원들이 신체적 처벌의 사용을 압박하였다.
- 어머니들은 자신의 아동기 동안 신체적 처벌이 효과적이었다고 느꼈다.
- 어머니들은 걸음마기아가 제한을 시험하는 것이 자연스럽다고 느꼈다 해도, 걸음마기아가 신체적 처벌 없이 자기 행동을 변화시키지 않을 것이라고 생각하였다.
- 이 가족들은 위험한 지역에서 살았다. 어머니들은 아이들이 성, 약물과 범죄의 유혹을 회피하도록 일찍 배워야 한다고 생각하였다.
- 어머니들은 자녀들이 자기방어, 뒤에서 싸울 준비가 필요하다고 생각하였다.

비신체적 처벌 방법은, 비록 아동 발달 전문가는 자신이 결국 더 효과적이라는 것을 믿는다 해도, 모든 문화에서 수용되지 않을지 모른다. 2007년에 국제아동기교육협회(ACEI)는 아이들에 대한 신체적 처벌을 금지하는 국제적 성명서를 발표하였다(Paintal, 2007).

특권 박탈, 또는 고립과 같은 처벌의 비신체적 방식은 아동 발달 전문가에 의해 신체적 처벌보다 더 선호되는 것으로 간주되었다. 그러나 처벌은 설명과 토론에 의해 수행된다면 가장 효과적이다(귀납적 접근). 더욱 선호되고 가장 효과적인 훈육 방법은 예방이다. 이들은 신체적 힘이 아니라, 아이들에게 기대되는 행동이 무엇인지, 그리고 말을 사용해서 갈등을 해결하는 방법을 가르치는 **긍정적 안내 기법**이다. 귀납적 방법은 아동이 정확하게 자신이 해야 되는 것과 그 이유를 이야기하는 긍정적 진술을 사용한다. 이 같은 이유 때문에, 그들은 26장에서 토론된 장기간의 일반화를 가장 지지하는 경향이 있다. 인기 있는 긍정적 훈육 접근은 Jim Fay의『사랑과 논리』이다. 정보를 얻으려면「사랑과 논리」의 웹사이트를 방문하라(www.LoveandLogic.com).

타임아웃은 수용할 수 없는 아동의 행동을 감소시키기 위해 빈번하게 사용되는 방법이

긍정적 안내 기법(positive guidance techniques) 기대되는 행동이 무엇인지와 신체적 힘보다는 단어를 사용하여 갈등을 해결하는 방법을 아이들에게 가르치기

었다. **타임아웃**은 "짧은 사회적 고립과 일상 활동의 일시적 보류"(Readdick & Chapman, 2000, p. 81)를 포함한다. 타임아웃의 목적은 아이들이 부적절한 행동을 중지하고 적절한 행동을 학습하는 것을 돕는 것이다. 그러나 2, 3, 4세아에 대한 타임아웃의 효과에 관한 연구에서, Readdick과 Chapman(2000)은 아이들이 부적절한 행동과 관련해서 거의 통찰을 얻지 못한다는 것을 발견하였다. 또한 아이들은 혼자라고 느꼈고, 교사가 자신을 좋아하지 않고, 또래는 무시한다고 느껴서 슬퍼하고 무서워하였다. 그러므로 타임아웃은 학습된 경험이 아니라 처벌로 간주되었다. 즉, 그것은 깨물고, 침을 뱉고, 물을 쏟는 것과 같은 행동에 대한 빈번한 반응이었고, 이야기 시간에 앉아서 머무르는 것이 아니었다. 게다가, 타임아웃 시간 동안, 아이들은 그들의 잘못된 행동의 원인을 심사숙고하지 않았다. Readdick과 Chapman(2000)은 타임아웃이 단지 아동이 "거칠게 통제되지 않거나 다른 아이들에게 즉시 위협"(p. 87)할 때 사용된다고 추천하였다.

Fields와 Fields(2006)는 덜 엄격한 타임아웃 절차의 예를 제공한다, 즉 아이들이 진정하기 위해 교실의 다른 영역으로 갈 것을 스스로 결정하고, 집단에서 적절하게 행동할 준비가 될 때 돌아오는 것이다. 한 가지 예로서, 교사는 학생이 기분을 가라앉혀야 할 필요를 느낄 때 갈 수 있는 사적인 공간을 선택하고 장식하도록 한다. 하나의 탁자와 두 개의 의자는 아이들이 논쟁을 토론하기 위해 갈 수 있고 문제에 대한 해결책에 도달하기 위해 시도할 수 있는 평화 탁자가 될 수 있다(Stomfay-Stitz, 2012).

타임아웃은 몇 가지 행동 수정 접근의 하나이다(Fields & Fields, 2006). 25장에서 언급되었듯이, 행동 수정은 Skinner의 조작적 조건 형성 이론에서 자라온 것이다. 보상은 행동을 수정(또는 변화)하는 데 사용된다. Alfie Kohn(2005)은 행동 수정의 주요 비판가이다. Kohn은 아이들이 우리의 무조건적 사랑을 받을 만하다고 생각한다. 아이들이 우리를 즐겁게 할 때에만 사랑을 받아서 우리의 사랑을 벌도록 해서는 안 된다는 것이다. 그의 시각의 초점은, 성인들이 스스로에게 "내 아동이 요구하는 것이 무엇이고, 어떻게 나는 그러한 요구를 맞출 수 있는가?"(p. 118)라고 묻는 것이다. 아동의 모든 요구가 충족될 수는 없지만 존중될 필요가 있다. Kohn은 아이들이 심각하게 다루어져야 하고 이것은 세 가지 특별한 방법(p. 119)을 통해서 성취될 수 있다고 생각한다.

1. 무조건적 사랑을 표현하기
2. 아이들에게 결정할 기회를 주기
3. 사물을 아동의 시각으로부터 어떻게 보는가를 상상하기

우리는 다음에 초기 아동기 교실에 적용되는 긍정적 안내에 대한 몇 가지 견해에 대해 살펴볼 것이다.

타임아웃(time-out) "짧은 사회적 고립과 일상 활동의 일시 보류"(Readdick & Chapman, 2000)

심화학습 어린이집이나 유치원 선생님을 약 60분간 관찰하라. 교사가 하는 모든 것을 기록하라. 당신의 관찰에 대해 기술하라. 이 장에서 설명된 훈육 또는 안내 접근으로서 범주화될 수 있는 모든 교사의 행위를 확인하라. 584쪽의 표 27-2에서 제시된 범주들을 사용하는 각각의 접근을 범주화하라. 어떤 유형의 기법을 교사가 가장 자주 사용하였는가? 훈육/안내 분야에서 교사의 기술을 평가하라. 아이들이 적절한 행동, 자기 조절과 독립성을 학습하고 있었다고 생각하는지 설명하라. 교사는 NAEYC 안내에 따랐는가? 교사의 행위는 Baumrind의 범주 중 하나에 꼭 들어맞는가?

4 민주주의, 비폭력과 도덕 발달 교수

민주주의, 비폭력과 도덕 발달에 대한 교수는 긍정적 안내를 시작한다. 역사적으로, 긍정적 안내의 개념은 1950년 Katherine Read Baker의 교과서인 *The Nursery School: A Human Relationships Laboratory*의 초판으로 되돌아간다. Baker는 지침이나 단순한 규칙이 지지를 받는 인간관계 실험실로서의 유치원에 대한 견해를 제시하였다(Read, 1992). 이 같은 접근으로, 성인은 책임자라기보다는 안내자로서, 억제되고, 긍정적이고, 일관적인 역할을 취한다. 아동에게 아동이 하지 말아야 하는 것보다는 해야 하는 것을 이야기하는 것에 역점을 둔다.

> Josh는 블록을 던지고 있다. 안내 지향적 교사는 "블록을 던지지 마."라고 말하기보다는 "블록은 만들기 위해 사용된다, Josh."라고 말한다.

> Isabel은 비눗물 목욕통 안에서 인형을 씻고 있다. 물이 바닥에 흐르고 있다. 안내 지향적 교사는 "Isabel! 그렇게 지저분하게 하지 마라. 너는 바닥에 물을 엎지르고 있다."라고 말하기보다는 "물이 통에서 넘치지 않게 해라, Isabel."이라고 말한다.

성인과 아동의 감정은 어떨까? 성인과 아동 모두 가끔은 강한 감정을 나타낼지도 모른다. 이 같은 감정은 분노로서 나타날 때 극복하기 어려울 수 있다. 우리는 화낼 아동의 권리를 받아들이지만, 아동이 소유물을 파괴하고 다른 사람들을 상처 입히도록 허용할 수 없다. 아동은 성인도 감정을 갖는다는 것을 알 필요가 있다. 그러므로 아동은 성인이 아동의 행동에 찬성하지 않을 때 화가 난다는 것을 알 필요가 있다. 반감은 개방되어야 하고, 아동에게 자신이 잘못한 것을 알려 주도록 해야 한다. 성인은 소리 지르고 아동을 비하할 필요가 없으나 아동이 견고하고 구성적인 방식으로 느끼는 방법을 알게 할 수 있다.

> Isabel은 자신이 사용하였던 놀잇감을 씻는 것을 돕는 것을 거절한다. Isabel은 Sanchez 여사에게 "당신은 얼간이에요."라고 말한다. Sanchez 여사는 "Isabel, 나는 얼간이로 부르는 게 좋지 않아. 너는 네가 할 일을 해라, 그러고 나서 너는 친구와 놀러 갈 수 있다."라고 강하게 말한다.

이 사례에서, Sanchez 여사는 직접적이고 간단명료하다. 그래서 Isabel은 Sanchez 여사가 허용하지 않았지만 Isabel을 한 인간으로서 거절하지 않았다는 것을 안다.

민주주의에 대한 교수

Joanne Hendrick(1992), Polly Greenberg(1992a, 1992b)와 Suzanne Miller(2005)는 우리가 민주주의 국가에 살고 있다는 것을 상기시킨다. Hendrick과 Greenberg 모두 민주적 참여를 위한 준비는 초기 아동기에 시작되어야 한다고 지적한다. Hendrick(1992)은 (힘을 선택하도록) 결정을 돕고, (힘을 시도하도록) 자율성을 세우고, (힘을 행사할 수 있는) 유능감을 고양함으로써, 우리는 어떤 성인의 권력을 아이들에게 옮기기 위해 학령 전기 동안 시작한다고 제안한다(p. 51). 이것은 성인이 물러나서 아이들이 제멋대로 자라게 놔두어야 한다는 것을 의미하지 않는다. 그것은 성인은 아동이 어떤 기관에 갈 것인지 선택하고, (근접발달 영역 안에서) 새로운 것들을 시도하도록 격려하고, (비계를 제공하기 위해) 어려운 문제에 곤란을 느낄 때 아이들이 지지받도록 하는 것과 같이 현실적 선택을 제공한다는 것을 의미한다. 이 같은 분위기에서, 아이들은 자신과 타인에 대한 가치를 배우고, 성인을 신뢰하고 자기 또래를 믿을 수 있게 된다.

Greenberg의 첫 번째 논문(1992)에서, 그녀는 교실 안에서 민주적 성격을 발달시키는 단순한 민주적 관행을 제도화하는 방식에 대해 설명한다. 그녀의 제안은 예방적 훈육 사용, 긍정적 안내 제공, 아동을 수치스럽게 하거나 경멸하지 않기(예컨대, 위협하고, 아동을 '나쁘다'라고 명명하고, 도움에 대해서 필요를 무시함에 의해서)와 하루 종일 개인적이고 사회적 책임감을 가르치는 것을 포함한다. 두 번째 논문에서, Greenberg는 어떻게 발달적으로 적합한 실제가 John Dewey의 사상에 근거한 민주적 삶을 지지하는가에 대해 설명한다(Greenberg, 1992b). 부모 역할과 같이, 독재적이거나 너무 허용적인 교수(teaching)는 아동 발달에 지지적이지 않다. 또한 Greenberg는 아동의 민주적 성격을 발달시키는 민주적 접근을 지지한다. Greenberg는 "민주적 성격은 한 개인 안의 특질, 흥미와 동기의 군집을 뜻하는데, 이것은 자기 충족적이고 집단에 혜택이 되는 방식으로 행동하는 습관이 더하여 이루어진다."(p. 59)라고 언급한다. 또한 Miller(2005)는 교실이 민주적 공동체가 되어야 한다고 제안한다. Miller는 비폭력적 갈등 해결 기술을 사용하고, 친사회적 모델을 제공하고, 서비스 학습 프로젝트를 증진하고 아동에게 다양성을 평가하도록 안내하면서, 경쟁보다 협동을 지지하기를 제안한다.

민주주의를 위한 교육은 선택할 자유와 책임감을 관련시킨다(Garrison, 2008). 그것은 학생들이 자신의 학습 경험 중 몇 가지를 선택하고 방향 짓도록 관여한다. "학교 교육의 최초의 임무는 다음 학년 수준을 위한 준비가 되어서는 안 되고, 학생들이 현재와 미래 세상에서 이해하고 느끼고 성공할 수 있도록 돕는 것이어야 한다"(Garrison, 2008, p. 348).

❁ 비폭력을 위한 교수

어린아이들과 일하는 성인은 가족과 공동체 안에서 폭력의 부정적 효과 중 몇 가지에 대해 대응할 기회를 갖는다(Osofsky, 1995; Quick, Botkin, & Quick, 1999). Wallach(1993, p. 7)는 "아동 보육 기관, 레크리에이션 프로그램과 학교는 아이들을 위한 자원이 될 수 있고 그들에게 기술을 가르칠 뿐만 아니라, 자기 스스로를 대안적으로 지각하도록 해 준다."라고 제안한다. 이 같은 세팅에 있는 전문가는 폭력의 부정적 영향 중 몇 가지를 상쇄할 수 있다. Wallach(1993, pp. 7-8)는 전문가를 위한 다음의 지침을 제공한다.

- 당신의 프로그램이 아이들에게 보살핌과 지식이 있는 성인과 의미 있는 관계를 발달시키기 위한 기회를 제공할 수 있도록 하라.
- 아이들에게 되도록 일관성 있는 일정과 시간을 제공하라.
- 명확한 구조, 기대와 제한을 제공하라.
- 아이들에게 스스로를 표현할 많은 기회를 제공하라.

놀이, 미술과 이야기 만들기에 참여하는 것은 감정을 표현하기 위한 기회를 제공함으로써 치료적일 수 있다. 가장 중요한 것은 아이들의 가족과 협력하는 것이다.

Parry(1993)는 폭력적 세상에서 아이들이 생존을 돕기 위해 비폭력, 무지개 가정 교육 프로그램을 선택하는 것에 대해 기술한다. 그것은 헤드스타트, 아동 양육과 초등 교실에서 사용되었다. 그것은 그들이 선택한 아이들을 가르치는 접근이다. 그 프로그램에는 세 가지 주요 개념이 있다(p. 14).

1. 폭력이 무엇인지, 그리고 아동들의 삶, 놀잇감, 선택 등에서 폭력이라고 부를 만한 것이 무엇인지 이해한다.
2. 아동들이 어떻게 하고 어떻게 되고 싶은지를 선택하고 조절할 힘을 가지고 있음을 인식한다.
3. 아동들이 스스로를 느끼고 보호하고 방어하는 방법을 말하기 위해 폭력이 아닌 언어를 사용할 수 있도록 언어의 힘을 학습한다. 아동들은 갈등을 해결하기 위해서 폭력을 대신할 대안을 발견하게 된다.

Wallach(1993)와 Parry(1993)에 따르면, 어린아이들과 일하는 성인은 폭력적인 환경에서 살고 있는 아이들을 위해 상담적 안식처와 대안적 행동을 제공할 수 있다.

어떤 아이들은 폭력만이 문화 해결 도구라는 것을 가정과 공동체에서 배웠다. Lourdes Ballestereos-Barron은 때리고, 밀고, 욕하는 1학년생 30명을 처음으로 가르치게 되었다(Teaching Tolerence Project, 1997). 그녀는 곧 소리치고, 잘못된 행동을 지적하고, 칠판에 이름을 쓰고, '찌푸린 얼굴'을 보이고, 아이들을 감금시키는 자신을 발견하였다. 그녀는 이것은 가르치는 방법이 아니라고 생각하였다. 그녀는 Florida주의 Miami에 있는 평화교육재단(Peace Education Foundation)에서 강습을 받고 자신의 교수법을 변화시켰다. 그녀는 첫해와는 반대인 방법으로 가르치게 되었다. 그녀는 부드럽게 말하고 협동적 활동을 위한 유치원 교실을 만들고, '내가 보살피는' 규칙을 올린다. 그녀는 긍정적 행동에 주목하고 특별한 칭찬을 주었다. 교실에 '평화 책상'이 있고, 아이들은 차이를 협상할 필요가 있을 때 그곳에 간다. 그녀의 학급은 폭력적 행동에 대한 대안을 학습한 행복한 학생들로 가득 찬 안전한 장소가 되었다.

도덕 발달을 위한 교수

Piaget 이론에 근거한 도덕 발달에 대한 구성주의자의 접근이 있다. Kamii(1984b)는 안내적 실제에 근거한 기본적인 구성주의자의 철학에 대해 설명한다. Piaget 이론가의 시각으로부터 Kamii는 보상과 처벌은 단지 단기간의 효과만을 가진다고 생각한다. 처벌은 항복하거나, 맹목적적으로 순응하거나 반란을 일으키지 않으면서, 수용될 수 없는 행동을 모면할 방식을 찾도록 만든다. 보상은 권력 지위에서 성인을 지키고 아이들이 스스로를 위해 생각할 기회를 주지 않도록 한다. Piaget식 접근의 가장 중요한 부분은 상호성, 즉 성인과 아동 간 견해에 대한 교환이고, 아이들로 하여금 스스로 결정할 기회를 허락하는 것이다. 이 같은 두 가지 요소는 아이들이 개인적 가치를 발달시키고 도덕적 자율성을 성취하도록 한다. 아이들은 자신이 결정하고 살아감을 통해서만 의사결정에 대해 학습할 수 있다. 어린아이들의 경우, 이 같은 결정은 오늘 입을 옷이나 학교에서 선택하는 활동과 같이 단순한 것이다. 5세 연령까지, 아이들은 이전에 시행착오를 위한 기회가 주어졌을 경우, 스스로 많은 결정을 할 수 있다. 5세아와 함께, 교사는 혼란된 결과 없이 몇 분간 교실을 떠날 수 있어야 한다. 아이들은 스스로를 통제할 수 있다. 만일 교사가 "너희들 생각에 우리가 무엇을 해야 할까?"라는 문제에 접근한다면, 아이들은 곧 동일하게 대답할 것이다. 작은 결정을 하는 자기 감시는 더 큰 감독으로 일반화될 것이다. Kamii에 따르면, 이 같은 접근은 아이들로 하여금 다양한 견해에 대해 생각하도록 지원하기 때문에, 일반적으로 인지 발달뿐만 아니라 도덕 발달을 지원한다.

구성주의자의 접근은 DeVries와 Zan(1994)에 의해 더 상세히 정교화되었는데, 그들은 '도덕적 교실'을 위한 지침과 계획을 발달시켰다. 그들은 **도덕적 교실**에 대해서 "사회도덕적 분위기가 아이들의 발달을 지원하고 증진하는 교실"(p. 7)이라고 정의한다. 이들은 아이들이 성격에 대하여 특정 교훈을 통해서 가치를 주입받는 교실이 아니다. 오히려, **교실에서의 공동체** 의식이 넘치는, 교사가 친절한 멘토가 되는 교실이다. 기본적 분위기는 존중이다. 교

도덕적 교실(moral classrooms) 사회도덕적 분위기가 아이들의 발달을 지원하고 증진하는 교실

교실에서의 공동체(community in the classroom) 교사와 학생 간에 존경하는 분위기가 있는 교실

사는 아이들의 생각을 존중하고 교실 안에서 문제가 있을 때 아이들과 상의한다. 교사는 학습, 위협과 불필요한 처벌에 관하여 아이들을 관련시키는 긍정적 방략을 사용한다. 도덕적 교실에서, 교사는 제안하고, 아이들의 생각을 정교화하고, 아이들에게 규칙의 논리를 기억하게 하고, 선택을 제공하고, 사고의 일반화를 격려하고, 공정성의 가치를 옹호하는 것과 같이, DeVries와 Zan이 '설득적 방략'이라고 언급하는 것을 사용한다. 도덕적 교실에서, '도덕적 아이들'이 존재한다. 도덕적 아이들은 매일의 활동과 관련하여 옳고 그름, 선과 악의 문제를 다룬다. 그들은 사람들이 다루어지는 방식, 공격성과 공정성의 문제에 대하여 염려한다. "그들은 매일의 생활 경험에서 스스로의 도덕성을 구성한다"(p. 28). DeVries와 Zan은 26장에서 설명된 연구에서 이 같은 유형의 교실의 성공을 기록하였다.

구성주의자의 접근은 어린이집과 유치원부터 초등학교 연령까지 전달될 수 있다. Castle과 Rogers(1993/1994)는 아이들이 자신의 교실 규칙을 구성함으로써 학습할 수 있는 방법을 설명한다. 규칙을 창조하기 위한 토론은 능동적으로 관련된 기회를 제공하고, 반영하고, 의미 있는 관련성을 만들고, 규칙을 위한 존중을 발달시키고, 공동체 의식을 함양하고, 협상을 통한 문제해결을 경험하고, 협동을 경험하고, 귀납적 사고를 할 기회를 제공하고, 발달된 규칙을 위한 소유권에 관한 느낌을 획득한다(사진 27-6). 수업에서 공동체를 형성하기 위한 다양한 사고를 위해서는 *Young Children* (Classroom community building, 1998)을 참조할 수 있다.

사진 27-6 아이들은 다리를 건너면서 차례를 지키기 위한 규칙을 이해한다.

민주주의, 비폭력과 도덕적 교실을 위한 교수는 전인적 아동의 성장을 위하여 설계된 긍정적 절차이다. 정서, 성격과 사회성 발달 분야에서 아이들을 돕기 위한 다른 방법은 더 구체적인 행동과 행동 변화에 초점을 두고 요구될 때 채택될 수 있다.

부모는 보통 자녀들에게서 기대하는 것들 중 최상의 것으로 정직을 꼽고, 여전히 모든 아이들은 거짓말을 한다(Bronson & Merryman, 2009). 연구자들은 3세 정도의 아이들이 거짓말을 시작한다고 기록하였다. 연구에 따르면, 아이들은 부모가 행복하기를 원하고, 따라서, 아동이 거짓말을 하였을 때, 부모는 "나는 네가 거짓말을 하였다 해도 화내지 않을 것이고, 만일 진실을 말하면, 나는 기쁠 것이다."(p. 86)라고 말해야 한다는 것을 보고한다. 성인은 거짓말은 잘못된 것이고, 정직은 소중하다고 가르쳐야 한다. 성인도 정직을 보여주어야 한다.

정서 발달을 교수하기 위한 다른 전략들

많은 유아교육자들은 행동 수정적 접근이 발달적으로 적합하지 않다는 것을 발견한다. Copple과 Bredekamp(2009)는 다음과 같이 지적하였다.

> 안내는 교사가 아이들이 다음번에 더 좋은 결정을 하는 방법을 배우는 것을 도울 때 효과적이다. 우수한 유아교사는 아이들의 갈등과 '잘못된 행동'을 학습 기회로 인식한다(p. 35).

즉, 귀납적 접근이 선호된다. Alfie Kohn(2005)과 Reineke, Sonsteng과 Gartrell(2008)과 같은 교육자들은 흥미로운 활동에 참여하는 것 자체가 보상과 동기유발이 된다고 생각한다. 다른 교육자들은 차트와 스티커와 같은 시각적 보상은 어떤 아이들의 행동을 수정하기 위해 필수적이라고 여긴다(Shiller & O'Flynn, 2008).

몇 가지 행동 수정 방략은 성공적으로 아이들에게 기술을 가르치는 데 사용되어 왔다(Asher, Odem, & Gottman, 1977). 이 같은 방법은 조형(shaping), 모델링과 코칭을 포함한다. 이전에 설명되었듯이, 조형은 다시 아동이 동일한 방식으로 행동할 가능성을 증가시키기 위해서, 아동이 바람직한 행동과 가까운 어떠한 행동을 보여 줄 때마다 긍정적 강화를 주는 것과 관련된다. 고립 아동의 경우, 이것은 아동이 다른 아이들과 얼마나 자주 상호작용하는가를 관찰하고 발견하는 것과 관련된다. 그후, 교사는 강화가 아동이 다른 아동과 상호작용할 때에는 매번 즉각적으로 주어질 수 있기 위해서 누군가 항상 아동을 보고 있는가를 확신해야 한다. 먼저, 아동은 다른 아이 옆이나 근처에 있는 것에 대해 강화될 수 있다. 약간의 접촉이 있다면, 아동은 상호작용에 대해서만 강화받는다. 일반적 강화는 가장 효과적인 것으로 발견된다. 예컨대, 4명의 남아가 모래상자에서 놀고 있다. 성인이 "너희 넷이 재미있게 놀고 있구나."라고 말한다. 이 같은 접근은 목표 아동을 구체적으로 언급함으로써 당황할 가능성을 막는다. 일단 고립 아동이 다른 아이들과 가깝게 놀면, 아동은 몇 가지 상호작용 기술을 발달시킬 필요가 있다. 모델링과 코칭은 직접적 교수를 주는 방식들이다. 때때로 촬영된 예를 보면서, 아이들은 교실에서 또래를 보면서 학습할 수 없었던, 오래 유지하는 기술을 학습한다. 가장 관련되고 기본적인 행동에 초점을 두도록 하는 데 필수적인 기술에 주목하도록 요구하는 것은 바로 촬영 서술(narration)일지 모른다.

조형과 모델링과 다른 행동주의자의 접근의 다른 측면들은 Eva Essa(2008)가 상세하게 쓴『언제 무엇을 하는가: 어린이집에서 도전적인 행동을 위한 실제적 안내 방략』에 상세하게 기술되어 있다. 이 같은 접근이 보통 장기적 결과를 갖지는 않는다 해도, 그것은 행동에서 아이들이 외적으로 통제된 변화를 성취함으로써 바른 길을 시작하게 만드는 방법이다. 점차적으로 이 같은 접근을 귀납적 접근과 함께 가면서, 아동이 그것을 다룰 수 있게 됨에 따라, 귀납적 방법이 마침내 대체될 수 있다. 어떤 아이들은 부적절한 행동을 너무 극단적으로 사용하기 때문에, 처음에는 귀납적으로 아이들을 다룰 수 없다. 매우 공격적이고, 반사회적이고, 파괴적이고, 명백히 정서적으로 의존하거나 소외된 아동의 경우, 성인은 먼저 더욱 적절한 행동을 형성할 수 있고, 그 후 점차적으로 귀납적이고 상호적이며, 토론적 접근으로 이동할 수 있다.

아이들은 서로 상호작용하는 방법을 직접적으로 배울 수 있다. 즉, 그들은 다른 아이들과 놀이하는 방법에 대해 코치받을 수 있다. 아이들은 공유와 교대로 하기와 같이 다양한 종류의 친사회적 행동을 배울 수 있다. 많은 코칭은 사회적 규칙을 상당히 분명하게 정의하기 때문에, 귀납적 통제 방법의 사용을 통해 나온다. 코칭은 공격적 아이들이 더욱 친사회적이 되고, 소외된 아이들이 더욱 인기 있게 되도록 도왔다.

사회적 발달의 모든 분야에서 광범위하게 사용되었던 또 다른 방법은 아이들이 적절한 방식으로 문제를 해결하도록 돕는 수단으로서 문헌을 사용하는 것이다. 예컨대, Krogh와 Lamme(1983)는 문헌을 통해서 행동을 돕는 교수의 발달적 접근을 설명한다. 26장에서 지적하였듯이, 공유는 어린아이들의 우정을 정의하는 중요한 측면이다. Krogh와 Lamme은 문헌을 공유의 추상적 개념을 잡아서 더욱 구체적 맥락으로 놓는 수단으로 본다. 아이들은 다른 누군가의 경험에 대해서 공유를 통해서 들을 수 있고, 스스로가 문제를 해결하는 방식에 대해 토론하고, 책 속에 있는 등장인물이 문제를 해결하는 것에 관한 방법에 대해 의견을 줄 수 있다. Krogh와 Lamme(1983, p. 191)은 다음과 같은 질문 요청을 제안한다.

- 너는 공유하고 싶지 않은(또는 이야기에 맞는 것이 무엇이든) 놀잇감이 있니?
- 너는 공유에 대해 어떻게 느끼니?
- 너는 이 이야기에 등장하는 소년이 공유할 것을 결정한 후에 느낀 것에 대해 어떻게 생각하니?
- 사람들은 공유할 때 어떻게 느낄까?

정서적 분야에서 특별한 요구를 가진 아이들은 행동 변화를 성취하기 위해 특별한 주의를 필요로 한다. 예컨대, (4장에서 설명된) ADHD로 인식된 아이들은 초등학교 시기에 과활동성과 충동성과 같은 많은 수용될 수 없는 행동을 보일지도 모르나, 그들은 학령 전기 시기에 인식되기 어려울 수 있다(Phillips, Greenson, Collette, & Gimpel, 2002). 학령 전기 ADHD 증상에 관한 연구에서, Phillips과 동료들(2002)은 부모가 교사보다 자녀들이 ADHD 증상을 갖는 것에 대해 더 잘 인식하는 경향이 있고, 남아가 여아보다 더 높은 수준의 ADHD 증상을 보인다는 것을 발견하였다. 학령 전기에서 ADHD 인식과 관련된 중요 문제는 초등학교에서 문제로서 인식되는 많은 행동(예컨대, 과도한 신체 활동, 주의력 결핍 등)이 학령 전기에는 정상으로 간주된다는 것이다. 그러므로 발달적으로 적합한 안내 절차를 통해서 자기 조절 행동을 증가시키는 데 초점을 두는 한편, 학령 전기에 ADHD로 명명하는 것은 주의해야 한다.

5 위기 시의 지원 제공

아동의 정서 발달에서 중요한 성인의 책임은 위기에 처한 아동을 돕는 것이다. 25장에서, 우리는 아동의 정서 발달을 주목하였다. 공포, 불안과 스트레스가 여기에 속한다. 적당한 공포, 불안, 스트레스는 동기유발적일 수 있는 반면, 지나치면 아동의 기능에 해로울 수 있다. 아이들의 죽음 개념과 전쟁에 관한 공포도 25장에서 논의되었다. 우리의 현대적이고 빠르게 변화하는 문화에서, 아이들도 가족에 중심을 둔 많은 변화에 대처해야 한다. 이사, 부모의 이혼, 어머니의 취업과 다른 즉각적 사회 변화와 같은 어떤 사건은 어린 아동에게 외상적일 수 있다(Pizzolongo & Hunter, 2011). 어린아이들은 이 같은 외상적 사건을 이해하고 토론하는 데 어려움을 가질 수 있다. 위기 지향적 책은 사회적 기술을 위한 도구적 지원으로 사용될 수 있듯이, 이 같은 경험을 겪는 어린아이들을 돕는 데 사용될 수 있다(Crawford, 2008). 또한, 인터넷 활용도 유용하다. 고인이 된 Fred Rogers는 아이들이 무서운 감정과 국가적 비극을 다루는 것을 돕는 조언을 제공하였다(2001-2002). 국립정신건강센터(NIMH, 2001)는 아동과 청소년이 폭력과 재난을 대처하는 것을 돕는 정보를 제공한다. 외상 후 스트레스 장애를 위한 국립 기관의 웹사이트는 외상 후 스트레스 장애를 다루기 위한 많은 자원을 포함한다. 예컨대, Hamblen(2002)은 아동에 미치는 테러리스트의 공격의 영향에 관한 사실을 제공한다. 어린아이들의 탄력성을 증진시킴으로써, 성인은 아이들에게 외상과 스트레스에 대처하는 것을 준비시킬 수 있다(Pizzolongo & Hunter, 2011).

아이들의 말 경청하기

정서 발달에서 결정적인 성인의 역할은 아이들의 말을 경청하는 것이다. 성인은 관찰하고 주목할 필요가 있다. *Listen to the Children*(Zavitkovsky, Baker, Berlfein, & Almy, 1986)이라는 책에서 사진과 분석을 수행하는 일련의 일화가 경청을 위한 다섯 가지 분야를 중심으로 제시된다. (1) 아이들이 성인이 이해하도록 신뢰할 때, (2) 자기 통제 발달시키기, (3) 사건을 생각해 내기, (4) 다른 사람들과 상호작용하기, (5) 부모의 말을 경청하기. 각각의 일화와 뒤따르는 논평과 고려할 질문은 어린아이들과 일하는 성인을 위한 사고를 위해 유력한 식량을 제공한다. 예컨대, "그를 때려!"(p. 16)에서, 교사는 Kevin이 Greg에게 화가 났다 해도, Kevin은 자신의 분노를 표현하기 위해 주먹이 아니라 말을 사용해야 한다고 설명한다. 그 후 그녀는 Kevin에게 하고 싶은 것이 무엇인지 묻는다. Kevin은 "Greg를 때려!"라고 대답하고, 그것은 정확하게 그가 하는 것이다. 이 이야기는 우리에게 우리가 행동하고 말하는 것에 대해 얼마나 조심해야 하는가에 대해 상기시킨다. 논평의 저자는 교사가 한 단계 더 나갔어야 하고 Kevin이 때리는 것보다 해결책을 고안하도록 하였어야 한다고 제안한다. "나는 그녀가 우는 것을 도왔다"(p. 38)에서 어린 남아는, 친구의 인형이 부서졌을 때,

인형을 고칠 수는 없었으나 친구가 우는 것을 도울 수 있었다고 자기 엄마에게 설명한다. 이 같은 사고는 타인에 대한 남아의 감정 이해의 발달과 도울 수 있는 방법을 반영한다. 이 책, 재미있고 감동을 주는 일화 모음집에서 반영되듯이, 정서적 교육과정 대부분은 자발적이고 계획되지 않은 사건에 근거한다. 민감한 방식으로 반응하는 능력은, 아이들이 의미하는 것과 아이들이 느끼는 것에 관한 성인의 민감성에 달려 있다.

또한 교사는 자신의 생각과 행동에 주목하고 사고할 시간이 필요하다(Bowman & Stott, 1989). 어린아이들은 특히 또래나 다른 성인 앞에서 수치심을 경험하게 될 때, 빈정거림이나 무심한 말과 행동에 의해 쉽게 상처받고 당황한다. 교사와 다른 성인들은 어린아이들이 생각하면서 행동하는 사람이 되도록 하는 것이 매우 중요하다.

심화학습 *Young Children*이라는 잡지에서 매달 나오는 것과 같이 긍정적 안내 책 또는(그리고) 논문 몇 편을 탐색하라. 당신이 생각하기에 가장 효과적일 듯한 방략을 선택하라. 부모와 교사가 사용할 수 있는, 긍정적 안내 계획을 포함한 작은 책자를 개발하라.

요약

1 성인의 의사결정을 위해 발달적으로 적합한 실제의 안내를 설명하기

성인은 아동의 정서 발달에서 다양한 역할을 한다. NAEYC 지침은 정서 발달에 관한 성인의 지원을 위한 두 가지 주요 요소를 포함한다. (1) 학습자를 돌보는 공동체 형성하기, (2) 발달과 학습을 증진하기 위한 교수, 두 가지이다. 지침은 유능한 어린아이들을 발달시키고자 한다. 또한 가족과 상호적 관계를 확립하는 것을 강조한다. 각 가족의 문화적 관습에 따라 일하는 것도 중요하다.

2 사랑과 애정의 주요 요소를 인식하기

사랑과 애정 주기, 초기 경험, 훈육과 사회적 기술 가르치기 모두는 정서 발달에 필요한 결정적 요소이다. 사랑은 수용과 존중에 기반하여 만들어진다. 내적 감정이 외부적 행동보다 더 중요하다. 일단 내적 감정이 확립되면, 사랑에 대한 관찰 가능한 표현이 동시에 생긴다. 어린아이들은 쓰다듬기와 안기와 다른 사람의 무릎 위에 안기와 같이 애정에 대한 외적 표현을 요구한다.

3 발달적으로 적합한 안내 기법의 이득을 선택하고 설명하기

다른 사람으로부터 받은 긍정적 반응이 초기 아동기의 정상적인 정서 발달을 위해 필수적이다. 최상의 발달이 나타나기 위해 이 같은 반응은 출생 시 시작되어야 한다. 아이들은 영아기 이후 발달하면서, 자기 통제 또는 자기 조절을 학습해야 한다. 자기 통제는 아이들이 적절한 행동과 부적절한 행동의 차이를 배우는 것을 돕기 위해 성인에 의해 사용된 훈육 기법을 통해 발생한다. 요구가 높지만, 독립적 행동을 위해 온화함과 강화가 있는 훈육에 대한 권위적 접근이 가장 효과적인 듯하다. 처벌은 원하지 않는 행동을 멈추는 즉각적 효과를 가지지만, 장기간의 긍정적 효과는 없다. 거친 처벌은 아동이 문제를 해결할 때 모방하기 위한 공격적 모델을 제공함으로써 해롭기조차 할지 모른다. 보통 사용되는 타임아웃 접근은 보통 생각하는 것보다 어린아이들에게 심리적으로 더 해로울 수 있다. 만일 타임아웃이 사용된다면, 그것이 그들 자신의 감정과 욕구를 해석하기 위해 학습한 아이들의 선택이라면 가장 효과적이다.

4 민주주의, 비폭력과 도덕적 자율성의 발달을 교수하기 위해 내재된 요소를 설명하기

점차적으로 우리 사회의 폭력적 본질에 싸우려면, 민주주의를 가르치고, 문제를 해결하기 위해 비폭력적 기법을 가르치고, 도덕적 교실을 만드는 것과 같이 긍정적 안내 접근을 사용하면서 예방적 교수가 이루어질 것을 제안한다. 이 같은 기법 모두는 토론, 반영, 협상 방략과 갈등을 해결하기 위한 다른 긍정적 접근을 포함한다. 긍정적 사회적 기술을 가진 아이들은 스스로에 대해 더 긍정적으로 느끼는 경향이 있다. 행동 수정 기법이 아이들을 긍정적 방향으로 이동시키는 데 유용할 수 있다 해도, 눈에 보이는 보상, 조형, 모델링과 코칭과 같은 기법을 사용하는 것에 관해서 몇 가지 불일치가 있다. 민주주의에 대한 교수는 아이들이 선택하고 그들 자신의 학습에 대한 책임을 가질 기회를 요구한다. 도덕 발달은 따뜻하고 보살피는 성인과의 긍정적 분위기에서 만들어진다. 도덕적 교실은 아이들이 보살피는 공동체의 구성원이 되는 장소이다. 존중은 도덕적 교실에서 기본적이다.

5 위기 시에 아이들을 지원하는 방법을 설명하기

위기 시에, 아이들은 공포, 불안과 스트레스를 다루어야 한다. 성인은 아이들의 행동을 관찰해야 한다. 위기 지향적 문헌은 아이들이 자신의 정서를 훈습하도록 도울 수 있다. 아이들과 문제를 토론할 때 아이들의 말을 주의 깊게 듣고 말하는 것은 매우 중요하다. 정서적 교육과정의 대부분은 자발적이고 계획적이지 않은 사건에 근거한다. 민감한 방식으로 반응하는 능력은, 아이들이 의미하는 것과 아이들이 느끼는 것에 대한 성인의 민감성에 달려 있다.

제28장 유아원 시기에서 학령기로: 공백과 격차 없이 잘 연결하기

이 장과 관련된 표준

naeyc

NAEYC 프로그램 기준

3a: 평가의 목적, 유익, 사용을 이해하기

3b: 관찰, 기록 및 다른 적절한 평가도구와 접근 방법을 이해하고 적용하기

3c: 각각의 아동의 긍정적 수행 결과를 촉진하는 적절한 평가 방법을 이해하고 실시하기

6b: 윤리적 기준과 다른 전문적 지침을 이해하고 준수하기

DAP

발달에 적합한 실제(DAP) 지침

4A 1: 아동의 발달과 학습에 대한 평가는 교사가 제공하는 교실 경험의 효율성을 계획하고, 실행하고, 평가하는 데 필수적이다.

학습목표

1 유아원부터 초등학교(1학년)까지 교육 프로그램의 연속성이 필요한 이유를 설명한다.
2 준비도 개념에서의 기초 요인들을 정립한다.
3 어린 아동의 측정에 대하여 고려해 볼 만한 주요 요소를 열거한다.
4 미래 세계를 살아가기 위해 아동에게 필요한 기술을 열거한다.

1990년 1월 20일, George H. W. Bush 대통령은 제2회 국정 보고에서 공식적으로 국가 교육 목표를 발표하였다(Boyer, 1993). Bill Clinton 대통령의 임기 처음 1년 동안에는 국가 교육 목표가 수정되어 'Goals 2000 Program'이라는 이름을 붙였다. 약 2000가지 목표들을 충족시키기 위하여 기준들을 만들었다. 2002년 8월에는 George W. Bush 대통령이 2001년에 입안된 아동낙오방지법(No Child Left Behind Act, NCLB)을 통과시켰다(Friedrich, 2002; No Child Left Behind Act, 2002). 이전의 법안 목표에 따르면, 아동낙오방지법은 모든 아동이 3학년이 끝날 때까지 읽는 능력을 갖추어야 함을 원칙으로 한다. 뿐만 아니라, 아동낙오방지법은 유치원 때부터 시작되는 읽기 능력에도 집중한다. 하지만 아동낙오방지법은 네 가지의 기본적인 교육 개혁 원칙을 포함한다. 즉, 결과에 대한 더 강한 책임의식, 높은 유연성과 지역 통제, 부모에 대한 확장된 선택, 효과가 검증된 교육 방법에 대한 강조이다. 이 아동낙오방지법은 책임감에 대한 강조와 관련하여 엄격한 검증에 대한 문제와 연구 기반 교육 방법의 정의에 대한 문제를 야기하였다(St. Pierre, 2002; Popham, 2005; Jennings & Rentner, 2006; Lewis, 2009). Obama 정부에서, 아동낙오방지법은 국가들과 지역에 대해 더 높은 유연성을 갖추기 위해 재설계되고 있지만, 아직까지 많은 과제가 남아 있다(McNeil, 2011).

준비도라는 개념이 여전히 조명받고 있다. 다음 장에서 보게 되겠지만, 전통적인 개념의 준비도를 기반으로 한 국성 보고서는 현재 실정에 맞지 않는다(Kagan, 1990; NAEYC position statement on school readiness, 1995; Willer & Bredekamp, 1990). 이 준비도 개념의 문제점은 유아원, 유치원, 초등학교가 오직 아이들의 다음 단계를 준비시키기 위해 존재하는 분리된 독립체라는 의견을 삿는 경향을 지닌다는 것이다. 이러한 요소는 각각의 단계에서 가상의 격차가 존재한다는 믿음을 촉진하는 경향이 있다. 이 장은 유아기를 '준비도'라고 일컬어지는 모호한 개념으로만 연관되어 있는 분리된 단계로 보기보다는, 성장과 발달의 연속선상에 놓인 것으로 봄으로써 이 가상의 격차를 좁히는 사례를 설명한다.

인지 발달적 관점이나 구성주의적 관점에 따르면, 유아기는 전통적인 준비도 개념을 넘어선 고려할 가치가 있는 독특한 시기이다. 특히 5~7세 시기는 유아가 전조작기로부터 구체적 조작기의 사고 과정을 지나는 시기이기 때문에 인지적 변화가 일어난다는 것을 기억하라. 유아교육자들은 유아원 아이들을 학교 교육에 포함시키는 것과 어린 유아들에게 가해지고 있는 부적절한 학업의 압박감의 증가에 점점 더 많은 우려를 보이고 있다(Kagan, 1990; NAEYC positon statement on school readiness, 1995; Willer & Bredekamp, 1990).

1 연속성

교육 초기에, 유치원과 초등학교를 다니는 어린 유아는 두 번째 과도기를 통과하고 있는 것이다. 상징 놀이는 순전히 구체적인 활동에서부터 구체적인 것과 추상적인 것을 연결하는 유아의 발달을 돕는 매개체로서의 역할을 한다(사진 28-1, 28-2). 불행히도, 놀이는 오늘날의 많은 유치원 프로그램에 포함되어 있지 않고, 초등학교에서도 거의 포함되어 있지 않다(Wasserman, 1990; Mille & Almon, 2009). 놀이 기회의 부족은 유아원, 유치원, 초등교육에 격차를 만드는 주요한 원인 중 하나이다(어떻게 놀이가 어린 유아의 교육에 주요 매개체로 역할을 하는지 살펴보기 위해서는 5장 참조). Chafel(1997)은 유치원부터 학교에서 시작되는 교육에서 놀이를 분리하는 이른바 숨겨진 과정이 있음을 인지하였다. 5학년까지 아이는 놀이는 즐거운 것으로, 공부는 즐겁지 않은 것으로 인식한다. 1학년부터 5학년 아이들에게 놀이는 필수 과목의 단조로움을 깨뜨리는 활동이다. 또한 이 단계에서 놀이는 교사나 아이들에게 교육의 수단으로 인식되지 않고, 교육 활동은 일로 지정되고 창조적이나 재미있는 것으로 인식되지 않는다.

유아원과 초등학교의 교량 역할은 대단히 중요한 문제이다(Cruz, 2006; Gullo & Hughes, 2011). **연속성**에 대한 의문은 결코 새로운 것이 아니다. 예를 들어, Dorothy H. Cohen (1972)은 유아원에서 유치원으로의 연속성에 대한 우려를 표명하였고, Betty Caldwell (1978)은 유치원과 초등학교 사이에 존재하는 간극에 대해 고민하였다. 4, 5, 6, 7세의 유아는 스스로의 연속선상에 있다는 Cohen의 결론은 1972년 때와 마찬가지로 오늘날에도 의의가 있다. 예를 들자면, 동물원 여행에서 보이는 다양한 나이와 단계에 따른 Kate의 반응들을 고려해 보자.

- 3세: Kate가 동물원에 간다. 아동발달센터로 돌아와서, Kate는 노랗고 검은 얼룩을 그리고 우리에게 호랑이라고 말함으로써 동물원 관람에 대한 자신의 반응을 보여 준다.

연속성(continuity) 발달은 연속적 과정이므로, 학년이 올라갈 때마다 아동들에게 적합한 교육과정이 계획되어야 한다는 인식이 필요하다.

사진 28-1 구체적 재료들은 아동들이 추상적 상징을 이용하여 생각의 전이를 할 수 있도록 한다.

사진 28-2 어린 아동은 표현적 극놀이를 할 때 상징 활동에 열중한다. 다우림(rain forest) 소도구들은 극놀이 장(setting)을 제공한다.

또한 Kate는 동물 책들을 넘겨 보고 자기가 가장 좋아하는 동물들을 가리키는 것에 관심을 보인다. 게다가, 동물원에서 먹이 주는 시간에 호랑이가 한 것처럼 Kate가 나무로 된 짐 상자에서 으르렁거리고 먹이를 애원하는 것이 관찰된다. 동물원 여행에 대한 이야기를 써 보라고 요구받았을 때, Kate는 "나는 동물원에 있는 호랑이가 좋다. 호랑이는 고기를 먹는다. 호랑이는 으르렁거린다. 그게 다다."라고 반응한다.

- 4세: Kate가 동물원을 다시 방문한다. 다음날 유아원에서, Kate는 노란색과 검은색인 동물 모형 같은 것으로 장식된 우리 비슷한 것을 그린다. Kate는 자신의 그림이 배고픈 호랑이라고 말한다. Kate는 몇 가지 동물 이야기들을 더 읽어야 한다고 요구한다. Kate가 두 명의 아이들과 동물원 놀이를 하고 있는 것이 관찰되었다. 한 아이는 사육사이고 다른 두 아이는 먹이를 주고 있다. 후에, 아이들은 블록으로 사각형 우리를 만들고 고무로 만든 동물 인형들을 우리 안에 넣었다. 동물원 여행에 대한 이야기를 써 보라고 요구받았을 때, Kate는 "우리는 작은 노란 버스를 타고 동물원에 갔다. 처음에 우리는 야생 동물을 봤다. 나는 호랑이가 제일 좋았다. 그러고 나서 우리는 체험 동물원에 갔다. 나는 말과 토끼가 좋았다. 그러고 나서 우리는 도시락을 먹었다. 우리는 버스로 집에 왔다."라고 반응하였다.
- 5세: Kate는 다시 동물원을 방문한다. 학교에서 돌아온 Kate는 어른들도 상당히 잘 알아볼 수 있을 만한, 우리 안에 있는 호랑이 그림을 그린다. 또한 Kate는 큰 도화지를 요구하고, 마커와 크레용을 가지고 큰 동물원을 대략적으로 그리고, 우리를 몇 칸 그린 다음에, 그 우리 안에 Kate가 가장 좋아하는 동물들을 그린다. 각각의 우리마다 Kate는 직사각형을 그리고 동물의 이름을 어떻게 쓰는지 선생님께 물어봐서 Kate는 각각의 우리에 이름을 붙일 수 있다. 선생님에게 약간의 도움을 받아 Kate는 "이것은 호랑이다", "토끼가 코를 꼼지락거렸다" 등의 캡션을 단 동물원 책자를 만든다. Kate는 모든 동물원 이야기책을 훑어보고, 곧 자기가 가장 좋아하는 이야기를 암기한다. Kate가 반 친구들에게 이야기를 읽어 주는 척하는 것이 관찰되었다. Kate와 다른 세 아이들은 더 많은 블록을 가지고 더 정교한 동물원을 지었다. 그들은 각각 동물에게 먹이를 주는 동물원 사육사, 청소를 하는 동물원 관리인, 수의사, 간이식당 점원과 같이 각각 다른 역할을 맡았다. 또한 Kate는 동물에 관련된 질문에 호기심을 보이기도 한다.
- 6세: Kate는 동물원을 다시 방문한다. 1학년 교실에서, Kate는 경험을 다시 기억해 내는 것을 즐긴다. Kate는 자신의 동물원 이야기책을 쓰고 설명한다. Kate는 동물원과 그 안의 동물에 대한 책을 읽는다. Kate는 학급에서 어떤 정보를 담은 책들을 읽자고 선생님께 요구한다. 이 책을 읽고 Kate는 동물들이 하루에 얼마나 먹는지, 더 나아가 동물들의 일주일간 얼마나 먹는지를 이해한다. 또한 그 책은 동물의 무게나 신장 등의 통계를 말해 주어서, 아이들이 수치를 비교할 수 있다. 우리를 만들기 위한 상자와 동물을 만들기 위한 점토를 사용하여, Kate와 다른 아이들은 미니 동물원을 만들기 위해

협력한다. Kate의 developmental 교실에 극놀이 공간이 있다. 그 교실의 아이들은 우리를 위한 큰 상자를 사용하여 동물원 경험을 기억해 낸다. 아이들은 각각의 우리에 표시를 한다. 각각의 표시는 동물의 이름과 그 동물의 습관과 생활방식에 대한 간략한 서술이다.

Kate의 행동의 예는, Kate가 자라고 성장함에 따라, 같은 경험과 소재에 대한 Kate의 반응 또한 자라고 성장한다는 것을 보여 준다. 호기심, 지각 행동 능력(즉, 그리기, 색칠하기, 만들기), 언어, 사회극 놀이 능력에 대한 성장은 각각의 단계에서 드러나는 Kate의 반응에 반영된다.

Cohen은 아이들의 어린 시절을 작고 관련성이 없는 조각으로 잘라 구분하는 것은 아이들에게 피해를 입힐 뿐이라고 경고하였다. 오늘날, Cohen의 경고는 현실이 되고 있다. 아동은 자신의 발달 수준에 적합하고 적절한 순간에 어른에 의해 발판화(scaffolding, 비계) 지원을 받을 수 있는 학습 환경에 접근해야 한다. 1970년대에 제기된, 1학년 과정을 유치원으로 보내고 유치원 과정을 유아원 과정으로 보내는 것에 관련된 문제가 현실이 되고 있다. 연속성을 증진시키기 위한 노력(Edson, 1994; Kohler, Chapman, & Smith, 1994; Vail & Scott, 1994; Borbour & Seefeldt, 1993; Firlik, 2003; LaParo, KrafSayre, & Pianta, 2003; Gullo & Hughes, 2011; Steen, 2011)과 순조로운 이행을 막는 벽을 극복(Ahtola, Silinskas, Poikonen, Kontoniemi, Niemi, & Nurmi, 2011)하기 위한 노력이 계속되고 있다. 이전 장에서, 순조로운 이행과 연속성을 막는 **장애물**이 설명되었다. 이러한 장애물들은, 예를 들어 계속 앉아서 하는 학습지 활동, 대집단 지시 등과 같은 아동 발달 원칙에 어긋나는 지시 전략을 사용하는 것이 포함된다. 유치원에 가기 전 또는 유치원 이후에 학교 준비를 위해 또 다른 1년(재수와 같은 의미)의 부적절한 절차를 시행하는 것(Bredekamp, 1990; Brewer, 1990; Uphoff, 1990; Patton & Wortham, 1993)이나, 일반적 평가 절차를 도입하는 것(Kamii, 1990; Charlesworth, Fleege, & Weitman, 1994; Fleege, 1997), 피할 수 없는 실패로 아동을 이끄는 유급이나 다른 연습 활동도 포함된다(Smith & Shepard, 1988; McGill-Franzen & Allington, 1993). 그리고 아동 발달과 조기교육 분야의 질적으로 검증된 전문적 교육 행정가와 교사의 부족도 포함된다(Burts, Campbell, Hart, Charlesworth, DeWolf, & Fleege, 1991).

연속성을 달성하기 위한 노력

과거에서 현재까지 유아원에서 초등학교까지 교육의 연속성을 유지하려고 시도한 프로그램들이 개발되고 시도되었다. 1967년에서 1995년까지 시행된 국가의 주요한 노력인 Project Follow Through는 의무적인 유치원 교육과 초등교육에 유리한 출발을 위한 유치원

장애물(barriers) 아동 발달 원칙에 위배되고 부적절한 배치 절차를 교수 전략(교수 지침)에 사용하는 것

생들을 위해 개발된 프로그램의 확장을 시도하였다(Maccoby & Zellner, 1970; Hodges & Sheehan, 1978). Project Follow Through의 목적은 아이들의 높은 실패율이 만연한 학교 시스템에 그것의 모델을 제공하는 것이다(Walgren, 1990). 연속성에 대한 기반으로 쓰이는 수많은 프로그램 모델들이 이러한 노력 속에서 성장하였다(Roopnarine & Johnson, 2008).

1987년에 발달에 적합한 실제를 위한 NAEYC 지침의 초판이 발행(Bredekamp, 1987)된 이후, 10년 후에 재판, 2009년에는 3판이 발간됨으로써 연속성을 제공하는 개발 프로그램에 대한 관심이 증가하였다. 발달에 적합한 실제에 대한 그리고 발달에 적합한 교육과정과 평가에 대한 NAEYC 지침(NAEYC & NAECS/SDE, 2003)은 출생부터 8세까지의 교육을 하나의 연속적인 발달적 사건으로 묶는, 국가적으로 인정된 정당성을 제공한다. NAEYC 문서는 초기 교육 훈련을 개혁하고자 원하는 이들에게 도움을 제공한다.

1990년, Head Start Transition Project가 Head Start 재인증 법으로 미국 국회에 의해 시작되었다(Santa Clara, 1992). "Head Start Transition Project는 계속적이고 포괄적인 서비스, 발달에 적합한 교육과정, 부모 개입 의지의 공급이 Head Start 아이들이 Head Start를 떠난 후에도 '효과가 유지된다'는 가설을 검증하기 위해 고안된 연구이자 시범사업이다"(Santa Clara, 1992, p. 2). 발달에 적합한 실제를 초등 학급에 침투시키는 일은 어렵고 어떤 경우에는 불가능한 것으로 증명되었다. 가장 일반적인 전이 방법은 입학 후의 전체 모둠 활동이다. 가족들에게 편지 쓰는 것도 흔히 사용된다. 가정 방문과 같은 개인적인 만남은 드물다. 학급 명부의 늦은 지급, 추가 비용 없는 여름학기 진행, 포괄적인 계획의 부재, 시간의 부재와 같은, 교사의 성공적인 전이 계획의 실행을 방해하는 수많은 장애물이 발견되었다. 이전에, Pianta, Taylo와 Cox(2001)는 학교가 유치원으로의 전이에 대한 준비가 되어 있을 필요성에 집중하였다. 성공적인 전이는 연속성을 제공하고 아이의 학습과 발달의 붕괴를 예방하도록 고안된 활동과 일을 포함한다. 전이에 대한 국가적 설문조사는 대부분의 훈련이 몇몇 종류의 단체 활동을 포함하고 있음을 보여 준다. 이러한 종류의 전이 훈련이 장애를 가진 아동(다른 아동들뿐만 아니라)에게 매우 도움이 된다 할지라도 학교를 가기에 앞서 아동과 가족들 간에 일대일 접촉은 거의 없다. 대부분의 전이 연구와 보고서는 유아원에서 유치원으로의 전이를 살펴본다(예: Cruz, 2006; Witherspoon & Hannibal, 2006; LoCasale-Crouch, Mashburn, Downer, & Pianta, 2008; McGann & Clark, 2007). 몇몇 보고서는 여름 준비 프로그램과 가정 방문과 같은 더 신중히 계획되고 개인화된 전이를 보여 준다. 핀란드에서 수행된 연구에서, Ahtola와 동료들은 유치원과 초등학교에서 정보와 지지적인 활동을 공유하는 것은 1학년 아동 능력의 가장 큰 예측 변수라고 지적하였다. LaParo, Rimm-Kaufman과 Pianta(2006)는 유치원에서 1학년까지의 변화들을 기록하였다. 유치원 아이들은 유치원에서 더 많은 자유시간과 이전을 경험한다. 1학년 학생은 교사 주도적 수업과 혼자서 자리에 앉아서 하는 일에 더 많은 시간을 쓴다. 그래서 유치원에서 1학년으로 갈 때 아동은 수업 방식의 큰 변화를 경험한다. 1학년생보다 유치원생이 자신의 수업을 훨씬 더 잘

사진 28-3 이 아동은 자기 선택 과제를 하고 있는데, 따라서 자신의 능력을 잘 집중하고 유지하는 모습이 관찰된다.

조직화할 수 있다(사진 28-3). 교사 주도적 수업은 수업에서 아동의 본능적인 흥미를 손상시킨다. LaParo, Rimm-Kaufman과 Pianta(2006)는 브레인스토밍, 예측, 학습 기회의 확장에 관련된 토론 기회의 부족에 관한 우려를 표명하였다. Downer, Driscoll과 Pianta(2006)는 유치원에서 1학년으로의 원활한 전이를 위해 사용될 수 있는 방법의 개요를 제시하였다. Lewis(2009)는 유아원, 유치원, 초등학교 교사들 간의 더 많은 협력의 필요성을 제안하였다. 즉, 지역학교 관리인, 더 나은 연속성을 지원하기 위한 공교육 교사들 간의 협력이 필요하다.

Valeski와 Stipek(2001)은 유치원생과 1학년 학생들을 대상으로 학교에 대한 그들의 기분에 관련된 인터뷰를 진행하였다. 1학년 학생과 교사의 관계는 그들의 학업 수행과 상관관계가 있었다. 이것은 준비가 되지 않은 채로 1학년에 진학하는 아동이 시작이 늦었고 따라잡지 못할지도 모르기 때문에 이중으로 불리하다는 것을 가리킨다. 고도로 구조화되고 교사 주도적인 학급의 유치원생들은 어느 정도의 선택과 자유가 존재하는 학급과 비교하였을 때 만족감이 덜하였다. 1학년생이 엄격한 학급 구조를 더 많이 받아들이고 있는 반면에, 유치원생은 여전히 학급에서 자유롭게 행동할 기회를 필요로 한다. DAP 유치원으로의 이행에 대한 가장 큰 장애물은 아동 발달에 대한 교장의 지식 부족이다(Zorhorchak, Dichter, & Huges, 2010). 그들은 놀이를 시간 낭비로 취급하고 필기시험을 적절한 평가도구로 여긴다. 다음 장에 설명되어 있듯이, 발달에 적합한 학급 구조는 유치원으로의 최상의 전이를 제공하는 것 같고, 이것은 학교에 대한 긍정적인 태도를 가지게 해 준다.

발달에 적합한 학급

발달에 적합한 학급은 교육이 학생의 발달적 단계에 부합해야 한다는 공통된 요소를 갖는다. Constance Kamii(1985)는 단계 개념이 Piaget의 교육에 대한 발달적 관점의 공헌의 핵심이 아니라는 것을 보여 준다. 오히려, Piaget에게는 교육의 목표는 인지적이고 도덕적인 자율성이다. 자율성은 스스로를 통제하는 능력이다. 도덕적 자율성은 외적으로 정해진 보상과 처벌(27장 참조)보다는 도덕적 문제에 관한 관점을 교환함으로써 달성된다. 인지적 자율성은 그것을 외부로부터 바로 내면화하기보다는(제5부 참조) 내면으로부터 지식을 구조화하면서 발달한다. 아이들은 '정확한' 대답에 도달하도록 강요받기보다는 자율적으로 사고하고 스스로 관계를 발견하도록 격려된다. Kamii는 우리 교육의 대부분이 자율적인 수업을 개발하는 것에 기초하지 않고 모든 교육이 교사의 머리로부터 나온다는 믿음에 기초함을 지적한다. 사회적 상호작용은 인지적 자율성 발달에서 매우 중요한 과정이다. 대답, 판단, 가설들을 비교하는 것은, 아이들이 자신이 하고 있는 것을 질문하고, 평가하고, 생각하도록 한다. 또한 그들은 그들의 결론을 기억하고, 문제해결 과정을 습득한다. 놀이는 어린 아동의 교육에서 중요한 요소이고, 유치원 이후에도 중단되어서는 안 된다. 아동이 구체적 조작기에 접어들면서, 그들은 자연스럽게 규칙을 가진 놀이에 흥미를 갖게 된다. 이 놀이는 교육에 상당히 효과적일 수 있으며(Kamii, 1985), 학습지보다 더 자연스럽고 발달에 적합한 방법이다. 예를 들어, Kamii는 1학년 산수가 카드나 주사위를 사용하는 집단 놀이를 통해 성공적으로 습득될 수 있음을 발견하였다. 또한 Kamii는 "학습지는 1학년생의 발달에 해롭지만 놀이는 매우 유익하다."(1985, p. 6)라는 것을 발견하였다. 이 말은 예비 1학년생에게도 적용된다.

발달에 적합한 학급의 교사는 이전 장에 설명되어 있듯이, 아동 발달 이론을 이해하고 아동의 훈련에 적용한다. 교사는 개인과 연령의 적합성을 발달과 문화와 연관 지어 고려한다(New, 1994; Williams, 1994; Copple & Bredekamp, 2009). 예를 들어, 교사는 아이들에게 따뜻하고 다정하며, 긍정적 훈련 전략을 사용하고, 탐색과 자립을 장려하고, 가족의 요구에 민감하며, 아이들이 독립적으로 행동할 때 관찰을 기록하고 살펴보는 데 시간을 사용한다. 물리적 공간은 개인적인 수업 경험과 단체적인 수업 경험을 제공하는 영역으로 나뉘어 있다. 그곳에는 콘크리트 재료와 감각 놀이(messy play)를 위한 공간이 있고, 가구는 아동에게 적절한 크기이고 옮길 수 있다. 센터는 글쓰기, 도서관, 수학, 조작과 게임, 예술, 극놀이, 블록, 음악, 과학, 사회 공부, 대근육 발달을 위해 쓰일 수도 있을 것이다. 블록 놀이 센터와 모래 놀이 센터는 예비 초등 교육뿐만 아니라 초등교육 교실의 일부분이어야 한다(Ewing & Eddowes, 1994; Harris, 1994). 센터는 지원 프로젝트 사업에 결합되고 통합될 수 있다.

발달에 적합한 훈련은 구성주의의 이론적 견해에 의해 설명된다. 특히, DAP 기준에 적합한 몇몇 모델은 도덕적 교실(DeVries & Zan, 1994), 구성주의 교실(DeVries, Zan, Hildebrandt, Edmiaston, & Sales, 2002), High/Scope 인지 방향적 교육과정, 뱅크 스트리트 모델이다(설명을 위해서는 Roopnarine & Johnson, 2008 참조).

2 준비도 개념

준비도란 용어는 흔히 아동이 다음 발달 단계로 이동할 수 있도록 하는 어떤 연령이나 수

준비도(readiness) 아동이 다음 발달 단계로 이동할 수 있도록 하는 어떤 연령이나 수준에 도달하는 종점

준에 도달하는 종점을 설명하기 위해 사용되는데, 이것은 아동을 다음 단계로 나아가게 한다. 1980년대에, 이 용어의 사용이 극도로 의문시되었는데(Charlesworth, 1985), 이는 용어의 의미가 성인의 적절한 도움과 지도를 가지고 일반적인 발달 과정을 통하여 아동을 준비시키는 것에서 아동을 준비 상태로 만드는 것으로 변화하였기 때문이다. Graue의 연구(1992, 2006)는 학교생활의 성공과 관계 있는 특정한 기술과 기질이 존재함을 설명하였다. DiBello와 Neuharth-Pritchett(2008)에 따르면, 이러한 기술과 기질은 다섯 가지의 영역으로 분류된다(p. 257).

- 신체적 건강과 근육 발달
- 사회적 · 감정적 발달
- 수업에 대한 접근법
- 언어 발달
- 인지와 일반 상식

하지만 이러한 일반적인 영역을 넘어서, 학교에서 준비도의 세부사항들을 정의하고 측정하는 것에 대한 쟁점은 다소 애매하고 다양하다(Scott-Little, Kagan, & Frelow, 2006). 더욱이, 준비도에 대한 많은 관점이 유럽계 미국인과 중산층의 기반을 가지고 있어서 모든 문화와 사회경제적 지위에 적용될 수 없을지도 모른다(Bowman & Moore, 2006; Graue, 2006). 게다가, 준비도는 정확하게 측정될 수도 없고, 그 측정이 준비/비준비에 대한 결정을 위해 개발되고 사용될 경우, 아동은 잘못된 등급 또는 잘못된 특정 프로그램에 배치될지도 모른다. Graue의 견해는 준비도가 문화적으로 정의된 용어라는 것이다. 모든 공동체의 어른은 제각기 언제 아동이 학교에 입학할 '준비가 되는지' 또는 그 공동체 내에서 다음 단계로 나아갈지를 결정하는 준비도의 관점을 가지고 있다. 이러한 관점에서 보면, 준비도는 아동의 특유성이라기보다는 사회적으로 구성되는 개념이다. 즉, 각 공동체의 어른들은 준비도를 자신의 공동체의 방식에 따라 정의한다. 하지만 Graue는 준비도의 개념을 버릴 수는 없다고 생각하였다. 이것은 우리 문화에 너무나 깊게 뿌리박은 것이다. 어떻게든, 관련된 학교, 정책, 부모 공동체 간에 합의가 이루어져야 한다. 발달 기준에 대한 많은 우려가 있지만, 대부분의 국가가 유치원 입학 전까지 아동이 알아야 할 것과 할 수 있는 것에 대한 가이드라인(또는 기준)을 만들고 있다(Kagan & Scott-Little, 2004; Scott-Little, Kagan, & Frelow, 2006). Kagan과 Scott-Little은 이에 대한 세 가지 근거를 제시하였다.

1. 영유아의 발달은 표준화되지 않고, 고르지 않으며 개인적이다.
2. 경험이 발달에 강하게 작용한다.
3. 기준의 내용이 지극히 학문 지향적일 수 있다.

여러 국가들은 유아원 교육의 투자에 대한 지역 관심과 아동낙오방지법 제정과 법의 책임 요구로부터 압력을 받아 왔다. Kagan과 Scott-Little은 국가적 가이드라인이 교육을 향상시키기보다는 이권 개입의 도구가 될지도 모른다는 우려를 표명하였다. 이것은 준비도가 각각의 아동, 가족, 공동체마다 다양하고 개인적이며, 학교가 아동에게 준비되어 있어야만 한다는 관점을 우리에게 전달한다.

발달에서의 가소성과 준비도의 결여를 결함으로 보는 견해는 잘못되었다(Graue, 1998). Graue의 관점은 "준비도는 기술과, 성숙도와, 우리가 보고 있는 아이들의 능력만큼이나 그것을 보는 사람에 따라 다르다."(p. 14)라는 것이다. 더군다나 준비가 안 된 아동을 배제하여 균등한 수준의 획일화된 학급을 만드는 것은 교육과정의 질을 저하시키고 압력을 주게 된다.

조기 교육자의 주요한 문제점은 어린 아동에 대해 더 형식적인 학업을 요구하는 부모의 압력이다. 부모는 자기 아이가 유치원에서 우위에 선 출발을 하게 하기 위해서 가정교사를 고용하여 아이에게 숫자와 문자를 훈련시킨다(Zernike, 2011). 2~5세 아동을 위한 사설학원이 급격히 늘고 있다. 유아기 교사는 발달에 적합한 프로그램에 대한 변론을 제시하는 데 종종 어려움을 겪는다. 국가적 조사의 결과(Lewit & Baker, 1995a)는 유치원 교사들은 신체적으로 건강하고, 충분한 휴식을 취하고, 영양이 잘 섭취된 것을 학교에서 준비도의 가장 중요한 요소로 보는 반면, 부모는 알파벳을 아는 것과 같은 학문적 능력을 가장 중요한 요소로 판단하는 경향이 있다는 것을 보여 준다.

Willer와 Bredekamp(1990)는 준비도를 다시 정의하는 것이 교육 개혁의 필수조건이라고 제안하였다. 그들은 준비도가 배타적인 도구로 사용되고 있는 것에 우려를 표명하였다. 즉, 학교 입학에 특정한 전제조건을 설정함으로써 준비도는 게이트키핑 개념이 된다. 더욱이, 준비되지 않은 것에 대한 비난이 아동에 대한 기대가 적절하지 않았을지도 모른다는 가능성보다는 아동 자체에 가해진다. Willer와 Bredekamp는 학교가 아동의 성공적인 수업을 위해 준비될 필요가 있다고 제안하였다. 그들은 게이트키핑의 관점의 기저를 이루는 수많은 가정(표 28-1)을 설명하였고, 왜 이 가정들이 부정확하며 그것들이 어떻게 개혁의지를 저해하는지를 설명하였다(pp. 22-24). 또한 그들은 아동이 성공적인 교육을 위해 준비가 되어야 한다는 관점의 네 가지 개혁 전략을 다음과 같이 제시하였다(p. 24).

1. 아동 빈곤을 근절시킴으로써 학교에서의 성공의 토대를 마련하라.
2. 학교와 교사들이 아동을 교육의 조립 라인으로 끌어내리는 것과 같이 모든 아동을 똑같게 만들려고 하기보다는 개인의 필요에 반응하라.
3. 학교 공간들을 발달에 적합한 교육이 주가 되는 곳으로 만들라.
4. 이러한 목표를 성취하기 위해 필요한 자원들에 투자하라.

Sharon L. Kagan(1990, p. 276)이 말하였듯이, "개별화된 입학과 균질화된 서비스보다, 우리는 입학을 균질화하고 서비스를 개별화해야 한다." 준비도는 아동 발달의 모든 측면과

표 28-1 준비도에 대한 엇갈린 가정들

부적절한 가정	합리적 가정
학습은 학교에서만 일어난다.	학습은 가정 또는 다양한 가정의 조기 양육 환경에서 일어난다. 빈곤, 약물 남용, 부적절한 건강관리 등의 환경은 아동의 배우고자 하는 자연스런 열망을 방해한다.
준비도는 아동 개인의 특별한 내적 조건이다.	환경적 요소와 내재적 변화가 상호작용하여 다양한 형태의 아동의 발달 유형이 전개된다.
준비도는 쉽게 측정되는 조건이다.	학교 준비도는 다양한 요인의 영향을 받는다. 예를 들어 타당도와 신뢰도가 부족한 측정도구가 많고, 측정이 자연스런 상황에서 이루어져야 하므로, 학교 준비도를 측정하는 일은 결코 쉽지 않다.
준비도는 대부분 시간 기능에 관한 것이다. 어떤 아동은 다른 아동보다 시간이 더 걸린다.	어른은 아이들이 능력을 꽃피울 때까지 기다릴 뿐만 아니라 아동이 지식을 구성할 수 있는 환경을 마련해 주어 발달을 촉진시켜 줄 필요가 있다.
아동은 책상에 조용히 앉아 선생님의 말씀을 잘 들을 때 배울 준비가 된다.	아동은 또래 또는 어른과의 상호작용 및 구체적 활동을 통하여 지식을 구성해 갈 수 있는 적극적 학습자이다.
학교 준비가 안 된 아동은 학교에 가서는 안 된다.	이는 발달에 적합한 학교 교육의 이점을 대부분 필요로 하는 아동들에게 준비가 안 됐다는 낙인을 찍는 것이다. 이러한 가정은 균질화된 획일적 학급을 만들어 특수한 준비도 모델만 적용되게 된다. 그러면 그들은 부적절한 시행을 사용한 부적절한 교육을 받고 있다고 생각하여 압력을 받게 된다.

출처: Willer, S., & Bredekamp, S. (1990). Public policy report. Redefining readiness: An essential requisite for educational reform. *Young Children*, *45*(5), 22-24. National Association for the Education of Young Children and International Literacy Association의 허락을 받아 변용함.

학교 안과 밖에서의 아동의 생활을 포함해야 한다. 왜냐하면 준비도라는 개념을 확실히 이해하는 것이 유아들과 건설적으로 일할 수 있는 기초이기 때문에, 1995년 NAEYC에서 언급한, 교육 전반에 적용되는 종합적 의미의 학교 준비도란 개념은 유아교육 관련 종사자들에게 거듭 강조되어야 하는 것이다. 아동의 준비도 개념이 아동의 내면적인 것으로 정의되든 또는 사회적 맥락적인 것으로 정의되든 간에, 아동은 학습자, 즉 스스로 배울 수 있는 면을 타고났다는 것을 숙지해야 하며, 따라서 그들의 배움을 촉진시켜 줄 수 있는 환경(setting)이 필요함을 숙지해야 한다(Children are born learning, 1993).

학교 준비도에서 중요한 한 측면은 문화와 인종에 대한 고려이다. Rouse, Brooks-Gunn과 McLanahan(2005)은 유치원에 들어가면서부터 드러나는 백인, 아프리카계, 히스패닉계 아동들의 학업 성취에 대하여 언급하였다. 학술지 *The Future of Children*의 2005년 봄호는 유치원 입학 후의 기술적인 면에 영향을 미치는 유치원 입학 전의 학업, 사회/정서, 건강, 유전, 신경 요인에 대해 다루었다. 1990년대 후반에 3,500명을 웃도는 유치원 교사들

뇌 발달

뇌는 언제 학습할 준비가 되는가?

McGovern 연구소의 신경과학자들은 이미지가 어떻게 하면 잘 기억될 수 있는지에 관해 예견할 수 있는 두뇌 활동을 발견하였다. 즉, 기억은 새로운 정보를 받아들일 수 있을 만큼 뇌가 성숙되었을 때 더 잘 작동한다. 해마곁 피질(PHC)의 활성화가 시각 자극을 잘 기억할 수 있게 하는 예측 인자가 된다. 이 영역이 시각 자극이 주어지기 전에 활성화되면 그 이미지는 기억되기 힘들다. 뇌가 학습할 준비가 덜 된 것이다. 활성화 정도는 기능자기공명영상(fMRI)을 통해 측정되었다. 과학자들은 기능자기공명영상 기기보다 휴대하기 편리한 뇌전도(EEG)로 학습 준비도를 측정하는 방법을 연구하고 있다. 이런 새로운 방법을 통하여 학생들이 배울 준비가 됐는지를 알아볼 수 있게 될 것이다.

출처: Trafton, A. (2011, August 19). *Ready to learn? Brain scans can tell you*. The McGovern Institute for Brain Research at MIT. http://mcgovern.mit.edu/newsroom.

을 대상으로 한 전국적 설문조사에서는 46%의 아이들이 학업기술이 부족하거나 집단 활동을 어려워함으로써 지시를 잘 따르지 못하는 것으로 드러났다(Rouse, Brooks-Gunn, & McLanahan, 2005, p. 6.) 이러한 문제는 백인 아동보다 아프리카계나 히스패닉계 아동에게서 더 많이 나타난다고 보고하였다. Winsler과 동료들(2008)은 저소득층 4세 아동들에게서 나타난 다양한 문제를 주시하였다. 그들은 공립학교 기반의 타이틀 1 유치원을 다니는 아동의 유치원 말기 학교 준비도와 보조금을 받는 공공 기반 아동 보육 기관에 다니는 아동들과 교육비를 지원받는 공립 유아원 프로그램의 학교 준비도를 비교해 보았다. 모든 아동은 그들의 유치원 경험으로부터 인지적 · 언어적 기술을 습득하였다. 그러나 특별히 인지와 언어 기술을 촉진되도록 고안된 특별한 교육과정을 갖춘 공립학교 프로그램에 출석한 아동들이 제일 우수하였다. Rouse, Brooks-Gunn과 McLanahan은 저소득층 3~4세 아이들에게 기관 기반의 우수한 조기 유아교육을 시키는 것이 윤리적 · 문화적 격차를 해소하는 길이라고 지적하였다. 여기서 우수한 교육이란 아동의 학습이나 행동 문제를 다룰 줄 알고, 부모 교육, 건강 교육 등을 훈련받았으며, 아동이 입학할 유치원 프로그램을 아는 교사로부터 교육을 제공받는 것을 말한다.

유치원 끝날 때의 발달적 기대

발달적 기대가 결정적으로 취사 선택할 수 있는 일은 아닐지라도 교육 목적이나 목표를 발달시키면 도움이 될 수 있다. 따라서 개개 아동을 위한 지침을 마련하면 도움이 된다. 이전 장에서 발달 검사 항목이 개인 아동을 위해 구성되었다. 그림 28-1의 검사 항목에 아동이 유치원기 말에 도달해야 되는 대표적 지표들이 포함되어 있다.

생각해 보기

그림 28-1의 발달적 기대 수준의 검사 목록을 살펴보라. 이 목록과 같은 수준으로 중요하다고 생각하는 다른 기대치가 있는지, 또는 성공적으로 1학년을 보내기 위하여 필수적이지 않은 목록이 있는지 살펴보자.

행동	관찰된 것 예	아니요	비고
인지			
• 22장에서 언급된 읽기 쓰기 기준			
• 색, 모양, 기능을 기준으로 사물 분류			
• 철자와 숫자의 명명			
• 20 또는 그 이상의 수의 기계적 세기			
• 10 또는 그 이상의 수의 의미를 알고 세기			
• 1~5개까지의 집단 인식			
• 사람을 그릴 때 머리, 몸통, 팔, 다리, 모습, 옷 등을 표현하기			
• 보드게임의 간단한 규칙 따르기			
• 레고나 다른 건축 블록 구조물 만들기			
• 15조각 퍼즐 맞추기			
• 말로 잘 의사소통하기			
정서			
• 간단한 보드게임에서 차례와 규칙 지키기			
• 활동적 운동 게임에서 차례와 규칙 지키기			
• 다른 아동과 협동 놀이에 몰입하기			
• 물건 나누어 쓰기			
• 공감하기			
• 옳고 그름을 인식하고 행동하기			
• 독립적 결정하기			
• 다른 아동과 협동하여 작업하기			
• 물리적으로보다는 언어적으로 호의와 적대감을 표현하기			
대근육, 소근육 운동 기능			
• 평균대에서 균형 있게 걷기			
• 한 발씩 번갈아 가면서 뛰기			
• 한 발로 몇 초 동안 뛰기			
• 게임에서 대근육 운동 기술 사용하기			
• 벽 오르기			
• 단순한 모양 오리기			
• 알아볼 수 있게 이름 쓰기			
• 우세 손(잘 쓰는 손/오른손잡이, 왼손잡이) 결정하기			
• 컴퓨터 키보드 사용하기			
• 지퍼, 단추, 신발 끈 묶기			

그림 28-1 유치원기 말의 발달적 기대 수준

출처: Previous chapters and Marotz & Allen(2013); Breadekamp & Copple (1997, pp. 102, 105, 109, 117).

3 측정 연습

1990년에 Kamii는 발달과 성장의 위험에 처한 시기를 어떻게 조기에 측정도구를 통해서 밝히는지에 대해 언급하였다. 최근에는 이러한 문제가 다시 대두되었다. Race to the Top early-learning competition(최적 조기 학습을 위한 위원회)는 어린 아동의 검사 시기가 부적절하다고 언급하였다(Kelleher, 2011; Strauss & Berliner, 2011). 발달에 적합하고 타당성 높은 도구, 그리고 아동에게 적합한 측정 절차들이 문제가 된다. 어린 아동에게 적절하지 않은 집단 검사와 표준화된 지필 성취 검사는 스트레스를 주며, 이는 타당하거나 신뢰할 만한 측정도구라고 볼 수도 없으며, 이러한 근시안적인 교육과정은 시험으로 인해 아이를 위축시킨다. 아울러 시험 준비, 시험 치는 데 걸리는 시간, 시험 후의 회복 경험들은 가치 있는 교육 시간이라고 여겨진다. 다시 말해서 이러한 결과들은 종종 아동과 그들의 교육적 미래를 위한 다양한 결정에 이용되곤 한다.

- 학년 배치, 교육 수준 또는 특별한 도움과 심화 프로그램의 추가 여부 등을 결정하는 근거가 된다.
- 교육이 효율적이었는가를 평가할 수 있다.
- 교사의 유능성을 평가할 수 있다.
- 학교 간, 지역 간에 비교할 수 있다.
- 공공의 책임 있는 실행 요구를 만족시킬 수 있다.

또 다른 지필 성취 검사나 준비도 검사 결과에 대한 오남용은 이미 언급되었다. 그리고 개인적으로 실시된 성취 검사나 준비도 검사 그리고 선별도구를 통한 결과들이 아동의 적절한 배치를 결정하는 데 중요한 준거가 된다는 언급도 있었다. 이러한 배치 결정은 정규 유치원 또는 발달적 유치원으로의 배치, 준비 학급 또는 특수교육 학급으로의 배치, 유급, 특별 서비스의 제공을 포함한다. 장애 아동이나 영어를 배워야 하는 아동들은 특히 이러한 적절한 측정도구 및 개별적 절차에 의해 배치되어야 한다(Fleege & Charlesworth, 1993; Wolf, Herman, Bachman, Bailey, & Griffin, 2008). NAEYC는 이러한 측정에 대한 지침을 제시하였다(Snow, 2011; NAEYC, 2005; NAEYC & NAECS/SDE, 2003). Division of Early Childhood (DEC)(2007)는 장애를 가진 어린 아동의 교육 배치를 위한 측정 지침을 발표하였다.

검사와 검사 점수에 관한 오남용에 대해 몇 가지 고려할 사항이 있다. 첫째, 이미 언급되었듯이 지필 검사는 어린 아동들에게 큰 스트레스를 준다는 것이다. 유치원 학생들이 스트레스를 받아 그들이 다른 환경에서는 맞는 답을 할 수 있는데도 틀린 답을 하거나 다른 학생들의 답을 베낀다거나 하는 경우가 점점 많아지는 경향이 늘고 있다고 보고되고 있다(Fleege, Charlesworth, Burts, & Hart, 1992; Fleege & Charlesworth, 1993; Charlesworth, Fleege, & Weitman, 1994).

시험을 잘 봐야겠다는 압력은 시험에 대한 교수와 직면하게 된다. 이러한 멍청이를 만드는 근시안적인 교수 방법은 시험에서 전형적인 기술들만을 포함하고 있다. 예를 들어 워크북, 워크시트, 플래시카드, 대집단 교수 방법 등이 포함된다. 읽기와 셈하기가 강조되고, 과학과 사회 학습, 미술, 음악 그리고 놀이에 대한 시간은 적게 배정된다. Burts, Charlesworth와 Fleege(1991)의 연구 결과에 따르면, 캘리포니아 학업 성취 검사(CAT)에서 유의하게 높은 점수를 받은 아동들은 가르친 것을 시험 보는 학급에서 공부한 아동들보다 발달에 적합한 학급에서 공부한 아동들이었다. 준비도 검사와 선별도구들은 비슷한 능력의 학생들을 한 학급에 배치하게 함으로써 학급에 동질성을 유지하는 기구로 이용되어 왔다. 그러나 준비도 검사와 선별도구가 배치 결정을 위해 사용되도록 고안된 것은 아니다(Meisels & Atkins-Burnett, 2005). 선별도구의 목적은 아동들을 깊이 있게 진단하는 것이었다. 준비도 검사의 목적은 교사가 교육을 계획하는 과정에서 도움이 되는 정보를 주는 것이었다(NASBE, 1990; NAEYC/NAECS/SDE, 2003). 준비도 검사는 학교에서의 성공을 예측하는 데 신뢰도와 타당도가 별로 없다(Graue & Shepard, 1989; Lichtenstein, 1990의 연구 참조). 불행하게도 기준을 정하고 책임감을 요구하며 진행되었던 '낙오 아동 방지' 운동은 부적절한 측정을 하였다는 이야기가 수면 위로 다시 떠오르고 있다(Meisels, 2000; High stakes testing position statement, 2001; Kohn, 2001a; Wesson, 2001; Hyson, 2002; Nichols & Berliner, 2008; Strauss & Berliner, 2011). 적합하지 않았던 측정도구의 대표적 예는 국가보고 시스템(NRS)이었다. NRS는 40만 명의 헤드스타트 아동들을 위한 검사를 개발하였다(Children's Defense Fund, 2005b). 이 검사는 부적합한 항목들을 담고 있는데, 신뢰도와 타당도가 보이지 않으며, 너무 높은 차원의 결정을 할 위험성이 있는 항목들로 이루어져 있다(Results, 발행 연도 불명; Meisels, 2006). 이는 또한 유치원 아동들에게 편협한 교육과정과 시험을 보기 위한 교수로 이끌 가능성이 있다. 다행히도 헤드스타트가 재인증될 때 이것은 연기되었다(H.R. 1429, 2007). 다음에서 우리는 발달에 적합한 측정도구를 정의하는 요인에 대해 살펴볼 것이다.

❁ 발달에 적합한 측정도구

1990년대에는 어린 아동들에게 **부적합한 측정 절차**를 사용하지 말아야 한다는 국가적인 운동이 있었다. 특히 준비도 검사와 지필 검사, 3학년까지의 대집단 성취 평가에 대한 결과에 대한 오남용 등을 없애려는 국가적인 운동이었다. 동시적으로 대안적인 **적합한 측정 절차**

부적합한 측정 절차(inappropriate assessment procedures) 준비도의 오남용 사례로 3학년 전체 학생들의 성취를 알아보는 지필 검사 등을 들 수 있다.

적합한 측정 절차(appropriate assessment procedures) 교과 영역에서 실질적 수행을 직접 측정하는 교육적 성취의 권위 있는 평가 과정가 개발되었다(Meisels, 1993, 1994; Schweinhart, 1993; Krechevsky, 1998). 이런 측정 유형을 진정한 평가라고 한다. 교육적 성취의 진정 평가는 주관적 영역에서의 행동 수행을 직접적으로 측정한다. 표준화된 선다형 시험은 다른 말로 하면 시험을 치는 기술을 직접적으로 측정하는 것이다(Pett, 1990, p. 8). 진정 평가는 수행 평가와 적절한 평가와 대안적 평가 모두를 이야기한다. 다양하고 광범위한 기법들이 사용되곤 하는데, 교사의 관찰 녹화, 체크리스트, 학생들의 작품의 포트폴리오(Vavrus, 1990; Grace & Shores, 1992; Shores & Grace, 1998; McAfee, Leong, & Bodrova, 2004), 과학이나 수학 문제의 탐구 능력(Shavelson, Carey, & Webb, 1990; Helm, Beneke, & Steinheimer, 1998), 글짓기와 보고서 작성, 소묘와 색칠하기, 구성하기, 시청각 자료 이용 등이 그 예이다(사진 28-4, 28-5). 기술은 아동이 전용적으로 발달에 적합한 활동에 몰입해 있을 때 관찰될 수 있다. 그리고 직접적인 면담을 통해서도 관찰될 수 있는데, 지필 검사보다 구조화된 자료를 이용하는 것이 좋다. Fleege와 동료들(1992)의 연구 보고에 따르면, 아동들은 지필 시험, 선다형 시험, 집단 수행으로 취급받지 않는 구체화된 상황에서 개념을 적용할 수 있다. 이러한 진정 평가의 다양한 유형은 척도나 개인의 수행을 자료화할 수 있는 척도로 대체될 수 있다.

© 2014Cengage Learning

사진 28-4 자기 평가에 따르면, 이 학생은 과제를 완수하였다고 기록한다.

측정도구인 *Phi Delta Kappa*의 서문에서 Eisner(1999)는 수행 측정에 대한 그의 믿음에 대해 언급하였다. 그는 같은 나이의 아동들에게서 나타나는 다양한 개인 간, 집단 간 발달적 다양성에 대해 지적하였다. 적절한 교수는 각 아동의 개인적 소질을 지원하면서 이러한 다양한 능력을 향상시킨다. 불행하게도 우리의 전통적 교육방법은 평준화, 통일성, 획일화 등의 가치를 두고 있다. 그리고 학생들을 학년이라는 단계로 묶어 버리고 목표도 고정시켜 놓았다. 반대로 객관적인 진정 평가는 학생들에게 개인적 소질을 표현하는 기회를 제공할 수 있다. 그러나 더욱 진정한 평가를 완전히 받아들이는 공공의 태도 변화가 주요 변화가 될 수 있다. 발달에 적접한 준비도 도구는 교육과정과 교수 방법의 방향을 제공하는 도움이 될 수

© 2014Cengage Learning

사진 28-5 아동들이 자르고 붙이기를 할 때, 교사는 그들의 운동 기술을 측정할 수 있다.

있다. 이러한 도구의 준거는 아래와 같다.

- 측정 평가도구는 개인적으로 실시되도록 고안되어야 한다. 집단 수행을 통해 고안되고 규준이 만들어지는 시험은 적절하지 않다.
- 아이들의 반응은 동작으로 나오거나(예: 가리키기, 구성하기, 분류하기), 언어적으로 나오거나(예: 사물 이름 말하기, 질문에 대답하기), 청각적으로 나와야(예: 지시 따라하기) 한다. 지필 평가는 지각-운동 기술 점검에만 사용되어야 한다(예: 모양 따라 그리기, 자기 이름 쓰기, 사람 그리기). 구체적 자료와 그림들이 반응을 이끌어 내는 주요 매체가 되어야 한다.
- 도구는 발달의 다양한 측면을 측정할 수 있어야 된다. 즉, 언어의 표현과 이해, 추론, 청각 능력, 대근육, 소근육 발달, 일반 행동 등이다.
- 도구는 적당히 짧아야 하며, 수행하는 데 30분이 넘게 걸리면 안 된다.
- 측정도구는 이후 진단에 유용한 정보를 줄 수 있으며, 교육과정을 계획하는 데에도 유용한 정보를 준다.
- 측정도구는 아동의 크고 대표할 수 있는 표본에서 규준을 만들어야 한다.
- 측정도구 지침서에 도구의 타당도 및 신뢰도에 대한 정보가 들어 있어야 한다.
- 교육수행을 위한 지침이 교사, 학부모, 보조교사가 쉽게 따라 할 수 있도록 명확해야 한다.
- 교육과정 지도는 가치 있는 근거(특징)를 따라야 한다
- 부모 설문과 합리적 가격도 가치 근거에 포함되어야 한다.

대부분의 아동들은 그들의 활동 시간에 관찰을 통하여 측정되지만 일부는 반드시 개별 면접이 실시되어야 한다.

Shepard, Kogan과 Wurtz(1998)와 Shepard(2000)의 보고서에 따르면, 영유아의 측정은 교수에서 필수불가결한 부분이다. 자원이 되는 그룹이란 다음과 같은 측정도구의 네 가지 요건을 구비해야 한다(p. 52).

1. 아동의 학습과 발달을 촉진시켜야 한다.
2. 건강과 특별한 학습 서비스를 제공받아야 하는 아동을 정의할 수 있어야 한다.
3. 프로그램과 서비스의 추세와 평가를 점검할 수 있어야 한다.
4. 학업 성취를 측정할 수 있어야 하며, 개개인의 학생, 교사, 학교가 책임 있게 유지해야 한다.

어떤 측정도구도 8세가 되기 전까지 고부담 검사의 결정을 따라서는 안 된다. "고부담 측정도구의 측정결과는 3, 4학년까지 그 진단을 책임 있는 목적을 위해 미루어야 한다"(p. 53). "궁극적으로 조기 학습과 발달에 높은 기대를 하는 목적은, 어떤 아동도 간과되어서는 안

되며 나아가서 부모와 공공기관이 발달과, 언어와 문화적 맥락을 고려한 성공적인 조기 학습 경로를 잘 이해할 수 있도록 돕는 것이다"(p. 54).

측정도구가 목적의식이 있기 위해서는 다음과 같은 요구조건이 있다(Snow & Van Hemel, 2008). 측정도구가 고안되기 전에 측정도구의 목적이 정립되어야 한다. "발달에 적합한 측정도구 체계는 아동이 어떻게 성장하고 발달하는지에 대한 가치 있는 정보를 부모와 교육자에게 제공할 수 있다"(Snow & Van Hemel, 2008, p. 27). 발달에 적합하지 않은 검사는 검사자에게 정보도 주지 못할 뿐만 아니라 아동에게 스트레스를 주는 시간 낭비일 뿐이다.

생각해 보기

여러분의 과거와 최근의 측정 경험에 대하여 생각해 보라. 측정받았을 때의 기분을 적어 보고, 결과를 어떻게 받아들였는지를 살펴보라. 표준화된 검사 결과로 인해 어떤 중대한 결정을 한 적이 있는가?

4 미래를 위한 아동 준비시키기

1997년 당시 4세반 교사였던 Karen Hartman은 그동안 교사들이 4세 아동들과 무엇을 하였는지를 고려해 보며 다음과 같은 질문을 스스로에게 해 보았다.

> 1914년에 Caroline Pratt에 의해 시작된 이러한 일정과 철학적 체계가 내적으로나 외적으로 아동의 미래 대처에 어떻게 영향을 미칠 것인가?(1977, p. 32)

Hartman은 자신이 유아원에서 아동을 지도하였던 방법에 대하여 자기 평가를 이어 나갔고, 미래에 아이들에게 필요한 가르쳐야 할 기술이 무엇인가에 대해서도 계속 생각하였다. Hartman은 다음과 같은 기술을 가르쳐야 한다는 것을 발견하였는데, 그러한 기술들은 아동이 어른이 되어 더욱 복잡해진 세상 문제를 다룰 때 도움이 될 것이다.

- 한 번에 몇 개의 자료만 가지고 한 가지 과제에 집중하게 함으로써, 다룰 필요가 있는 외적 세계의 일에 매우 활기 있게 주의를 집중할 수 있는 능력을 함양시키도록 돕는다.
- 교실에서 신중하게 선택되고 제한된 자료를 제공함으로써, 미래에 많은 선택에 직면해 보기 전에 아동이 의사결정 능력을 키울 수 있도록 돕는다.
- 아동을 둘러싼 환경과 효율적으로 대처하게 함으로써, 독립성을 배우도록 한다.
- 대리적 경험보다 직접 경험을 제공함으로써, 아동의 왕성한 호기심과 내적 자원을 유지시킨다.

4장을 돌아보면, 과학 기술은 명백하게 빠르게 발전한다. 필자는 2학년 여아들이 직사각형 모양으로 접힌 종이를 귀에 대고 말한 다음에 손가락으로 누르는 것을 보았다. 직사각형 종이가 무엇이냐고 묻자, 아이들은 '아이폰'이라고 대답했다. 과제에 집중하는 것을 배우고, 자기 결정을 하고, 호기심과 창의성을 유지하여 우리의 어린 아동들이 오늘날과 미래의 점점 더 복잡해지는 기술적인 환경의 문제들을 잘 다루기를 바란다.

영유아 교육기술

어린 아동들이 어떤 기술과 지식을 습득해야 성인기로 갈수록 더욱더 복잡해지는 미래의 과학 기술 세계에서 문제를 잘 다루어 나갈 것인가? 최근에는 대학 학위도 온라인으로 취득할 수 있다. 그러나 온라인 교육은 교육 현장에서 하향 추세이다. 초등학교에서의 온라인 교육과 중학교에서의 온라인 교육의 유용성은 증가되고 있다. 중학교에서는 디지털 게임과 학생들이 개념을 이해하기 위해 시뮬레이션이 사용되고 있고(Ash, 2009), 아이패드는 학교 현장에서 사용이 늘고 있다. 어떻게 어린 학생들을 지도할 때 이러한 새로운 요소들을 준비시킬 수 있을까? 어떤 종류의 온라인 프로그램이 어린 아동들에게 활용 가능할지 인터넷을 탐색해 보자.

요약

1 유아원부터 초등학교(1학년)까지 교육 프로그램의 연속성이 필요한 이유를 설명하기

유아원에서 초등학교(1학년)까지는 발달에서 연속적 시기로 간주되어야 한다. 이러한 관점에서 유아원, 유치원, 1학년 프로그램까지의 전이는 아동이 한 수준에서 다른 수준으로 나아갈 때 비슷한 자료와 활동을 이용하여 유연하게 진행하는 것이 좋을 수 있다. 유아원에서 유치원 그리고 초등학교를 이어가는 다리를 만드는 것이 최근 관심사이다. 아동은 연속되어 있다. 연속성을 제공하기 위해 많은 노력이 이루어지고 있는데, 많은 프로그램은 성공적이지만 이러한 프로그램이 모든 곳에서 발견되는 것은 아니다. 유아원, 유치원, 초등학교 교사 간에 더 많은 협력이 요구된다. 행정가와 교육 당국자들과도 마찬가지다. 발달에 적합한 교실은 모든 어린 아동에게 가능해야 한다.

2 준비도 개념에서의 기초 요인 정립하기

다음 단계에 준비로서의 준비도 개념은 유아원과 유치원과 초등학교 교육 수준이 전체적으로 분리된 기관이라고 생각하는 신념에 기초하는 경향이 있다. 이러한 개념은 2000년도에 첫 번째 Bush 대통령과 정부에 의해 모든 미국에 있는 아동은 배울 만한 준비를 갖추고 학교에 들어간다는 목표가 반영된 개념이다. 이것은 준비도의 개념을 재확립하는 시기로서, 아직 준비가 되지 않은 아동을 프로그램에 임하게 하는 게이트키핑 개념이 아니라 아동이 자신 그대로의 상태를 받아들일 준비가 된 학교에서 성공적으로 준비되도록 우리가 도와야 한다는 개념을 말한다. 학교에 들어가기 전에 아동은 신체적・운동 발달적・사회적・정서적・학습적・언어적・인지적・상식적 수준의 지원과 지침을 받아야 한다. 학교 준비도를 정의하고 측정하는 것은, 학교들이 다 다르고 각 아동과 가정과 사회가 매우 다양하기 때문에 어렵다. 학교는 따라서 모든 아동에게 준비되어야 할 필요가 있다.

3 어린 아동의 측정에 대하여 고려해 볼 만한 주요 요소를 열거하기

준비도를 재정의한다는 것은 아이의 학교에 대한 준비도를 측정하는 것에 대한 물음이다. 준비도 측정은 어디서, 지도를 시작할지를 찾는 의미 있는 기능으로서, 누가 교실에 있고 누가 교실을 나가야 하는지를 결정하는 게이트키퍼의 의미는 아니다. 준비도 측정도구를 재정립함에 있어서 어린 아동들의 측정에 전체 영역이 변화할 필요가 있다. 지필 검사나 다중 선택, 집단으로 수행되는 표준화된 성취 검사들은 어린 아동에게 적합하지 않다. 이런 것들은 스트레스를 유발하고, 준비에 소중한 시간을 빼기게 되며, 너무 추상적이어서 어린 아동의 학업 성취를 평가하는 데 신뢰롭거나 타당하지 않다. 덧붙여서 이런 시험들은 사회 발달, 운동 발달, 문제해결, 사고력 등을 간과할 수 있다. 자연스런 상황에서의 학습 경험으로부터 제공되는 정보인 진정 평가 절차가 적합하다. 학교에서 시험이 너무 과하다는 기준이 제공되고 있다. 심지어 헤드스타트에서조차도 높이 지탄받고 연기되어야 한다는 부적절한 측정 검사들이 행해지고 있다. 측정도구는 뚜렷한 목표 아래 계획되어야 한다. 아동의 학습과 발달을 촉진할 수 있어야 하며, 아동의 건강과 특별한 학습 서비스를 받아야 하는 아동들을 정의할 수 있어야 하며, 프로그램과 서비스에 추세와 평가를 점검해야 하며, 학업 성취를 측정할 수 있어야 하며, 개개인 학생과 교수와 학교의 책임이 함께 해야 하기 때문이다.

4 미래 세계를 살아가기 위해 아동에게 필요한 기술을 열거하기

기술 과학이 발달한 미래 세계에는 단순히 시험을 치는 사람이 아니라 창의적으로 생각하고 문제를 해결하는 능력을 가진 사람을 요구할 것이다. 과제에 집중할 수 있고 독립적인 결정을 할 수 있으며, 호기심과 창의성을 유지할 수 있는 그런 사람을 필요로 할 것이다.

제 29 장

초등학생: 신체 발달과 운동 발달

이 장과 관련된 표준

naeyc

NAEYC 프로그램 기준

1a: 출생에서 8세까지의 영유아의 특징과 요구를 알고 이해하기

DAP

발달에 적합한 실제(DAP) 지침

1D: 건강, 안전, 신체 활동

학습목표

1 초등학교 기간 중 신체 발달과 건강의 주요 요인에 대해 설명한다.

2 초등학교 기간 중 중요한 대근육 운동 기술에 대해 기술한다.

3 초등학교 기간 중 중요한 소근육 운동 기술에 대해 기술한다.

앞의 장들(12, 15, 18, 19장)에서 영아, 걸음아기 아동, 유아원 아동, 유치원 아동의 신체, 건강, 운동 발달에 대해서 서술하였다. 이 장에서는 6세에서 8세 아동의 특별한 특징을 관련하여 살펴보도록 한다.

다음에 건강한 1학년 아동의 대근육 활동의 예들이 나열되어 있다.

- Sophia(7세), Ainsley(6세), Maria(8세), Mattan(6세), Ruben(6세)이 야외에서 신체적으로 활발한 극놀이를 하고 있다. Sophia, Ainsley와 Maria는 소꿉놀이를 하고 있다. Mattan과 Ruben은 정글짐에서 뱃놀이하듯 놀고 있다. 여아들은 수영장의 트램펄린에서 뛰어오르고 있다. 여아가 도와달라고 소리지르자, 그들은 물로 뛰어든다. 남아들은 트램펄린에 올라간다. "빨리 우리 배로 들어와!"라고 Mattan이 소리친다. Sophia가 들어가자 다른 여아들도 따라간다. 소꿉놀이가 끝나고 그들은 이제 해적놀이를 시작한다.
- 초등학교의 축구 경기장은 그들의 축구 연습을 하는 운동장을 가로지르는 흥분된 아이들의 웃음소리로 생동감이 넘친다. 여아들은 축구 연습을 하고 있는 친구들을 보며 즐거워한다. 어떤 아이들에게는 경기에 집중하는 것이 매우 어렵지만, 잠시 후 축구공을 직접 찰 기회가 주어지면 아이들은 그 시간을 매우 즐긴다. Dianna(8세)는 방과 후 축구 연습에 매우 집중한다. Dianna는 결국 골을 넣을 때까지 몇 번이고 연습한다. Dianna는 함박웃음을 지으며 출발선에 돌아와서 열광적으로 경기에 임한다.

소근육 발달 또한 집과 학교에서 그림 그리기와 쓰기 활동에 아동이 집중할 수 있도록 하는 기초적인 활동이다.

- Ngu(7세)는 거실에 있는 책상에 앉아 있다. Ngu는 종이에 자신의 이름을 쓰고 있다. Ngu는 엄마를 불러 이야기를 쓰고 싶다고 말한다. "내가 책으로 쓸 만한 게 있을까요?" Ngu의 엄마는 몇 개의 인덱스 카드를 가져다준다. Ngu는 카드를 받은 후 자리에 앉아서 25분 동안 즐겁게 작업을 한다. Ngu는 그리고 색칠하고 쓴다. Ngu는 엄마에게 말한다. "나는 스태플러가 필요해요." Ngu는 엄마에게 카드와 책을 준다. 그리고 아주 활짝 웃는다. 이 책의 제목은『Ngu의 책』이다.

1 신체 발달과 건강

지금까지 읽으면서 신체 성장, 건강과 영양 그리고 운동 발달이 모두 전체적 안녕(well-bing)과 모두 관련이 있음을 알 수 있다. 이 장에서는 신체 성장, 건강, 영양, 안전과 상해, 정신건강 그리고 건강 교육에 대해 초점을 맞추겠다.

성장

초등학교 기간 중에 성장은 계속적으로 느리게 그러나 꾸준히 이루어진다(Marotz & Allen, 2013; Colson, 2006a). 이 시기에 몸무게도 늘고 근육도 증가한다. 팔과 다리도 신체 비율을 따라 길어진다(표 12-1 참조). 유치는 사라지고 영구치가 나오기 시작한다. 7세경에는 여아들이 남아들보다 키가 더 큰 경우도 있다. 팔과 다리는 더 길어지고 더 여위어 보인다. 의사들은 아동을 검진할 때마다 키와 몸무게를 잰다. 아동은 아주 어렸을 때는 비만일 수 있다. 키와 몸무게의 변화 추이는 18장에 제시되어 있다. 이 시기의 신체건강의 주요 요소는 뼈 성장판이다(Mayo Clinic Staff, 2007). 신체의 긴 뼈들, 예를 들어 대퇴골은 각 끝까지 성장한다. 성숙된 뼈의 모양과 길이는 성장판에 의해 결정된다. 성장판은 가장 마지막으로 단단해지는 뼈의 부분으로서, 골절이나 균열이 쉽게 생긴다. 18~20세가 되어서야 전체 뼈가 경화된다. 키는 1학년 기간 중 고려되는 또 다른 성장 지표이다(Moninger, 2007). 어떤 아동은 또래보다 키가 더 크고, 어떤 아동은 또래보다 키가 작다. 아동은 신체 형태와 체격이 다양하다. 키가 제일 크거나 작은 것은 아주 성가시며 생각하기도 싫은 일이다. 키 작은 남아보다는 키 작은 여아가 비교적 공정하게 대우를 받는다. 극단적으로 작은 아동은 날마다 합성 성장 호르몬 주사를 맞는다. 그러나 이는 매우 비싸며, 보험 적용이 안 되고, 4~5년 또는 그 이상 지속적으로 맞아야 한다. 4~10세에 아동은 해마다 약 5cm씩 키가 크고 약 3kg씩 몸무게가 늘어간다. 6~8세에 일부 아동은 작은 성장 급등(분출)기를 경험하게 된다.

수면 또한 매우 중요하다(Bronson & Merryman, 2009; Marotz, 2012). 학령기 아동들에게는 8~10시간의 수면과 낮잠이 필요하다. 이 시기 뇌의 무게는 약 10퍼센트만 증가하지만, 어떤 뇌 구조는 발달을 계속한다(Berk, 2005). 의식 조절, 충동 조절, 계획, 공간지각 능력 그리고 뇌반구의 소통 영역이 점점 더 복잡해진다.

Snell, Adam과 Duncan(2007)의 연구에 수면과 체질량지수에 관한 보고가 있다. 3~7세 아동까지는 수면과 체질량지수 간에 강한 관련이 있다. 불충분한 수면은 높은 체질량지수와 상관이 있었고 비만으로 연결되었다. 불충분한 수면은 일정한 배고픔과 식욕을 관장하는 호르몬 활동을 방해하여 고탄수화물 음식을 찾게 한다.

건강

18장에서 지적하였듯이, 예방적 건강 돌봄 방문이 6세, 8세 10세에 권장할 만하다(Colson, 2006b). 키, 몸무게, 비만 예측 정도를 파악하여야 한다. 또한 시력, 청력, 납 노출, 빈혈 등이 지속적으로 점검되어야 한다. 의사는 발달적 진행 상황도 점검해야 한다(예를 들어 6세인데 밤에 침대에 소변을 싸는지 등). 의사는 스포츠 안전, 자전거 안전 같은 안전에 관한 주제에 대하여 이야기해 줄 수도 있다. 아동은 체육 시험 또는 운동 기능 점검도 받아야 한다.

의사들이 연간 기초로 가끔 아동의 발달 정도와 전반적 건강을 점검한다 할지라도, 초등학교 교사는 매일 아동의 건강에 주의를 기울일 매우 중요한 책임이 있다(Marotz, 2012). 선생님들은 전문가와 부모들과 협력할 필요가 있는데, 이는 아동의 가정이 일찍부터 적절한 의약 처치 및 건강한 생활습관을 갖도록 장려하기 위해서이다. 교사는 갑작스런 아동의 행동 변화와 질병 또는 건강 문제에 주의를 기울일 필요가 있다. 교사는 감기 증상이나 발열 상태도 잘 관찰해야 한다. 아동의 건강에 대한 질문의 답은 KidsHealth와 같은 사이트를 참고할 수 있다.

영양

2011년 미국 농림부(USDA)의 식생활 지침인 MyPlate(ChooseMyPlate.gov)에 대하여 18장에서 소개하였다. MyPlate 지침은 2세 이상의 모든 사람에게 적용된다. 초등학교 연령에 도달한 아동들은 MyPlate 지침을 지키면서 좋은 영양 섭취와 아울러 많은 운동을 함으로써 적절한 **에너지 균형**을 이루고 비만도 예방할 수 있다(MyPlate, 2011)(사진 29-1). 에너지 균형을 이루기 위해, 몸은 들어온 칼로리를 최대한 소모해야 한다. MyPlate 식생활 지침은 연방정부의 기금으로 학교 점심과 같은 영양 프로그램을 계획하거나 영양 교육 프로그램 또는 영양 정보 프로그램을 계획할 때 이용된다. 그러나 미국 의회는 미국 농림부의 학교 점심 지침을 전적으로 따르지는 않는다(Shah, 2011). 의회는 감자나 피자의 토마토 소스 등과 같은 탄수화물 함유가 높은 채소를 일반 채소와 마찬가지로 제한하지 않았으며, 미국 농림부의 소금 제한 지침에 따라 소금 섭취량을 축소하였다. 명심해야 할 사항은, 모든 연령의 사람이 매일매일 모든 식품군에 있는 식품을 골고루 섭취해야 한다는 것이다. 4~8세의 아동은 곡류(매일 6온스), 채소(매일 2.5컵), 과일(매일 2컵), 단백질(매일 5.5온스)을 섭취해야 하며, 매일 칼슘이 강화된, 예를 들어 지방이 제거되었거나 1% 정도 지방이 함유된 우유를 매일 3컵 마셔야 한다(MyPlate, 2011)(사진 29-2). 매일 먹어야 하는 식품 목록에 설탕은 포함되지 않는다는 점에 주목하자. 아동기에 소금 그리고 고형 지방이나 설탕 같은 고열량 저영양 식품의 섭취는 줄일 것을 권장한다. ChooseMyPlate 사이트에서 자세한 영양 지침을 설명하고 있다.

에너지 균형(energy balance) 신체가 섭취한 만큼 에너지를 소모하는 것

사진 29-1 이 여아는 영양가 있는 점심을 먹고 있다.

사진 29-2 오전의 간식(건강식)은 과일과 곡물로 구성되어 있다.

비만

앞의 장에서 살펴본 것처럼 비만의 증가는 주요한 문제이다(Paxon, Donahue, Orleans, & Grisso, 2006). 어린 아동들은 에너지로서 많은 칼로리를 필요로 하지만, 먹는 만큼 소모해야 한다. 과거의 30년 동안 환경에서 나타난 몇 가지 변화는 비만의 증가를 가져온 듯하다. 고열량, 고밀도 에너지의 음식물들을 섭취할 가능성의 증가, 탄산음료와 당이 많이 함류된 음료들의 섭취, 그리고 이러한 생산물들의 선전이 그 예이다. 또한 맞벌이 가정이나 한 부모 가정이 증가되면서 집에서 준비하는 음식을 섭취하는 것도 줄어들게 되었다. 학교 갈 때 덜 걸어다니고, 차를 타고 많이 여행하고, 바깥에서 노는 것이 감소하고, TV 시청과 비디오 게임으로 인해 비활동성이 증가되는 것도 비만을 더 많이 유발하는 인자가 되었다. 비만은 역시 아동기 때부터 시작해서 몇 가지 신체적 문제를 야기하는데, 예를 든다면 심장, 장, 정형외과적인 위험 요소를 유발한다. 아동기에서 2형 형태의 당뇨병이 증가하고 있으며, 고혈압도 증가하고 있다.

비만아들은 놀림이라든지 따돌림의 대상이 되기도 한다(Hirschfeld, 2007). 과체중 사람들은 가정이나 학교에서 편견을 많이 경험한다고 보고되고 있다. 그들은 놀림받고 따돌림받고 사회적으로 배제되고 있다. 그들은 거부당하고 있고 보통 사람들은 그들과 같이 있는 것을 원하지 않는다. 과체중은 낮은 자존감이라든지 걱정, 우울증, 자살과 연관되어 있다. 비만, 영양 부족, 식품의 불안정성, 부정적인 영양적 인자들은 대략적으로 18장에서 소개

뇌 발달

영양 지원

아동은 건강한 두뇌 성장 및 발달을 위해서 필수 영양소를 필요로 한다. 영양 부족인 아동들은 뇌 성장이 지연되고 바깥세상을 탐구할 때 필요한 에너지가 부족하다. 아동은 고영양분 식사를 필요로 하는데, 이것들은 단백질, 무기질을 필요로 한다. 이러한 영양 성분은 성장을 지원한다. 아동의 위장은 상대적으로 작다. 만일 영양 가치가 없는 고열량의 정크푸드를 먹게 되면 진짜 필수적인 영양 음식이 들어갈 수 있는 공간이 없어져서 두뇌 발달의 장애를 초래할 수 있다.

출처: Providing good nutrition for a healthy brain. (2012). *Better brains for babies*. http://www.fcs.uga.edu.

되었다.

Fromel, Stelze, Groffik와 Ernest(2008)는 휴식과 체육 교육이 비만을 억제하는 데 중요하다고 밝히고 있다. 그들은 폴란드의 6~8세 학령기 아동의 체육 활동을 검사하였고, 아동들이 체육 시간보다도 휴식 시간에 훨씬 더 많은 활동을 보였다는 것을 발견하였다. (또한 소년은 소녀보다 더욱 활동적이었다.)

학교에서의 신체 활동의 중요성은 다른 연구에서도 이미 확인되었다. 2009년도에 Georgia 주의 초등학교 교장이 학생들에게 설탕 섭취를 금지하고 건강식을 하라고 권유하는 동시에 매일 신체 운동에 참여하도록 하였다. 그 결과, 학생들의 검사 성적이 평균 15% 증가하였고, 훈육 문제가 23% 감소하였다. 그리고 학교에서의 비만은 실질적으로는 없어졌다. 운동, 신체 활동에 대해서는 이 장의 '대근육 운동 발달'에서 좀 더 자세하게 살펴볼 것이다.

안전과 부상

어린 아동에게 안전과 부상의 요인은 역시 좀 더 나이 든 아동에게도 적용될 수 있는데, 이것은 18장에서 기술되었다. 부모와 교사들은 우발적인 아동의 부상을 방지할 책임이 있다(Marotz, 2012). 어른들은 안전한 환경을 제공할 필요가 있고, 건강 및 안전 교육, 응급조치를 제공할 필요가 있다. 아동 보육 기관이라든가 학교에 있는 성인들은 심폐소생술 교육을 받아야만 한다. 심폐소생술 및 기본 응급조치 교육을 받아야만 하고, 기본적인 응급조치 장비가 늘 가까운 곳에 있어야 한다. 가용한 응급조치 도구가 있어야 하고, 가볍거나 심한 부상을 처치할 수 있는 지침 설명서가 반드시 있어야 한다. 그리고 부모들은 아동의 성장에 따라 맞지 않게 된 안전 시트를 보정하기 위한 아동용 보조 의자를 구입해야 한다. Morrongiello와 Schwebel(2008)에 따르면, 6~12세 아동들은 그전보다 성인의 주의와 감시를 덜 받게 되고, 그래서 혼자서 또는 친구들과 함께 어떤 일을 할 때 위험에 더 노출되기도 한다. 2년 동안의 관찰 결과, 남아들이 여아보다 훨씬 더 부상의 빈도가 많았다. 그리고 문화적인 배경에 따라 위험 행동은 다르게 나타난다. 아시아, 라틴아메리카의 이민 아동들은 미국에서 태어난 아동들보다도 부상의 위험성이 적었다. 왜냐하면 서구인들은 위험 감수라든가 독립성을 격려하는 반면에, 이민 부모들은 이러한 이를 금지하는 면이 있다.

18장에서 살펴본 안전 문제에 덧붙여, 연방응급처치협회(Federal Emergency Management Agency, FEMA)는 화재사고 안전에 대한 지침을 제공하였다. 지침은 연기 경보장치, 성냥 및 라이터의 안전성 확보, 집 안 화재 시의 피난 계획 등을 포함하고 있다(Prepare. Practice. Prevent, 2007). KidsHealth(http://kidshealth.org)는 집 주변, 외부활동, 응급 상황에서 준수해야 할 수많은 행동 및 지침을 제공하였다. 자전거 안전도 초등학교 다니는 시기에 중요한데, 이때쯤에 아동이 자전거 타기를 익히려고 하기 때문이다. 대기 질도 중요한 고려 대상이다(Orenstein, 2009). 인조 육상 트랙, 치아 충전재의 화학 성분, 자외선 노출에 의한 피부암, 피부 손상, 오염된 물의 공급은 우리가 부가적으로 생각해야 될 독성 물질에 대한 고려사항이다. 그러나 화재, 교통사고, 입수는 유독성 화학물질에 대한 노출보다 훨씬 더 위험하다.

정신건강

해마다 20%의 미국 아동이 유년기에 정신건강 문제를 보인다(Mental illness in children, 2009). 이러한 문제로는 불안장애, 주의력결핍 과잉행동장애(ADHD), 섭식장애 등이 있다. 치료는 약물 치료와 정신 치료로 이루어진다. 경제적 위기(주거 · 재정의 곤란, 실업)는 많은 가정에서 상당한 충격을 준다(Pina & Eisenberg, 2009). Pina와 Eisenberg(2009)는 테러, 자연재해와 경제적 상태 등이 이후에 아동에게 외상 후 스트레스 장애(PTSD)가 발생할 가능성을 증가시킨다고 생각한다. LaGreca와 Silverman(2009)은 외상 후 스트레스 장애의 희생자들을 도와주는 몇 가지 치료 방법을 기술한다. 18장과 25장에서 기술한 대로(Bush 대통령 시절에 발생한 허리케인 카트리나로 많은 피해가 있었다.), 당시에 희생자들의 정신건강을 도와주기 위한 서비스의 필요가 대두되었다(Osofsky, Osofsky, & Harris, 2007). 예를 들어 New Orleans 1학년 아동의 25%가 정신건강 서비스가 필요한 경우에 해당하였다.

Robert Burke(2005)는 미국 행정부에서 자문을 하는 수석 자문 의사의 보고를 빌어, 정신건강 서비스를 받아야 할 미국 아동과 청소년 중에서 1/3만 서비스를 받고 있다고 지적하였다. Burke는 교사들이 관계 발달에 크게 방점을 둔 정신교육을 받아야 한다고 제안하였다. 학교 교실은 스트레스가 있는 곳이고, 교사들은 학생들과 좋은 관계를 형성하기 위해 도움을 줄 사람과 기술을 필요로 한다. 학교 교장은 직원들을 멘토링하고 학생의 정신건강 상태에 대한 교사들의 스트레스와 걱정에 대해서도 같이 공개적으로 대화할 수 있도록 긍정적인 역할을 해야 한다. 유아기에 정신건강 상담의 가치는 18장에서 이미 언급되었다.

건강 교육

건강 교육은 K-12 학교 교육과정에서 필수적인 부분이 되어야 한다. 건강한 식생활 태도와 신체적으로 활동적인 생활을 유지하는 면에서 영양과 신체 활동을 부각시켰다. 이러한 내용은 반드시 수학, 생물학, 언어 수업에 통합되어야 한다. 현재 단 6개 주만이 교육과정에 건강 교육을 포함시키지 않는다. 유감스럽게도 건강 교육 시간은 굉장히 제한되어 있지만, 다른 과목과의 통합을 통해서는 확장될 수 있다.

AIDS와 약물 교육(drug education) 역시 중요하다. 교사와 학생, 학부모들은 HIV(인간면역결핍바이러스)에 대해서 교육을 받을 필요가 있다. 특히 학교에 HIV 양성 아동이 있으면 더욱 그렇다. HIV 양성 아동의 부모들은 이 문제를 숨기려 하지 않는다(Ryan, 1997b).

약물 교육 과정을 개발하는 사람들은 아동들에게 이런 교육을 어떻게 시킬지를 알아야 하고, 그 예방에 대해서도 잘 알아야 한다(Evans & Bosworth, 1997). 강의 같은 일방통행적 소통은 비효과적이다. 아동들이 흥미를 갖고 참여할 수 있도록, 역할 놀이, 소집단 활동, 브레인스토밍, 시뮬레이션, 협력 학습, 토론과 같은 상호작용적 기술을 활용해야 한다. 약물 남용으로 인해 고통받는 부모와 어린 아동들은 유아 관련 전문가의 지원을 필요로 한다(Rice & Sanoff, 1998). 유아 관련 전문가들은 중독에 대한 사실을 반드시 알아야 하며, 그렇게 함으로써 아동과 관계된 부모와 보육자, 교사들에 초점을 맞춘 지지 요법과 치료 요법을 제공할 수 있다.

또한 아동들은 적절한 영양과 올바른 손 씻기, 양치 과정에 대해서 알아야 한다. 그리고 18장에서 언급하였듯이 올바른 손 씻기를 가르치기 위한 자료는 언제든지 얻을 수 있다. 적절한 영양 교육을 위한 자료 역시 쉽게 찾을 수 있다(예: http://www.educationworld.com; http://www.fns.usda.gov).

2 대근육 운동 발달

Frost, Wortham과 Reifel(2005)은 학령기 즈음에 대근육 운동 기술이 향상된다고 지적하였다. 이는 아동기에 융통성, 균형감, 민첩성이 많이 증가한다는 증거이기도 하다. 학령기 아동들은 협응된 운동 능력이 요구되고 게임 규칙을 기억하면서 생각해야 하는 조직화된 스포츠나 게임에 참여할 수 있다. 소근육 운동 기술은 쓰기나 그리기와 같은 수업 시간 활동을 통하여 발달한다. 컴퓨터 게임과 비디오 게임 역시 소근육 운동 기술을 필요로 한다.

놀이와 신체 발달은 밀접하게 연결되어 있다. 신체 활동의 기회는 아동의 건강한 신체 발달을 지원하고 사회적 상호작용 및 차례 지키기와 공정한 게임에 대해 학습할 수 있는 기회를 제공한다. 인지 발달은 운동 발달과도 관련되어 있다(Marcon, 2003). Caterino와 Polak(1999)은 2~4학년 아동의 집중력 수준에 관한 신체 활동의 영향을 살펴보았다. 그들에 따르면, 시험 보기 전에 신체 활동을 경험한 아동이 시험 전에 조용히 앉아 있던 아동보다 성취 검사 점수가 높았다. 이러한 연구 결과는 아래와 같은 절차가 학생의 성취를 증가시킬 수 있다고 제안한다.

- 시험 실시 전 집중력을 위하여 15분 정도의 스트레칭과 신체 활동 실시
- 학업 수행을 위한 스트레스 관리로서 신체 활동 실시
- 학업 수행을 위한 스트레스 관리로서 매일 체육 교육 실시
- 학업 수행을 위한 스트레스 관리로서 매일 체육 교육과 휴식 실시

어린 아동들은 주의 집중 시간이 짧다. 이들은 입력된 정보를 통제하는 것이 힘들다. 그러므로 그들의 단기 기억은 적합하지 않은 잡동사니 같은 정보로 채워진다. 종종 다른 학업 과제로 바꾸는 것이 놀이하면서 쉬는 것보다 학업에 유익하지 않을 수 있다. 과감하게

신체 활동 놀이의 휴식 시간을 취하는 것이 아동의 정신을 맑게 해 주고, 그럼으로써 다음 시험 과제를 잘할 수 있게 된다. 초등학교 수준에서는 거친 신체 놀이가 신체적 발달과 사회적 우월성을 느낄 기회를 제공한다. 아동은 거친 신체 놀이를 통하여 다른 사람의 힘을 가늠하고 느낄 수 있다.

Story, Kaphingst와 French(2006)는, 학교는 아동이 신체 활동과 에너지 소비를 촉진할 수 있는 특별한 환경이라고 지적한다. 따라서 학교생활은 아동기 비만을 예방하도록 돕는다. 초등학생을 위한 포괄적 프로그램은 체육, 건강 교육 그리고 휴식으로 구성되어야 한다. 학급 시간에 이른바 두뇌 운동이라고 하는 짧은 시간의 움직임은 아동의 머리를 맑게 해 줌으로써 학업을 더 잘할 수 있게 한다. 초등학생을 위한 권고 지침은 날마다 60분의 신체 활동과 주당 150분의 체육 시간이다. '아동낙오방지법(No Child Left Behind)'이 입법화된 후에 체육 시간은 줄어들고, 국어 · 수학 시간이 이를 대체하고 있다.

사진 29-3 체육 시설에서 아동들이 등을 맞대고 서로 협동하며 공놀이를 하고 있다.

Pellegrini와 Perlmutter(1988)는 바깥 놀이에서 거친 신체 활동을 하는 유치원, 2학년, 4학년 아동을 관찰하였다. 그들은 거친 신체 놀이 활동이 사회적 유능성과 관련이 있음을 발견하였다. 그들은 거친 신체 놀이 활동이 규칙이 있는 협동 놀이 참여를 유도하고 공격적 놀이의 빈도를 감소시킨다고 보고하였다(사진 29-3). 특히 거친 신체 놀이 활동은 남아에게 더 효과적이었다. Pellegrini와 Perlmutter는 거친 신체 놀이 활동을 하지 않는 남아의 경우, 교사가 거친 신체 놀이를 하도록 도와야 한다고 언급하였다. 거친 신체 놀이 활동은 신체 활동뿐만 아니라 사회성 발달에서도 중요한 기능을 한다.

학령기 동안 아동의 뛰어 오르기, 달리기, 깡충깡충 뛰기, 공 다루기 기술 등은 상당히 증진된다(Beck, 2005). 협응이 잘 이루어져서 아동은 더 빨리 뛰고 깡충깡충 더 잘 뛴다. 멀리 정확히 던질 수 있으며, 공을 더 잘 잡을 수 있고, 빠르고 정확하게 차는 등, 운동 기술이 더욱 세련된다.

청소년의 스포츠와 휴식

성인이 조직해 주는(adult-organized) 청소년 스포츠의 인기가 수년간 증거하고 있다

(Beck, 2005). 여기서 살펴봐야 할 점은, 성인의 통제는 아동이 게임을 하면서 발달시킬 수 있는 탐색과 실험의 기회를 빼앗는다는 것이다. 더욱이 아동은 자신의 능력을 더 신장시킬 수 있다. 어떤 지도자들은 격려하기보다 비판하기도 하고 이기는 것을 매우 많이 강조하기도 하는데, 이것은 게임에서 기쁨을 빼앗는 것이다. 또한 잘 못하는 선수에게는 정서적 고통의 기회까지 될 수 있다. 모든 아동은 원할 때 놀 기회를 가져야 한다. 장애를 가진 아동에게는 적응이 필요하다(Adaptations for physical activities, 2006; Cheesebrew, 2007; APENS, 2008).

앞에서 언급하였듯이, 신체 활동은 집중력을 향상시킨다. 학업 지도에서 높은 시험 점수를 성취하기 위한 압력이 더욱 커지고 있기 때문에, 휴식 시간을 어떻게 해야 될지에 대한 많은 논쟁이 있다(Council on Physical Education for Children, 2001; Maintaining recess, 2006). 아동에게는 휴식이 필요하다. 아동을 위한 체육교육위원회(Council on Physical Education for Children, 2001)는 학교 일과에서 휴식이 어떤 기본적인 요소를 갖추어야 되는지를 다음과 같이 발표하였다(p. 1).

> 휴식은 자유재량 시간이며, 건강한 신체 발달을 돕고 운동의 즐거움에 집중할 수 있는 기회를 제공한다. 휴식은 또한 초등학생 아동들이 실제 상황에서 삶의 기술, 예를 들어 갈등해결, 협동, 규칙 지키기, 차례 지키기, 나누기, 말로 의사소통하기를 할 수 있게 한다. 더욱이 휴식은 집중을 향상시키고, 학업 프로그램에 있어서 학습에 집중하도록 한다.

휴식은 더 구조화된 체육교육 프로그램에 의해서 보완되어야 한다. 이러한 비구조화된 활동 시간은 아동에게 선택하고 놀이의 규칙을 개발하고 에너지와 스트레스를 발산하고 체육교육에서 개발된 기술들을 사용하게 하는 기회를 제공한다(Story, Kaphingst, & French, 2006)(사진 29-4a, 29-4b).

a

b

사진 29-4 야외 활동은 등산할 수 있는 기회를 제공한다.

비만이 유행처럼 증가하고 있는데, 신체 운동에 관한 신체 운동이 매우 중요한 사안으로 대두되고 있다(Sanders, 2002). Sanders에 따르면, 대근육 운동 발달의 결정적 시기는 태내기에서 5세 때까지이며, 소근육 운동 발달의 결정적 시기는 출생에서부터 9세 때까지이다. 뇌 발달에서도 움직이는 활동에 관한 정보를 모으고 저장하는 결정적 시기라고 볼 수 있다. 초등학교 학생을 위한 운동 지침은 스포츠와 체육교육 국가 위원회(NASPE, 2004)를 활용하면 된다. 5~12세 아동을 위한 권고 지침은 다음과 같다.

- 매일 간헐적으로 60분 이상의 신체 활동을 한다.
- 15분 또는 그 이상의 단위로 하루 동안의 활동을 축적한다.
- 2시간 이상 가만히 있지 않도록 한다.

부모들은 매일의 일과 속에 신체 활동을 넣어야 한다. 예를 들어, 걷기, 자전거 타기, 하이킹 같은 활동이나 테니스, 골프, 축구 같은 스포츠에 참여하도록 해야 한다. 어떤 아동은 팀 스포츠에 참여하고자 하지만, 어떤 아동들은 원하지 않을 수 있다(*Fitness for kids who don't like sports*, 2005). 어떤 아동들은 팀 스포츠에 참여할 기술이 없거나 팀에 합류하기를 꺼려서 팀 스포츠에 참여하지 않을 수 있다. 그러나 이런 아동도 그들 혼자 줄넘기 또는 춤추기 등을 하면서 신체 활동을 계속할 수 있다. 그들은 어쩌면 승마, 스케이트 타기 등과 같은 개인 스포츠를 더 좋아할 수 있다.

어린 아동들에게는 스포츠 부상도 큰 문제이다. 1974년부터 보스턴 아동병원의 운동의학 학장인 Lyle E. Micheli 박사는, 과거에는 전문적인 운동선수에게만 영향을 미쳤던 부상 또는 상처 유형이 아동들에게서 나타나는 사례가 많아졌다고 언급하였다(Micheli, 1990). 이러한 부상이나 상처는 놀다가 다쳤을 때 또는 과도한 훈련을 받을 때 발생한다. 이러한 부상이나 상처는 성장기 아동에게 천천히 나타날 수 있지만 영구적인 문제가 될 수 있다. 많은 자원봉사 운동 지도자들이 아동을 안전하게 지도하는 기술을 훈련받지 못하였다. 부모들은 자녀들을 조직화된 운동에 참여시키기 전에 담당 운동 지도자가 자격이 있는지를 확인해 볼 필요가 있다.

아동은 10대 때 입은 상처 또는 부상 때문에 중년에 고통을 겪게 될 20년 후의 일을 생각할 수 없다(Lampros, 2006). Lampros(2006)의 보고에 따르면, *Journal of the American Academy of Pediatrics*는 청년기 상처 또는 부상에 원인이 될 수 있는 요인을 다음과 같이 열거하였다.

생각해 보기

컴퓨터 게임과 비디오 게임이 아동기 비만과 신체 활동을 저해하는 가만히 앉아 있는 활동이라고 생각하는가? 또는 닌텐도의 Wii와 같은 가상현실 게임이 아동들에게 운동이 될 수 있다고 생각하는가?

- 위험한 운동장 또는 놀이터
- 피곤할 때 노는 것
- 안 좋은 날씨

현실에서의 아동 발달

아동기 뇌진탕의 위험

뇌진탕은 운동선수, 특히 미식축구 선수들에게서 자주 일어난다. 축구나 라크로스, 아이스하키, 치어리딩 같은 스포츠에서도 뇌진탕 위험이 있다(Samuels, 2010). 뇌진탕으로 응급실을 찾는 아동이 증가하자, 최근에 아동의 뇌진탕에 관심이 모이게 되었다(Carroll, 2011). 학교 미식축구(school football)는 (상해와 부상을 유발하는) 신체적 충격의 강도와 빈도를 줄이는 쪽으로 정책의 변화를 이끄는 많은 관심을 이끌어 내고 있다(Toporek, 2012). USA Hockey는 12세 이하 어린이들의 경기에서 전신 몸싸움, 몸으로 가로막기(full-body checking)를 금지하고 있다. 30개의 주에서는 다친 아동을 경기에서 내보내는 관련 법을 통과시켰다. 15개의 주에서는 아직 계류 중이다. 어린아이들은 자전거 타기나 자동차 사고, 신체 학대, 낙상으로부터도 뇌진탕을 자주 일으키게 된다(Mayo Clinic, 2011). 그러나 유소년 미식축구의 참가가 증가하고 있다(Daniel, Rowson & Duma, 2012). Daniel, Rowson과 Duma(2012)는 7, 8세 아동의 머리 충격이 축구 경기와 연습 도중에 발생하는 것으로 판단한다. 머리의 충격은 성인이 받는 것과 같이 동일하게 심각하다. 대부분의 큰 충격은 연습 도중에 일어난다. 따라서 연습은 심한 충격 연습(high-impact drills)을 포함하지 않아야 한다.

뇌진탕은 뇌 기능 회로를 변화시키는 외상성 뇌 손상으로 정의된다. 뇌는 젤라틴같이 부드럽다. 뇌 안에 있는 뇌 척수액이 뇌를 보호한다. 과격한 타격(충격)은 뇌를 앞뒤로 이동시키고 두개골의 내측 벽을 치게 된다. 그로 인해 두통이 유발되고, 집중력, 기억력, 판단력, 균형감각, 조정 능력에 문제가 생기게 된다. 다른 증상으로 기억 상실, 멀미, 구토, 분명치 않은 발음, 피로를 동반한다. 어린아이는 보통 때보다 더 많이 울기도 하고, 두통을 느끼고, 행동이 변하고, 비정상적으로 화를 더 낼 수 있고, 집중하지 못하게 된다(WebMD, 2011). Mayo Clinic(2011)에 따르면, 뇌진탕은 머리에 가해지는 타격이나 머리 흔들림 때문에 일어나게 된다. 만약 뇌진탕이 의심스러울 때, 증상이 심하지 않아도 의사를 즉각적으로 불러야 한다. 그러나 의식이 없거나 멀미, 발작, 정신 기능이나 신체 조절에 심각한 문제가 있거나 증상 개선이 적을 때 아이는 응급실로 데려가야 한다. 증상은 가끔 즉각적으로 나타나지 않는다. 진단에는 외상의 심각도를 측정할 뇌 촬영을 필요로 한다. 가장 좋은 치료는 육체적으로 정신적으로 쉬는 것이다. 육체적 활동과 정신적 활동을 피하기 위해서는 비디오 게임을 보는 것, TV를 보는 것, 컴퓨터를 사용하는 것, 문자 메시지를 주고받는 것 등을 피해야 한다. 학교에서도 학습 부담을 줄여 주는 것이 필요하다.

Mayo Clinic(2011)에서는 머리에 충격을 받는 것을 방지하거나 최소화하기 위해서 다음과 같은 것을 추천한다.

- 운동이나 다른 활동 시 적당한 보호장비를 착용하라.
- 자동차에 안전벨트를 착용하라.
- 가정에서의 위험한 곳을 점검하라.

출처: Carroll, L. (2011, October 6). ER visits for kids' concussions on the rise. *TODAY Health*. http://today.msnbc.msn.com; Daniel, R. W., Rowson, S., & Duma, S. M. (2012). Head impact exposure in youth football. *Annals of Biomedical Engineering*, 10; Mayo Clinic staff, (2011, February 22). *Concussion*. http://www.mayoclinic.com; Samuels. C. A. (2010, September 23). Concussion—Prevention efforts zero in on school sports. *Education Week*. http://www.edweek.org; Toporek, B. (2012, February 28), Sports rules shift in light of concussion research. *Education Week*. http://www.edweek.org; WebMD. (2011, July 23). *Concussion—Overview*. http://webmd.com.

- 적절하지 않은 운동 기술
- 부적절하고 빈약한 운동 장비

상처나 부상을 가장 많이 입는 신체 부위는 발목, 무릎, 머리, 팔꿈치, 샅굴(groin)이다. 스

표 29-1 6세, 7세, 8세 아동의 대근육 운동 기술

6세 아동	7세 아동	8세 아동
• 강화된 근력 • 구부리고, 뻗고, 비틀고, 방향을 바꿀 때 몸의 균형 유지 가능 • 정교하고 의도된 움직임의 증가 • 증가된 신체 지각 • 증가된 공간 지각(방향과 위치) • 활발한 신체 활동을 즐기고 수행한다(달리기, 뛰기, 기어오르기, 잡기, 던지기). • 여러 가지 물체를 아래로 던져서 목표점에 이르게 할 수 있다(예: 오자미를 동그란 원 안에 던지기 등). • 두 손을 이용하여 허리 아래로 여러 가지 물체를 잡을 수 있다. • 앞쪽으로 조절하여 높이 뛸 수 있다. • 끊임없이 움직인다. 가만히 앉아 있기 힘들다.	• 한 발로도 균형을 잡고 서 있을 수 있다. • 계속적으로 구부리고, 뻗고, 비틀고, 방향을 바꿀 때 몸의 균형을 유지할 수 있다. • 계단을 양쪽 발을 번갈아 오르내릴 수 있다. • 양쪽 발을 번갈아 깡총깡총 뛸 수 있다. • 작은 공을 던지거나 받을 수 있다. • 정지된 공을 한 발로 차서 큰 골대나 친구에게 보낼 수 있다. • 움직이면서 한 손으로 공을 튀길 수 있다. • 공을 사용하여 짧은 거리를 드리블할 수 있다. • 뛰뛰기하면서 안전하게 착지할 수 있다. • 움직이거나 정지할 때 균형을 잘 유지할 수 있다. • 움직임이 숙달되면 새로운 운동 기술을 연습한다.	• 춤, 롤러스케이트, 수영, 레슬링, 자전거, 연날리기 등의 활동을 즐긴다. • 야구, 축구 등의 팀 활동이나 게임에 참여한다. • 여러 가지 방법으로 이동하고, 여러 가지 방법을 결합하여 움직일 수 있다. • 테니스 공을 잡을 수 있고, 평균대 위를 걸을 수 있으며, 방망이로 공을 칠 수 있다. • 또래 친구나 골대를 향해 두 손을 이용하여 공을 위로 던질 수 있다. • 허리 아래나 위로 두 손을 이용하여 물체를 잡을 수 있다. • 또래 친구나 큰 골대 쪽으로 움직이는 물체(예: 공, 풍선 등)를 두 손으로 칠 수 있다. • 낮은 물체를 건너뛸 수 있다. • 주변 장비의 아래위 사이로 몸을 움직일 수 있다. • 외견상으로 끊임없이 에너지를 가지고 있다.

출처: Marotz, L. R., & Allen, K. E. (2013). *Developmental profiles: Pre-birth through adolescence* (7th ed.). Belmont, CA: Wadsworth Cengage Learning. 허락을 받아 사용.

턴트맨이 점점 위험해지는 것과 마찬가지로 치어리더들의 상처나 부상도 늘고 있다(표 29-1).

3 소근육 운동 발달

5세경의 아동은 다른 사람들도 알아볼 수 있도록 몸통과 다리와 얼굴을 연결하여 사람을 그릴 수 있다. 자르기도 하고, 반죽으로 형태도 만들고, 단추도 잠그고, 신발 끈도 묶을 수 있으며, 오른손이나 왼손 중 잘 쓰는 손(우세 손)이 정해진다(Fine Moto Skills, 발행 연도 불명). 6세가 되면 눈과 손의 협응이 숙달된다. 이 시기에 아동은 식기를 사용할 수 있고, 집안일을 돕고 잔심부름을 할 수 있으며, 애완동물을 돌볼 수 있고, 그리기 · 색칠하기 · 만들기도 할 수 있으며, 쓰기 기술을 발달시킬 수 있다. 소근육 운동 기술을 발달시키려면 공예품을 만들거나, 퍼즐을 하거나 블록 놀이를 하거나, 구슬을 꿰기 시작한다. 어깨나 팔을 움직여서 만드는 요리를 시작하는 것도 좋다. 그리기 · 쓰기 도구나 가위도 유용하다. 소근육 운동 기술은 초등학교에 들어가면 더욱 강조되는데, 글씨와 숫자를 써야 하기 때문이다. 그런데 이메일과 문자 메시지의 증가로 손글씨 기술은 과거의 기술로 여겨지는 경향도 있다(Associated Press, 2009). 아동들이 소근육 통제 기술을 많이 얻을수록 그림이 더 정교해진다(**그림 29-1, 사진 29-5**). 그러나 **표 29-2**에서 보는 바와 같이 그리기 기술에는 범위가 있다.

발달이 빠른 1학년 아동의 그림

발달이 빠르지 않은 1학년 아동의 그림

그림 29-1 1학년 아동들의 그림은 아동의 소근육 운동 능력 정도를 반영할 수 있다.

사진 29-5 그리기와 자르기는 소근육 기술을 필요로 한다.

표 29-2 6세, 7세, 8세 아동의 소근육 운동 기술

6세 아동	7세 아동	8세 아동
• 미술 활동, 목공, 조립식 완구를 즐긴다.	• 일관성은 없지만 포크와 나이프를 바르게 사용한다.	• 칠판의 글자나 숫자를 정확히 베껴 쓴다.
• 숫자와 글자를 쓰는 데 정확도와 흥미에 있어서 차이가 많다(예: b/d, p/g, g/q, t/f를 혼동한다).	• 지필 과제를 할 때, 자리에 머리를 숙이고 고개를 앞으로 한 채 연필을 아래쪽으로 잡고 쓸 수 있다.	• 눈과 손의 협응이 잘 된다. 필기체 쓰기 학습을 시작해도 무방하다.
• 손이나 다른 모양을 따라 선을 그을 수 있다.	• 자신감 있게 글자와 숫자를 쓸 수 있다.	• 그림 그릴 때 자세히 사물을 묘사할 수 있다.
• 단순한 모양으로 접거나 자를 수 있다.	• 칸이나 줄을 맞추어 글자의 모양과 특징을 잘 살려서 쓸 수 있다.	• 6세와 7세 아동의 소근육 기술을 쉽게 해낸다.
• 대부분 신발 끈을 맬 수 있다.	• 그리기에서 묘사가 증가한다.	
• 그림에 모형 모양을 그릴 수 있다.	• 6세 아동의 소근육 기술을 쉽게 해낸다.	

출처: Marotz, L. R., & Allen, K. E. (2013). *Developmental profiles: Pre-birth through adolescence* (7th ed.). Belmont, CA: Wadsworth Cengage Learning. 허락을 받아 사용.

요약

1 초등학교 기간 중 신체 발달과 건강의 주요 요인에 대해 설명하기

신체 발달, 건강, 운동 발달은 상호 연관되어 있다. 학령기에 아동의 신체는 팔다리가 길어지는 등, 좀 더 비율적이 된다. 이 시기에는 학교에 주로 있기 때문에 교사는 질병에 관한 징후와 조짐을 잘 관찰해야 한다. 영양도 중요한 요인이다. 비만을 피하기 위하여 섭취한 열량을 가능한 한 많이 소모해야 한다. 미국 농림부의 Choose My Plate는 적절한 영양을 제공하는 주요한 지침이다. 성인들은 아동의 부상이나 상처에 대한 대처 계획을 세워야 한다. 건강 교육은 아동과 부모들에게 필수적이다. 초등생들의 정신건강에도 좀 더 주의를 기울여야 한다.

2 초등학교 기간 중 중요한 대근육 운동 기술에 대해 기술하기

대근육 운동 기술이 향상됨에 따라 초등학교 기간에는 조직화된 스포츠나 게임 활동을 할 수 있다. 활발하고 활력 있는 놀이는 중요한 대근육 운동 활동이다. 휴식은 학교생활의 필수적인 부분이다. 활력 있는 휴식은 아동의 집중력을 향상시킨다. 초등학교 기간에는 휴식과 구조화된 매일매일의 체육교육 프로그램을 실시해야 한다. 부모들은 자녀의 건강을 유지하기 위하여 운동을 시켜야 한다. 또한 스포츠 상해와 부상이 늘고 있다. 아동들은 가끔 신체가 감당할 수 있는 정도를 넘어서 운동 훈련을 받곤 한다. 청소년 축구 또는 다른 스포츠에서의 뇌진탕은 특별한 문제이다.

3 초등학교 기간 중 중요한 소근육 운동 기술에 대해 기술하기

소근육 운동 기술은 교실에서 아동이 쓰기 기술을 완성하고자 할 때 더욱 강조된다. 의사소통을 위한 첨단 과학 기술의 발전으로 손글씨의 중요성이 거의 사라지고 있다. 학교에 입학하기 전에 소근육 활동에 집중하는 기회를 가져야 한다.

제30장

초등학생: 인지 발달과 학교 교육

이 장과 관련된 표준

naeyc

NAEYC 프로그램 기준

1a: 출생에서 8세까지의 영유아의 특징과 요구를 알고 이해하기

DAP

발달에 적합한 실제(DAP) 지침

1E 4: 가정에서 사용하는 언어를 주시하고 존중한다.

3: 중요 목적을 성취하기 위한 교육과정 계획하기

3A 1: 교사는 각 연령 집단에게 필요한 핵심 기술을 이해하고 익숙해진다.

학습목표

1 6~8세 아동의 전형적인 인지적 특성을 식별할 수 있다.

2 초등학교 저학년 교육과정에서 테크놀로지가 차지하는 위치를 기술한다.

3 문화와 두려움과 같은 다양한 요인들이 학교 성취와 적응에 끼치는 영향을 설명한다.

4 초등학교 저학년에서 돌봄 중심 교육과정을 통한 발달적으로 적합한 학교 교육의 핵심 요소를 기술한다.

이 장에서는 저학년 초등 교육(1학년에서 3학년 교육)을 받는 6세에서 8세까지의 아동의 인지 능력에 대해 다룬다. 우선 저학년 초등학생 학급 두 곳을 살펴보도록 한다.

> Marcos 선생님의 반을 살펴보면, 다양한 학습 집단의 아동들을 발견할 수 있다. 교실에는 각자가 속해 있는 활동과 프로젝트에 집중하면서 나누는 조용한 대화 소리가 맴돈다. 이 교실에는 생각보다 다양한 나이대의 아동들이 함께 학습하고 있다는 것을 확인할 수 있다. Marcos 선생님이 설명하기를, 이 학교에서 초등 과정을 밟고 있는 아동들은 통상적인 학년제에 구애를 받지 않고 임의로 반이 배정된다. Marcos 선생님의 반에서 새로 온 아동은 전체 학생의 3분의 1에 불과하다. 나머지 학생들은 이미 Marcos 선생님과 1~2년 정도를 학습한 학생들이다. 교실을 둘러보면 한 집단의 아이들이 건조된 리마 콩을 이용해서 자신만의 수학 문제를 만들고 있는 것을 볼 수 있다. 또 다른 집단의 아이들은 콩 식물의 성장을 그래프에 기록하고 있다. 교실의 다른 한쪽에서는 블록을 이용해서 장난감 농장 동물과 농기구를 보관할 구조물을 쌓아 올리고 있다. Marcos 선생님은『잭과 콩나무』에 대한 그림을 그리거나 글을 쓰고 자신만의『잭과 콩나무』이야기를 쓰고 있는 아이들을 지도하고 있다. 나머지 학생들은 도서 부문에서 식물에 관한 소설과 비소설 책을 들여다보고 있다. 그리고 모든 학습 집단에서 아이들이 서로 도와주며 학습하고 있다는 것을 알 수 있다.

같은 학군에 속한 다른 학교의 예를 살펴보겠다.

> Brown 선생님의 교실에 들어서면 Marcos 선생님의 교실과는 확연히 다른 분위기를 단숨에 알아챌 수 있다. 우선 아이들이 각자 책상에 앉아 침묵 속에 공부하고 있다. 한 집단은 학습서를 채워 나가고 있고, 다른 집단은 학습지를 풀고 있으며, 세 번째 집단은 Brown 선생님과 함께 기본 읽기 교재(basal reader)를 차례대로 소리 내 읽고 있다. 학습서와 학습지의 문제를 풀고 있는 학생들 중 일부는 자신이 무엇을 해야 하는지 모르고 있는 듯한 모습을 보였고, 바빠 보이기 위해 부단히 노력 중이었다. Brown 선생님과 함께 공부하는 학생 중 자신의 차례를 기다리는 학생들은 안절부절못하며 지루해 보이기까지 하였다. Brown 선생님의 말씀에 따르면, 아이들은 유치원에 들어가기 전에 준비도 검사를 받고 검사 성적에 따라 학급에 배정된다. 올해 Brown 선생님은 제일 낮은 성적을 받은 학급을 맡았다.

두 학급 중 발달에 적합한 방식이 무엇이라고 생각하는가? 발달에 적합하지 않은 방식은 어느 쪽이라고 생각하는가? 이 장과 다른 장(특히 28장, 29장과 31장)에 기술되어 있는 초등 교육을 받는 아동들의 발달 과정과 위에 기술한 두 가지 학습법을 연관 지어 생각해 보자.

저학년 초등학생의 생활에서 학교는 지대한 부분을 차지한다. NAEYC 지침에 따르면 저학년 초등학생의 교수는 해당 아동의 발달 정도에 맞춰 이루어져야 한다(Bredekamp & Copple, 1997; Copple & Bredekamp, 2009). 예를 들면, 저학년 초등학생들은 육체적으로 활발하다. 오랫동안 가만히 앉아 있는 것을 힘들어하는 나이이다. 이들은 수동적인 활동

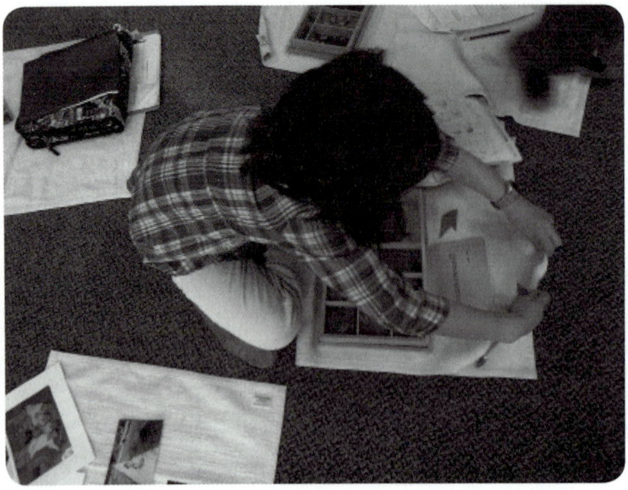

사진 30-1 구체적 물체는 단어 문제를 풀면서 추상적인 개념으로 이어진다.

을 통한 학습보다는 능동적인 학습을 통해 교육을 받아야 한다. 저학년 아동들은 인지 발달 과정 중 구체적 조작기로 도입하는 시기를 겪고 있다. 물체를 사고 속에서 조작이 가능해지는 단계이기는 하지만, 상징물에 대한 연결점을 찾기 위해 구체적인 경험을 계속해야 하는 시기이다(사진 30-1). 이 나이대 아동들의 학교에 대한 환상은 극놀이에 종종 반영된다. 다음 이야기를 예로 들어 보자.

Jane 이모는 집에 돌아와서 조카 두 명, 일곱 살짜리 Diane과 다섯 살짜리 Ann이 보드에 무언가를 쓰고 있는 것을 발견한다. Jane 이모가 방에 들어서자, Diane은 이모에게 학교놀이를 제안한다. Jane 이모는 흔쾌히 승낙하고 Diane은 이모에게 셈을 하고, 숫자를 세며 그림을 그리는 방법을 차근차근 가르쳐 준다. 그리고 Jane 이모에게 숫자를 세어 보라고 하고 귓속말로 "숫자를 세는 방법을 모르는 척해 주세요."라고 부탁한다. Jane 이모가 틀린 숫자를 세면, Diane은 "틀려도 괜찮아. 거기까지만 세자."라고 말한다. Diane은 아직 어리지만, 선생님 역할을 톡톡히 해내고 있다. 교사라는 직업을 택한 사람들은 종종 자신의 초등학교 시절 당시 만났던 특별한 선생님의 영향을 받아 진로를 택하였다고 말한다(White, Buchanan, Hinson, & Hurts, 2001).

이 장에서는 초등학교 저학년 아동들의 인지적 특성과 학교 교육의 중대성을 탐구한다.

1 인지적 특성

저학년 초등학생들은 전환기를 거쳐 구체적 조작기에 들어선다. 구체적 조작기에 진입하면서 더 복잡한 인지적 문제를 다룰 수 있게 되고, 상징물과 구체적인 경험을 연결 지을 수 있는 능력을 갖추게 된다. 전환기를 겪고 있는 아이들은 극놀이를 여전히 즐기지만, 전보다 구조적이고 복잡한 극놀이를 하게 된다. Fikani(2007)는 극놀이에 쓰이는 재료들을 담은 소품 상자(prop box)의 사용이 학생들이 자신들의 연극에 개념과 언어를 대입해 볼 수 있는 비공식적인 기회를 제공하여 사실 기반의 학구적 소재를 뒷받침할 수 있다고 한다. 초등학생 아동들은 전조작기에서 구체적 조작기로 넘어가는 전환기를 겪고 있다는 사실을 유념해야 한다. 표 30-1은 학교에서 Piaget의 인지 발달 단계와 발달적으로 적합한 실제의 관계를 보여 준다. 동시에 아이들은 초등학교 과정에 진학하는 전환기를 겪고 있다(Axel-

표 30-1 Piaget와 인지 발달 단계와 발달적으로 적합한 실제

Piaget의 인지 발달 단계	발달적으로 적합한 실제
전조작기 모방, 놀이와 기타 자기 주도적 활동을 통한 학습으로 인해 언어와 인지 영역이 빠르게 발달한다(3~7세).	• 통합 교과 • 돌봄 중심 공동체 • 구체적인 학습 경험 • 활동을 선택하고 계획할 기회 • 보존 기회 • 놀이를 지원해 주는 교사 • 협업 기회
전환기(5~7세)	• 전조작기에 적합한 나이, 개인, 가족 및 문화적 특성의 연속성
구체적 조작기 추상적인 상징과 생각이 구체적인 경험에 적용된다(7~13세).	• 모든 콘텐츠 영역에서의 기본 개념에 대한 지식을 제공하는 통합 교과 • 돌봄 중심적, 민주주의적 공동체 • 개개인에 최적화된 교수 • 심층적 프로젝트 과제와 같은 능률적인 지능을 요구하는 학습 전략 • 학생의 흥미를 반영한 장기 프로젝트 과제를 포함한 교육과정

rod, Goldstein, LaGrange, Lever, & Burke, 2002).

Vygotsky 역시 인지 발달 단계를 역설한 것을 유념하자(2장 참조). 초등학교에 입학하기 전 단계(3~7세) 아동들은 주로 놀이 활동을 하고, 명시적 혼잣말의 자기 통제가 가능해진다. 초등학교에 입학할 연령(7~13세)이 되면 주로 학습 활동에 참여하고, 조용한 혼잣말은 과제(task)와 관련된 행동과 성과를 통제한다. 아이들이 7세 정도 되면 밖으로 혼잣말을 하지 않고 머릿속으로 혼잣말을 하며 놀고 공부한다. 교실에서의 중추적 교수 전략은 토의와 문제해결을 통한 교육이다(Berk & Winsler, 1995).

개념 발달

20장에서 근본적인 개념 발달을 학습하였다. 아이들이 구체적 조작기에 들어서면서 제일 먼저 해결하는 보존 문제는 숫자 보존 문제라는 것을 유념하자. 구체적 조작기를 거치면서 아이들은 액체와 고체의 양, 넓이, 무게와 같은 다른 물질적 변화에 대한 보존 문제를 해결할 수 있는 능력을 갖추게 된다. 표 30-2에 이와 같은 문제 두 가지가 있다. 수리 연산의 참된 이해를 하기 위해서 아이들은 보존자(conservers)가 되어야 한다.

Vygotsky의 이론에 따르면 저학년 초등 교육과정에서는 **학습 활동**이 주를 이룬다

학습 활동(learning activity) Vygotsky는 초등 교육과정 중 주로 참여하는 활동들이 공식화되어 있고 구조적이고 문화적으로 지정되어 있다고 생각하였다.

표 30-2 보존 과제의 물질적 변화

원래 상태	물리적 변화	질문	비보존적 반응	보존적 반응
아이는 두 잔에 같은 양의 음료가 담겨 있다는 점에 동의한다. 		두 잔에 같은 양의 음료가 담겨 있는가? 아니면 하나의 잔에 다른 잔보다 더 많은 음료가 담겨 있는가?	아니다. 같은 양의 음료가 담겨 있지 않다. 긴 잔에 더 많은 음료가 담겨 있다.	그렇다. 같은 양의 음료가 담겨 있다. 같은 양의 음료를 다른 크기의 잔에 담은 것이다. 이 잔이 더 길지만 그만큼 더 얇다.
아이는 두 찰흙 덩어리가 같은 양이라는 점에 동의한다. 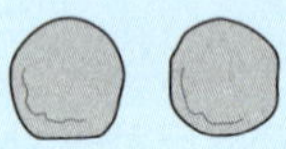	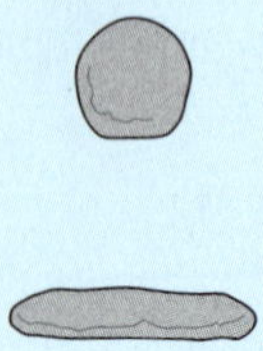	두 찰흙 덩어리가 같은 양인가? 아니면 하나가 다른 것보다 더 양이 많은가?	아니다. 아래의 찰흙이 더 길어서 양이 더 많다. (아니면, 위의 찰흙이 더 뚱뚱하므로 양이 더 많다)	그렇다. 같은 양의 찰흙이다. 같은 양의 찰흙 덩어리를 다른 모양으로 빚은 것일 뿐이다.

(Bodrova & Leong, 2007). "**학습 활동**은 질문 동기(지적 호기심)로 인한 아동 주도적 활동이다. 이 과정은 어른들이 형성하고 주도한 공식화된, 구조적이고 문화적으로 지정된 특정 콘텐츠로부터 출발한다."(p. 172) 서양 문화권에서 콘텐츠는 크게 문해, 수리, 과학, 사회, 예술과 체육으로 나뉜다(**사진 30-2**). 언어는 학습 활동에서 콘텐츠와 과정을 전송하는 주요 수단이다. 초등 교육과정 중 아이들은 **이론적 추리**를 배우기 시작하는데, 이는 명백하지 않은 과학의 근본적인 성질을 이해할 수 있도록 도와준다. 예를 들면, 초등학생들은 돌고래가 물고기와 같이 물속에서 헤엄치며 살지만, 포유류로 분류되는 특정한 속성이 있다는 것을 배운다. 5세, 6세, 7세 아동들은 지구라는 행성에 대해 배우지만 비과학적인 방법으로 해석할 수 있다(Hannust & Kikas, 2007). 진정한 이론적 추리 능력의 발달은 18세 또는 그 이후까지 계속되며, Piaget 이론과 같이 구체적 조작기에서 형식적 조작기로 전환하는 것과 유사하다. 두 번째 발달학적 성취 지표는 **고등 정신 기능의 출현**이다. 고등 정신 기능에는 계획하기, 관찰하기, 평가적 사고와 의도적 기억력의 발달 등이 포함된다. 아이들은 문제를 해결할 때 자신들의 사고 과정과 행동을 평가하기 시작한다.

사진 30-2 동물 보고서를 쓰기 위해 수반되는 조사 활동은 과학, 독해와 작문을 통합한다.

세 번째 발달 성취도 지표는 **본질적인 동기**의 발현이다. 아이들은 학습 활동에 참여하면서 학습 그 자체에 대한 흥미가 생기기 시작한다. 교사로부터의 칭찬 또는 다른 포상이 더 필요하지 않게 된다. 아이들은 점진적으로 놀이 중심에서 학습 중심 활동으로 전환한다. Vygotsky는 초등학교 입학 전 아동의 주요 학습 수단이 놀이라고 주장하였으나, 초등 시절에 아이들은 학습 활동이 놀이 활동과는 다르게 올바른 답변을 해야 하는 것과 같은 '기준'이 있다는 것을 깨닫는다. 오류는 자기 정정의 기회가 주어지기보다는 교사가 오류를 짚어주고 학생들이 정정할 수 있도록 도와준다.

Jensen(1998)은 뇌 친화적 교수법의 중요성을 강조하였다. 뇌 친화적 교수법은 발달하는 뇌와 뇌의 처리 방식에 적합한 학습 지도를 제공하는 방법이다. 4장에서 학습이 어떻게 이루어지는지 살펴보고, 20장에서는 인지 체계와 개념 발달이 이루어지는 방법에 대해서 살펴보았다. 학습은 뇌 속의 신경세포 간 새로운 연결이다. 더 많은 신경세포가 연결될수록 우리의 지능이 높아진다. 모든 아이가 풍요로운 환경으로부터 혜택을 받을 수 있다(Jensen, 1998). 이는 모든 아이가 도전, 새로움과 구체적인 피드백으로부터 혜택을 받을 수 있다는 말이다. 풍요로운 환경은 독해와 언어(**사진 30-3**), 운동 자극, 사고와 문제해결 그리고 예술을 통해 조성된다. Jensen은 다음과 같이 말하였다(1998, p. 40).

© 2014Cengage Learning

사진 30-3 초등 수준의 아동들은 다양한 주제에 대하여 글을 쓰고 싶어 하는데, 이는 가정과 학교에서 겪은 경험은 물론이고 상상력을 조금 가미한 '영웅'과 '악당'에 대한 글을 쓰고 싶어 한다.

> 뇌 연구와 풍요로운 환경 조성의 분야에서는 두 가지 법칙이 있다. 첫 번째는 위험 요소를 제거하는 것이고, 두 번째는 상당히 풍요롭게 강화해야 한다는 것이다. 학계가 풍요로운 환경의 전체적인 영향을 파악하기 전에는 미니멀한 학습법을 고수하는 학급이 정당화될 수 있었지만, 일방적인 주입식 강의만 고수하는 삭막한 교실을 정당화할 수 있는 시대는 지났다.

성장하는 뇌는 다양한 강화된 입력을 요구한다(Solomon & Hendren, 2003). Montie, Xiang과 Schweinhart (2006)의 연구에 따르면, 10개국에 거쳐서 아동들이 4세 때

생각해 보기

자신이 6~8세였을 때의 경험이나 기억을 통해서 그 연령대 아이들이 흥미를 갖는 것과 세상에 대해 아는 것을 설명해 보자. 그들의 사회적 · 인지적 발달도 함께 고려해 보자. 아이들의 극놀이와 게임의 주제가 무엇이었는가?

받은 교육의 발달적 적합성과 7세 때 나타나는 인지적 · 언어적 발달 간의 다양한 관계를 발견하였다. 4세 아동들에게 자율 선택형 활동의 기회가 제공되고, 교사 교육 수준이 적합하고, 전체 학급이 참여하는 활동에 참여하는 시간이 적고, 아이들에게 제공되는 소재가 다양하고 많을수록, 7세가 되었을 때 인지적 · 언어적 능력 성취도가 두드러졌다.

개인적 지적 능력에 대한 아이의 입장

Stipek과 MacIver(1989)는 아이들이 자신의 지적 능력을 어떻게 생각하는지 조사한 연구를 검토하였다. 유치원생부터 초등학교 1학년생들은 '똑똑하다'의 기준을 학구적 성취도보다는 사회적 행동에 기반을 두어 정의하였다. 예를 들면, 서로 나누는 것은 똑똑하고 다른 아이에게 해를 입히는 것은 똑똑하지 못한 행동이었다. 알파벳을 다 외우고 숫자를 세고, 읽고 쓰는 것보다 사회적인 관계를 형성하는 것이 더 중요한 시기이다. 초등학교 2학년이 되면 아이들은 잘 정돈하고 노력하는 것과 같은 일 처리 습관을 지능의 지표로 인식한다. 착하고 질서를 잘 지키는 것 역시 지적 능력의 지표로 여겨진다. 7세가 되면 아이들은 노력이라는 개념과 노력이 성공에 어떤 영향을 주는지 이해하지만, 각기 다른 능력이 성공에 어떠한 영향을 주는지는 인식하지 못한다. 계속되는 실패가 작업 지속성을 저하시킨다는 것을 깨달은 후, 5학년이나 6학년이 되어서야 능력이 안정적인 습성이라는 인식이 이루어진다.

Stipek과 MacIver(1989)에 따르면, 대부분의 어린아이들은 실제 성과와는 무관하게 자신들의 지적 능력에 대한 자신감이 있는 편이다. 어린아이들은 자신들의 능력을 실패에 기반을 두어 정의하기보다는 성공에 기반하여 인식한다. 노력을 하면 결과적으로 성공할 수 있다고 믿는 듯하였다. 어린아이들은 긍정적 사회적 강화에 잘 반응한다. 아이들은 스티커나 포상을 받는 것보다 누군가의 칭찬을 받는 것이 더 성공적이라고 인식하였다. 전조작기 아이들은 한 번에 한 가지 생각만 처리할 수 있으므로 칭찬이 가장 효과적이다. 아이들이 구체적 조작기에 완전히 진입해야 칭찬과 다른 포상을 동시에 처리하고 인식할 수 있다. 어린아이들은 칭찬의 액면가만 받아들이는 편이고, 고학년으로 올라갈수록 자신의 성과에 대해 받은 칭찬의 정도를 비교해서 인식하게 된다. 성공을 표현하기 위한, 별과 웃는 얼굴과 같은 상징들은 아이들이 이해하지만, 알파벳을 사용한 학점은 이해하지 못한다. 알파벳 학점은 3학년이나 4학년이 되기 전까지는 아이가 자신의 능력을 인식하는 데 영향을 주지 않는다. 그 이유는 아마도 알파벳 학점을 이해하기 위해서는 아이가 서열 척도를 이해해야 하기 때문이다.

어린아이들에게 노력은 지적 능력의 기본적인 지표이다. 열심히 공부하고 자주 연습하는 것이 '똑똑한' 것과 동급으로 인식된다. 초등 과정에서 친구들과의 비교는 갈수록 중요해진다. 유치원생부터 초등학교 2학년생들은 타인이 얼마나 잘하는지에 대한 정보를 사용하는 방법이 일관적이지 않다. 아이가 3~5학년이 되면 타인과의 비교가 매우 중요하다.

요약하자면, 저학년 초등학생들은 어른들의 인정과 난이도에 상관없이 작업의 성공을 여전히 자신들의 지적 능력의 지표로 인식한다. 그러므로 해당 연령대의 아동들이 학습자로서 자신들에 대해 긍정적인 감정을 가질 수 있는 환경을 조성하는 것이 상대적으로 쉽다.

Stipek과 MacIver(1989)는 아이들이 유치원에서 초등학교 저학년으로, 그리고 초등학교 고학년으로 진학하면서 지적 능력에 대한 인식의 변화에 영향을 끼쳤을 교실 환경의 요인 몇 가지를 발견하였다. 유치원에서는 아이가 합리적인 노력을 들여서 만든 작품은 품질에 상관없이 대부분 다 받아들여진다. 아이가 고학년으로 진급할수록 정답이 정해진 가진 과제를 준다. 그리고 과제를 완료하면 구체적이고 실체적인 피드백이 돌아온다. 하지만 저학년 초등 교육과정에서 교사들은 정직한 작업 습관과 올바른 행실을 강조하기 때문에 실제적인 학업적 성과보다는 성실성과 같은 덕목이 저학년 초등학생들에게 더 중요하게 여겨진다. Stipek과 MacIver(1989, p. 535)는 교육자들이 아이들이 각기 다른 연령대에서 어떻게 지적 능력을 평가하는지 고려해서 연령별로 "아이들에게 자신감과 긍정적 동기 부여를 최대화할 수 있는 교수법"을 고안해야 한다고 주장한다. 여기서 중요한 고려사항은 저학년 초등학생이 고학년 초등학생과 유사하기보다는 어린이집 원생과 유치원생과 유사하다는 점이다. 저학년 아이들은 정답이 정해져 있지 않은 과제를 수행할 때 자신감을 느끼고 더 크게 반응하며 결과물보다는 과정을 중요시한다. 만약 어른들이 이 아이들에게 진전이 없다는 반응을 보이면 아이들의 자신감이 급격하게 떨어질 것이다.

개념 발달: 문제해결

학년을 막론하고 아이들에게 해결할 문제를 제공하는 것은 개념 발달을 촉진할 수 있는 중추적인 전략이다. DeRoche(2006)는 자신이 교장을 맡고 있는 초등학교에서 문제해결 기반의 교육과정을 개발하였다. 3학년생들은 과학 프로젝트의 목적으로 노숙자 쉼터에서 사용할, 영양학적으로 균형이 잡힌, 일주일 동안의 저렴한 식단을 설계하였다. 2학년생들은 학교 놀이터 사고를 방지하기 위해 인체를 조사하였다. 4학년생들은 자치주의 박물관을 위해 현지 북아메리카 원주민 부족을 조사하였다. 5학년생들은 자치구의 유독 폐기물 처리 문제에 대해 공부하였다. 전체 학생들 모두 기대에 찬 열렬한 탐구자가 되어 각자 프로젝트에 임하였다.

Buschman(2002)은 자신의 학급에 속한 1학년, 2학년, 3학년 학생들의 수학 문제해결 전략을 관찰하였다.

1. 구체적 단계: 구체적인 사물을 통해 해결법을 제시한다.
2. 준비도 단계: 실제 사물을 이용하기보다는 손가락을 이용한다.(문제와 해답 사이에 추가적인 단계는 없으며 순환적인 논리를 사용한다.)
3. 모방 단계: 남들이 하는 것을 따라 하며 시행착오를 겪는다.(이유는 모호하다.)

4. 기계적 단계: 한 가지 방법을 선택해서 계속 되풀이한다.(오류를 알아차려도 계속 같은 전략을 고수한다.)
5. 초보 문제해결사 단계: 이전에 풀어 본 문제와 유사한 문제를 풀 때 과거 경험을 이용하여 문제를 해결한다. 창의적인 방법을 사용하기는 하지만 논리를 설명하지는 못한다.
6. 수습생 문제해결사 단계: 과거에 이용하였던 전략을 이용하여 새로운 문제를 해결하고 공식적인 논리를 애용하여 문제풀이를 설명한다.
7. 문제해결사 단계: 창의적인 해법이나 새로운 해법을 사용한다.(자신의 해법의 논리를 설명할 수 있다.)

아이들은 각기 다른 속도로 다른 시기에 성장한다. 어떤 아이는 단계를 뛰어넘거나 진전하지 못하고 퇴행하는 경우도 있다(표 30-3). Buschman은 아이들이 자신들의 전략을 발전시킬 시간이 주어지면 자연스럽게 아이들의 문제해결 능력이 발현되는 것을 발견하였다. 연구에 따르면, 아이들이 수학 문제를 연기로 풀어 내면 더 많은 경우에 올바른 해답을 찾았다(Sparks, 2011b).

표 30-3 6세, 7세, 8세 아동들의 인지적 능력 발달 목표

행동	관찰된 것: 예	아니요	비고
6세 아동의 발달 목표			
• 독해와 작문 능력 발달 목표는 20장 참조			
• 색, 모양, 종류 또는 기능 등, 물체의 특성 한 개 또는 두 개에 따라 분류할 수 있다.			
• 글자 또는 숫자 대부분을 말할 수 있다.			
• 암기로 10 이상 셀 수 있고 다음 숫자가 무엇인지 말할 수 있다.			
• 하나 또는 두 개의 보존 문제를 해결할 수 있다.			
• 일과에 따라 시간에 대한 어느 정도의 개념이 있다.			
• 머리, 몸통, 다리, 팔과 사람의 특징을 가진 그림을 그릴 수 있다. 옷과 같은 특징을 덧붙일 수도 있다.			
• 블록이나 다른 장난감 또는 소재로 알아볼 만한 정도의 구조물을 만들 수 있다.			
• 15개의 조각을 가진 퍼즐을 완성할 수 있다.			
• 대명사, 복수형, 동사의 시제와 접속사 등을 이용하여 모든 문법적 형태를 구사할 수 있다.			
• 복잡한 문장 구조를 소화한다.			
• 대화를 이어 나갈 수 있다.			
• 10원짜리, 100원짜리, 500원짜리 동전과 같이 익숙한 동전을 알아볼 수 있다.			
7세 아동의 발달 목표			
• 독해와 작문 능력 발달 목표는 20장 참조			
• 많은 질문을 한다.			

(다음 쪽에 계속)

표 30-3 6세, 7세, 8세 아동들의 인지적 능력 발달 목표(계속)

행동	관찰된 것 예	아니요	비고
7세 아동의 발달 목표 (계속)			
• 대화 중에 올바른 동사 시제, 단어 순서와 문장 구조를 사용할 수 있다.			
• 독해와 작문 능력 발달 목표는 20장 참조			
• 많은 질문을 한다.			
• 대화 중에 올바른 동사 시제, 단어 순서와 문장 구조를 사용할 수 있다.			
• 책을 읽을 것을 좋아하고 남이 읽어 주는 것도 좋아한다.			
• 작문 도구를 사용하여 단어와 숫자를 쓸 수 있다.			
• 상세한 특징을 가진 그림을 그리고 비율에 대한 이해도가 반영된 그림을 그린다.			
• 원인과 결과의 개념을 어느 정도 이해하고 있다.			
• 공간과 시간 개념이 있다. 1년이 긴 시간이고 160km가 긴 거리임을 이해한다.			
• 시계를 보고 몇 시인지 말할 수 있으며, 달력의 날짜도 이해한다.			
• 돈을 세고 저금하는 데 흥미를 보인다.			
• 하나 이상의 보존 문제를 해결할 수 있다.			
8세 아동의 발달 목표			
• 독해와 작문 능력 발달 목표는 22장 참조			
• 상대적으로 복잡한 생각을 확실하고 논리적인 방식으로 표현할 수 있다.			
• 글쓰기, 연기하기, 그림 그리기, 스토리텔링과 같은 창의적 표현에 관심을 보인다.			
• 현재의 시간을 말할 수 있다.			
• 학교에 가는 것을 기대하며 하루라도 결석하는 것을 극도로 싫어한다.			
• 연령대에 요구되는 독해, 작문, 수리 능력을 충족하고 여러 자리 수의 숫자의 덧셈과 뺄셈을 할 수 있고 곱하기와 나누기를 배우고 있다.			
• 정리된 소지품을 전시하고 소장품을 추가하기 위해 친구들과 흥정한다.			
• 여러 개의 보존 문제를 이해할 수 있다.			

출처: Marotz & Allen (2013); Bredekamp & Copple (1997, Part 5).

혼잣말

혼잣말에 대한 정보는 16장과 21장에 자세히 기술되어 있다. 자기 결정적인 말은 육성으로 들리기는 하지만 다른 사람을 위해 발화하는 말이 아니라는 것을 유념하자 (Bodrova & Leong, 2007). 혼잣말은 자기 통제 기능을 수행한다. 혼잣말은 사고와 언어가 접목되는 시기인 2세와 3세부터 시작된다. 아동의 혼잣말은 사고하기 위한 도구로 쓰일 수 있다. 생각하는 것을 말로 표현하는 것이다. 글을 쓰기 전에 쓰고 싶은 바를 말로 하면서 자신만의 생각을 자세히 설명할 수 있다.

생각해 보기

혼잣말을 하는 편인가? 어떤 상황에서 혼잣말을 하는가? 왜 혼잣말을 한다고 생각하는가?

Bivens와 Berk(1989)는 초등학교 1~3학년 아동들의 혼잣말 발달에 대한 종단 연구를 수행하였다. 이들의 연구 결과는 해당 시기에 명시적 혼잣말이 점차 내재한 혼잣말로 진화한다는 Vygotsky의 이론을 뒷받침한다. 혼잣말의 내재화와 함께 신체적 자기 통제력이 강해지고 과제 수행 행동이 증가한다. 혼잣말과 강해진 신체 통제력 간의 상호작용이 서로의 발달을 촉진하고 결과적으로 더 적합한 학교 학습 행동으로 이어진다. 3학년이 되면 혼잣말 사용과 강해진 신체 통제력의 누적된 효과가 높은 성취도와 연관이 있음을 발견하였다.

문해와 언어

28장에는 아동낙오방지법(No Child Left Behind)에 대한 설명이 제시되어 있다. 이 법안은 아이들이 초등학교 3학년이 되면 통상적인 글을 읽을 수 있고, 사회, 과학, 영어, 예술과 수학과 같은 학습 콘텐츠에 독해 능력을 적용할 수 있도록 보장하기 위해 만들어졌다. 그러나 아동낙오방지법은 평가에 지나치게 강조하고, 불공평한 기준을 강요하고 한정적인 성과를 달성하기 위해 교육과정을 의도적으로 쉽게 구성하도록 압박한다는 많은 비판을 받았다(Houston, 2005; Lewis, 2005; Popham, 2005; Thomas, 2005; Bracey, 2008a, 2008b; Rushton & Juola-Rushton, 2008). 결국, 8년 동안 *Reading First*라는 K-3 독해 교재를 적용한 결과, 굉장히 결함이 많은 평가 연구가 유용한 결과를 하나도 찾을 수 없다는 결론을 내린 다음 더 이상 정부 보조금 지원을 받을 수 없게 되었다(McKenna & Walpole, 2010). 아동낙오방지법의 압력 속에서 교사들이 발달적으로 적합한 실제를 사용하기는 쉽지 않지만, 불가능하지는 않다. 문해 능력을 발달시키는 것은 저학년 초등 교육과정의 중추적인 목표이다. McIntyre(1990)의 연구에서는 초등학교 1학년 교실에서 매일 교사가 아이들에게 책을 읽어 주고 아이들의 참여와 상호작용이 권장되는 환경에서 어떻게 문해 능력 발달하는지 보여 준다. McIntyre는 교실의 독서 공간에서 1학년 아이들이 개별적인 읽기 시간을 어떻게 보내는지 관찰하였다. 독서 공간의 소장 도서는 무려 1200권에 육박하였고, 아이들은 각자 원하는 책을 선택할 수 있었다. 그리고 매일 60~90분 동안의 독해 및 작문 시간에 혼자 책을 읽거나 다른 학생들과 같이 책을 읽을 수 있었다.

1. 그림을 구어체 언어로 읽기: 아이들이 책을 '읽을 때', 이야기책에 쓰인 문어체 언어보다는 구어체 언어를 사용한다.
2. 그림을 문어체 언어로 읽기: 글을 정확하게 기억하는 것은 아니라고 해도, 아이들이 문어체적인 언어를 이용한다.
3. 글을 기억 속에 저장한다: 아이들이 기억한 글을 이용하여 구호를 외치는 것과 같은 리듬으로 읽는다. 아이들의 눈은 글보다는 그림을 향해 있다.
4. 기억에 의존하여 읽기: 익숙한 책을 기억을 통해 읽고 있고, 책을 읽는 아이들의 눈은 글을 향해 있다.

5. 모르는 단어는 건너뛰면서 책을 읽는다: 아이들이 글을 읽고 있으나 너무 많은 단어와 페이지를 건너뛰어서 이야기가 좀처럼 말이 되지 않는다. 책을 읽는 아이들은 의미를 이해하기 위해 읽는다기보다는 익숙한 단어만 찾아 읽고 있다.
6. 글 읽기: 아이들이 최소한의 도움 또는 아무런 도움 없이 책을 읽을 수 있다.
7. 반복해서 읽기: 아이들이 다른 아이가 읽은 것을 따라 읽거나 두 아이가 책을 함께 읽으려고 노력한다.
8. 둘러보기: 책을 읽는 행위는 없었으나 책과 상호작용을 한다. 책장을 넘겨 보고, 책을 들고 다니고, 책을 두고 싸우고, 책을 낚아채거나 다른 학생에게 책을 넘겨주는 행위 모두 포함된다.

전략 1에서 전략 6은 발달 단계를 보여 주지만 접목할 수 있다. 마지막 두 개의 전략은 독해 능력 발달 과정을 거치고 있는 모든 아이로부터 관찰된 행동이었다. 이는 초등학교 1학년 학생들이 올바른 학교 환경에서 내재한 자연스러운 발달 능력과 전략을 통해 일반적인 독해 능력을 어떻게 습득할 수 있는지 보여 준다.

아이들은 초등학교 저학년 과정에서 책을 읽는 방법을 습득해야 한다. 모든 아이에게 6~8세의 초등학교 저학년 과정이 끝날 즈음에 일반적인 글을 읽을 수 있는 능력이 요구된다(McGee & Richgels, 2008; Kids Count, 2010). 하지만 안타깝게도 우리는 초등학교 3학년을 졸업한 아동들 모두 글을 읽을 수 있다는 국가적 목표를 아직 달성하지 못하였다(Kids Count, 2010). 아이들은 초등학교 저학년 교육과정에서 독해 능력의 발달을 뒷받침하는 다양한 새로운 기술을 배워야 한다. 초등학교에 입학하는 아이들의 독해 능력은 천차만별이다. 일부는 이미 글을 읽을 줄 알고, 일부는 빠르게 친구들을 따라잡으며, 일부는 글을 읽는 능력을 습득하는 데 상당한 시간이 걸린다. 초등학교 1학년 때 시작을 제대로 해야 2학년에 진급하고, 고학년으로 갈수록 독해와 작문을 통해 자신들의 경험을 확장할 수 있다.

뇌 발달

뇌 기능 발달, 집행 기능과 조기 독해

Kelly B. Cartwright (2012)는 뇌 기능 발달, 집행 기능(EF)과 독해 학습에 대한 연구를 검토하였다. 집행 기능은 주의력, 계획성, 활동 주도, 억제, 작업 기억, 주의 전환과 정신적 유연성을 포함한다. 독해에는 이 모든 집행 기능들이 기용된다. 집행 기능은 전두엽과 전전두엽 활동과 연관되어 있는데, 이곳은 고차원적인 뇌 기능을 수행하는 뇌의 바깥쪽 부분이다. 이마 뒤쪽의 전두엽의 발달은 집행 기능 발달을 의미한다. 반면에 집행 기능은 독해의 다양한 요소인 단어, 소리, 의미, 단어 요소, 구문론과 이해 등을 편성해 주는 복잡한 사고 과정을 가능하게 해 준다.

출처: Cartwright, K, E. (2012). Insights from cognitive neuroscience: The importance of executive function for early reading development and education. *Early Education and Development*, *23*(1), 24-36.

초등학교 저학년 학생들은 선천적으로 글을 읽는 법을 배우기 위한 만반의 준비가 되어 있으며 열렬한 작가이기도 하다(**사진 30-3**). Anne Haas Dyson(1989)은 3년 동안 유치원에서 초등학교 3학년까지의 학생들이 포함된 다문화 언어 예술 교실에서 아동 작가들의 세계를 3년에 걸친 연구에 세세하게 기록하였다. 이 교실에서 작문은 아이들의 그림과 대화에서 파생된 것이 관찰되었다. 대화와 그림 그리기는 아이들이 세상을 정리하는 데 쓰인 일차적인 도구였다. 글쓰기는 점점 아이들의 상징적 도구함의 일부가 되었다. Dyson(1989)과 Salyer(1994)는 문해 발달을 뒷받침하는, 사회적 상호작용이 존재하는 공동체로서의 교실의 중요성을 역설하였다.

일기장 쓰기는 아이들이 자기 생각을 자유롭게 표현할 기회를 주는 굉장히 의미 있는 활동이었다. 일기장에는 가정과 학교에서 한 경험들이 기록되었다. 아이들은 자신에게 중요한 주제에 대해 반복해서 쓰곤 하였다. 같은 주제를 반복할수록 그림과 글이 날이 갈수록 정교해졌다. 종종 보이곤 하는 아이의 자기 주도적 동기를 억압하는 주입식 반복 훈련과 연습과는 달리, 아이가 주도하고 통제하는 반복에는 자기 주도적 동기와 월등한 인지적 능력이 반영되었다. 아이들의 글에는 문어에 대한 숙련도와 상징물의 사용을 찾아볼 수 있었다. 작문은 자존감을 높여 주는 수단이기도 하였다. 작문이라는, 정답이 정해져 있지 않은 활동은 아이들의 발달 수준을 막론하고 모두에게 성공할 기회를 제공하였다.

Dyson(1998)은 저학년에 대한 몰입 연구 차원에서 사회경제적 지위가 낮은 도시의 초등학교의 다문화 학급에 속한 2학년생들의 글쓰기를 관찰하였다. 아이들에게 학교 밖의 경험에 집중하는 글쓰기를 장려하는 한편, 교실로 슈퍼 영웅을 불러들이는 장르의 글쓰기 주제가 다뤄졌다. 이 학급에서는 매일 '자유로운 글쓰기'와 '작가 극장' 시간이 있었다. 아이들의 글에는 슈퍼 영웅과 악당 캐릭터가 넘쳐났고, 작가 연극 시간에 그 모습을 드러냈다. 작가 연극 시간은 아이들에게 힘을 차지하고 싶은 욕망을 발산하고 자신과 연관된 사회생활과 인간관계의 복잡성을 표현할 기회를 제공하였고, 저학년 아이들이 좋아하는 한층 더 구조적인 극놀이를 할 기회를 제공하였다. 물론 많은 사람이 슈퍼 영웅이라는 주제가 아이들에게 위험한 발상을 심어 주고 학교 환경에 부적합한 소재라고 여겨서 상업 매체에 대한 비판이 거세지만(4장 참조), Dyson은 슈퍼 영웅이 현대 아이들의 삶에서 차지하는 비중이 중추적인만큼, 아이들에게 공통된 이야기 소재로 사용될 수 있다고 믿었다. Dyson은 다음과 같이 상상력이 없어 보이고 어른에게는 위험해 보이는 아이들의 이야기가 아동 작가들의 성장에 매우 중요하다고 역설한다(p. 166).

> 어른들은 우리 아이들이 '순진하기' 때문에 이와 같은 복잡한 소재에서 벗어나서 놀이터와 도화지에서 놀아야 한다고 생각한다. 하지만 어린이들의 상상놀이는 무력한 어린이로부터의 해방에서 시작된다. 영웅과 악당 이야기, 구조자와 피해자 이야기, 남자친구와 여자친구에 대한 이야기는 아이들이 등장인물, 구성, 연기자와 이들의 행동을 결정할 권한이 주어

지는 세계를 그려 나갈 기회를 준다. 그러므로 어른과 마찬가지로 아이들에게도 자유(freedom)는 동사 형태의 개념이자 달성되는 개념이다. 자유는 확장된 행위에 대한 주체 의식(sense of agency)으로, 선택이나 행동의 가능성으로 경험된다.

Dyson의 저서에는 어린아이들이 자기 생각과 경험과 소망을 표현할 자기 동기 부여를 도와주는 다양한 아동 작문 및 연기 사례가 실려 있다. Genishi와 Dyson(2009)은 자신들이 관찰한 아동 독해와 작문을 Vygotsky 이론에 연관 지어 작문 소재가 아이들의 삶과 유관해야 한다고 주장한다.

안타깝게도 학교들은 DIBELS(22장 참조)처럼 빠르고 편리하고 편협한 평가 체계를 채택하고 있다. Kamii와 Manning(2005)은 DIBELS가 평가하는 문해 능력 성취도와 다른 평가 기준이 평가하는 문해 능력 성취도를 비교해 본 결과, DIBELS 평가 체계가 문해력 교수 측정 면에서 한계가 있는 평가도구라는 결론을 내렸다.

저학년 초등학생들은 여전히 놀이를 통해 학습한다(Kaplan, 2000; Kieff & Casbergue, 2000; Ritchie, 2000; Bodrova & Leong, 2007; Fikani, 2007). Owocki(1999)는 저학년 초등학생들의 극놀이를 통한 문해력의 발달과 성장의 사례를 보여 준다. 아이들의 극놀이는 정식 연극을 준비하기 위해 공동체 단위로 극본을 쓰거나 대본을 외우면서 조금씩 형식을 갖춘다. Allington(2002b)은 모범 독해 지도가 아이들 개개인의 요구사항을 충족시킬 수 있는 교수법이라고 기술한다. 연구에 따르면, 교사는 그 어떤 패키지형 교육과정의 콘텐츠보다 중요한 역할을 갖는다.

> 현명한 채용이나 효과적인 직업 개발을 계획하는 등의 훌륭한 교사에 투자를 하는 것이 '연구가 입증한' 가장 최선의 전략이며, 낙오 아동을 한 명도 만들지 않기 위해서는 다수의 효과적이고 전문적인 교사 양성에 집중해야 한다(Allington, 2002b, p. 740).

Allington은 훌륭한 교사의 교수법을 관찰한 결과, 여섯 가지 공통점, 즉 여섯 'T'를 발견하였다.

1. **시간**(Time): 하루의 50%는 독해와 작문 활동을 한다.
2. **텍스트**(Text): 아이들의 학업 성취도와 관련 없이 모든 아이가 읽기 경험을 할 수 있을 정도의 도서가 제공된다. 기본 읽기 교재는 잘 사용되지 않는다. 훌륭한 교사는 글을 읽는 동기 부여는 성공적인 읽기 경험으로부터 나온다는 것을 인식하고 있다.
3. **교수법**(Teaching): 훌륭한 교사는 모범적인 독자가 기용하는 인지적 전략을 직접, 자주 교수한다.
4. **대화**(Talk): 목적의식이 있는 대화가 권장된다. 개방형 질문을 많이 한다.
5. **과제**(Task): 과제가 길어진다. 아이들은 같은 작문 또는 독해 과제를 며칠 동안 수행한다. 과제는 복잡하고 학생들이 선택할 기회가 주어진다.

6. 평가(Testing): 성적은 성취도에 국한되기보다는 노력과 개선점에 기반을 두어 주어진다.

독해 목표를 달성할 때에는 이른바 증명된 프로그램보다는 전문 교사의 지도가 중추적이다.

아동은 독후감을 쓰거나(Roberts, 1999), 어려운 글을 읽거나, 요리를 이용해 문학과 수학의 연결점을 찾거나(Richardson, Hoag, Miller, & Monroe, 2001), 펜팔 친구에게 편지를 쓰거나(Kirylo, Millet, Luckett, & Guindon, 2001), 문학을 통해 성장 과정을 이해할 때 충분한 시간이 필요하다(Crawford, 2000). 고학년 아동은 자신보다 어린 학생과 생각을 공유할 수 있다(Stonier & Dickerson, 2009). 글쓰기 모임은 또래 학생들과 글을 공유할 수 있는 좋은 환경이다(McCarry & Greenwood, 2009). 아이들은 이야기, 편지와 극본을 쓴다. 아이들은 언어를 의미 있는 대화로 도출하는 데 많은 시간을 소요한다. 더 나아가 제2의 언어를 배울 좋은 기회가 주어진다(Araujo, 2001). 그림 그리기는 특정 주제에 대한 아동의 이해력을 사전/사후에 평가할 좋은 기회이다(Paquette, Fello, & Jalongo, 2007). 음독은 독해 또는 글쓰기를 처음 시작하는 아동에게 읽기, 글쓰기 능력을 개선하는 유용한 도구이다(Barclay, 2009). 자신이 직접 쓴 글 또는 책의 이야기를 연기로 스토리텔링하는 것 또한 아이의 독해 능력을 향상시킨다(Sparks, 2011b).

22장에서는 읽기와 글쓰기 능력 향상법과 기본 교수 전략이 제시되었다. NAEYC/IRA의 읽기와 글쓰기 목표(1998)도 제공되었다. 초등 읽기와 글쓰기에 대한 NAEYC/IRA의 입장은 두 분야의 통합 및 읽기와 글쓰기 발전의 연속성을 중요하게 생각한다는 것이다. "IRA와 NAEYC는 어린 아동의 읽기와 글쓰기 성취감 목표는 발달적으로 적합하게 설정되어야 한다고 본다. 이는 어른의 충분한 지도와 함께 도전적이지만 성취 가능한 목표를 의미한다."(p. 38) 대부분의 아동은 6세 또는 7세가 되면 글을 읽을 수 있으나 일부 아동은 8~9세까지도 많은 도움을 필요로 한다. 해당 학습과 향상 범위 속에서 성공을 끌어내기 위해서는 교육자는 다양한 전략을 준비하고 적용할 줄 알아야 한다. 또한, 특수 아동 또는 제2언어 사용 아동들을 위한 학습 전략도 준비되어 있어야 한다. 특히 아동들의 가정 문화를 존중해야 한다(표 30-3 참조).

2 테크놀로지

4장에 서술된 것과 같이 컴퓨터, 텔레비전, 비디오 게임, SNS, 가상현실 게임, 휴대폰, iPod, iPad, 태블릿 PC 등과 같은 테크놀로지는 이제 어린 아동들의 삶에서 중요한 위치를 차지한다. 앞에서 설명한 바와 같이, 슈퍼 영웅 이야기는 아이들이 글을 쓰고 상상력을 발휘하는 데 좋은 동기 부여를 제공한다. 한편, 텔레비전에서 흔히 볼 수 있는 폭력의 수위와 종류는 우려스럽다. Oregon주 Springfield에서 근무하는 교사 Susan Colonna는 2학년 학생들을 대상으로 폭력을 전면으로 다루는 수업을 진행하였다(Evans, 1996). 학생들은 Martin Luther King Jr.에 대해 학습하고 비폭력, 폭력에 관한 이야기를 나누었으며, 텔레비전에 나오는 폭력에 대한 정보를 수집하여 실행계획을 통해 비폭력을 홍보하는 활동을 계획하였다. 이러한 활동들은 곧 대중 매체의 인터뷰를 통해 화제가 되었다. 인터넷 세상을 열어 주는 컴퓨터는 예상치 못한 위험을 동반한다(Burris, 1997). 이메일은 전 세계에 있는 사람과 소통할 수 있는 창이 되어 주는 반면, 인터넷을 통해 낯선 사람들과 채팅하는 것은 길거리에서 전혀 모르는 사람과 대화하는 행위만큼 위험하다. 그러므로 아이들이 인터넷을 사용할 때 지켜야 할 규칙을 세워야 한다. 예를 들어, 낯선 이메일을 받으면 다음 규칙을 따르도록 한다(Burris, p. 3).

- 부모님, 선생님 또는 주변에 어른한테 즉시 말하세요.
- 부모님 또는 선생님의 허락 없이 이메일에 답하지 않습니다.
- 위협적인 느낌을 받을 경우, 온라인 또는 인터넷 서비스 제공자에게 보고하거나 경찰에 신고하세요.

© 2014Cengage Learning

사진 30-4 인테넷에서 검색하여 얻은 정보가 이후의 쓰기에 유용할 수 있다.

우리는 인터넷에 넘쳐나는 외설과 성인 콘텐츠로부터 아이들을 보호해야 한다. 보호자는 아동의 인터넷 활동을 모니터링하고 특정 사이트에 대한 접속 제한을 실시해야 한다. 접속 제한 기능을 제공하는 여러 네트워크 도구가 개발되었다. 인터넷에는 다양한 교육 콘텐츠가 제공된다. 그러나 학습에 유용한 사이트를 잘 선정하고 접속하는 방법을 아는 것이 중요하다(사진 30-4).

과연 컴퓨터가 진정으로 아이들의 학습에 도움이 되는지에 대해서는 의견이 갈린다(Winik, 1997). 컴퓨터를 포함한 여러 테크놀로지를 학습에 접목하는 학교가 많아졌다. 그리고 이른바 '테크놀로지 문해력'은 신세대층에서 필수적이다. 하지만 테크놀로지의 가치와 관련하여 논란이 많다. 예를 들어, 컴퓨터를 교실 또는 개별 컴퓨터실에 설치해야 하는지에 대한 테크놀로지의 배치 장소부터, 학생들이 교실 책상에 앉아 태블릿 PC를 사용할 수 있게 해야 하는지에 관한 논란도 있다.

컴퓨터의 도움을 받는 교육(computer-assisted instruction, CAI)은 처음 글을 읽는 아동을 지도할 때 적당하게 유용한 도구인 것으로 나타난다(Blok, Oostdam, Otter, & Overmaat, 2002). 한 연구에 따르면, 유아기 아동의 읽기 능력을 개선하는 컴퓨터 훈련 프로그램은 아이들의 창의력을 50% 저하시키고 읽기 능력에는 별다른 긍정적인 효과를 주지 않는 것으로 나타났다. 반면에 목표 달성을 힘들어하는 아이들에게 테크놀로지는 많은 동기 부여를 줄 수 있다는 점에서 유용하다. 하지만 가장 큰 문제는 비용이다. 기기를 구매하고 전체 시설에 무선 인터넷을 설치하는 비용이 만만치 않기 때문이다. 테크놀로지의 설치와 사용에 대한 학교 지침을 설정하고 학습에 가치 있는 교육 목적으로의 테크놀로지 활용법, 교사 교육, 인터넷 모니터링, 좋은 품질의 소프트웨어 확보 등, 앞으로 해결해야 할 문제가 많다.

영유아 교육기술 2012년 1월에, NAEYC와 Fred Rogers 조기교육 센터(Center for Early Learning)와 Saint Vincent 대학의 아동 미디어(Children's Media) 센터는 *Technology and Interactive Media in Early Childhood Programs Serving Children from Birth Through Age 8*과 다른 견해를 채택하였다. 이 중요한 문서는 http://www.naeyc.org에서 확인할 수 있다.

교실에서 사용되는 테크놀로지의 종류는 급격히 다양해지고 있다. 사진을 활용하여 교육과정의 질을 높인다거나(Byrnes & Wasik, 2009), 대화식 화이트보드(interactive whiteboard)를 사용한다거나(Lacina, 2009), 팜 파일럿(포켓용 컴퓨터)을 평가도구로 사용한다거나(Lacina, 2008-2009), iPod을 사용하여 영어 학습자(English language learner, ELL)의 영어 학습 능력을 키운다거나(Lacina, 2008), 노트북 대신에 iPad를 사용하는 등(Quillen, 2011)의 예를 들 수 있다. Foulger와 Jimenez-Silver(2007)는 14명의 교사를 대상으로 테크놀로지를 활용한 프로젝트 능력 향상 연구를 전체 교실에 진행하게 하였다. 테크놀로지를 통해 수업한 결과, ELL 학생뿐만 아니라 다른 학생들의 글쓰기 능력이 향상되었다. 학생들이 작성한 글을 인터넷에 공개하여 독자들이 볼 수 있도록 함으로써 동기 부여를 준 것이다.

Kid Pix, 파워포인트, iMovie 등의 컴퓨터 앱은 작업물에 창의력을 더해 주는 역할을 하였다. 어느 유치원 아이들은 I*EARN이라는 프로그램을 통해 글로벌 학습 프로젝트에 참여하였다. 테디베어 프로젝트는 두 나라의 아이들이 곰 인형을 교환하는 프로젝트였다. 이 과정에서 곰 인형들의 여정이 인터넷을 통해 공개되었다. 미국 Arizona주의 학교에서는 Sun Angel이라는 미국학생협회(ASU) 곰 인형을 오스트레일리아로 보냈고, 오스트레일리아 학생들은 Koala Lou라는 곰 인형을 Arizona주로 보냈다. 몇 개의 인터넷 사이트에서는 학생들이 쓴 글과 시, 뉴스 이야기, 상상력으로 지어낸 이야기, 농담, 의견 등을 공개하였다. 한 교사는 해당 반의 고유 홈페이지를 제작하였다. 테크놀로지의 사용은 ELL 학생들에게 불안감을 해소해 주는 환경을 조성해 주었다. 철자 검사기, 문법 검사기, 동의어 사전 등의 컴퓨터 글쓰기 도구는 실수한 부분을 쉽게 잡아 주었다.

28장에서 다룬 내용과 같이, 온라인 교육의 접근성은 급격히 증가하고 있다. E-러닝은 다양한 역량의 아동에게 배울 기회를 제공해 준다(Davis, 2009). 가상의 교사가 현장 교사와 짝을 이루어 수업을 진행할 수도 있다. 일반적인 교실에서 진행되는 수업과는 달리, 다양한 과목이 다양한 수준으로 제공될 수 있다.

심화학습 테크놀로지와 학교가 접목되면 안 된다고 주장하는 사람들이 있다. 그들은 그 어떤 테크놀로지도 허용하면 안 된다고 말한다. "학습이란, 실체적이고 창의적인 것이며 몸으로 직접 참여하는 것이다."라고 주장한다. 발도르프(Waldorf) 학교가 바로 이러한 개념을 실천하는 학교이다. 이에 대한 이점과 단점이 있다면 어떤 것들이 있을까?

3 학교에서의 성취와 적응

자녀들의 학업 성취와 학교에서의 적응은 부모님와 선생님이 매우 걱정하는 부분들이다. 종전의 연구는 인종, 학업 성취 그리고 교육 불평등에 초점을 두었다(Wiggan, 2007). 해당 연구들의 주요 주제는 유전적 결함, 사회계급, 문화적 빈곤, 교사의 기대 수준, 학생의 모순적 정체성 등을 다루었다. 해당 주제들은 낮은 성적이 학생의 탓이라는 것에 초점을 둔다. 하지만 교사의 수업 품질을 개선하면 성취도가 낮은 학교에서의 학생의 학업 성취도를 높일 수 있다. 위의 연구에서는 과연 학생들이 정의하는 성취가 무엇인지, 학교에 대해 어떻게 생각하고 느끼는지에 대한 학생들의 관점을 포함하지 않았다. Wiggan은 학생들의 의견도 연구설계에 포함되어야 한다고 주장한다. 저학년 초등학생의 학교 적응력과 관련한 연구에서 적응력은 학생의 주거지, 부모 그리고 아동의 발달 과정 등의 영향을 받는다고 밝혔다(Nettles, Caughy, & O'Campo, 2008). 저소득 가성의 빈곤, 열악한 생활여건, 환경적인 위험 요인이 존재하는 조건 속에서 살아가는 학생은 학교에 잘 적응하지 못할 것으라 예상하였다. 하지만 지역 단위로 봤을 때 일부 학생은 적응을 잘하는 것으로 나타났다. 양질의 아동 보육을 하는 부모는 자녀의 학업 능력을 초반에 잘 잡아 주며 지도하였다.

문화적 요소

다양한 인종과 사회경제 지위를 가진 학생들이 함께 공부하는 학급을 지도하는 것은 모든 교사에게 가장 힘든 과제이다. Slaughter-Defoe, Nakagawa, Takanishi와 Johnson(1990)은 학업 성취도와 관련해 발표되는 연구들에서 아시아계 미국인의 성취도가 월등하지만 아프리카계 미국인은 성취도가 낮다는 편견을 조장한다고 주장한다. 연구를 설계할 때 연구군을 다양한 문화, 언어, 이주, 경제적 배경을 가진 하위집단으로 분류하지 않았다는 문제를 제기하였다. 해당 요소들은 다양한 문화가 공존하는 학교에서의 학업 성취도를 연구할 때 신중하게 고려되어야 한다고 주장하였다.

최근 아동 발달 연구가들은 다른 문화 간 학업 성취도 비교연구에 대한 많은 관심을 보이고 있다. 최근 연구는 학교 성취도에 영향을 주는 문화적 다양성의 요소들을 반영한다.

Yeung과 Conley(2008)는 가정의 경제적 부와 아프리카계 미국인과 백인 미국인의 성취도 격차의 연관성을 연구하였다. 해당 연구에 따르면, 학교 다니는 아이들의 경우에 경제적 부의 수준이 일정하게 유지되면 성취도 격차가 사라지는 것으로 나타났다.

Moon, Kang과 An(2009)은 한국과 멕시코 이주 학생들의 학업 성취도를 연구하였다. 한국 학생의 경우에는 부모의 교육 수준, 가정의 소득, 문화 접변과 육아 방식이 자녀의 학업 성취도와 연관성이 있는 것으로 나타났으며, 멕시코 학생의 경우에는 부모의 교육 수준과 미국에서의 거주 기간이 학업 성취도와 밀접하게 연관되어 있는 것으로 나타났다. 해당 연구 결과를 통해 각 문화마다 학업 성취도에 영향을 끼치는 요소가 다양하게 존재한다는 것을 알 수 있다. Moon과 Lee(2008)는 아시아계 미국 아동의 학업 성취도와 관련한 예측 변수에 대한 보고서를 발표하기도 하였다. 부모의 교육 수준, 가정의 소득 그리고 부모의 정신건강이 자녀의 학업 성취도와 밀접하게 연관되어 있다는 것을 볼 수 있다. 이주한 국가에 잘 적응하지 못하는 부모는 새로운 국가에 적응할 수 있도록 상담을 통해 도움을 받아야 한다. 인종과 무관하게 경제적으로 풍요로운 배경에서 자란 아동이 학교에서 잘 적응하여 높은 학업 성취도를 달성할 가능성이 있는 것으로 나타났다. 저소득층과 고소득층 가정 간의 격차가 점점 커지고 있는 현실에서 학업 성취도 역시 해당 계층 간의 격차가 커지고 있음을 보여 준다(Maxwell, 2012).

ELL 학생의 교수 방법에 대한 내용은 이 교재의 서두에서 다루었다. Dixon과 동료들(2012)이 발표한 연구의 리뷰는 제2언어 습득과 관련하여 다음 요소들을 제시한다.

1. 제2언어가 사용되는 환경에 몰입되어 있는 제2언어 사용 아동은, 가정환경이 문해력을 중시하고 제2언어를 구어로 사용하고, 잘 짜여진 교육 프로그램을 학습받고 문해력 학습을 위한 시간을 따로 지정해 두는 조건에서 가장 많은 도움을 받았다.
2. 동기 부여, 선천적 소질과 모국어 구사력이 좋은 아동일수록 제2언어를 성공적으로 습득한다.
3. 효과적인 교사는 모국어와 제2언어에 모두 능통하다.
4. 제2언어를 숙달하려면 보통 3~7년이 걸린다. 언어 학습을 시작하는 나이가 어릴수록 더 많은 시간이 소요되지만 향후 원어민만큼의 실력을 가질 수 있다.

아동이 경험하는 수업과 교육과정의 종류는 일반적인 고려 대상에 포함해야 한다. LSU 연구(Charlesworth, Hart, Burts, & DeWolf, 1993)의 결과는 이를 대변한다. Charlesworth와 동료들(1993)은 발달적으로 적합한 실제(DAP)를 받은 아프리카계 미국인이 발달적으로 부적합한 실제(DIP)를 받은 같은 인종보다 성취도가 높은 것으로 나타났다(Copple & Bredekamp, 2009). DAP 유치원보다 DIP 유치원에 다닌 아동에게서 스트레스 행위가 두 배로 많이 나타났다(Burts, Hart, Charlesworth, & Kirk, 1990; Burts et al., 1992). 유치원 시절 연구 대상에 포함되었던 일부 아동들에 대하여 초등학교 1학년에 진학할 때까지 추적 연구를 진행하여 학업 성취도를 조사하였다(Burts et al., 1993). 결과적으로 DAP을 받은 아동이 DIP를 받은 아동보다 초등학교 1학년이 되었을 때 독해 성적이 우수하였다. DAP을 받은 학생 사이에서는 사회경제적 지위(SES)를 막론하고 통지표 성적에 별다른 차이가 나타나지 않았다. 하지만 SES가 낮은 수준의 학생이 DIP 교육을 받았을 경우에 SES가 높은 학생의 성적이 우수하였다. 성취도 점수에서도 비슷한 결과가 나타났다. 또한, DIP 교육을 받은 1학년 학생들은 교사 행동 평가에서 DAP을 받은 학생들보다 더 적대적이고, 불안하며 두려움이 많을 뿐만 아니라, 과잉행동을 보이며 산만하다는 평가를 받았다(Charlesworth et al., 1993). 아이들이 초등학교 3학년에 진학할 때까지 추적 연구를 실시한 결과(Hart, Yang, Charlesworth, & Burts, 2003), DIP 유치원을 다닌 학생은 3학년이 되면 DAP 유치원을 다닌 학생보다 적대심과 공격성이 심해지고, 수학에 대한 이해도 발달 속도가 느린 것으로 나타났다. DIP 유치원을 다닌 남아가 독해와 국어에 특히 취약한 것으로 나타났다. 해당 연구를 통해 우리는 DAP 유치원이 초등학교에서 학업 성취도와 사회적 행동에서 긍정적인 영향을 끼치는 것을 알 수 있다.

학교에 대한 두려움

아동은 과도한 스트레스 반응을 유발하는 여러 가지 두려움 요인을 갖고 있으며, 이는 주로 학교와 관련한 것들이다. 해당 내용은 31장에 더 자세히 다룰 예정이다. 성취에 대한 두려움은 주로 6~11세의 아동에게서 나타난다(King & Ollendick, 1989). 학령 인구의 10~30%가 시험에 대한 공포심을 느끼는 것으로 추정된다. 학령기 아동의 학교 혐오증, 우울증과 같은 다양한 불안 장애가 흔히 나타난다(King & Ollendick, 1989). 안타깝게도, 간혹 교사가 반항적이라고 느끼는 학생의 행동이 실제로는 그 학생의 불안 증세로 인해 나타나는 행위라는 것을 교사가 간과할 때가 많다. King과 Ollendick(1989)은 교사들에게 두려움을 감소시키는 교수법을 사용할 것을 권장한다. 불안감을 덜 조성하는 교실에서는 학생들이 두려움을 맞설 때의 불안감을 최소화할 수 있다. 예를 들어, 일부 학생(31장의 예제 참조)은 다른 사람 앞에서 발표하는 것을 두려워한다. 이러한 아동에게는 자신의 생각을 소통할 수 있는 다른 방법을 제공해야 한다.

Fincham, Hokoda와 Sanders(1989)는 학습된 무력감, 시험 불안증과 성취감에 대한 종단 연구를 수행하였다. 초등학교 3학년생을 대상으로 연구를 시작하여 5학년이 되었을 때 다시 조사하였다. **학습된 무력감**을 보인 아동은 실패의 원인을 자신의 노력 부족이 아닌 외부 요인에서 찾았다. 아이들은 실패할 때마다 무력감이 커졌다. 시험 불안증을 가진 아동은 시험 환경 또는 시험 상황에서 나쁜 감정을 느끼며, 이런 감정이 없는 아동보다 수행 능

학습된 무력감(learned helplessness) 노력의 부족함보다 외부 요소들을 실패의 원인으로 인식할 때 교수와 학습을 기저로 한 상호 인과성

력이 저하된다.

Fincham과 동료들(1989)은 연구를 통해 학습된 무력감과 낮은 성취도는 시간이 흐르면서 비례적인 관계를 가지며, 학습된 무력감의 척도에 대한 교사의 학생 평가는 정확한 지표라고 밝혔다. 종전 연구와는 달리, 해당 연구에서는 시험 불안증과 성취도 시험점수 사이의 직접적인 연관성을 발견하지 못하였다. 해당 연구에서 사용된 시험 불안증의 측정 방식에 오류가 있는 것으로 드러났다. 초등학교 저학년 아동을 가르치는 교사가 알아야 할 중요한 사실은, 학습된 무력감이 초등학교 3학년 때 확립된다는 것이다. 그러므로 저학년 학생을 가르치는 교사는 적합한 최적화된 교수법을 통해 해당 나이의 아동에게 배움에 대한 열정을 키워 주고 성공적인 경험을 많이 제공해야 한다. Hyun(1998)은 발달적으로 적합하며 문화적으로 적합한 DCAP 모델을 제시한다. 다양한 문화적 배경을 가진 아이들에게 적용할 수 있는, 발달적으로 적합한 프로그램의 자세한 지침과 과정을 제공한다.

4 학교 교육

아이들은 초등학교에 입학하면서 공식 학교 체계에 들어가게 된다. Nel Noddings(2005)는 교육자와 교사가 근본적으로 아동을 돌봐야 한다고 주장하였다. Noddings는 **돌봄**에 세 가지 종류가 있다고 말한다. 교사 중에는 잔인하며 무정한 교사도 있지만, 양심적인 의미에서 아이들을 '돌보는' 교사가 있다. 이들은 학생들이 잘 배울 수 있도록 최선을 다한다. 마지막으로, 학생과 신뢰 관계를 형성하여 관계를 확립해 나가려고 노력하는 교사가 있다. "자신을 돌보는 관계를 맺거나 또는 돌봄을 경험하였을 때, 돌봄을 받는 학생은 보살핌을 인식하고 그에 대한 가시적인 반응을 보인다. 돌봄을 받는 학생이 긍정적인 반응을 보이지 않을 경우, 우리는 이 관계 또는 경험을 돌봄에 기반한 관계라고 할 수 없다"(Noddings, 2005, p. 3). 돌보는 관계는, 보살핌을 주는 사람과 받는 사람이 서로 공평하게 주고받는 행위를 의미한다. 교육 환경에서 교사와 학생은 파트너가 되어야 한다. 복잡한 세상 속에서 교사는 모든 것을 알 수는 없다. 물론 교사는 기본적인 지식과 개념을 가르쳐야 하지만, 학생이 자신의 개인 목표를 달성할 수 있도록 지원하는 역할 역시 교사의 몫이다. 신뢰가 기본적으로 확립되면 학생은 배움의 과정에서 좀 더 포용적인 태도를 보인다. 돌보는 자세를 가진 교사는 학생에게 관심을 가지며 학생들의 관심이 무엇인지 파악한다(사진 30-5). 돌보는 관계는 좋은 인성을 기르며 배움에 대한 동기 부여를 준다. Noddings는 돌봄 위주의 교육이 학생들이 더 많은 것을 학습할 수 있도록 도와주며 형식적인 시험이 덜 요구된다고 주장한다. "어린아이들을 포함해 더 많은 시험을 치르게 해야 한다는 사회의 요구는 관계의 분열과 신뢰의 결핍으로 인한 결과물이다. 두려움과 경쟁심은 배움에 대한 열정, 기대,

돌봄(caring) 가르침과 배움의 기저가 되어야 한다는 상호관계

기쁨의 공유를 대체한다"(p. 7).

학교에는 진정한 돌봄 위주의 관계가 부재하고 **은폐된 교육과정**이 있는 것이 특징이다. 은폐된 교육과정에는 학교에서 정한 교육과정 외에 학생들이 배우는 것을 포함한다(Wikipedia, 2006). 해당 지식은 핵심적으로 비판받는 교육 활동들의 사회적 · 정치적 · 문화적 바탕이 된다. John Gatto는 은폐된 교육과정의 유명한 비판자이고, Duen His Yen(2005)은 Gatto를 몇 차례 인용한다. 우리의 학제는 사람들이 최대한 지식에 눈을 뜨지 못하도록 설계되어 있다고 Gatto는 주장한다. Yen은 Gatto의 에세이를 수집하여 *Dumbing us Down: The Hidden Curriculum of Compulsory Education*이란 책을 출판하기도 하였다. Gatto는 공립학교가 빈곤층 아이들을 권위에 복종하게 만듦으로써 개인의 의견과 창의적인 생각을 억제하고 통제하기 위해 설계되었다고 여긴다. 이 장에서 제시된 연구에 따르면, 아동에게 스스로 선택하고 창의력을 발휘할 기회를 많이 줄수록 장기적으로 더 나은 삶을 살게 된다. 하지만 이러한 기회를 제공하는 교육 방식은 법안으로 규정된 목표나 지속적인 연구의 뒷받침을 받지 못하고 있다.

사진 30-5 아동이 과학 과목을 위해 구름 분포도를 만들고 있다.

다시 이 장의 서두로 돌아가 보면, Marcos 선생님의 수업에는 아이가 적극적으로 참여하고, 개별적으로 또는 소규모로 모둠 활동을 하며 또래 학우들과 소통하는데, 이는 초등학교 저학년에 적합한 수업 방식이다. 반면에 Brown 선생님의 수업에서는 학생이 혼자 조용히 추상적인 과제를 수행하는데, 이는 학생의 발달 수준과 맞지 않다는 것을 느낄 수 있다. 나이/학년에 따른 몇몇 조직이 유치원과 초등학교 저학년에 권장되었다. 해당 조직에는 다양한 나이를 포함한 집단(Charlesworth, 1989; Stone, 1998), 그리고 이러한 학생들이 함께 조직된 집단을 2년 또는 그 이상 유지하며(Bellis, 1999; Chapman, 1999; Kuball, 1999) 지속적인 발전을 도모하는 것이다(Charlesworth, 1989). Connell(1987)은 유치원, 초등학교 1학년과 2학년 학생들이 혼합된 자신의 무학년(학년이 배정되지 않은) 교실에 대해 긍정적으로 설명하며, 다양한 학생의 필요에 대응하는 다양한 발달 수준의 교육과정을 설계하였다고 지적한다.

Sylvia Farnham-Diggory는 자신이 쓴 책 *Schooling*(1990)에서, 현시대의 학교는 학습에 대한 구식 이론을 바탕으로 세워졌으며, 오늘날 아이들의 성장과 학습방법에 대한 우리의

은폐된 교육과정(hidden curriculum) 학교가 정한 교육과정 외에 학생들이 배우는 것

지식을 반영하지 않는다고 밝힌다. 또한, 1980년대에 이루어진 학제 개혁(21세기에 다시 각광을 받음)은 엄격한 기준, 더 많은 시험, 동종의 집단화, 더욱 분수화된 주입식 교육 등 관료주의에 치중된 개혁이었다고 평가한다. 일부에서만 학생 발달에 관심을 두고 더 나은 교육과정을 개발하기 위해 노력하였다. 교실은 아이들이 '아이답지 않은 틀' 속에 강제로 들어가야 하는 장소가 되었다. Farnham-Diggory는 학교를 인지적 도제의 공간으로 만들자고 제안한다. 이는 "학생들이 배움을 배울 수 있는 기술을 학습하고, 창의적인 아이디어를 발상할 수 있는 공간"(p. 56)을 의미한다. 인지적 도제의 모델은 일곱 가지 원칙을 바탕으로 한다.

1. 우리의 뇌는 상황 학습이 가능하도록 복잡하게 설계되어 있다. 뇌는 폭넓은 환경에서 제공되는 다양한 실질적인 경험을 체험하며 관찰하고 조직할 수 있는 능력을 갖추고 있다.
2. 교육은 학생의 위치에서 시작되어야 한다.
3. 배움은 사회적 사업이다(사진 30-6).

사진 30-6 교사가 소집단과 함께 분수 문제를 풀고 있다.

이 교육 모델에서 교사는 모형화, 코칭, 비계, 표현(요약, 비판, 대화 등), 회고, 탐구 등의 다양한 교수법을 사용한다. 이는 교훈적이거나 주입식 교수법이 아닌 촉진적 교수법(facilitative techniques)이다. 학생이 스스로 지식을 세워 갈 수 있도록 교실을 개방하는 것이다. 다양한 지역에서 교사 개인 또는 교사 여러 명이 해당 교수법을 도입하였으며, 심지어 일부 학교에서도 전체 교육과정에 발달적으로 적합한 실제(DAP)를 도입한 경우도 생겼다.

왜 일부 교사가 발달적으로 적합한 실제(DAP)를 도입하는 반면, 다른 교사는 도입하지 않는가 하는 문제가 최근 논의되고 있다. Mary McMullen(1999)이 실시한 연구는 이 책 27장에 소개되어 있다. Buchanan, Burts, Bidner, White와 Charlesworth(1998)는 초등학교 1학년, 2학년, 3학년 학생을 담당하는 교사들의 사상과 실제를 관찰하였다. DAP와 **발달적**

발달적으로 부적합한 실제(developmentally inappropriate practice, DIP) 학생의 발달 수준에 맞지 않는 교수법

으로 부적합한 실제(DIP)를 예측하는 여러 변수가 발견되었다. DIP를 예측하는 변수는 무료 급식 또는 점심값 할인을 받는 학생 수, 가르치는 학년(1학년 교사가 DAP를 더 많이 도입함), 그리고 한 반에 속한 학생 수 등을 포함하였다. 반에 장애 학생이 있는지의 여부도 DAP를 예측하는 변수였다. 가장 큰 예측 변수는 교사 본인이 교육과정을 짜고 교수법을 도입하는 과정에서 얼마만큼의 권한을 가지고 있다고 믿는지였다. DIP로 수업하는 교사는 본인보다, 교장이나 부모 등 외부의 힘이 교실에 대한 권한을 더 많이 가졌다고 믿었다. 초등교육 교사 자격증을 가진 선생이 영유아교육 교사 자격증을 가진 선생보다 DIP를 사용할 가능성이 더 높았다. Amos Hatch는 성적을 책임지라는 요구에 대한 반응을 보기 위해 K-3 교사 세 명을 인터뷰하였다(McDaniel, Isaac, Brooks, & Hatch, 2005). 교사 세 명 모두 발달적으로 적합한 방식을 통해 교수하며 동시에 성취 목표를 달성해야 하였다. 세 명 모두 영유아교육 교사 자격증을 가지고 있었으며, 이 중 두 명은 특수교육과 결합한 프로그램에 참여하였다. 이는 개별 아동의 필요에 맞는 학습법을 모색하는 배경이 되었다. DAP 교사에 대한 정확한 요소를 찾기 위해서는 더욱 심층적인 연구가 필요하다.

Kentucky Department of Education은 초등학교 저학년을 대상으로 발달적으로 적합한 실제의 방향으로 가는 개혁 입법화의 성공 척도를 평가하기 위한 연구 결과를 공개하였다(McCormick et al., 2001). 연구진은 초등학교 4학년 성취도 시험 결과를 바탕으로 성적이 높은 학교 중에서 성취도가 향상 중인 학교와 성적이 낮은 학교를 각각 선정하였다. 138명의 교사를 대상으로 설문조사를 하였으며, 각 교사에 대한 인터뷰와 수업관찰도 진행되었다.

성적이 높은 학교의 교사들은 발달적으로 적합한 실제를 수업에 적용하고 있었다. 개방된 토론과 직접 참여하는 콘텐츠가 많았다(사진 30-7). 학생들은 의사결정에 직접 참여하고 교실은 학생의 독립성과 자기관리에 대한 기회가 제공되도록 배치되었다. 교육과정 또한 개인에 맞춤화되어 있었다. 성적이 낮은 학교에서는 규율이 엄격하고 처벌이 가혹하였으며, 시설은 누추하고 미술과 인문학 과목이 운영되고 있지 않았다. 대부분 교사는 성적에 따라 학생들을 분류하였다. 결과적으로 이 연구는 발달적으로 적합한 실제의 효과를 입증하였다.

© 2014Cengage Learning

사진 30-7 동물의 생명을 관찰하고 연구할 기회를 주기 위해 교실에서 턱수염 도마뱀을 애완동물로 키운다.

Carol Anne Wein(2008)은 초등학교에서의 발현적 교육과정을 소개한다. 발현적 교육과정은 학생의 관심사로부터 구축된다. 발현적 교육과정에 대한 Wein의 의견은 이탈리아의 유명한 교수법인 Reggio Emilia을 바탕으로 둔다. 학생과 교사는 상호적이고 공동 상호작용 관계를 가지고 있다. 관심과 동기는 이러한 접근방식에 핵심적이다. 교사와 학생은 질문을 제시하고 각자의 관심을 추구한다. Wein의 책은 학생들의 관심을 중심으로 수업을 하는 교사들의 이야기를 담고 있다. 예를 들어, 한 유치원 교사는 자신의 학급에 악기 연주에 관심을 가진 학생들이 있는 반면, 동작의 물리학에 관심을 둔 소규모 집단의 2년차 학생들도 있으며, 자신만의 도시를 연구하고 설계하는 3년차 학생들이 있다고 밝힌다. 해당 교사들은 필수 교육과정 외에 학생들이 각자 관심 있는 프로젝트에 참여할 수 있도록 시간표를 짠다.

교실 지도와 관리

27장에서는 성인과 아동 관계의 핵심 요소를 살펴보았다. 양육 방식과 훈육에 대한 내용도 살펴보았다. 장기적으로 안내(guidance) 위주의 육아와 권위적인 육아가 훈육 위주의 육아보다 월등하다고 논의되었다. 27장과 관련된 주제로는 도전적 행동, 체벌, 타임아웃(조용히 쉬는 시간) 그리고 도덕성 발달을 조성해 주는 민주적인 교실의 확립 등이 있었다. 해당 주제를 복습하면서 이 교재에 소개된 안내 접근법이 초등학교 고학년에 적합한지 고민해 봐야 한다. Fields와 Fields(2006)와 Gartrell(2004)과 같은 전문가들에 따르면 적합하다. 아이들의 나이가 많아지면서 그에 따른 책임감을 다룰 줄 알아야 하며, 협상 전략과 의사 표현이 정확해져야 한다. Gartrell(2004)은 초등학교 저학년 교실에서는 규율보다는 긍정적인 지침이 있어야 한다고 주장한다. 규율은 부정적인 느낌을 주는 반면, 지침은 아동이 하지 말아야 할 것보다 하면 좋은 것이 무엇인지를 긍정적으로 알려 주기 때문이다. Gartrell은 초등학교 저학년 교실에서 확립하기 좋은 지침을 아래와 같이 제시한다(p. 71).

- 친절한 손길만 내밀어 주세요.
- 가끔은 멈추어서, 보고, 들어 주세요.
- 교실은 모두가 돌보아야 할 공간이에요.
- 서로에게 친절하고 나 자신에게도 친절하세요.
- 실수해도 괜찮아요. 실수를 통해 배우면 되거든요.

Gartrell은 또한 격려 프로그램의 중요성을 강조한다. 격려 프로그램은 학생의 요구와 발달에 맞게 설계되어야 한다. 교실 공간의 배치가 발달적으로 적합하고 다양한 문화적인 요소들을 수용하기 때문에 갈등을 최소화할 수 있다. 학교 일과는 매일 같으며, 변화는 학생들이 적응할 수 있는 수준에만 맞춘다. 교실을 각기 다른 구역으로 나누고 아이들을 소규모 집단에 따라 배정한다. 대규모 집단 활동은 모든 인원이 참여할 수 있도록 하며 대기 시간이 길지 않고 차례가 빨리 돌아오는 과제를 준다. Gartrell이 제안하는 안내 접근법은 각 아동에게 긍정적인 학습 환경을 제공해 준다.

포용적인 학교

장애 학생을 위한 포용적인 교육의 중요성은 이전에 논의되었다. 성공적인 포용은 다음 요소들에 의해 좌우된다(McLeskey & Waldron, 2002).

- 교사와 관리자 모두가 지지하는 더욱 포용적인 교수법을 채택한다.
- 학교는 변화에 대한 전적인 권한을 가져야 한다. 성공적인 변화는 다른 제3자의 위임으로 이루어질 수 없다.
- 성공적인 포용은 학교 전체의 대대적인 변화를 요한다.
- 변화는 단순히 '추가된' 사항이 되어서는 안 되며, 학교 전체 프로그램에 통합되어야 한다.
- 학생 간의 차이는 학교생활에서 당연한 부분이다.
- 한 가지 변화가 이루어지면 그 이후에 다른 변화가 따를 것이다.
- 변화는 각 학교에 따라 다르게 적용되어야 하며, 정의된 변화 지침은 없다.
- 교사들이 새로운 책임에 도전할 수 있도록 전문적인 교육이 제공되어야 한다.
- 변화에 대한 거부감은 항상 존재한다. 거부하는 교사의 의견을 수용하면 중요한 통찰력을 얻을 수 있다.
- 포용적인 학교를 설립하는 것은 지속적인 과정이다.

진정한 포용적 학교를 만드는 일이 짧은 시간에 이루어질 수는 없으나, 모두, 즉 아동, 교사, 가족을 위해 이 일을 계속 추진하는 것은 가치 있는 일일 것이다.

발달을 지원하는 학교 교육

유명한 정신과 의사인 James P. Corner(2001, 2004, 2005)는 아동의 발전을 돕고, 학업 성취뿐만 아니라 사회적 · 정신적인 발전의 중요성을 인식하는 학교를 지지한다. 그는 아동 발달 지식을 교육에 적용하는 중요성에 대해 강조한다. 앞으로 더 많은 학교가 아이들의 공동체와 피난처가 되길 바란다(Rogoff, Turkanis, & Bartlett, 2001; Stone, 2001; Vance & Weaver, 2002; Copple & Bredekamp, 2009).

요약

1 6~8세 아동의 전형적인 인지적 특성 식별하기

인지적으로 저학년 초등학생 아이들은 5세에서 7세로 넘어가는 전환기를 겪는다. Piaget의 이론에 따르면 전조작기에서 구체적 조작기로 전환하고 있으며, Vygotsky의 이론에 따르면 놀이 위주의 학습에서 어른이 지도하는 정형화된 학습 경험으로 전환하고 있는 시점이다. Vygotsky의 이론에 따르면, 아이들은 고차원적 사고 기능으로의 전환을 시작하고 있는 셈이다. 하지만 이 시기 아동들은 여전히 신체적·운동적·감정적 기능 그리고 지식에 인지적인 과정을 통합하는 과정을 거치고 있다. 혼잣말은 내재화되고 학습을 주도한다. 아이들은 구체적인 경험을 통해 제일 잘 배우며, 이 구체적인 경험을 추상적인 상징인 글자와 숫자에 연관 지을 수 있는 능력을 갖게 된다. 문제해결형 과제가 동기 부여에 효과적이다. 혼잣말을 할 수 있는 능력은 문제해결 능력과 학습 능력을 뒷받침해 준다. 학교라는 존재는 저학년 초등학생들에게 삶의 중심에 있다. 아이들은 아직 자신의 선천적 능력, 사회경제적 지위 또는 인종에 상관없이 뭐든지 배울 수 있다는 믿음을 갖고 있다. 개방형 과제와 활동에 제일 적극적으로 반응한다. 정답이 정해져 있는 과제나 문제를 한 개만 틀리더라도 아이에게 실패감을 줄 수 있다. 독해, 작문과 수리 공부는 미래 학습 과정에 큰 도움이 된다. 학교는 어린아이들에게 두려움과 불안감을 준다. 창의적인 글쓰기 기회는 아이들의 불안감을 해소해 준다. 예를 들면 슈퍼 영웅에 대해 글을 쓰는 것은 아이들에게 강력한 힘이 된다.

2 초등학교 저학년의 교육과정에서 테크놀로지가 차지하는 위치를 기술하기

기술이 발전함에 따라 학습에 유용한 도구가 수없이 개발되고 있다. 컴퓨터 및 텔레비전은 아동 발달 연구가, 영유아 교사, 부모 등의 오랜 관심 대상이었다. 인터넷은 정보를 수집하고 능력을 향상하는 데 많은 기회를 제공하는 반면에, 어른의 모니터링이 없으면 수많은 위험에 노출시킬 수 있다. 교사들은 사진, iPod, 화이트보드, 이메일 등 다양한 학습기술을 활용하여 환상적인 프로젝트를 개발하기도 한다. ELL 학생들은 테크놀로지를 통해 작문과 말하기 능력을 향상시킨다. 부정적인 면에서 테크놀로지는 비용이 많이 소요된다. 또한, 즐거움에만 치중되지 않도록 올바른 교육 콘텐츠를 선정하는 것이 중요하다.

3 문화나 두려움과 같은 다양한 요인들이 학업 성취와 적응에 끼치는 영향을 설명하기

학업 성취나 학교 적응이라는 주제는 오랫동안 연구되어 왔다. 두 가지 모두 거주지, 가족, 또래 아이들, 학교 등의 여러 가지 요인들로부터 영향을 받는다. 세상의 다양한 문화와 인종이 모인 학교에서 다양한 문화 집단에서 온 학생들의 적응과 성취도 문제는 많은 부모와 교육자의 우려 대상이다. SES와 부모의 교육 수준은 자녀의 성공적인 학교생활에 영향을 끼치는 두 가지 주요 요인이다. 높은 수준의 교육 프로그램은 해당 문제를 해소시킨다. 초등학교 저학년 아동들은 성취 목표를 달성하지 못하는 두려움을 흔히 갖고 있다. 실패가 반복되면 중간 학년이 됐을 때 학습된 무력감으로 이어진다. 불안감이 덜한 교실 분위기는 이러한 문제를 해결해 준다.

4 초등학교 저학년에서 돌봄 중심 교육과정을 통한 발달적으로 적합한 학교 교육의 핵심 요소

권위적인 훈육의 틀 속에서의 아동 발달의 가치를 증명하는 여러 연구가 발표되었다. 하지만 해당 국가의 경우 초등교육의 학제 개혁이 필요하다. 발달적으로 적합한 교수 실제가 점차 자리를 잡혀가고 있을 즈음, '아동낙오방지법(No Child Left Behind)'이 도입되면서 전통적인 학습지 사용, 기초적인 교육과정이 학교를 다시 장악하였다. 학교 교육과정은 돌보는 자세로 아동의 학습을 응원해야 하며, 학습을 지연시켜서는 안 된다. 어린 아동 스스로가 던진 질문에 대한 해답을 찾는 여정을 직접 체험하게 해야 한다.

제31장

초등학생: 정서 발달

이 장과 관련된 표준

naeyc

NAEYC 프로그램 기준

1a: 출생에서 8세까지의 영유아의 특징과 요구를 알고 이해하기

DAP

발달에 적합한 실제(DAP) 지침

1: 학습자를 보살피는 공동체 만들기

1C 1, 2, 3, 4, 5: 공동체 구성원은 서로 존중하고 책임감을 갖는다.

3A 1: 교사는 각 연령 집단에게 필요한 핵심 기술을 이해하고 익숙해진다.

학습목표

1 초등학생의 정서적 특성에 대한 개관을 제공한다.
2 초등학생의 사회적 귀인을 기술한다.
3 6~8세 아동의 정서 발달을 설명한다.
4 6~8세 아동에 대한 성인의 역할을 설명한다.
5 초등학생의 정서 발달과 행동에 대한 사회문화적 영향을 설명한다.

1 개관

8세인 Tyler는 도보여행용 장화, 땀복과 청바지를 입고 있다. Tyler는 최근에 삼촌과 사촌형제와 함께 오리 사냥에서 돌아왔다. Tyler는 Rumbo라는 이름의 개를 데리고 갔다. Rumbo의 여행용 개집은 자동차 차고에 있다. Tyler는 아빠가 차를 청소하는 것을 돕고 있다. 그는 "Ben 삼촌이 물속에 있는 있던 오리 한 마리를 쐈어요. 삼촌이 오리를 겨누었고, 비비탄이 터졌어요."라고 말한다. Tyler의 아빠는 "정말이야?"라고 묻는다. Tyler는 자동차 트렁크에서 물건들을 꺼내고 있다. Tyler는 구슬 몇 개를 집어들고 길로 던진다. Tyler는 트렁크로 올라가서 아빠를 위해 나머지 구슬을 회수한다. Tyler는 여행용 개집으로 걸어간다. "나는 Rumbo를 위해서 새로운 짚이 더 필요해요, 아빠. 아침에 Rumbo를 오리 사냥터로 데리고 갔다 왔더니 새로운 지푸라기가 필요해요." 아빠는 괜찮다고 말한다. 아빠는 Tyler에게 가게 청소기에 플러그를 꽂으라고 말한다. Tyler는 확장 코드를 풀고 플러그를 꽂는다. 아빠는 그에게 모든 자동차 바닥 매트를 진공청소기로 청소하라고 말한다. Tyler는 "왜 내가 해요?"라고 말한다. "너는 도와서 그것을 할 수 있기 때문이지."라고 아빠가 말한다. 그래서 Tyler는 진공청소기로 바닥 매트 청소를 시작한다. Tyler는 "오늘 아침에 총을 쐈을 때, 총에서 나오는 불꽃을 볼 수 있었어요." Tyler는 바닥 매트를 청소하려고 움직였고 여행용 개집에 있는 낡은 지푸라지를 청소한다. "아빠, 우리가 '개집'이라고 말하면 Rumbo는 곧바로 뛰어요, 홍, 아빠?" Tyler는 서서 아빠가 트렁크를 청소하는 것을 본다.

Tyler는 사냥 경험과 관련해서 아빠와 친구가 되는 데에 흥미를 나타내고, 개집을 보살피는 것에 대한 책임감을 나타내고, 아빠가 자동차를 청소하는 것을 돕는다.

이 장은 초등학생(예컨대, 1학년에서 3학년)이 된 6~8세 연령의 아이들의 특성 중 몇 가지를 탐색한다. 우선 초등학생의 발달적 특성을 전반적으로 살펴볼 것이다.

1학년부터 3학년인 **초등 저학년** 아이들은 6세부터 8세이다. 신체적 · 인지적 · 사회적 · 정서적 분야의 발달이 통합되고 모든 분야가 협응된 방식으로 함께 작용하기 시작하는 시기이다(Copple & Bredekamp, 2009; Marotz & Allen, 2013). 대근육 운동 기술이 잘 발달되고, 새롭게 발달된 구체적 조작적 인지 기술과 운동 기술의 복잡한 결합을 요구하는 놀이를 시작할 수 있게 된다(29장 참조). 소근육 운동 기술도 쓰기 기술이 발달하고 내적 사고를 표현하는 데 익숙해지면서 인지 기술과 통합된다. 신체 및 운동 특성은 29장에서 논의된다. 지각과 인지 발달 모두, 아이들이 관습적 읽기를 능숙하게 획득하고, 추상적 상징들로 산수 영역에서 구체적 경험을 연결시키는 시점에 이르게 된다. 초등 저학년 수준의 아이들은 보통 성인과 같은 말하기를 사용할 수 있다. 놀이는 여전히 초등 저학년 수준 아이들에게 중요한 활동이다. 인지 발달과 사회성 발달은 놀이를 통해서 계속적으로 지지된다.

초등 저학년(primary grades) 1학년부터 3학년

사진 31-1 초등 저학년 아이들은 성인과 독립적으로 함께 공부하기를 즐긴다.

사진 31-2 교사는 학생들이 독서할 때 지지를 제공한다.

아이들은 Erikson의 근면성 대 열등감 단계로 간다(2장과 25장 참조). 생산적이 되는 것은 초등 저학년 연령 아이들에게 매우 중요하고, 그들은 그들을 열등하고 생산적이지 못하게 만드는 경험에 의해 깊게 영향받는다.

또래들은 점차 중요해지고, 대화 상대자와 작업 동료를 제공한다. 초등 저학년 아이들은 협동적인 소집단에서 잘 지낸다(사진 31-1). 이 같은 근면성과 열등감의 단계에서 과업의 성공적 수행은 미래 발달의 근본으로서 자긍심과 자존감을 제공한다. 이 시기 이전에, 아이들은 적절한 행동과 부적절한 행동의 규칙을 학습한다. 현재 성인은 그들에게 필수적인 성인의 안내(사진 31-2)뿐만 아니라 독립과 책임을 위한 기회를 제공함으로써 자기 통제를 성취하도록 지원을 제공해야 한다. 부적합한 실제는 아이들의 자긍심과 학습 동기를 무너뜨릴 수 있다(Nuttall, 1993).

이 장은 초등 저학년 아이들의 사회적 · 정서적 특성, 초등 저학년 아이들에 대한 성인의 역할과 사회문화적 요소에 대해 검증한다.

2 정서적 특징: 사회성 발달

초등 저학년 시기는 자의식과 민감성의 증진으로 이르는 길이고, 이는 청소년기에 정점에 달한다. Alan Shapiro(발행 연도 불명)는 각각의 아이들이 전체 학급 앞에서 주목 대상이 되는 시간, 즉 각자 물건을 가져와서 말하기(show-and-tell) 시간, 가져와서 자랑하기(bring and brag) 시간, 뉴스 시간과 같이 날마다 공유하는 시간의 의미에 관하여 설명한다. 그는 이 같은 민감성의 사례를 다음과 같이 제시한다.

앞에 나가면 당황스러워진다. 말해야 하는데, 무섭고 겁을 먹게 된다(3학년 여학생).(p. 31)

교실 앞에 서게 되면 제정신이 아닌 것 같다. 모든 사람이 나를 본다(3학년 여학생).(p. 32)

아이들로서는 학급 친구들 앞에 서는 것이 쉽지 않은 일이기는 해도, 이것은 흥미롭고 가치 있는 경험이다.

나는 나와 내가 하는 것, 그리고 내 사촌이 하는 것에 관하여 말하는 것을 좋아하기 때문에 그것을 좋아한다(1학년 남학생).(p. 35)

그들이 무언가에 대해 말할 때, 나는 그들이 말하는 것을 좋아한다. (…) 그리고 나는 무언가 말하고 그들이 내가 말하는 것을 아는 것을 좋아한다(3학년 여학생). (p. 35)

아이들의 자기 평가는 어느 정도의 자긍심을 계속적으로 제공한다. 학습장애를 가진 아이들은 특히 자기 개념이 낮아지는 것에 취약하다. 이 같은 학생들은 학문적 중재와 정서적 중재의 결합으로부터 이득을 얻는다(Elbaum & Vaughan, 1999).

이 같은 사례로부터 동일한 유형의 활동은 각각의 아동에게 다른 감정을 야기한다는 것을 볼 수 있다. 우리는 또래 관계와 사회적 상호작용 분야에서 초등 저학년 시기 동안 발달의 강조점에 대해 살펴볼 것이다.

생각해 보기

당신이 초등학생이었던 때로 돌아가서 생각해 보라. 학급에서 보고를 하는 것에 관해서 어떻게 느꼈는가? 아이가 수복의 중심에 놓여 두려워하고 불안해할 때, 교사들은 어떻게 상황을 다루어야 할 것인가?

또래 관계

또래 관계는 초등 저학년 시기에 점점 중요해진다(Kostelnik, Gregory, Soderman, & Whiren, 2012). 또래는 아이들이 규칙적으로 상호작용하는 같은 연령의 아이들이다. 아이들은 사회적인 것이 무엇인지를 바로 또래들에게 배우게 된다. 아이들은 어떻게 자신의 감정을 조절하는지 배우고, 이에 따라 인기도를 얻게 된다. Hart, McGee와 Hernandez(1993)는 또래 관계에서 중요한 요소들 중 몇 가지에 대해 개관하였다. 초등학교에서의 또래 인기도는 학령 전기에 그랬던 것과 마찬가지로 친절한 접근, 양육, 협동, 대화와 긍정적 강화와 지속적으로 관련된다. 공격적이고 철회적인 아이들은 또래에게 거절당한다. 또래에게 거절당한 아이들은 학급의 일에 개인적으로나 집단적으로 덜 참여하기 쉽다(Ladd, Herald-Brown, & Reiser, 2008). 인기 있는 초등학생은 놀이터에서 관찰해 보면 협동 놀이에 더 많이 관여하고 방관자 행동에 덜 관여한다. 더 어린 아이들과 마찬가지로, 집단 개입은 조용히 집단에 접근하여 두리번거리면서 집단 구성원의 행동을 모방할 때에 가장 성공적으로 성취된다. 우정은 또래 상호작용으로부터 발달하는 친근한 관계이다(Kostelnik et al., 2012). 아이들은 또래와의 상호작용을 통해서 삶의 주고받기를 학습한다. 아이들은 의사결정을 위한 기회를 갖게 되고 다양한 정서를 경험한다. 아이들은 이기고 지는 것을 경험한다. 또한 다른 사람들이 다양한 관점을 갖는다는 것을 이해하게 된다.

아이들은 다양한 수준으로 타인과 공감한다. 즉, 그들은 다른 사람의 정서적 상태를 인지하고 경험한다. Findlay, Girardi와 Coplan(2006)은 공감과 아이들 자신의 행동과 타인의 사회적 행동의 이해 간의 관계를 탐색하였다. 그들은 공감력이 더 높은 아이들이 덜 공감적인 또래보다 더욱 사회적으로 민감하다는 것을 발견하였다. 공감력이 높은 아이들은 사회적으로 적절한 행동을 더 많이 나타내고, 타인의 사회적 행동에 더 반응적이다. 공감적 아이들은 또래의 행동에 대한 더 깊은 이해도를 나타낸다.

사진 31-3 우정은 초등학생에게 중요하다.

초등학생 시기에, 아이들은 스스로와 유사하고 동일한 관심을 가진 친구를 선택하기 쉽다. 소녀는 소년보다 더 작고 더 친밀한 집단에 합류하는 경향이 있다. 친구들은 정신건강을 위하여 중요하다(사진 31-3). 친구들과 1학년에 입학하는 아이들은 학교생활을 즐기고 학업에서도 더 잘하는 경향이 있다. 29장에서, 초등학생, 특히 소년이 거친 신체 놀이(rough-and-tumble play, R & T)를 즐기고 그것을 규칙 있는 게임을 발달시키는 수단으로 사용하는 것에 대한 설명이 있었다(Carlson, 2011a; Jarvis, 2006). 거친 신체 놀이도 사회적 문제해결 기술을 향상시키기 위한 기회를 제공한다. 이것은 특히 초등 남아에게 중요한 요소인 듯하다. 초등학교 남학생의 보고에 따르면, 거친 신체 놀이도 정서적 측면을 포함한다(Reed & Brown, 2000). 면담을 할 때, 초등 저학년 남학생들은 거친 신체 놀이를 서로에 대해 보살핌, 선호도와 우정을 표현하기 위한 수단이라고 해석하였다. 또한 매일의 휴식 시간의 중요성이 설명되었다. 적절한 휴식 시간은 특히 공격적 아이들에게 중요한데, 그들은 거친 신체 놀이와 공격성 간의 차이를 학습하는 과정에서 성인 모델링과 그들을 보조하는 코칭을 필요로 한다.

Barbour(1996)는 휴식 시간 동안 2학년생 8명의 놀이 활동을 연구하였다. 아이들은 높은 신체적 유능감(high physical competence, HPC)을 가진 아이와 낮은 신체적 유능감(low physical competence, LPC)을 가진 아이로 구별되었다. 높은 신체적 유능감을 가진 아이들은 낮은 신체적 유능감을 가진 아이들보다 사회적 지식을 얻는 기회를 더 많이 갖게 되고, 더욱 다양한 놀이 활동에 관여할 수 있었다. Barbour는 신체적 유능감을 향상시키는 것은 사회적으로 소외된 아이들에게 긍정적 영향을 준다고 지적하였다. 단체 스포츠와 놀이에 참여하는 것은 2학년 남아가 인기를 얻는 수단이다. 낮은 신체적 유능감을 가진 남아는 가정적 주제를 가진 극놀이에 참여하고 단체 놀이를 회피하기 쉽다. 높은 신체적 유능감을 가진 여아들은 스포츠, 추적, 또는 술래잡기와 같은 단체 놀이를 더 선호한다. 높은 신체적 유능감을 가진 남아들도 높은 신체적 유능감을 가진 남아들에게 수용되지 않는 것으로 고려되는 활동인 여아와의 놀이를 좋아한다.

> **생각해 보기**
>
> 신체 운동적 유능감을 증진시키는 것은 사회적으로 소외된 아이들에게 긍정적 효과를 줄 수 있다는 Barbour의 의견에 동의하는가? 어떻게 당신은 그런 아이를 도울 것인가?

5장에서 논의된 것과 같이, 놀이는 초등 저학년 학생과 그 이상에서조차 본질적이다(Bergen & Fromberg, 2009). "자유 상상놀이는 정상적인 사회적 · 정서적 · 인지적 발달에 결정적이다. 그것은 우리가 더 잘 적응하고, 더 똑똑해지고, 스트레스를 덜 받도록 해 준다(Wenner, 2009). 그것은 특히 사회성 발달에 결정적이다. 극놀이는 언어 기술을 연습하기 위한 우수한 수단이다(Fikani, 2007). 또한 그것은 학업적 발달도 직접적으로 증진시킨다. 예컨대, Stone과 Christie(1996)는 극놀이 동안 글자 학습에 참여한 다양한 연령(유치원에서 2학년)의 초등학생 교실에서 아이들을 관찰하였다. 몇 가지 활동 센터가 교실에 위치해 있었다. 장난감 가구, 전화기와 그릇 같은 소품과 인형들이 구비되어 있는 가족 놀이 센터의 아이들도 관찰하였다. 다양한 읽고 쓰기 능력 소품들, 즉 개방된 선반 위의 동화책과 마커, 펜, 연필과 종이와 같은 필기도구들도 있었다. 이 같은 센터를 선택한 집단은 대부분 혼합연령 집단이었다. 환경인쇄물 읽기, 재미를 위한 독서, 목적이 있는 쓰기와 필기 기술 연습과 같은 다양한 종류의 읽고 쓰는 행동을 확인할 수 있었다. 읽고 쓰는 활동의 75%는 협동적인 가상 극놀이 상황에서 발생되었다. 더 나이 든 아이들은 더 어린 아이들에게 도움을 주었다. 센터는 읽고 쓰는 학습과 사회적 상호작용을 위한 장소를 제공하였다. Schneider(2000)는 학교 교육에서 정서적 · 인지적 요소에 주목하는 연구를 개관하였다. 그의 결론은 "사회적 상호작용은 인지 발달과 학문적 성취를 촉진한다."(p. 76)라는 것이었다. 친구들 간의 일치와 불일치는 정서 발달을 위한 기회를 제공하면서, 인지 발달을 촉진한다. 연구는 (이 장의 후반부에서 설명되듯이) 교실에서 협동적 학습 집단을 사용하는 가치를 지지한다(Schneider, 2000).

인기 있는 아이들은 또래 상황에서 적절한 목적과 전략에서 더 좋은 이해를 하는 듯하다(Hart et al., 1993). 인기 없는 아이들은 실제로 불친절한 방략이 사회적 성공을 야기할 것이라고 믿을지도 모른다. 게다가, 인기 없는 아이들은 다른 사람들로부터 단서를 잘못 읽는 경향이 있고, 다른 아동은 실제로 해로움을 주려고 의도하지 않았을 때도 보복을 요구한다고 믿는 경향이 있다(Hart et al., 1993). 인기 있는 아이들은 사회적 문제에 한 가지 이상의 해결책을 만들고 이 같은 대안들을 고려한 후에 선택을 하는 경향이 있다.

어떤 아이들은 수줍음 때문에 사회적 상호작용이 부족하다(Brophy, 1996; Malouff,

2002-2006). Malouff(2002-2006)에 따르면, 수줍음은 불안과 행동적 억제로 인하여 사회적 상황에서 발생한다. 보통 그것은 새로운 상황이나 아동이 주목받는 상황에서 발생한다. 수줍은 아이들은 다른 아이들과 상호작용을 원하지만 두려워한다. 수줍음의 긍정적 측면은 외향적인 아이들에 비해 수줍은 아이들은 문제에 덜 빠지는 경향이 있다는 것이다. 수줍은 아동은 다른 사람의 의견에 대해 우려할지 모른다. 반면에, 수줍은 아이들은 사회화 연습을 덜 하기 때문에, 사회적으로 덜 숙련될지 모른다. 모든 사람들은 교실 안에서 사회적 장소를 필요로 하지만, Curry와 Johnson(1991)은 수줍음은 거절과 혼동되어서는 안 된다고 경고한다. 수줍음은 유전적 특성인 듯하나, 또한 환경 안에서의 스트레스 요인에 의해 발생하는 듯하다(Crowley, 1991). 어떤 아이들은 단지 친해지는 데 시간이 더 필요하고, 만일 그들 자신의 속도로 이동되도록 허락받는다면, 마침내 사회적 상황에 들어갈 것이다(Crowley, 1991).

Malouff는 수줍은 아이가 수줍음을 극복하는 것을 돕는 데 부모와 교사가 사용할 수 있는 17가지 방략을 제안한다(p. 312). 몇 가지 예들은 다음과 같다.

- 아동에게 당신이 수줍어하는 행동을 하는 시점에 대해서 말하라.
- 더 외향적이 되는 것의 이득에 대해 설명하라.
- 아동이 상호작용을 두려워하는 때에 공감을 보여 주어라.
- '수줍어한다'는 단어를 사용하지 말아라.
- 외향적 행동의 모델이 되어라.
- 수줍은 아동과 외향적 아동을 몇몇 상황에서 짝을 지어 주어라.

고독은 몇몇 초등 저학년 학생에게 문제가 되고 있다(Hart et al., 1993). 1학년과 같이 어린 시기에, 거부된 아이들은 고독감을 인식하게 된다. 고독은 공격성, 파탄성, 또는 수줍음과 같은 행동과 관련될 수도 있다. 덜 수용된 아이들은 그들의 사회적 실패를 거부자의 특성보다는 그들 자신의 무능함 때문이라고 귀인하기 쉽다. 신체적 매력, 사회계층, 이름과 신체적 장애가 있는 조건과 같은 행동적이지 않은 요소들은 인기도에 영향을 주는 듯하다.

초등학교 아이들에게, 접근성은 우정 선택에 주요 요소이다. 그들의 가장 가까운 친구 대부분은 이웃에 산다. 그들은 기술 수준, 상호적 흥미와 사회계층에 따라 혼합 연령 우정을 갖는데, 이들은 연령보다 더 중요하다. 협동은 우정을 발달시키고 유지하는 데 주요한 요소이다. 갈등이 발생할 때, 친구들은 일치에 도달할 수 있다. 친구들은 아이들에게 다양한 기능, 즉 놀이, 교수, 양육, 친밀감, 보호와 보살핌을 제공한다. 친구들은 또한 자존감을 지원하고, 우정을 제공하고, 사회적 규범을 전수해 주고, 사회적 기술의 모델 역할을 한다(Hart et al., 1993).

우리의 다문화 사회에서, 동일한 학교 세팅에서 다양한 인종 집단의 아이들의 또래 관계는 중요하다. Howes와 Wu(1990)는 학교의 통합은 다양한 인종 집단으로 이루어진 아이들

간의 일상적 접촉이 고정관념적인 견해를 감소시킬 것이라는 생각에 근거하고 있다.

반사회적 행동

반사회적 행동은 공격적이거나 비공격적일 수 있다. 공격적 반사회적 행동은 괴롭히기나 싸움과 같은 신체적 공격 행위를 포함하는 반면, 비공격적 반사회적 행동은 무단결석과 도벽과 같은 비행 행동을 포함한다(Eley, Lichtenstein, & Stevenson, 1999). 이 같은 행동은 청소년기에 상당히 증가하고, 여아보다 남아의 경우에 더 빈번하다. 공격적 반사회적 행동은 학령 전기에 나타나며, 이후의 공격적 행동의 정도와 관련되는 것이 발견되었다. 비공격적 반사회적 행동은 청소년기의 또래 관계와 관련된다. Eley와 동료들은 7~16세의 쌍둥이 표본에서 두 가지 유형의 반사회적 행동을 비교하였다. 그들은, 공격적 반사회적 행동은, 약간의 환경적 영향을 가진다 해도, 강력한 유전적 요소를 갖고 있으나, 비공격적 반사회적 행동은 환경적 요소에 의해 영향을 받는다고 결론지었다. Deater-Deckard와 Plomin(1999)은 7세, 9세, 11세, 12세에 외현화 행동 문제에 대하여 부모와 교사로 하여금 입양된 형제와 입양되지 않은 형제를 평정하게 하였다. 다른 연구와 마찬가지로, 교사와 부모 모두 여아와 비교해 볼 때, 양쪽 모두 높은 수준의 반사회적 행동 유형을 보고하였다. 남아와 여아의 차이는 입양된 경우에 더 높았다. 유전과 환경적 원인에 관한 질문과 관련하여, 결과에 따르면, 공격성은 더 강력한 유전적 요소를 나타냈고, 비행은 더 많은 환경적 영향을 나타냈다

특별한 주의가 가해자들에게 주어졌다(Sanders & Phye, 2004). Sanders와 Phye는 Olweus(1993)의 가해자를 다음과 같이 정의한다. "학생은 한 번 또는 그 이상 다른 학생들의 편에서 부정적 행위에 반복적으로 그리고 오랜 시간 노출될 때 가해자 또는 피해자가 된다"(Olweus, 1993, p. 9). Sanders와 Phye에 따르면, Olweus의 정의에서 나타나는 문제는 부정적 행위에 대한 정의이다. 많은 사람들은 가해 행동으로 신체적 해, 즉 원하지 않는 무언가를 하도록 강요하는 것과 위협만을 생각하지만, 사회적이고 정서적 학대와 같은 더욱 세심한 많은 다른 행동이 포함될 수 있다. 26장에서 설명된 관계적 공격성에 대한 토론을 주목하라. Sanders와 Phye는 그 분야에서의 전문가가 지적한 것과 같이 가해자와 피해자의 주요 특성을 다음과 같이 열거한다.

- 가해자는 다른 사람들을 위협과 신체적 행위를 통해 통제하고, 분노를 더 빨리 표현하고, 다른 사람들보다 더 빨리 힘을 사용하고, 타인에 대해 공감을 덜 하기 쉽고, 종종 공격적 행동의 양식에 노출되어 왔고, 부적절하게 타인을 적대적으로 지각하고, 분노하고 복수심으로 가득 차 있고, 그들의 자기상을 보호하기 위해 공격성을 사용하고, 가정에서 불일치한 훈육 절차를 경험할지도 모른다.
- 피해자는 그들이 환경을 통제할 수 없다고 생각하고, 사회적 기술과 대인관계 기술이

나쁘고, 덜 인기 있고, 개인적 부적절성에 대한 잠재적 공포 감정을 가지며, 사회적으로 소외되고, 학교 가기를 두려워하고, 또래보다 신체적으로 어리고, 작고, 약하다.

전통적 형태의 괴롭힘 외에, 현대 기술과 인터넷은 사이버 괴롭힘을 저지를 기회(platform)를 제공한다(Sidorowicz, Hair, & Milot, 2009). 사이버 괴롭힘은 이메일, 원본(text)이나, 페이스북이나 블로그와 같은 웹사이트에 올려진 것을 통해 공격성이 전해지는 것이다.

Gottfredson(2004)과 다른 사람들(예컨대, McNamee & Mercurio, 2008; Piotrowski & Hoot, 2008)은 중재의 중요성을 강조한다. 보통, 학교 중심 접근이 가장 효과적이다. 학교 중심 접근은 학교의 분위기를 향상시키고, 공동체적 감정을 창조하고, 이에 따라 괴롭힘을 감소하고 예방하려고 한다. Samples(2004)는 교육과정에 근거한 프로그램을 평가하였다. 예방은 아이들의 친사회적 태도와 행동을 발달시키기 위해서 초기에 시작해야 한다. 초등 저학년 시기에 성공적으로 사용되어 온 교육과정에 근거한 프로그램들이 있다.

- 초등학교(K-2, 5~7세), Olweus의 가해자 예방 프로그램
- *Bully Proofing Your School*(가해자가 당신의 학교를 뚫을 수 없게 하기)(학교 기반, K-12)
- *Lions-Quest*(K-12), PATHS(대안적 사고 방략 증진)는 학년 수준에 맞는 수업으로서, 자기 통제, 자존감, 정서 이해, 관계와 대인관계 문제해결 기술(K-5)에 초점을 맞춘다.
- *Quit It!*(K-3)
- *Second Step*은 3세(그 이상) 연령의 아이들과 사용될 수 있으며, 공격성을 감소시키고 친사회적 행동을 증가시키고 갈등을 감소시키기 위해 만들어졌다.

학교 정책을 바꾸는 것은 괴롭힘을 감소시키고 제거하기 위한 본질적인 부분이다. Brown(2008)은 예방에 그칠 것이 아니라 괴롭힘을 없앨 실질적인 행동으로 옮겨야 한다는 견해를 제시한다. 그는 우리의 접근이 더 직접적일 필요가 있다고 생각한다. 우리는 가해자, 피해자와 방관자와 같은 용어를 더 이상 사용하지 말아야 하고, 성적 괴롭힘이나 동성애 공포증과 같은 행동에 관하여 정확하게 이야기해야 한다. Brown은 괴롭힘이라는 용어가 너무 광범위한 용어라고 생각한다. Brown은 우리가 아이들의 말을 경청해야 하고, 저항의 연합을 세우면서 적극적으로 나서야 한다고 여긴다.

몇몇 연구자들은 이후 행동에 영향을 줄 수 있는 유아기 요소에 주목한다. 예컨대, Eisenberg와 동료들(1997)은 4~6세의 정서성의 수준과 조절은 학교와 집에서 6~8세와 8~10세 연령에서의 사회적 기능을 예측한다는 것을 발견하였다. 정서를 통제하는 능력은 행동을 통제하는 능력과 관련된다. Schwartz, Dodge, Pettit와 Bates(1997)는 공격적이면서 공격성의 피해자가 되는 남아의 초기 사회화 경험을 검증하였다. 그들은 남아들의 5세 때 학령 전 가정 환경을 평가하기 위해 어머니들을 면담하였다. 4~5년 후에 학교 교실에서 남

아들의 공격적 행동과 또래 피해 행동을 평가하였다. 3~5학년 시기에 공격성의 희생자가 된 남아는 학령 전기 동안 부정적 환경을 가진 가정에서 양육되었다. 즉, 그들의 가정은 거칠고, 정돈되지 않고, 잠재적으로 학대적인 경향이 있었다. 어머니들과 그들의 배우자나 파트너는 갈등적 관계를 갖는 경향이 있었다. 공격자이지만 피해자가 아닌 남아는 보통 가정에서 적대감과 폭력성에 노출되었으나 학대받지는 않았다.

25장에서 설명되었듯이, 부적응 행동에 관한 연구는 초기 경험의 중요성을 반영하고, 어린아이들이 높은 수준의 정서 지능을 발달시키도록 돕는 것이 중요하다는 것을 강조한다(Daniel Goleman talks, 1999; Emotional Intelligence, 2011). 어린아이들은 자신의 정서 인식을 발달시키는 데 있어서 지지를 받고, 덜 충동적으로 자신의 감정을 관리하고, 타인의 정서를 인식하고 사회적 관계를 다루는 방법을 학습할 필요가 있다. Ross Greene(2008)은 만일 우리가 '아이들은 그들이 원한다면 잘한다'에서 '아이들은 그들이 할 수 있다면 잘한다'로 우리의 생각을 바꾼다면, 아이들이 도전적인 행동을 나타내는 것을 도울 수 있다고 제안한다. Greene의 견해는, 만일 아이들이 잘하지 않는다면, 그들은 아마도 적절하게 행동하는 데 필요하고, 또는 해결되지 않은 문제를 갖는 데 필요한 기술이 부족할 것이라는 것이다. 우리는 아이들이 관심을 끌려고 하고, 자신만의 방식을 원하고, 조종하려 한다는 식으로 판단하기보다는, 쉬는 시간을 보내거나 지루한 과업을 계속하기 위한 에너지를 모으기 힘들다는 문제 또는 다른 많은 어려움이 무엇인지 발견할 수 있다. 일단 문제와 요구되는 기술이 인식됨과 동시에, 성인은 미리 준비하고 필요한 기술을 제공하는 일을 계속할 수 있다. 자기 조절, 자기 훈육과 자기 통제가 아이들에게 필요한 공통 목표라고 해도, Alfie Kohn(2008)은 과잉 통제된 행동에서 위험을 발견하고, 이는 지식에 대한 갈증보다는 '훈련에서의 일중독'을 반영할지 모른다. 그는 통제 밖의 문제는 과업이나 기대가 부적절할지 모른다는 것이라고 제안한다. Greene와 Kohn은 아마도 아이가 아닌 상황이 문제일 수 있다는 견해를 제시한다.

학습장애를 가진 학생들도 사회적 상호작용에서 어려움을 갖는 경향이 있다(Gresham & MacMillan, 1997). Gresham과 MacMillan은 그들의 연구 개관에서, 특정 학습장애, 경미한 지적 장애, 행동장애와 ADHD와 같은 약한 장애를 가진 것으로 분류되는 학생들은 또래와 교사와 어려움을 가진다는 것을 발견하였다. 그들은 또한 사회적 기술이 낮고, 더욱 간섭하는 문제 행동을 나타내고 또래에게 수용되지 않거나 거부당하는 경향이 있다. 특수 언어장애(specific language impairment, SLI)를 가진 아이들은 사회적 문제도 위험하다(Fujiki, Brinton, Morgan, & Hart, 1998). 이러한 아이들은 전형적 또래보다 높은 수준의 철회와 낮은 수준의 사회적 행동을 나타내는 경향이 있다. 특수 언어 장애를 가진 아이들은 또래 활동에 참여하기를 원한다 해도, 불안, 공포, 부적절한 가입 기술에 의해 지적되듯이, 더 많이 과묵한 것으로 평가되었다.

이전 장에서 토론되었듯이, 오늘날의 매체는 종종 반사회적 행동을 학습하기 위한 근원으로서 인용된다(Hamilton, 2002). 아이들은 아이팟, 휴대전화, 태블릿 PC, 텔레비전, 컴퓨터, 비디어 게임과 CD 플레이어와 같은 많은 전자 기기를 갖는다. 감독되지 않고 혼자 TV를 보는 것만으로도 아이들에게 수많은 성과 폭력 사례를 제공한다. 2~7세 아이들의 32%와 2~4세 아이들의 26%는 침실에 TV를 갖고 있다. 8세 이상 아이들의 67%는 자신의 TV를 갖고 있다. 어떤 연구에 따르면, 아이들은 전체 TV 시청 시간의 70%를 성인을 위한 쇼를 보는 데 쓴다.

사회적 상호작용: 교실에서의 이득

25장에서 서술하였듯이, 초등 저학년에 이르기 전에 아이들은 문화적으로 적절한 성역할에 대한 견해를 발달시킨다. 이후의 발달은 중기 아동기(5~12세 연령) 동안 발생된다. Serbin, Powlishta와 Gulko(1993)는 아이들이 중기 아동기로 진입하면서 성역할에 대한 인지 및 정서 발달 측면에 대한 견해 모두를 나타낸다는 증거를 발견하였다. 인지 발달의 일반적 수준은 아동의 성역할 고정관념에 관한 견해와 지식의 융통성과 관련된다. 선호되는 역할, 직업과 활동과 관련된 정서적 측면은 가정에서의 성 유형화와 관련된다. 정서와 인지적 측면은 성 유형화된 역할에 관한 융통적인 견해를 가진 아이들이 그들의 진술된 선호도에 있어서 덜 성 유형화된다는 측면에서 관련성을 가진다. 중기 아동기 동안, 아이들은 자신의 성을 가장 긍정적 특성을 가진 것으로 보는 경향이 있다.

아이들의 또래에 대한 자연적 흥미와 애착은 초등 저학년 교실을 계획하고 조직하는 귀중한 요소가 된다. 사회적 상호작용을 위한 기회는 정상적인 사회적 발달에 필수적인 듯하다. 이미 언급되었듯이, 협동 학습 방략은 학교 교수법에서 추천되고 있다(Ajose & Joyner, 1990; Schneider, 2000). **협동 학습**은 "다양한 소집단의 학생들이 상호적 학습 목적을 성취하기 위해 함께 공부하는 과정"(Ajose & Joyner, 1990, p. 198)으로 정의될 수 있다. 보통 2~4명의 학생들이 함께 문제를 풀도록 한다(사진 31-4). 아이들은 해결에 이르기 위해 함께 공부를 하도록 요구받는다. 협동 학습을 통해서, 아이들은 인지 기술과 사회적 기술을 획득하고, 경쟁적이거나 개인적 학습 세팅에서 그 이상의 혜택을 본다. 또한 협동 학습은

사진 31-4 초등 저학년 아이들은 또래를 돕는 것을 좋아한다.

협동 학습(cooperative learning) "다양한 소규모 학생 집단이 서로 학습 목적을 성취하기 위해 함께 공부하는 과정"(Ajose & Joyner, 1990, p. 198)

다양한 인종 집단의 아이들과 특별한 요구를 가진 아이들을 통합시키는 방법도 제공한다(Kagan, 2006; Sapp, 2006).

초등 저학년 아이들은 자신의 게임을 발명하기를 즐긴다. 예컨대, 그들은 보드 게임을 발명하기를 좋아한다. Castle(1990)은 아이들이 발명한 다양한 게임에 대해 설명한다. 게임 중재로 인해 아이들은 게임을 발명하기로 결정하고, 필요한 재료를 선택하고 규칙을 만드는 결정을 하면서 힘의 지위를 결정한다. 이 같은 과정은 그들이 학교에서 배웠던 기술을 사용하면서 소중한 교육적 경험을 제공한다. 쓰기(예컨대, 규칙, 게임 명명), 산수(점수 매기기)와 게임의 초점으로서 주제 연합과 단위 항목)이 그 예이다. 게임 발달에 관하여 함께 작업하는 것은 협동, 타협과 문제해결을 위한 기회를 제공한다. 아이들은 교사에 의존하지 않고 갈등을 해결하는 방법을 배운다. 아이들은 게임을 하고 노는 것을 즐기는데, 함께 이야기할 수 있고 친구와 놀고 무언가 재미있는 것을 할 수 있기 때문이다.

> **생각해 보기**
>
> 당신이 방금 읽었던 것에 근거하여 다음 상황을 평가해 보라. 3학년생이 수학 게임을 위하여 집단을 그들 스스로 조직할 때, 집단은 성에 따라 구성된다. 즉, 소년은 소년들과, 그리고 소녀는 소녀들과 집단을 구성한다.

교실에서 긍정적 사회적 상호작용은 공동체를 만드는 활동을 통해서 지지될 수 있다. "공동체는 서로의 안녕을 중요하게 여기고, 혼자서는 할 수 없는 것을 함께 성취할 수 있는 개인들의 집단이다"(Katz & McClellan, 1997, p. 17). 아이들은 공동체를 위한 깊은 욕구를 가진다. DeVries와 Zan(1994)은 공동체 설립을 위한 완전한 프로그램을 제공한다. 다른 교육자들은 공동체를 세울 수 있는 특정 활동을 제안한다. 교실 회의(McClurg, 1998; Vance & Weaver, 2002), 반성적 기억 벽의 창조(Scharmann, 1998), 특수 아동 통합을 지원할 수 있는 세팅의 설치(Blaska & Lynch, 1998; Elgas & Peltier, 1998), 또는 다른 수많은 방략(Krall & Jalongo, 1998/99)은 공동체 설립을 지지할 수 있다.

장애 아동 통합

이전 장에서, 특수아를 위한 사회적 통합교육 제공의 중요성이 논의되었다. 이것은 아이들이 초등학생이 되면서 중요한 요소로 지속된다. 다운증후군, 뇌전증, 신체 부위의 상실과 심한 시각적 · 청각적 손상처럼 장애 조건이 심각한 경우에는 더욱 명백하다(Kostelnik et al., 2012). 더 약하고 경증인 장애는 쉽게 진단되지 않고, 다른 아이들에 의해 쉽게 수용되지 않을 수 있다. 다른 아이들과 마찬가지로, 장애 아동은 만일 사회적 기술이 좋다면 더 쉽게 사회적으로 수용될 수 있다(Kostelnik et al., 2012). 어떤 전형적인 아이들은 공식 교육에 들어서기 전에 학습된 편견을 나타낼지 모른다. 그것은 장애 아동을 지원하고 다른 아이들에게 수용되는 행동을 모델링하는 숙련된 교사에 달려 있다.

ADHD는 4장에서 설명되었다. 그것은 극단적으로 중재하기 힘든 장애 중 한 가지 예이다. 그것은 학령기 전에 인식되기 어려운데, 아마도 학령 전기 아동은 활발하고 상대적으로 주의 폭이 짧다고 기대하기 때문이다. 과잉 활동적이고 부주의하고 또는 충동적인 아동들이 있다. 아이들은 이 같은 행동 모두 또는 결합된 행동을 나타낼 수도 있다(National Institute of Mental Health[NIMH], 2011). ADHD를 위한 치료는 아동에 따라 다양하다. 6세 이상의 아이들을 위한 자극제 약물들이 인가를 받았다. 목록은 NIMH 웹사이트에서 확인할 수 있다. '자극제'라고 부르기는 하지만, 이 약물들은 실제로 ADHD를 가진 아동을 진정시켜서 아동이 집중하고, 공부하고 학습할 수 있게 한다. 아동과 가족은 몇 가지 행동 중재로부터 혜택을 받을지도 모른다. 몇 회의 심리치료는 아동과 가족이 그들의 문제를 이해하고 극복할 수 있게 도울 수 있다. 행동치료(BT)는 행동주의자의 접근을 사용하여 행동을 변화시킬 수 있게 계획된다. 사회 기술 훈련도 아이들이 모델링을 통해서 자신의 행동을 변화시키고 서로 상호작용하는 적절한 방식을 설명하는 것을 도울 수 있다. 부모 지지 집단과 부모 교육도 효과적인 중재가 될 수 있다.

3 정서 발달

Mindess, Chen과 Brenner(2008)는 초등학생 교육과정에서 국제적인 사회정서적 교수를 포함시키는 것의 중요성에 대해 설명한다. 정서적 안녕과 사회적 유능성은 인지 발달을 위한 근원을 제공한다. 6~8세 아동에게 정서 발달의 중요 영역은 스트레스, 자존감, 도덕 발달과 성성이다.

스트레스

스트레스는 유치원 수준 그 이상에서 계속 문제가 될 수 있다. 스트레스는 신체에 심각한 생리적 영향을 미친다(Shwartz, 2007). 위급할 때 분비되는 호르몬은 인간이 예상치 못한 위협을 당할 때 생존을 돕는다. 그러나 지속적인 걱정은 아드레날린과 다른 스트레스 호르몬을 분비하도록 해서, 건강에 해로운 영향을 줄 수 있다. 아이들의 성장은 억제될 수 있고, 면역 체계가 억압되고 뇌 기능이 손상될 수 있다.

초등 고학년 아이들과 청소년에 관한 Gonzali와 Crase(1991)의 연구 결과에 따르면, 학문적 스트레스와 낮은 자기 개념은 관련되어 있다. 중간 수준의 학문적 스트레스를 경험한 아이들은 아주 낮거나 최고로 높은 스트레스를 받은 아이들에 비해 더 좋은 점수를 받는다. 12세 이하의 아이들에 관한 조사(Witkin, 1999)에 따르면, 아이들에게 최고 수준의 스트레스는 다음과 같다.

- 학업에 대한 관심사: 시험 점수와 숙제
- 가족과 부모에 관한 걱정: 건강, 돈, 분위기

- 또래 압력: 가해자, 또래 집단, 인지도, 변덕스러운 친구들과 조롱
- 세상에 대한 걱정: 불평등, 공정성과 인간의 잔인성

아이들은 부모가 싸우고 화내거나 정서적 통제나 신체적 통제를 잃어버릴 때 가장 무서워한다. 매년 수백만 명의 아이들이 신체적 및 정서적 학대에 희생되는데, 이는 스트레스 감정의 결과이다. 설문에 응답하는 부모는 자녀들이 얼마나 많은 스트레스를 경험하는가에 대해 가치절하하였다.

주요 관심사는 초등학교 아이들에게 주어지는 과도한 숙제이다(Kohn, 2006). 1학년에서 3학년까지는, 숙제는 15분 이하로 걸리는 1~3개 과제물로 제한되어야 한다(Terrell & Jones, 2009). 숙제는 의미 있는 실제를 제공해야 한다. 많은 양의 숙제는 중학교와 고등학교 시기까지 표준화된 검사 결과에 영향을 미치지 않는다. 초등학생은 최소한의 숙제를 하고 스포츠, 취미와 휴식에 더 많은 시간을 할애해야 한다. Utah주의 Roy시에 있는 초등학교 교장은 숙제 없는 학교 정책을 제도화하였다(Nelson, 2008). 아이들은 매일 다섯 가지 일을 하도록 요청받았다.

1. 1시간 동안 야외에서 놀기
2. 적어도 20분간 독서하기
3. 10~12시간 동안 잠자기
4. TV, 비디오 게임과 컴퓨터 시간 줄이기
5. 가족들과 적어도 1주일에 4번 저녁 먹기

학업과 관련된 유일한 숙제는 보고서나 과학 박람회 프로젝트와 같은 특별 보고서였다.

Bruce Perry 박사는 위기 아동의 권위자이다. *Scholastic*의 웹사이트에서 Perry 박사의 수많은 위기 상황에 관한 충고가 제공되어 있다. 2001년 9월 11일 쌍둥이 빌딩 재난 이후, 테러리스트의 공격에 관한 폭력과 재난에 관한 아동의 반응이 정신건강 전문가들의 관심의 초점이 되었다. 25장에서, 2005년 여름 허리케인 카트리나에 대한 반응이 설명되어 있다. 아동과 청소년을 돕기 위한 많은 제안들을 인터넷에서 찾아볼 수 있다(Helping children and adolescents cope, 2001; Hamblen, 2002). 학교에 근거한 정신건강 컨퍼런스에 보고하면서, Robert W. Burke(2002)는 탄력성을 키우기 위한 학교 교육의 중요성을 강조한다. **탄력성**은 어려운 상황으로부터 다시 회복될 수 있는 본질적 능력이다. Goldstein과 Brooks(2005, p. xiii)는 Ray Charles의 삶에 대해 설명한다. Ray는 다섯 살 된 형제가 익사한 것을 보았다. 그가 다섯 살 때는 녹내장이 발병하였다. 그의 가족은 너무 가난해서 의학적 도움을 받을 여력이 없었다. 그는 10대 시절에 부모를 여의고 시각 장애 상태로 시설에 입소하였다. 아프리카계 미국인인 그는 음악 활동에 참여하는 것이 허락되지 않았으나, 이

탄력성(resilience) 어려운 상황으로부터 '다시 회복할 수 있는' 본질적 능력

뇌 발달

초기 발달과 교육에서 신경과학의 역할

Twardosz(2012)는 신경과학과 초기 발달과 교육 간 관계의 역사와 현재 상태에 대하여 개관하였다. 최근까지, 어린아이들에 대한 대부분의 뇌 연구는 인간이 아닌 대상, 즉 가장 빈번하게는 쥐를 대상으로 이루어졌다. 어린 동물에 대한 자극 결핍과 스트레스에 관한 부정적 영향은 인간 아이들과 관련하여 주목을 얻었다. 증거는 없지만 성인 뇌에 대한 연구에서 발견되었듯이, 뇌 발달은 3세 이후에도 계속된다 해도, 첫 3년은 뇌 발달에서 가장 중요한 시기이다. 긍정적 영향은 초기 시기에 대한 대중의 평가가 증가되었다는 것이다. 초기 뇌 자극에 대해 강조한 것의 부정적 결과는, 이 같은 주장을 지지하는 연구가 없는데, 뇌에 기반한 것으로 광고되는 검증되지 않은 놀잇감과 프로그램의 탄생이었다. 인간이 아닌 동물에 관한 연구가 과잉 일반화되었다.

현재, 신경과학과 조기교육과 발달은 어린아이들의 뇌 발달에 관한 협동 연구를 막 시작하고 있다. 아이들의 뇌 발달에 관한 연구는 자극과 자극 결핍의 영향과 빈곤의 영향에 초점을 두고 있다. 미래 연구는 성인 뇌가 학습과 스트레스에 반응하는 방식이 어린아이들의 발달과 교육에 적용될 수 있는가를 탐구할 필요가 있고, 이 같은 정보는 교사 교육, 직업 발달과 부모 교육에서 사용될 수 있다.

출처: Twardosz, S, (2012). Effect of experience on the brain: The role of neuroscience in early development and education. *Early Education and Development*, *23*(1), 96-119.

같은 모든 문제에도 불구하고, 그는 세계적으로 명성 높은 음악가가 되었다. 이 같은 일이 어떻게 생길 수 있었는가? 어떻게 그리고 왜, 어떤 사람들은 극복하고, 다른 사람들은 그렇지 못하는가? 저자는 모든 아이들은 탄력적 특성을 얻어야 한다고 생각한다. "스트레스와 압력을 효과적으로 다루고, 일상적 도전에 대처하고, 실망과 역경과 외상에서 벗어나 다시 회복되기, 분명하고 현실적인 목적 발달시키기, 문제해결하기, 다른 사람들과 편안하게 관계 맺기와 자신과 타인을 존경스럽게 대우하기"(p. xiv)는 삶의 양식을 만족시키기 위한 중요한 요소이다. 성인은 아동의 자산을 강화시키는 한편, 결함을 고치는 데 초점을 두어야 한다. Wright와 Masten(2005)은 발달의 다양한 시점에서, 아이들은 다양한 취약점과 보호 체계를 갖는다고 설명한다. 영아는 취약하고 또한 외상적 사건에 대한 이해가 부족하다. 아이들이 성숙함에 따라, 학교와 지역사회는 외상을 극복하기 위한 새로운 길뿐만 아니라 향상된 대처 기술을 제공한다. Wright와 Masten은 다음과 같은 자산과 보호 요소의 예를 제시한다.

- 영아기의 국부적이고 쉽게 적응하는 기질
- 우수한 인지적 능력과 문제해결 기술
- 효과적인 정서 조절과 행동 조절 방략
- 자기와 삶에 대한 긍정적 견해
- 안정적이고 지지적인 가족 생활과 관련된 부모
- 좋은 이웃, 효율적인 학교와 건강관리

- 보살피는 성인 멘토와 친사회적 또래와의 연결

아이들을 보호하는 사회는 교육을 귀하게 여기고 신체적 폭력에 대한 수용이 낮다. 우리는 아이들에게 탄력성을 위해 필요한 기술을 제공하기 위해 가족, 전문가와 공동체와 일해야 한다.

자존감

25장을 회고하면서, 자기 개념과 자존감의 정의를 메모해 보라. 자기 개념은 아동의 신체상, 사회적 자기와 인지적 자기에 관한 아동의 견해로 구성된다는 것을 기억해야 한다. 자존감(self-esteem)은 아이들이 그들의 자기 개념에 주는 가치로 구성된다. 저학년 아이들은 자신의 자기감을 지속적으로 구성한다. 그들은 자신의 유능감을 인식하고 평가한다.

저학년 시기 동안, 아이들은 구체적 조작기에 들어서면서 또한 근면성 대 열등감 단계에 들어간다. 저학년 아이들은 자신의 정체성과 유능감에 기여하는 새로운 사회적 세상(예컨대, 스포츠, 수업, 취미)을 접한다. 그러나 학교는 아이들이 집 밖에서 대부분의 시간을 보내는 장소이다. 학교에서, 아이들은 그들 스스로를 평가하는 많은 새로운 기준의 도전에 직면한다. 1학년이 되면서, 아이들은 더 많은 자율성과 책임감을 갖고 행동하고, 더욱 성숙하게 행동하며, 과제 지향적이고 자기 통제를 나타내도록 기대된다(Curry & Johnson, 1991). 아이들은 다른 사람들과 스스로를 비교할 수 있게 되고, 이에 따라 열등감이 생겨날 가능성이 증가한다. Curry와 Johnson(1991, p. 69)은 자존감의 네 가지 요소인 유능감, 힘, 수용과 정숙함을 범주화한다. 자기 개념과 자존감과 밀접하게 관련되는 것은 자기 효율성이다. 자기 효율성은 개인이 자신의 능력과 노력의 결과와 관련하여 갖는 신념으로, Albert Bandura에 의해 정의된다(Usher & Pajares, 2008). 숙달 경험은 자기 효율성에 관한 신념의 주요 근원이다. 과거의 숙달 경험을 성공적인 것으로 해석하는 학생은 그들의 자기 효율성 신념이 강화된다. Curry와 Johnson(1991)에 따르면, 힘 평가는 중기 아동기 동안 자존감의 결정적 요소이다. 성공이 경쟁적 비교에 근거할 때, 자아에게 힘든 것일 수 있다. 성공이 힘든 일과 흥미, 노력과 공동 작업에 근거할 때, 학습자는 자신의 성취를 능가하여 힘의 감정을 발달시킬 수 있다. Carol Dweck(Krakovsky, 2007)이 수행한 연구는 '능력을 통한 성공' 대 '힘든 일을 통한 성공'에서의 신념이 인내와 성공의 결정적 요소임을 인식하였다. 자율성을 지지하는 것(Rodgers, 1998)과 교실 책임감을 위한 기회를 제공하는 것(Ellsworth, 1997)은 자존감을 확립시킬 수 있다.

30장에서 Stipek과 MacIver(1989)가 언급한 어린아이들은 학문적 성공에 관한 신념에서 상당히 융통적이다. 학교에 대한 아이들의 감정은, 똑똑하고 열심히 공부하는 것이 성공으로 보상받을 것이라는 감정으로 시작한다. Curry와 Johnson(1991)은 때때로 이 같은 극단적 낙천주의가 열등감을 숨길 수 있다고 지적한다. 사회정서적 성숙은 아마도 자기 기대보다 훨씬 더 학교에서의 성공에 기여한다. 아이들에게 교육과정을 맞추기보다 교육과정에 아이들을 맞추려는 시도는 유능감 발달을 방해한다. 많은 수단들, 예컨대, 학교 입학 연령을 변화시키고, 또 다른 1년 동안 아이들이 학교에 가지 않도록 하고, 아이들을 전이 교실에 배치하고, 유치원이나 1학년에서 아이들을 유예하는 방식을 통해 아이들이 준비하도록 유도하였다. 그러나 이 같은 수단 중 어떤 방법도 그다지 성과를 보이지 않았고, 특히 아이들이 지루하거나 스트레스를 주는 교실에 배치될 때 성공적이지 않았다. 체계를 통해 아동의 속도에 맞추는 것은 부적합한 교수 실제를 보상하지 않는다(Curry & Johnson, 1991). 부모는 아이들의 학교에서의 성공에 높은 기대를 갖는 경향이 있으나 아이들의 학습을 지원하는 기술은 달리 없을지 모른다. 많은 교사가 아동 발달을 알고 있으나 연령에 너무 많은 비중을 주는 경향이 있고, 미성숙한 아이들을 학습장애로 본다. 초기 교육 경험은 "너무 요구적이고, 너무 안일하고, 너무 민감하지 않은 것"(Curry & Johnson, 1991, p. 76) 때문에 비판받아 왔다. '너무 요구적'이라는 것은 낮은 수준에 교육으로 밀어내는 것을 의미하고, 아이들은 발달적으로 적절하지 않은 방식으로 수행할 것으로 요구받는 것을 야기한다. '너무 안일하다'라는 것은 도전이 부족함을 의미한다. 싫증나는 학습지에 매달려 꼬박 1년을 보내는 것은 지적 흥미를 떨어뜨린다. '너무 민감하지 않은 것'은 아이들의 발달적 욕구에 대한 인식의 부족을 뜻한다. 학습은 지적이고 사회적으로 능동적인 활동이라기보다는, 소외되고 수동적인 활동으로 제시된다.

마지막으로, 미덕 또는 도덕적 가치는 자존감의 중요 요소이다(Curry & Johnson, 1991). 학령기 아이들은 도덕적 가치의 새로운 기준에 따라 스스로를 평가한다. 교실 안에서 착하거나 악한 것과 좋은 친구가 되는 것이 새롭게 정의된다. 공정성이 최대의 관심이다. 도덕 발달은 다음 절에서 심도 있게 논의된다.

도덕 발달

Damon(1988)에 따르면, 공유는 아동의 분배적 정의에 대한 이해를 암시하는 매우 중요한 도덕 행동이다. 아동은 생애 초기부터 자연스럽게 생기는 상호작용을 통해서 분배 개념을 이해하게 되는데, 이는 일상생활에서 상품에 대한 분배로 이어진다. 초등학교 시기까지, 아이들은 공정성에 관해서 객관적 생각을 갖기 시작한다. 초등학생이 정규적으로 사용하는 공정성의 첫 번째 측면은 평등이다. 그들의 주요 관심은 균등한 분배 개념이다. 정의의 기반으로서 가치와 자비심에 대한 관심은 중기 또는 후기 초등학교 시기 동안 그들의 사고에 들어간다.

Damon(1988)은, 가족이 도덕 발달에서 기여하는 가장 중요한 측면은 권위에 대한 존중이라고 설명한다. 부모와 가깝고 애정 어린 애착은 권위에 대한 존중을 세우는 데 있어서 가장 강력한 요소이다. 도덕적 규칙과 가치는 많은 다양한 방식으로 가족 안에서 소개된다. 학령 전기아들은 복종해야 하므로 복종한다. "나는 어머니가 하라고 하기 때문에 내 방을 청소한다." 아이들이 중기 아동기로 들어감에 따라, 순종은 성인에 대한 존경의 표시가 된다. "나는 어머니가 원하기 때문에 내 방을 치우고, 어머니는 나를 보살펴 주는 사람이다."

Damon(1988)에 따르면, 또래 집단은 도덕 발달을 위한 이상적 세팅이다. 이것은 아이들이 평등하게 상호작용하는 유일한 장소이다. 또래 집단 안에서의 협동 놀이는 도덕 기준 발달을 위해 필수적이다. 아이들이 가족 안에서 배웠던 도덕 규칙을 시험해 보는 것이 바로 이 같은 세팅 안에서 가능하다. 친구들과 공정성(fairness)은 자연스럽다. 아이들은 그들이 사회적 놀이에서 그들을 발견할 때에만 공정성과 정직이라는 규범의 가치를 인식한다. 상호성, 즉 주고받기는 아동기의 가장 중요한 규범이다. 또래와의 상호작용을 통해 학습된 기준은 평생 동안의 도덕적 기준을 위한 기초가 된다. 진실과 정직은 특히 아이들의 우정의 중요 요소이다. 아이들이 조망 수용(perspective taking), 즉 다른 사람의 입장을 이해하는 것에 더 능숙해짐에 따라서, 아이들은 자신의 윤리적 지식에 의거해 행동하게 된다. 만일 그것이 심해지면, 이것은 걱정의 원인이 될 수도 있다.

인격 발달은 21세기의 말엽에 많은 교육적 프로그램의 초점이었다(Rusnak & Ribich, 1997). 이러한 프로그램은 아이들의 가치, 도덕과 윤리를 향상시킬 것을 약속한다. Rusnak과 Ribich는 이러한 프로그램이 거의 성취되지 않았다고 결론 내린다. 그들은 인격 교육은 분리된 과목으로 가르치기보다는 모든 과목과 매일, 일상적인 활동에 통합되어야 한다고 제안한다.

성성

중기 아동기(5~8세)가 성적 잠재기라는 Freud의 이론은 오래전에 폐기되었다(Society of Obstetricians and Gynecologists of Canada, 2006). 아동기 내내, 성성(sexuality)에 관한 아이들의 발달과 흥미는 지속된다. 아이들은 동성 친구를 선택하는 한편, 이성에 대한 흥미를 유지한다. 그들은 또한 생식의 기본을 이해할 만큼 성숙하다. 성인은 아이들이 또래로부터 많은 잘못된 지식을 얻을 수 있으므로 생식에 대해 설명해야 한다. 아이들의 자연스러운 호기심은 성적 놀이에 참여하도록 할지 모른다. 만일 그 정도가 심해지면, 이것은 우려 요인이 될 수 있다. 자신의 몸은 다른 누구도 아닌 자신에게 속한 것이라는 것을 설명할 필요가 있다. 또한 아이들은 신체 부위와 성생활(sexuality)을 설명하기 위해 속어를 사용할 것이다.

성인도 아이들의 견해에 관한 매체의 영향에 대응할 필요가 있다(McCray, 2008; Riehl, 2008). Gigi Durham의 저서 *The Lolita Effect*(McCray의 인용, 2008)는 흔히 말하는 10대 초반의 아동(8~12세 여아)에게 성적 매력을 부여하려는 매체의 노력에 대응하기 위한 방략을 제시한다. Durham은 이 같은 연령 집단을 목표로 하는 잡지들이 날씬함에 초점을 맞추고 있고, 성에 대한 지식이 별로 없는 여아로 하여금 바비 인형 같은 몸을 가져야 남아에게 매력적이라고 여기게 한다는 것을 발견하였다. 아름다움에 대한 매체의 견해는 많은 어린 여아들이 자신의 외모에 불만을 느끼게 만든다. 부모는 딸이 이 같은 매체의 메시지를 인식하고 분석하도록 가르칠 필요가 있다. 또한 부모는 외모보다는 성격과 재능에 대해 딸을 칭찬해야 한다.

이 같은 연령에, 남아와 여아의 흥미는 다른 경로를 가진다. 남아는 자신이 좋아하는 축구 팀을 비교하고, 우스운 농담 책을 읽고, 지구의 병사에게 공격당한 외계 침입자의 사진을 그린다. 여아는 바비 인형과 미국 여아 인형의 머리를 손질하기를 좋아한다. 또한 팅커벨과 같은 요정을 좋아하고 요정 클럽을 만들기까지 한다. 여아는 하트와 꽃을 그린다.

생각해 보기

정서 발달에 관하여 배운 것을 통해 돌이켜 보라. 당신이 생각하기에, 부모와 교사가 이해하기 위해 가장 중요한 요소는 무엇인가?

4 초등학생과의 관계에서 성인이 해야 할 역할

아이들과의 관계에서 성인이 해야 할 전반적 역할은 아이들의 자존감과 도덕적 가치를 증진시키는 것이다. Curry와 Johnson(1991)은 아이들의 자존감의 발달을 암시하는 다음의 여섯 가지 원칙에 대해 설명한다(pp. 91-95).

1. 성인의 피드백은 믿음직해야 한다. 칭찬은 실제 성취에 대해 주어져야만 한다(사진 31-5). 너무 많은 공허한 칭찬은 실제로 자존감을 낮출 수 있다. '잘했어'나 '훌륭해'와 같은 잦은 칭찬 또는(그리고) 논평은 아이들로 하여금 칭찬의 특성에 대한 내적 판단보다는 외적 판단에 의존하게 만들 수 있다. 아이들은 자신의 오류를 인식하고 다루어야 하고, 일이 항상 기대한 것처럼 되는 것은 아니라는 인식을 발달시킬 필요가 있다. 칭찬을 할 때에는 구체적으로 칭찬해야 한다(예컨대, "네가 쓴 이야기는

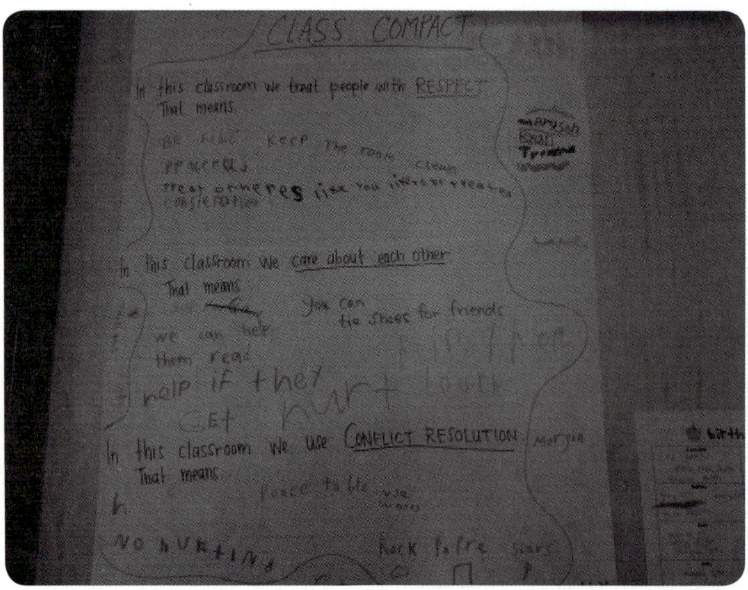

사진 31-5 수업 동의서는 아이들의 사회적이고 도덕적인 가치를 반영한다.

매우 흥미롭구나.").

2. 성인과 아이들은 서로 잘 맞아야 한다. 성인은 아이들이 발달적으로 흥미를 느끼고 도전할 수 있도록 해 주어야 한다. 초등학교 아이들은 독립과 추상적 사상에 도달하고 있으며,이 같은 노력을 지원할 수 있는 성인을 요구한다.
3. 비계는 자율성을 지원한다. 성인은 아이들의 최상의 성장을 위해 필수적인 지원과 도전의 규모를 측정해야 한다.
4. 개인은 저마다 다르다. 성인은 아이들과 일할 때 기질적이고 문화적인 차이를 고려해야 한다.
5. 자존감은 다면적이다. 수용, 힘과 통제, 유능감과 도덕적 가치를 모두 고려해야 한다.
6. 아이들은 탄력적이다. 성인은 실수를 하고 아이들은 정상적으로 문제를 겪는다. 정신건강은 삶에 존재하는 문제에 대한 해결책을 발견하면서 갈등과 좌절을 다루는 법을 배우면서 부분적으로 좋아질 수 있다.

Damon(1988)은 도덕적 성장을 증진하기 위한 원칙을 다음과 같이 제안한다(pp. 117-119).

1. 도덕적 인식은 외부에서 도입되는 것이 아니라, 또래와의 자연스러운 만남을 통해 아이들에 의해 세워진다.
2. 도덕적 인식은 이 같은 만남에 대한 자연스러운 정서적 반응에 의해, 그리고 다른 사람들과의 자연스러운 만남에 의해 형성된다. 예컨대, 공감은 도덕적 연민과 친사회적 행동을 지원한다. 수치심, 죄책감과 공포는 복종과 규칙 따르기를 지원한다. 그리고 성인에 대한 사랑과 애착은 권위에 대한 존중을 지원한다.
3. 성인과의 관계를 통해서, 아이들은 사회적 기준, 규칙과 규범을 학습한다. "성인이 자녀에게 명확하게 자신의 요구를 전달함과 동시에 요구의 본질과 필요성에 관하여 자녀와 명확하게 의사소통하게 될 때, 권위적 성인-아동 관계는 아동의 도덕적 판단과 행위를 위해 가장 긍정적인 결과를 낳는다."
4. 아이들은 또래 관계를 통해서 직접적 상호성의 규범과 공유, 협동과 형평성의 기준을 접하게 된다. 또래들과 함께함으로써 아이들은 타인과 상호작용에서 새로운 방식을 실험하고 발견할 수 있다.
5. 사회적 영향은 아이들의 도덕성을 형성한다. 이 같은 영향은 문화에 따라 다양하다. 그러나 모든 문화는 진실, 인간 권리, 인간 복지와 정의와 같은 가치를 위한 어떤 기준을 갖는다.
6. "학교 상황에서의 도덕적 성장은 모든 곳에서의 도덕적 성장에 적용되는 동일한 발달적 과정에 의해 지배된다." 도덕적 가치는 수동적인 강의나 수업을 통해서가 아니라, 성인과 또래와 상호작용을 통해 획득된다. 아이들은 민주적 상황에 참여함으로써 민

사진 31-6 초등학생의 도덕 발달은 간식을 준비하는 것과 같이, 교실에서 실제적이고 적절한 책임을 위한 기회에 의해 지원받는다.

주적 가치를 배운다.

아이들의 완전한 참여와 도덕적 학습을 위한 맥락은 "아동과의 **존중하는 참여**를 실행하는"(Damon, 1988, p. 119) 성인에 의해 창조된다. 도덕 교육은 성인과 아동 간 협동적 관계에 근거한다. 성인은 아이들의 동기와 반응을 존중해야 한다. 상황은 극단적 허용이나 엄격한 독재적 세뇌 중 하나가 아니다. 성인은 그들의 삶에서 나오는 도덕적 관심사에 관한 감정을 개방적으로 토론하고 그들이 직면하는 도덕적 관심사에 대한 그들의 반응와 감정을 아이들과 토론함으로써 모델로서 제공되어야 한다. 어린아이들은 내성, 자기 감시, 타인의 감정을 인식하고 논의함으로써 경험을 얻을 수 있다. 가장 중요한 것은, 아이들이 사회의 책임 있는 구성원이 된다는 것의 의미를 배울 수 있도록 실제적이고 적절한 책임감을 가져야 한다는 것이다(사진 31-6).

Jennings와 Greenberg(2009)는 친사회적 교실 모델을 제시한다. 이 모델에서, 교사는 사회적으로나 정서적으로 유능하다. 교사-학생 관계가 건강하면, 교실 관리는 효과적이고 학생의 사회적 · 정서적 · 학문적 결과를 긍정적으로 이끄는 건강한 교실 분위기를 조성한다. Copple과 Bredekamp(2009)는 초등학생 교실에서 교사의 행동에 관한 발달에 적합한 실제(DAP)에 관한 견해를 제시한다. 교사는 따뜻하고 민감하며, 아이들의 소망과 학습 동기에 초점을 둔다. 아이들이 어려움을 겪을 때, 그들은 아이들이 성공할 수 있도록 부가적 기회를 제공한다. 교사는 다섯 가지 중요한 분야에서 발달에 적합한 실제를 따른다(Copple & Bredekamp, 2009, pp. 290-326).

1. 학습자를 보살피는 공동체 만들기
2. 발달과 학습을 증진하는 교수
3. 중요한 목적을 성취하기 위한 계획적인 교육과정
4. 아이들의 발달과 학습에 대한 평가
5. 가족과 상호적 관계 확립

존중하는 참여(respectful engagement) 도덕 교육은 성인과 아동 간 협동적 관계에 근거한다. 성인은 아동의 동기와 반응을 존중해야 한다.

부모 요인에 관한 연구

Hart, Ladd와 Burleson(1990)은 어머니의 훈육 방식, 아이들의 사회적 방략의 결과에 대한 기대와 아이들의 또래 지위 간 관계를 보았다(표 31-1). 대상은 1학년생, 4학년생들과 그 어머니들이었다. 더 힘 주장적인 (권위주의적인) 어머니를 가진 아이들은 그들의 또래에게 덜 수용되는 것으로 나타났다. 그들은 다른 아동을 때리기 위해 위협하는 것과 같이, 공격적이고 주장적인 방법이 사회적 갈등을 해결한다고 기대하였다. Cohen(1990)은 1학년 남아를 위해, 어머니의 애착은 또래 수용과 행동에 대한 교사의 평정과 관련되었다. 어머니와 덜 안정적인 애착 관계를 가진 남아는 교사와 또래에게 사회적으로 덜 유능한 것으로

표 31-1 6, 7, 8세아를 위한 정서적 기대

행동	관찰된 것 예	아니요	비고
6세아의 기대			
• 다른 아이들과 협동적으로 놀이를 한다.			
• 다른 아이들과 협동 활동을 완성한다.			
• 단순한 보드 게임이나 진자 게임을 할 때 순서를 지킨다.			
• 특히 분노와 같은 정서에 대한 자기 통제의 증거를 나타낸다.			
• 또래와 계획을 짤 때, 좋은 협상 방략을 사용한다.			
• 공정성과 형평성에 대한 관심을 나타낸다.			
• 성역할을 편안하게 느낀다.			
• 우정을 소중하게 여긴다.			
• 긍정적이고 건설적인 방식으로 스트레스를 다룬다.			
• 부모, 교사 등을 포함하여 성인을 존중하고 이해관계에 관심을 보인다.			
7세아의 기대			
• 친구를 쉽게 사귄다.			
• 신체적 공격보다는 말을 사용해서 분노 통제를 나타낸다.			
• 팀 협력과 규칙 준수를 요구하는 놀이에 참여한다.			
• 다른 아이들과 협동적 프로젝트를 완성하는 데 관여한다.			
• 이기는 기회를 증가시키기 위해 자신의 게임 규칙을 만들 수 있다.			
• 노력에 대하여 성인의 인정을 추구한다.			
• 우정을 소중하게 여긴다.			
• 긍정적이고 건설적인 방식으로 스트레스를 다룬다.			
• 부모, 교사 등을 포함하여 성인을 존중하고 이해관계에 관심을 보인다.			
• 성인의 관심과 지지를 추구한다.			
• 책임감을 가질 기회를 추구하고 즐긴다.			
• 공정성과 형평성에 대한 관심을 나타낸다.			
• 성역할을 편안하게 느낀다.			

(다음 쪽에 계속)

표 31-1 6, 7, 8세아를 위한 정서적 기대(계속)

행동	관찰된 것		
	예	아니요	비고
8세아의 기대			
• 인내를 나타내고 자신의 수행에 관한 좌절을 다룬다.			
• 다른 아이들과 협동적으로 상호작용하고, 놀고 일한다.			
• 다른 아이들과 협동적 프로젝트를 완성하는 데 참여한다.			
• 게임, 스포츠와 놀이와 같은 집단 활동에 참여한다.			
• 학교생활을 즐긴다. 학교를 하루 빠져야 할 경우 실망한다.			
• 책임감을 수용하고 독립적으로 작업을 완성한다.			
• 드러내서 화내지 않고 스트레스를 주는 상황을 관리한다.			
• 하나 또는 그 이상의 취미나 수집활동을 한다.			
• 우정을 소중히 여긴다.			
• 부모, 교사 등을 포함하여 성인을 존중하고 이해관계에 관심을 보인다.			
• 성인의 관심과 지지를 추구한다.			
• 공정성과 형평성에 대한 관심을 나타낸다.			
• 성역할을 편안하게 느낀다.			
• 자신이 좋아하거나 그렇지 않은 것을 설명한다. 일반적으로 긍정적 자기 개념과 보통에서 높은 자존감을 갖는다.			
• 유능감과 근면성을 발달시킨다. 기술을 연습하고 숙달시키려고 노력하고 자신이 성공적이라고 느끼는 하나 이상의 분야를 가진다.			

출처: Marotz & Allen(2013); Bredekamp & Copple(1997, Part 5).

간주되었다. 이 같은 연구의 결과는, 부모의 사랑과 훈육에 대한 권위적 접근이 가정의 긍정적인 사회적 적응을 지지한다고 하는 추천들과 일치한다.

어떤 성인은 소리치기, 엄한 목소리로 말하기, 찰싹 때리기가, 이 같은 방법이 행동의 장기적인 긍정적 효과를 갖지 않는다 해도, 아이들이 잘 행동하도록 만들 것이라고 생각한다. Zambarano(1991)의 연구는 왜 소리치기와 신체적 처벌이 효과적으로 행동을 수정하지 않는가에 관해 몇 가지 시사점을 준다. 극적인 사건은 부모와 아동이 아동 행동이 변화되어야 할 필요성이 있는 다양한 상황과 관련하여 창출되었다. 사건은 성인의 목소리(크거나 부드러운) 톤과 아동의 체벌 여부에 따라 다양하였다. 목소리 메시지와 어느 정도는 체벌하는 행동은 성인과 12세 관객들에게 분명하게 부모의 메시지를 주었다. 그러나 4~8세 아동의 경우, 메시지는 분명하지 않았다. 소리치기와 체벌하기는 성인에게 분명한 메시지인 듯 보였다 해도, 이 같은 연구는 어린아이들의 경우, 분명하고 주의 깊게 말하기는 메시지를 최상 그 이상으로(across best) 만드는 것으로 인식된다. **엄중 처벌 원칙**(LaMarche, 2011; Brownstein, 2009)은 비효율적일 뿐만 아니라 아이들에게 손상을 주는 것으로 증명된 잘 알

엄중 처벌 원칙(zero tolerance) 위험하지 않으나 수용될 수 없는 행동에 대한, 정학이나 퇴학과 관련되는 처벌

려진 방법이었다. 엄중 처벌 원칙은 위험하지 않으나 수용될 수 없는 행동에 대한, 정학이나 퇴학과 같은 거친 처벌을 포함한다. 연구에 따르면, 아이들이 학교로부터 제거되고 돌아올 수 없을지도 모르는 위험을 증가시키는 것으로 인식된다. 엄중 처벌 원칙 정책이 학생의 행동을 향상시키거나 학교를 안전하게 한다는 증거는 없다. 이 같은 아이들은 학교에서 교도소로 가는 길을 여는 듯하다. 27장에서 설명되었듯이, 귀납적 방법이 가장 효과적이다. 많은 학교 체계는 다음과 같은 더욱 긍정적이고 예방적인 프로그램을 실시하고 있다.

- 학교 환경을 존중하고 환영받도록 만들기
- 학생에게 긍정적 행동 기술과 갈등 해결을 가르치기
- 아동과 가족에게 학문적이고 상담 서비스에 대한 접근을 확장하기

5 아동 발달과 행동에 대한 사회문화적 영향

Derman-Sparks와 Edwards(2010)는 발달과 학습은 많은 사회적 · 문화적 맥락에서 발생되고 영향받는다는 NAEYC의 진술에 초점을 둔다. 반편견 교육의 근원은 어린아이들이 스스로의 개인적이고 사회적인 정체성을 구성하는 방식을 이해하는 것이다. 아이들이 차이에 관하여 생각하는 방식과 그들이 편견과 사회적 이득과 불이익에 관한 메시지에 몰두하는 방식을 이해하는 것이 본질적이다. 그것은 아이들이 자기에 대해 긍정적 감각과 타인에 대한 존중적 이해를 구성하도록 돕는, 보살피는 성인의 책임감이다. 문화적 정체성은 아이들의 일반적 정체성에서 중요한 요소이다.

Derman-Sparks와 Edwards(2010)는 반편견 활동을 계획하고 아동의 이해를 증진할 때 고려되어야 하는 아동 발달의 몇 가지 특징을 설명한다(pp. 11-17).

- 어린아이들은 자신과 타인의 신체적 · 문화적 특성에 관하여 호기심을 갖는다.
- 어린아이들은 자기감을 구성하기 시작한다.(그들의 사회적 정체성이 인종, 종족, 성, 사회경제적 계층, 지리 등에 의해 형성되는 반면, 이름, 가족, 성격 등은 개인적 정체성을 형성한다.)
- 암묵적 · 외현적 메시지 모두 그들 자신과 타인의 사회적 정체성에 관하여 교수한다.
- 어린아이들은 누가 중요하고 그렇지 않은가에 관하여 학습하고 있다.
- 아이들은 자신이 보고 듣는 모두를 이해하려고 한다.
- 어린아이들은 인간의 포괄성의 다양한 측면에 관하여 부정적 태도, 오해와 고정관념을 흡수함에 따라 반편견을 발달시킨다.
- 아이들은 누가 자기 나라 사람인지 자신들만의 인식을 형성하기 시작한다.
- 아이들은 사회적 정체성과 연관된 권력 역동을 인식하기 시작한다.

초등학생은 인종적 정체성, 문화, 언어와 편향의 복잡성을 완전히 이해하기에는 너무 어리지만, 그들은 자신들이 이 같은 요소들의 영향을 받는다는 것을 입증한다. 교사는 토론을 안내하고 아이들의 견해를 명확히 하기 위한 질문을 해야 한다. 반편견 활동을 통해서, 교사는 강력한 개인적·사회적 정체성 발달에서 아이들을 지원할 수 있다.

Nelson-Le Gall과 Jones(1990)는 언어적 과제에서 평균적 성취를 하는 3학년과 5학년 아프리카계 미국 아이들을 관찰하였다. 이 연구자들은 아프리카계 미국 아이들이 도움이 필요할 때 요청하는 데 영향을 주는 요소에 관해서 더 알게 되는 것에 흥미를 가진다. 아이들이 옳게 반응하고 있었다고 생각할 때, 그들은 도움을 추구하지 않았다. 그들의 반응이 틀렸다고 생각할 때, 그들은 도움을 추구하는 경향이 있었다. 그러나 추구하는 도움의 종류에서 차이가 있었다. 학업에 자신감이 있는 아이들은 스스로 해결책을 발견할 수 있도록 도와주는 힌트를 추구하였다. 학문적으로 자신감을 갖지 못한 아이들은 때때로 정답을 얻기 위해 힌트와 부수적 시간을 더 필요로 하였다. 더 어린 아이들은 도움을 추구하는 것에 관하여 덜 일관적이었다. 이 연구는 지각된 실패와 성공 조건에서 행위의 과정과 평균적 성취를 나타내는 아프리카계 미국 아이들에 관한 규준 정보를 제공한다. 연구 대상인 아프리카계 미국 아이들은 그들이 생각하기에 실패를 하고 있고 요구되는 도움을 찾는 조건에서는 포기하지 않는다는 것을 나타낸다.

Rotherham-Baron과 Phinney(1990)는 아프리카계와 멕시코계 3학년과 6학년 미국 아이들의 사회적 기대 형태를 비교하였다. 이 아이들은 학교 상황에서 동일한 인종이면서 낯선 또래와 일상적인 사회적 상황에 관한 여덟 가지 영상 장면에 반응하도록 요청되었다. 멕시코계 미국 아이들은 아프리카계 미국 아이들보다 더 자주 사회적 문제를 풀 때 성인과 공유하고 의존하는 것에 관한 기대를 보고하였다. 아프리카계 미국 아이들은 멕시코계 미국 아이들보다 사과하고 화내고 활동을 시도하는 것에 더 많이 의존하였다. 두 집단의 경우, 사회적으로 바람직한 반응이 증가하고, 정서적 반응은 나이 들면서 감소하였다. 6학년보다 3학년 집단이 더 비슷하였다. 여아는 남아보다 더 자주 사과를 사용하는 경향이 있었다. 자존감이 가장 높은 아이들은 자기 자신의 인종 집단과 가장 비슷하였다. 저자는 이 같은 사회적 기대에서의 차이는 아이들이 학년이 올라갈수록 인종 간 우정이 증가되고 자기 분리가 감소하는 것을 설명할 수 있다고 제안한다. 그들은 이 같은 반응에서의 차이는 **반편견 접근**과 다문화 교육 프로그램의 일부로 개방적으로 논의되어야 한다고 추천한다.

Buchanan과 Burts(2007)는 아이들이 스스로 창조하는 대안적 문화는 초등학교 교실에 통합될 수 있다고 제안한다. 아이들은 자신이 좋아하는 게임, 텔레비전 쇼, 이야기 등에 관한 문화를 발명하고, 이 주제들은 글쓰기, 수학, 과학, 사회과학, 미술, 음악과 체육 교육을 위한 동기자로서 지속적인 교육과정에 통합될 수 있다.

반편견 접근(antibias approach) 다양성을 기념하고 그것을 전체 교육과정의 일부로 만드는 것

요약

1 초등학생의 정서적 특성에 대한 개관을 제공하기

발달적으로, 초등학교 수준의 아이들은 전조작기부터 구체적 조작기로 발현되어 있다. 그들은 여전히 전조작적 시기 동안 발달한 신체적·운동적·정서적·인지적 기술과 개념을 통합하는 과정에 있다. 그들은 여전히 글자와 숫자와 같은 추상적 상징과 관련해서 막 시작하고 있는 구체적 경험을 통해서 가장 잘 학습한다. 또래는 매우 중요하고, 아이들은 짝과 함께 또는 3~4명의 집단에서 함께 공부하기를 즐긴다. 그들은 근면성 대 열등감 시기에 들어감에 따라, 책임지는 것을 즐거워한다.

2 초등학생의 사회적 귀인을 설명하기

초등학생 아이들에게 또래 관계는 매우 중요하고, 공부보다 더 중요하다. 교실에서 상호작용하는 기회는 학습과, 또래와의 주고받는 상호작용을 통해서만 배울 수 있는 사회적 기술을 증진할 수 있다. 우정은 사회정서적 성숙과 발달에 중요하고 본질적이다. 공감적 아이들은 사회적 상호작용에 더 잘 적응한다. 남아의 경우, 거친 신체 놀이는 우정을 유지하기 위한 수단을 제공한다. 신체적 유능성의 정도는 아이들의 활동과 친구 선택을 결정한다. 수줍은 아이들은 주의 깊게 다루어져야만 한다. 반사회적 행동은 공격적일 수도 있고 그렇지 않을 수도 있다. 가해자는 특히 관심의 대상이다. 가해자는 위협 또는(그리고) 신체적 상해 행위를 사용하거나 험담을 하거나 어떤 아동을 집단에 들어오지 못하게 거절하는 것과 같이 관계적 공격성에 관여할지 모른다. 도전적인 행동은 아동이 원한다면 통제할 수 있는 것이라기보다는 기술의 부족 또는 해결되어야 하는 문제로 볼 수 있다. 경도 지체를 가진 아이들은 사회적 기술이 부족한 경향이 있다. 매체도 아이들의 사회적 행동에 영향을 준다.

3 6~8세 아동의 정서 발달을 설명하기

스트레스는 평생 동안 지속되는 문제이다. 초등학교 연령 아이들은 학교 성적, 숙제, 가족 문제, 또래 압력과 전쟁이나 테러와 같은 세계적 관심사에 관한 걱정으로 인해서 스트레스를 받게 된다. 초등학교 연령 아이들은 청소년기에 절정을 이루는 자의식의 시기에 들어가고 있다. 자존감과 자기 효능감은 아이들이 근면성 대 열등감의 시기에 들어가면서 지속적으로 발달한다. 그들은 1학년이 되면서 성숙을 위한 새로운 기준에 직면한다. 그들 스스로 이 같은 기준에 따라 자신을 평가하면서, 그들이 또래와 비교해서 자신을 어떻게 지각하는가에 따라 더 높거나 낮은 자존감을 발달시키게 되는 새로운 장이 시작된다. 아이들은 유능하고, 힘이 있고, 사회적으로 수용되며, 도덕적으로 가치롭게 느낄 필요가 있다. 도덕적 가치는 자존감에 특히 중요하다. 도덕적 가치는 사회적 기준, 타인에 대한 관심 정도, 보살핌, 박애, 친절, 자비, 공정과 형평성, 정직과 수치심, 죄책감, 격분, 공포와 경멸과 같은 도덕적 위반에 대한 반응에 대처하면서 선악과 같은 귀인에 따라 평가된다. 성인은 자존감과 도덕적 가치를 증진하는 환경을 제공할 책임을 가진다. 성인은 아이들을 위한 존중을 나타내는 적절한 모델이 될 필요가 있다. 성인은 아이들의 계속적인 발달과 성성에서의 흥미와 관련된 사실을 명료화할 책임을 가진다. 10대 여아는 특히 텔레비전과 잡지와 같은 매체에 빠지게 된다.

4 6~8세 아동에 대한 성인의 역할을 설명하기

증가하는 연구에 따르면, 권위적 교사와 부모 훈육 방식은 아동 발달에 중요하다. 신체적 처벌과 소리치기는 어린아이들에게 분명한 메시지를 전달하지 않고 행동에 지속적이고 긍정적인 효과를 가져오지 않는다. 성인은 아이들을 존중하면서 관여해야 한다. 교실의 목적은 발달에 적합한 지침에 따라 친사회적 분위기가 되어야 한다.

5 초등학생의 정서 발달과 행동에 끼치는 사회문화적 영향 설명하기

사회문화적 영향은 아동 발달에서 줄곧 필수적인 고려 사항이다. 초등학생은 여전히 자신의 인종적 정체성에 대한 이해와 다른 집단의 정체성에 대한 이해를 획득하는 과정

속에 있다. 다문화 교육과 반편견 교육은 학교 환경과 교육과정의 필수적인 요소이다. 현재의 연구는 학업 성취에 관한 인종 집단 고정관념들 중 많은 부분을 깨뜨리고 있다. 낮은 사회경제적 지위와 같은 위험 요소는 어떤 인종 집단에서도 아이들을 손상시킨다. 아이들이 창조하는 문화도 역시 교육과정에 포함될 수 있다.

용어 해설

가소성(plasticity) 시냅스가 풍부한 상태로서, 영유아들의 뇌가 새로운 기술을 빨리 학습하는 것을 설명한다.

가정 환경 평정 척도(Home Observation for Measurement of the Environment, HOME) 가정 환경을 평가하기 위한 척도

가족 중심 실제(family-centered practice) 가족의 관점(대 전문가의 관심)으로 개별된 교육 계획과 실제

각성 상태(state of arousal) 영아가 깨어 있거나 잠들어 있는 정도

감각운동 발달의 하위 6단계(substages of sensorimotor development) 반사적 행동에서부터 정신적 문제해결까지 발달하는 6단계

감각운동기(sensorymotor period) Piaget의 인지 발달 중 첫 단계로, 출생에서 생후 2세 때까지 지속. 이 시기에 영아는 자신의 감각을 새로운 것들을 발견하기 위한 수단으로 사용하는 것을 배운다.

감각적 관여(sensory involvement) 구상과 추상을 연결하기 위해 모든 감각을 사용하는 것

감각통합장애(sensory integrative dysfunction) 감각이 정확하고 명확한 정보를 제공하지 않는 상태

감정 이입(empathy) 개인이 다른 사람의 입장에 있을 때 생기는 느낌

갓난아기(newborn) 방금 태어난 아기

강력한 관계 단어(strong relationals) 잠재적으로 가변적 관계를 위해 일관적으로 사용되는 단어

강력한 명칭 단어(strong nominals) 적어도 2개의 참조물을 일관적으로 지칭하는 명사

강화(reinforcements) 긍정적인 행동을 증가시키는 긍정적인 결과: 보상

개념(concepts) 인지 구조의 구성요소

개별 가족 서비스 계획(individualized family service plan, IFSP) 출생에서부터 3세의 특수교육 프로그램에 등록된 아동이 있는 가족의 발달을 위한 구체적 목표를 가지고 있는 계획

개별 교육 계획(individual education plan, IEP) 모든 특수교육 학생들을 위해 작성되어야만 하는 일련의 목표들

거시체계(macrosystem) 문화의 이데올로기(이념)와 특성적 신념과의 상호작용 및 관계

거친 신체 놀이(rough-and-tumble play) 행복한 활동, 공격적이거나 적대적이지 않음. 싸우는 놀이, 미소, 뛰기를 포함한다.

걸음마기아(toddlers) 1세에서 3세경의 유아

결정적 시기(critical periods) 성장에서 어떤 영역은 발달에 중요한 특정한 시기가 있다는 개념

계획하기(planning) 실제로 문제해결을 시작하기 전에 문제해결 방법을 고려하여 시행착오로 인한 시간을 절약할 수 있게 하는 인간의 고차원적인 인지 능력

고유수용성(proprioception) 우리의 신체 부위들이 전체와 관련하여 어디에 있는지를 알려 주는 감각

고전적 조건(classical conditioning) 자극과 반응의 연합을 통해 학습이 발생한다는 생각

공간 개념(spatial concepts) 다음과 같은 개념들이 포함된다. 안에, 위에, 밑에, 안으로, 함께, 옆에, 사이에, 맨 위, 속에, 밖에, 아래에.

공격적인 행동(aggressive) 친사회적 행동의 반대로서, 타인을 해칠 목적을 가진다.

공법 101-476 공법 94-142의 조항, IDEA 97이 한층 개선되었다.

공법 94-142 모든 장애 아동의 교육을 위한 1975년 아동법령에서는 5세에서 12세의 특수교육이 필요한 모든 아동들은 동등한 교육의 기회를 가진다고 명시하였다.

공법 99-457 장애 영아와 유아를 위한 조기교육 프로그램이며, 연방정부는 3세에서 5세의 장애 아동에게 5년간 조기교육 프로그램에 참여하도록 지원한다.

공유된 활동(shared activities) 학생들이 프로젝트에서 함께 공부하거나 문제해결을 논의하는 것

공포(fear) 조건 학습과 관찰 학습을 통하여 획득되며, 유전과 학습 요소의 결합을 통하여 가장 잘 발달한다.

과잉 변별화(overdiscriminations) 아동은 어떤 것이 자신이 기대하는 대로 보이지 않으면 그것에 대한 여지를 두지 않는 것처럼 보일 수 있다.

과잉 일반화(overgeneralizations) 아동이 새로운 어떤 것을 보면, 마음속에 이미 그것과 비슷한 것이 있는데, 새로 본 것을 기존의 비슷한 것과 같은 것으로 대입하면서 과잉 일반화 현상이 나타난다.

과제 분석(task analysis) 학습 장애 아동을 위해서 학습과제를 좀 더 작은 단계로 세분화하는 과정

관계(relationship) 교사는 양육 관계와 분위기를 제공할 수 있다.

관계적 공격성(relational aggression) 놀이에서 다른 아동을 배제하거나, 지시를 따르지 않는 아이를 위협하거나, 함께 놀고 싶어 하는 아동을 또래가 거부하게끔 만드는 등의 적대적인 행동을 포함하는 적대적인 공격성의 일부이다.

관례적 문해 단계(conventional reading and writing) 사회에서 합의한 것에 맞게 실행하는 것이 '진짜' 읽기와 쓰기임

관찰(observation) 아동들이 사회적 행동에 관한 정보를 획득할 수 있는 한 가지 수단

교수 방식(teaching styles) 아이들의 행동에 영향을 줄 수 있다. 안내 지향적 접근, 권위주의적 접근, 발달적으로 적합한 실제는 다양한 교수 방식의 예들이다.

교실에서의 공동체(community in the classroom) 교사와 학생 간에 존경하는 분위기가 있는 교실

구름다리(brachiating) 양손을 번갈아 매달리며 건너가는 놀이 기구. 머리 위로 설치된 장비를 사용하여 상체의 힘을 기른다.

구성주의(constructivism) 아동이 지식을 구성함에 따라 단계의 변화가 일어나는 과정을 기반으로 해서 학습이 발생한다는 믿음

구성주의자(constructivist) 유아는 환경과의 상호작용을 통하여 자신의 지식을 구성한다고 생각하는 사람

구체적 조작기(concrete operational period) 아동이 자신의 행위나 타인의 행위를 지시하기 위해 언어를 사용하는 시기. 아동은 다른 사람의 관점에서 볼 수 있고 자신의 입장과 더불어 타인의 입장을 고려할 수 있다. 아동은 사물을 볼 때 더 이상 보이는 대로만 보지 않는다.

규준(norms) 대부분의 유아가 특정 연령에서 하는 행동

그림 그리기(drawing) 도구를 사용하여 그림을 산출하기

극놀이(dramatic play) 사회적 세계가 중심이 되는 놀이이며, 인물들, 극적 주제와 줄거리를 포함한다.

근접 발달 영역(Zone of Proximal Development, ZPD) 어떤 특정 시점에서 실제적 발달과 잠재적 발달 간의 거리

긍정적 안내 기법(positive guidance techniques) 기대되는 행동이 무엇인지와 신체적 힘보다는 단어를 사용하여 갈등을 해결하는 방법을 아이들에게 가르치기

기능(function) 아동이 언어를 사용하여 어떤 목적을 성취하는 수단

기본적 개인 간 의사소통 능력(Basic Interpersonal Communication Skills, BICS) 기본적인 개인 간 의사소통 능력을 달성하기 위해 사용된 언어. 매일 사회적 활동에서 사용되는 언어를 말한다.

기억(memory) 인상을 보유하고 재생하는 정신적 능력

기질(temperament) 아동이 갖고 태어나며 전 생애 발달에서 그대로 남아 있는 독특한 성격 특징

기초 운동 기술(fundamental motor skills) 아동이 자라면서 배우게 되는, 좀 더 전문화된 기초 운동 기술

까다로운 기질의 아동(difficult child) 일상생활에서 까다로우며, 새로운 경험에 쉽게 적응하지 못하는 아동

난자(ovum) 여자의 생식 세포

난포(follicle) 난자가 들어 있는, 액체로 채워진 주머니

남근기(Phallic Stage) Freud는 3~6세 아동이 이 단계에서 성역할 동일시와 양심 발달에 집중한다고 설명하였다.

낯선 상황(strange-situation) 영아가 낯선 방에 있고, 어머니 또는 낯선 사람과 함께 장난감들을 탐색하도록 하는 상황

낯선 이에 대한 불안(stranger anxiety) 낯선 사람에 대한 공포

내부 개입(inside intervention) 놀이 활동에 성인도 참여하며, 실제로 성인이 한 역할을 맡아서 하게 된다.

내적 보상(intrinsic rewards) 아동 내면의 욕구로서 내적 동기를 통해서 아동이 학습하도록 한다. 자기 보상.

놀이(play) 아동이 지식을 구성해 가는 행위와 활동들

놀이 맥락(context of play) 놀이의 맥락 안에서 또래와 상호작용을 하는 것이다.

뇌 연구(brain research) 뇌가 어떻게 기능하는가에 대한 연구

뇌의 분화(brain lateralization) 좌뇌와 우뇌 기능 발달과 양쪽 뇌의 소통 발달

뉴런(neurons, 신경세포) 뇌를 구성하고 있는 작은 세포

느린 기질의 아동(slow-to-warm-up child) 활동 수준이 낮고, 환경 자극에 약하게 반응하며, 부정적 기분을 보이며, 새로운 경험에 느리게 적응하는 아동

다문화 교육(multicultural education) 우리 문화 안의 다양성을 존중하는 교육

다이어그램(diagrams, 도표) 십자가를 그리거나 원, 삼각형 같은 형태를 그리기 위해 단일 선을 사용하는 특징을 보인다.

다중 지능 이론(theory of multiple intelligences) Gardner가 개발한 것으로, 지능을 여덟 가지 유형의 잠재성으로 보는 이론

대상 영속성(object permanence) 보이지 않거나 들리지 않거나 느껴지지 않더라도 사물들은 존재하고 있다는 지식

대상 인지(object recognition) 영아가 어떤 사물들을 식별하기 위해 사용하는 특성

대상 조작(object manipulation) 사물을 탐색하기 위해 사물의 표면을 손으로 만지면서 살펴보고 손에서 손으로 옮기는 것

도덕성(morality) 윤리적 행동, 옳고 그름에 대한 이해의 발달

도덕적 교실(moral classrooms) 사회도덕적 분위기가 아이들의 발달을 지원하고 증진하는 교실

도덕적 추론(moral reasoning) 사람이 문제 상황에서 자신의 가치를 고려할 때 그리고 그 상황에서 무엇을 해야 하는지 판단하는 것

도덕적 판단(moral judgments) 도덕적 딜레마를 해결하기 위한 결정

도식(schema) 영아가 실제로 본 것과 경험한 것의 부분적 모습으로 영아가 지각한 것의 두드러진 특징을 포함한다.

도움을 주는 기술(assistive technology) 장애 아동의 일상 활동을 돕는 도구와 서비스들

독창성(originality) 우연성이 낮고, 새로운 아이디어 또는 아이디어들의 새로운 조합을 반영한 행동

돌봄(caring) 가르침과 배움의 기저가 되어야 한다는 상호관계

동화(assimilation) 새로운 사고와 개념이 이전의 사고와 개념으로 합병되는 과정

두미 방향(cephalocaudal) 성장과 발달의 방향이 머리에서부터 발끝으로 진행된다는 용어

또래(peers) 우리가 정기적으로 상호작용하는 동등한 지위(즉, 연령, 학년, 발달적 수준)의 사람

또래 강화(peer reinforcement) 유아의 행동에서 결

정적 역할은 또래의 긍정적 강화나 부정적 강화에 의해 결정된다.

또래 인기(peer popularity) 가장 긍정적인 강화를 많이 주는 유아가 또래에게 곧잘 선호되는 경향이 있는 것 같다.

리듬(rhythm) 성인과 아동 간 의사소통을 증진하는 상호적 교환 방식

마구 긁적거리기(random scribble) 미술 발달의 첫 번째 단계, 유아가 팔과 어깨의 움직임과 종이의 결과 패턴을 탐색한다.

마음 이론(theoy of mind) 사고에 관해 생각하는 행위

모방(imitation) 누군가 다른 사람이 하는 것을 관찰한 행위를 하는 것

무산소증(anoxia) 혈중 산소 공급이 안전 수준 이하로 떨어진 단계

문해 시작 단계(beginning literacy) 책과 쓰기 자료와의 기초적이며 의미 있는 경험을 함

문해 시작자(literacy beginners) 출생에서 3세까지의 아동(McGee & Richgels, 2008)

문해(literacy) 문어에 관한 지식

문해적인(literate) 읽고 쓸 수 있는 것

문화 양식(cultural style) 한 집단의 개성

문화 인습(cultural stereotyping) 어떤 집단의 모든 구성원이 동일한 신념을 갖고 동일한 행동을 한다는 신념

문화적 다양성(cultural diversity) 다양한 문화 집단의 구성원 의식과 관련된 차이를 의미하는 용어

물활론(animism) 자동차, 나무, 바람, 태양과 같은 사람이 아닌 물체에 인간의 특징을 부여하는 것

미숙아(premature infant) 임신 주수 40주가 되기 전에 태어난 아기

미시체계(microsystem) 아동의 가정, 학교, 이웃, 또래 집단, 교회와의 관계

미운 두 살(terrible twos) 영유아가 활동적으로 탐색하고 독립성을 추구하는 시기로, 성인이 강하게 지도하게 되는 시기

믿음(belief) 어떤 견해

반사(reflexes) 출생 시 갖고 태어나는 비자발적인 운동 능력. 눈 깜박임 반사, 빨기 반사, 삼키기 반사, 모로 반사, 바빈스키 반사, 기기 반사, 포유 반사, 걷기 반사 등이 있다.

반영적 학습(reflective learning) 내면으로부터 일어나는 학습

반응성(responsibility) 정서적 · 사회적 · 경제적 욕구를 충족시켜 줄 수 있는 정도

반편견 접근(antibias approach) 다양성을 기념하고 그것을 전체 교육과정의 일부로 만드는 것

발달 이론(developmental theories) 성장과 학습 간의 상호작용에서 얻어진 아동의 변화를 설명하는 사상

발달에 적합한 실제(developmentally appropriate practices, DAP) NAEYC(Copple & Bredekamp, 2009)가 정의한 것처럼 교수 실제(instructional practice)는 연령, 개별, 문화적으로 적합하다.

발달적 생체역학(developmental biodynamics) 감각 발달과 운동 발달을 연결하는 과정을 자세하게 밝히도록 고안된 연구

발달적 · 문화적으로 적합한 실제(developmentally and culturally appropriate practice, DCAP) 문화적 적절성에 매우 강하게 초점을 둔 DAP의 정교화(Hyun & Marshall, 1997)

발달적으로 부적합한 실제(developmentally inappropriate practice, DIP) 학생의 발달 수준에 맞지 않는 교수법

발달적으로 적합(developmentally appropriate) 각 유아에게 개별적으로, 지도적으로, 문화적으로 적합한 활동으로 기술된 용어

방언(dialect) 표준말의 변형

배아기(embryo) 임신 주수의 두 번째 단계로, 임신 3주에서 8주까지의 기간

범주화(categorization) 유사한 속성에 따라 사물들을 분류하고 그룹화하는 것

베이비 텐더(baby tender) 아동을 위해 적절한 조건을 제공하는 Skinner식 환경

변별(differentiation) 영아가 자신의 몸의 각 부분들에 대해 구체적인 조절 능력을 획득해 가는 과정

보상(rewards) 긍정적인 행동을 증가시키는 긍정적인 결과; 강화

보조 공학(assistive technology) "모든 품목, 장비,

제품 시스템, 즉 장애가 있는 유아의 기능적 능력을 향상시키거나 유지하거나 증가시키기 위해 사용되는 것"(Parette & Murdick, 1998, p. 193)

보존(conservation) 외형의 변화에 속지 않고 사물의 변환을 이해하는 능력

본성 대 양육(nature vs nurture) 유전과 환경이 아동 발달에 미치는 상대적 영향력

부모 교육(parent education) 아동의 부모들에게 정보와 자료를 제공해 주는 것

부적합한 측정 절차(inappropriate assessment procedures) 준비도의 오남용 사례로 3학년 전체 학생들의 성취를 알아보는 지필 검사 등을 들 수 있다.

분노(anger) 적개심을 보라.

불신(mistrust) 다른 사람들의 행동에 대한 믿음의 부족

비계(scaffolding, 비계 설정) 근접 발달 영역 안에서 발전을 위해서 성인 또는 나이 든 아동이 도움을 주는 것, 성인이 유아의 학습을 지원하는 과정이며, 유아가 현 발달 수준에서 더 높은 수준으로 나아가도록 지원해 주는 것

비만(obesity) 키에 비해 몸무게가 많이 나가는 것

비판 이론(critical theory) 교실에서 힘의 관계를 조사하도록 교사를 장려

사랑과 애정(love and affection) 서로 좋아하고 보살피는 것

사물에 대한 조작(manipulation of objects) 걸음마기의 학습은 사물을 만지고, 옮기고, 두드리고, 돌리기를 통해 이루어진다.

사적 언어(private speech, 혼잣말) Vygotsky는 사적 언어가 언어 발달과 언어 사용의 핵심 요소라고 지적하였다.

사회도덕 발달(sociomoral development) 사회의 도덕적 규칙과 조절의 발달

사회적 고립(social isolates) 또래와 거의 상호작용하지 않거나 상호작용을 시도하지만 거부당하는 것

사회적 상호성(social reciprocity) 사회적 관계의 주고받음

사회적 상호작용주의 이론(social-interactionist theory) 구어 발달의 순서와 시기는 생물학적으로 결정되고, 아동이 배우는 특정한 언어는 그 아동이 살아가는 환경에 의해 영향을 받는다.

사회적 성(gender) 남성을 '남성답게' 하고, 여성을 '여성답게' 만드는, 사회적 · 문화적인 덧씌움.

사회적 유능감(social competence) 유아와 타인의 관계에서 성장하는 특성

사회적 참조(social referencing) 영아는 어떤 상황에서 사건들을 이해하고 평가하여 적절한 방식으로 행동하기 위해 타인에게서 정보를 얻는다.

산후 우울감(baby blues) 아기 출산 후에 생기는 정상적인 침울해지는 시기의 증상

산후 우울증(postpartum depression, PPD) 아기 출산 후 짧게 나타나는 우울증

산후 정신증(병)(postpartum psychosis, PPP) 아기 출산 후에 나타나는 정신증

산후(postpartum) 아기 출산 후에 생기는

삼원 교수법(triarchic instruction) 분석적 · 창의적 · 실용적 능력을 적용시킨 교수법

상위인지(metacognition) 인지에 관한 지식과 생각을 의미하는 용어

상호성(reciprocity) 대등하게 주고받는 방식에서의 의사소통 교환

상호작용주의자(interactionist) 아동이 발달 과정이나 환경적 기회에 따라 발달할 수도 있고 발달하지 않을 수도 있는 다양한 잠재적 행동들을 갖고 환경 속으로 들어간다고 보는 사람.

생득적 구조주의 이론(structural-innatist theory) 언어에 대한 규칙 체계를 발달시키는 것은 생물학적으로 타고난 것이며, 강화와 모방은 피드백으로 작용하고 어휘를 축적시킨다고 설명하는 이론

생물학적 성(sex) 남성과 여성이라는 해부학적이고 생리적 특성

생식 계열 유전자 치료(germ-line gene therapy) 의사들이 여성의 난자, 남자의 정자 또는 며칠 된 배아의 유전 인자를 변경시키기 위해 사용할 수 있는 절차

생태학적 연구 모델(ecological research model) 아동이 모든 환경 영역에서 역할을 한다는 견해

생태학적 접근(ethological approach) 지능을 개인이 인생에 대처하고 적응해 나갈 수 있는 정도라고

본다.

서열화(seriation) 크기, 연령이나 나이와 같은 어떤 준거에 따라 사물들을 순서대로 배열하는 것

성 공정성(gender equity) 남성과 여성을 공정하게 취급하는 것

성 유형화(sex-typing) 영아기부터 환경적 요소와 경험을 축적하는 노인기까지의 영향. 이 같은 성적 명명은 종종 성인이 아기를 취급하는 방식에 영향을 준다.

성 정형화된(sex-stereotyped) 남아와 여아를 성에 근거하여 다르게 대우하는 것

성격 특성(personality traits) 아동이 환경을 경험하면서 초기 유전적 기질 특성으로부터 발달한 특성

성공적 지능 이론(theory of successful intelligence) 개인이 분석적 · 창의적 · 실용적 능력을 사회에 적용할 수 있는 능력

성성(sexuality) "사람의 생물학적 본성, 양성 관계의 신체적 측면과 성과 관련된 행동의 다른 많은 측면을 포함한다"(Lively & Lively, 1991, p. 21).

성역할 기준(sex-role standards) 사회에서 남성과 여성에게 적절하다고 간주하는 행동

성장(growth) 유아가 성인이 되는 과정을 통해 나타나는 일련의 단계

성차(sex differences) 생물학적으로 또는 사회적으로 결정될 수 있는 차이

세분화된 움직임(specialized movements) 각 개인의 특정 흥미와 요구에 따라 발달하는 개별 기술

세포질내 정자 주입(intracytoplasmic sperm injection) 정자를 난자에 직접 주입하는 과정

소거(extinction) 행동이 보상되지 않는 행동은 점차 더 이상 사용되지 않는다.

소아과 의사(pediatrician) 출생에서 21세까지의 아동을 치료하는 전문의

소프트웨어(software) 컴퓨터에서 사용되기 위해 설치된 개별 프로그램들

소화 오류(digestive fallacy) 아기가 삼켜지고, 어머니의 뱃속에서 자라다가 그 후 제거된다는 아동의 생각

손으로 쓰기(handwriting) 도구를 이용하여 글자나 글자 같은 형태를 만들어 내기

수다(fussing) 여성의 상호교류

수상돌기(dentrite) 짧은 머리카락 모양의 돌기로서 정보를 받아들인다.

수정(fertilization) 정자와 난자의 결합

수중 분만(water birth) 어머니를 물속에 있게 하면서 아기가 자궁의 액체 환경과 유사한 물속으로 나오게 하는 출산 방법

수초(myelin) 하얀색의 지방질로 축삭돌기를 보호한다.

수치심(shame) 아동이 어떤 행동적 기준에 미치지 못하였다고 느낄 때 생길 수 있는 당황감

수태력(fertility) 수정 또는 임신에 성공적으로 기여하는 능력

순차적 성장(sequential growth) 성장이 진행되는 순서 세트

순한 기질의 아동(easy child) 일상생활에 잘 따르고, 행복하며 잘 적응하는 아동

숫구멍(fontanels) 신생아 머리에 있는 6개의 부드러운 지점들

스트레스(stress) 개인의 정상적 안녕 상태를 파괴하는 내적 또는 외적 영향

습관화(habituation) 무언가에 점차 익숙해져 가는 특성

시간체계(cronosystem) 생태학적 체계에서의 시간 차원

시냅스(synapses) 뉴런들 사이의 연결

시험관 수정(in vitro fertilization, IVF) 실험실의 살균된 배양기에서 난자와 정자를 결합시켜 자궁에 착상시키는 것

식품 안전성 보장(food security) 항상 충분한 영양을 갖도록 유도하기

신뢰(trust) 다른 사람들의 행동에 대한 믿음

신생아 행동 평가 척도(Neonatal Behavior Assessment Sacle, NBAS) 신생아가 감각 능력을 통제하는 정도를 나타내는, 상호작용 행동에 대한 역동적 평가

신생아(neonate) 출생에서부터 생후 2주까지의 영아

신생아기(neonatal period) 신생아의 첫 2주간

신체적 성장(physical growth) 신체와 각 부분의

발달

신체적 의존(physical dependency) 영양, 편안, 배설과 같은 기본적 욕구를 타인에게 의존하는 것

실험적 문해 단계(experimenting reading and writing) 아동이 알파벳 철자를 알고 글자를 쓰고 단순한 단어를 읽으려는 시도를 하는 전이적 기간

심리측정적 접근(psychometric approach) 개인차의 측정, 즉 한 개인과 다른 개인의 비교를 강조한다. 또한 개인의 지능을 추정하기 위해 측정되는 행동들로는 획득된 지식과 언어 능력들을 강조한다.

아기말(baby talk, BT) 아동의 단순화된 형태의 말로서, 아동 경험의 범위 안에 있는 짧고 단순한 문장과 간단한 어휘로 구성된다.

아기에 대한 일기식 기술(baby biographies, 육아 일기) 날마다 아기가 보이는 흥미롭고 특별한 일들의 기록

아노미(anomy) 조절되지 않는 행동

아동 보육(child care) 성인 가족 구성원이 직장, 학교 또는 다른 곳에 있는 동안 아동을 돌봐 주는 가정 또는 기관

아동 우선 언어(children-first language) 장애 이전에 아동을 언급하는 것

아동낙오방지법(No Child Left Behind, NCLB) 모든 아동이 초등학교 3학년 말에는 읽을 수 있게 할 목적으로 만들어져 2001년에 통과된 연방법

아동에게 하는 성인 언어(adult-to-child language, ACL) 성인이 아동에게 말할 때 사용하는 특별한 형태의 말. 좀 더 느리고 정교하게 말하고, 성인 간의 언어보다 더 짧은 문장을 포함한다.

아버지(father) 아동의 생에서 주요한 남성 인물이고, 법적인 측면보다 실제로 자녀 양육에서 어머니와 동등한 책임을 갖는 사람을 뜻한다.

안내(guidance) 아이들에게 사회적으로 적절한 행동을 가르치는 데 사용되는 기술

안내된 참여(guided participation) 특정 문화에서 기능하기 위해 학습할 필요가 있는 것을 아동이 체험하는 수단

애착(attachment) 영아와 양육자 간의 일체 관계

양막(amnion) 자궁 내벽의 주머니

양수(amniotic fluid) 양막을 채우고 있는 액체

양수천자(amniocentesis) 양수를 표본 채취하여 태내 정보를 얻는 방법

양심(conscience) 내적 통제; 죄의식과 불안감을 포함한 정서적 요소

양육 방식(parental styles) 권위주의적 방식, 허용적 방식, 권위적 방식, 조화로운 방식의 네 가지 방식을 포함하는 부모의 훈육 기법

어휘력(fluency) 효과적으로 의사소통하기 위해 알아야만 하는 단어들

언어(language) 언어는 언어 공동체 구성원이 암묵적으로 말하기, 듣기, 쓰기를 이해하는, 잘 정립된 규칙 체계이다.

엄중 처벌 원칙(zero tolerance) 위험하지 않으나 수용될 수 없는 행동에 대한, 정학과 퇴학과 관련되는 처벌

에너지 균형(energy balance) 신체가 섭취한 만큼 에너지를 소모하는 것

엑소서프(Exosurf®) 폐의 내벽을 코팅해 주고 충돌을 막아 주는 공기층을 유지하는 표면 활성제의 형성을 돕는 약물

연속 기록법(running record) 자연 관찰의 한 방법으로, 외부인(아동과의 활동에 참여하지 않는 사람, 비참여자)에 의해 사실적으로 매우 자세히 기록되면 표본식 기록이라고도 부른다.

연속 접근(successive approximation) 연속적인 단계에 의한 점차적인 학습

연속성(continuity) 발달은 연속적 과정이므로, 학년이 올라갈 때마다 아동들에게 적합한 교육과정이 계획되어야 한다는 인식이 필요하다.

연장된 주의(prolonging attention) 의사소통과 상호작용을 유지하는 것

열악한 식생활(food insecurity) 적절한 영양 안전성을 유지하기가 어려움.

염색체(chromosomes) 유전을 통제하는 주요 단위

영아 돌연사 증후군(sudden infant death syndrome, SIDS) 밤에 자는 동안에 주로 발생하는 영아의 사망 증후군

영아(infants) 출생에서 1세경의 영아

영양 섭취 기준(Dietary Reference Intakes, DRIs) 4대 기초 식품군이 포함된, 우리 몸이 매일 필요로

하는 영양소의 최소량

영양(nutrition) "영양은 음식에 대한 연구이며, 음식이 어떻게 신체에 사용되는지에 관한 것이다"(Marotz, 2012, p. 318).

영어 사용 학급(English-language classroom) 영어로 가르치는 학급

영어 학습자(English Language Learners, ELL) 영어가 모국어는 아니지만 영어를 학습하는 과정에 있는 사람

영유아(young children) 출생에서 8세까지의 아동

영재(gifted person) 최소한 한 영역에서 우수한 성취를 보여 주거나 잠재성을 보여 주는 사람

예방(prevention) 영유아를 위해 환경을 건강하고 안전하게 만들도록 개입하는 것으로, 영유아에게 탐색할 수 있는 공간을 주면서 과도한 제약의 필요를 최소화하는 것

예방접종을 통한 면역(immunization) 예방접종을 통해 질병으로부터 보호하는 것

외부 개입(outside intervention) 성인은 놀이의 밖에서 머물지만, 그들의 사회극 놀이 역할 향상을 돕기 위해 질문을 하거나, 제안하고, 지시하고, 명료화할 수 있다.

외상 후 스트레스 장애(post-traumatic stress disorder, PTSD) 놀이를 통하여 폭력적이거나 스트레스를 주는 사건을 '재경험'하는 것

외적 보상(extrinsic rewards) 구체적이고 사회적인 보상

외체계(exosystem) 지역사회 학교 위원회, 지방 정부, 부모의 일터, 대중 매체, 지역 산업 교회와의 상호작용 및 관계

욕구의 위계(hierarchy of needs) Maslow에게, 이것은 한 사람이 자기 실현을 성취하기 위하여 완수해야 하는 수준의 연속이다.

우정(friendships) 다른 사람과 발달하는 특별한 관계

운동 발달(motor development) 신체와 각 부분을 사용하는 기술의 발달

원초아(id) Freud에게, 이것은 출생 시부터 존재하고, 한 사람의 무의식적 동기와 소망를 포함하고, 쾌락 원칙에 의해 작용한다.

원칙(principles) 윤리적 문제를 해결하는 데 도움을 줄 수 있는 지침

웹사이트(websites) 많은 활동의 기회를 제공하는 인터넷 사이트

위기 III: 주도성 대 죄책감(Crisis III: Initiative Versus Guilt) 3세에서 6세 사이에 나타나는 Erikson의 발달 이론에서의 단계. 이 단계에서, 아동은 자신의 선택을 하고자 하는 소망과 양심 발달의 요구에 직면함으로써 생기는 위기를 다루게 된다.

위기 IV: 근면성 대 열등감(Crisis IV: Industry Versus Inferiority) 아동이 생산적이고 성공적이려는 욕구에 대처하고 실패와 열등감에 압도당하지 않는 중기 아동기 시기의 Erikson의 발달 이론의 단계

위기에 처한(at-risk) 특수한 욕구를 갖고 있는 아동을 설명하는 용어

유능성의 출현(emerging competencies) 새롭게 발달하는 기술 또는 능력

유대(bonding) 부모와 아동이 서로에게 특별해지는 과정

유머(humor) 영아들에게 웃음을 일으키는 간지럼과 까꿍놀이에 대한 반응을 위해 요구되는 것보다 더 높은 수준의 인지 발달을 요구하는 농담, 수수께끼 등에 대한 이해

유목화(classification) 환경에서 사물을 분류하고 범주화하는 능력

유아 전기아(preschoolers, 미취학아) 아직 초등학교에 입학하지 않은 3, 4, 5세 유아

유아 후기아(kindergarteners, 유치원생) 유치원에 입학한 유아, 보통 4세 반에서 6세 사이

유전 상담(genetic counseling) 모계와 부계의 유전적 조성과 자손에게 미치는 영향에 대한 평가

유전자(gene) 유전의 생물학적 단위

유전자형(genotype) 수정될 때 한 개인이 받아들여 자신만의 독특성을 만드는 유전자 세트

유전적(hereditary) 유전적 특징에 대한 연구 등을 통해 수정할 때 결정된 발달 요인에 관한 (것)

유창성(fluency) 본문을 정확하고 빠르게 읽는 능력

융모막융모생검(chorionic villus sampling, CVS) 융모막 융모로부터 세포를 떼어 내어 태내 정보를 얻는 방법

융통성(flexibility) 어떤 아이디어나 자료를 그 누구도 본 적이 없는 새로운 방식으로 사용하는 것

은폐된 교육과정(hidden curriculum) 학교가 정한 교육과정 외에 학생들이 배우는 것

음소(phonemes) 언어의 가장 작은 단위. 언어에서 말소리에 해당된다.

음운 인식(phonemic awareness) 개별 소리와 단어를 듣고 확인할 수 있는 능력

의미론(semantics) 적절한 맥락 내에서 사용되는 단어와 관련이 있고 적절한 대상에 부여된 단어를 나타내는 의미에 관한 학문

의사소통 단계(communicative phase) 유아가 자신의 그림에 명명하기 시작할 때이다.

이란성 다태아[Dizygotic(DZ) siblings] 분리된 난자들이 동시에 수정되어 발달한 형제

이론(theories) 아동이 성장하고 학습할 때 일어나는 일을 설명하고 묘사하고 예측하는 일련의 규칙이나 특정 계획을 보여 주도록 설계된 개념

이민자(immigrants) 한 나라에서 다른 나라로 거주지를 옮겨서 정착하여 사는 개인

이상(ideals) 교수자의 목표

이중 언어(bilingual) 두 가지 언어를 말하는 것

이중문화주의(biculturalism) 두 개의 다른 사회적 집단의 언어와 관습을 실행하는 것

이해력(comprehension) 들은 것을 이해하고 의미를 파악하는 능력

인공론(artificialism) 세상에 존재하는 모든 것이 사람을 위해 존재한다고 느끼는 것

인과론(causality) 왜 그러한 현상이 일어나는가에 대한 질문

인종적 사회화(ethnic socialization) 아동이 어떤 인종 집단의 행동, 지각, 가치와 태도를 획득하고, 그들 스스로와 타인을 그 집단의 구성원으로 보게 되는 발달 과정(Phinney & Rotheram, 1987)

인지 구조(cognitive structure) 인지 체계의 모든 영역을 포함하는 구조, 또한 아동의 마음의 내용과 마음이 조직되는 법

인지 기능(cognitive functioning) 인지 체계의 작동을 설명하는 용어

인지 발달(cognitive development) 시간의 흐름에 따라 발생하는 인지적 구조와 기능에서의 변화

인지 발달적 접근(cognitive-developmental approach) 지능 성장의 지표로서 논리적 사고, 추론 및 문제해결의 발달 단계를 강조한다.

인지 학문적 언어 유창성(Cognitive Academic Language Proficiency, CALP) 학문적 언어

인지적 성장(cognitive growth) 아동이 자라고 학습하면서 정신과 그 정신이 어떻게 작동하는지에 초점을 맞춘다.

인지적(cognitive) 마음과, 마음의 작동(work)과 관련된 용어

인터넷(internet) 전 세계적인 컴퓨터 연결

일과(routines) 형식적 놀이, 지시적 놀이, 공동 책 읽기

일대일 대응(one-to-one correspondence) 동일성을 이해하는 기초

일란성 다태아[monozygotic(MZ) siblings] 한 개의 난자가 수정 후 두 개 이상의 부분으로 나뉘어 발달한 형제. 따라서 각 개체에 동일한 유전적 특징이 나타난다.

일반화(generalization) 사물 간의 유사점을 알게 되는 과정

일어문 단계(holophrastic stage) 언어 발달에서 아동이 한 단어로 된 문장을 말하는 단계

일어문(holophrases) 한 단어로 된 문장

읽기 교수에 대한 균형적 접근법(balanced approach to reading instruction) 발음 중심(파닉스) 교수과 총체적 언어 교수의 결합을 시도하는 접근법

임신 주수(gestational period) 임신 기간으로, 항상 9개월 반 정도 지속된다.

임신(conception) 수정이 일어나는 순간

입력(input) 인지적 기능에서 자극

자긍심(self-esteem) 한 사람이 자신의 자기 개념을 평가하는 정도, 그 사람이 자기 스스로를 존재하는 정도

자기 개념(self-concept) 자신이 누구인지에 관한 생각

자기 조절(self-regulation) 타인과 긍정적으로 상호작용하고, 공격적 행동을 피하고 자기 지시적 학습자가 되도록 혼잣말을 사용하는 등의 통제 능력

자기중심적(egocentric) 가장 분명한 것을 기초로 지각하고 본 것에 얽매이는 것`

자모음 소리(letter sounds) 알파벳 상징들과 관련된 소리

자모음 이름(letter names) 알파벳 상징들의 이름

자아(ego) Freud에게, 이것은 이성과 상식에 의해 특징지어지며 현실 원칙에 의해 작용한다.

자연 가족 계획(natural family planning) 배란 날짜를 도표화하여 이 기간에 성교를 피하는 피임 방법

자연 분만(natural childbirth) 산통을 줄이는 약물의 도움을 받지 않는 분만

자율성(autonomy) 자신의 행동을 조절하고 독립을 향하여 성장할 수 있도록 문제를 해결하고 독립적으로 지식을 구성하게 되는 것

자율성 대 수치심 및 의심(autonomy versus shame and doubt) Erikson의 두 번째 단계로, 걸음마기아는 이 시기에 이러한 위기(갈등)을 처리해야 한다.

자율성의 등장(emergence of autonomy) 영아가 성인과의 상호작용에서 주도하기 시작한다.

잘 쓰는 손(handedness) 오른손잡이, 왼손잡이, 선호도 없음으로 결정

잘못된 영양 상태의 아동(misnourished children) 충분히 먹지만 필수 영양소를 섭취하지 못하는 아동

장애물(barriers) 아동 발달 원칙에 위배되고 부적절한 배치 절차를 교수 전략(교수 지침)에 사용하는 것

장애인평등고용법(Americans with Disabilities Act, ADA) 장애인도 "고용, 아동 보호와 조기 유아교육에 대한 평등한 권리가 있음"을 명시하고 있는 법령

저체중 영아(low-birth-weight infant, LBW infant) 열악한 태내 영양에 의한 피해 영아

적개심(hostility) 공격적 행동을 암시하는 정서

적절성과 관련성(appropriate and relevant) 아동의 목적을 반영한 행동

적합한 측정 절차(appropriate assessment procedures) 교과 영역에서 실질적 수행을 직접 측정하는 교육적 성취의 권위 있는 평가 과정

전 개념(preconcepts) 부분적이고 미성숙한 개념

전보식 문장(telegraphic sentences) 생후 18개월에서 2세 반 사이의 아동은 2개 또는 3개 단어를 사용하여 전보식 문장을 말하는데, 성인의 기준으로 보면 이는 불완전한 문장이다.

전이 기간(transition period) 만 5~7세에 아동이 생각하는 방식이 전조작적 사고에서 구체적인 조작적 사고로 변화하는 시기를 말한다.

전조작기(preoperational period) 약 2세에서 7세까지의 시기로, 이 시기의 발달은 주로 언어 발달에 초점이 맞추어져 있다.

전환 철자(transitional spellings) 일반적으로 아동이 친숙한 철자 소리에 근거하여 표준 철자를 쓰기 전에 고안해 낸 철자로 발명 철자라고도 함.

접근 가능성(accessibility) 아동과 함께 활동을 할 수 있는 정도

접합자(zygote) 난자와 정자가 결합하여 형성된 세포

정보처리적 접근(information-processing approach) 개인이 문제를 해결하기 위해 사용하는 과정을 강조한다.

정상적인 생리적 황달(normal physiologic joundice) 간 기능의 불균형으로 인한 약간 노란 피부색

정서 발달(affective development) 정서, 성격과 사회적 상호작용을 포함하는 발달 영역

정서 지능(emotional intelligence) 정서를 이해하고 관리하는 능력에 관한 Goleman의 견해

정서성(affectivity) Piaget는, 감정이 인지 발달과 밀접하게 관련되고, 이 같은 감정은 인지적 과업을 가능하게 하는 연료가 된다고 생각하였다.

정서적 성장(affective growth) 자기 개념, 사회 발달, 정서 발달 및 성격 특성의 발달에 중점을 둔다.

정서적 의존(emotional dependency) 초기 유대와 애착으로부터 발달하는, 다른 사람들과 연합하려는 욕구

정서적(affective) 사회적 · 정서적 · 성격적 특성과 자기 개념의 발달에서 중심적인 영역

정액(semen) 남자의 생식 기관에서 사출된 액체

정자(sperm) 남자의 생식 세포

제2언어로서의 영어(English as a Second Language, ESL) 제1언어가 영어가 아닌 학습자들에게 영어

를 가르치는 특수 기법들

제왕절개(cesarean section) 아기를 자궁에서 꺼내는 외과수술 방법

조기 중재(early intervention) 태내기에서 학교 입학 때까지 아동에게 질적으로 우수한 생활을 유지 또는 증진시키기 위하여 가족 밖 기관이 시행하는 공식적 시도

조사(examining, 탐색 조사) 강한 표정으로 주의를 집중하며 사물을 만지작 거리거나 돌려 보면서 살피는 것

조작(operation) 조직화된 인지 구조의 일부로서 내적(정신적)으로 발생하는 행위이다.

조작적 조건(operant conditioning) 행동은 적절한 행동에 대한 강화(보상)을 세심하게 사용할 때 동시에 부적절한 행동을 무시함으로써, 즉 주의를 주지 않음으로써 형성되는 것이라는 생각

조절(accommodation) 이전의 개념을 바꾸어서 새로운 학습에 맞추는 것

존중하는 참여(respectful engagement) 도덕 교육은 성인과 아동 간 협동적 관계에 근거한다. 성인은 아동의 동기와 반응을 존중해야 한다.

종일 통합반(full inclusion) 아동에게 필요한 모든 서비스와 지원은 그들이 정상적으로 출석하는 학교 안에서 주어져야 하며 유용하여야 한다고 확신하는 것

주산과 전문의(perinatologist) 임신 동안 고위험군에 있는 여성을 치료하는 전문의

주의력(attention) 지각의 중요한 측면으로, 부적합한 정보를 무시하고 적합한 정보를 찾는 과정을 포함한다.

주의력결핍장애(attention deficit disorder, ADD) 대부분의 과잉 활동 증후군들을 갖고 있는 상태이며, 과잉 행동을 동반하기도 하고 동반하지 않기도 한다.

주제가 없는(nonthematic) 사용 범위의 제한이 없는 재료와 다양한 유형의 실제적인 소도구를 사용하는 것

주제가 있는(thematic) 가족놀이 영역, 병원놀이 영역, 소방서놀이 영역과 같이 구체적 역할이 주어지는 놀이 영역을 사용하는 것

준비도(readiness) 아동이 다음 발달 단계로 이동할 수 있도록 하는 어떤 연령이나 수준에 도달하는 종점

중간체계(mesosystem) 아동의 가정, 학교, 이웃, 또래 집단, 교회와의 상호작용 및 관계

중심-말단 방향(proximodistal) 성장과 발달의 방향이 중심에서 말단으로 진행된다는 용어

중심화(centering) Piaget에 따르면, 인지 기능에서 한 가지 측면에 제압되는 과정을 중심화라고 한다.

중재(intervention) 위험하거나 영유아의 문제해결에 코칭이 필요할 때 개입하는 것

지각(perception) 우리가 우리 신체 밖에서 일어나는 것에 대하여 알아 가는 방식

지능(intelligence) 경험을 유용할 수 있는 능력, 즉 사람이 인생의 발전을 위해 자신의 능력과 기회를 이용할 수 있는 정도.

지연된 모방(deferred imitation) 생후 12~18개월의 걸음마기아는 그들이 보았던 것을 나중에 반복 재연할 수 있다.

집합체(aggregates, 어그리게이트) 둘 또는 그 이상의 다이어그램의 결합

직접 관여(direct engagement) 놀이, 돌보기, 여가 활동을 통해 직접 접촉하기

차별화(discrimination) 사물 간의 차이점을 지각하게 되는 과정

참조적 화자(referential speaker) 일부 동사와 함께 명사, 적절한 이름과 형용사를 주로 사용하는 화자

창의성(creativity) 독창성, 실험성, 상상력, 그리고 탐색 정신을 반영하는 행동 측면

처리과정(processing) 인지적 기능에서 내적 활동

처벌(punishment) 아이들을 훈육하는 것으로, 논쟁이 되고 있다.

초기 다이어그램 형태(emergent diagram shapes) 지정된 공간에 그려진 통제된 난화

초등 저학년(primary grades) 1학년부터 3학년

초등학교 저학년(primary period) 6~8세나 1~3학년 아동

초보적 문해 단계(novice reading and writing) 인쇄된 활자가 의미를 전달한다는 것을 인식함

초음파(ultrasound 또는 sonography) 고주파음

을 사용하여 전기 충격으로 돌아오는 정보를 얻는 방법

초자아(superego) Freud에게, 이것은 4세경 발달하기 시작한다. 그것은 양심이거나, 사회의 도덕적 가치를 따르는 성격의 일부이다.

촉각(haptic) 접촉을 통해 느껴지는 감각

총체적 언어 접근법(whole-language approach) 아동과 아동의 요구를 교육과정의 중심에 두는 접근법. 인지 발달적 또는 구성주의적 관점에 적합하다.

축삭돌기(axon) 뉴런의 세포체에서 뻗어 나온 긴 돌기. 다른 뉴런에게로 정보를 전달한다.

출력(output) 인지적 기능에서 반응

친사회적 행동(prosocial behaviors) 관대함, 보살핌, 공감, 감정 이입, 도움주기에서 나타난 긍정적인 도덕적 발달의 외형적 표현

코르티솔(cortisol) 스트레스 상태에서 방출되는 스테로이드 호르몬

타율성(heteronomy) 타인에 의한 행동 조절

타임아웃(time-out) "짧은 사회적 고립과 일상 활동의 일시 보류"(Readdick & Chapman, 2000)

탄력성(resilience) 어려운 상황으로부터 '다시 회복할 수 있는' 본질적 능력

탈리도마이드(thalidomide) 1960년대 초 임신 여성들이 입덧을 경감시키기 위해 먹었던 약으로, 배아기 때 이 약을 먹으면 태아의 사지 발달이 지체되었다.

태반(placenta) 발달하는 태아를 보호하며 둘러싸고 있는 것으로, 영양과 산소를 교환해 주는 매개체의 기능을 한다.

태아 알코올 증후군(fetal alcohol syndrom, FAS) 태아기 동안 모체의 알코올 섭취와 관련된 전형적인 아동 행동들

태아 알코올 효과(fetal alcholol effects, FAE) FAS와 관련 있는 상태로, FAS의 신체 특징을 항상 갖고 있지는 않지만 영아가 과잉 활동적이다.

태아기(fetus) 임신 주수의 세 번째 단계로, 임신 9주에서 출산 때까지 기간

탯줄(umblical cord) 발달 중인 태아와 모체를 연결하는 줄

통사론(syntax) 문장이나 절을 만들기 위해 단어가 연속적으로 배열되는 방식에 관한 규칙들

통합(inclusion) 학교의 수업에 참여하는 각 아동에게 최대한 적절한 교육을 제공하고, 수업에 참여하는 경우에 지지적 서비스를 제공받도록 한다.

통합적 운동(integrated movements) 걷기, 기어오르기, 벽돌 탑 쌓기, 그림 그리기와 같은 더 복잡한 활동들을 수행하기 위해 세부적인 운동들을 결합시키는 것

특별히 언어적으로 손상된 아동(specifically language impaired, SLI) 언어 능력이 연령 기대치에 미치지 못하는 아동

틀린 믿음(false belief) 현실과 맞지 않는 믿음

파닉스(phonics) 소리-상징의 관계에 초점을 둔 문어의 철자와 구어의 소리 간의 관계

평형(equilibration) 동화와 조절 간의 균형을 통해서 이루어지는 상태

포트폴리오(portfolio) 교사와 학생에 의해 아동에 대한 정보를 모은, 계속 진행 중인 기록

폭력(violence) 상처를 입히거나 학대하기 위해 물리적인 힘을 행사하는 것. 파괴적인 힘이나 행동. 아동의 폭력에 대한 노출은 우울증, 낮은 자존감, 지나친 울음, 죽음이나 상해에 대한 걱정을 초래할 수 있다.

표본식 기록(specimen record) 연속 기록법 참조.

표상적 사고(representational thinking) 행동하기 전에 사고하기 시작하는 Piaget의 감각운동기 하위 여섯 번째 단계

표준/성숙주의자 관점(normative/maturational view) 특정 규정을 강조하는 발달을 바라보는 방법

표현적 화자(expressive speaker) "Stop it.", "I want It."과 같이 여러 단어가 결합된 다양한 말을 사용하는 화자

표현형(phenotype) 유전자형을 반영한 개인의 측정 가능한 외적 특징들

학습(learning) 경험의 결과로 인한 행동의 변화

학습 이론(learning theory) 언어 습득이 고전적 조건 형성, 조작적 조건 형성, 그리고 모방의 기제을 통해 이루어진다고 보는 관점

학습 활동(learning activity) Vygotsky는 초등 교육

과정 중 주로 참여하는 활동들이 공식화되어 있고 구조적이고 문화적으로 지정되어 있다고 생각하였다.

학습된 무력감(learned helplessness) 노력의 부족함보다 외부 요소들을 실패의 원인으로 인식할 때 교수와 학습을 기저로 한 상호 인과성

학습방식(learning styles) 아동이 지식을 획득하기 위한 방법들

한계 검증(limit-testing) 영아와 성인이 의사소통하는 능력을 검증하고, 타인의 행동에 영향을 주는 경우

항문기(anal stage) Freud의 두 번째 단계(걸음마기에 해당)로, 이 시기에는 배변 훈련이 주요 관심사이자 목표이다.

항상성(homeostasis) 유기체가 내적 안정성을 유지하는 경향

행동 수정(behavior modification) Skinner의 이론으로, 아동이 바람직한 행동을 배우고 바람직하지 않은 행동은 포기하게 하기 위하여 언어적 · 비언어적 행동을 조합하여 사용하는 것

행동유전학자(behavioral geneticists) 유전과 환경을 양방향적 상호작용과 영향으로 보는 사람들

행동주의 이론(behaviorist theories) 학습을 통해 환경에서 일어난 변화를 강조하는 사상

행복(happiness) 기쁨, 즐거움, 유쾌와 같은 긍정적 정서의 표현

협동 학습(cooperative learning) "작고 다양한 학생 집단이 서로 학습 목적을 성취하기 위해 함께 공부하는 과정"(Ajose & Joyner, 1990, p. 198)

협동적 교수(cooperative teaching) 학생들 간의 협동과 긍정적 상호작용을 증진하는 교수 방법

협응 놀이(coordinated play) 두 명의 아이들이 함께 무언가를 하는 것과 관련되는 놀이

형성법(shaping) 행동을 점차 획득하여 학습하게 되는 과정

형식적 조작기(formal operations period) Piaget의 인지 발달 단계 중 네 번째 단계로, 만 11세 또는 12세경인 초기 청소년기에 해당한다.

형제(siblings) 형제와 자매

형태소(morphemes) 언어에서 가장 작은 의미 단위와 의미를 갖는 소리 연속체

호흡기 세포 융합 바이러스(respiratory syncytial virus, RSV) 기도와 폐의 바이러스성 전염병

혹스 유전자(HOX gene) 머리-꼬리의 축을 형성해 주는 유전자

화용론(pragmatics) 적절하고 효과적으로 언어를 사용하기 위한 규칙들

확충(amplification) 근접 발달 영역 안에서 좀 더 큰 도전을 위한 준비

환경적(environmental) 수정이 일어나자마자 작용하기 시작하는 발달 요인을 기술하는 용어

후천성 면역결핍 중후군(acquired immunodeficiency syndrome, AIDS) 면역 체계를 공격하는 바이러스에 의한 감염성 질환

훈육(discipline) 본래 '가르치는 것'을 의미하는 용어. 오늘날, 그것은 사회적으로 적절한 행동의 기법을 가르치는 것을 의미한다.

Apgar 척도 신생아의 활력 지표를 모니터링하는 일상적 도구

Big Body Play "유아가 신친적으로 갈망하는 활기차고, 대근육을 이용한 매우 신체적인 활동"(Carlson, 2011, p. 5)

CD-ROM 매우 다양한 정보와 활동들을 저장하기 쉬운 포맷으로 담은 휴대용 디스크 소프트웨어

DNA(deoxyribo nucleic acid) 유전 정보를 담고 있는 복잡한 분자

Early Reading First 연방정부에서 유아를 위해 만든 읽기 프로그램

IDEA 97 장애인교육법이 수정되어 장애 아동들의 교육의 기회가 크게 확대되었다.

NAEYC 미국유아교육협회

Rh 인자(Rh factor) 인간의 85%에서 발견되는 물질. Rh 인자가 존재하면 Rh 양성이고, 없으면 Rh 음성이다.

찾아보기

[ㄱ]

[ㄴ]

[ㄷ]

[ㄹ]

[ㅁ]

[ㅂ]

[ㅅ]

[ㅇ]

[ㅈ]

[ㅊ]

[ㅋ]

[ㅌ]

[ㅍ]

[ㅎ]

[기타]

역자 소개

▣ 이희정

연세대학교 아동가족학과 학사 · 석사 · 박사
전, 백석대학교 사회복지학부 아동복지전공 교수
현, 서울사회복지대학원대학교 사회복지학과 교수
대법원 법원행정처 전문심리위원(아동심리분야)
서울가정법원 상담위원

♣ 저 · 역서 및 논문

정신건강론(2017, 양서원)
영아발달(2015, 양서원)
놀이치료의 이해(2014, 양서원)

▣ 문현주

성균관대학교 가정학 학사
숙명여자대학교 아동복지과 아동심리학전공 석, 박사
현, 사단법인 행복한청소년 실장

♣ 저 · 역서 및 논문

영아발달(2015, 양서원)
놀이치료의 이해(2014, 양서원)
인지행동놀이치료(2001, 도서출판 나눔의 집)
20~35개월 유아의 가상놀이 발달에 관한 연구(박사학위 논문)

▣ 박신진

연세대학교 아동가족학과 학사 석사 박사
University of Washington School of Nursing & Center on Human Development and Disability/
Certified Instructor of NCAST Feeding and Teaching Scales, Personal Environment Assessments, Sleep Activity Record, Parent-Child Interaction
현, 연세대학교 심바이오틱 라이프텍 연구원 휴먼라이프 연구센터 전문연구원

♣ 저 · 역서 및 논문

영유아발달(2016, 학지사)
영아발달(2015, 학지사)
영아기 가정환경검사(IT-HOME) 규준개발 연구(2015, 대한가정학회지)

▣ 박찬화

연세대학교 아동가족학과 학사 · 석사 · 박사
The Montessori Teacher Training Center of Norttern California, USA 졸업
연세대학교 심바이오틱 라이프텍 연구원
한국무역보험공사 어린이집 원장, 푸르니 일산 어린이집 원장
현, 연세대학교 아동가족학과, 교육대학원 강사
금융감독원 어린이집 원장

♣ 저 · 역서 및 논문

어머니의 산후 우울감과 만 2세 영아의 의사소통능력 간의 관계(2015, 한국보육지원학회지)
유아기 자녀를 둔 어머니의 읽기동기가 가정문해환경에 미치는 영향(2015, 대한가정학회지)
유아의 출현적 문해발달과 가정문해환경의 관계(2013, 아동학회지)

▣ 장윤정

서울여자대학교 아동학과 학사 · 석사
가톨릭대학교대학원 아동가족학과 박사
Visiting Scholar, Department of Child and Adolescent Development, San Francisco State University
현, 가톨릭대학교, 경희사이버대학교 강사

♣ 저 · 역서 및 논문

미술치료학 연구법(2012, 시그마프레스)
또래 괴롭힘 피해와 학교적응 관계에서 사회적 자아 지각 및 또래 신념의 매개 영향(2010, 대한가정학회지)

▣ 홍희영

상명대학교 가정교육학과 학사
연세대학교 아동가족학과 석사 · 박사
현, 경인여자대학교, 동남보건대학교 강사
구로구건강가정 다문화지원센터 상담원

♣ 저 · 역서 및 논문

유아발달(2016, 양서원)
영아발달(2015, 학지사)
정서 유발 맥락이 영아의 미소에 미치는 효과[2003, 한국아동학회지, 24(6), 15-31]

영유아 발달의 이해, 제9판

Understanding Child Development

발 행 일 | 2018년 3월 2일 초판 1쇄 발행
저 자 | Rosalind Charlesworth
역 자 | 이희정 · 문현주 · 박신진 · 박찬화 · 장윤정 · 홍희영
발 행 인 | 구본하
발 행 처 | 도서출판 **박학사**
주 소 | 서울시 마포구 월드컵북로5길 33 동아빌딩 2층
전 화 | (02)3142-3764~5
팩 스 | (02)3142-3766
웹사이트 | www.pakhaksa.co.kr
등록번호 | 제10-2230호

정가 30,000원 ISBN 978-89-98521-66-0

장/부	NAEYC 프로그램 기준	영유아 프로그램 기준에서 발달에 적합한 실제(DAP)
제16장 걸음마기: 인지 발달 Piaget, Vygotsky와 인지 발달 개념 발달 말과 언어 발달 개념, 지식과 언어의 상호작용 사회문화적 요인	**1a:** 출생에서 8세까지의 영유아의 특징과 요구를 알고 이해하기. 29쪽	지침 5: 가족과 상호적 관계 확립하기. 20~23쪽 지침 3: 중요 목적을 성취하기 위한 교육과정 계획하기. 20~21쪽
제17장 걸음마기: 정서 발달 이론가의 견해 놀이와 사회적 관계 걸음마기아의 정서 발달에 미치는 성인의 영향 정서적 · 사회적 무능력 기질	**1a:** 출생에서 8세까지의 영유아의 특징과 요구를 알고 이해하기. 29쪽	지침 1: 학습자를 보살피는 공동체 만들기. 17~20쪽 지침 1C 1, 2, 3, 4, 5: 공동체의 각 구성원은 다른 구성원들을 존경하고 책임감을 갖는다. 21쪽
제5부 유아기: 3~6세		
제18장 신체적 건강, 안전과 영양: 3~6세 신체 발달 건강(신체 단련과 정신건강) 영양(비만) 안전 영양과 건강교육	**1a:** 출생에서 8세까지의 영유아의 특징과 요구를 알고 이해하기. 29쪽	지침 1D: 건강, 안전, 신체 활동. 18쪽
제19장 운동 발달: 3~6세 대근육발달: 유아 전후기 유아 전기의 소근육 기술 운동 기술의 평가 학습과 운동 발달	**1a:** 출생에서 8세까지의 영유아의 특징과 요구를 알고 이해하기. 29쪽	지침 1D: 건강, 안전, 신체 활동. 18쪽
제20장 인지 체계와 개념 발달 인지 발달에 대한 이해 인지 구조와 인지 기능 뇌와 인지 인지적 특성과 개념 발달 개념 발달 이론을 교수에 적용하기 개념 발달과 테크놀로지	**1a:** 출생에서 8세까지의 영유아의 특징과 요구를 알고 이해하기. 29쪽 **4b:** 테크놀로지를 적절하게 사용하는 것을 포함하여 조기 교육을 위한 효과적 전략을 알고 이해하기. 34쪽	지침 3: 중요 목적을 성취하기 위한 교육과정 계획하기. 20~21쪽 지침 3C 1: 아동이 알고, 이해해야 하며, 훈육에 의해 할 수 있는 것을 이해하기. 21쪽 지침 3C 1: 교사로서 각 연령에게 필요한 핵심 기술을 이해하고 익숙해진다. 21쪽
제21장 구어의 발달과 사용 언어의 정의 구어 습득 사고와 언어 언어의 문화적 측면 유아기와 초등학교 시기의 언어 사용 놀이에서의 언어 사용	**1a:** 출생에서 8세까지의 영유아의 특징과 요구를 알고 이해하기. 29쪽	지침 3: 중요 목적을 성취하기 위한 교육과정 계획하기. 20~21쪽 지침 3A 1: 교사로서 각 연령에게 필요한 핵심 기술을 이해하고 익숙해진다. 21쪽
제22장 문어의 발달과 일상적 사용 문해의 시작: 지지적 경험 균형적 읽기와 쓰기에 관한 견해 읽기와 쓰기에 관한 유아의 지식 인쇄물과 철자에 관한 유아의 지식 읽기와 쓰기에 관한 사회문화적 요소	**1a:** 출생에서 8세까지의 영유아의 특징과 요구를 알고 이해하기. 29쪽	지침 3: 중요 목적을 성취하기 위한 교육과정 계획하기. 20~21쪽 지침 3A 1: 교사로서 각 연령에게 필요한 핵심 기술을 이해하고 익숙해진다. 21쪽
제23장 지능과 창의성 지능의 정의 IQ 점수: 비판점과 주의점 지능: 환경과 문화적 영향 창의성과 영재성	**1a:** 출생에서 8세까지의 영유아의 특징과 요구를 알고 이해하기. 29쪽	지침 3: 중요 목적을 성취하기 위한 교육과정 계획하기. 20~21쪽 지침 3A 1: 교사로서 각 연령에게 필요한 핵심 기술을 이해하고 익숙해진다. 21쪽
제24장 인지 발달에서의 성인의 역할 언어와 인지 발달의 촉진 언어 발달에서 성인이 수행하는 역할 문화적 다양성과 언어 발달 어린 아동이 문어를 학습하는 방법 학교에서의 읽기와 쓰기 성인이 창의성을 함양하는 방법	**1a:** 출생에서 8세까지의 영유아의 특징과 요구를 알고 이해하기. 29쪽 **4a:** 아이들과 일하는 기초로서 긍정적 관계와 지지적 상호작용 이해하기. 39쪽 **4c:** 발달적으로 적절한 교수/학습 접근의 광범위한 목록 사용하기. 39쪽	지침 3: 중요 목적을 성취하기 위한 교육과정 계획하기. 20~21쪽 지침 3C 1: 교사는 각 연령집단에서 중요한 기술을 잘 알고 이해하기. 21쪽 지침 1E4: 가정 언어를 주시하고 존중하기. 지침 5: 가족과의 상호적 관계 확립하기. 22~23쪽

장/부	NAEYC 프로그램 기준	영유아 프로그램 기준에서 발달에 적합한 실제(DAP)
제25장 정서 발달의 본질: 이론, 정서와 성격 정서의 정의와 이론가의 견해(프로이드, 에릭슨, 로저스, 마슬로우, 피아제, 비고츠키, 스키너, 반두라) 정서 발달 성격 성성 자기-개념	**1a:** 출생에서 8세까지의 영유아의 특징과 요구를 알고 이해하기. 29쪽	지침 1: 학습자를 보살피는 공동체 만들기. 16~17쪽 지침 1C 1, 2, 3, 4, 5: 공동체 구성원이 서로 존중하고 책임감을 갖는다. 21쪽 지침 3C: 교사는 각 연령집단에서 중요한 기술을 잘 알고 이해한다. 21쪽
제26장 사회성 발달 이론가의 견해 관계 또래 관계 도덕 발달 통합과 사회적 행동	1a: 출생에서 8세까지의 영유아의 특징과 요구를 알고 이해하기. 29쪽	지침 1: 학습자를 보살피는 공동체 만들기. 16~17쪽 지침 1C 1, 2, 3, 4, 5: 공동체 구성원은 서로 존중하고 책임감을 갖는다. 21쪽 지침 3A 1: 교사로서 각 연령에게 필요한 핵심 기술을 이해하고 익숙해진다. 21쪽 지침 5: 가족과 상호적 관계 형성하기. 22~23쪽
제27장 정서 발달의 성인 역할 의사결정을 위한 NAEYC의 지침 사랑과 애정 훈육과 안내 민주주의, 비폭력과 도덕 발달을 위한 교수 위기 시의 지원 제공	**1a:** 출생에서 8세까지의 영유아의 특징과 요구를 알고 이해하기. 29쪽 **4a:** 출생에서 8세까지의 영유아와의 활동을 위한 기초로서 긍정적인 관계와 지지적인 상호작용을 이해하기. 34쪽 **4c:** 발달적으로 적절한 교수/학습 접근에 대한 광범위한 목록을 사용하기. 34쪽	지침 1: 학습자를 보살피는 공동체 만들기. 16~17쪽 지침1C 1, 2, 3, 4, 5: 공동체 구성원은 서로 존중하고 책임감을 갖는다. 21쪽 지침 3C: 교사는 각 연령 집단에서 중요한 기술을 잘 알고 이해한다. 21쪽
제6부 학령기: 성장과 발달(6~8세)		
제28장 유아원 시기에서 학령기로: 공백과 격차 없이 잘 연결하기 연속성 준비도 개념 측정 연습 미래를 위한 아동 준비시키기	**3a:** 적절한 목표의 발달의 사용과 영유아를 위한 방략 교수를 포함하여 평가의 목표, 이득과 사용 이해하기. 32쪽 **3b:** 기록, 평가와 자료 수집에 있어서 기술의 사용을 포함한 관찰, 기록과 다른 적절한 평가 도구와 접근의 사용에 관하여 알기. 32쪽 **3c:** 각각의 아동을 위한 긍정적 결과를 증진하기 위해 책임있는 평가를 이해하고 실시하기. 32쪽	지침 4: 지침 3: 중요 목적을 성취하기 위한 교육과정 계획하기. 20~21쪽 지침 3C 1: 교사는 각 연령집단에서 중요한 기술을 잘 알고 이해하기. 21쪽
제29장 초등학생: 신체 및 운동 발달 신체 발달과 건강 대근육 운동 발달(청소년 스포츠와 휴식) 소근육 운동 발달	**1a:** 출생에서 8세까지의 영유아의 특징과 요구를 알고 이해하기. 29쪽	지침 1D: 건강, 안전, 신체 활동. 18쪽
제30장 초등학생: 인지 발달과 학동기 초등학생의 인지적 특성 초등학생의 테크놀로지 학교에서의 성취와 적응 학교 교육[교실 지도와 관리, 포용적인 학교, 발달을 지원하는 학교 교육]	**1a:** 출생에서 8세까지의 영유아의 특징과 요구를 알고 이해하기. 29쪽	지침 1E 4: 가정 언어가 나타나고 존중받기. 17쪽 지침 3: 중요 목적을 성취하기 위한 교육과정 계획하기. 20~21쪽 지침 3C 1: 교사는 각 연령집단에서 중요한 기술을 잘 알고 이해하기. 21쪽
제31장 초등학생: 정서 발달 개관 사회성 발달(또래 관계, 반사회적 행동, 사회적 상호작용 이득, 장애아 통합) 정서 발달(스트레스, 자존감, 도덕 발달, 성성) 초등학생과의 관계에서 성인이 해야 할 역할 초등학교 시기 동안 아동 발달과 행동에 대한 사회문화적 영향	**1a:** 출생에서 8세까지의 영유아의 특징과 요구를 알고 이해하기. 29쪽	지침 1: 학습자를 보살피는 공동체 만들기. 16~17쪽 지침 1C 1, 2, 3, 4, 5: 공동체 구성원은 서로 존중하고 책임감을 갖는다. 21쪽 지침 3C: 교사는 각 연령 집단에서 중요한 기술을 잘 알고 이해한다. 21쪽